Knott (Hrsg.)

Unternehmenskauf

RWS-Vertragskommentar

# Unternehmenskauf

6. völlig neu bearbeitete Auflage

Herausgegeben von

Dr. Hermann J. Knott

Bearbeitet von

Dr. Johannes Becker, Torsten Decker, Guido Dornieden,
Dr. Stefan Galla, Dr. Joachim Heinemann, Oliver Krall,
Dr. Sven Labudda, Dr. rer. pol. Frank J. Matzen, Renate Müller,
Dr. Markus Nagel, Dr. Arndt Scheffler, Paul Schreiner,
Dr. Volker Schulenburg, Dr. Felix Stamer, Arnold Chr. Stange,
Michael Thierhoff, Dr. Jörgen Tielmann, Johannes Voß

RWS

RWS Verlag Kommunikationsforum GmbH · Köln

**Zusätzlicher Service im Internet**

Die Vertragsmuster sind im Internet für Sie abrufbar. Die Adresse finden Sie am Ende des Stichwortverzeichnisses auf der Seite 704.

Die Deutsche Nationalbibliothek verzeichnet diese Publikation in der Deutschen Nationalbibliografie; detaillierte bibliografische Daten sind im Internet über http://dnb.d-nb.de abrufbar.


Postfach 27 01 25, 50508 Köln
E-Mail: info@rws-verlag.de, Internet: http://www.rws-verlag.de



Satz und Datenverarbeitung: SEUME Publishing Services GmbH, Erfurt
Druck und Verarbeitung: CPI books GmbH, Leck

# Vorwort

Nichts ist so stetig wie der Wandel. Veränderungen und neue Entwicklungen, die Recht, Steuern und Finanzen des Unternehmenskaufs betreffen, müssen den Nutzern unseres Standardwerks zeitnah zur Verfügung stehen. Daher freuen wir uns, die Neuauflage mit unserem Team von 18 spezialisierten Autoren vorzustellen. Das Team der auf ihren jeweiligen Teilbereich fokussierten Kolleginnen und Kollegen erlaubt uns, zeitnah und gründlich die aktuellen Entwicklungen in Recht, Steuern und Finanzen des Unternehmenskaufs darzustellen. Damit sprechen wir in gleichem Maße Berater, Entscheidungsträger in Unternehmen, Wissenschaft und Justiz an.

Schwerpunkte der Überarbeitungen in der Neuauflage sind die vertiefte Behandlung von Warranty & Indemnity Insurance, die verschärfte staatliche Kontrolle ausländischer Direktinvestitionen, wichtige Erläuterungen zu dem, was der beim Unternehmenskauf so wichtige Stichtagsabschluss *(Closing Accounts)* tatsächlich leisten kann, insbesondere im Zusammenhang mit dem Erwerb von Teilen eines Unternehmens *(Carve-out)*, Vertiefung der Ausführungen zum *Locked-Box*-Mechanismus *(Forward-Looking-Locked-Box-Transactions)*, Besprechung von verschiedenen Earn-out-Konstellationen, Distressed M&A unter Nutzung eines Insolvenzplans sowie neuere Entwicklungen im Insiderrecht beim Kauf börsennotierter Aktien.

Gegenüber der Vorauflage hat es Veränderungen im Autorenteam gegeben. Wir begrüßen Herrn RA und StB Arnold Chr. Stange, Of Counsel, Andersen Tax & Legal, Düsseldorf, der die steuerlichen Ausführungen von Herrn StB Thilo Künstler übernommen hat. Frau RAin Renate Müller und Herr WP Michael Thierhoff, Partner, Andersen Tax & Legal, Leipzig bzw. Frankfurt/Main, haben den Beitrag zum Erwerb aus der Insolvenz übernommen und neu gefasst. Herr Dr. Sven Labudda, Partner, Fieldfisher, Hamburg, hat das Übernahmeangebot nunmehr allein bearbeitet. Herr Dr. Joachim Heinemann, Senior Associate, Luther, Hannover/Hamburg, ist neuer Co-Autor mit Herrn Dr. Jörgen Tielmann für die materiellrechtlichen Ausführungen zum öffentlichen Übernahmeangebot und den Antrag auf Befreiung von der Angebotspflicht. Allen ausgeschiedenen Autoren ein herzliches Dankeschön für die geleistete Arbeit, die neuen Autoren heißen wir willkommen im Team.

Viele fleißige Hände haben zusätzlich zum Erfolg der Neuauflage beigetragen, allen voran unsere Lektorin, Frau Magdalena Zander, die die verschiedenen Beiträge mit Umsicht und großem Einsatz zusammengeführt und so wesentlich zur Qualität des Werks beigetragen hat. Herrn Ass. jur. Dr. Martin Winkler, M.Jur (Oxford), LL.M./Maitre en Droit (Paris I), wissenschaftlicher Mitarbeiter im Kölner Büro von Andersen Tax & Legal, gebührt Dank für seinen stetigen Einsatz im Rahmen der Koordination von Arbeiten und Zusammenführung von Ergebnissen.

Köln, im September 2019 *Dr. Hermann Knott*

# Inhaltsverzeichnis

# Bearbeiterverzeichnis

*Dr. Johannes Becker*

Rechtsanwalt, Andersen Rechtsanwaltsgesellschaft Steuerberatungsgesellschaft mbH, Köln

*Torsten Decker, M.A.*

Rechtsanwalt (Syndikusrechtsanwalt), Corporate Counsel/Legal M&A, E.ON SE, Essen

*Guido Dornieden*

Rechtsanwalt, Counsel, Luther Rechtsanwaltsgesellschaft mbH, Köln

*Dr. Stefan Galla*

Rechtsanwalt und Notar, FAHanGesR, Luther Rechtsanwaltsgesellschaft mbH, Essen

*Dr. Joachim Heinemann*

Rechtsanwalt, Luther Rechtsanwaltsgesellschaft mbH, Hannover/Hamburg

*Dr. Hermann J. Knott, LL.M. (Pennsylvania)*

Rechtsanwalt, Attorney-at-law, New York, Andersen Rechtsanwaltsgesellschaft Steuerberatungsgesellschaft mbH, Köln

*Oliver Krall, LL.M. (Wellington)*

Rechtsanwalt, Luther Rechtsanwaltsgesellschaft mbH, Frankfurt a. M.

*Dr. Sven Labudda*

Rechtsanwalt, Fieldfisher (Germany) LLP, Hamburg

*Dr. rer. pol. Frank J. Matzen*

Direktor Transaction Advisory Services, Ernst & Young GmbH Wirtschaftsprüfungsgesellschaft, Eschborn

*Renate Müller*

Rechtsanwältin, Lizentiatin der Wirtschaftswissenschaften, Andersen Rechtsanwaltsgesellschaft Steuerberatungsgesellschaft mbH, Leipzig

*Dr. Markus Nagel, LL.M. oec.*

Rechtsanwalt, FAVerwR, Luther Rechtsanwaltsgesellschaft mbH, Leipzig

*Dr. Arndt Scheffler*

Rechtsanwalt, Counsel, Eversheds Sutherland (Germany) LLP, München

*Paul Schreiner*

Rechtsanwalt, FAArbR, Luther Rechtsanwaltsgesellschaft mbH, Essen

*Dr. Volker Schulenburg*

Rechtsanwalt, FAHanGesR, Luther Rechtsanwaltsgesellschaft mbH, Hamburg

*Dr. Felix Stamer*

Rechtsanwalt/Syndikusrechtsanwalt, CECONOMY AG, Düsseldorf

*Arnold Chr. Stange*

Rechtsanwalt, FAStR, Steuerberater, FBIntStR, Andersen Rechtsanwaltsgesellschaft Steuerberatungsgesellschaft mbH, Düsseldorf

*Michael Thierhoff*

Wirtschaftsprüfer, Steuerberater, Andersen Rechtsanwaltsgesellschaft Steuerberatungsgesellschaft mbH, Frankfurt a. M.

*Dr. Jörgen Tielmann, LL.M.*

Rechtsanwalt, FAHanGesR, Luther Rechtsanwaltsgesellschaft mbH, Hamburg

*Johannes Voß*

Rechtsanwalt, Andersen Rechtsanwaltsgesellschaft Steuerberatungsgesellschaft mbH, Köln

## Einführung

### I. Überblick – Bedeutung des Unternehmenskaufs in der Wirtschaft

Unternehmenskäufe sind von großer praktischer Relevanz für die Wirtschaft. Sie sind we- 1
sentliches Mittel, um den Konzentrationsprozess in wichtigen Branchen umzusetzen und dadurch die Wettbewerbsfähigkeit zu erhalten. Denn der Schlüssel zum Erhalt und zum Ausbau einer bereits erreichten Marktposition liegt in dem Erschließen neuer Märkte, dem Ausbau des Kundenstammes im In- und Ausland sowie der stetigen Entwicklung und Erneuerung der eigenen Produkte – sei es aus dem Unternehmen heraus oder mit bestehenden oder neuen Kooperationspartnern. M&A-Transaktionen sind darüber hinaus auch ein wichtiges Instrument im Rahmen der internationalen Expansion von Unternehmen durch Zukäufe im Ausland.

Generell kann man beim Unternehmenskauf zwischen industriellen oder strategischen 2
Investoren und solchen Anlegern unterscheiden, die ein Unternehmen als Finanzanlage kaufen.

**Strategische Investoren** streben einen dauerhaften Erwerb eines Unternehmens an. Das 3
liegt häufig daran, dass durch die Akquisition eines Unternehmens das Wachstum im Vergleich zu einem organischen Wachstum beschleunigt werden kann. Auf Basis der betriebswirtschaftlichen Make-or-Buy-Fragestellung wird dann entschieden, die Entwicklung durch den Erwerb von Unternehmen mit Zugang zu neuen Märkten, mit attraktiven Kundenstämmen, neuen Produkten oder Produktentwicklungen zu erwerben. Im Sinne der *Ansoffschen* Produkt-Markt-Matrix stehen somit vier alternative **Wachstumsmöglichkeiten** zur Verfügung:

| | | |
|---|---|---|
| Neue Märkte | Marktentwicklung | Diversifikation |
| Bestehende Märkte | Marktdurchdringung | Produktentwicklung |
| | Bestehende Produkte | Neue Produkte |

Quelle: *Ansoff*, Corporate Strategy, S. 98

Die Art der Wachstumsmöglichkeit wirkt sich entsprechend auf die Risiken der Transak- 4
tion aus. So kann davon ausgegangen werden, dass strategische Investoren immer im Falle einer Marktdurchdringungsstrategie, Risiken sehr wohl einschätzen können, wohingegen im Falle der Marktentwicklung, Risiken des jeweiligen Marktes neu hinzukommen bzw. im Falle der neuen Produkte, produktbezogene Risiken zusätzlich zu berücksichtigen sind. Das größtmögliche Akquisitionsrisiko stellt entsprechend die Diversifikation dar. Diese Risikoerwägungen müssen entsprechend Einfluss auf den Fokus in der Due Diligence haben.

**Finanzinvestoren** sind ebenfalls sehr differenziert zu betrachten, da ihre jeweiligen Stra- 5
tegien unterschiedlich sind.

So strebt der **Venture Capital** Investor in einem Zeitraum von kurz- bis mittelfristig (etwa 6
fünf Jahre) ein organisches Wachstum eines Unternehmens an. Es werden hierfür junge Unternehmen mit starkem Umsatz und Cashflow Wachstum und entsprechendem Wertzuwachs gesucht.

Eine grundsätzlich andere Strategie verfolgen **Private-Equity**-Investoren: Hier wird ein 7
Wertzuwachs vor allem durch die Nutzung des betriebswirtschaftlichen Leverage Effektes angestrebt: Das heißt, die Eigenkapitalrendite und damit der Wertzuwachs werden da-

durch gesteigert, dass Fremdkapital mit einer Verzinsung genutzt wird, die geringer ist als die Rendite des Unternehmens vor Verschuldung. Hieraus folgt, dass Private-Equity-Unternehmen etablierte Unternehmen suchen, die über einen stabilen Cashflow verfügen. Wichtig für Private-Equity-Unternehmen ist – ebenso wie für Venture-Capital-Unternehmen – der Verkauf nach Ablauf des Anlagehorizontes („*exit*").

8 Eine wiederum andere Strategie verfolgen **Evergreen-Fonds**, die vor allem im Infrastrukturbereich zu finden sind: Auch hier werden Unternehmen mit stabilem Cashflow gesucht. Ziel ist aber weniger die Wertsteigerung, sondern die Erzielung von laufenden Dividendeneinnahmen. Entsprechend ist in diesen Fällen auch kein Exit geplant.

9 Ein Sonderfall des Erwerbs durch einen Finanzinvestor ist die sog. **Add-on-Akquisition.** Bei einer Add-on-Akquisition erwirbt ein Beteiligungsunternehmen ein weiteres Unternehmen. In diesem Falle ähneln sich die Motive eher denen eines strategischen Investors.

10 Als Beweggründe für Unternehmensveräußerungen und -erwerbe sind folgende Aspekte von besonderer Relevanz: Der **Verkäufer** sieht sich zur Veräußerung veranlasst, weil

- ein geeigneter Nachfolger im Familienunternehmen fehlt;
- bestimmte Geschäftsfelder nicht (mehr) zur Kernkompetenz des Unternehmens gehören und daher nicht wettbewerbsfähig fortgeführt werden können;
- eine Sum-of-the-Parts-Bewertung zeigt, dass das Geschäftsfeld als einzelnes besser bewertet wird als ein Teil eines Konzerns;[1)]
- das für die erfolgreiche Fortführung des Unternehmens notwendige Kapital nicht aufgebracht werden kann;
- die Veräußerung eines Teils des gekauften Unternehmens von den zuständigen Regulierungsbehörden (insbesondere Kartellamt) zur Auflage für die Zustimmung zum Erwerb des Unternehmens gemacht wird;
- das Investitionsziel erreicht ist bzw. Verbesserungen nicht mehr zu erzielen sind oder sogar eine künftige Verschlechterung der Situation erwartet wird;
- die Laufzeit des Fonds abgelaufen ist.

11 **Käufer** von Unternehmen verfolgen eines der folgenden Motive:

- Anorganisches Wachstum: Erwerb von Unternehmen zur Abrundung der Produktpalette, Erwerb von Kundenstämmen, Erhöhung der Marktanteile in einem Markt und Erschließung neuer Märkte;
- Schaffung einer kritischen Masse für das eigene Produkt, um am Markt Bestand zu haben;
- Beschleunigung der Einführung neuer Produkte oder Weiterentwicklung bestehender Produkte des Erwerbers („*time to market*");
- Mittelanlage von Investitionsgeldern, insbesondere auch in der gegenwärtigen Niedrigzinsphase;
- Wertsteigerung für Finanzinvestoren (insbesondere Private-Equity-Fonds und Buyout-Fonds);
- Erwerb eines Unternehmens, um qualifiziertes Personal zu rekrutieren (sog. Acquihiring)[2)].

---

1) Vgl. *Koller/Goedhardt/Wessels*, Valuation, S. 570 f.

2) *Grub/Krispenz*, BB 2018, 235, 236; *Grub/Krispenz/Koschker*, Legal Management of Innovation, S. 212, 214.

Es ist wichtig, die Beweggründe von Verkäufer und Käufer zu erkennen, um so sowohl Due Diligence als auch Kaufvertrag auf diese Motive hin auszurichten. 12

## II. Ablauf einer Unternehmensakquisition

Eine Unternehmensakquisition durchläuft regelmäßig verschiedene Phasen, die sich wie folgt darstellen lassen: 13

### 1. Strategische Planung

Der Erwerb eines Unternehmens kann grundsätzlich über eine Exklusivverhandlung, ein Auktionsverfahren, den Erwerb von Anteilen über die Börse oder über ein öffentliches Übernahmeangebot erfolgen. 14

Auf Erwerberseite ist die Befassung mit einer Unternehmensakquisition das Resultat einer strategischen Diskussion. Hierbei sind Unternehmensakquisitionen – gerade bei strategischen Investoren – eine von weiteren möglichen Alternativen. Gesellschaftsrechtlich sind die Vorstände von Aktiengesellschaften und Geschäftsführer von GmbHs grundsätzlich frei, welche Ziele sie definieren und welche Strategien sie zur Erreichung der Ziele festlegen.[3)] Aus dieser Diskussion resultieren ebenfalls **strategische Ziele**, die auch im weiteren Akquisitionsprozess zu beachten sind. Hierbei ergeben sich aufgrund der unterschiedlichen Akquisitionsmotive Unterschiede zwischen strategischen Investoren und Finanzinvestoren. 15

Bei **strategischen Investoren** erfolgen erste unternehmens- und umweltbezogene Analysen und Prognosen (**strategische Diagnose**). Im nächsten Schritt werden strategische Optionen definiert, um die festgelegten Ziele zu erreichen. Eine – und die im Weiteren betrachtete – Option kann dabei die Akquisition von Unternehmen sein, die jedoch auch immer im Vergleich zu der Alternative des eigenen Aufbaus eines Tochterunternehmens steht („*make or buy*"). Als Nächstes wird eine Strategie ausgewählt. Kriterien hierfür sind Dauer der Implementierung, Ressourcenverfügbarkeit, Realisierung von Kostenvorteilen aus Skaleneffekten, Reversibilität der Entscheidung und Flexibilität, Öffentlichkeitswirkung, Machbarkeit sowie erforderlicher Kapitaleinsatz.[4)] Nach Auswahl einer geeignet erscheinenden Strategie erfolgen die **Strategieimplementierung** sowie deren Kontrolle. 16

Bei **Finanzinvestoren** kommt es zunächst zu der Formulierung einer Akquisitionsstrategie auf Basis der Anlagekriterien der Fondsinvestoren. Im Rahmen dieser auch als **Asset Allocation** bezeichneten Festlegung der Akquisitionsstrategie kommt es zu der Definition zwingend erforderlicher Anforderungen, damit ein möglicher Akquisitionskandidat auf der Basis der definierten Kriterien ausgewählt werden kann. Gerade bei institutionellen Investoren ist jedoch auch bereits in einer frühen Phase die Genehmigungsfähigkeit durch etwaige Aufsichtsgremien zu prüfen. 17

Hierbei haben sich bestimmte strategische Muster für Transaktionen aus Käufersicht herausgebildet, die in besonderem Maße zum Wertwachstum beitragen:[5)] 18

- Verbesserung der Leistungskraft des zu erwerbenden Unternehmens.
- Konsolidierung des Sektors, um Überschusskapazitäten vom Markt zu nehmen.

3) Vgl. *Bleck*, in: Matzen/Tesch, S. 179.

4) Vgl. *Bea/Haas*, Strategisches Management, S. 161 ff.

5) Vgl. *Koller/Goedhart/Wessels*, Valuation, S. 607 ff.

- Schaffung von Marktzugang für die Produkte des zu erwerbenden Unternehmens oder des Erwerbers.
- Akquisition von Fähigkeiten oder Technologien in größerer Geschwindigkeit oder zu geringeren Kosten, als diese Fähigkeiten oder Technologien im eigenen Hause generiert werden könnten.
- Nutzung der Skalierbarkeit des zu erwerbenden Unternehmens.
- Frühe Identifikation von künftigen Marktführern und Unterstützung bei der Entwicklung ihres Geschäftes.

19 Weitere, aber weitaus schwieriger, zu implementierende Strategien liegen darin:[6)]

- Eine fragmentierte Branche zu konsolidieren (Roll-up-Strategie).
- Konsolidierung einer Branche zur Verbesserung des Wettbewerbsverhaltens.
- Durchführung eines transformativen Mergers, bei dem beide Parteien durch das Zusammengehen verändert werden.
- Günstiger Einkauf von Unternehmen unter dem Marktpreis.

20 Das Verständnis der Motive und der gewählten Strategie des Erwerbers ist unerlässlich für die Due Diligence Phase und die künftige Verhandlung des Kaufvertrags.

### 2. Erste Gespräche

21 Der Beginn einer Transaktion hängt von der Art des Erwerbsweges ab. Bei der **Exklusivverhandlung** findet die erste Kontaktaufnahme zwischen Veräußerer und Kaufinteressent häufig und bei **Auktionen** in jedem Fall durch darauf spezialisierte M&A-Berater statt, insbesondere durch Investmentbanken.[7)] Beim **Erwerb von Aktien** an börsennotierten Gesellschaften wird es zu einem Kontakt zwischen Erwerbsinteressent und Ziel-AG bzw. Mehrheitsaktionär kommen, wenn die Transaktion im Zusammenwirken mit diesen Personen erfolgen soll (*„friendly takeover“*).

### 3. Teaser, Vertraulichkeitserklärung, Informationsmemorandum und Prozessbrief

22 Wird von der Veräußererseite ein M&A-Berater oder eine Investmentbank zur Koordination des Verkaufsprozesses eingeschaltet, so kommt es in der ersten Phase häufig noch zu keinem direkten Kontakt zwischen Veräußerer und Kaufinteressent,[8)] vielmehr finden die ersten Sondierungsgespräche zwischen dem eingeschalteten M&A-Berater und dem potentiellen Vertragspartner statt.[9)]

23 Typischerweise trifft der M&A-Berater auf der Grundlage seiner Marktkenntnisse und der mit dem Verkäufer besprochenen Kriterien eine Vorauswahl möglicher Kaufinteressenten und stellt diese in einer sog. ***„long list“*** zusammen. Auf dieser Basis nimmt der M&A-Berater ersten Kontakt mit den möglichen Interessenten auf und erkundigt sich nach dem grundsätzlichen Interesse. Den möglichen Erwerbern, die erstes Interesse bekunden, wird eine Kurzinformation (***„teaser“***) über das Zielunternehmensobjekt zugesandt. Zeigen

6) Vgl. *Koller/Goedhart/Wessels*, Valuation, S. 611 ff.
7) Zur Rolle der Investmentbanken und M&A-Berater vgl. *Rozijn*, ZBB 2000, 371.
8) *Beisel*, in: Beisel/Klumpp, § 1 Rz. 36.
9) *Beisel*, in: Beisel/Klumpp, § 1 Rz. 36.

die angesprochenen Personen daraufhin weiteres Interesse, werden sie vom M&A-Berater gebeten, eine **Vertraulichkeitserklärung** (*Non-Disclosure Agreement, NDA*) zu unterzeichnen.

Gegenstand einer solchen einseitigen Erklärung des Erwerbsinteressenten bzw. gegenseitigen Vereinbarung der potentiellen Kaufvertragsparteien ist die Verpflichtung – vor allem des Erwerbsinteressenten –, die ausgetauschten Informationen sowohl während als auch nach Abbruch der Vertragsverhandlungen geheim zu halten[10] und die gewonnenen Erkenntnisse nicht für andere Zwecke als die beabsichtigte Transaktion zu verwenden. Durch entsprechende Vereinbarung wird dabei üblicherweise der Kreis derjenigen Personen, die im Einflussbereich der jeweiligen Empfängerpartei tätig sind und die vertraulichen Informationen erhalten sollen, eingegrenzt und die Pflicht zur Verschwiegenheit auch auf Dritte (Berater, Finanzierungspartner etc.) ausgeweitet.[11] Jede Vertraulichkeitsvereinbarung sollte zudem genau definieren, was als vertrauliche Informationen, Betriebs- und Geschäftsgeheimnisse angesehen wird.[12] Aus Verkäufersicht ist es weiterhin ratsam, exakt zu dokumentieren, was der Interessent erfahren und von wem er diese Informationen erhalten hat. In der Regel werden die vereinbarten Geheimhaltungsverpflichtungen durch hohe Vertragsstrafen abgesichert. Zulässig ist eine Informationsoffenlegung nur dann, wenn sie aufgrund gerichtlicher Anordnung oder gesetzlicher Verpflichtung, insbesondere aufgrund von Publizitätspflichten der empfangenden Partei, erfolgt. Ebenso wichtig sind die **zeitliche Nachwirkung** der Vertraulichkeitspflicht für einen bestimmten Zeitraum über die Beendigung der Vertraulichkeitsvereinbarung (vor allem aufgrund Verhandlungsabbruchs) hinaus sowie die Verpflichtung, nach Wahl der offenlegenden Partei, die vertraulichen Informationen entweder zurückzugeben oder – soweit dies technisch möglich und unter Berücksichtigung ggf. bestehender gesetzlicher Aufbewahrungspflichten zulässig ist – zu vernichten.[13] 24

Dem nach Unterzeichnung der Vertraulichkeitserklärung verbleibenden Interessentenkreis (**„*short list*"**) wird ein Informationsmemorandum über die Zielgesellschaft zur Verfügung gestellt. Das **Informationsmemorandum** fasst typischerweise Informationen über den Markt, die Organisation sowie die Vermögens-, Finanz- und Ertragslage des Unternehmens zusammen. Der Kaufinteressent hat dabei zu berücksichtigen, dass das Informationsmemorandum ein Verkaufsdokument ist und der M&A-Berater sowie der Verkäufer die Haftung für den Inhalt dieses Dokuments regelmäßig so weit wie möglich ausschließen, sodass kein (stillschweigender) Auskunftsvertrag zustande kommt.[14] Der Inhalt dieses Dokuments und vor allem alle Sachverhalte, die nicht Gegenstand dieses Dokuments sind, sind deshalb vom Kaufinteressenten kritisch im Rahmen der Due Diligence zu überprüfen. 25

Ein wesentliches Dokument in einer Transaktion ist ebenfalls der von dem Verkäuferberater zur Verfügung gestellte **Prozessbrief (Process Letter)**. Der Prozessbrief enthält neben Angaben zu den Prozessbeteiligten und dem angestrebten Zeitplan häufig auch bereits 26

10) *Beisel*, in: Beck'sches Mandatshandbuch Due Diligence, § 7 Rz. 3, 51 ff; Picot-*Picot*, Unternehmenskauf, § 2 Rz. 89 ff.

11) *Linke/Fröhlich*, GWR 2014, 449, 450 f.

12) Siehe *von Werder/Kost*, BB 2010, 2903, 2905 f.

13) Siehe *von Werder/Kost*, BB 2010, 2903, 2909; *Linke/Fröhlich*, GWR 2014, 449, 453.

14) Vgl. *Gran*, NJW 2008, 1409, 1410.

Angaben zu den vom Verkäufer geforderten Inhalten des indikativen Angebots. Hierzu zählen in der Regel:

- Angaben zum potentiellen Erwerber,
- Zusicherung, im eigenen Namen zu handeln,
- vom Erwerber geplante Transaktionsstruktur,
- vom Erwerber geplante Fortführung nach Abschluss der Transaktion,
- Angaben zu geplanten Schwerpunkten der Due Diligence,
- Erläuterung des Kaufinteresses („*strategic rationale*"),
- Bewertung mit Angaben zur gewählten Bewertungsmethode und der wesentlichen Bewertungsannahmen,
- Beschreibung der geplanten Finanzierung des Kaufpreises,
- regulatorische Anforderungen und erforderliche Gremienbeschlüsse sowie
- Angabe der Berater, die der Käufer im Rahmen der Transaktion einsetzen möchte.

27 Auf Basis der im Prozessbrief geforderten Struktur werden verbleibende Kaufinteressenten beim Auktionsverfahren ein erstes **indikatives Angebot** abgeben, das noch nicht bindend ist. Bei der Abgabe des indikativen Angebots empfiehlt es sich, die vorgegebene Struktur des Prozessbriefs zu berücksichtigen, um nicht aufgrund von Formalia in einem kompetitiven Prozess disqualifiziert zu werden. Das indikative Angebot kann eine Auflistung von wesentlichen Angaben des Verkäufers enthalten, auf die der Käufer seine Bewertung stützt.[15] Trotz der fehlenden rechtlichen Bindung dieses Dokuments ist zu beachten, dass ein Kaufinteressent sich erklären muss, wenn er in seinem verbindlichen Angebot nennenswert von dem ersten indikativen Angebot abweicht. Vor diesem Hintergrund hat die Nennung wesentlicher Angaben des Verkäufers eine besondere Bedeutung für den Erwerber, da während der Due Diligence identifizierte Aspekte, die mit den Angaben des Verkäufers nicht übereinstimmen, eine gesichtswahrende Möglichkeit sind, mit dem verbindlichen Angebot von dem indikativen Angebot abzuweichen.

### 4. Letter of Intent

28 Außerhalb eines Auktionsprozesses ist der Letter of Intent[16] (Absichtserklärung) ein typisches Transaktionsdokument im Stadium vorvertraglicher Verhandlungen, die exklusiv zwischen einem potentiellen Unternehmensverkäufer und -käufer geführt werden. Dieses Instrument entstammt ursprünglich dem angelsächsischen Rechtskreis, hat sich allerdings mittlerweile auch in der deutschen Transaktionspraxis etabliert. Zweck des Letter of Intent ist es, dass die Beteiligten die Ergebnisse erster zwischen ihnen geführter Sondierungsgespräche in Bezug auf die ins Auge gefasste Transaktion bereits in einem frühen Stadium fixieren und den weiteren Ablauf der Transaktion i. S. e. Ablaufplans strukturieren. Der Kaufinteressent erklärt durch den Letter of Intent gegenüber dem Verkäufer die Bereitschaft, auf der Grundlage der wechselseitig indizierten Verhandlungspositionen über die

15) Vgl. *Stapenhorst*, in: Just/Stapenhorst, S. 30.

16) Vgl. zum Letter of Intent auch *Sörgel*, M&A Review 2014, 334; *Heussen*, Letter of Intent, passim.

beabsichtigte Transaktion unter gewissen Voraussetzungen und zu bestimmten Bedingungen in ernstliche Vertragsverhandlungen eintreten zu wollen.[17]

Im Letter of Intent sind üblicherweise die wichtigsten Eckdaten der geplanten Transaktion niedergelegt, auf die sich die Parteien vorläufig geeinigt haben. So enthält der Letter of Intent typischerweise eine unverbindliche Aufzeichnung (Punktation) einzelner Vertragspunkte, über die im Zuge von Vorverhandlungen bereits eine grundsätzliche Verständigung erzielt worden ist, und weiterhin oftmals eine Auflistung noch zu klärender Punkte bzw. Verhandlungspositionen.[18] Welche Erklärungen die Parteien dabei im Einzelnen abgeben, orientiert sich an den Umständen des Einzelfalls; ein starres Muster gibt es jedenfalls nicht. Typischerweise gehört jedenfalls Folgendes zum Inhalt: 29

- Erklärung der wechselseitigen Absicht – unter Vorbehalt der Durchführung einer zufriedenstellenden Due-Diligence-Prüfung sowie etwaiger Gremienzustimmungen –, einen Kaufvertrag über den Erwerb des Zielunternehmens abschließen zu wollen.
- Die genaue Bezeichnung des Zielunternehmens und Wahl der Transaktionsstruktur (Share Deal oder Asset Deal, hierzu siehe Rz. 145 ff).
- Festlegung der wesentlichen wirtschaftlichen Rahmendaten, insbesondere die Höhe des Kaufpreises, Methoden zur Kaufpreisermittlung und ggf. zur Kaufpreisanpassung sowie Modalitäten der Kaufpreiszahlung.
- Leitlinien für die Vornahme der Due-Diligence-Prüfung (Art der Due Diligence – Präsenz oder virtueller Datenraum), Beginn und Dauer, Umfang und Reichweite der vorzulegenden Dokumente und Informationen etc.).
- Zeitplan für die weiteren Schritte nach Beendigung der Due-Diligence-Phase, Festlegung von geplanten Signing- und Closingterminen.
- Vereinbarungen zu Vertraulichkeit, Exklusivität, Vertragsstrafe (Break-up Fee), Abwerbeverbot.
- Sonstiges (z. B. Schriftform, Rechtswahl und Schieds- oder Gerichtsstandsvereinbarung).[19]

Wegen des noch vorläufigen Stands der Verhandlungen ist es Wesensmerkmal eines Letter of Intent, dass die von den Parteien hierin abgegebenen Erklärungen und sonstigen Vereinbarungen in aller Regel als rechtlich unverbindliche Absichtserklärung ausgestaltet werden.[20] In dieser Phase der Verhandlungen hat der Kaufinteressent noch zu wenig gesicherte Informationen über die Zielgesellschaft, um sich bereits verbindlich auf deren Erwerb festlegen zu können. Auch hat er in aller Regel dann noch nicht alle intern erforderlichen Zustimmungen, z. B. seiner Gesellschafter, seines Aufsichtsrats oder Vorstands, 30

---

17) *Picot*, in: Münchener Anwaltshandbuch GmbH-Recht, § 21 Rz. 47 f; *Jaques*, in: Beck'sches Handbuch Unternehmenskauf im Mittelstand, Kap. C. II. 3. Rz. 57, 58; MünchKomm-*Busche*, BGB, Vor § 145 Rz. 58 (was regelmäßig die Unverbindlichkeit der Erklärungen indiziert). Legen die Parteien ihre wechselseitigen Absichten in Bezug auf die Verhandlungen über die geplante Transaktion in einer gemeinsamen Erklärung nieder wird diese Absischtserklärung regelmäßig als *Memorandum of Understanding* (MoU), *Term Sheet* oder auch *Heads of Terms* bezeichnet.

18) MünchKomm-*Busche*, BGB, Vor § 145 Rz. 58, 59; *Picot*, in: Münchener Anwaltshandbuch GmbH-Recht, § 21 Rz. 47 f.

19) Zum typischen Inhalt eines Letter of Intent siehe ausführlich Göthel-*Göthel*, Grenzüberschreitende M&A-Transaktionen, § 2 Rz. 25; Picot-*Picot*, Unternehmenskauf, § 2 Rz. 20; *Schlitt*, in: Semler/Volhard, § 6 Rz. 64 ff.

20) *Schlitt*, in: Semler/Volhard, § 6 Rz. 101 ff; *Beisel*, in: Beisel/Klumpp, § 1 Rz. 84.

zu dem Kauf eingeholt. Daher legen die Parteien ganz regelmäßig im Letter of Intent ausdrücklich nieder, dass dieser und die darin getroffenen Aussagen noch nicht rechtlich verbindlich sein sollen (*„no binding clause“*) und für sich genommen keine Verpflichtung zum Abschluss eines Vertrags für die Parteien begründen sollen.[21)]

31 Als **rechtlich verbindlich** werden jedoch regelmäßig die Vertraulichkeit, eine ggf. **(befristete) Exklusivität** sowie das **Abwerbeverbot** und die Rechtswahl- und Streitbeilegungsklausel vereinbart.[22)] Auch wenn der Letter of Intent als im Übrigen formalrechtlich nicht bindende Absichtserklärung ausgestaltet wird, hat sein Inhalt in der Praxis rein faktisch hohe Bindungswirkung, und es ist erfahrungsgemäß schwer, in späteren Verhandlungen von den Regelungen des Letter of Intent abzurücken,[23)] ohne dass gute Gründe hierfür vorliegen. Haben sich die Parteien einmal auf bestimmte Parameter verständigt, ist es gleichermaßen schwierig, diese in den weiteren Verhandlungen entscheidend zu verändern oder gar neue – zuvor nicht besprochene – Transaktionsparameter zum Gegenstand der Vertragsverhandlungen zu machen. Etwaige diesbezügliche Zugeständnisse der jeweils anderen Partei sind in einem späteren Stadium (also nach Abschluss des Letter of Intent) oftmals nur noch zu einem sehr viel höheren „Preis“ zu erzielen, als wenn man sie von Anfang an betrachtet hätte.[24)]

32 Zudem schaffen die Parteien durch den Abschluss eines Letter of Intent ein gesteigertes Vertrauensverhältnis, aus dem jedenfalls eine **Haftung** nach den Grundsätzen des Verschuldens bei Vertragsschluss resultieren kann.[25)] Dies gilt sogar bereits für Absichtserklärungen und Regelungen der Parteien, denen kein rechtsverbindlicher Charakter zukommt und denen die Parteien auch ausdrücklich keine verbindliche Wirkung zuschreiben wollen.

33 Eine Haftung unter einem Letter of Intent kann damit sowohl bei einem Abbruch der Vertragsverhandlungen ohne triftigen Grund (culpa in contrahendo)[26)] als auch bei einem Verstoß gegen die verbindlichen Regelungen zu Aufklärungs-,[27)] Geheimhaltungs-[28)] oder Exklusivitätspflichten entstehen. Diese potentiellen Haftungsrisiken können zu einer Einschränkung der Freiheit führen, den avisierten Unternehmenskaufvertrag abzuschließen oder auch nicht. Auf die Formulierung des Letter of Intent, der normalerweise vom Er-

---

21) Werden auf der Grundlage eines Letter of Intent Vertragsverhandlungen tatsächlich aufgenommen, kann dieser bei fehlender Ernsthaftigkeit des Willens einer Partei zu einem Vertragsschluss zu gelangen, unter Umständen Grundlage für eine Vertrauenshaftung und Schadensersatzansprüche aus culpa in contrahendo sein, MünchKomm-*Busche*, BGB, Vor § 145 Rz. 58 m. w. N.; *Bergjan*, ZIP 2004, 395, 397 f; *Picot*, in: Münchener Anwaltshandbuch GmbH-Recht, § 21 Rz. 48.

22) *Kästle/Oberbracht*, Unternehmenskauf – Share Purchase Agreement, S. 11; *Stapenhorst*, in: Just/Stapenhorst, S. 32; *Picot*, in: Münchener Anwaltshandbuch GmbH-Recht, § 21 Rz. 50 f; *Jaques*, in: Beck'sches Handbuch Unternehmenskauf im Mittelstand, Kap. C. II. 3. und Mustertext in Kap. G.

23) *Munkert*, DStR 2008, 2501, 2505; *Lutter*, Der Letter of Intent, S. 11/12; Picot-*Picot*, Unternehmenskauf, § 1 Rz. 19.

24) So auch Göthel-*Göthel*, Grenzüberschreitende M&A-Transaktionen, § 2 Rz. 26.

25) Zu möglichen Fallgruppen vgl. *Bergjan*, ZIP 2004, 395, 396; *Lutter*, Der Letter of Intent, S. 70 ff; sowie *Beisel*, in: Beisel/Klumpp, § 1 Rz. 86; Picot-*Picot*, Unternehmenskauf, § 1 Rz. 23; *Schlitt*, in: Semler/Volhard, § 6 Rz. 45 ff.

26) BGH, Urt. v. 14.7.1967 – V ZR 120/64, NJW 1967, 2199; BGH, Urt. v. 29.3.1996 – V ZR 332/94, ZIP 1996, 1174 = NJW 1996, 1884, 1885, dazu EWiR 1996, 679 *(Medicus)*; BGH, Urt. v. 7.12.2000 – VII ZR 360/98, ZIP 2001, 655, 656, dazu EWiR 2001, 517 *(Blank)*; kritisch dazu *Wertenbruch*, ZIP 2004, 1525, 1529.

27) BGH, Urt. v. 22.3.1979 – VII ZR 259/77, NJW 1979, 1449, 1450 f; BGH, Urt. v. 26.9.1997 – V ZR 29/96, ZIP 1998, 154, dazu EWiR 1998, 727 *(Grunsky)*.

28) Vgl. *Semler*, in: Hölters, Handbuch Unternehmenskauf, Rz. 7.16.

werbsinteressenten vorgelegt wird, ist daher in jedem Fall große Sorgfalt zu verwenden. Insbesondere sollte klargestellt werden, dass es sich bei dem Inhalt des Letter of Intent lediglich um die Fixierung der bereits erreichten Gesprächsergebnisse handelt und dass kein rechtsgeschäftsähnlicher Bindungswille der Verhandlungspartner i. S. d. § 311 Abs. 2 BGB und erst recht **kein vertraglicher Bindungswille** i. S. d. § 311 Abs. 1 BGB zum Ausdruck kommen soll.[29]

Um das Kostenrisiko – insbesondere für eine vorgenommene Due Diligence – bei vorzeitigem Scheitern der Transaktion für die Beteiligten abzusichern, aber auch um die Transaktionssicherheit zu erhöhen, können zwischen den Verhandlungsparteien Vereinbarungen über die Erstattung vergeblicher Aufwendungen oder sog. **Break-up Fees** getroffen werden. Dabei stellen sich Letztere je nach Ausgestaltung entweder als eine Schadenspauschale oder als ein selbständiges Strafversprechen dar, wonach ein vorher vereinbarter Betrag gezahlt werden muss, wenn die eine Partei ohne die Zustimmung der anderen die Vertragsverhandlungen abbricht oder die Transaktion aufgrund Verschuldens einer der Parteien endgültig scheitert. Solche Vereinbarungen sind grundsätzlich zulässig, solange sie nicht unverhältnismäßig sind und nur die bereits entstandenen Kosten im Vorfeld der Transaktion abdecken sollen. Allerdings stellt sich die Frage, ob die Aufnahme solcher Klauseln im Letter of Intent eine Pflicht zur Beurkundung desselben auslösen kann. Im Grundsatz ist davon auszugehen, dass Kostenerstattungsklauseln und auch Break-up Fees von den Parteien formfrei vereinbart werden können, und zwar auch dann, wenn der (angestrebte) Unternehmenskaufvertrag selbst der Beurkundung bedarf.[30] Eine Beurkundungspflicht für den Letter of Intent wird aber ausnahmsweise dann angenommen, wenn durch die vereinbarte Bestimmung zur Kostenerstattung bzw. durch die Break-up Fee der mittelbare wirtschaftliche Zwang begründet wird, einen beurkundungspflichtigen Unternehmenskaufvertrag abzuschließen.[31] 34

Das OLG München hat für eine Kostenerstattungsklausel im Letter of Intent eine Beurkundungspflicht unter diesem Gesichtspunkt verneint.[32] Allerdings war der Anspruch auf Erstattung der nutzlos aufgewandten Kosten nach der Vereinbarung in dem entschiedenen Fall – insoweit eher ungewöhnlich[33] – sowohl in zeitlicher Hinsicht als auch der Höhe nach beschränkt, sodass nach dem Sinn und Zweck der Norm nur die nachgewiesenen, angemessenen und tatsächlich entstandenen Kosten geltend gemacht werden konnten.[34] Anders mag dies jedoch sein, wenn die zu ersetzenden Aufwendungen z. B. der Höhe nach nicht gedeckelt sind. Daher ist bei der Vereinbarung von Kostenerstattungsregelungen die Frage der Beurkundungspflicht des Letter of Intent genau zu prüfen.[35] Eine falsche Beurteilung dieser Frage wiegt schwer, da der Formverstoß im Zweifel die Gesamtnichtigkeit des Letter of Intent nach sich ziehen würde. 35

Keine unmittelbaren Aussagen lassen sich aus dem Urteil des OLG München für die in der Praxis noch weitaus häufiger vorkommenden echten Break-up-Fee-Klauseln entnehmen. Indes ist davon auszugehen, dass die Rechtsprechung für die Abgrenzung zwischen 36

29) Picot-*Picot*, Unternehmenskauf, § 1 Rz. 24.

30) *Louven/Mehrbrey*, NZG 2014, 1321, 1322; *Bergjan/Feltes*, GWR 2012, 468; *Hilgard*, BB 2008, 286, 287.

31) Vgl. LG Parderborn, Urt. v. 28.4.2000 – 2 O 132/00, NZG 2000, 899, 900.

32) OLG München, Urt. v. 19.9.2012 – 7 U 736/12, ZIP 2013, 23 = NZG 2013, 257, dazu EWiR 2013, 347, 348 *(Linnerz/Jungclaus)*; *Bergjan/Feltes*, GWR 2012, 468.

33) So auch *Louven/Mehrbrey*, NZG 2014, 1321, 1322.

34) OLG München, Urt. v. 19.9.2012 – 7 U 736/12, ZIP 2013, 23 = NZG 2013, 257 (Gründe II 1).

35) *Linnerz/Jungclaus*, EWiR 2013, 347, 348.

formfrei möglichen und beurkundungspflichtigen Break-up Fees auf dieselben Kriterien rekurrieren würde.[36] Dabei kann die Frage, ob die Break-up Fee einen mittelbaren Zwang zum Abschluss des Hauptgeschäfts auslöst, aber wohl nicht (allein) danach beantwortet werden, ob die Break-up Fee betragsmäßig einen bestimmten Prozentsatz des Transaktionsvolumens ausmacht oder überschreitet. Entsprechend wird man auch nicht annehmen können, dass Break-up-Fee-Klauseln, wie sie z. B. bei öffentlichen Übernahmen („*public M&A-transactions*") in den USA oftmals verwendet werden und häufig 2–3 % des Transaktionsvolumens vorsehen,[37] per se einen faktischen Abschlusszwang begründen. Vielmehr müssen immer die Umstände des Einzelfalles umfassend gewürdigt werden und dabei im Zusammenhang mit der Transaktionssumme vor allem auch die Höhe der Break-up Fee im Verhältnis zu den bis zum Verhandlungsabbruch tatsächlich entstandenen Transaktionskosten und dem Anteil des Strafcharakters der Break-up Fee bewertet werden.[38]

37 Für die Beratungspraxis bedeutet die Entscheidung des OLG München ein gewisses Maß an Rechtssicherheit, soweit im Letter of Intent die Erstattung der tatsächlich entstandenen, vergeblich aufgewandten Kosten vereinbart wird.[39] Werden dagegen echte Break-up Fees vereinbart, so sollte darauf geachtet werden, dass diese als pauschalierter Schadensersatz ausgestaltet werden und nicht als Strafversprechen für den Fall des Abbruchs der weiteren Vertragsverhandlungen. Die Parteien sollten Umfang und Höhe der Schadensersatzpauschale dabei an den zu erwartenden angemessenen Transaktionskosten orientieren.[40] Können (letzte) Unsicherheiten, ob das beabsichtigte Hauptgeschäft bereits durch den Abschluss des Letter of Intent „wirtschaftlich erzwungen" wird, nicht ausgeräumt werden, ist der Letter of Intent im Zweifel zu beurkunden.[41]

38 Die Wirksamkeit von Vereinbarungen, nach denen die Break-up Fee von der Zielgesellschaft zu zahlen ist, ist darüber hinaus im Hinblick auf die strengen Kapitalerhaltungsregeln bei Aktiengesellschaften und GmbHs sorgfältig zu prüfen, insbesondere vor dem Hintergrund der Frage, inwieweit solche Abreden im Interesse der Gesellschaft abgeschlossen werden.[42]

39 Für den Erwerbsinteressenten sind die nachfolgenden Phasen einer Unternehmensakquisition, insbesondere die **Prüfung des Zielunternehmens**, die sog. Due Diligence, mit erheblichen Kosten verbunden. Daher muss er daran interessiert sein, für einen gewissen Zeitraum Verhandlungsexklusivität zu erhalten, um das Risiko, die Zeit und die Kosten für die geplante Akquisition vergeblich aufgewendet zu haben, zu minimieren. Er wird daher

---

36) So auch *Louven/Mehrbrey*, NZG 2014, 1321, 1322; *Linnerz/Jungclaus*, EWiR 2013, 347, 348.

37) Vgl. dazu auch *Emmerich/Cohen*, in: Beck'sches M&A-Handbuch, § 96 Rz. 79.

38) *Geyrhalter/Zirngibl/Strehle*, DStR 2006, 1559, 1563; *Linnerz/Jungclaus*, EWiR 2013, 347, 348. Ist die Break-up Fee im Einzelfall als Vertragsstrafeversprechen zu qualifizieren, kommt eine Herabsetzung der Höhe durch gerichtliches Urteil gemäß § 343 BGB in der Regel wegen § 348 HGB nicht in Betracht, die Break-up Fee kann dann jedoch gemäß §§ 138, 242 BGB überprüft und auf eine angemessene Höhe reduziert werden, *Linke/Fröhlich*, GWR 2014, 449, 452 f.

39) Diese sind jedenfalls bei Bestreiten der anderen Partei genauestens nachzuweisen, *Louven/Mehrbrey*, NZG 2014, 1321, 1322 m. w. N.; *Bergjan/Feltes*, GWR 2012, 468; *Bergjan/Schwarz*, GWR 2013, 4, 6.

40) So auch *Louven/Mehrbrey*, NZG 2014, 1321, 1322, wonach anzuraten ist, beispielsweise durch eine Kostenschätzung und Verweis auf die Stundensätze der beauftragten Berater auch zu konkretisieren, was die Parteien für „angemessen" erachten.

41) Vgl. *Louven/Mehrbrey*, NZG 2014, 1321, 1322.

42) Vgl. dazu ausführlich *Sieger/Hasselbach*, BB 2000, 625; *Banerjea*, DB 2003, 1489, 1492 ff; *Hölters/Hölters*, in: Hölters, Handbuch Unternehmenskauf, Rz. 10.68, *Hilgard*, BB 2008, 286; *Fleischer*, AG 2009, 345: für die generelle Unzulässigkeit einer von der Ziel-AG versprochenen Break-up Fee mit Blick auf die aktienrechtlichen Kapitalerhaltungsvorschriften siehe Hölters/*Hölters*, AktG, § 93 Rz. 202.

versuchen, den Verkäufer zu verpflichten, für einen bestimmten Zeitraum mit keinem anderen Kaufinteressenten zu verhandeln. Ob sich der Veräußerer darauf einlässt, hängt von der Verhandlungsposition des Kaufinteressenten ab. Sofern der Verkäufer gegen eine dann im Letter of Intent verbindlich vereinbarte Verhandlungsexklusivität durch die Aufnahme von Verhandlungen mit anderen Kaufinteressenten vor Ablauf der Exklusivitätsperiode verstößt, kann der Erwerbsinteressent einen Anspruch auf Schadensersatz gemäß § 280 Abs. 1, 2 BGB i. V. m. der Exklusivitätsvereinbarung auch dann geltend machen, wenn die Exklusivitätsvereinbarung selbst keine konkreten Aussagen zu den Rechtsfolgen eines Verstoßes enthält.[43]

Darüber hinaus vereinbaren die Parteien regelmäßig entweder in dem Letter of Intent oder in einer separaten Vereinbarung (NDA – siehe Rz. 23 f) als rechtlich verbindliche Regelung eine gegenseitige Verpflichtung zur Verschwiegenheit. Nach deren Inhalt ist insbesondere der Kaufinteressent verpflichtet, über die ihm vom Veräußerer über das Zielunternehmen zur Verfügung gestellten Informationen Stillschweigen zu bewahren.[44] 40

Anstelle eines Letter of Intent werden gelegentlich auch ***Heads of Terms***, ***Heads of Agreements*** oder ein ***Memorandum of Understanding*** abgeschlossen.[45] Diese unterscheiden sich nur in der Form, nicht jedoch in der Funktion von einem Letter of Intent. Während Letzterer als Brief ausgestaltet ist, der von der Gegenseite zum Zeichen ihres Einverständnisses gegengezeichnet wird, haben die erstgenannten Dokumente das Rubrum eines Vertrags. Um keine Missverständnisse aufkommen zu lassen, wird es daher hier mehr noch als beim Letter of Intent erforderlich sein, genau festzulegen, welche der Aussagen die bloße Wiedergabe des erreichten Verhandlungsstands sowie die Absichten der Parteien darstellen und welche von ihnen rechtliche Bindungswirkungen entfalten sollen, um sich von einem rechtsverbindlichen Vorvertrag abzugrenzen. 41

## 5. Due-Diligence-Prüfung

An die erste Sondierungsphase schließt sich in fast allen Fällen eine sorgfältige Prüfung des Zielunternehmens durch den oder die potentiellen Erwerber, die sog. Due-Diligence-Prüfung, an. Wörtlich übersetzt bedeutet der englischsprachige Begriff „gebührende Sorgfalt".[46] Sie zählt zum festen Bestandteil einer üblichen M&A-Transaktion.[47] Eine solche Prüfung ist nicht nur deshalb erforderlich, um mögliche Risiken des Erwerbsobjektes frühzeitig zu identifizieren und diese sowohl bei der Kaufpreisermittlung als auch im Vertragswerk (insbesondere im Gewährleistungs- und Haftungssystem) angemessen zu berücksichtigen,[48] sondern sie dient auch der Geschäftsleitung des Käuferunternehmens, um bei der Entscheidung über den Erwerb des Zielunternehmens ihren allgemeinen kaufmännischen Sorgfaltspflichten nachkommen zu können.[49] Zu guter Letzt ermöglicht der Due- 42

---

43) *Tophoven*, BB 2010, 2919, 2920.

44) Göthel-*Göthel*, Grenzüberschreitende M&A-Transaktionen, § 2 Rz. 27; *Kiethe*, NZG 1999, 976, 977 f; *Kösters*, NZG 1999, 623; zu Vertraulichkeitsvereinbarungen im Einzelnen siehe *Schlitt*, in: Semler/Volhard, § 6 Rz. 3 ff.

45) Vgl. dazu auch *Kästle/Oberbracht*, Unternehmenskauf – Share Purchase Agreement, S. 11.

46) *Elfring*, JuS-Beil. 5/2007, 3; *Beisel*, in: Beck'sches Mandatshandbuch Due Diligence, § 1 Rz. 8 f; *Beisel*, in: Beisel/Klumpp, § 2 Rz. 2; Picot-*Picot*, Unternehmenskauf, § 2 Rz. 120; *Loges*, DB 1997, 965, 967 ff.

47) *Plath*, CR 2007, 345, 346; *Rittmeister*, NZG 2004, 1032.

48) Picot-*Picot*, Unternehmenskauf, § 2 Rz. 112.

49) *Schönhaar*, GWR 2014, 273, 274; ausführlich zu Fragen der Pflicht zur Durchführung einer Due Diligence *Schiffer/Bruß*, BB 2012, 847, 848 f.

Diligence-Prozess zudem eine saubere und umfangreiche Dokumentation, welche Informationen und Unterlagen dem Erwerbsinteressenten in Bezug auf das Zielunternehmen zur Verfügung gestellt worden sind, was von entscheidender Bedeutung ist für die Frage, von welchen Umständen/Risiken der spätere Käufer Kenntnis hatte oder haben musste.

**43** Der Begriff „Due Diligence“ ist auf den kaufrechtlichen Grundsatz des Common Law (anglo-amerikanischer Rechtskreis) „*caveat emptor*“ („der Käufer hüte sich“) zurückzuführen.[50] Danach ist es allein Angelegenheit des Käufers, sich ein Urteil über den Kaufgegenstand zu verschaffen. Diesem Zweck dient die Untersuchung des Kaufobjekts vor Vertragsschluss.[51] Auch wenn der *Caveat-Emptor*-Grundsatz im deutschen Rechtsraum grundsätzlich keine Anwendung findet und das deutsche Recht keine vergleichbare Regelung kennt,[52] wird – insbesondere in Reaktion auf das rechtskräftige Urteil des OLG Oldenburg vom 22. Juni 2006[53] – in den letzten Jahren verstärkt diskutiert, inwieweit eine Pflicht, eine Obliegenheit oder eine Verkehrssitte des Inhalts besteht, eine Due Diligence durchzuführen, mit der Konsequenz, dass eine unterlassene, unvollständige oder unsorgfältige Due Diligence zu einem Verlust von Gewährleistungsrechten führen kann. Ein einheitlicher Meinungsstand hat sich noch nicht herausgebildet.[54]

**44** So wird einerseits die Meinung vertreten, die immensen Risiken, die ein Unternehmenskauf typischerweise mit sich bringt, zögen die Notwendigkeit einer Due Diligence nach sich,[55] wobei jedoch im Einzelfall Ausnahmen von diesem Grundsatz zugelassen werden.[56]

**45** Andererseits wird argumentiert, dass es lediglich der üblichen Praxis entspreche, nicht aber eine Obliegenheit des Unternehmenskäufers sei, vor dem Abschluss eines Unternehmenskaufvertrags eine Due Diligence durchzuführen, sodass das Unterlassen bzw. die unvollständige oder unsorgfältige Durchführung einer Due Diligence kein fahrlässiges Verhalten darstelle und dementsprechend der jeweilige Unternehmenskäufer seine Gewährleistungsrechte nicht verliere, wenn er auf eine Due Diligence verzichte oder diese nicht hinreichend vollständig bzw. sorgfältig durchführe.[57]

**46** Fest steht, dass es allein die Angelegenheit des Käufers ist, sich ein Urteil über den Kaufgegenstand zu verschaffen. Diesem Zweck dient daher die Untersuchung des Kaufobjekts vor Vertragsschluss.[58]

**47** Das pflichtwidrige Unterlassen eines Due-Diligence-Verfahrens und die damit einhergehende Nichtaufnahme von ausreichenden Garantiebestimmungen in dem entsprechenden Unternehmenskaufvertrag kann indes zu Schadensersatzansprüchen des Erwerbsunternehmens gegen seine eigenen Organmitglieder führen, da sich diese dann ggf. nicht mehr auf

---

50) *Körber*, NZG 2002, 263, 264.

51) *Werner*, ZIP 2000, 989, 990; *Krüger/Kalbfleisch*, DStR 1999, 174; *Merkt*, BB 1995, 1041, 1046; *Andreas/Beisel*, in: Beck'sches Mandatshandbuch Due Diligence, § 2 Rz. 29, 30.

52) Hölters/Hölters, AktG, § 93 Rz. 177.

53) OLG Oldenburg, Urt. v. 22.6.2006 – 1 U 34/03, NZG 2007, 434, 436.

54) Vgl. *Fey*, in: Beck'sches Steuer- und Bilanzrechtslexikon, Ed. 47/2019, Due Diligence (DD), Rz. 5, 16.

55) *Werner*, GmbHR 2007, 678, 682.

56) *Böttcher*, NZG 2007, 481, 485; nach Ansicht des LG München handelt der Vorstand einer AG jedenfalls sorgfaltswidrig, wenn er sich bei seiner Entscheidungsfindung nicht auf durch eine Due Diligence beschaffte Information stützt, sofern das Transaktionsvolumen bei ca. 5,7 Mrd. € liegt, vgl. LG München I, Urt. v. 15.10.2010 – 5 HK O 2122/09, ZIP 2010, 2451.

57) *Müller*, NJW 2004, 2196, 2198, 2199; *Klein-Blenkers*, NZG 2006, 245, 252 m. w. N.

58) *Werner*, ZIP 2000, 989, 990; *Krüger/Kalbfleisch*, DStR 1999, 174, 175; *Merkt*, BB 1995, 1041, 1046.

die sie privilegierende **Business Jugdement Rule** berufen können.[59] Vor dem Hintergrund stetig wachsender Compliance-Anforderungen gilt es somit für die Organe der Käuferunternehmen, insbesondere für den Fall, dass eine Due-Diligence-Prüfung nicht durchgeführt werden soll, die maßgeblichen Überlegungen und Entscheidungsgrundlagen, die zum entsprechenden Entschluss geführt haben, sorgfältig und umfassend zu dokumentieren.

### a) Ziele einer Due-Diligence-Prüfung

Mit einer Due-Diligence-Prüfung verfolgt ein Erwerbsinteressent im Wesentlichen folgende **48**
Ziele:[60]

1. Primäres Ziel einer Due-Diligence-Prüfung ist es, eine ausreichende Informationsgrundlage in Bezug auf das zu erwerbende Zielunternehmen zu schaffen und die damit typischerweise bei dem Kaufinteressanten im Vergleich zum Verkäufer vorhandenen Informationsdefizite zu beseitigen (Informationsfunktion).[61] Es ist jedoch nicht in jedem Fall davon auszugehen, dass der Verkäufer tatsächlich einen Informationsvorsprung vor dem Erwerber hat: So kann bei dem Verkauf von Beteiligungen, die nicht mehr zum Kerngeschäft des Verkäufers zählen, bei Minderheitsbeteiligungen oder auch bei dem Verkauf aus der Insolvenz durch den Insolvenzverwalter dieser Umstand nicht gegeben sein.[62]
2. Ein weiteres, ganz wesentliches Ziel der Due-Diligence-Prüfung ist es, die Annahmen des Kaufinteressenten in Bezug auf den Wert des Zielunternehmens zu bestätigen[63] sowie die bewertungsrelevanten Informationen in der für Finanzmodelle erforderlichen Detailtiefe zur Verfügung zu stellen.[64] Sie dient damit auch der Wertermittlung des Zielunternehmens und damit letztlich der Ermittlung bzw. Bestätigung des **Kaufpreisangebotes** (Wertermittlungsfunktion).[65]
3. Die Due-Diligence-Prüfung ermöglicht dem Kaufinteressenten weiterhin, Erkenntnisse darüber zu erhalten, ob das Zielunternehmen den von ihm in der Strategiephase (siehe Rz. 14 ff) definierten Vorgaben entspricht oder ob der Transaktion unüberwindbare Hürden (Deal Breakers) entgegenstehen (Risikoermittlungsfunktion).
4. Da es nicht ausreicht, Risiken lediglich zu identifizieren, werden im Rahmen der Due-Diligence-Prüfung von den beauftragten Beratern des Kaufinteressenten zudem bereits erste Lösungsansätze zur Eliminierung oder Minderung der bekannt gewordenen Risiken entwickelt (Risikomanagementfunktion).[66] Die entsprechenden Erkenntnisse und/oder Lösungsansätze im Due-Diligence-Bericht dienen den Prinzipalen im weiteren Verlauf der Transaktion als maßgebliche Grundlage für ihre Entscheidungen (siehe Rz. 75–110).

---

59) *Schiffer/Bruß*, BB 2012, 847, 848 f; *von Busekist/Timmerbeil*, CCZ 2013, 225.

60) Vgl. *Berens/Schmitting/Strauch*, in: Berens/Brauner/Strauch/Knauer, S. 65 ff.

61) Vgl. *Berens/Schmitting/Strauch*, in: Berens/Brauner/Strauch/Knauer, S. 65; Göthel-*Göthel*, Grenzüberschreitende M&A-Transaktionen, § 2 Rz. 43; Picot-*Picot*, Unternehmenskauf, § 2 Rz. 128.

62) Vgl. *Matzen*, in: Just/Stapenhorst, S. 90.

63) Vgl. *Matzen*, in: Just/Stapenhorst, S. 94.

64) Vgl. *Matzen*, in: Just/Stapenhorst, S. 91.

65) Vgl. *Matzen*, in: Rottke/Rebitzer, Kap. 3.4, S. 258; Göthel-*Göthel*, Grenzüberschreitende M&A-Transaktionen, § 2 Rz. 44.

66) Vgl. *Matzen*, in: Just/Stapenhorst, S. 92.

5. Das unter vorstehender Ziff. 4 beschriebene Ziel ist eng verknüpft mit der sog. Vertragsgestaltungsfunktion der Due Diligence.[67] So können die in diesem Zusammenhang erlangten Ergebnisse als Grundlage für die im Kaufvertrag zu regelnden Fragen verwendet werden, indem sie durch entsprechende Gewährleistungs- oder Freistellungsverpflichtungen des Veräußerers abgesichert werden.[68] Der Erkenntnisgewinn des Erwerbsinteressenten aus der Due Diligence-Prüfung erlaubt es weiterhin, den Katalog von Garantieversprechen und Freistellungen individuell auf die jeweilige Transaktion zuzuschneiden und kann so helfen, die Vertragsverhandlungen zu diesen wichtigen Punkten für die Parteien konzentriert und problemorientiert zu gestalten.

6. Schließlich dient eine Due Diligence auch der Entlastung der Entscheidungsträger der Erwerbergesellschaft, da diese hiermit dokumentieren können, dass sie sich über die Risiken der Zielgesellschaft ausreichend informiert haben, und damit einem möglichen Vorwurf, nicht die nötige Sorgfalt aufgewendet zu haben, entgegentreten können (Exkulpationsfunktion).[69] Siehe Rz. 47 und Rz. 111 ff.

### b) Gegenstand der Due-Diligence-Prüfung

49 Bei einer Due-Diligence-Prüfung können regelmäßig folgende Sektoren unterschieden werden: der rechtliche (Legal Due Diligence), der kaufmännische (Commercial Due Diligence), der finanzielle (Financial Due Diligence), der steuerliche (Tax Due Diligence), der personalbezogene (Human Resources Due Diligence), der umweltbezogene (Environmental Due Diligence) Sektor.[70]

50 Wesentlich für alle Due-Diligence-Arbeiten ist das Verständnis der Ziele und der beabsichtigten Strategie des Erwerbers, [→ Rz. 14 ff] um einerseits den Fokus der Prüfung auf die entscheidungsrelevanten Aspekte zu legen und andererseits die Ergebnisse im Lichte der beabsichtigten Strategie zu bewerten. Vor dem Hintergrund des Urteils des LG Düsseldorf zur Vollständigkeit eines Red Flag Reports im Hinblick auf die entscheidungsrelevanten Kriterien,[71] [→ Rz. 143] kann die Bedeutung der Einordnung der Ergebnisse in die beabsichtigte Strategie des Erwerbers gar nicht genug betont werden.

51 In der **rechtlichen** Due Diligence gilt es, eine umfassende Prüfung des Kaufgegenstands in Bezug auf die rechtlichen Verhältnisse vorzunehmen und rechtliche Risiken zu identifizieren, die Auswirkungen auf das geplante Akquisitionsprojekt haben könnten. Dies könnten zum einen Bestandsrisiken sein (wie z. B. fehlendes Eigentum am Kaufgegenstand wegen Zwischenverfügung oder etwaige **„Change-of-Control-Klauseln“** in wichtigen Kunden- und Lieferantenverträgen). Zum anderen können dies Haftungsrisiken des Erwerbers sein, die sich für diesen aus dem Kauf ergeben (z. B. drohende oder bereits rechtshängige Rechtsstreitigkeiten, Produkthaftungsrisiken).[72] Entsprechend werden die gesellschaftsrechtlichen Grundlagen der Zielgesellschaft, insbesondere die Anteilsinhaberschaft, die Gesellschafts-

---

67) Ähnlich auch Göthel-*Göthel*, Grenzüberschreitende M&A-Transaktionen, § 2 Rz. 45.

68) Vgl. *Berens/Schmitting/Strauch*, in: Berens/Brauner/Strauch/Knauer, S. 87.

69) Vgl. *Berens/Schmitting/Strauch*, in: Berens/Brauner/Strauch/Knauer, S. 77; *Matzen*, in: Just/Stapenhorst, S. 92.

70) *Krüger/Kalbfleisch*, DStR 1999, 174, 175; *Hörtnagel/Zwirner*, in: Beck'sches Mandatshandbuch Unternehmenskauf, § 2 Rz. 28–35; zur möglichen weiteren Differenzierung siehe *Gran*, NJW 2008, 1409, 1412 ff.

71) LG Düsseldorf, Urt. v. 15.10.2013 – 7 O 6/12, juris = AnwBl 2014, 450.

72) *Hörtnagel/Zwirner*, in: Beck'sches Mandatshandbuch Unternehmenskauf, § 2 Rz. 31; zur Produktsicherheit als Teil der rechtlichen Due Diligence *Klindt/Swoboda*, DB 2005, 1203.

verfassung und Beteiligungsstruktur (bei einem Anteilskauf), die Rechtsverhältnisse hinsichtlich aller wesentlichen Verträge mit Kunden und Lieferanten und möglichen Finanzierungspartnern (Darlehen, Bürgschaften, Garantien, Patronat) bezüglich der Grundstücke und Gebäude[73)] sowie der Bestand von gewerblichen Schutzrechten[74)] und etwaige Rechtsstreitigkeiten untersucht. Auch die arbeitsrechtliche Situation einschließlich der Vereinbarung des Kollektivarbeitsrechts ist Gegenstand der Überprüfungen.[75)] Aspekte der umweltrechtlichen Due Diligence können mit der rechtlichen Due Diligence verknüpft sein, vor allem soweit Risiken umweltrechtlicher Natur, zumeist aufgrund von Altlasten, Emissionen und Genehmigungserfordernissen,[76)] betroffen sind. Aufgrund der Tatsache, dass in praktisch allen Branchen, unabhängig von der Größe des Unternehmens, komplexe Kommunikations- und IT-Infrastrukturen für den Geschäftsbetrieb unerlässlich sind, umfassen die Untersuchungen einer Due Diligence standardmäßig auch die vorhandene IT-Architektur, die IT-Ausstattung einschließlich der im Unternehmen vorhandenen Software und Service Level Agreements (SLA) mit externen Serviceprovidern[77)] sowie die Einhaltung des Datenschutzes. Die rechtliche Due Diligence ist für die spätere Unternehmensbewertung von großer Bedeutung, da die kommerziellen Aspekte wesentlicher Verträge, wie z. B. Preise, Preiserhöhungsmechanismen, Laufzeiten etc. als Planungsannahmen in der Unternehmensbewertung berücksichtigt werden. Die rechtliche Due Diligence liegt in der Hand der Rechtsanwälte und ggf. auch der Rechtsabteilung des Erwerbers.

Im Rahmen der **finanziellen** Due Diligence wird das Zielunternehmen hinsichtlich der **52**
Qualität seiner Finanzdaten, seiner Vermögens-, Finanz- und Ertragslage untersucht. Hierbei werden im Wesentlichen die Jahresabschlüsse des Zielunternehmens der letzten drei bis fünf Jahre sowie die Planungsrechnungen für die kurz- und mittelfristige Geschäftsentwicklung analysiert.[78)] Dieser Teil der Due Diligence dient insbesondere auch der sog. Wertermittlungsfunktion, indem nicht nur die Aufdeckung bilanzieller Risiken verfolgt wird, sondern aus den Ergebnissen auch Prognosen bezüglich der künftigen Ertragskraft und zu Cashflow-Erfordernissen des Zielunternehmens abgeleitet werden können.[79)] Weiterhin hat die Analyse der Qualität der Finanzdaten Bedeutung für die Vereinbarung zum Kaufpreismechanismus, den Kaufpreisbestandteilen sowie den Regelungen zu etwaigen Stichtagsabschlüssen.[80)] Diese Erkenntnisse sind ganz maßgeblich für die Kaufpreisfindung im jeweiligen Akquisitionsprozess. Die finanzielle Due Diligence wird von den hierauf spezialisierten Mitarbeitern einer Wirtschaftsprüfungsgesellschaft durchgeführt.

---

73) Vgl. hierzu *Scheel*, DB 2005, 2799.

74) Dem Bestand und der Rechtsinhaberschaft gewerbliche Schutzrechte und Arbeitnehmererfindungen betreffend und anderem geschütztem geistigem Eigentum (z. B. Computerprogramme/Software), das Mitarbeiter des Zielunternehmens im Rahmen ihrer Tätigkeit hevorgebracht haben, kommt insbesondere auch bei sog. Acqui-Hire-Transaktionen – vor allem im Bereich von Start-ups – besondere Bedeutung zu, vgl. dazu ausführlich *Grub/Krispenz/Koschker*, Legal Management of Innovation, S. 212, 217 f.

75) Vgl. zur arbeits- und sozialversicherungsrechtlichen Due Diligence *Neufeld*, M&A-Review 2011, 272, zur Due Diligence bezüglich Betriebsrenten *Müller*, VW 2009, 1215.

76) Vgl. hierzu im Einzelnen *Pföhler/Hermann*, WPg 1997, 628, 629.

77) Die im Rahmen der Due-Diligence Prüfung identifizierten IT-Risiken können neben ihrer angemessenen Berücksichtigung im Rahmen der kaufvertraglich zu vereinbarenden Garantien und Freistellungen bei Bedarf mit Versicherungslösungen – auch außerhalb einer W&I-Versicherung – ganz oder teilweise abgesichert werden, dazu ausführlich: *Wirth*, BB 2018, 200, 206 ff.

78) Vgl. *Matzen*, in: Just/Stapenhorst, S. 100 – 138.

79) *Hörtnagel/Zwirner*, in: Beck'sches Mandatshandbuch Unternehmenskauf, § 2 Rz. 29; Göthel-*Göthel*, Grenzüberschreitende M&A-Transaktionen, § 2 Rz. 41.

80) Vgl. *Matzen*, in: Just/Stapenhorst, S. 100; *Pomp*, Praxishandbuch Financial Due Diligence, S. 25.

53 Die **steuerliche** Due Diligence befasst sich mit der aktuellen steuerlichen Situation und eventuellen steuerlichen Risiken der Zielgesellschaft und wird anhand der Steuererklärungen der zurückliegenden drei bis fünf Jahre, etwaiger Betriebsprüfungsberichte sowie der vertraglichen Beziehungen der Zielgesellschaft, insbesondere zu ihren Gesellschaftern und zu den mit ihr verbundenen Unternehmen, durchgeführt.[81)] Weiteres Ziel ist es, dem Erwerbsinteressenten die notwendigen Informationen zu liefern, damit dieser zusammen mit seinen Steuerberatern die aus steuerlicher Sicht günstigste Transaktionsstruktur wählen kann.[82)] Die Steuerberater des Erwerbsinteressenten arbeiten bei der steuerlichen Due Diligence häufig Hand in Hand mit den auf Steuerrecht spezialisierten Anwälten der den Erwerbsinteressenten beratenden Anwaltskanzlei. Hierdurch ist auch sichergestellt, dass die Rechtsberater mit allen Informationen versorgt sind, um die Ergebnisse in den Vertragsverhandlungen und der Vertragsgestaltung angemessen zu berücksichtigen.

54 Bei der **kaufmännischen** Due Diligence werden im Wesentlichen das Geschäftsmodell und die Marktposition des Zielunternehmens untersucht und aus dem zur Verfügung stehenden Datenmaterial Prognosen hinsichtlich der zukünftigen Entwicklungsmöglichkeiten entwickelt. Das Geschäftsmodell umfasst nach dem mittlerweile sehr verbreiteten Ansatz des Business Models Canvas von *Alexander Osterwalder* die Aspekte der Kundensegmente, der Kundenbeziehungen, der Kanäle, auf den mit Kunden kommuniziert wird, der Alleinstellungsmerkmale, der Produkte, der wesentlichen Aktivitäten und Ressourcen und Geschäftspartner sowie des Erlösmodells und der Kostenstruktur.[83)] Darüber hinaus können aufgrund der Ergebnisse bereits Überlegungen zur Integration des Zielunternehmens in die Organisation des Erwerbsinteressenten angestellt und mögliche Synergieeffekte ausgemacht werden. Die Untersuchungen der kaufmännischen Due Diligence werden entweder von Mitarbeitern des Kaufinteressenten selbst oder von externen Beratungsunternehmen vorgenommen.

55 Die **personalbezogene** Due Diligence erstreckt sich auf sämtliche Fragen, die Bezug zur Aufbau- und Ablauforganisation, zur Vergütungsstruktur, zu den Personalkosten und zur Leistungsfähigkeit des Personals der Zielgesellschaft haben, und geht dabei über die Bewertung der Personalsituation im Rahmen der rechtlichen Due Diligence hinaus.[84)] Die personalbezogene Due Diligence wird entweder von Mitarbeitern der Personalabteilung des erwerbenden Unternehmens oder von externen Beratern durchgeführt. Geht es dem Erwerber in erster Linie darum, in einem Zug Zugriff auf gleich ein ganzes Team hochqualifizierter und motivierter Mitarbeiter zu erlangen und diese ohne langwieriges Anwerben einzelner Mitarbeiter für das eigene Unternehmen zu gewinnen (sog. *„acqui-hire“*),[85)] kommt neben der rechtlichen vor allem auch der personenbezogenen Due Diligence besondere Bedeutung zu.[86)]

---

81) Vgl. im Einzelnen Picot-*Eilers/Ortmann*, Handbuch M&A, Kap. IV, S. 148 ff; *Krüger/Kalbfleisch*, DStR 1999, 174, 178 ff.

82) *Hörtnagel/Zwirner*, in: Beck'sches Mandatshandbuch Unternehmenskauf, § 2 Rz. 30; *Trimborn*, in: Berens/Brauner/Strauch/Knauer, S. 477 ff.

83) Vgl. *Osterwalder/Pigeur*, Value Proposition Design: How to create products and services customers want; *Just/Matzen*, in: Gündling/Schulz-Wulkow, S. 39 ff.

84) Siehe *Aldering/Högemann*, in: Berens/Brauner/Strauch/Knauer, S. 573 ff; *Beisel*, in: Beck'sches Mandatshandbuch Due Diligence, § 1 Rz. 54 ff.

85) Der Begriff des Acqui-Hire setzt sich aus „Acquisition“ und „Hiring“ zusammen und beschreibt die gezielte Übernahme von Arbeitnehmern, um diese im eigenen Unternehmen anzustellen; *Grub/Krispenz/Koschker*, Legal Management of Innovation, S. 212 ff.

86) *Grub/Krispenz/Koschker*, Legal Management of Innovation, S. 212 ff.

Die **umweltbezogene** Due Diligence[87] wird durch Ingenieurfirmen in Form von Umweltuntersuchungen durchgeführt. Gegenstand dieser Untersuchungen können Altlasten, Bauschadstoffe, Emissionen, Immissionen sowie die Schätzung der Kosten für die Beseitigung von Umweltrisiken sein.[88] Die Einschaltung einer solchen Ingenieurfirma ist besonders dann anzuraten, wenn konkrete Verdachtsmomente bezüglich umweltschädlicher Belastungen von Grundstücken oder Gebäuden des Zielunternehmens vorliegen. 56

Bei komplexeren Unternehmensakquisitionen wird oftmals auch die operative Leistungsfähigkeit des Zielunternehmens analysiert (Operational Due Diligence) und dabei die Geschäftsprozesse, meist von Mitarbeitern des Erwerberinteressenten oder auch von beratenden Ingenieuren, im Hinblick auf Chancen und Risiken untersucht. Auch Kosten- und Investitionsplanungen können so vor dem Hintergrund operativer Notwendigkeiten wie z. B. Kapazitätsengpässen belastbar überprüft werden.[89] Darüber hinaus werden bisweilen auch eine Bewertung des Versicherungsschutzes (Insurance Due Diligence) und eine Evaluierung der Unternehmenskultur der Zielgesellschaft (Cultural Due Diligence) vorgenommen. Vor dem Hintergrund der fortlaufenden Verschärfung der gesetzlichen Anforderungen an Qualitäts- und Risikomanagement sowie der Stärkung der Themenfelder Datenschutz und Kartellrecht gewinnt auch die Überprüfung der hierfür beim Zielunternehmen eingerichteten Strukturen im Rahmen der sog. **Compliance Due Diligence** immer mehr an Bedeutung.[90] Es wird für den Erwerber zunehmend wichtig, frühzeitig Kenntnis von eventuellen Compliance-Verstößen – also vor allem auch Problemen in der Strukturierung oder Etablierung der Überwachungsfunktionen im Zielunternehmen[91] – zu erlangen, um hierauf noch im Rahmen der Strukturierung der Transaktion und durch Regelungen im Kaufvertrag reagieren zu können. Auch ermöglicht die Compliance Due Diligence bereits eine Abschätzung, ob ein ggf. erforderlicher Investitionsbedarf zur Beseitigung der identifizierten Risiken und zur Integration des Zielunternehmens in das eigene Compliance-Management-System die Transaktion insgesamt weiterhin wirtschaftlich sinnvoll erscheinen lässt.[92] 57

Je nach Umfang und Intensität ist die Due Diligence ein komplexer Vorgang, bei dem Experten unterschiedlicher Disziplinen zusammenwirken müssen.[93] Da die einzelnen Teile nicht streng voneinander abgrenzbar sind und vielfältige Wechselwirkungen bestehen, ist es erforderlich, die verschiedenen Teile zu koordinieren. Zum einen, um Doppelarbeit zu 58

87) Vgl. hierzu *Betko/Reiml/Schubert*, in: Berens/Brauner/Strauch/Knauer, S. 625 ff; *Andreas*, in: Beck'sches Mandatshandbuch Due Diligence, § 44 Rz. 6 ff.

88) *Hörtnagel/Zwirner*, in: Beck'sches Mandatshandbuch Unternehmenskauf, § 2 Rz. 34; *Betko/Reiml/Schubert*, in: Berens/Brauner/Strauch/Knauer, S. 625 ff.

89) Vgl. *Pomp*, Praxishandbuch Financial Due Diligence, S. 35.

90) *Seibt*, in: Beck'sches Formularbuch M&A, Form. B.VI.5. Anm. 1; *von Busekist/Timmerbeil*, CCZ 2013, 225.

91) Typische Prüfungsschwerpunkte sind die Organisation und Struktur der Compliance im Zielunternehmen, einschließlich wettbewerbsrechtlicher, datenschutzrechtlicher und korruptionsrechtlicher Risiken; *Liese/Theusinger*, in: Hauschka/Moosmayer/Lösler, Corporate Compliance, § 27 Rz. 59; *Seibt*, in: Beck'sches Formularbuch M&A, Form. B.VI.5. Anm. 1; *Moosmayer*, in: Moosmayer, Compliance, Rz. 263, 265 ff.

92) *Schaffner/Ullrich*, CB 2017, 289 ff; *Blassl*, CCZ 2017, 37 ff; *Beisel*, in: Beck'sches Mandatshandbuch Due Diligence, § 1 Rz. 58; ausführlich zum Thema Compliance Due Diligence bei M&A-Transaktionen auch *Seibt*, in: Beck'sches Formularbuch M&A, Form. B.VI.5; *Störk/Nestler*, in: Beck'sches Mandatshandbuch Due Diligence, § 41 Rz. 1 ff; *Liese/Theusinger*, in: Hauschka/Moosmayer/Lösler, Corporate Compliance, § 27 Rz. 31 ff; *von Busekist/Timmerbeil*, CCZ 2013, 225; und *Höttges/Hagemeister*, in: Berens/Brauner/Strauch/Knauer, S. 533 ff.

93) *Spill*, DStR 1999, 1786, 1788; *Dietzel*, in: Semler/Volhard, § 9 Rz. 128.

vermeiden, zum anderen, um sicherzustellen, dass wichtige Informationen innerhalb des Due-Diligence-Teams weitergegeben werden und nicht verloren gehen. Dabei kann die Koordinierungsfunktion von dem Kaufinteressenten selbst oder von einem der beauftragten Beratungsunternehmen übernommen werden.

### c) Ablauf einer Due-Diligence-Prüfung

59 Eine Due-Diligence-Prüfung beginnt üblicherweise mit der Definition des Umfangs der Prüfung sowie der Setzung von Untersuchungsschwerpunkten durch den Erwerbsinteressenten (*Scope of Review*). Diese Definition hängt entscheidend davon ab,

- wie schnell die Transaktion vorangetrieben werden muss;
- welche Transaktionsart gewählt wurde (Asset oder Share Deal – ausführlich siehe Rz. 145 ff);
- ob die Ergebnisse einer umfassenden Due Diligence (*„full scope due diligence"*) benötigt werden (üblicherweise von Finanzinvestoren gefordert) oder ob einzelne Bereiche bei der Due-Diligence-Prüfung eingeschränkt (z. B. nur die „Top 10") oder gar ausgeklammert werden können (*„limited due diligence"*). Die Praxis zeigt, dass immer mehr Erwerber von ihren Rechtsberatern in einem ersten Schritt nur die Durchführung einer *Limited Due Diligence* wünschen. Auf der Grundlage der gewonnenen Erkenntnisse entscheiden die Erwerbsinteressenten dann häufig, ob einzelne Bereiche einer weiteren, vertieften Prüfung unterzogen werden sollen;
- wie groß das Zielunternehmen und das Transaktionsvolumen sind;[94)]
- ob der Erwerbsinteressent bereits Gesellschafter des Zielunternehmens ist (z. B. bei Joint Ventures) und damit im Grundsatz bereits mit den Verhältnissen des Zielunternehmens vertraut ist;
- ob gewisse (sekundäre) Risiken bereits vom Erwerbsinteressenten im Rahmen der ersten Kaufpreisermittlung berücksichtigt worden sind, sodass hierauf keine weiteren Prüfungsarbeiten mehr verwandt werden müssen (z. B. bei bekannten Kontaminationen des Betriebsgrundstücks).

60 Auf der Grundlage des festgelegten *Scope of Review* erstellen dann die vom Erwerbsunternehmen beauftragten Berater **Due-Diligence-Anforderungslisten (*Information Request Lists*)**, in denen sie, häufig in standardisierter Form, die von der Verkäuferseite zusammenzustellenden Dokumente sowie anderweitig aufbereitete Informationen abfragen. Der Umfang der einzelnen *Request Lists* richtet sich danach, in welchen Teilbereichen der potentielle Erwerber den Schwerpunkt seiner Untersuchungen setzen möchte. Ausgehend von der übersandten *Request List* prüfen Geschäftsführung der Zielgesellschaft und Berater des Verkäufers, welche abgefragten Informationen überhaupt verfügbar sind bzw. welche uneingeschränkt und welche lediglich anonymisiert oder geschwärzt offengelegt werden können.

61 Abweichend von dem vorgenannten Ablauf wird bei Bieterverfahren typischerweise ein durch den Veräußerer bereits befüllter Datenraum den verschiedenen Bietern zur Verfügung gestellt. Ein separates Übersenden und Abarbeiten verschiedener *Request Lists* von allen Bietern wäre nicht nur unter zeitlichen, sondern auch unter finanziellen Gesichtspunkten

94) Göthel-*Göthel*, Grenzüberschreitende M&A-Transaktionen, § 2 Rz. 52.

unökonomisch. Auch bestimmt im Bieterverfahren regelmäßig der Verkäufer in starkem Maße, welche Informationen offengelegt werden sollen und welche nicht.

Die vom Verkäufer bzw. dem Zielunternehmen bereitgestellten und zur Prüfung freigegebenen Dokumente werden dann schließlich in einen sog. Datenraum eingestellt. Der klassische Datenraum als physischer Raum, üblicherweise in den Räumlichkeiten der Zielgesellschaft, kommt in der Praxis kaum noch vor. Er ist von den von professionellen Serviceprovidern betriebenen **virtuellen Datenräumen** (**„*virtual data room*"**) in den letzten Jahren fast vollständig abgelöst worden. Die nostalgischen Zeiten, in denen sämtliche Berater (Wirtschaftsprüfer, Steuerberater und Rechtsanwälte) eines Kaufinteressenten wochenlang – unter eher gewöhnungsbedürftigen Arbeitsbedingungen – zusammen in einem Datenarchiv gesessen haben, sind somit inzwischen vorbei. Der Vorteil der modernen virtuellen Datenräume liegt auf der Hand: Waren die Öffnungszeiten des physischen Datenraums oftmals an die üblichen Arbeitszeiten des Zielunternehmens gekoppelt und dadurch deutlich eingeschränkt, können die Informationen heutzutage im virtuellen Datenraum jederzeit, weltweit und von einer Vielzahl von Beratern gleichzeitig über das Internet eingesehen und ausgewertet werden. Dieses Vorgehen spart beiden Parteien nicht nur Zeit, sondern auch Kosten. 62

Der Zugang zum Datenraum wird nur auf der Grundlage gewährt, dass zunächst die jeweiligen **Datenraumregeln** (**„*data room rules*"**) anerkannt werden. Darin werden regelmäßig Vertraulichkeit, Zugangskontrolle, Zeitpunkt von erstmaliger Öffnung und Schließung des Datenraums, die Zulässigkeit des Ausdruckens von Unterlagen aus dem Datenraum sowie das Fertigen und Speichern von Kopien der eingestellten Dokumente geregelt.[95] 63

Sind für die Kaufentscheidung besonders sensible oder datenschutzrechtlich relevante Unterlagen des Zielunternehmens von Bedeutung, so werden in der Praxis häufig zwei verschiedene Datenräume eingerichtet. Zum einen wird ein dem Erwerber und seinen Beratern zugänglicher Datenraum (**„grüner Datenraum"**) zur Verfügung gestellt, der alle zwar vertraulichen, aber nicht besonders zu schützenden Unterlagen enthält. Zum anderen wird noch ein weiterer Datenraum (**„roter Datenraum"**) aufgesetzt, der die besonders sensiblen Daten enthält. Dies können Informationen sein, deren Offenlegung aufgrund rechtlicher Bestimmungen besonders eingeschränkt wird (z. B. für Kreditnehmerunterlagen durch das Bankgeheimnis oder für Personalakten aufgrund datenschutzrechtlicher Bestimmungen), oder die aus unternehmensstrategischen Erwägungen besonders schützenswert sind (z. B. Kundenanalysen [siehe Rz. 68]). Zum roten Datenraum erhalten nur Berater Zugang, die berufsrechtlich zur Verschwiegenheit verpflichtet sind, wie Rechtsanwälte, Steuerberater und Wirtschaftsprüfer. Diese Berater verpflichten sich dann, über Erkenntnisse aus dem Inhalt des roten Datenraums nur in aggregierter und anonymisierter Form an den Kaufinteressenten zu berichten.[96] Die Einrichtung von besonderen Datenräumen versucht mitunter auch der Problematik Rechnung zu tragen, dass der Veräußerer bei seinen Vertragsbeziehungen mit Dritten in der Regel Geheimhaltungspflichten unterliegt, die durch eine Offenlegung der entsprechenden Verträge im Rahmen einer Due-Diligence-Prüfung verletzt werden können.[97] Die Herausforderung für die käufer- 64

95) *Andreas*, in: Beck'sches Mandatshandbuch Due Diligence, § 8 Rz. 26–28.

96) Vgl. *Andreas*, in: Beck'sches Mandatshandbuch Due Diligence, § 8 Rz. 32; *Adolff/Th. Paul*, in: Beck'sches M&A-Handbuch, § 66 Rz. 7; *Kremer/Heukamp*, in: Beck'sches Formularbuch M&A, Form I.I.5.1 a) und b).

97) Zur Offenlegung vertraulicher Verträge bei der Due-Diligence-Prüfung und der damit unter Umständen verbundenen Verletzung von Geheimhaltungspflichten siehe *Liese*, DB 2010, 1806.

seitige Due Diligence besteht bei dem Konzept des roten Datenraums häufig darin, dass dieser Datenraum erst in einer sehr späten Phase der Due-Diligence-Prüfung zur Verfügung gestellt wird. Hierdurch entsteht die für alle Beteiligten unbefriedigende Situation, dass die für den Erwerbsinteressenten besonders interessanten und wichtigen Informationen lange Zeit unerreichbar sind. Die Beantwortung entscheidender Fragen ist damit auf einen späten Zeitpunkt verschoben.

**65** Diese Situation kann dadurch verbessert werden, dass dem Erwerbsinteressenten ein sog. Vendor-Due-Diligence-Bericht (ggf. nur die besonders schützenswerten Informationen) vom Verkäufer zur Verfügung gestellt wird. Im Rahmen der Vendor Due Diligence (siehe Rz. 72 ff) werden die vertraulichen Information so aufbereitet, dass der potentielle Erwerber die wesentlichen analytischen Erkenntnisse aus der Darstellung gewinnen und Schlussfolgerungen ziehen kann, ohne dass die vertraulichen Daten im Detail preisgegeben werden. In einem zweiten Schritt kann sich dann der Erwerbsinteressent mit Hilfe seiner Berater rückversichern, dass die Analysen der Vendor Due Diligence durch die Unterlagen im Roten Datenraum bestätigt werden.

**66** In den letzten Jahren ist diskutiert worden, ob die Offenlegung vertraulicher Informationen bei Due-Diligence-Prüfungen kartellrechtlich bedenklich sein kann, insbesondere wegen des Austauschs vertraulicher Informationen zwischen Wettbewerbern.[98)] Einschlägige Verfahren vor Kartellbehörden oder -gerichten in Europa sind indessen nicht bekannt.[99)]

**67** Nur die **Mitteilung sensibler, „strategischer" Informationen**, die Aufschluss über das gegenwärtige und künftige Marktverhalten eines Unternehmens gewähren, etwa seine Preispolitik, **an Wettbewerber** kann gegen das Kartellverbot verstoßen.[100)] Die Notwendigkeit, ein Unternehmen zu bewerten, bevor man es kauft, ist unbestritten. Die Offenlegung (nur) der für diese Überprüfung und Bewertung erforderlichen Informationen in einer Due-Diligence-Prüfung ist mit der Vorbereitung des Unternehmenskaufs unmittelbar verbunden und für sie notwendig; wie eine Nebenabrede fällt sie nicht unter das Kartellverbot.[101)] Der Verkäufer hat zudem ein starkes Eigeninteresse, strategische Informationen so lange wie möglich gegenüber Wettbewerbern geheim zu halten – die Transaktion kann ja noch scheitern.[102)]

**68** Im Einzelfall, etwa wenn enge Wettbewerber ihre konkurrierenden Aktivitäten in ein Gemeinschaftsunternehmen einbringen wollen oder in einem Bieterverfahren mehrere Wettbewerber zugleich sensible Informationen des Zielunternehmens erfahren würden, kann es geboten sein, strategische Informationen zu aggregieren, z. B. nur Durchschnittspreise anzugeben, bestimmte Informationen entweder ausschließlich externen Beratern der möglichen Käufer oder Mitarbeitern dieser Käufer, die anschließend für eine angemessene Zeit nicht in dem betroffenen Geschäftsfeld tätig sein dürfen („*clean team*"), zur Verfügung zu

---

98) MünchKomm-*Mäger*, GWB, § 41 Rz. 29; *Besen/Gronemeyer*, CCZ 2013, 137, 141.

99) *Besen/Gronemeyer*, CCZ 2013, 137, 141; MünchKomm-*Wessely*, Europäisches Wettbewerbsrecht, Art. 7 FKVO Rz. 61–63.

100) MünchKomm-*Wessely*, Europäisches Wettbewerbsrecht, Art. 7 FKVO Rz. 61–63; zu Art. 101 AEUV siehe Kommission, Leitlinien zur Anwendbarkeit von Artikel 101 des AEUV auf Vereinbarungen über horizontale Zusammenarbeit, ABl 2011 Nr. C 11/1; *Bechtold/Bosch/Brinker*, EU-KartellR, Art. 101 AEUV Rz. 56, 199 ff.

101) MünchKomm-*Wessely*, Europäisches Wettbewerbsrecht, Art. 7 FKVO Rz. 61–63; *Baron/Trebing*, BB 2016, 131 f.

102) *Baron/Trebing*, BB 2016, 131 f.

stellen und den Käufer auf interne Maßregeln zu verpflichten („*chinese walls*"), um eine Verbreitung der Information zu vermeiden.[103)]

69 Neben der klassischen, rein dokumentenbasierten Due-Diligence-Prüfung bedienen sich Erwerbsinteressenten immer häufiger auch weiterer Quellen zur Informationsgewinnung über das Zielunternehmen. Das wichtigste dieser Instrumente ist sicherlich der sog. **Q&A-Prozess.**[104)] Im Rahmen dieses Q&A-Prozesses wird dem potentiellen Erwerber die Möglichkeit eröffnet, durch gezielte Fragen Informationslücken, die sich zum Beispiel aus unvollständiger Dokumentation/Datenraumbefüllung ergeben können, zu schließen oder sogar etwaige Ungereimtheiten bzw. Widersprüche aufzuklären. Der Erwerbsinteressent stellt hierbei konkrete und detaillierte Nachfragen. Oftmals – gerade in Bieterverfahren – ist die Anzahl der vom Verkäufer zugelassenen Fragen begrenzt (z. B. 25 Fragen pro Bieter). Aufgabe des Beraters auf Erwerberseite ist es in einem solchen Fall auch, gemeinsam mit dem Mandanten die richtige Gewichtung der Fragen vorzunehmen und dabei allen Bereichen, den rechtlichen wie den wirtschaftlichen Informationsbedürfnissen des Mandanten, Rechnung zu tragen. Das Ergebnis des Prozesses, also sowohl die Fragen als auch die Antworten, werden nach Abschluss der Due Diligence als Anlage zum jeweiligen Bericht genommen, sodass die Antworten dem jeweiligen Erwerbsinteressenten/Bieter als konkretes Wissen (wenn es z. B. nach Vertragsschluss bzw. dem Closing um die Frage von Garantieverletzungen geht) zugerechnet werden. Umgekehrt sind die Antworten des Verkäufers auch verschriftlichter Bestandteil seiner Offenlegungen im Rahmen der Due Diligence. Sollte der Erwerber somit nach Vertragsschluss bzw. Closing feststellen, dass ihm im Q&A-Prozess gemachte Angaben unvollständig oder nachweislich falsch sind, ist es ein Leichtes für den Erwerber, den entsprechenden Nachweis zu führen. Auch eine Begrenzung der Garantien im Unternehmenskaufvertrag auf das Wissen des Verkäufers (sog. **Best-Knowledge-Klausel**) würde in diesem Fall die Haftung des Verkäufers nicht ausschließen, da er die entsprechenden Fragen – ggf. nach entsprechender und zumutbarer Nachforschung – qualifiziert beantworten muss.

70 Neben dem Q&A-Prozess bieten **Management-Interviews** (oder auch „***expert calls***") eine probate Möglichkeit, Informationen über das Zielunternehmen zu sammeln. Hierbei werden die Mitglieder der Geschäftsführung und führende Mitarbeiter gezielt befragt, um die bisherigen Ergebnisse der Due-Diligence-Prüfung zu plausibilisieren und zu vertiefen.[105)] Insbesondere stehen dabei finanzielle Themen, wie z. B. die Finanz- und Liquiditätsplanung, der Cashflow, die Geschäftspläne etc. auf der Agenda. Problematisch hierbei kann sein, dass das befragte Führungspersonal des Zielunternehmens durch dieses Interview aufgrund der regelmäßig geltenden Verpflichtung zur Verschwiegenheit in einen Interessenkonflikt gerät. So könnten auch Informationen, die zu einem bestimmten Zeitpunkt bewusst vom Veräußerer noch nicht veröffentlicht worden sind, gegen dessen Willen preisgegeben werden. Vor diesem Hintergrund muss auch berücksichtigt werden, dass die Transaktion zum Zeitpunkt, zu dem die Interviews typischerweise stattfinden, keinesfalls so weit fortgeschritten ist, dass ein erfolgreicher Abschluss sicher erscheint. Entsprechend sind Unternehmensverkäufer bei der Gestattung dieser Interviews eher zurückhaltend.[106)] Für leitende Mitarbeiter und die Geschäftsleitung des Zielunternehmens birgt die Weitergabe von

103) Zu diesen Maßnahmen und weiteren Beispielen MünchKomm-*Mäger*, GWB, § 41 Rz. 29; *Besen/Gronemeyer*, CCZ 2013, 137, 142 ff.

104) Vgl. *Stapenhorst*, in: Just/Stapenhorst, S. 41.

105) *Lucks*, in: Hölters, Handbuch Unternehmenskauf, Rz. 9.62.

106) Vgl. auch Holzapfel/Pöllath-*Greitemann/Funk*, Unternehmenskauf in Recht und Praxis, Rz. 719.

Informationen über die Gesellschaft – sei es im Management-Interview oder durch Offenlegung von vertraulichen Dokumenten an den Erwerbsinteressenten – ein erhebliches Risiko, ihre Verschwiegenheitspflicht zu verletzen und der Gesellschaft deshalb zum Schadensersatz verpflichtet zu sein.

71 Schließlich ist auch der Besuch einer Delegation der Erwerbsinteressenten am Standort des Zielunternehmens eine gute Gelegenheit, die Unternehmensprüfung auch im „physischen Sinne" abzurunden. Besonders dann, wenn es sich bei dem Zielunternehmen um ein Unternehmen des produzierenden Gewerbes handelt oder wenn für dessen Geschäft besondere Betriebseinrichtungen essentiell sind, ist die Besichtigung der Betriebsstätte und eingehende Prüfung der vorhandenen (Produktions-)Anlagen, der sog. ***„site visit"***, beinahe schon eine Pflicht des Erwerbsinteressenten.

### d) Vendor Due Diligence

72 Insbesondere in Auktionsverfahren (siehe Rz. 621 ff) wird häufig eine Due Diligence auch vom Verkäufer durchgeführt (**Vendor Due Diligence, kurz: VDD**). Ihr Zweck besteht zunächst darin, eine fundierte Grundlage für das Informationsmemorandum (siehe Rz. 25) zu schaffen.[107] Zum anderen sollen dadurch alle Interessenten, die in dem Verkaufsprozess weiter berücksichtigt werden, in gleichem Umfang über das Zielunternehmen informiert werden,[108] was den Auktionsprozess beschleunigt. Schließlich soll die Vendor Due Diligence Schwachstellen der Zielgesellschaft aufdecken. Diese können so entweder vor dem Verkauf beseitigt oder im Kaufvertrag angemessen geregelt werden.[109] Bei Auktionsverfahren liegt die Vorbereitung des Entwurfs des Unternehmenskaufvertrags ohnehin beim Verkäufer. Der Auftragsumfang wird typischerweise von dem beauftragten Beratungsunternehmen empfohlen. Der Auftraggeber hat hierbei natürlich ein Mitspracherecht, aber der Auftragnehmer wird aus Reputations- und Haftungsgründen selbst die Einschätzung der Angemessenheit der dargestellten Fakten vornehmen.[110] Dies liegt daran, dass der Auftragnehmer gegenüber dem Auftraggeber eine Haftung übernimmt, die bei Erwerb an den Erwerber übertragen wird. Gleichwohl ist darauf zu achten, dass der Vendor-Due-Diligence-Bericht auf alle wesentlichen Fragestellungen eingeht, die aus Sicht des Investors und der finanzierenden Bank bedeutsam sind. Wichtig ist ebenfalls, dass in dem Bericht aus den identifizierten Sachverhalten wertende Schlüsse gezogen werden.[111]

73 Alternativ zu einem umfassenden Vendor-Due-Diligence-Report kann der Verkäufer auch die Erstellung eines sog. **Fact Book** bei seinen Beratern beauftragen. Im Gegensatz zum Vendor Due Diligence Bericht verzichtet das Fact Book auf eine Analyse und kritische Bewertung der rechtlichen, steuerlichen oder finanziellen Aspekte und beschränkt sich allein auf eine Darstellung der tatsächlichen Verhältnisse der Zielgesellschaft.[112]

74 Für den Erwerber sind die Vorteile einer Vendor Due Diligence bei Auktionsverfahren ebenfalls unverkennbar: Die Kenntnis von wichtigen Umständen und Fakten für seine

107) *Elfring*, JuS-Beil. 5/2007, 3; *Nawe/Nagel*, in: Berens/Brauner/Strauch/Knauer, S. 851 ff; *Stapenhorst*, in Just/Stapenhorst, S. 22.

108) Vgl. *Nawe/Nagel*, in: Berens/Brauner/Strauch/Knauer, S. 851.

109) *Weiss*, International Business Lawyer 2004, 205, 206; *Hanke/Socher*, NJW 2010, 664, 665; *Cannivé*, ZIP 2009, 254, 256; *Weilep/Dill*, BB 2008, 1946.

110) Vgl. *Pomp*, Praxishandbuch Financial Due Diligence, S. 22.

111) Vgl. *Pomp*, Praxishandbuch Financial Due Diligence, S. 21.

112) *Rosengarten*, in: Beck'sches M&A Handbuch, § 4 Rz. 16.

weiteren Überlegungen ist sehr viel besser, und er kann durch fokussierte Analysen in relevanten Bereichen – soweit hierzu die notwendigen Daten bereitgestellt werden – seine Entscheidungen auf einer deutlich informierteren Basis treffen. Um einem möglichen Kreditgeber einen ersten Eindruck von dem zu finanzierenden Kaufobjekt zu verschaffen, kann der Erwerber den VDD-Bericht auch an sein finanzierendes Bankinstitut weitergeben und im Rahmen der Verhandlungen zur Kaufpreisfinanzierung nutzen. Letzteres setzt natürlich voraus, dass die erstellenden Berater zu ihrem VDD-Bericht einen sog. **Reliance Letter** abgeben, sodass das Kreditinstitut auf die Angaben vertrauen und bei falscher Darstellung im Bericht Regress bei den Beratern nehmen kann.[113)]

### e) Umgang mit den Due-Diligence-Ergebnissen

Je nach Kaufobjekt, wirtschaftlicher Situation des Objektes und anderen Rahmenbedingungen können die Due-Diligence-Arbeiten zu vielfältigen Ergebnissen („*findings*") führen. Bedingt durch die häufig arbeitsteilige Herangehensweise unterschiedlicher Experten, kommt es in der Regel in den jeweiligen Berichten auch zu Mehrfachnennungen bestimmter Sachverhalte, da jeder Sachverhalt unterschiedliche Facetten haben kann, die sich bei den jeweils involvierten Disziplinen niederschlagen. 75

#### aa) Generelle Überlegungen zum Umgang mit Due-Diligence-Ergebnissen

Finanzwirtschaftlich betrachtet können Risiken in zwei Kategorien eingeteilt werden, und zwar in solche, die unternehmensspezifisch sind (**unsystematische Risiken**), und in solche, die alle Unternehmen treffen (**systematische Risiken**). Diese Unterscheidung ergibt sich aus dem in der Unternehmensbewertung verwendeten Capital Asset Pricing Model (CAPM). Die Diskussion der systematischen Risiken im Rahmen der Due-Diligence-Ergebnisse ist hier nicht von Bedeutung, da diese Risiken bereits bei der Bemessung des Diskontierungszinssatzes im Rahmen der Unternehmensbewertung berücksichtigt werden und gesamtwirtschaftliche oder branchenspezifische Risiken schwerlich dem Verkäufer angelastet werden können. Allerdings ist dabei zu beachten, dass die systematischen Risiken bereits bei der Ermittlung des Kapitalisierungszinssatzes berücksichtigt werden und somit ebenfalls in der Bewertung des Unternehmens ihren Niederschlag finden (siehe Rz. 179 ff). Im hier relevanten Transaktionskontext soll aber lediglich der Umgang mit den unsystematischen und transaktionsspezifischen Risiken diskutiert werden.[114)] 76

Zur Strukturierung der Ergebnisse aus den unterschiedlichsten Bereichen kann die Impact-Uncertainty-Matrix ein hilfreiches Instrument sein. In dieser Matrix werden die Ergebnisse in zwei Dimensionen betrachtet:[115)] 77

- *Impact:* Ergebnisse (*findings*) werden nach der möglichen Auswirkung auf den Erfolg als hoch oder niedrig klassifiziert.
- *Uncertainty:* Gleichzeitig werden die Ergebnisse auch nach der wahrgenommenen Unsicherheit ihres Eintritts in den Klassen als „vorhersehbar" und „unsicher" klassifiziert.

Durch diese Zuordnung der im Rahmen der Due Diligence identifizierten Risiken fällt es dabei in der Regel leichter, die kausalen Zusammenhänge zwischen den unterschiedlichen Disziplinen zu verstehen. 78

113) Vgl. dazu *Meurer*, in: Beck'sches M&A-Handbuch, § 8 Rz. 22 ff.

114) Vgl. *Matzen*, in: Just/Stapenhorst, S. 92.

115) *Lowy/Hood*, 2 x 2 Matrix, S. 173, 174.

79 Im Hinblick auf den Umgang mit den im Rahmen der Due Diligence identifizierten Risiken bestehen folgende Zusammenhänge zwischen dem Risikoaspekt und den möglichen Handlungsoptionen:

- Je höher der Grad der Quantifizierbarkeit, desto besser lassen sich Risikoaspekte im Rahmen der Unternehmensbewertung berücksichtigen.
- Auch wenn die Risiken ggf. noch nicht quantifizierbar sind, können sie bereits sehr konkret und vorhersehbar sein. Auch in diesem Fall kann den konkreten Risiken durch entsprechende Maßnahmen begegnet werden.
- Sind Risiken hingegen abstrakt und unvorhersehbar, so ist der Ansatz konkreter Maßnahmen schwierig.
- Je höher die erwartete Auswirkung des Risikos, desto weniger kann das Risiko durch eine andere unerwartete Entwicklung kompensiert werden. Kleine Risiken können hingegen durch andere unerwartete Ereignisse kompensiert werden und wirken sich bei Eintritt in der Gesamtbetrachtung relativ schwächer aus.

80 Im Rahmen der Projektfinanzierung wird für den Umgang mit Risiken ein fünfphasiges Vorgehensmodell vorgeschlagen.[116] Werden diese fünf Phasen heuristisch mit den Kriterien Höhe der erwarteten Auswirkung, Quantifizierbarkeit und Vorhersehbarkeit verbunden, so ergeben sich folgende Zusammenhänge, aus denen sich dann auch im Hinblick auf die Felder der Impact-Uncertainty-Matrix Handlungsempfehlungen ableiten lassen. Allerdings können diese in Abhängigkeit von dem jeweiligen Wettbewerb um das Erwerbsobjekt und auf die Risikoauffassung des potentiellen Erwerbers variieren, sodass eine eindeutige Zuordnung von Handlungsempfehlungen zu einzelnen Feldern der Impact-Uncertainty-Matrix nicht möglich ist.

| | Vermeidung („*avoid*") | Verlagerung („*transfer*") | Berücksichtigung („*containment*") | Risikoabschlag („*contingency*") | Akzeptieren („*acept or ignore*") |
|---|---|---|---|---|---|
| Erwartete Auswirkung | **mittel–hoch** | mittel–hoch | mittel | mittel | gering |
| Vorhersehbarkeit | **gering** | mittel | hoch | mittel–hoch | gering–mittel |
| Quantifizierbarkeit | gering–hoch | gering–mittel | mittel–hoch | mittel–gering | gering |

### bb) Vermeidung

81 Die Vermeidung der Risiken erfolgt vor allem durch (i) den Ausschluss von Risiken durch Maßnahmen der Transaktionsstrukturierung, also einer Änderung des Umfangs der Transaktion, (ii) Vollzugsbedingungen oder aber auch (iii) die Lösung der zugrunde liegenden Probleme vor Abschluss der Transaktion.[117] In die Obergruppe der Vermeidungsstrategien lassen sich auch die Covenants einordnen. Ziel der Covenants ist jedoch nicht bestehende Risiken zu adressieren, sondern vielmehr den Eintritt solcher zwischen Unterzeichung des Kaufvertrags („*signing*") und Übergang des wirtschaftlichen Eigentums („*closing*") zu vermeiden.

116) Vgl. *Matzen*, in: Just/Stapenhorst, S. 94.

117) Vgl. *Matzen*, in: Just/Stapenhorst, S. 94.

### (1) Transaktionsstrukturierung

Durch die Änderung der ursprünglich vom Verkäufer beabsichtigten Transaktionsstruktur, können Risiken von der Transaktion ausgeschlossen werden. So kann z. B. statt eines vorgeschlagenen Share Deals, ein Asset Deal durchgeführt werden und es können risikobehaftete Vermögensgegenstände zurückbelassen („*cherry picking*") werden (siehe Rz. 145 ff). 82

### (2) Vollzugsbedingungen

Wird während der Due Diligence festgestellt, dass bestimmte Umstände und Gegebenheiten (noch) nicht vorliegen, diese aber wesentlich für den Erfolg des anvisierten Business Case sind, so kann der Vollzug des Kaufvertrags an Voraussetzungen geknüpft werden. Diese Vollzugsvoraussetzungen (Conditions Precedent oder CPs) stellen aufschiebende Bedingungen i. S. v. § 158 Abs. 1 BGB dar. Sie stellen auf gewünschte, tatsächliche oder rechtliche Zustände bei dem Zielunternehmen ab.[118] 83

Um den Vollzug der Transaktion nicht aufgrund unwesentlicher Aspekte zu hemmen, sollten diese zustandsbezogenen Vollzugsbedingungen sich ausschließlich auf wesentliche Aspekte i. S. d. Business Case beziehen. Im Rahmen der Due Diligence sollten die wesentlichen Hindernisse zur Realisierung des Business Case ermittelt werden. Ein Beispiel wäre das Vorliegen einer Baugenehmigung im Falle eines nach dem Erwerb beabsichtigten Baus eines Gebäudes oder die Zulassung eines Medikamentes. Wenn das Unternehmen auch unabhängig von dem nach dem Business Case des Erwerbers zugrunde gelegten Ereignis (z. B. Medikamentenzulassung) bewertet und vom Käufer genutzt werden kann, kann der Eintritt des Ereignisses auch zu einem Kaufpreisnachschlag (Earn-out) führen und ist dann keine Vollzugsbedingung. 84

Weiterhin sollte bei der Definition der Vollzugsbedingung bedacht werden, dass deren Eintritt später auch eindeutig und zweifelsfrei festgestellt werden kann.[119] 85

### (3) Problemlösung vor Closing

Je nach Verhandlungsmacht des Erwerbers, kann dieser im Rahmen der Verhandlung fordern, dass bestimmte Probleme, die im Rahmen der Due Diligence identifiziert wurden, vor Vollzug der Transaktion gelöst werden. 86

Für dieses Vorgehen spricht zweierlei: Zum einen verfügt der Verkäufer in der Regel über die nötigen Kontakte zu den beteiligten Parteien, um diese entsprechend anzusprechen. Zum anderen ist jedes Problem, dass nicht vor Closing durch den Verkäufer gelöst wurde, im Nachhinein durch den Erwerber zu lösen. 87

### (4) Covenants

Für die Zeit zwischen Unterzeichnung des Kaufvertrags und dem Übergang des wirtschaftlichen Eigentums ist der Erwerber auf die Fortführung des Unternehmens unter der Verantwortung des Verkäufers angewiesen. Strebt die Geschäftsführung eine Weiterbeschäftigung nach dem Übergang des wirtschaftlichen Eigentums an, so bestehen auch gute Gründe, davon auszugehen, dass die Geschäftsführung sich an den Interessen des Erwer- 88

118) Vgl. *Neuhaus*, in: Kiem, S. 157 Rz. 16.
119) Vgl. *Kiem*, in: Kiem, S. 127 Rz. 24.

bers orientiert. Anders liegt hingegen der Fall, wenn die Geschäftsführung nach Übergang des wirtschaftlichen Eigentums bei dem Veräußerer Aufgaben wahrnehmen wird und der Arbeitsvertrag mit dem Unternehmen beendigt wird.

89 Grundsätzlich kann das Verhalten der Geschäftsführung innerhalb dieses kritischen Zeitraums durch Verhaltenspflichten (Covenants) gesteuert werden. Diese Covenants stellen typischerweise auf den Bestandserhalt und Werterhalt der Gesellschaft ab.[120)]

90 Werden während der Due Diligence wesentliche Aspekte ermittelt, die es zwischen Unterzeichnung des Kaufvertrags und dem Übergang des wirtschaftlichen Eigentums zu entscheiden gilt, so sollten diese in den Covenants explizit berücksichtigt werden, um sicherzustellen, dass diese Entscheidungen i. S. d. künftigen Erwerbers getroffen werden.

### cc) Verlagerung von Risiken

91 Grundsätzlich ist zu bemerken, dass die Externalisierung der Risiken, also die Vermeidung oder Verlagerung auf den Verkäufer oder eine andere externe Partei, eine Frage der Verhandlungsposition des Erwerbers ist. Je schlechter die Verhandlungsposition, z. B. aufgrund von starkem Wettbewerb, desto unwahrscheinlicher ist es, Risiken auf den Verkäufer zu verlagern. Insofern kann die Frage, ob Risiken mit hoher oder auch mittlerer Auswirkung auf den Veräußerer verlagert werden können, nur in Abhängigkeit von der konkreten Verhandlungssituation beantwortet werden.

92 Die Verlagerung von Risiken auf andere Parteien kann den Wert des Projektes steigern, da die Partei, die das beste Verständnis des Risikos hat, den niedrigsten Preis für die Übernahme dieses Risikos verlangen wird.

93 Die üblichen Instrumente der Verlagerung von Risiken von Käufer auf den Verkäufer sind Garantien und Freistellungen.

#### (1) Definition von Freistellungen

94 Werden im Rahmen der Due Diligence konkrete Risiken identifiziert, so besteht grundsätzlich die Frage der Eintrittswahrscheinlichkeit und der Höhe des Aufwandes bei Eintritt des konkreten Risikos. Je greifbarer das Risiko aus Sicht des Erwerbers ist, desto eher ist eine mindernde Berücksichtigung im Kaufpreis möglich. Alternativ dazu bzw. auch im Fall dem Grunde nach konkreter Risiken, aber der Höhe und der Eintrittswahrscheinlichkeit schwer einschätzbarer Risiken bietet sich die Definition einer Freistellung (*„indemnification"*) an.[121)]

95 Eine verbreitete Freistellung ist die Freistellung von steuerlichen Risiken, die Zeiträume vor dem Closing betrifft. Zum Teil wird in der Literatur darüber nachgedacht, ob bei einer vollumfänglichen steuerlichen Freistellung im Kaufvertrag von eine steuerlichen Due Diligence abgesehen werden kann.[122)] Die Möglichkeit der Verhandlung einer Freistellung legt den Schluss nahe, dass bezüglich des freigestellten Risikos die Due-Diligence-Handlungen eingeschränkt werden können. Es ist jedoch zu berücksichtigen, dass die Freistellung im Kaufvertrag ohne eine entsprechende Besicherung z. B. durch die Kreditwürdigkeit des Verkäufers, durch ein Treuhandkonto oder einen Kaufpreiseinbehalt von geringerem

---

120) Vgl. *Kiem*, in: Kiem, S. 128 Rz. 26–28.

121) Vgl. *Pomp*, Praxishandbuch Financial Due Diligence, S. 303.

122) Vgl. *Pomp*, Praxishandbuch Financial Due Diligence, S. 303.

Wert ist. Insofern ist eine Einschätzung der maximalen Höhe des Risikos unumgänglich, um festzulegen, ob und wie die Besicherung der Freistellung konkret erfolgen soll. Weiterhin ist auch zu berücksichtigen, dass bei Finanzinvestoren oder Privatpersonen die Gewährung einer Freistellung typischerweise vom Verkäufer nicht zugestanden wird bzw. auch nicht sinnvoll ist.[123)]

#### (2) Definition von Gewährleistungen

Grundsätzlich werden in Kaufverträgen umfangreiche Garantien („*representations and warranties*") zu finanziellen, rechtlichen und operativen Verhältnissen des zu verkaufenden Unternehmens gewährt.[124)] Aufgrund der Due-Diligence-Ergebnisse gilt es, den anfänglich generischen Katalog der Garantien auf die gegebene Situation anzupassen. Das Augenmerk sollte dabei vor allem auf Aspekten liegen, die sich der Due Diligence nur schwer erschlossen haben. Gründe hierfür können in einer schlechten Dokumentation der Aspekte liegen oder auch in dem mangelnden Konkretisierungsgrad eines Risikos an sich. Wichtig für die Vertragsgestaltung ist es in jedem Fall, von jedem Due-Diligence-Team Auskunft über Due-Diligence-Bereiche zu erhalten, bei denen die gewährten Informationen nicht zufriedenstellend waren. 96

Die bezüglich der Besicherung von Freistellungen geäußerten Überlegungen gelten analog für die Gewährleistungen, wenngleich diese sich in der Regel auf unkonkrete Risiken beziehen und die Quantifizierung des Risikos somit wesentlich herausfordernder ist. Dennoch sollte ein Erwerber sich nicht mit einem umfangreichen Gewährleistungspaket in Sicherheit wähnen, ohne die Frage der Besicherung durchdacht zu haben. 97

### dd) Berücksichtigung von Risiken in der Unternehmensbewertung

Können die Risiken nicht auf den Veräußerer verlagert werden, so bleibt dem Erwerber nur, diese im Kaufpreisangebot zu berücksichtigen. 98

Können die Risiken quantifiziert werden, so können diese auch in der Unternehmensplanung berücksichtigt werden und damit in der Unternehmensbewertung konkret berücksichtigt werden (siehe Rz. 220 f.). 99

Kann das Risiko hingegen nicht quantifiziert werden, so kann es lediglich pauschal berücksichtigt werden. Zu unterscheiden ist dabei zwischen den unternehmensspezifischen (unsystematische Risiken) und allgemeinen Risiken (systematische Risiken). Lediglich die erstgenannten unsystematischen Risiken sind hierbei relevant, da die systematischen Risiken bereits durch die Berücksichtigung einer branchenüblichen Renditeanforderung dargestellt werden (ausführlicher siehe Rz. 224).[125)] Die unsystematischen Risiken können pauschal durch Abschläge von Erlösen und Zuschlägen auf Aufwendungen und Investitionen berücksichtigt werden. 100

### ee) Wahl des Kaufpreismechanismus auf Basis von Due-Diligence-Ergebnissen

Grundsätzlich stehen zur Gestaltung des Kaufpreises unterschiedliche Mechanismen zur Verfügung, die im Zusammenhang mit der Kaufpreisstrukturierung im Detail erläutert werden (siehe Rz. 179 ff). 101

---

123) Vgl. *Pomp*, Praxishandbuch Financial Due Diligence, S. 303.

124) Vgl. *Pomp*, Praxishandbuch Financial Due Diligence, S. 300.

125) Vgl. *Matzen*, in: Just/Stapenhorst, S. 95.

### (1) Closing Accounts vs. Locked Box

102 Die während der Financial Due Diligence aufgefundene Datenqualität hat dabei neben den vom Käufer selbst zugrunde gelegten Bewertungsparametern einen entscheidenden Einfluss darauf, welcher Kaufpreismechanismus aus Sicht des Erwerbers akzeptabel erscheint.[126] Gerade beim Locked-Box-Mechanismus sollte ein Erwerber einen Stichtagsabschluss zum Beginn der Locked-Box-Period (Reference Balance Sheet) von hinreichender Qualität erwarten dürfen.

103 Weiterhin sollte der letzte verfügbare Abschluss nicht zu weit in der Vergangenheit liegen, da der Erwerber ja zum Locked-Box-Datum das wirtschaftliche Risiko des erworbenen Unternehmens übernimmt.

104 Ein weiterer Aspekt ist der Umfang einer möglichen innerkonzernlichen Verflechtung zwischen dem zu erwerbenden Unternehmen und dem Verkäufer. In dem Maße, wie derartige Verflechtungen vorliegen, ist es für einen Erwerber schwer, Vertrauen darin zu gewinnen, dass es keine wertmindernden Liquiditätsabflüsse während der Locked-Box-Period gegeben hat bzw. geben wird.

105 Ein weiterer Aspekt ist das zu erwartende Geschäftswachstum während der Locked-Box-Periode. Dieses und der daraus resultierende Wertzuwachs sind grundsätzlich über die Verzinsung des Kaufpreises abzubilden (Value Accrual, siehe Rz. 1643 ff). Leider kommt es hierüber immer wieder zu Missverständnissen und in Verhandlungen wird häufig auf tatsächliche Zinssätze zur Verzinsung von Guthaben Bezug genommen. Hierdurch kann mitunter ein Unternehmen mit einem hohen angenommenen Wachstum ggf. für den Wertzuwachs in der Locked-Box-Periode nur unzureichend kompensiert werden und Closing Accounts können in dieser Situation ggf. die bessere Wahl sein.

106 Ein weiterer wichtiger Aspekt ist eine mögliche weitere Zusammenarbeit des Verkäufers und des Käufers nach der Transaktion. Die Anwendung von Closing Accounts kann im Nachhinein zu einer beliebigen Anzahl von Streitfällen in Bezug auf die Bewertung und Bilanzierung im Stichtagsabschluss führen. Diese Streitigkeiten können leicht eine Eigendynamik entwickeln und das bisher vertrauensvolle Verhältnis zwischen Käufer und Verkäufer unterminieren und damit Geschäftsbeziehungen auf anderer Ebene infrage stellen. Um diese Situation zu vermeiden, könnten Closing Accounts die bessere Wahl sein.

107 Eine andere Überlegung kann darin liegen, bewusst durch die Closing Accounts nach Closing, den Konflikt mit dem Ziel einer nachträglichen Kaufpreisreduktion zu suchen.

### (2) Earn-out vs. Einmalzahlung

108 Während bei der Einmalzahlung des Kaufpreises, die künftige Entwicklung des Unternehmens nach Closing nicht mehr für den Kaufpreis maßgeblich ist, führt die Veränderung eines Earn-outs ggf. noch zu einer nachträglichen erfolgsabhängigen Kaufpreiszahlung.

109 Der Earn-out kann eine Verhandlungslösung sein, wenn die Zukunftserwartungen von Käufer und Verkäufer in Bezug auf bestimmte Aspekte divergieren. Wenn die Kaufpreisbemessung des Erwerbers z. B. zunächst von einem pessimistischen Szenario ausgeht, aber das vom Verkäufer erwartete optimistische Szenario eintritt, dann erfährt das Unternehmen einen Wertzuwachs. Solange die Earn-out- Zahlung geringer ist als der unerwartete Wertzuwachs, profitiert der Käufer von dieser Situation (siehe Rz. 238 ff).

126) Vgl. *Pomp*, Praxishandbuch Financial Due Diligence, S. 299 f.

Für beide Parteien besteht das Risiko, dass die Zurechenbarkeit des Erfolges auf die bestimmten, für den Earn-out relevanten Variablen mit zunehmendem Zeitablauf schwieriger wird. 110

### f) Organschaftliche Sorgfaltspflichten beim Unternehmenskauf

Der **Vorstand** einer **Aktiengesellschaft** führt die Geschäfte in eigener Verantwortung, ist also im Gegensatz zur Geschäftsführung einer GmbH nicht an Weisungen eines anderen Organs, wie der Gesellschafterversammlung, gebunden (§ 76 AktG). Da Vorstände von AGs sich nicht auf die Instruktion eines anderen Organs berufen können, müssen sie sich sowohl auf Seiten der Zielgesellschaft als auch der des Erwerbers mit den folgenden rechtlichen Themen befassen:[127)] 111

Grundsätzlich steht dem Vorstand einer Aktiengesellschaft in Ausübung seiner Funktion bei unternehmerischen Entscheidungen ein weitreichender, gerichtlich nicht überprüfbarer Ermessensspielraum zu.[128)] Gleichwohl gilt dieser weite Ermessensspielraum des Vorstands nicht uneingeschränkt. So bestimmt § 93 Abs. 1 Satz 2 AktG[129)] in Anlehnung an die bereits in der Praxis angewandte **Business Judgement Rule**[130)] des amerikanischen Rechts, dass eine Sorgfaltspflichtverletzung so lange nicht vorliegt, wie das Vorstandsmitglied bei einer unternehmerischen Entscheidung vernünftigerweise annehmen durfte, auf der Grundlage angemessener Informationen zum Wohle der Gesellschaft zu handeln.[131)] 112

Inwieweit sich daraus eine Pflicht der Geschäftsleitung des **Erwerbers** zur Durchführung einer Due Diligence vor Abschluss eines Unternehmenskaufvertrags ableiten lässt, ist umstritten. Teilweise wird verlangt, es müsse stets eine Due Diligence stattfinden.[132)] Richtigerweise ist die Pflicht zur Durchführung einer Due Diligence vom Einzelfall abhängig und lässt sich nicht pauschal bejahen. Dies stellt ein nicht zu vernachlässigendes Haftungsprivileg des Vorstands dar. Bestünde stets die Pflicht zur Durchführung einer Due Diligence, ließe sich z. B. nur schwer festlegen, welche Pflichten der Vorstand hätte, wenn die Zielgesellschaft Auskünfte verweigerte.[133)] Bei Annahme einer solchen Pflicht hätte die Unterlassung einer Due Diligence stets die Verletzung der Sorgfaltspflichten nach § 93 Abs. 1 AktG zur Folge und damit die Verpflichtung zum Schadensersatz gegenüber der Gesellschaft.[134)] Ausgangspunkt für eine Beurteilung sollte die sog. Business Judgement Rule sein. Die Entscheidung, einen Unternehmenskauf durchzuführen, ist keine rechtlich gebundene, sondern eine unternehmerische Entscheidung, die aufgrund ihrer Komplexität oder Eilbedürftigkeit notwendigerweise ein Unsicherheitselement in sich trägt.[135)] Danach kommt 113

127) Siehe hierzu allgemein *Mutschler/Mersmann*, DB 2003, 79.

128) Vgl. BGH, Urt. v. 21.4.1997 – II ZR 175/95, BGHZ 135, 244 = ZIP 1997, 883, dazu EWiR 1997, 677 *(Priester)* – ARAG/Garmenbeck; siehe dazu *Redeke*, ZIP 2011, 59.

129) Durch das Gesetz zur Unternehmensintegrität und Modernisierung des Anfechtungsrechts (UMAG) v. 22.9.2005, BGBl I, 2802.

130) Vgl. BGH, Urt. v. 21.4.1997 – II ZR 175/95, BGHZ 135, 244 = ZIP 1997, 883, dazu EWiR 1997, 677 *(Priester)* – ARAG/Garmenbeck.

131) Zur Geltung und Reichweite der Business Judgement Rule in der GmbH siehe *Kuntz*, GmbHR 2008, 121.

132) LG Hannover, Urt. v. 23.2.1977 – 1 O 123/75, AG 1977, 198, 200; *Hopt*, in: Großkomm. z. AktG, § 93 Rz. 111; *Böttcher*, NZG 2007, 481, 485.

133) So auch *Böttcher*, NZG 2007, 481, 483 m. w. N.

134) *Werner*, GmbHR 2007, 678, 679; *Zumbansen/Lachner*, BB 2006, 613, 614.

135) *Böttcher*, NZG 2007, 481, 482; OLG Oldenburg, Urt. v. 22.6.2006 – 1 U 34/03, ZIP 2006, 2087 = NZG 2007, 434; *Schiffer/Bruß*, BB 2012, 847, 848 ff.

es darauf an, ob die Unternehmensleitung auch ohne eine Due Diligence vernünftigerweise annehmen durfte, aufgrund angemessener Informationen die unternehmerische Entscheidung zum Wohle des Unternehmens zu treffen.

**114** Für den Geschäftsführer einer GmbH, die als Erwerber agiert, gelten die vorstehenden Erwägungen bei der Ausübung seiner durch § 43 Abs. 1 GmbHG vorgegebenen kaufmännischen Sorgfaltspflichten weitgehend entsprechend.[136)] Jedoch ist sein Ermessen insoweit reduziert, als ihm die Gesellschafter im Rahmen ihres Weisungsrechts Vorgaben machen können.[137)]

**115** In dem von dem OLG Oldenburg[138)] entschiedenen Fall wurde beim Kauf einer Klinik aus der Insolvenz eine Wirtschaftlichkeitsrechnung des Verwaltungsleiters der Zielgesellschaft bei der Kaufentscheidung zugrunde gelegt, obwohl aus den vorhandenen betriebswirtschaftlichen Daten Ungereimtheiten und Unsicherheiten hervorgingen. Für diesen Fall hat das Gericht zu Recht die Pflicht zur Vornahme einer umfassenden Due Diligence und ein pflichtwidriges Verhalten der Geschäftsführung i. S. v. § 43 GmbHG bejaht. Insoweit tenoriert das OLG Oldenburg (2. Leitsatz):

> „Das dem Geschäftsführer bei unternehmerischen Entscheidungen zuzubilligende weite Ermessen ist beim Erwerb eines anderen Unternehmens (hier eines weiteren Klinikbetriebs) überschritten, wenn die Grundlagen, Chancen und Risiken der Investitionsentscheidung nicht ausreichend aufgeklärt worden sind. Zumindest dann, wenn nicht ausreichende, gesicherte Erkenntnisse über das zu erwerbende Unternehmen vorhanden sind oder wenn vorhandene Informationen Unklarheiten aufweisen, wird eine umfassende ‚Due Diligence' durchzuführen sein. Wird dies unterlassen, kommt bei einer zu erheblichen Verlusten führenden Fehlinvestition eine Geschäftsführerhaftung in Betracht."

Wie in anderen Fallkonstellationen zu entscheiden ist, ließ das Gericht offen. Je nach den Umständen kann daher das Unterlassen der Durchführung einer Due Diligence im Rahmen eines Unternehmenskaufs die Haftung des Verkäufers aufgrund grob fahrlässiger Unkenntnis des Käufers gemäß § 442 Abs. 1 Satz 2 BGB ausschließen.[139)]

**116** Führt der Erwerbsinteressent bzw. dessen Unternehmensleitung eine Due-Diligence-Prüfung des Zielunternehmens durch und ergeben sich dabei Erkenntnisse oder Anhaltspunkte dafür, dass Umstände vorliegen, die Risiken für von dem Erwerber als wesentlich angesehene Eigenschaften des Zielunternehmens begründen könnten – sprich dessen Wert beeinträchtigen könnten –, so trifft nach einer aktuellen Entscheidung des LG Hamburg[140)] auch den Erwerber bzw. dessen Organe die Pflicht, weitergehende konkrete Nachfragen zu stellen, um eine grob fahrlässige Unkenntnis nach § 442 BGB zu vermeiden. In dem entschiedenen Fall war der späteren Erwerberin im Rahmen der Due-Diligence-Prüfung ausdrücklich mitgeteilt worden, dass es ein gegen die Verkäuferin geführtes Patentverletzungsverfahren gebe, das aber offensichtlich keinen Bezug zu den im Fall des LG Hamburg streitgegenständlichen (standardessentiellen) Patenten hatte. Während die Rechtsprechung in ähnlich gelagerten Fällen bisher vor allem gesteigerte Aufklärungspflichten des Verkäufers gesehen hat,[141)] stellt das LG Hamburg in seiner Entscheidung fest, dass die spätere

---

136) OLG Oldenburg, Urt. v. 22.6.2006 – 1 U 34/03, ZIP 2006, 2087 = NZG 2007, 434; eingehend *Fleischer*, NZG 2011, 521, 527; *Sörgel/Müller*, M&A Review 2015, 128, 130.

137) *Fleischer*, NZG 2011, 521, 524.

138) OLG Oldenburg, Urt. v. 22.6.2006 – 1 U 34/03, ZIP 2006, 2087 = NZG 2007, 434.

139) Vgl. dazu LG Berlin, Urt. v. 1.2.2005 – 5 O 176/04, juris, Rz. 168.

140) LG Hamburg, Urt. v. 13.3.2015 – 315 O 89/13, juris; vgl. dazu auch *Findeisen*, BB 2015, 2700; *Broichmann/Makos*, GWR 2015, 279.

141) Etwa BGH, Urt. v. 4.4.2001 – VIII ZR 32/00, ZIP 2001, 918 = NJW 2001, 2163.

Erwerberin mit dieser Offenlegung in der Due Diligence jedoch auf das Problem möglicher Patentverletzungen hingewiesen worden sei. Daher hätte es sich für die Erwerberin aufdrängen müssen, konkrete Nachfragen nach der Nutzung bzw. Lizenzierung der Patente in der Vergangenheit zu stellen.[142] Zudem hätte sie insoweit im Kaufvertrag auf Klauseln bestehen müssen, die ein derartiges Risiko zu ihren Gunsten berücksichtigen und eine konkrete Haftungsverteilung zulasten der Verkäuferin vorsehen. Den Umstand, dass die Erwerberin dies unterlassen hat, hat das LG Hamburg als grob fahrlässig beurteilt[143] und die Schadensersatzklage der Erwerberin abgewiesen.

Erhält der Vorstand der **Zielgesellschaft** in der Rechtsform der Aktiengesellschaft die Mit- 117
teilung – ggf. schon unter Übersendung einer konkreten Due-Diligence-Anforderungsliste des Kaufinteressenten –, dass die Verhältnisse des Unternehmens einer Due-Diligence-Prüfung unterzogen werden sollen, ist er mit der Frage konfrontiert, wie er sich angesichts seiner Pflicht zur **Verschwiegenheit** über vertrauliche Angaben und Geheimnisse der Gesellschaft (§ 93 Abs. 1 Satz 2 AktG) richtig verhält. Nach § 404 Abs. 1 Nr. 1 AktG ist die unbefugte Offenbarung solcher Informationen strafbar. Im Gegensatz zu den Gesellschaftern einer GmbH haben weder verkaufswillige Mehrheitsaktionäre noch die Hauptversammlung grundsätzlich die Möglichkeit, den Vorstand anzuweisen, im Rahmen einer Due Diligence im Zielunternehmen Informationen über dieses einem Erwerbsinteressenten offenzulegen. Einem entsprechenden Ersuchen der Aktionäre wird der Vorstand in der Regel allerdings nachkommen. Es befreit den Vorstand indes nicht davon, in eigener Verantwortung zu entscheiden, ob er dem Kaufinteressenten eine Due Diligence ermöglicht (§ 76 Abs. 1, § 93 Abs. 1 AktG).[144] Bei dieser Entscheidung hält die überwiegende Ansicht die Weitergabe von Informationen über die Zielgesellschaft durch deren Vorstand an den Erwerbsinteressenten für zulässig, sofern die Transaktion nach der Überzeugung des Vorstands im Interesse der Gesellschaft liegt, eine Geheimhaltungsvereinbarung abgeschlossen worden ist und die Weitergabe der Informationen für das Zustandekommen des Deals erforderlich ist.[145] Nach vereinzelt vertretener Auffassung soll dagegen eine Offenlegung nur in besonderen Ausnahmefällen und nur gegenüber neutralen Sachverständigen erfolgen können.[146] Diese Ansicht überzeugt nicht; zu folgen ist der zuerst genannten Meinung. Das kollegiale Leitungsorgan der Zielgesellschaft muss somit letztlich in Ausübung seines Ermessens entscheiden, ob die Akquisition im Interesse des Unternehmens liegt.[147] Dies ist regelmäßig dann der Fall, wenn das Interesse an der Weitergabe der Informationen das Interesse an deren Geheimhaltung überwiegt.[148] Hierbei steht der Unternehmensleitung – wie bei allen unternehmerischen Entscheidungen – ein weiter Ermessensspielraum zur Verfügung.[149] Werden die vorgenannten Grenzen gewahrt, können die Informationen ohne straf- und haftungsrechtliche Folgen weitergegeben werden.[150]

142) LG Hamburg, Urt. v. 13.3.2015 – 315 O 89/13, juris, Rz. 83.

143) LG Hamburg, Urt. v. 13.3.2015 – 315 O 89/13, juris, Rz. 83.

144) *Semler*, in: Hölters, Handbuch Unternehmenskauf, Rz. 7.70; *Lutter*, ZIP 1997, 613, 617.

145) *Körber*, NZG 2002, 263, 269; *Ziegler*, DStR 2000, 249, 252; *Mertens*, AG 1997, 541, 546; *Schroeder*, DB 1997, 2161, 2163; *Roschmann/Frey*, AG 1996, 449, 452.

146) *Lutter*, ZIP 1997, 613, 617 f.

147) So auch *Rittmeister*, M&A Review 2008, 578, 581 f.

148) *Klein-Blenkers*, NZG 2006, 245, 252; *Rittmeister*, NZG 2004, 1032, 1037.

149) BGH, Urt. v. 21.4.1997 – II ZR 175/95, BGHZ 135, 244, 253 f = ZIP 1997, 883 (*ARAG/Garmenbeck*).

150) Zum Strafrecht *Roschmann/Frey*, AG 1996, 449, 450 f; *Ziegler*, DStR 2000, 249, 253; zum Organrecht *Hüffer/Koch*, AktG, § 93 Rz. 8; *Roschmann/Frey*, AG 1996, 449, 452.

118 Für den Geschäftsführer einer GmbH wird eine gleichlautende Pflicht zur Wahrung der Verschwiegenheit auch ohne entsprechende gesetzliche Normierung bejaht. Danach hat der Geschäftsführer über vertrauliche Angaben und Geheimnisse der Gesellschaft Stillschweigen zu bewahren. Das grundsätzliche Bestehen einer solchen Pflicht wird in § 85 Abs. 1 GmbHG vorausgesetzt. Hiernach macht sich der Geschäftsführer bei Nichteinhaltung der Schweigepflicht strafbar. Eine ähnliche Regelung enthält auch § 43 Abs. 2 GmbHG, wonach die Verletzung der Geheimhaltungspflicht zu Schadensersatzansprüchen der Gesellschaft führt.[151)] Geschäftsführer einer GmbH sind allerdings grundsätzlich an den Willen der Gesellschafter und einen einschlägigen Gesellschafterbeschluss gebunden.[152)] Strittig ist nur, ob für den Gesellschafterbeschluss eine einstimmige Entscheidung erforderlich ist oder eine Mehrheitsentscheidung ausreicht.

119 Nach einem Urteil des LG Köln[153)] muss der Gesellschafterbeschluss einstimmig gefasst werden, wobei der veräußerungswillige Gesellschafter einem Stimmverbot unterliegt. Dies verlange das Interesse der Gesellschaft an der Aufrechterhaltung ihrer Chancen im Wettbewerb und am Markt. Hieraus ergebe sich keine faktische Vinkulierung; die Due Diligence könne ja auch durch eine neutrale Person erfolgen, die die Ergebnisse an den Erwerbsinteressenten weiterleiten würde. Auch aus einer Vinkulierungsklausel in der Satzung könne kein Mehrheitserfordernis für einen solchen Gesellschafterbeschluss hergeleitet werden. Eine Due Diligence sei kein „Weniger" gegenüber einer Anteilsübertragung, sondern etwas anderes.

120 Dieser Entscheidung ist entgegenzuhalten, dass die Due Diligence durch eine neutrale Person die eigenen Untersuchungen des Erwerbsinteressenten nicht ersetzt.[154)] Für die Praxis empfiehlt sich, das Mehrheitserfordernis für die Gewährung einer Due Diligence ausdrücklich in der Satzung, ggf. in Ergänzung zur Vinkulierungsklausel, festzulegen[155)] oder eine Due Diligence erst nach dem Erwerb des Unternehmens durchzuführen (sog. *„confirmatory due diligence"*).[156)]

121 In Rahmen der organschaftlichen Sorgfaltspflichten wird darüber hinaus die Frage diskutiert, ob und in welchen Grenzen ein veräußerungswilliger GmbH-Gesellschafter seinen Informationsanspruch nach § 51a GmbHG dazu nutzen kann, die auf diesem Wege erlangten Informationen an einen Erwerbsinteressenten weiterzugeben. Hier sind Aspekte der Geheimhaltungspflicht des Gesellschafters mit zu berücksichtigen.[157)]

### g) Offenbarungspflichten unabhängig von einer Due-Diligence-Prüfung

122 In Einzelfällen ist der Verkäufer eines Unternehmens dem Erwerbsinteressenten gegenüber zur Aufklärung für alle Umstände verpflichtet, die nicht unter die gesetzliche oder vertraglich vereinbarte Gewährleistung fallen,[158)] insbesondere wenn dem Verkäufer die für die Berechnung des Kaufpreises durch den Käufer relevanten Aspekte oder sonstige Krite-

---

151) Vgl. *Sörgel/Müller*, M&A Review 2015, 128, 130 f.

152) *Rittmeister*, NZG 2004, 1032, 1037.

153) LG Köln, Urt. v. 26.3.2008 – 90 O 11/08, GmbHR 2009, 261.

154) Siehe *Maitzen/Ebel*, FD-MA 2008, 270121 (Anm.).

155) *Maitzen/Ebel*, FD-MA 2008, 270121 (Anm.).

156) *Liese/Theusinger*, BB 2009, 186.

157) Siehe dazu MünchKomm-*Hillmann*, GmbHG, § 51a Rz. 13.

158) Zur „Sperrwirkung" der Gewährleistung siehe BGH, Urt. v. 27.3.2009 – V ZR 30/08, NJW 2009, 2120, 2122.

rien, die für den Kaufentschluss ausschlaggebend sind, bekannt sind.[159] Anspruchsgrundlage ist insoweit Verschulden bei Vertragsschluss (culpa in contrahendo, §§ 311, 280 BGB). Hierzu können plötzliche Umsatzeinbrüche[160] oder andere Umstände, die die Überlebensfähigkeit des Zielunternehmens ernsthaft gefährden können, insbesondere eine drohende oder bereits eingetretene Zahlungsunfähigkeit oder Überschuldung,[161] gehören. Ermitteln die Parteien eines Unternehmenskaufvertrags den Kaufpreis maßgeblich auf der Grundlage des Ertrags (EBIT/EBT), so hat der Verkäufer den Käufer über die für die Gewinnermittlung wesentlichen Umstände aufzuklären. Stellt der Verkäufer dabei eine betriebswirtschaftliche Auswertung zur Verfügung, die mangels Abgrenzungsbuchungen das (bilanzielle) Ergebnis des Zielunternehmens wesentlich überhöht darstellt, so hat er die für die gebotene Rechnungsabgrenzung maßgeblichen Umstände zu offenbaren.[162] Die hier besprochenen Ansprüche aus Verschulden bei Vertragsschluss bestehen auch dann, wenn im Unternehmenskaufvertrag „weitergehende Gewährleistungsansprüche" ausgeschlossen werden. Um Ansprüche aus culpa in contrahendo auszuschließen, bedarf es also eines ausdrücklichen Ausschlusses gerade auch dieser Ansprüche (siehe Rz. 278 ff).[163] Es kommt grundsätzlich ein Mitverschulden des Käufers gemäß § 254 BGB in Betracht, wenn der überhöhte Gewinnausweis im Rahmen der Due Diligence hätte erkannt werden können. Dieser Einwand des Verkäufers soll jedoch ausgeschlossen sein, wenn der überhöhte Gewinnausweis nur bei genauer Kenntnis der betrieblichen Verhältnisse der Zielgesellschaft – im konkreten Fall ging es um den Leistungsstand der Entwicklung von Individualsoftware – erkennbar geworden wäre und der Verkäufer zur Aufklärung hierüber nicht bereit war.[164]

### h) Besonderheiten für börsennotierte AGs

Bei M&A-Transaktionen, bei denen die Aktien der Zielgesellschaften an einer Börse zu- 123
gelassen oder einbezogen sind, sind die Vorschriften über die **Verwendung** und **Weitergabe von Insiderinformationen** zu beachten.

#### aa) Änderungen des Insiderrechts durch die EU-Marktmissbrauchsverordnung

Die diesbezüglichen gesetzlichen Bestimmungen zum Insiderrecht wurden umfassend durch 124
die am 3. Juli 2016 in Kraft getretene **EU-Marktmissbrauchsverordnung** (Market Abuse Regulation – ***MAR***)[165] sowie die Richtlinie über strafrechtliche Sanktionen bei Marktmanipulation (Criminal Sanctions for Market Abuse Directive – ***CS-MAD***)[166] modifiziert. Die Umsetzung dieser Rechtsakte in nationales Recht erfolgt durch das Erste Finanzmarkt-

159) Vgl. dazu *Hübner*, BB 2010, 1483, 1485.

160) Vgl. BGH, Urt. v. 6.12.1995 – VIII ZR 192/94, NJW-RR 1996, 429.

161) Vgl. BGH, Urt. v. 4.4.2001 – VIII ZR 32/00, ZIP 2001, 918 = NJW 2001, 2163, 2164.

162) OLG München, Urt. v. 26.7.2006 – 7 U 2128/06, DNotZ 2007, 712; 40 % der Umsätze brechen weg: BGH, Urt. v. 6.12.1995 – VIII ZR 192/94, NJW-RR 1996, 429; Konkursreife: BGH, Urt. v. 4.4.2001 – VIII ZR 32/00, ZIP 2001, 918 = NJW 2001, 2163, 2164 f.

163) OLG München, Urt. v. 26.7.2006 – 7 U 2128/06, juris, Rz. 51–54, Gründe zum Teil auch in DNotZ 2007, 712, 713.

164) OLG München, Urt. v. 26.7.2006 – 7 U 2128/06, juris, Rz. 115.

165) Verordnung (EU) Nr. 596/2014 des Europäischen Parlaments und des Rates v. 16. April 2014 über Marktmissbrauch (Marktmissbrauchsverordnung) und zur Aufhebung der Richtlinie 2003/6/EG des Europäischen Parlaments und des Rates und der Richtlinien 2003/124/EG, 2003/125/EG und 2004/72/EG der Kommission, ABl Nr. L 173/1.

166) Richtlinie 2014/57/EU des Europäischen Parlaments und des Rates v. 16. April 2014 über strafrechtliche Sanktionen bei Marktmanipulation (Marktmissbrauchsrichtlinie), ABl Nr. L 173/179.

novellierungsgesetz,[167)] durch das Teile des WpHG aufgrund der unmittelbaren Geltung der MAR aufgehoben und insbesondere die Bußgeldvorschriften an die neuen europäischen Vorgaben angepasst wurden. Mit Blick auf das Insiderrecht ergeben sich durch das neue Marktmissbrauchsregime der MAR und die Umsetzung der CS-MAD auch erhebliche Auswirkungen für M&A-Transaktionen.

**125** Nach Art. 14 Buchst. a) MAR i. V. m. Art. 8 Abs. 1 Satz 1 MAR ist die Verwendung von Insiderinformationen zum Erwerb von Insiderpapieren weiterhin verboten. Zudem ist nach Art. 14 Buchst. c) MAR, wie bisher auch die unbefugte Offenlegung und damit Weitergabe von Insiderinformationen verboten. Unter eine Verwendung fällt nunmehr auch die Stornierung oder Änderung eines vor Erlangung der Insiderinformation erteilten Auftrags (Art. 8 Abs. 1 Satz 2 MAR).

**126** Ein Verstoß gegen das Verwendungs- oder Weitergabeverbot der MAR ist bußgeldbewehrt und kann zudem eine Strafbarkeit begründen. Die Bußgeldtatbestände sind durch die MAR erweitert und die Bußgelder erheblich angehoben worden. So beträgt das maximale Bußgeld bei Verstößen gegen die Vorschriften des Insiderhandels für eine juristische Person 15 Mio. € oder bis zu 15 % des Konzernumsatzes. Aus diesem Grund ist bei M&A-Transaktionen zum einen zu prüfen, ob und inwieweit die Zielgesellschaft und der Verkäufer Informationen an den Käufer weitergeben dürfen. Zudem ist fraglich, inwieweit der Käufer die erhaltenen Informationen für den Erwerb von Aktien an der Zielgesellschaft verwenden darf.[168)] Diese vorgenannten Fragen betreffen sowohl den Fall, dass ein öffentliches Übernahmeangebot vorliegt, als auch den Fall, dass in Vorbereitung des Auf- oder Ausbaus einer Beteiligung im Rahmen eines sog. Face-to-face-Geschäfts, also eine verhandelte, außerbörsliche Veräußerung von Anteilen zwischen zwei Parteien, eine Due-Diligence-Prüfung durch den Kaufinteressenten vorgenommen wird.[169)]

**127** Nach Art. 7 Abs. 1 MAR sind Insiderinformationen präzise, nicht öffentlich bekannte Informationen, die direkt oder indirekt einen oder mehrere Emittenten oder ein oder mehrere Finanzinstrumente betreffen und die, wenn sie öffentlich bekannt würden, geeignet wären, den Kurs dieser Finanzinstrumente oder den Kurs damit verbundener derivativer Finanzinstrumente erheblich zu beeinflussen. Der Begriff der Insiderinformation hat sich durch die MAR somit inhaltlich nicht geändert. In Anpassung an die Rechtsprechung des EuGH wird der Begriff der Insiderinformation auf sog. Zwischenschritte[170)] erweitert, was in Art. 7 Abs. 3 der MAR erstmals normiert wird. Wann ein Zwischenschritt als Insiderinformation anzusehen ist, ergibt sich aus Erwägungsgrund 16 der MAR, wonach eine realistische Wahrscheinlichkeit bestehen muss, dass das insiderrelevante Ereignis eintritt. Nicht zu berücksichtigen ist hierbei indes der Umfang der Auswirkungen auf den Kurs.

**128** Grundsätzlich können zudem weiterhin auch Werturteile und Prognosen Insiderinformationen sein.[171)] Damit werden viele Daten und Informationen, die im Zusammenhang mit

---

167) Erstes Gesetz zur Novellierung von Finanzmarktvorschriften auf Grund europäischer Rechtsakte (Erstes Finanzmarktnovellierungsgesetz – 1. FimanoG) v. 30.6.2016, BGBl I, 1514.

168) Zu diesem Problemkreis: *Hopt/Kumpan*, ZGR 2017, 765 ff; *Koch*, Due Diligence und Beteiligungserwerb aus Sicht des Insiderrechts, S. 265 ff.

169) *Bühren*, NZG 2017, 1172, 1173; *Bank*, NZG 2012, 1337.

170) Vgl. hierzu bislang die Grundsätze der Entscheidung EuGH, Urt. v. 28.6.2012 – Rs C-19/11 – *Geltl/Daimler*, ZIP 2012, 1282.

171) Dies gilt seit Änderung des WpHG durch das Anlegerschutzverbesserungsgesetz (AnSVG) v. 28.10.2004, BGBl I, 2630.

einer Due-Diligence-Prüfung von dem Zielunternehmen abgefragt und durch dieses offengelegt werden, als Insiderinformationen i. S. d. Art. 7 Abs. 1 MAR zu qualifizieren sein.[172)]

### bb) Weitergabe durch die Zielgesellschaft

Unter Hinweis auf den zu ziehenden Umkehrschluss, dass, wenn der Erwerber seinen Plan zum Erwerb einer Beteiligung ausführen dürfe, es ihm auch gestattet sein müsse, dass der Veräußerer ihm die zur Durchführung seines Beschlusses notwendigen Informationen mitteilt, wird die Weitergabe von Insiderinformationen durch die Zielgesellschaft nicht generell als unbefugt angesehen.[173)] Welche Informationen im konkreten Einzelfall durch die Zielgesellschaft weitergegeben werden dürften, hängt davon ab, ob betriebliche, konzern- oder schuldrechtliche Gründe eine Weitergabe erfordern, um die gegenüber den Zielen des Insiderrechts vorrangigen Unternehmensinteressen zu wahren.[174)] Ein solches vorrangiges Unternehmensinteresse wird im Fall eines Übernahmeangebots, d. h. eines Angebots zum Kontrollerwerb der Zielgesellschaft, angenommen.[175)] 129

Sofern der Käufer lediglich ein einfaches Erwerbsangebot oder einen Paketerwerb außerhalb der Börse, aber kein Übernahmeangebot i. S. d. WpÜG, anstrebt, beurteilt sich die Befugnis zur Weitergabe von Insiderinformationen insbesondere nach folgenden Gesichtspunkten: 130

- die erwartete Höhe und der erwartete Umfang des Angebots, die Ernsthaftigkeit des potentiellen Käufers, ein Angebot tatsächlich abzugeben bzw. den Paketerwerb durchzuführen,[176)]
- die Sensibilität der weitergegebenen Informationen, die dazu führen kann, dass Informationen gestuft nach dem Verhandlungsstand weitergegeben werden müssen,[177)]
- die Gefahr des Missbrauchs der weitergegebenen Informationen.[178)]

Versucht der Vorstand der Zielgesellschaft, Dritte zur Abwehr der geplanten Übernahme zu Käufen von Aktien zu bewegen (sog. *„white knights“* mit sog. *front running practices“*), 131

172) Vgl. *Bank*, NZG 2012, 1337.

173) *Assmann*, in: Assmann/Schneider/Mülbert, Wertpapierhandelsrecht, Art. 10 VO Nr. 596/2014, Rz. 56; Hopt/Kumpan, ZGR 2017, 765, 802; Fuchs/*Mennicke*, WpHG, § 14 Rz. 304, *Bühren*, NZG 2017, 1172, 1175; Emittentenleitfaden der BaFin (4. Aufl.), 2013, S. 38 unter III.2.2.1.4.2, auch Begründung RegE 2. FMG, BT-Drucks. 12/6679, S. 47, *Schwark/Kruse*, in: Schwark/Zimmer, Kapitalmarktrecht, § 14 WpHG Rz. 57, *Hemeling*, ZHR 2005, 274, 283; *Brandi/Süßmann*, AG 2004, 642, 647; *Werner*, ZIP 2000, 989, 992; *Ziegler*, DStR 2000, 249, 253; *Schneider*, DB 2005, 2678, 2681; a. A. *Weimann*, DStR 1998, 1556, 1560 f (Berufung auf Marktfunktionsschutz).

174) *Ritz*, in: Just/Voß/Ritz/Becker, WpHG, § 14 Rz. 112.

175) Unter Verweis auf die eine Bereichsausnahme für das Insiderrecht nach der Übernahmerichtlinie, *Klöhn*, in: Kölner Komm. z. WpHG, § 14 Rz. 397 m. w. N.; *Assmann*, in: Assmann/Schneider/Mülbert, Wertpapierhandelsrecht, Art. 10 VO Nr. 596/2014, Rz. 56; anders aber mit demselben Ergebnis Emittentenleitfaden der BaFin, 2005, S. 41; jetzt auch in Erwägungsgrund 29 der Marktmissbrauchsverordnung.

176) *Klöhn*, in: Kölner Komm. z. WpHG, § 14 Rz. 402; *Ritz*, in: Just/Voß/Ritz/Becker, WpHG, § 14 Rz. 114; *Klöhn*, in: Marktmissbrauchsverordnung, Art. 10, Rz. 155.

177) *Ritz*, in: Just/Voß/Ritz/Becker, WpHG, § 14 Rz. 114; *Klöhn*, in: Marktmissbrauchsverordnung, Art. 10, Rz. 155.

178) *Ritz*, in: Just/Voß/Ritz/Becker, WpHG, § 14 Rz. 114; *Klöhn*, in: Marktmissbrauchsverordnung, Art. 10, Rz. 155.

so werden durch dieses Verhalten Insiderinformationen weitergegeben,[179] und zwar über die Tatsache, dass ein Übernahmeangebot geplant ist. Der Vorstand einer Zielgesellschaft ist zur Weitergabe einer solchen Insiderinformation aus diesem Grund grundsätzlich befugt.[180] Dies gilt auch für den unternehmensinternen Informationsfluss und die Einschaltung externer Berater, wie Rechtsanwälte, Unternehmens- und Medienberater, Investmentbanker und ähnliche Personen.[181]

132 In der Praxis sollte der Vorstand der Zielgesellschaft Informationen nur gegen eine entsprechende Geheimhaltungserklärung des Käufers herausgeben. Eine solche wird grundsätzlich erforderlich sein, um eine Vertraulichkeit zu gewährleisten und damit eine Voraussetzung für den Aufschub der Veröffentlichung des geplanten Erwerbs durch die Zielgesellschaft mittels einer Ad-hoc-Mitteilung gemäß Art. 17 Abs. 4 MAR zu verhindern. Der Aufschub der Veröffentlichung einer Ad-hoc-Mitteilung ist, bei Vorliegen der entsprechenden Voraussetzungen gemäß Art. 17 Abs. 4, auch nach der MAR weiterhin möglich.[182]

133 Sobald der Erwerbsinteressent im Rahmen seiner Due-Diligence-Prüfung oder ein Dritter, wie z. B. ein zur Abwehr der geplanten Übernahme von der Zielgesellschaft angesprochener *White Knight*, Insiderinformationen vom Emittenten erhält, sind auch diese Insider und dürfen die gewonnenen Erkenntnisse nach Art. 14 Buchst. c) MAR grundsätzlich nicht weitergeben und/oder gemäß Art. 14 Buchst. a) MAR i. V. m. Art. 8 MAR nicht nutzen.

#### cc) Nutzen von Insiderinformationen durch den Käufer

134 **Käufe** von Insiderpapieren **vor Abgabe** eines **Übernahmeangebots** durch einen Bieter bzw. potentiellen Käufer sind insiderrechtlich zulässig, soweit sie im Rahmen der Gesamtplanung des Bieters getätigt werden (sog. „Masterplan-Ausnahme"). Diese schon nach altem Recht herrschende Meinung[183] gilt auch weiterhin nach den Vorgaben der MAR.[184] Dies gilt allerdings nicht bei sog. *Alongside Purchases*, d. h. zusätzlichen, über die Börse oder außerbörslich erfolgende Zukäufe, die nicht vom ursprünglichen Gesamtplan umfasst waren.[185] Ferner nutzt der Erwerber sowohl beim **Paketerwerb** als auch beim **Übernahmeangebot** seine Kenntnis von der Insiderinformation nicht unter Verstoß gegen Art. 14 Buchst. a) MAR aus, wenn sein Plan zum Erwerb unabhängig von den erhaltenen Informationen be-

179) *Klöhn*, in: Marktmissbrauchsverordnung, Art. 10, Rz. 166; a. A. *Brandi/Süßmann*, AG 2004, 642, 647; *Süßmann*, AG 1999, 162, 170 f, der dies für eine übernahmerechtliche Frage hält. Ein solches Verhalten kommt übernahmerechtlich wegen der Neutralitätspflicht des Vorstands der Zielgesellschaft nur bis zur Veröffentlichung der Entscheidung zur Abgabe eines freiwilligen Übernahmeangebots oder der Veröffentlichung des Erwerbs der Kontrolle in Betracht, siehe Rz. 801 ff.

180) *Klöhn*, in: Marktmissbrauchsverordnung, Art. 10, Rz. 166; Hopt/Kumpan, ZGR 2017, 765, 804f; zu § 14 Abs. 1 Nr. 2 WpHG a. F.: Fuchs/*Mennicke*, WpHG, § 14 Rz. 330; *Klöhn*, in: Kölner Komm. z. WpHG, § 14 Rz. 413.

181) *Klöhn*, in: Marktmissbrauchsverordnung, Art. 10, Rz. 165; zu § 14 WpHG a. F.: *Klöhn*, in: Kölner Komm. z. WpHG, § 14 Rz. 412.

182) Zu den Voraussetzungen im Einzelnen s. *Klöhn*, in: Marktmissbrauchsverordnung, Art. 17, Rz. 143 ff; zur Abgabe einer Ad-hoc-Mitteilung durch die Zielgesellschaft siehe Rz. 136 ff.

183) *Assmann*, in: *Assmann/Schneider*, WpHG, § 14 Rz. 140 f (für Übernahmeangebote), Rz. 45 (für Pakethandel); kritisch *Weimann*, DStR 1998, 1556, 1559.

184) *Klöhn*, in: Marktmissbrauchsverordnung, Art. 8, Rz. 176 ff; Hopt/Kumpan, ZGR 2017; 765, 791; *Bühren*, NZG 2017, 1172, 1175, 1176.

185) *Klöhn*, in: Marktmissbrauchsverordnung, Art. 8, Rz. 183; Hopt/Kumpan, ZGR 2017, 765, 800.

steht und durch Auswertung der erhaltenen Informationen nur bestärkt wird[186] oder die Auswertung der Informationen zu dem Schluss führt, von dem Vorhaben ganz abzusehen.[187] Vorstehendes gilt allerdings nicht bei der Nutzung einer (negativen) Insiderinformation für den bloßen Beteiligungsaufbau (unterhalb der Kontrollschwelle) im Vorfeld einer öffentlichen Übernahme, bei der bereits zur sukzessiven Steigerung der Beteiligungsquote eine Bank durch den Bieter beauftragt wurde, über die Börse Aktien der Zielgesellschaft innerhalb festgelegter Grenzen zu erwerben. Dieser Fall ist von der Ausnahmeregelung des Art. 9 Abs. 5 MAR gerade nicht erfasst. Eine Stornierung des Auftrags stellt daher grundsätzlich einen Verstoß gegen das Insiderhandelsverbot dar.[188]

### dd) Weitergabe durch den Käufer

Die Weitergabe von Insiderinformationen durch den Käufer an Dritte ist zudem grundsätzlich gestattet, wenn er Dritte zur Unterstützung des Übernahmeplans zu Käufen (sog. *Warehousing*)[189] oder Aktionäre zu Verkäufen (sog. *Dawn Raid*) auffordert.[190] 135

### ee) Veröffentlichungspflichten im Zusammenhang mit der M&A-Transaktion

Neben der Frage der unbefugten Weitergabe oder Nutzung von Insiderinformationen im Rahmen der Due Diligence durch die Zielgesellschaft, den Verkäufer oder den Käufer stellt sich die Frage, ob die Zielgesellschaft oder der Käufer, sofern dieser börsennotiert ist, die Tatsache, dass der Käufer eine Übernahme der Zielgesellschaft oder eine Aufstockung seiner Beteiligung erwägt, dem Kapitalmarkt mitzuteilen hat. 136

Grund dafür ist die auch nach der MAR weiterhin bestehende Pflicht eines Emittenten (Art. 17 Abs. 1 MAR), Insiderinformationen, die ihn unmittelbar betreffen, unverzüglich zu veröffentlichen (sog. **Ad-hoc-Publizität**). Eine Insiderinformation betrifft einen Emittenten, d. h. die börsennotierte Zielgesellschaft oder den börsennotierten Käufer, dann unmittelbar, wenn sie sich auf eine Tatsache bezieht, die in seinem Tätigkeitsbereich eingetreten ist. Die Pflichten zur unverzüglichen Veröffentlichung von Insiderinformationen treffen nach dem Inkrafttreten der MAR neben den Emittenten, deren Aktien an einem regulierten Markt, wie dem Prime oder General Standard der Frankfurter Wertpapierbörse, notiert sind, nunmehr auch Emittenten, deren Aktien in einen Freiverkehr einbezogen sind, sofern der Emittent deren Einbeziehung betrieben hat. Somit können neben der Zielgesellschaft, deren Aktien im regulierten Markt notiert oder in einen Freiverkehr auf ihre Veranlassung einbezogen sind, auch den Verkäufer und/oder den Käufer Ad-hoc-Publizitätspflichten im Zusammenhang mit der M&A-Transaktion treffen. 137

186) *Assmann*, in: Assmann/Schneider/Mülbert, Wertpapierhandelsrecht, Art. 8 VO Nr. 596/2014, Rz. 59; *Brandi/Süßmann*, AG 2004, 642, 647.

187) *Assmann*, in: Assmann/Schneider/Mülbert, Wertpapierhandelsrecht, Art. 8 VO Nr. 596/2014, Rz. 60; *Weimann*, DStR 1998, 1556, 1559.

188) *Bühren*, NZG 2017, 1172, 1177; Hopt/Kumpan, ZGR 2017, 765, 800; a. A. *Assmann*, in: Assmann/Schneider/Mülbert, Wertpapierhandelsrecht, Art. 8 VO Nr. 596/2014, Rz. 29, 60.

189) *Klöhn*, in: Marktmissbrauchsverordnung, Art. 8, Rz. 186, Art. 10, Rz. 161; Fuchs/*Mennicke*, WpHG, § 14 Rz. 324; *Klöhn*, in: Kölner Komm. z. WpHG, § 14 Rz. 397; *Weimann*, DStR 1998, 1556, 1559; einschränkend *Brandi/Süßmann*, AG 2004, 642, 647; *Süßmann*, AG 1999, 162, 170.

190) *Klöhn*, in: Marktmissbrauchsverordnung, Art. 10, Rz. 165, allerdings nach allgemeinen Grundsätzen, wie der Notwendigkeit, zu beurteilen, z. B. spricht hoher Streubesitz für Notwendigkeit, geringer Streubesitz dagegen; *Brandi/Süßmann*, AG 2004, 642, 647; *Süßmann*, AG 1999, 162, 170 (danach unterscheidend, ob der Übernahmeplan offengelegt wird).

138 Ein Emittent, der einer Ad-hoc-Publizitätspflicht unterliegt, kann sich allerdings zunächst von der Pflicht zur unverzüglichen Veröffentlichung einer Insiderinformation befreien, wenn anderenfalls seine berechtigten Interessen beeinträchtigt wären, eine Irreführung der Öffentlichkeit nicht zu befürchten und die Vertraulichkeit der Insiderinformation gewährleistet ist (Art. 17 Abs. 4 MAR). Ein solcher Dispensbeschluss erlaubt es dem Emittenten, die Transaktion grundsätzlich erst beim Signing melden zu müssen. Entgegen dem Wortlaut, der eine automatische Befreiung suggeriert, bedarf es für eine solche Befreiung eines Beschlusses des Emittenten.[191] Die Bundesanstalt für Finanzdienstleistungsaufsicht (BaFin) fordert diesbezüglich, dass der Beschluss durch ein geschäftsführendes Organ herbeizuführen ist und mindestens ein ordentliches Vorstandsmitglied mitzuwirken hat.[192] Nach Wegfall der Gründe für den Aufschub der Veröffentlichung oder wenn eine Geheimhaltung nicht mehr gewährleistet werden kann, muss unverzüglich die Veröffentlichung vorgenommen werden (Art. 17 Abs. 7 MAR). Unabhängig von der Entscheidung über den Aufschub der Veröffentlichung hat der Emittent den Aufschub der Veröffentlichung bei der Veröffentlichung der Insiderinformation der BaFin mitzuteilen und schriftlich zu erläutern, inwieweit die Bedingungen für einen Aufschub erfüllt waren. Diese Mitteilung an die BaFin hat u. a. die Gründe für die Befreiung von der Pflicht zur Veröffentlichung, den Zeitpunkt der Entscheidung über den Aufschub der Veröffentlichung, den Zeitpunkt der wahrscheinlichen Bekanntgabe der Insiderinformation sowie die Identität der Personen, die an der Entscheidung über die Befreiung, die Überwachung der Bedingungen für den Aufschub und der Entscheidung für die Bekanntgabe der Insiderinformation beteiligt waren, sowie weitere detaillierte Angaben und Nachweise zu enthalten.[193]

139 Eine Insiderinformation liegt noch nicht vor, wenn die Maßnahme des potentiellen Erwerbers lediglich als Vorbereitungshandlung zu qualifizieren ist. Eine Insiderinformation wird z. B. noch nicht bei internen Entscheidungen, mit einer potentiellen Zielgesellschaft Vorgespräche aufzunehmen, bei nicht bindenden Angebotsschreiben („*non binding indicative offer letter*") und der Beauftragung von Beratern (z. B. Rechtsanwälten, Banken, Unternehmensberatern) angenommen.[194] Es kommt darauf an, ob zum Zeitpunkt des Entstehens der Insiderinformation aus Sicht eines verständigen Anlegers die Realisierung des Vorhabens überwiegend wahrscheinlich ist.[195] Dagegen kann bei Abschluss eines Letter of Intent, der die Eckdaten der Transaktion enthält und den Einigungswillen der Parteien manifestiert, bereits eine Insiderinformation vorliegen, vor allem wenn es nur einen Kaufinteressenten gibt oder einem Bieter Exklusivität gewährt worden ist.[196] Es empfiehlt sich deshalb eine sorgfältige Prüfung etwaiger Ad-hoc-Publizitätspflichten und die vorsorgliche

---

191) H. M., vgl. *Klöhn*, in: Marktmissbrauchsverordnung, Art. 17 Rz. 178 ff, m. w. N., 184; a. A. *Schneider*, in: Assmann/Schneider/Mülbert, Wertpapierhandelsrecht, Art. 17 VO Nr. 596/2014, Rz. 89 ff.

192) Frage Nr. 8 der FAQ der Bafin zur Ad-hoc-Publizität, FAQs zu Art. 17 MAR; zuvor schon Emittentenleitfaden der BaFin (4. Aufl. 2013), IV.3.

193) Zu den Einzelheiten siehe Art. 4 der Durchführungsverordnung (EU) 2016/1055 der Kommission v. 29.6.2016 zur Festlegung technischer Durchführungsstandards hinsichtlich der technischen Mittel für die angemessene Bekanntgabe von Insiderinformationen und für den Aufschub der Bekanntgabe von Insiderinformationen gemäß Verordnung (EU) Nr. 596/2014 des Europäischen Parlaments und des Rates, ABl Nr. L 173/47.

194) Emittentenleitfaden der BaFin (4. Aufl. 2013), IV.2.2.14; *Klöhn*, in: Marktmissbrauchsverordnung, Art. 7 Rz. 375.

195) Emittentenleitfaden der BaFin (4. Aufl. 2013), IV.2.2.14.

196) Emittentenleitfaden der BaFin (4. Aufl. 2013), IV.2.2.14; *Klöhn*, in: Marktmissbrauchsverordnung, Art. 7 Rz. 376.

Befreiung von solchen während jeder Phase der geplanten Transaktion, um die Durchführung der Transaktion nicht zu gefährden.

### i) Beraterhaftung bei der Due Diligence

Besondere Sorgfaltspflichten treffen im Rahmen einer Due Diligence aber nicht nur die handelnden Organe der Beteiligten. Selbstverständlich haben auch die hinzugezogenen Berater bei der Aufbereitung der Informationen auf Seiten des Verkäufers wie auch bei der Prüfung der zur Verfügung gestellten Informationen auf Seiten des Käufers äußerste Sorgfalt walten zu lassen.[197)] Denn übersieht der Berater einen für die Transaktion wesentlichen Punkt oder erkennt er ein vorhandenes Risikopotential nicht und realisiert sich dieses in einem Schaden des ihn beauftragenden Transaktionsbeteiligten, muss der Berater fürchten, hierfür in Regress genommen zu werden. Derartige Regressansprüche gegen die an einer Transaktion beteiligten Rechtsberater sind bereits Gegenstand von obergerichtlichen Entscheidungen gewesen. 140

In einer Entscheidung des LG Berlin aus dem Jahr 2012,[198)] die das Kammergericht Berlin bestätigt hat,[199)] sind die Grundlagen des Haftungsmaßstabs für Pflichtverletzungen von Rechtsanwälten bei der Durchführung der Legal Due Diligence geschaffen worden. Hiernach soll der vom Bundesgerichtshof für den uneingeschränkt beauftragten Rechtsanwalt entwickelte allgemeine Grundsatz, dass dieser in tatsächlicher Hinsicht keine eigenen Nachforschungen anstellen muss, sondern auf die Richtigkeit und Vollständigkeit der ihm zur Verfügung gestellten Dokumente und Informationen vertrauen darf, für die Situation der Legal Due Diligence derart modifiziert werden, dass der Rechtsanwalt auf fehlende Informationen nur dann hinweisen muss, wenn 141

> „(1) die abschließende Beurteilung des in Rede stehenden Gesichtspunktes für die betreffende Transaktion von hervorgehobener Bedeutung ist und (2) (a) dem Rechtsanwalt die für seine Beurteilung schlechterdings unabdingbaren Dokumente nicht vorliegen oder (b) aufgrund der zur Verfügung stehenden Informationen konkreter Anlass für die Annahme besteht, dass es sich um ein tatsächliches Problem handelt."[200)]

Die vom LG Berlin vorgenommene Modifikation der allgemeinen Pflichtenstellung des Rechtsanwalts sei dem Umstand geschuldet,

> „dass hier in aller Regel kein konkreter Prüfauftrag erteilt wird, sondern der Rechtsanwalt vor die Aufgabe gestellt ist, einen hinsichtlich seiner rechtlichen Beziehungen zur Umwelt äußerst komplexen Transaktionsgegenstand allgemein zu prüfen."

Der Rechtsanwalt sei in dieser Situation typischerweise mit einem kaum überschaubaren Kreis möglicher rechtlicher Probleme konfrontiert, deren abschließende Beurteilung auf Grundlage der ihm zur Verfügung stehenden Informationen nicht möglich sei. Würde man von ihm dennoch verlangen, auf all diese Probleme hinzuweisen oder darüber zu informieren, dass die Einholung weiterer Informationen nötig sei, würde der Legal-Due-Diligence-Bericht zu großen Teilen aus rein abstrakten rechtlichen Risikohinweisen bestehen. Dies wäre für alle Beteiligten ohne Erkenntnisgewinn. Insbesondere der Auftraggeber sei schließlich daran interessiert, Informationen über die tatsächlich problematischen Punkte der Transaktion zu erhalten, die dann auch bei nachfolgenden Vertragsverhandlungen be-

---

197) Zu anwaltlichen Sorgfaltspflichten bei der Due Diligence Prüfung siehe ausführlich *Knott*, ZIP 2019, 1310 ff.

198) LG Berlin, Urt. v. 14.9.2012 – 2 O 540/11, WM 2013, 948; dazu *Kilian*, WuB IV A. § 280 BGB 1.14.

199) KG, Urt. v. 17.9.2013 – 7 U 160/12, juris.

200) LG Berlin, Urt. v. 14.9.2012 – 2 O 540/11, WM 2013, 948, 949.

rücksichtigt werden sollten. Vor dem Hintergrund dieser Situation sei die Pflicht des Anwalts, auf unvollständige Informationen hinweisen, im oben zitierten Umfang einzuschränken.

142 Darüber hinaus kategorisiert das Kammergericht den geschuldeten Due-Diligence-Bericht als werkvertragliche Leistung des Rechtsanwalts. Hieraus folge, dass eine mangelhafte Leistung i. S. d. § 633 Abs. 2 BGB vorliege, die den Auftraggeber zum Schadensersatz berechtigt, wenn (i) das Gutachten für ihn erkennbar unvollständig ist, weil bestimmte für seine Kaufentscheidung maßgebliche Risiken nicht geprüft worden sind, und er (ii) von dem Auftragnehmer (also dem Rechtsanwalt) Nacherfüllung i. S. d. § 635 BGB verlangt hat.[201)]

143 Umfang und Inhalt der von dem beauftragten Rechtsanwalt bei der Due Diligence geschuldeten Leistungen waren ebenfalls Gegenstand eines Urteils des LG Düsseldorf.[202)] Dort hatten die Parteien die Durchführung einer sog. **Red Flag Due Diligence** vereinbart, d. h., die beklagte Kanzlei sollte sich – so auch das Landgericht in den Urteilsgründen[203)] – bei ihren Prüfungen auf die Aspekte beschränken, die für die grundsätzliche Entscheidung der Auftraggeberin, ob sie den Kaufvertrag abschließen soll, von wesentlicher Bedeutung waren (sog. **Deal Breaker**). Das LG Düsseldorf hat herausgestellt, dass der Berater bei der Red Flag Due Diligence auch eine vollständige Aufzählung der betreffenden Punkte schulde und insoweit nicht etwa nur eine oberflächliche Prüfung vornehmen dürfe. Indes könne der Auftraggeber eine abschließende, vertiefte Prüfung jedes einzelnen Punkts nicht erwarten, müsse aber in die Lage versetzt werden, diese selbst vorzunehmen[204)] (bzw. vornehmen zu lassen).

144 Bei der Beurteilung der Frage, ob ein Deal Breaker vorliege, sei maßgeblich, mit welcher Wahrscheinlichkeit die Verwirklichung eines Risikos zu erwarten ist (im entschiedenen Fall: Tarifunfähigkeit einer Gewerkschaft). Zwar dürften umso geringere Anforderungen an die Wahrscheinlichkeit zu stellen sein, je höher der bei Risikoverwirklichung drohende Schaden sei. Allerdings setze das Bestehen einer Aufklärungspflicht des Anwalts auch bei einem hohen zu befürchtenden Schaden voraus, dass der Anwalt überhaupt mit einem realistischen und nicht nur in der akademischen Diskussion aufgezeigten Risiko rechnen musste:[205)]

> „Nur für den Fall, dass sich ein konkretes Risiko für die Zukunft abgezeichnet hätte, für dessen Eintritt einiges sprach, dürfte es sich tatsächlich um einen solchen Umstand gehandelt haben, welcher – aus einer ex ante Perspektive – zum Abbruch der Vertragsverhandlungen geführt hätte.“[206)]

## 6. Strukturierungsphase – Share Deal oder Asset Deal

145 Auf Grundlage der Ergebnisse der Due Diligence und der Zielvorgaben aus Sicht des Erwerbers erfolgt die Strukturierung der Transaktion. Hier sind Risikoerwägungen, wie z. B. der Ausschluss von bestimmten Risiken, und rechtliche, bilanzielle sowie steuerliche Kriterien maßgeblich. Ein Unternehmenskauf kann als Erwerb der Geschäftsanteile an der Ziel-

201) KG, Urt. v. 17.9.2013 – 7 U 160/12, juris, Rz. 21.
202) LG Düsseldorf, Urt. v. 15.10.2013 – 7 O 6/12, juris = AnwBl 2014, 450.
203) LG Düsseldorf, Urt. v. 15.10.2013 – 7 O 6/12, juris, Rz. 28.
204) LG Düsseldorf, Urt. v. 15.10.2013 – 7 O 6/12, juris, Rz. 28.
205) LG Düsseldorf, Urt. v. 15.10.2013 – 7 O 6/12, juris, 2. Orientierungssatz.
206) LG Düsseldorf, Urt. v. 15.10.2013 – 7 O 6/12, juris, Rz. 39.

gesellschaft (Share Deal) oder der einzelnen Wirtschaftsgüter des Unternehmens (Asset Deal) erfolgen.

### a) Asset Deal

Der Erwerb der entsprechenden Wirtschaftsgüter erfordert wegen des sachenrechtlichen Bestimmtheitsgrundsatzes eine **genaue Beschreibung** der beweglichen oder unbeweglichen **Sachen**, die vom Erwerber übernommen werden sollen.[207] Bloße Bestimmbarkeit ist ebenso wenig ausreichend[208] wie eine bloß quantitative Erfassung der Sachgesamtheiten.[209] Bei Forderungen, die abgetreten werden, reicht es hingegen aus, dass diese bestimmbar sind.[210] In der Regel ist es daher erforderlich, die verkauften Wirtschaftsgüter in Inventarlisten als Anlagen zum Kaufvertrag aufzuführen. Da praktisch alle Unternehmen die Gegenstände ihres Anlagevermögens, immaterielle Vermögensgegenstände und auch ihr Umlaufvermögen taggenau in computergestützten Buchhaltungssystemen erfasst haben, ist es in der Regel problemlos und ohne größeren Aufwand möglich, die erforderlichen aktuellen Inventarlisten zu erstellen. Ebenfalls genau zu beschreiben sind die Verträge, die auf den Erwerber übergeleitet werden sollen. 146

Sollen im Wege des Asset Deals (nahezu) alle Vermögensgegenstände des Zielunternehmens erworben werden, so empfiehlt es sich, neben der Einzelauflistung im Unternehmenskaufvertrag eine Auffangklausel i. S. e. „All"-Formel zu vereinbaren, mit der geregelt wird, wie mit versehentlich nicht erfassten Vermögensgegenständen zu verfahren ist. Mit Hilfe solcher sog. **Catch-all-Klauseln** soll gewährleistet werden, dass von dem Verpflichtungsgeschäft tatsächlich sämtliche Vermögensgegenstände erfasst werden, die sachlich der veräußerten Sachgesamtheit zuzuordnen sind. Danach verpflichtet sich der Veräußerer, solche „vergessenen" Vermögensgegenstände bei Bekanntwerden nachzuübereignen (siehe Rz. 722, 2110 ff). Hierbei stellt sich die Frage nach der Beurkundungspflicht nach § 311b Abs. 3 BGB wegen Vermögensübertragung im Ganzen (siehe Rz. 2063 ff).[211] 147

### b) Share deal

Beim Erwerb der Geschäftsanteile an der Zielgesellschaft übernimmt der Erwerber die Gesellschaft mit allen dem Unternehmen anhaftenden Chancen und Risiken, und zwar sowohl aus der Vergangenheit als auch zukünftige. Sind die Vorschriften zur Kapitalaufbringung und -erhaltung beachtet bzw. ist im Falle der GmbH & Co. KG die Hafteinlage des Kommanditisten geleistet und nicht zurückgewährt worden, kommt dem Erwerber die gesetzliche Haftungsbeschränkung zugute. Im Übrigen können das Unternehmen betreffende Risiken nur im Innenverhältnis und durch von dem Verkäufer übernommene Gewährleistungszusagen und ähnliche Vereinbarungen auf diesen verlagert werden. Im Falle der GmbH & Co. KG kann es sich – je nach Einzelfall – auch anbieten, die Gesellschaft 148

---

207) *Beisel*, in: Beisel/Klumpp, § 4 Rz. 33 ff; *Meyer-Sparenberg*, in: Beck'sches M&A-Handbuch, § 41 Rz. 38; Picot-*Picot*, Unternehmenskauf, § 4 Rz. 29–32; Staudinger/*Wiegand*, BGB (2016), § 929 Rz. 112.

208) BGH, Urt. v. 21.11.1983 – VIII ZR 191/82, ZIP 1984, 34 = NJW 1984, 803, 804.

209) Staudinger/*Wiegand*, BGB (2016), § 929 Rz. 112.

210) *Beisel*, in: Beisel/Klumpp, § 4 Rz. 43. Eine weitere Erleichterung bietet § 25 Abs. 1 Satz 2 HGB, wonach bei der Übernahme eines Handelsgeschäfts mit dem Recht zur Firmenfortführung alle im Betrieb des Handelsgeschäfts begründeten Forderungen gegenüber den jeweiligen Schuldnern als auf den Käufer übergegangen gelten.

211) *Eickelberg/Mühlen*, NJW 2011, 2476, 2478 f; *Fortun/Neveling*, BB 2011, 2568; *Müller*, NZG 2007, 201, 202.

vor Durchführung der Transaktion in eine sog. Einheitsgesellschaft, bei der die alleinige Gesellschafterin der Komplementär-GmbH die KG selbst ist, zu restrukturieren. Dieses Konstrukt ermöglicht dann die alleinige formfreie Veräußerung der Kommanditanteile durch die Kommanditisten (meist natürliche Personen) an den Erwerber.

149 Nicht betriebsnotwendige Vermögensgegenstände oder Betriebsteile, die der Käufer nicht zu übernehmen bereit ist, können vorab vom Zielunternehmen separiert werden. Umgekehrt kann der Veräußerer daran interessiert sein, sich auf seine Kernkompetenzen zu fokussieren und zu diesem Zweck beabsichtigen, diejenigen Geschäftsbereiche, die nicht mehr in die Unternehmensstrategie passen und deshalb „abgestoßen“ werden sollen, vom bestehenden Unternehmen zu separieren (Carve-out). In beiden Fallgestaltungen geschehen diese Separationen entweder im Wege eines internen Asset Deals oder in Form der Einbringung in eine neue Tochtergesellschaft des Zielunternehmens mit anschließender Übertragung der Anteile an dieser Gesellschaft an den Veräußerer. Es kommt auch eine Abspaltung oder Ausgliederung dieser Vermögensteile aus der Zielgesellschaft nach den §§ 123 ff UmwG auf einen neuen Rechtsträger in Betracht. Dann gilt für das Zielunternehmen allerdings die gesamtschuldnerisch mit dem neuen Rechtsträger gemäß § 133 UmwG bestehende Nachhaftung für die Altverbindlichkeiten des verselbständigten Vermögens während einer Periode von fünf Jahren, beginnend mit dem Tag der Handelsregistereintragung der Abspaltung bzw. Ausgliederung. Der Käufer wird versuchen, im Unternehmenskaufvertrag das Zielunternehmen vom Risiko der Nachhaftung zu entlasten.

### c) Praktische Auswirkungen

150 Ein Asset Deal bietet sich an, wenn der Erwerber nicht das gesamte Unternehmen, sondern nur einen oder mehrere **Teilbetriebe** erwerben will. Hier ist dann darauf zu achten, ob noch eine Geschäftsveräußerung vorliegt, die nicht der Umsatzsteuer unterliegt.[212)] Ein Anteilskauf würde in diesen Fällen voraussetzen, dass diese Teilbetriebe zunächst vom Veräußerer in eine eigene Gesellschaft ausgegliedert oder eingebracht werden (zum sog. Carve-out siehe Rz. 766 ff).

151 Die Wahl eines Asset Deals kann das Risiko einer **Haftung gegenüber Dritten** im Vergleich zu einem Share Deal verringern. Ein Anteilskauf lässt die Gesellschaft als Unternehmensträger und damit deren aus dem Betrieb des Unternehmens resultierende Haftung unverändert, auch wenn der Erwerber selbst grundsätzlich keinem Haftungsrisiko ausgesetzt wird. Bei einem Asset Deal dagegen verbleibt diese Haftung bei dem nicht mitverkauften Unternehmensträger und geht somit grundsätzlich nicht auf den Käufer über. Dieser haftet jedoch gesamtschuldnerisch gemäß § 75 AO wegen Verbindlichkeiten für betriebliche Steuern des von ihm übernommenen Teilbetriebs, die im letzten Jahr vor der Betriebsveräußerung entstanden sind, sowie nach § 613a Abs. 2 BGB für vor dem Stichtag entstandene Ansprüche aus den übergegangenen Arbeitsverhältnissen, wenn sie vor Ablauf von einem Jahr fällig werden. Für rückständige Sozialversicherungsbeiträge der übernommenen Arbeitnehmer und rückständige Lohnsteuer haftet allein der alte Arbeitgeber.[213)] Wird wegen des Haftungsrisikos aus § 75 AO ein Share Deal gewählt und war die erworbene Zielgesellschaft Teil des Organkreises mit der Käuferin, ist die Haftungsregelung des § 73 AO zu beachten, nach der eine Organgesellschaft für solche Steuern des Organ-

212) § 1 Abs. 1a UStG, siehe dazu *Klein-Blenkers*, NZG 2006, 245, 248.

213) BayObLG, Urt. v. 31.10.1974 – 1 U 2225/74, BB 1974, 1582; Palandt/*Weidenkaff*, BGB, § 613a Rz. 26; kritisch gegenüber der h. M. insoweit *Froehner*, GWR 2015, 202.

trägers haftet, für welche die Organschaft zwischen ihnen steuerlich von Bedeutung ist (siehe Rz. 1463).

Die Fortführung der Firma des Veräußerers durch den **Erwerber** eines Unternehmens löst nach **§ 25 Abs. 1 HGB** dessen **Haftung** für die im Betrieb des Unternehmens begründeten Verbindlichkeiten aus. Eine Vereinbarung über den Ausschluss der Haftung entfaltet unbeteiligten Dritten gegenüber nur Wirkung, wenn sie gemäß § 25 Abs. 2 HGB im Handelsregister eingetragen oder dem Dritten vom Erwerber oder Veräußerer unmittelbar mitgeteilt worden ist. Dem Wortlaut nach unterscheidet § 25 HGB zwar nicht danach, ob der Erwerb des Handelsgeschäfts aus einem Insolvenzverfahren heraus erfolgt oder nicht. Dennoch entspricht es der ganz überwiegenden Ansicht in Rechtsprechung und Literatur, dass diese Haftungsvorschrift auf einen Erwerb vom Insolvenzverwalter keine Anwendung findet,[214] da sich der Erwerber in einem solchen Fall dem Haftungszugriff der Insolvenzgläubiger ausgesetzt sähe, wodurch ein erfolgreicher Unternehmensverkauf im Insolvenzverfahren praktisch immer ausgeschlossen wäre. 152

Diese Einschränkung betrifft allerdings nur den Fall, dass das Zielunternehmen von einem Insolvenzverwalter erworben wird. Findet der Erwerb eines „lediglich" zahlungsunfähigen Zielunternehmens hingegen außerhalb eines eröffneten Insolvenzverfahrens statt oder ist die Verfahrenseröffnung z. B. mangels Masse abgelehnt worden, bleibt es bei der Haftung nach § 25 Abs. 1 HGB.[215] 153

### d) Einfluss von Strukturen betrieblicher Altersversorgung

Einfluss auf die Transaktionsstruktur, ggf. sogar darauf, ob die Transaktion überhaupt zustande kommt, können auch die Regelungen zur betrieblichen Altersversorgung beim zu verkaufenden Unternehmen haben. Je nachdem, welcher der vom Gesetzgeber zur Verfügung gestellten fünf Durchführungswege für die betriebliche Altersversorgung[216] gewählt ist, ergeben sich unterschiedliche Auswirkungen bei der Wahl eines Share Deals oder eines Asset Deals.[217] Unabhängig von der Transaktionsstruktur als Share oder Asset Deal wird letztlich der Käufer wirtschaftlich mit der Erfüllung der Pensionsverpflichtungen belastet; diesen Belastungen ist im Rahmen der Kaufpreisfindung Rechnung zu tragen. Bei der Einschaltung von Sicherungsmitteln, wie etwa einem **Contractual Trust Agreement** (CTA)[218] oder externen Versorgungsträgern, können zusätzliche Probleme dadurch entstehen, dass die Konzernzugehörigkeit oder Mitgliedschaft des Arbeitgebers bei einem Versorgungsträger Voraussetzung für den Zugriff der Mitarbeiter auf derartige Systeme ist. Dann kann die betriebliche Altersversorgung nicht ohne weiteres „mitverkauft" werden. Auch gehen bestehende Sicherheiten wie ein CTA, mit denen Unternehmen ihre aus übernommenen Direktzusagen resultierenden Versorgungsverpflichtungen ausfinanzieren können, bei einem Asset Deal nicht automatisch gemäß § 613a BGB auf den Erwerber über.[219] 154

---

214) Siehe z. B. BGH, Urt. v. 11.4.1988 – II ZR 313/87, BGHZ 104, 151 = ZIP 1988, 727; MünchKomm-*Thiessen*, HGB, § 25 Rz. 36.

215) BGH, Urt. v. 11.4.1988 – II ZR 313/87, BGHZ 104, 151, 153 f = ZIP 1988, 727; *Hopt*, in: Baumbach/Hopt, HGB, § 25 Rz. 4; MünchKomm-*Thiessen*, HGB, § 25 Rz. 36.

216) Vgl. dazu *Leckschas*, DB 2011, 1176, 1177 f.

217) Vgl. dazu im Einzelnen *Paul/Daub*, BB 2011, 1525.

218) Zu Contractual Trust Agreements in M&A-Transaktionen *Louven*, BB 2015, 2283.

219) *Louven*, BB 2015, 2283, 2288; *Powietzka*, DB 2008, 2593, 2594 m. w. N.

155 Weitere Schwierigkeiten können sich im Rahmen eines Asset Deals zudem daraus ergeben, dass ein übernommener Betrieb in ein bestehendes Unternehmen integriert wird und dann verschiedene Systeme betrieblicher Altersversorgung nebeneinander bestehen oder aber einzelne Versorgungswerke geschlossen werden müssen, um (zukünftig) eine homogene Versorgungssituation zu schaffen.

### e) Steuerliche Erwägungen bei der Erwerbsstrukturierung

156 Neben den Risikoerwägungen spielen bei der Erwerbsstrukturierung steuerliche Überlegungen eine wichtige Rolle. Verkäufer und Erwerber haben dabei teilweise konträre Interessen.

157 Ein **Gewinn aus der Veräußerung** ist für den Verkäufer fast vollständig **steuerfrei**, wenn er die Gesellschaftsanteile, nicht die Einzelwirtschaftsgüter, veräußert und wenn er und das Zielunternehmen Kapitalgesellschaften sind. Zu den üblichen Steuersätzen **steuerpflichtig** hingegen ist ein Gewinn aus der Veräußerung der Einzelwirtschaftsgüter. Oft wird der Veräußerer deshalb einen Anteilsverkauf bevorzugen. Der Erwerber dagegen strebt in der Regel eine möglichst schnelle steuerliche **Abschreibung des Kaufpreises** an. Erwirbt er die Anteile an einer Kapitalgesellschaft, wäre dazu eine Abschreibung der Gesellschaftsanteile nötig, die aber steuerlich gerade ausgeschlossen ist. Insofern wird der Erwerber unter steuerlichen Gesichtspunkten meist den Erwerb von Einzelwirtschaftsgütern vorziehen, denn der Asset Deal erlaubt dem Erwerber, die erworbenen abnutzbaren Wirtschaftsgüter steuerlich abzuschreiben, darunter auch den Teil des Kaufpreises, der auf den Geschäftswert entfällt. Dieser Interessengegensatz entfällt allerdings, wenn das Zielunternehmen eine Personengesellschaft ist. Die Veräußerung von Anteilen an einer Personengesellschaft ist ebenso steuerpflichtig wie die Veräußerung der Einzelwirtschaftsgüter; für den Verkäufer hat der Anteilsverkauf nicht den Vorteil der Steuerfreiheit. Der Käufer wiederum kann bei einer Personengesellschaft auch nach einem Anteilskauf den Kaufpreis steuerlich nutzen, nämlich über eine steuerliche Ergänzungsbilanz (insgesamt ausführlicher siehe Rz. 473 ff).

158 Auch steuerliche **Verlustvorträge** im Zielunternehmen beeinflussen die Erwerbsstruktur oft maßgeblich. Beim Veräußerer mindern sie die Steuern auf den Gewinn aus dem Verkauf der Einzelwirtschaftsgüter, der Erwerber aber kann sie dann nicht mehr nutzen, da eventuelle nach dem Verkauf noch bestehende steuerliche Verlustvorträge beim Veräußerer bleiben. Erwirbt der Käufer dagegen die Anteile, so kann er durch Nutzung stehen gebliebener Verlustvorträge die Steuerlast auf zukünftige Gewinne des Unternehmens reduzieren. Allerdings kann durch die Übertragung der Anteile zumindest ein Teil der Verlustvorträge untergehen (Näheres siehe Rz. 515 ff).

159 Weiterhin ist die steuerliche **Abzugsfähigkeit** der akquisitionsbedingten **Finanzierungskosten** ein wesentliches Strukturierungsziel (siehe Rz. 494 ff).

160 Spätere **Gewinnausschüttungen** des Zielunternehmens ins Ausland unterliegen je nach Rechtsform einer deutschen **Quellensteuer** (Kapitalertragsteuer), die sich aber durch die richtige Strukturierung im In- und Ausland vermindern oder sogar vermeiden lässt (siehe Rz. 544 ff).

161 Je nach Umfang des Grundbesitzes im Zielunternehmen beeinflusst auch die **Vermeidung** oder **Minimierung** der **Grunderwerbsteuer** die Erwerbsstruktur (siehe Rz. 531 ff).

### f) Besonderheiten beim Kauf im insolvenznahen Zustand

Beabsichtigen die Transaktionsparteien den Erwerb des Zielunternehmens noch vor dem Insolvenzantrag, so gehen beide Seiten erhebliche Risiken ein, die entsprechende besondere Sorgfaltspflichten begründen und die jeweilige Unternehmensleitung bei der Transaktionsstrukturierung zur sorgfältigen Abwägung verpflichten. 162

Unter Gesichtspunkten der Transaktionsstrukturierung ist dabei besonders die Konstellation von Bedeutung, in welcher die Verkäuferin der Zielgesellschaft notleidend und letztere hingegen in guter Verfassung ist. Unabhängig von der Frage, ob dann für die Transaktion ein Asset oder Share Deal gewählt ist, ist darauf zu achten, dass der Kaufvertrag zum Zeitpunkt der Insolvenzeröffnung zumindest von einer der Transaktionsparteien bereits vollständig erfüllt worden ist. Denn wenn beide Parteien noch nicht vollständig erfüllt haben, steht dem Insolvenzverwalter der Verkäuferin nach § 103 InsO das Recht zu, die weitere Erfüllung des Unternehmenskaufvertrags abzulehnen.[220] Die Erfüllungsablehnung belässt den Unternehmenskaufvertrag in demjenigen Erfüllungsstand, den er bei Insolvenzeröffnung hat, sodass die nicht erfüllte Forderung des Käufers nur Insolvenzforderung ist. Insoweit gilt allerdings in Bezug auf unvertretbare Handlungen i. S. v. § 888 ZPO, wozu etwa die Abgabe bestimmter Erklärungen, die Erteilung von Auskünften, die Erfüllung des Anspruchs auf Rechnungslegung, die Aufstellung von Bilanzen und Übergabe von Belegen und Dokumenten zählen, dass solche Ansprüche weiterhin von dem Erwerber gegen den Insolvenzverwalter geltend gemacht werden können.[221] Da sich beim Asset Deal die Erfüllung durch den Verkäufer wegen der Einzelübertragung sämtlicher Vermögensgegenstände nach den jeweils dafür geltenden Vorschriften langwieriger gestalten kann, ist der Share Deal a priori erfüllungstauglicher.[222] 163

Darüber hinaus sollten Risiken im Hinblick auf eine künftige **Anfechtung des Unternehmenskaufvertrags** durch einen später auf Seiten des Verkäufers bestellten Insolvenzverwalter minimiert werden. Sollte im Nachgang zum Unternehmenskauf ein Insolvenzverfahren über das Vermögen des Verkäufers eröffnet werden, kann der Insolvenzverwalter **gemäß § 129 InsO Rechtshandlungen**, die vor der **Eröffnung des Insolvenzverfahrens** vorgenommen worden sind und die Insolvenzgläubiger benachteiligen, nach Maßgabe der §§ 130 bis 146 InsO **anfechten.** Eine Gläubigerbenachteiligung liegt bereits dann vor, wenn die Rechtshandlung dazu führt, dass die Befriedigungsmöglichkeiten der Gläubiger erschwert, verzögert oder gar vereitelt werden, sich die Befriedigungsmöglichkeiten ohne die anfechtbare Rechtshandlung für die Gläubiger also günstiger gestaltet hätten. 164

Besonders kritisch ist der Zeitraum der letzten drei Monate vor der Eröffnung des Insolvenzverfahrens. Anfechtbar sind dann sogar sog. kongruente Deckungsgeschäfte, bei denen also eine gleichwertige Gegenleistung fließt, wenn der Verkäufer zur Zeit der Rechtshandlung zahlungsunfähig war und der Käufer dies kannte (§ 130 Abs. 1 Nr. 1 InsO). Einem nochmals erhöhten Anfechtungsrisiko unterliegen sog. **inkongruente Deckungsgeschäfte** (§ 131 InsO). Dies sind solche, wobei der Käufer eine ihm nicht zustehende Sicherung oder Befriedigung bekommt, der Käufer gegenüber der vertraglich geschuldeten Leistung also ein aliud erhalten hat. Solche Geschäfte sind unterschiedslos anfechtbar, wenn sie im letzten Monat vor der Insolvenzantragstellung vorgenommen wurden; hat der Schuldner im zweiten oder dritten Monat vor Insolvenzantragstellung ein solches Geschäft abgeschlos- 165

220) Vgl. dazu *Strotmann*, ZInsO 2010, 1314.

221) MünchKomm-*Ehricke*, InsO, § 38 Rz. 43–46.

222) *Wessels*, ZIP 2004, 1237, 1244.

sen, ist dieses anfechtbar, wenn der Verkäufer zu dieser Zeit zahlungsunfähig war, ohne dass es noch auf weitere subjektive Kenntnis der Insolvenzreife auf Seiten des Käufers ankommt. Des Weiteren unterliegen unmittelbar nachteilige Rechtshandlungen ebenfalls der kurzen dreimonatigen Anfechtungsfrist (§ 132 InsO).

166 Sollte der Käufer etwa aufgrund seiner Due Diligence Kenntnis von der Zahlungsunfähigkeit des Verkäufers haben, droht demnach die Anfechtung auch in Bezug auf kongruente Erfüllungshandlungen. Weitergehend kommt schon bei Kenntnis der drohenden Zahlungsunfähigkeit und einer eventuellen gläubigerbenachteiligenden Wirkung des Unternehmenskaufs eine Anfechtung wegen vorsätzlicher Benachteiligung in Betracht (§ 133 Abs. 1 Satz 2 InsO).[223] Dies ist besonders prekär, weil die Anfechtung gemäß § 133 InsO die Rechtshandlungen des Schuldners im Zeitraum von zehn Jahren vor dem Antrag auf Eröffnung des Insolvenzverfahrens erfasst. Der Umfang der Due Diligence ist in solchen Fällen also wohl zu überlegen.

167 Eine Anfechtung, außer wegen vorsätzlicher Gläubigerbenachteiligung (§ 133 Abs. 1 InsO), kommt allerdings nicht in Betracht, wenn der Unternehmenskauf die Voraussetzungen eines **Bargeschäfts** gemäß § 142 InsO erfüllt.[224] Dafür muss der Kaufpreis zum einen gleichwertig sein (d. h., Leistung und Gegenleistung müssen sich wertmäßig entsprechen, ggf. abgesichert über eine sog. ***Fairness Opinion***) und zum anderen unmittelbar, d. h., in der Praxis, spätestens innerhalb von zwei Wochen seit Erfüllung durch den Verkäufer, an den Verkäufer gezahlt sein. Um in den Genuss des Bargeschäftsprivilegs zu kommen, müssen die Transaktionsparteien allerdings auf Kaufpreisanpassungen und ähnliche den Vollzug hemmende Mechanismen verzichten.

168 Wegen der besonders anfechtungskritischen Drei-Monats-Phase ist der Käufer daran interessiert, dass die Erfüllungshandlungen des Verkäufers möglichst früh und damit außerhalb dieser Frist liegen. Da ein Share Deal einfacher abzuwickeln ist als ein Asset Deal, ist er besser geeignet sicherzustellen, dass die Erfüllungshandlungen des Verkäufers schon vor dem kritischen Zeitraum vorgenommen worden sind. Anwartschaftsrechte, bei denen der Verkäufer die Rechte des Käufers nicht mehr beseitigen kann (wie das etwa bei einer aufschiebenden Bedingung eines Gremienvorbehalts des Verkäufers der Fall wäre), sind insolvenzfest.[225] Nach § 140 Abs. 3 InsO bleibt nämlich bei bedingten Rechtshandlungen der Eintritt der Bedingung außer Betracht. Allerdings ist dem Käufer mit der Begründung eines Anwartschaftsrechts in der vorbezeichneten Art nur dann geholfen, wenn er zum Zeitpunkt seiner Begründung keine Kenntnis von einer etwaigen Zahlungsunfähigkeit des Verkäufers hatte und der Antrag auf Eröffnung des Insolvenzverfahrens nicht während der Frist von drei Monaten seit Begründung des Anwartschaftsrechts eingereicht wird.

169 Angesichts der vorstehend aufgezeigten Schwierigkeiten, einen Unternehmenskauf im insolvenznahen Zeitraum vor Anfechtungsrisiken gesichert durchzuführen, ist zu überlegen, eher insolvenzfest vom Verwalter zu kaufen, als die Unsicherheiten im Vorfeld der Insolvenz in Kauf zu nehmen. Weitere Vorteile für den Käufer können sich in diesem Fall aus einer **Haftungsprivilegierung** ergeben, da die Vorschriften des § 25 HGB und § 75 Abs. 2 AO – wie oben bereits beschrieben – keine Anwendung finden. Auf der anderen Seite ist zu bedenken, dass ein Insolvenzverfahren nicht selten mit erheblichem Zeitverlust einhergeht und sich der Kaufinteressent häufig einer exklusiven Erwerbsaussicht begibt und

223) Vgl. dazu *Wessels*, ZIP 2004, 1237, 1244 f.

224) Vgl. dazu *Wessels*, ZIP 2004, 1237, 1245.

225) Vgl. *Wessels*, ZIP 2004, 1237, 1239.

diese gegen die Teilnahme an einem vom Insolvenzverwalter im Gläubigerinteresse durchgeführten Bieterwettstreit um das Unternehmen tauscht. Da sich dies ebenfalls negativ auf die Planungs- und Investitionssicherheit des Käufers auswirken kann, wird das Vorgehen in jedem Einzelfall genau abzuwägen sein.

### g) Vorprüfung kartellrechtlicher Fragen

Eine Vorprüfung kartellrechtlicher Fragen[226] kann ebenfalls schon im Stadium der Transaktionsstrukturierung – auch basierend auf ersten Erkenntnissen aus der Due Diligence – angezeigt sein. Bei Transaktionen zwischen grenzüberschreitend tätigen Unternehmen ist es gerade bei zeitsensiblen Vorhaben geboten, schon frühzeitig die fusionskontrollrechtlichen Pflichten zur Anmeldung des Vorhabens in den betroffenen Jurisdiktionen zu ermitteln. Die Pflicht zu Fusionskontrollanmeldungen ist schon bei geringen Auswirkungen auf bestimmte Länder zu prüfen. Die Zahl der Jurisdiktionen, die eine verpflichtende vorherige Fusionskontrolle vorsehen, hat weltweit stark zugenommen. Sozietäten, die auf die Koordination von *Multijurisdictional Filings* eingestellt sind, unterhalten Informationssysteme, anhand derer die fusionskontrollrechtlichen Anmeldepflichten trotz der Verschiedenartigkeit der Fusionskontrollsysteme bereits frühzeitig relativ zuverlässig ermittelt werden können. Eine abschließende Klärung von Zweifelsfragen erfolgt in der Praxis mit den vor Ort eingeschalteten Kartellrechtsspezialisten. Zum Teil kann es im Rahmen der Transaktionsplanung auch notwendig sein, frühzeitig erste Vorbereitungen für die Durchführung der Fusionskontrolle zu treffen, z. B. wenn Rechtsordnungen betroffen sind, die eine knappe Anmeldefrist oder eine lange Wartefrist vorsehen oder wenn für die Anmeldung Dokumente in bestimmter Beglaubigungsform (Apostille, Legalisation) oder Übersetzungen erforderlich sind. Sind gar materielle Bedenken der Kartellbehörden gegen ein Vorhaben absehbar, so kann es ratsam sein, noch vor der ggf. kosten- und zeitintensiven Durchführung von Due-Diligence-Prüfungen oder Vertragsverhandlungen zu klären, ob die fusionskontrollrechtliche Freigabe überhaupt oder nur unter inakzeptablen Auflagen oder Bedingungen erwartet werden kann. Zu diesem Zweck kann es sich unter Umständen anbieten, das Zusammenschlussvorhaben in informellen und vertraulichen Vorgesprächen mit der oder den voraussichtlich zuständigen Kartellbehörden zu erörtern. 170

### h) Gewährleistungsversicherungen (Warranty & Indemnity Insurance)

Bei M&A-Transaktionen ist zunehmend auch in Deutschland der Einsatz von Versicherungen durch Käufer- und Verkäuferseite zur Absicherung ihrer Risiken aus dem Unternehmenskauf zu beobachten. Dies gilt insbesondere, weil sich erfahrungsgemäß bei den Verhandlungen des Haftungsregimes im Rahmen einer M&A-Transaktion regelmäßig das Verkäuferinteresse an einem schlanken Garantiekatalog und das Interesse des Käufers an möglichst vielen Haftungszusagen des Verkäufers gegenüberstehen.[227] Zur Lösung dieses Spannungsverhältnisses bieten Gewährleistungsversicherungen, sog. Warranty & Indemnity Insurances (**W&I-Versicherungen**), Absicherung für finanzielle Verluste, die den Parteien des Unternehmenskaufvertrags aus der Verletzung eines darin abgegebenen Garantieversprechens oder aus der Inanspruchnahme einer übernommenen Freistellungsverpflichtung entstehen können. Sie sind im angelsächsischen Raum und in Skandinavien weit verbreitet 171

226) Instruktiv: *Badtke*, M&A Review 2014, 410.

227) So auch *Hoger/Baumann*, NZG 2017, 811 ff.

und gehören dort zum Standardinstrumentarium bei M&A-Transaktionen.[228] Obwohl seit mehr als 20 Jahren auf dem Markt,[229] waren W&I-Versicherungen hierzulande aufgrund des aufwendigen Verfahrens für das Underwriting und der hohen Prämien lange Zeit unattraktiv und entsprechend selten genutzt. Zwischenzeitlich hat sich die Versicherungswirtschaft indes auf die Bedürfnisse von Unternehmenskäufern und -verkäufern eingestellt, individuellen Versicherungsschutz zu erlangen, sowie auf die Notwendigkeit, bei zeitkritischen Transaktionen schnell eine Entscheidung über eine Deckungszusage herbeizuführen.[230] Hinzu kommt, dass die Versicherungslösungen aktuell zu einem (noch) interessanten Preis-Leistungs-Verhältnis angeboten werden.

172 Derzeit werden W&I-Versicherungen in Deutschland überwiegend zur **Absicherung von Einzelrisiken** eingesetzt. Es ist aber auch möglich, mehrere Risiken, **ganze Garantiekataloge** und auch übernommene Freistellungsverpflichtungen, einschließlich steuerlicher Sachverhalte, zu versichern. Anders als noch vor einigen Jahren können die Versicherungspolicen mittlerweile praktisch vollständig an die Garantien und Freistellungen in den Unternehmenskaufverträgen angepasst werden (*back-to-back*).[231] Der Versicherungsschutz erstreckt sich dabei auf Gewährleistungsverpflichtungen, die nach Abschluss der Transaktion entstehen, aber vor Abschluss des Versicherungsvertrags nicht bekannt waren; sog. *Known Issues*, also **bekannte Umstände**, die zu einer Schadensersatz- oder Freistellungsverpflichtung führen, **sind nicht mitversichert.**[232] Von dem Verkäufer offengelegte oder sonst bereits im Vorfeld, insbesondere im Rahmen einer Due Diligence, identifizierte, bekannte Risiken können unter Umständen aber durch eine gesonderte Versicherung (sog. ***Special Situation Insurance***) abgesichert werden.[233] Trotz des erheblichen Schadenspotentials bei ihrer Verletzung sind auch Umweltgarantien grundsätzlich in der allgemeinen W&I-Versicherung mitversichert; vorrangig sollten Altlastenrisiken aber durch die speziellere Umwelthaftpflichtversicherung abgedeckt werden.[234] **Ausgeschlossen** von der Haftung der Versicherung sind in den W&I-Versicherungspolicen weiterhin regelmäßig die zukunftsorientierten Garantien (z. B. für eine bestimmte Umsatz- oder Ertragsentwicklung des Zielunternehmens nach dem Closing). Dasselbe gilt für Garantien bezüglich Pensionsrückstellungen.[235] Wie im Unternehmenskaufvertrag selbst in der Regel die Haftung für unter finanziellen haftungsrechtlichen Gesichtspunkten kaum einschätzbare Folgeschäden ausgeschlossen wird, bestehen auch die W&I-Versicherer in ihren Policen auf dem Ausschluss der Haftung für solche Schäden.[236]

173 Der Verkäufer eines Unternehmens hat beim Abschluss einer W&I-Versicherung allerdings stets darauf zu achten, dass ihn – wie auch bei einem „klassischen Haftungsregime" ohne die Absicherung durch eine W&I-Versicherung – die Gefahr der sog. **Vorsatzhaftung**

---

228) *Werlen/Mannsdorfer*, GesKR 3/2013, S. 1, 2.

229) *Franz/Keune*, VersR 2013, 1371, 1377.

230) *Kränzlin/Otte/Fassbach*, BB 2013, 2314.

231) *Kränzlin/Otte/Fassbach*, BB 2013, 2314, 2316; *Franz/Keune*, VersR 2013, 1371, 1374.

232) *Kränzlin/Otte/Fassbach*, BB 2013, 2314, 2316; *Metz*, NJW 2010, 813, 815.

233) Solche Spezialversicherungen können sowohl einzeln platziert werden als auch als Bestandteil der allgemeinen W&I-Versicherung. Die Kosten für eine Special Situation Insurance bewegen sich zwischen 2 – 12 % der Versicherungssumme (zum Vergleich: Die Kosten der allgemeinen W&I-Versicherung liegen bei 1 – 2 % der Versicherungssumme).

234) *Kränzlin/Otte/Fassbach*, BB 2013, 2314, 2316; speziellere Versicherung vorrangig: *Franz/Keune*, VersR 2013, 1371, 1375.

235) *Kränzlin/Otte/Fassbach*, BB 2013, 2314, 2316; dazu auch *Franz/Keune*, VersR 2013, 1371, 1374.

236) *Kränzlin/Otte/Fassbach*, BB 2013, 2314, 2316.

treffen kann (siehe Rz. 1040). Nach deutschem Recht kann die Haftung für vorsätzlich verursachte Schäden dem Grunde nach nicht ausgeschlossen werden. Dieser in § 276 Abs. 3 BGB normierte Grundsatz liegt regelmäßig auch den Versicherungsbedingungen einer W&I-Versicherung zugrunde. Insbesondere vor dem Hintergrund, dass ein Verkäufer bei Abschluss einer W&I-Versicherung und der damit für ihn verbundenen eingeschränkten persönlichen Haftung geneigt sein könnte, versicherbare Gewährleistungen schneller bzw. unüberlegter abzugeben, sollte der Berater eines Verkäufers seinen Mandanten auf dieses Risiko im Verkaufsprozess ausdrücklich hinweisen. Auch bei Abschluss einer W&I-Versicherung sollte und muss ein Verkäufer somit gründlichst prüfen, ob und wenn ja, in welchem Umfang eine Garantie abgegeben werden kann. Dieser Prüfvorgang darf sich somit nicht von der Prüfung einer Garantieabgabe ohne W&I-Versicherung unterscheiden. Anderenfalls droht dem leichtsinnigen Verkäufer eine uneingeschränkte Arglisthaftung wegen „Angaben ins Blaue hinein“,[237] bei denen die Haftungsübernahme durch eine W&I-Versicherung stets ausgeschlossen ist.

Auch als **Gestaltungselement im Rahmen der Transaktionsstrukturierung** können W&I-Versicherungen in verschiedenen Situationen und zur Vereinbarung unterschiedlicher Interessenlagen nutzbar gemacht werden: 174

- Eine Versicherungslösung kann helfen, wenn sich die Vertragsparteien im Rahmen der Vertragsverhandlungen nicht über Inhalt und Umfang einzelner Garantien bzw. die Absicherung einzelner Risiken einigen können. Auch die Vorstellungen von Verkäufer und Käufer über den Betrag der Haftungshöchstgrenze können zu weit auseinanderliegen. In diesen Fällen kann die W&I-Versicherung zur Auflösung von Blockaden und Pattsituationen beitragen (*Deal Facilitation*)[238] und festgefahrene Verhandlungen wieder in Gang bringen. Ein Scheitern der Transaktion kann damit verhindert werden. 175
- Für den Verkäufer bietet sich die W&I-Versicherung an, wenn er nur eine beschränkte Anzahl von Garantien abgeben kann oder will, zugleich aber keine negativen Auswirkungen auf die Verkaufbarkeit oder den Kaufpreis hinzunehmen bereit ist. Einzelne Problemfelder können so isoliert und dem Kaufinteressenten dafür eine erhöhte Sicherheit in Form der Versicherung geboten werden (*Dress up the Bride*).[239] Aber vor allem auch unter dem Gesichtspunkt der Sicherheitengestellung bietet eine Versicherung für den Verkäufer eine interessante Alternative: So kann die aus seiner Warte als Nachteil empfundene Absicherung des Käufers durch Einbehalt eines Teils des Kaufpreisanteils (Risiko der Insolvenz des Käufers), Hinterlegung desselben auf einem Treuhandkonto (keine Möglichkeit zur anderweitigen Investition durch den Verkäufer während der Treuhandperiode) oder Beibringen einer Bankbürgschaft (kostenintensiv und mit Auswirkung auf den Kreditrahmen des Verkäufers) vermieden werden.[240] Der Kaufpreis steht sofort in voller Höhe zur Verfügung, weshalb W&I-Versicherungen häufig auch von Private-Equity-Investoren beim Exit eingesetzt werden (***Clean Exit***).[241] Insoweit ist zu beobachten, dass Private-Equity-Investoren den möglichen Erwerbern ihrer Zielgesellschaft im Rahmen des Verkaufsangebots eine Gewährleistungsdeckung 176

237) BGHZ 168, 64 = NJW 2006, 2839, 2840; *Hoger/Baumann*, NZG 2017, 811 ff.

238) *Kranzlin/Otte/Fassbach*, BB 2013, 2314, 2315; *Grossmann/Mönnich*, NZG 2003, 708, 709.

239) *Werlen/Mannsdorfer*, GesKR 3/2013, S. 1, 2.

240) Vgl. *Jacobs/Franz*, VersR 2014, 659, 661 und 664 f; *Kaufhold*, BB 2016, 394.

241) *Jacobs/Franz*, VersR, 2014, 659, 664 f; *Franz/Keune*, VersR 2013, 1371, 1372; *Werlen/Mannsdorfer*, GesKR 3/2013, S. 1, 2; *Kaufhold*, BB 2016, 394.

durch W&I-Versicherungen beim Angebot für den geplanten Exit „im Paket" direkt mit andienen. Hierbei initiiert der Private-Equity-Investor das gesamte Verfahren für die Suche nach und die Verhandlungen mit einem geeigneten W&I-Versicherer und leitet diese erst in einem späteren Stadium auf den potentiellen Käufer über, der die vorverhandelte Versicherung dann abschließt (***„seller-buyer-flip"***).

177 – Auch auf Käuferseite können W&I-Versicherungen ein interessantes Gestaltungsmittel sein. Durch den Abschluss einer Gewährleistungsversicherung kann der Käufer das Solvenzrisiko des Verkäufers und damit die Durchsetzbarkeit seiner Ansprüche gegen diesen absichern und dann ggf. auf andere marktübliche Sicherheiten (Treuhandkonten, Bankgarantien, Kaufpreiseinbehalte) verzichten. Insbesondere in **Bieterverfahren** nutzen Käufer die Möglichkeit, die Haftung des Verkäufers ganz oder teilweise durch eine Versicherung zu ersetzen um ihr Kaufangebot so von denen der Mitbieter positiv abzuheben (*„sugar your bid"*).[242]

178 Als maßgeschneidertes Versicherungsprodukt sind die Ausgestaltung der W&I-Versicherung und der Umfang des Schutzes, den der Versicherer zu gewähren bereit ist, stets Fragen des Einzelfalls, die von dem Versicherer sorgfältig geprüft werden, zum Teil auch unter Hinzuziehung eigener Berater. Mit Einschaltung einer Versicherung erhöht sich deshalb die Komplexität der Transaktion, und zwar meist zu einem Zeitpunkt, in dem die Verhandlungen bereits weit fortgeschritten sind. Der für die eigenen Prüfungen des Versicherers erforderliche Zeitbedarf (teilweise nimmt dieser nach Erhalt des Due-Diligence-Berichts auch noch eine eigene Prüfung des Zielunternehmens vor) sollte bereits bei der Strukturierung berücksichtigt werden. Entsprechend frühzeitig sollte daher überlegt werden, ob und ggf. welche Rolle Versicherungslösungen in der Transaktion spielen können.

### 7. Bewertungsphase

179 Zu den wesentlichen Bestandteilen eines Kaufvertrags zählt neben der Einigung über den Erwerbsgegenstand die Einigung über den Kaufpreis, der zwischen Erwerber und Verkäufer ausgehandelt wird. Grundsätzlich ist hierbei zwischen Projekten in einer sehr frühen Entwicklungsphase und Cashflow generierenden Bewertungsobjekten zu unterscheiden.[243]

180 Für Projekte, die noch erhebliche Unwägbarkeiten in der Realisierung haben, wie z. B. Offshorewindparks in der Entwicklungsphase, hat es sich in der Praxis herausgebildet, dem bisherigen Eigentümer die bisher angefallenen Entwicklungskosten ggf. mit einem gewissen Zuschlag i. S. e. **Cost-plus-Pricing** zu erstatten. Dieses in der Bewertungsliteratur kaum diskutierte Bewertungsverfahren orientiert sich an den durch den Erwerb für einen Käufer eingesparten Kosten im Vergleich zu der Alternative, die Entwicklung selbst durchzuführen.

181 Bei Cashflow generierenden Bewertungsobjekten ist es hingegen üblich, dass sich die Parteien einer Unternehmensbewertung bedienen, um den Verhandlungsspielraum bezüglich

242) *Werlen/Mannsdorfer*, GesKR 3/2013, S. 1, 2; *Kränzlin/Otte/Fassbach*, BB 2013, 2314, 2315 (*„Deal Differenciation"*); *Metz*, NJW 2010, 813, 815 a. E.

243) Vgl. für eine grundsätzliche Übersicht von Unternehmensbewertungsverfahren sowie zu strittigen Punkten in der Literatur *Ballwieser/Hachmeister*, Unternehmensbewertung, S. 8 – 12; *Koesling*, in: Kiem, S. 46 Rz. 1 ff.

des Kaufpreises auszuloten.[244] Die Unternehmensbewertung stellt insofern nichts anderes dar als ein Investitionskalkül, mit dem Erwerber und Verkäufer die Vorteilhaftigkeit des Erwerbs bzw. des Verkaufs analysieren.

Typischerweise werden hierzu Discounted-Cashflow-Methoden („**DCF-Methoden**") herangezogen.[245] Der Cashflow ist der aus laufender Umsatztätigkeit erzielte Nettozufluss liquider Mittel einer Periode.[246] Die Financial Due Diligence unterstützt die Durchführung der Unternehmensbewertung durch die Plausibilisierung der Cashflow-Planung, die für die Unternehmensbewertung herangezogen wird.[247] Der Cashflow gilt dabei als wichtigster Indikator der Zahlungskraft und damit der finanziellen Gesundheit eines Unternehmens und erlaubt eine zuverlässige Beurteilung des Innenfinanzierungspotentials. Er zeigt insbesondere, ob ein Unternehmen in der Lage ist, das in der Bilanz abgebildete Vermögen im Rahmen des Umsatzprozesses wiederzugewinnen, und inwieweit das Unternehmen Mittel zur Erhaltung und zu Erweiterungsinvestitionen selbst erwirtschaftet. Der Cashflow stellt damit den reinen Einzahlungsüberschuss aus der wirtschaftlichen Tätigkeit einer Periode dar. Dieser Saldo bezieht sich ausschließlich auf alle Erträge und Aufwendungen, die nicht nur erfolgswirksam, sondern auch zahlungswirksam sind, also in derselben Periode zu Einzahlungen oder Auszahlungen führen. Der Unternehmenswert wird bei diesen Methoden durch die Abzinsung zukünftig erwarteter Zahlungsströme mit kapitalmarktbasierten Kapitalisierungszinsen ermittelt. Hierbei ist vor allem von Interesse, bis zu welchem Grenzpreis beide Parteien jeweils aus ihrer Sicht Zugeständnisse gegenüber der anderen Partei machen können, ohne dass die Transaktion aus eigener Sicht nicht mehr vorteilhaft ist.[248] 182

Ebenso werden im Rahmen von Transaktionen bei operativen Unternehmen zur ersten Einschätzung des Wertes oder auch zur Plausibilisierung der Ergebnisse einer DCF-Bewertung Multiplikatormethoden genutzt.[249] Bei den **Multiplikatormethoden** werden Bewertungsrelationen aus vergleichbaren Transaktionen („*comparable transaction*") oder vergleichbaren börsennotierten Unternehmen („*comparable company*") abgeleitet und im Wege des Analogieschlusses auf das zu bewertende Zielunternehmen übertragen.[250] 183

Eine Bewertungsüberlegung, die gerade von strategischen Käufern aus der Perspektive von Make-or-Buy-Erwägungen von großer Bedeutung ist, stellt der Vergleich mit dem Cash- 184

244) Vgl. *Drukarczyk/Schüler*, Unternehmensbewertung, S. 82 ff; *Pomp*, Praxishandbuch Financial Due Diligence, S. 263; *Schäfers/Matzen*, in: Drukarczyk/Ernst, S. 542 f; neben den DCF-Methoden spielen die LBO-Methoden insbesondere im Private-Equity-Kontext eine große Rolle, hierzu vgl. *Caumanns*, in: Kiem, S. 38 Rz. 124 ff.

245) Vgl. *Hölscher/Nestler/Otto*, Handbuch Financial Due Diligence, S. 324. Von den verschiedenen Varianten der DCF-Methode wird aus Vereinfachungsgründen abstrahiert. Für eine Einführung der DCF-Methoden und der Unterschiede vgl. u. a. *Drukarczyk/Schüler*, Unternehmensbewertung, S. 137 ff. Auf das Ertragswertverfahren wird in diesem Zusammenhang nicht eingegangen. Dieses führt unter gleichen Annahmen zu Finanzierungs- und Ausschüttungspolitik zu vergleichbaren Bewertungsergebnissen. Für eine Übersicht des Ertragswertverfahrens vgl. *Caumanns*, in: *Kiem*, S. 26 Rz. 80–83; *Ballwieser/Hachmeister*, Unternehmensbewertung, S. 13–136.

246) Vgl. *Drukarczyk/Schüler*, Unternehmensbewertung, S. 98 f.

247) Vgl. *Pomp*, Praxishandbuch Financial Due Diligence, S. 264.

248) Vgl. *Drukarczyk/Schüler*, Unternehmensbewertung, S. 98 f.

249) Vgl. *Pomp*, Praxishandbuch Financial Due Diligence, S. 263; *Koller/Goedhart/Wessels*, Valuation, S. 351; von *Ballwieser/Hachmeister*, Unternehmensbewertung, S. 212, werden diese auch als Überschlagsmethoden bezeichnet.

250) Vgl. *Pomp*, Praxishandbuch Financial Due Diligence, S. 274; Picot-*Hommel/Grass*, Handbuch M&A, Kap. VIII, S. 391, 392; *Schäfers/Matzen*, in: Drukarczyk/Ernst, S. 528; *Caumanns*, in: Kiem, S. 27 Rz. 24 ff.

flow-Profil bei Selbsterstellung dar. Hierzu sind die eigenen Kundenakquisitionskosten, Kosten des Markteintritts oder der Investition in benötigtes Anlagevermögen und Working Capital zu betrachten und zu bewerten. Ein Unternehmenserwerb ist nur sinnvoll, wenn der Kaufpreis unter dem Barwert der Cashflows aus der Selbsterstellung liegt.

185 Zu beachten ist bei diesen unterschiedlichen Vergleichsgruppen, dass die vergleichbaren Transaktionen, insoweit sie sich auf Transaktionen von mehr als 51 % der Anteile beziehen, Kontrollprämien für das Erlangen der Kontrolle enthalten. Die Börsenkurse enthalten hingegen keine Kontrollprämien, da an der Börse lediglich einzelne Anteile gehandelt werden, die für sich genommen keine Kontrolle zulassen. Aufgrund der eingeschränkten Vergleichbarkeit von Unternehmen und Geschäftsmodellen,[251] veränderter Ertragsaussichten seit dem Erwerb des Vergleichsunternehmens sowie der Extrapolation von Kontrollprämien bei Erwerb von Mehrheitsanteilen ist die Bewertung mit Multiplikatoren jedoch mit Schwächen behaftet.[252] Bei einer Bewertung auf Basis von Transaktionen kommt erschwerend hinzu, dass die Daten häufig nicht verfügbar sind und die Preise aufgrund von Bar- und Aktionskomponenten des Kaufpreises verzerrt sind.[253] Ein weiteres Problem besteht darin, dass die Kaufpreise auch durch den Umfang des Gewährleistungs- und Freistellungskatalogs beeinflusst sind und sich somit Transaktionen ohne Kenntnis des Kaufvertrags nur sehr eingeschränkt vergleichen lassen.

186 Zu beachten ist, dass die Wahl des Bewertungsverfahrens Einfluss auf die spätere Definition der Nettofinanzverbindlichkeiten im Kaufpreismechanismus des Kaufvertrags hat. Während im Rahmen der DCF-Methode künftige Zahlungsflüsse – unabhängig davon, ob diese einmalig und für eine begrenzte Zeit auftreten – im Cashflow modelliert werden können, sind bei der Verwendung eines Multiplikatorverfahrens weitergehende Anpassungen der Definition der Nettofinanzverbindlichkeiten erforderlich. Deshalb ist die Kenntnis des Bewertungsverfahrens für die Planung der Due Diligence, insbesondere der Financial Due Diligence, und für die Gestaltung der Kaufpreisvereinbarungen im Kaufvertrag von großer Bedeutung.

### a) Grundsätze der Unternehmensbewertung

187 Die früher vorherrschende **objektive Bewertungslehre**, nach der der Wert eines Unternehmens aus dessen Bilanz im Rahmen der Substanzbewertung abgeleitet wird, ist durch eine **subjektive Bewertung** ersetzt.[254] Diese wird beherrscht von den Grundsätzen der Gesamtbewertung, der Zukunftsbezogenheit der Bewertung sowie der subjektiven Einschätzung des Bewertenden. Von der subjektiven Einschätzung des Bewertenden unabhängig ist die **funktionale Bewertungslehre.** Danach wird der Unternehmenswert in Abhängigkeit von der Funktion der Unternehmensbewertung ermittelt, wie z. B. der Beratungs-, Vermittlungs-, Argumentations-, Informations-, Steuerbemessungs- und Vertragsgestaltungsfunktion.[255]

251) Vgl. *Caumanns*, in: Kiem, S. 28 Rz. 88 ff; *Koller/Goedhardt/Wessels*, Valuation, S. 365 f; zum Hintergrund der Geschäftsmodell Diskussion vgl. *Just/Matzen*, in: Gündling/Schulz-Wulkow, S. 30 ff.

252) Vgl. hierzu ausführlicher *Koller/Goedhart/Wessels*, Valuation, S. 351; *Ballwieser/Hachmeister*, Unternehmensbewertung, S. 220 f; *Caumanns*, in: Kiem, S. 37 Rz. 121.

253) Vgl. *Caumanns*, in: Kiem, S. 36 Rz. 118.

254) Vgl. *Drukarczyk/Schüler*, Unternehmensbewertung, S. 87.

255) Vgl. Peemöller-*Peemöller*, Rz. 18–20.

Im Grundsatz haben alle Unternehmensbewertungen die Gemeinsamkeit, dass sie sich des **Analogieschlusses** bedienen: Bekannte Preise von vergleichbaren Vermögensgegenständen werden zur Bewertung des zu bewertenden Unternehmens oder Vermögensgegenstands herangezogen.[256)] 188

Im Rahmen der subjektiven Bewertung wird vor dem Hintergrund der vom Käufer verfolgten Ziele derjenige Wert bestimmt, der als Höchstpreis in Betracht kommt. Umgekehrt ist für den Verkäufer der Mindestpreis derjenige, der sich aus der Bewertung ergibt, wenn der Verkäufer seine Strategie fortgeführt hätte.[257)] Insofern erfüllt die Unternehmensbewertung sowohl eine **Beratungs-** als auch eine **Argumentationsfunktion** für die Verhandlungen über den Kaufpreis.[258)] 189

Im Hinblick auf eine Unternehmenstransaktion bleibt festzuhalten, dass in diesem Zusammenhang grundsätzlich keine objektivierte Unternehmensbewertung nach IDW S 1 durchzuführen ist, da es bei der Bewertung in diesem Kontext gerade darauf ankommt, die subjektive Einschätzung des Käufers in die Bewertung einzubeziehen, was bei einer objektivierten Bewertung nicht möglich wäre.[259)] 190

Dennoch kann sich die Geschäftsführung für die Mandatierung einer ***Fairness Opinion*** nach dem Standard IDW S 8 entscheiden. Sie dient der Verifikation des Kauf- bzw. Verkaufspreises durch einen unabhängigen Dritten.[260)] Im Gegensatz zu einer Unternehmensbewertung trifft die *Fairness Opinion* lediglich eine sachverständige Aussage, ob ein Kaufpreis finanziell angemessen ist, d. h., ob der Kaufpreis in einer Bandbreite vergleichbarer Transaktionspreise liegt.[261)] Eine *Fairness Opinion* kann im Zusammenhang mit dem Erwerb oder dem Verkauf eines Unternehmens der Absicherung des Managements und der Kontrollorgane gegen Haftungsrisiken, der Dokumentation der Managemententscheidung, der Verifizierung und Kommunikation der Vorteilhaftigkeit der Unternehmenstransaktion sowie dem Abbau von Informationsasymmetrien zwischen Management und Stakeholdern dienen. 191

### aa) Gesamtbewertung

Durch das Prinzip der Gesamtbewertung oder auch der Bewertungseinheit wird das Unternehmen nicht als Differenz der Einzelwerte der Aktiv- und Passivseite bewertet,[262)] sondern derjenige Vermögenskomplex als Gesamtheit, welcher zur Erwirtschaftung der zukünftigen Erträge im Rahmen der betrieblichen Tätigkeit nach dem Konzept des Käufers erforderlich ist.[263)] 192

Im Hinblick auf einen Asset Deal oder eine Carve-out-Transaktion, bei der einzelne Vermögensgegenstände und Schulden aus einem Unternehmen herausgelöst werden, heißt 193

256) Vgl. *Schäfers/Matzen/Trübestein*, in: Bone-Winkel/Schäfers/Schulte, S. 378.

257) Vgl. *Drukarczyk/Schüler*, Unternehmensbewertung, S. 90.

258) Vgl. *Drukarczyk/Schüler*, Unternehmensbewertung, S. 91.

259) Vgl. *Hölscher/Nestler/Otto*, Handbuch Financial Due Diligence, S. 348.

260) Vgl. *Wollny*, DStR 2013, 482.

261) Vgl. *Wollny*, DStR 2013, 482.

262) Vgl. *Schmalenbach*, ZfbF, 1917/18, 5 f; *Sieben*, in: Wittmann/Kern/Küpper/Köhler/v. Wysocki, Sp. 4316; *Schulte/Matzen*, in: Festschrift Drukarczyk, S. 383, 396.

263) Vgl. *Münstermann*, Wert und Bewertung der Unternehmung, S. 19; *Großfeld*, Unternehmens- und Anteilsbewertung im Gesellschaftsrecht, S. 28; *Helbling*, Unternehmensbewertung und Steuern, S. 72.

das, dass dieses neue Geschäft unter Berücksichtigung seines Unternehmenskonzepts gesondert zu bewerten ist.[264)]

### bb) Gesonderte Bewertung des betriebs- und nicht betriebsnotwendigen Vermögens

194 Die Unternehmensbewertung basiert auf der Bewertung zukünftig dem Zielunternehmen entziehbarer Zahlungsströme. Diese Zahlungsströme resultieren aus der Nutzung des **betriebsnotwendigen Vermögens** und wären ohne dieses nicht möglich. Hiervon zu unterscheiden ist das nicht betriebsnotwendige Vermögen, das nicht der Erzielung der zukünftigen Zahlungsströme dient und insofern nicht in dem Unternehmenswert berücksichtigt wird.[265)] Dieses **nicht betriebsnotwendige Vermögen** wird mangels zuzuordnender Zahlungsströme zu seinem möglichen Verkaufspreis bewertet.[266)]

195 Für die Gestaltung der Kaufpreisberechnung sollten die Preise für das nicht betriebsnotwendige Vermögen – insoweit dieses Bestandteil der Transaktion ist – ebenfalls gesondert Berücksichtigung finden.

### cc) Zukunftsbewertung und Stichtagsprinzip

196 Dem Prinzip der Zukunftsbezogenheit zufolge ist der künftige Erfolg, den der Erwerber aus dem Zielunternehmen erwartungsgemäß erzielen wird, für die Bewertung relevant.[267)] Der Erwerber wird insofern als Obergrenze nur einen Kaufpreis zu zahlen bereit sein, welcher den von ihm erwarteten zukünftigen Nutzen widerspiegelt.[268)] Um dem Prinzip der Zukunftsorientierung zu entsprechen, ist mithin die alleinige Berücksichtigung zukünftiger Zahlungsströme nach dem bestehenden Geschäftskonzept nicht ausreichend. Vielmehr müssen auch die Veränderungen des Geschäftskonzepts berücksichtigt werden, da es sich andernfalls um eine statische Betrachtung handelt.[269)] Die Erfolge der Vergangenheit sind hingegen nur insofern relevant, wie sie Indikatoren für zukünftige Erfolge sind.[270)]

197 Das Prinzip der Zukunftsbewertung macht gleichzeitig die Definition eines Stichtags der Bewertung notwendig, auf den die zukünftigen Erträge diskontiert werden.

198 In einer Unternehmensakquisition sollte der Bewertungsstichtag idealerweise der Tag sein, an dem das Unternehmen wirtschaftlich („*effective date*") auf den Erwerber übergeht. Dieser Zeitpunkt ist der Zeitpunkt, ab welchem dem Eigentümer die Gewinne des Unternehmens zustehen und er an der Wertentwicklung partizipiert.[271)] Im Falle eines Locked-Box-Mechanismus wäre der Zeitpunkt des wirtschaftlichen Übergangs der Referenzbilanzstichtag („*reference balance sheet date*"). Allerdings steht der tatsächliche wirtschaftliche Übergang in den wenigsten Fällen am Beginn und auch während des Akquisitionsprozesses fest, sondern er ergibt sich häufig erst aus dem Akquisitionsprozess und

264) Vgl. *Ballwieser/Hachmeister*, Unternehmensbewertung, S. 6.

265) Vgl. *Hölscher/Nestler/Otto*, Handbuch Financial Due Diligence, S. 327.

266) Vgl. *Elfers*, in: Drukarczyk/Ernst, S. 119.

267) Vgl. *Münstermann*, Wert und Bewertung der Unternehmung, S. 21; *Moxter*, Grundsätze der Unternehmensbewertung, S. 79.

268) Vgl. *Ballwieser/Leuthier*, DStR 1986, 545, 548.

269) Vgl. *Matzen*, in: Schulte/Bone-Winkel, S. 13.

270) Vgl. *Lutz*, Entscheidungswerte im Planungsprozess der Unternehmensakquisition, S. 73; *Jacobs/Scheffler*, in: Chmielewicz/Schweizer, Handwörterbuch des Rechnungswesens, Sp. 1979.

271) Vgl. *Pomp*, Praxishandbuch Financial Due Diligence, S. 281.

den Verhandlungen zwischen den Parteien. Deshalb wird als Bewertungsstichtag häufig zunächst das Datum des letzten verfügbaren Jahresabschlusses herangezogen und alle im Laufe des Akquisitions- und Due-Diligence-Prozesses neu erlangten Kenntnisse in die Bewertung einbezogen. Dieses geschieht durch Zuschläge oder Abschläge von dem anfänglich ermittelten Wert bzw. auch durch die konkrete Einbeziehung der Cashflows ab dem ersten Monat nach dem wirtschaftlichen Übergang.

Weiterhin ist zu berücksichtigen, dass zwischen der Vertragsunterzeichnung und der Über- 199
tragung des Unternehmens Zeit vergehen kann, in der sich bewertungsrelevante Sachverhalte, wie z. B. die Höhe der Finanzverbindlichkeiten, zum Nachteil des Erwerbers verändern können. Um einen gewissen Schutz für den Erwerber zu erlangen, wird typischerweise in den Kaufverträgen eine Kaufpreisanpassung vereinbart (siehe Rz. 234 ff) bzw. werden die Garantien des Verkäufers auf den Tag des Closing wiederholt.

### b) Unternehmenswert und Kaufpreis

Unternehmenswert und Kaufpreis sind in den seltensten Fällen identisch.[272] Werden 200
Transaktionskosten zunächst vernachlässigt, entspricht der Unternehmenswert dem Wert der zukünftig erwarteten Zahlungsströme unter Berücksichtigung der Risikoeinschätzung der jeweiligen Partei. Würde der Erwerber oder der gegenwärtige Eigentümer zu dem aus seiner Perspektive maßgeblichen Wert die Transaktion vollziehen, so bliebe sein Vermögen der Höhe nach unverändert. Es würde lediglich zwischen Bar- und Beteiligungsvermögen getauscht. Berücksichtigt man zusätzlich noch Transaktionskosten, so hätte sich die Vermögenssituation im Vergleich sogar verschlechtert. Aus diesem Grund sind die Unternehmenswerte als sog. Grenzpreise zu verstehen, d. h., ein Käufer sollte maximal so viel wie den auf Basis seiner Annahmen ermittelten Wert bieten, wohingegen der Verkäufer mindestens den auf seinen Annahmen basierenden Unternehmenswert erlösen sollte. Zwischen diesen Grenzpreisen des Verkäufers (Preisuntergrenze) und Käufers (Preisobergrenze) bildet sich der Verhandlungsspielraum.[273]

#### aa) Wert bei Fortführung durch den Verkäufer

Der Wert bei Fortführung basiert auf den erwarteten Zahlungsströmen bei der Fortfüh- 201
rung in dem bisherigen Geschäftskonzept des Verkäufers unter Vernachlässigung einer möglichen Unternehmenstransaktion. Es wird somit zur Ermittlung des Wertes bei Fortführung die von der gegenwärtigen Geschäftsführung beschlossene Unternehmensplanung herangezogen. Der so ermittelte Wert stellt aus Sicht des Verkäufers den Grenzpreis dar, der mindestens erzielt werden sollte, damit ein Verkauf aus seiner Sicht sinnvoll ist.

#### bb) Marktwert

Im Gegensatz zu dem Wert bei Fortführung wird der Marktwert nicht aus der Bewertung 202
auf Basis der zukünftig erwarteten finanziellen Unternehmensentwicklung ermittelt, sondern im Rahmen einer Analogie zu den bekannten Preisen eines vergleichbaren Unternehmens abgeleitet.[274] Diese Analogie basiert auf der Annahme, dass Unternehmen einer

272) Vgl. *Richter*, Kapitalmarktorientierte Unternehmensbewertung, S. 327.
273) Vgl. *Caumanns*, in: Kiem, S. 1 Rz. 3 ff.
274) Vgl. *Bausch*, ZfBB 2000, 448, 451.

Branche mit vergleichbarer Profitabilität und vergleichbarem Wachstum ähnlich bewertet werden können.[275)]

203 Hierbei können Preise vergleichbarer Unternehmen entweder aus **Unternehmenstransaktionen** in der jüngeren Zeit („*comparable transaction*") oder auf Basis von **Börsenkursen** („*comparable company*") ermittelt werden.[276)] Bei Börsenkursen sind aber nicht die beim Unternehmenskauf häufig einfließenden Kontrollprämien für den Erwerb von Mehrheitsanteilen berücksichtigt.[277)]

204 Der bereits beschriebene Vergleich wird im Wege von sog. **Multiplikatorverfahren** durchgeführt.[278)] Bei diesen Bewertungsverfahren wird die Relation zwischen dem Preis oder Wert eines Unternehmens und einer in der Regel erfolgsbezogenen Referenzgröße wie z. B. dem Umsatz, dem EBITDA oder auch dem Jahresüberschuss als Multiplikator ausgedrückt.[279)] Der anhand des zur Bewertung herangezogenen Vergleichsunternehmens ermittelte Multiplikator wird dann zur Ermittlung des Wertes des zu bewertenden Unternehmens als eine entsprechend erfolgsbezogene Referenzgröße angewandt und mit dieser multipliziert.

205 Aufgrund der eingeschränkten Vergleichbarkeit von Unternehmen liefert das Multiplikatorverfahren lediglich eine Indikation des Marktwertes und nicht etwa einen genauen Unternehmenswert.[280)] Es ist auch zu beachten, dass die so ermittelten Werte auf den in der Vergangenheit für vergleichbare Unternehmen gezahlten Kaufpreisen beruhen. Bei diesem Verfahren werden die Besonderheiten und Synergien einer spezifischen Transaktion auf das zu bewertende Unternehmen einbezogen.[281)] Dies ist im Einzelfall möglicherweise nicht angemessen, wenn die Verhältnisse nicht vergleichbar sind.[282)] Mangels öffentlicher Verfügbarkeit transaktionsspezifischer Informationen kann die Vergleichbarkeit im Einzelfall nur schwer hergestellt werden.[283)]

206 Bei der Anwendung von Multiplikatormethoden gewinnt die Diskussion um Quasi-Liquidität und Quasi-Finanzverbindlichkeiten an Bedeutung, da bei einer detaillierten Planung im Rahmen eines integrierten Finanzmodells und der Anwendung einer DCF-Bewertung diese Einmaleffekte ebenso in dem Finanzmodell berücksichtigt werden können. Diese Einsicht ist im Hinblick auf die Verhandlungen des Kaufpreismechanismus von Bedeutung, da sich hierdurch viele Diskussionen um die zu erfolgende Zuordnung zu Finanzverbindlichkeiten als Scheingefechte entpuppen und diese Diskussionen auch bewertungstechnisch gelöst werden könnten.

#### cc) Wert bei Fortführung durch den Erwerber

207 Um den Erwerb aus Sicht des Veräußerers attraktiv zu machen, muss der Erwerber einen Preis bieten, der oberhalb des ihm häufig nicht bekannten Wertes bei Fortführung in dem

---

275) Vgl. *Schäfers/Matzen/Heller*, in: Rottke/Rebitzer, Kap. B. 8, S. 374.
276) Vgl. Picot-*Hommel/Grass*, Handbuch M&A, Kap. VIII, S. 391, 392.
277) Vgl. *Schäfers/Matzen*, in: Drukarczyk/Ernst, S. 543.
278) Vgl. *Hölscher/Nestler/Otto*, Handbuch Financial Due Diligence, S. 341.
279) Vgl. *Richter*, Kapitalmarktorientierte Unternehmensbewertung, S. 348.
280) Vgl. *Matzen*, in: Schulte/Bone-Winkel/Thomas, S. 485.
281) Vgl. Picot-*Hommel/Grass*, Handbuch M&A, Kap. VIII, S. 394.
282) Vgl. *Peemöller/Meister/Beckmann*, FB 2002, 200.
283) Vgl. *Küting/Eidel*, FB 1999, 225, 227.

strategischen Konzept des Veräußerers liegen muss, da andernfalls die Transaktion aus Sicht des Veräußerers wirtschaftlich nicht vorteilhaft wäre. Gleichzeitig ist der Marktwert des Unternehmens ebenfalls ein zentraler Aspekt für die Erwartungen des Veräußerers.

Diese erforderliche Steigerung des Unternehmenswertes nach dem Erwerb des Unternehmens kann der Erwerber einerseits durch originäre Wertsteigerungen im Unternehmen, durch verändertes Management und entsprechende Ertragssteigerungen, Kostensenkungen und Senkungen der Kapitalbindung erzielen. Der Zusammenschluss mit anderen Unternehmen des Erwerbers und die Erschließung neuer Märkte schafft neues Potential. 208

Weiterhin sind in dem Unternehmenswert bei Fortführung die **Kosten** der Transaktion, der Integration sowie der Erzielung der Synergien zu berücksichtigen. 209

Die Bewertung des Unternehmens und damit auch die Erwerbsentscheidung hängen von den für die Zukunft erwarteten Unternehmensergebnissen ab. Daher ist mit der Bewertung Risiko und Unsicherheit verbunden, ob sich die Erwartungen tatsächlich erfüllen. Due Diligence und Marktstudium schaffen nur begrenzt Abhilfe. Der Verkäufer wird nicht bereit sein, im Unternehmenskaufvertrag für Entwicklungen außerhalb seiner Kontrolle Absicherung zu schaffen. 210

#### dd) Berücksichtigung der Working-Capital-Anpassung

Grundsätzlich unterstellt die Unternehmensbewertung einen durchschnittlichen Working-Capital-Bestand. Durch einen Working-Capital-Mechanismus in der Kaufpreisberechnung werden etwaige erhöhte oder reduzierte Working-Capital-Bestände im Vergleich zum Durchschnittsbestand („Working Capital Benchmark") im Kaufpreis angepasst.[284] Das heißt, im Falle eines erhöhten Working Capitals zum Stichtag wird die Differenz zwischen Stichtagsbestand und Durchschnittsbestand dem Wert hinzugerechnet. Die Logik dieser Anpassung des Unternehmenswertes liegt darin, dass im Falle eines überhöhten Working-Capital-Bestands kurzfristig Cashflows aus dem Abbau des Working Capitals zu erwarten sind. 211

#### ee) Pre-Money- und Post-Money-Bewertungen

Bei Start-up-Unternehmen, die sich durch mehrere Finanzierungsrunden finanzieren, wird neben der DCF-Bewertung auch die Pre-Money-/Post-Money-Bewertung eingesetzt. 212

Grundsätzlich eignen sich diese Bewertungsüberlegungen aber auch für andere Kapitalerhöhungen. Hier wird von einer Pre-Money-Bewertung des Eigenkapitals ausgegangen, die durch eine vorherige Finanzierungsrunde bestätigt wurde und auf Basis der Kapitalerhöhung die Post-Money-Bewertung des Unternehmens errechnet, indem zu der Pre-Money-Bewertung der zu leistende Kapitalerhöhungsbetrag hinzugerechnet wird. Durch das Verhältnis des Kapitalerhöhungsbetrags zum Post-Money-Eigenkapitalwert, kann der Anteil der Stimmrechte des neuen Gesellschafters ermittelt werden. Auf dieser Basis wird dann festgelegt, welcher Anteil der Kapitalerhöhung in das Stammkapital einer GmbH bzw. Grundkapital einer AG fließt und welcher Anteil in die Kapitalrücklage gezahlt wird. 213

Abgesehen davon, dass diese Bewertungsmethode Umstände des gleichzeitigen Erwerbs von Anteilen der Altanteilseigner, Options- und Wandelrechte sowie modifizierte Stimmrechte nicht zutreffend abbildet, besteht weiterhin der Mangel, dass Veränderungen in der 214

284) Vgl. *Pomp*, Praxishandbuch Financial Due Diligence, S. 271.

Planung zwischen letzter Finanzierungsrunde und der aktuellen Finanzierungsrunde nicht berücksichtigt werden.

### c) Ablauf der Unternehmensbewertung

215 Eine Unternehmensbewertung beginnt mit der Analyse der relevanten Vergangenheit sowie der von dem Veräußerer vorgelegten Unternehmensplanung. Diese Arbeiten sind in der Regel Gegenstand der Financial Due Diligence. Auf dieser Basis und mit Hilfe seiner Marktkenntnis erstellt der Erwerber seine eigene Finanzplanung zur Fortführung des Unternehmens. Die sich hieraus ergebenden Zahlungsströme werden dann diskontiert und das Bewertungsergebnis zur Grundlage weiterer Entscheidungen gemacht. Die für die Unternehmensbewertung erforderlichen Schritte werden in den Vorüberlegungen des Erwerbers sowie in der Due Diligence vollzogen.

#### aa) Vergangenheitsanalyse

216 Im Regelfall ist Basis einer Prognose für die Zukunft der Zielgesellschaft eine sorgfältige Analyse der Unternehmensvergangenheit. Diese Analyse ist Gegenstand der Financial Due Diligence. Ziel dieser Analyse ist es, die Planung im Lichte der Trends der Vergangenheit zu plausibilisieren.[285)] Dieses Vorgehen ist natürlich bei Start-up-Unternehmen, bei Projekten, die gerade erst entwickelt werden, oder auch bei Unternehmen, die ihr Geschäftsmodell verändern, ausgeschlossen.[286)] Ein wesentlicher Bestandteil der Vergangenheitsanalyse ist die Adjustierung von Vergangenheitsdaten um außerordentliche und nicht nachhaltig auftretende Einflüsse.[287)] Hierdurch soll verhindert werden, dass einmalige Verzerrungen oder Entwicklungen Einfluss auf die Prognose der zukünftigen Entwicklung der Vermögens-, Finanz- und Ertragslage haben. Ebenfalls wird anhand von historischen Budgets und tatsächlichen Finanzdaten die Zuverlässigkeit der Planung beurteilt. Die Analyse der Abweichungen zwischen Budget und Ist-Zahlen zeigt schwer prognostizierbare Aspekte auf. Gleichzeitig kann diese Analyse Aufschluss über Schwächen im Planungsprozess geben.

217 Auch für die Anwendung der Multiplikator-Methode ist die Vergangenheitsanalyse von Bedeutung, da diese Analyse darüber Aufschluss gibt, ob das heranzuziehende Bewertungsjahr repräsentativ ist.

#### bb) Planungsanalyse

218 Typischerweise werden durch den Veräußerer auch Unternehmensplanungen zur weiteren Fortführung des Unternehmens vorgelegt. Neben dem Planungsprozess liegt der Schwerpunkt der Planungsanalyse auf der Identifikation und Analyse wesentlicher Planungsannahmen.[288)] Diese Analyse der Planung im Rahmen der Financial Due Diligence hilft dem Erwerber bei der Einschätzung der künftigen Entwicklung, die er seiner eigenen Planung (und damit Bewertung des Unternehmens) ggf. abweichend von der Planung des Verkäufers zugrunde legt. Bei der Planungsanalyse spielen die Ergebnisse der Legal Due Diligence

285) Vgl. *Hölscher/Nestler/Otto*, Handbuch Financial Due Diligence, S. 253 f.

286) Vgl. *Grub/Krispenz*, BB 2018, 235, 236.

287) Vgl. *Graßl/Beck*, in: Drukarczyk/Ernst, S. 181; *Koller/Goedhardt/Wessels*, Valuation, S. 414 ff.

288) Vgl. *Pomp*, Praxishandbuch Financial Due Diligence, S. 123; *Hölscher/Nestler/Otto*, Handbuch Financial Due Diligence, S. 228 f.

eine große Rolle: Anhand der Zusammenfassung kommerzieller Parameter aus den rechtlichen Due Diligence Berichten, lassen sich z. T. die Preis- und Mengenannahmen ebenfalls plausibilisieren.

Im Falle der Anwendung von Multiplikatorverfahren sind insbesondere außergewöhnliche Mittelzuflüsse (Cash-like Items) oder Mittelabflüsse (Debt-like Items) von Interesse, die durch eine im Rahmen des Multiplikatorverfahrens unterstellte Fortführung auf Basis des Bewertungsjahres nicht berücksichtigt werden würden. Diese Cash- oder Debt-like Items werden im Rahmen der Multiplikator-Methode gesondert in den Nettofinanzverbindlichkeiten erfasst. Im Rahmen der DCF-Bewertung können diese Aspekte hingegen in der Planung berücksichtigt werden. 219

### cc) Planung des Erwerbers

Auf Basis der im Rahmen der Financial Due Diligence durchgeführten Vergangenheits- und Planungsanalyse einerseits und den Zielvorstellungen des Erwerbers andererseits stellt dieser seine eigene Planung hinsichtlich des zu erwerbenden Unternehmens auf.[289] Hierbei sind auch branchenspezifische Besonderheiten des Unternehmens mit zu berücksichtigen.[290] 220

Wesentlich für die DCF-Bewertung ist die Erstellung eines **integrierten Planungsmodells**, welches die Planung von Gewinn- und Verlustrechnung, Bilanz, Cashflows und Steuern miteinander integriert. Dieses sollte in wesentlichen Aspekten durch ein Preis-Mengen-Gerüst getragen sein.[291] 221

Die Ergebnisse der Legal Due Diligence können hierbei auch von erheblicher Bedeutung sein: So stützen sich die Planungen auf die kommerziellen Parameter der von dem zu erwerbenden Unternehmen geschlossenen Verträge. Diese fließen unmittelbar als Planungsannahmen in die zu erstellende Planung ein. 222

Um den maximal zahlbaren variablen Kaufpreis, etwa im Rahmen eines Earn-outs (siehe Rz. 238 ff), zu ermitteln, muss der Erwerber im Rahmen seiner Planung Szenarien berücksichtigen, anhand derer er die aus dem Earn-out künftig voraussichtlich zusätzlich fälligen Zahlungsverpflichtungen ermittelt. Die Finanzierung dieser Zusatzbeträge ist nämlich sicherzustellen. 223

### dd) Kapitalisierung

Nach Aufstellung der Unternehmensplanung durch den Erwerber, ihrer Plausibilisierung anhand der Plandaten des Managements der Zielgesellschaft und ggf. durch externe Berater liegen dem Erwerber die erwarteten künftigen Zahlungsströme vor. Diese werden anschließend diskontiert, um den Unternehmenswert zu ermitteln. Der Diskontierungszinssatz wird entweder auf kapitalmarktorientierter oder subjektiver Basis ermittelt. Hierbei wird auf das Capital Asset Pricing Model (CAPM) als Kapitalmarktmodell zurückgegriffen. Das CAPM erklärt das Risiko einer Aktie im Verhältnis zum Gesamtmarkt.[292] Die Errechnung des Kapitalisierungszinssatzes erfolgt mit Hilfe des sog. Betafaktors einer 224

289) Vgl. *Matzen*, in: Rottke/Rebitzer, Kap. 3.4, S. 260; *Koller/Goedhardt/Wessels*, Valuation, S. 235 ff.

290) Vgl. zu den zu berücksichtigenden Branchenspezifika die Aufsätze in *Drukarczyk/Ernst*.

291) Vgl. *Schäfers/Matzen*, in: Drukarczyk/Ernst, S. 548.

292) Vgl. zur Diskontierungsproblematik insgesamt *Drukarczyk/Schüler*, Unternehmensbewertung, S. 209 ff.

Branche. Der Betafaktor ist eine Kennzahl, die das Risiko der Branche im Verhältnis zum Gesamtmarkt ausdrückt.[293] Hierbei kommen nicht die spezifischen Risiken des zu bewertenden Unternehmens (unsystematische Risiken) in Betracht, sondern lediglich die Risiken, welche die gesamte Branche (systematische Risiken) betreffen.[294] Bei dieser Betrachtung wird der Zusammenhang zwischen der Akzeptanz systematischer Risiken im Rahmen der Überlegungen zum Umgang mit identifizierten Risiken und der Unternehmensbewertung deutlich (siehe Rz. 182). Bei der **kapitalmarktorientierten Methode** werden die Diskontierungszinsen durch den Vergleich mit börsennotierten Unternehmen auf der Grundlage von Kapitalmarktmodellen ermittelt. Hierdurch soll in der Bewertung die risikoadäquate Alternativanlage und deren Rendite berücksichtigt werden.[295]

225 Bei der **subjektiven Methode** wird die subjektive Renditeerwartung des Erwerbers zugrunde gelegt und auf dieser Basis der dem risikofreien Zins hinzuzurechnende Risikozuschlag ermittelt. Gerade in Niedrigzinsphasen und bei einer hohen Nachfrage nach Transaktionen besteht bei der subjektiven Methode jedoch die Gefahr, die Risikokosten zu unterschätzen. Insbesondere dann, wenn die subjektiven Renditeerwartungen des Erwerbers mit Verweis auf die ebenfalls niedrigen Renditeerwartungen aller Marktteilnehmer erheblich unter den Renditen bei kapitalmarktorientierter Betrachtung liegen, ist Vorsicht geboten.

#### ee) Bewertung und Interpretation

226 Mit Hilfe der Unternehmensbewertung können jeweils die Grenzpreise für Verkäufer und Erwerber ermittelt werden. Unsicherheiten und Risiken aus dem künftigen Verlauf lassen sich über eine Abwandlung der zugrunde gelegten Annahmen (Sensitivitätsanalyse) besser einschätzen.[296] Wesentlich ist, dass es sich um Grenzpreise handelt, also einen Preis, bis zu dem für den Erwerber bzw. ab dem für den Verkäufer die Transaktion wirtschaftlich sinnvoll ist.

227 Die Bewertung mit unterschiedlichen Bewertungsmethoden wird in der Regel zu unterschiedlichen Unternehmenswerten führen. Gerade das Verständnis der Unterschiede kann für den Erwerber wertvolle Einsichten in das zu bewertende Unternehmen gewähren.[297] Einerseits können die Bewertungen durch komplexe DCF-Bewertungen durch vereinfachende Multiplikatormethoden plausibilisiert werden. Anderseits zeigt der Unterschied zwischen DCF-Wert und Marktwert auf, inwieweit die DCF-Bewertung möglicherweise von der generellen Markterwartung entfernt ist. Wertvoll ist für strategische Investoren auch immer der Vergleich mit dem Wert des Cashflows bei Selbsterstellung, d. h. die eigene Akquisition von Kunden oder die eigene Entwicklung von neuen Produkten.

### 8. Kaufpreisstrukturierung

228 Neben der Erwerbsstruktur kann der zu leistende Kaufpreis nach unterschiedlichen Maßstäben bemessen werden. Hierdurch können Risiken zwischen Käufer und Verkäufer verlagert werden.

---

293) Vgl. *Drukarczyk/Schüler*, Unternehmensbewertung, S. 209 ff; *Schäfers/Matzen*, in: Drukarczyk/Ernst, S. 549 f.

294) Vgl. *Drukarczyk/Schüler*, Unternehmensbewertung, S. 209 ff.

295) Vgl. *Drukarczyk/Schüler*, Unternehmensbewertung, S. 209 ff; *Koller/Goedhardt/Wessels*, Valuation, S. 283 ff.

296) Vgl. *Richter*, Kapitalmarktorientierte Unternehmensbewertung, S. 346; *Herfurth/Keppler*, in: Rottke/Rebitzer, Kap. B. 7, S. 351.

297) Vgl. *Schäfers/Matzen*, in: Drukarczyk/Ernst, S. 563.

### a) Eigenkapitalbezogener fester Kaufpreis

Der Kaufpreis kann so gestaltet werden, dass für die zu übertragenden Anteile eines Unternehmens ein fester Kaufpreis vereinbart wird. Im Gegensatz zu dem Locked-Box-Mechanismus bezieht sich der eigenkapitalbezogene fixe Kaufpreis auf den Eigenkapitalwert ohne jegliche Anpassungslogik (Debt/Cash Free), enthält also weder Verzinsung noch Verhaltenspflichten. Eine Anpassung des Kaufpreises z. B. aufgrund von wirtschaftlichen Veränderungen des Unternehmens zwischen der Unterzeichnung des Kaufvertrags (Signing) und der dinglichen Erfüllung durch Übertragung der Aktien (Closing) ist nicht vorgesehen. Häufig wird dieser Mechanismus auch angewendet, wenn Unterzeichnung, Vollzug und wirtschaftlicher Übergang zeitlich zusammenfallen, sodass ein Kaufpreismechanismus nicht zur Absicherung erforderlich ist. Ein fester Kaufpreis wird typischerweise bei dem Erwerb von Minderheitsanteilen oder Beteiligungen von geringem Wert vereinbart, da der wirtschaftliche Aufwand für etwaige Anpassungen des Kaufpreises nicht im Verhältnis zum Transaktionswert steht. 229

### b) Eigenkapitalbezogener variabler Kaufpreis

Bei dem eigenkapitalbezogenen variablen Kaufpreis wird ein vorläufiger Kaufpreis in Bezug auf das bilanzielle Eigenkapital zu einem bestimmten Stichtag vereinbart. Verändert sich das bilanzielle Eigenkapital zum Stichtag des Closings, so wird der vorläufige Kaufpreis um die Veränderung des bilanziellen Eigenkapitals im Vergleich zu dem ursprünglichen Stichtag angepasst. Der Anpassungsbetrag kann begrenzt werden. Denkbar sind hierbei alle Varianten der Begrenzung von Anpassungsbeträgen: Ausschließliche Erhöhung oder Senkung des Kaufpreises, Vereinbarung von Höchstbeträgen oder Anpassungskorridoren. Während die Completion Accounts lediglich Veränderungen der Nettofinanzverbindlichkeiten und des Working Capitals berücksichtigen, umfasst der Anpassungsmechanismus des eigenkapitalbezogenen variablen Kaufpreises auch das Anlagevermögen. 230

### c) Negativer Kaufpreis

Wird das zu erwerbende Unternehmen nicht mit einem positiven Barwert bewertet, kann statt eines positiven festen Kaufpreises auch ein negativer Kaufpreis vereinbart werden. Das heißt, der Veräußerer leistet an den Erwerber eine Zahlung („Mitgift") dafür, dass dieser das Unternehmen übernimmt. Diese besondere Situation entsteht typischerweise in einer Krisensituation des Unternehmens, in der der Wert des Unternehmens das bilanzielle Reinvermögen unterschreitet oder sogar negativ ist.[298] In Fällen eines negativen Kaufpreises ist der Verkäufer in der Regel an einer Freistellung von bestehenden und künftigen Verbindlichkeiten des Unternehmens interessiert.[299] Eine Kombination mit einem Earn-out (siehe Rz. 238 ff), durch den der Veräußerer an dem Sanierungserfolg partizipiert, oder einem Besserungsschein (siehe Rz. 245) kann in Einzelfällen in Betracht kommen.[300] 231

### d) Kapitalerhöhung

Eine weitere Möglichkeit der Strukturierung des Kaufpreises ist die Kapitalerhöhung, d. h., der Kaufpreis wird ganz oder teilweise als Kapitalerhöhung in das Unternehmen gewährt. 232

---

298) Vgl. *Hofer*, BB 2013, 972.

299) Vgl. *Neuhaus*, in: Kiem, S. 184 Rz. 23.

300) Vgl. *Hofer*, BB 2013, 972, 975.

Hierbei sind sowohl Sach- als auch Barkapitalerhöhungen denkbar. Eine Kapitalerhöhung kommt vor allem dann in Betracht, wenn die Transaktion der Gewinnung neuer Gesellschafter zur Finanzierung des künftigen Wachstums dienen soll (im Detail siehe Rz. 899 ff).

233 Eine Variante des Erwerbs im Wege der Kapitalerhöhung ist der Einsatz einer Wandelanleihe. Das heißt, die benötigten Mittel werden zunächst als Darlehen gewährt und bei Eintritt bestimmter Umstände, wie z. B. das Erreichen der Gewinnschwelle oder die Gewährung einer Genehmigung, kann der Kapitalgeber von seinem Wandlungsrecht Gebrauch machen. Dieses Wandlungsrecht ist typischerweise mit einem Rabatt (Discount) auf die Bewertung zum Zeitpunkt der Wandlung verbunden. Häufig wird auch eine maximale Bewertung definiert (Cap). Andernfalls kann er die Rückzahlung seines Darlehens fordern.

#### e) Debt Free/Cash Free

234 Bei dem Debt-Free-/Cash-Free-Kaufpreis wird – im Gegensatz zu dem eigenkapitalbezogenen Kaufpreis – zunächst ein fester Kaufpreis für das Unternehmen vor Berücksichtigung von Nettofinanzverbindlichkeiten vereinbart.[301] Durch diesen Kaufpreismechanismus wird den Sicherungsbedürfnissen beider Parteien im Falle des Auseinanderfallens von Unterzeichnungstag einerseits und Vollzug und wirtschaftlichem Übergang anderseits Rechnung getragen.[302] Dabei ist die Ermittlung der zu berücksichtigenden Nettofinanzverbindlichkeiten in vielen Fällen Gegenstand der Financial Due Diligence.[303] Die tatsächliche Ausgestaltung im Kaufvertrag kann grundsätzlich in Form von Completion Accounts oder in Form eines Locked-Box-Mechanismus erfolgen.

235 – **Completion Accounts:** Zum Zeitpunkt der Unterzeichnung wird zunächst ein vorläufiger Kaufpreis für den Erwerb der Anteile an dem Unternehmen auf Basis der Nettofinanzverbindlichkeiten zum Zeitpunkt der Unterzeichnung festgestellt. Im Gegensatz zu dem Locked-Box-Mechanismus liegt der wirtschaftliche Übertragungszeitpunkt in der Zukunft.[304] Der endgültige Kaufpreis für die Anteile des Unternehmens wird dann zum Zeitpunkt der Übertragung der Anteile auf Basis des tatsächlichen Betrags der Nettofinanzverbindlichkeiten festgestellt. Durch diesen Mechanismus wird der Veränderung der Nettofinanzverbindlichkeiten zwischen Unterzeichnung des Kaufvertrags und der tatsächlichen Übertragung Rechnung getragen.[305]

236 – ***Backward Looking* Locked-Box-Mechanismus:** Hier wird ein fester Kaufpreis für die Anteile auf Basis eines Unternehmenspreises abzüglich der Nettofinanzverbindlichkeiten zum Referenzzeitpunkt in der Vergangenheit („*backward looking locked box*“) vereinbart. Im Gegensatz zu dem eigenkapitalbezogenen, festen Kaufpreis liegt der Vollzugstag jedoch in der Zukunft.[306] Zwischen dem Referenzzeitpunkt und dem Vollzugsstichtag kommt es zu einer Verzinsung des Kaufpreises. Zusätzlich bestehen für

301) Vgl. *Hölscher/Nestler/Otto*, Handbuch Financial Due Diligence, S. 350; *Lehmann*, CFL 2011, 31.

302) Vgl. *Pomp*, Praxishandbuch Financial Due Diligence, S. 279.

303) Vgl. *Hölscher/Nestler/Otto*, Handbuch Financial Due Diligence, S. 352.

304) Vgl. *Pomp*, Praxishandbuch Financial Due Diligence, S. 279. Wenn der Übertragungszeitpunkt vor der Unterzeichnung des Kaufvertrags läge, ließen sich die Nettofinanzverbindlichkeiten bereits verbindlich bestimmen und es wäre kein Kaufpreisanpassungsmechanismus mehr notwendig. Diese Situation tritt beim Locked-Box-Modell mit zurückliegendem Referenzstichtag und bei dem eigenkapitalbezogenen festen Kaufpreis ein.

305) Vgl. *Hölscher/Nestler/Otto*, Handbuch Financial Due Diligence, S. 358 f.

306) Vgl. *Pomp*, Praxishandbuch Financial Due Diligence, S. 279.

den Verkäufer während dieser Phase Verhaltenspflichten (Covenants).[307] Zu einer Kaufpreisanpassung führen in diesem Regime lediglich Verstöße gegen die Vereinbarung – außer genau spezifizierten Auszahlungen an Anteilseigner („*permitted leakage*" dürfen keine Zahlungen aus dem Unternehmen an die Anteilseigner geleistet werden.[308]

- *Forward Looking* **Locked-Box-Mechanismus:** Mit dem *Forward-Looking-Locked-Box* hat sich in der Praxis ein Hybrid-Mechanismus aus Closing Accounts und Locked Box entwickelt. Hier wird statt eines in der Vergangenheit liegenden Referenzzeitpunkts ein in der Zukunft liegender Referenzzeitpunkt vereinbart. Es erfolgt eine Anpassung der Planbilanzwerte, sobald die tatsächlichen Zahlen zum Referenzstichtag vorliegen. Auf dieser Basis wird dann der Kaufpreis für die Anteile festgelegt und vom Referenzstichtag bis zum Vollzugsstichtag analog zum *Backward-Looking-Locked-Box* verzinst. Diese Form des Locked Box kann genutzt werden, wenn die letzte verfügbare Bilanz z. B. aufgrund eines Carve-outs des zu verkaufenden Geschäftsbereichs nicht repräsentativ für das zu übernehmende Geschäft ist. Der Erwerber muss in diesem Fall hinreichendes Vertrauen in die Planung der Referenzbilanz gewinnen, und diese Bilanz muss dann auch als Eröffnungsbilanz des durch den Carve-out separierten Geschäftsbereichs Gegenstand einer Abschlussprüfung oder prüferischen Durchsicht sein. 237

### f) Earn-out

Während bei den vorgenannten Alternativen der Kaufpreisermittlung der Kaufpreis bei Vertragsschluss fixiert wurde, kommt es bei einer Earn-out-Vereinbarung zu einer nachträglichen Zahlung eines variablen Kaufpreises. Diese Vereinbarungen zur nachträglichen Kaufpreisanpassung können in Betracht gezogen werden, wenn zwischen Verkäufer und Erwerber erhebliche Uneinigkeit bezüglich der künftigen wirtschaftlichen Entwicklung bestehen.[309] Die Anteile werden im Gegensatz zu einer Optionsvereinbarung jedoch zum Erwerbszeitpunkt übertragen.[310] 238

Die variable Kaufpreisvergütung wird in Abhängigkeit eines Erfolgsindikators[311] während einer bestimmten Periode (Earn-out-Periode) vereinbart.[312] Hierbei sind folgende grundsätzliche Ausgestaltungsformen möglich: 239

- **Fester Standard:** Der variable Kaufpreis wird in Abhängigkeit von einer definierten Messgröße in einer Periode definiert, z. B. in prozentualer Abhängigkeit des erzielten EBITDA des jeweiligen Jahres.[313] Bei Projekten, die im Rahmen von Generalübernehmerverträgen errichtet wurden, sind auch Earn-outs im Zusammenhang mit der Erreichung bestimmter Leistungsdaten wie z. B. Mindestwinderträgen bei Onshorewindparks denkbar.
- **Ereignis-Standard:** Ein zusätzlicher Kaufpreis wird in Abhängigkeit von dem Eintreten eines zukünftigen Ereignisses abhängig gemacht, z. B. von der Erlangung einer bestimm-

307) Vgl. *Neuhaus*, in: Kiem, S. 178 Rz. 5.

308) Vgl. *Hölscher/Nestler/Otto*, Handbuch Financial Due Diligence, S. 360.

309) Vgl. *Neuhaus*, in: Kiem, S. 182 Rz. 5.

310) Vgl. *Ihlau/Gödecke*, BB 2010, 687, 688.

311) Zu möglichen Ergebniskenngrößen vgl. *König*, in: Kiem, S. 369 Rz. 2.

312) Vgl. *König*, in: Kiem, S. 371 Rz. 7.

313) Vgl. *Labbé*, FB 2004, 120. Alternativ dazu definieren *Ihlau/Gödecke*, BB 2010, 687, den fixen und variablen Bestandteil eines Earn-outs als einen festen Bestandteil, der mit dem Closing fällig wird, und einen variablen Anteil, der erst ergebnisabhängig in Zukunft fällig wird.

ten Zulassung oder Genehmigung eines Produkts oder der Bewilligung einer Baugenehmigung.[314)]

- **Variabler Standard:** Der variable Kaufpreis wird in Abhängigkeit einer sich verändernden Zielgröße definiert, z. B. in Abhängigkeit der Ergebnisentwicklung im Vergleich zum jeweiligen Vorjahr.[315)]
- **Kumulativer Standard:** Während die beiden vorgenannten Standards sich auf die Ergebnisse in einer Periode beziehen, wird die variable Vergütung hier in Abhängigkeit einer kumulativen Berücksichtigung eines Erfolgsindikators über mehrere Perioden betrachtet, z. B. kumulatives EBITDA über drei Jahre mit variabler Kaufpreisanpassung bei Überschreitung eines bestimmten Schwellenwertes.[316)]

240 Earn-out-Klauseln können vor allem eingesetzt werden, wenn die Erwartungen von Verkäufer und Käufer bezüglich der zukünftigen Entwicklung des Geschäftes und damit auch die Kaufpreisvorstellungen erheblich voneinander abweichen. Solche Erwartungsunterschiede treten insbesondere in Zeiten von konjunkturellen Veränderungen auf,[317)] aber auch dann, wenn sich das Unternehmen in einer für seine Zukunft bahnbrechenden Entwicklungsphase befindet, neue Technologien oder Geschäftsmodelle zum Einsatz kommen, deren Erfolg für die Bewertung relevant ist.[318)] Eine Earn-out-Klausel erlaubt in solchen Fällen den Abschluss der Transaktion, obwohl Verkäufer und Käufer unterschiedliche Preisvorstellungen haben.

241 Aus Sicht des Erwerbers ist die Gewährung eines Earn-outs bei entsprechender Formulierung der Erfolgskriterien relativ risikolos, da sich der zusätzliche Kaufpreis nur dann ergibt, wenn der tatsächliche Erfolg auch eintritt. In diesem Erfolgsfall wurden der bisher ermittelte Unternehmenswert und der auf dieser Basis gebotene Kaufpreis jedoch auch unterschätzt. Allerdings muss sich der Erwerber stets fragen, ob es gerechtfertigt ist, sich den künftigen Erfolg mit dem Veräußerer zu teilen, oder ob dieser auf eigener Leistung des Erwerbers beruht.

242 Darüber hinaus enthält ein Earn-out auch einen Finanzierungseffekt für den Käufer, da der Earn-out-Anteil des Kaufpreises erst zeitverzögert nach Ablauf der Earn-out-Periode zu leisten ist.[319)]

243 Erfahrungsgemäß sind Earn-out-Regelungen häufig Gegenstand von Auseinandersetzungen zwischen den Parteien, sodass effizienten Streitbeilegungsregelungen besonderes Augenmerk gewidmet werden sollte.

244 Im Hinblick auf die Ausgestaltung der **Earn-out-Vereinbarung** ist anhand von Szenarien eine Regelung zu finden, bei welcher der Barwert der zukünftigen Zahlungen kleiner ist als der Barwert aus der möglichen Geschäftsentwicklung. Insbesondere bei ergebnisgebundenen Erfolgsparametern zur Bemessung des Earn-outs besteht die Gefahr, dass Ergebnisse und bewertungsrelevante Cashflows sich unterschiedlich voneinander entwickeln. Problematisch sind hierbei insbesondere Phasen mit starkem Umsatz- und Ergebniswachstum, bei denen das Working Capital, aber auch die Investitionen in überproportionalem

314) Vgl. *Labbé*, FB 2004, 120.

315) Vgl. *Labbé*, FB 2004, 120.

316) Vgl. *Labbé*, FB 2004, 120.

317) Vgl. *Ihlau/Gödecke*, BB 2010, 687 f.

318) Vgl. *Grub/Krispenz*, BB 2018, 235, 238.

319) Vgl. *König*, in: Kiem, S. 369 Rz. 2.

Maße steigen. Vor diesem Hintergrund ist vor einer pauschalen Festlegung von Earn-out-Klauseln ohne eine entsprechende Bewertung der unterschiedlichen Szenarien zu warnen.

### g) Besserungsschein (Mehrerlösklausel)

Der Besserungsschein sichert einem Verkäufer zu, dass er im Falle einer Weiterveräußerung des Unternehmens an einem möglichen Mehrerlös partizipiert. Diese Mehrerlösklauseln waren regelmäßig Bestandteile der Privatisierungsverträge der Treuhandanstalt und haben sich mittlerweile bei Verträgen mit der öffentlichen Hand eingebürgert. In Transaktionen mit privatwirtschaftlichen Verkäufern sind derartige Mehrerlösklauseln hingegen nicht verbreitet.[320] 245

## 9. Verhandlungsphase

Ergeben sich aus der Due Diligence keine absoluten Kaufhindernisse, beginnt die eigentliche Verhandlungsphase. Hier sind neben den Parteien selbst, die die kaufmännischen Entscheidungen, insbesondere über die Kaufpreishöhe, treffen müssen, die Steuerberater, die für eine steuerlich optimale Gestaltung der Transaktion zu sorgen haben, sowie die Rechtsanwälte, die für die rechtliche Umsetzung der Vorstellungen der Parteien verantwortlich sind, gefordert. Gleichzeitig werden häufig Wirtschaftsprüfer involviert, um die Angemessenheit und Durchführbarkeit von Kaufpreis- und Kaufpreisanpassungsformeln zu überprüfen. Hierbei sollte sich der Rechtsanwalt nicht allein auf die rein rechtstechnische Umsetzung des von den Parteien Gewollten beschränken. Er sollte vielmehr eine aktive Rolle in dem Verhandlungsprozess einnehmen, indem er mögliche Gestaltungsalternativen aufzeigt und dadurch zur Herbeiführung von Verhandlungskompromissen beiträgt. 246

Eine günstige Ausgangsposition bei den Verhandlungen erreicht diejenige Partei, die nach den Absprachen berechtigt ist, den ersten **Vertragsentwurf** vorzulegen und die Verhandlungsergebnisse in den Vertragstext einzufügen. Besteht in den Verhandlungen kein klares Übergewicht des Verkäufers, übernimmt in Exklusivverhandlungen die Entwurfsarbeit häufig der Käufer. In Auktionsprozessen wird der erste Vertragsentwurf hingegen typischerweise von dem Verkäufer bereitgestellt. 247

Da die Ergebnisse der Due Diligence Einfluss auf die Vertragsgestaltung, insbesondere auf die Vorschriften über Gewährleistungen und Freistellungsverpflichtungen, aber auch auf den Kaufpreis sowie die Kaufpreisanpassung (hierzu siehe Rz. 200 ff) haben, sollte mit den Vertragsverhandlungen idealerweise erst nach Abschluss der Due Diligence begonnen werden. In der Praxis ist dies jedoch oft nicht möglich oder zweckmäßig, insbesondere wenn ein gewisser Zeitdruck besteht. In diesem Fall sollte sich der Käufer ausdrücklich das Recht vorbehalten, Themen aus der Due Diligence in die Verhandlungen einzuführen. 248

In dieser Phase müssen sich die Parteien bewusst sein, dass die vorgelegten Vertragsentwürfe möglicherweise als von der vorlegenden Seite gestellte Allgemeine Geschäftsbedingungen angesehen werden und insoweit der Inhaltskontrolle nach **AGB-Recht** (§§ 305 ff BGB) unterliegen könnten.[321] Die als Verwender anzusehende Partei hat angesichts des Umstands, dass eine Vorformulierung für mehrere Fälle bei den heute vorhandenen Mus- 249

320) Vgl. *König*, in: Kiem, S. 384 Rz. 38.

321) Str., siehe *Wittuhn/Quecke*, NZG 2014, 131; *Leuschner*, AcP 207 (2007), 491, 515 ff; *Schiffer/Weichel*, BB 2011, 1283; *Kästle*, NZG 2014, 288; *Kirchner/Giessen*, BB 2015, 515; speziell für das Auktionsverfahren: *Habersack/Schürnbrand*, in: Festschrift Canaris, S. 359.

tern für die wiederkehrenden Klauseln kaum geleugnet werden kann,[322] im Wesentlichen zwei Einflussmöglichkeiten, die negativen Auswirkungen einer AGB-Kontrolle, nämlich die Nichtigkeit der betroffenen Klausel, zu vermeiden:[323] Man einigt sich individuell darauf, welche Seite den ersten Vertragsentwurf vorlegt, und hebt bei der Vorlage des Vertragsentwurfs hervor, dass die Gegenseite freie Gestaltungsmöglichkeiten bezüglich aller in dem Vertragsentwurf enthaltenen Klauseln hat.[324] Soll durch die Vorlage des Vertragsmusters ein Vorschlag unterbreitet und *nicht* die Vertragsgestaltungsfreiheit einseitig in Anspruch genommen werden, fehlt es an einem „Stellen" der Vertragsbedingungen.[325] Die zweite, nachgeordnete Möglichkeit, das Risiko einer etwaigen AGB-Inhaltskontrolle bei Unternehmenskaufverträgen zu reduzieren, ist zu dokumentieren, dass die Bedingungen im Einzelnen ausgehandelt sind (§ 305 Abs. 1 Satz 3 BGB).[326] Nach der Rechtsprechung des Bundesgerichtshofs bedeutet „aushandeln" allerdings mehr als verhandeln; der Verwender muss den von der gesetzlichen Grundvorstellung abweichenden Gehalt der Klausel inhaltlich ernsthaft zur Disposition stellen und der Gegenseite Gestaltungsfreiheit zur Wahrung ihrer eigenen Interessen gewähren mit zumindest der realen Möglichkeit, die inhaltliche Ausgestaltung der Klausel zu beeinflussen. Er muss sich, so der Bundesgerichtshof weiter, deutlich und ernsthaft zur gewünschten Änderung einzelner Klauseln bereit erklären. In aller Regel schlage sich eine solche Bereitschaft auch in erkennbaren Änderungen des vorformulierten Textes nieder. Allenfalls unter besonderen Umständen könne ein Vertrag auch dann als Ergebnis eines „Aushandelns" gewertet werden, wenn es schließlich nach gründlicher Erörterung bei dem gestellten Entwurf bleibe.[327] Dieses Merkmal lässt sich erfahrungsgemäß nicht leicht erfüllen, vor allem wenn die andere Seite auf die Vorlage des Vertragsentwurfs hin bestimmte Klauseln bewusst nicht anspricht oder wenn sog. „Paketlösungen" zu mehreren offenen Punkten getroffen werden und dadurch auf einzelne Klauseln gar nicht eingegangen wird.[328] Im Nachhinein kann so der Eindruck entstehen, kritische Klauseln seien nicht im Einzelnen ausgehandelt worden.

250 Im Streitfall sollte diejenige Partei, die den Vertragsentwurf vorgelegt hat, daher ergänzend vorbringen, aufgrund der **Transaktionserfahrung** der anderen Seite sei eine AGB-Kontrolle ihrem Sinn und Zweck nach nicht geboten[329] und die infrage stehende Regelung benachteilige die andere Seite auch nicht unangemessen.[330] Allerdings ist nach der bislang verfügbaren Rechtsprechung nicht gesichert, dass es für die Anwendbarkeit der AGB-Kontrolle oder die Unangemessenheit der Benachteiligung auf den Umfang der Transaktionserfahrung der betroffenen Parteien ankommt. Vor diesem Hintergrund empfiehlt es sich, alle Möglichkeiten zu nutzen, um zu dokumentieren, dass diejenige Partei, die den Unternehmenskaufvertrag vorgelegt hat, sämtliche Regelungen – und damit auch diejenigen, die dann im Ergebnis nicht einzeln behandelt wurden – zur Disposition gestellt hat.

---

322) Vgl. *Kirchner/Giessen*, BB 2015, 515, 516; *Wittuhn/Quecke*, NZG 2014, 131, 132; *Kästle*, NZG 2014, 288; *Leuschner*, AcP 207 (2007), 491, 517 (jeweils m. w. N.).

323) Zu den verschiedenen Vermeidungsmaßnahmen siehe *Wittuhn/Quecke*, NZG 2014, 131, 136; *Kästle*, NZG 2014, 288, 294 f.

324) Vgl. *Schiffer/Weichel*, BB 2011, 1283, 1287 (unter Berufung auf BGH, Urt. v. 17.2.2010 – VIII ZR 67/09); kritisch: *Wittuhn/Quecke*, NZG 2014, 131, 134.

325) Vgl. BGH, Urt. v. 20.1.2016 – VIII ZR 26/15, ZIP 2016, 474, Rz. 25 = BB 2016, 523.

326) Vgl. hierzu z. B. *Kirchner/Giessen*, BB 2015, 515, 518 f.

327) Siehe BGH, Urt. v. 23.1.2003 – VII ZR 210/01, ZIP 2003, 908, 911 = NJW 2003, 1805, 1807 m. w. N.

328) Vgl. dazu *Schiffer/Weichel*, BB 2011, 1283, 1286.

329) Vgl. etwa *Kirchner/Giessen*, BB 2015, 515 f; ähnlich schon *Leuschner*, AcP 207 (2007), 491, 515 ff.

330) Vgl. etwa *Wittuhn/Quecke*, NZG 2014, 131, 135 f.

Gerade beim Erwerb von Unternehmen aus dem deutschen Mittelstand kann es im Einzelfall durchaus vorkommen, dass die auf Verkäuferseite anzutreffenden Personen nicht als Unternehmer i. S. d. § 14 BGB zu qualifizieren sind. Handelt es sich – wie meist jedoch – bei den Parteien des Unternehmenskaufvertrags um **Unternehmer** in diesem rechtlichen Sinne, sind die spezifischen Klauselverbote nach § 308 Nr. 1, 2–8 und § 309 BGB nicht direkt anwendbar (§ 310 Abs. 1 Satz 1 BGB), sondern allenfalls im Rahmen der Beurteilung der Frage, ob eine unangemessene Benachteiligung i. S. d. § 307 BGB vorliegt.[331] Ob eine unangemessene Benachteiligung gegeben ist, ist anhand der Gesamtumstände zu würdigen.[332] Insoweit sind angesichts der typischerweise hohen Spezialisierung der an den Transaktionen beteiligten Unternehmen hohe Anforderungen zu stellen, ehe eine unangemessene Benachteiligung bejaht werden kann. 251

### 10. Vertragsabschluss (Signing), Vertragsvollzug (Closing) und wirtschaftlicher Stichtag (Effective Date)

Sind alle Vertragspunkte ausgehandelt, kann der Unternehmenskaufvertrag abgeschlossen werden (**Signing**). Um das Verhandlungsergebnis nicht durch zukünftige Ereignisse zu gefährden und eine rechtliche Bindung herbeizuführen, sollte der Vertrag nach Einigung über alle offenen Punkte umgehend geschlossen werden, auch wenn der Vollzug von der Erfüllung weiterer Bedingungen abhängt. 252

Vom Signing rechtstechnisch zu unterscheiden ist der dingliche Vollzug des Vertrags, im Falle des Kaufvertrags also der Übergang des Eigentums an dem Kaufgegenstand. Dieser Übergang wird in Anlehnung an die Gepflogenheiten des internationalen Transaktionsgeschäfts auch in der deutschen M&A-Praxis üblicherweise als „Closing“ bezeichnet.[333] Das so verstandene **Closing** kann, muss aber keineswegs zeitlich mit dem Signing zusammenfallen. In der überwiegenden Zahl der Unternehmenskäufe findet das Closing zeitlich nach dem Signing statt. In Abhängigkeit von den Umständen des Einzelfalls, insbesondere der Größe und Komplexität der Transaktion, kann der zwischen Signing und Closing liegende Zeitraum durchaus Wochen oder Monate betragen.[334] Die im deutschen Recht für die Herbeiführung des Closings erforderliche dingliche Einigung erfolgt entweder zusammen mit der schuldrechtlichen Einigung in ein und derselben Vertragsurkunde, dann regelmäßig aufschiebend bedingt auf insbesondere die Zahlung des Kaufpreises (sog. „*one-step model*“) oder in einer separaten Vereinbarung, die erst an dem für das Closing vorgesehenen Tag geschlossen wird (sog. „*two-step model*“).[335] Welches der beiden Modelle den Vorzug verdient, hängt von einer Abwägung der jeweiligen Vor- und Nachteile beider 253

331) Palandt/*Grüneberg*, BGB, § 307 Rz. 40; MünchKomm-*Wurmnest*, BGB, § 307 Rz. 79; HK-BGB/*Schulte-Nölke*, BGB, § 307 Rz. 3.

332) Palandt/*Grüneberg*, BGB, § 307 Rz. 12 m. w. N.

333) Vgl. *Weber*, in: Hölters, Handbuch Unternehmenskauf, Rz. 9.110; Holzapfel/Pöllath-*Engelhardt/von Maltzahn*, Unternehmenskauf in Recht und Praxis, Rz. 1213; Göthel-*Göthel*, Grenzüberschreitende M&A-Transaktionen, § 2 Rz. 204 ff; Picot-*Picot*, Unternehmenskauf, § 4 Rz. 583.

334) *Lappe/Schmitt*, DB 2007, 153. Jedenfalls bei Unternehmenskäufen, die der fusionskontrollrechtlichen Freigabe durch die zuständige(n) Kartellbehörde(n) bedürfen, beläuft sich die Schwebezeit in der Praxis regelmäßig auf einen Zeitraum von mindestens einem Monat. Zu den näheren Einzelheiten der Fusionskontrolle siehe Rz. 562 ff.

335) *Schrader/Seibt*, in: Beck'sches Formularbuch M&A, Form. C.II.1 Anm. 11.

Modelle unter Berücksichtigung der Umstände des Einzelfalls ab.[336] Treffen die Parteien und/oder deren Anwälte zur Herbeiführung des Closings (erneut) räumlich zusammen, wird von einem **physischen Closing** gesprochen. Kommt im konkreten Fall das *Two-step Model* zur Anwendung, findet in der Regel auch ein physisches Closing statt. Aber auch in einer nach dem *One-Step Model* ausgestalteten Transaktion ist es durchaus denkbar, dass die Parteien und/oder deren Anwälte sich erneut treffen, um das Closing herbeizuführen. Unabhängig von der Ausgestaltung der Transaktion nach dem *One-step Model* oder *Two-Step Model*, wird der Eintritt des Closings nämlich regelmäßig an den Eintritt bestimmter Bedingungen geknüpft. Typische Bedingungen sind die fusionskontrollrechtliche Freigabe der Transaktion durch die zuständige(n) Kartellbehörde(n), der Abschluss, die Änderung oder Beendigung bestimmter Nebenverträge, die Ablösung oder Stellung von Sicherheiten, Gremien- oder Finanzierungsvorbehalte sowie – üblicherweise als letzte Bedingung für den Eintritt des Closings – die Zahlung des (vorläufigen) Kaufpreises. Die Zweckmäßigkeit der Vereinbarung weiterer oder anderer Bedingungen richtet sich nach den Umständen des Einzelfalls.[337] Ist eine bestimmte Abfolge und ggf. auch zeitliche Zäsur zwischen dem Eintritt der verschiedenen Bedingungen gewünscht, wird begrifflich und in der vertraglichen Ausgestaltung mitunter zwischen **Vollzugsvoraussetzungen** („closing conditions“) und **Vollzugshandlungen** („closing actions“) unterschieden.[338] Im Gegensatz zu den Closing Actions handelt es sich bei den Closing Conditions oftmals um Bedingungen, deren zeitlicher Eintritt nicht allein in den Händen der Parteien liegt, wie etwa die fusionskontrollrechtliche Freigabe der Transaktion oder die Einholung etwaig erforderlicher Zustimmungen Dritter. Jedenfalls bei solchen Bedingungen, deren Eintrittszeitpunkt die Parteien selbst in der Hand haben, kann sich unabhängig von der Bezeichnung und vertraglichen Ausgestaltung der betreffenden Bedingung im Einzelfall auch bei einer nach dem *One-step Model* ausgestalteten Transaktion ein physisches Closing anbieten.

254 Außerdem wird im Unternehmenskaufvertrag in aller Regel ein **wirtschaftlicher Stichtag** („*effective date*“) festgelegt. Ein solches *Effective Date* beschreibt den Zeitpunkt, von dem ab das Unternehmen wirtschaftlich vom Verkäufer auf den Käufer übergeht. Zur Abgrenzung der Ergebnisse und Risiken sowie zur Ermittlung der für die Berechnung des Kaufpreises relevanten Bilanzpositionen dient üblicherweise ein auf das *Effective Date* abstellender Stichtagsabschluss. Das *Effective Date* kann zeitlich vor, aber auch nach dem Signing liegen. Die Parteien sind in der Gestaltung frei, doch lassen sich im Wesentlichen zwei Grundkonzepte unterscheiden. Wählen die Parteien einen in der Vergangenheit liegenden Zeitpunkt als *Effective Date*, wird es sich hierbei in der Regel um den letzten Bilanzstichtag der Zielgesellschaft handeln. Beim Signing liegt der relevante Stichtagsabschluss dann typischerweise bereits vor, sodass die für die Berechnung des Kaufpreises relevanten Bilanzpositionen bekannt sind und die Parteien sich auf einen Festkaufpreis verständigen können. Das *Effective Date* sollte nicht zu weit zurückliegen, da ansonsten die Periode, während derer der Verkäufer das Unternehmen für Rechnung des Käufers (nämlich bis zum

336) So ist im Falle einer aufschiebend bedingten GmbH-Geschäftsanteilsübertragung der Erwerber vor etwaigen Zwischenverfügungen des Veräußerers in der Schwebezeit geschützt, BGH, Beschl. v. 20.9.2011 – II ZB 17/10, BGHZ 191, 84 = ZIP 2011, 2141, dazu EWiR 2011, 811 *(Stamer)*; dieser Schutz kann aus Erwerbersicht für eine Vorzugswürdigkeit des *One-spep Model* sprechen. Zu den weiteren Vor- und Nachteilen beider Modelle siehe den Überblick bei *Schrader/Seibt*, in: Beck'sches Formularbuch M&A, Form. C.II.1 Anm. 11.

337) *Henrich*, in: Hölters, Handbuch Unternehmenskauf, Rz. 10.52.

338) Rechtstechnisch werden die Bedingungen überwiegend als Fälligkeitsvoraussetzungen, vereinzelt als aufschiebende Bedingungen (§ 158 Abs. 1 BGB) der dinglichen Einigung ausgestaltet.

Zeitpunkt des Closings) führt, zu lang ist.[339] Bei einem in der Vergangenheit liegenden *Effective Date* ist zudem ein vertraglicher Mechanismus zum Schutz des Käufers vor unzulässigen Wertabflüssen auf Ebene der Zielgesellschaft in der Zeit zwischen *Effective Date* und Closing üblich und geboten (**Locked Box**).[340] Wählen die Parteien dagegen einen in der Zukunft liegenden wirtschaftlichen Stichtag, wird es sich in der Regel um den Zeitpunkt des Closings handeln. Die Parteien einigen sich dann typischerweise auf die Zahlung eines vorläufigen Kaufpreises, der auf Basis der Bilanzpositionen eines auf das Closing noch aufzustellenden Stichtagsabschlusses ggf. noch anzupassen ist.

Wie oben bereits angeführt, kann zwischen Signing und Closing in Abhängigkeit von den **255**
Umständen des Einzelfalls ein längerer Zeitraum liegen. In diesem Zeitraum kann es für den Käufer zu negativen Veränderungen im Zielunternehmen kommen. Haben die Parteien das Closing als *Effective Date* vereinbart und ermitteln den endgültigen Kaufpreis auf Basis eines auf dieses *Effective Date* bezogenen Stichtagsabschlusses, gestattet dies dem Käufer einen gewissen Schutz vor den wirtschaftlichen Konsequenzen solcher negativen Veränderungen.[341] Darüber hinaus bietet die Gestaltungspraxis dem Käufer eine Reihe weiterer Möglichkeiten, dem Risiko einer negativen Veränderung im Zielunternehmen zwischen Signing und Closing vorzubeugen. Gängige Ansätze bestehen darin, dass der Verkäufer seine Garantien nicht nur per Signing, sondern auch per Closing und zudem bestimmte Zusicherungen für die Unternehmensführung zwischen Signing und Closing abgibt. Daneben besteht die – unter dem Gesichtspunkt der Transaktionssicherheit beim Verkäufer eher unbeliebte – Möglichkeit der Verwendung von sog. MAC-Klauseln (Material-Adverse-Change, siehe Rz. 954 ff und 1345 ff).[342]

### 11. Post-Closing-Phase

Mit dem Closing ist der Unternehmenskauf zwar rechtlich vollzogen, rein praktisch meist **256**
aber keineswegs abgeschlossen: Das erworbene Unternehmen muss wirtschaftlich auf den Käufer überführt und in dessen Organisation eingegliedert werden. Art und Umfang der erforderlichen Überleitung hängen davon ab, ob das Unternehmen im Wege eines Share Deals oder eines Asset Deals erworben wurde. Im ersten Fall, bei dem der Unternehmensträger identisch bleibt, sind die erforderlichen **Überleitungsmaßnahmen** weniger umfangreich als bei einem Asset Deal, bei dem der Unternehmensträger wechselt. So bedarf es beim Unternehmenskauf in Gestalt eines Asset Deals typischerweise nicht nur der Übereignung von Gegenständen des Anlage- und Umlaufvermögens und der Abtretung von Rechten, also Vorgängen von eher rechtstechnischer Natur, die allein zwischen Verkäufer und Käufer geregelt werden können, sondern z. B. auch der Übernahme von Verbindlichkeiten und Verträgen, bei denen es der Mitwirkung Dritter bedarf, sowie der Überleitung von Kundenbeziehungen und Know-how auf den Käufer.[343]

339) Ist seit dem letzten Bilanzstichtag bereits zu viel Zeit verstrichen, bietet sich die Aufstellung eines unterjährigen Zwischenabschlusses an; was allerdings mit zusätzlichen Kosten und Aufwand verbunden ist und im Zielunternehmen Kapazitäten bindet, die eigentlich für die Transaktion selbst benötigt werden.

340) *Kiem*, in: Kiem, § 6 Rz. 2 ff; *Weißhaupt*, BB 2013, 2947, 2949.

341) *Bruski*, BB-Special 7 zu Heft 30/2005, S. 19 f; *Lappe/Schmitt*, DB 2007, 153, 155 ff.

342) Für einen ausführlicheren Überblick zu diesen Schutzmechanismen siehe *Lappe/Schmitt*, DB 2007, 153 ff.

343) *Hommelhoff*, ZHR 150 (1986), 254, 259 f.

257 Des Weiteren können in Abhängigkeit von den getroffenen Abreden Stichtagsbilanzen aufzustellen und von Verkäufer- und Käuferseite zu prüfen sein; so etwa, wenn der finale Kaufpreis auf Basis der auf den Zeitpunkt des Closings zu erstellenden Closing Accounts zu berechnen ist.

258 Schließlich hat der Käufer in der ersten Zeit nach Closing darauf zu achten, ob möglicherweise eine von dem Verkäufer gegebene Garantie verletzt wurde, um etwaige sich hieraus ergebende Schadensersatzansprüche[344] innerhalb der Verjährungsfristen geltend zu machen. Auch wenn durch eine gründliche Due Diligence das Risiko einer solchen Verletzung eher gering sein sollte, darf die Überprüfung dieser Möglichkeit keinesfalls vernachlässigt werden. Manche Käufer versuchen jedoch auch, über behauptete **Garantieverletzungen** zu einer nachträglichen Reduzierung des Kaufpreises zu gelangen, was für Verkäufer durch eine möglichst präzise und eindeutige Formulierung der einzelnen Garantien weitgehend verhindert, wenn auch nicht gänzlich ausgeschlossen werden kann.

### 12. Integration des gekauften Unternehmens (Post Merger Integration)

259 Bei strategisch motivierten Unternehmenskäufen hat sich in der Praxis gezeigt, dass das reine Streben nach Vergrößerung, das nicht auch von einem „inneren Zusammenschluss" der beteiligten Unternehmen getragen ist, nur selten zum Erfolg führt. So belegen zahlreiche Untersuchungen, dass branchenübergreifend die Rate der tatsächlich wertsteigernden und somit erfolgreichen M&A-Transaktionen lediglich bei ca. 30–40 % liegt, über die Hälfte der Fusionen und Übernahmen somit im Ergebnis als Misserfolg zu bewerten sind. Für den anwaltlichen Berater, der sich für den Erfolg des Projektes seines Mandanten mit verantwortlich fühlt, bedeutet dies, viel Mühe auf alle Klauseln zu verwenden, welche die Phase der Integration des erworbenen Unternehmens betreffen.

260 **Earn-out-Klauseln** können sich nachteilig im Hinblick auf eine Integration der Zielgesellschaft auswirken, da sie für die Dauer der Earn-out-Periode typischerweise das Erfordernis einer Fortführung des Unternehmens als separate Einheit mit sich bringen.[345] Wird die Zielgesellschaft schon während der Earn-out-Periode in die Strukturen des Käufers integriert, kann dies nach Art und Umfang der Integration zu einer Verfälschung oder sogar einem Wegfall der dem Earn-out zugrunde liegenden Bemessungsgrundlagen führen. Earn-out-Klauseln sollten idealerweise jedoch nicht so gestaltet werden, dass sie unternehmerische Initiativen des Käufers gänzlich unterbinden. Der Verkäufer kann vor den negativen Auswirkungen etwaiger Integrationsmaßnahmen bis zu einem gewissen Grad[346] auch dadurch geschützt werden, dass die Earn-out-Klausel bei einer Verfälschung von Bemessungsgrundlagen (etwa durch die Belastung des Zielunternehmens mit Integrationskosten) entsprechende Normalisierungsregeln und bei einem Wegfall der Bemessungsgrundlagen (etwa durch eine Verschmelzung oder eine andere grundlegende Reorganisationsmaßnahme) eine pauschalierte Abgeltung des Earn-outs vorsieht (z. B. durch Zahlung des nach der Earn-out-Klausel maximal möglichen Earn-outs).[347]

---

344) Zu den Rechtsfolgen einer Garantieverletzung sowie zur Ermittlung der Höhe eines möglicherweise eingetretenen Schadens vgl. *Hilgard*, ZIP 2005, 1813.

345) *Ihlau/Gödecke*, BB 2010, 687, 689; *Hilgard*, BB 2010, 2912, 2913 f; *Werner*, DStR 2012, 1662, 1665.

346) *Hilgard*, BB 2010, 2912, weist zutreffend darauf hin, dass sich kaum alle denkbaren Manipulationsmöglichkeiten voraussehen und entsprechend regeln lassen.

347) Siehe *von Braunschweig*, DB 2010, 713, 717 f.

Die Gründe für den häufigen Misserfolg liegen vielfach in einem misslungenen oder gänzlich fehlenden Post-Merger-Integration-Management. Es wird vielfach übersehen, wie wichtig es für einen gelungenen Zusammenschluss ist, die Integration des erworbenen Unternehmens in die Strukturen des Käufers von Anfang an nachhaltig zu betreiben. Hier ist insbesondere die Situation der Arbeitnehmer zu berücksichtigen, deren Leistungsvermögen und Identifikation mit dem Unternehmen durch eine ungewisse persönliche Lage, wie sie bei solchen Zusammenschlüssen immer entsteht (Rationalisierung), regelmäßig nicht unerheblich beeinträchtigt werden. Daher sollte die **Kommunikation** mit den Angestellten beider Unternehmen intensiv betrieben, eine **klare Führungsstruktur** schnell etabliert und sollten insbesondere auch kulturelle Unterschiede berücksichtigt werden. Dabei kommt es darauf an, eine eindeutige und nachvollziehbare Linie zu verfolgen, indem klare Vorstellungen gegenüber allen Mitarbeitern von Anfang an offen artikuliert werden und an einmal getroffenen Entscheidungen festgehalten wird. Auch die Kommunikation zu den Lieferanten und Kunden darf nicht vernachlässigt werden. In diesem Verhältnis ist deutlich zu machen, dass ihnen auch nach dem Zusammenschluss ein zuverlässiger Partner gegenübersteht. 261

Eine weitergehende Form der Post Merger Integration ist die komplette Zusammenführung der Zielgesellschaft mit der Akquisitionsgesellschaft durch **Verschmelzung**. In Abhängigkeit von den Umständen des Einzelfalls können insbesondere beim Erwerb durch einen strategischen Investor die Motive einer Verschmelzung vielfältig sein.[348] Handelt es sich bei dem Käufer um einen Finanzinvestor, bezweckt sie üblicherweise die Erzeugung einer rechtlichen Einheit von Kreditnehmer und Sicherungsgeber. So zeichnet sich der Unternehmenskauf durch einen Finanzinvestor typischerweise dadurch aus, dass der Finanzinvestor die Transaktion in erheblichem Umfang fremdfinanziert. Dabei nimmt die Akquisitionsgesellschaft die Akquisitionskredite auf und stellt die Zielgesellschaft – regelmäßig eine logische Sekunde nach dem Closing[349] – die wesentlichen Sicherheiten. Die dadurch erfolgende Besicherung von Gesellschafterverbindlichkeiten bringt eine Reihe von gesellschafts-, zivil- und insolvenzrechtlichen Problemen mit sich.[350] Die Verschmelzung der Zielgesellschaft mit der Akquisitionsgesellschaft im Anschluss an den Unternehmenskauf stellt eine gängige Gestaltung zur Beseitigung dieser Probleme dar. In ertragssteuerlicher Hinsicht bietet die Verschmelzung zudem den Vorteil, dass der ursprünglich bei der Akquisitionsgesellschaft anfallende Aufwand für die Finanzierung mit den betrieblichen Erträgen der ursprünglichen Zielgesellschaft innerhalb der durch die Zinsschranke gesetzten Grenzen gemäß § 4h EStG, § 8a KStG verrechnet werden kann[351] (siehe Rz. 502 ff). Ob dabei eine Abwärtsverschmelzung (*„downstream merger“*) der Akquisitionsgesellschaft auf die Zielgesellschaft oder umgekehrt eine Aufwärtsverschmelzung (*„upstream merger“*) der Zielgesellschaft auf die Akquisitionsgesellschaft den Vorzug verdient, ist jeweils anhand der konkreten Umstände des Einzelfalls zu klären.[352] 262

348) Vgl. *Sagasser*, in: Sagasser/Buler/Brünger, § 8 Rz. 1 ff.

349) *Diem*, Akquisitionsfinanzierungen, § 41 Rz. 10.

350) Ausführlich dazu *Diem*, Akquisitionsfinanzierungen, §§ 43 – 47.

351) *Diem*, Akquisitionsfinanzierungen, § 49 Rz. 23, 40.

352) *Diem*, Akquisitionsfinanzierungen, § 49 Rz. 3 ff; *Sagasser*, in: Sagasser/Buler/Brünger, § 8 Rz. 4 f.

263 Die Möglichkeit einer **grenzüberschreitenden Verschmelzung** war zunächst umstritten. Infolge der „Europäisierung" des Umwandlungsrechts[353)] ist sie zumindest für die Verschmelzung von Kapitalgesellschaften innerhalb der EU zwischenzeitlich abschließend geklärt.[354)] Danach besteht grundsätzlich auch die Möglichkeit, z. B. eine Zielgesellschaft in der Rechtsform einer deutschen GmbH im Falle des Erwerbs durch einen Käufer in der Rechtsform einer Kapitalgesellschaft nach dem Recht eines anderen EU-Mitgliedstaats im Anschluss an die Akquisition auf einen solchen ausländischen Käufer grenzüberschreitend zu verschmelzen.[355)] Der zur Umsetzung[356)] der **Verschmelzungs-Richtlinie**[357)] in den zweiten Teil des zweiten Buches des Umwandlungsgesetzes eingefügte zehnte Abschnitt (**§§ 122a ff UmwG**) enthält Sonderregelungen, die das allgemeine Umwandlungsrecht für Fälle der grenzüberschreitenden Verschmelzung deutscher Gesellschaften mit dem Recht anderer Mitgliedstaaten der EU bzw. des EWR unterliegenden Gesellschaften ergänzen.[358)] Hinsichtlich der grenzüberschreitenden Verschmelzung von Personengesellschaften sowie der grenzüberschreitenden Verschmelzung mit Drittstaatenbezug besteht weiterhin ein erhebliches Maß an Rechtsunsicherheit.[359)]

### III. Haftung des Verkäufers

264 Das deutsche Kaufrecht bietet keine speziellen gesetzlichen Bestimmungen zur Haftung des Verkäufers beim Unternehmenskauf. Die allgemeinen gesetzlichen Bestimmungen werden den Besonderheiten des Unternehmenskaufs aber in vielerlei Hinsicht kaum gerecht.[360)] In der Praxis des Unternehmenskaufs ist es daher üblich, das dispositive gesetzliche Haftungsregime durch ein eigenes, in sich geschlossenes vertragliches Haftungsregime zu ersetzen.[361)] Dieses vertragliche Haftungsregime setzt nicht auf die gesetzlichen Regelungen der §§ 434 ff BGB auf, sondern basiert im Wesentlichen auf **selbständigen Garantieversprechen** des Verkäufers gemäß § 311 Abs. 1 BGB.[362)]

265 Soweit die Vertragsparteien keine abweichenden Regelungen vereinbart haben oder die getroffenen Abreden unwirksam sind (z. B. Ausschluss der Haftung wegen Vorsatzes, § 276 Abs. 3 BGB), bleibt es jedoch bei der Anwendbarkeit des allgemeinen gesetzlichen Haftungs-

353) Maßgeblich vorangetrieben durch die Entscheidungen des EuGH in Sachen „Sevic" (EuGH, Urt. v. 13.12.2005 – Rs C-411/03, ZIP 2005, 2311 = NJW 2006, 425 f) und „Cartesio" (EuGH, Urt. v. 16.12.2008 – Rs C-210/06, ZIP 2009, 24 = NJW 2009, 569 f) sowie die Verschmelzungs-Richtlinie (Fn. 359); *Gutkès*, in: Sagasser/Bula/Brünger, § 12 Rz. 7 ff.

354) *Hoffmann*, in: Münchener Handbuch des Gesellschaftsrechts, Bd. 6, § 53 Rz. 4 ff.

355) Eine Herausverschmelzung aus Deutschland führt aber zu einer Gewinnrealisierung bei der übertragenden Gesellschaft, wenn durch die Verschmelzung das deutsche Besteuerungsrecht eingeschränkt wird (§ 11 Abs. 2 UmwStG).

356) Zweites Gesetz zur Änderung des Umwandlungsgesetzes v. 19.4.2007, BGBl I, 542.

357) Richtlinie 2005/56/EG des Europäischen Parlaments und des Rates v. 26. Oktober 2005 über die Verschmelzung von Kapitalgesellschaften aus verschiedenen Mitgliedstaaten, ABl Nr. L 310/1.

358) Dazu *Brocker*, BB 2010, 971; *Kruse/Kruse*, BB 2010, 3035; *Ege/Klett*, GWR 2011, 399; *Hoffmann*, in: Münchener Handbuch des Gesellschaftsrechts, Bd. 6, § 53 Rz. 20 ff m. w. N.

359) *Hoffmann*, in: Münchener Handbuch des Gesellschaftsrechts, Bd. 6, § 53 Rz. 20 ff; Göthel-*Göthel*, Grenzüberschreitende M&A-Transaktionen, § 29 Rz. 23 ff.

360) Vgl. *K. Schmidt*, Handelsrecht, § 5 II Rz. 36; *Felsenstein/Gansen/Semkowicz*, KSzW 2017, 33; Holzapfel/Pöllath-*Engelhardt*, Unternehmenskauf in Recht und Praxis, Rz. 859; *Larisch*, Gewährleistungshaftung beim Unternehmens- und Beteiligungskauf, S. 203 m. w. N.

361) *Weber*, in: Hölters, Handbuch Unternehmenskauf, Rz. 9.204; *Möller*, NZG 2012, 841, 842; *Hasselbach/Ebbinghaus*, DB 2012, 216.

362) *Weißhaupt*, WM 2013, 782; *Schmitz*, RNotZ 2006, 561, 589 f; *Hilgard/Kraayvanger*, MDR 2002, 678; *Schröcker*, ZGR 2005, 63, 98.

regimes. Die nachfolgenden Ausführungen geben daher einen kurzen Überblick über die zentralen Aspekte der gesetzlichen Haftung des Verkäufers beim Unternehmenskauf.

### 1. Gesetzliche Mängelgewährleistung

Gegenstand des Unternehmenskaufvertrags ist das **Unternehmen**, bestehend aus der Gesamtheit einzelner Vermögensgegenstände wie Sachen, Rechte und sonstigen Gegenständen. Ein Unternehmen ist ein **„sonstiger Gegenstand" i. S. d. § 453 Abs. 1 BGB**, sodass die §§ 434 ff BGB kraft dieser gesetzlichen Verweisungsnorm entsprechende Anwendung finden.[363] Dies gilt grundsätzlich unabhängig davon, ob der Unternehmenskauf als Share Deal oder als Asset Deal ausgestaltet ist. **Abgrenzungsfragen** entstehen, wenn **beim Share Deal** nicht sämtliche Gesellschaftsanteile Gegenstand des Kaufvertrags sind. Grundsätzlich handelt es sich beim Kauf von Gesellschaftsanteilen um einen Rechtskauf. Beim Share Deal stellt sich daher die höchstrichterlich bislang nicht abschließend geklärte Frage, ab welcher Beteiligungshöhe der bloße Kauf von Gesellschaftsanteilen zum Unternehmenskauf wird. Die Frage ist von praktischer Bedeutung, da der Verkäufer im Falle des bloßen Verkaufs von Gesellschaftsanteilen zwar für Rechtsmängel der Gesellschaftsanteile, nicht aber ohne weiteres zugleich auch für Mängel des von der Gesellschaft getragenen Unternehmens haftet.[364] Nach der Rechtsprechung des Bundesgerichtshofs ist im Falle eines Share Deals ein Unternehmenskauf gegeben, wenn der Gegenstand des Kaufvertrags der Erwerb sämtlicher oder nahezu sämtlicher Anteile an dem Unternehmen ist und sich der Anteilskauf damit sowohl nach der Vorstellung der Vertragsparteien als auch objektiv bei wirtschaftlicher Betrachtungsweise als Kauf des Unternehmens selbst und damit als Sachkauf darstellt.[365] Das OLG München ließ im Falle eines Erwerbs von GmbH-Geschäftsanteilen bereits den Erwerb einer Beteiligungsquote von 75 % genügen.[366] Der Käufer sollte den aus dieser Rechtsprechung resultierenden Ungewissheiten durch entsprechende Vereinbarungen begegnen. 266

#### a) Vorliegen eines Mangels des Unternehmens

Gemäß § 433 Abs. 1 Satz 2 BGB hat der Verkäufer dem Käufer die Sache frei von Sach- und Rechtsmängeln zu verschaffen. Nach § 434 Abs. 1 Satz 1 BGB ist die Sache frei von **Sachmängeln**, wenn sie bei Gefahrübergang die vereinbarte Beschaffenheit hat. Soweit es an einer Beschaffenheitsvereinbarung fehlt, ist auf zweiter Ebene die Eignung für die nach dem Vertrag vorausgesetzte Verwendung (§ 434 Abs. 1 Satz 2 Nr. 1 BGB) zu prüfen. Soweit sich diese nicht bestimmen lässt, kommt es darauf an, ob sich die Sache für die gewöhnliche Verwendung eignet und eine Beschaffenheit aufweist, die für Sachen der gleichen Art üblich ist und die der Käufer nach der Art der Sache erwarten kann (§ 434 Abs. 1 Satz 2 Nr. 2 BGB). Die Tatbestandsvoraussetzungen des § 434 Abs. 1 Satz 2 BGB passen 267

363) *Wolf/Kaiser*, DB 2002, 411; Palandt/*Weidenkaff*, BGB, § 453 Rz. 7 m. w. N.

364) MünchKomm-*Westermann*, BGB, § 453 Rz. 19.

365) Siehe BGH, Urt. v. 26.9.2018 – VIII ZR 187/17, NZG 2018, 1305 m. w. N.; nach der Rechtsprechung des BGH ist ein solcher Erwerb „nahezu sämtlicher Anteile" jedenfalls beim Erwerb einer Beteiligungsquote von 99,75 % anzunehmen (vgl. BGH, Urt. v. 27.2.1970 – I ZR 103/68, WM 1970, 819) und umgekehrt jedenfalls beim Erwerb einer Beteiligungsquote von 60 % oder weniger abzulehnen (BGH, Urt. v. 2.6.1980 – VIII ZR 64/79, NJW 1980, 2408, 2409).

366) OLG München, Urt. v. 25.3.1998 – 7 U 4926/97, NZG 1998, 593.

nicht recht auf den Kaufgegenstand „Unternehmen“.[367] Aus Käufersicht besteht daher zumindest ein Interesse an der Vereinbarung eines möglichst ausführlichen Beschaffenheitskatalogs. Umgekehrt sollte dem Verkäufer mindestens an einer abschließenden Vereinbarung des Beschaffenheitskatalogs gelegen sein; abschließend insoweit, als die Anwendung von § 434 Abs. 1 Satz 2 BGB ausgeschlossen wird.

268 Im Rahmen der gesetzlichen Sachmängelgewährleistung kommt es für die Beurteilung der Mangelfreiheit maßgeblich auf den Begriff der **Beschaffenheit** an. Der Inhalt dieses Begriffs ist weder gesetzlich definiert noch höchstrichterlich abschließend geklärt. Die Begründung des Regierungsentwurfs des Gesetzes zur Modernisierung des Schuldrechts[368] lässt ausdrücklich offen, ob er lediglich der Sache unmittelbar physisch anhaftende Eigenschaften umfasst oder ob auch außerhalb der Sache selbst liegende Umstände heranzuziehen sind. Nach im Vordringen befindlicher Ansicht ist dem Begriff ein weites Verständnis zugrunde zu legen.[369] Danach können sämtliche wertbildenden Faktoren des Unternehmens, die aus Sicht der Parteien (insbesondere des Käufers) von Bedeutung sind, zum Gegenstand einer Beschaffenheitsvereinbarung i. S. v. § 434 Abs. 1 Satz 1 BGB gemacht werden.[370] Hierzu zählen z. B. auch vergangenheitsbezogene Ertrags- und Umsatzangaben, und zwar unabhängig davon, über welchen Zeitraum sie sich erstrecken.[371] Stellt der Unternehmenskaufvertrag bei der Haftung des Verkäufers – wie in der Praxis üblich – tatbestandlich hingegen nicht auf die gesetzliche Mängelgewährleistung, sondern auf selbständige Garantieversprechen gemäß § 311 Abs. 1 BGB ab, kommt es auf den Inhalt und die Reichweite des dem § 434 BGB zugrunde liegenden Beschaffenheitsbegriffs nicht an. Gegenstand selbständiger Garantieversprechen können alle Aspekte sein, welche auch immer die Parteien für relevant halten.

269 Nicht jede nachteilige Abweichung stellt einen Mangel i. S. d. § 434 Abs. 1 Satz 2 BGB dar. Vielmehr bedarf es einer Beeinträchtigung des Wertes oder der Funktionstauglichkeit des Unternehmens als Ganzes.[372] Die Rechtsprechung hat hierzu die sog. **Gesamterheblichkeitstheorie** entwickelt.[373] Danach kommt es auf die Bedeutung des Mangels des einzelnen Wirtschaftsgutes für das gesamte Unternehmen an. Maßgeblich hierfür ist die Bedeutung des wertbildenden Faktors für das Unternehmen als organisatorische Einheit.[374]

### b) Gefahrübergang (Closing)

270 Mangels anderweitiger Vereinbarung der Parteien muss der Mangel bei Gefahrübergang vorgelegen haben (§ 434 Abs. 1 Satz 1 BGB). Gemäß § 446 BGB ist dies grundsätzlich der – in der Transaktionspraxis meist als Closing bezeichnete – Zeitpunkt der Übertragung

367) Vgl. *K. Schmidt*, Handelsrecht, § 5 II Rz. 40; *Weber*, in: Hölters, Handbuch Unternehmenskauf, Rz. 9.211.

368) Begründung RegE Schuldrechtsmodernisierungsgesetz, BT-Drucks. 14/6040, S. 213.

369) Palandt/*Weidenkaff*, BGB, § 434 Rz. 11; HK-BGB/*Saenger*, BGB, § 434 Rz. 9 m. w. N.; *Wolf/Kaiser*, DB 2002, 411, 412.

370) Vgl. *Schröcker*, ZGR 2005, 63, 75 ff.

371) *Schröcker*, ZGR 2005, 63, 78; *Triebel/Hölzle*, BB 2002, 521, 525; *Gruber*, MDR 2002, 433, 437; *Gaul*, ZHR 166 (2002), 35, 45 ff (ausdrücklich weitergehend auch für Angaben zu sonstigen Daten, die nach den betriebswirtschaftlich anerkannten Bewertungsmethoden einer Ermittlung des Unternehmenswertes zugrunde gelegt werden).

372) *Fischer*, DStR 2004, 276 f; *Triebel/Hölzle*, BB 2002, 521, 525.

373) Vgl. OLG Köln, Urt. v. 29.1.2009, – 12 U 20/08, DB 2009, 2259; dazu *Picot*, DB 2009, 2587.

374) *Schröcker*, ZGR 2005, 63, 79.

der Vermögensgegenstände bzw. der Anteile. Aus Käufersicht besteht ein Interesse, dass die im Unternehmenskaufvertrag üblicherweise vereinbarten selbständigen Garantieversprechen des Verkäufers gemäß § 311 Abs. 1 BGB nicht nur bezogen auf das Datum des Vertragsabschlusses (Signing), sondern auch bezogen auf das Datum der Wirksamkeit der Unternehmensübertragung (Closing) abgegeben werden (siehe Rz. 1446). Vor allem die Abgabe von Garantien auf den Zeitpunkt des Closings ist aber häufig Gegenstand intensiver Verhandlungen, da der Verkäufer für nach dem Signing eintretende Veränderungen nur ungern Verantwortung übernehmen will, es aus Sicht des Käufers jedoch gerade auch auf den Zeitpunkt des Closings ankommt. Dieser Aspekt ist im Falle der häufig im Unternehmenskaufvertrag enthaltenen aufschiebenden Bedingungen von wesentlicher Bedeutung. Eine in der Praxis anzutreffende Kompromisslinie besteht dann darin, dass dem Verkäufer zumindest in Bezug auf Garantien, die vom Verhalten Dritter abhängig sind, die Gelegenheit geboten wird, die entsprechende Garantie zum Closing in Bezug auf in der Zeit seit dem Signing neu entstandene Sachverhalte zu aktualisieren.[375] Im Übrigen spielen die Klauseln zur Fortführung des Unternehmens durch den Verkäufer in der Zeit zwischen Signing und Closing eine wichtige Rolle (zu § 14 des GmbH-Anteilskaufvertrags siehe Rz. 1101).

### c) Rechte des Käufers gemäß §§ 437 ff BGB

Liegt bei Gefahrübergang ein Mangel vor, so kann der Käufer (jedenfalls theoretisch) die Annahme verweigern und dem Kaufpreisanspruch aus § 433 Abs. 2 BGB die Einrede des nicht erfüllten Vertrags gemäß § 320 BGB entgegenhalten. Insoweit besteht sein primärer Erfüllungsanspruch aus § 433 Abs. 1 BGB fort. Nimmt der Käufer hingegen die – mangelhafte – Leistung an, so ergeben sich seine Rechte aus §§ 437 ff BGB.[376] Diese umfassen unter den dort genannten Voraussetzungen vorrangig den Anspruch auf Nacherfüllung (§ 437 Nr. 1, § 439 BGB) und nachrangig das Recht zum Rücktritt vom Vertrag (§ 437 Nr. 2, §§ 440, 323 und 326 Abs. 5 BGB), das Recht zur Minderung des Kaufpreises (§ 437 Nr. 2, § 441 BGB), den Anspruch auf Schadensersatz (§ 437 Nr. 3, §§ 440, 280, 281, 283 und 311a BGB) sowie den Anspruch auf Ersatz vergeblicher Aufwendungen (§ 437 Nr. 3, § 284). 271

#### aa) Nacherfüllung nach §§ 437 Nr. 1, 439 BGB

Grundsätzlich muss der Käufer dem Verkäufer zunächst eine Frist zur Nacherfüllung setzen, bevor er die in § 437 Nr. 2 und 3 BGB genannten Sekundärleistungsansprüche geltend machen kann. Mit dem Vorrang der Nacherfüllung soll dem Verkäufer eine letzte Chance zur ordnungsgemäßen Erfüllung seiner Primärleistungspflicht gegeben werden. Der Nacherfüllungsanspruch kann auf Nachbesserung oder Neulieferung einer mangelfreien Sache gerichtet sein.[377] 272

Eine **Nacherfüllung** ist beim Unternehmenskauf **oft nicht möglich**. Es ergibt sich aus der Natur der Sache, dass die Neulieferung eines mangelfreien Unternehmens regelmäßig ausscheidet.[378] Auch die Nachbesserung ist bei bestimmten Mängeln des Unternehmens kaum möglich, wie z. B. bei unzutreffenden Angaben über bestimmte wirtschaftliche Kenn- 273

375) *Schrader/Seibt*, in: Beck'sches Formularbuch M&A, Form. C.II.2 Anm. 89.

376) *Schröcker*, ZGR 2005, 63, 81 f.

377) HK-BGB/*Saenger*, BGB, § 437 Rz. 3, 17.

378) *Schröcker*, ZGR 2005, 63, 82; *Weber*, in: Hölters, Handbuch Unternehmenskauf, Rz. 9.219, hält eine Ausnahme für den Fall des Erwerbs einer Vorratsgesellschaft für denkbar.

zahlen des Unternehmens.[379] Bei Mängeln einzelner Unternehmenssubstrate kommt ein Nacherfüllungsanspruch nur in Betracht, wenn diese für das Unternehmen als Ganzes erheblich sind.[380]

### bb) Rücktritt nach § 437 Nr. 2, §§ 323, 326 Abs. 5 BGB

274 Findet eine ordnungsgemäße Nacherfüllung nicht statt oder ist eine Fristsetzung zur Nacherfüllung nach den gesetzlichen Bestimmungen bereits entbehrlich, kann der Käufer nach §§ 437 Nr. 2, 323, 326 Abs. 5 BGB vom Vertrag zurücktreten, sofern das Rücktrittsrecht nicht ausnahmsweise ausgeschlossen ist. Das Recht zum Rücktritt ist ein Gestaltungsrecht.[381] Die Erklärung des Rücktritts hat die Rückabwicklung des Vertrags gemäß §§ 346 ff BGB zur Folge. Aufgrund der mit der Rückabwicklung eines Unternehmenskaufs verbundenen Probleme erscheint ein **Rücktritt** vom Unternehmenskaufvertrag **nach dem Closing** in der Praxis regelmäßig **weder praktikabel noch interessengerecht.**[382] Das Unternehmen ist auch nach seiner Übertragung einem stetigen Weiterentwicklungsprozess ausgesetzt. Zudem werden oft bereits unmittelbar im Anschluss an den Vollzug des Unternehmenskaufvertrags organisatorische und personelle Veränderungen vollzogen, eine teilweise Zerschlagung, ein Outsourcing von Teilbereichen oder eine Eingliederung in einen Konzern vorgenommen.[383] Der Käufer wird das Unternehmen daher kaum in der Form an den Verkäufer zurückgewähren können, in der er es vom Verkäufer erworben hat. Unabhängig davon wird der Verkäufer möglicherweise auch gar nicht mehr willens oder in der Lage sein, das Unternehmen fortzuführen.[384]

### cc) Minderung nach §§ 437 Nr. 2, 441 BGB

275 Als alternatives Gestaltungsrecht zum Rücktritt steht dem Käufer die Minderung zur Verfügung.[385] In der Praxis **können Schwierigkeiten bei der Berechnung** des konkreten Minderungsbetrags bestehen. Beim Unternehmenskauf ist hierfür erforderlich, dass der Käufer sowohl den Wert des Unternehmens in mangelfreiem als auch denjenigen in mangelhaftem Zustand nachweist. Entlastet wird der Käufer jedoch durch die Regelung in § 441 Abs. 3 Satz 2 BGB, wonach eine Schätzung der Minderung möglich ist.

### dd) Schadensersatz nach §§ 437 Nr. 3, 440, 280, 281, 283, 311a BGB

276 Unter den Voraussetzungen von §§ 437 Nr. 3, 440, 280, 281, 283 und 311a BGB kann der Käufer Schadensersatz verlangen. Im Wesentlichen ist zwischen dem auf Ersatz des Mangelfolgeschadens gerichteten Schadensersatz neben der Leistung (§ 280 Abs. 1 BGB) und dem auf Ersatz des Mangelschadens gerichteten Schadensersatz statt der Leistung (§§ 280 Abs. 1 und 3, 281 bzw. 283 bzw. 311a Abs. 2 BGB) zu unterscheiden. Beim Schadensersatz statt der Leistung ist weiter zwischen dem sog. kleinen Schadensersatz (§§ 280 Abs. 1 und 3, 281 Abs. 1 Satz 1) und dem sog. großen Schadensersatz (§§ 280 Abs. 1 und 3, 281

379) *Triebel/Hölzle*, BB 2002, 521, 526; *Kindl*, WM 2003, 409, 412; *Schröcker*, ZGR 2005, 63, 82.

380) *Fischer*, DStR 2004, 276; *Schröcker*, ZGR 2005, 63, 82; siehe Rz. 269.

381) HK-BGB/*Saenger*, BGB, § 437 Rz. 5.

382) *Weber*, in: Hölters, Handbuch Unternehmenskauf, Rz. 9.221; vgl. Holzapfel/Pöllath-*Engelhardt*, Unternehmenskauf in Recht und Praxis, Rz. 920.

383) *Schröcker*, ZGR 2005, 63, 83; *Schmitz*, RNotZ 2006, 561, 567 f.

384) *Kindl*, WM 2003, 409, 412; *Schmitz*, RNotZ 2006, 561, 567 f.

385) HK-BGB/*Saenger*, BGB, § 441 Rz. 1.

Abs. 1 Satz 1 und 3 BGB) zu differenzieren. Beim kleinen Schadensersatz behält der Käufer die Sache und erhält lediglich Ersatz für den durch den Mangel verursachten Minderwert der Sache. Beim großen Schadensersatz (Schadensersatz statt der ganzen Leistung) weist der Käufer die Sache zurück und macht den nichterfüllungsbedingten Gesamtschaden geltend.[386] Damit ist der **große Schadensersatz** aus den bereits in Bezug auf den Rücktritt dargestellten Gründen (siehe Rz. 274) beim Unternehmenskauf regelmäßig **weder praktikabel noch interessengerecht.**[387] Zumindest am Rande zu erwähnen ist ferner noch der Anspruch auf Schadensersatz wegen Verzögerung der Leistung gemäß §§ 437 Nr. 3, 280 Abs. 1 und 2, 286. Allen diesen Schadensersatzansprüchen ist gemeinsam, dass sie ein Verschulden des Verkäufers voraussetzen. Dieses wird nach § 280 Abs. 1 Satz 2 vermutet, kann durch den Verkäufer aber widerlegt werden.

#### ee) Aufwendungsersatz nach §§ 437 Nr. 3, 284 BGB

Anstelle von Schadensersatz statt der Leistung kann der Käufer unter den Voraussetzungen 277
des § 437 Nr. 2, § 284 BGB Ersatz der Aufwendungen verlangen, die er im Vertrauen auf den Erhalt der Leistung gemacht hat und billigerweise machen durfte, es sei denn, deren Zweck wäre auch ohne die Pflichtverletzung des Verkäufers nicht erreicht worden. Hierunter fallen z. B. die **Kosten der Due Diligence**, der **Vertragsverhandlung** und des **Vertragsschlusses.**[388] Solche Aufwendungen können grundsätzlich nicht als Schadensersatz geltend gemacht werden, da der Verkäufer entgegenhalten kann, dass sie auch bei ordnungsgemäßer Vertragserfüllung entstanden wären.[389]

### d) Kein Haftungsausschluss

Daneben ist darauf zu achten, dass kein Haftungsausschluss vorliegt. 278

#### aa) Gesetzlicher Haftungsausschluss

Nach § 442 Abs. 1 BGB sind die Rechte des Käufers wegen eines Mangels ausgeschlossen, 279
wenn er bei Vertragsschluss den Mangel **kannte.** Gleiches gilt, wenn ihm der Mangel **infolge grober Fahrlässigkeit unbekannt** geblieben ist, **es sei denn,** der Verkäufer hat den Mangel **arglistig verschwiegen** oder eine Garantie für die Beschaffenheit übernommen. Insoweit ist zu berücksichtigen, dass beim Verschweigen eines offenbarungspflichtigen Mangels bereits arglistig handelt, wer einen Fehler mindestens für möglich hält und gleichzeitig weiß oder damit rechnet und billigend in Kauf nimmt, dass der Vertragsgegner den Fehler nicht kennt und bei Offenbarung den Vertrag nicht oder nicht mit dem vereinbarten Inhalt geschlossen hätte.[390]

#### bb) Vertraglicher Haftungsausschluss

Wie eingangs erwähnt, wird insbesondere die **gesetzliche Mängelgewährleistungshaftung** 280
des Verkäufers **in der Praxis des Unternehmenskaufs regelmäßig vollständig ausgeschlos-**

---

386) Siehe hierzu den Überblick bei HK-BGB/*Saenger*, BGB, § 437 Rz. 7 ff.

387) Holzapfel/Pöllath-*Engelhardt*/*Farkas*, Unternehmenskauf in Recht und Praxis, Rz. 1192.

388) *Weber*, in: Hölters, Handbuch Unternehmenskauf, Rz. 9.226.

389) *Knott*, NZG 2002, 249, 253.

390) BGH, Urt. v. 19.3.1992 – III ZR 16/90, NJW 1992, 1953, 1954; MünchKomm-*Armbrüster*, BGB, § 123 Rz. 15; *Koppmann*, BB 2014, 1673, 1674 f.

**sen.** Stattdessen statuiert der Unternehmenskaufvertrag selbständige Garantieversprechen des Verkäufers i. S. d. § 311 Abs. 1 BGB über bestimmte Umstände und regelt auch die Rechtsfolgen der Verletzung dieser Garantien eigenständig (siehe Rz. 995 ff, 1072 ff). Sonstige gesetzliche Ansprüche, wie insbesondere Ansprüche aus Verschulden bei Vertragsschluss (§ 311 Abs. 2, § 241 Abs. 2, § 280 Abs. 1 BGB) bleiben von einem solchen Ausschluss indes unberührt, soweit sie nicht ebenfalls ausdrücklich ausgeschlossen werden.[391) ] Zu beachten ist, dass sich der Verkäufer auf eine Vereinbarung, durch welche die Rechte des Käufers wegen eines Mangels ausgeschlossen oder beschränkt werden, gemäß **§ 444 BGB** nicht berufen kann, soweit er den **Mangel arglistig verschwiegen** oder eine **Garantie für die Beschaffenheit der Sache** übernommen hat. Da die Rechtsprechung keine allzu hohen Anforderungen an das Merkmal des arglistigen Verschweigens stellt (siehe Rz. 279), sollte der Verkäufer eines Unternehmens mit Blick auf die gravierenden Rechtsfolgen des § 444 BGB im Rahmen eines Verkaufsprozesses besonderes Augenmerk auf den sorgfältigen Umgang mit Informationen über das zu verkaufende Unternehmen legen.[392)]

### cc) Auswirkungen der Due Diligence auf den Haftungsausschluss

**281** Nach gesetzlichem Gewährleistungsrecht (§ 442 Abs. 1 BGB) schließt die Kenntnis sowie regelmäßig auch die grob fahrlässige Unkenntnis des Mangels die Gewährleistungsansprüche des Käufers aus. Danach stellt sich für den Unternehmenskauf die Frage, ob der Käufer seine gesetzlichen Gewährleistungsrechte möglicherweise schon dann verlieren kann, wenn er das Unternehmen **ohne die vorherige Durchführung einer Due Diligence** erwirbt. Dafür müsste die im Verkehr erforderliche Sorgfalt die vorherige Durchführung einer Due Diligence verlangen und der Käufer diese Sorgfalt in besonders schwerem Maße vernachlässigen. Eine allgemeingültige Verkehrspflicht zur vorherigen Durchführung einer Due Diligence beim Unternehmenskauf dürfte jedoch nicht anzunehmen sein (siehe Rz. 113). Zu unterschiedlich sind die Konstellationen beim Unternehmenskauf: Es kann eine kurzfristige Gelegenheit geben, die im Interesse des Käufers wahrgenommen werden muss. Es kann sich um strategische Akquisitionen handeln, bei denen eventuelle Risiken in Bezug auf das erworbene Unternehmen von untergeordneter Bedeutung sind. Es kann auch sein, dass der Käufer das Zielunternehmen seit längerer Zeit gut kennt und deswegen von einer Due Diligence absieht. Gegebenenfalls kann auch eine starke Absicherung von Garantieansprüchen aus dem Kaufvertrag (etwa über eine Bankbürgschaft des Verkäufers) ausreichend sein. Verzichtet der Käufer aus rechtlich anerkennenswerten Motiven auf die vorherige Durchführung einer Due Diligence, so spricht dies im Ausgangspunkt gegen die grob fahrlässige Unkenntnis von einem Mangel. Allerdings kann gerade auch die Kenntnis der Verhältnisse des Zielunternehmens oder bestehendes Branchen-Know-how dem Käufer dazu Anlass geben, zumindest bestimmte Aspekte im Hinblick auf das zu erwerbende Unternehmen genauer zu untersuchen. Damit ist die Frage, ob die Nichtdurchführung einer Due Diligence im Vorfeld des Unternehmenskaufs den Vorwurf einer grob fahrlässigen Unkenntnis des Mangels zu begründen vermag, letztlich unter Berücksichtigung der konkreten Umstände des Einzelfalls zu beantworten. Unabhängig von der Antwort auf diese Frage ist die Durchführung einer Due Diligence im Vorfeld des Unternehmenskaufs regelmäßig ratsam.

---

391) OLG München, Urt. v. 26.7.2006 – 7 U 2128/06, DNotZ 2007, 712; vgl. auch BGH, Urt. v. 26.9.2018 – VIII ZR 187/17, NZG 2018, 1305.

392) Näher dazu *Koppmann*, BB 2014, 1673.

Unabhängig davon, dass der Käufer nicht stets und grundsätzlich dazu verpflichtet sein dürfte, eine Due Diligence durchzuführen, so ist er aber im Falle der Durchführung einer Due Diligence grundsätzlich dazu verpflichtet, den sich aus der durchgeführten Due Diligence ergebenden **Hinweisen auf Risiken nachzugehen.**[393] Ansonsten setzt er sich dem Einwand aus, grob fahrlässig Mängel des Unternehmens nicht gekannt zu haben (soweit dieser Rechtsgedanke Eingang in den Unternehmenskaufvertrag findet). Aus Sicht des Käufers sollte der Unternehmenskaufvertrag eine Regelung enthalten, nach der § 442 BGB und der dieser Bestimmung zugrunde liegende Rechtsgedanke abbedungen wird, die Due Diligence also ausschließlich zur eigenen Information des Käufers über das Zielunternehmen stattfindet und Kenntnisse aus dieser Due Diligence Gewährleistungs-/Garantieansprüche des Käufers nicht einschränken. Diese Position wird der Käufer in den Verhandlungen aber häufig nicht durchsetzen können. Umgekehrt drängen Verkäufer mitunter auf eine Regelung im Unternehmenskaufvertrag, nach der dem Käufer der gesamte Inhalt des Datenraums als bekannt zugerechnet wird. Wenn sich für den Käufer in den Verhandlungen eine solche Zurechnung nicht vermeiden lässt, sollte er zumindest darauf achten, dass sie sich nur auf solche Umstände erstreckt, die im Datenraum in angemessener Weise offengelegt worden und aus ihm ohne weiteres ersichtlich sind.[394] 282

## 2. Haftung des Verkäufers wegen Falschinformation bzw. Verletzung von Aufklärungspflichten

Außerhalb des gesetzlichen Mängelgewährleistungsrechts kann sich eine Haftung des Verkäufers insbesondere auch aus einer Verletzung vorvertraglicher Pflichten gemäß §§ 311 Abs. 2, 241 Abs. 2, 280 Abs. 1 BGB (culpa in contrahendo) ergeben. Beim Unternehmenskauf kommt den Fallgruppen der objektiven Falschinformation (insbesondere bei der Beantwortung von Fragen im Rahmen des Q&A-Prozesses) und der Verletzung von Aufklärungspflichten die wohl größte praktische Bedeutung zu.[395] Die Relevanz erklärt sich insbesondere daraus, dass die Haftung für vorsätzlich pflichtwidriges Handeln gemäß § 276 Abs. 3 BGB vertraglich nicht ausgeschlossen werden kann und der grundsätzliche Vorrang des Mängelgewährleistungsrechts gegenüber Ansprüchen aus culpa in contrahendo nach Gefahrübergang im Vorsatzfall nicht greift.[396] Bei objektiver Falschinformation ist Vorsatz bereits bei Angaben des Verkäufers **„ins Blaue hinein"**[397] und bei der Verletzung von Aufklärungspflichten bereits dann anzunehmen, wenn der Verkäufer die die Verletzung der Aufklärungspflicht begründenden Umstände für möglich hält und billigend in Kauf nimmt.[398] Demnach kann nicht nur die aus einer Due Diligence resultierende Kenntnis bzw. aus einer unzureichend durchgeführten oder gänzlich unterbliebenen Due Diligence resultierende grob fahrlässige Unkenntnis des Käufers von einem Mangel zu einem Haftungsausschluss des Verkäufers führen. Vielmehr kann umgekehrt auch eine objektive Falschinformation oder Verletzung von Aufklärungspflichten im Rahmen der Due Dili- 283

393) LG Hamburg, Urt. v. 13.3.2015 – 315 O 89/13, juris; *Findeisen*, BB 2015, 2700, 2702.

394) Ausführlich dazu *Möller*, NZG 2012, 841, 843 ff, der zwischen den Offenlegungen des Verkäufers und der Kenntnis des Käufers als zwei unterschiedlichen Arten von Haftungsausschlüssen unterscheidet; *Weißhaupt*, WM 2013, 782.

395) *Hasselbach/Ebbinghaus*, DB 2012, 216, 218.

396) BGH, Urt. v. 27.3.2009 – V ZR 30/08, NJW 2009, 2120, 2122.

397) *Koppmann*, BB 2014, 1673, 1674; *Hasselbach/Ebbinghaus*, DB 2012, 216, 219; *Weißhaupt*, WM 2013, 782, 784.

398) Zur Zurechnung von Falschauskünften von im Rahmen der Due Diligence eingeschalteten Erfüllungsgehilfen des Verkäufers siehe OLG Düsseldorf, Urt. v. 16.6.2016 – 6 U 20/15, NZG 2017, 152.

gence eine zusätzliche Haftung des Verkäufers begründen. Über die Due Diligence treten der Erwerbsinteressent – was den Umfang seiner Untersuchungspflichten im Hinblick auf die vorgelegten Informationen betrifft – und der Verkäufer – was die Pflicht zur wahrheitsgemäßen Information und Erfüllung etwaig bestehender Aufklärungspflichten betrifft – in ein von gegenseitigen Informations- und Untersuchungspflichten geprägtes Näheverhältnis.

284 Zu der Frage, unter welchen Voraussetzungen den Verkäufer eines Unternehmens eine **Aufklärungspflicht** gegenüber dem Erwerbsinteressenten trifft, bietet die Rechtsprechung nur ungefähre Anhaltspunkte.[399] So ist der Verkäufer nach höchstrichterlicher Rechtsprechung zwar nicht dazu verpflichtet, den Käufer über alle für ihn erheblichen Umstände aufzuklären; wohl aber über Umstände, die den Vertragszweck vereiteln können und daher für den anderen Teil von wesentlicher Bedeutung sind, sofern dieser eine Mitteilung nach der Verkehrsauffassung erwarten durfte.[400] Beim Unternehmenskauf besteht aufgrund der wirtschaftlichen Tragweite des Geschäfts und der regelmäßig erschwerten Bewertung des Kaufobjekts durch den Erwerbsinteressenten diesem gegenüber sogar eine gesteigerte Aufklärungs- und Sorgfaltspflicht. Geht es um die Beteiligung des Käufers an einem lebensfähigen Unternehmen, erstreckt sich die Aufklärungspflicht des Verkäufers namentlich auch auf alle Umstände, welche die Überlebensfähigkeit ernstlich gefährden, insbesondere also drohende oder bereits eingetretene Zahlungsunfähigkeit oder Überschuldung.[401] Ob der Verkäufer eine im Einzelfall bestehende Aufklärungspflicht etwa durch Offenlegung der betreffenden Umstände im Datenraum erfüllt hat, hängt maßgeblich davon ab, wie deutlich der Datenraum die aufklärungspflichtigen Umstände erkennen lässt. Bedeutsam dürfte ferner sein, von welchem Umfang der käuferseitigen Due Diligence der Verkäufer ausgehen durfte.[402] Zur Vermeidung etwaiger Haftungsrisiken sollte der Verkäufer im Rahmen des Verkaufsprozesses gegenüber dem Erwerbsinteressenten ein sorgfältiges Informationsmanagement betreiben, wozu insbesondere die Bereitstellung eines **adäquat bestückten** und **gut strukturierten Datenraums** zählt.[403]

### 3. Verjährung

285 Die gesetzliche Verjährungsfrist für Mängelgewährleistungsansprüche beim Unternehmenskauf beträgt gemäß § 438 Abs. 1 Nr. 3 BGB regelmäßig zwei Jahre. Dies gilt auch, wenn Grundstücke zum Vermögen des Unternehmens zählen.[404] Die Frist beginnt mit Unternehmensübergabe, also dem Zeitpunkt, ab dem die Möglichkeit zur Ausübung unternehmerischer Leitungsmacht besteht,[405] wobei sich die exakte Bestimmung dieses Zeitpunkts in der Praxis als problematisch erweisen kann.[406] Soweit Ansprüche aus Verschulden bei Vertragsschluss betroffen sind, dürfte trotz der Nähe zum Gewährleistungsrecht des Unternehmenskaufs die allgemeine dreijährige Verjährungsfrist gemäß § 195 BGB zu beach-

399) *Möller*, NZG 2012, 841, 845.

400) BGH, Urt. v. 6.12.1995 – VIII ZR 192/94, NJW-RR 1996, 429; BGH, Urt. v. 8.5.1980 – IV ZR 1/80, NJW 1980, 2460, 2461.

401) BGH, Urt. v. 4.4.2001 – VIII ZR 32/00, ZIP 2001, 918 = NJW 2001, 2163; *Hübner*, BB 2010, 1483, 1486; OLG Düsseldorf, Urt. v. 3.7.2017 – 4 U 146/14, juris.

402) *Möller*, NZG 2012, 841, 846.

403) *Koppmann*, BB 2014, 1673, 1677 ff; *Weißhaupt*, WM 2013, 782, 785; *Schindler*, KSzW 2017, 14, 17.

404) *Larisch*, Gewährleistungshaftung beim Unternehmens- und Beteiligungskauf, S. 126 ff; *Schmitz*, RNotZ 2006, 561, 579; *Weber*, in: Hölters, Handbuch Unternehmenskauf, Rz. 9.230.

405) Siehe zum Ganzen *Schmitz*, RNotZ 2006, 561, 579.

406) Siehe dazu *Hilgard*, BB 2012, 852, 854.

ten sein.[407] Abweichend von den vorstehenden Ausführungen beginnt die Verjährungsfrist dann gemäß § 199 Abs. 1 BGB mit dem Schluss des Jahres, in dem der Anspruch entstanden ist und der Käufer Kenntnis von den anspruchsbegründenden Umständen erlangt oder ohne grobe Fahrlässigkeit erlangen müsste.

Im Hinblick auf den Lauf der vorgenannten Verjährungsfristen ist § 203 BGB zu beachten. **286** Danach wird der Verjährungslauf durch zwischen den Parteien geführte Verhandlungen gehemmt, bis ein Teil die Fortsetzung der Verhandlungen verweigert. Die Rechtsprechung legt dabei den Begriff der „Verhandlung" weit aus.[408] Vor allem aus Sicht des Käufers besteht ein Interesse daran, geklärt zu wissen, wann der Lauf von Verjährungsfristen gehemmt ist. Daher empfiehlt es sich, genau festzulegen, welches Vorgehen die Hemmung nach § 203 BGB auslöst und beendet (siehe Rz. 1079, 1560). In Betracht zu ziehen ist auch, die Vorschrift insgesamt abzubedingen.

#### 4. Fazit

Die gesetzlichen Regelungen zur Haftung des Verkäufers, insbesondere das gesetzliche **287** Mängelgewährleistungsregime, passen sowohl auf Tatbestands- als auch auf Rechtsfolgenseite in vielerlei Hinsicht nicht zu den Gegebenheiten des Unternehmenskaufs. Den Parteien ist zu empfehlen, das gesetzliche Haftungsregime des Verkäufers in Übereinstimmung mit der gängigen Praxis des Unternehmenskaufs durch ein eigenständiges, auf selbständigen Garantieversprechen des Verkäufers gemäß § 311 Abs. 1 BGB basierendes und in sich geschlossenes vertragliches Haftungsregime zu ersetzen (siehe Rz. 995 ff bzw. 1429 ff). Praktisch relevant bleibt das gesetzliche Haftungsregime jedenfalls im Bereich des zwingenden Rechts. Dies gilt insbesondere für Fälle, in denen der Verkäufer einen Mangel arglistig verschweigt, im Rahmen des Q&A-Prozesses „ins Blaue hinein" falsche Angaben macht oder in der Due-Diligence-Phase bedingt vorsätzlich bestehende Aufklärungspflichten verletzt. Vor dem Hintergrund der daraus resultierenden Haftungsrisiken ist für den Verkäufer bei der Bereitstellung von Informationen über das zu verkaufende Unternehmen im Rahmen des Verkaufsprozesses besondere Sorgfalt geboten.

## IV. Kaufvertragsbedingter Stichtagsabschluss

### 1. Wesen des Stichtagsabschlusses

#### a) Zweck und Anwendungsgebiete des Stichtagsabschlusses

Der Zweck des Stichtagsabschlusses liegt darin, für einen Kaufpreismechanismus die er- **288** forderlichen Finanzinformationen zu liefern, die erforderlich sind, um den Kaufpreis abschließend zu bestimmen. Im Gegensatz dazu werden unterjährige Abschlüsse, die für andere Zwecke erstellt wurden, im Folgenden als Zwischenabschlüsse bezeichnet.

Die erforderlichen vorläufigen bzw. endgültigen Abschlüsse ergeben sich in Abhängigkeit **289** des gewählten Kaufpreismechanismus, da z. T. der Kaufpreis in Abhängigkeit von künftigen Entwicklungen vereinbart wird.

- Bei einem **eigenkapitalbezogenen Festpreis** ist grundsätzlich kein weiterer Stichtagsabschluss erforderlich.

---

407) *Fischinger/Lettmaier*, NJW 2009, 2496, 2498 (Anm.); BGH, Urt. v. 27.3.2009 – V ZR 30/08, NJW 2009, 2120, 2122, erwägt jedoch die Anwendung des § 438 BGB auch auf c.i.c.-Ansprüche.

408) Palandt/*Ellenberger*, BGB, § 203 Rz. 2; BGH, Urt. v. 14.7.2009 – XI ZR 18/08, WM 2009, 1597, 1598; BGH, Urt. v. 10.5.1983 – VI ZR 173/81, NJW 1983, 2075, 2076.

- Bei einem **Eigenkapitalmechanismus** und bei **Closing Accounts** wird ein vorläufiger Kaufpreis festgelegt und auf Basis eines Stichtagsabschlusses zum Closing dann final definiert. Entsprechend sind ein vorläufiger und ein endgültiger Stichtagsabschluss erforderlich. Liegt der letzte Jahresabschluss nicht zu lange zurück, wird für den vorläufigen Stichtagsabschluss häufig der letzte Jahresabschluss herangezogen. Liegt hingegen der letzte Jahresabschluss bereits mehrere Monate entfernt, wird typischerweise ein unterjähriger Stichtagsabschluss erstellt.
- Das Vorgehen bei **Locked-Box-Mechanismen** ist vereinfacht. Da der Kaufpreis auf Grundlage eines Jahresabschlusses („*reference balance sheet*") festgelegt wird, ist kein weiterer Stichtagsabschluss erforderlich. Unterschiede ergeben sich dabei zwischen dem herkömmlichen Backward-Looking und dem Forward-Looking-Locked-Box-Mechanismus: Während sich der Backword-Looking-Locked-Box auf einen bereits existierenden Jahres- oder ggf. auch Zwischenabschluss bezieht, bezieht sich der Forward-Looking-Locked-Box auf einen noch zu erstellenden Jahresabschluss.
- Die Art der Transaktion – **Asset vs. Share Deal** – hat grundsätzlich keinen Einfluss auf die Erfordernisse hinsichtlich der Stichtagsabschlüsse. Maßgeblich ist hierfür der vereinbarte Kaufpreismechanismus.
- Im Falle von **Earn-out-**Vereinbarungen werden zusätzlich noch weitere Dokumentationen für die Bemessung der künftigen Earn-out-Zahlungen benötigt. Typischerweise sind dies Jahresabschlüsse. Denkbar ist aber auch – wenn es ausschließlich um einen bestimmten Sachverhalt geht –, eine Bescheinigung in Bezug auf diese Kennzahl zu erstellen.

290 Der Gegenstand, über den in dem Stichtagsabschluss berichtet wird, ist abhängig vom Umfang der in der Transaktion einbezogenen Unternehmen („*transaction perimeter*") und die erforderliche Qualität der Stichtagsabschlüsse kann durch die Vertragsparteien beeinflusst werden.

291 Im Falle des Erwerbs der Anteile oder Vermögensgegenstände einer Gesellschaft, bedarf es lediglich eines Einzelabschlusses, auf den sich dann der Kaufpreismechanismus bezieht.

292 Werden hingegen mehrere Unternehmer oder eine Gruppe von Unternehmen erworben, so ist grundsätzlich ein Konzernabschluss notwendig, der als Basis für den Kaufpreismechanismus dient.

### b) Inhalt des Stichtagsabschlusses

293 Da die Bestandteile eines Stichtagsabschlusses nicht gesetzlich normiert sind, sollen zunächst die Bestandteile des Jahresabschlusses sowie die Empfehlungen des Rechnungslegungsstandards DRS 16 für die Erstellung von Zwischenabschlüssen dargestellt werden, um daran anschließend den abweichenden Zweck des Stichtagsabschlusses und die sich daraus ergebenden Anforderungen zu beschreiben.

#### aa) Zweck und Bestandteile des Jahresabschlusses

294 Zweck des Jahresabschlusses ist es, den an dem Unternehmen beteiligten Interessenträgern, Informationen über das Unternehmen zukommen zu lassen. Dieser Informationsfunktion kann hierbei aufgrund der Interessenvielfalt und der auch möglichen Interessengegensätze nur bedingt nachgekommen werden. Ein weiterer wichtiger Zweck des handelsbilanziel-

len Jahresabschlusses ist die Bemessung der Ausschüttung unter Berücksichtigung der Interessen des Gläubigerschutzes.

Gemäß § 242 HGB besteht ein Jahresabschluss aus Bilanz sowie Gewinn- und Verlust- 295
rechnung, bei Kapitalgesellschaften kommt laut § 264 HGB ein Anhang hinzu. Bei großen und mittelgroßen Kapitalgesellschaften ist der Jahresabschluss gemäß § 289 HGB ergänzt um einen Lagebericht. Der Jahresabschluss ist nach § 244 HGB in deutscher Sprache und in Euro aufzustellen.

Der **Anhang** enthält u. a. allgemeine Erläuterungen zum Einblick in die Vermögens-, Finanz- 296
und Ertragslage sowie zur Vergleichbarkeit der Jahresabschlüsse, Angaben der in der Bilanz und der Gewinn- und Verlustrechnung angewandten Bilanzierungs- und Bewertungsmethoden; Einzelangaben wie den Gesamtbetrag der Verbindlichkeiten mit einer Restlaufzeit von mehr als fünf Jahren; Erläuterungen von Rückstellungen, die in der Bilanz unter dem Posten „sonstige Rückstellungen" nicht gesondert ausgewiesen werden, wenn sie einen nicht unerheblichen Umfang haben; Zusammensetzung und Gesamtbezüge des Geschäftsführungsorgans und eines Aufsichtsrates; Informationen zu Finanzinstrumenten und zur Honorierung des Abschlussprüfers.

Der **Lagebericht** muss gemäß § 289 Abs. 1 – 2 HGB den Nachtragsbericht, Prognosebericht, 297
Chancenbericht, Risikobericht, Forschungsbericht, Umweltbericht und den Zweigniederlassungsbericht enthalten. Diese Angaben sollen gegenüber den Gläubigern das Bild aus Bilanz und GuV abrunden.

### bb) Zweck und Bestandteile des Zwischenabschlusses

Der unter DRS 16 Zwischenberichterstattung fallende Anwenderkreis ergibt sich aus der 298
Verpflichtung zur Zwischenberichterstattung gemäß WpHG. Damit liegt der Zweck der Zwischenberichterstattung vor allem in der Information von Investoren.

Grundsätzlich gibt es keine gesetzlichen Anforderungen für einen Zwischenabschluss. Auf- 299
grund dieses Mangels wurden durch das DSR mit seinem Deutschen Rechnungslegungsstandard 16 (DRS 16) „Zwischenberichterstattung", Grundsätze einer ordnungsgemäßen Zwischenberichterstattung aufgestellt. Dieser Standard stellt damit einen allgemeinen Standard zu einer nicht innerhalb des HGB geregelten Thematik dar. Er orientiert sich an IAS 34 sowie an den gesetzlichen Vorgaben.[409)]

Als **Mindestbestandteile** für einen Zwischenabschluss legt der DRS 16 folgende Kompo- 300
nenten fest:[410)]

a) Eine verkürzte Bilanz zum Stichtag des Berichtszeitraums und eine verkürzte Bilanz zum Stichtag des vorangegangenen Geschäftsjahres.

b) Eine verkürzte Gewinn- und Verlustrechnung für den Berichtszeitraum und für den entsprechenden Zeitraum des vorangegangenen Geschäftsjahres sowie

c) einen verkürzten Anhang.

409) Vgl. *Heidelbach/Doleczik*, in: Schwark/Zimmer, Kapitalmarktrecht, § 5 WpPG Rz. 35 – 37.
410) Vgl. DRS 16, Rz. 15.

301 Weiterhin werden als **Ergänzungen** eine verkürzte Kapitalflussrechnung und ein verkürzter Eigenkapitalspiegel empfohlen:[411)]

302 In dem **verkürzten Anhang** sind nach DRS 16 folgende Angaben aufzunehmen, soweit diese nicht an anderen Stellen im Zwischenbericht aufgeführt sind:[412)]

a) Die Angabe, dass dieselben Bilanzierungs- und Bewertungsmethoden im Zwischenabschluss befolgt werden wie im letzten Konzernabschluss oder, wenn diese Methoden wesentlich geändert worden sind, eine Darstellung der Art und betragsmäßigen Auswirkung der Änderung.

b) Die Darstellung und Erläuterung der Auswirkung von wesentlichen Änderungen in der Zusammensetzung des Konsolidierungskreises, einschließlich Unternehmenszusammenschlüssen, dem Erwerb oder der Veräußerung von Tochterunternehmen sowie wesentlichen Grundannahmen der sachgerechten Schätzung bei der erstmaligen Einbeziehung von Tochterunternehmen.

c) Erläuterungen, die ein angemessenes Verständnis der wesentlichen Änderungen der Posten der verkürzten Bilanz und der verkürzten Gewinn- und Verlustrechnung gegenüber den dargestellten Vergleichszahlen sowie der Entwicklungen im Berichtszeitraum gewährleisten.

### cc) Zweck und Bestandteile des Stichtagsabschlusses als zweckgerichtete Finanzinformation

303 Während der Jahresabschluss vor allem auch auf die Bedürfnisse von Gläubigern und Anteilseignern abstellt, zieht der Zwischenabschluss nach DRS 16 ebenso die Interessen von Kapitalmarktteilnehmern in Betracht. Hierbei ist jedoch festzustellen, dass die Interessen der beteiligten Kaufvertragsparteien andere und spezifischere sind als die Interessen, die für die Rahmenvorschriften des Jahresabschlusses oder der Zwischenberichterstattung bedacht wurden.

304 Da der Stichtagsabschluss ausschließlich für die Kaufpreisabrechnung erstellt wird,[413)] bietet sich die Chance spezifisch auf die Interessen der beiden Kaufvertragsparteien einzugehen. Darüber hinaus kann der Stichtagsabschluss für den Erwerber auch zur Aktualisierung von Due Diligence Informationen i. S. e. Bring Down Due Diligence, genutzt werden.

305 Aus Sicht einer Kaufpreisabrechnung sind folgende Informationen wesentlich:

- Stichtagsbilanz zum Abrechnungsstichtag im Vergleich zum Stichtag der vorläufigen Stichtagsbilanz.
- Zuordnung der Bilanzpositionen der Stichtagsbilanz zu den kaufvertragsrelevanten Positionen von Working Capital und Nettofinanzverbindlichkeiten zum Abrechnungsstichtag im Vergleich zum Stichtag der vorläufigen Bilanz.
- Kaufpreisabrechnung zum Abrechnungsstichtag im Vergleich zum Stichtag der vorläufigen Stichtagsbilanz.
- Angabe, dass dieselben Bilanzierungs- und Bewertungsmethoden in der Stichtagsbilanz befolgt werden wie in den letzten Jahresabschlüssen, die Gegenstand der Financial Due

411) Vgl. DRS 16, Rz. 16.

412) Vgl. DRS 16, Rz. 16.

413) Vgl. *Koesling*, in: Kiem, S. 312 Rz. 1.

Diligence waren, bzw. wie in den im Kaufvertrag vorgesehenen Bilanzierungs- und Bewertungspolitiken oder, wenn diese Methoden wesentlich geändert worden sind, eine Darstellung der Art und betragsmäßigen Auswirkung der Änderung.

- Berücksichtigte Konsolidierung bzw. Hinweis auf vereinfachende Konsolidierungsmethoden.
- Erläuterungen, die ein angemessenes Verständnis der wesentlichen Änderungen der Posten der Stichtagsbilanz zum Abrechnungsstichtag im Vergleich zum Stichtag der vorläufigen Bilanz gewährleisten.
- Kontennachweis über die der Stichtagsbilanz zugrunde liegenden Konten.
- Nachtragsbericht zu wesentlichen Vorfällen, die zwischen dem Abrechnungsstichtag und der Fertigstellung der Stichtagsbilanz vorgefallen sind bzw. eine entsprechende Negativerklärung.

Die Aufzählung ist keinesfalls abschließend und muss auf die individuellen Rahmenbedingungen der jeweiligen Transaktion angepasst werden. 306

Weiterhin könnten in Abhängigkeit von dem Adressatenkreis des Stichtagsabschlusses abweichend von den Bestimmungen des § 244 HGB eine abweichende Sprache oder eine Währungsumrechnung vereinbart werden. 307

Um Dispute darüber zu vermeiden, ob wesentliche Bestandteile des Stichtagsabschlusses wie z. B. die Kaufpreisabrechnung nachvollziehbar und hinreichend detailliert sind, bietet es sich an, für diese wesentlichen Bestandteile Berechnungsbeispiele in der Anlage des Kaufvertrags zu berücksichtigen.[414] 308

Wird der Inhalt des Stichtagsabschlusses abweichend von den handelsbilanziellen Anforderungen nach §§ 242, 246 und 289 HGB sowie DRS 16 abweichend definiert, so handelt es sich nicht mehr um einen handelsbilanziellen Abschluss, sondern vielmehr um Abschlüsse, die nach Rechnungslegungsgrundsätzen für einen speziellen Zweck aufgestellt wurden i. S. v. IDW PS 480. Diese Festlegung hat zwei Folgen: Einerseits müssen die anzuwendenden Bilanzierungs- und Bewertungsgrundsätze so klar und detailliert dargestellt werden, dass die Prüfung nach IDW PS 480 möglich ist, und anderseits kann dann auch nur noch eine Prüfung nach IDW PS 480 durchgeführt werden. 309

### c) Mögliche Qualitäten des Stichtagsabschlusses

Gemäß § 242 HGB besteht ein Jahresabschluss aus Bilanz und Gewinn- und Verlustrechnung, bei Kapitalgesellschaften kommt laut § 264 HGB ein Anhang hinzu. Gegebenenfalls wird der Jahresabschluss ergänzt um einen Lagebericht. Ob diese Anforderungen für die Stichtagsabschlüsse gelten, oder ob die Kaufvertragsparteien eine Vereinfachung treffen wollen und ggf. Abschlüsse, die nach Rechnungslegungsgrundsätzen für einen speziellen Zweck bzw. zweckgerichtete Finanzaufstellungen aufgestellt wurden, bleibt den Parteien überlassen. In vielen Fällen werden jedoch die Anforderungen an die Stichtagsabschlüsse nicht klar in Kaufverträgen definiert, sodass es unklar bleibt, was durch den Verkäufer zu erstellen ist. 310

Unter der Voraussetzung, dass ein Stichtagsabschluss i. S. d. § 242 HGB vereinbart wurde, kann dieser nun entweder erstellt oder geprüft werden. 311

414) Vgl. *Koesling*, in: Kiem, S. 329 Rz. 26.

### aa) Erstellte Jahresabschlüsse

312 Stichtagsabschlüsse können grundsätzlich durch das zu erwerbende Unternehmen oder durch einen damit beauftragten Steuerberater erstellt werden.

313 Werden Steuerberater mit der Erstellung der Stichtagsabschlüsse betraut, so müssen sie einschlägige handelsrechtliche und berufsrechtliche Normen beachten.[415] Der Steuerberater muss den Auftraggeber über mögliche Wahlrechte informieren, darf diese aber nicht selbst ausüben. Die Entscheidung hierüber obliegt allein dem Auftraggeber.[416] Gleiches gilt für die Entscheidung über Aufstellungs- und Offenlegungsvereinfachungen für kleinere und mittlere Gesellschaften.[417] Grundsätzlich können Auftraggeber und Steuerberater den Umfang der Erstellung der Stichtagsabschlüsse frei vereinbaren. Möglich sind (i) die Erstellung ohne Beurteilung, (ii) die Erstellung mit Plausibilitätsbeurteilung und (iii) die Erstellung mit umfassender Beurteilung.[418]

### bb) Geprüfter Stichtagsabschluss

314 Bei einem geprüften Stichtagsabschluss werden neben dem aus Bilanz, Gewinn- und Verlustrechnung und ggf. Anhang bestehenden Jahresabschluss auch die zugrunde liegende Buchführung und ggf. der Lagebericht geprüft. Die Prüfung erstreckt sich darauf, ob die für die Rechnungslegung geltenden gesetzlichen Vorschriften einschließlich der Grundsätze ordnungsmäßiger Buchführung und sie ergänzende Bestimmungen des Gesellschaftsvertrags oder der Satzung beachtet wurden. Zur Einhaltung der gesetzlichen Vorschriften gehört insbesondere, dass die Buchführung nachvollziehbar, unveränderlich, vollständig, richtig, zeitgerecht und geordnet vorgenommen wird, dass der Jahresabschluss klar, übersichtlich und vollständig in der vorgeschriebenen Form mit den vorgeschriebenen Angaben aufgestellt ist und alle Posten zutreffend ausgewiesen sowie die Vermögensgegenstände und Schulden sämtlich richtig bewertet worden sind.[419]

### cc) Abschlüsse, die nach Rechnungslegungsgrundsätzen für einen speziellen Zweck aufgestellt und geprüft wurden

315 Abschlüsse, die nach Rechnungslegungsgrundsätzen für einen speziellen Zweck i. S. d. Prüfungsstandards aufgestellt wurden, sind Abschlüsse, die für einen besonderen Zweck erstellt wurden und bei denen Rechnungslegungsgrundsätze zur Anwendung kommen, die darauf ausgerichtet sind, den Informationsbedürfnissen spezifischer Adressaten von Finanzinformationen gerecht zu werden.[420] Der Umstand, dass der Abschluss aufgrund eines be-

415) Vgl. BStK: Verlautbarungen der Bundessteuerberaterkammer zu den Grundsätzen für die Erstellung von Jahresabschlüssen v. Februar 2011, Rz. 2, S. 4.

416) Vgl. BStK: Verlautbarungen der Bundessteuerberaterkammer zu den Grundsätzen für die Erstellung von Jahresabschlüssen v. Februar 2011, Rz. 9, S. 5.

417) Vgl. BStK: Verlautbarungen der Bundessteuerberaterkammer zu den Grundsätzen für die Erstellung von Jahresabschlüssen v. Februar 2011, Rz. 23, S. 8.

418) Vgl. BStK: Verlautbarungen der Bundessteuerberaterkammer zu den Grundsätzen für die Erstellung von Jahresabschlüssen v. Februar 2011, Rz. 11, S. 5 f.

419) Vgl. IDW Prüfungsstandard: Ziele und allgemeine Grundsätze der Durchführung von Abschlussprüfungen (IDW PS 200) v. 3.6.2015, Rz. 12.

420) Vgl. IDW Prüfungsstandard: Prüfung von Abschlüssen, die nach Rechnungslegungsgrundsätzen für einen speziellen Zweck aufgestellt wurden (IDW PS 480) v. 28.11.2014, Rz. 12 e) und g).

sonderen Anlasses aufgestellt wurde, führt für sich genommen nicht dazu, dass es sich um einen Abschluss für einen speziellen Zweck handelt.[421)]

Bei Rechnungslegungsgrundsätzen, die für einen besonderen Zweck erstellt wurden, handelt es sich z. B. um vertraglich vereinbarte Rechnungslegungsgrundsätze bei Unternehmenstransaktionen.[422)] Rechnungslegungsgrundsätze für einen speziellen Zweck können auf Rechnungslegungsgrundsätzen für allgemeine Zwecke beruhen, die in einzelnen Punkten modifiziert sind. Dies ist z. B. der Fall, wenn vertraglich die Aufstellung eines Abschlusses nach den handelsrechtlichen Vorschriften vereinbart wird, der jedoch vereinbarungsgemäß nicht allen diesen Vorschriften entspricht bzw. in einzelnen Aspekten ausdrücklich von diesen abweicht. Auch wenn die Anwendung solcher Rechnungslegungsgrundsätze für einen speziellen Zweck unter den jeweiligen Umständen des Auftrags vertretbar ist, kann es erforderlich sein, darauf zu achten, dass im Rahmen der Beschreibung dieser Rechnungslegungsgrundsätze für die Abrechnungsbilanz nicht der Eindruck vermittelt wird, dass die Rechnungslegungsgrundsätze für allgemeine Zwecke angewendet wurden. Daher wird generell bei der Beschreibung der Rechnungslegungsgrundsätze für die Abrechnungsbilanz nicht (z. B. durch Formulierungen wie „grundsätzliche Anwendung der handelsrechtlichen Vorschriften“) auf Rechnungslegungsgrundsätze für allgemeine Zwecke, sondern auf die Bestimmungen des Kaufvertrags Bezug zu nehmen sein.[423)] 316

Neben der Berücksichtigung von kaufvertragsspezifischen inhaltlichen Anforderungen, kann das Instrument der zweckgerichteten Finanzinformationen auch im Falle des Erwerbs von mehreren Unternehmen, für die kein Konzernabschluss vorliegt, eine wichtige Rolle spielen. Es sind jedoch Fallkonstellationen denkbar, die es nicht möglich machen, auf einen Konzernabschluss zurückzugreifen: 317

1. Es war bisher nach § 293 Abs. 1 HGB kein Konzernabschluss notwendig[424)] und es wurde auch kein freiwilliger Konzernabschluss erstellt.
2. Es wurde ein Konzernabschluss erstellt, aber es wird lediglich ein Teil der in dem Konsolidierungskreis enthaltenen Unternehmen erworben.
3. Es wird ein Mutterunternehmen erworben, das keinen unmittel- oder mittelbar beherrschenden Einfluss auf die Tochterunternehmen ausüben kann, sodass nach § 290 Abs. 1 HGB kein Konzernabschluss notwendig ist.
4. Es werden Schwesterunternehmen erworben, die einer Person oder Personengruppe gehören und kein Mutterunternehmen haben, sodass keine Konsolidierung auf Ebene eines Mutterunternehmens möglich ist.

---

421) Vgl. IDW Prüfungsstandard: Prüfung von Abschlüssen, die nach Rechnungslegungsgrundsätzen für einen speziellen Zweck aufgestellt wurden (IDW PS 480) v. 28.11.2014, Rz. 12 e).

422) Vgl. IDW Prüfungsstandard: Prüfung von Abschlüssen, die nach Rechnungslegungsgrundsätzen für einen speziellen Zweck aufgestellt wurden (IDW PS 480) v. 28.11.2014, Rz. A6.

423) Vgl. IDW Prüfungsstandard: Prüfung von Abschlüssen, die nach Rechnungslegungsgrundsätzen für einen speziellen Zweck aufgestellt wurden (IDW PS 480) v. 28.11.2014, Rz. A7.

424) Nach § 293 Abs. 1 HGB ist die Erstellung eines Konzernabschlusses notwendig, wenn (i) die Bilanzsummen in den Bilanzen des Mutterunternehmens und der Tochterunternehmen, die in den Konzernabschluss einzubeziehen wären, 24 Mio. € übersteigen, (ii) Die Umsatzerlöse des Mutterunternehmens und der Tochterunternehmen, die in den Konzernabschluss einzubeziehen wären, in den zwölf Monaten vor dem Abschlussstichtag insgesamt nicht 48 Mio. € übersteigen; und (iii) Das Mutterunternehmen und die Tochterunternehmen, die in den Konzernabschluss einzubeziehen wären, haben in den zwölf Monaten vor dem Abschlussstichtag im Jahresdurchschnitt mehr als 250 Arbeitnehmer beschäftigt haben.

318 Während in den ersten drei Fällen die Erstellung eines Konzernabschlusses grundsätzlich möglich wäre, ist die Erstellung eines Konzernabschlusses im vierten Fall nicht möglich, da die wesentliche Anforderung der Kontrolle bei Schwesterunternehmen nicht besteht.

319 In diesen drei Fällen besteht die Herausforderung darin, dass sowohl handelsbilanziell als auch nach IFRS die Anwendung der Neubewertungsmethode notwendig ist. Nach der Neubewertungsmethode sind alle Vermögensgegenstände und Schulden unter der Fiktion eines Einzelerwerbs neu zu bewerten. Abgesehen von dem damit verbundenen Zeitaufwand, kann die erstmalige Anwendung der Neubewertungsmethode insbesondere bei einem Eigenkapitalmechanismus zu überraschenden Kaufpreiswirkungen führen.

320 Diese Situation kann nun auf zwei Arten gelöst werden: Zum einen können die Kaufpreismechanismen auf die Einzelabschlüsse abstellen und zum anderen können sich die Parteien auf die Erstellung eines vereinfachten Konzernabschlusses nach von ihnen vereinbarten Rechnungslegungsgrundsätzen verständigen, sog. zweckgerichtete Finanzinformationen.

321 Die Möglichkeit der Nutzung von Einzelabschlüssen ist pragmatisch, findet aber ihre Grenzen bei Unternehmenserwerben von einer Vielzahl von Unternehmen.

322 Bei der Erstellung von vereinfachten Konzernabschlüssen nach vereinbarten Rechnungslegungsgrundsätzen i. S. e. zweckgerichteten Finanzinformation, können alle Aspekte individuell für den spezifischen Zweck der Kaufpreisabrechnung vereinbart werden. So ist es z. B. denkbar, dass statt der Anwendung der Neubewertungsmethode für die Erstkonsolidierung, vereinbart wird, dass die früher noch handelsbilanziell zulässige Buchwertmethode, bei der keine Neubewertung der Vermögensgegenstände vorgenommen wird, Anwendung findet. Ebenfalls kann die Berücksichtigung von Schwesterunternehmen in einer Konsolidierung definiert werden. All diese Konsolidierungsfragen sind jedoch entsprechend in den Bilanzierungs- und Bewertungspolitiken des Kaufvertrags zu definieren.

323 Wichtig ist an dieser Stelle festzuhalten, dass bei der Festlegung der vereinfachenden Konsolidierung zum Zweck der Kaufpreisermittlung keine Abschlussprüfung oder prüferische Durchsicht zur Überprüfung dieses Stichtagsabschlusses möglich ist, da bei dieser Prüfung die Einhaltung handelsbilanzieller oder IFRS Grundsätze überprüft wird. Um solche vereinfachenden Konzernabschlüsse zu überprüfen, muss die Prüfung von Abschlüssen, die nach Rechnungslegungsgrundsätzen für einen speziellen Zweck aufgestellt wurden (IDW PS 480) oder die Prüfung von zweckgerichteten Finanzaufstellungen oder Bestandteilen (IDW PS 490) vereinbart werden.

### dd) Zweckgerichtete Finanzaufstellungen oder Bestandteile

324 *Zweckgerichtete Finanzaufstellungen* sind strukturierte Darstellungen vergangenheitsorientierter Finanzinformationen (einschließlich der dazugehörigen erläuternden Angaben). Finanzaufstellungen informieren unter Beachtung der maßgebenden Rechnungslegungsgrundsätze über die wirtschaftlichen Ressourcen oder Verpflichtungen eines Unternehmens zu einem bestimmten Zeitpunkt bzw. über deren Veränderungen in einem bestimmten Zeitraum.[425] Ein Abschluss (Jahres-, Konzern-, Zwischen- und sonstiger Abschluss) besteht im Vergleich dazu grundsätzlich aus mehreren Finanzaufstellungen (z. B. Bilanz, Gewinn-

---

425) Vgl. IDW Prüfungsstandard: Prüfung von Finanzaufstellungen oder deren Bestandteilen (IDW PS 490) v. 28.11.2014, Rz. 10 a).

und Verlustrechnung, Kapitalflussrechnung) unter Einschluss der damit zusammenhängenden Angaben (z. B. Anhangsangaben).[426]

*Bestandteile einer Finanzaufstellung* sind Konten oder Posten einer Finanzaufstellung wie z. B. Vorräte, Forderungen aus Lieferungen und Leistungen, Personalaufwand oder sonstige überwiegend aus der Buchführung entnommene Rechnungslegungsinformationen (z. B. Informationen über bestimmte Geschäftsvorfälle, Vermögenswerte oder Schulden).[427] 325

### ee) Fazit zur Wahl eines geeigneten Stichtagsabschlussformats

Die Art des vereinbarten Stichtagsabschlusses hat wesentliche Auswirkungen, welche die 326 zu erwartenden Qualitäten des Stichtagsabschlusses, den Umfang des Stichtagsabschlusses sowie die danach möglichen bzw. sinnvollen Prüfungshandlungen zur Prüfung des Stichtagsabschlusses durch den Erwerber betreffen. Diese Zusammenhänge sollen in der folgenden Übersicht zusammengefasst werden.

| | Erstellter Stichtagsabschluss | Geprüfter Stichtagsabschluss | Zweckgerichtete Abschlüsse | Zweckgerichtete Finanzaufstellungen |
|---|---|---|---|---|
| Umfang und Bestandteile des Abschlusses | gesetzlich definiert | gesetzlich definiert | vertraglich definiert | vertraglich definiert |
| Grad der Sicherheit | niedrig | hoch | niedrig | niedrig |
| Abschlussprüfung | Ja | Ja | Nein | Nein |
| Prüferische Durchsicht | Ja | Ja | Nein | Nein |
| Agreed-upon-Procedures | Ja | Ja | Ja | Ja |
| Prüfung Zweckgerichtete Abschlüsse | Nein | Nein | Ja | Nein |
| Prüfung Zweckgerichteter Finanzaufstellungen | Nein | Nein | Nein | Ja |

Quelle: Eigene Darstellung

Aus der Tabelle wird deutlich, dass sich die Kaufvertragsparteien darüber einigen müssen, 327 welche Bestandteile bei dem Stichtagsabschluss notwendig sind und welche Art der Überprüfung als notwendig durch den Erwerber erachtet wird.

Weiterhin muss festgelegt werden, ob eine Aussage über die Angemessenheit der Rech- 328 nungslegung des Stichtagsabschlusses ausreichend ist, oder ob sich die Prüfung auf die aus dem Stichtagsabschluss abgeleitete Kaufpreisabrechnung beziehen soll.

## 2. Aufstellung des Stichtagsabschlusses

Ebenso wie es keine gesetzlichen Anforderungen für die Inhalte von Stichtagsabschlüssen 329 gibt, gibt es keine allgemein anerkannten Grundsätze für die Aufstellung von Stichtagsabschlüssen. Dennoch haben sich gewisse wiederkehrende Fragen herauskristallisiert, die bei

426) Vgl. IDW Prüfungsstandard: Prüfung von Finanzaufstellungen oder deren Bestandteilen (IDW PS 490) v. 28.11.2014, Rz. 10 b).

427) Vgl. IDW Prüfungsstandard: Prüfung von Finanzaufstellungen oder deren Bestandteilen (IDW PS 490) v. 28.11.2014, Rz. 10 d).

der Aufstellung von Stichtagsabschlüssen beachtet werden sollen und die idealerweise bereits bei der Vereinbarung des Kaufvertrags zwischen den Parteien vereinbart werden sollten.

### a) Zuständigkeit für die Aufstellung des Stichtagsabschlusses

330 Grundsätzlich ist für die Zuständigkeit der Aufstellung des vorläufigen, endgültigen oder auch berichtigten Stichtagsabschlusses zu klären, welche Partei zu welchem Zeitpunkt vor Unterschrift, vor und nach Closing, Zugang zu den erforderlichen Belegen, Informationen, Mitarbeitern und Buchhaltungssystemen hat, um sicherzustellen, dass die zu treffenden Vereinbarungen auch praktisch umsetzbar sind.

331 Auch wenn es sich bei der Aufstellung des Stichtagsabschlusses, um eine vertragliche Verpflichtung von Verkäufer und Käufer handelt, ist zu beachten, dass die Aufstellung ohne die erworbene Gesellschaft und deren Rechnungswesen nicht möglich ist.[428)]

332 Die Erstellung des **vorläufigen Stichtagsabschlusses** wird typischerweise durch das zu verkaufende Unternehmen unter Aufsicht des veräußernden Gesellschafters erstellt, da nur die Mitarbeiter des Unternehmens bzw. involvierte Dienstleister den notwendigen Zugang zu den erforderlichen Belegen und Informationen haben. Der Grund für diese Aufgabenverteilung liegt darin, dass der Verkäufer dem rechtlichen Eigentumsübergang nicht zustimmen wird, wenn er nicht einen vorläufigen Kaufpreis erhalten hat.[429)]

333 Nach dem Closing wird der **endgültige Stichtagsabschluss** wiederum durch die Mitarbeiter des nunmehr erworbenen Unternehmens erstellt. Diese stehen aber mittlerweile unter der Kontrolle des Erwerbers. Hieraus können sich bei der Erstellung abweichende Interessenlagen ergeben.

334 Abweichend kann im Fall der Wahrnehmung der Buchhaltung durch den Verkäufer z. B. bei einer Holding verfahren werden, da hier die Belege und Informationen nicht dem zu verkaufenden Unternehmen, sondern dem Verkäufer vorliegen. In diesem Fall würden der vorläufige und – aus Gründen der noch erforderlichen Übertragung der Arbeiten – vermutlich auch der endgültige Stichtagsabschluss durch den Verkäufer erstellt werden.[430)]

335 Eine Erstellung durch den Erwerber direkt ist grundsätzlich aufgrund des mangelnden Zugangs zu Belegen und sonstigen Informationen in der Regel nicht sinnvoll.

### b) Bestimmungen des Kaufvertrags als Bezugsrahmen

336 Grundsätzlich wird in einem Kaufvertrag an zwei Stellen Bezug auf die Bilanzierung genommen: Zum einen in der vom Verkäufer gewährten Bilanzgarantie und zum anderen in den Bestimmungen für die Stichtagsbilanz.

#### aa) Bilanzgarantie

337 Der Zweck der **Bilanzgarantie** ist, dem Erwerber gegenüber zu gewährleisten, dass die letzten drei Jahresabschlüsse entsprechend der anwendbaren gesetzlichen Vorschriften sowie unter Beachtung der Grundsätze der ordnungsgemäßen Buchführung erstellt wurden, und ein den tatsächlichen Verhältnissen entsprechendes Bild der Vermögens-, Finanz- und Ertragslage zu vermitteln. Dabei kann der Erwerber nur Ansprüche aus der Bilanzgarantie

---

428) Vgl. *Koesling*, in: Kiem, S. 321 Rz. 2.

429) Vgl. *Koesling*, in: Kiem, S. 328 Rz. 23.

430) Vgl. *Koesling*, in: Kiem, S. 329 Rz. 25.

geltend machen, die nicht bereits durch die Financial Due Diligence identifiziert wurden. In Abhängigkeit der Intensität der Financial Due Diligence relativiert sich dabei auch möglicherweise die Diskussion um die Folgen von harter oder weicher Bilanzgarantie.

### bb) Grundsätze zur Erstellung der Stichtagsbilanz

Die Bestimmungen für den Stichtagsabschluss beinhalten die Grundsätze zur Erstellung 338 der Stichtagsbilanz, den zu wählenden Stichtag für deren Erstellung sowie Aspekte der Wertaufhellung.

Dahingegen beziehen sich die **Grundsätze zur Erstellung der Stichtagsbilanz** auf den noch 339 zu erstellenden Stichtagsabschluss. Hierbei können die Parteien die anzuwendenden Grundsätze der Erstellung grundsätzlich frei verhandeln.[431] Lediglich in dem Maße, wie die Grundsätze zur Erstellung der Stichtagsbilanz auf die Bilanzierung und Bewertung der Vorjahresabschlüsse Bezug nehmen, stellt die Bilanzgarantie die Basis für die Grundsätze zur Erstellung der Stichtagsbilanz dar.

Verbreitet – wenn auch nicht hilfreich – sind Formulierungen, die festlegen, dass der Stich- 340 tagsabschluss nach handelsbilanziellen Grundsätzen, den Grundsätzen ordnungsgemäßer Buchführung (GoB) und den Bilanzierungs- und Bewertungsmethoden der Vergangenheit oder des letzten Jahresabschlusses erstellt werden solle. Diese Art der Formulierungen ist in zweifacher Hinsicht problematisch:

(i) Die handelsbilanziellen Grundsätze und die Grundsätze ordnungsgemäßer Buchführung (GoB) lassen weitreichende Ermessensspielräume zu und

(ii) die Anwendung der Bilanzierungs- und Bewertungsmethoden der Vergangenheit kann im Zweifelsfall zu einem Widerspruch zu den vorgenannten handelsbilanziellen Grundsätzen stehen. Als Beispiele seien Bilanzierungsfehler oder Sachverhalte genannt, die aufgrund veränderter Rahmenbedingungen eine veränderte Bewertung nach handelsbilanziellen Grundsätzen erforderlich machen.

Zur Vermeidung von Disputen anlässlich der Kaufpreisabrechnung hat sich vielmehr die 341 Festlegung einer **Hierarchie** von **Grundsätzen zur Bilanzierung und Bewertung** ergeben: Dabei wird vorrangig auf die kaufvertragsspezifischen Bilanzierungs- und Bewertungsgrundsätze verwiesen, in denen wesentliche Aspekte der Bilanzierungs- und Bewertungsgrundsätze festgelegt werden sollen. Ist der Sachverhalt durch diese kaufvertragsspezifischen Bilanzierungs- und Bewertungsgrundsätze nicht definiert worden, so ist der Sachverhalt so zu bilanzieren, wie er in dem letzten Jahresabschluss behandelt wurde. Der Verweis auf den letzten Jahresabschluss ist sinnvoll, da andernfalls ein umfangreicher Regelungsbedarf nachträglich entstehen würde bzw. viele Aspekte einem größeren Ermessensspielraum unterliegen würden.[432] Sollte der Sachverhalt weder in den kaufvertragsspezifischen Bilanzierungs- und Bewertungsgrundsätzen noch im letzten Jahresabschluss einschlägig gewesen sein, dann sind die handelsbilanziellen Grundsätze und die Grundsätze ordnungsgemäßer Buchführung (GoB) anzuwenden. Einschränkend ist anzumerken, dass für den Fall, dass im letzten Jahresabschluss Bilanzierungs- und Bewertungsfehler identifiziert wurden, die handelsbilanziellen Grundsätze und die Grundsätze ordnungsgemäßer Buchführung (GoB) im zweiten Schritt gelten sollten und nicht auf den fehlerhaften letzten Jahresabschluss verwiesen werden sollte.

---

431) Vgl. *Koesling*, in: Kiem, S. 321 Rz. 3.

432) Vgl. *Koesling*, in: Kiem, S. 322 Rz. 4.

342 Die Erstellung der kaufvertragsspezifischen Bilanzierungs- und Bewertungsgrundsätze sollte sich an den Kriterien der Relevanz und der Materialität orientieren.

343 Grundsätzlich haben nur die Bilanzpositionen **Relevanz** für die Bemessung des Kaufpreises, die auch von dem Kaufpreismechanismus erfasst werden. Das heißt, bei Closing Accounts bilden die Vermögensgegenstände des Umlaufvermögens und die Verbindlichkeiten einen Bestandteil des Working Capitals. Für die Nettofinanzverbindlichkeiten sind es Liquide Mittel und Finanzverbindlichkeiten. Im Falle des Eigenkapitalmechanismus – und nur bei diesem Kaufpreismechanismus – kommt zusätzlich die Bilanzierung des Anlagevermögens in Betracht.

344 Im Sinne der **Materialität** sind vor allem solche Bilanzpositionen zu definieren, deren Bilanzierung und Bewertung einen Einfluss auf die kaufpreisrelevanten Komponenten hat. Zu beachten ist hierbei, dass sich Bewertungsänderungen in einem Closing-Account-Mechanismus nur auf die jeweilige Bilanzposition auswirken und es nicht zu einem Ausgleich durch den Mechanismus kommt, da die Bewertungsänderung ergebniswirksam ist und sich lediglich auf das Eigenkapital auswirkt. Beispielsweise kann die Abwertung von Vorräten dazu führen, dass das Working Capital sinkt und hieraus eine Kaufpreiswirkung entsteht.

345 Ein weiteres wichtiges Kriterium ist die **Art des Abschlusses.** Während bei Jahresabschlüssen und Zwischenabschlüssen nach DRS 16 lediglich eine Konkretisierung wesentlicher Positionen erforderlich ist, setzt die Anwendung und nachfolgende Prüfung zweckgerichteter Finanzinformationen nach IDW PS 480 voraus, dass die Erstellungsgrundsätze explizit beschrieben werden, damit nachfolgend eine Prüfung auf Basis dieser Grundsätze erfolgen kann. Diese Konkretisierung kann jedoch dadurch erfolgen, dass bei den Bilanzpositionen, die im Hinblick auf die Kaufpreisabrechnung weder relevant noch materiell sind, auf die Bilanzierung und Bewertung im Vorjahr verwiesen wird.

### cc) Bilanzierungs- und Bewertungsstetigkeit als Bestandteil der Grundsätze zur Erstellung der Stichtagsbilanz

346 Wichtig ist es, Sachverhalte der unterbrochenen Stetigkeit der angewandten Bilanzierungs- und Bewertungsgrundsätze aufzunehmen und die Anwendung in dem Stichtagsabschluss durch die Beschreibung zu klären. Fragen im Zusammenhang mit der Durchbrechung der Stetigkeit können vor allem aufgrund von Fehlern in der bisherigen Bilanzierung oder aufgrund der Änderung von gesetzlichen Vorgaben oder Standards resultieren.[433)]

347 **Bilanzierungs- und Bewertungsstetigkeit** ist ein Grundsatz für die Erstellung von Stichtagsbilanzen, der regelmäßig in Kaufverträgen gefordert wird. Allerdings kann es aufgrund von (i) Fehlern in den Vorjahresabschlüssen, (ii) gesetzlichen Änderungen und (iii) aufgrund der mangelnden Zulässigkeit bisher genutzter größenabhängiger Erleichterungen für kleine Kapitalgesellschaften i. S. d. § 267 Abs. 1 HGB notwendig werden, die geforderte Stetigkeit zu durchbrechen.

#### (1) Fehler in den Vorjahresabschlüssen

348 Grundsätzlich ist zwischen Fehlern in der Bilanzierung zu unterscheiden, die bereits während der Due Diligence identifiziert wurden und solchen, die erst im Nachhinein identifiziert werden.

433) Vgl. *Koesling*, in: Kiem, S. 323 Rz. 5.

Bei **bereits identifizierten Fehlern** bietet es sich an, die Bilanzierungs- und Bewertungsfragen in Bezug auf diese Aspekte in den kaufvertragsspezifischen Bilanzierungs- und Bewertungsgrundsätzen festzulegen. Es kann sowohl die Beibehaltung der bisherigen Praxis als auch die künftige richtige Behandlung berücksichtigt werden. Welche der beiden Varianten wirtschaftlich betrachtet richtig ist, hängt davon ab, ob die fehlerhafte Bilanzierung bereits in der Unternehmensbewertung und damit auch im Kaufpreis berücksichtigt wurde oder nicht. 349

(a) Wurde der Bilanzierungsfehler bereits in der Bewertung berücksichtigt, so führt die Änderung in den kaufvertragsspezifischen Bilanzierungs- und Bewertungsgrundsätzen zu einer doppelten Berücksichtigung des Sachverhalts.

(b) Wurde der Bilanzierungsfehler hingegen noch nicht in der Bewertung berücksichtigt, so sollte er durch die Richtigstellung in den kaufvertragsspezifischen Bilanzierungs- und Bewertungsgrundsätzen berücksichtigt werden.

Wesentlicher i. S. d. Vermeidung von unnötigen Disputen ist in jedem Fall die Klarstellung des Umgangs mit dem identifizierten Bilanzierungsfehler. 350

Im Falle des erst **im Nachhinein identifizierten Fehlers** ist die Frage, ob hier – auch entsprechend der vorgeschlagenen Hierarchie – das bisherige Vorgehen gewählt werden soll oder, ob im Falle von bei der Nachprüfung festgestellter Fehler, diese Sachverhalte nach handelsbilanziellen Grundsätzen dargestellt werden sollen. Für dieses Vorgehen spricht, dass die noch nicht identifizierten Fehler in keinem Fall Gegenstand der Unternehmensbewertung gewesen sein können und somit eine doppelte Berücksichtigung ausgeschlossen ist. 351

Bei dieser Frage handelt es sich um einen Verhandlungspunkt, der in Abhängigkeit der vorgefundenen Qualität der historischen Abschlüsse mehr oder weniger in der Verhandlung strapaziert werden sollte. 352

### (2) Gesetzliche Änderungen und Änderungen von Standardsettern

Bei gesetzlichen Änderungen oder Änderungen von Standardsettern sind diese den Parteien grundsätzlich bekannt. Typsicherweise gelten bei diesen Neuerungen Übergangsfristen, in denen eine freiwillige Anwendung möglich ist, bevor dann ab einem Stichtag die Anwendung verpflichtend ist. Auch diese gesetzlichen Änderungen oder Änderungen von Standardsettern sollten in den kaufvertragsspezifischen Bilanzierungs- und Bewertungsgrundsätzen festgelegt werden. 353

Wesentliche **handelsbilanzielle Änderungen** in den Jahren 2015–2018 bzw. bereits angekündigte Änderungen sind bzw. war der geänderte Umsatzausweis in Folge des BilRuG, der ab dem 1. Januar 2016 zu berücksichtigen ist.[434] Nach § 277 Abs. 1 HGB sind unter den Umsatzerlösen sämtliche regelmäßig wiederkehrende Erlöse aus dem Verkauf und 354

434) Weitausgrößere Änderungen traten 2010/11 durch das Bilanzrechtsmodernisierungsgesetz (BilMoG) ein. Durch dieses Gesetz wurde u. a. die umgekehrte Maßgeblichkeit aufgehoben, der Ansatz passiver latenter Steuern verpflichtend, Abschreibung des Geschäfts- oder Firmenwert (Goodwill) über die voraussichtliche Nutzungsdauer verpflichtend, selbstgeschaffene immaterielle Vermögensgegenstände des Anlagevermögens (u. a. Patente, Know-how) dürfen nach § 248 Abs. 2 HGB aktiviert werden. Weiterhin sind Rückstellungen nunmehr abzuzinsen und mit dem Erfüllungsbetrag, also Berücksichtigung künftiger Preissteigerungen anzusetzen. Weiterhin wurden die Bildung von bestimmten Aufwandsrückstellungen untersagt. Aus der Fülle der Maßnahmen konnten sich substantielle Veränderungen ergeben.

der Vermietung oder Verpachtung von Produkten und aus der Erbringung von Dienstleistungen der Kapitalgesellschaft nach Abzug von Erlösschmälerungen und der Umsatzsteuer sowie sonstige direkt mit dem Umsatz verbundene Steuern auszuweisen.[435)] Diese Änderung führt im Hinblick auf die Stichtagsbilanz dazu, dass Forderungen, die ursprünglich als sonstige Forderungen berücksichtigt wurden, nunmehr als Forderungen aus Lieferung und Leistung auszuweisen sind. Ob dieser Sachverhalt wesentlich ist, hängt von dem jeweiligen Einzelfall ab.

355 Weitaus größere Veränderungen ergeben sich im Falle der IFRS-Bilanzierung. Hier wurden in den letzten drei Jahren mit dem IFRS 9, IFRS 15 und dem IFRS 16 drei wesentliche Standards geändert. Diese Standards sind mit Ausnahme des IFRS 16 – der seit dem 1. Januar 2019 verpflichtend ist – seit dem 1. Januar 2018 verpflichtend anzuwenden:

- **IFRS 9 Financial Instruments** – Die Änderungen umfassen im Wesentlichen die Klassifizierung von Finanzinstrumenten, die Wertminderung und das Hedge-Accounting. Auswirkungen bei Nicht-Banken können hierbei z. B. im Falle von Beteiligungsbuchwerten, ausfallbedingten Abwertungen von Forderungen aus Lieferung und Leistung, Factoring, Bewertung von Bankguthaben und Darlehen resultieren.[436)]
- **IFRS 15 Erlöse aus Verträgen mit Kunden:** Dieser bestimmt künftig die Erfassung von allen Umsatzerlösen aus Verträgen mit Kunden und wird sich bei vielen IFRS-Anwendern auf Abschlüsse, Geschäftsprozesse und das rechnungslegungsbezogene interne Kontrollumfeld auswirken. Das Kernprinzip von IFRS 15 besteht darin, dass ein Unternehmen Umsatzerlöse zum Zeitpunkt der Übertragung von Gütern oder Dienstleistungen auf Kunden in Höhe der Gegenleistung zu erfassen hat, mit der das Unternehmen im Gegenzug für die Übertragung dieser Güter oder Dienstleistungen rechnen kann. Das bedeutet, dass Unternehmen künftig in noch größerem Umfang als bisher Ermessensentscheidungen treffen und Schätzungen vornehmen müssen.[437)] Diese Änderungen können sich entsprechend auf die Forderungen aus Lieferung und Leistungen auswirken.
- **IFRS 16 Leasing:** Leasingnehmer müssen die meisten Leasingverhältnisse[438)] bilanziell in Form einer Leasingverbindlichkeit erfassen, der ein entsprechendes Nutzungsrecht am Leasinggegenstand gegenübersteht. Damit entfällt die bisherige Möglichkeit, zwischen Finanzierungsleasing, Operating-Leasing und Off-Balance-Darstellung zu unterscheiden.[439)] Dieser Standard hat insbesondere auf die Bilanzierung von Mietverträgen und bisherigen Operate-Leaseverträgen eine Auswirkung und führt einerseits zu einer Erhöhung des EBITDA und anderseits zu einer Erhöhung der Nettofinanzverbindlichkeiten.

---

435) Wesentlich ist, dass diese Erlöse im Rahmen der gewöhnlichen Geschäftstätigkeit auftreten, vgl. *Schmidt/Peun*, in: Beck'scher Bilanzkommentar, § 275 HGB Rz. 48 f. Außerordentliche Erträge aus Verkauf von Anlagevermögen sind somit weiterhin als sonstige Erträge auszuweisen.

436) Vgl. *KPMG*: IFRS 9: Finanzinstrumente aus der Sicht von Nichtindustrieunternehmen, S. 8 f.

437) Vgl. *EY*, Im Fokus: Der neue Standard zur Umsatzrealisierung, S. 5 f.

438) Der Standard IFRS 16 sieht Ausnahmen in Bezug auf das Leasing von Rechten auf Entdeckung und Ausbeutung von Rohstoffen, biologischen Vermögenswerten, Dienstleistungskonzessionen, Lizenzen vor, vgl. *EY*, Im Fokus: Der neue Standard zu Leasingverhältnissen, S. 7.

439) Vgl. *EY*: IFRS 16: Der Standard zu Leasingverhältnissen – Die wichtigsten Punkte zur Umsetzung, S. 5.

Für die Gestaltung der kaufvertragsspezifischen Bilanzierungs- und Bewertungsgrundsätze sind hierbei dem Kriterium der Relevanz folgend, die für das zu erwerbende Unternehmen wesentlichen Aspekte zu beachten. 356

### (3) Veränderung der Einschätzung

Aufgrund der laufenden Veränderungen auf Kapitalmärkten kommt es auch zu fortlaufenden Veränderungen von Zinssätzen und Währungskursen, die ihren Niederschlag in der Bewertung von Vermögensgegenständen und Verbindlichkeiten in der Stichtagsbilanz haben können. 357

- Durch die Regelungen zur **Abzinsung von Rückstellungen** gemäß § 253 Abs. 2 Satz 1 HGB, sind Rückstellungen mit einer Restlaufzeit von mehr als einem Jahr mit dem ihrer Restlaufzeit entsprechenden durchschnittlichen Marktzinssatz abzuzinsen. Der jeweils anzuwendende Marktzinssatz wird von der Deutschen Bundesbank nach Maßgabe der Rückstellungsabzinsungsverordnung (RückAbzinsV) ermittelt und monatlich bekanntgegeben. Durch die laufende Veränderung der Marktzinsen einerseits und die abnehmende Restlaufzeit in Bezug auf einen Rückstellungssachverhalt andererseits, kommt es zu laufenden Änderungen des anzunehmenden Zinssatzes.
- Weiterhin sind Vermögensgegenstände und Verbindlichkeiten in **Fremdwährung** jeweils mit den entsprechenden Fremdwährungskursen zu bewerten. Auch hieraus kann es zu unerwarteten Anpassungen des Wertansatzes der entsprechenden Vermögensgegenstände und Verbindlichkeiten kommen.

Aufgrund der mangelnden Vorhersehbarkeit dieser Entwicklung von Kapitalmärkten, kann hier lediglich eine Methodenstetigkeit gefordert werden. Diese ergibt sich einerseits aus der Rückstellungsabzinsungsverordnung und anderseits den Grundsätzen für die Bewertung von Fremdwährungen. 358

Eine weitere wesentliche Veränderung kann aus generell anzuwendenden Bewertungsmaßstäben wie z. B. den Sterbetafeln resultieren: Am 20. Juli 2018 sind neue Heubeck-Sterbetafeln (RT 2018 G) erschienen. Die bisherigen Heubeck-Sterbetafeln (RT 2005 G) werden bislang von vielen Unternehmen als biometrische Grundlagen für die Bewertung ihrer deutschen Pensionsverpflichtungen verwendet. Nach Auffassung des IDW stellt die Anerkennung durch das Bundesministerium für Finanzen (BMF) für ertragsteuerliche Zwecke einen Indikator für die allgemeine Anerkennung der RT 2018 G dar.[440)] Diese Anerkennung liegt nunmehr mit dem BMF-Schreiben vom 19. Oktober 2018 vor.[441)] Damit wären dann für alle Bilanzstichtage nach der Anerkennung durch das BMF, also nach dem 19. Oktober 2018, die neuen Heubeck-Sterbetafeln (RT 2018 G) anzuwenden. Da die Änderung der Heubeck-Sterbetafeln bereits am 20. Juli 2018 bekanntgegeben wurde, ist davon auszugehen, dass ein Erwerber diese Wertveränderung bereits im Kaufpreis reflektiert hat. Damit wäre es dann sinnvoll, bei der Bilanzierung des Vorjahres zu bleiben, also ggf. bei den bisherigen Heubeck-Sterbetafeln (RT 2005 G), um eine doppelte Berücksichtigung des Werteffektes zu vermeiden. 359

---

440) Vgl. IDW: Zur Anwendung der neuen Heubeck-Richttafeln RT 2018 G bei der Bewertung von Altersversorgungsverpflichtungen in HGB- und IFRS-Abschlüssen, Schreiben v. 5.9.2018.

441) Vgl. BMF: Steuerliche Gewinnermittlung; Bewertung von Pensionsrückstellungen nach § 6a EStG, Übergang auf die „Heubeck-Richttafeln 2018 G“.

### (4) Größenabhängige Erleichterungen für kleine Kapitalgesellschaften

360 Der Sachverhalt wurde aufgrund von größenabhängigen Erleichterungen für kleine Kapitalgesellschaften nach § 274a HGB bisher nicht berücksichtigt, aber die Gesellschaft hat die Größenkriterien für kleine Kapitalgesellschaften i. S. d. § 267 Abs. 1 HGB überschritten.

361 Neben Vereinfachungen von Anhangsangaben werden durch § 274a Nr. 3 und 4 HGB für kleine Kapitalgesellschaften, Wahlrechte für die Abgrenzung latenter Steuern nach § 274 HGB sowie aktiver Rechnungsabgrenzungsposten für Disagio nach § 250 Abs. 3 HGB eingeräumt. Die Auswirkung auf den Kaufpreismechanismus bei der erstmaligen Anwendung hängt von (i) der Art des Kaufpreismechanismus und (ii) der Definition der Kaufpreispositionen ab.

362 Grundsätzlich wirkt sich die erstmalige Aktivierung von aktiven latenten Steuern und aktiven Rechnungsabgrenzungsposten kaufpreiserhöhend in einem Eigenkapitalmechanismus aus. In einem Closing-Account-Mechanismus ist der Effekt lediglich kaufpreiswirksam, wenn die aktiven latenten Steuern und aktiven Rechnungsabgrenzungsposten Gegenstand der Kaufpreispositionen, also des Working Capitals oder der Nettofinanzverbindlichkeiten sind.

363 Zu beachten sind weiterhin die unterschiedlichen Interessen von Käufer und Verkäufer: Während der Käufer bei Aktivierungswahlrechten anstrebt, dass die Aktivierung unterbleibt und dass im Falle von Passivierungswahlrechten die Passivierung erfolgt, sind die Interessen des Verkäufers spiegelbildlich gelagert.[442)]

364 Für den Fall, dass es sich um eine kleinere Kapitalgesellschaft handelt, die größenabhängige Erleichterungen nach § 274a HGB wahrgenommen hat, also insbesondere keine Bildung von aktiven latenten Steuern sowie aktiver Rechnungsabgrenzungsposten für Disagio, muss definiert werden, wie diese Regeln auszuüben sind, wenn die Schwellenwerte zu einer mittleren Kapitalgesellschaft überschritten wurden und damit die größenabhängigen Erleichterungen nicht mehr wahrgenommen werden können.

### (5) Neue Sachverhalte

365 Neben der Diskussion von bereits bilanzierten Aktiva und Passiva, sollte bei der Erstellung einer Bilanzierungs- und Bewertungspolitik auch die Möglichkeit neuer Bilanzpositionen bedacht werden, die bisher nicht in der Bilanz berücksichtigt wurden. Dieser Umstand ist einem neuen, bisher nicht zu berücksichtigenden Bilanzierungssachverhalt geschuldet.

366 Für diese neuen, bisher nicht bekannten Sachverhalte ist lediglich die Bilanzierung nach handelsbilanziellen Grundsätzen und den Grundsätzen ordnungsgemäßer Buchführung möglich, sodass diese Aspekte nicht in den kaufvertragsspezifischen Bilanzierungs- und Bewertungsgrundsätzen antizipiert werden können.

### (6) Bilanzielle Schätzungen und Annahmen

367 Auch in Bezug auf die bilanziellen Schätzungen und Annahmen ist eine Stetigkeit in der Ausübung zu fordern.

368 Eine besondere Herausforderung stellt die Festlegung von Bewertungen von Vermögensgegenständen und Schulden dar. Hierbei steht infrage, ob der konkrete Bewertungsan-

442) Vgl. *Leißner/Winter*, Unternehmenskauf, Anteilsübertragung, Umwandlungsrecht, S. 90.

satz, z. B. ein Gemeinkostenzuschlagsatz, oder die Bewertungsmethodik zur Ableitung dieses Bewertungsansatzes als bewertungsstetig anzusehen ist. Diese Frage sollte in der Bilanzierungs- und Bewertungsmethodik von wesentlichen Vermögensgegenständen und Verbindlichkeiten definiert werden.

Weiterhin sollten mögliche **Wahlrechte** bedacht werden, die ggf. durch den Käufer aufgrund möglicherweise geänderten Einschätzungen berücksichtigt werden könnten. Hierzu zählen die in der nachfolgenden Tabelle dargestellten handelsbilanziellen Wahlrechte. 369

| | Kaufpreismechanismus | | Perspektive | | Voraussetzung |
|---|---|---|---|---|---|
| | Closing Accounts | Eigenkapital-Mechanismus | Käufer-freundlich | Verkäufer-freundlich | Verlust-vorträge |
| Aufwendungen für die Ingangsetzung und Erweiterung des Geschäftsbetriebs[443)] | – | eventuell | Nein | Ja | |
| erworbene (derivate) Geschäfts- oder Firmenwerte[444)] | – | eventuell | Nein | Ja | |
| Verschmelzungswert[445)] | – | eventuell | Nein | Ja | |
| Aktive Latente Steuern[446)] | – | eventuell | Nein | Ja | Ja |
| Passive Latente Steuern | eventuell | eventuell | Ja | Nein | |
| Rückstellungen für unterlassene Instandhaltung, die erst nach Ablauf von drei Monaten erfolgen soll[447)] | eventuell | eventuell | Ja | Nein | |
| Rückstellung für ihrer Eigenart nach genau umschriebene, dem Geschäftsjahr oder einem früheren Geschäftsjahr zuzuordnende Aufwendungen[448)] | eventuell | eventuell | Ja | Nein | |
| Sonderposten mit Rücklageanteil[449)] | eventuell | eventuell | Ja | Nein | |

Quelle: Eigene Darstellung

Bei diesen Wahlrechten ist abzuwägen, ob diese relevant werden und ggf. Auswirkungen auf den Kaufpreismechanismus haben könnten. Hierbei kommt es darauf an, ob der Verkäufer oder bereits der Erwerber für den Stichtagsabschluss erstellt. Hiervon abhängig, muss die andere Partei sicherstellen, dass die für den Ersteller vorteilhaften Wahlrechte ent- 370

443) Vgl. § 269 HGB.
444) Vgl. § 255 Abs. 4 HGB.
445) Vgl. § 348 Abs. 2 AktG.
446) Vgl. § 274 Abs. 2 HGB.
447) Vgl. § 249 Abs. 15.3 HGB.
448) Vgl. § 249 Abs. 2 HGB.
449) Vgl. §§ 247 Abs. 3; 273 HGB.

sprechend durch die kaufvertragsspezifischen Bilanzierungs- und Bewertungsgrundsätze explizit ausgeschlossen werden.

371 Die kaufvertraglich vereinbarten Bilanzierungs- und Bewertungsgrundsätze der Stichtagsbilanz dienen nur dem Zweck der Erstellung des Stichtagsabschlusses, der zur Ermittlung der Kaufpreisanpassung erstellt wird.[450] Der Erwerber kann deshalb für die Eröffnungsbilanz sowohl des Einzelabschlusses der erworbenen Gesellschaft als auch des Konzernabschlusses abweichende Bilanzierungs- und Bewertungsgrundsätze anwenden, da die Eröffnungsbilanz und alle nachfolgenden Jahresabschlüsse primär dem Gläubigerschutz dienen und nicht einer weiteren Kaufpreisabrechnung. Diese Herangehensweise hätte jedoch den Nachteil, dass die Eröffnungsbilanz des erworbenen Unternehmens nach anderen Bilanzierungs- und Bewertungsgrundsätzen erstellt würde, wodurch zusätzlicher Arbeitsaufwand entstünde.

### dd) Regelung zur Festlegung des Stichtages

372 Grundsätzlich sind die Stichtagsabschlüsse auf den letzten Tag vor dem Closing aufzustellen. Das Closing-Datum wird häufig von dem Eintritt der Vollzugsvoraussetzungen beeinflusst und kann im Vorhinein nicht genau geplant werden. Diese Situation führt dazu, dass das Closing-Datum und somit der **Stichtag** für den Stichtagsabschluss an einem beliebigen Tag innerhalb eines Monats liegen kann.

373 Die Erstellung eines Stichtagsabschlusses innerhalb eines Monats ist aus mehreren Gründen misslich:

1. **Handelsübliche Buchhaltungssysteme** lassen lediglich die Ausgabe von Monatsabschlüssen und nicht von Tagesabschlüssen zu. Zur Erstellung wären entweder manuelle Buchungen notwendig oder die Auslesung aller Buchungssätze aus dem Buchhaltungssystem bis zu einem Stichtag.
2. Monatliche Einmalzahlungen bzw. auch jährliche Einmalzahlungen sind nach einer allgemein anerkannten **Methode** abzugrenzen. Eine Aufteilung nach Arbeitstagen wäre zwar naheliegend, aber es mag ebenso Beispiele geben, bei denen diese Art der Abgrenzung nicht der tatsächlichen Leistungsentstehung Rechnung trägt, z. B. kann der monatlich als Vorauszahlung abgerechnete Strom arbeitstäglich sehr unterschiedliche Verbrauchsmengen aufweisen.
3. Es fehlt an betriebswirtschaftlicher und handelsrechtlicher **Literatur** zur taggenauen Abgrenzung während eines Monates, da diese Frage für die laufende Rechnungslegung nicht relevant ist. Damit gibt es keinen allgemein anerkannten Rahmen für die Rechnungslegung mit untermonatlicher Abgrenzung.

374 Um diese Schwierigkeiten zu vermeiden, empfiehlt es sich, eine Regelung zu treffen, dass der Stichtag für die Erstellung des Stichtagsabschlusses jeweils der Monatsultimo des auf das Closing vorangehenden Monats ist.

### ee) Grundsatz der Wertaufhellung

375 Grundsätzlich gilt für alle Jahresabschlüsse nach § 252 Abs. 1 Nr. 4 HGB das Prinzip, Risiken und Verluste, die bis zum Abschlussstichtag entstanden sind, zu berücksichtigen,

450) Vgl. *Koesling*, in: Kiem, S. 321 Rz. 2.

auch wenn sie erst nach dem Abschlussstichtag aber vor der Aufstellung des Jahresabschlusses bekannt wurden. Die neuen Informationen müssen die am Bilanzstichtag schon bestehenden Verhältnisse aufhellen. Die wertbegründende Tatsache muss bis zum Abschlussstichtag eingetreten sein, die **Wertaufhellung** kann in der Zeit bis zur Aufstellung des Jahresabschlusses eintreten. Nicht zu berücksichtigen sind hingegen wertbegründende Tatsachen, die aus Ergebnissen nach dem Stichtag resultieren.[451)]

Für einen Unternehmenskauf kann sich die Frage ergeben, bis wann wertaufhellende Erkenntnisse im Falle der Überprüfung und ggf. auch Berichtigung des Jahresabschlusses zu berücksichtigen sind, da andernfalls – insbesondere im Falle von mehrjährigen Schiedsgerichtsverfahren – die Gefahr besteht, dass die Wertaufhellung nicht mehr endet. Insofern ist es sinnvoll, das Ende der Wertaufhellung festzulegen. Hierfür muss abgewogen werden, ob es primär um die richtige Bilanzierung geht oder ob es den Parteien wichtiger ist, einen möglichen Disput nicht aufgrund einer nicht endenden Wertaufhellungsperiode möglicherweise zu verlängern. Im ersten Fall sollte die Möglichkeit der Wertaufhellung nicht eingeschränkt werden. Soll hingegen das Risiko einer Verlängerung von Streitfällen vermieden werden, so sollte das Datum der Fertigstellung des Stichtagsabschlusses oder ggf. das Datum der Fertigstellung der Überprüfung des Stichtagsabschlusses festgeschrieben werden. Welche Variante hierbei käufer- oder verkäuferfreundlich ist, hängt im Wesentlichen von der erwarteten wirtschaftlichen Entwicklung zwischen diesen beiden Zeitpunkten ab. 376

### 3. Überprüfung der Stichtagsbilanz

Die Zuständigkeiten und Arten der Überprüfung der Stichtagsbilanz haben für die Möglichkeit einer späteren Einforderung einer Kaufpreisanpassung eine große Bedeutung.[452)] 377

#### a) Zuständigkeit für die Überprüfung

Der **vorläufige Stichtagsabschluss** ist durch den Verkäufer zu erstellen und sollte im Rahmen der Vertragsverhandlungen durch den Erwerber auf seine Plausibilität hin überprüft werden, da auf Basis des vorläufigen Stichtagsabschlusses bereits eine vorläufige Kaufpreiszahlung zu leisten ist. Ein Fehler in dem vorläufigen Stichtagsabschluss wird zwar durch den endgültigen Stichtagsabschluss korrigiert, aber im Falle einer Überzahlung trägt der Erwerber für den überzahlten Kaufpreisanteil das Insolvenzrisiko des Verkäufers sowie die Finanzierungskosten für diesen überzahlten Kaufpreisanteil. Typischerweise beträgt der Zeitraum für die Überprüfung des vorläufigen Stichtagsabschlusses nur wenige Tage und es wird dem Erwerber auch lediglich ein Widerspruchsrecht eingeräumt, wenn bestimmte Wesentlichkeitsgrenzen überschritten werden. Diese Einschränkungen des Widerspruchsrechts des Erwerbers werden gewählt, um das Closing nicht durch eine detaillierte Überprüfung der vorläufigen Kaufpreisabrechnung zu verzögern.[453)] 378

Der **endgültige Stichtagsabschluss** sollte jeweils durch die nicht erstellende Partei erfolgen. Das heißt, wurde der endgültige Abschluss noch unter Kontrolle des Verkäufers erstellt, so sollte dem Käufer das Recht der Überprüfung zugebilligt werden. Ist das Unternehmen bereits übergegangen und stehen die Mitarbeiter des Rechnungswesens des Unternehmens 379

451) Vgl. *Koesling*, in: Kiem, S. 330 Rz. 29.

452) Vgl. *Leißner/Winter*, Unternehmenskauf, Anteilsübertragung, Umwandlungsrecht, S. 89.

453) Vgl. *Koesling*, in: Kiem, S. 328 Rz. 23.

bereits unter der Kontrolle des Erwerbers, so sollte dem Verkäufer das Recht der Überprüfung zugebilligt werden.

### b) Arten der Überprüfung der Stichtagsbilanz

380 Die Art der Prüfung, die im Kaufvertrag zur Überprüfung der Stichtagsbilanz vorgesehen wird, hat Auswirkung auf die Ergebnisse, die im Rahmen der Prüfung erzielt werden, und damit auf die Möglichkeit, Kaufpreise im Nachhinein aufgrund der Ergebnisse anpassen zu können. Im Folgenden sollen jeweils der Zweck und das Ergebnis der Prüfung dargestellt werden, um daran anschließend die Prüfung im Hinblick auf die Situation der Kaufpreisabrechnung zu würdigen.

Übersicht über mögliche Prüfungsstandards

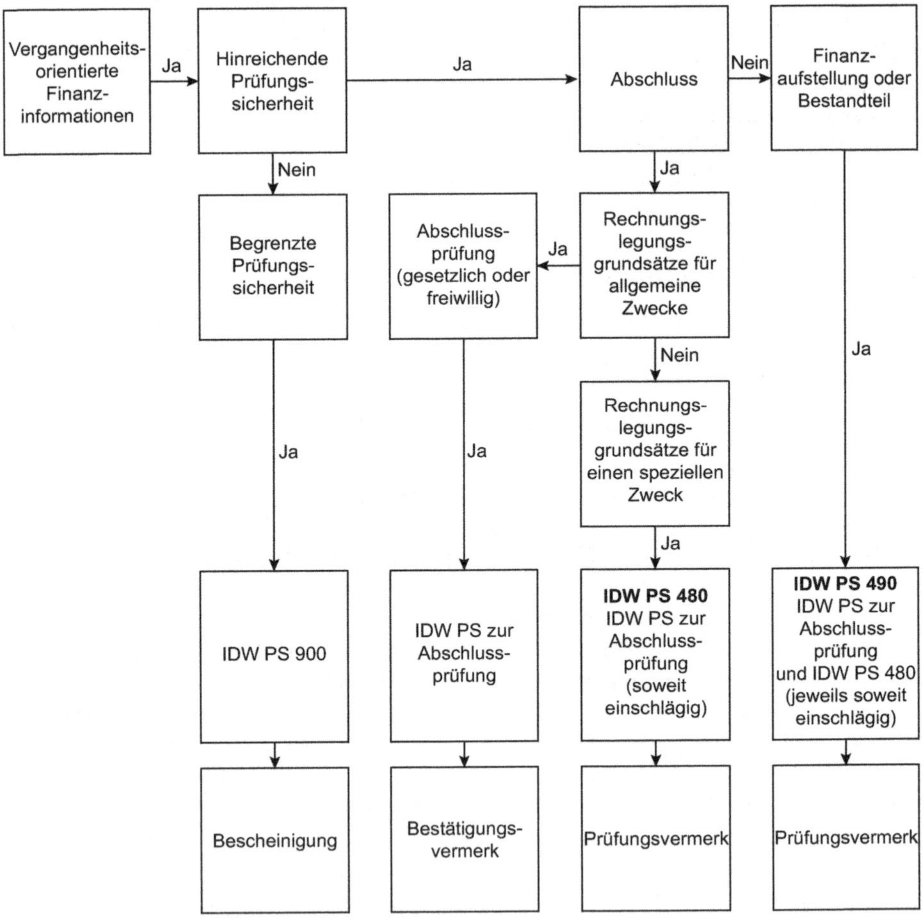


Quelle: IDW Prüfungsstandard – Prüfung von Abschlüssen, die nach Rechnungslegungsgrundsätzen für einen speziellen Zweck aufgestellt wurden (IDW PS 480) vom 28.11.2014, S. 4

### aa) Abschlussprüfung (IDW PS 200)

#### (1) Zweck der Abschlussprüfung

Zweck einer Abschlussprüfung soll die Bestätigung der Verlässlichkeit der im Jahresabschluss und Lagebericht enthaltenen Informationen sein. Hierdurch soll die Glaubhaftigkeit des Jahres- oder Zwischenabschlusses erhöht werden.[454] 381

Abschlussprüfungen i. S. d. IDW Prüfungsstandards sind gesetzliche Prüfungen gemäß §§ 316 ff HGB sowie freiwillige Abschlussprüfungen, die diesen Prüfungen nach Art und Umfang entsprechen. Die Ausführungen der IDW Prüfungsstandards zur Jahresabschlussprüfung gelten entsprechend auch für Zwischenabschlüsse.[455] 382

Die Abschlussprüfung umfasst neben dem aus Bilanz, Gewinn- und Verlustrechnung und ggf. aus dem Anhang bestehenden Jahresabschluss die zugrunde liegende Buchführung und ggf. den Lagebericht und erstreckt sich darauf, ob die für die Rechnungslegung geltenden gesetzlichen Vorschriften einschließlich der Grundsätze ordnungsmäßiger Buchführung und sie ergänzende Bestimmungen des Gesellschaftsvertrags oder der Satzung beachtet sind. Zur Einhaltung der gesetzlichen Vorschriften gehört insbesondere, dass die Buchführung nachvollziehbar, unveränderlich, vollständig, richtig, zeitgerecht und geordnet vorgenommen wird, dass der Jahresabschluss klar, übersichtlich und vollständig in der vorgeschriebenen Form mit den vorgeschriebenen Angaben aufgestellt ist und dass alle Posten zutreffend ausgewiesen sowie die Vermögensgegenstände und Schulden sämtlich richtig bewertet worden sind.[456] 383

Eine Abschlussprüfung ist darauf auszurichten, dass die Prüfungsaussagen mit hinreichender Sicherheit getroffen werden können. Das Konzept der hinreichenden Sicherheit bezieht sich auf die für diese Beurteilung erforderliche Gewinnung von Prüfungsnachweisen und somit auf die gesamte Prüfung. Die Prüfung dient nicht dem Ziel, unwesentliche Fehler festzustellen.[457] 384

#### (2) Ergebnis der Abschlussprüfung

Im Ergebnis stellt die Abschlussprüfung fest, ob der Jahresabschluss mit den handelsbilanziellen Bestimmungen übereinstimmt. Im Prüfungsbericht, in dem die Ergebnisse der Abschlussprüfung dokumentiert werden, sind die folgenden Prüfungsaussagen[458] zu treffen:[459] 385

- Stellungnahme zur Beurteilung der Lage des Unternehmens oder Konzerns durch die gesetzlichen Vertreter (§ 321 Abs. 1 Satz 2 HGB); auf die Besonderheiten bei nicht vorliegendem Lagebericht wird verwiesen (IDW PS 450, Tz. 34).

---

454) Vgl. IDW Prüfungsstandard: Ziele und allgemeine Grundsätze der Durchführung von Abschlussprüfungen (IDW PS 200) v. 3.6.2015, Rz. 8.

455) Vgl. IDW Prüfungsstandard: Ziele und allgemeine Grundsätze der Durchführung von Abschlussprüfungen (IDW PS 200) v. 3.6.2015, Rz. 5.

456) Vgl. IDW Prüfungsstandard: Ziele und allgemeine Grundsätze der Durchführung von Abschlussprüfungen (IDW PS 200) v. 3.6.2015, Rz. 12.

457) Vgl. IDW Prüfungsstandard: Ziele und allgemeine Grundsätze der Durchführung von Abschlussprüfungen (IDW PS 200) v. 3.6.2015, Rz. 24.

458) Vgl. im Einzelnen IDW Prüfungsstandard: Grundsätze ordnungsmäßiger Berichterstattung bei Abschlussprüfungen (IDW PS 450).

459) Vgl. IDW Prüfungsstandard: Ziele und allgemeine Grundsätze der Durchführung von Abschlussprüfungen (IDW PS 200) v. 3.6.2015, Rz. 10.

- Darstellung, ob bei der Durchführung der Prüfung Unrichtigkeiten oder Verstöße gegen gesetzliche Vorschriften sowie Tatsachen festgestellt worden sind, die den Bestand des geprüften Unternehmens oder seine Entwicklung wesentlich beeinträchtigen können oder schwerwiegende Verstöße der gesetzlichen Vertreter oder Arbeitnehmer gegen Gesetz, Gesellschaftsvertrag oder die Satzung darstellen (§ 321 Abs. 1 Satz 3 HGB).
- Darstellung, ob die Buchführung, die weiteren geprüften Unterlagen, der Jahresabschluss, der Lagebericht, der Konzernabschluss und der Konzernlagebericht den gesetzlichen und ergänzenden Bestimmungen des Gesellschaftsvertrags oder der Satzung entsprechen (§ 321 Abs. 2 Satz 1 HGB). Hierzu zählt auch die Darstellung, ob der Lagebericht bzw. Konzernlagebericht mit dem Jahresabschluss bzw. Konzernabschluss und den bei der Prüfung gewonnenen Erkenntnissen des Abschlussprüfers in Einklang steht, er insgesamt eine zutreffende Vorstellung von der Lage des Unternehmens bzw. Konzerns vermittelt und ob im Lagebericht bzw. Konzernlagebericht die wesentlichen Risiken der künftigen Entwicklung zutreffend dargestellt sind.
- Darstellung, ob die gesetzlichen Vertreter die verlangten Aufklärungen und Nachweise erbracht haben (§ 321 Abs. 2 Satz 1 HGB).
- Aussage, ob der Abschluss insgesamt ein den tatsächlichen Verhältnissen entsprechendes Bild der Vermögens-, Finanz- und Ertragslage der Kapitalgesellschaft unter Beachtung der Grundsätze ordnungsmäßiger Buchführung vermittelt (§ 321 Abs. 2 Satz 2 HGB). In den Fällen, in denen die anzuwendenden Rechnungslegungsvorschriften eine solche Aussage nicht vorsehen und eine solche auch nicht auf freiwilliger Grundlage gegeben wird, beschränkt sich die Aussage des Abschlussprüfers darauf, ob der Abschluss insgesamt den für die Rechnungslegung geltenden gesetzlichen Vorschriften entspricht.
- Aufgliederung und ausreichende Erläuterung der Posten des Jahresabschlusses, soweit dadurch die Darstellung der Vermögens-, Finanz- und Ertragslage wesentlich verbessert wird und diese Angaben im Anhang nicht enthalten sind (§ 321 Abs. 2 Satz 3 HGB).“

**386** Im Ergebnis schließt der Prüfungsbericht mit einem Bestätigungsvermerk oder bei begrenzter Prüfungssicherheit mit einer Bescheinigung.[460)]

### bb) Prüferische Durchsicht (IDW PS 900)

#### (1) Zweck der prüferischen Durchsicht

**387** Zweck der prüferischen Durchsicht ist eine Erhöhung der Glaubhaftigkeit der in dem Abschluss enthaltenen Informationen.

**388** Die durch den Prüfungsstandard IDW PS 900 geregelte prüferische Durchsicht eines Stichtagsabschlusses ist eine betriebswirtschaftliche Prüfung eines Jahresabschlusses. Im Gegensatz zu detaillierten Prüfungsnachweisen, kommen analytische Prüfungshandlungen zum Einsatz, um so etwaige Abweichungen zur handelsbilanziellen Rechnungslegung festzustellen.[461)] Es handelt sich jedoch lediglich um eine kritische Würdigung aufgrund einer Plausibilitätsbetrachtung und in keinem Fall um eine tatsächliche substanzielle Prüfung.[462)]

---

460) Vgl. IDW Prüfungsstandard: Prüfung von Abschlüssen, die nach Rechnungslegungsgrundsätzen für einen speziellen Zweck aufgestellt wurden (IDW PS 480) v. 28.11.2014, Rz. 8.

461) Vgl. IDW Prüfungsstandard: Grundsätze für die prüferische Durchsicht von Abschlüssen (IDW PS 900) v. 25.8.2004, Rz. 2.

462) Vgl. IDW Prüfungsstandard: Grundsätze für die prüferische Durchsicht von Abschlüssen (IDW PS 900) v. 25.8.2004, Rz. 6.

Die prüferische Durchsicht ist eine Vorbehaltsaufgabe. Das heißt, sie darf nur durch einen Wirtschaftsprüfer durchgeführt werden.

### (2) Ergebnis der prüferischen Durchsicht

Die prüferische Durchsicht führt im Ergebnis zu einer Bescheinigung, dessen Wortlaut in 389
dem Prüfungsstandard PS 900 im Wesentlichen vorgegeben ist. Hierbei wird jedoch keine positive bestätigende Aussage über den Abschluss gegeben, sondern lediglich festgestellt, dass keine Feststellungen getroffen wurden, die zu der Annahme veranlassen, dass der Jahresabschluss nicht mit handelsrechtlichen Bestimmungen übereinstimmt.[463] Im Falle von Feststellungen würden diese dann entsprechend genannt werden.

### cc) Agreed-upon Procedures (ISRS 4400)

### (1) Zweck der Agreed-upon Procedures

Zweck der Durchführung von vereinbarten Untersuchungshandlungen (Agreed-upon Pro- 390
cedures) ist, Untersuchungshandlungen vorzunehmen, die wir mit dem Unternehmen und ggf. betroffenen Dritten vereinbart haben, und um über unsere Feststellungen (*„factual findings“*) zu berichten.

### (2) Ergebnis der Agreed-upon Procedures

Bei einem Auftrag über vereinbarte Untersuchungshandlungen wird kein Prüfungsurteil 391
abgegeben, sondern es erfolgt lediglich eine Berichterstattung über die aufgrund des Auftrags festgestellten Tatsachen.[464] Die Verantwortung, die durchgeführten Untersuchungshandlungen und die getroffenen Feststellungen zu beurteilen und daraus eigene Schlüsse zu ziehen, verbleibt bei den Verwendern der Berichterstattung.[465] Art und Umfang seiner Tätigkeiten legt der Wirtschaftsprüfer nicht eigenverantwortlich fest, sondern sie werden mit dem Auftraggeber im Einzelnen vereinbart.[466]

Die Ergebnisse der Durchführung von vereinbarten Untersuchungshandlungen werden in 392
einem Bericht über festgestellte Tatsachen zusammengefasst. In diesem Bericht werden die einzelnen vereinbarten Untersuchungshandlungen aufgeführt und die tatsächlichen Feststellungen zu den einzelnen durchgeführten Untersuchungshandlungen wiedergegeben. Es erfolgt keine Bewertung der Ergebnisse der durchgeführten Untersuchungshandlungen durch den Prüfer. Es wird weder ein Prüfungsurteil mit positiver Gesamtaussage (*„positive assurance“*) noch eine negativ formulierte Aussage (*„negative assurance“*) abgegeben, sondern lediglich über die Tatsachen (*„factual findings“*), die festgestellt wurden, berichtet. Die Entscheidung, ob die durchgeführten Untersuchungshandlungen und deren Ergebnisse nach Art und Umfang für Zwecke des Mandanten ausreichen sowie die Bewertung unserer Feststellungen und das Ziehen von Schlussfolgerungen daraus, obliegen allein dem Auftraggeber.

463) Vgl. IDW Prüfungsstandard: Grundsätze für die prüferische Durchsicht von Abschlüssen (IDW PS 900) v. 25.8.2004, Rz. 6.

464) Vgl. IDW Positionspapier: Vorformulierte Bescheinigungen v. 9. März 2015, S. 3.

465) Vgl. ISRS 4400.5.

466) Vgl. IDW Positionspapier: Vorformulierte Bescheinigungen v. 9. März 2015, Anlage 2.

### dd) Prüfung von Abschlüssen, die nach Rechnungslegungsgrundsätzen für einen speziellen Zweck aufgestellt wurden (IDW PS 480)[467]

393 Abschlüsse, die nach Rechnungslegungsgrundsätzen für einen speziellen Zweck aufgestellt wurden i. S. d. Prüfungsstandards sind Abschlüsse, die für einen besonderen Zweck erstellt wurden und bei denen Rechnungslegungsgrundsätze zur Anwendung kommen, die darauf ausgerichtet sind, den Informationsbedürfnissen spezifischer Adressaten von Finanzinformationen gerecht zu werden.[468] Der Umstand, dass der Abschluss aufgrund eines besonderen Anlasses aufgestellt wurde, führt für sich genommen nicht dazu, dass es sich um einen Abschluss für einen speziellen Zweck handelt.[469]

394 Bei Rechnungslegungsgrundsätzen, die für einen besonderen Zweck erstellt wurden, handelt es sich z. B. um vertraglich vereinbarte Rechnungslegungsgrundsätze bei Unternehmenstransaktionen.[470] Rechnungslegungsgrundsätze für einen speziellen Zweck können auf Rechnungslegungsgrundsätzen für allgemeine Zwecke beruhen, die in einzelnen Punkten modifiziert sind. Dies ist z. B. der Fall, wenn vertraglich die Aufstellung eines Abschlusses nach den handelsrechtlichen Vorschriften vereinbart wird, der jedoch vereinbarungsgemäß nicht allen diesen Vorschriften entspricht bzw. in einzelnen Aspekten ausdrücklich von diesen abweicht. Auch wenn die Anwendung solcher Rechnungslegungsgrundsätze für einen speziellen Zweck unter den jeweiligen Umständen des Auftrags vertretbar ist, kann es erforderlich sein, darauf zu achten, dass im Rahmen der Beschreibung dieser Rechnungslegungsgrundsätze für die Abrechnungsbilanz nicht der Eindruck vermittelt wird, dass die Rechnungslegungsgrundsätze für allgemeine Zwecke angewendet wurden. Daher wird generell bei der Beschreibung der Rechnungslegungsgrundsätze für die Abrechnungsbilanz nicht (z. B. durch Formulierungen wie „grundsätzliche Anwendung der handelsrechtlichen Vorschriften") auf Rechnungslegungsgrundsätze für allgemeine Zwecke, sondern auf die Bestimmungen des Kaufvertrags Bezug zu nehmen sein.[471]

#### (1) Zweck der Prüfung von zweckgerichteten Finanzinformationen

395 Zweck der Prüfung von Abschlüssen, die nach Rechnungslegungsgrundsätzen für einen speziellen Zweck aufgestellt wurden (im Weiteren „zweckgerichtete Finanzinformationen"), ist die Prüfung von Abschlüssen, die abweichend zum herkömmlichen Jahresabschluss für einen speziellen Zweck aufgestellt wurden.[472] Die Prüfung eines Abschlusses, der vollständig nach Rechnungslegungsgrundsätzen für allgemeine Zwecke (z. B. nach HGB oder IFRS) aufgestellt wurde, unterliegt nicht diesem IDW Prüfungsstandard, auch wenn dieser Abschluss aufgrund eines besonderen Anlasses aufgestellt wurde. Die Prüfung von Abschlüssen, die unter Inanspruchnahme der Erleichterungen der §§ 264 Abs. 3 oder 4, 264b

---

467) Dieser IDW Prüfungsstandard setzt die Anforderungen des International Standard on Auditing (ISA) 800 „Special Considerations – Audits of Financial Statements Prepared in Accordance with Special Purpose Frameworks" um. Vgl. IDW Prüfungsstandard: Prüfung von Abschlüssen, die nach Rechnungslegungsgrundsätzen für einen speziellen Zweck aufgestellt wurden (IDW PS 480) v. 28.11.2014, Rz. 6 ff.

468) Vgl. IDW Prüfungsstandard: Prüfung von Abschlüssen, die nach Rechnungslegungsgrundsätzen für einen speziellen Zweck aufgestellt wurden (IDW PS 480) v. 28.11.2014, Rz. 12 e) und g).

469) Vgl. IDW Prüfungsstandard: Prüfung von Abschlüssen, die nach Rechnungslegungsgrundsätzen für einen speziellen Zweck aufgestellt wurden (IDW PS 480) v. 28.11.2014, Rz. 12 e).

470) Vgl. IDW Prüfungsstandard: Prüfung von Abschlüssen, die nach Rechnungslegungsgrundsätzen für einen speziellen Zweck aufgestellt wurden (IDW PS 480) v. 28.11.2014, Rz. A6.

471) Vgl. IDW Prüfungsstandard: Prüfung von Abschlüssen, die nach Rechnungslegungsgrundsätzen für einen speziellen Zweck aufgestellt wurden (IDW PS 480) v. 28.11.2014, Rz. A7.

472) Vgl. IDW Prüfungsstandard: Prüfung von Abschlüssen, die nach Rechnungslegungsgrundsätzen für einen speziellen Zweck aufgestellt wurden (IDW PS 480) v. 28.11.2014, Rz. 1.

HGB aufgestellt wurden, und die Prüfung von Pro-Forma-Finanzinformationen[473] unterliegen ebenfalls nicht diesem IDW Prüfungsstandard.[474]

Entscheidend für die Auswahl dieses Prüfungsstandards ist, dass Rechnungslegungsgrundsätze für einen speziellen Zweck zur Anwendung kommen. Werden Rechnungslegungsgrundsätze für allgemeine Zwecke genutzt, so kommt der Standard IDW PS 200 für die allgemeine Abschlussprüfung zur Anwendung.[475] Somit ist fraglich, ob es sich bei einer speziellen Bilanzierungs- und Bewertungspolitik zum Zweck der Erstellung der Stichtagsbilanz um Rechnungslegungsgrundsätze für allgemeine oder für einen speziellen Zweck handelt. Diese Frage kann nur im konkreten Einzelfall beantwortet werden. Sie sollte aber im Vorhinein bei der Erstellung von Bilanzierungs- und Bewertungspolitiken für eine Abrechnungsbilanz definiert werden, um zu vermeiden, dass für die Prüfung dieses Abschlusses ein Prüfungsstandard gewählt wird, der nicht im Einklang mit der zu prüfenden Finanzinformation ist. 396

### (2) Ergebnis der Prüfung von zweckgerichteten Finanzinformationen

Das Prüfungsurteil kann sich entweder auf die Ordnungsmäßigkeit der Rechnungslegung oder auf die sachgerechte Gesamtdarstellung beziehen.[476] 397

Die Prüfung der zweckgerichteten Finanzinformationen führt zu einem Prüfungsvermerk.[477] In diesem Prüfungsvermerk wird darauf hingewiesen, dass die Abrechnungsbilanz für die Kaufpreisabrechnung erstellt wurde und ausschließlich für die Kaufvertragsparteien bestimmt ist. 398

### ee) Zweckgerichtete Finanzaufstellungen oder Bestandteile (IDW PS 490)[478]

*Zweckgerichtete Finanzaufstellungen* sind strukturierte Darstellungen vergangenheitsorientierter Finanzinformationen (einschließlich der dazugehörigen erläuternden Angaben). Finanzaufstellungen informieren unter Beachtung der maßgebenden Rechnungslegungsgrundsätze über die wirtschaftlichen Ressourcen oder Verpflichtungen eines Unternehmens zu einem bestimmten Zeitpunkt bzw. über deren Veränderungen in einem bestimmten Zeitraum.[479] Ein Abschluss (Jahres-, Konzern-, Zwischen- und sonstiger Abschluss) besteht im Vergleich dazu grundsätzlich aus mehreren Finanzaufstellungen (z. B. Bilanz, Gewinn- und Verlustrechnung, Kapitalflussrechnung) unter Einschluss der damit zusammenhängenden Angaben (z. B. Anhangsangaben).[480] 399

*Bestandteile einer Finanzaufstellung* sind Konten oder Posten einer Finanzaufstellung, wie z. B. Vorräte, Forderungen aus Lieferungen und Leistungen, Personalaufwand oder sons- 400

473) Vgl. hierzu den IDW Prüfungshinweis: Prüfung von Pro-Forma-Finanzinformationen (IDW PH9.960.1) (Stand: 29.11.2005).

474) Vgl. IDW Prüfungsstandard: Prüfung von Abschlüssen, die nach Rechnungslegungsgrundsätzen für einen speziellen Zweck aufgestellt wurden (IDW PS 480) v. 28.11.2014, Rz. 3.

475) Vgl. IDW Prüfungsstandard: Prüfung von Abschlüssen, die nach Rechnungslegungsgrundsätzen für einen speziellen Zweck aufgestellt wurden (IDW PS 480) v. 28.11.2014, Rz. 8.

476) Vgl. IDW Prüfungsstandard: Prüfung von Abschlüssen, die nach Rechnungslegungsgrundsätzen für einen speziellen Zweck aufgestellt wurden (IDW PS 480) v. 28.11.2014, Rz. 16.

477) Vgl. IDW Prüfungsstandard: Prüfung von Finanzaufstellungen oder deren Bestandteilen (IDW PS 490) v. 28.11.2014, Rz. 20.

478) Dieser IDW Prüfungsstandard setzt die Anforderungen des International Standard on Auditing (ISA) 805 „Special Considerations – Audits of Single Financial Statements and Specific Elements, Accounts or Items of a Financial Statement" um. Vgl. IDW Prüfungsstandard: Prüfung von Finanzaufstellungen oder deren Bestandteilen (IDW PS 490) v. 28.11.2014, Rz. 4.

479) Vgl. IDW Prüfungsstandard: Prüfung von Finanzaufstellungen oder deren Bestandteilen (IDW PS 490) v. 28.11.2014, Rz. 10 a).

480) Vgl. IDW Prüfungsstandard: Prüfung von Finanzaufstellungen oder deren Bestandteilen (IDW PS 490) v. 28.11.2014, Rz. 10 b).

tige überwiegend aus der Buchführung entnommene Rechnungslegungsinformationen (z. B. Informationen über bestimmte Geschäftsvorfälle, Vermögenswerte oder Schulden).[481]

### (1) Zweck der Prüfung von zweckgerichteten Finanzaufstellungen

401 Zweck der Prüfung zweckgerichteter Finanzaufstellungen oder Bestandteile ist die Prüfung von Finanzinformationen oder Bestandteilen, die nach Rechnungslegungsgrundsätzen für einen speziellen Zweck aufgestellt wurden, aber nicht i. S. e. Abschlusses vollständig sind.[482] Wie bei allen Prüfungshandlungen, ist auch hier eine Erhöhung der Glaubhaftigkeit der in den Finanzaufstellungen oder Bestandteilen enthaltenen Informationen angestrebt.

### (2) Ergebnis der Prüfung von zweckgerichteten Finanzaufstellungen

402 Die Prüfung der zweckgerichteten Finanzaufstellungen oder Bestandteile führt zu einem Prüfungsvermerk.[483] In diesem Prüfungsvermerk wird darauf hingewiesen, dass die *zweckgerichteten Finanzaufstellungen bzw. Bestandteile der Finanzaufstellungen* ausschließlich für die Kaufpreisabrechnung erstellt wurden und ausschließlich für die Kaufvertragsparteien bestimmt sind.[484]

### ff) Fazit zur Überprüfung von Stichtagsbilanzen

403 Die Art der möglichen Prüfung wird wesentlich durch die bereitgestellte Stichtagsbilanz beeinflusst. Weiterhin spielen Kriterien eine Rolle, die im Ermessen der Vertragsparteien liegen:

| | Abschluss-prüfung | Prüferische Durchsicht | Agreed-upon Procedures | Zweck-gerichtete Abschlüsse | Zweckgerichtete Finanzauf-stellungen |
|---|---|---|---|---|---|
| IDW Standard | PS 200 | PS 900 | | PS 480 | PS 490 |
| Rechnungslegungs-grundsätze | allgemein | allgemein | | speziell | speziell |
| Ergebnis | Bestätigungs-vermerk | Bescheini-gung | Bericht über festgestellte Tatsachen | Prüfungs-vermerk | Prüfungs-vermerk |
| Definition des Prüfungsgegenstands durch die Parteien | Nein | Nein | Ja | Ja | Ja |
| Prüfungsurteil | Ja | Ja | Nein | Ja | Ja |
| Positive Aussage | Ja | Nein | – | Ja | Ja |
| Erfordernis eines Wirtschaftsprüfers | Ja | Ja | Ja | Ja | Ja |

Quelle: Eigene Darstellung

481) Vgl. IDW Prüfungsstandard: Prüfung von Finanzaufstellungen oder deren Bestandteilen (IDW PS 490) v. 28.11.2014, Rz. 10 d).

482) Vgl. IDW Prüfungsstandard: Prüfung von Finanzaufstellungen oder deren Bestandteilen (IDW PS 490) v. 28.11.2014, Rz. 1.

483) Vgl. IDW Prüfungsstandard: Prüfung von Abschlüssen, die nach Rechnungslegungsgrundsätzen für einen speziellen Zweck aufgestellt wurden (IDW PS 480) v. 28.11.2014, Rz. 8.

484) Vgl. IDW Prüfungsstandard: Prüfung von Finanzaufstellungen oder deren Bestandteilen (IDW PS 490) v. 28.11.2014, Rz. 8.

Grundsätzlich können die Abschlussprüfung und die prüferische Durchsicht nur angewendet werden, wenn der zu prüfende Stichtagsabschluss auch den handelsbilanziellen Anforderungen entspricht. Ist dies nicht der Fall, so führt das zu entsprechenden Einschränkungen bei dem Bestätigungsvermerk bzw. der Bescheinigung bzw. sogar zum Versagen des Bestätigungsvermerks bzw. der Bescheinigung. Werden hingegen zweckgerichtete Finanzinformationen in Form vereinbarter Inhalte eines Stichtagsabschlusses geprüft, so können diese grundsätzlich nur im Rahmen der *Agreed-upon Procedures*, also der Prüfung von zweckgerichteten Finanzinformationen bzw. Finanzaufstellungen überprüft werden. 404

Während der Prüfungsgegenstand bei der Abschlussprüfung und der prüferischen Durchsicht gesetzlich und durch die Prüfungsstandards definiert ist, kann der Gegenstand der Prüfungen im Rahmen der Agreed-upon Procedures, der Prüfung von zweckgerichteten Finanzinformationen bzw. Finanzaufstellungen frei vereinbart werden. Hierdurch können z. B. Kaufpreisabrechnung und die Zuordnung zu einzelnen Abrechnungspositionen des Working Capitals oder der Nettofinanzverbindlichkeiten zum Gegenstand der Prüfung werden. Durch diese Flexibilität wird es möglich, den Fokus auf die kaufpreisrelevanten Aspekte zu legen und gleichzeitig auf mögliche handelsbilanzielle Schwächen, die nicht kaufpreisrelevant sind, einzugehen. 405

Wird von den Parteien eine positive Bestätigung des Stichtagsabschlusses gewünscht, so eignen sich weder eine prüferische Durchsicht noch die Durchführung vereinbarter Untersuchungen („*agreed upon procedures*"). 406

### c) Berichterstattung über Ergebnisse der Überprüfung

Die Berichterstattung der Ergebnisse der Überprüfung durch den Käufer wird in vielen Kaufverträgen nur unspezifisch dargestellt, sodass unklar bleibt, welche Bestandteile diese Berichterstattung haben soll. Häufig wird ein berichtigter Abschluss gefordert. Dieser Abschluss enthält dann jedoch wiederum nur die gesetzlichen Bestandteile und nicht weitere, für das Verständnis der Korrektur notwendige Bestandteile. Das Risiko für den Erwerber liegt im Falle einer gewünschten Anpassung des Kaufvertrags darin, dass ihm der Verkäufer vorhält, Formerfordernisse nicht eingehalten und daher die Frist des Einspruchs verpasst zu haben. Aus diesem Grunde und um eine effiziente Abwicklung der Kaufpreisabrechnung zu ermöglichen, ist es wichtig festzulegen, in welcher Form über die Ergebnisse der Überprüfung durch den Käufer Bericht erstattet werden soll. 407

Um konstruktiv über einen möglichen Anpassungsbedarf in der Kaufpreisabrechnung zwischen den Parteien zu sprechen, wären in dieser Berichterstattung z. B. folgende Angaben sinnvoll: 408

- Korrigierte Stichtagsbilanz zum Abrechnungsstichtag im Vergleich zur endgültigen Stichtagsbilanz.
- Überleitungsrechnung zwischen korrigierter Stichtagsbilanz zum Abrechnungsstichtag und endgültiger Stichtagsbilanz.
- Überleitungsrechnung der kaufpreisrelevanten Positionen zwischen korrigierter Stichtagsbilanz zum Abrechnungsstichtag und endgültiger Stichtagsbilanz.
- Korrigierte Kaufpreisabrechnung zum Abrechnungsstichtag im Vergleich zum Stichtag der endgültigen Stichtagsbilanz.
- Erläuterungen, die ein angemessenes Verständnis der Korrekturpositionen der korrigierten Stichtagsbilanz im Vergleich zur endgültigen Stichtagsbilanz ermöglichen.

409 Diese Angaben weichen wiederum von den notwendigen Angaben eines handelsbilanziellen Abschlusses ab. Um zu verhindern, dass die Berichterstattung über Ergebnisse der Überprüfung der endgültigen Stichtagsbilanz durch den Verkäufer nicht anerkannt wird, da z. B. nicht alle Bestandteile eines handelsbilanziellen Abschlusses berücksichtigt wurden, empfiehlt es sich, die Inhalte der Berichterstattung über die Ergebnisse der Überprüfung der endgültigen Stichtagsbilanz sowie den sich daraus ergebenden Kaufpreisanpassungsbedarf vertraglich festzulegen.

## V. Auswirkungen des Unternehmenskaufs auf die Handelsbilanz des Erwerbers

410 Der Erwerber eines Unternehmens verfolgt nicht nur die einleitend dargestellten strategischen Ziele mit einer Akquisition, sondern er muss die Erreichung dieser Ziele auch entsprechend an seine Anteilseigner, Fremdkapitalgeber und an sonstige interessierte Personen kommunizieren. Ein wesentliches Instrument im Rahmen dieses Kommunikationsprozesses sind die **Einzel- und Konzernabschlüsse** des erwerbenden Unternehmens.[485] Da der Unternehmenskaufvertrag eine wesentliche Grundlage für die Bilanzierung bildet, sind die bilanziellen Zielsetzungen des Erwerbers ebenfalls bei dessen Gestaltung mit zu berücksichtigen.

411 Im Hinblick auf die **Bilanzierungsziele** kann neben dem Ob und Wann der Einbeziehung in den Jahres- bzw. Konzernabschluss vor allem die Einhaltung bestimmter Bilanzrelationen und sonstiger betriebswirtschaftlicher Kennzahlen eine Rolle spielen. Bei börsennotierten Gesellschaften wird darüber hinaus ebenfalls der Auswirkung der Akquisition auf das Ergebnis je Aktie eine hohe Bedeutung beigemessen. Hierbei spielt nicht nur die Veränderung des Jahresüberschusses, sondern auch die mögliche Veränderung der Anzahl der Aktien z. B. aufgrund von Kapitalerhöhungen eine Rolle. Durch dieses Zusammenspiel kann sich aufgrund der Transaktion entweder das Ergebnis je Aktie erhöhen („*accretive*") oder senken („*dilutive*"). Auch wenn der Unternehmenswert des erwerbenden Unternehmens sich erhöht, ist für börsennotierte Unternehmen eine Dilutive Acquisition problematisch, da diese bei einer Bewertung mit Kurs-Gewinn-Verhältnissen zu einer entsprechenden Senkung des Unternehmenswertes führt.

412 Aufgrund der hohen Bedeutung des Unternehmenskaufvertrags für die Bilanzierung des Unternehmenserwerbs werden im Folgenden die unterschiedlichen Rechnungslegungssysteme sowie das Vorgehen zum Erwerbszeitpunkt bzw. bei der Erstkonsolidierung sowie bei der sich daran anschließenden Folgebewertung bzw. -konsolidierung in wesentlichen Aspekten skizziert. Auf dieser Basis erfolgt eine Schlussfolgerung für die wesentlichen zu berücksichtigenden Aspekte bei der Kaufvertragsgestaltung.

### 1. Unterschiedliche Rechnungslegungssysteme

413 Bei der Bilanzierung von Unternehmenskäufen ist zwischen den unterschiedlichen Rechnungslegungssystemen zu unterscheiden. Einerseits ist die Behandlung von Unternehmenskäufen im Rahmen der handelsbilanziellen Einzelabschlüsse von Interesse. Hierbei ist zu beachten, dass nach § 264e HGB alle Kapitalgesellschaften grundsätzlich ihren Jahresabschluss nach den International Financial Reporting Standards (IFRS) aufstellen können. Für Ausschüttungs- und steuerliche Zwecke ist aber im Anhang die nach dem HGB auf-

485) Einzelkaufleute und Personen in Handelsgesellschaften, die nicht mehr als 60.000 € Jahresüberschuss und nicht mehr als 600.000 € Umsatzerlöse erzielen, sind nach § 241a HGB von den handelsrechtlichen Buchführungs- und Bilanzierungspflichten ganz befreit. Sollte das erwerbende Unternehmen diese Kriterien bisher nicht erfüllen, so könnten diese durch die Akquisition überschritten werden.

gestellte Bilanz nebst Gewinn- und Verlustrechnung aufzunehmen. Die Möglichkeit der IFRS-Bilanzierung im Einzelabschluss soll an dieser Stelle aufgrund der bisher geringen praktischen Relevanz nicht weiter beleuchtet werden.

Andererseits ist für Konzerne ebenfalls die bilanzielle Darstellung im Konzernabschluss 414 entscheidend. **Zielsetzung** der Konzernrechnungslegung ist es, ein den tatsächlichen Verhältnissen entsprechendes Bild der Vermögens-, Finanz- und Ertragslage aller zu einem Konzern gehörenden Unternehmen zu vermitteln.[486] Im Gegensatz zum Einzelabschluss bildet der Konzernabschluss keine Grundlage für die Gewinnverteilung oder die Besteuerung. Auch werden die Ansprüche der Gläubiger durch den Konzernabschluss nicht berührt.[487]

Zur **Erstellung** der Konzernbilanz werden im ersten Schritt Ansatz und Bewertung in 415 den Einzelabschlüssen vereinheitlicht. Auf Basis der daraus resultierenden Handelsbilanzen II („HB II") werden im Rahmen von Kapital-, Zwischenerfolgs- und Schuldenkonsolidierung weitere Veränderungen vorgenommen, um die Auswirkungen von Geschäftstransaktionen zwischen den in den Konsolidierungskreis einbezogenen Unternehmen zu eliminieren und die Konzernbilanz so darzustellen, als handele es sich bei den zugrunde liegenden Gesellschaften um ein einheitliches Unternehmen („Einheitstheorie").

Zur Erstellung eines Konzernabschlusses ist gemäß § 290 HGB derjenige verpflichtet, der 416 eine einheitliche Leitung über ein anderes Unternehmen ausübt, welches eine Beteiligung i. S. v. § 271 Abs. 1 HGB darstellt[488] sowie die nach § 293 HGB und § 11 PublG festgelegten Größenkriterien[489] überschreitet.

Grundsätzlich gelten für alle deutschen Unternehmen die handelsrechtlichen Regelungen 417 nach §§ 290–315 HGB zur Konzernrechnungslegung. Darüber hinaus sind die auf der Grundlage des § 342 HGB verabschiedeten Deutschen Rechnungslegungsstandards (DRS) für die Konzernrechnungslegung zu beachten. Besondere Relevanz für die Unternehmensakquisition hat dabei der DRS 4 – Unternehmenserwerbe im Konzernabschluss.[490] Mit Erlass des auf einer EU-Verordnung beruhenden Kapitalgesellschaften & Co. Richtlinie-Gesetz (KapCoRiLiG) am 24. Februar 2000[491] und die daraus resultierende Einführung des § 264a HGB müssen jedoch kapitalmarktorientierte Kapitalgesellschaften Konzernabschlüsse für die Geschäftsjahre, die nach dem 1. Januar 2005 begannen, unter Anwendung der IFRS erstellen.[492] Kapitalgesellschaften, die nicht als sog. kapitalmarktorientierte Ge-

486) Vgl. *Wollmert/Oser/Philippsen/Sultana*, in: WP Handbuch, Bd. 1, Rz. G 1, 13, S. 1067, 1069.

487) Vgl. *Wollmert/Oser/Philippsen/Sultana*, in: WP Handbuch, Bd. 1, Rz. G 3, S. 1067.

488) Beteiligungen i. S. v. § 271 Abs. 1 Satz 1 HGB sind Anteile an anderen Unternehmen, die bestimmt sind, dem eigenen Geschäftsbetrieb durch Herstellung einer dauernden Verbindung zu jenen Unternehmen zu dienen. Dabei kommt es gemäß DRS 4.7 bei der Qualifizierung der Anteile nicht auf die Höhe des Anteilsbesitzes an.

489) Nach § 11 Abs. 1 PublG trifft eine Kapitalgesellschaft diese Pflicht zur Rechnungslegung, wenn sie für drei aufeinander folgende Konzernabschlussstichtage jeweils mindestens zwei der drei in dieser Vorschrift genannten Gößenkriterien erfüllt. Dies sind erstens Bilanzsumme größer als 65 Mio. €, zweitens Umsatz von mehr als 130 Mio. € sowie drittens im Inland mehr als 5.000 Mitarbeiter.

490) Der E-DRS 4 wurde am 29.8.2000 vom DRS verabschiedet und am 31.12.2000 vom BMJ im Bundesanzeiger (245b) als „DRS 4 – Unternehmenserwerbe im Konzernabschluss" bekannt gemacht. Änderungen an diesem Standard erfolgten durch den DRÄS 1 (bekannt gemacht im Bundesanzeiger v. 2.7.2004, 121a) sowie den DRÄS 3 (bekannt gemacht im Bundesanzeiger v. 31.8.2005, 164), vgl. https://www.drsc.de (Stand: 19.12.2018). Der DRS 4 gilt weder nach DRS 4.1 a) für Konzerne, die nach § 315a HGB ihren Konzernabschluss nach internationaler Rechnungslegung aufstellen, noch nach DRS 4.4 für Kapitalkonsolidierung nach der Interessenzusammenführungsmethode (§ 302 HGB).

491) KapCoRiLiG v. 24.2.2000, BGBl I, 154.

492) Vgl. *Wollmert/Oser/Philippsen/Sultana*, in: WP Handbuch, Bd. 1, Rz. G 8 ff, S. 1068.

sellschaften[493] gelten, können nach § 315a Abs. 3 HGB einen befreienden Konzernabschluss unter Anwendung von IFRS erstellen und sind somit von der Notwendigkeit der Erstellung eines handelsrechtlichen Konzernabschlusses befreit. Bedingt durch die Erfordernisse des Kreditratings sehen sich auch die nicht kapitalmarktorientierten Kapitalgesellschaften zunehmend den Anforderungen einer adäquaten Kapitalmarktkommunikation ausgesetzt,[494] sodass davon auszugehen ist, dass die Konzernabschlüsse nach IFRS mittelfristig die Konzernrechnungslegung deutscher Konzerne dominieren werden.

418 Die unterschiedliche Behandlung von Unternehmenskäufen in den Rechnungslegungssystemen resultiert im Wesentlichen aus deren divergierenden Zielsetzungen. Während die steuerlichen Vorschriften in erster Linie fiskalisch motiviert sind, stehen im handelsrechtlichen Einzelabschluss der Gläubigerschutzgedanke und die vorsichtige Bemessung des Ausschüttungsvolumens im Vordergrund. Im Konzernabschluss wiederum soll eine zutreffende Darstellung der Vermögens-, Finanz- und Ertragslage („*true and fair view*") erreicht werden.

419 Unterschiedliche Ziele verfolgt auch der Erwerber. Während er im Rahmen der Steuerbilanz möglichst geringe steuerpflichtige Gewinne ausweisen möchte, will er gegenüber Fremd- und Eigenkapitalgebern im Rahmen der Handelsbilanz in der Lage sein, eine möglichst günstige Ertragslage als Folge der Akquisition darzustellen.[495]

## 2. Ansatz und Bewertung im handelsbilanziellen Einzelabschluss

### a) Ansatz und Bewertung im Erwerbszeitpunkt

420 Wird die Transaktion als ein Erwerb der einzelnen Vermögensgegenstände und Schulden (**Asset Deal**) gestaltet, so erfolgen Ansatz und Bewertung dieser Vermögensgegenstände im Erwerbszeitpunkt zu ihren Anschaffungskosten. In der Regel wird ein einheitlicher Gesamtkaufpreis vereinbart, der häufig den Buchwert der erworbenen Vermögensgegenstände und Schulden übersteigt. Dieser Mehrbetrag ist dann auf bilanzierte, aber auch nicht bilanzierte materielle und immaterielle Wirtschaftsgüter sachgerecht aufzuteilen.[496] Die Vermögensgegenstände und Schulden werden zum Erwerbszeitpunkt neu bewertet und dabei werden ggf. bestehende stille Reserven aufgelöst. Gleichzeitig können selbsterstellte immaterielle Vermögensgegenstände aktiviert werden.[497] Übertrifft der Kaufpreis

493) Als kapitalmarktorientierte Kapitalgesellschaften gelten nach § 315a Abs. 2 HGB solche Kapitalgesellschaften, die zum jeweiligen Bilanzierungsstichtag ein Wertpapier i. S. v. § 2 Abs. 1 Satz 1 WpHG zum Handel an einem organisierten Markt i. S. v. § 2 Abs. 5 WpHG im Inland beantragt haben. Zu den Wertpapieren i. S. v. § 2 Abs. 1 Satz 1 WpHG zählen neben Aktien auch Schuldverschreibungen oder Genussrechte.

494) Bedingt durch den zweiten Baseler Eigenkapitalakkord („Basel II") sind die Eigenkapitalunterlegung der Banken und damit ihre Kapitalkosten an das Bonitätsrisiko des Kreditnehmers zu koppeln, vgl. *Leker/Fischer/Wieben/Mahlstedt*, in: Berens/Brauner/Strauch/Knauer, S. 223. Hierdurch verschlechtern sich die Kreditkonditionen für solche Unternehmen mit schlechtem Bonitätsrisiko bzw. für solche, deren Bonitätsrisiko aufgrund schlechter Kapitalmarktkommunikation als schlecht wahrgenommen wird.

495) Durch das BilMoG wurde die sog. umgekehrte Maßgeblichkeit (§ 5 Abs. 1 Satz 2 EStG a. F.) aufgehoben, d. h., steuerliche Wahlrechte müssen nicht mehr in Übereinstimmung mit dem handelsrechtlichen Jahresabschluss ausgeübt werden Steuerrechtliche Wahlrechte können danach unabhängig von der Handelsbilanz ausgeübt werden. Dies führt abweichend zu der Situation vor Wirksamwerden des BilMoG zu einer Zunahme temporärer Unterschiede zwischen Handels- und Steuerbilanz und damit von sog. latenten Steuern.

496) Vgl. Picot-*Eilers/Ortmann*, Handbuch M&A, Kap. IV, S. 125.

497) Selbsterstellte immaterielle Vermögensgegenstände, die nicht entgeltlich erworben wurden, können nach § 248 Abs. 2 HGB nicht aktiviert werden. Da aufgrund des Asset Deals ein entgeltlicher Erwerb vorliegt, bestehen nunmehr die Aktivierungsvoraussetzungen.

den beizulegenden Zeitwert der erworbenen Vermögensgegenstände und Schulden, so ist darüber hinaus ein Geschäfts- oder Firmenwert (Goodwill) im Einzelabschluss der erwerbenden Gesellschaft zu berücksichtigen. Im Rahmen eines Asset Deals ist unter Goodwill der positive Unterschiedsbetrag zwischen dem Kaufpreis und den beizulegenden Zeitwerten[498)] aller erworbenen Aktivposten und aktiven Abgrenzungsposten abzüglich der Zeit- bzw. Teilwerte aller erworbenen Schulden und passiven Abgrenzungsposten zu verstehen.[499)] Der so entstandene Geschäfts- oder Firmenwert wird nach § 246 Abs. 1 Satz 2 HGB als Vermögensgegenstand angesehen und ist in der Folge plan- oder außerplanmäßig abzuschreiben.[500)] Ist der Kaufpreis hingegen geringer als der beizulegende Zeitwert der erworbenen Vermögensgegenstände und Schulden, kommt es also zu einem negativen Unterschiedsbetrag (Badwill), so ist der Minderwert vorrangig bei der Bewertung der einzelnen Vermögensgegenstände und Schulden zu berücksichtigen.[501)]

Werden dagegen die Anteile eines Unternehmens erworben (**Share Deal**), so werden die 421 Anschaffungs- und Anschaffungsnebenkosten wie z. B. Notargebühren, Spesen, Provisionen etc. der Anteile abzüglich ggf. miterworbene Gewinnansprüche als Beteiligung, also als einziger Vermögensgegenstand, in der Bilanz des erwerbenden Unternehmens aktiviert.[502)] Die Berücksichtigung der Vermögensgegenstände und Schulden bzw. der Anteile des erworbenen Unternehmens erfolgt zum **Zeitpunkt** ihres Erwerbs (wirtschaftliches Eigentum).[503)]

Werden bei einem Share Deal nicht alle Anteile erworben, sondern lediglich ein Anteil an 422 dem Unternehmen, so ist dieses unerheblich für die Bilanzierung im handelsbilanziellen Einzelabschluss. Es gilt das Anschaffungskostenprinzip nach § 255 Abs. 1 HGB. Dieses gilt auch für den sukzessiven Erwerb weiterer Anteile.

Im Falle eines **negativen Kaufpreises** können nach herrschender Meinung keine negativen 423 Anschaffungskosten aktiviert werden.[504)] Ebenso kann aufgrund der geforderten Erfolgsneutralität einer Anschaffung kein Anschaffungsgewinn verbucht werden.[505)] Insofern verbleibt lediglich die Passivierung als passiver Ausgleichsposten.[506)] Das heißt, im Falle des Asset Deals werden die Vermögensgegenstände und Verbindlichkeiten zu Anschaffungskosten aktiviert bzw. passiviert und der verbleibende negative Saldo als passiver Ausgleichsposten dargestellt. Im Falle des Share Deals werden keine Anschaffungskosten für die Beteiligung aktiviert, sondern der negative Kaufpreis als passiver Ausgleichsposten passiviert.

---

498) Im Falle einer Steuerbilanz zu Teilwerten.

499) *Schubert/Hutzler*, in: Beck'scher Bilanzkommentar, § 255 HGB Rz. 512 ff; vgl. zum Unterschied zwischen Teil- und Zeitwert *Groh*, DB 1985, 1245.

500) Das bisherige Wahlrecht nach § 255 Abs. 4 HGB a. F., den Goodwill entweder zu aktivieren oder sofort aufwandswirksam zu berücksichigen, wurde durch das BilMoG aufgehoben. Diese Vorgehensweise war allerdings bereits vor dem BilMoG durch den DRS 19 empfohlen. Das Erfordernis der plan- oder außerplanmäßigen Abschreibung des Goodwills weicht allerdings von dem *Impairment-only-Aapproach* der IFRS ab.

501) Vgl. *Winkeljohann u. a.*, in: WP Handbuch, Bd. 1, Rz. F 307, S. 726.

502) Vgl. *Winkeljohann u. a.*, in: WP Handbuch, Bd. 1, Rz. F 353, S. 738.

503) Aufgrund des Prinzips der Maßgeblichkeit der Handels- für die Steuerbilanz gemäß § 5 Abs. 1 Satz 1 EStG erfolgen Ansatz und Bewertung im Erwerbszeitpunkt in der Steuerbilanz grundsätzlich analog zur Handelsbilanz.

504) Vgl. *Schubert/Gadeck*, in: Beck'scher Bilanzkommentar, § 255 Rz. 26; *Preißer/Bressler*, BB 2011, 427, 429.

505) Vgl. *Schubert/Gadeck*, in: Beck'scher Bilanzkommentar, § 255 Rz. 20.

506) Vgl. *Schubert/Gadeck*, in: Beck'scher Bilanzkommentar, § 255 Rz. 26; *Preißer/Bressler*, BB 2011, 427, 429.

424 Im HGB ist die Behandlung einer nachträglichen Kaufpreisanpassung aufgrund einer **Earn-out-Regelung** nicht ausdrücklich geregelt.[507)] Nach DRS 4.14 soll der voraussichtlich zu leistende Gesamtbetrag angenommen werden, sofern dieser wahrscheinlich ist und verlässlich geschätzt werden kann. Zusätzlich zu den Barkomponenten des Kaufpreises muss also der voraussichtliche noch zu leistende Gesamtbetrag zum Beteiligungsbuchwert aktiviert werden. Die künftige Earn-out-Verpflichtung wird entsprechend als Verbindlichkeit passiviert. Nach § 253 Abs. 2 Satz 1 HGB sind die Verbindlichkeiten bezüglich der zukünftigen aus dem Earn-out resultierenden Zahlungen abzudiskontieren, wenn die Verpflichtungen eine Restlaufzeit von mehr als einem Jahr haben. Damit werden die zukünftig erwarteten Earn-out-Zahlungen aufgrund der Passivierung der Verbindlichkeit zum Erwerbszeitpunkt erfolgsneutral berücksichtigt.[508)]

425 Im Gegensatz zum Earn-out ist der **Besserungsschein** nicht zu passivieren, bevor die aufschiebende bzw. auflösende Bedingung auch tatsächlich eingetreten ist.[509)] Insofern ist der Besserungsschein zum Erwerbszeitpunkt nicht zu passivieren. Der Besserungsschein ist ebenfalls nicht als Bürgschaft oder Haftungsverhältnis nach § 251 HGB auszuweisen.[510)] Allerdings wird davon ausgegangen, dass der Besserungsschein als sonstige finanzielle Verpflichtung gemäß § 285 Nr. 3 HGB im Anhang des Jahresabschlusses auszuweisen ist.[511)]

426 Einen Sonderfall des Share Deals stellt der **Erwerb eigener Anteile** dar. Gerade bei dem Ausscheiden von Altgesellschaftern kann es hierzu kommen. Die Zulässigkeit des Erwerbs eigener Anteile wird für AGs nach § 71 Abs. 1 Nr. 1–8 AktG bzw. für GmbHs nach § 33 Abs. 2 GmbHG geregelt.[512)] Nach § 272 Abs. 1a HGB wird der Erwerb eigener Anteile bilanziell eigenkapitalmindernd behandelt.[513)] Der Nennwert der erworbenen Anteile ist offen von dem gezeichneten Kapital abzusetzen.[514)] Der Unterschiedsbetrag zwischen Nennwert und dem Anschaffungspreis ist mit freien Rücklagen zu verrechnen. Als freie Rücklagen gelten dabei alle Rücklagen, die nicht nach satzungsgemäßen oder gesetzlichen Vorschriften gebunden sind.[515)]

### b) Folgebewertung

427 Für die Folgebewertung der im Rahmen des **Asset Deals** erworbenen Vermögensgegenstände und Schulden sind die allgemeinen Bewertungsgrundsätze nach § 252 HGB und für die Bewertung von Vermögensgegenständen und Schulden ist § 253 HGB zu beachten. Ein aktivierter Geschäftswert ist nach § 309 HGB planmäßig über die voraussichtliche Nutzungsdauer verteilt abzuschreiben. Weiterhin ist zu jedem Bilanzierungsstichtag zu prüfen, ob eine voraussichtlich dauernde Wertminderung der Vermögensgegenstände und auch des aktivierten Geschäftswertes eingetreten ist und somit eine außerordentliche Abschreibung vorzunehmen ist.

507) Vgl. *Ihlau/Gödecke*, BB 2010, 687, 689.

508) Diese Vorgehensweise entspricht der Vorgehensweise nach IFRS 3, vgl. *Ihlau/Gödecke*, BB 2010, 687, 690.

509) Vgl. *Schubert*, in: Beck'scher Bilanzkommentar, § 247 Rz. 224.

510) Vgl. *Gross/Fink*, BB 1991, 1379.

511) Vgl. *Gross/Fink*, BB 1991, 1379.

512) Vgl. *Pannen*, in: Fischer/Günkel/Neubeck/Pannen, Rz. 261 ff, S. 124.

513) Eine Unterscheidung nach der Weiterveräußerung bzw. der Einziehung der eigenen Anteile wird nach BilMoG nicht mehr vorgenommen, vgl. *Pannen*, in: Fischer/Günkel/Neubeck/Pannen, Rz. 265, S. 124 f.

514) Vgl. *Budde/Kessler*, in: Kessler/Leinen/Strickmann, S. 347.

515) Vgl. *Pannen*, in: Fischer/Günkel/Neubeck/Pannen, Rz. 269, S. 125.

Beim **Share Deal** ist zwischen den Anteilen an Personen- und Kapitalgesellschaften zu unterscheiden. Bei Kapitalgesellschaften können thesaurierte Gewinne und Verluste im Einzelabschluss des erwerbenden Unternehmens nach herrschender Meinung aufgrund des Realisationsprinzips nicht den Beteiligungsbuchwert erhöhen.[516)] Dagegen ist der Anteil des auf den Erwerber entfallenden Gewinns einer Personengesellschaft auf den Beteiligungsbuchwert zu aktivieren, da der Gewinn den Gesellschaftern nach §§ 120–122 HGB unmittelbar zusteht.[517)] Analog zum Asset Deal ist zu jedem Bilanzierungsstichtag zu prüfen, ob eine voraussichtlich dauernde Wertminderung der Beteiligung eingetreten und somit eine außerordentliche Abschreibung vorzunehmen ist.[518)] 428

Im Falle des **negativen Kaufpreises** können bei der Folgebewertung weder Beteiligungsansatz noch passiver Ausgleichsposten angepasst werden. Im Falle einer Liquidation oder eines Verkaufs der Beteiligung wäre der Ertrag aus der Auflösung des passiven Ausgleichspostens aber zu verrechnen.[519)] Sind aus der Beteiligung ungewisse Verbindlichkeiten aufgrund weitergehender Restrukturierungen zu befürchten oder stehen diese konkret an, so sind diese entweder als Rückstellungen für ungewisse Verbindlichkeiten oder als Verbindlichkeiten im Falle eines konkreten Anspruchs eines fremden Dritten zu passivieren. 429

Kommt es zu einer Anpassung der passivierten Verbindlichkeit aus zukünftigen **Earn-out-Verpflichtungen** – entweder aufgrund der Aufzinsung der Verbindlichkeit oder der Veränderung der Einschätzung der Earn-out-Verpflichtung –, so wird diese Veränderung der Verbindlichkeiten erfolgswirksam verbucht.[520)] Dabei führen Erhöhungen des Verpflichtungsbetrags zu Aufwendungen und eine Senkung der Einschätzung des Verpflichtungsbetrags entsprechend zu einem Ertrag. Hierdurch kann der Erwerber dazu verleitet werden, den Verpflichtungsbetrag bei Erwerb tendenziell zu hoch einzuschätzen, sodass später hieraus zusätzliche Erträge resultieren.[521)] 430

Bei der Folgebewertung des **Besserungsscheins** ist zu jedem Abschlussstichtag zu überprüfen, ob die aufschiebenden bzw. auflösenden Bedingungen eingetreten sind und damit Verpflichtungen aus dem Besserungsschein resultieren. In diesem Fall ist die neu entstandene Verpflichtung aufwandswirksam zu passivieren.[522)] 431

Eine Veränderung der Bewertung der erworbenen **eigenen Anteile** ergibt sich im Rahmen der Folgebewertung grundsätzlich nicht. Im Falle der Veräußerung ist diese jedoch analog zum Erwerb nach § 272 Abs. 1b HGB als Kapitalerhöhung zu verbuchen.[523)] 432

516) Vgl. *Winkeljohann u. a.*, in: WP Handbuch, Bd. 1, Rz. F 356 f, S. 740.

517) Vgl. *Winkeljohann u. a.*, in: WP Handbuch, Bd. 1, Rz. F 357, S. 740.

518) Vgl. *Winkeljohann u. a.*, in: WP Handbuch, Bd. 1, Rz. F 366, S. 742. Eine Abschreibung wird als erforderlich angesehen, wenn der Wert der Beteiligung unter ihre aktivierten Anschaffungskosten gesunken ist. Die Bewertung der Beteiligungen ist nach den Maßgaben der Stellungnahme IDW RS HFA 10 vorzunehmen, vgl. *Winkeljohann u. a.*, in: WP Handbuch, Bd. 1, Rz. F 367, S. 744.

519) *Preißer/Bressler* diskutieren die unterschiedlichen Alternativen der Behandlung des aus einem negativen Kaufpreis resultierenden passiven Ausgleichsposten im Detail und kommen zu dem Schluss, dass allein die ausschließliche Auflösung bei Liquidation bzw. Verkauf in Betracht kommt. Vgl. zur Diskussion im Detail *Preißer/Bressler*, BB 2011, 427, 430 f. Entsprechend ist keine Auflösung analog der Folgebewertung im Konzerabschluss nach § 309 Abs. 1 und 2 HGB anzuwenden.

520) Vgl. *Pannen*, in: Fischer/Günkel/Neubeck/Pannen, Rz. 462, S. 185. Auch diese Vorgehensweise bei der Folgebewertung ist analog zu der Bewertung nach IFRS 3, vgl. *Ihlau/Gödecke*, BB 2010, 687, 690.

521) Vgl. *Ihlau/Gödecke*, BB 2010, 687, 690.

522) Vgl. *Schubert*, in: Beck'scher Bilanzkommentar, § 247 Rz. 224.

523) Vgl. *Pannen*, in: Fischer/Günkel/Neubeck/Pannen, Rz. 271, S. 126.

### 3. Ansatz und Bewertung im handelsbilanziellen Konzernabschluss

#### a) Ansatz und Bewertung bei der Erstkonsolidierung

433 Im Rahmen der Erstkonsolidierung ist dem **Asset** und dem **Share Deal** gemein, dass die erstmalige Aufnahme der Vermögensgegenstände und Schulden unter der Fiktion erfolgt, dass diese einzeln erworben wurden. Insofern ist das Vorgehen vergleichbar mit der Berücksichtigung des Asset Deals im Einzelabschluss. Beim Share Deal ist im Rahmen der Kapitalkonsolidierung der Beteiligungsbuchwert am erworbenen Unternehmen zu eliminieren. Insoweit unterscheidet sich der Share Deal vom Asset Deal, da eine Kapitalkonsolidierung beim Asset Deal nicht erforderlich ist.

434 Im Falle des **negativen Kaufpreises** sind zwei Fallkonstellationen denkbar:

- Der negative Kaufpreis gleicht den Unterschiedsbetrag zwischen Vermögensgegenständen und Schulden aus bzw. überkompensiert ihn;
- der negative Kaufpreis ist nicht ausreichend, um die sich im Rahmen der Neubewertungsmethode bildende negative Differenz zwischen Vermögensgegenständen und Schulden zu kompensieren.

435 Im ersten Fall kommt es zur üblichen Erstkonsolidierung nach der Neubewertungsmethode mit der Besonderheit, dass der passive Ausgleichsposten aus dem Einzelabschluss entsprechend ausgebucht wird. Reicht im zweiten Fall die Kompensation durch den negativen Kaufpreis nicht aus, so kommt es zu einem sog. Bad Will. Der Differenzbetrag ist nach § 301 Abs. 3 Satz 1 HGB als Unterschiedsbetrag aus Kapitalkonsolidierung zu passivieren.[524)] Insofern ist das Vorgehen im handelsbilanziellen Konzernabschluss analog zu dem Vorgehen bei negativem Kaufpreis im Einzelabschluss (siehe Rz. 231).

436 Die Erstkonsolidierung des erworbenen Unternehmens ist zu dem **Zeitpunkt** durchzuführen, der zum Entstehen des Mutter-Tochter-Verhältnisses nach § 290 HGB geführt hat.[525)] Ein Erwerb des Unternehmens liegt nach DRS 4.7 vor, wenn das erwerbende Unternehmen das erworbene Unternehmen beherrscht und somit dessen Geschäftspolitik mittelbar oder unmittelbar bestimmen kann. Nach § 301 Abs. 2 Satz 1 HGB hat die Verrechnung der dem Mutterunternehmen zugehörigen Anteile und dem neu zu bewertenden Eigenkapital des Tochterunternehmens auf Basis der Wertansätze zu dem Zeitpunkt zu erfolgen, an dem das erworbene Unternehmen Tochterunternehmen des Konzerns geworden ist. Das heißt wiederum, dass bei einem unterjährigen Erwerb ein Zwischenabschluss zu erstellen ist.[526)] Nach § 300 Abs. 1 HGB kann die Kapitalkonsolidierung ausschließlich in Form der Neubewertungsmethode durchgeführt werden.[527)]

---

524) Vgl. *Coenenberg/Haller/Schultze*, Jahresabschluss und Jahresabschlussanalyse, S. 681.

525) Vgl. *Wollmert/Oser/Philippsen/Sultana*, in: WP Handbuch, Bd. 1, Rz. G 386, S. 1160.

526) Vgl. *Fischer/Neubeck/Lammert*, in: Fischer/Günkel/Neubeck/Pannen, Rz. 650, S. 261.

527) Die vor Inkrafttreten des BilMoG sehr verbreitete Buchwertmethode nach § 301 Abs. 1 Satz 2 Nr. 1 HGB a. F. ist nunmehr nicht mehr zulässig. Bei der Buchwertmethode wurde der Beteiligungsbuchwert aus dem Einzelabschluss des Mutterunternehmens mit dem anteiligen Eigenkapital des Tochterunternehmens verrechnet. Dabei – und hierin liegt der entscheidende Unterschied zur Neubewertungsmethode – wurde das Eigenkapital mit dem Betrag berücksichtigt, wie er sich aus dem Einzelabschluss des Tochterunternehmens unter Berücksichtigung der Buchwerte der Vermögensgegenstände und Schulden ergab. Ebenfalls wurde die Methode der Interessenzusammenführung nach § 302 HGB a. F. analog zu den Regelungen nach IFRS 3.14 aufgehoben, vgl. *Fischer/Neubeck/Lammert*, in: Fischer/Günkel/Neubeck/Pannen, Rz. 638 f, S. 256.

Bei einem anteiligen Erwerb eines Unternehmens ergeben sich in Abhängigkeit der Intensität und des daraus resultierenden Einflusses auf das Tochterunternehmen unterschiedliche Konsolidierungs- und Bewertungsmethoden, die in der folgenden Tabelle[528] überblicksartig zusammengefasst werden. 437

| **Intensität der Beziehung** | **Stellung der beteiligten Unternehmen** | **Einbeziehung in den Konzernabschluss** | **Konsolidierungs- und Bewertungsmethode** |
|---|---|---|---|
| **Beherrschender Einfluss § 290 HGB** | Tochterunternehmen | Vollkonsolidierung | Erwerbsmethode § 301 HGB |
| **Gemeinschaftliche Leitung § 310 HGB** | Gemeinschafts-unternehmen | Teilkonsolidierung | Quotenkonsolidierung § 310 HGB |
| **Maßgeblicher Einfluss § 311 HGB** | Assoziiertes Unternehmen | Konsolidierungsähnliche Beziehung | „Equity-Methode" § 311 HGB |
| **Dauernde wirtschaftliche Verbindung § 271 Abs. 1 HGB** | Beteiligung | Keine Konsolidierung Ausweis als Beteiligung | Anschaffungskosten |

Bei einem **sukzessiven Unternehmenserwerb** in mehreren Tranchen ist der Zeitpunkt für die Erstkonsolidierung maßgeblich, an dem das erworbene Unternehmen zu einem Tochterunternehmen nach § 290 HGB geworden ist.[529] Die zu diesem Zeitpunkt ausstehenden Anteile werden als Minderheitsanteile entsprechend berücksichtigt. Bei weiterem Anteilserwerb hat – im Gegensatz zu der Bilanzierung nach IFRS – nach jedem Erwerb eine Neubewertung des Unternehmens zu erfolgen. 438

Der **Earn-out** im Konzernabschluss ist analog zum handelsbilanziellen Einzelabschluss zu behandeln. Nach DRS 4.14 sind im Einzelabschluss des erwerbenden Unternehmens die Anschaffungskosten der Vermögensgegenstände unter Berücksichtigung des wahrscheinlich zu leistenden Gesamtbetrags zu ermitteln. Im Rahmen der Erstkonsolidierung des erworbenen Unternehmens erfolgt die Bewertung der Vermögensgegenstände und Schulden auf Basis der Neubewertungsmethode. Dabei ist ebenso die Verbindlichkeit aus der zukünftig zu erwartenden Earn-out-Zahlung zu berücksichtigen. 439

Der **Besserungsschein** wird im Konzernabschluss analog zum handelsbilanziellen Einzelabschluss behandelt (siehe Rz. 245). Entsprechend ist der Besserungsschein zunächst bei der Erstkonsolidierung nicht zu berücksichtigen, da die aufschiebenden bzw. auflösenden Bedingungen noch nicht eingetreten sind.[530] 440

Bei der **Neubewertungsmethode** wird der Wertansatz des zu konsolidierenden Kapitals bereits durch die beizulegenden Werte der Bilanzpositionen des Tochterunternehmens bestimmt.[531] Diese Neubewertung der Vermögensgegenstände und Schulden führt zur vollständigen Aufdeckung aller stillen Reserven bzw. Lasten und damit zu einer Bewertung nach beizulegenden Zeitwerten.[532] Der Beteiligungsbuchwert aus dem Einzelabschluss des 441

528) Vgl. *Coenenberg/Haller/Schultze*, Jahresabschluss und Jahresabschlussanalyse, Tab. 11.1 S. 676. Zu beachten ist, dass es sich bei den Entscheidungen über die Konsolidierung jeweils um eine Einzelfallentscheidung handelt, bei der jeweils der Gesamtzusammenhang zu würdigen ist. Insofern stellt diese Übersicht lediglich eine allgemeine Sicht dar, von der aufgrund der ggf. abweichenden Kontroll- und Einflussrechte im konkreten Einzelfall abgewichen werden kann.

529) Vgl. *Fischer/Neubeck/Lammert*, in: Fischer/Günkel/Neubeck/Pannen, Rz. 653, S. 262.

530) Vgl. *Schubert*, in: Beck'scher Bilanzkommentar, § 247 Rz. 224.

531) Vgl. *Fischer/Neubeck/Lammert*, in: Fischer/Günkel/Neubeck/Pannen, Rz. 644, S. 258.

532) Vgl. *Fischer/Neubeck/Lammert*, in: Fischer/Günkel/Neubeck/Pannen, Rz. 647, S. 259.

Mutterunternehmens wird nunmehr dem sich aus der Neubewertung der Vermögensgegenstände und Schulden ergebenden Eigenkapital des erworbenen Tochterunternehmens gegenübergestellt.[533] Entsteht im Rahmen der Kapitalkonsolidierung ein aktiver Kapitalausgleichsposten (**Goodwill**), so ist dieser nach § 309 Abs. 1 HGB über die voraussichtliche Nutzungsdauer abzuschreiben.[534] Nach DRS 4.24 wird dabei die Aufdeckung stiller Reserven nicht durch die Anschaffungskosten der Beteiligung begrenzt, sodass es im Zuge der Neubewertung ebenfalls zu einem negativen Kapitalausgleichsposten (**Badwill**) kommen kann.

442 Der Erwerb **eigener Anteile** im Konzern wird analog zum handelsbilanziellen Einzelabschluss nach § 272 Abs. 1a HGB behandelt (siehe Rz. 420 ff). Eine Sondersituation im Konzernabschluss stellen sog. Rückbeteiligungen dar. Hierbei handelt es sich um Anteile, die ein in den Konzernabschluss einbezogenes Tochterunternehmen an dem Mutterunternehmen hält. Nach § 301 Abs. 4 HGB sind diese Rückbeteiligungen im Konzernabschluss so darzustellen, als ob das Mutterunternehmen diese Anteile an sich selbst hält.[535]

443 Die Bildung von **Restrukturierungsrückstellungen** ist nur noch dann zulässig, wenn das erworbene Unternehmen im Erwerbszeitpunkt bereits eine entsprechende Verpflichtung eingegangen war.[536] Damit belasten Restrukturierungsausgaben die Ergebnisse der Folgeperioden. Der DRS 4.19 konkretisiert die Anforderungen zur Bildung von Restrukturierungsrückstellungen: So muss nach DRS 4.19 a) zum Zeitpunkt des Unternehmenserwerbs ein Restrukturierungsplan existieren, der alle wesentlichen Bedingungen zur Stilllegung oder Veräußerung enthält. Darüber hinaus muss der Plan nach DRS 4.19 c) die Aufwendungen für Abfindungen von Arbeitnehmern, die Schließung von Unternehmenseinrichtungen, die Aufgabe von Produktlinien oder die vorzeitige Kündigung von Verträgen mit Dritten enthalten. Zudem müssen nach DRS 4.19 b) die wesentlichen Bedingungen des Plans bekannt gemacht werden.[537]

### b) Folgekonsolidierung

444 Die Wertansätze der Vermögenswerte und Schulden aus der Erstkonsolidierung nach Neubewertungsmethode werden fortgeführt. Entstandener Goodwill wird nach § 309 HGB über die geschätzte Nutzungsdauer abgeschrieben. Darüber hinaus sind nach DRS 4.34 die Werthaltigkeit und die verbleibende Abschreibungsdauer zu jedem Konzernabschlussstichtag zu überprüfen.[538] Der passivische Unterschiedsbetrag (Badwill) kann nach § 309 Abs. 2 HGB erfolgswirksam aufgelöst werden, wenn entweder die zum Zeitpunkt des Er-

533) Hierbei präzisiert DRS 4.19 b) nicht, in welcher Form und wem gegenüber die Bekanntmachung zu erfolgen hat.

534) Vgl. *Leinen*, in: Kessler/Leinen/Strickmann, S. 631. Die bisherige alternative erfolgsneutrale Verrechnung des Goodwills mit den Rücklagen ist nach BilMoG nicht mehr zulässig, vgl. *Fischer/Neubeck/Lammert*, in: Fischer/Günkel/Neubeck/Pannen, Rz. 672, S. 268 f.

535) Vgl. *Fischer/Neubeck/Lammert*, in: Fischer/Günkel/Neubeck/Pannen, Rz. 693, S. 272.

536) Durch das BilMoG wurde die Anwendung von Restrukturierungsrückstellungen erheblich eingeschränkt. Dieses hängt mit der Aufhebung der Möglichkeit der Bildung von Aufwandsrückstellungen nach § 249 Abs. 2 HGB a. F. zusammen. Die vormals erfolgsneutrale Bildung durch Erhöhung des Firmenwertes ist ebenfalls nicht mehr zulässig. Ebenso ist es nicht mehr hinreichend, dass der Erwerber konkrete Pläne für eine Stilllegung hat, sondern diese Pläne müssen bereits vor Erwerb auf Seiten des Verkäufers existieren, vgl. *Fischer/Neubeck/Lammert*, in: Fischer/Günkel/Neubeck/Pannen, Rz. 649, S. 260.

537) Vgl. *Wollmert/Oser/Philippsen/Sultana*, in: WP Handbuch, Bd. 1, Rz. G 404 f, S. 1165.

538) Vgl. *Fischer/Neubeck/Lammert*, in: Fischer/Günkel/Neubeck/Pannen, Rz. 675, S. 269.

werbs erwartete ungünstige Entwicklung eingetreten ist oder der zum Abschlussstichtag realisierbare Gewinn feststeht.[539)]

Im Falle des **negativen Kaufpreises** und des daraus in der Erstkonsolidierung resultierenden passiven Unterschiedsbetrags (Badwill), ist dieser grundsätzlich nach § 301 Abs. 3 Satz 1 HGB unverändert fortzuführen. Im Gegensatz zu der Folgebewertung im Einzelabschluss (siehe Rz. 427) kann es jedoch unter zwei Umständen zu einer erfolgswirksamen Auflösung des passiven Unterschiedsbetrags kommen: 445

- Der Unterschiedsbetrag kann nach § 309 Abs. 2 Nr. 1 HGB erfolgswirksam aufgelöst werden, wenn die erwarteten künftigen Aufwendungen und Verluste entstehen;[540)]
- der Unterschiedsbetrag darf nach § 309 Abs. 2 Nr. 2 HGB ebenso aufgelöst werden, wenn am Abschlusstag feststeht, dass gar keine Verluste oder Aufwendungen zu erwarten sind („*lucky buy*“).[541)] Allerdings konkretisiert der DRS 4.41 diese Auflösung dergestalt, dass eine planmäßige Auflösung gefordert wird.

Kommt es bei der Folgekonsolidierung einer **Earn-out-Verpflichtung** zu einer veränderten Einschätzung der Verpflichtungshöhe bzw. einer Aufzinsung, so werden diese Veränderungen der Earn-out-Verpflichtung analog zum Einzelabschluss erfolgswirksam berücksichtigt.[542)] 446

Bei der Folgekonsolidierung ist analog zu der Bilanzierung im Einzelabschluss zu prüfen, ob aufschiebende bzw. auflösende Bedingungen des **Besserungsscheins** eingetreten sind, sodass eine Verbindlichkeit aus dem Besserungsschein zu passivieren wäre.[543)] 447

Eine Veränderung der Bewertung der erworbenen **eigenen Anteile** ergibt sich im Rahmen der Folgekonsolidierung analog zum handelsbilanziellen Einzelabschluss nicht. Im Falle der Veräußerung ist dieser Wert jedoch analog zum Erwerb nach § 272 Abs. 1b HGB als Kapitalerhöhung zu verbuchen.[544)] Dieses gilt entsprechend auch für die Aufgabe einer Rückbeteiligung. 448

### 4. Ansatz und Bewertung im IFRS-Konzernabschluss

#### a) Ansatz und Bewertung bei Erstkonsolidierung

Im Hinblick auf die Behandlung von Asset und Share Deal bei der Erstkonsolidierung im IFRS-Konzernabschluss ist zu berücksichtigen, dass nach IFRS 3.4 ein Unternehmenszusammenschluss i. S. v. IFRS 3 nur vorliegt, wenn der Erwerber die Beherrschung über einen **Geschäftsbetrieb** erlangt. Ein Geschäftsbetrieb ist nach IFRS 3 Anhang A „eine integrierte Gruppe von Tätigkeiten und Vermögenswerten, die mit dem Ziel geführt und geleitet werden: a) den Investoren Dividenden zu zahlen; oder b) niedrigere Kosten oder sonstigen wirtschaftlichen Nutzen den Versicherungsnehmern oder Teilnehmern direkt und anteilig zukommen zu lassen. Ein Geschäftsbetrieb besteht im Allgemeinen aus Ressourceneinsatz, darauf anzuwendenden Verfahren und den daraus resultierenden Leistungen, die gegenwärtig und künftig verwendet werden, um Erträge zu erwirtschaften.“ Sind das er- 449

539) Vgl. *Fischer/Neubeck/Lammert*, in: Fischer/Günkel/Neubeck/Pannen, Rz. 676, S. 269.

540) Vgl. *Winkeljohann/K. Hoffmann*, in: Beck'scher Bilanzkommentar, § 309 Rz. 21.

541) Vgl. *Winkeljohann/K. Hoffmann*, in: Beck'scher Bilanzkommentar, § 309 Rz. 21.

542) Vgl. *Pannen*, in: Fischer/Günkel/Neubeck/Pannen, Rz. 462, S. 185.

543) Vgl. *Schubert*, in: Beck'scher Bilanzkommentar, § 247 Rz. 224.

544) Vgl. *Pannen*, in: Fischer/Günkel/Neubeck/Pannen, Rz. 271, S. 126.

worbene Unternehmen bzw. die erworbenen Vermögenswerte und Schulden nicht als Unternehmenszusammenschluss i. S. v. IFRS 3 zu qualifizieren, so sind nach IFRS 3.4 die Anschaffungskosten zwischen den einzelnen identifizierbaren Vermögensgegenständen und Schulden auf Grundlage ihrer relativen Zeitwerte aufzuteilen. Damit steht nicht die Transaktionsstruktur als vielmehr die Frage, ob es sich um einen Geschäftsbetrieb handelt, im Mittelpunkt der Diskussion.[545)]

450 Grundsätzlich gelten für den **negativen Kaufpreis** auch für die Erstkonsolidierung nach IFRS die Fallunterscheidungen für die Erstkonsolidierung im handelsbilanziellen Konzernabschluss (siehe Rz. 427 ff). Kommt es im zweiten Fall der nicht ausreichenden Kompensation bei einem negativen Kaufpreis auch bei der Kaufpreisallokierung zu einer negativen Differenz zwischen den Anschaffungskosten und den erworbenen Vermögensgegenständen und Schulden, so ist nach IFRS 3.36 zunächst ein *Reassessment* durchzuführen. Verbleibt diese negative Differenz auch nach dem *Reassessment*, so ist der Betrag erfolgswirksam auszuweisen.[546)]

451 **Zeitpunkt** für die Notwendigkeit der Erstkonsolidierung ist nach IFRS 3.25 der Tag, ab dem der Erwerber den Geschäftsbetrieb beherrscht. Als Beherrschung gilt nach IFRS 3.19 die Möglichkeit, die Finanz- und Geschäftspolitik eines Unternehmens oder Geschäftsbetriebs zu bestimmen, um aus diesen Tätigkeiten Nutzen zu ziehen. Damit ist der wirtschaftliche Gehalt und nicht die rechtliche Abwicklung der Transaktion von Belang. Auch ist es unerheblich, ab wann dem Erwerber Gewinne und Verluste zugerechnet werden bzw. auf welchen Stichtag der Kaufpreis bestimmt wird.[547)]

452 Bei der Erstkonsolidierung sind gemäß IFRS 3.14 alle Unternehmenserwerbe nach der **Erwerbsmethode** durchzuführen. Bei der in IFRS 3.16 beschriebenen Anwendung der Erwerbsmethode ist eine Neubewertungsbilanz („IAS-III-Bilanz“) aufzustellen.[548)] Damit handelt es sich hierbei um eine Neubewertungsmethode.

453 Bei der in IFRS 3.16 bestimmten **Neuerwerbsmethode** sind alle Vermögensgegenstände und Schulden zu beizulegenden Zeitwerten neu zu bewerten. Alle immateriellen Vermögensgegenstände sind nach IFRS 3.46 i. V. m. IAS 38 auszuweisen, wenn sie entweder auf einem vertraglichen oder anderen Recht (Vertragskriterium) beruhen oder – unabhängig von ihrer Transferierbarkeit – von anderen Vermögensgegenständen separierbar (Separierbarkeitskriterium) sind und zugleich ein beizulegender Zeitwert festgestellt werden kann. Im Gegensatz zu einer handelsrechtlichen Erstkonsolidierung sind nach IFRS 3.37 ebenfalls Eventualverbindlichkeiten insoweit zu berücksichtigen, wie deren Zeitwert verlässlich geschätzt werden kann.[549)] Die Bewertung der Eventualverbindlichkeit hat mit dem Betrag zu erfolgen, den eine dritte Partei verlangen würde, um der Übernahme der Verpflichtungen zuzustimmen.[550)] Der Beteiligungsbuchwert aus dem Einzelabschluss des Mutterunternehmens wird nunmehr dem sich aus der Neubewertung der Vermögensgegenstände

545) Zur Abgrenzungsproblematik des Geschäftsbetriebs vgl. auch *Hommel/Benkel/Wilch*, BB 2004, 1267, 1268.

546) Vgl. *Coenenberg/Haller/Schultze*, Jahresabschluss und Jahresabschlussanalyse, S. 700.

547) Vgl. *Wollmert/Bischof/Bellert/Lauer*, in: WP Handbuch, Bd. 1, Rz. K 275 ff, 673, S. 1411 ff, 1506.

548) Vgl. *Küting/Wirth*, KoR 2004, 167, 170.

549) Die ggf. in der Kaufpreisfindung für das erworbene Tochterunternehmen berücksichtigten Eventualverbindlichkeiten schlagen sich ohne die Möglichkeit der Passivierung von bewertbaren Eventualverbindlichkeiten im Goodwill oder im negativen Unterschiedsbetrag nieder, vgl. *Watrin/Strohm/Struffert*, WpG 2004, 1450, 1455.

550) Vgl. IFRS 3 Anhang B16 (l), *Hommel/Benkel/Wilch*, BB 2004, 1267, 1271.

und Schulden ergebenden Eigenkapital gegenübergestellt. Übersteigt das neu bewertete Eigenkapital die Anschaffungskosten der Beteiligung, so entsteht ein negativer Unterschiedsbetrag.[551] Allerdings resultiert nach Auffassung des International Accounting Standard Board (IASB)[552] das Entstehen eines negativen Unterschiedsbetrags aus einem Fehler bei der Ermittlung der Anschaffungskosten und/oder der Ermittlung und Bewertung der identifizierbaren übernommenen Vermögensgegenstände und Schulden.[553] Deshalb ist bei Vorliegen eines negativen Unterschiedsbetrags nach IFRS 3.56 a) neu zu bewerten („*reassessment*").[554]

**Eigene Anteile** („*treasury shares*") sind nach IAS 32.33 f zwingend vom Eigenkapital abzusetzen.[555] 454

Bei dem Erwerb eines Unternehmens mit **Earn-out-Vereinbarung** ist nach IFRS 3 die zukünftig wahrscheinliche Gesamtverpflichtung zum Zeitwert bei Erwerb zu berücksichtigen. Dabei kann die Berücksichtigung der erwarteten zukünftigen variablen Verpflichtungen zum Zeitpunkt der Erstkonsolidierung häufig zu einem Kapitalausgleichsposten (Badwill) führen.[556] 455

Bei einem **Besserungsschein** handelt es sich grundsätzlich um eine finanzielle Verbindlichkeit nach IAS 39.[557] Eine finanzielle Verbindlichkeit ist nach IAS 39.43 mit dem beizulegenden Zeitwert bei der Erstkonsolidierung zu bewerten. Da für die Verbindlichkeit kein aktiver Markt vorliegt, hat die Bewertung nach dem DCF-Verfahren zu erfolgen. Diesem ist die Unternehmensplanung des Unternehmens zugrunde zu legen. Da grundsätzlich für das Unternehmen eine positive Fortführungsprognose bestehen muss, ist davon auszugehen, dass auf Basis der DCF-Bewertung grundsätzlich ein positiver Wert der Verpflichtung ermittelt werden kann und dem Besserungsschein ein Wert beizumessen ist.[558] Anders verhält es sich, wenn die aufschiebende Bedingung an das Erreichen eines Gewinnzieles geknüpft ist, das in der Unternehmensplanung nicht erreicht wird. Diese Situation steht nicht im Widerspruch zu einer positiven Fortführungsprognose des Unternehmens. 456

Nach IFRS 3.41 können **Restrukturierungsrückstellungen** nur passiviert werden, wenn diese bereits durch das erworbene Unternehmen im Erwerbszeitpunkt ausgewiesen wurden. Ein zum Erwerbszeitpunkt etablierter Restrukturierungsplan und eine entsprechende Bekanntmachung desselben analog zu den Voraussetzungen nach DRS 4.19 f (siehe Rz. 443) sind dementsprechend nicht hinreichend für die Bildung von Restrukturierungsrückstellungen nach IFRS.[559] 457

551) Vgl. *Küting/Wirth*, KoR 2004, 167, 170 f.

552) Das International Accounting Standard Board hat die alleinige Verantwortung umd Kompetenz, IFR-Standards zu setzen. Die Interpretation der bestehenden Standards obliegt dem International Financial Reporting Interpretation Commitee (IFRIC), vgl. *Wollmert//Bischof/Bellert/Lauer*, in: WP Handbuch, Bd. 1, Rz. K 13 f, S. 1356.

553) Vgl. zu den Ursachen eines negativen Unterschiedsbetrags IFRS 3.57.

554) Sollte es auch nach dem Reassessment zu einem negativen Unterschiedsbetrag kommen, so ist dieser nach IFRS 3.56 b) erfolgswirksam als Ertrag in der Gewinn- und Verlustrechnung zu erfassen.

555) Vgl. *Grünberger*, IFRS 2010, S. 184.

556) Vgl. *Küting/Wirth*, IRZ 2006, 143.

557) Gemäß IAS 37.2 kann IAS 37 (Eventualverbindlichkeiten) nicht auf IAS 39 (Finanzverbindlichkeiten) angewendet werden. Da nach IAS 32.11 die vertragliche Verpflichtung ggü. einem Dritten besteht, handelt es sich um eine finanzielle Verpflichtung nach IAS 39, vgl. *Gahlen*, BB 2009, 2079; *Coenenberg/Haller/Schultze*, Jahresabschluss und Jahresabschlussanalyse, S. 699.

558) Vgl. *Gahlen*, BB 2009, 2079.

559) Vgl. *Hommel/Benkel/Wilch*, BB 2004, 1267, 1272.

### b) Folgekonsolidierung

458 Analog zu der handelsrechtlichen Folgekonsolidierung werden die erstkonsolidierten Vermögensgegenstände und Schulden mit dem beigelegten Zeitwert fortgeführt. Hierbei sind die entsprechenden Bewertungsmaßgaben nach IFRS zu berücksichtigen.

459 Aufgrund der erfolgswirksamen Auflösung des Differenzbetrags zwischen Vermögensgegenständen und Schulden bei der Erstkonsolidierung (siehe Rz. 450),[560)] resultieren bei einer Folgebewertung keine weiteren Effekte aus einem negativen Kaufpreis, der die Differenz der neu bewerteten Vermögensgegenstände und Schulden nicht kompensiert.

460 Entsteht trotz der weitreichenden Verteilung der Anschaffungskosten im Rahmen der Kapitalkonsolidierung ein aktiver Kapitalausgleichsposten (**Goodwill**), so ist dieser – im Gegensatz zu der Regelung des § 309 Abs. 1 Satz 1 und 2 HGB – nach IFRS 3.55 nicht planmäßig abzuschreiben, sondern wird als ein sich nicht verflüchtigender Vermögensgegenstand („*indefinite life asset*") angesehen. Nach IAS 36.96 ist der bilanzierte Geschäfts- und Firmenwert jedoch einmal jährlich im Rahmen eines Werthaltigkeitstests zu überprüfen und ggf. außerordentlich abzuschreiben („*impairment-only approach*"). Eine erfolgsneutrale Verrechnung mit den Rücklagen analog § 309 Abs. 1 Satz 3 HGB ist ebenfalls in IFRS 3 nicht vorgesehen.

461 Die Folgebewertung der **Earn-out-Verpflichtung** erfolgt grundsätzlich erfolgswirksam. Hiervon ausgenommen sind Veränderungen während der ersten zwölf Monate nach der Erstkonsolidierung. Diese Veränderungen werden erfolgsneutral entweder mit den Anschaffungskosten oder den Kapitalausgleichsposten verrechnet.[561)]

## 5. Relevanz des Kaufvertrags für Ansatz und Bewertung im Einzel- und Konzernabschluss

462 Bei der Bilanzierung von Unternehmenserwerben im Einzel- und Konzernabschluss ist der Unternehmenskaufvertrag eine der wesentlichen Dokumentationen, die zur Abwägung des Zeitpunkts des erstmaligen Ansatzes und zum Teil für die Bewertung herangezogen werden. Vor diesem Hintergrund ist es wichtig, den Kaufvertrag auch im Einklang mit den jeweils verfolgten Bilanzierungszielen zu gestalten und entweder für die notwendige Klarheit in der Darstellung zu sorgen oder bewusst Interpretationsspielräume zu schaffen. Im Folgenden wird von einer gewünschten Klarstellung ausgegangen. Besteht das Ziel eher in der Eröffnung von Interpretationsspielräumen, so sind die genannten Aspekte entsprechend zu bedenken.

463 Gleichzeitig ist aber auch zu berücksichtigen, dass die Durchsetzung dieser bilanzorientierten Verhandlungsziele ggf. zu einer Schwächung der Verhandlungsposition im Vergleich zu anderen Bietern führen kann.

464 Um Zweifelsfragen des erstmaligen Ansatzes zu vermeiden, kann es hilfreich sein, den **Zeitpunkt** vertraglich festzulegen, ab dem der Erwerber die Möglichkeit hat, die Finanz- und Geschäftspolitik i. S. e. Beherrschung nach IFRS 3.19 zu bestimmen („*effective date*") und damit den Interpretationsspielraum zu reduzieren. Dies darf aber nicht im Widerspruch zu kartellrechtlichen Genehmigungsvorbehalten und Vollzugsverboten stehen.

560) Vgl. *Coenenberg/Haller/Schultze*, Jahresabschluss und Jahresabschlussanalyse, S. 700 f.

561) Vgl. *Ihlau/Gödecke*, BB 2010, 687, 690.

Weiterhin kann die klare Darstellung des Kaufgegenstands insbesondere im Hinblick auf den Erwerb von selbsterstellten immateriellen Vermögensgegenständen und auch Eventualverbindlichkeiten die Identifikation und Dokumentation der Kaufpreiszuordnung erleichtern. 465

Die Bilanzierung von **selbsterstellten** und damit bisher nicht bilanzierten **immateriellen Vermögensgegenständen** ist für den Erwerber grundsätzlich mit Problemen verbunden, da die Existenz dieser immateriellen Vermögensgegenstände möglicherweise nur zum Teil dokumentiert ist. Deshalb trägt deren Aufzählung im Vertrag bereits zu einer Identifikation bei. Neben deren Aufzählung sollten auch eventuell bestehende vertragliche oder auf anderer Basis bestehende Rechte, wie z. B. Patente etc., genannt werden, um eine Identifikation nach dem Vertragskriterium zu erleichtern. Auch wenn die immateriellen Vermögensgegenstände zwar nicht auf einem Recht beruhen, aber von dem Unternehmen getrennt und verkauft, übertragen, lizenziert, vermietet oder getauscht werden könnten, erleichtert deren Nennung und Beschreibung eine Identifikation nach dem Separierbarkeitskriterium. 466

Wenn **Eventualverbindlichkeiten** existieren, kann deren Berücksichtigung nach IFRS 3.36 in der Erstkonsolidierung durch deren gesonderten Ausweis in den in Abzug zu bringenden Finanzverbindlichkeiten einen Beitrag zu deren Konkretisierung leisten. Mit der Aufnahme in die Kaufpreisdefinition ist zwar noch nicht der Drittvergleich dokumentiert, aber die kaufvertragliche Übereinkunft zwischen Verkäufer und Erwerber sollte insbesondere dann, wenn mehr als ein Bieter an der Transaktion beteiligt war, ein Indiz für einen Drittvergleich sein. 467

Werden lediglich Vermögensgegenstände und Schulden (**Asset Deal**) übertragen, so ist eine detaillierte Darstellung der letzten Buchwerte und auch der historischen Anschaffungs- und Herstellungskosten nebst den Anschaffungs- und Herstellungszeitpunkten hilfreich, um auf dieser Darstellung die entsprechenden Bilanzierungsüberlegungen zu stützen. Selbst bei einer erforderlichen Neubewertung der Vermögensgegenstände und Schulden bildet der letzte Buchwert einen wertvollen Anhaltspunkt, um die Neubewertung zu plausibilisieren. 468

Wird eine **Restrukturierungsrückstellung** in der Erstkonsolidierung durch den Erwerber angestrebt, so ist sowohl nach den Maßgaben des DRS 4 als auch des IFRS 3.41 eine Mitwirkung des Veräußerers notwendig. Mitunter ist es angezeigt, die Umsetzung der dafür notwendigen Verhältnisse durch den Veräußerer als Bedingung für die Wirksamkeit des Unternehmenskaufvertrags festzulegen. 469

Die wenigen Beispiele zeigen die Bedeutung von Bilanzierungszielen der jeweiligen Partei und welche Ansatzpunkte es gibt, diese konkret in die Gestaltung des Kaufvertrags einfließen zu lassen, um zu vermeiden, dass der Kaufvertrag ungewollte Interpretationsspielräume im Hinblick auf die Bilanzierung aufweist oder Informationen in dem Kaufvertrag vernachlässigt werden, die für Rechnungslegungszwecke eine wichtige Dokumentation sein könnten. 470

## VI. Steuerliche Gesichtspunkte beim Unternehmenskauf

Die steuerlichen Gesichtspunkte beim Unternehmenskauf umfassen grundsätzlich drei große Themenkreise: 471

1. Die steuerliche Situation der beteiligten Parteien und der Zielgesellschaft in Bezug auf den Veräußerungs- bzw. Anschaffungsvorgang (Versteuerung des Veräußerungsergebnisses, steuerliche Geltendmachung des Kaufpreises)

2. Die steuerlichen Folgen, die durch die Durchführung der Transaktion selbst ausgelöst werden (insbesondere Verkehrssteuern)
3. Berücksichtigung der Transaktion bei der laufenden Besteuerung der Zielgesellschaft sowie der beiden Parteien vor (teilw. Rückwirkender Wegfall von steuerlichen Privilegien durch Verstoß gegen Mindesthaltefristen) und nach der Transkation (Wechsel in andere Größenklasse, Wegfall/Eintritt von Qualifizierungen nach Größe und Art, Gewinnentnahme). Beim Käufer tritt noch die steuerliche Behandlung eines späteren Verkaufes hinzu (Veräußerungsgewinnbesteuerung).

472 Insbesondere der dritte Themenkreis kann nur durch eingehende steuerliche Beratung und intensive Befassung mit der steuerlichen Vergangenheit der Zielgesellschaft optimal abgedeckt werden und entzieht sich einer für den Praktiker sinnvollen Beschreibung unterhalb eines Handbuches für die Durchführung einer steuerlichen Due Diligence. Aus diesem Grund können die nachfolgenden Ausführungen die ersten beiden Themenkreise mit ihren Hauptthemen abdecken, aber nur einige wichtige Teile des dritten Themenkreises behandeln.

### 1. Anteilskauf oder Kauf der Einzelwirtschaftsgüter: Ertragsteuerliche Erwägungen

473 Wenn das Unternehmen, das verkauft werden soll, in einer Gesellschaft geführt wird und nicht als Einzelunternehmen, lautet die Kernfrage zum ersten Bereich, ob der Käufer nur die einzelnen Wirtschaftsgüter vom Rechtsträger erwirbt oder die Gesellschaftsanteile vom Anteilseigner selbst. Die ertragsteuerlichen Interessen von Verkäufer und Käufer weichen dabei voneinander ab und stehen sich im Falle der Kapitalgesellschaft auch diametral entgegen:

474 Eine steuerlich abschreibungswirksame Aufstockung der Buchwerte bekommt der Käufer nur beim Erwerb der Wirtschaftsgüter, also dann, wenn der Verkäufer die Aufstockung versteuern muss. „Kostenlos“, also steuerfrei, ist die Buchwertaufstockung nicht zu bekommen, denn in gleicher Höhe entsteht beim Verkäufer ein steuerpflichtiger Veräußerungsgewinn, der nur dann keine Steuern zeitigt, wenn Verlustverträge oder eine Konsolidierung mit Verlusten aus anderen Quellen oder – sehr selten – steuerliche Freistellungen greifen. Daraus ergibt sich üblicherweise ein Interessengegensatz zwischen Verkäufer und Erwerber. Oftmals wird sich die Wahl der Erwerbsstruktur deshalb auf den Kaufpreis auswirken.

#### a) Kapitalgesellschaft

##### aa) Interessen des Verkäufers: Steuervergünstigung bei Anteilsverkauf

475 Wird das Unternehmen als Kapitalgesellschaft geführt, ist es für den Verkäufer in der Regel ertragsteuerlich günstiger, nicht die Einzelwirtschaftsgüter aus der Gesellschaft heraus zu veräußern, sondern die Gesellschaftsanteile. Dann nämlich ist der Verkauf der Anteile steuerbegünstigt oder – im Falle einer Kapitalgesellschaft als Anteilseigner der Zielgesellschaft – so gut wie steuerfrei. Für eine **natürliche Person**, die mehr als 1 % an der Gesellschaft gehalten hat, ist ein Gewinn aus der Veräußerung von Anteilen an einer Kapitalgesellschaft zu 40 % einkommensteuerfrei; nur 60 % des Veräußerungsgewinns unterliegen der Einkommensteuer. **Kapitalgesellschaften** schließlich, die Anteile an anderen Kapitalgesellschaften veräußern, können den daraus erzielten Gewinn steuertechnisch sogar vollständig körperschaftsteuerfrei vereinnahmen – von einigen Ausnahmen abgesehen, die in

jedem Einzelfall zu prüfen sind.[562] Lediglich 5 % des Veräußerungsgewinns werden als nicht abzugsfähige Betriebsausgaben behandelt, sodass die Steuerbefreiung letztlich 95 % umfasst.

Veräußert die Kapitalgesellschaft stattdessen Einzelwirtschaftsgüter, einen Teilbetrieb oder ihren gesamten Betrieb, kann sie weder für die Körperschaftsteuer noch für die Gewerbesteuer eine Steuervergünstigung nutzen. 476

In vielen Fällen relativiert sich dieser steuerliche Nachteil der Veräußerung der Einzelwirtschaftsgüter durch steuerliche Verlustvorträge. Der Einsatz von Verlustvorträgen kann den Verkauf der Einzelwirtschaftsgüter vorzugswürdig werden lassen. Ein Veräußerungsgewinn löst dann bis zur Höhe von 1 Mio. € keine Ertragsteuern aus und kann darüber hinaus zu 60 % neutralisiert werden. Die Regeln zur Mindestbesteuerung sorgen dafür, dass darüber hinausgehende Gewinne noch im Jahr ihrer Entstehung zu mindestens 40 % versteuert werden. Vor diesem Hintergrund sind Gestaltungen, die den Veräußerungsgewinn steuerlich auf mehrere Geschäftsjahre verteilen, bedenkenswert, um einen steuerlichen Interessenausgleich herbeizuführen. 477

Ein sorgfältiger Belastungsvergleich zwischen dem Verkauf von Einzelwirtschaftsgütern und dem Verkauf von Gesellschaftsanteilen wird auch die unterschiedlichen Bemessungsgrundlagen berücksichtigen. Beim Anteilsverkauf errechnet sich der Gewinn aus dem Unterschied zwischen dem Veräußerungspreis und dem steuerlichen Buchwert der veräußerten Anteile, anders als beim Verkauf der Wirtschaftsgüter: Dort wird dem Veräußerungspreis der Nettobuchwert der verkauften Wirtschaftsgüter und Schulden gegenübergestellt, der vom Buchwert der Anteile in aller Regel abweicht. 478

Hinzu kommt die steuerliche Mehrbelastung aus einer Ausschüttung des Gewinns durch die Kapitalgesellschaft: Sie löst eine Dividendenbesteuerung beim Empfänger aus, die nicht entstünde, wenn er stattdessen die Gesellschaftsanteile verkauft hätte. Dividenden an natürliche Personen unterliegen je nach Umständen dem relativ niedrigen Abgeltungssteuersatz von 25 % plus Solidaritätszuschlag oder dem individuellen Steuersatz, dann aber nur auf 60 % der Dividende. Dividenden an Kapitalgesellschaften sind (von Ausnahmen abgesehen) im Ergebnis zu 95 % steuerfrei. 479

Unter dem Strich wird die Veräußerung der Gesellschaftsanteile für den Veräußerer deshalb prima facie günstiger sein. Sofern allerdings hohe steuerliche Verlustvorträge sowie eine hohe Fremdfinanzierung des Unternehmens vorliegen, können sowohl die Veräußerungsgewinnbesteuerung als auch die Verwendung des Veräußerungsgewinns steuerlich so günstig behandelt werden, dass ein Verkauf der Einzelwirtschaftsgüter für den Verkäufer steuerlich attraktiv wird. 480

### bb) Interesse des Käufers: Aufstockung der Buchwerte durch Kauf der Einzelwirtschaftsgüter

Anders beurteilt der Käufer die Vorteilhaftigkeit. Kauft er die einzelnen Wirtschaftsgüter, übernimmt er sie in seine Bilanz zu den aktuellen, aus dem Kaufpreis abgeleiteten Anschaffungskosten. Unabhängig von der Bilanzierung beim Veräußerer wird der Gesamt- 481

---

562) Vorangegangene steuerwirksame Teilwertabschreibung; bestimmte Veräußerungen von Anteilen durch Kreditinstitute, Finanzdienstleistungsinstitute, Lebens- und Krankenversicherungsunternehmen; faktisch auch bei bestimmten steuerneutralen Umstrukturierungen in der Vergangenheit.

kaufpreis auf die einzelnen Wirtschaftsgüter entsprechend dem Verhältnis ihrer Verkehrswerte verteilt. Dadurch kommt es zu einer Aufstockung der steuerlichen Buchwerte und der Aktivierung der stillen Reserven. Soweit der Kaufpreis höher ist als die Summe aller Verkehrswerte, wird der Überschuss als Firmenwert aktiviert und über 15 Jahre steuerwirksam abgeschrieben. Den Kaufpreis kann der Käufer auf diese Weise in voller Höhe auf die verschiedenen materiellen und immateriellen Wirtschaftsgüter einschließlich des Geschäftswerts verteilen. Soweit der Kaufpreis auf Wirtschaftsgüter entfällt, die steuerlich als abnutzbar gelten, bekommt der Käufer damit ein höheres Abschreibungsvolumen, als es der Verkäufer hatte. Auf diese Weise kann der Erwerber den Kaufpreis weitgehend steuerlich nutzen.

482 Das gelingt ihm nicht, wenn er stattdessen die Anteile an der Kapitalgesellschaft kauft. Die Bilanz der Zielgesellschaft ändert sich im Zuge des Kaufs nicht. Weder darf sie anschließend Wirtschaftsgüter ausweisen, die unter dem Verkäufer nicht ausgewiesen wurden, noch werden die Buchwerte der bilanzierten Wirtschaftsgüter aufgestockt. Das Abschreibungsvolumen in der Bilanz des Zielunternehmens bleibt unverändert. In seiner eigenen Bilanz entsteht ebenfalls kein weiteres Abschreibungsvolumen. Dort weist der Käufer nur ein einziges Wirtschaftsgut neu aus: die Geschäftsanteile. Geschäftsanteile aber gelten steuerlich als nicht abnutzbar. Deshalb können sie, anders als etwa materielle Wirtschaftsgüter, nicht planmäßig abgeschrieben werden.

### b) Personengesellschaft

483 Da der Kauf eines Anteils an einer Personengesellschaft steuerlich wie der Erwerb der einzelnen, im Vermögen der Gesellschaft befindlichen Vermögensgegenstände behandelt wird, fehlt bei dieser Konstellation der grundsätzliche steuerliche Interessengegensatz der Parteien.

484 Der entstehende Veräußerungsgewinn aus dem Anteilsverkauf ist grundsätzlich ebenso steuerpflichtig wie bei der Veräußerung der einzelnen Wirtschaftsgüter (siehe Rz. 478 ff). Anwendbar sein kann ein ermäßigter Steuersatz wie der für Einzelunternehmer (siehe Rz. 490). Dennoch: Die Steuerpflicht nimmt dem Veräußerer grundsätzlich den ertragsteuerlichen Anreiz, den Verkauf als Anteilsverkauf zu strukturieren – im Gegensatz zu dem Fall, dass das Unternehmen von einer Kapitalgesellschaft gehalten wird.

485 Dem Käufer wiederum fehlt beim Erwerb des Unternehmens einer Personengesellschaft der ertragsteuerliche Anreiz, die einzelnen Wirtschaftsgüter, nicht die Gesellschaftsanteile zu erwerben. Denn trotz Anteilskaufs werden beim Erwerb die steuerlichen Buchwerte aufgestockt: Zwar bleiben die Buchwerte in der Gesamthandsbilanz der Personengesellschaft unverändert und es werden dort nach dem Kauf weder bislang nicht bilanzierte immaterielle Wirtschaftsgüter ausgewiesen noch ein Geschäftswert. Doch vollzieht sich eine Buchwertaufstockung – sie erfolgt in der steuerlichen Ergänzungsbilanz, die der Käufer aufstellt. Dort wird das, was beim Veräußerer als Aufdeckung stiller Reserven steuerpflichtig wurde, zuerst auf die bilanzierten Wirtschaftsgüter aufgeteilt; dort werden außerdem bislang nicht bilanzierte immaterielle Wirtschaftsgüter und ein Geschäftswert gezeigt. Dem Käufer kommt dann nicht nur die Abschreibung zugute, die schon unter dem Verkäufer möglich war, sondern obendrein die Abschreibung aus der Ergänzungsbilanz (dazu auch Rz. 1816 und 1831).

486 Eine Ergänzungsbilanz entsteht nur, wenn der Käufer unmittelbar die Anteile an der Personengesellschaft erwirbt, aber nicht, wenn er stattdessen z. B. die übergeordnete Beteiligungsgesellschaft erwirbt und diese wiederum eine Kapitalgesellschaft ist.

Zu beachten ist, dass die ertragsteuerlichen Effekte der Ergänzungsbilanz auch für die Gewerbesteuer zu berücksichtigen sind. Diese entsteht als Aufwand der Gesellschaft und wird somit von allen Gesellschaftern gemeinsam entsprechend ihrer Beteiligung am Ergebnis der Zielgesellschaft getragen. Wenn nicht alle Anteile an der Personengesellschaft vom Käufer erworben werden, sind steuerliche Verschiebungen zugunsten der verbleibenden Altgesellschafter zu bedenken (und ggf. durch teilweise komplexe Regelungen zum Ausgleich zu bringen): 487

Durch die zusätzlichen Abschreibungen aus der Ergänzungsbilanz kommt es zu einer Gewerbesteuerentlastung. Dieser vom Käufer durch die Investition des Kaufpreises geschaffene Steuervorteil kommt quotenproportional den Mitgesellschaftern zugute. Bei natürlichen Personen als verbleibenden Altgesellschaftern führt die Verringerung der Gewerbesteuerbelastung unter Umständen zu einer höheren Einkommensteuerzahllast, weil sich die Ermäßigung ihrer Einkommensteuer durch Zuweisung des gesunkenen quotalen Gewerbesteuermessbetrags verringert. So entstehen bei den Mitgesellschaftern abhängig von deren Rechtsform unter Umständen gegenläufige Steuereffekte, deren gleichzeitige Neutralisierung nur über variable individuelle Ausgleichsansprüche erreicht werden kann, die ihrerseits wieder steuerliche Auswirkungen mit sich bringen. 488

Ein weiteres Auseinanderfallen von wirtschaftlich Begünstigtem und steuerlich mit der entsprechenden Steuerfestsetzung Belastetem ergibt sich dann, wenn der Veräußerer eines Anteils an einer Personengesellschaft keine natürliche Person ist. In diesem Fall ist der Veräußerungsgewinn Bestandteil des Gewerbeertrags der Zielgesellschaft (§ 7 Satz 2 Nr. 2 GewStG): Die Zielgesellschaft – und damit wirtschaftlich der Erwerber und ggf. die verbleibenden Altgesellschafter – muss die Gewerbesteuer auf den Veräußerungsgewinn des Verkäufers tragen. Dies führt in der Regel zu entsprechenden Ausgleichsregelungen im Kaufvertrag, entweder durch eine Kaufpreisanpassung oder aber individuelle Ausgleichsansprüche der Mitgesellschafter. 489

### c) Einzelunternehmen

Ein Einzelunternehmer schließlich, der sich von seinem Unternehmen ganz oder in Teilen trennen möchte, kann naturgemäß nur seine einzelnen Wirtschaftsgüter verkaufen, keine Gesellschaftsanteile. Ein Gewinn aus der Veräußerung ist steuerpflichtig, und beim Käufer werden die Buchwerte aufgestockt. Das ermöglicht grundsätzlich eine Abschreibung des Kaufpreises. Einen Interessenkonflikt haben beide insofern nicht. 490

Eine Steuervergünstigung besteht für Veräußerungen durch Unternehmer, die ihren gesamten Betrieb oder aber einen Teilbetrieb veräußern. Dort federt das Gesetz die einkommensteuerliche Progression ab. Ist der Unternehmer mindestens 55 Jahre alt oder dauernd berufsunfähig, erhält er einen Freibetrag von 45.000 € – allerdings nur einmal im Leben (§ 16 Abs. 4 EStG). Bei Veräußerungsgewinnen über 136.000 € schmilzt der Freibetrag wieder ab. Der Einzelunternehmer kann außerdem – ebenfalls nur einmal im Leben – einen deutlich reduzierten Steuersatz in Anspruch nehmen: Der Einkommensteuersatz auf den Veräußerungsgewinn beträgt dann nur 56 % des Steuersatzes, der sich nach normalen Regeln ergäbe (mindestens aber 14 %); diese Ermäßigung wiederum gilt nicht für den Teil eines Veräußerungsgewinns, der über 5 Mio. € hinausgeht (§ 34 Abs. 3 EStG). 491

Von der Gewerbesteuer ist ein Gewinn aus der Veräußerung eines Betriebs oder Teilbetriebs durch eine natürliche Person befreit (§ 7 Satz 2 GewStG, R 7.1 (3) GewStR); auch hier 492 vorausgesetzt, dass tatsächlich ein vollständiger Betrieb oder vollständiger Teilbetrieb verkauft wird, nicht nur einzelne Wirtschaftsgüter daraus.

493 Die genannten Vergünstigungen haben keinen Einfluss auf die Besteuerung des Erwerbers. Ein Interessenkonflikt entsteht auch daraus nicht. Wohl aber kann es zu einer zeitlichen Verschiebung der Transaktion kommen, um dem Verkäufer den Genuss der vorgenannten Privilegien zu ermöglichen. Gewisse gestreckte Erwerbe sind, ebenso wie ein sofortiger, aus Sicht des Verkäufers vorzeitiger Erwerb, ggf. nur unter Gewährung eines Ausgleichs möglich, wenn sie den Genuss des Steuerprivilegs verhindern.

### 2. Abzugsfähigkeit der Fremdfinanzierungskosten des Erwerbers

#### a) Gestaltungsziel

494 Häufig wird der Erwerber den Unternehmenskauf fremdfinanzieren. Wesentliches steuerliches Ziel im dritten steuerlichen Themenkreis ist es dann, den Aufwand für die Fremdfinanzierung mit den operativen Gewinnen des Zielunternehmens zu verrechnen. Zwei Hindernisse können dem im Wege stehen:

495 Zunächst ist dafür zu sorgen, dass Gewinne und Zinsaufwand beim selben Steuersubjekt anfallen, weil eine Verrechnung sonst nicht möglich ist. Dies ist unproblematisch beim Erwerb eines Einzelunternehmens, weil kein zweiter Rechtsträger erworben wird, sodass zwingend eine Konsolidierung erfolgt. Im Falle des Erwerbs eines Anteils an einer Personengesellschaft kommt es steuerlich über eine sog. Sonderbilanz des Erwerbers bei der Zielgesellschaft automatisch zu einer Berücksichtigung des Finanzierungsaufwands bei der Zielgesellschaft. Ähnlich wie bei der Ergänzungsbilanz infolge der Buchwertaufstockung durch Kaufpreisallokation (siehe Rz. 485 f) ergeben sich über die Minderung der gewerbesteuerlichen Bemessungsgrundlage individuelle, potenziell gegenläufige Steuereffekte bei verbleibenden Altgesellschaftern.

496 Darüber hinaus ist die steuerliche Beschränkung des Zinsabzugs, die Zinsschranke, zu beachten, die zu einer verzögerten Berücksichtigung des Finanzierungsaufwands führen kann.

497 Im Folgenden wird davon ausgegangen, dass der Erwerber eine inländische Kapitalgesellschaft ist.

#### b) Verrechnung von Finanzierungskosten mit operativen Gewinnen durch Organschaft

498 Definitiv besteht Gestaltungsbedarf, wenn der Käufer die Anteile an einer Kapitalgesellschaft erwirbt. Käufer und Zielunternehmen sind dann grundsätzlich zwei getrennte Steuersubjekte. Fremdfinanzierungsaufwand fällt auf Ebene des Käufers an, die steuerpflichtigen Gewinne aber bei der erworbenen Gesellschaft. Gewinne und Zinsen sind voneinander abgeschirmt. Wenn der Erwerber eine Beteiligungsgesellschaft ohne eigenes steuerlich profitables Geschäft ist, ist der Zinsabzug zwar möglich, kann sich aber in bloßen Verlustvorträgen verlieren, ohne dass sich die Steuerzahlungen in der Gruppe tatsächlich vermindern.

499 Als Lösung kann sich anbieten, zwischen dem Käufer und der erworbenen Gesellschaft eine ertragsteuerliche Organschaft herzustellen. Die Steuerobjekte bestehen als solche fort, sind aber ertragsteuerlich nicht mehr voneinander abgeschirmt. Gewinne der erworbenen Gesellschaft lassen sich steuerlich verrechnen mit den Verlusten, die dem Erwerber aus der Fremdfinanzierung entstehen.

Voraussetzung der körperschaftsteuerlichen Organschaft ist, dass der Erwerber bei der Untergesellschaft über die Mehrheit der Stimmrechte verfügt. Die erworbene Gesellschaft muss mit ihrem neuen Eigner einen Gewinnabführungsvertrag abschließen, in dem sie sich verpflichtet, ihren ganzen Gewinn abzuführen; der Erwerber muss seinerseits einen bei der Tochter entstehenden Verlust übernehmen. Der Vertrag muss auf mindestens fünf Jahre abgeschlossen und während seiner gesamten Geltungsdauer auch tatsächlich durchgeführt werden. Beim Entwurf des Vertrags und bei seiner Durchführung ist äußerste Sorgfalt erforderlich. 500

Die Mindestbeteiligung an der Tochter muss vom Beginn von deren Wirtschaftsjahr an bestehen (§ 14 Abs. 1 Satz 1 Nr. 1 KStG). Wenn das Wirtschaftsjahr der Tochter sich mit dem Kalenderjahr deckt, führt ein unterjähriger Anteilserwerb dazu, dass eine steuerlich wirksame Organschaft erst vom Beginn des Folgejahres an bestehen kann. Dies lässt sich – wenn nötig – beheben, indem das Wirtschaftsjahr der Tochter so umgestellt wird, dass der Beginn sich mit dem Tag des Anteilserwerbs deckt. 501

### c) Verrechnung von Finanzierungskosten mit operativen Gewinnen durch Verschmelzung

Die steuerliche Abschirmung zwischen Käufer und erworbener Gesellschaft lässt sich auch dadurch aufheben, dass beide Gesellschaften miteinander verschmolzen werden. Fremdkapitalzinsen und operative Gewinne fallen dann fortan in derselben Gesellschaft an und sind verrechenbar. 502

Die Verschmelzung ist nach dem Umwandlungssteuergesetz ertragsteuerneutral möglich. Sie ist gleichwohl schon im Rahmen der Strukturierung des Erwerbs sorgfältig zu planen. Vorsicht ist bei Grundbesitz geboten, denn dann droht der Anfall von Grunderwerbsteuer. 503

Im Zuge einer Aufwärtsverschmelzung entsteht bei der Muttergesellschaft oft ein handelsrechtlicher Verschmelzungsverlust, weil an die Stelle des Beteiligungsbuchwerts der häufig niedrigere Buchwert der einzelnen Wirtschaftsgüter des erworbenen Unternehmens tritt. 504

Der handelsrechtliche Verschmelzungsverlust lässt sich verhindern, indem die Buchwerte handelsrechtlich aufgestockt werden. Die handelsrechtliche Aufstockung ist steuerneutral, ermöglicht aber natürlich keine Erhöhung des steuerlichen Abschreibungspotentials. Daraus resultieren langjährige und oft erhebliche Unterschiede zwischen Handels- und Steuerbilanz. Wegen der handelsrechtlichen, nicht aber steuerlichen Buchwertaufstockung sind die handelsrechtlichen Abschreibungen höher, und das handelsrechtliche Ergebnis ist auf Dauer niedriger als das steuerliche. Daraus ergibt sich auf dem Papier eine erhöhte Steuerquote, die als störend empfunden werden kann. Zudem sind latente Steuern zu bilanzieren, die neben dem erhöhten Aufwand auch weitere Abweichungen zwischen dem handels- und dem steuerrechtlichen Ergebnis nach sich ziehen. 505

### d) Beschränkungen des Zinsabzugs durch die Zinsschranke

Eine Beschränkung des Zinsabzugs kann aber auch aus der Höhe der Finanzierungsaufwendungen folgen. 2008 ist an die Stelle der Regeln zur Gesellschafterfremdfinanzierung die Zinsschranke getreten (§ 4h EStG und § 8a KStG). Anders als früher wird nun nicht mehr nur die Fremdfinanzierung durch Gesellschafter beschränkt, sondern jede Fremdfinanzierung, auch durch Banken. Die Zinsschranke erfasst jeden deutschen Betrieb unabhängig von seiner Rechtsform und auch ausländische Unternehmen mit ihren deutschen Töchtern und Zweigstellen. 506

507 Unbeschränkt lässt die Zinsschranke zunächst den Abzug von Zinsaufwendungen in der Höhe zu, in der das Unternehmen andererseits Zinserträge hat. Beschränkt ist dann aber der Abzug derjenigen Zinsaufwendungen, die die erhaltenen Zinserträge übersteigen (Nettozinsaufwand). Abzugsfähig ist der Nettozinsaufwand bis zu 30 % des steuerlichen Gewinns vor Zinsen, Steuern und Abschreibungen (steuerlicher EBITDA, § 4h Abs. 1 EStG). Nicht abzugsfähige Zinsaufwendungen sind grundsätzlich vortragsfähig und können entsprechend den Regelungen zum ertragsteuerlichen Verlustvortrag in den Folgejahren genutzt werden – soweit dann der EBITDA ausreicht.

508 Von der Beschränkung des Zinsabzugs auf 30 % des steuerlichen EBITDA gibt es drei wesentliche Ausnahmen (§ 4h Abs. 2 EStG).

509 Erstens gilt eine Freigrenze von 3 Mio. €: Liegen die Nettozinsaufwendungen im Jahr darunter, wird der Zinsabzug nicht beschränkt. Liegen sie aber darüber, greift die Beschränkung auf 30 % des EBITDA für die gesamten Zinsaufwendungen, auch für die ersten 3 Mio. €.

510 Zweitens verschont die Zinsschranke Betriebe, die nicht zu einem Konzern gehören. Diese Ausnahme kommt jedoch bei Fremdfinanzierungen im Zusammenhang mit Unternehmenskäufen nur infrage, wenn nicht die Anteilsmehrheit übernommen wird.

511 Als dritte Ausnahme ist der Eigenkapitalvergleich vorgesehen (häufig als „Escape-Klausel" bezeichnet): Danach gilt die Beschränkung des Zinsabzuges auf 30 % des steuerlichen EBITDA dann nicht, wenn der Betrieb zwar zu einem Konzern gehört und der Nettozinsaufwand 3 Mio. € übersteigt, wenn aber nachgewiesen werden kann, dass die Eigenkapitalquote des deutschen Betriebs mindestens der Eigenkapitalquote des Konzerns entspricht. Eine Abweichung von bis zu zwei Prozentpunkten ist unschädlich. Der Eigenkapitalvergleich ist grundsätzlich nach IFRS zu führen; hilfsweise kommt unter bestimmten Voraussetzungen auch ein Eigenkapitalvergleich nach dem Handelsrecht eines Mitgliedstaates der Europäischen Union (z. B. HGB) oder nach US-GAAP in Betracht. Auch der Konzernbegriff richtet sich grundsätzlich nach IFRS. Bei der Ermittlung der Eigenkapitalquoten von deutschem Betrieb und Konzern greift das Steuerrecht an verschiedenen Stellen ein. Insbesondere ist das Eigenkapital des Betriebs um Anteile an anderen Konzerngesellschaften zu kürzen. Dadurch wird die Anwendung der Escape-Klausel in Konzernstrukturen erschwert.

512 Bei Kapitalgesellschaften ist der Eigenkapitalvergleich außerdem dann nicht nutzbar, wenn die Gesellschaft in schädlichem Umfang durch Gesellschafter fremdfinanziert ist (§ 8a Abs. 2 KStG). Die Gesellschafterfremdfinanzierung ist dann schädlich, wenn mehr als 10 % der Zinsaufwendungen an Gesellschafter fließen, die mehr als ein Viertel der Anteile halten. Zu den schädlichen Zinsen zählen auch Zinszahlungen an Darlehensgeber, die solchen Gesellschaftern nahestehen; schädlich sind sogar Zinszahlungen an unabhängige Dritte, wenn diese Rückgriff auf Gesellschafter oder nahe stehende Personen haben. Zinsen innerhalb des Konsolidierungskreises wiederum bleiben außer Acht. Eine schädliche Gesellschafterfremdfinanzierung ist nicht nur bei dem Betrieb zu prüfen, um dessen Zinsabzug es geht. Zu prüfen ist vielmehr die Finanzierung jedes einzelnen – inländischen wie ausländischen – Konzernunternehmens. Die Gesellschafterfinanzierung einer kleinen ausländischen Mehrheitsbeteiligung im Konzern kann deshalb den Zinsabzug im deutschen Konzernunternehmen behindern.

513 Gut berechenbar ist unter den drei Ausnahmen vor allem die 3-Millionen-Euro-Grenze. Betriebe, die darunter bleiben, können in voller Höhe fremdfinanziert werden, auch von

ihren Gesellschaftern (soweit fremdüblich). Das gilt auch für Zinsen aus einem Unternehmenskauf. Allerdings ist bei den oben unter Rz. 499 ff und Rz. 502 ff beschriebenen Gestaltungsmaßnahmen Vorsicht geboten, mit denen gewährleistet werden soll, dass die Zinsen aus dem Erwerb mit den operativen Gewinnen verrechnet werden können: In einer Organschaft zwischen der Erwerbergesellschaft und dem Zielunternehmen ist die Grenze nicht bei beiden, also nicht doppelt anwendbar. Vielmehr ist die Ausnahme von der Zinsschranke dann nur nutzbar, wenn der gesamte Organkreis zusammen unter einem Nettozinsaufwand von 3 Mio. € bleibt. Gleiches gilt – erst recht – nach einer Verschmelzung.

Zinsen, die beim Darlehensnehmer nicht abzugsfähig sind, sind beim Darlehensgeber gleichwohl nach den normalen Regeln steuerpflichtig. Solche Zinsen werden – anders als früher – nicht zu verdeckten Gewinnausschüttungen, die beim deutschen Empfänger steuerbegünstigt oder sogar zu 95 % steuerfrei wären. Insofern kann es zu Doppelbesteuerungen kommen, solange der Zinsvortrag, in den die nicht abzugsfähigen Zinsen einfließen, noch nicht genutzt werden kann. 514

### 3. Verlustvorträge beim Unternehmenskauf

Oft wird das Zielunternehmen steuerliche Verlustvorträge haben. Ihrer Wirkung nach sind Verlustvorträge bares Geld wert: Mit ihnen lassen sich künftige Gewinne neutralisieren, die damit faktisch steuerfrei werden. Entsprechend führen Verlustvorträge zur Aktivierung latenter Steuern und haben so bereits vor eigentlicher Nutzung durch Verlustausgleich Einfluss auf das Ergebnis. Der Verkäufer wird versuchen, mit den Verlustvorträgen eine Erhöhung des Kaufpreises durchzusetzen; der Käufer hingegen muss prüfen, ob er die Verlustvorträge überhaupt wird nutzen können. 515

Beim Kauf der Einzelwirtschaftsgüter kommt es von vornherein nicht in Betracht, Verlustvorträge auf den Käufer zu übertragen. Vielmehr kann sie der Verkäufer nutzen, indem er sie mit einem Veräußerungsgewinn oder mit laufenden Gewinnen verrechnet (siehe Rz. 477). 516

Beim Kauf der Geschäftsanteile kommt diese Verrechnung nicht in Betracht: Die Verlustvorträge ruhen in der Gesellschaft, ein Gewinn dagegen entsteht beim Gesellschafter (und ist womöglich ohnehin steuerfrei). Die Frage, die sich beim Anteilserwerb stellt, ist, ob die Verlustvorträge die Anteilsübertragung überdauern und später auch unter dem neuen Anteilseigner noch genutzt werden können. Die Antwort gibt für Veranlagungszeiträume seit 2008 der § 8c KStG, zuletzt geändert im Dezember 2018,[563] und für Veranlagungszeiträume seit 2017 ergänzt um eine Fortführungsprivilegierung im § 8d KStG.[564] 517

Aus der ursprünglichen Missbrauchsvermeidungsvorschrift, die den Handel mit sog. „Verlustmänteln", also Kapitalgesellschaften, deren einziger Wert im Bestand ihrer Verlustvorträge bestand, vermeiden sollte, ist eine allgemeine Vorschrift zur Beschränkung der Verlustnutzung bei sog. schädlichen Beteiligungserwerb geworden. Erfasst werden dabei auch wirtschaftliche Anteilsübertragungen durch Kapitalerhöhungen (§ 8c Abs. 1 Satz 3 KStG), ebenso wie die rechtlich selbständige Übertragung kleinerer Beteiligungen auf mehrere, 518

563) Gesetz zur Vermeidung von Umsatzsteuerausfällen beim Handel mit Waren im Internet und zur Änderung weiterer steuerlicher Vorschriften v. 11.12.2018, BGBl I, 2338.

564) Gesetz zur Weiterentwicklung der steuerlichen Verlustverrechnung bei Körperschaften v. 20.12.2016, BGBl I, 2998.

rechtlich selbständige, aber einander nahe stehende Rechtsträger (§ 8c Abs. 1 Satz 2 KStG) erfasst wird.

519 Verlustvorträge einer Kapitalgesellschaft gehen nach dem derzeitigen Regime grundsätzlich vollständig und ohne weitere Voraussetzungen unter, wenn innerhalb von fünf Jahren unmittelbar oder mittelbar mehr als die Hälfte der Anteile an einen Käufer oder eine Gruppe einander nahe stehender Käufer übertragen wird (§ 8c Abs. 1 KStG).

520 Von der Grundregel gibt es folgende Ausnahmen:

521 1. Bei Übertragungen innerhalb einer Unternehmensgruppe liegt kein schädlicher Beteiligungserwerb vor (Konzernklausel gemäß § 8c Abs. 1 Satz 4 KStG). Voraussetzung ist hierbei, dass der letztendliche wirtschaftliche Eigentümer vor und nach der Anteilsübertragung unverändert bleibt. Mithin scheidet diese Ausnahme bei Transaktionen zwischen Dritten unvermeidlich aus.

522 2. Wohl aber kann bei Unternehmenskäufen eine zweite Ausnahme helfen (§ 8c Abs. 1 Sätze 5–8 KStG). Sie greift, wenn in der Verlustgesellschaft (in deren deutschem Unternehmensteil) stille Reserven ruhen. Bis zu deren Höhe gehen Verlustvorträge bei einem eigentlich schädlichen Anteilseignerwechsel nicht unter. Messen lassen sich die stillen Reserven bei einem Unternehmenskauf durch eine Gegenüberstellung des Anteilskaufpreises mit dem (anteiligen, die inländischen Betriebsteile betreffenden) Buchwert des steuerlichen Eigenkapitals.

523 3. Die dritte Ausnahme ist die „Sanierungsklausel“ (§ 8c Abs. 1a KStG). Danach ist ein Beteiligungserwerb unschädlich, wenn dadurch die Sanierung der Verlustgesellschaft erfolgt. Die EU-Kommission sieht darin eine Begünstigung angeschlagener Unternehmen im Vergleich zu gesunden Unternehmen und damit eine unzulässige Beihilfe. Daraufhin wurde die Sanierungsklausel ausgesetzt.[565)]

524 Um die Lücke zu schließen und den viel zu weit gehenden § 8c KStG einzugrenzen, wurde mit Wirkung für Veranlagungszeiträume ab 2017 der § 8d KStG eingeführt, der auf Antrag für die Fälle, in denen der Käufer den Geschäftsbetrieb der Zielgesellschaft fortführt, eine Nutzung der Verlustvorträge ermöglicht werden soll. Voraussetzung für eine Stattgabe des Antrags ist gemäß § 8d Abs. 1 KStG, dass in den letzten drei Veranlagungszeiträumen vor dem Beteiligungserwerb

- der Geschäftsbetrieb, der die Verluste verursacht hat, seit der Verlustverursachung
  - die ausschließliche Tätigkeit der Zielgesellschaft umfasste,
  - zu keinem Zeitpunkt ruhend gestellt war und
  - keine Änderung seiner Zweckbestimmung erfuhr

und darüber hinaus

- die Zielgesellschaft
  - zu keinem Zeitpunkt seit der Verlustverursachung an einer Mitunternehmerschaft beteiligt und
  - zu Beginn des relevanten Zeitraumes kein Organträger einer steuerlichen Organschaft (§ 14 KStG) war.

565) Vgl. BMF-Schreiben v. 30.4.2010 – IV C 2-S 2745-a/08/10005/002. Das BMF-Schreiben wurde für Steuertatbestände, die nach dem 31.12.2012 verwirklicht wurden, aufgehoben. Da die Finanzverwaltung ihre Rechtsauffassung aber nicht geändert hat, gilt die im BMF-Schreiben dargelegte Rechtsauffassung unverändert fort.

Sofern nach dem Beteiligungserwerb der Geschäftsbetrieb eingestellt oder einer der vorgenannten Ausschlusstatbestände erfüllt wird oder auf die Zielgesellschaft Wirtschaftsgüter übertragen werden, die sie zu einem geringeren als dem Marktwert ansetzt, gehen die zuletzt festgestellten Verlustvorträge unter (§ 8d Abs. 2 KStG), soweit er nicht durch beim Erwerb bestehende stille Reserven gedeckt wird. 525

Leider steht auch der § 8d KStG in der Gefahr, als unzulässige Beihilfe seitens der EU-Kommission gebrandmarkt zu werden, wobei sich der Käufer gegenüber der Finanzverwaltung bei rückwirkendem Wegfall der Vorschrift nicht auf einen Vertrauensschutz berufen können wird. 526

Beim Anteilskauf von mehr als 50 % lässt sich der Untergang der Verlustvorträge deshalb letztlich nur vermeiden, wenn ausreichend im Inland steuerlich verstrickte stille Reserven bestehen. Ist das nicht der Fall, kann der Erwerb zeitlich gestreckt werden, damit die schädliche Schwelle erst nach Ablauf von fünf Jahren überschritten wird. Beim Unternehmenserwerb wird das, auch angesichts potenzieller Privilegierungen beim Veräußerer, nur in Ausnahmefällen möglich sein. 527

Wegen all dieser Einschränkungen muss der Käufer sehr genau prüfen, ob die Verlustvorträge den Anteilskauf überdauern. Nur in bestimmten Fällen kann er in den Verhandlungen mit dem Verkäufer akzeptieren, dass sich die Verlustvorträge im Kaufpreis bemerkbar machen. Regelmäßig sind der Bestand und die Nutzbarkeit der Verlustvorträge als Voraussetzungen für die definitive Entrichtung der entsprechenden Kaufpreisbestandteile im Kaufvertrag zu finden. 528

Beim (direkten) Erwerb von **Personengesellschaften** können Verlustvorträge überhaupt nicht übertragen werden. Denn einkommensteuerlich werden sie unmittelbar dem Gesellschafter zugerechnet. Gewerbesteuerlich gehen die Verlustvorträge entsprechend der Quote des Gesellschafterwechsels verloren. Unter Umständen können Verlustvorträge, körperschaftsteuerliche wie gewerbesteuerliche, wiederum übertragen werden, wenn die Anteile an der Personengesellschaft nicht direkt verkauft werden, sondern einschließlich der an der Zielgesellschaft beteiligten Gesellschaften. Die beschriebenen Regeln gelten aber auch dann. 529

Überlegenswert können bei Bestehen nicht übertragbarer Verlustvorträge Vorabübertragungen einzelner Wirtschaftsgüter mit hohen stillen Reserven sein, sodass die Verlustvorträge der Zielgesellschaft durch Veräußerungsgewinne, die zum laufenden Ergebnis und damit auch zum Gewerbeertrag der Zielgesellschaft gehören, genutzt werden können. 530

### 4. Einfluss der Grunderwerbsteuer auf die Erwerbsstruktur

Die direkten Steuern (Einkommensteuer, Körperschaftsteuer und Gewerbesteuer) sind nicht die einzigen Steuern, die beim Unternehmenskauf Anlass für Strukturierungsüberlegungen geben. Die beiden größten Risiken des zweiten Themenkreises stellen die Umsatz- und die Grunderwerbsteuer dar. Während die Umsatzsteuer zwar im Falle Ihres Anfalles bei einem Steuersatz von derzeit 19 % sicherlich das größere Risikovolumen mit sich bringt, können die meisten Transaktionen gar keine Steuer auslösen, weil sie entweder als Geschäftsveräußerung im Ganzen keinen steuerbaren Umsatz beinhalten (§ 1a UStG) oder aber als Anteilsveräußerung nach § 8 UStG steuerbefreit sind. Sofern doch Umsatzsteuer anfallen sollte, ist über eine entsprechende Rechnungslegung, die im Kaufvertrag in der Steuerklausel vorgesehen sein wird, ein Vorsteuerabzug beim Käufer möglich. Lediglich in den Branchen, die nicht umsatzsteuersteuerpflichtig leisten (im Wesentlichen Heilberufe/ 531

Gesundheitswesen, Versicherungsbranche, Finanzwirtschaft, Wohnungsvermietung), stellt der Anfall von Umsatzsteuer einen erhöhten Kaufpreis dar. Demgegenüber ist die Grunderwerbsteuer mit ihrer hohen Bemessungsgrundlage und ihren mittlerweile nennenswerten Steuersätzen ein wesentliches Steuerrisiko: Immer dann, wenn zum Unternehmen, das verkauft wird, deutscher Grundbesitz gehört, droht eine Belastung mit Grunderwerbsteuer.

532 Nicht vermeiden lässt sich die Grunderwerbsteuer, wenn **Einzelwirtschaftsgüter** und unter ihnen ein deutsches Grundstück übertragen werden. Als Grundstücke gelten auch Erbbaurechte, Gebäude auf fremdem Grund und Boden und dinglich gesicherte Sondernutzungsrechte. Den Steuersatz können seit 2006 die Bundesländer selbst festlegen. Nur in Bayern und Sachsen beträgt er noch 3,5 %, in den anderen Bundesländern liegen die Sätze inzwischen bei bis zu 6,5 %.[566)] Bemessungsgrundlage ist der Teil des Gesamtkaufpreises, der auf den Grundbesitz entfällt. Maßgeblich für den Satz ist immer die Belegenheit des Grundstücks, nicht der Sitz des Rechtsträgers.

533 Die Grunderwerbsteuer lässt sich nicht generell dadurch vermeiden, dass statt der Einzelwirtschaftsgüter die Gesellschaftsanteile erworben werden, doch eröffnet der Anteilskauf zumindest Möglichkeiten, sie zu vermeiden. Die Möglichkeiten und Grenzen hängen von der Rechtsform der Gesellschaft ab, deren Anteile veräußert werden.

534 Ist dies eine **Kapitalgesellschaft**, fällt Grunderwerbsteuer an, wenn 95 % oder mehr der Anteile auf einen Erwerber übertragen werden. Ein Erwerb in mehreren Schritten, auch über mehrere Jahre, nützt nichts: Grunderwerbsteuer fällt immer an, sobald ein Erwerber die Schwelle von 95 % erreicht oder überschreitet, unabhängig davon, über welchen Zeitraum die Schritte gestreckt werden (§ 1 Abs. 3 GrEStG). Es bestehen verschiedene Gesetzgebungsvorhaben, diese Schwelle auf bis zu 50 % herabzusetzen und den relevanten Betrachtungszeitraum auf bis zu 10 Jahren auszudehnen.

535 Es hilft auch nicht, wenn nicht ein einziger Erwerber die Anteile erwirbt, sondern mehrere Erwerber innerhalb einer Unternehmensgruppe. Denn Grunderwerbsteuer wird auch durch eine nur mittelbare Anteilsvereinigung ausgelöst, etwa an der Konzernspitze über die zwischengeschalteten Erwerbergesellschaften. In mehrstufigen Strukturen werden zwar zunächst nur solche Stränge mitgezählt, die durchgehend Beteiligungen von 95 % oder mehr aufweisen. Doch bei niedrigeren Beteiligungen droht, sobald 50 % überschritten werden, eine „grunderwerbsteuerliche Organschaft" zwischen den verbundenen Unternehmen, und in einem solchen Organkreis kann eine grunderwerbsteuerschädliche Anteilsvereinigung entstehen.

536 Bemessungsgrundlage der Grunderwerbsteuer beim Anteilskauf war bislang ein nach dem Bewertungsgesetz schematisch ermittelter „Grundbesitzwert", der beim Marktwert gedeckelt war, in der Praxis aber meist deutlich darunter lag. Ausgelöst durch ein Urteil des Bundesverfassungsgerichts[567)] kam es Ende 2015[568)] zu einer Änderung der Gesetzeslage. Seitdem ist der Marktwert maßgeblich für die Bestimmung der Bemessungsgrundlage für die Grunderwerbsteuer. In der Praxis kann die drohende Grunderwerbsteuer leicht eine Höhe erreichen, die Strukturüberlegungen nahelegt.

566) Seit 1.1.2019 haben die Bundesländer folgende Sätze: Baden-Württemberg (5 %); Bayern (3,5 %); Berlin (6 %); Brandenburg (6,5 %); Bremen (5 %); Hamburg (4,5 %); Hessen (6,0 %); Mecklenburg-Vorpommern (5 %); Niedersachsen (5 %); Nordrhein-Westfalen (6,5 %); Rheinland-Pfalz (5 %); Saarland (6,5 %); Sachsen (3,5 %); Sachsen-Anhalt (5 %); Schleswig-Holstein (6,5 %); Thüringen (6,5 %).

567) BVerfG, Beschl. v. 23.6.2015 – 1 BvL 13/11, 1 BvL 14/11, BStBl II 2015, 871.

568) Steueränderungsgesetz 2015 v. 2.11.2015, BGBl I, 1834.

Vermeiden lässt sich die Grunderwerbsteuer, wenn die Anteile an der grundbesitzenden Kapitalgesellschaft nicht von einem Erwerber gekauft werden, sondern von mindestens zwei voneinander unabhängigen Erwerbern; keiner der Erwerber darf aber 95 % oder mehr der Anteile erwerben, weder unmittelbar noch mittelbar. Ein unabhängiger Minderheitsgesellschafter, der mindestens 5,1 % der Anteile erwirbt, reicht. Keine Grunderwerbsteuer fällt auch bei Joint Ventures an, wenn alle Joint-Venture-Partner höchstens 50 % erwerben. Es bleibt abzuwarten, ob der Gesetzgeber hier für eine weitere Verschärfung der Regelungen sorgt. 537

Für **Personengesellschaften** sind die Regeln anders (§ 1 Abs. 2a GrEStG). Sie sind einerseits strenger, andererseits ergeben sich bei ihnen aber auch andere Möglichkeiten, durch geschickte Strukturen Grunderwerbsteuer zu vermeiden. 538

Strenger sind die Regeln insofern, als ein bloßer Erwerb aller Anteile durch mindestens zwei Käufer nicht ausreicht, um Grunderwerbsteuer zu vermeiden. Anders als bei Kapitalgesellschaften fällt bei Personengesellschaften mit Grundbesitz Grunderwerbsteuer an, wenn 95 % oder mehr der Anteile innerhalb von fünf Jahren auf neue Gesellschafter übertragen werden. Das gilt auch dann, wenn jeder einzelne Erwerber weniger als 95 % oder sogar nur kleine Minderheitsanteile erwirbt. Eine vollständige Übertragung der Anteile an einer Personengesellschaft kommt grunderwerbsteuerfrei deshalb nur dann infrage, wenn der Erwerb über mehr als fünf Jahre gestreckt werden kann. Auch hier wird überlegt, die Schwelle auf bis zu 50 % übertragene Anteile zu senken und den relevanten Betrachtungszeitraum analog zu den Bestrebungen bei den Kapitalgesellschaften auf zehn Jahre auszudehnen. 539

Strenger sind die Regeln für Personengesellschaften auch insofern, als dort selbst der Erwerb einer Beteiligung von weniger als 95 %, auch einer kleinen Minderheitsbeteiligung, Grunderwerbsteuer auslösen kann, nämlich dann, wenn dieser Erwerb mit vergangenen oder künftigen Erwerben innerhalb von fünf Jahren die schädliche Schwelle erreicht oder überschreitet. Deshalb ist beim Erwerb von Anteilen an Personengesellschaften mit Grundbesitz immer besondere Vorsicht geboten. 540

Dennoch bieten sich bei Personengesellschaften auch andere Möglichkeiten als bei Kapitalgesellschaften, die Grunderwerbsteuer zu vermeiden, selbst wenn mehr als 95 % der Anteile erworben werden. Sie setzen voraus, dass der Gesamterwerb über mehr als fünf Jahre gestreckt wird und dass in beiden Schritten jeweils weniger als 95 % bewegt werden. 541

Beispielsweise kann der Erwerber einer GmbH & Co. KG zunächst 94,9 % der Kommanditanteile erwerben – vorausgesetzt, dass es in den vorangegangenen fünf Jahren keine Anteilsübertragungen gab. Nach Ablauf der Fünfjahresfrist kann derselbe Erwerber die verbleibenden 5,1 % erwerben. Dann hält er 100 % der Kommanditanteile. Grunderwerbsteuer dürfte dann zu 94,9 % vermieden werden, weil er in Bezug auf den ersten Erwerb als Bestandsgesellschafter gilt. 542

Seit der Einführung des § 1 Abs. 3a GrEStG[569] und der damit verbundenen Abstellung auf die wirtschaftliche Betrachtungsweise, ist es umso wichtiger geworden, die grunderwerbsteuerlichen Folgen zu beachten. In jedem Fall muss jede einzelne Erwerbsstruktur sorgfältig geprüft werden, auch im Hinblick auf ihre wirtschaftliche Machbarkeit und Begründbarkeit. 543

569) Amtshilferichtlinie-Umsetzungsgesetz v. 26.6.2013, BGBl I, 1809.

### 5. Steuern auf Gewinnausschüttungen und ihr Einfluss auf die Erwerbsstruktur

544 Wenn deutsche Kapitalgesellschaften von ausländischen Käufern erworben werden, erschöpft sich die Besteuerung der Gewinne der erworbenen Gesellschaft nicht in der Körperschaft- und der Gewerbesteuer auf deren laufende Erträge. Vielmehr fällt auf die Ausschüttungen der ja bereits versteuerten Gewinne zusätzlich Kapitalertragsteuer an (wenn die Zahlung nicht ausnahmsweise als Einlagenrückgewähr gilt). Weil die Dividenden ins Ausland fließen, entfällt die Möglichkeit der Anrechnung oder Erstattung in Deutschland. Der Kapitalertragsteuersatz auf Dividenden beträgt 25 % zuzüglich Solidaritätszuschlag, mithin effektiv 26,375 %.

545 Ausschüttungen an EU-Mutterkapitalgesellschaften sind grundsätzlich von der Kapitalertragsteuer ausgenommen, was über ein Freistellungsverfahren geltend gemacht werden muss; in anderen Fällen wird der Steuersatz ggf. durch Doppelbesteuerungsabkommen gemindert. In beiden Fällen muss die Berechtigung zur teilweisen oder gänzlichen Befreiung vom Steuerabzug der Gesellschaft in Form eines entsprechenden Freistellungsbescheids vorliegen. Allerdings stellt der Gesetzgeber strenge Mindestsubstanzanforderungen an die direkte Muttergesellschaft außerhalb der EU (§ 50d Abs. 3 EStG). Die Befreiung wird versagt, wenn die Gesellschafterin der Muttergesellschaft, also die Großmutter der deutschen Gesellschaft, bei direkter Beteiligung an der deutschen GmbH nicht die gleichen Steuerermäßigungen nutzen könnte; Grund dafür könnte sein, dass die Großmutter eine natürliche Person oder zwar eine Kapitalgesellschaft ist, die in einem Land ansässig ist, mit dem Deutschland kein Doppelbesteuerungsabkommen hat.

546 Deshalb bleibt es beim hohen deutschen Kapitalertragsteuersatz zuzüglich Solidaritätszuschlag, wenn die neue direkte Muttergesellschaft keine ausreichende Substanz hat. Ob und in welchem Umfang Substanz gegeben ist, wird nach persönlichen und sachlichen Kriterien geprüft. Der Umfang der Entlastung wird eingeschränkt, sofern an der direkten Muttergesellschaft Personen beteiligt sind, denen die Steuerentlastung nicht zustände, wenn sie die Dividenden der deutschen Gesellschaft unmittelbar erzielten. Die sachliche Entlastungsberechtigung ist alternativ erfüllt, soweit[570)]

- die von der direkten Muttergesellschaft im betreffenden Wirtschaftsjahr erzielten Bruttobeträge aus eigener Wirtschaftstätigkeit stammen oder
- in Bezug auf die nicht eigenwirtschaftlichen Erträge für die Einschaltung der direkten Muttergesellschaft wirtschaftliche oder sonst beachtliche Gründe vorhanden sind und die ausländische Gesellschaft mit einem für ihren Geschäftszweck angemessenen eingerichteten Geschäftsbetrieb am allgemeinen wirtschaftlichen Verkehr teilnimmt oder
- mit der Hauptgattung der Aktien der Muttergesellschaft ein wesentlicher und regelmäßiger Handel an einer anerkannten Börse stattfindet oder für die ausländischen Gesellschaften die Vorschriften des Investmentsteuergesetzes gelten.

547 Wenn Anteile an Kapitalgesellschaften von ausländischen Käufern erworben werden, die keine EU-Kapitalgesellschaft als Käuferin auftreten lassen, ist viel Sorgfalt darauf zu verwenden, entweder eine aktiv tätige Gesellschaft als Käufer auftreten zu lassen (ein ausreichender wirtschaftlicher Grund für ihre Zwischenschaltung vorausgesetzt) oder ausreichende Substanz zu schaffen.

570) Vgl. zu weiteren Einzelheiten und Ausnahmen § 50d Abs. 3 EStG sowie das BMF-Schreiben v. 4.4.2018 (BStBl I 2018, 2592).

Gewinnabführungen von Personengesellschaften unterliegen nicht der Kapitalertragsteuer, 548 weil sie steuerlich Entnahmen, keine Dividenden sind. Insofern sind Auslandserwerbe deutscher Personengesellschaften häufig einfacher zu strukturieren als Erwerbe von Anteilen an Kapitalgesellschaften. Aber auch hier kann sich der Erwerb über eine EU-Kapitalgesellschaft als kaufenden Rechtsträger steuerlich lohnen, da unter Umständen vorteilhafte steuerliche Folgen bei einem späteren Wiederverkauf entstehen. Darüber hinaus stellt die Kapitalgesellschaft in den meisten Steuerrechtskreisen die übliche Rechtsform dar; Gestaltungen mit Personengesellschaften sind im internationalen Bereich die Ausnahme und erfordern im Gegenzug zu den gesteigerten Gestaltungsmöglichkeiten eine viel höhere Aufmerksamkeit bei der Ausgestaltung.

Bei einigen Transaktionen soll das Kaufpreisvolumen aus verschiedenen Gründen (neben 549 den steuerlichen sind dies vor allem Transaktionskostenoptimierung und bilanzielle bzw. ergebnistechnische Gründe) durch eine Ausschüttung der beim Erwerb vorhandenen Gewinnrücklagen noch an den Verkäufer gemindert werden. Häufig wird die tatsächliche Ausschüttung mit dem Erfolg der Veräußerung durch eine aufschiebende Bedingung verknüpft, um nicht unnötig Kapitalertragsteuer oder andere steuerlich belastende Folgen für den Erwerber auszulösen. In diesem Fall ist darauf zu achten, dass die Ausschüttung auch als solche dem Verkäufer steuerlich zugerechnet wird. Insbesondere bei einer Zielgesellschaft muss der Verkäufer zum Zeitpunkt des Ausschüttungsbeschlusses noch Gesellschafter sein, damit er steuerlich als Empfänger der Dividende gilt. Erfolgt der Beschluss erst nachdem die Anteile übergegangen sind, gilt die Zahlung als Ausschüttung an den Käufer, die als Kaufpreiserhöhung an den Verkäufer gelangt. Die Folgen sind ein höherer steuerlicher Buchwert beim Käufer, unter Umständen der Anfall vermeidbarer Kapitalertragsteuer nebst Solidaritätszuschlag und womöglich der Wegfall einer steuerlichen Privilegierung beim Verkäufer durch Überschreiten der Freigrenzen oder Abschmelzungsbeträge (siehe Rz. 491).

## 6. Einfluss der Weiterveräußerung auf die Erwerbsstruktur

Einfluss auf die Erwerbsstruktur kann auch die Absicht haben, die Anteile später wieder 550 zu veräußern. Dann wird der heutige Erwerber dafür Sorge tragen wollen, dass ein dann entstehender Veräußerungsgewinn möglichst steuerbegünstigt sein wird. Ist der heutige Erwerber eine Kapitalgesellschaft, kann er Anteile an einer anderen Kapitalgesellschaft zu 95 % steuerfrei weiterveräußern. Anders ist es, wenn eine Personengesellschaft erworben wird: Ein Gewinn aus der Veräußerung von Anteilen daran ist voll steuerpflichtig. Deshalb kann der Erwerber erwägen, für den Erwerb einer Personengesellschaft eine eigene Zweckkapitalgesellschaft zu errichten. Die spätere Weiterveräußerung der Personengesellschaft kann dann steuergünstig indirekt erfolgen: Nicht die Zweckgesellschaft veräußert dann die Anteile an der Personengesellschaft, sondern veräußert werden stattdessen die Anteile an der zwischengeschalteten Zweck(-kapital-)gesellschaft.

Handelt es sich um einen ausländischen Käufer, der eine ausländische Kapitalgesellschaft 551 – vorzugsweise eine EU-Kapitalgesellschaft – einsetzt, so wird die Weiterveräußerung unabhängig vom Bestehen eines Doppelbesteuerungsabkommens regelmäßig überhaupt nicht von der deutschen Besteuerung erfasst.

### 7. Rechtsformwahl nach Erwerb

552 Die Frage nach der laufenden Besteuerung von Unternehmen unterschiedlicher Rechtsformen und der Besteuerung von Ausschüttungen stellt sich selbstverständlich auch beim Unternehmenskauf; sie ist aber keine Besonderheit des Unternehmenskaufs und soll hier deshalb nicht im Brennpunkt stehen. Dem Erwerber von Anteilen an einer *Personen*gesellschaft muss bewusst sein, dass Steuersubjekt bei der Einkommen- bzw. Körperschaftsteuer nicht die Gesellschaft selbst ist, sondern jeder Gesellschafter mit seinem Gewinnanteil, unabhängig davon, ob der Gewinn thesauriert oder ausgeschüttet wird (siehe Rz. 1813).

553 Im Anschluss an den Kauf kann erwogen werden, die Rechtsform der Gesellschaft zu wechseln, um sie an die Bedürfnisse des neuen Anteilseigners anzupassen. Ein Formwechsel ist in vielen Fällen hinsichtlich der stillen Reserven steuerneutral möglich, löst aber beim Formwechsel einer Kapitalgesellschaft die steuerliche Ausschüttung der offenen Rücklagen aus, sodass unter Umständen insoweit Kapitalertragsteuer anfällt.

## VII. Arbeitsrechtliche Aspekte bei Unternehmenstransaktionen

### 1. Share Deal

554 Arbeitsrechtlich berührt eine Unternehmensveräußerung im Wege eines Share Deals weder die individual- noch die kollektivvertraglichen Regelungen. Mitbestimmungsrechte des Betriebsrats bestehen nur dann, wenn mit der Betriebsveräußerung eine Betriebsänderung i. S. v. § 111 BetrVG verbunden ist.[571] So ist der Wirtschaftsausschuss – oder, falls in dem Unternehmen kein Wirtschaftsausschuss besteht, der Betriebsrat (§ 109a BetrVG) – bei einer Unternehmensübernahme gemäß § 106 Abs. 3 Nr. 9a BetrVG über die wirtschaftlichen Angelegenheiten zu unterrichten, sofern mit der Übernahme der Erwerb der Kontrolle verbunden ist.[572] Gemäß § 106 Abs. 2 BetrVG beinhaltet dies insbesondere die Unterrichtung über den potentiellen Erwerber und dessen Absichten mit Blick auf die künftige Geschäftstätigkeit des Unternehmens und die daraus resultierenden Auswirkungen auf die Arbeitnehmer. Wird im Vorfeld der Übernahme des Unternehmens ein Bieterverfahren nach § 106 Abs. 2 Satz 2 Halbs. 2 BetrVG durchgeführt, ist der Wirtschaftsausschuss ebenfalls über die wirtschaftlichen Angelegenheiten zu unterrichten. Gleiches gilt in Bezug auf die Bieter, die ein verbindliches Angebot („*binding offer*") abgegeben haben[573] und so als potentielle Erwerber gelten.[574] Ist § 106 Abs. 3 Nr. 9a BetrVG nicht einschlägig, ist zu überprüfen, ob sich eine Unterrichtungspflicht aus § 106 Abs. 3 Nr. 10 BetrVG ergibt.

---

571) BAG, Beschl. v. 17.3.1987 – 1 ABR 47/85, ZIP 1987, 1005; ErfK/*Preis*, § 613a BGB Rz. 131; der bloße Erwerb von Anteilen an einer Gesellschaft und die Ausübung von Herrschaftsmacht über diese Gesellschaft genügt hierfür nicht, vgl. BAG, Urt. v. 23.3.2017 – 8 AZR 91/15, NZA 2017, 981.

572) Entsprechend der Bestimmung des § 29 Abs. 2 WpÜG liegt der Erwerb der Kontrolle vor, wenn mindestens 30 % der Stimmrechte an dem Unternehmen gehalten werden, siehe Begründung RegE Risikobegrenzungsgesetz, BT-Drucks. 16/7438, S. 15; zur Problematik der Übernahme des Schwellenwertes des WpÜG vgl. *Simon/Dobel*, BB 2008, 1955, 1956; *Vogt/Bedkowski*, NZG 2008, 725, 727 f. Für bestimmte Situationen wird in der Literatur eine eher situative Betrachtung vorgeschlagen, vgl. hierzu *Fitting u. a.*, BetrVG, § 106 Rz. 87 m. w. N.

573) Bericht des Finanzausschusses zum RegE Risikobegrenzungsgesetz, BT-Drucks. 16/9821, S. 8.

574) Ausführlich zur Neuregelung der Informationspflicht nach dem Risikobegrenzungsgesetz: *Vogt/Bedkowski*, NZG 2008, 725; *Simon/Dobel*, BB 2008, 1955.

## 2. Asset Deal

Geht bei einem Asset Deal, was regelmäßig der Fall sein wird, ein Betrieb[575] oder Betriebsteil[576] auf den Erwerber über, kommt § 613a BGB zur Anwendung (ausführlich siehe Rz. 560 ff, 2133). Danach tritt der Erwerber in die Rechte und Pflichten der im Zeitpunkt des **Übergangs bestehenden Arbeitsverhältnisse** ein, sofern die betroffenen Arbeitnehmer dem Übergang ihrer Arbeitsverhältnisse auf den neuen Betriebsinhaber nicht widersprechen (§ 613a Abs. 6 BGB, siehe Rz. 2141 f).[577] 555

### a) Auswirkungen auf Kollektivvereinbarungen

**Tarifverträge** und **Betriebsvereinbarungen** gelten nach § 613a Abs. 1 Satz 2 BGB als Inhalt des Arbeitsverhältnisses mit dem Erwerber weiter, sofern die Rechte und Pflichten nicht durch einen anderen (auch für die Arbeitnehmer ungünstigeren) Tarifvertrag oder eine Betriebsvereinbarung beim Erwerber geregelt sind (§ 613a Abs. 1 Satz 3 BGB). 556

Die Transformation der tarifvertraglichen Rechte und Pflichten in das Arbeitsverhältnis umfasst allerdings nicht die schuldrechtlichen Abreden des Tarifvertrags, sodass für den Arbeitnehmer kein aus dem Kündigungsrecht der Tarifvertragsparteien abgeleitetes Kündigungsrecht bezüglich der tarifvertraglichen Rechte und Pflichten hergeleitet werden kann.[578] Im Zusammenhang mit der Weitergeltung der Tarifverträge hat das Bundesarbeitsgericht[579] jedoch festgestellt, dass es für die Ablösung der Geltung des alten Tarifvertrags darauf ankommt, dass sowohl der neue Arbeitgeber als auch der Arbeitnehmer an diesen Tarifvertrag gebunden sind. Dies bedeutet, dass der Arbeitnehmer Mitglied der Gewerkschaft sein muss, die mit dem Arbeitgeber oder mit dem Arbeitgeberverband, in dem der Arbeitgeber Mitglied ist, die jeweiligen Tarifverträge abgeschlossen hat. Erlischt die Kollektivregelung beim Veräußerer durch Zeitablauf oder Kündigung, endet zu diesem Zeitpunkt auch deren Fortbestand als Teil des Arbeitsverhältnisses nach § 613a Abs. 1 Satz 2 BGB. Die Kündigung der kollektivrechtlichen Regelung kann nur der Veräußerer als Partner der Kollektivregelung auf Unternehmerseite aussprechen. Denn der Erwerber wird durch den Betriebsübergang nach § 613a BGB als solchen nicht bereits Partei des weiterhin geltenden Tarifvertrags.[580] Es empfiehlt sich daher aus Sicht des Erwerbers, diese Frage im Unternehmenskaufvertrag zu regeln. 557

---

575) Dieser wird definiert als organisatorische Einheit, innerhalb derer ein Arbeitgeber in Gemeinschaft mit seinen Mitarbeitern mit Hilfe von sächlichen und immateriellen Mitteln bestimmte arbeitstechnische Zwecke fortgesetzt verfolgt, siehe MünchKomm-*Müller-Glöge*, BGB, § 613a Rz. 14 ff.

576) Ein Betriebsteil wird als eine organisatorische Untergliederung des Gesamtbetriebs, mit der ein Teilzweck innerhalb des betrieblichen Gesamtzwecks verfolgt wird, definiert, BAG, Urt. v. 9.2.1994 – 2 AZR 666/93, ZIP 1994, 1041, 1042 f; Hölters/*Bauer/von Steinau-Steinrück/Thees*, Handbuch Unternehmenskauf, Rz. 6.52; BAG, Urt. v. 8.8.2002 – 8 AZR 583/01, NZA 2003, 315; BAG, Urt. v. 17.12.2009 – 8 AZR 1019/08, NZA 2010, 499.

577) BAG, Urt. v. 25.1.2001 – 8 AZR 336/00, NZA 2001, 840; BAG, Urt. v. 22.4.1993 – 2 AZR 313/92, ZIP 1994, 391, 392 f, dazu EWiR 1994, 341 *(Tschöpe)*; BAG, Urt. v. 22.1.2009 – 8 AZR 808/07, NZA 2009, 547; *Waas*, BB 2005, 1445; zum Widerspruchsrecht bei fehlerhafter Unterrichtung der Arbeitnehmer vgl. BAG, Urt. v. 13.7.2006 – 8 AZR 305/05, ZIP 2006, 2050 = NZA 2006. 1268; *Hausch*, BB 2008, 1392, 1402; zum Umfang der Informationspflicht und zur Verwirkung des Widerspruchsrechts vgl. BAG, Urt. v. 15.2.2007 – 8 AZR 431/06, NZA 2007, 793, 797; *Göpfert/Siegrist*, ArbRAktuell 2010, 60, und *Dzida*, NZA 2009, 641.

578) BAG, Urt. v. 26.8.2009 – 4 AZR 280/08, ZIP 2010, 344 = NZI 2010, 353, 356.

579) BAG, Urt. v. 21.2.2001 – 4 AZR 18/00, AP TVG § 4 Nr. 20 = ZIP 2001, 1555, dazu EWiR 2001, 855 *(Ingenfeld/Stollwerk)*.

580) BAG, Urt. v. 26.8.2009 – 4 AZR 280/08, ZIP 2010, 344 = NZI 2010, 353, 355.

558 Erwirbt der Käufer einen einheitlichen Betrieb und bleibt dieser weitgehend unverändert erhalten, gelten die Betriebsvereinbarungen des Veräußerers beim Erwerber kollektivrechtlich fort.[581)] Im Falle eines Betriebsübergangs behalten Gesamtbetriebsvereinbarungen, die in den Betrieben des Veräußerers gelten, in den übertragenen Teilen des Unternehmens ihren Status als Rechtsnormen auch dann, wenn nur einer oder mehrere Betriebe übergehen. Wird nur ein Betrieb übernommen, bleiben die Gesamtbetriebsvereinbarungen als Einzelbetriebsvereinbarungen bestehen. Werden alle oder mehrere Betriebe übernommen, bleiben dort die Gesamtbetriebsvereinbarungen als solche bestehen.[582)]

### b) Haftungsgrenzen beim Erwerber

559 Nach § 613a BGB gehen sämtliche Verpflichtungen aus den bestehenden Arbeitsverhältnissen auf den Erwerber über. Nicht als fortbestehend anzusehen sind die Rechtsbeziehungen aus **Ruhestandsverhältnissen** und aus **Versorgungsanwartschaften für Arbeitnehmer**, die im Zeitpunkt des Betriebsübergangs bereits ausgeschieden waren. Für diese haftet nur der frühere Arbeitgeber.[583)] Aus den vor Betriebsübergang erworbenen Versorgungsanwartschaften ist für den Fall des Eintritts des Versorgungsfalls der Veräußerer in dem Umfang verpflichtet, der dem im Zeitpunkt des Betriebsübergangs abgelaufenen Bemessungszeitraum entspricht. Dies gilt jedoch nur, soweit Versorgungsansprüche innerhalb eines Jahres nach Betriebsübergang fällig werden (§ 613a Abs. 2 Satz 1 BGB). Anderenfalls ist der Erwerber in vollem Umfang in der wirtschaftlichen Verantwortung. Der Kaufvertrag sollte daher zwingend beinhalten, dass die auf Seiten des Veräußerers gebildeten Sicherheiten, wie z. B. Pensionsrückstellungen und Ansprüche gegen Direktversicherer, übergehen.[584)]

### c) Besonderheiten bei einer Teilbetriebsveräußerung

560 § 613a BGB ist im Verhältnis zwischen den Parteien des Unternehmenskaufvertrags und den Arbeitnehmern zwingend. Bei einer **Teilbetriebsveräußerung** besteht eine schwierige Aufgabe darin, im Vorhinein festzustellen, welche Arbeitsverhältnisse nach § 613a BGB auf den Erwerber übergehen. Diese Abgrenzung kann bei Mitarbeitern, die Funktionen für mehrere Teilbetriebe, insbesondere in Stabsabteilungen, wahrnehmen, schwierig sein. Nach der Rechtsprechung des Bundesarbeitsgerichts[585)] ist insoweit auf die Eingliederung des betroffenen Mitarbeiters abzustellen. Trotzdem besteht in der Praxis ein erhebliches Risiko, von weiteren, aus Sicht der Parteien des Kaufvertrags nicht zum betroffenen Betriebsteil gehörenden Arbeitnehmern auf Fortsetzung des Arbeitsverhältnisses in Anspruch genommen zu werden. Dies gilt insbesondere dann, wenn infolge der Transaktion Arbeitsplätze in Querschnittsfunktionen beim Veräußerer wegfallen. Querschnittsfunktionen sind solche Aufgaben, die übergreifend für alle operativen Einheiten eines Unternehmens wahrgenommen werden und sowohl dem zu veräußernden als auch dem nicht zum Verkauf anstehenden Betriebsteil zugehören. Aus Sicht des Erwerbers ist es daher unumgänglich, die sich aus

581) *Hohenstatt*, in: Willemsen/Hohenstatt/Schweibert/Seibt, Rz. E 6; für die Fortgeltung von Haustarifverträgen siehe BAG, Beschl. v. 18.9.2002 – 1 ABR 54/01, ZIP 2003, 1059; BAG, Urt. v. 26.8.2009 – 4 AZR 280/08, ZIP 2010, 344 = NZI 2010, 353; BAG, Beschl. v. 24.1.2017 – 1 ABR 24/15, NZA-RR 2017, 413.

582) BAG, Urt. v. 18.9.2002 – 1 ABR 54/01, ZIP 2003, 1059; ErfK/*Preis*, BGB, § 613a Rz. 115.

583) BAG, Urt. v. 11.11.1986 – 3 AZR 194/85, ZIP 1987, 863; ErfK/*Preis*, BGB, § 613a Rz. 69.

584) Vgl. *Hausch*, BB 2008, 1392, 1395, 1401.

585) BAG, Urt. v. 24.8.2006 – 8 AZR 556/05, NZA 2007, 1320.

der Geltendmachung eines Betriebsübergangs durch übergangswillige Arbeitnehmer ergebenden finanziellen Risiken im jeweiligen Übertragungsvertrag entsprechend abzudecken.

Aus Klarstellungsgründen sollten im Falle eines Betriebsübergangs gemäß § 613a BGB auch 561 die auf den Erwerber übergehenden Arbeitnehmer aufgelistet werden.[586] Mit einer solchen Regelung kann allerdings nicht mit Wirkung gegenüber den Arbeitnehmern fixiert werden, welche Arbeitsverhältnisse tatsächlich übergehen. Dies richtet sich vielmehr danach, ob die Arbeitnehmer zum übernommenen oder verbleibenden Betriebsteil gehören. Folge einer Auflistung der betroffenen Arbeitnehmer im Verhältnis zwischen den Parteien ist lediglich, dass untereinander Ersatzansprüche entstehen können, falls tatsächlich andere als die benannten Arbeitnehmer übergehen und daraus der betroffenen Partei ein finanzieller Nachteil entsteht.

## VIII. Kartellrechtliche Fragen bei Unternehmenstransaktionen

Unternehmenskäufe, die der europäischen oder der deutschen **Fusionskontrolle** unterlie- 562 gen, dürfen erst vollzogen werden, wenn die zuständige Kartellbehörde sie freigegeben hat. Sind eine oder mehrere Parteien auch im Ausland tätig, ist zusätzlich die Fusionskontrolle anderer Länder zu beachten.

### 1. Europäische Fusionskontrolle

Zusammenschlüsse von unionsweiter Bedeutung prüft die Europäische Kommission nach der 563 EG-Fusionskontrollverordnung (FKVO).[587] Für solche Zusammenschlüsse gilt das Kartellrecht der EU-Mitgliedstaaten grundsätzlich nicht (Art. 21 Abs. 2 FKVO, § 35 Abs. 3 GWB).

#### a) Anwendbarkeit der EG-Fusionskontrollverordnung

##### aa) Zusammenschluss nach Art. 3 FKVO

Ein **Zusammenschluss** nach **Art. 3 FKVO** besteht darin, dass zwei oder mehr voneinander 564 unabhängige Unternehmen fusionieren (**Verschmelzung, Abs. 1 Buchst. a**) oder eine oder mehrere Personen, die bereits mindestens ein Unternehmen kontrollieren, die unmittelbare oder mittelbare Kontrolle über die Gesamtheit oder über Teile eines oder mehrerer anderer Unternehmen erwerben (**Kontrollerwerb, Abs. 1 Buchst. b**), dauerhafte Veränderung der Kontrolle). Kontrolle über ein Unternehmen hat, „wer einen bestimmenden Einfluss auf seine Tätigkeit ausüben kann“ (Abs. 3). Regelmäßig erwirbt der Käufer die Kontrolle über das Zielunternehmen. Gemeinsame Kontrolle besteht darin, dass ein Gesellschafter strategische Entscheidungen, wie über den Geschäftsplan, die Besetzung der Geschäftsführung oder wesentliche Investitionen, nicht gegen den Willen des anderen tref-

586) *Wessing*, ZGR 1982, 455, 461; *Hausch*, BB 2008, 1392, 1394. Mit Blick auf die am 25. Mai 2018 wirksam gewordene Datenschutzgrundverordnung sollte jedoch darauf geachtet werden, in welcher Phase des Unternehmenskaufs welche Arbeitnehmerdaten aufgelistet und dem potentiellen Erwerber zur Verfügung gestellt werden, da Verstöße gegen die Datenschutzgrundverordnung zu Bußgeldern von bis zu 4 % des gesamten weltweit erzielten Jahresumsatzes des vorangegangenen Geschäftsjahres und Schadensersatzansprüchen der betroffenen Mitarbeiter führen können. Ob die Weitergabe der Arbeitnehmerdaten zulässig ist, richtet sich insbesondere danach, ob der betroffene Arbeitnehmer in diese eingewilligt hat oder ein gesetzlicher Erlaubnistatbestand greift, vgl. § 6 DSGVO.

587) VO (EG) Nr. 139/2004 des Rates v. 20.1.2004 über die Kontrolle von Unternehmenszusammenschlüssen (EG-Fusionskontrollverordnung – FKVO), ABl Nr. L 24/1. – Die Terminologie der FKVO – „gemeinschaftsweite Bedeutung“ weicht von derjenigen nach dem Vertrag von Lissabon („Union“) ab.

fen kann.[588] Die Gründung eines Gemeinschaftsunternehmens ist nur dann Zusammenschluss nach Art. 3 FKVO, wenn dieses als Vollfunktionsunternehmen einen eigenen Zugang zum Markt hat und nicht auf Geschäftsverkehr mit seinen Gesellschaftern beschränkt ist (Abs. 4).[589]

### bb) Unionsweite Bedeutung des Zusammenschlusses

565 Ein Zusammenschluss hat unionsweite Bedeutung, wenn der weltweite **Gesamtumsatz** aller an ihm beteiligten Unternehmen im letzten abgeschlossenen Geschäftsjahr zusammen mehr als 5 Mrd. € und der **unionsweite Gesamtumsatz** von mindestens zwei beteiligten Unternehmen jeweils mehr als 250 Mio. € betrugen (Art. 1 Abs. 2 FKVO). Dies gilt nicht, wenn alle am Zusammenschluss beteiligten Unternehmen jeweils mehr als zwei Drittel ihres unionsweiten Gesamtumsatzes in ein und demselben Mitgliedstaat erzielt haben (**„Zwei-Drittel-Klausel“**).

566 Ein Zusammenschluss hat auch dann unionsweite Bedeutung, wenn der weltweite Gesamtumsatz aller beteiligten Unternehmen zusammen mehr als 2,5 Mrd. € betrug, der Gesamtumsatz aller beteiligten Unternehmen in mindestens drei Mitgliedstaaten jeweils 100 Mio. € überstieg, in jedem von mindestens drei dieser Mitgliedstaaten der Gesamtumsatz von mindestens zwei beteiligten Unternehmen jeweils mehr als 25 Mio. € betrug und der unionsweite Gesamtumsatz von mindestens zwei beteiligten Unternehmen jeweils 100 Mio. € überstieg (Art. 1 Abs. 3 FKVO). Auch dann schließt die Zwei-Drittel-Klausel die europäische Fusionskontrolle aus.

567 **Beteiligte Unternehmen** sind für die Berechnung der Umsatzerlöse und die Beurteilung des Zusammenschlusses **beim Anteilserwerb** der **Erwerber und das zu erwerbende Unternehmen** mit seinen Tochter- und Beteiligungsunternehmen (Zielunternehmen),[590] beim **Erwerb von Unternehmensteilen** der **Erwerber und die zu übernehmenden Teile des Veräußerers** (Art. 5 Abs. 2 FKVO). Solche „Teile“ können Tochtergesellschaften, einzelne Geschäftsbereiche oder Vermögenswerte wie Marken oder Exklusivlizenzen sein, denen als solchen ein Umsatz auf dem Markt eindeutig zugeordnet werden kann.[591]

568 **Umsatz** sind Einnahmen mit Waren und Dienstleistungen aus der normalen Geschäftstätigkeit abzüglich Erlösschmälerungen und unmittelbar auf den Umsatz bezogener Steuern (Art. 5 Abs. 1 Satz 1 FKVO). Die **Zurechnungsregeln** (Art. 5 Abs. 4 FKVO) führen bei den Unternehmen, die Kontrolle erwerben, zur Berücksichtigung des Gesamtkonzerns. Umsatzerlöse zwischen verbundenen Unternehmen sind nicht zu berücksichtigen (Art. 5 Abs. 1 Satz 2, Abs. 4 FKVO).[592] Die Umsatzberechnung für Kredit- und Finanzinstitute sowie für Versicherungsunternehmen folgt Sonderregeln (Art. 5 Abs. 3 FKVO).

588) Kommission, Konsolidierte Mitteilung zu Zuständigkeitsfragen gemäß der Verordnung (EG) Nr. 139/2004 des Rates über die Kontrolle von Unternehmenszusammenschlüssen v. 10.7.2007, Rz. 64 ff; siehe auch EuG, Urt. v. 26.10.2017 – T-704/14, Marine Harvest ASA ./. Kommission, Rz. 56 ff – Kontrolle mit 48,5 % des Kapitals durch stabile Hauptversammlungsmehrheit (Rechtsmittel beim EuGH anhängig unter C-10/18 P); Kommission, Beschl. v. 16.5.2012 – COMP/M.6286 – Südzucker/ED+F, Rz. 4: Minderheitsbeteiligung mit Vetorechten; Kommission, Beschl. v. 27.11.2011 – COMP/M.6682 – Kinnevik/Billerud, Rz. 7: Kontrolle wegen geringer Hauptversammlungspräsenz.

589) Kommission, Mitteilung zu Zuständigkeitsfragen, Rz. 92 ff.

590) Näher dazu Kommission, Mitteilung zu Zuständigkeitsfragen, Rz. 129 ff.

591) Kommission, Mitteilung zu Zuständigkeitsfragen, Rz. 24 ff; Beispiel in Entscheidung der Kommission v. 5.12.2003 – COMP/M.3136 – GE/Agfa NDT, Rz. 9 f.

592) Einzelheiten in: Kommission, Mitteilung zu Zuständigkeitsfragen, Rz. 157 ff; zur Berücksichtigung von Akquisitionen oder Veräußerungen eines beteiligten Unternehmens nach dem letzten testierten Jahresabschluss, Kommission, Mitteilung zu Zuständigkeitsfragen, Rz. 156, 172 und 173.

### b) Materielle Fusionskontrolle

**Zusammenschlüsse, die wirksamen Wettbewerb** im Gemeinsamen Markt oder in einem wesentlichen Teil desselben **erheblich behindern würden**, insbesondere durch Begründung oder Verstärkung einer beherrschenden Stellung, sind mit dem Gemeinsamen Markt unvereinbar und deshalb **zu untersagen** (Art. 2 Abs. 2 und Abs. 3 FKVO). Dazu ist eine wettbewerbliche Gesamtabwägung erforderlich (Art. 2 Abs. 1 FKVO). Marktbeherrschend ist, wer sich gegenüber Wettbewerbern, Abnehmern und Lieferanten in nennenswertem Umfang unabhängig verhalten und so die Aufrechterhaltung wirksamen Wettbewerbs auf dem betroffenen Markt verhindern kann.[593)] Die Beurteilung eines Zusammenschlusses hängt davon ab, ob die beteiligten Unternehmen aktuelle oder potentielle Wettbewerber sind (horizontale), sie auf einander vor- oder nachgelagerten Märkten tätig sind und so einer Vorlieferant des anderen ist oder sein kann (vertikale) oder ob sie ohne solche Beziehungen auf unterschiedlichen Märkten tätig sind (konglomerate Zusammenschlüsse). Sind ein oder mehrere beteiligte Unternehmen auf unterschiedlichen Wirtschaftsstufen tätig, z. B. als Hersteller und Händler, gelten die folgenden Grundsätze für die jeweiligen horizontalen oder anderen **Wirkungen** des Zusammenschlusses. Bezweckt oder bewirkt die Gründung eines Gemeinschaftsunternehmens (Art. 3 Abs. 4 FKVO) auch die Koordinierung des Wettbewerbsverhaltens seiner Gründer, ist zusätzlich eine Prüfung nach Art. 101 Abs. 1 und Abs. 3 AEUV erforderlich (Art. 2 Abs. 4 und 5 FKVO). 569

Die Kommission folgt einem am Verbraucherinteresse („*consumer welfare*") ausgerichteten wettbewerbspolitischen Leitbild[594)] und betont bei kritischen Zusammenschlüssen die Bedeutung ökonomischer, auch quantitativer Analysen („*more economic approach*").[595)] Demgegenüber ist die deutsche Fusionskontrolle stärker vom Schutz des Wettbewerbs als solchen, von mehr Rechtsanwendung und von schlankeren Verfahren geprägt[596)] 570

#### aa) Marktdefinition

Der horizontale, vertikale oder konglomerate Charakter eines Zusammenschlusses hängt von der Abgrenzung der sachlich und räumlich relevanten Märkte ab. Der **sachlich relevante** 571

593) EuGH, Urt. v. 31.3.1998 – Rs C-68/94, C-30/95, Slg. 1998, I-1375, Rz. 221 f – Frankreich/Kommission.

594) *Bardong/Käseberg*, in: Langen/Bunte, Art. 2 FKVO Rz. 4 ff; *Körber*, in: Immenga/Mestmäcker, Wettbewerbsrecht, Art. 2 FKVO Rz. 335 f; zum „*effects-based approach*" *Mestmäcker/Schweitzer*, Europäisches Wettbewerbsrecht, § 3 Rz. 43 ff.

595) *BKartA*, Diskussionspapier, S. 2 f. Beispiele bei *Lexecon* (mittlerweile CRA International, Inc., London/Brüssel/München), An Introduction to Quantitative Techniques in Competition Analysis, http://judgestraining.eu/wp-content/uploads/2017/06/quantitative_techniques-mergers-lexecon.pdf (Stand: 2.1.2019). Beispiel für Untersuchung der *Upward Pricing Pressure*, Anreize und Druck zu Preiserhöhungen nach einem Zusammenschluss, im Beschl. der Kommission v. 12.12.2012 – COMP/M.6497 – Hutchison 3G Austria, Rz. 310 ff, dazu *Zimmer*, WuW 2013, 928, 934. Anbieter solcher Analysen profitieren davon, „*more economists' fees approach*".

596) Zu den Vor- und Nachteilen des „*more economic approach*" *BKartA*, Diskussionspapier, S. 6 f; rechtspolitisch *Kühnen*, KSzW 2011, 3; siehe aber zur Verwendung von Ausschreibungs-, Überschneidungs- und hochauflösenden Lieferstromanalysen und verstärkter Ökonomisierung beim Bundeskartellamt TB 2017/18, BT-Drucks. 19/10900, S. 16–23.

**Markt** oder Produktmarkt ist nach der **Austauschbarkeit von Produkten und Dienstleistungen** (im Folgenden „Produkte") zu bestimmen.[597] **Geographisch** oder räumlich relevanter Markt ist das **Gebiet mit hinreichend homogenen**, im Vergleich zu anderen Gebieten spürbar unterschiedlichen **Wettbewerbsbedingungen** (siehe Art. 9 Abs. 7 FKVO).[598]

572 Die sachliche Marktabgrenzung[599] richtet sich vor allem nach der Verwendung und den Eigenschaften der Produkte, ihrer Austauschbarkeit aus Abnehmersicht sowie nach deren Preis (Nachfragesubstitution).[600] Wichtig, aber nicht zwingend,[601] ist der SSNIP-Test („*small but significant non-transitory increase in price*"): Würden die Abnehmer eines Produktes infolge einer gedachten dauerhaften Erhöhung seines Preises um etwa 5–10 % auf andere Produkte ausweichen?[602] Zum relevanten Produktmarkt gehören auch Produkte, die zwar aus Nachfragersicht nicht miteinander austauschbar sind, deren Anbieter aber ohne spürbare Zusatzkosten oder Risiken kurzfristig die anderen Produkte herstellen könnten (Angebotssubstitution).[603] Weitere Kriterien sind frühere Substitutionsbewegungen, die Preis- und Kreuzpreiselastizität der Nachfrage nach Produkten sowie die Ansichten und Präferenzen von Kunden und Wettbewerbern.[604] Bei der räumlichen Marktabgrenzung ist auf das Absatzgebiet der Beteiligten, die Eigenschaften der Produkte, rechtliche und tatsächliche Rahmenbedingungen für Im- und Exporte, die häufig Marktzutrittsschranken begründen, sowie auf Verbraucher- oder Abnehmerpräferenzen abzustellen.[605] Preisunterschiede und unterschiedliche Marktanteile von Anbietern sowie geringe Handelsströme sind Indizien für verschiedene Märkte.[606]

573 Die Marktabgrenzung bleibt offen, wenn alle denkbaren Definitionen zum selben Ergebnis führen. Ein wichtiger Ausgangspunkt für die Marktabgrenzung ist die mittlerweile sehr umfangreiche Kommissionspraxis.[607]

---

597) Bekanntmachung der Kommission über die Definition des relevanten Marktes i. S. d. Wettbewerbsrechts der Gemeinschaft, ABl 1997 Nr. C 372/5; zur deutschen Fusionskontrolle siehe Rz. 514 ff.

598) Bekanntmachung der Kommission über die Definition des relevanten Marktes i. S. d. Wettbewerbsrechts der Gemeinschaft, ABl 1997 Nr. C 372/5, Rz. 8; zur Erläuterung und Verteidigung der Praxis der Kommission bei der räumlichen Marktabgrenzung *Policy Brief Market definition in a globalized world* (2015), http://ec.europa.eu/competition/publications/cpb/2015/002_en.pdf (Stand: 2.1.2019).

599) Bekanntmachung der Kommission über die Definition des relevanten Marktes i. S. d. Wettbewerbsrechts der Gemeinschaft, ABl 1997 Nr. C 372/5, Rz. 17 f.

600) *BKartA*, Diskussionspapier, S. 5 Fn. 8; *Hacker*, in: Schröter/Jakob/Klotz/Mederer, Art. 2 FKVO Rz. 33 ff; zur Bedeutung von Preisen *Hacker*, in: Schröter/Jakob/Klotz/Mederer, Art. 2 FKVO, Rz. 51 ff.

601) Beschl. der Kommission v. 30.1.2013 – COMP/M. 6570 – UPS/TNT, Rz. 154.

602) *Bardong/Käseberg*, in: Langen/Bunte, Art. 2 FKVO Rz. 32 ff.

603) Bekanntmachung der Kommission über die Definition des relevanten Marktes i. S. d. Wettbewerbsrechts der Gemeinschaft, ABl 1997 Nr. C 372/5, Rz. 20–23; zur Abgrenzung zwischen Angebotsumstellungsflexibilität und potentiellem Wettbewerb *Immenga/Körber*, in: Immenga/Mestmäcker, Wettbewerbsrecht, Art. 2 FKVO Rz. 58–61; Beispiele in Entscheidung der Kommission v. 29.7.2003 – COMP/M.3197 – Candover/Cinven/Bertelsmann-Springer, Rz. 12 ff; Entscheidung der Kommission v. 17.12.2004 – IV/M.3558 – Cytec/UCB – Surface Specialities, Rz. 13 f: Aminoharze für verschiedene Verwendungszwecke.

604) Bekanntmachung der Kommission über die Definition des relevanten Marktes i. S. d. Wettbewerbsrechts der Gemeinschaft, ABl 1997 Nr. C 372/5, Rz. 36–41.

605) Bekanntmachung der Kommission über die Definition des relevanten Marktes i. S. d. Wettbewerbsrechts der Gemeinschaft, ABl 1997 Nr. C 372/5, Rz. 44–52.

606) Ähnlich *Hacker*, in: Schröter/Jakob/Klotz/Mederer, Art. 2 FKVO Rz. 84 ff, 90 ff, 95 ff.

607) Siehe http://ec.europa.eu/competition/elojade/isef/index.cfm (Stand: 25.7.2019).

### bb) Horizontale Zusammenschlüsse

Zusammenschlüsse zwischen aktuellen oder potentiellen Wettbewerbern drohen am häufigsten wirksamen Wettbewerb zu behindern.[608] Zusammenschlüsse, die nicht zu einem Marktanteil der zusammengeschlossenen Unternehmen von über 25 % oder einem *Herfindahl-Hirschman*-Index (HHI) von 1.000 oder mehr führen, sind meist unproblematisch (*„safe haven"*).[609] Dies gilt auch für Zusammenschlüsse, die einen HHI zwischen 1.000 und 2.000 mit einer Erhöhung („Delta") von weniger als 250 oder einen HHI von mehr als 2.000 mit einem Delta unter 150 ergeben, wenn nicht besondere Umstände, etwa die Ausschaltung eines potentiellen oder neu in den Markt eingetretenen Wettbewerbers, der Wegfall einer wichtigen Wettbewerbskraft[610] oder die Gefahr koordinierter Wirkungen (siehe Rz. 578), die Aussagekraft der Marktanteile einschränken.[611] 574

**Marktanteil** ist der Anteil einer Unternehmensgruppe am Gesamtabsatz auf dem sachlich und geographisch relevanten Markt in einem Kalenderjahr („Marktvolumen"). „Importe" erhöhen das Marktvolumen, Lieferungen in andere Märkte senken es. Wo Absatzwerte fehlen, können auch Mengen herangezogen werden. Für besonders langlebige oder zeitintensive Produkte sind längere Zeiträume maßgeblich. Die Eigenfertigung von Abnehmern zählt nicht zum Marktvolumen.[612] Der **HHI** ist die Summe der Quadrate der jeweiligen Marktanteile sämtlicher Unternehmen in einem Markt. Bei drei Unternehmen und Marktanteilen von z. B. 40, 35 und 25 % beträgt der HHI 3.450. Die Erhöhung ist das mit zwei multiplizierte Produkt der Marktanteile der beteiligten Unternehmen.[613] 575

Bei Marktanteilen über 40 % oder gar 50 % und großem Abstand zu den nächsten Wettbewerbern erhebt die Kommission mit oder ohne HHI-Betrachtung Bedenken.[614] 576

608) Siehe dazu Mitteilung der Kommission: Leitlinien zur Bewertung horizontaler Zusammenschlüsse gemäß der Ratsverordnung über die Kontrolle von Unternehmenszusammenschlüssen, ABl 2004 Nr. C 31/5. Leitlinien sind keine Rechtsnormen, binden jedoch die Kommission selbst, EuG, Urt. v. 3.4.2003 – Rs T-114/02, Slg. 2003, II-1279, Rz. 143 = WB 2003, Rz. 310 – BaByliss/Kommission; Beschl. der Kommission v. 1.2.2012 – COMP/M.6166 – Deutsche Börse/NYSE Euronext, Rz. 493 ff – Betonung der Horizontalleitlinien für wettbewerbliche Würdigung. Beschl. der Kommission v. 4.8.2015 – COMP/M.7559 – Pfizer/Hospira, Rz. 57 ff: Beschränkung potentiellen Wettbewerbs durch Wegfall des Interesses an Forschung und Entwicklung.

609) Erwägungsgrund 32 zur FKVO; Kommission, Leitlinien zur Bewertung horizontaler Zusammenschlüsse, ABl 2004 Nr. C 31/5, Rz. 18, 19.

610) Beschl. der Kommission v. 28.5.2014 – COMP/M.6992 – Hutchison 3G UK/Telefónica Ireland, Rz. 187 ff; dazu *Hirsbrunner*, EuZW 2015, 535, 537 f.

611) Kommission, Leitlinien zur Bewertung horizontaler Zusammenschlüsse, ABl 2004 Nr. C 31/5, Rz. 20; siehe umgekehrt EuG, Urt. v. 3.4.2003 – Rs T-114/02, Slg. 2003, II-1279, Rz. 315 ff = WB 2003, Rz. 314 – BaByliss/Kommission; siehe auch EuG, Urt. v. 7.6.2013, Rs T-405/08 – SPAR/Kommission, Rz. 65 ff – keine Pflicht der Kommission zur Feststellung bestimmter ökonomischer Größen, und Beschl. der Kommission v. 7.10.2011, COMP/M.6281 – Microsoft/Skype, Rz. 78: beschränkte Aussagekraft von Marktanteilen auf Wachstumsmärkten, ebenso EuG, Urt. v. 11.12.2013 – Cisco – Rs T-79/12 Rz. 65 ff.

612) *Hacker*, in: Schröter/Jakob/Klotz/Mederer, Art. 2 Rz. 146 ff.

613) Vor der Fusion trugen die Beteiligten durch die Quadrate ihrer Marktanteile zum HHI bei: $a^2 + b^2$; nach der Fusion ist $(a + b)^2 = a^2 + 2ab + b^2$.

614) EuG, Urt. v. 14.12.2005 – Rs T-210/01, Slg 2005 II-5575, Rz. 571 – General Electric/Kommission: Prima-facie-Beweis für Marktbeherrschung.

577 Die Kommission unterscheidet **einseitige und koordinierte Wirkungen** horizontaler Zusammenschlüsse. Erstere bestehen im Wegfall von Konkurrenzdruck,[615] von Ausweichmöglichkeiten für Abnehmer oder Lieferanten[616] oder einer wichtigen Wettbewerbskraft.[617] Untersagungen sind auch unterhalb der Schwelle der Marktbeherrschung möglich.[618] Die Kommission bewertet einseitige Wirkungen vor allem danach, ob die Parteien besonders enge Wettbewerber sind.[619]

578 Zusammenschlüsse mit **koordinierten Wirkungen**, insbesondere unter Begründung oder Verstärkung einer gemeinsamen (oder kollektiven) marktbeherrschenden Stellung, erhöhen die Wahrscheinlichkeit, dass Unternehmen im Oligopol ihr Verhalten koordinieren können, ohne i. S. e. Kartells (Art. 101 Abs. 1 AEUV) Vereinbarungen schließen oder Verhaltensweisen aufeinander abstimmen zu müssen.[620] Die Mitglieder des Oligopols müssen das Verhalten der anderen Oligopolisten erkennen[621] und Abweichungen vom gleichförmigen Verhalten rasch vergelten können,[622] ohne dass Außenseiter oder Abnehmer diesem gleichförmigen Verhalten hinreichend gegensteuern können.[623] Koordinierte Wirkungen gibt es allem auf stabilen Märkten für homogene Produkte, mit wenigen Unternehmen mit – ähnlichen – hohen Marktanteilen und ähnlichen Strukturen („Symmetrie") sowie gegenseitigen Verflechtungen.[624]

---

615) Beispiele: Beschl. der Kommission v. 21.3.2018 – COMP/M.8084 – Bayer/Monsanto; v. 5.4.2017 – COMP/M.7962 – ChemChina/Syngenta; v. 27.3.2017 – COMP/M.7932 – Dow/DuPont, jeweils Pressemitteilungen vom selben Tag: Berücksichtigung jeweils von aktuellen Produkten und Innovationspotentialen; Entscheidung v. 26.10.2004 – COMP/M.3436 – Continental/Phoenix, Rz. 121 ff und 134 ff; Entscheidung der Kommission v. 14.3.2000 – COMP/M.1672 – Volvo/Scania, bekannt gegeben unter Aktenzeichen K (2000) 681, ABl 2001 Nr. L 143/74, Rz. 80–82, 107: nahe Wettbewerber im gleichen Produktmarkt.

616) Kommission, Leitlinien zur Bewertung horizontaler Zusammenschlüsse, ABl 2004 Nr. C 31/5, Rz. 31–35; Beispiel bei Entscheidung der Kommission v. 17.10.2001 – COMP/M.2187 – CVC/Lenzing, Rz. 162–173.

617) Kommission, Leitlinien zur Bewertung horizontaler Zusammenschlüsse, ABl 2004 Nr. C 31/5, Rz. 24–38, siehe auch Entscheidung der Kommission v. 8.5.2002 – COMP/M.2779 – Imperial Tobacco/Reemtsma, ABl C 153/12, Rz. 38 f, 40–57.

618) Erwägungsgrund 25 zur FKVO; *Zimmer*, WuW 2013, 928, 931 f. Beispiele: Beschl. der Kommission v. 12.12.2012, COMP/M.6497 – Hutchison 3G Austria/Orange, Rz. 82 ff: Zusammenschluss des dritt- und viertgrößten Anbieters mit niedrigerem gemeinsamem Marktanteil als die beiden Marktführer nur unter Bedingungen freigegeben.

619) Beschl. der Kommission v. 30.1.2013 – COMP/M.6570 – UPS/TNT, Rz. 631 ff – wettbewerbliche Nähe verschiedener Ausprägungen einer Dienstleistung – Kurier-, Express- und Paketversand; Entscheidung der Kommission v. 19.9.2007 – COMP/M.4525 – Kronospan/Constantia, Rz. 29 f: Betrachtung der Wettbewerbsverhältnisse im Einzugsgebiet der Parteien ohne Festlegung auf geographische Marktabgrenzung.

620) EuG, Urt. v. 6.6.2002 – Rs T-342/99, Slg. 2002, II-2585, Rz. 62 f – Airtours/First Choice; Kommission, Leitlinien zur Bewertung horizontaler Zusammenschlüsse, ABl 2004 Nr. C 31/5, Rz. 39–57. Beschl. der Kommission v. 5.6.2014 – COMP/M.7009 – Holcim/Cemex West, Rz. 126 ff.

621) EuG, Urt. v. 6.6.2002 – Rs T-342/99, Slg. 2002, II-2585, Rz. 62 – Airtours/First Choice; Markttransparenz: EuG, Urt. v. 25.3.1999 – Rs T-102/96, Slg. 1999, II-753, Rz. 226–228 – Gencor/Kommission; Entscheidung der Kommission v. 15.3.2004 – COMP/M.3314 – Air Liquide/Messer Targets, ABl Nr. C 91/7, Rz. 94–96.

622) EuG, Urt. v. 6.6.2002 – Rs T-342/99, Slg. 2002, II-2585, Rz. 62 – Airtours/First Choice; Entscheidung der Kommission v. 15.3.2004 – COMP/M.3314 – Air Liquide/Messer Targets, ABl Nr. C 91/7, Rz. 97 („Abschreckungs- und Vergeltungsmechanismen").

623) EuG, Urt. v. 6.6.2002 – Rs T-342/99, Slg. 2002, II-2585, Rz. 62 – Airtours/First Choice: „voraussichtliche Reaktion der … Konkurrenten sowie der Verbraucher", so auch EuGH, Urt. v. 10.7.2008 – Rs C-413/06 P, Slg. 2008 I-4951 – Bertelsmann/Impala, Rz. 119–123.

624) Abgelehnt zum Beispiel in Entscheidung der Kommission (2005/621/EG) v. 26.10.2004 – COMP/M.3216 – Oracle/PeopleSoft, bekannt gegeben unter Aktenzeichen K(2004) 4217, ABl 2005 Nr. L 218/6, Rz. 206–210.

Problematisch sind auch Zusammenschlüsse, durch die ein **potentieller Wettbewerber** eines marktbeherrschenden Unternehmens wegfällt, soweit dieser bereits spürbar den Verhaltensspielraum der Beteiligten eingeschränkt hat und keine hinreichende Gegenmacht von anderen potentiellen Wettbewerbern ausgeht.[625] **Nachfragemacht** von Abnehmern, die auch die anderen Kunden vor Nachteilen schützt,[626] oder hinreichend wahrscheinliche, kurzfristig mögliche **Marktzutritte** neuer Anbieter[627] können Bedenken wegen einseitiger oder koordinierter Wirkungen entkräften.[628] **Effizienzvorteile** können zugunsten der beteiligten Unternehmen berücksichtigt werden, wenn sie den Verbrauchern zugutekommen, wettbewerblich nicht unbedenklicher erreichbar, überprüfbar und wahrscheinlich sind. Ihr – schwieriger – Nachweis obliegt den beteiligten Unternehmen.[629] Bislang ist, soweit ersichtlich, noch kein im Übrigen problematischer Zusammenschluss (allein) *wegen* Effizienzen freigegeben worden.[630] 579

### cc) Nicht horizontale Zusammenschlüsse

Die Kommission bewertet vertikale und konglomerate Wirkungen eines Zusammenschlusses danach, ob er Beschaffungs- oder Absatzmärkte zu verschließen („*foreclosure*") oder die Koordination innerhalb eines Oligopols (Rz. 578) zu ermöglichen oder zu erleichtern droht.[631] Sie will wegen vertikaler Wirkungen in der Regel keine Bedenken erheben, wenn die Marktanteile der Beteiligten auf allen betroffenen Märkten unter 30 % und der HHI nach dem Zusammenschluss unter 2.000 bleiben.[632] Ein Marktverschluss sei zu erwarten, wenn die beteiligten Unternehmen die Möglichkeit und den Anreiz haben, ihren Wettbewerbern die Beschaffung von Vorprodukten, -dienstleistungen oder den Absatz ihrer Produkte zu erschweren, und dies nachteilige Wirkungen für Verbraucher, einschließlich 580

625) EuG, Urt. v. 21.9.2005 – Rs T-87/05, Rz. 39, 171 ff – EDP/Kommission; Entscheidung der Kommission (2002/164/EG) v. 7.2.2001 – COMP/M.1853 – EDF/EnBW, bekannt gegeben unter Aktenzeichen K(2001) 335), ABl 2002 Nr. L 59/1, Rz. 63 f = WB 2001, Tz. 259; Kommission, Leitlinien zur Bewertung horizontaler Zusammenschlüsse, ABl 2004 Nr. C 31/5, Rz. 58–60; zur Entstehung oder Verstärkung von Nachfragemacht vgl. ebda, Rz. 61–63, und EuG, Urt. v. 15.12.1999 – Rs T-22/97, Slg. 1999, II-3775, Rz. 157 – Kesko/Kommission.

626) Kommission, Leitlinien zur Bewertung horizontaler Zusammenschlüsse, ABl 2004 Nr. C 31/5, Rz. 67; siehe auch Entscheidung der Kommission v. 30.7.2003 – COMP/M.3149 – Procter & Gamble/Wella, ABl Nr. C 195/6, Rz. 57; zu gegengewichtiger Nachfragemacht auch EuG, Urt. v. 3.4.2003 – Rs T-114/02, Slg. 2003, II-1279, Rz. 143 = WB 2003, Rz. 313, 315 – BaByliss/Kommission.

627) Kommission, Leitlinien zur Bewertung horizontaler Zusammenschlüsse, ABl 2004 Nr. C 31/5, Rz. 68–75.

628) Eigenfertigung von Abnehmern: Entscheidung der Kommission v. 23.9.1991 – IV/M.134 – Mannesmann/Boge, ABl Nr. C 265, Rz. 19, 30: Kfz-Zulieferer und Automobilhersteller; siehe auch Kommission, Leitlinien zur Bewertung horizontaler Zusammenschlüsse, ABl 2004 Nr. C 31/5, Rz. 67.

629) Kommission, Leitlinien zur Bewertung horizontaler Zusammenschlüsse, ABl 2004 Nr. C 31/5, Rz. 78, 84, 86–88 und Erwägungsgrund 29 zur FKVO; Praxisbeispiel: Beschl. der Kommission v. 1.2.2012 – COMP/M.6166 – Deutsche Börse/NYSE Euronext, Rz. 1133 ff; Entscheidung der Kommission v. 12.5.2006 – COMP/M.4057 – Korsnäs/AD Cartonboard, Rz. 57 ff.

630) *Bardong/Käseberg*, in: Langen/Bunte, Art. 2 FKVO Rz. 251; siehe auch Beschl. der Kommission v. 2.9.2013 – COMP/M.6360 – Nynas/Harburg, Rz. 443 ff: Freigabe des Erwerbs des einzigen Wettbewerbers unter anderem wegen Möglichkeit zur Kapazitätserweiterung für den Erwerber.

631) Mitteilung der Kommission: Leitlinien zur Bewertung nichthorizontaler Zusammenschlüsse gemäß der Ratsverordnung über die Kontrolle von Unternehmenszusammenschlüssen, ABl 2008 Nr. C 265/6. Beispiele in Beschl. der Kommission v. 1.3.2018 – COMP/M.8394 – Essilor/Luxottica: Brillengestelle und -gläser, sowie Marktverhältnisse im Optikergeschäft; 25.6.2014 – COMP/M.7137 – EdF/Dalkia en France, Rz. 176 ff: Energiedienstleister und (marktbeherrschender) Stromversorger; Beschl. der Kommission v. 26.11.2014 – COMP/M.7353 – Airbus/Safran, Rz. 131 ff, 284 ff, 357 ff: Satellitentriebwerke.

632) Kommission, Leitlinien zur Bewertung nichthorizontaler Zusammenschlüsse, ABl 2008 Nr. C 265/6, Rz. 79 ff.

industrieller oder gewerblicher Abnehmer der Produkte oder Dienstleistungen, hat. Bloße Nachteile für Wettbewerber begründen noch keine Bedenken.[633)]

581 Die Möglichkeit zum Marktverschluss setzt Marktmacht der beteiligten Unternehmen, eine hinreichende Bedeutung des Vorprodukts oder des Absatzmarktes sowie fehlende Ausweichmöglichkeiten der Wettbewerber voraus. Ein Anreiz besteht, wenn der Marktverschluss für die zusammengeschlossenen Unternehmen profitabler ist als der Zustand vor dem Zusammenschluss,[634)] und Verbote und drohende Sanktionen, etwa wegen Verstoßes gegen Art. 102 AEUV, nicht abschreckend wirken.[635)] Wettbewerbliche Nachteile eines Marktverschlusses sind gegen ökonomische Vorteile vertikaler Integration und andere zusammenschlussbedingte Effizienzen abzuwägen.[636)] Koordinierte Wirkungen können aus erhöhter Symmetrie des Oligopols, größerer Markttransparenz oder verbesserten Vergeltungsmöglichkeiten folgen.[637)]

582 Ähnliche Grundsätze gelten für konglomerate Zusammenschlüsse. Die Sorge der Kommission gilt vor allem der Marktverschließung durch Bündel- und Kopplungsgeschäfte auf benachbarten Märkten („*bundling and tying*“).[638)]

### dd) Verpflichtungszusagen, Bedingungen und Auflagen

583 Die beteiligten Unternehmen können Verpflichtungszusagen zur Abwendung wettbewerblicher Bedenken und damit einer Untersagung (Art. 8 Abs. 2 Unterabs. 1 FKVO) oder einer weiteren Prüfung (Art. 6 Abs. 2 Unterabs. 1 FKVO) abgeben. Die Erfüllung dieser Zusagen ist **Bedingung** für die Freigabe des Zusammenschlusses. Die Freigabeentscheidung ergeht dann mit diesen Bedingungen und **Auflagen**, d. h. den erforderlichen Durchführungsmaßnahmen der Parteien (Art. 6 Abs. 1 Buchst. a) Unterabs. 2, Art. 8 Abs. 2 Unterabs. 2 FKVO).[639)] Die Kommission prüft den so geänderten Zusammenschluss und muss nötigenfalls nachweisen, dass er auch trotz dieser Änderungen zu untersagen ist. Zweifel an der Durchführbarkeit und Wirksamkeit einer Abhilfemaßnahme gehen zulasten der Beteiligten.[640)]

633) Siehe beispielsweise Entscheidung der Kommission v. 13.7.2005 – COMP/M.3653 – Siemens/VA Tech, Rz. 119 ff, 162–164.

634) Beispiel in Entscheidung der Kommission v. 7.11.2006 – COMP/M.4300 – Philips/Intermagnetics, Rz. 56–59; Entscheidung der Kommission v. 11.12.2006 – COMP/M.4314 – Johnson&Johnson/Pfizer, Rz. 125 ff.

635) Dazu eigentlich sehr zurückhaltend EuGH, Urt. v. 15.2.2005 – C-12/03 P, Slg. 2005, I-987, Rz. 74 ff.

636) Kommission, Leitlinien zur Bewertung nichthorizontaler Zusammenschlüsse, ABl 2008 Nr. C 265/6, Rz. 13 f und 54 ff; Beispiel für Effizienzen: Entscheidung der Kommission v. 7.11.2006 – COMP/M.4300 – Philips/Intermagnetics, Rz. 43 f: Kombinationsprodukt.

637) Kommission, Leitlinien zur Bewertung nichthorizontaler Zusammenschlüsse, ABl 2008 Nr. C 265/6, Rz. 25–27.

638) Kommission, Leitlinien zur Bewertung nichthorizontaler Zusammenschlüsse, ABl 2008 Nr. C 265/6, Rz. 93 ff; Beispiel in Beschl. der Kommission v. 6.9.2018 – COMP/M.8788 – Apple/Shazam, Rz. 186 ff, Musik-Streaming und Musikerkennungs-App; v. 7.10.2011 – COMP/M.6281 – Microsoft/Skype, Rz. 133 ff; Entscheidung der Kommission v. 14.5.2008 – COMP/M.4854 – TomTom/Tele Atlas: digitale Kartendatenbanken und Navigationsgeräte.

639) Mitteilung der Kommission über im Rahmen der Verordnung (EG) Nr. 139/2004 des Rates und der Verordnung (EG) Nr. 802/2004 der Kommission zulässige Abhilfemaßnahmen, ABl 2008 Nr. C 267/1 Rz. 19 f. Zur Fundierung dieser Praxis GD Wettbewerb, *Merger Remedies Study*, 2005.

640) EuG, Urt. v. 21.9.2005 – Rs T-87/05, Slg. 2005, II-3745, Rz. 63–65 – EDP/Kommission, und EuG, Urt. v. 14.12.2005 – Rs T-210/01, Slg. 2005, II-5575, Rz. 555 – General Electric/Kommission, ABl 2006, Nr. C 48/26.

Die aus Sicht der Kommission sinnvollsten Maßnahmen sind die Veräußerung von Unternehmensteilen[641] und die Auflösung von Verflechtungen mit Konkurrenten.[642] Ein unabhängiger Treuhänder muss die Leitung des abzugebenden Unternehmensteils überwachen. Der Erwerber soll mit dem abzugebenden, lebensfähigen Geschäft ein aktiver Wettbewerber werden;[643] seine Auswahl unterliegt der Zustimmung der Kommission.[644] In einer ersten Veräußerungsfrist, Faustregel sechs Monate, dürfen die Beteiligten selbst einen Erwerber suchen. Misslingt dies, übernimmt ein Veräußerungstreuhänder das Verfahren.[645] Gelegentlich muss das abzuspaltende Unternehmen noch vor Vollzug des Zusammenschlusses (*„up-front buyer“*)[646] oder gar vor dem Abschluss des Fusionskontrollverfahrens verkauft werden (*„fix-it-first-remedy“*).[647] 584

Auch Maßnahmen zur Öffnung beherrschter Märkte, wie Infrastrukturöffnung oder -sicherung,[648] Lizenzen für Schlüsseltechnologien[649] oder Sonderkündigungsrechte für lang- 585

641) Mitteilung der Kommission über im Rahmen der Verordnung (EG) Nr. 139/2004 des Rates und der Verordnung (EG) Nr. 802/2004 der Kommission zulässige Abhilfemaßnahmen, ABl 2008 Nr. C 267/1 Rz. 22 ff; Mustertexte und *„Best Practice Guidelines“* für Veräußerungszusagen und Treuhändermandate, http://ec.europa.eu/competition/mergers/legislation/Merger2015.pdf (Stand: 2.1.2019). Beispiele: Entscheidung der Kommission (2004/271/EG) v. 11.6.2003 – COMP/M.2947 – Verbund/EnergieAllianz, bekannt gegeben unter Aktenzeichen K(2003) 1814, ABl Nr. L 92/91: Großkundengesellschaft; Entscheidung der Kommission v. 27.2.2003 – COMP/M.2922 – Pfizer/Pharmacia, ABl Nr. C 110/24: Rechte, Kundenstamm und Personal für bestimmte Pharmazeutika. Umgekehrt Beschl. der Kommission v. 26.11.2014 – COMP/M.7353 – Airbus/Safran, Rz. 527 ff, 551 ff: Verpflichtung, einen Geschäftsbereich anders als geplant *nicht* in ein Gemeinschaftsunternehmen einzubringen.

642) Mitteilung der Kommission über im Rahmen der Verordnung (EG) Nr. 139/2004 des Rates und der Verordnung (EG) Nr. 802/2004 der Kommission zulässige Abhilfemaßnahmen, ABl 2008 Nr. C 267/1, Rz. 58–60.

643) Beschl. der Kommission v. 1.3.2018 – COMP/M.8394 – Bayer/Monsanto; v. 27.3.2017 – COMP/M.7932 – Dow/DuPont: Veräußerung jeweils auch von Forschungs- und Entwicklungsaktivitäten.

644) Siehe zum Beispiel Beschl. der Kommission v. 15.3.2018 – COMP/M.7962 – ChemChina/Syngenta: ausführlich begründete Zustimmung zu Nufarm als Erwerberin für abzugebende Aktivitäten.

645) Mitteilung der Kommission über im Rahmen der Verordnung (EG) Nr. 139/2004 des Rates und der Verordnung (EG) Nr. 802/2004 der Kommission zulässige Abhilfemaßnahmen, ABl 2008 Nr. C 267/1, Rz. 97 ff; Rechtsschutz für abgelehnte Käufer: EuG, Urt. v. 3.4.2003 – Rs T-342/00 – SG2R/Kommission, Slg. 2003, II-1161, Rz. 36 ff und 100 ff; Auseinandersetzung um einen Verstoß gegen Auflagen: EuGH, Urt. v. 6.11.2012 – Rs C-553/10 P, C-554/10 P, und EuGH, Urt. v. 28.1.2016 – Rs C-514/14 P – Editions Odile Jacob; siehe auch *Hirsbrunner*, EuZW 2015, 535, 536.

646) Mitteilung der Kommission über im Rahmen der Verordnung (EG) Nr. 139/2004 des Rates und der Verordnung (EG) Nr. 802/2004 der Kommission zulässige Abhilfemaßnahmen, ABl 2008 Nr. C 267/1, Rz. 53–55; neuere Beispiele in Beschl. der Kommission v. 8.5.2014 – COMP/M.6905 – INEOS/Solvay, Rz. 1431 ff, 1675 f, und v. 10.9.2014 – COMP/M.7061 – Huntsman/Rockwood, Rz. 574 ff, 589; alternative Abhilfemaßnahmen in Entscheidung der Kommission v. 26.4.2004 – COMP/M.3354 – Sanofi-Synthelabo/Aventis, ABl Nr. C 213/8, Rz. 381–386: Veräußerung oder Vertriebslizenz.

647) Mitteilung der Kommission über im Rahmen der Verordnung (EG) Nr. 139/2004 des Rates und der Verordnung (EG) Nr. 802/2004 der Kommission zulässige Abhilfemaßnahmen, ABl 2008 Nr. C 267/1, Rz. 56 f; Beschl. der Kommission v. 30.1.2013 – COMP/M.6570 – UPS/TNT Express, Rz. 2001 ff; dazu und mit Beispielen *Hirsbrunner*, EuZW 2014, 658, 662 ff.

648) Beschl. der Kommission v. 1.3.2010 – COMP/M.5650 – T-Mobile UK/Orange, Rz. 187 ff; neuere Beispiele in Beschl. der Kommission v. 7.11.2018 – COMP/M.8744 – Daimler/BMW, Zugang zu Schnittstelleninformationen und App für Carsharing, und Beschl. der Kommission v. 2.7.2014 – COMP/M.7018 – Telefónica/E-plus: Veräußerung von Mobilfunknetzkapazität.

649) Beschl. der Kommission (2004/322/EG) v. 2.9.2003 – COMP/M.3083 – GE/Instrumentarium, bekannt gegeben unter Aktenzeichen C(2003) 3156, ABl Nr. L 109/1, Rz. 347–358: u. a. Schnittstelleninformationen für medizinische Geräte; Beschl. der Kommission v. 23.11.2015 – COMP/M.7686 – Avago/Broadcom: Zugang zu „Switch-Chip“-Technologie noch während des Fusionskontrollverfahrens, Freigabe ohne Bedingung, und Entscheidungen der Kommission v. 24.2.2015 und v. 10.10.2014 – COMP/M.7194 und 7000 – Liberty Global/De Vijver und Liberty/Ziggo: Maßnahmenpakete bei Zusammenschlüssen von Kabelnetzbetreibern bzw. eines Kabelnetzbetreibers mit einem Medienunternehmen.

fristig gebundene Abnehmer[650] können wettbewerbliche Bedenken ausräumen. Verhaltenszusagen, etwa bestimmte Geschäftsbereiche getrennt zu führen oder Dritten Zugang zu Infrastrukturen oder Dienstleistungen zu gewähren, sollen nach der Kommissionsmitteilung Ausnahme bleiben.[651]

**586** Die Anmelder können in beiden Verfahrensphasen Verpflichtungszusagen anbieten; es gelten jeweils genau festgelegte Fristen (Art. 19 VO 802/2004).[652] Zu den Vorschlägen befragt die Kommission die Mitgliedstaaten und Dritte („*market test*").

### c) Fusionskontrollverfahren

#### aa) Vorgespräche, Anmeldung und Gang des Verfahrens

**587** Bereits vereinbarte oder beabsichtigte (Art. 4 Abs. 1 Unterabs. 2 FKVO) Zusammenschlüsse, die der europäischen Fusionskontrolle unterliegen, sind von dem oder den Beteiligten, der oder die die Kontrolle über ein anderes Unternehmen erwerben, mit dem Formblatt CO (Art. 3 Abs. 1 VO 802/2004)[653] bei der Europäischen Kommission anzumelden (Art. 4 Abs. 1 und 2 FKVO). Im vereinfachten Verfahren, das weniger Angaben erfordert, wird mittlerweile die Mehrzahl der Zusammenschlüsse geprüft.[654] Die Fusionskontrolle obliegt in der Generaldirektion Wettbewerb bei der Europäischen Kommission jeweils einer Abteilung der für unterschiedliche Branchengruppen zuständigen Direktionen B–F. Wegen der umfangreichen Angaben ist eine rechtzeitige Vorbereitung unbedingt ratsam. In Vorgesprächen oder anhand von Entwürfen können die Parteien und die Kommission Zuständigkeits- und Rechtsfragen sowie den Inhalt der Anmeldung bis hin zu möglichen Abhilfemaßnahmen frühzeitig erörtern.[655] Oft erwartet die Kommission, dass noch vor der Anmeldung die wesentlichen materiell-rechtlichen Fragen geklärt sind und das Vorhaben freigabefähig erscheint.[656] Unzutreffende oder irreführende Angaben können mit Bußgeldern

---

650) Gaslieferverträge: Entscheidung der Kommission (2003/668/EG) v. 17.12.2002 – COMP/M.2822 – EnBW/ENI/GVS, bekannt gegeben unter Aktenzeichen K(2002) 5080, ABl 2003 Nr. L 248/51, Anhang 1; Beschl. der Kommission v. 26.1.2011 – COMP/M.5984 – Intel/McAfee, Rz. 297 ff und S. 62: Interoperabilität von Prozessoren und IT-Sicherheitssystemen; Beschl. der Kommission v. 14.7.2014 – COMP/M.7155 – SSAB/Rautaruuki, Rz. 249 ff: Veräußerung von Vertriebskapazitäten zur Erleichterung des Vertriebs von Stahl in Skandinavien.

651) Mitteilung der Kommission über im Rahmen der Verordnung (EG) Nr. 139/2004 des Rates und der Verordnung (EG) Nr. 802/2004 der Kommission zulässige Abhilfemaßnahmen, ABl 2008 Nr. C 267/1 Rz. 61 ff; Entscheidung der Kommission v. 8.10.2004 – IV/M.3410 – Total/Gaz de France, ABl Nr. C 4/3: Erdgasleitungen und -speicher; zur Abgrenzung zwischen Struktur- und Verhaltenszusagen EuG, Urt. v. 30.9.2003 – Rs T-158/00, Slg. 2003, II-3825, Rz. 193 = WB 2003, Rz. 55 – ARD/Kommission; zweifelhaft indessen Beschl. der Kommission v. 26.1.2011 – COMP/M.5984 – Intel/McAfee, Rz. 353 ff; Beschl. der Kommission v. 21.1.2010 – COMP/M.5529 – Oracle/Sun Microsystems, Rz. 616 ff; dazu *Weitbrecht*, ECLR 2010, 276, 280 f und 282; sehr kritisch *Immenga/Immenga*, WuW 2011, 337.

652) Verordnung (EG) Nr. 802/2004 der Kommission v. 7.4.2004 zur Durchführung der Verordnung (EG) Nr. 139/2004 des Rates über die Kontrolle von Unternehmenszusammenschlüssen, ABl 133/1.

653) Formblatt CO, Anhang I zur VO (EG) Nr. 802/2004, ABl Nr. L 133/1, zuletzt geändert durch VO (EU) 1269/2013 v. 5.12.2013, ABl Nr. L 336/1; Erleichterungen für voraussichtlich unproblematische Zusammenschlüsse nach Anhang II zur VO (EG) Nr. 802/2004, vereinfachtes Formblatt; siehe auch Bekanntmachung der Kommission über ein vereinfachtes Verfahren für bestimmte Zusammenschlüsse gemäß der Verordnung Nr. 139/2004 des Rates, ABl 2013 Nr. C 366/5. Die Kommission kann die Parteien von bestimmten Angaben oder Anforderungen befreien (Art. 4 Abs. 2 VO (EG) Nr. 802/2004).

654) 2018 kamen auf 414 Anmeldungen 302 Freigaben im vereinfachten Verfahren, http://ec.europa.eu/competition/mergers/statistics.pdf (Stand: 25.7.2019).

655) DG Competition Best Practices on the Conduct of EC Merger Control Proceedings, Rz. 5–9; Erwägungsgrund 11 zur VO (EG) Nr. 802/2004 v. 7.4.2004, ABl Nr. L 133/1.

656) *Weitbrecht*, ECLR 2010, 276, 284, mit Hinweis auf die Zunahme von Freigaben unter Auflagen in der ersten Verfahrensphase.

von bis zu einem Prozent des (Konzern-)Umsatzes des verantwortlichen Unternehmens geahndet werden.[657]

Die Kommission veröffentlicht Angaben über die beteiligten Unternehmen und den Zusammenschluss im **Amtsblatt** (Art. 4 Abs. 3 FKVO), um Dritten eine Stellungnahme zu ermöglichen. Fällt der Zusammenschluss unter die FKVO und ist er mit dem Gemeinsamen Markt vereinbar, gibt die Kommission ihn frei (Art. 6 Abs. 1 Buchst. b) FKVO). Hat sie **Anlass zu ernsthaften Bedenken**, leitet sie das Verfahren – die **„zweite Phase"** – ein (Art. 6 Abs. 1 Buchst. c) FKVO). 588

Entscheidungen nach Art. 6 Abs. 1 FKVO müssen innerhalb von höchstens 25 Arbeitstagen nach dem Eingang oder der Vervollständigung der Anmeldung ergehen (Art. 10 Abs. 1 Satz 1 FKVO; zum Begriff Arbeitstag Art. 24 VO 802/2004). Innerhalb von 90 Arbeitstagen nach der Eröffnung der zweiten Phase muss die Kommission über den Zusammenschluss entscheiden (Art. 10 Abs. 3 FKVO). Die genannten Fristen verlängern sich, wenn ein Mitgliedstaat eine Verweisung beantragt, die Parteien Zusagen vorschlagen, eine Fristverlängerung beantragen oder die Kommission förmliche Ermittlungen wegen Umständen, welche die Parteien zu vertreten haben, durchführen muss (Art. 10 Abs. 3 und 4 FKVO). Hält die Kommission diese Fristen nicht ein, gilt der angemeldete Zusammenschluss als freigegeben (Art. 10 Abs. 6 FKVO). Bei ihren **Ermittlungen** ist sie zu Auskunftsverlangen und -entscheidungen an Unternehmen und Unternehmensvereinigungen, Auskunftsverlangen an die Mitgliedstaaten, zur Befragung natürlicher oder juristischer Personen (Art. 11 FKVO) sowie zu Nachprüfungen (Art. 12, 13 FKVO) befugt.[658] Ein Chefökonom berät die Generaldirektion in methodischen Fragen, Kontrollforen aus nicht vorbefassten Beamten (*„panels"*) prüfen intern die Bearbeitung schwieriger Fälle. 589

Die Beteiligten erhalten vor belastenden Entscheidungen in der zweiten Phase **rechtliches Gehör** durch Mitteilung der Beschwerdepunkte (Art. 18 Abs. 1 und 3 FKVO, Art. 13 Abs. 1–3 VO 802/2004), auf Antrag durch eine mündliche Anhörung vor dem Anhörungsbeauftragten (Art. 14, 15 VO (EG) Nr. 802/2004) und durch **Akteneinsicht** (Art. 17 VO 802/2004).[659] (Eingeschränkte) Rechte auf Anhörung und Stellungnahme haben auch andere Beteiligte, wie der Veräußerer oder das Zielunternehmen, und Dritte, zum Beispiel Wettbewerber, Lieferanten, Arbeitnehmer- und Verbrauchervertreter (Art. 11 VO 802/2004). Dritte können schriftlich oder in einer Anhörung Stellung nehmen (Art. 16 VO 590

657) Beispiele bei Beschl. der Kommission v. 17.5.2017 – COMP/M.8228 – Facebook/Whatsapp: Bußgeld von 124,5 Mio. €; Beschlüsse v. 6.7.2017, COMP/M.8181 – Merck/Sigma Aldrich, COMP/M.8436, Mitteilung der Beschwerdepunkte wegen (angeblich) unterbliebener Angabe von Entwicklungsvorhaben.

658) Zum weiten Ermessensspielraum der Kommission bei solchen Ermittlungen EuG, Urt. v. 4.2.2009 – Rs T-145/06, Slg. 2009 II-145, Rz. 28 ff; zu Auskunftspflichten bis hin zur Selbstbelastung und dem Schutz der Kommunikation mit externen Anwälten *Maass*, in: Langen/Bunte, Art. 11 Rz. 5 und 6.

659) Funktion und Aufgaben des Anhörungsbeauftragten nach dem Beschl. der Kommission v. 23.5.2001 über das Mandat von Anhörungsbeauftragten in bestimmten Wettbewerbsverfahren, bekannt gegeben unter Aktenzeichen K(2001) 1461, ABl Nr. L 162/21; zur Akteneinsicht siehe Mitteilung der Kommission v. 15.12.2005 über die Regeln für die Einsicht in Kommissionsakten in Fällen einer Anwendung der Artikel 81 und 82 EG-Vertrag, Artikel 53, 54 und 57 des EWR-Abkommens und der VO (EG) Nr. 139/2004, ABl Nr. C 235/7. Zum Verhältnis von Vertraulichkeit von Dokumenten im Fusionskontrollverfahren zur Informationsfreiheit nach VO (EG) 1049/2001 EuGH, Urt. v. 28.6.2012 – Rs C-477/10 P – Agrofert, Rz. 49 ff.

802/2004). Die Kommission versucht, darüber hinaus Beteiligten wie Dritten Transparenz durch Gespräche und Gelegenheit zur Äußerung zu gewährleisten.[660)]

## bb) Verweisungen zwischen der Kommission und nationalen Kartellbehörden

591 Die Kommission kann auf Antrag eines Mitgliedstaates einen Zusammenschluss ganz oder teilweise an dessen Kartellbehörde zur Prüfung verweisen, wenn er bestimmte Auswirkungen auf einen oder mehrere Märkte innerhalb dieses Mitgliedstaates hat (Art. 9 Abs. 2 FKVO).[661)] Ein oder mehrere Mitgliedstaaten können einen Zusammenschluss i. S. d. Art. 3 FKVO mit erheblichen grenzüberschreitenden Wirkungen an die Kommission verweisen (Art. 22 Abs. 1 FKVO).[662)] Die zur Anmeldung verpflichteten Personen oder Unternehmen (siehe Rz. 587) können *vor* einer Anmeldung unter ähnlichen Voraussetzungen beantragen, einen Zusammenschluss mit unionsweiter Bedeutung ganz oder teilweise von einem Mitgliedstaat (Art. 4 Abs. 4 FKVO) oder, wenn er in mindestens drei Mitgliedstaaten geprüft werden könnte, von der Kommission prüfen zu lassen (Art. 4 Abs. 5 FKVO).[663)] Solche Verweisungen sind nicht gegen den Willen eines betroffenen Mitgliedstaates zulässig (Art. 4 Abs. 4 Unterabs. 3, Abs. 5 Unterabs. 4 Satz 1 FKVO).

592 Die Mitgliedstaaten prüfen die an sie verwiesenen Zusammenschlüsse nach ihrem nationalen Recht (Art. 4 Abs. 4 Unterabs. 5 FKVO);[664)] die damit verbundene Ungleichbehandlung von Unternehmen und Märkten nimmt das EuG hin.[665)]

593 Eine Verweisung an die Kommission ist oft wegen des geringeren Aufwands für nur ein Verfahren sowie der auf europäischer Ebene im Vergleich zum Ausland einfacheren Rechtsverfolgung sinnvoll.[666)] Sie kann aber auch Märkte in Ländern, deren Fusionskontrollrecht wegen hoher Aufgreifschwellen gar nicht anwendbar wäre, zum Gegenstand der Prüfung

660) DG Competition Best Practices, Rz. 29–41; siehe aus der Fülle der Merkblätter und Anleitungen Kommission, Best practices on the disclosure of information in data rooms v. 2.6.2015, on the submission of economic evidence v. 17.10.2011, Guidance on the preparation of public versions v. 26.5.2015, jeweils unter http://ec.europa.eu/competition/mergers/legislation/legislation.html (Stand: 25.7.2019).

661) Beispiel in Beschl. der Kommission v. 24.9.2010 – COMP/M.5881 – RTL/Pro7, im Anschluss an die Verweisung untersagt in BKartA, Beschl. v. 17.3.2011 – B6-94/10. Abgelehnte Verweisung in Beschl. der Kommission v. 30.1.2014 – COMP/M.7018 – Telefónica/E-plus. Siehe auch Mitteilung der Kommission über die Verweisung von Fusionssachen, ABl 2003 Nr. C 56/2, und Vorschläge zur Vereinfachung des Verweisungsverfahren in Kommission, Weißbuch „Eine wirksamere EU-Fusionskontrolle" v. 9.7.2014 – COM (2014) 449 endg, S. 17 ff.

662) Beispiele in Beschlüssen der Kommission v. 6.9.2018 – COMP/M.8788 – Apple/Shazam, Rz. 6 ff; 5.5.2011 – COMP/M.6106 – Caterpillar/MWM, und v. 22.12.2010 – SC Johnson/Sara Lee Haushaltsinsektizide: jeweils zweite Verfahrensphase; Anwendungsgrundsätze der europäischen Kartellbehörden für Art. 22 FKVO, http://www.bundeskartellamt.de/SharedDocs/Publikation/DE/Sonstiges/ECA_Grunds%C3 %A4tze_Anwendung_Artikel_Europ%C3 %A4ischen%20Fusionskontrollverordnung.html?nn=3590338 (Stand: 2.1.2019).

663) Beispiel für eine Verweisung auf Antrag der Beteiligten: Beschl. der Kommission v. 3.10.2014 – COMP/M.7217 – Facebook/WhatsApp, Rz. 9–12.

664) Schon zur VO (EWG) Nr. 4064/89: EuG, Urt. v. 3.4.2003 – T-119/02, Slg. 2003, II-1433, Rz. 275 – Royal Philips/Kommission; aus deutscher Sicht: OLG Düsseldorf, Beschl. v. 13.12.2006 – VI-Kart 1/06 (V), WuW/E DE-R 1922, 1924 – Verweisungsverfahren.

665) EuG, Urt. v. 3.4.2003 – Rs T-119/02, Slg. 2003, II-1433, Rz. 270–298, 355 – Royal Philips/Kommission; zu den Handlungsbefugnissen der Mitgliedstaaten Art. 9 Abs. 8 FKVO.

666) Beispiele: Entscheidung der Kommission v. 30.11.2004 – COMP/M.3589 – Körber/Winkler + Dünnebier, Presseerklärung v. 1.12.2004: Prüfung durch die Kommission statt durch sechs Mitgliedstaaten; Entscheidung der Kommission v. 9.8.2004 – COMP/M.3439 – Agfa-Gevaert/Lastra, Rz. 6: Kommission statt 10 Mitgliedstaaten.

machen und Probleme aufwerfen.[667] – Immer größere Bedeutung erlangt die Zusammenarbeit der Kartellbehörden verschiedener Länder und Organisationen.[668]

### cc) Vollzugsverbot

Für Zusammenschlüsse, die der FKVO unterliegen, besteht bis zur Freigabe ein **Vollzugsverbot** (Art. 7 Abs. 1 FKVO). Verboten sind jedenfalls Maßnahmen, die ganz oder teilweise, tatsächlich oder rechtlich zu einer Veränderung der Kontrolle über das Zielunternehmen beitragen,[669] etwa die Übertragung von Anteilen oder Vermögenswerten, nicht aber Vorbereitungen eines Beteiligten ohne Zusammenwirken mit dem anderen, selbst wenn diese Vorbereitungen allein durch die Transaktion motiviert und nur ihretwegen sinnvoll sind.[670] Ob das Vollzugsverbot auch Handlungen erfasst, welche die wettbewerblichen Auswirkungen des Vorhabens vorwegnehmen, insbesondere wenn vor der Freigabe des Zusammenschlusses dem Käufer Einfluss auf das Zielunternehmen vermittelt oder den Beteiligten ermöglicht wird, Ressourcen zu bündeln und auf den relevanten Märkten gemeinsam einzusetzen, ist nicht eindeutig.[671] 594

Nach der Praxis der Europäischen Kommission sowie nationaler Kartellbehörden und -gerichte sind solche Handlungen verboten.[672] Der EuGH will dagegen das Vollzugsverbot nur auf Handlungen anwenden, die zu einer „dauerhaften Veränderung der Kontrolle“ über das Zielunternehmen führen. Im Übrigen gelte das Kartellverbot (Art. 101 Abs. 1 AEUV, in Deutschland § 1 GWB).[673] 595

Nach unserer Auffassung führen Mitspracherechte des Erwerbers in Angelegenheiten des Zielunternehmens zu einer solchen dauerhaften Veränderung. Der Kaufvertrag soll ja zum vollständigen Vollzug, zum Closing, führen, und bis dahin bleiben die Mitspracherechte bestehen. Sieht man dies anders, sind künftig Mitspracherechte des Erwerbers vor allem bei horizontalen Zusammenschlüssen problematisch. Es bleibt im Übrigen abzuwarten, wie der EuGH Sachverhalte entscheidet, in denen die Parteien ohne Anteils- oder Vermögensübertragung die Wirkungen des Zusammenschlusses durch Mitspracherechte oder gemeinsamen Marktauftritt vorwegnehmen; der Altice-Beschluss der Kommission ist vor das Gericht erster Instanz gebracht worden.[674] 596

667) *Berg/Digel*, EWS 2003, 445, 446–51; zur Problematik bei Verweisungen nach Art. 22 FKVO *Brinker/Linsmaier*, KSzW 2011, 64, 68.

668) Siehe dazu *Merger Working Group* der Kommission und der Kartellbehörden der EU- und EWR-Mitgliedstaaten, Diskussionsentwurf „*Draft/Best Practices on Cooperation between EU national competition authorities in merger review*“, http://ec.europa.eu/competition/consultations/2011_merger_best_practices/index_en.html (Stand: 25.7.2019).

669) EuGH, Urt. v. 31.5.2018 – C-633/16, Rz. 59 ff – *Ernst & Young P/S*.

670) EuGH, Urt. v. 31.5.2018 – C-633/16, Rz. 60 f: Kündigung eines Kooperationsvertrags durch eine Wirtschaftsprüfungsgesellschaft, um sich mit einem anderen Unternehmen zusammenschließen zu können.

671) Eindeutig in diesem Sinne BGH, Beschl. v. 17.7.2018 – KVR 64/17, NZKart 2018, 541 = WM 2018, 1994, Rz. 21 ff; *Herrlinger/Valdini*, NZKart 2018, 308, 309 ff; a. A. wohl Hoffer/Lehr, NZKart 2018, 300, 306.

672) Kommission, Beschl. v. 24.4.2018 – COMP/M.7993, Rz. 42, 479 ff – Altice, Nichtigkeitsklage anhängig beim EuG als Rs T-425/18; WB 1997, Rz. 193: Vermarktung eines gemeinsamen Produkts; Kommission, WB 1992, S. 160: Unterstützung der Geschäftsführung und Stimmrechtsausübung in der ordentlichen Jahreshauptversammlung; Überblick über Entscheidungen in weiteren Ländern bei Purps/Beaumunier, NZKart 2017, 224.

673) EuGH, Urt. v. 31.5.2018, Rs C-633/16, C-633/16, Rz. 52, 55 ff.

674) Beschl. v. 24.4.2018 – COMP/M.7993, anhängig beim EuG als Rs T-425/18.

597 Rechtsgeschäfte, die gegen das Vollzugsverbot verstoßen, sind regelmäßig schwebend unwirksam (Art. 7 Abs. 4 FKVO). Schuldhafte Verstöße kann die Kommission mit Geldbußen ahnden (Art. 14 Abs. 2 Buchst. a) und b) FKVO).[675] „Parken" die Beteiligten das Zielunternehmen bei einem Dritten, zum Beispiel einer Bank, bis zum Abschluss des Fusionskontrollverfahrens („*warehousing*"), sieht die Kommission einen Zusammenschluss zwischen Veräußerer und Letzterwerber.[676] EuG und EuGH haben sich dazu aber nicht geäußert.[677] Die Kommission kann in begründeten Fällen auf Antrag die Parteien ganz oder teilweise vom Vollzugsverbot befreien (Art. 7 Abs. 3 FKVO).[678]

598 Das Risiko eines Verstoßes gegen das Vollzugsverbot („*gun-jumping*") besteht insbesondere, wenn

- die an einer Transaktion beteiligten Unternehmen Zusammenschlusstatbestände, Konzernverhältnisse oder andere Umstände, die eine Anmeldepflicht begründen, falsch bewerten und deshalb nicht anmelden[679] oder
- diese Unternehmen, insbesondere nach Abschluss des Kaufvertrags, dem Erwerber schon zu weit gehenden Einfluss auf das Zielunternehmen einräumen, obwohl eine oder – bei multinationalen Transaktionen – mehrere Freigaben durch die zuständigen Kartellbehörden noch ausstehen.[680] Nun ist die Pflicht des Verkäufers, das Zielunternehmen als Kaufgegenstand in seinem Bestand und Wert zu erhalten, und die Absicherung dieser Pflicht durch Zustimmungsvorbehalte für Geschäfte, die das Zielunternehmen wesentlich ändern würden, eine zulässige Nebenabrede.[681] Wo die Grenze zum vorzeitigen Vollzug verläuft, ist stets eine Einzelfallentscheidung. Die Bedeutung der Maßnahme für das Zielunternehmen und sein Marktverhalten, der Zeitrahmen bis zur Freigabe und materiell-rechtlich die Freigabefähigkeit der Transaktion sind dabei abzuwägen.

599 Ein vorzeitiger gemeinsamer Marktauftritt und eine Integration von Erwerber und Zielunternehmen noch vor der Freigabe mag nach dem Ernst&Young-Urteil des EuGH künftig eine Frage des Kartellverbots sein. Besondere Vorsicht ist dann bei horizontalen Zusammenschlüssen geboten.

---

675) Drastisch: Entscheidung der Kommission v. 10.6.2009 – COMP/M.4994 – Electrabel/CNR, bestätigt in EuGH, Urt. v. 3.7.2014 – Rs C-84/13 P: Bußgeld von 20 Mio. € wegen Vollzugs eines unbedenklichen Zusammenschlusses; zuletzt Beschl. der Kommission v. 23.7.2014 – COMP/M.7184 – Marine Harvest/Morpol: 10 Mio. € wegen vorzeitigen Vollzugs eines problematischen Zusammenschlusses.

676) Kommission, Mitteilung zu Zuständigkeitsfragen, Rz. 35 und 114; weiter Presseerklärungen v. 6.7.2017 und 30.11.2018, COMP/M.8179 – Canon/Toshiba: Mitteilung der Beschwerdepunkte; siehe auch BKartA, Beschl. v. 22.6.2006 – B10-155/05 – Remondis/Awista, Rz. 16 f: Verstoß gegen das Vollzugsverbot, wenn der Letzterwerber den Zwischenerwerber von Risiken freistellt.

677) EuG, Urt. v. 13.9.2010 – Rs T-279/04 – Editions Odile Jacob/Kommission, Rz. 116 ff; nicht beanstandet in EuGH, Urt. v. 6.11.2012 – Rs C-551/10 P – Ed. Odile Jacob.

678) Zur Praxis der Kommission siehe Beschl. der Kommission v. 27.10.2017 – COMP/M.8633 – Lufthansa/Vermögenswerte der Air Berlin: vorzeitige Übernahme von Flugzeugen zur Aufrechterhaltung des Flugbetriebs; Entscheidung der Kommission v. 11.4.1995 – IV/M.573 – ING/Barings, ABl Nr. C 114/6 = WuW/E EV 2322, 2323, Rz. 7; Entscheidung der Kommission v. 23.6.2005 – COMP/M.3754 – Strabag/Dywidag, Rz. 10: Mitwirkung an der Geschäftsführung; Beschl. der Kommission v. 13.5.2014 – COMP/M.7273 – Gerdau Europe/Ascometal: Übernahme eines insolventen Unternehmens.

679) So in den Fällen Marine Harvest, EuG, Urt. v. 26.10.2017 – T-704/14 (n. rkr. – Rechtsmittel beim EuGH anhängig unter C-10/18 P, dazu York von Wartenburg/Stammwitz, GWR 2018, 115, und Electrabel/CNR, EuGH, Urt. v. 3.7.2014 – Rs C-84/13 P.

680) So in Altice/PT Portugal, Beschl. v. 24.4.2018, COMP/M.7993 (n.rkr.) – Bußgeld von 124,5 Mio. € wegen zu weitgehender Kontrollrechte, tatsächlicher Einflussnahme und Informationsaustauschs vor Freigabe durch die Kommission.

681) Bekanntmachung der Kommission über Nebenabreden, ABl 2005 Nr. C 56/24, Rz. 14.

### dd) Verfahrensabschluss und Rechtsschutz

Das Verfahren endet mit einem **Beschluss** (Art. 288 Abs. 4 AEUV) der Kommission. Mit der Freigabe des Zusammenschlusses gelten auch die mit seiner Durchführung unmittelbar verbundenen und für sie notwendigen **Nebenabreden** zwischen den Parteien als genehmigt (Art. 6 Abs. 1 Unterabs. 3, Art. 8 Abs. 1 Unterabs. 2 und Abs. 2 Unterabs. 3 FKVO). Nebenabreden sind notwendig, wenn der Zusammenschluss ohne sie nicht oder nur erschwert umgesetzt werden könnte.[682] Beispiele sind Wettbewerbs- oder Abwerbeverbote gegenüber dem Veräußerer von bis zu zwei oder drei Jahren für den Tätigkeitsbereich des Zielunternehmens, Lizenzverträge über Schutzrechte oder Know-how des Veräußerers, welche das Zielunternehmen weiternutzt, sowie (nicht ausschließliche) Liefer- und Bezugsverträge und Wettbewerbsverbote gegenüber einem Gemeinschaftsunternehmen während seines Bestehens.[683] Eine Nebenabrede ist außerdem, den Verkäufer zwischen Abschluss und Vollzug des Kaufvertrags zum Erhalt des Zielunternehmens in seinem Bestand zu verpflichten.[684] Beschränkungen über dieses Maß hinaus können aufgrund einer Freistellung vom Kartellverbot (Art. 101 Abs. 3 AEUV) zulässig sein. Die Parteien müssen Nebenabreden eigenverantwortlich einschätzen, die Kommission äußert sich nur noch zu neuen, ungeklärten Fragen.[685] 600

Gegen **Untersagungsbeschlüsse** können die Anmelder als Adressaten **Nichtigkeitsklage** zum Europäischen Gericht erster Instanz erheben (Art. 263 Abs. 4 AEUV), selbst wenn sie das Zusammenschlussvorhaben als solches aufgegeben haben.[686] Klagebefugt, da unmittelbar und individuell betroffen, sind auch Veräußerer und Zielunternehmen. Dritte können in diesem Sinne betroffen sein, wenn sie am Verfahren vor der Kommission aktiv teilgenommen haben und wenn die Freigabe oder unzureichende Bedingungen ihre Marktstellung beeinträchtigen.[687] Die Kommission hat bei wirtschaftlichen Bewertungen einen nur beschränkt überprüfbaren Beurteilungsspielraum (Art. 263 Abs. 1 AEUV).[688] Ihre Sachverhaltsermittlung und ihre wettbewerbliche Prognose müssen jedoch fehlerfrei sein und die wahrscheinlichste von mehreren möglichen Entwicklungen zugrunde legen, 601

682) Bekanntmachung der Kommission über Einschränkungen des Wettbewerbs, die mit der Durchführung von Unternehmenszusammenschlüssen unmittelbar verbunden und für diese notwendig sind (Nebenabreden), ABl 2005 Nr. C 56/24, Rz. 13.

683) Bekanntmachung der Kommission über Nebenabreden, ABl 2005 Nr. C 56/24, Rz. 19–26, 28, 32 f und 36; siehe auch EuG, Urt. v. 28.6.2016 – Rs T-208/13 u. T-216/13 – Portugal Telekom und Telefónica: Bußgelder wegen ersichtlich überschießenden Wettbewerbsverbots, bestätigt durch EuGH, Urt. v. 13.12.2017 – Rs C-487/16 P.

684) Bekanntmachung der Kommission über Nebenabreden, ABl 2005 Nr. C 56/24, Rz. 14.

685) Erwägungsgrund 21 zur FKVO; Bekanntmachung der Kommission über Nebenabreden, ABl 2005 Nr. C 56/24, Rz. 2.

686) EuG, Urt. v. 15.12.1999 – Rs T-22/97 – Slg. 1999, II-3775, Rz. 55–65 – Kesko/Kommission; zu Schadensersatzansprüchen wegen einer rechtswidrigen Untersagung EuGH, Urt. v. 16.7.2009 – Rs C-440/07 P – Kommission/Schneider Electric. Siehe weiter EuG, Urt. v. 6.7.2010 – Rs T-411/07, Slg. 2010, II-3695 – Ryanair/Aer Lingus, Rz. 57: keine Pflicht zur Veräußerung einer Minderheitsbeteiligung nach Untersagung des Kontrollerwerbs.

687) EuG, Urt. v. 30.9.2003 – Rs T-158/00, Slg. 2003, II-3825, Rz. 58–95 – ARD/Kommission.

688) EuGH, Urt. v. 31.3.1998 – Rs C-68/94, C-30/95, Slg. 1998, I-1375, Rz. 223 f – Frankreich/Kommission; EuG, Urt. v. 14.12.2005 – Rs T-210/01, Slg. 2005 II-5575, Rz. 60 – General Electrics; EuG, Urt. v. 13.5.2015 – Rs T-162/10 – Niki Luftfahrt, Rz. 85 ff; EuG, Urt. v. 11.12.2013 – Rs T-79/12 – Cisco, Rz. 50; EuG, Urt. v. 7.6.2013 – Rs T-405/08 – Spar/Kommission, Rz. 48, 117 f, 122.

insbesondere wenn ein Zusammenschluss die Marktverhältnisse nur mittelbar verändert.[689] Für Freigaben gilt dasselbe Beweismaß wie für Untersagungen.[690]

### 2. Deutsche Zusammenschlusskontrolle

#### a) Zusammenschlussbegriff und Aufgreifschwellen

602 Ein Unternehmenskauf ist **Zusammenschluss (§ 37 Abs. 1 GWB)** durch **Erwerb des Vermögens** eines anderen Unternehmens ganz oder zu einem wesentlichen Teil (Nr. 1), durch **Erwerb der** unmittelbaren oder mittelbaren **Kontrolle** über die Gesamtheit oder Teile eines anderen Unternehmens (Nr. 2) oder durch **Erwerb von Anteilen** an einem anderen Unternehmen in Höhe von 25 % (Nr. 3 Buchst. b) oder 50 % (Buchst. a) des Kapitals oder der Stimmrechte. Der Erwerb geringerer Beteiligungen kann ein Zusammenschluss durch **Begründung eines wettbewerblich erheblichen Einflusses** auf ein anderes Unternehmen sein (Nr. 4). Regelfall des § 37 Abs. 1 Nr. 1 GWB ist der Erwerb unternehmerisch genutzten Vermögens. „Wesentlich" sind auch einzelne Gegenstände, die tragende Grundlage für eine bestehende Stellung des Veräußerers auf dem relevanten Markt sind und dem Erwerber ermöglichen, in diese einzutreten.[691]

603 § 37 Abs. 1 Nr. 4 GWB soll alle gesellschaftsrechtlich vermittelten Unternehmensverbindungen erfassen, durch welche die beteiligten Unternehmen nicht mehr unabhängig voneinander am Markt auftreten und erwarten lassen, dass andere Gesellschafter (auch) ohne Rechtspflicht (teilweise) auf die Vorstellungen des Minderheitsgesellschafters Rücksicht nehmen, insbesondere wenn einem Gesellschafter eine Stellung zukommt, die einer aktienrechtlichen Sperrminorität entspricht.[692]

604 Zusammenschlüsse unterliegen der deutschen Fusionskontrolle, wenn **die beteiligten Unternehmen** im letzten abgeschlossenen Geschäftsjahr **weltweit über 500 Mio. €, mindestens ein beteiligtes Unternehmen im Inland über 25 Mio. €** und **mindestens ein weiteres beteiligtes Unternehmen im Inland über 5 Mio. € Umsatzerlöse** erzielt haben (**„Aufgreifschwellen"** – § 35 Abs. 1 GWB), soweit sich nicht ein konzernunabhängiges Unternehmen mit weniger als 10 Mio. € Umsatzerlösen mit einem anderen Unternehmen zusammenschließt (**De-minimis- oder Anschlussklausel, § 35 Abs. 2 Satz 1 Nr. 1 GWB**).[693] Die Fusionskontrolle ist auch anwendbar, wenn die Beteiligten insgesamt weltweit Um-

689) EuG, Urt. v. 25.10.2002 – Rs T-5/02, Slg. 2002, II-4381 – Tetra Laval, bestätigt durch EuGH, Urt. v. 15.2.2005 – Rs C-12/03 P, Slg. 2005, I-987, Rz. 37–45 – Kommission/Tetra Laval; dazu *Scheffler*, EuZW 2005, 751; siehe auch EuGH, Urt. v. 16.1.2019 – Rs C-265/17 P, Aufhebung einer Untersagung wegen Verletzung der Verteidigungsrechte.

690) EuGH, Urt. v. 10.7.2008 – Rs C-413/06 P, Slg. 2008 I-4951 – Bertelsmann/Impala, Rz. 44 ff.

691) BGH, Beschl. v. 7.7.1992 – KVR 14/91, WuW/E BGH 2783, 2784–2787 = ZIP 1992, 1413, dazu EWiR 1992, 1099 *(Paschke)* – Warenzeichenerwerb: Marken; BGH, Beschl. v. 10.10.2006 – KVR 32/05, WuW/E DE-R 1979, 1981 f – National Geographic I und B 7 – 176/18, Fallbericht v. 1.4.2019: Lizenz für die deutschsprachige Ausgabe des *National Geographic*; BKartA, Beschl. v. 17.10.2014 – B8-119/14, RWE/DEW 21, Fallbericht unter https://www.bundeskartellamt.de: „Entfristung" durch Umwandlung einer befristeten in eine unbefristete Beteiligung an einem anderen Unternehmen (Stand: 25.7.2019).

692) BGH, Beschl. v. 21.11.2000 – KVR 16/99, WuW/E DE-R 607, 609–611 (ASV/Stilke); OLG Düsseldorf, Beschl. v. 12.11.2008 – VI-Kart 5/08 (V) – A-tec/Norddeutsche Affinerie, WuW/E DE-R 2462 Rz. 48 ff; BKartA, Beschl. v. 12.3.2013 – B3-86101-Fa-132/12 – Asklepios/Rhön, Rz. 48–50: 10,1 % der Aktien, die aufgrund der Satzung des Zielunternehmens Sperrminorität begründen.

693) Dazu BKartA, TB 1999/2000, BT-Drucks. 14/6300, S. 17, 18. – Ausschluss der Fusionskontrolle auch, wenn öffentliche Einrichtungen und Betriebe im Rahmen einer kommunalen Gebietsreform zusammengeführt werden (§ 35 Abs. 2 Satz 2 GWB): Erfolg der Kommunallobby.

satzerlöse von mehr als 500 Mio. € erzielt haben, ein beteiligtes Unternehmen im Inland Umsatzerlöse von über 25 Mio. € erzielt hat und zwar weder das zu erwerbende noch ein anderes Unternehmen Umsatzerlöse von jeweils mehr als 5 Mio. € erwirtschaftet hat, aber der **Wert der Gegenleistung für den Zusammenschluss mehr als 400 Mio. €** beträgt und das zu erwerbende Unternehmen in erheblichem Umfang im Inland tätig ist (§ 35 Abs. 1a GWB, **Transaktionswertschwelle**).[694]

Sonderregeln für die **Umsatzberechnung** gelten für Tätigkeiten im Warenhandel, bei Presse, Pressevertrieb und Rundfunk, für Kredit- und Finanzinstitute, Bausparkassen und Versicherungen (§ 38 GWB). Zwei oder mehr Zusammenschlüsse zwischen denselben Parteien innerhalb von zwei Jahren werden als einer behandelt, wenn dadurch erstmals die Umsatzschwellen des § 35 GWB erreicht werden (§ 38 Abs. 5 Satz 3 GWB). 605

Maßgeblich für die Aufgreifschwellen (§ 35 Abs. 1 GWB) und die materielle Beurteilung (§ 36 Abs. 1 GWB) sind Umsatzerlöse und Marktstellung der am Zusammenschluss **beteiligten Unternehmen**. Beteiligte Unternehmen sind bei einem Vermögenserwerb der Erwerber und (nur) mit den veräußerten Vermögenswerten der Veräußerer (§ 38 Abs. 5 GWB), beim Erwerb von Anteilen der Erwerber und die Zielgesellschaft. Bei der Gründung von Gemeinschaftsunternehmen (§ 37 Abs. 1 Nr. 3 GWB) sind alle Gründer, die 25 % oder mehr der Anteile an dem Gemeinschaftsunternehmen halten sollen, beteiligte Unternehmen. Beteiligte in Fällen des § 37 Abs. 1 Nr. 4 GWB sind das Unternehmen, das die Einflussmöglichkeit erwirbt, und das andere, bei dem sie entsteht. Diesen beteiligten Unternehmen sind die Umsätze, Ressourcen und Marktstellungen ihrer jeweiligen verbundenen Unternehmen (§ 36 Abs. 2 GWB, Verbundklausel)[695] zuzurechnen, soweit nicht der Zusammenschluss die Unternehmensverbindung beendet. Lediglich für die Anschlussklausel (§ 35 Abs. 2 Satz 1 Nr. 1 GWB, siehe Rz. 604) kommt es auf den Konzern des Verkäufers insgesamt an; sie soll kleinere Unternehmen und Unternehmensgruppen privilegieren. 606

Wirken **mehrere Unternehmen** derart zusammen, dass sie **gemeinsam** einen **beherrschenden Einfluss** auf ein anderes Unternehmen ausüben können, gilt jedes von ihnen als herrschendes (**§ 36 Abs. 2 Satz 2 GWB, „Mehrmütterklausel“**). Diese gemeinsame Beherrschung beruht in der Regel auf einer gesicherten gemeinsamen Beherrschungsmöglichkeit, etwa durch Konsortialvertrag. Eine auf Dauer angelegte Interessengleichheit kann aber ausreichen.[696] Gemeinsam beherrschende Gesellschafter eines Gemeinschaftsunternehmens müssen sich dieses jeweils als Ganzes zurechnen lassen. Personen oder Personenvereinigungen, die an einem Unternehmen mehrheitlich beteiligt sind, gelten als Unternehmen (§ 36 Abs. 3 GWB, „Flick-Klausel“). Einer Person des öffentlichen Rechts sind alle Umsätze aus unternehmerischen Tätigkeiten und der von ihr abhängigen Unternehmen unabhängig von der Art dieser Tätigkeiten zuzurechnen.[697] 607

---

694) Zur Bestimmung des „Wertes der Gegenleistung“ siehe § 38 Abs. 4a GWB; zu Auslegungs- und Anwendungsfragen der Transaktionswertschwelle BKartA und BWB (Österreich) siehe Leitfaden Transaktionswert-Schwellen, v. Juli 2018, https://www.bundeskartellamt.de/SharedDocs/Publikation/DE/Leitfaden/Leitfaden_Transaktionsschwelle.pdf?__blob=publicationFile&v=6 (Stand: 25.7.2019).

695) Dazu *Bechtold/Bosch*, GWB, § 36 Rz. 64 ff.

696) BGH, Beschl. v. 30.9.1986 – KVR 8/85, BGHZ 99, 1 = WuW/E BGH 2321, 2322 = ZIP 1987, 399, dazu EWiR 1987, 207 *(Schwark)* – Mischguthersteller; BGH, Beschl. v. 7.11.2006 – KVR 39/05, WuW/E DE-R 1890, 1891 f – Radio TON; Kriterien für die Zurechnung eines Gemeinschaftsunternehmens für die Prüfung nach Art. 2 FKVO bei EuG, Urt. v. 14.12.2005 – Rs T-210/01, Rz. 124 ff – General Electrics/Kommission, ABl 2006 Nr. C 48/26.

697) OLG Düsseldorf, Beschl. v. 7.5.2008 – VI-Kart 1/07 (V), WuW/E DE-R 2347, 2349 ff – Universitätsklinikum Greifswald. Anders die EG-Fusionskontrolle: Kommission, Konsolidierte Mitteilung zu Zuständigkeitsfragen, Rz. 192–194, und Entscheidung v. 14.5.2009 – COMP/M.5508 – Soffin/HRE, Rz. 5 ff.

### b) Materielle Fusionskontrolle

608 Das Bundeskartellamt **untersagt** ein Zusammenschlussvorhaben, das **wirksamen Wettbewerb erheblich behindern** würde, insbesondere das die **Begründung oder Beherrschung einer marktbeherrschenden Stellung (§ 18 GWB)** erwarten lässt (§ 36 Abs. 1 Satz 1 GWB, **„Eingreifschwelle“**). Das gilt **nicht**, wenn die beteiligten Unternehmen nachweisen, dass ihr Vorhaben auch **Verbesserungen der Wettbewerbsbedingungen** mit sich bringt und diese die Nachteile der Marktbeherrschung **überwiegen** (§ 36 Abs. 1 Satz 2 Nr. 1 GWB) oder wenn die Untersagungsvoraussetzungen (nur) auf einem **Bagatellmarkt** vorliegen (Satz 2 Nr. 2). § 36 Abs. 1 Satz 2 Nr. 3 GWB ist eine sektorenspezifische Regelung für Sanierungsfusionen im Zeitungs- bzw. Zeitschriftenbereich.[698]

609 Die Begründung oder Verstärkung einer marktbeherrschenden Stellung ist Regelbeispiel für eine erhebliche Behinderung wirksamen Wettbewerbs,[699] nach Auffassung des Amtes stets und ohne weitere Voraussetzungen.[700] Daher sind zuerst die relevanten Märkte abzugrenzen und die Marktstellungen der Beteiligten zu würdigen. Danach ist zu klären, ob der Zusammenschluss auch ohne Marktbeherrschung wirksamen Wettbewerb erheblich behindert.

#### aa) Marktabgrenzung

610 Der **sachlich relevante** Markt umfasst alle Produkte, die sich nach ihren Eigenschaften, ihrem Verwendungszweck und ihrer Preislage so nahe stehen, dass die verständigen Durchschnittsnachfrager sie als gegeneinander austauschbar behandeln (**Bedarfsmarktkonzept**).[701] Dieses Konzept gilt für Nachfragemärkte spiegelbildlich.[702]

611 Dabei ist die Angebotsumstellungsflexibilität der Anbieter zu berücksichtigen.[703] Identische Produkte und Dienstleistungen können je nach dem Verhalten und der Struktur der Abnehmer unterschiedliche Angebotsstrategien erfordern und verschiedenen Märkten angehören.[704] Unterschiedliche Preisniveaus, fehlende Reaktionsverbundenheit der Preise

---

698) *Bechtold/Bosch*, GWB, § 36 Rz. 53 f. – Die Prüfungsmaßstäbe in der europäischen und deutschen Fusionskontrolle sind nach wie vor verschieden. Vorsichtig zu Aussichten für eine vollständige Harmonisierung Kommission, Weißbuch „Eine wirksamere EU-Fusionskontrolle“ v. 9.7.2014 – SWD (2014) 221, *Staff working document*, unter 2.5 (Rz. 32 ff). Zum internationalen Anwendungsbereich der deutschen Fusionskontrolle: § 185 Abs. 2 GWB und *BKartA*, Merkblatt zu Inlandsauswirkungen in der Fusionskontrolle v. 30.9.2014, https://www.bundeskartellamt.de (Stand: 6.8.2019).

699) BGH, Beschl. v. 23.9.2014 – KVZ 82/13, WuW/E DE-R 4475, 4476.

700) BKartA, Beschl. v. 25.4.2014 – B6-98/13, Rz. 107; OLG Düsseldorf, Beschl. v. 14.8.2013 –VI-Kart 1/12 (V), Rz. 137 ff – Liberty Global; offengelassen bei BGH, Beschl. v. 23.9.2014 – KVZ 82/13, WuW/E DE-R 4475, 4476; kritisch: Zwanzigstes Hauptgutachten der Monopolkommission, BT-Drucks. 18/2150, Rz. 564 ff.

701) BGH, Beschl. v. 5.10.2004 – KVR 14/03, BGHZ 160, 321 = WuW/E DE-R 1355, dazu EWiR 2005, 223 *(Weidenbach)* – Melitta; zuletzt OLG Düsseldorf, Beschl. v. 25.9.2013 – VI-Kart 4/12 (V), BeckRS 2014, 01046, II 2 c; OLG Düsseldorf, Beschl. v. 14.8.2013 – VI-Kart 1/12 (V), WuW/E DE-R 4050 Rz. 61 ff – Liberty. Zur Berücksichtigung der Praxis der Kommission und ihrer Bekanntmachungen BGH, Beschl. v. 6.12.2011 – KVR 95/10, WuW/E DE-R 3591 Rz. 30–32 – Total/OMV.

702) OLG Düsseldorf, Beschl. v. 21.10.2009 – VI-Kart 14/08 (V), WuW/E DE-R 2885, 2887 – Assa Abloy; *Bechtold/Bosch*, GWB, § 18 Rz. 31 m. w. N. aus der Rechtsprechung. Im Folgenden ist zur Vereinfachung von Anbietern und Abnehmern die Rede.

703) BGH, Beschl. v. 16.1.2007 – KVR 12/06, WuW/E DE-R 1925, 1928 f – National Geographic II; BGH, Beschl. v. 5.10.2004 – KVR 14/03, WuW/E DE-R 1355, 1357 – Melitta: Beutel für verschiedene Staubsaugermodelle; BKartA, Beschl. v. 23.10.2013 – B9-92/13 – Precision Castparts/Permaswage, Fallbericht S. 3: feste und abnehmbare Flüssigkeitsarmaturen.

704) BKartA, Beschl. v. 17.6.2002 – B10-124/01 – Trienekens/Awista, insofern unbeanstandet in OLG Düsseldorf, Beschl. v. 14.9.2002 – Kart 26/02, WuW/E DE-R 945: Verbrennung von Gewerbe- und Siedlungsabfällen.

verschiedener Produkte sowie unterschiedliche Anbieter und Abnehmer weisen auf getrennte Märkte hin. Märkte kann es auch dann geben, wenn ein Anbieter Leistungen ohne Entgelt erbringt (§ 18 Abs. 2a GWB).

Der **räumlich relevante Markt**[705)] ist ebenfalls nach den Ausweichmöglichkeiten der Markt- 612
gegenseite zu bestimmen.[706)] Wie bei der sachlichen Marktabgrenzung ist das **tatsächliche Verhalten der Abnehmer** entscheidend.[707)] Getrennte Märkte können sich aus rechtlichen Beschränkungen[708)] oder tatsächlichen Umständen ergeben, wie z. B. hohem Transportaufwand[709)] oder der Fortwirkung früherer Strukturen in liberalisierten Märkten.[710)]

### bb) Begründung oder Verstärkung einer marktbeherrschenden Stellung

**Marktbeherrschung** bedeutet, auf dem sachlich und örtlich relevanten Markt entweder 613
**ohne Wettbewerber** oder **keinem wesentlichen Wettbewerb ausgesetzt** zu sein oder eine **überragende Marktstellung** zu haben (§ 18 Abs. 1 GWB). Ihr Wesen ist ein vom Wettbewerb nicht hinreichend kontrollierter Verhaltensspielraum.[711)] Bei einem **Marktanteil** eines Unternehmens **von 40 % oder mehr** wird sie **vermutet** (§ 18 Abs. 4 GWB).[712)] Diese Vermutung lässt die Pflicht zur Amtsermittlung unberührt.[713)] Verbleibende Zweifel[714)] gehen aber zulasten des Unternehmens.

Die Feststellung einer überragenden Marktstellung setzt bei den **Marktanteilen** (§ 18 Abs. 3 614
Nr. 1 GWB) der beteiligten Unternehmen, ihrer Entwicklung und ihrem Abstand zu den Wettbewerbern und dem Konzentrationsgrad des Marktes an.[715)] Die weiteren Kriterien

---

705) BKartA, Beschl. v. 9.12.1999 – B4-U-106/99, unter II 1.2 (Krautkrämer): „Gebiet, in dem homogene Wettbewerbsbedingungen herrschen und das sich insoweit von anderen Gebieten unterscheidet".

706) BGH, Beschl. v. 6.2.2011 – KVR 95/10, WuW/E DE-R 3591, Rz. 34 ff; BGH, Beschl. v. 8.11.2011 – KVZ 14/11, Rz. 9–11; BKartA, Beschl. v. 27.5.2013 – B3-17/13, Rz. 23 ff – Main-Taunus-Kliniken.

707) BGH, Beschl. v. 16.1.2008 – KVR 26/07, WuW/DE-R 2327, Rz. 69; OLG Düsseldorf, Beschl. v. 4.9.2002 – Kart 26/02 (V), 26/02, WuW/E DE-R 945, 947 – Rethmann; BKartA, Beschl. v. 31.3.2015 – B2-96/14, Rz. 205 ff – Edeka/Tengelmann: Lebensmitteleinzelhandel in Großstädten und außerhalb.

708) OLG Düsseldorf, Beschl. v. 4.9.2002 – Kart 26/02 (V), 26/02, WuW/E DE-R 945, 947 f – Rethmann: rechtsverbindliche Abfallwirtschaftspläne für die Verbrennung von Siedlungsabfall; BKartA, Beschl. v. 30.10.2014 – B7-31/14 – G&D/Bundesdruckerei, Rz. 89 ff: Vergabepraxis des Bundesministerium des Inneren; BKartA, Beschl. v. 28.2.2001 – B8-243/00, Rz. 13 – DEW/Gelsenwasser: geschlossene Wasserversorgungsgebiete.

709) BGH, Beschl. v. 13.7.2004 – KVR 2/03, WuW/E DE-R 1301, 1302 f, dazu EWiR 2004, 1133 *(Büdenbender)* – Sanacorp: Pharmagroßhandel, Abgrenzung nach den Niederlassungen der Großhändler.

710) BKartA, Beschl. v. 30.11.2009 – B8-107/09, Rz. 59 ff – Integra/Thüga: Erdgasmärkte; Breitbandkabelnetzbetreiber in ihren jeweiligen Netzen, BKartA, Beschl. v. 20.6.2005 – B7-22/05, Rz. 112 ff – iesy/ish.

711) *BKartA*, Leitfaden zur Marktbeherrschung in der Fusionskontrolle v. 29.3.2012, https://www.bundeskartellamt.de (Stand: 25.7.2019), Rz. 7–10; KG, Beschl. v. 20.2.1999 – Kart 8/97, WuW/E DE-R 451, 458 – Herlitz: Fähigkeit, sich letztlich immer wieder gegen Preisoffensiven von Wettbewerbern zu behaupten.

712) Die Berechnung von Marktanteilen entspricht derjenigen in der EG-Fusionskontrolle, siehe Rz. 575; zu Einzelfragen *Bechtold/Bosch*, GWB, § 18 Rz. 35 f; zur Behandlung von Ressourcen, die vor dem Zusammenschluss nur konzernintern genutzt worden sind, BKartA, Beschl. v. 30.9.2005 – B9-50/05 – railion, unter VI 2.1.

713) *BKartA*, TB 1999/2000, BT-Drucks. 14/6300, S. 22 f; zur Rechtsnatur der Vermutungen *Fuchs/Möschel*, in: Immenga/Mestmäcker, § 18 GWB Rz. 164–167 f.

714) BGH, Beschl. v. 19.12.1995 – KVR 6/95, WuW/E BGH 3037, 3039 – Raiffeisen: Vorrang der Gesamtbetrachtung.

715) BGH, Beschl. v. 13.7.2004 – KVR 2/03, WuW/E DE-R 1301, 1303 – Sanacorp; OLG Düsseldorf, Beschl. v. 5.12.2018 – VI Kart 3/18 (V), NZKart 2019, 53, 56, n. rkr.; KG, Beschl. v. 22.3.1983 – Kart 17/81, WuW/E OLG 2862, 2863 f – Rewe/Florimex: Einzelmarktbeherrschung bei Marktanteil von 12 % und starker Zersplitterung der übrigen Marktanteile; weitere Beispiele bei *Fuchs/Möschel*, in: Immenga/Mestmäcker, Wettbewerbsrecht, § 18 GWB Rz. 105 ff.

(§ 18 Abs. 3 GWB) stützen oder relativieren ihre Aussagekraft.[716] In der **Gesamtschau** entscheidet weder eines der folgenden (nicht vollständigen) Kriterien allein, noch müssen alle zugleich erfüllt sein:[717]

- **Kapazitäten**: Knappe Produktionskapazitäten beschränken die Reaktionsmöglichkeiten von Wettbewerbern. Umgekehrt können Überkapazitäten einem marktbeherrschenden Unternehmen zusätzliche Verhaltensspielräume eröffnen.[718]
- **Nähe des Wettbewerbsverhältnisses**: Je engere Wettbewerber die Beteiligten auf Märkten für differenzierte Produkte sind, vor allem im Hinblick auf **Kundenpräferenzen und Wechselkosten**, umso schwerer wiegen hohe Marktanteile.[719]
- **Finanzkraft:** Cashflow,[720] Zugang zu Fremdfinanzierung und zu Kapitalmärkten[721] und Gewinnlage[722] eines Unternehmens.[723]
- **Zugang zu den Absatz- oder Beschaffungsmärkten:** Stellung auf wichtigen vor- oder nachgelagerten Märkten,[724] im Zugriff auf Vorprodukte,[725] absatzseitig vertikale Integration, flächendeckender Vertrieb oder besonders gutes Service-Netz.[726]
- **Potentielle Wettbewerber:** Unternehmen in benachbarten, vor- oder nachgelagerten Märkten, die hinreichende Anreize für einen Markteintritt haben und deren Markteintritt angesichts der **Marktzutrittsschranken**[727] hinreichend wahrscheinlich ist.[728]
- **Randsubstitution**: Wettbewerb durch Unternehmen in benachbarten Märkten schließt für sich in aller Regel Marktbeherrschung nicht aus.[729] Umgekehrt kann der

716) *BKartA*, Leitfaden Marktbeherrschung, Rz. 25 ff; *Bechtold/Bosch*, GWB, § 18 Rz. 34, 41; Beispiele für Relativierung von Marktanteilen in BKartA, Beschl. v. 27.5.2013 – B3-17/13, Rz. 68 ff – Main-Taunus-Kliniken, und Beschl. v. 22.12.2009 – B9-84/09 – Webasto/Edscha, S. 47 ff und 78 ff.

717) BGH, Beschl. v. 28.4.1992 – KVR 9/91, WuW/E BGH 2771, 2774 = ZIP 1992, 1016, dazu EWiR 1992, 793 *(Kulka)* – Kaufhof/Saturn. Die Strukturmerkmale sind bewusst in der Reihenfolge des Leitfadens des BKartA v. 29.3.2012 aufgeführt.

718) *BKartA*, Leitfaden Marktbeherrschung, Rz. 40 f m. w. N.

719) *BKartA*, Leitfaden Zusagen, Rz. 42; Beispiele in BKartA, Beschl. v. 23.4.2018 – B9 – 124/17, VTG/Nacco: Vermietung von Güterwaggons; 31.3.2015 – B2-96/14 – EDEKA/Kaiser's Tengelmann, Fallbericht v. 22.5.2015: Nähe zweier Vollsortimenter im Lebensmitteleinzelhandel; BKartA, Beschl. v. 12.9.2014 – B9 – 74/14 – Continental/Veyance, Fallbericht S. 2.

720) KG, Beschl. v. 20.10.1999 – Kart 8/97, WuW/E DE-R 451, 456 – Herlitz.

721) KG, Beschl. v. 22.3.1983 – Kart 17/81, WuW/E OLG 2862, 2864 – Rewe/Florimex.

722) OLG Düsseldorf, Beschl. v. 30.7.2003 – Kart 35/02 (V), WuW/E DE-R 1159, 1162 – BASF/NEPG: nicht allein Umsatzerlöse.

723) *BKartA*, Leitfaden Zusagen, Rz. 54 ff: Bedeutung der Finanzkraft nur in bestimmten Fällen. Beispiel in BGH, Beschl. v. 13.7.2004 – KVR 2/03, WuW/E DE-R 1301, 1303 – Sanacorp: Rabattwettbewerb.

724) BGH, Beschl. v. 8.6.2010 – KVR 4/09, WuW/E DE-R 3067, 3076 – Springer/Pro7: „cross-mediale Effekte" durch publizistische und andere Werbung für das eigene Fernsehprogramm u. a. in der Bild-Zeitung.

725) Beispiele bei OLG Düsseldorf, Beschl. v. 5.12.2018 – VI-Kart 3/18 (V), NZKart 2019, 53 – Ticketvertrieb: mehrseitige Märkte für Ticketsystemdienstleistungen; Beschl. v. 22.10.2015 – B 6 – 57/15, Oakley/EliteMedianet: Online-Dating-Plattformen.

726) *BKartA*, Leitfaden Zusagen, Rz. 51.

727) *BKartA*, Leitfaden Zusagen, Rz. 61 ff mit Beispielen; *Fuchs/Möschel*, in: Immenga/Mestmäcker, Wettbewerbsrecht, § 18 GWB Rz. 116–119; BKartA, Beschl. v. 25.10.2006 – B7-97/06, WuW/E DE-V 1325, 1328 ff – Coherent/Excel: „wettbewerblich relevanter, im Prognosezeitraum wahrscheinlicher Markteintritt"; BKartA, Beschl. v. 4.6.2004 – B7-36/04, Rz. 106 – Siemens/Moeller: Indizwirkung von ausgebliebenen, fehlgeschlagenen oder erfolgreichen Markteintritten in der Vergangenheit.

728) *BKartA*, Leitfaden Zusagen, Rz. 58 ff; BGH, Beschl. v. 19.6.2012 – KVR 15/11, WuW/E DE-R 3695, Rz. 22 ff – Haller Tagblatt: Anforderungen an potentiellen Wettbewerber.

729) *BKartA*, Leitfaden Zusagen, Rz. 77 f.

Wegfall von Substitutionswettbewerb eine marktbeherrschende Stellung verstärken.[730)]

- **Gegengewichtige Nachfragemacht**, wenn Abnehmer ihre Nachfrage strategisch auf mehrere Anbieter verteilen und so den Verhaltensspielraum eines Unternehmens im Verhältnis zu *allen* Abnehmern beschränken.[731)]
- Auf **mehrseitigen Märkten** und in Bezug auf **Netzwerke** sind insbesondere Netzwerkeffekte, die parallele Nutzung verschiedener Angebote, Größenvorteile, Zugang zu Daten und innovationsgetriebener Wettbewerbsdruck zu berücksichtigen (§ 18 Abs. 3a GWB).[732)]

Bei vertikalen oder konglomeraten Verhältnissen prüft das Amt, ob die Parteien die Möglichkeit und einen Anreiz haben, Wettbewerbern den Zugang zu Beschaffungs- oder Absatzmärkten zu erschweren oder zu verschließen.[733)] Der Zusammenschluss muss für die Entstehung oder Verstärkung von Marktbeherrschung durch die Beteiligten oder auch ein drittes Unternehmen[734)] in einem Prognosezeitraum über mehrere, in der Regel drei bis fünf Jahre mitursächlich sein.[735)] Verstärkung bedeutet, dass in der Prognose anhand konkreter Anhaltspunkte eine günstigere Position für das marktbeherrschende Unternehmen zu erwarten ist.[736)] Das können zusätzliche Marktanteile oder der Wegfall eines Wettbewerbers sein. Je stärker ein Markt bereits beherrscht ist, umso geringer sind die Anforderungen an eine weitere Verstärkung.[737)] 615

**Zwei oder mehr Unternehmen** sind **gemeinsam marktbeherrschend**, wenn **zwischen ihnen** für bestimmte Produkte **kein wesentlicher** (Binnen-)**Wettbewerb** besteht und sie 616

730) BGH, Beschl. v. 2.10.1984 – KVR 5/83, WuW/E BGH 2112 = GRUR 1985, 311, 314 f: Verstärkung einer marktbeherrschenden Stellung durch Beschränkung von Substitutionswettbewerb, im konkreten Fall verneint.

731) So in BKartA, Beschl. v. 8.7.2011 – B2-10200-Fa 23/11 – Homann/Rügen Feinkost, Rz. 178 ff: Ausweich- und Steuerungsmöglichkeiten des Lebensmitteleinzelhandels; BKartA, Beschl. v. 27.3.2013 – B2-113/12, Rz. 132 ff – Rosen Eiskrem; abgelehnt in BKartA, Beschl. v. 11.4.2007 – B3-578/06, WuW/E DE-V 1365, 1373 (Rz. 266 ff) – Phonak/GN ReSound, anders aus anderen Gründen BGH, Beschl. v. 20.4.2010 – KVR 1/09, WuW/E DE-R 2905.

732) Beispiele bei OLG Düsseldorf, Beschl. v. 5.12.2018 – VI-Kart 3/18 (V) – Ticketvertrieb, NZKart 2019, 53, 56–58, n. rkr.: mehrseitige Märkte für Ticketsystemdienstleistungen, Beschl. v. 22.10.2015 – B 6 – 57/15, Oakley/EliteMedianet: Online-Dating-Plattformen.

733) *BKartA*, Leitfaden Marktbeherrschung, Rz. 129 ff; neuere Beispiele bei BKartA, Beschl. v. 11.7.2019 B 4-21/19, Remondis/DSD, Fallbericht v. 25.7.2019, Beschl. v. 25.8.2016 – B 9 – 50/16, Nagel/Transthermos, Fallbericht, S. 2 f; Beschl. v. 22.4.2014 – B1-192/13 – RT Lithium/Windfield Holdings, Rz. 103 ff und Beschl. v. 19.2.2014 – B3-109/13 – Fresenius/Rhön, Rz. 316 ff, 335 ff: Krankenhäuser und Medizinprodukte; zu konglomeraten Wirkungen BKartA, Beschl. v. 12.11.2014 – B5-198/13 – Tokyon Electron/Applied Materials, Fallbericht S. 3 f.

734) OLG Düsseldorf, Beschl. v. 6.6.2007 – VI-2 Kart 7/04 (V), https://www.justiz.nrw.de (Stand: 25.7.2019), Rz. 103 ff; offengelassen in BGH, Beschl. v. 11.11.2008 – KVR 60/07, WuW/E DE-R 2451, Rz. 65.

735) BGH, Beschl. v. 15.10.1991 – KVR 3/90, WuW/E BGH 2743, 2747 f = ZIP 1992, 203, dazu EWiR 1992, 281 *(Kulka)* – Stormarner Tageblatt; siehe auch BGH, Beschl. v. 22.9.1987 – KVR 5/86, WuW/E BGH 2433, 2441 f = ZIP 1987, 1610, dazu EWiR 1988, 73 *(Leube)* – Gruner + Jahr/Zeit II: (jedenfalls) Entstehung einer gemeinsamen marktbeherrschenden Stellung. Zur Dauer des Prognosezeitraums BGH, Beschl. v. 19.6.2012 – KVR 15/11, WuW/E DE-R 3695, Rz. 38.

736) BGH, Beschl. v. 19.6.2012 – KVR 15/11, WuW/E DE-R 3695, Rz. 17 ff – Haller Tagblatt; siehe auch BKartA, Beschl. v. 30.10.2014 – B7-31/14 – G&D/Bundesdruckerei, Rz. 47 ff, 89 ff, 138 ff: keine wettbewerblichen Auswirkungen eines Zusammenschlusses wegen Praxis des Bundesministerium des Inneren, Ausweisdokumente ohne Ausschreibung von der Bundesdruckerei herstellen zu lassen.

737) BGH, Beschl. v. 8.6.2010 – KVR 4/09, WuW/E DE-R 3067, 3075 f – Springer/Pro7; OLG Düsseldorf, Beschl. v. 14.8.2013 – VI Kart 1/12 (V), WuW/E DE-R 4050, Rz. 119 – Liberty Global/Kabel BW: „mit einiger Wahrscheinlichkeit“; siehe aber BKartA, Beschl. v. 7.3.2008 – B8-134/07 – Shell/HPV, Rz. 76 ff: keine Verstärkung bei Marktanteilszuwachs von weniger als 1 % selbst auf regionalen Tankstellenmärkten.

**zusammen eine marktbeherrschende Stellung** gegenüber Außenseitern haben (§ 18 Abs. 5 Satz 1 GWB). Fehlender Binnenwettbewerb ist dann anzunehmen, wenn aufgrund einer wertenden Gesamtbetrachtung nach der Marktstruktur mit einem dauerhaft einheitlichen Verhalten der Oligopolmitglieder zu rechnen ist, weil dies aufgrund der Merkmale des relevanten Marktes wirtschaftlich vernünftig ist, insbesondere bei einer engen Reaktionsverbundenheit durch Markttransparenz und durch wirksame Abschreckungs- und Vergeltungsmittel gegen wettbewerbliche Vorstöße eines Oligopolisten in Abweichung von dem einheitlichen Verhalten („Koordinierung"), es sei denn, das tatsächliche Wettbewerbsgeschehen entkräftet ersichtlich diese Erwartung.[738)] Die Faktoren hierfür – Symmetrie und gemeinsame Interessen der Oligopolisten, Markttransparenz, ausgereifte Märkte für homogene Produkte und Verflechtungen zwischen Oligopolisten – sind denen für koordinierte Wirkungen in der EG-Fusionskontrolle sehr ähnlich.[739)] Regelmäßig verstärkt der Machtzuwachs eines Oligopolisten das ganze Oligopol.[740)] Ein Zusammenschluss ist zu untersagen, wenn er es verengt[741)] oder die Koordinierung (erstmals) ermöglicht oder erleichtert.[742)]

617 **Zwei oder drei Unternehmen mit Marktanteilen von 50 % oder mehr** oder **fünf oder weniger Unternehmen mit Marktanteilen von zwei Dritteln oder mehr** gelten als marktbeherrschend, es sei denn, sie weisen nach, dass die Wettbewerbsbedingungen auf dem relevanten Markt zwischen ihnen wesentlichen Wettbewerb erwarten lassen oder das Oligopol im Verhältnis zu den Außenseitern keine überragende Marktstellung hat (§ 18 Abs. 6 und 7 GWB). Diese **Oligopolvermutung** lässt die Pflicht des Amtes zur Sachverhaltsermittlung und zur Gesamtwürdigung der Wettbewerbsverhältnisse unberührt. Die Beteiligten tragen aber die materielle Beweislast, dass es entgegen der Vermutung kein marktbeherrschendes Oligopol gibt,[743)] insbesondere weil zwischen den Oligopolisten doch Wettbewerb bestehen (bleiben) wird.[744)] Das Bundeskartellamt wendet Einzelmarktbeherrschungs- und Oligopolvermutung unabhängig voneinander an.[745)]

---

738) BGH, Beschl. v. 6.12.2011 – KVR 95/10, WuW/E DE-R 3591, Rz. 50 f, 58 ff – Total/OMV; BGH, Beschl. v. 8.6.2010 – KVR 4/09, WuW/E DE-R 3067, 3069 ff – Springer/Pro7; Beispiel für Feststellung tatsächlichen Wettbewerbs BGH, Beschl. v. 20.4.2010 – KVR 1/09, WuW/E DE-R 2905, 2913 ff – Phonak.

739) *BKartA*, Leitfaden Marktbeherrschung, Rz. 81 ff; Beispiele in BKartA, Beschl. v. 22.2.2013 – B7-70/12, Rz. 81 ff – Kabel Deutschland/Tele Columbus; BKartA, Beschl. v. 25.11.2004 – B10-74/04, Rz. 95 f, 133 – Rethmann/GfA, bestätigt durch OLG Düsseldorf, Beschl. v. 2.11.2005 – VI-Kart 30/04 (V), WuW/E DE-R 1625, 1629 f.

740) BGH, Beschl. v. 8.6.2010 – KVR 4/09, WuW/E 3067, 3076 – Springer/Pro7; Ausnahme bei BKartA, Beschl. v. 23.2.2005 – B10-122/04, Rz. 64 – Remondis/RWE Umwelt: Marktanteilstausch im Oligopol; BKartA, Beschl. v. 13.8.2007 – B7-61/07, WuW/E DE-V 1433, 1438 ff (Rz. 60 ff) – MBS: Markt in der Experimentierphase.

741) OLG Düsseldorf, Beschl. v. 26.11.2008 – VI-Kart 8/07 (V), WuW/E DE-R 2477, 2489 f – Phonak, aus anderen Gründen aufgehoben in BGH, Beschl. v. 20.4.2010 – KVR 1/09, WuW/E DE-R 2905.

742) *BKartA*, Leitfaden Zusagen, Rz. 120 ff; aus der Anwendungspraxis OLG Düsseldorf, Beschl. v. 2.11.2005 – VI-Kart 30/04 (V), WuW/E DE-R 1625, 1629 f: Einbindung von Außenseitern in das Oligopol durch zusätzliche Verflechtungen; zu „Aufholfusionen" unterlegener Oligopolmitglieder skeptisch KG, Beschl. v. 1.7.1983 – Kart 16/82, WuW/E OLG 3051, 3079 f – Morris/Rothmans. Siehe ferner OLG Düsseldorf, Beschl. v. 8.8.2012 – VI Kart 4/11 (unveröff.), nach TB 2011/2012, S. 91 f – Video-on-demand-Plattform der gemeinsam marktbeherrschenden Anbieter auf dem TV-Werbemarkt.

743) BGH, Beschl. v. 22.6.1981 – KVR 5/80, WuW/E BGH 1824, 1827 – Tonolli; OLG Düsseldorf, Beschl. v. 2.11.2005 – VI-Kart 30/04 (V), WuW/E DE-R 1625, 1628.

744) *Thomas*, in: Immenga/Mestmäcker, Wettbewerbsrecht, § 36 GWB Rz. 407 ff; Beispiel in BGH, Beschl. v. 6.12.2011 – KVR 95/10, WuW/E DE-R 3591, Rz. 50 f.

745) BKartA, Beschl. v. 16.12.2009 – B3-91/09 – Ticona/FACT, Rz. 67 ff und 78 ff. Die Überlegung, dass mehrere Unternehmen zugleich eine einzelmarktbeherrschende Stellung haben können (so BKartA, Abschlussbericht zur Sektoruntersuchung Stromerzeugung und -großhandel, Januar 2011, S. 8 f), hat das Amt für die Fusionskontrolle noch nicht herangezogen.

### cc) Erhebliche Behinderung wirksamen Wettbewerbs

Eine erhebliche Behinderung wirksamen Wettbewerbs auch ohne Marktbeherrschung kann bei nicht koordinierten Wirkungen anzunehmen sein, wenn in einem wettbewerblichen Oligopol sich enge Wettbewerber auf Märkten für differenzierte Produkte zusammenschließen und die „neue“ Einheit, in der Regel der Erwerber, einen außergewöhnlichen zusätzlichen Verhaltens-, vor allem Preissetzungsspielraum erlangt; die Behinderung ist umso wahrscheinlicher, je enger das Wettbewerbsverhältnis ist und je mehr Marktmacht die Beteiligten bereits haben.[746)] **618**

Als Anwendungsfälle sind auch der Wegfall eines besonders wettbewerbsaktiven Akteurs („*maverick*“),[747)] die Verstärkung von Nachfragemacht[748)] oder die Verstärkung paralleler Einzelmarktbeherrschung denkbar,[749)] aber, soweit ersichtlich, noch nicht entscheidungserheblich geworden. Bei Zusammenschlüssen mit koordinierten Wirkungen ist wegen der Oligopolvermutung regelmäßig von Marktbeherrschung auszugehen, sodass für eine Untersagung kein Rückgriff auf eine „erhebliche Behinderung wirksamen Wettbewerbs“ mehr erforderlich ist.[750)] Die Behinderung wirksamen Wettbewerbs muss jedenfalls in ihrer Schwere der Begründung oder Verstärkung einer marktbeherrschenden Stellung gleichkommen.[751)] **619**

### dd) Abwägungsklausel und Bagatellmarktbezug

Ein Zusammenschluss mit überwiegenden **Verbesserungen der Wettbewerbsbedingungen** ist **nicht zu untersagen** (**Abwägungsklausel,** § 36 Abs. 1 Satz 2 Nr. 1 GWB). Verbesserte Voraussetzungen für wirksamen Wettbewerb, die nicht wettbewerbsschonender als durch den Zusammenschluss zu erreichen sind,[752)] sind gegen dessen Nachteile abzuwägen.[753)] In Betracht kommt insbesondere mehr Wettbewerb auf – nicht notwendig beherrschten[754)] – anderen Märkten.[755)] Andere als wettbewerbliche Verbesserungen sind nicht beachtlich.[756)] **620**

---

746) BKartA, TB 2013/2014, BT-Drucks. 18/5210, S. 35 f; *Thomas*, in: Immenga/Mestmäcker, Wettbewerbsrecht, § 36 GWB Rz. 291 ff: Beseitigung „besonders intensiven Binnenwettbewerbs“ im Oligopol; innovativ BKartA, Beschl. v. 14.4.2014 – B3-135/13 – Klinikum Esslingen, Rz. 60, 120 ff, 377 ff: Marktbeherrschung auf einem engeren, jedenfalls erhebliche Behinderung wirksamen Wettbewerbs auf einem möglicherweise größeren Markt, BKartA TB 2013/2014, S. 35 f.

747) *Bechtold/Bosch*, GWB, § 36 Rz. 35, unter Hinweis auf Kommission, Entscheidung v. 26.4.2006 – COMP/M.3916 – T-mobile Austria/tele.ring, dort Rz. 40 ff, und *Thomas*, in: Immenga/Mestmäcker, Wettbewerbsrecht, § 36 GWB Rz. 297 mit weiteren Beispielen und weiteren Überlegungen in Rz. 294 ff.

748) BKartA, Beschl. v. 31.3.2015 – B2-96/14 – Edeka/Kaiser's Tengelmann, Rz. 593 ff; Zwanzigstes Hauptgutachten der Monopolkommission, BT-Drucks. 18/2150, Rz. 577.

749) *Kallfaß*, in: Langen/Bunte, § 36 GWB Rz. 16. Die Begründung RegE 8. GWB-ÄndG, BT-Drucks. 17/9852, S. 28, nennt ohne weitere Erläuterung vertikale Integration und konglomerate Zusammenschlüsse, ähnlich Zwanzigstes Hauptgutachten der Monopolkommission, BT-Drucks. 18/2150, Rz. 567.

750) *Bechtold/Bosch*, GWB, § 36 Rz. 33.

751) *Kallfaß*, in: Langen/Bunte, § 36 GWB Rz. 16: „Leitbildfunktion“ des Marktbeherrschungskriteriums.

752) KG, Beschl. v. 7.11.1985 – Kart 6/85, WuW/E OLG 3759, 3767; BKartA, TB 1999/2000, BT-Drucks. 14/6300, S. 22.

753) Grundlegend BGH, Beschl. v. 12.12.1978 – KVR 6/77, WuW/E BGH 1533, 1540 – Erdgas Schwaben.

754) OLG Düsseldorf, Beschl. v. 18.10.2006 – VI-Kart 2/05 (V), WuW/E DE-R 1845, 1851 – SES/DPC.

755) BGH, Beschl. v. 29.9.1981 – KVR 2/80, WuW/E BGH 1854, 1861 – Zeitungsmarkt München; OLG Düsseldorf, Beschl. v. 18.10.2006 – VI-Kart 2/05 (V), WuW/E DE-R 1845, 1856 – SES/DPC: Abwägung des qualitativen und quantitativen Gewichts der Märkte sowie der jeweiligen Verbesserung und Verschlechterung der Wettbewerbsbedingungen; BKartA, Pressemitteilung v. 5.3.2018 – Ippen/Mediengruppe Frankfurt: Verbesserungen auf Lesermärkten in Frankfurt am Main überwiegen Verschlechterungen auf Lesermärkten in kleineren Städten; Beschl. v. 3.4.2008 – B7-200/07 – KDG/Orion, Einspeisung und Lieferung von Rundfunksignalen gegenüber Märkten für Breitbandkabelanschluss.

756) BKartA, Beschl. v. 22.7.2004 – B8-40000-Fa-27/04, Rz. 50 – Mainova/AVG, bestätigt durch OLG Düsseldorf, Beschl. v. 23.11.2005 – VI-2 Kart 14704 (V), WuW/E DE-R 1639: Finanzkraft einer Kommune.

621 Schließlich bleiben bei der materiell-rechtlichen Prüfung Märkte, die es seit mindestens fünf Jahren gibt und auf denen im letzten Kalenderjahr im Inland Umsatzerlöse von weniger als 15 Mio. € erzielt worden sind (**Bagatellmärkte**),[757] außer Betracht (§ 36 Abs. 1 Satz 2 Nr. 2 GWB).

### ee) Freigabe unter Nebenbestimmungen

622 Das Amt kann die **Freigabe** eines Zusammenschlussvorhabens mit **Bedingungen und Auflagen (Nebenbestimmungen,** § 36 Abs. 2 VwVfG) zur Abwendung einer Untersagung verbinden (§ 40 Abs. 3 Satz 1 GWB). Es macht so **Verpflichtungszusagen** der beteiligten Unternehmen verbindlich. Regelfall sind aufschiebende Bedingungen.[758] Nebenbestimmungen müssen die Struktur des Marktes und der Beteiligten so ändern (§ 40 Abs. 3 Satz 2 GWB), dass der Zusammenschluss *keine* Marktbeherrschung mehr begründet oder verstärkt oder sonst keinen wirksamen Wettbewerb mehr behindert.[759] Dem Zusammenschluss beigefügte, „beigestellte" Maßnahmen zur Verbesserung der Wettbewerbsbedingungen (§ 36 Abs. 1 Satz 2 Nr. 1 GWB) sieht das Amt skeptisch.[760]

623 In der Praxis überwiegt die Veräußerung von Unternehmensteilen oder Beteiligungen sowie die Auflösung von Verbindungen zu Wettbewerbern.[761] Die Kautelen – Erhaltung der zu veräußernden Unternehmensteile, Anforderungen an Erwerber und Einsetzung von Treuhändern – ähneln denen in der EG-Fusionskontrolle.[762] Das Amt akzeptiert in Ausnahmefällen auch Maßnahmen zur Öffnung oder Offenhaltung von Märkten, wie Lizenzen für Schlüsseltechnologien,[763] Sonderkündigungsrechte für Abnehmer marktbeherrschender Unternehmen[764] oder erleichterten Markt- oder Infrastrukturzugang für Dritte.[765] Oft werden verschiedene Nebenbestimmungen miteinander kombiniert.[766]

---

757) Maßgeblichkeit (nur) der Inlandsumsätze: BGH, Beschl. v. 25.9.2007 – KVR 19/07, WuW/E DE-R 2133, 2134 – Sulzer/Kelmix; zur geographischen Zuordnung von Umsätzen BKartA, Beschl. v. 22.11.2012 – B3-64/12 – Lenzing/Kelheim, Rz. 21 ff, bestätigt in BGH, Beschl. v. 21.1.2014 – KVR 28/13, WuW/E DE-R 4135, Rz. 12 ff – Viskosefasern II; zur Bedeutung der Bagatellmarktklausel und zur Zusammenfassung von Bagatellmärkten OLG Düsseldorf, Beschl. v. 29.4.2009 – VI-Kart 18/07 (V), WuW/E DE-R 2622.

758) *BKartA*, Leitfaden Zusagen, Rz. 30 ff; dort auch zu Verfahrensfragen bei Verpflichtungszusagen Rz. 107 ff; Beispiel in BKartA, Beschl. v. 25.4.2014 – B6-98/13 – Funke/Axel Springer, Rz. 350; Alternative durch Abänderung des Zusammenschlusses anstelle von Nebenbestimmungen bei BKartA, Beschl. v. 19.2.2014 – B3-17/13 – Fresenius/Rhön, Rz. 9, 32, 35 f, 69 ff.

759) *BKartA*, Leitfaden Zusagen, Rz. 7; *Rust*, ZWeR 2004, 477, 496 ff; OLG Düsseldorf, Beschl. v. 30.7.2003 – Kart 35/02 (V), WuW/E DE-R 1159, 1162 – BASF/NEPG: kein Erlass von Nebenbestimmungen aufgrund Restrisikos bei der Prognose; BGH, Beschl. v. 7.2.2006 – KVR 5/05, WuW/E DE-R 1681, 1693 – üstra: „Mehr" an Wettbewerb als nach Gesetz erforderlich; Verfahren bei einer eingetretenen auflösenden Bedingung, OLG Düsseldorf, Beschl. v. 25.11.2009 – VI-Kart 2/09 (V); Untersagung nach Nichterfüllung einer Nebenbestimmung BKartA, TB 2013/2014, BT-Drucks. 18/5210, S. 75 – Asklepios Kliniken/Rhön-Klinikum.

760) BKartA, TB 2003/2004, BT-Drucks. 15/5790, S. 126 f in Bezug auf die Energiewirtschaft.

761) *BKartA*, Leitfaden Zusagen, Rz. 67 ff.

762) Mustertexte unter https://www.bundeskartellamt.de/DE/Fusionskontrolle/Materialien/materialien_node.html#doc3590378bodyText5 (Stand: 25.7.2019).

763) BKartA, Beschl. v. 27.5.1999 – B5-34301-U-16/99 – Federal Mogul: Patentlizenz.

764) Siehe z. B. BKartA, Beschl. v. 29.7.2002 – B8-40000-U-23/02 – EnBW/ZEAG u. a.: Sonderkündigungsrechte für Stromweiterverteiler.

765) Zusammenfassend zu marktöffnenden Zusagen siehe *BKartA*, Leitfaden Zusagen, Rz. 72 ff; z. B. BKartA, Beschl. v. 29.7.2002 – B8-40000-U-23/02 – EnBW/ZEAG: Netznutzungsentgelte und -handling; BMWi, Beschl. v. 5.7.2002 – I B 1-220840/129, unter 1.2.3, Rz. 153 – Ministererlaubnis E.ON/Ruhrgas, Auktion von Erdgas; nahe an Verhaltensauflagen, BKartA, Beschl. v. 2.5.2003 – B3-24410-U-8/03, S. 19–21 – ajinomoto/Orsan; BKartA, Beschl. v. 29.5.2002 – B 4-33102-U-171/01 – Getinge/Heraeus; kritisch OLG Düsseldorf, Beschl. v. 16.12.2002 – Kart 25/02 (V), Kart 25/02, WuW/E DE-R 1013, 1026–28 – E.ON/Ruhrgas.

766) BKartA, Beschl. v. 13.8.2015 – B 9 – 48/15, *WM/Trost*: Veräußerung von Standorten in bestimmten Regionalmärkten an einen unabhängigen Dritten und Beendigung einer Einkaufsgemeinschaft mit einem Hauptwettbewerber.

Die beteiligten Unternehmen sind verpflichtet, Nebenbestimmungen vorzuschlagen (§ 40 Abs. 3 Satz 1 GWB). – Bedingungen und Auflagen sind selbständig mit der Beschwerde anfechtbar.[767] 624

### c) Fusionskontrollverfahren

### aa) Anmeldung und Verfahren

Zusammenschlüsse, die der deutschen Fusionskontrolle unterliegen, sind beim Bundeskartellamt anzumelden (§ 39 Abs. 1 GWB, zum Inhalt der Anmeldung § 39 Abs. 3 GWB). Wie bei der europäischen Fusionskontrolle können vertrauliche Vorgespräche sinnvoll sein. Da auch das Amt von den Parteien die Vorlage aller zur Vorbereitung des Zusammenschlusses vorbereiteten Dokumente fordern kann, ist Vorsicht bei der Formulierung geboten.[768] Ein Vertragsschluss oder auch ein Letter of Intent über die Transaktion ist für eine Anmeldung nicht erforderlich. Ein Erwerb aller Anteile oder des Vermögens eines anderen Unternehmens ist für die Prüfung nach § 36 Abs. 1 GWB hinreichend präzisiert und deshalb sofort anmeldefähig.[769] Bei Gemeinschaftsunternehmen oder Minderheitsbeteiligungen müssen Beteiligungsverhältnisse und Gesellschafterrechte im Zielunternehmen feststehen. Nach der Anmeldung wird die Transaktion regelmäßig durch Bekanntgabe im Internet als „angemeldetes Zusammenschlussvorhaben“,[770] ggf. auch durch Ermittlungen des Amtes publik. 625

Das Amt hat vom Eingang der vollständigen Anmeldung an einen Monat Zeit, das Vorhaben freizugeben oder das Hauptprüfverfahren einzuleiten (§ 40 Abs. 1 Satz 1 GWB, Vorprüfverfahren). Unbedenkliche Vorhaben gibt es meist in diesem Monat frei.[771] Andernfalls muss es den anmeldenden Unternehmen mitteilen, dass es in das Hauptprüfverfahren eingetreten ist (§ 40 Abs. 1 Satz 1 GWB, „Monatsbrief“), und vier Monate nach Eingang der vollständigen Anmeldung durch Verfügung (§ 61 Abs. 1 Satz 1, § 40 Abs. 2 Satz 1 GWB) entscheiden (§ 40 Abs. 2 Satz 2 GWB), wenn die Parteien nicht einer Verlängerung der Prüfungsfrist zugestimmt oder ihrerseits eine Verzögerung zu vertreten haben (§ 40 Abs. 2 Satz 3 GWB).[772] Die Freigabe von Gemeinschaftsunternehmen in der 626

767) BGH, Beschl v. 7.2.2006 – KVR 5/05, WuW/DE-R 1681, 1684 – üstra/intalliance; OLG Düsseldorf, Beschl. v. 30.9.2009 – VI-Kart 1/08 (V), WuW/E DE-R 2798 – Bau- und Heimwerkermarkt; *BKartA*, Leitfaden Zusagen, Rz. 12 ff.

768) *Esser/Höft*, NZKart 2013, 447, 451 f.

769) Zur Anmeldefähigkeit *Kallfaß*, in: Langen/Bunte, § 39 GWB Rz. 3; Merkblatt zur deutschen Fusionskontrolle, https://www.bundeskartellamt.de/SharedDocs/Publikation/DE/Merkbl%C3 %A4tter/Merkblatt%20-%20Deutsche%20Fusionskontrolle.html?nn=3590338 (Überarbeitung, Stand: 2.1.2019).

770) Laufende Veröffentlichung in „Aktuelle Liste der angemeldeten Zusammenschlussvorhaben“, https://www.bundeskartellamt.de (Stand: 6.8.2019).

771) BGH, Beschl. v. 28.6.2005 – KVZ 34/04, WuW/E DE-R 1571: Freigabe vor Einleitung des Hauptprüfungsverfahrens keine gerichtlich überprüfbare Verfügung; OLG Düsseldorf, Beschl. v. 30.6.2004 – Kart 9/04 (V), WuW/E DE-R 1293, 1297 – tv kofler: Freigabeerklärung in dieser Phase einfache Mitteilung; der Fristenlauf steht nicht zur Disposition der Parteien oder des Amtes: OLG Düsseldorf, Beschl. v. 26.11.2008 – VI-Kart 8/07 (V), WuW/E DE-R 2477, 2480 – Phonak, aus anderen Gründen aufgehoben in BGH, Beschl. v. 20.4.2010 – KVR 1/09.

772) Siehe *BKartA*, TB 2013/2014, BT-Drucks. 18/5210, S. 48 sowie Pressemitteilungen v. 5.10.2015 und v. 7.1.2016, Bongrain: freiwillige Veräußerung eines Unternehmens zur Abwendung der nachträglichen Untersagung und Bußgeld von 90.000 € wegen unrichtiger Angaben in einer Anmeldung; *BKartA*, TB 2011/2012, BT-Drucks. 17/13675, S. 54: Bußgeld gegen natürliche Person wegen unterbliebener Anmeldungen und unvollständiger Angaben.

Fusionskontrolle schließt eine Überprüfung am Maßstab des Kartellverbots (Art. 101 AEUV und § 1 GWB) nicht aus.[773)]

**bb) Vollzugsverbot**

**627** Fusionskontrollpflichtige Zusammenschlüsse dürfen vor ihrer **Freigabe** nicht vollzogen werden (§ 41 Abs. 1 GWB). § 41 Abs. 1a GWB schafft eine Ausnahme für öffentliche Übernahmeangebote.[774)] Rechtsgeschäfte, die gegen das Vollzugsverbot verstoßen, sind schwebend unwirksam (§ 41 Abs. 1 Satz 2).[775)] Vollzug in diesem Sinne sind neben der Übertragung von Anteilen oder Vermögenswerten auch Handlungen, die diese i. S. e. faktischen Integration vorwegnehmen, etwa die Bestellung von Gesellschaftsorganen auf Geheiß des Erwerbers, ein gemeinsamer Marktauftritt oder der Einsatz von Ressourcen des Erwerbers für das Zielunternehmen.[776)] Entsprechende Vereinbarungen können auch gegen Art. 101 AEUV und § 1 GWB verstoßen.[777)] Das Bundeskartellamt kann die Beteiligten zur Abwendung schwerer Nachteile ganz oder teilweise vom Vollzugsverbot befreien (§ 41 Abs. 2 GWB).[778)] Vorsätzliche oder fahrlässige Verstöße gegen das Vollzugsverbot sind ordnungswidrig (§ 81 Abs. 1 Nr. 1 GWB); das Bundeskartellamt kann das Vollzugsverbot im Wege einstweiliger Anordnungen durchsetzen.[779)] Nach Auffassung des BGH ist die Auslegung des Art. 7 FKVO für § 41 Abs. 2 GWB nicht maßgeblich (siehe Rz. 594 ff).

**628** Nicht angemeldete, aber schon vollzogene Zusammenschlüsse, von denen das Amt anderweitig erfährt, prüft es im Rahmen eines Entflechtungsverfahrens.[780)] Hat eine Partei den (rechtswidrig) schon vollzogenen Zusammenschluss dem Amt angezeigt, werden mit Einstellung des Entflechtungsverfahrens die wegen des Verstoßes schwebend unwirksamen Rechtsgeschäfte rückwirkend wirksam (§ 41 Abs. 1 Satz 2 Nr. 3 GWB).[781)]

---

773) BGH, Beschl. v. 8.5.2001 – KVR 12/99, BGHZ 147, 325 = WuW/E DE-R 711, 713 f, dazu EWiR 2001, 1055 *(Dreher/von Rintelen)* – Ostfleisch, auch zur materiellen Beurteilung kooperativer Gemeinschaftsunternehmen; OLG Düsseldorf, Beschl. v. 3.4.2019 – VI-Kart 2/18 (V), NZKart 2019, 282, 285 f, Nichtzulassungsbeschwerde anhängig unter KVZ 44/19; OLG Düsseldorf, Beschl. v. 15.7.2013 – VI-Kart 9/12 (V), WuW/E DE-R 3993, 3996 ff – Chemikalienhandel II: jahrelange Duldung eines Gemeinschaftsunternehmens im Hinblick auf § 1 GWB nach fusionskontrollrechtlicher Freigabe; Übersicht Doppelprüfungen in *BKartA*, TB 2013/2014, BT-Drucks. 18/5210, S. 22.

774) Zu den Voraussetzungen im Einzelnen *Bechtold/Bosch*, GWB, § 41 Rz. 15–20.

775) BGH, Urt. v. 17.10.2017 – KZR 24/15, NJW 2018, 703 = ZIP 2017, 2295, Rz. 38 ff – *ConsulTrust.*

776) BGH, Beschl. v. 17.7.2018 – KVR 64/17, NZKart 2018, 2018, 541 = WM 2018, 1994, Rz. 18 ff; Beschl. v. 14.11.2017 – KVR 57/16, NZKart 2018, 91 = WM 2018, 1666, Rz. 48 ff – *EDEKA/Kaiser's Tengelmann I*: gemeinsame Warenbeschaffung und Zentralregulierung zweier Unternehmen des Lebensmitteleinzelhandels; OLG Düsseldorf, Beschl. v. 15.12.2015 – VI-Kart 5/15 (V), NZKart 2016, 38, 39: Schließung von Kaiser's-Filialen mit Blick auf beabsichtigten Zusammenschluss *kein* Verstoß gegen das Vollzugsverbot, offengelassen in BGH, Beschl. v. 14.11.2017 – KVR 57/16, NZKart 2018, 91 = WM 2018, 1666, Rz. 86 ff; *Richter/Steinvorth*, in: Wiedemann, Handbuch des Kartellrechts, § 21 Rz. 52.

777) BGH, Beschl. v. 17.7.2018 – KVR 64/17, NZKart 2018, 2018, 541 = WM 2018, 1994, Rz. 28; OLG Düsseldorf, Beschl. v. 9.12.2015 – VI-Kart 1/15 (V), NZKart 2016, 30, 35.

778) Anwendungsfall und Maßstäbe in OLG Düsseldorf, Beschl. v. 17.9.2008 – VI-Kart 4/08 (V), WuW/E DE-R 2433, 2434 – Lotto Rheinland-Pfalz.

779) BGH, Beschl. v. 17.7.2018 – KVR 64/17, NZKart 2018, 2018, 541 = WM 2018, 1994, Rz. 30 ff – EDEKA/Kaiser's Tengelmann II.

780) *BKartA*, Mitteilung: Keine nachträgliche Anmeldung bereits vollzogener Zusammenschlüsse, https://www.bundeskartellamt.de/SharedDocs/Publikation/DE/Merkbl%C3%A4tter/Merkblatt%20-%20Behandlung%20nachtraeglich%20angemeldeter%20Zusammenschluesse.pdf?__blob=publicationFile&v=4 (Stand: 25.7.2019).

781) BGH, Urt. v. 17.10.2017 – KZR 24/15, NJW 2018, 703 = ZIP 2017, 2295, Rz. 38 ff – *ConsulTrust.*

### cc) Drittbeteiligung und Beiladung

Das Bundeskartellamt kann nach pflichtgemäßem Ermessen[782)] in ihren Interessen berührte Dritte – vor allem Wettbewerber, Abnehmer oder Lieferanten – zum Verfahren beiladen (§ 54 Abs. 2 Nr. 3 GWB).[783)] Es muss die Interessen der Anmeldenden, des Dritten und der Verfahrensökonomie abwägen. Beigeladene haben als Verfahrensbeteiligte Akteneinsicht (§ 29 VwVfG), können zum Verfahren Stellung nehmen und müssen vor dem Erlass einer Entscheidung gehört werden (§ 56 Abs. 1 GWB).[784)] 629

### dd) Rechtsschutz

Gegen die **Untersagung** eines Zusammenschlusses oder gegen Nebenbestimmungen zu einer Freigabe steht den beteiligten Unternehmen die Beschwerde zum OLG Düsseldorf zu (§ 63 Abs. 1 Satz 1 GWB). Diese hat keine aufschiebende Wirkung (arg. § 64 Abs. 1 GWB). Die Parteien können einerseits eine Befreiung vom Vollzugsverbot (§ 41 Abs. 2 GWB) beantragen,[785)] andererseits soll das Beschwerdegericht die aufschiebende Wirkung der Beschwerde (§ 65 Abs. 3 Satz 3 GWB) anordnen können.[786)] Geben die Parteien ihr ursprüngliches Vorhaben auf, muss dadurch das Verfahren noch nicht erledigt sein, z. B. wenn eine Partei ein ähnliches Vorhaben erneut verfolgen will.[787)] Der Bundesminister für Wirtschaft und Energie kann aus überragenden öffentlichen Interessen auf Antrag die Erlaubnis zu einem untersagten Zusammenschluss erteilen (§ 42 Abs. 1 Satz 1 GWB).[788)] 630

Beigeladene können gegen die Freigabe eines Zusammenschlusses[789)] im Hauptprüfungsverfahren Beschwerde einlegen (§ 63 Abs. 2, § 54 Abs. 2 Nr. 3 GWB).[790)] Die gerichtliche 631

---

782) *Bechtold/Bosch*, GWB, § 54 Rz. 12; siehe auch OLG Düsseldorf, Beschl. v. 5.12.2002 – VI-Kart 37/02 (V), BeckRS 2002, 17408, Rz. 4 ff.

783) OLG Düsseldorf, Beschl. v. 5.7.2000 – Kart 1/100 (V), Kart 1/100, WuW/E DE-R 523, 525, 527 – SPNV: Interessen, die mit der Freiheit des Wettbewerbs und der Struktur des relevanten Marktes zusammenhängen.

784) Beispiele für Verfahren mit zahlreichen Beigeladenen BKartA, Beschl. v. 31.3.2015 – B2-96/14 – EDEKA/Tengelmann: 6 Beigeladene; BMWi, Beschl. v. 18.9.2002 – I B 1-220840/129 und BMWi, Beschl. v. 5.7.2002 – I B 1-220840/129 – EON/Ruhrgas, zuvor BKartA, Beschl. v. 26.2.2002 – B8-40000-U-149/01, und BKartA, Beschl. v. 17.1.2002 – B8-40000-U-109/01: zuletzt 32 Beigeladene. Beschwerdebefugnis für Interessenten, die das Amt aus Ermessensgründen nicht beigeladen hat: BGH, Beschl. v. 7.11.2006 – KVR 37/05, WuW/E DE-R 1857, 1858–60 – pepcom.

785) OLG Düsseldorf, Beschl. v. 8.8.2007 – VI-Kart 8/07 (V), WuW/E DE-R 2069, 2070 ff – Phonak/GN ReSound und Beschl. v. 3.3.2008 – VI-Kart 19/07 (V) (Lotto Rheinland-Pfalz).

786) OLG Düsseldorf, Beschl. v. 15.12.2015 – VI-Kart 5/15 (V), NZKart 2016, 38: Anordnung der aufschiebenden Wirkung der Beschwerde, wenn die von den Parteien angestrebte Handlung nicht unter das Vollzugsverbot falle, m. E. zweifelhaft.

787) BGH, Beschl. v. 6.12.2011 – KVR 95/10, WuW/E DE-R 3591, 3593 f – Total/OMV, Rz. 15: Präjudizierung künftiger Zusammenschlussvorhaben; BGH, Beschl. v. 25.9.2007 – KVR 30/06 – Springer/ProSieben, WuW 2008, 453, dazu EWiR 2008, 593 *(Rottnauer)*; zur Erledigung von Verwaltungsverfahren BKartA, Beschl. v. 27.6.2005 – B4-09/05, S. 5 – Deutsche Börse; zur Fortsetzungsfeststellungsbeschwerde (§ 71 Abs. 2 Satz 2 GWB) in der Fusionskontrolle *Bechtold/Bosch*, GWB, § 71 Rz. 9, 14.

788) Siehe z. B. BMWi, Verfügung v. 9.3.2016 – I B2 – 22 08 50/01, EDEKA/Kaiser's Tengelmann, WuW 2016, 255, und OLG Düsseldorf, Beschl. v. 12.7.2016 – VI-Kart 3/16 (V), NZKart 2016, 380 = BeckRS 2016, 13153.

789) Beschwerde wegen unzureichender Nebenbestimmungen OLG Düsseldorf, Beschl. v. 30.7.2003 – Kart 35/02 (V), WuW/E DE-R 1159 – BASF/NEPG; OLG Düsseldorf, Beschl. v. 30.8.2004 – VI Kart 21/03 (V), WuW/E DE-R 1463, 1464 f – Argenthaler Steinbruch.

790) BGH, Beschl. v. 24.6.2003 – KVR 14/01, BGHZ 155, 214 = WuW/E DE-R 1163, 1164, dazu EWiR 2003, 1147 *(Bach)* – HABET/Lekkerland; kein Rechtsschutz gegen Freigaben im Vorprüfungsverfahren, OLG Düsseldorf, Beschl. v. 14.8.2013 – VI Kart 1/12 (V), WuW/E DE-R 4050, Rz. 38 ff – Liberty Global/Kabel BW; OLG Düsseldorf, Beschl. v. 13.12.2006 – VI-Kart 1/06 (V), WuW/E DE-R 1922.

Überprüfung beschränkt sich auf die Märkte, auf denen der Beschwerdeführer nachteilig betroffen ist.[791] Das Gericht hebt die Freigabeverfügung, wenn sie insofern rechtswidrig ist, auf. Nach dieser Aufhebung prüft das Amt den Zusammenschluss von neuem (arg. e § 40 Abs. 6 GWB). Der Vollzug in der Zwischenzeit schafft in der Regel vollendete Tatsachen. Einstweiliger Rechtsschutz ist auf diejenigen Beigeladenen beschränkt, die eine Verletzung ihrer Rechte, nicht nur – wie im Fusionskontrollverfahren die Regel – wirtschaftlicher Interessen[792] geltend machen (§ 65 Abs. 3 Satz 4 GWB). Der Rechtsschutz in der Hauptsache steht allen, auch „nur" in Interessen verletzten Beigeladenen zu.[793]

## IX. Außenwirtschaftsrecht

632 Das Bundesministerium für Wirtschaft und Energie (BMWi) kann den Erwerb inländischer Unternehmen oder von Beteiligungen an inländischen Unternehmen[794] durch ausländische, insbesondere EU-fremde Investoren auf Gefahren für die „öffentliche Ordnung oder Sicherheit" überprüfen und äußerstenfalls auch untersagen. Diese Befugnis hat zuletzt nach Übernahmen und Übernahmeversuchen chinesischer Investoren nach mehreren Transaktionen mit erheblichem Medienecho[795] und der zweimal verschärften Regelung in der Außenwirtschaftsverordnung[796] an Bedeutung gewonnen. In anderen Ländern gibt es ebenfalls teilweise noch weitergehende und längst nicht nur durch Sicherheitserwägungen motivierte Beschränkungen für ausländische Unternehmenskäufer.[797] Auf der Ebene der

791) BGH, Beschl. v. 24.6.2003 – KVR 14/01, WuW/E DE-R 1163, 1165 f.

792) Siehe beispielsweise OLG Düsseldorf, Beschl. v. 11.4.2001 – V-Kart 22/01, WuW/E DE-R 665 f – NetCologne; OLG Düsseldorf, Beschl. v. 11.6.2002 – Kart 25/02, WuW/E DE-R 885, 893 – E.ON/Ruhrgas.

793) Zum Hintergrund Begründung RegE 7. GWB-ÄndG, BT-Drucks. 15/3640, S. 40 f, 65; siehe auch OLG Düsseldorf, Beschl. v. 6.6.2012 – VI-Kart 6/12 (V), WuW/E DE-R 3723, 3725 ff – Untersagungsbegehren: keine Anfechtung einer Freigabe durch am Zusammenschluss Beteiligte, die den Zusammenschluss nicht mehr wünschen; OLG Düsseldorf, Beschl. v. 1.2.2012 – VI-Kart 6/11 (V), WuW/E DE-R 3703 – Negativattest: keine vorbeugende Beschwerde mit dem Ziel der Feststellung, dass ein Zusammenschluss nicht der Fusionskontrolle unterliege; OLG Düsseldorf, Urt. v. 26.3.2014 – VI-U (Kart) 43/13, WuW/E DE-R 4230 – GN Store Nord II: Anforderungen an Amtshaftung wegen rechtswidriger Untersagung eines Zusamennschlusses.

794) Im Folgenden zur Vereinfachung „Unternehmen".

795) Siehe zum Beispiel Aixtron, dazu FAZ v. 23.2.2017, Eine ungewisse Zukunft lastet auf Aixtron, https://www.faz.net/aktuell/finanzen/aktien/aixtron-uebernahme-verbot-zeichnet-ungewisse-zukunft-14891680.html (Stand: 7.1.2019); Ledvance: siehe Presseerklärungen v. 3.3.2017, https://www.ledvance.de/unternehmen/presse/pressemitteilungen/2017/chinesisches-konsortium-schliesst-ledvance-uebernahme-ab/index.jsp und v. 31.1.2017, https://www.ma-dialogue.de/wirtschaftsministerium-gibt-osram-deal-frei/ (beide Stand: 7.1.2019); 50Hertz, dazu Pressemitteilung des BMWi v. 27.7.2018, KfW erwirbt im Auftrag des Bundes temporär Anteil am deutschen Übertragungsnetzbetreiber 50Hertz, https://www.bmwi.de/Redaktion/DE/Pressemitteilungen/2018/20180727-kfw-erwirbt-im-auftrag-des-bundes-temporaer-anteil-am-deutschen-uebertragungsnetzbetreiber-50hertz.html (Stand: 7.1.2019); Leifeld Metal Spinning, Welt v. 1.8.2018, Maschinenbauer Leifeld darf nicht nach China verkauft werden, https://www.welt.de/wirtschaft/article180404330/Leifeld-Bundesregierung-untersagt-Verkauf-nach-China-vorsorglich.html (Stand: 7.1.2019); Überblick außerdem bei *Haak/Thiemann*, CB 2017, 431, 434 f.

796) Neunte Verordnung zur Änderung der AWV v. 14.7.2017, BAnz AT 17.7.2017 V1; Zwölfte Verordnung zur Änderung der AWV v. 19.12.2018, BAnz AT 28.12.2018 V1.

797) Zum US-amerikanischen Verfahren des CFIUS (Committee on Foreign Investment in the United States) Seibt/Kulenkamp, ZIP 2017, 1345, 1348; Carnegie/Croley/Taubman/Dammann de Chapto, NZKart 2018, 296, 296–298; zum Investment Canada Act Wessels, BB 2015, 2635; zum Schutz der Rüstungsindustrie in verschiedenen Ländern siehe *Mausch/Liotta*, in: Hocke/Sachs/Pelz., § 60 AWV Rz. 1 m. w. N.; Überblick zu europäischen Ländern bei *Link/Becker*, RIW 2019, 415, 419 ff; die OECD erstellt einen Index für Anforderungen an Direktinvestitionen und umgekehrt für die Offenheit der jeweiligen Länder für solche Investitionen, für solche Investitionen, http://www.oecd.org/investment/fdiindex.htm (Stand: 26.7.2019).

Europäischen Union wird es vom 11.10.2020 an einen Koordinierungs- und Kooperationsmechanismus geben, nach dem sich die Mitgliedstaaten und die Kommission informieren, wenn sie eine ausländische Direktinvestition im Hinblick auf Gefahren für die Sicherheit und öffentliche Ordnung prüfen, innerhalb bestimmter Fristen Kommentare und Stellungnahmen abgeben und entgegennehmen und bei ihren Entscheidungen berücksichtigen. Die Kommission kann Stellungnahmen abgeben, wenn eine Direktinvestition nach ihrer Auffassung die Sicherheit oder öffentliche Ordnung in mehreren Mitgliedstaaten oder aber Projekte oder Programme von Unionsinteresse voraussichtlich beeinträchtigt[798] Nach der zugrunde liegenden Verordnung Nr. 2019/452 soll zwar die Europäische Union für Direktinvestitionen aus Drittstaaten offen und die Prüfung solcher Investitionen in der Zuständigkeit der Mitgliedstaaten bleiben. Es ist aber zu erwarten, dass vor dem Hintergrund dieses Mechanismus und der VO 2019/452 weitere Mitgliedstaaten Kontrollmechanismen einrichten und die im deutschen Recht geltenden Verfahrensfristen durch eine weitere Änderung der AWV an die Erfordernisse und das Fristenregime der VO 2019/452 angepasst werden.[799]

### 1. Die Regelung in der Außenwirtschaftsverordnung

Nach den §§ 55 ff AWV sind zu unterscheiden: 633

1. Die **sektorübergreifende Prüfung** (§§ 55–59 AWV) ermöglicht dem BMWi die nachträgliche Kontrolle von Übernahmen durch unionsfremde Erwerber unabhängig von der Größe oder Branche des Zielunternehmens.
2. Im Zusammenhang mit der sektorübergreifenden Prüfung ist der Erwerb von Unternehmen, die **kritische Infrastrukturen** betreiben oder aus Sicht des Verordnungsgebers ähnlich sensible Tätigkeiten verfolgen, einer besonderen, im Endeffekt *Ex-ante-* und branchenspezifisch wirkenden Prüfung unterworfen.
3. Die **sektorspezifische Kontrolle** (§§ 60–62 AWV) sieht für jeden ausländischen (§ 2 Abs. 5 und 15 AWG) Erwerber von Unternehmen, die bestimmte Produkte oder Systeme in den Bereichen Wehrtechnik und Kryptotechnologie herstellen oder entwickeln, eine *Ex-ante*-Kontrolle vor.

### 2. Die sektorübergreifende Prüfung

Das BMWi kann nach § 55 AWV prüfen, ob der Erwerb eines inländischen Unternehmens durch Unionsfremde (§ 2 Abs. 19 AWG) die öffentliche Ordnung oder Sicherheit der Bundesrepublik Deutschland gefährdet. **Erwerber** aus der Europäischen Freihandelsassoziation[800] sind Unionsansässigen gleichgestellt (§ 55 Abs. 2 Satz 4 AWV). Als „**Erwerb einer Beteiligung**" gilt der Erwerb von Stimmrechtsanteilen von 25 %, in manchen Fällen 10 %, oder mehr an dem inländischen Unternehmen (§ 56 Abs. 1 AWV, Zurechnungsregeln in § 56 Abs. 2 und 3). Auch der Erwerb einer solchen Beteiligung durch Unionsansässige kann überprüft werden, wenn es Anzeichen für eine missbräuchliche Gestaltung oder ein Umgehungsgeschäft gibt (§ 55 Abs. 2 Sätze 1 und 2 AWV). 634

798) VO (EU) 2019/452 v. 19.3.2019, ABl. L 79 v. 21.3.2019, S. 1.
799) *Link/Becker*, RIW 2019, 415, 416; *Lippert*, BB 2019, 1538, 1542.
800) Island, Liechtenstein, Norwegen und die Schweiz.

635 Das BMWi kann sein Prüfrecht nur ausüben, wenn es dem unmittelbaren Erwerber und dem Zielunternehmen die **Eröffnung des Prüfverfahrens innerhalb von drei Monaten** mitteilt, nachdem es **Kenntnis vom Abschluss des schuldrechtlichen Vertrags** über den Erwerb erlangt hat (§ 55 Abs. 3 Satz 1 AWV). Erst fünf Jahre nach diesem Vertragsschluss ist die Einleitung eines solchen Verfahrens ausgeschlossen (§ 55 Abs. 3 Satz 6 AWV).

636 Nach Einleitung eines Verfahrens muss der unmittelbare Erwerber, also der Käufer, beim BMWi umfangreiche **Unterlagen über den Erwerb** einreichen (§ 57 Sätze 1 und 2 AWV);[801] das BMWi kann weitere Unterlagen anfordern (§ 57 Satz 3 AWV). Es kann innerhalb von bis zu vier Monaten nach Eingang der vollständigen Unterlagen den Erwerb untersagen oder Anordnungen erlassen, um die öffentliche Ordnung oder Sicherheit der Bundesrepublik Deutschland zu gewährleisten (§ 59 Abs. 1 Satz 1 AWV). Zur Abwendung von Bedenken kann das BMWi Beschränkungen anordnen oder mit dem Erwerber einen öffentlich-rechtlichen Vertrag schließen; während der Verhandlungen ist der Lauf der Viermonatsfrist gehemmt (§ 59 Abs. 2 AWV).

637 Als Beschränkungen ist denkbar, sensible Geschäftsbereiche dem Erwerber nicht mitzuverkaufen oder an Dritte zu veräußern, sie vor der Einflussnahme des Erwerbers abzuschirmen oder umgekehrt den Erwerber zu verpflichten, bestimmte Tätigkeiten weiterzubetreiben.[802] Rechtsschutz für Erwerber oder Veräußerer besteht auf dem Verwaltungsrechtsweg;[803] das BMWi dürfte aber einen erheblichen Beurteilungsspielraum haben.[804]

638 Eine Gefahr für die **„öffentliche Ordnung oder Sicherheit** der Bundesrepublik Deutschland" i. S. d. Art. 36, 52 Abs. 1 und 65 Abs. 1 AEUV (§ 4 Abs. 1 Nr. 4 AWG) ist eine tatsächliche und hinreichend schwere Gefährdung, die ein Grundinteresse der Gesellschaft berührt.[805] Erwerber, insbesondere aus Ländern mit anderen Gesellschaftsformen als einer freiheitlich-demokratischen Grundordnung, sollen nicht durch Übernahme von Unternehmen Zugriff auf sensible Technologie oder für das Funktionieren des Gemeinwesens wesentliche Güter und Dienstleistungen erhalten. Wirtschaftliche Erwägungen oder das Ziel der Gleichbehandlung deutscher Investoren im Herkunftsland des Erwerbers bleiben außen vor.

639 Ein Erwerber kann auf freiwilliger Basis beim BMWi eine **Unbedenklichkeitsbescheinigung** beantragen (§ 58 Abs. 1 Satz 1 AWV). Das BMWi kann daraufhin innerhalb von zwei Monaten ein Prüfverfahren eröffnen, in dem der Erwerber wie im von Amts wegen eingeleiteten Verfahren (§ 55 AWV) ausführliche Auskünfte und Unterlagen vorbringen muss; nach Ablauf dieser Frist gilt die Unbedenklichkeitsbescheinigung als erteilt (§ 58 Abs. 2 Satz 1 AWV).

---

801) Siehe dazu Allgemeinverfügung des BMWi v. 22.3.2019, BAnz AT 11.4.2019 B 2; ähnlich „Empfohlene Angaben für die Beantragung einer Unbedenklichkeitsbescheinigung", https://www.bmwi.de/Redaktion/DE/Downloads/U/unbedenklichkeitsbescheinigung.pdf?__blob=publicationFile&v=5 (Stand: 6.8.2019).

802) *Mausch-Liotta*, in: Hocke/Sachs/Pelz, § 59 AWV Rz. 19 f.

803) *Mausch-Liotta*, in: Hocke/Sachs/Pelz, § 59 AWV Rz. 21–23; *Flasshoff/Glasmacher*, NZG 2017, 489, 492.

804) *Mausch-Liotta*, in: Hocke/Sachs/Pelz, § 59 AWV Rz. 5 f.

805) *Bröhmer*, in Calliess/Ruffert, Art. 65 AEUV Rz. 11; *Boewe/Johnen*, NZG 2017, 1095, 1096; aus der Rechtsprechung EuGH, Urt. v. 22.5.2012 – Rs C-348/09, P.I./Stadt Remscheid, Rz. 20 ff und Urt. v. 14.3.2000 – Rs C-54/99, Association Eglise de scientologie Paris, Rz. 17.

### 3. Die Prüfung in Bezug auf sensible Branchen und Tätigkeiten

Seit 2017 gelten **Sonderregeln** für den **Erwerb von Unternehmen, die kritische Infrastrukturen betreiben**, branchenspezifische Software für den Betrieb solcher Infrastrukturen besonders ändern oder entwickeln oder verschiedene für ähnlich sensibel erachtete Tätigkeiten verfolgen. Zuletzt hat der Verordnungsgeber Unternehmen der Medienwirtschaft mit besonderer Aktualität und Breitenwirkung hinzugefügt (§ 55 Abs. 1 Satz 2 Nr. 6 AWV). 640

**Kritische Infrastrukturen** definiert die nach §§ 2 Abs. 10, 10 Abs. 1 des BSI-Gesetzes erlassene „Verordnung zur Bestimmung Kritischer Infrastrukturen nach dem BSI-Gesetz (**BSI-KritisV**)" jeweils für die **Sektoren Energie, Wasser, Ernährung, Informationstechnik und Telekommunikation, Gesundheit, Finanz- und Versicherungswesen, Transport und Verkehr**: Bestimmte Tätigkeiten sind „kritische Dienstleistungen"; „Kritische Infrastrukturen" sind Anlagen (§ 1 Nr. 1 BSI-KritisV) oder Teile von Anlagen der in den Anhängen zur BSI-KritisV definierten Kategorien, die bestimmte Schwellenwerte erreichen oder überschreiten. 641

So ist z. B. die Erdgasversorgung kritische Dienstleistung (§ 2 Abs. 1 Nr. 2 BSI-KritisV), die (auch) im Bereich Transport und Verteilung von Gas erbracht wird. Ein Erdgasfernleitungsnetz ist nach Anhang 2, Teil 3 Nr. 2.2.1 zur BSI-KritisV als Kategorie erfasst, und der Schwellenwert liegt bei einer von Letztverbrauchern oder Weiterverteilern aus diesem Netz entnommenen Energiemenge von 5.190 GWh/a. Der Verordnungsgeber geht davon aus, dass ein solches Fernleitungsnetz 500.000 Personen oder mehr versorgt (Anhang 2, Teil 2, Nr. 9). 642

**Branchenspezifische Software für den Betrieb Kritischer Infrastrukturen** nach der Definition in § 55 Abs. 1 Satz 3 AWV für die einzelnen Sektoren muss entweder branchenspezifisch auf Basis von Standardanwendungen geändert oder eigens für die Branche entwickelt worden sein.[806] Im Beispiel Gasversorgung wäre ein Hersteller von Software für die Netzleittechnik oder für die Steuerungstechnik zum Betrieb von Gasversorgungsanlagen oder -systemen betroffen. 643

Daneben fallen unter § 55 Abs. 1 Satz 2 AWV Unternehmen, die 644

- mit organisatorischen Maßnahmen zur **Telekommunikationsüberwachung** betraut sind oder technische Einrichtungen für solche Maßnahmen herstellen (§ 55 Abs. 1 Satz 2 Nr. 3 AWV),
- **Cloud-Computing-Dienste** erbringen, wenn die dafür genutzten Infrastrukturen die Schwellenwerte nach der BSI-KritisV erreichen (Nr. 4),
- eine Zulassung für Komponenten oder Dienste der **Telematik-Infrastruktur** im Zusammenhang mit der elektronischen Gesundheitskarte besitzen (Nr. 5),
- als Unternehmen der **Medienwirtschaft** zur öffentlichen Meinungsbildung beitragen und sich durch besondere Aktualität und Breitenwirkung auszeichnen (Nr. 6).

Die in § 55 Abs. 1 Satz 2 erfassten Unternehmen sind beispielhafte Fälle mit besonderer Sicherheitsrelevanz;[807] die Regelung konkretisiert die Generalklausel in § 55 Abs. 1 Satz 1 AWG.[808] Die **Prüfungsbefugnis** gilt bereits **beim Erwerb von 10 % der Anteile** des erfassten Unternehmens (§ 56 Abs. 1 Nr. 1 AWV). Der Abschluss eines schuldrechtlichen 645

806) BT-Drucks. 18/13417, S. 13: „Schlüssel-IT-Anwendungshersteller.

807) BT-Drucks. 18/13417, S. 13.

808) *Boewe/Johnen*, NZG 2017, 1095, 1096 f.

Vertrags zum Erwerb eines von § 55 Abs. 1 Satz 2 erfassten Unternehmens oder einer Beteiligung an einem solchen Unternehmen i. S. v. § 56 AWV muss dem BMWi schriftlich **gemeldet** werden (§ 55 Abs. 4 AWV). Ohne Meldung und Ablauf der dem BMWi zustehenden Prüfungsfrist sind Rechtsgeschäfte, die dem Vollzug der Transaktion dienen, schwebend unwirksam (§ 15 Abs. 3 AWG). Die Unternehmen haben ein Eigeninteresse, mit der Meldung die Frist für die Einleitung eines Verfahrens (§ 55 Abs. 3 Satz 1 AWV) in Gang zu setzen.

### 4. Sektorspezifische Prüfung von Unternehmenserwerben

646 Die sektorspezifische Prüfung (§§ 60–62 AWV) ist für den Erwerb von Unternehmen einschlägig, die bestimmte, vornehmlich verteidigungsrelevante „Güter" (§ 2 Abs. 13 AWG), also Waren, Software und Technologie, herstellen oder entwickeln, oder in der Kryptotechnologie tätig sind oder waren. Über Kriegswaffen (§ 60 Abs. 1 Nr. 1 AWV) sowie besonders konstruierte Motoren und Antriebe für Panzer (§ 60 Abs. 1 Nr. 2 AWV) hinaus sollen Unternehmen, die sich im Bereich militärischer Aufklärung und Unterstützung betätigen, wie z. B. Feuerleittechnik, Sensorik und damit zusammenhängende Elektronik, erfasst werden (§ 60 Abs. 1 Nr. 4 und 5 AWV).[809] § 60 AWV gilt außerdem für Unternehmen, die Produkte mit IT-Sicherheitsfunktionen zur Verarbeitung staatlicher Verschlusssachen (Kryptotechnologie) herstellen, entwickeln oder dies getan haben und noch im Besitz der einschlägigen Technologie sind (§ 60 Abs. 1 Nr. 3 AWV).

647 Die sektorspezifische Kontrolle greift schon bei Stimmrechtsanteilen von 10 % (§ 60a AWV). Ein Erwerb solcher Unternehmen muss dem BMWi gemeldet werden und bedarf der Freigabe durch das BMWi. Das BMWi hat von der Meldung des Zusammenschlusses an drei Monate Zeit, ein Prüfverfahren zu eröffnen, und kann im Prüfverfahren innerhalb von drei Monaten den Erwerb untersagen oder Anordnungen treffen (§§ 61 f, 57 AWV).

648 Das BMWi kann den Erwerb untersagen, wenn diesem Bedenken im Hinblick auf **wesentliche Sicherheitsinteressen der Bundesrepublik Deutschland** entgegenstehen (§ 61 Satz 1 AWV). Diese Sicherheitsinteressen (Art. 346 Abs. 1 AEUV) sind insbesondere der Erhalt von Kernfähigkeiten der Rüstungsindustrie in Deutschland und in deutscher Hand sowie die Vertrauenswürdigkeit der von staatlichen Stellen eingesetzten Kryptosysteme.[810] Der Bundesregierung und dem BMWi steht insofern ein weiter Beurteilungsspielraum zu.[811]

### 5. Auswirkungen auf M&A-Transaktionen

649 Wenn ein Unternehmen in einer von § 55 Abs. 1 Satz 2 oder § 60 Abs. 1 AWV betroffenen Branche tätig ist, müssen sowohl der Veräußerer als auch ein ausländischer Erwerber so früh wie möglich klären, ob die Einleitung eines Verfahrens nach §§ 55 ff AWV denkbar oder eine Freigabe nach §§ 60 ff AWV erforderlich ist. Manchmal ist leicht zu bestimmen, ob ein Unternehmen betroffen sein kann: Unternehmen, die kritische Infrastrukturen betreiben, stehen in der Regel mit dem Bundesamt für Sicherheit in der Informationstechnik in Verbindung (§§ 8a ff BSI-G) und sind über ihren Status informiert. Unternehmen, die für die sektorspezifische Kontrolle infrage kommen, unterliegen regelmäßig

809) BT-Drucks. 18/13417, S. 20.

810) *Mausch-Liotta*, in: Hocke/Sachs/Pelz, § 60 AWV Rz. 1–3.

811) Mausch-Liotta, in: Hocke/Sachs/Pelz, § 60 AWV Rz. 23–26; zur Auslegung von Art. 346 AEUV EuGH, Urt. v. 4.9.2014 – Rs C-474/12, *Schiebel Aircraft GmbH*, Rz. 32 ff; zu den im Verfahren vorzulegenden Unterlagen siehe BMWi, Allgemeinverfügung v. 22.3.2019, BAnz AT 11.4.2019 B 1.

dem Geheimschutz, müssen wegen der Art ihrer Produkte Exportkontrollvorschriften beachten und dürften in einigem Umfang an Behörden und Streitkräfte liefern.

Beim Erwerb oder Verkauf eines Unternehmens, das für ein Prüfverfahren infrage kommt, kann es geboten sein, frühzeitig mit dem BMWi Kontakt aufnehmen. Wie im Fall Aixtron, in dem das BMWi eine bereits erteilte Unbedenklichkeitsbescheinigung widerrufen hat,[812] können dennoch positive Signale der Behörde angesichts der politischen Sachverhalte mit Vorsicht zu genießen sein. Die Verordnung der Kommission zielt ungeachtet der Bekenntnisse zu ausländischen Direktinvestitionen[813] mehr auf Koordinierung der Sicherheitsinteressen der Union und ihrer Mitgliedstaaten als auf Rechtssicherheit für Käufer und Verkäufer von Unternehmen. **650**

Es ist eine Frage des Einzelfalls, ob ein Verkäufer eine Unbedenklichkeitsbescheinigung fordern oder ein Käufer sie beantragen soll,[814] oder ob eine schlichte Meldung oder vorsorgliche Mitteilung an das BMWi vorzuziehen ist. Im Verfahren vor dem BMWi prallen die Sonderwelten des internationalen Transaktionsgeschäfts und der deutschen Ministerialbürokratie aufeinander. So sind dem Verfasser Verfahren bekannt, in denen selbst umfangreiche Unterlagen nicht in englischer Sprache vorgelegt werden durften, sondern beglaubigte Übersetzungen ins Deutsche verlangt wurden.[815] Die Zeitplanung für eine Transaktion muss mögliche Prüfverfahren unbedingt berücksichtigen. Eine aufschiebende Bedingung im Kaufvertrag, dass der Erwerber eine Unbedenklichkeitsbescheinigung erlangt oder das BMWi wegen Fristablaufs nicht mehr einschreiten kann, ist unbedingt anzuraten.[816] Der Verkäufer sollte zu Erwerbern, bei denen ein langwieriges Verfahren oder eine Untersagung infrage kommen, eine Ausweichoption haben. **651**

## X. Wirksamkeitserfordernisse von Unternehmenskaufverträgen

### 1. Genehmigungen und Zustimmungen

Im Zusammenhang mit der Übertragung eines Unternehmens sind eine Reihe von öffentlich-rechtlichen Beschränkungen sowie öffentlich- und privatrechtlichen Zustimmungserfordernissen zu beachten, die von beiden Parteien möglichst früh identifiziert werden sollten, um diese Zustimmungen rechtzeitig einzuholen, etwaige Beschränkungen zu beseitigen oder von dem Vorhaben zur Vermeidung eines unnötigen Kosten- und Zeitaufwands abzulassen. Teilweise haben diese Erfordernisse Auswirkung auf die Wirksamkeit des Unternehmenskaufvertrags, zum Teil benötigt sie der Erwerber, um das Unternehmen fortführen zu können. Im Einzelnen kann es sich um folgende Beschränkungen und Zustimmungserfordernisse handeln: **652**

#### a) Öffentlich-rechtliche Genehmigungen

Unter den öffentlich-rechtlichen Beschränkungen sind zunächst die **Konzessionen** und **Erlaubnisse** zu nennen, die in Einschränkung des Grundsatzes der Gewerbefreiheit für einige **653**

812) Dazu *Flasshoff/Glasmacher*, NZG 2017, 489, 489 f.

813) Beispiel bei Kommission, Vorschlag v. 13.9.2017, COM (2017) 487 final, S. 2.

814) *Haak/Thiemann*, CB 2017, 431, 434 f.

815) Ähnlich *Sachs/Schäffer*, Achtung, die Chinesen kommen, 9.12.2016, https://www.lto.de (Stand: 9.1.2019). Zur Anforderung „in deutscher Sprache" nunmehr ausdrücklich BMWi, Allgemeinverfügungen v. 22.3.2019, BAnz AT 11.4.2019 B 1 und B 2.

816) *Mausch-Liotta*, in: Hocke/Sachs/Pelz, § 59 AWV Rz. 29; *Haak/Thiemann*, CB 2017, 431, 434.

Unternehmungen erforderlich sind. Dabei ist zwischen den personen- und den betriebsbezogenen Konzessionen zu unterscheiden.[817] Bei den Erstgenannten bezieht sich die Konzession auf den Inhaber des Gewerbebetriebs bzw. bestimmte, mit besonderen persönlichen Qualifikationen ausgestattete Mitarbeiter des Unternehmens, bei den Letztgenannten auf den Gewerbebetrieb, d. h. auf das Unternehmen selbst. Je nachdem, welche Erwerbsart letztlich bei der Transaktion gewählt wird, hat dies unterschiedliche Auswirkungen. Wird ein Asset Deal gewählt, sind personenbezogene Konzessionen erneut bei den jeweiligen Behörden einzuholen, da die ursprünglich erteilten beim Veräußerer verbleiben. Gelingt dies dem Erwerber nicht, ist ein abgeschlossener Unternehmenskaufvertrag zwar rechtlich wirksam,[818] rein faktisch ist der Erwerber jedoch daran gehindert, den erworbenen Geschäftsbetrieb weiterzuführen. Bei der Kaufvertragsgestaltung wird der Erwerber daher regelmäßig darauf bedacht sein, ein Rücktrittsrecht für den Fall zu vereinbaren, dass betriebsnotwendige persönliche Konzessionen – aus welchem Grund auch immer – nicht erteilt werden. Alternativ ist vorstellbar, die Konzessionserteilung zur aufschiebenden Bedingung des Kaufvertrags zu machen (ggf. verbunden mit einem *Cut-off Date,* bis zu dem die Bedingung erfüllt sein muss oder sich beide Vertragspartner vom Kaufvertrag sanktionslos lösen können). Bei einem Share Deal stellt sich die Situation anders dar. Hier ist der Unternehmensträger, nämlich die Gesellschaft, Inhaber des Gewerbebetriebs. Da dieser nach Transaktion aber unverändert fortbesteht, verliert eine etwaige **personenbezogene Konzession** nicht ihre Gültigkeit, sofern diese an die Gesellschaft als Unternehmensträgerin und nicht an die dahinterstehenden natürlichen Personen anknüpft.

654 **Betriebsbezogene Konzessionen**, die nicht an den Betriebsinhaber, sondern an die sachliche Ausstattung des Gewerbebetriebs anknüpfen, werden in aller Regel durch einen Unternehmenskauf nicht berührt. Bei einem Asset Deal ist hier nur darauf zu achten, dass alle für die betriebsbezogene Konzession erforderlichen Betriebsmittel mit übertragen werden und der Konzession zugrunde liegende organisatorische Maßnahmen aufrechterhalten bleiben.

655 Sowohl personen- als auch betriebsbezogene Konzessionen sind für den Betrieb von Gaststätten (§§ 2, 11 GaststättenG), den Abbau von Bodenschätzen (§§ 6, 11, 22 BBergG), den Betrieb von privaten Krankenanstalten (§ 30 GewO), die Aus- und Einfuhr, Produktion, Beförderung und Lagerung von Kernbrennstoffen (§§ 3, 4, 6, 7 AtG), die Personenbeförderung (§§ 2, 9, 13, 17 PBefG) sowie den Betrieb eines Luftfahrtunternehmens (§ 20 LuftVG) erforderlich. Personenbezogene Konzessionen werden benötigt für das Güterkraftverkehrsgewerbe (§ 3 GüKG), den Betrieb einer Eisenbahn (§ 6 AEG), für Schausteller- und Spielautomatenbetriebe (§§ 33a, 33c GewO), für das Pfandleihgewerbe (§ 34 GewO), für das Bewachungsgewerbe (§ 34a GewO), für eine Makler-, Bauträger- oder Baubetreuertätigkeit (§ 34c GewO), für die Tätigkeit als Versicherungsvermittler und Versicherungsberater (§ 34d GewO), für Finanzanlagenvermittler (§ 34f GewO), für Kapitalverwaltungsgesellschaften (§ 20 KAGB), für das Bank-, Finanzdienstleistungs- und Versicherungsgewerbe (§ 32 KWG, § 8 VAG), für den Betrieb einer Apotheke (§ 1 ApoG) sowie für Handwerksbetriebe (§ 1 HandwO). Betriebsbezogene Konzessionen sind erforderlich für genehmigungsbedürftige Anlagen nach § 4 BImSchG.

656 Neben den öffentlich-rechtlichen Konzessionen sind **öffentlich-rechtliche Beschränkungen** des Grundstücksverkehrs und der Grundstücksnutzung bei einem Unternehmenskauf

817) *Beisel*, in: Beisel/Klumpp, § 8 Rz. 6.

818) *Beisel*, in: Beisel/Klumpp, § 8 Rz. 8.

zu beachten. Hierzu zählen die gemeinderechtlichen Vorkaufsrechte nach §§ 24 ff BauGB, die Zustimmung zur Veräußerung eines Grundstücks sowie zur Bestellung und Veräußerung eines Erbbaurechts in einem förmlich festgelegten Sanierungsgebiet durch die Gemeinde nach §§ 144, 145 BauGB oder in einem städtebaulichen Entwicklungsbereich gemäß § 169 Abs. 1 Nr. 3 BauGB, die Genehmigung der Veräußerung land- und forstwirtschaftlicher Grundstücke durch die zuständige Behörde nach §§ 2 ff GrdstVG und die Genehmigung der Veräußerung von Grundstücken sowie der Bestellung und Veräußerung von Erbbaurechten in den neuen Bundesländern nach § 2 GVO.

### b) Zustimmungserfordernisse nach dem BGB

Neben den öffentlich-rechtlichen finden sich auch im BGB eine Reihe von Zustimmungserfordernissen und Beschränkungen, die bei einem Unternehmenskauf zu beachten sind. 657

Beim Verkauf von **freiberuflichen Unternehmen**, insbesondere von Arztpraxen und Steuerberater- oder Rechtsanwaltskanzleien, ist die Zustimmung der Patienten und Mandanten erforderlich, sofern Patienten- und Mandantenstamm, Akten und Honorarforderungen mitveräußert werden sollen; eine fehlende Zustimmung würde in diesem Fall aufgrund der Verschwiegenheitspflicht des Veräußerers gemäß § 203 StGB und wegen §§ 134, 139 BGB zur Nichtigkeit bereits des schuldrechtlichen Kaufvertrags führen.[819)] Bislang ungeklärt ist die Frage, ob auch eine nachträglich eingeholte Genehmigung der Mandanten/Patienten ausreichend ist.[820)] Deshalb ist aus Gründen der Rechtssicherheit unbedingt anzuraten, vor der geplanten Transaktion die entsprechenden Einwilligungen der Patienten/Mandanten einzuholen. 658

Nach § 415 BGB bedarf die Schuldübernahme der Genehmigung des Gläubigers; dies gilt analog auch für die Vertragsübernahme. Bei einem **Asset Deal** können Verbindlichkeiten und laufende Verträge mit Kunden und Lieferanten des Unternehmens daher nur mit Zustimmung der entsprechenden Gläubiger bzw. Vertragsparteien auf den Erwerber übergehen. Ist es, was regelmäßig der Fall sein dürfte, vor Vertragsabschluss nicht möglich, diese Zustimmungen zu erhalten, ist im Kaufvertrag der Fall, dass eine erforderliche Zustimmung nicht erteilt wird, zu regeln. 659

Stehen Gegenstände des Betriebsvermögens im **Vorbehaltseigentum eines Dritten** oder sind diese sicherungsübereignet, kann das Eigentum hieran nur mit Zustimmung des Sicherungsnehmers auf den Erwerber übergehen. Das Recht des Veräußerers als Sicherungsgeber, das Sicherungsgut im normalen Geschäftsgang zu übereignen, erfasst nicht die Eigentumsübertragung im Wege eines Unternehmenskaufs, da ein solcher außerhalb des normalen Geschäftsgangs liegt.[821)] 660

Sachenrechtlich sind **dinglich gesicherte Rechte Dritter an Grundstücken**, insbesondere Vormerkungen, Widersprüche und Vorkaufsrechte, sowie das Erfordernis der Zustimmung des Eigentümers zur Veräußerung eines Erbbaurechts nach § 5 ErbbauRG zu beachten. Steht dem Zielunternehmen ein Nießbrauchsrecht oder eine beschränkte persönliche Dienstbarkeit an einem fremden Grundstück zu, so sind diese gemäß §§ 1059, 1092 BGB grund- 661

---

819) BGH, Urt. v. 11.10.1995 – VIII ZR 25/94, NJW 1996, 773, 774 (für Arztpraxis); BGH, Urt. v. 17.5.1995 – VIII ZR 94/94, NJW 1995, 2026, 2027 (für Rechtsanwaltskanzlei); BGH, Urt. v. 22.5.1996 – VIII ZR 194/95, NJW 1996, 2087 (für Steurberaterkanzlei).

820) *Gienapp/von Hugo*, BB 1997, 2229, 2230.

821) *Beisel*, in: Beisel/Klumpp, § 8 Rz. 115.

sätzlich nicht übertragbar. Ausnahmen sind in § 1059a BGB und in § 1092 Abs. 3 BGB für den Fall geregelt, dass der Nießbrauch oder die beschränkte persönliche Dienstbarkeit einer juristischen Person oder einer rechtsfähigen Personengesellschaft zusteht.

662 Ein familienrechtliches Zustimmungserfordernis, das sowohl bei einem Share Deal als auch bei einem Asset Deal zu beachten ist,[822] findet sich in § 1365 Abs. 1 BGB. Nach dieser Vorschrift kann beim **gesetzlichen Güterstand der Zugewinngemeinschaft** ein Ehegatte nur mit Zustimmung des anderen Ehegatten über sein Vermögen im Ganzen verfügen. Dies gilt nach allgemeiner Ansicht auch dann, wenn nicht über das ganze, sondern über nahezu das ganze Vermögen verfügt wird. Da dieses Erfordernis beim Verkauf eines Unternehmens häufig erfüllt sein wird, ist darauf zu achten, dass die Zustimmung des Ehepartners vorliegt. Nach der ständigen Rechtsprechung des Bundesgerichtshofs sind Gesamtvermögensgeschäfte zustimmungsfrei, wenn bei kleineren Vermögen der verbleibende Restwert wenigstens 15 %, bei größeren Vermögen wenigstens 10 % des gesamten Vermögens ausmacht.[823] Die Zustimmung des Ehegatten kann gemäß § 1365 Abs. 2 BGB durch das Familiengericht ersetzt werden.

663 Lebt der Veräußerer in **Gütergemeinschaft** mit seinem Ehegatten, kann er nach § 1419 BGB über das Unternehmen nur gemeinschaftlich mit seinem Ehegatten verfügen, wenn dieses zum Gesamtgut gehört (vgl. § 1450 BGB). Etwas anderes gilt nach §§ 1421, 1422 BGB nur, wenn der Veräußerer im Ehevertrag zur Verwaltung des Gesamtguts ermächtigt wurde.

664 Ist an dem Unternehmenskaufvertrag ein **Minderjähriger,**[824] eine **beschränkt geschäftsfähige,** eine unter **Vormundschaft** oder eine nach §§ 1896 ff BGB **unter rechtlicher Betreuung stehende Person** beteiligt, bedarf der Kaufvertrag zu seiner Wirksamkeit der Genehmigung des Vormundschaftsgerichts nach §§ 1821–1823 BGB. Ist der jeweilige gesetzliche Vertreter an der Vertretung z. B. aufgrund eigener Vertragsbeteiligung verhindert, so hat nach § 1909 BGB ein vormundschaftsgerichtlich bestellter Ergänzungspfleger den gesetzlichen Vertreter zu ersetzen. In jedem Fall erforderlich ist eine vormundschaftsgerichtliche Genehmigung bei der Veräußerung bzw. dem Erwerb eines Gesellschaftsanteils an einer Personengesellschaft, die ein Handelsgewerbe betreibt (§ 1822 Nr. 3 BGB).[825] Genehmigungsbedürftig ist allerdings nur der erste Erwerb eines Geschäftsanteils. Der Hinzuerwerb stellt lediglich eine Änderung der Beteiligungshöhe dar, welche nicht der Genehmigung durch das Vormundschaftsgericht bedarf.[826] Der Kauf oder Verkauf von Aktien oder GmbH-Anteilen gilt, sofern es sich lediglich um eine kapitalmäßige Beteiligung handelt, nicht als Erwerb oder Veräußerung eines Erwerbsgeschäftes nach § 1822 Nr. 3 BGB.[827] Nicht übersehen werden darf allerdings, dass auch ein solches Geschäft über den Erwerb oder die Veräußerung von Beteiligungsrechten in ein genehmigungsbedürftiges Rechtsgeschäft „umschlagen“ kann, wenn eine wirtschaftliche Betrachtungsweise, bei der

822) *Klein-Blenkers*, DStR 1998, 978, 979.

823) BGH, Urt. v. 7.10.2011 – V ZR 78/11, FamRZ 2012, 116; BGH, Urt. v. 25.6.1980 – IVb ZR 516/80, FamRZ 1980, 765; a. A. Palandt/*Brudermüller*, BGB, § 1365 Rz. 6.

824) Zur Problematik der Beteiligung Minderjähriger an gesellschaftsrechtlichen Transaktionen im Recht der GmbH und der GmbH & Co. KG vgl. *Werner*, GmbHR 2006, 737.

825) BGH, Urt. v. 30.4.1955 – II ZR 202/53, BGHZ 17, 160, 164; OLG Frankfurt/M., Beschl. v. 27.5.2008 – 20 W 123/08, NZG 2008, 749; *Klein-Blenkers*, DStR 1998, 978, 979; *Semler*, in: Hölters, Handbuch Unternehmenskauf, Rz. 7.146.

826) *Semler*, in: Hölters, Handbuch Unternehmenskauf, Rz. 7.147.

827) BGH, Urt. v. 20.2.1989 – II ZR 148/88, BGHZ 107, 24 = ZIP 1989, 445, dazu EWiR 1989, 577 *(Kellermann)*; *Semler*, in: Hölters, Handbuch Unternehmenskauf, Rz. 7.144; MünchKomm-*Kroll-Ludwigs*, BGB, § 1822 Rz. 17.

das Maß der Beteiligung, die Zahl der übrigen Gesellschafter sowie das persönliche Verhältnis des Erwerbers oder Veräußerers zum Geschäftsbetrieb berücksichtigt werden, es als die Veräußerung eines Erwerbsgeschäfts i. S. d. § 1822 Nr. 3 BGB erscheinen lässt. In Zweifelsfällen sollte daher eine vormundschaftsgerichtliche Genehmigung eingeholt werden oder die (rechtlich aber unverbindliche) Erklärung des Gerichts, dass eine Genehmigung nicht erforderlich ist (sog. Negativtest).[828]

Schließlich können **erbrechtliche Verfügungsbeschränkungen** bei einem Unternehmens- 665
kauf eingreifen. Steht die Zielgesellschaft im Eigentum mehrerer Erben, sind diese nach § 2040 Abs. 1 BGB nur gemeinschaftlich zur Verfügung berechtigt. Bei einer Vorerbschaft sind die Verfügungsbeschränkungen gemäß §§ 2113 ff BGB zu beachten, von denen allerdings gemäß § 2136 BGB durch den Erblasser befreit werden kann. Unterliegt das Zielunternehmen der Verwaltung eines Testamentsvollstreckers, kann der Erbe darüber gemäß § 2211 BGB nicht verfügen. Der Testamentsvollstrecker kann jedoch ein Unternehmen im Wege eines Share Deals nur mit Zustimmung der Erben-Gesellschafter veräußern.[829] Für Vorvermächtnisnehmer sind nach § 2191 BGB ähnliche, allerdings nur schuldrechtliche Beschränkungen möglich.[830] Das Gleiche gilt gemäß § 1984 BGB, wenn über die Zielgesellschaft die Nachlassverwaltung angeordnet worden ist. Ein zum Nachlass gehörendes Handelsgeschäft oder Anteile an einer Personengesellschaft kann der Nachlassverwalter gemäß §§ 1975, 1822 Nr. 3 BGB nur nach vorheriger Einholung der Genehmigung durch das Vormundschaftsgericht veräußern. Entsprechendes gilt für die Veräußerung von Anteilen an einer Kapitalgesellschaft, wenn diese der Veräußerung eines Handelsgeschäfts gleichkommt.[831]

### c) Gesellschaftsrechtliche Zustimmungserfordernisse

#### aa) Anteile an einer Personengesellschaft

Die Veräußerung von Anteilen an einer Personengesellschaft bedarf, sofern der Gesell- 666
schaftsvertrag nichts anderes regelt, gemäß § 719 Abs. 1 BGB, § 105 Abs. 3, § 161 Abs. 2 HGB der Zustimmung **aller übrigen Gesellschafter**. Das Veräußerungsgeschäft bleibt bis zur Erteilung dieser Zustimmung schwebend unwirksam, im Falle der Verweigerung wird es endgültig unwirksam.[832] Der Gesellschaftsvertrag der Personengesellschaft kann bereits eine vorab erteilte Zustimmung zur Veräußerung enthalten oder die Modalitäten für einen entsprechenden Zustimmungsbeschluss regeln.[833]

#### bb) GmbH-Anteile

Gemäß § 15 Abs. 1 GmbHG sind Geschäftsanteile an einer GmbH grundsätzlich frei ver- 667
äußerlich. Indes kann der **Gesellschaftsvertrag** gemäß § 15 Abs. 5 GmbHG die Abtretung von Geschäftsanteilen von weiteren Voraussetzungen, insbesondere von der Genehmigung

828) *Semler*, in: Hölters, Handbuch Unternehmenskauf, Rz. 7.145; Palandt/*Götz*, BGB, § 1828, Rz. 16; MünchKomm-*Kroll-Ludwigs*, BGB, § 1828 Rz. 23.

829) *Beisel*, in: Beisel/Klumpp, § 8 Rz. 53.

830) *Semler*, in: Hölters, Handbuch Unternehmenskauf, Rz. 7.149.

831) *Semler*, in: Hölters, Handbuch Unternehmenskauf, Rz. 7.150.

832) BGH, Urt. v. 28.4.1954 – II ZR 8/53, BGHZ 13, 179, 187; *Semler*, in: Hölters, Handbuch Unternehmenskauf, Rz. 7.110.

833) BGH, NJW 1954, 1155, 1156 (Gründe Ziff. 3); MünchKomm-*Schäfer*, BGB, § 719 Rz. 27; Palandt/*Sprau*, BGB, § 736, Rz. 1.

der Gesellschaft oder der Gesellschafterversammlung, abhängig machen. Sollte eine Genehmigung in diesem Fall nicht erteilt werden, so ist das Geschäft schwebend unwirksam.[834] Hat eine GmbH mehrere Gesellschafter, sieht der Gesellschaftsvertrag regelmäßig vor, dass Geschäftsanteile nur mit Zustimmung der übrigen Gesellschafter abgetreten werden können (sog. **Vinkulierung**). Auch in diesem Fall ist der Kaufvertrag bei Nichterteilung der Genehmigungen schwebend unwirksam. Weiterhin können etwaige den übrigen Gesellschaftern zustehende Vorkaufs-, Vorerwerbs- oder Optionsrechte einer Veräußerung von Geschäftsanteilen an Dritte entgegenstehen. Beim Erwerb von GmbH-Geschäftsanteilen hat der Erwerber somit anhand einer aktuellen Satzung oder einer – regelmäßig nicht im Handelsregister öffentlich zugänglichen – Gesellschaftervereinbarung zu prüfen, ob und welche Verfügungsbeschränkungen diese Gesellschaftsdokumente vorsehen.

**668** Im M&A-Prozess werden die erforderlichen Gesellschafterversammlungen zur Zustimmung zur Anteilsübertragung regelmäßig als Vollversammlung und unter Verzicht auf Form- und Fristerfordernisse abgehalten. Dabei kommt es oftmals vor, dass Gesellschafter, die juristische Personen sind, wegen der eingeschränkten Verfügbarkeit ihrer gesetzlichen Vertreter, durch rechtsgeschäftlich Bevollmächtigte vertreten werden.[835] In der Beratungspraxis sollte in einem solchen Fall darauf geachtet werden, dass der rechtsgeschäftliche Vertreter im Rahmen der Vollmacht ausdrücklich auch zur Erklärung des Verzichts auf die Einhaltung aller gesetzlichen und gesellschaftsvertraglichen Form- und Fristerfordernisse für die Ankündigung, Einberufung und Abhaltung von Gesellschafterversammlungen bevollmächtigt wird.[836] Dies ist deshalb anzuraten, da nach der (vereinzelten) Rechtsprechung die Wirksamkeit eines Zustimmungsbeschlusses zur Übertragung vinkulierter Geschäftsanteile als nichtig anzusehen sein soll, wenn dieser in einer Universalversammlung unter Verzicht auf die Einberufung der Gesellschafterversammlung gefasst wird und ein Gesellschafter (nur) rechtsgeschäftlich ohne entsprechende Verzichtsbefugnis vertreten ist.[837]

**669** Neben den Rechten von Mitgesellschaftern sind an den zu erwerbenden Geschäftsanteilen möglicherweise auch **Rechte Dritter** bestellt worden, insbesondere Pfandrechte, Sicherungsübereignungen, Treuhandverhältnisse, Nießbrauchsrechte, stille Beteiligungen und Unterbeteiligungen, die es bei der Transaktion zu beachten gilt. Zwar hindern diese Rechte grundsätzlich nicht die Veräußerung der Geschäftsanteile, jedoch können diese grundsätzlich nur belastet mit den Rechten Dritter erworben werden, da ein gutgläubiger lastenfreier Erwerb von Geschäftsanteilen nicht möglich ist.

### cc) Aktien

**670** Während die Übertragung von Inhaberaktien durch die Gesellschaft nicht beschränkt werden kann, können **Namensaktien** gemäß § 68 Abs. 2 AktG vinkuliert und ihre Über-

834) BGH, Urt. v. 29.5.1967 – II ZR 105/66, BGHZ 48, 163, 166.

835) *Kirchfeld/Hoenig/Klingen*, DB-Beilage 2016, 28, 29; *Stretz*, GWR 2016, 384.

836) *Kirchfeld/Hoenig/Klingen*, DB-Beilage 2016, 28, 29; *Kocher*, NZG 2016, 1220, 1222; *Stretz*, GWR 2016, 384.

837) LG Duisburg, Urt. v. 15.1.2016 – 22 O 100/15, NZG 2016, 1229 – nachgehend OLG Düsseldorf, 8. Juli 2016 – I-17 U 42/16 (noch anhängig). Im konkreten Fall war die Gesellschafterin, eine GmbH, durch ihren Einzelprokuristen vertreten worden. Nach Ansicht des LG Duisburg sei zwar die Stimmabgabe durch den rechtsgeschäftlichen Vertreter zulässig, indes könne er nicht wirksam auf die Einberufung verzichten, sondern nur der gesetzliche Vertreter. Dies folge schon daraus, dass die Einberufung an den gesetzlichen Vertreter zu richten sei und anderenfalls dessen planmäßige Umgehung drohe. Dazu ausführlich *Kirchfeld/Hoenig/Klingen*, DB-Beilage 2016, 28, 29; *Kocher*, NZG 2016, 1220, 1222.

tragbarkeit durch die Satzung an die Zustimmung der Gesellschaft gebunden werden. Die Satzung kann insoweit bestimmen, ob vor Erteilung der Zustimmung durch den Vorstand (§ 68 Abs. 2 Satz 2 AktG) zunächst der Aufsichtsrat oder die Hauptversammlung darüber beschließen muss (§ 68 Abs. 2 Satz 3 AktG). Die Satzung kann dabei gemäß § 68 Abs. 2 Satz 4 AktG auch einzelne Versagungsgründe normieren. Erteilt der Vorstand die Zustimmung zur Veräußerung, ohne zuvor eine erforderliche Beschlussfassung durch Aufsichtsrat oder Hauptversammlung herbeigeführt zu haben, lässt dies die Wirksamkeit des Kaufvertrags im Außenverhältnis zwar unberührt. Jedoch macht sich der Vorstand durch ein solches Verhalten gegenüber der Gesellschaft ggf. schadensersatzpflichtig.[838)] Eine Durchbrechung der reinen Innenwirkung wird indes dann anzunehmen sein, wenn etwa der Vorstand eine satzungsmäßige Zuständigkeit ignoriert und damit evident seine (unbeschränkte) Vertretungsmacht missbraucht hat. In diesem Fall ist die pflichtwidrig abgegebene Erklärung auch im Außenverhältnis unwirksam.[839)] Namensaktien sind heutzutage auch bei börsennotierten Aktiengesellschaften weitverbreitet. Dies ist nicht nur Ergebnis der Anforderungen internationaler Kapitalmärkte – in den USA zum Beispiel sind Namensaktien sogar vorherrschend[840)] –, sondern auch Resultat der mit dieser Aktiengattung verbundenen Vorteile.[841)] Der Emittent von Namensaktien kennt die Zusammensetzung und Struktur seines Aktionärskreises und kann seine Aktionäre direkt ansprechen (Investor Relations). Durch Einsatz eines elektronischen Aktienregisters sind heutzutage vinkulierte Namensaktien auch bei börsennotierten Publikumsgesellschaften handelbar.[842)]

#### dd) Veräußerung des gesamten Geschäftsbetriebs

Veräußert eine **Personengesellschaft** das von ihr betriebene Unternehmen im Wege eines Asset Deals, ist hierfür die Zustimmung aller Gesellschafter einschließlich der Kommanditisten – soweit der Gesellschaftsvertrag keine anderen Mehrheitserfordernisse vorsieht – erforderlich, da es sich um ein Grundlagengeschäft bzw. um eine ungewöhnliche Geschäftsführungsmaßnahme handelt.[843)] Der Abschluss eines entsprechenden Kaufvertrags ist, da eine solche **Unternehmensveräußerung über den gewöhnlichen Geschäftsbetrieb** hinausgeht, nicht von der Geschäftsführungs- und Vertretungsbefugnis der geschäftsführenden Gesellschafter umfasst. 671

Ist eine **Aktiengesellschaft oder Kommanditgesellschaft auf Aktien (KGaA)** die Veräußerin des Unternehmens, so ist ein zustimmender Hauptversammlungsbeschluss in drei Fällen erforderlich: 672

Erstens kann die Transaktion dazu führen, dass sich infolge der Veräußerung eines Unternehmensteils oder einer Beteiligung der Unternehmensgegenstand und damit die Satzung der Gesellschaft ändert, zu deren Wirksamkeit nach § 23 Abs. 3 Nr. 2, § 179 Abs. 1, Abs. 2 AktG eine Beschlussfassung durch die Hauptversammlung mit satzungsändernder 673

838) MünchKomm-*Bayer*, AktG, § 68 Rz. 94.

839) MünchKomm-*Bayer*, AktG, § 68 Rz. 94.

840) *Hülsebeck*, DStR 2000, 894, 896; eine Zulassung an der New York Stock Exchange erhalten nur Namensaktien, vgl. hierzu *Grumann/Soehlke*, DB 2001, 576.

841) Vgl. *Noack*, DB 1999, 1306; *Grumann/Soehlke*, DB 2001, 576.

842) Siehe *Happ*, in: Festschrift Bezzenberger, S. 111.

843) BGH, Urt. v. 9.1.1995 – II ZR 24/94, ZIP 1995, 278 = DB 1995, 621, 622, dazu EWiR 1995, 483 *(Kirsch)*; *Beisel*, in: Beisel/Klumpp, § 8 Rz. 57 f, 60; *Semler*, in: Hölters, Handbuch Unternehmenskauf, Rz. 7.151.

Mehrheit (3/4 des bei der Beschlussfassung vertretenen Grundkapitals) erforderlich ist.[844) ] Übt die Aktiengesellschaft reine Holdingtätigkeiten aus und umfasst der Unternehmensgegenstand dementsprechend auch den Erwerb und die Veräußerung von Beteiligungen, ist für eine Beteiligungsveräußerung jedoch regelmäßig keine Satzungsänderung notwendig.

674 Zweitens muss nach § 179a Abs. 1 AktG die Hauptversammlung immer dann zustimmen, wenn sich die Gesellschaft zur Übertragung ihres ganzen Vermögens verpflichtet. Dies gilt selbst dann, wenn damit keine Änderung des Unternehmensgegenstands verbunden ist.[845)] Auch wenn die Veräußerung nicht das gesamte Vermögen der Gesellschaft umfasst, kann sie nach § 179a AktG einen Hauptversammlungsbeschluss erfordern. Maßgeblich ist hierbei jedoch nicht eine wertmäßige Betrachtung des Vermögens, welches der Gesellschaft nach der Transaktion verbleibt, im Verhältnis zu dem veräußerten Vermögen. Entscheidend ist vielmehr, ob die Gesellschaft mit dem verbleibenden Vermögen ihren in der Satzung festgelegten Unternehmensgegenstand, wenn auch in eingeschränktem Umfang, weiterverfolgen kann.[846)] Dieser Beschluss muss ebenfalls mit satzungsändernder Mehrheit gefasst werden. Die Hauptversammlung kann in die Durchführung der Transaktion entweder im Vorfeld einwilligen oder diese im Nachgang genehmigen,[847)] jedenfalls bedarf es eines autorisierenden Beschlusses zur Wirksamkeit des Verpflichtungsgeschäftes. Eine fehlende Zustimmung der Hauptversammlung lässt die Wirksamkeit der dinglichen Verfügungsgeschäfte zwar unberührt, diese sind jedoch nach §§ 812 ff BGB rückabzuwickeln.[848)]

675 Drittens ergibt sich das Erfordernis eines zustimmenden Hauptversammlungsbeschlusses aus den Grundsätzen des **Holzmüller-Urteils** des Bundesgerichtshofs. Hiernach ist ein solcher Beschluss immer dann zu fassen, wenn die Veräußerung oder der Erwerb einer Beteiligung die **grundlegende Unternehmensstruktur** der Aktiengesellschaft betrifft, sodass der Vorstand vernünftigerweise nicht annehmen kann, ohne die Zustimmung der Hauptversammlung handeln zu dürfen.[849)] Diese Entscheidung bereitete in der Praxis große Schwierigkeiten, da nicht nur unklar war, ab welcher Eingriffstiefe eine Maßnahme hauptversammlungspflichtig wurde, sondern auch, welche Mehrheit – einfache oder satzungsändernde – für einen notwendigen Hauptversammlungsbeschluss erforderlich ist. Wegen dieser Unsicherheiten wurde in der Vergangenheit **eine Zustimmung der Hauptver-**

844) LG Frankfurt/M., Urt. v. 12.12.2000 – 3/5 O 149/99, DB 2001, 751, 752; *Lutter/Leinekugel*, ZIP 1998, 805, 807; *Hüffer/Koch*, AktG, § 179a Rz. 8; *Wollburg/Gehling*, in: Festschrift Lieberknecht, S. 133, 138–145; zum Meinungsstand über die Zuständigkeit der Hauptversammlung bei Unterschreitung des Unternehmensgeenstands durch Verkauf eines Unternehmensteils siehe *Feldhaus*, BB 2009, 562, 563–566.

845) Keine Anwendung findet § 179a AktG in der Insolvenz, sodass die Veräußerung des Unternehmens der Aktiengesellschaft durch den Insolvenzverwalter keiner Zustimmung der Hauptversammlung bedarf, *Noack*, ZIP 2002, 1873, 1874.

846) BGH, Urt. v. 25.2.1982 – II ZR 174/80, BGHZ 83, 122, 128 = ZIP 1982, 568; OLG München, Urt. v. 10.10.1994 – 24 U 1036/93, AG 1995, 232, 233; *Feldhaus*, BB 2009, 562 f; zu den qualitativen und quantitativen Kriterien ausführlich *Brocker/Schulenburg*, BB 2015, 1993, 1995.

847) BGHZ 82, 188 ff; *Hüffer/Koch*, AktG, § 179a Rz. 7.

848) MünchKomm-*Stein*, AktG, § 179a Rz. 38; *Hüffer/Koch*, AktG, § 179a Rz. 14; *Brocker/Schulenburg*, BB 2015, 1993; *Stellmann/Stoeckle*, WM 2011, 1983, 1987.

849) BGH, Urt. v. 25.2.1982 – II ZR 174/80, BGHZ 83, 122, 123 f = ZIP 1982, 568 (Holzmüller), der dem Urteil zugrunde liegende Sachverhalt betraf eine Ausgliederung eines Betriebsteils, der 80 % der Vermögenswerte umfasste, auf eine Tochtergesellschaft der AG; sog. Holzmüller-Beschlüsse von Hauptversammlungen spielen seitdem in der Praxis eine gewichtige Rolle, zu den Ergebnissen einer empirischen Studie vgl. *Bernhardt*, DB 2000, 1873, 1875 ff; zur Anwendung der Holzmüller-Doktrin auch auf die Einbringung von Beteiligungen in Tochtergesellschaften vgl. OLG Karlsruhe, Urt. v. 12.3.2002 – 8 U 295/00, AG 2003, 388.

**sammlung** zur Veräußerung oder zum Erwerb eines wesentlichen Betriebsteils oftmals **„vorsorglich“** eingeholt.[850] Da die Einberufung einer Hauptversammlung jedoch sowohl kosten- als auch zeitintensiv ist, kann der hiermit verbundene Organisationsaufwand dazu führen, dass eine Aktiengesellschaft sich kurzfristig bietende Akquisitionschancen nicht nutzen kann.

Konkretisiert wurde die Holzmüller-Entscheidung erstmals durch die beiden sog. **Gelatine-Entscheidungen**[851] des Bundesgerichtshofs. Der II. Zivilsenat hat in seinem ersten Leitsatz klargestellt, dass **ungeschriebene Mitwirkungsbefugnisse** der Hauptversammlung allein dann in Betracht kommen, „wenn eine von den Vorständen in Aussicht genommene Umstrukturierung der Gesellschaft an die Kernkompetenz der Hauptversammlung, über die Verfassung der Aktiengesellschaft zu bestimmen, rührt, weil sie Veränderungen nach sich zieht, die denjenigen zumindest nahe kommen, welche allein durch eine Satzungsänderung herbeigeführt werden können.“ 676

Dies bedeutet für die Eingriffstiefe, ab der ein Hauptversammlungsbeschluss erforderlich ist, dass der Bereich, auf den sich die Maßnahme erstreckt, in seiner Bedeutung für die Gesellschaft die Ausmaße der Ausgliederung in dem Holzmüller-Fall erreichen muss.[852] Da in dem Holzmüller-Fall der auf eine 100 %ige Tochtergesellschaft der Gesellschaft ausgegliederte Seehafen-Betrieb rund 80 % des Aktivvermögens der Gesellschaft ausmachte, steht damit nun fest, dass eine bestimmte Maßnahme nur dann eine Holzmüller-Dimension besitzt, wenn eine Größenordnung von rund 80 % erreicht ist.[853] Auf welche Parameter hierbei abzustellen ist – Bilanzsumme, Eigenkapital, Umsatz oder Ergebnis vor Steuern – hat der Bundesgerichtshof jedoch nicht entschieden. Neben den bereits genannten können durchaus noch weitere Parameter wie zum Beispiel die Mitarbeiterzahl oder das Anlagevermögen herangezogen werden; mithin ist die Aufzählung nicht abschließend und lässt darüber hinaus auch keinen Rückschluss auf das Gewicht des einzelnen Parameters zu.[854] In der Praxis dürften in jedem Einzelfall die verschiedenen Kennziffern in einer wertenden Gesamtschau zu betrachten sein.[855] 677

Welche Maßnahmen im Einzelnen bei Erreichen der quantitativen Schwelle hauptversammlungspflichtig sind, hat der Bundesgerichtshof in seinen Gelatine-Urteilen nicht abschließend entschieden. Fraglich blieb insbesondere, ob die Veräußerung eines Betriebsteils oder einer Tochtergesellschaft oder ein Beteiligungserwerb eine hauptversammlungspflichtige Maßnahme darstellen können. Hinsichtlich der Beteiligungsveräußerung entschied der Bundesgerichtshof mit Beschluss vom 20. November 2006,[856] dass die Veräußerung von 50 % einer Beteiligung an einer Tochtergesellschaft durch eine AG auch dann keiner Hauptversammlungszustimmung nach Holzmüller-Grundsätzen bedarf, wenn quantitative Schwellenwerte der Gelatine-Entscheidung (mindestens 75 % des Unternehmens der AG) über- 678

850) Vgl. den Fall BGH, Urt. v. 15.1.2001 – II ZR 124/99, ZIP 2001, 416 = NJW 2001, 1277 (Veräußerung des gesamten Gesellschaftsvermögens einer Tochter-AG, das 30 % des Gesamtumsatzes und 23 % der Bilanzsumme ausmacht).

851) BGH, Urt. v. 26.4.2004 – II ZR 154/02 – Gelantine I, ZIP 2004, 1001 = NZG 2004, 575, dazu EWiR 2004, 1161 *(Hirte)*, sowie BGH, Urt. v. 26.4.2004 – II ZR 155/02 – Gelantine II, ZIP 2004, 993 = NJW 2004, 1860, dazu EWiR 2004, 573 *(Just)*.

852) BGH, Urt. v. 26.4.2004 – II ZR 155/02, ZIP 2004, 993, 998.

853) OLG Frankfurt/M., Urt. v. 7.12.2010 – 5 U 29/10, ZIP 2011, 75 = NZG 2011, 62, 64, dazu EWiR 2011, 33 *(Nikoleyczik/Wahl)*.

854) Vgl. *Feldhaus*, BB 2009, 562, 568.

855) *Bungert*, BB 2004, 1345, 1347; für eine reine Ertragswertbetrachtung *Simon*, DStR 2004, 1482, 1485.

856) BGH, Beschl. v. 20.11.2006 – II ZR 226/05, ZIP 2007, 24.

schritten werden; ein Mediatisierungseffekt wie in den Fällen der Gelatine-Rechtsprechung sei hier nicht gegeben. Auch wenn die Entscheidung nur eine hälftige Beteiligungsveräußerung betraf, ist sie, wie auch der allgemein gefasste Leitsatz nahelegt, auf die Veräußerung einer Beteiligung allgemein und damit auch auf eine vollständige Veräußerung einer Beteiligung anwendbar.[857)]

**679** Stellt man wie der Bundesgerichtshof als Begründung für die Hauptversammlungszuständigkeit auf den Schutz vor Mediatisierung des Einflusses der Aktionäre ab, dürfte dieselbe Beurteilung im Falle des Beteiligungserwerbs geboten sein. Ein Mediatisierungseffekt kann durch Erwerb einer Beteiligung nicht eintreten. Hinzu kommt, dass der Bundesgerichtshof der Begründung einer Hauptversammlungszuständigkeit unter dem Gesichtspunkt der Konzernbildungskontrolle eine Absage erteilt hat.[858)] Im Zusammenhang mit dem Erwerb der Dresdner Bank durch die Commerzbank hat auch das OLG Frankfurt/M. festgestellt, dass bei Vorliegen einer sog. Konzernöffnungsklausel in der Satzung, die die AG zu allen Maßnahmen berechtigt, die geeignet sind, den Gesellschaftszweck zu fördern, insbesondere durch den Erwerb von Beteiligungen an anderen Unternehmen – unabhängig vom tatsächlichen Erreichen der quantitativen Schwelle –, kein Anlass für die Annahme einer ungeschriebenen Zuständigkeit der Hauptversammlung bei einem Beteiligungserwerb bestehe.[859)] Gleichwohl muss diese Frage bis zur Klärung durch den Bundesgerichtshof noch als offen betrachtet werden,[860)] sodass bei Erreichen der Wesentlichkeitsschwelle – was jedoch bei Beteiligungserwerben nur selten der Fall sein dürfte – für die Praxis die Einholung der Hauptversammlungszustimmung den sicheren Weg darstellen wird.

**680** Ein Hauptversammlungsbeschluss nach den Grundsätzen des Holzmüller-Urteils und anhand derselben Kriterien kann auch dann erforderlich sein, wenn der Erwerb eines Unternehmens im Wege eines öffentlichen Übernahmeangebots erfolgt.[861)] Allein dieser Umstand führt indes nicht zu einer Pflicht des Vorstands, die vorherige Zustimmung der Hauptversammlung zum Übernahmeangebot einzuholen.[862)]

**681** Besteht eine Hauptversammlungszuständigkeit nach den Holzmüller-Grundsätzen, bedarf die Zustimmung, wie der Bundesgerichtshof in seinen Gelatine-Urteilen entschieden hat, wegen der Bedeutung für die Aktionäre einer Dreiviertelmehrheit.[863)]

**682** Während die Zustimmung nach § 179a AktG Voraussetzung für die Wirksamkeit des Vertrags ist, lässt die Zustimmung auf der Basis der Holzmüller-Entscheidung die unbeschränkte Vertretungsbefugnis des Vorstands unberührt.[864)] Fehlt in einem Holzmüller-Fall die entsprechende Zustimmung der Hauptversammlung, so sind im Außenverhältnis daher sowohl Verpflichtungsgeschäft als auch dingliche Verfügungsgeschäfte vollumfäng-

857) So auch *Hofmeister*, NZG 2008, 47, 50.

858) BGH, Urt. v. 26.4.2004 – II ZR 155/02, ZIP 2004, 993, 996.

859) OLG Frankfurt/M., Urt. v. 7.12.2010 – 5 U 29/10, ZIP 2011, 75 unter II B 1 = NZG 2011, 62; *Nikoleyczik/Gubitz*, NZG 2011, 91, 92 f.

860) *Simon*, DStR 2004, 1482, 1486; eine Hauptversammlungszuständigkeit bejahend *Hofmeister*, NZG 2008, 47, 50, und *Lorenz/Pospiech*, DB 2010, 1925, 1928 ff; zur Verneinung einer Hauptversammlungszuständigkeit bei Beteiligungserwerben neigen *Bungert*, BB 2004, 1345, 1350, *Götze*, NZG 2004, 585, 588 und Hölters/*Hölters*, AktG, § 93 Rz. 221 ff.

861) *Assmann/Bozenhardt*, in: Assmann/Basaldua/Bozenhardt/Peltzer, S. 62 f.

862) Zur Anwendung des Holzmüller-Urteils auf Übernahmeangebote vgl. *Hirte*, in: Kölner Kommentar z. WpÜG, § 10 Rz. 39; MünchKomm-*Wackerbarth*, AktG, § 10 WpÜG Rz. 47.

863) BGH, Urt. v. 26.4.2004 – II ZR 155/02, ZIP 2004, 993, 998.

864) BGH, Urt. v. 26.4.2004 – II ZR 155/02, ZIP 2004, 993, 997 m. w. N.

lich wirksam. Allerdings ist der ohne Zustimmung handelnde Vorstand im Innenverhältnis zur AG haftbar. Insbesondere kann jeder einzelne Aktionär verlangen, dass die Gesellschaft sowohl den Unternehmenskaufvertrag als auch die zugehörigen dinglichen Vollzugsgeschäfte rückabwickelt.[865)]

Bei einer Veräußerung des gesamten Geschäftsbetriebs durch eine **GmbH** ist es umstritten, ob § 179a AktG entsprechende Anwendung findet. Nach der herrschenden Meinung soll dies allerdings der Fall sein, da eine Unternehmensveräußerung in der Regel ein außergewöhnliches Geschäft darstelle, das nicht mehr von der gesetzlichen Geschäftsführungsbefugnis der Geschäftsführer abgedeckt sei.[866)] Folge hiervon ist, dass ein förmlicher Zustimmungsbeschluss der Gesellschafter erforderlich ist, welcher der qualifizierten Mehrheit des § 53 Abs. 2 GmbHG bedarf.[867)] Umstritten ist, ob der Zustimmungsbeschluss formfrei gefasst werden kann[868)] oder ob ein solcher analog § 53 Abs. 2 GmbHG notariell zu beurkunden ist.[869)] Folgt man der wohl herrschenden Auffassung, die eine Beurkundungspflicht bejaht, so hat die fehlende Form analog § 241 Nr. 1 AktG die Nichtigkeit des Zustimmungsbeschlusses zur Folge.[870)] **683**

### ee) Reichweite und Rechtsfolgen von § 179a AktG im Lichte der jüngsten obergerichtlichen Rechtsprechung

Nachdem Reichweite und Rechtsfolgen der analogen Anwendung von § 179a AktG auch auf andere Gesellschaftsformen als die AG von der Rechtsprechung jahrzehntelang nahezu unbesprochen blieb, hat sich nun das LG Düsseldorf[871)] und auch das OLG Düsseldorf (im entsprechenden Berufungsurteil)[872)] in zwei neueren Urteilen zur Publikums-KG diesen bei der Anwendung des § 179a AktG auftretenden Rechtsfragen – wenn auch sehr vorsichtig – angenommen und somit der Diskussion in der Literatur neuen Vorschub geleistet. **684**

Im besagten Verfahren vor dem LG Düsseldorf klagte die Treuhandkommanditistin einer Publikums-Kommanditgesellschaft gegen die Wirksamkeit eines Gesellschafterbeschlusses, mit dem –, neben anderen Beschlussgegenständen – der Veräußerung der einzigen Fondsimmobilie der Gesellschaft mit einfacher Mehrheit zugestimmt wurde. Unter Verweis auf § 179a AktG bemängelte die Klägerin, dass die einfache Mehrheit nicht ausreichend sei und der Beschluss im Übrigen auch hätte beurkundet werden müssen. Das Landgericht wies die Klage ab. **685**

Wie bereits festgestellt, gilt § 179a AktG unmittelbar nur für die Aktiengesellschaft und über die einschlägige Verweisungsnorm des § 278 Abs. 3 AktG hinaus auch für die Kommanditgesellschaft auf Aktien.[873)] Nach der bisher ganz herrschender Meinung in der Li- **686**

865) BGH, Urt. v. 25.2.1982 – II ZR 174/80, BGHZ 83, 122, 133 ff = ZIP 1982, 568; *Timm*, AG 1980, 172, 179 f; *Rehbinder*, ZGR 1983, 93, 103.

866) *Stellmann/Stoeckle*, WM 2011, 1983, 1987; *Eickelberg/Mühlen*, NJW 2011, 2476, 2480 f.

867) Michalski/Heidinger/Leible/J. Schmidt/*Hoffmann*, GmbHG, § 53 Rz. 165; MünchKomm-*Harbarth*, GmbHG, § 53 Rz. 229.

868) Dafür Michalski/Heidinger/Leible/J. Schmidt/*Hoffmann*, GmbHG, § 53 Rz. 165.

869) Dafür *Stellmann/Stoeckle*, WM 2011, 1983, 1987; *Eickelberg/Mühlen*, NJW 2011, 2476, 2480 f.

870) *Hüffer/Koch*, AktG, § 179a Rz. 14.

871) LG Düsseldorf, Urt. v. 11.11.2016, GWR 217, 451.

872) OLG Düsseldorf, Urt. v. 23.11.2017, ZIP 2018, 72.

873) Vgl. zum analogen Anwendungsbereich auch *Widder/Feigen*, NZG 2018, 972.

teratur und Rechtsprechung findet § 179a AktG darüber hinaus auch auf die GmbH (siehe Rz. 683) und alle Personengesellschaften (siehe Rz. 671) analoge Anwendung.[874)] Die herrschende Lehre begründet die analoge Anwendbarkeit damit, dass diese Ausdruck des allgemeinen verbandsrechtlichen Grundsatzes sei, dass die Veräußerung des gesamten Gesellschaftsvermögens nicht von der organschaftlichen Vertretungsmacht umfasst ist, sondern vielmehr generell einen Beschluss aller Gesellschafter erfordere.[875)]

**687** Von dieser Ansicht schien sich das LG Düsseldorf in seiner oben bezeichneten Entscheidung nun zaghaft abzuwenden, jedenfalls in Bezug auf eine Personengesellschaft. Insoweit entschied das Landgericht, dass § 179a AktG zwar grundsätzlich analog auf die Kommanditgesellschaft anwendbar sei, daraus aber nicht zwingend folge, dass für den deshalb erforderlichen Gesellschafterbeschluss auch die Dreiviertelmehrheit des § 179 Abs. 2 AktG gelte.[876)] Vielmehr ergebe sich bei Anwendung der allgemeinen Auslegungsregeln nach Aufgabe des Bestimmtheitsgrundsatzes durch den BGH, dass ein verständiger Gesellschafter bei Lektüre des Gesellschaftsvertrags nicht habe annehmen können, dass ein Beschluss über die Veräußerung des einzigen Vermögensgegenstands der Gesellschaft nur der allgemeinen Mehrheitsklausel unterfallen solle. Dies folge auch aus der vom BGH zuvor festgestellten generellen analogen Anwendbarkeit des Rechtsgedankens der Vorgängervorschrift des § 179a AktG auch auf das Personengesellschaftsrecht. Weil in dem dortigen Sachverhalt aber überhaupt kein Gesellschafterbeschluss erfolgt war, habe der BGH, so das LG Düsseldorf, in diesem Urteil keine Aussage zu den erforderlichen Mehrheitserfordernissen getroffen.[877)] Aus diesem Grund vertrat das LG Düsseldorf erstinstanzlich die Auffassung, dass das Erfordernis der qualifizierten Mehrheit eben nicht entsprechend gelte.

**688** Dieser Sichtweise hat sich das OLG Düsseldorf in der Berufungsinstanz allerdings nicht angeschlossen: Nach dem Verständnis des Senats spreche die vom BGH für geboten erachtete Anwendung des Rechtsgedankens von § 361 Abs. 1 AktG a. F. auch ohne ausdrückliche Klarstellung dafür, das Mehrheitserfordernis auf das Personengesellschaftsrecht anzuwenden. Denn abgesehen davon, dass der dortige Sachverhalt eine Befassung mit Mehrheitserfordernissen nicht erforderte, weil es an einer Beschlussfassung gänzlich fehlte, lasse sich der Rechtsgedanke der Vorschrift nicht auf die bloße Befassung der Hauptversammlung beschränken. Er umfasse nach deren Sinn und Zweck vielmehr auch und gerade das darin statuierte qualifizierte Mehrheitserfordernis. Der Zweck der Vorschrift bestehe im Schutz der Vermögensinteressen, der u. a. durch das Mitwirkungserfordernis verwirklicht werden soll. Daneben werde die Dispositionsfreiheit der Aktionäre geschützt, indem sie vor einer ungewollten Preisgabe des Gesellschaftsvermögens und damit der Grundlagen der unternehmerischen Tätigkeit der Gesellschaft durch deren Verwaltung bewahrt werden sollen. Sinn und Zweck der Vorschrift sei es außerdem, die Einbindung der Hauptversammlung auch dann sicherzustellen, wenn die Vermögensübertragung nicht schon aus anderen Gründen eines Hauptversammlungsbeschlusses mit qualifizierter Mehrheit bedarf. Da die Vermögensinteressen und die Dispositionsfreiheit der Gesellschafter von

874) BGH BGH, NJW 1995, 596; Seibt in Schmidt/Lutter, AktG, § 179a Rz. 4; MüKoAktG/Stein, § 179a Rz. 14; *Widder/Feigen*, NZG 2018, 972; a. A. *Servatius*, in: Festschrift Stilz, S. 601, 607 ff; bezüglich der GmbH auch *Bredthauer*, NZG 2008, 816, 819.

875) BGH, NJW 1995, 596, 596; MüKoAktG/Stein, AktG, § 179a Rz. 14; *Karsten Schmidt*, ZGR 1995, 675, 679 f; *Widder/Feigen*, NZG 2018, 972.

876) LG Düsseldorf, NZG 2017, 1260, 1262.

877) LG Düsseldorf, NZG 2017, 1260, 1262.

Personenhandelsgesellschaften in einer vergleichbaren Situation nicht minder schutzbedürftig sind, könne nichts anderes gelten: Der Rechtsgedanke der Vorschrift kann in entsprechender Anwendung nicht auf die bloße Befassung der Gesellschafterversammlung mit der beabsichtigten Maßnahme beschränkt werden.[878] Dies gelte umso mehr, wenn der Gesellschaftsvertrag zu den Mehrheitserfordernissen eines Beschlusses über die Veräußerung des gesamten Vermögens keine ausdrückliche Regelung enthalte.

Auch zur Frage der Beurkundungspflicht etwaiger Gesellschafterbeschlüsse nach § 179a AktG nahmen die Urteile des LG Düsseldorf und des OLG Düsseldorf Stellung. Wie bereits beschrieben (siehe Rz. 683), sollte nach bisher herrschender Ansicht aufgrund des Verweises des analog anzuwendenden § 179a AktG auf § 179 AktG der Gesellschafterbeschluss nicht nur in der Aktiengesellschaft, sondern auch in der GmbH notariell beurkundet sein. Ob Gleiches für den Gesellschafterbeschluss in Personengesellschaften gilt, wird im Schrifttum unterschiedlich beurteilt,[879] wobei sich die klare Mehrheit richtigerweise gegen eine Beurkundungspflicht ausspricht. Im Unterschied zur GmbH gilt im Personengesellschaftsrecht der Grundsatz, dass Gesellschafterbeschlüsse formfrei sind, sodass eine gesetzliche Beurkundungspflicht einen Fremdkörper darstellen würde.[880] 689

In der bereits beschriebenen Entscheidung des LG Düsseldorf urteilte dieses nun auch gegen eine Beurkundungspflicht des Zustimmungsbeschlusses in einer (Publikums-)Kommanditgesellschaft. Dieser Rechtsauffassung schloss sich auch das OLG Düsseldorf in der Berufungsinstanz mit ausführlicher Begründung schlussendlich an. Das Beurkundungserfordernis folge in der Aktiengesellschaft und der GmbH nicht aus § 179a AktG (analog), sondern vielmehr aus § 130 Abs. 1 AktG bzw. § 53 Abs. 2 GmbHG. Für eine analoge Anwendung der beiden letztgenannten Normen fehle es aber an einer planwidrigen Regelungslücke.[881] Mit dieser Begründung ist die Entscheidung des OLG Düsseldorf im Gegensatz zur vorinstanzlichen Entscheidung nicht bloß auf die Publikums-KG beschränkt, sondern allgemein gültig für Gesellschafterbeschlüsse zur Übertragung des ganzen Gesellschaftsvermögens in der Kommanditgesellschaft.[882] 690

Zusammenfassend wurde damit durch das Urteil des OLG Düsseldorf – veranlasst durch das Urteil des LG Düsseldorf – erstmals obergerichtlich festgestellt, dass der Rechtsgedanke des § 179a AktG, der beinhaltet, dass es für einen Vertrag über die Übertragung des gesamten Gesellschaftsvermögens eines Gesellschafterbeschlusses mit qualifizierter Dreiviertel-Mehrheit bedarf, neben der GmbH auch auf die Kommanditgesellschaft anzuwenden ist. Des Weiteren wurde festgestellt, dass dieser Beschluss – außerhalb des Aktienrechts – keiner notariellen Form bedarf und der Vertrag über die Veräußerung des Vermögens nur dann einer notariellen Beurkundung bedarf, wenn dies entweder gesetzlich vorgeschrieben ist, oder ein Fall des § 311b Abs. 3 (Verkauf in Bausch und Bogen) vorliegt. 691

Mit Entscheidung vom 8. Januar 2019 (Az.: II ZR 364/18) hat der BGH der analogen Anwendbarkeit von § 179a AktG auf die GmbH jüngst eine Absage erteilt. Hierfür lägen 692

878) OLG Düsseldorf, NZG 2018, 297, 300 = ZIP 2018, 72, 76.

879) Hölters/*Haberstock/Greitemann*, AktG, § 179a Rz. 3b; *Burmeister/Schmidt-Hern*, NZG 2016, 580, 582; *Bredol/Natterer*, ZIP 2015, 1419, 1424; *Fink/Chilevych*, NZG 2017, 1254, 1255; *Widder/Feigen*, NZG 2018, 972.

880) So *Widder/Feigen*, NZG 2018, 972.

881) OLG Düsseldorf, NZG 2018, 297, 302.

882) *Widder/Feigen*, NZG 2018, 972; *Fink/Chilevych*, NZG 2017, 1254, 1255.

bereits die Voraussetzungen einer Analogie nicht vor. Die Einflussmöglichkeiten von Gesellschaftern einer GmbH auf die Geschäftsführung seien wesentlich stärker ausgeprägt als diejenigen der Aktionäre. Im Hinblick auf die hieraus folgende geringere Schutzbedürftigkeit der Gesellschafter einer GmbH vor Alleingängen des Geschäftsführers sei die systemfremde Beschränkung der Vertretungsmacht des Geschäftsführers mit Außenwirkung und die damit einhergehende Beeinträchtigung des redlichen Rechtsverkehrs, mit der Rechtsunsicherheit hervorgerufen und Haftungsrisiken geschaffen werden, nicht gerechtfertigt.[883)]

**693** Darüber hinaus betont der BGH jedoch, dass es sich bei Geschäften zur Übertragung des Vermögens der Gesellschaft im Ganzen ohnehin um ein besonders bedeutsames Geschäft handele, weshalb der Geschäftsführer schon von Gesetzes wegen verpflichtet sei, einen zustimmenden Gesellschafterbeschluss herbeizuführen.[884)] Anders als der Verstoß gegen § 179a AktG habe eine Verletzung des Zustimmungserfordernisses jedoch keine Auswirkungen auf das Außenverhältnis. Das Vertrauen des Geschäftspartners auf den Bestand des Geschäfts sei nur dann nicht schutzwürdig, wenn er weiß oder es sich ihm geradezu aufdrängen muss, dass der Geschäftsführer seine Vertretungsmacht missbraucht. In einem solchen Fall sei die von dem Geschäftsführer abgegebene Willenserklärung unwirksam. Der Vertragspartner könne aus dem formal durch die Vertretungsmacht des Geschäftsführers gedeckten Geschäft keine vertraglichen Rechte oder Einwendungen herleiten.[885)]

### d) Nachgründung

**694** Zustimmungserfordernisse ergeben sich im Aktienrecht auch aus den Regelungen zur Nachgründung. Unter Nachgründung versteht man Fälle, in denen aufgrund ausdrücklicher gesetzlicher Anordnung (§ 52 AktG) die Formalien für eine Sachgründung auf den Erwerb von Vermögensgegenständen durch eine bereits bestehende AG anwendbar sind. Sinn und Zweck der Nachgründungsregeln ist, Gläubiger der AG vor der **Umgehung der Sachgründungsvorschriften** zu schützen.[886)] § 52 AktG dient also dazu, sicherzustellen, dass das Grundkapital der AG tatsächlich aufgebracht wird. Die besonderen Regeln zur Kontrolle der Kapitalaufbringung bei der Sachgründung könnten dadurch umgangen werden, dass die AG in zeitlicher Nähe zur Gründung Vermögensgegenstände von den Aktionären oder von durch diese beherrschten Personen erwirbt.

**695** § 52 Abs. 9 AktG beschränkt die Nachgründungspflicht dahingehend, dass alle diejenigen **Transaktionen** aus dem Anwendungsbereich des Nachgründungsrechts ausgenommen sind, die im Rahmen der **laufenden Geschäfte** der Gesellschaft, in der Zwangsvollstreckung oder an der Börse erfolgen. Der Begriff der „laufenden Geschäfte" sollte nicht mit den „gewöhnlichen Geschäften" i. S. v. § 116 HGB gleichgesetzt werden. Es geht vielmehr um Tagesgeschäfte.[887)] Eine Anwendung der Nachgründungsvorschriften kommt beim Erwerb von Unternehmen von Gründern oder Aktionären, die mit einem Anteil von mehr als 10 % am Grundkapital an der jungen AG beteiligt sind, in Betracht, soweit eine solche Transaktion innerhalb der ersten zwei Jahre seit der Eintragung der Gesellschaft in das Handelsregister durchgeführt wird. Denn solche Unternehmenserwerbe werden in aller Regel keine

883) BGH, Urt. v. 8.1.2019 – II ZR 364/18, NZG 2019, 505, 506 (Rn. 14).
884) BGH, Urt. v. 8.1.2019 – II ZR 364/18, NZG 2019, 505, 509 (Rn. 36).
885) BGH, Urt. v. 8.1.2019 – II ZR 364/18, NZG 2019, 505, 510 (Rn. 40).
886) *Hüffer/Koch*, AktG, § 52 Rz. 1; *Knott*, BB 1999, 806, 807.
887) *Priester*, DB 2001, 467, 470.

laufenden Geschäfte der AG darstellen, sodass auf sie die Ausnahmeregelung von § 52 Abs. 9 AktG keine Anwendung findet.[888)]

Ist ein Erwerbsgeschäft einer jungen AG nachgründungspflichtig, sind nach § 52 AktG folgende Formalien zu beachten: 696

- Notwendigkeit der Schriftform des Vertrags, soweit nicht eine strengere Form gesetzlich vorgesehen ist; der Vertrag ist vor der Hauptversammlung in den Geschäftsräumen der AG zur Einsicht der Aktionäre auszulegen;
- Zustimmung durch die Hauptversammlung der AG mit einer Mehrheit von mindestens drei Vierteln des bei der Beschlussfassung vertretenen Grundkapitals;
- Prüfung des Vertrags und Erstattung eines schriftlichen Nachgründungsberichts durch den Aufsichtsrat;
- Prüfung entsprechend den Regelungen zur Gründungsprüfung durch einen Wirtschaftsprüfer;
- Anmeldung des Vertrags zur Eintragung in das Handelsregister der AG; Vertrag, Nachgründungs- und Gründungsprüfungsbericht des Wirtschaftsprüfers sind der Anmeldung beizufügen.

Solange noch keine Zustimmung der Hauptversammlung oder die Eintragung in das Handelsregister vorliegt, ist der Vertrag schwebend unwirksam. Ist die Schriftform nicht gewahrt, ist er sogar gemäß § 125 BGB nichtig. 697

### e) Sonstige zivilrechtliche Zustimmungserfordernisse und Beschränkungen

Beim Erwerb eines Unternehmens vom **Insolvenzverwalter** im Rahmen eines Regelinsolvenzverfahrens ist nach § 160 InsO die Zustimmung des Gläubigerausschusses oder, sofern ein solcher nicht bestellt ist, der Gläubigerversammlung erforderlich. Erfolgt der Erwerb vor Eröffnung des Insolvenzverfahrens, ist, sofern ein schwacher vorläufiger Insolvenzverwalter mit Zustimmungsrecht nach § 21 Abs. 2 Satz 1 Nr. 2 InsO bestellt wurde, dessen Zustimmung, sofern ein starker vorläufiger Insolvenzverwalter mit Verwaltungs- und Verfügungsbefugnis über das Vermögen des Schuldners bestellt wurde, die Zustimmung des Insolvenzgerichts erforderlich. 698

Schließlich sind **gesetzliche Pfandrechte Dritter** an Vermögensgegenständen des Zielunternehmens zu berücksichtigen, wie das Pfandrecht des Vermieters nach § 562 BGB, des Werkunternehmers nach § 647 BGB, des Kommissionärs nach § 397 HGB, des Frachtführers nach § 440 HGB, des Spediteurs nach § 464 HGB und des Lagerhalters nach § 475b HGB. Zwar verhindern diese Pfandrechte nicht den Erwerb der Vermögensgegenstände. Der Erwerber des Unternehmens erhält jedoch nur ein mit dem Pfandrecht eines Dritten belastetes Eigentum an den Gegenständen des Betriebsvermögens. Bei größerem Umfang kann eine Berücksichtigung dieser Pfandrechte im Kaufpreis oder im Kaufvertrag erforderlich werden. 699

888) *Hüffer/Koch*, AktG, § 52 Rz. 18, 18c.

## 2. Formerfordernisse

### a) Share Deal

700 Die Veräußerung von Anteilen an einer Personengesellschaft ist grundsätzlich ohne Beachtung einer bestimmten Form möglich. Die Übertragung solcher Gesellschaftsanteile erfolgt durch einfache, privatschriftliche Abtretungsklärung (§§ 398, 413 BGB). Dies gilt auch dann, wenn das Vermögen der Personengesellschaft ganz oder überwiegend aus Grundstücken oder Beteiligungen an GmbHs besteht.[889)] Etwas anderes gilt jedoch bei der Veräußerung von Anteilen an einer GmbH & Co. KG. Dies ergibt sich aus dem Umstand, dass der Erwerb der Kommanditanteile in aller Regel untrennbar mit demjenigen der Geschäftsanteile der Komplementär-GmbH verbunden ist, die typischerweise von den Kommanditisten in entsprechender Höhe ihrer Beteiligungsquoten an der KG gehalten werden. Daher soll die Abtretung der Kommanditanteile nach dem Willen der Parteien mit der Abtretung auch der Geschäftsanteile stehen und fallen (Einheitswille), sodass ein zusammengesetztes Rechtsgeschäft vorliegt. Da die Veräußerung von GmbH-Geschäftsanteilen gemäß § 15 Abs. 4 GmbHG der notariellen Form bedarf und die notarielle Urkunde sämtliche Nebenvereinbarungen umfassen muss, die nach dem Willen der Parteien zwingend mit dem beurkundungspflichtigen Geschäft verbunden sein sollen, in diesem Fall also auch die Vereinbarung über den Verkauf der Kommanditanteile, ist der Vertrag über die Veräußerung einer GmbH & Co. KG im Wege eines Share Deals insgesamt beurkundungspflichtig.[890)] Ein Verstoß gegen die notarielle Form würde im Zweifel zur Gesamtnichtigkeit des Veräußerungsgeschäfts führen (§ 139 BGB). Die aus der „Einheitslösung" resultierende Pflicht zur umfassenden notariellen Beurkundung bei der Veräußerung von Anteilen an einer GmbH & Co. KG wird von den Parteien in der Praxis häufig als Last empfunden, nicht zuletzt in finanzieller Hinsicht.[891)] Ein in der Literatur vorgeschlagener Weg, die Beurkundungspflicht bezüglich der in aller Regel wesentlich höher bewerteten KG-Anteile zu vermeiden, ist dabei die sog. „Praktiker-Methode". Dabei schließen die Vertragsparteien zunächst einen privatschriftlichen Kaufvertrag über die GmbH-Geschäftsanteile und die KG-Anteile, wobei letztere im selben Vertrag auch abgetreten werden. Sodann wird in Erfüllung der schuldrechtlichen Verpflichtung zur Übertragung der GmbH-Geschäftsanteile die Abtretungserklärung in der gesetzlich vorgeschriebenen Form des § 15 Abs. 3 GmbHG vorgenommen. Dies hat gemäß § 15 Abs. 4 Satz 2 GmbHG zur Folge, dass nicht nur der Formmangel bezüglich des Verpflichtungsgeschäfts über den GmbH-Geschäftsanteil, sondern vielmehr das gesamte Vertragswerk mit Wirkung für die Zukunft geheilt wird.[892)] Eine Alternative zur „Praktiker-Methode" ist der Verkauf einer sog. Einheitsgesellschaft (siehe Rz. 148).

701 Entsprechendes gilt, wenn zusammen mit der Veräußerung der Personengesellschaftsanteile ein Grundstück, z. B. das im Eigentum eines Gesellschafters stehende Betriebsgrundstück, veräußert wird und beide Veräußerungen eine Einheit im Rechtssinne bilden, d. h.

---

889) BGH, Urt. v. 31.1.1983 – II ZR 288/81, BGHZ 86, 367, 369 = ZIP 1983, 436; im Falle von Grundstücken kommt eine Beurkundungspflicht des Kaufvertrags über die Veräußerung der Anteile an der Personengesellschaft dann in Betracht, wenn dadurch die Formvorschrift des § 311b Abs. 1 Satz 1 BGB bewusst umgangen werden soll (BGHZ 86, 367, 371).

890) BGH, Urt. v. 14.4.1986 – II ZR 155/85, ZIP 1986, 1046 = BB 1986, 1251, 1252, dazu EWiR 1986, 687 *(Günther)*; *Sigle/Maurer*, NJW 1984, 2657, 2660; *Wiesner*, NJW 1984, 95, 96 ff; vgl. zur Gesamtproblematik des Erwerbs einer GmbH & Co. KG auch den Überblick bei *Kraft/Ulrich*, DB 2006, 711.

891) *Binz/Rosenbauer*, NZG 2015, 1136, 1137.

892) MünchKomm-*Reichert/Weller*, GmbHG, § 15 Rz. 120; *Altmeppen*, in: Roth/Altmeppen, GmbHG, § 15 Rz. 83; *Wiesbrock*, DB 2002, 2311, 2313; *Fastrich*, in: Baumbach/Hueck, GmbHG, § 15 Rz. 36.

die Parteien beide Verträge „miteinander stehen und fallen" lassen wollen. In diesem Fall ist nach ständiger Rechtsprechung des Bundesgerichtshofs nicht nur der Grundstückskaufvertrag nach § 311b Abs. 1 Satz 1 BGB, sondern auch der Anteilskaufvertrag beurkundungspflichtig.[893)] Auch hier ist eine Heilung des formwidrig abgeschlossenen Vertrags über die Veräußerung der Personengesellschaftsanteile nach § 311b Abs. 1 Satz 2 BGB durch Auflassung und Eintragung des Käufers als Eigentümer des Grundstücks im Grundbuch möglich.[894)]

Beim **Erwerb von GmbH-Geschäftsanteilen** ist sowohl das schuldrechtliche Verpflich- 702
tungsgeschäft nach § 15 Abs. 4 GmbHG als auch das dingliche Verfügungsgeschäft über die Abtretung der Geschäftsanteile gemäß § 15 Abs. 3 GmbHG beurkundungspflichtig.[895)] Die Beurkundungspflicht erstreckt sich dabei auf alle Nebenabreden, die nach dem Willen der Parteien Bestandteil der Vereinbarung über die Abtretungsverpflichtung sein sollen.[896)] Dies hat bei Unternehmenskäufen, bei denen regelmäßig eine Reihe von weiteren Verträgen neben dem Anteilskaufvertrag wie zum Beispiel Miet-, Dienst- oder Lizenzverträge geschlossen werden, zur Folge, dass alle solche Nebenvereinbarungen, die **untrennbarer Teil** des GmbH-Anteilskaufvertrags sind, mit beurkundet werden müssen. Anderenfalls besteht die Gefahr, dass das gesamte Geschäft nichtig ist. Wie bereits erwähnt (siehe Rz. 700), führt eine formwirksam erfolgte Abtretung der GmbH-Geschäftsanteile gemäß § 15 Abs. 4 Satz 2 GmbHG zur Heilung des formunwirksamen Verpflichtungsgeschäfts mit Wirkung für die Zukunft.

Das **Formerfordernis der notariellen Beurkundung** besteht grundsätzlich auch für an 703
sich formlos gültige Rechtsgeschäfte, wenn ein rechtlicher Zusammenhang mit dem zu beurkundenden Unternehmenskaufvertrag besteht. Dies wurde vom Bundesgerichtshof in mehreren Entscheidungen zu Grundstückskaufverträgen entschieden.[897)] Dabei kann das andere Rechtsgeschäft in einer Urkunde mit dem beurkundungsbedürftigen Unternehmenskaufvertrag gemeinsam abgeschlossen werden oder lediglich in separater Urkunde mit dem Unternehmenskaufvertrag verknüpft sein.[898)] Ein rechtlicher Zusammenhang im vorgenannten Sinne besteht immer dann, wenn der Hauptvertrag und das andere Rechtsgeschäft eine rechtliche Einheit bilden und die Vereinbarungen nach dem Willen der Parteien derart miteinander verknüpft sind, dass sie miteinander „stehen und fallen" sollen.[899)] Konkretisiert hat der Bundesgerichtshof dieses **Abhängigkeitsverhältnis** in der neueren Rechtsprechung dahingehend, dass die Parteien ausdrücklich oder stillschweigend den Abschluss des notariell zu beurkundenden Vertrags zur Bedingung für den Abschluss des

893) *Wiesbrock*, DB 2002, 2311, 2312.

894) *Wiesbrock*, DB 2002, 2311, 2312.

895) Zur Beurkundungspflicht von Änderungsvereinbarungen zu Kaufverträgen über Geschäftsanteile siehe *Liese*, GmbHR 2010, 1256.

896) BGH, Urt. v. 27.6.2001 – VIII ZR 329/99, ZIP 2001, 1536 = NJW 2002, 142, 143, dazu EWiR 2002, 483 *(Wagner)*; BGH, Urt. v. 23.2.1983 – IVa ZR 187/81, NJW 1983, 1843, 1844; OLG Hamburg, Urt. v. 26.1.2007 – 11 U 354/05, BB 2007, 398; *Stoppel*, GmbHR 2010, 225, 226.

897) BGH, Urt. v. 9.7.1992 – IX ZR 209/91, NJW 1992, 3237, 3238, Staudinger/*Schumacher*, BGB, § 311b, Rz. 171 f.

898) Vgl. auch *Hermanns*, DNotZ 2013, 9, 15.

899) BGH, Urt. v. 14.7.1994 – IX ZR 110/93, ZIP 1994, 1347 = NJW 1994, 2885; BGH, Urt. v. 16.7.2004 –V ZR 222/03, NJW 2004, 3330; BGH, Urt. v. 24.9.1987 – V ZR 306/86, ZIP 1987, 1578 = NJW 1988, 132; KG, Urt. v. 13.12.2007 – 8 U 191/06; BGH, Urt. v. 22.7.2010 – VII ZR 246/08, DNotZ 2011, 196, 197.

anderen Rechtsgeschäfts gemacht haben.[900] Die einseitige Abhängigkeit des anderen Rechtsgeschäfts von dem beurkundungspflichtigen Rechtsgeschäft reicht indes nicht aus, das Formerfordernis auch auf dieses zu erstrecken.[901] Die Pflicht zur Beurkundung setzt insoweit also auch keine wechselseitige Abhängigkeit beider Rechtsgeschäfte voraus.[902]

704 Die vorbeschriebene einseitige Abhängigkeit, die zur Beurkundungspflicht sämtlicher verbundener Rechtsgeschäfte führt, ist somit sorgfältig anhand des Parteiwillens zu prüfen. Dabei muss der **Verknüpfungswille** des einen Vertragspartners dem anderen nach dessen objektiven Empfängerhorizont erkennbar und von diesem gebilligt worden sein.[903] Anhaltspunkte für einen derartigen Verknüpfungswillen stellen z. B. Bedingungen, Abschlussverpflichtungen oder Rücktrittsvorbehalte dar.[904] Auf die zeitliche Abfolge der Rechtsgeschäfte kommt es nicht an.[905] Hier dürfte es häufig für eine der beiden an dem Unternehmenskaufvertrag beteiligten Parteien erkennbar sein, dass die andere Partei den Unternehmenskaufvertrag nur abschließt, wenn ein bestimmter anderer Vertrag (z. B. der mit dem Verkäufer als Eigentümer der von der Zielgesellschaft genutzten Betriebsimmobilie abzuschließende Mietvertrag) zustande kommt.

705 Das Beurkundungserfordernis ist ferner auch immer dann zu prüfen, wenn die Parteien des Unternehmenskaufvertrags und diejenigen des anderen Rechtsgeschäfts nicht identisch sind.[906] Denn nach der Rechtsprechung ist es nicht erforderlich, dass an jedem der beiden Rechtsgeschäfte jeweils dieselben Personen beteiligt sind. Einzelheiten hierzu sind jedoch ungeklärt:

706 Für die Konstellation einer möglichen rechtlichen Einheit zwischen einem Grundstückskaufvertrag und einem im Vorfeld abgeschlossenen Bauvertrag hat der Bundesgerichtshof in einem jüngeren Urteil entschieden, dass maßgeblich sei, ob die Parteien des Bauvertrags gemeinsam von einem Verknüpfungswillen der Parteien des Kaufvertrags ausgingen. Ein solcher sei nicht schon deshalb gegeben, weil für die Durchführung des Bauvertrags ein Grundstück benötigt werde oder der Bauvertrag ein bestimmtes Grundstück in Bezug nehme. In Fällen, in denen die Parteien beider Verträge nicht vollständig identisch seien, sei ein Verknüpfungswille vielmehr dann anzunehmen, wenn der Bauunternehmer (also die Partei, die nur an dem nicht originär beurkundungspflichtigen Vertrag beteiligt ist) auf die Durchführung des Kaufvertrags **Einfluss nehmen könne**. Sei dies nicht der Fall, so bedürfe es anderer Umstände, um eine Beurkundungspflicht des Bauvertrags zu begründen.[907]

707 Demnach kommt es richtigerweise darauf an, ob die Partei des anderen Rechtsgeschäfts, die nicht am Unternehmenskaufvertrag beteiligt ist, die Möglichkeit hat, auf die Durchführung des Unternehmenskaufvertrags Einfluss zu nehmen. Dies könnte zum Beispiel aufgrund gesellschaftsrechtlicher Weisungsbefugnisse der Fall sein. Liegt eine solche Ein-

900) BGH, Urt. v. 13.6.2002 – VII ZR 321/00, NJW 2002, 2559, 2560; vgl. auch *Leutner/Schlotter/Zätsch*, Beurkundung von Unternehmenstransaktionen, § 3 Rz. 15.

901) BGH, Urt. v. 26.11.1999 – V ZR 251/98, ZIP 2000, 232 = NJW 2000, 951.

902) *Ludwig*, in: jurisPK-BGB, § 311b Rz. 230.

903) BGH, Urt. v. 6.12.1979 – VII ZR 313/78, NJW 1980, 829; BGH, Urt. v. 10.10.1986 – V ZR 247/85, NJW 1987, 1069; vgl. auch *Seeger*, MittBayNot 2003, 11, 13.

904) *Leutner/Schlotter/Zätsch*, Beurkundung von Unternehmenstransaktionen, § 3 Rz. 29.

905) Vgl. *Leutner/Schlotter/Zätsch*, Beurkundung von Unternehmenstransaktionen, § 3 Rz. 21 m. w. N.

906) OLG Hamm, Urt. v. 10.3.1995 – 25 U 73/94, DNotI-Report 1995, 128.

907) BGH, Urt. v. 22.7.2010 – VII ZR 246/08, DNotZ 2011, 196, 198.

flussnahmemöglichkeit nicht vor, so dürfte – auch bei Vorliegen eines einseitigen Verknüpfungswillens – wohl eher keine rechtliche Einheit bestehen.

Unter Beibehaltung dieses Grundsatzes dürfte auch der in der Praxis im Rahmen von Un- 708
ternehmenstransaktionen vermehrt von einer Vertragspartei des Unternehmenskaufvertrags mit einem Dritten (Versicherer) abgeschlossene Gewährleistungsversicherungsvertrag (W&I Insurance) nicht der Pflicht zur Beurkundung unterliegen.[908] Der Versicherer hat keinen Einfluss auf die Durchführung des Unternehmenskaufvertrags.

Da die vorstehenden Ausführungen nicht höchstrichterlich geklärt sind, kann es – unter 709
Abwägung der Konstellation im Einzelfall – dennoch ratsam sein, aus anwaltlicher Vorsicht eine Beurkundung des für eine Partei abhängigen Rechtsgeschäfts vorzunehmen.

Sieht ein Unternehmenskaufvertrag eine größere Anzahl umfangreicher Anlagen vor, so 710
können diese in einer **Bezugsurkunde** zeitlich vor der Hauptürkunde beurkundet werden. Nach § 14 BeurkG besteht für Bilanzen, Inventare, Nachlassverzeichnisse oder sonstige Bestandsverzeichnisse über Sachen, Rechte und Rechtsverhältnisse nur eine eingeschränkte Vorlesungspflicht.

Wegen der oft sehr hohen Notargebühren, die für die Beurkundung von Verträgen über 711
die Veräußerung und Abtretung von GmbH-Anteilen anfallen, kommt auch in der Praxis immer wieder die Frage auf, ob die **Beurkundung im Ausland,**[909] insbesondere in der Schweiz, vorgenommen werden kann. Dort sind die anfallenden Notargebühren oftmals wesentlich geringer.

Die im Ausland vorgenommene **Abtretung von GmbH-Geschäftsanteilen** ist gemäß 712
Art. 11 Abs. 1 EGBGB, der weiterhin auch nach Inkrafttreten der Rom-I-Verordnung[910] auf die Übertragung von Gesellschaftsanteilen Anwendung findet,[911] wirksam, wenn entweder die Formvorschriften des Rechts am Ort, an dem sie vorgenommen worden ist (Art. 11 Abs. 1 Var. 2 EGBGB – Ortsstatut, *lex loci*),[912] oder diejenigen des Rechts, das auf sie anwendbar ist (Art. 11 Abs. 1 Var. 1 EGBGB – Wirkungsstatut, *lex causae*), beachtet worden sind. Genügt die Beurkundung durch den ausländischen Notar dem Ortsrecht, ist der von dem ausländischen Notar beurkundete Vertrag über den Verkauf und die Abtretung der GmbH-Anteile nach Art. 11 Abs. 1 Var. 2 EGBGB wirksam.[913]

Die von den Gerichten häufig untersuchte Frage, ob die Auslandsbeurkundung der deut- 713
schen gleichwertig ist, stellt sich dann, wenn auf die Einhaltung des Geschäftsrechts

---

908) Differenzierend *Gaudig*, KSzW 2017, 42, 47.

909) Dazu *Beckmann/Fabricius*, GWR 2016, 375 ff; *Müller*, NJW 2014, 1994 ff.

910) VO (EG) Nr. 593/2008 des Europäischen Parlaments und des Rates v. 17.6.2008 über das auf vertragliche Schuldverhältnisse anzuwendende Recht (Rom I), ABl Nr. L 177/6.

911) *Götze/Mörtel*, NZG 2011, 727, 728; *Mankowski*, NZG 2010, 201, 207.

912) OLG Stuttgart, Urt. v. 17.5.2000 – 20 U 68/99, DB 2000, 1218, 1219, dazu EWiR 2000, 945 *(Werner)*; BayObLG, Beschl. v. 18.10.1977 – BReg 3 Z 68/76, NJW 1978, 500; RG, Urt. v. 22.3.1939 – II 137/38, RGZ 160, 225, 229; zur Gegenansicht, nach der allein das Geschäftsrecht anwendbar ist, *Großfeld/Berndt*, RIW 1996, 625; *Kröll*, ZGR 2000, 111, 122–125, 151; *König/Götte/Bormann*, NZG 2009, 881, 882 f; vgl. im Übrigen die Darstellung des Meinungsstreites bei *Ulrich/Böhle*, GmbHR 2007, 566, 567.

913) OLG München, Urt. v. 19.11.1997 – 7 U 2511/97, GmbHR 1998, 46, dazu EWiR 1998, 309 *(Mankowski)*; selbst eine privatschriftliche Abtretung wäre wirksam, wenn das Ortsrecht die Abtretung der Anteile durch privatschriftliche Urkunde zulässt; BayObLG, Beschl. v. 18.10.1977 – BReg 3 Z 68/76, NJW 1978, 500; OLG Frankfurt/M., Beschl. v. 10.4.1981 – 20 W 460/80, DB 1981, 1456; Scholz/*Winter/Seibt*, GmbHG, § 15 Rz. 82; a. A. *Meyer-Sparenberg*, WiB 1995, 849, 852; gegen die Anwendbarkeit eines Ortsstatuts mit geringeren Anforderungen als in § 15 Abs. 3 GmbHG siehe auch *König/Götte/Bormann*, NZG 2009, 881, 883 ff.

(Wirkungsstatut) abgestellt wird.[914)] Die Form des Wirkungsstatuts für die Abtretung eines GmbH-Anteils – notarielle Beurkundung gemäß § 15 Abs. 3 GmbHG – kann auch durch eine Beurkundung im Ausland erfüllt werden, wenn Urkundsperson und Beurkundungsvorgang gleichwertig sind.[915)] Entspricht die Abtretung bereits den Erfordernissen des Wirkungsstatuts, kann die Frage, ob das Ortsstatut eingehalten wurde, dahinstehen. Für deutsche Gerichte lässt sich die Gleichwertigkeit einer ausländischen Beurkundung häufig leichter prüfen als die Frage, welche Formerfordernisse das ausländische Ortsrecht für die Abtretung von Anteilen vorsieht, die deutschen GmbH-Anteilen entsprechen.[916)] Nach höchstrichterlicher Rechtsprechung war zumindest die Beurkundung vor einem Notar in der Schweiz (deutschsprachige Kantone) als gleichwertige Beurkundung anzusehen.[917)] Mit Blick auf die im Jahr 2008 in Kraft getretene Änderung des Schweizer Obligationenrechts, wonach für die Abtretung von Geschäftsanteilen die notarielle Beurkundung nicht mehr erforderlich ist, jedoch die Vertragsparteien die Form der notariellen Beurkundung frei wählen können, hat dies aufgrund der Gleichwertigkeit der Beurkundung vor einem Schweizer Notar (deutschsprachige Kantone) zur Folge, dass zumindest bei Wahl der freiwilligen Beurkundung das Wirkungsstatut erfüllt ist, mithin der beurkundete Kauf- und Abtretungsvertrag wirksam ist.[918)]

714 Nach dem Inkrafttreten des Gesetzes zur Modernisierung des GmbH-Rechts und zur Bekämpfung von Missbräuchen (MoMiG) ist die Diskussion um die Gleichwertigkeit von Auslandbeurkundungen auch durch Schweizer Notare neu entbrannt. So hat das LG Frankfurt/M. im Zusammenhang mit der Einreichung einer Gesellschafterliste nach § 40 Abs. 2 GmbHG durch den an der Übertragung eines Geschäftsanteils mitwirkenden Notar (anstelle des Geschäftsführers) in einem obiter dictum die Aussage getroffen, dass nunmehr die Beurkundung durch einen Baseler Notar wahrscheinlich unwirksam sei, da er die Verpflichtung zur Einreichung der Gesellschafterliste wegen Fehlens von Amtsbefugnissen im Gebiet der Bundesrepublik Deutschland gar nicht erfüllen könne.[919)] Dieser Auffassung ist allerdings das OLG Düsseldorf entgegengetreten. So sei zwischen Beurkundung und der Pflicht zur Einreichung der Gesellschafterliste zu unterscheiden. Eine Wechselwirkung in der Art, dass die fehlende Einreichungspflicht zur Unwirksamkeit der Beurkundung führe, gebe es nicht. Auch wenn der ausländische Notar nicht Adressat der Verpflichtung der Urkundsperson zur Einreichung einer neuen Gesellschafterliste nach deutschem Recht sein könne, lägen keine Anhaltspunkte dafür vor, dass durch die Neuregelungen des GmbHG durch das MoMiG die bisherige Rechtslage verändert werden sollte.[920)]

---

914) Siehe die Prüfung des OLG Stuttgart, Urt. v. 17.5.2000 – 20 U 68/99, NZG 2001, 40, 43 unter 2 a (*notary public* nach kalifornischem Recht).

915) BGH, Beschl. v. 16.2.1981 – II ZB 8/80, BGHZ 80, 76, 78 = ZIP 1981, 402; OLG München, Urt. v. 19.11.1997 – 7 U 2511/97, GmbHR 1998, 46; *Semler*, in: Hölters, Handbuch Unternehmenskauf, Rz. 7.128 f m. w. N.; OLG Frankfurt/M., Urt. v. 25.1.2005 – 11 U 8/04, GmbHR 2005, 764, 766 (Kanton Basel Stadt); zur Gleichwertigkeit der Beurkundung in der Schweiz auch *Götze/Mörtel*, NZG 2011, 727, 729 f.

916) Vgl. die Prüfung des OLG Stuttgart, Urt. v. 17.5.2000 – 20 U 68/99, NZG 2001, 40, 43 unter 2 b (Vergleichbarkeit der *close corporation* mit deutscher GmbH).

917) BGH, Urt. v. 22.5.1989 – II ZR 211/88, ZIP 1989, 1052 = DB 1989, 1718, dazu EWiR 1989, 875 *(Müller)*; OLG München, Urt. v. 19.11.1997 – 7 U 2511/97, BB 1998, 119; OLG Frankfurt/M., Urt. v. 25.1.2005 – 11 U 8/04, GmbHR 2005, 767 (Kanton Basel Stadt).

918) Vgl. OLG Düsseldorf, Beschl. v. 2.3.2011 – I-3 Wx 236/10, DB 2011, 808, 809; *Götze/Mörtel*, NZG 2011, 727, 729 f; *Laeger*, BB 2010, 2647, 2650 f; skeptisch *Trendelenburg*, GmbHR 2008, 644, 647 f.

919) LG Frankfurt/M., Urt. v. 7.10.2009 – 3-13 O 46/09, ZIP 2010, 88 = BB 2009, 2500; vgl. hierzu *Braun*, DNotZ 2009, 585; *Laeger*, BB 2010, 2647; *Mankowski*, NZG 2010, 201.

920) OLG Düsseldorf, Beschl. v. 2.3.2011 – I-3 Wx 236/10, DB 2011, 808, 811.

Diese Auffassung hat mittlerweile auch der Bundesgerichtshof in einer Entscheidung aus dem Jahr 2013 ausdrücklich bestätigt, wonach ein Registergericht die zum Handelsregister eingereichte neue Gesellschafterliste nicht schon deshalb zurückweisen darf, weil sie von einem Notar mit Sitz in Basel Stadt/Schweiz eingereicht worden ist.[921)] Dabei hat sich der Bundesgerichtshof trotz Gelegenheit nicht noch einmal zur Frage der Gleichwertigkeit der Beurkundung durch einen Notar in Basel/Stadt geäußert, sondern es lediglich bei der Feststellung belassen, dass die Gleichwertigkeit „jedenfalls bis zum Inkrafttreten des MoMiG und der Reform des Schweizer Obligationenrechts von 2008" anerkannt gewesen sei.[922)] 715

Indes hat das Kammergericht unter Aufhebung einer Entscheidung des Amtsgerichts Charlottenburg,[923)] welches ein Eintragungshindernis bejaht hatte, entschieden, dass die Anforderungen des § 2 Abs. 1 GmbHG jedenfalls dann erfüllt sein sollen, wenn bei der Beurkundung zur Gründung einer deutschen GmbH durch einen Schweizer Notar mit Amtssitz im Kanton Bern die Niederschrift in Gegenwart des Notars den Beteiligten vorgelesen, von ihnen genehmigt und eigenhändig unterschrieben worden ist.[924)] 716

Vor dem Hintergrund der vorgenannten Entscheidungen bleibt die Frage der Zulässigkeit einer Beurkundung vor einem ausländischen Notar bis heute umstritten. In der Literatur wird zum Beispiel die Gleichwertigkeit mit österreichischen,[925)] niederländischen Notariaten sowie für das lateinische Notariat des romanischen Rechtskreises (Benelux, Spanien, Frankreich, Italien) bejaht.[926)] Verneint worden ist die Gleichwertigkeit eines amerikanischen *Notary Public*, der nicht über die einem deutschen Notar entsprechenden Rechtskenntnisse verfüge.[927)] In diesem Zusammenhang ist anzumerken, dass auch ausländische Notare die Pflicht zur Übersendung beglaubigter Abschriften an das Finanzamt gemäß § 54 Abs. 1 EStDV erfüllen können.[928)] 717

Damit bleibt festzuhalten, dass – selbst wenn man der vorzugswürdigen Ansicht des OLG Düsseldorf zustimmt – Abtretungen von GmbH-Geschäftsanteilen aus Gründen der Vorsicht von einem deutschen Notar beurkundet werden sollten, um das Risiko einer Formunwirksamkeit auszuschalten. 718

Die **Übertragung von Aktien** bedarf keiner besonderen Form. Abgesehen von der einzigen gesetzlich zulässigen Einschränkung der Vinkulierung in § 68 Abs. 1 Satz 2 AktG sind sowohl Inhaberaktien als auch Namensaktien grundsätzlich frei übertragbar.[929)] Auch durch eine Satzungsbestimmung kann die Übertragung nicht an eine bestimmte Form gebunden 719

921) BGH, Beschl. v. 17.12.2013 – II ZB 6/13, NJW 2014, 2026 = ZIP 2014, 317.

922) BGH, Beschl. v. 17.12.2013 – II ZB 6/13, ZIP 2014, 317, Rz. 23; vgl. dazu *Heckschen*, BB 2014, 462, 465 (Anm.) (kritisch zur Frage der Gleichwertigkeit); *Götze/Mörtel*, NZG 2014, 369; *Meichelbeck/Krauß*, DStR 2014, 752.

923) AG Charlottenburg, Beschl. v. 22.1.2016 – 99 AR 9466/15, ZIP 2016, 770.

924) KG Beschl. v. 24.1.2018 – 22 W 25/16, ZIP 2018, 323; kritisch: *Lieder*, ZIP 2018, 805 ff, *Cramer*, DStR 2018, 746 ff und *Weber*, MittBayNot 2018, 215 ff.

925) *Becht/Stephan-Wimmer*, GmbHR 2019, 45, 51 f.

926) MünchKomm-*Liebscher*, GmbHG, § 48 Rz. 93 m. w. N.; *Brück*, DB 2004, 2409, 2411; *Reithmann*, NJW 2003, 385, 388; *Fastrich*, in: Baumbach/Hueck, GmbHG, § 2 Rz. 9; *Ulrich/Böhle*, GmbHR 2007, 566, 569; kritisch: *Reichert/Weller*, DStR 2005, 250, 253.

927) OLG Stuttgart Urt. v. 17.5.2000 – 20 U 68/99, NZG 2001, 40.

928) Vgl. dazu im Kontxt der Gleichwertigkeit von Auslandsbeurkundungen *Heinze*, NZG 2017, 371.

929) Vgl. *Heller/Timm*, NZG 2006, 257, insbesondere auch zur Frage, ob und inwieweit das Zustimmungserfordernis für die Übertragung vinkulierter Namensaktien auch dann gewahrt werden muss, wenn sämtliche Aktionäre als Veräußerer und Erwerber beteiligt sind.

werden, da dies dem aktienrechtlichen Grundsatz der freien Übertragbarkeit des Mitgliedschaftsrechts widersprechen würde.[930] Etwas anderes gilt nur, wenn der Aktienkaufvertrag ein einheitliches Rechtsgeschäft mit einem beurkundungspflichtigen Vertrag bildet. Inhaberaktien werden entweder durch Einigung und Übergabe der Aktienurkunde gemäß §§ 929 ff BGB oder durch Abtretung der Rechte aus der Aktie gemäß §§ 413, 398 BGB, wodurch nach § 952 BGB das Eigentum an der Aktienurkunde übergeht, übertragen.[931] Namensaktien werden gemäß § 68 Abs. 1 AktG durch Indossament übertragen, das gemäß § 68 Abs. 1 Satz 2 AktG i. V. m. Art. 13 Abs. 1 WG auf die Aktienurkunde gesetzt und vom veräußernden Aktionär unterschrieben werden muss, sowie durch Übereignung der indossierten Namensaktie.[932] Zusätzlich ist die Übertragung der Aktie im Aktienbuch der Gesellschaft gemäß § 67 Abs. 1 AktG zu vermerken. Vor Eintragung des Erwerbers als neuer Aktionär im Aktienbuch der Gesellschaft kann dieser seine Rechte aus der Aktie nicht wahrnehmen (§ 67 Abs. 2 AktG). Auch bei Namensaktien ist eine Übertragung durch Abtretung gemäß §§ 413, 398 BGB möglich. Bei Aktien, die sich in Girosammelverwahrung befinden, sind die Vorschriften des Depotgesetzes zu beachten.[933] Die Girosammelverwahrung vermittelt dem Aktionär gemäß § 6 Abs. 1 DepotG Miteigentum und mittelbaren Mitbesitz am Sammelbestand. Die Übertragung erfolgt durch Übereignung des Miteigentumsanteils, somit durch Einigung und Einräumung von mittelbarem Mitbesitz. Gemäß § 24 Abs. 2 DepotG wird der Erwerber in das Verwahrbuch eingetragen und rückt dadurch in die Besitzposition ein.

### b) Asset Deal

720 Der Erwerb eines Unternehmens im Rahmen eines Asset Deals ist grundsätzlich formfrei möglich. Formvorschriften sind allerdings immer dann zu beachten, wenn solche für die Übertragung der einzelnen Vermögensgegenstände gelten.

721 Nach § 311b Abs. 1 Satz 1 BGB und § 11 Abs. 2 ErbbauRG bedarf der Vertrag über die **Veräußerung eines Grundstücks** oder **Erbbaurechts** zum Beispiel der notariellen Beurkundung; dieselbe Form ist gemäß § 925 BGB für die dingliche Auflassung erforderlich. Die Beurkundungspflicht gemäß § 311b Abs. 1 BGB erstreckt sich dabei auf sämtliche Vereinbarungen, die nicht ohne das Grundstücksgeschäft getroffen worden wären.[934] Gehören somit Grundstücke oder Erbbaurechte zum verkauften Unternehmen, muss der gesamte Unternehmenskaufvertrag notariell beurkundet werden. Formlos getroffene Nebenabreden, z. B. in den häufig anzutreffenden *Side Letters*, führen zur Unwirksamkeit des gesamten Unternehmenskaufvertrags gemäß §§ 125, 139 BGB,[935] sofern der Formmangel nicht durch Auflassung und Eintragung des Grundstücks oder Erbbaurechts gemäß § 311b Abs. 1 Satz 2 BGB geheilt wird. Da die Eintragung im Grundbuch oftmals längere Zeit in Anspruch nehmen kann, sollte trotz dieser Heilungsmöglichkeit darauf geachtet werden, dass in den hier angesprochenen Fällen sämtliche Vereinbarungen in die notarielle Urkunde aufgenommen werden.

722 Die Übertragung von **beweglichen Sachen** und von **Forderungen** ist formfrei. Lediglich die Verpflichtung zur Übertragung des gesamten Vermögens „in Bausch und Bogen" ist

930) BGH, Urt. v. 20.9.2004 – II ZR 288/02, ZIP 2004, 2093, 2094, dazu EWiR 2005, 49 *(Noack)*.

931) *Sailer-Coceani*, in: Münchener Handbuch des Gesellschaftsrechts, Bd. 4, § 14 Rz. 5.

932) *Sailer-Coceani*, in: Münchener Handbuch des Gesellschaftsrechts, Bd. 4, § 14 Rz. 7.

933) Hierzu *Sailer-Coceani*, in: Münchener Handbuch des Gesellschaftsrechts, Bd. 4, § 14 Rz. 63.

934) BGH, Urt. v. 20.6.1980 – V ZR 84/79, NJW 1981, 222.

935) Vgl. hierzu im Einzelnen *Wiesbrock*, DB 2002, 2311, 2314.

nach § 311b Abs. 3 BGB beurkundungspflichtig.[936] Hierbei kommt es entscheidend auf den Parteiwillen an. Unanwendbar ist § 311b Abs. 3 BGB, wenn der Vertragsgegenstand ein Sondervermögen, z. B. ein Unternehmen,[937] ist oder die Vermögensgegenstände im Kaufvertrag einzeln aufgeführt sind,[938] selbst dann, wenn die aufgezählten Gegenstände praktisch das gesamte Vermögen ausmachen.[939] Da dies bei einem Unternehmenskauf regelmäßig der Fall ist, kommt hier die Beurkundungspflicht nach § 311b Abs. 3 BGB eher selten zur Anwendung.[940] Die Verwendung von **„Catch-all-Klauseln"** (siehe Rz. 147 und Rz. 2110 ff) kann dazu führen, dass im Einzelfall der Begriff der Vermögensübertragung „in Bausch und Bogen", wie nach der Rechtsprechung des Bundesgerichtshofs herausgearbeitet, als erfüllt anzusehen und damit der Vertrag formbedürftig ist. Vor dem Hintergrund der Folge der unheilbaren Nichtigkeit des Vertrags bei fehlender Beurkundung in einem solchen Fall erscheint für die Praxis die notarielle Beurkundung des Asset-Deal-Kaufvertrags bei Verwendung von Catch-all-Klauseln als der sicherste Weg.[941]

Formfrei ist die Übertragung von gewerblichen Schutzrechten möglich.[942] Nach § 28 723
MarkenG ist für die Vermutung der Rechtsinhaberschaft sowie für die Ausübung der Rechte gegenüber dem Deutschen Patent- und Markenamt (DPMA) die Eintragung des Schutzrechtsinhabers erforderlich. Nach § 27 Abs. 3 MarkenG muss für die Eintragung des Erwerbers der Rechtsübergang dem DPMA gegenüber nachgewiesen werden, daher ist eine schriftliche Abtretungserklärung erforderlich. Die Anmeldung der Änderung der Rechtsinhaberschaft muss unter Verwendung des entsprechenden Formulars des DPMA (Dok.-Nr. W 7616/1.19 – Antrag auf Eintragung eines Rechtsübergangs) erfolgen. Deshalb sollte der Kaufvertrag auch die Verpflichtung des Verkäufers vorsehen, auf Verlangen des Erwerbers gegenüber dem DPMA alle erforderlichen Erklärungen zur Markenübertragung in der entsprechenden Form abzugeben. Im Ausland muss die Übertragung nach den dort geltenden nationalen Vorschriften erfolgen.

## XI. Besondere Formen des Unternehmenskaufs

Aus den Zielen der Käufer und den charakteristischen Elementen der Transaktion ergeben 724
sich Besonderheiten hinsichtlich des Ablaufs des Erwerbs oder der Vertragsgestaltung, die von den Parteien in ihre Überlegungen einbezogen werden müssen.

### 1. Besonderheiten hinsichtlich der Käufer

#### a) Strategische Investoren

Strategische Investoren sind meist im weiteren Marktumfeld eines Zielunternehmens tätig. 725
Bei einem solchen Erwerbsinteressenten kann es sich um einen (direkten) Wettbewerber

936) RGZ 69, 420; 94, 315; *Müller*, NZG 2007, 201.

937) Palandt/*Grüneberg*, BGB, § 311b Rz. 66; RG, BeckRS 1918, 1.

938) Palandt/*Grüneberg*, BGB, § 311b Rz. 66; *Wiesbrock*, DB 2002, 2311, 2312; *Böttcher/Grewe*, NZG 2005, 950, 954; *Müller*, NZG 2007, 201, 205; *Klöckner*, DB 2008, 1083, 1089; vgl. zur Anwendbarkeit der Formvorschrift auf juristische Personen auch OLG Hamm, Urt. v. 26.3.2010 – 1-19 U 145/09, NZG 2010, 1189 f, kritisch dazu *Böttcher/Fischer*, NZG 2010, 1332, 1333 f.

939) BGH, Urt. v. 30.10.1990 – IX ZR 9/90, ZIP 1990, 1541, 1544; *Klöckner*, DB 2008, 1083; kritisch *Heckschen*, NZG 2006, 772.

940) Vgl. zur Problematik des Formerfordernisses gemäß § 311b Abs. 3 BGB im Rahmen eines Asset Deals Rz. 2082 ff.

941) *Fortun/Neveling*, BB 2011, 2568, 2570; *Werner*, GmbHR 2008, 1135, 1138.

942) Hierzu insgesamt *Rozijn*, M&A Review 2015, 31.

des Zielunternehmens handeln, der mit der Akquisition seine Produktionsbasis vergrößern, sein Produktangebot erweitern, sich eine Technologie oder besondere Fertigkeit sichern oder in neue Märkte vorstoßen möchte (horizontale Akquisition). Ist der Investor Wettbewerber des Zielunternehmens, ist im Hinblick auf Fusionskontrolle (siehe Rz. 574 ff) und Austausch sensibler Informationen (siehe Rz. 68) besondere Aufmerksamkeit geboten. Zum anderen ist es denkbar, dass ein Lieferant oder ein Kunde des Zielunternehmens dieses erwirbt, um damit die eigene Wertschöpfungskette zu erweitern oder zu vertiefen (vertikale Akquisition). Strategische Investoren sind damit originär an der Weiterführung oder Integration des Zielunternehmens interessiert. Da ein solcher Käufer in aller Regel mit dem Geschäftszweig, in dem das Zielunternehmen tätig ist, vertraut ist, wird die kaufmännische Due Diligence im Wesentlichen von ihm selbst durchgeführt. Besonderes Augenmerk ist in allen Phasen der Transaktion, bereits bei der Due Diligence und der Vertragsgestaltung, insbesondere aber auch in der Durchführungsphase nach Vertragsabschluss, auf die Möglichkeit der Integration des erworbenen Unternehmens in den bestehenden Geschäftsbetrieb, die bestehenden technischen Systeme und in die IT-Infrastruktur des Erwerbers zu legen. Besteht das Zielunternehmen aus mehreren Gesellschaften und Betrieben, kann es sinnvoll sein, dass nicht eine Gesellschaft des Erwerbers als Käufer auftritt, sondern die einzelnen Zielgesellschaften oder Betriebe von verschiedenen Konzerngesellschaften des Erwerbers übernommen werden. Bei der Vertragsgestaltung ist dann darauf zu achten, dass sämtliche Erwerbergesellschaften etwaige Ansprüche aus dem Kaufvertrag geltend machen können und es nicht zu einem Auseinanderfallen von Schaden und Anspruchsinhaberschaft kommen kann.

726 Nach dem Vertragsabschluss ist in aller Regel eine Reorganisation des Erwerbers erforderlich, um die erworbenen Gesellschaften in die bestehende gesellschaftsrechtliche Struktur des Erwerbers einzugliedern, wobei hier im Wesentlichen auf eine steueroptimale Gestaltung, aber auch auf die Anpassung der gesellschaftsrechtlichen Struktur an die bestehende Management- und Entscheidungsstruktur des Käufers geachtet werden muss.

### b) Finanzinvestoren und Private Equity

727 Finanzinvestoren[943] klassischer Prägung sind institutionelle Investoren, die Kapital bei anderen institutionellen Anlegern wie Banken, Versicherungen oder auch bei Pensionsfonds einsammeln, in Fonds bündeln und damit Akquisitionsprojekte finanzieren.[944] Daneben existieren auch eine Vielzahl von Family Offices, die das Vermögen besonders vermögender Privatanleger („*high-net-worth individuals*") verwalten. Solche Investoren betrachten das Zielunternehmen naturgemäß in erster Linie als **Kapitalanlage**.

728 Für Finanzinvestoren ist von vorrangiger Bedeutung, den Unternehmenswert der Zielgesellschaft zu steigern und dann bei einem späteren Verkauf ihrer Beteiligungen an einen anderen Marktakteur („*trade sale*") oder bei einem Börsengang des Zielunternehmens (*IPO*) die eingetretene Wertsteigerung in Form von Veräußerungsgewinnen zu realisieren. Das Anlageverhalten solcher Finanzinvestoren – häufig sind dies z. B. Sachwertfonds mit kurzen Laufzeiten für die Kapitalanleger oder auch Risikokapitalgeber (sog. Venture-Capital-Gesellschaften), die vor allem im Start-up-Bereich aktiv sind – ist daher in aller Regel von vornherein auf den **kurz- bis mittelfristigen Exit** ausgerichtet. Typischerweise halten solche Investoren ihre Beteiligungen dann auch nur für Zeiträume zwischen drei und fünf Jah-

943) Vgl. zu dieser Kategorie von Investoren *Eidenmüller*, DStR 2007, 2116.

944) *Morath/Dippmann*, in: Beck'sches Mandatshandbuch Unternehmenskauf, § 6 Rz. 6.

ren. Daneben gibt es Finanzinvestoren, z. B. klassische **Beteiligungsgesellschaften**, Industrieholdings oder Family Offices, die ein längerfristiges und strategischer ausgerichtetes Engagement in der Zielgesellschaft anstreben als die rein finanziell orientierten Finanzinvestoren.[945] Sie sind vorrangig an regelmäßigen Gewinnausschüttungen des Zielunternehmens als **Ertrag ihrer Kapitalanlage** interessiert. Gleichfalls suchen sie nach Möglichkeiten einer Diversifikation ihrer Vermögensanlage. Daher ist für solche Finanzinvestoren der Exit oftmals erst ein längerfristiges Ziel.

Entsprechend ihrer Strukturierung tritt bei Beteiligungs- oder Unternehmenskäufen durch 729 einen Finanzinvestor dieser nicht selbst als Käufer der Zielgesellschaft auf, sondern eine von ihm **hierfür gegründete Erwerbsgesellschaft** (sog. ***Special-Purpose-Vehicle, SPV***). Da solch ein SPV mangels eigener Assets oft nur mit geringem Eigenkapital ausgestattet ist (reine Holding-Funktion) und auch sonst über nur geringes Haftungssubstrat verfügt, muss der Unternehmensverkäufer darauf achten, dass ihm für Ansprüche aus dem Kaufvertrag einschließlich des Kaufpreisanspruchs ein zahlungsfähiger Schuldner verbleibt. Da der Finanzinvestor, der die Verhandlungen mit dem Verkäufer führt, häufig nur als Arrangeur der Transaktion und Vermittler zwischen Verkäufer und dem von ihm zusammengestellten Investorenkonsortium auftritt, wird dieser häufig zu einer Schuldübernahme oder einem Vertragsbeitritt nicht bereit sein. Da der Fonds in aller Regel auch nicht zur Stellung von eigenen Sicherheiten, insbesondere nicht zur Übernahme einer Erfüllungsbürgschaft bereit ist, muss der Verkäufer in einem solchen Fall sicherstellen, dass die Übergabe des Unternehmens nur Zug um Zug gegen Zahlung des gesamten Kaufpreises erfolgt.

Häufig finanzieren Finanzinvestoren Unternehmenskäufe zu einem wesentlichen Teil durch 730 **Bankkredite**. In diesem Fall steht der Unternehmenskauf meist bis zum Schluss unter einem Finanzierungsvorbehalt, da in aller Regel die Kreditverträge parallel mit dem Unternehmenskaufvertrag verhandelt werden und der Abschluss der Kreditverträge zeitlich mit dem Abschluss des Unternehmenskaufvertrags zusammenfällt. Der Veräußerer hat daher bis zum Vertragsabschluss mit der Unsicherheit zu leben, ob dem Investor die Finanzierung des Kaufpreises gelingt.

Bei der Beteiligung von Finanzinvestoren insbesondere aus dem Bereich Private Equity ist 731 der in der Regel hohe Fremdfinanzierungsanteil strukturprägend im Rahmen des Unternehmenskaufs. Durch ihn kommt dem sog. „Leverage-Effekt" (siehe Rz. 757 ff) hohe Bedeutung zu. Er erfordert, dass der Cashflow des Targets hoch genug ist, um Fremdverbindlichkeiten und Tilgung bedienen zu können. Daher wird der Käufer nach der Übernahme regelmäßig liquiditätserhöhende Maßnahmen einleiten. Verringert sich der Cashflow, kann das Unternehmen in Schwierigkeiten geraten. Ein Käufer aus dem Bereich **Private Equity**, sollte er nur eine Minderheitsbeteiligung erwerben, wird Wert darauf legen, stärkere Informations-, Kontroll- und Mitspracherechte zu erlangen, als dies bei anderen Minderheitsgesellschaftern der Fall ist.[946] Insofern ist die häufig anzutreffende Floskel, dass Private Equity und familiengeführte Unternehmen „kulturell" nicht zusammenpassen, leicht erklärlich. Häufig bringt die Beteiligung solch „professioneller" Investoren aber auch einen erwünschten Wissenstransfer, professionalisierte Entscheidungs- und Managementstrukturen und eine Erweiterung des Netzwerks ins Unternehmen.

Der Einstieg eines Private-Equity-Investors bringt **regelmäßig „Besonderheiten"** im ver- 732 traglichen Gefüge des Unternehmenskaufs mit sich. Beim Kaufvertrag werden die Themen

945) *Jaques*, in: Beck'sches Handbuch Unternehmenskauf im Mittelstand, Kap. E. Rz. 6 ff, 18 ff m. w. N.

946) *Jaques*, in: Beck'sches Handbuch Unternehmenskauf im Mittelstand, Kap. E. Rz. 9 f. m. w. N.

Unternehmensbewertung, Kaufpreisberechnung und Gewährleistung mitunter mit einer besonderen Regelungstiefe behandelt. Neben parallelen Änderungen im Gesellschaftsvertrag des Targets werden **Gesellschaftervereinbarungen** abgeschlossen. Dies betrifft die Fälle der Kofinanzierung einer Transaktion im Rahmen eines Management-Buy-outs oder Management-Buy-ins (siehe Rz. 761 ff), der Minderheitsbeteiligung und der (Rück-)Beteiligung eines Managers. Inhalt sind regelmäßig u. a. Verfügungsbeschränkungen, Vorerwerbsrechte, Mitverkaufsrechte und -pflichten, Übernahmeoptionen und Bewertungsmodi. Weiterhin gibt es ggf. Vereinbarungen zur Absicherung der Fremdfinanzierung durch Vermögen der Zielgesellschaft und Vereinbarungen zum Exit des Investors aus der Beteiligung.[947)]

733 Beim Verkauf ihrer Beteiligungen verlangen Finanzinvestoren vom Management der Beteiligungsgesellschaft häufig die Bestätigung, dass keine Verletzungen der dem Käufer gewährten Garantien vorliegen (sog. **Confirmation Letter**). Aus Sicht des Managements ist darauf zu achten, dass eine persönliche Haftung vermieden wird. **D&O-Versicherungen** umfassen zwar auch Ansprüche, die im Innenverhältnis zwischen Gesellschafter und Geschäftsführer entstehen. Die Versicherung könnte ihre Einstandspflicht mit dem Argument ablehnen, der Geschäftsführer/Vorstand sei zur Abgabe des Confirmation Letter nicht verpflichtet. Im Übrigen könnten diese Erklärungen auch von den Versicherungen als Versuch verstanden werden, Risiken aus dem Unternehmenskaufvertrag abzuwälzen.

734 Der Finanzinvestor muss darauf achten, dass Kreditvertrag und Unternehmenskaufvertrag aufeinander abgestimmt sind. In der Regel sehen Kreditverträge für die Finanzierung eines bestimmten Unternehmenskaufs umfangreiche Gewährleistungen hinsichtlich des Zielunternehmens vor. Sie enthalten regelmäßig auch sog. MAC-Klauseln (Material-Adverse-Change),[948)] d. h., es gibt Rücktrittsrechte für die finanzierenden Banken, wenn sich wesentliche Rahmenbedingungen der Transaktion ändern. Hier hat der Finanzinvestor sicherzustellen, dass entsprechende Gewährleistungen in den Unternehmenskaufvertrag aufgenommen werden, damit für ihn keine Haftungslücke entsteht. Idealerweise sind die Klauseln sowohl im Kaufvertrag als auch in den Finanzierungsverträgen wortlautgleich formuliert.[949)]

735 An einer signifikanten Zahl von Unternehmensakquisitionen sind als Finanzinvestoren sog. **Staatsfonds** (*„sovereign wealth funds“*) beteiligt. Im Zusammenhang mit solchen Transaktionen besteht für das Bundesministerium für Wirtschaft und Energie (BMWi) bereits seit dem Jahr 2009[950)] die Möglichkeit, im Einzelfall, vor allem bei Investitionen in sicherheitsrelevanten oder anderen sensiblen Sektoren auf der Grundlage des Außenwirtschaftsgesetzes (AWG), den Erwerb deutscher Unternehmen oder von Unternehmensbeteiligungen durch gemeinschaftsfremde Erwerber umfassend zu prüfen und – unter der Voraussetzung einer tatsächlichen und hinreichend schwerwiegenden Gefährdung der öffentlichen Ordnung oder Sicherheit der Bundesrepublik Deutschland – mit Zustimmung der Bundesregierung zu untersagen oder anderweitig zu beschränken (§ 4 Abs. 1 Nr. 4 i. V. m. § 5 Abs. 2 Satz 1 AWG). Die einzelnen Voraussetzungen der Prüfungs- und Eingriffsrechte des Staates ergeben sich aus den Vorschriften der §§ 55 ff Außenwirtschaftsverordnung (AWV) [→ Rz. 633 f]. Nicht zuletzt aufgrund der stetig wachsenden Zahl von Übernahmen deutscher Unternehmen durch (teilweise staatlich kontrollierte) chinesische Investoren, sind

947) *Jaques*, in: Beck'sches Handbuch Unternehmenskauf im Mittelstand, Kap. E. Rz. 23 ff m. w. N.

948) *Picot/Duggal*, DB 2003, 2635 Fn. 410; vgl. *Hasselbach/Wirtz*, BB 2005, 842.

949) *Schrader/Seibt*, in: Beck'sches Formularbuch M&A, Form. C.II.2 Anm. 73.

950) Dreizehntes Gesetz zur Änderung des Außenwirtschaftsgesetzes und der Außenwirtschaftsverordnung v. 18.4.2009, BGBl I, 770.

wesentliche Bestimmungen der AWV über die Prüfung ausländischer Direktinvestitionen *„aufgrund der veränderten Sicherheitslage“*[951] in den vergangenen Jahren erheblich verschärft worden. [→ Rz. 640 ff][952]

Auch auf gemeinschaftsrechtlicher Ebene bestehen Bestrebungen, den Unternehmenserwerb durch ausländische Investoren (und Staatsfonds) stärker zu überwachen und zu reglementieren. So hat auch die EU-Kommission im September 2017 einen Verordnungsvorschlag für die Investitionskontrolle vorgelegt.[953] 736

Hinsichtlich der Beteiligungen von Finanzinvestoren an börsennotierten Unternehmen sind die Rahmenbedingungen im vergangenen Jahrzehnt insbesondere durch immer strengere Transparenz- und Offenlegungspflichten sowie durch verschärfte Sanktionen bei deren Verletzung und einem weitgehenden Verständnis des abgestimmten Verhaltens i. S. v. § 34 Abs. 2 Satz 1 WpHG, § 30 Abs. 2 Satz 1 WpÜG gekennzeichnet.[954] Ziel aller dieser Restriktionen und erhöhten Publizitätspflichten ist es im Kern, gesamtwirtschaftlich unerwünschte Aktivitäten von Finanzinvestoren zu erschweren oder möglicherweise sogar zu verhindern und eine ausreichende Informationsbasis für alle Akteure herzustellen.[955] Für den Unternehmens- und Beteiligungserwerb an börsen-, aber auch an nicht notierten Aktiengesellschaften sind diese erweiterten Transparenzpflichten von Bedeutung, denn sie wirken sich maßgeblich auf die Gestaltung der Erwerbsstrategie aus. 737

Von den Transparenzpflichten besonders erfasst ist das abgestimmte Verhalten von Investoren in Bezug auf ein Zielunternehmen, sog. **Acting in Concert**. Abgestimmtes Verhalten liegt demnach bei jedem Zusammenwirken der Investoren vor, welches geeignet ist, die unternehmerische Ausrichtung der Zielgesellschaft dauerhaft oder erheblich zu beeinflussen.[956] Das abgestimmte Verhalten erstreckt sich nicht nur auf die Ausübung des Stimmrechts, sondern auch auf bestimmte Verständigungen außerhalb der Hauptversammlung. Ohne Bedeutung ist dabei, ob die Abstimmung des Verhaltens aufgrund einer Vereinbarung oder in sonstiger Weise erfolgt;[957] indes muss es sich stets um eine bewusste Verständigung über eine koordinierte Ausübung von Stimmrechten handeln, nicht ausreichend ist ein Interessengleichlauf, aufgrund dessen es zu einem tatsächlich gleichgerichteten Verhalten der Akteure kommt.[958] Als Folge abgestimmten Verhaltens bestimmt § 34 Abs. 2 WpHG, dass dem betroffenen Aktionär bzw. Investor (d. h. den gemäß § 33 WpHG Meldepflichtigen, siehe Rz. 739) die Stimmrechte derjenigen Dritten in voller Höhe zugerechnet werden, mit denen er oder eines seiner Tochterunternehmen sein Verhalten in Bezug auf die Zielgesellschaft abstimmt. Zudem zugerechnet werden dem betroffenen Aktionär dabei 738

951) Neunte Verordnung zur Änderung der Außenwirtschaftsverordnung, BT-Drucks 18/13417, S. 10.

952) Ausführlich zum Ganzen: *Slobodenjuk*, BB 2017, 2306 ff; *Asbrand/Nehring-Köppl*, IWRZ 2018, 63 ff; *Kästle/Oberbracht*, S. 132 ff; *Klingen/Sprado*, KSzW 2017, 49 ff; *Boewe/Johnen*, NZG 2017, 1095.

953) *Europäische Kommission*, Vorschlag für eine Verordnung des Europäischen Parlaments und des Rates zur Schaffung eines Rahmens für die Überprüfung ausländischer Direktinvestitionen in der Europäischen Union, KOM (2017) 487 endg.; dazu: *Brauneck*, EuZW 2018, 188 ff.

954) Insbesondere beginnend mit dem sog. Risikobegrenzungsgesetz im Jahr 2008 – Gesetz zur Begrenzung der mit Finanzinvestitionen verbundenen Risiken v. 12.8.2008 BGBl I, 1666.

955) Begründung RegE Risikobegrenzungsgesetz, BT-Drucks. 16/7438, S. 8.

956) So die Definition in § 34 Abs. 2 Satz 2 WpHG (früher: § 22 Abs. 2 Satz 2 WphG), § 30 Abs. 2 Satz 2 WpÜG.

957) Erfasst sind somit z. B. auch sog. Gentlemen's Agreements sowie alle sonstigen informellen Verständigungen; *Paul*, in: Beck'sches Handbuch der AG, § 21 Rz. 36; MünchKomm-*Bayer*, AktG, Anh. zu § 22, dort § 22 WpHG, Rz. 47.

958) *Paul*, in: Beck'sches Handbuch der AG, § 21 Rz. 36, 37.

gemäß § 34 Abs. 2 Satz 3 WpHG zusätzlich die Stimmrechte aus Aktien, die dem Dritten seinerseits zugerechnet werden (Kettenzurechnung).[959] Wie erwähnt setzt Acting in Concert ein abgestimmtes oder sonstiges koordiniertes Zusammenwirken der Beteiligten bei der Stimmrechtsausübung mit dem Ziel einer dauerhaften und erheblichen Änderung der unternehmerischen Ausrichtung des Zielunternehmens voraus; entsprechend sind gemäß § 34 Abs. 2 Satz 1 Halbs. 2 WpHG Verhaltensabstimmungen *in Einzelfällen* vom Anwendungsbereich der (ggf. ungewollt ein Pflichtangebot auslösenden) Stimmrechtszurechnung ausgenommen. Während bislang umstritten war, wonach zu beurteilen ist, ob es sich um einen solchen ausnahmefähigen Einzelfall handelt, rein formal-quantitativ[960] anhand der Häufigkeit des Abstimmungsverhaltens oder materiell-qualitativ[961] danach, ob das Acting in Concert nachhaltige Folgen für die unternehmerische Ausrichtung der Zielgesellschaft zeitigt, hat sich der Bundesgerichtshof nunmehr der formalen Auslegung angeschlossen[962] und somit für ein erhebliches Plus an Rechtssicherheit gesorgt.

739 Daneben bestehen erweiterte **Meldepflichten** für solche Investoren, die die Stimmrechtsschwelle von 10 % erreicht haben (§ 43 Abs. 1 WpHG).[963] Danach sind die strategischen Ziele des Aktienerwerbs und die Herkunft der Finanzierung innerhalb von 20 Handelstagen nach Erreichen oder Überschreiten dieser Schwelle anzugeben. Eine Sanktion ist für den Fall der Verletzung aber nicht vorgesehen. Bemerkenswert ist freilich, dass § 43 Abs. 3 WpHG trotz aller Maßnahmen und Reformen zur Stärkung der Investorentransparenz auf diesem Gebiet immer noch eine Opting-out-Klausel enthält, nach der die Satzung des Emittenten bestimmen kann, dass § 43 Abs. 1 WpHG für seine Aktionäre keine Anwendung finden soll.[964]

740 In Anlehnung an entsprechende Regelungen ausländischer Rechtsordnungen[965] ist zudem die **Transparenz des Aktienregisters** erhöht worden.[966] Aktionäre sind gemäß § 67 Abs. 1 Satz 2 AktG verpflichtet, die zur Führung des Registers erforderlichen Daten der Gesellschaft gegenüber offenzulegen. Auch eröffnet § 67 Abs. 4 Satz 2 ff AktG der Ziel-AG die Möglichkeit, von den im Aktionärsregister eingetragenen Aktionären innerhalb angemessener Frist eine Erklärung darüber zu verlangen, inwieweit ihnen die Aktien tatsächlich gehören oder für wen sie diese Anteile in welchem Umfang halten. Allerdings kann die Satzung nach § 67 Abs. 1 Satz 3 AktG Höchstgrenzen definieren, unterhalb derer die Eintragung im eigenen Namen von Aktien, die einem anderen gehören, ohne Offenlegung zulässig ist

959) MünchKomm-*Bayer*, AktG, Anh. zu § 22, dort § 22 WpHG Rz. 7.

960) So z. B. Fuchs/*Zimmermann*, WpHG, § 22 Rz. 103 (Abgrenzung am Maßstab der Kontinuität und Beständigkeit); OLG Stuttgart, ZIP 2004, 2232, 2236 f; *v. Bülow/Stephanblome*, ZIP 2008, 1797, 1799; *Pluskat*, DB 2009, 383, 385 f.

961) So z. B. MünchKomm-*Bayer*, AktG, Anh. zu § 22, dort § 22 WpHG Rz. 49; *Anders/Filgut*, ZIP 2010, 1115 ff; *Fleischer*, ZGR 2008, 185, 202 f; so immer noch Emittentenleitfaden der BaFin (5., neu gefasste Auflage [12.11.2018, geändert am 18.12.2018]), Modul B, I.2.5.10.2 Einzelfallausnahme (abgedruckt in: Consbruch/Fischer plus, KWG, Nr. G.41.9.2 – beck-online) und https://www.bafin.de/DE/Aufsicht/BoersenMaerkte/Entlanggleitenden/emittentenleitfaden_node.html (Stand: 6.8.2019).

962) BGH, Urt. v. 25.9.2018 – II ZR 190/17, Ls. 2 und Rz. 30 a. E., 31 ff – juris = ZIP 2018, 2214 = NZG 2018, 1350.

963) Früher § 27a Abs. 1 WpHG; die Regelung ist angelehnt an Sec. 13d des Securities Exchange Act (USA) sowie Art. L 233-7 des Code de Commerce (Frankreich).

964) Siehe dazu etwa: *Greven/Fahrenholz*, BB 2009, 1487; *Pluskat*, NZG 2009, 206 (ein entsprechender Hauptversammlungsbeschluss bedarf der satzungsändernden Mehrheit (§ 179 Abs. 2 Satz 1 AktG), 210.

965) Vgl. Art. 685d Abs. 2 OR; Sec. 793 UK Companies Act 2006; Art. L 228-1 bis L 228-3 Code de Commerce (Frankreich).

966) Ausführlich dazu etwa *Noack*, NZG 2008, 721 ff.

(sog. „*nominees*"). Die Verletzung der Pflicht zur Offenlegung des Fremdbesitzes bei Überschreiten dieser satzungsmäßigen Schwellen hat dann nach § 67 Abs. 2 Satz 2 AktG automatisch das Ruhen des Stimmrechts aus den betreffenden Anteilen zur Folge. Dieselbe Rechtsfolge tritt ein bei Nichterfüllung oder nicht fristgerechter Erfüllung des Auskunftsverlangens der Ziel-AG nach § 67 Abs. 4 Satz 2 ff AktG. Nicht erfasst werden allerdings die sog. Kapuzenaktionäre, die Vollrechtsinhaber sind, hinter denen aber – etwa im Fall einer Zweckgesellschaft – wirtschaftlich Berechtigte stehen.

Nicht verkannt werden darf, dass den Kontrollmöglichkeiten der Ziel-AG nach § 67 741
Abs. 4 Satz 2 AktG auch ein gewisses Missbrauchspotential inhärent ist, da sie sich nicht nur auf die erstmalige Eintragung eines Aktionärs beschränken, sondern die Ziel-AG jederzeit die Offenlegung der wirtschaftlich Berechtigten verlangen kann.[967)]

Relevanten Transaktionsbezug haben ferner die kapitalmarktrechtlichen Transparenzvor- 742
schriften. Um das durch die Finanzmarktkrise verloren gegangene Vertrauen der Akteure in die Funktionsfähigkeit und das Kontrollregime der Kapitalmärkte wiederherzustellen und als Reaktion auf die Versuche unbemerkten Anschleichens in den Fällen Schaeffler Gruppe/Continental AG und Porsche SE/Volkswagen AG, wurden die Meldepflichten für den Erwerb und das Halten von Finanzinstrumenten seitens des deutschen Gesetzgebers bereits im Jahr 2011[968)] angepasst. Diese Anforderungen an die Beteiligungstransparenz sind in Umsetzung der Transparenzrichtlinie-Änderungsrichtlinie[969)] sodann noch einmal signifikant erhöht und universell ausgestaltet worden.

Angesichts der für alle Unternehmen – ungeachtet ihrer Größe und Branchenzugehörig- 743
keit – immer größer werdenden Bedeutung der Finanzierung über den Kapitalmarkt, sind jüngst wichtige europäische Rechtsakte zur Verbesserung der Integrität und Transparenz der Finanzmärkte sowie des Anlegerschutzes im nationalen Recht verankert worden.[970)] Spiegelbildlich zu den vorbeschriebenen Transparenzpflichten bedeuten diese Änderungen im M&A-Kontext vor allem erhöhte Anforderungen an die Beteiligungspublizität für börsennotierte Gesellschaften durch verschärfte Offenlegungspflichten gemäß §§ 33 ff WpHG (früher §§ 21 ff WpHG).

Ein erklärtes Ziel ist es, das sog. „**Anschleichen**" – also die oftmals von Finanzinvestoren 744
praktizierte Taktik des Aufbaus meldepflichtiger Aktienpakete im Verborgenen zwischen zwei Hauptversammlungen[971)] – zu verhindern und so die Chancengleichheit unter den Marktteilnehmern zu gewährleisten. Insoweit statuieren die §§ 38, 39 WpHG (früher §§ 21 ff WpHG) für jeden Markteilnehmer die Pflicht, Instrumente nach abgestuften Schwellen mitzuteilen. Wer Instrumente hält, die einen – wenn auch nur schuldrechtlichen – Anspruch auf bereits ausgegebene Stimmrechtsanteile begründen oder sonst den Erwerb ermöglichen (vgl. § 38 WpHG), hat dies der Zielgesellschaft (also dem Emittenten) und der

967) Die Missbrauchsmöglichkeiten im zeitlichen Zusammenhang mit Hauptversammlungen würdigt kritisch Begründung RegE Risikobegrenzungsgesetz, BT-Drucks. 16/7438, S. 8.

968) Gesetz zur Stärkung des Anlegerschutzes und Verbesserung der Funktionsfähigkeit des Kapitalmarkts (Anlegerschutz- und Funktionsverbesserungsgesetz – AnsFuG) v. 5.4.2011, BGBl I, 538; zum Ganzen: *Giedinghagen/Leuering*, NJW-Spezial 2011, 271 f; durchaus kritisch *Anzinger*, WM 2011, 391.

969) Gesetz zur Umsetzung der Transparenzrichtlinie-Änderungsrichtlinie (TRL-ÄndRL-UmsG) v. 20.11.2015, BGBl I, 2029. Zum Ganzen: *Roth*, GWR 2015, 485; durchaus kritisch *Schilha*, DB 2015, 1821.

970) Zweites Gesetz zur Novellierung von Finanzmarktvorschriften auf Grund europäischer Rechtsakte (Zweites Finanzmarktnovellierungsgesetz – 2. FiMaNoG) v. 23. Juni 2017, BGBl. I S. 1693.

971) Ausführlich auch: *Mock*, AG 2018, 695.

BaFin zu melden, wenn er damit eine der Schwellen des § 33 WpHG erreicht oder überschreitet, es sei denn, es wird lediglich die Mindestschwelle gemäß § 33 Abs. 1 Satz 1 WpHG in Höhe von 3 % berührt (§§ 38 Abs. 1 WpHG, § 39 Abs. 1). Zu beachten gilt es, dass die Aufzählung der Instrumente in § 38 Abs. 2 WpHG keinen numerus clausus darstellt.[972] Neben den dort genannten Instrumenten sind auch Stimmrechte aus allen anderen Kontrakten oder Vereinbarungen mit vergleichbarer wirtschaftlicher Wirkung, die physisch oder bar abgewickelt werden können, mitzuteilen.[973]

745 Seit Inkrafttreten des Gesetzes zur Umsetzung der Transparenzrichtlinie-Änderungsrichtlinie sind zudem die Sanktionen bei Verletzung der Mitteilungspflichten der §§ 33 ff WpHG (früher §§ 21 ff WpHG) nochmals signifikant verschärft worden: Gemäß § 44 WpHG (früher § 28 WpHG) verliert der meldepflichtige Aktionär die Mitverwaltungsrechte aus allen seinen Anteilen (d. h. insbesondere das Stimmrecht, die Anfechtungsbefugnis sowie das Recht auf Teilnahme an der Hauptversammlung) für die Zeit, für welche die Mitteilungspflichten nicht erfüllt werden. Dies gilt auch für den Fall, dass es infolge der Verletzung der Meldepflichten nach § 34 WpHG zu einem Rechtsverlust kommt.

746 Über den Stimmrechtsverlust nach § 44 WpHG hinaus können Meldepflichtverstöße, die eine Ordnungswidrigkeit i. S. v. § 120 Abs. 2 Nr. 2 Buchst. d) WpHG (früher § 39 Abs. 4 WpHG) darstellen, durch Bußgelder geahndet werden. Dabei beträgt der Bußgeldrahmen gemäß § 120 Abs. 17 Satz 1 WpHG für Verstöße durch natürliche Personen bis zu zwei Millionen Euro; gegenüber juristischen Personen können Geldbußen bis zu zehn Millionen Euro oder umsatzbezogene Geldbußen verhängt werden in Höhe von bis zu fünf Prozent des *Gesamt*umsatzes, den die juristische Person oder Personenvereinigung im vorangegangenen Geschäftsjahr erzielt hat.[974] Zudem ist die BaFin nach § 124 WpHG (früher § 40c WpHG) verpflichtet, von ihr ergriffene Maßnahmen und verhängte Sanktionen wegen Meldepflichtverstößen unter detaillierten Angaben unverzüglich auf ihren Internetseiten bekannt zu machen (sog. ***„naming and shaming“***).[975]

747 Unverändert geblieben[976] sind die **Meldeschwellen für Stimmrechtsmitteilungen** gemäß § 33 Abs. 1 WpHG (früher § 21 Abs. 1 WpHG). Indes ist der **Zeitpunkt**, in dem die Meldepflicht ausgelöst wird, **vorverlagert** worden: Im Hinblick auf Aktienkaufverträge, soweit sie börsennotierte Gesellschaften betreffen, war früher grundsätzlich anerkannt, dass maßgeblicher Zeitpunkt für die Stimmrechtsmitteilung der dingliche Vollzug der Anteilsübertragung (Closing) ist.[977] Inzwischen beginnt die Meldepflicht für alle börslichen und außerbörslichen Geschäfte indes gemäß § 33 Abs. 3 WphG (früher § 21 Abs. 1b WpHG) dagegen

972) Ausführlich: *Keßler*, in: Henssler/Strohn, Gesellschaftsrecht, § 47 WpHG Rz. 12 f; *Paul*, in: Beck'sches Handbuch der AG, § 21 Rz. 45 ff; *Seibt*, in: Beck'sches Formularbuch M&A, Form. C. III. 3.3. Anm. 1 ff.

973) *Keßler*, in: Henssler/Strohn, Gesellschaftsrecht, § 47 WpHG Rz. 12; *Paul*, in: Beck'sches Handbuch der AG, § 21 Rz. 46.

974) Es kommt somit für die Berechung der Bußgelder auf den Gesamt-(Konzern)-Umsatz an, vgl. §§ 120 Abs. 17 Satz 2 Nr. 2; Abs. 23 Satz 2 WpHG.

975) *Seibt* verweist in: Beck'sches Formularbuch M&A, Form. C.III.3.3. Anm. 10 – unter Hinweis auf *Armour/Mayer/Polo*, Regulatory Sanctions and Reputational Damage in Financial Markets (October 2, 2015), Oxford Legal Studies Research Paper No. 62/2010 – auf die nicht zu unteschätzende pönalisiserende Wirkung dieser Maßnahme hin.

976) Auch nach dem Gesetz zur Umsetzung der Transparenzrichtlinie-Änderungsrichtlinie (TRL-ÄndRL-UmsG), BGBl I, 2029.

977) MünchKomm-*Bayer*, AktG, Anh. zu § 22, dort § 21 WpHG Rz. 27; *Merkner/Sustmann*, NZG 2013, 1362, 1366, *Roth*, GWR 2015, 485, 487. Erst zu diesem Zeitpunkt kann der Erwerber als Eigentümer (Inhaber) der Aktien die Stimmrechte daraus ausüben.

grundsätzlich bereits mit dem Zeitpunkt des Abschlusses (Signing) des schuldrechtlichen (Kauf-)Vertrags, soweit dieser Vertrag einen unbedingten und ohne zeitliche Verzögerung zu erfüllenden Anspruch (oder einer entsprechenden Verpflichtung) auf die Übertragung von Aktien beinhaltet.[978] Durch diese Vorverlagerung des Entstehungszeitpunkts der Mitteilungspflicht sollen eine frühere Information des Kapitalmarkts sichergestellt, die Gefahren durch und der Zeitraum für einen möglichen **Insiderhandel verringert** und eine Einheitlichkeit mit der Meldepraxis anderer europäischer Staaten erreicht werden, deren Zivilrechtsordnungen keine Unterscheidung zwischen Kausal- und Verfügungsgeschäft vornehmen.[979]

748 Da bei M&A-Transaktionen, die auf einen relevanten Kontrollerwerb zielen, das schuldrechtliche Verpflichtungsgeschäft regelmäßig außerbörslich geschlossen wird und der Vollzug des Aktienkaufvertrags unter **aufschiebenden Bedingungen** steht, deren Eintritt von den Parteien nur gemeinschaftlich oder von dritter Seite herbeigeführt werden kann (z. B. Vornahme gemeinsamer Vollzugshandlungen, kartellrechtliche Freigabe etc.), ist nicht davon auszugehen, dass die nunmehr eingeführte **Vorverlagerung der Meldepflicht** vor den Zeitpunkt der dinglichen Übernahme der Aktien zu praktischen Problemen führen wird. Kritisiert wird teilweise indes, dass nach der Neuregelung des § 33 WpHG der Meldepflichtige wie ein Aktionär behandelt wird, obwohl er ggf. mangels Vollzug noch gar nicht Eigentümer und Inhaber der Aktionärsrechte ist, was durch die Transparenzvorschrift des § 33 WpHG an sich dem Kapitalmarkt offenlegt werden soll.[980]

### c) Ausländische Käufer

749 Die Besonderheit bei ausländischen Käufern besteht zunächst darin, dass sie mit den rechtlichen und tatsächlichen Notwendigkeiten und Usancen in Deutschland nicht vertraut sind. Hier muss daher besonderes Augenmerk darauf gelegt werden, dass die Beteiligten von einem gemeinsamen Grundverständnis ausgehen und nicht aneinander vorbeireden. Ist Verhandlungs- und Vertragssprache Englisch, wird dies dadurch erleichtert, dass die **angloamerikanischen Gepflogenheiten** einschließlich der Vertragsgestaltung und -formulierung sich weltweit inzwischen ganz überwiegend als **Marktstandard** durchsetzt haben und somit eine gemeinsame Basis für die Beteiligten darstellen.

750 Bei einem ausländischen Käufer ist insbesondere zu überlegen, welche Konzerngesellschaft als Erwerberin auftritt. Gegebenenfalls ist zu diesem Zweck eine Gesellschaft nach deutschem Recht zu gründen. Sofern nicht auf eine Vorratsgesellschaft zurückgegriffen werden kann,[981] ist bei Kapitalgesellschaften zur Vermeidung der Handelndenhaftung

978) Dazu ausführlich *Paul*, in: Beck'sches Handbuch der AG, § 21 Rz. 46 ff.

979) Begründung zum RegE TRL-ÄndRL-UmsG, BT-Drucks. 18/5010, S. 44, 45.

980) *Schilha*, DB 2015, 1821, 1825.

981) Zum Erwerb einer Vorratsgesellschaft, insbesondere durch ausländische Beteiligte: *Schmitz*, notar 2018, 203 ff; ferner *Linke/Fröhlich*, GWR 2014, 277; zur Zulässigkeit von Vorratsgesellschaften vgl. BGH, Beschl. v. 16.3.1992 – II ZR 17/91, GmbHR 1992, 451, 454 f; zur entsprechenden Anwendung der Gründungsvorschriften auf die Verwendung von Vorratsgesellschaften BGH, Beschl. v. 9.12.2002 – II ZB 12/02, ZIP 2003, 251 = NZG 2003, 170, dazu EWiR 2003, 327 *(Keil)*, und BGH, Beschl. v. 7.7.2003 – II ZB 4/02, ZIP 2003, 1698 = GmbHR 2003, 1125, dazu EWiR 2003, 967 *(Keil)*; *Goette*, DStR 2003, 300 (Urteilsanm.); *Altmeppen*, NZG 2003, 145; *Bärwaldt/Balda*, GmbHR 2004, 50 und 350; *Peetz*, GmbHR 2004, 1429.

nach § 11 Abs. 2 GmbHG sowie der Unterbilanzhaftung[982] darauf zu achten, dass die Gesellschaft rechtzeitig vor Abschluss des Unternehmenskaufs im Handelsregister eingetragen wird. Das Körperschaftsteuerguthaben im früheren Anrechnungssystem wurde nur dem inländischen Gesellschafter einer inländischen Kapitalgesellschaft gewährt, sodass in der Vergangenheit der Erwerb regelmäßig über eine deutsche Gesellschaft erfolgte. Auch nach Abschaffung des Anrechnungsverfahrens sollte der Erwerb jedenfalls dann über eine deutsche Gesellschaft erfolgen, wenn das steuerliche Ergebnis der Zielgesellschaft mit Finanzierungskosten verrechnet werden soll, da hierfür die Begründung einer **steuerlichen Organschaft** oder ggf. eine Verschmelzung von Erwerbs- und Zielgesellschaft erforderlich ist. Im Einzelfall kann jedoch auch der Erwerb über eine ausländische Gesellschaft vorteilhaft sein.

## 2. Besonderheiten hinsichtlich der Transaktion

### a) Das Bieterverfahren und die Auktion

751 Der Verkauf eines Unternehmens im Wege eines Bieterverfahrens bzw. einer Auktion eröffnet dem Verkäufer des Unternehmens eine interessante Alternative zu einem klassischen Verkaufsprozess. Bei einem Bieterverfahren wird durch die eintretende Konkurrenzsituation zwischen mehreren potentiellen Kaufinteressenten ein künstlicher Kaufdruck auf eben diese ausgeübt. Durch den Wettbewerb mit mehreren Kaufinteressenten ist ein Auktionsverfahren durch großen Zeitdruck auch in Bezug auf zu fällende Entscheidungen gekennzeichnet, der den einzelnen Kaufinteressenten ein hohes Maß an Entscheidungsfreudigkeit und Organisation des Akquisitionsprozesses abverlangt, was die Dynamik der Transaktion spürbar erhöht bzw. erhöhen kann. Vorrangiges Ziel eines jeden Bieterverfahrens ist es nämlich, durch die geschaffene Konkurrenzsituation zwischen den verschiedenen Bietern und durch die Transaktionsdynamik einen Wettstreit um den höchsten Kaufpreis bzw. das beste Gesamtangebot für das zu verkaufende Zielunternehmen auszulösen.

752 Dem Vorteil einer höheren Transaktionsdynamik steht allerdings auch ein deutlich höherer organisatorischer und damit auch finanzieller Aufwand aller Parteien, auch des Verkäufers, gegenüber, sodass die Frage, ob ein Bieterverfahren als Transaktionsprozess gewählt wird, gründlich überlegt sein will.

753 Aufgrund des großen organisatorischen Aufwands eines Bieterverfahrens wird üblicherweise ein M&A-Berater oder eine Investmentbank mit der Durchführung des Verfahrens beauftragt, deren Kosten sich durch einen entsprechend höheren Kaufpreis amortisieren müssen.

754 Das Verfahren selbst ist im Wesentlichen dadurch gekennzeichnet, dass zunächst einer **größeren Zahl von Investoren,** die anhand einer Marktanalyse von dem Verkäufer ausgewählt werden, Gelegenheit gegeben wird, ihr Interesse an dem Kauf des Zielunternehmens zum Ausdruck zu bringen („*first round bidding*"). Hierzu erhalten die potentiellen Interessenten (meist durch die beauftrage Investmentbank oder den M&A-Berater) ein sog. *Information Memorandum*, in dem das Zielunternehmen mit seinen wesentlichen *Key Facts* vorgestellt wird. Besteht grundsätzlich Interesse an einem Erwerb, können die Interessenten ein in aller Regel nicht bindendes Angebot („*first bids*") abgeben. Nach einer Vor-

982) Siehe hierzu BGH, Urt. v. 9.3.1981 – II ZR 54/80, BGHZ 80, 129, 140 = ZIP 1981, 394; BGH, Urt. v. 24.10.1988 – II ZR 176/88, BGHZ 105, 300, 303 ff = ZIP 1989, 27, dazu EWiR 1989, 55 *(K. Schmidt)*; *Lergon*, RNotZ 2003, 214, 219/220; *Rohles-Puderbach*, RNotZ 2006, 274, 280 ff.

auswahl durch den Verkäufer und nach Abschluss (weiterer) Vertraulichkeits- und Geheimhaltungsvereinbarungen[983] und der Anerkennung der Regeln für den Datenraum (*„rules of data room procedures“*) erhalten die ausgewählten Kaufinteressenten die Möglichkeit, eine Due Diligence bei dem Zielunternehmen durchzuführen. Gleichzeitig erhalten die Kaufinteressenten in aller Regel bereits zu diesem Zeitpunkt den verkäuferseits entworfenen Kaufvertragsentwurf und werden aufgefordert, innerhalb einer vom Verkäufer gesetzten Frist ihr jeweiliges abschließendes Gebot (*„final bidding offer“*) einschließlich des überarbeiteten Kaufvertragsentwurfs abzugeben.

Auf Basis dieser Gebote wählt der Verkäufer diejenigen Bieter aus, mit denen er in abschließende Vertragsverhandlungen eintreten will (üblicherweise nicht mehr als drei Interessenten, da ansonsten der Verwaltungs- und Organisationsaufwand und somit auch die Beratungs- und Transaktionskosten für den Verkäufer zu groß werden würden). Gibt der Verkäufer, was bei einem Bieter- bzw. Auktionsverfahren häufig der Fall ist, vor, dass die jeweiligen Angebote nicht unter einem Finanzierungsvorbehalt stehen dürfen, müssen Kaufinteressenten bereits frühzeitig die Finanzierung der Akquisition sicherstellen und ggf. auch dem Verkäufer nachweisen. **755**

Um als Kaufinteressent in einem Bieterverfahren zu obsiegen und das entsprechend angebotene Zielunternehmen zu erwerben, reicht es oftmals nicht aus, „lediglich“ den höchsten Kaufpreis zu bieten. In der Regel obsiegt das beste Gesamtpaket, das aus dem Kaufpreis, aber auch aus anderen Rechten und Pflichten, die im Kaufvertrag abgebildet werden, besteht. So können auch ein besonders verkäufergünstig gestalteter Garantiekatalog oder Haftungsfreistellungen den Ausschlag gegenüber anderen Kaufinteressenten geben. Letztlich handelt es sich hierbei um eine wirtschaftliche Entscheidung, die der Verkäufer zusammen mit seinen Beratern zu treffen hat. **756**

#### b) Leveraged Buy-out

In Abgrenzung zum Management-Buy-out nimmt der Begriff des Leveraged Buy-out (LBO) nicht Bezug auf die erwerbenden Personen, sondern vielmehr auf die Art und Weise der Finanzierung der Transaktion. So wird als Leveraged Buy-out ein Unternehmenskauf – meist unter Beteiligung eines Finanzinvestors – bezeichnet, bei dem der **Kaufpreis** überwiegend **mit Fremdkapital finanziert** wird.[984] Die Bezeichnung reflektiert die Grundlage der Struktur: Die Verzinsung des eingesetzten Eigenkapitals im Unternehmen soll den Zins für das verwendete Fremdkapital übersteigen (Leverage-Effekt). Die Rückzahlung der aufgenommenen Fremdmittel erfolgt dabei im Wesentlichen aus dem zukünftigen Cashflow des Zielunternehmens. Zur Absicherung des Fremdkapitals werden üblicherweise die Vermögensgegenstände des Zielunternehmens herangezogen. Ein erfolgreiches Leveraged Buy-out ermöglicht es somit, unter Einsatz von relativ wenig Eigenkapital ein Unternehmen zu erwerben. **757**

Aus dem Umstand, dass das Zielunternehmen eines LBO in der Regel sowohl die Mittel zur Bedienung der für die Transaktion aufgenommenen Fremdkredite erwirtschaften und die entsprechenden Sicherheiten für die Finanzierung bereitstellen muss, müssen bestimmte wirtschaftliche Merkmale erfüllt sein.[985] Zunächst muss auch in der Zukunft nach dem **758**

983) Dazu *von Werder/Kost*, BB 2010, 2903.

984) *Link*, ZIP 2007, 1397; *Semler*, in: Hölters, Handbuch Unternehmenskauf, Rz. 7.268; *Lutter/Wahlers*, AG 1989, 1.

985) Picot-*Picot*, Unternehmenskauf, § 4 Rz. 603; *Hölters*, in: Hölters, Handbuch Unternehmenskauf, Rz. 1.81.

LBO ein relativ stabiler bzw. hoher und von saisonalen Schwankungen unabhängiger Cashflow vorhanden sein, der die Rückzahlung der vom Käufer für die Transaktion aufgenommenen Kredite ermöglicht.[986] Infrage kommen somit für ein LBO grundsätzlich nur reife Unternehmen mit einem eher geringen Investitionsbedarf oder **Unternehmen** mit einem **großen Ertragspotential** und relativ **geringem Verschuldungsgrad.**[987] Wegen des großen Verschuldungsbedarfs hat sich vor allem im Markt für LBOs die Praxis etabliert, nach der der Verkäufer auch die Finanzierung der Transaktion bereitstellt (***„stapled finance"***).[988] Des Weiteren bieten sich Unternehmen an, die einen hohen Anteil an stillen Reserven in nicht betriebsnotwendigen veräußerbaren Aktiva vorweisen können. Durch die Veräußerung dieser Aktiva und die gleichzeitige Hebung der stillen Reserven ist es dem Käufer ebenfalls möglich, ausreichende Mittel zur Rückzahlung der Fremdkredite „frei" zu machen.

759 Aufgrund des Umstands, dass die **Kreditverträge** in der Regel die Vermögensgegenstände des Unternehmens als Sicherheiten vorsehen, ist es wichtig, bei der Gestaltung des Kaufvertrags darauf zu achten, dass dieser mit den entsprechenden Regelungen in den Kreditverträgen abgestimmt ist. Diese Regelungen müssen unbedingt mit zwingenden Kapitalerhaltungsvorschriften und dem Verbot der Einlagenrückgewähr in Einklang stehen (§ 30 Abs. 1 GmbHG, § 57 AktG sowie § 172 Abs. 4 HGB).[989] Ist die Zielgesellschaft eine GmbH, bedeutet dies, dass eine Auszahlung des zur Erhaltung des Stammkapitals erforderlichen Vermögens nicht erlaubt ist. Darüber hinaus können auf der Grundlage des „Trihotel"-Urteils des Bundesgerichtshofs[990] auch Risiken für den Gesellschafter bzw. Gesellschafter-Gesellschafter wegen Existenzvernichtungshaftung bestehen.[991] Dieses Haftungsrisiko besteht aber nur gegenüber der Gesellschaft, nicht gegenüber den Gesellschaftern. Bei der Aktiengesellschaft ist das Verbot der Einlagenrückgewähr strenger ausgeprägt: Sämtliche Einlagen, die nicht aus dem Bilanzgewinn stammen, unterliegen diesem Verbot. Neben Rückgewähransprüchen gegen die begünstigten Gesellschafter und Schadensersatzansprüchen gegen die Organmitglieder der Zielgesellschaft kann ein Verstoß gegen diese Kapitalerhaltungsvorschriften auch zu einer Strafbarkeit der Organmitglieder der Zielgesellschaft und, wenn die Zielgesellschaft eine Kapitalgesellschaft ist, der Gesellschafter nach § 266 StGB führen.[992] Beim Asset Deal kann das erworbene Vermögen dagegen zur Gewährung von Sicherheiten genutzt werden.[993]

760 Insbesondere im Bereich von fremdfinanzierten Transaktionen erfreuen sich die sog. MAC-Klauseln (siehe Rz. 979, 1437) großer Beliebtheit.[994] Hier wird sichergestellt, dass der Käufer bei einer Inkongruenz zwischen Kreditvertrag und Unternehmenskaufvertrag nicht verpflichtet ist, den Kaufvertrag zu vollziehen, ohne beim Closing über die erforderlichen Mittel zu verfügen.

986) *Hölters*, in: Hölters, Handbuch Unternehmenskauf, Rz. 1.81.

987) *Gondensen*, WM 1989, 201, 202.

988) Dazu *Magnus*, M&A Review 2008, 117.

989) Zu Gestaltungsmöglichkeiten siehe *Philippi/Fickert*, DB 2008, 223, 224.

990) BGH, Urt. v. 16.7.2007 – II ZR 3/04, ZIP 2007, 1552, dazu EWiR 2007, 557 *(Wilhelm)*; dazu auch *Dauner-Lieb*, ZGR 2008, 34; siehe auch BGH, Urt. v. 13.12.2007 – IX ZR 116/06, ZIP 2008, 455.

991) Dazu *Rock*, M&A Review 2008, 66, 69.

992) Zur Frage der Untreue beim Management-Buy-out vgl. *Wittkowski*, GmbHR 1990, 544, 547.

993) *Beck/Klar*, DB 2007, 2819, 2825.

994) Zu MAC-Klauseln im Allgemeinen *Kindt/Stanek*, BB 2010, 1490, 1492; Picot-*Picot*, Unternehmenskauf, § 4 Rz. 459; *Kuntz*, DStR 2009, 377.

### c) Management-Buy-out und Buy-in

Ein Management-Buy-out (**MBO**) liegt regelmäßig dann vor, wenn das Zielunternehmen u. a. von dessen bisherigem Management erworben wird. Ein Management-Buy-in (**MBI**) hingegen beschreibt die Übernahme des Zielunternehmens von einem **außenstehenden, fremden Management-Team.**[995] In der Regel ist in beiden Fällen der Erwerb des Zielunternehmens in einem hohen Maße fremdfinanziert, da das erwerbende Management üblicherweise nicht über die ausreichenden Eigenkapitalmittel verfügt, um das Zielunternehmen ohne Fremdkapitalgeber erwerben zu können. Folglich stellen sich im Rahmen des MBO bzw. MBI oftmals dieselben Fragen wie bei einem sog. Leveraged Buy-out (siehe Rz. 757 ff). 761

In Abgrenzung zur Konstellation des LBO ergeben sich durch die besondere Erwerbersituation durch das „unternehmenseigene" Management des Zielunternehmens besondere Probleme. 762

So verfügt das erwerbswillige Management der Zielgesellschaft als dessen Leitungsorgan gegenüber den Gesellschaftern (also den Verkäufern) regelmäßig über einen großen Wissensvorsprung im Hinblick auf die Stärken und Schwächen des Zielunternehmens. Es stellt sich also die Frage, ob das Management in den Fällen des geplanten MBO verpflichtet ist, die verkaufenden Gesellschafter über etwaige in der Gesellschaft liegende stille Reserven oder anderweitige werterhöhende Umstände zu informieren. Eine solche **Offenbarungs- und Aufklärungspflicht** des Käufers gegenüber dem Verkäufer wird allerdings nur in absoluten Ausnahmefällen angenommen.[996] Eine Offenbarungspflicht (mit Folge einer Schadensersatzpflicht nach §§ 280, 311 Abs. 2 BGB oder ggf. aus §§ 826, 823 Abs. 2 BGB i. V. m. § 263 StGB bzw. der Anfechtungsmöglichkeit nach § 123 BGB) ist ausnahmsweise zum Beispiel dann zu bejahen, wenn der Verkäufer aufgrund der Umstände des Einzelfalls nach Treu und Glauben unter Berücksichtigung der Verkehrssitte redlicherweise Aufklärung durch den Käufer erwarten durfte,[997] insbesondere wenn zwischen den Parteien eine dauernde Geschäftsverbindung oder ein sonstiges Vertrauensverhältnis besteht.[998] Ob ein solches Vertrauensverhältnis besteht, ist Einzelfallfrage. Es ist allerdings nicht schlichtweg von der Hand zu weisen, dass ein solches besonderes Vertrauensverhältnis zwischen dem Gesellschafter und dem vom Gesellschafter eingesetzten Geschäftsführer oftmals anzunehmen sein wird. 763

Ein weiteres, für das Management wesentlich risikoreicheres Problem ergibt sich aus der Besicherung der für den MBO benötigten Finanzierung. Aufgrund des üblicherweise fehlenden Eigenkapitals bei den Erwerbern wird diese Besicherung regelmäßig – wie bereits im Rahmen der Ausführungen zum LBO beschrieben (Rz. 757) – über die Vermögenswerte der Zielgesellschaft erreicht. In dieser Hingabe von Vermögenswerten der Zielgesellschaft als Sicherheit für die Kaufpreisverbindlichkeiten kann eine **verbotene Rückzahlung von Eigenkapital** liegen, wobei die Rechtslage beim Erwerb einer GmbH anders ist, als bei dem Erwerb einer Aktiengesellschaft.[999] 764

---

995) *Gondensen*, WM 1989, 201; *Hauschka*, BB 1987, 2169, 2170.

996) *Beisel*, in: Beisel/Klumpp, § 13 Rz. 17; *Hölters*, in: Hölters, Handbuch Unternehmenskauf, Rz. 1.82; im Allgemeinen zur Offenbarungs- und Aufklärungspflicht Staudinger/*Beckmann*, BGB (2013), § 433 Rz. 236.

997) Vgl. BGH, Urt. v. 17.4.1967 – II ZR 228/64, BB 1967, 651; BGH, Urt. v. 12.11.1969 – I ZR 93/67, NJW 1970, 655.

998) Staudinger/*Beckmann*, BGB, § 433 Rz. 236.

999) Ausführlich hierzu *Beisel*, in: Beisel/Klumpp, § 13 Rz. 18 ff; generell zum Thema der Haftung bei Akquisitionsfinanzierung am Beispiel der GmbH *Erne*, GWR 2012, 503.

765 Hinsichtlich der Vertragsgestaltung bei einem MBO ist festzuhalten, dass der Veräußerer häufig versuchen wird, die Abgabe umfangreicher Gewährleistungen mit dem Argument, das erwerbende Management kenne das Zielunternehmen selbst am besten und sei daher nicht auf eine umfangreiche Gewährleistung angewiesen, abzulehnen. Dieses Argument, so einleuchtend es auf den ersten Blick erscheint, wird durch die Praxis jedoch nicht immer bestätigt. Die Erfahrung zeigt darüber hinaus auch, dass das erwerbende Management ebenso wie ein Dritterwerber eines angemessenen Schutzes durch die üblichen Garantien bedarf, weil es entweder über alle Verhältnisse des Zielunternehmens doch nicht vollständig informiert ist oder weil durch die eigene Verantwortung für die Entwicklung der Gesellschaft das Beurteilungsvermögen beeinträchtigt ist.[1000)] Zu fordern, dass damit keine Sachmängelhaftung anzuwenden wäre, geht folglich zu weit. Im Übrigen erfordern die Gleichbehandlung mit dem Co-Investment eines Finanzinvestors sowie die in den Darlehen von den Managern gegenüber den finanzierenden Banken abzugebenden Gewährleistungen die Aufnahme der üblichen Gewährleistungen in den Unternehmenskaufvertrag, da ansonsten ein nicht akzeptables Haftungsmissverhältnis für das Management entstehen würde.

### d) Erwerb eines Unternehmensteils aus einem Konzern (Carve-out)

766 Besondere Fragestellungen ergeben sich, wenn bisher in einer Unternehmenseinheit geführte Betriebsteile verkauft werden sollen. Dies kann im Wege des Asset Deals (Einzelrechtsübertragung) oder durch vorangehende Ausgliederung bzw. Abspaltung nach den Vorschriften des Umwandlungsgesetzes mit anschließendem Share Deal erfolgen (sog. Carve-out). Zwar ist die Transaktionssicherheit bei einer vorangegangenen Abspaltung oder Ausgliederung größer als bei einem Asset Deal.[1001)] Allerdings gilt es, die Regelungen zur Nachhaftung nach § 133 Abs. 1 UmwG zu beachten. Danach haften die abspaltende Konzernmutter und die den zu verkaufenden Betriebsteil aufnehmende Gesellschaft für *sämtliche* Verbindlichkeiten der übertragenden Konzernmutter als Gesamtschuldner, soweit diese vor der Abspaltung bzw. Ausgliederung begründet worden sind. Diese Haftung gilt für eine Dauer von fünf Jahren nach dem Tage der Bekanntmachung der Eintragung der Abspaltung bzw. Ausgliederung (§ 133 Abs. 3 und 4 UmwG). Für Versorgungsverpflichtungen nach dem Betriebsrentengesetz gilt sogar eine Frist von zehn Jahren (§ 133 Abs. 3 Satz 2 UmwG). Der Käufer erwirbt also eine Gesellschaft, die mit wesentlichen Haftungsrisiken aus Geschäftsbereichen behaftet ist, die der Käufer überhaupt nicht erworben hat. Umgekehrt bleibt die übertragende Konzernmutter für bestehende Verbindlichkeiten des verkauften Geschäftsbereichs haftbar. Daher haben sowohl Käufer als auch Verkäufer ein Interesse daran, im Unternehmenskaufvertrag eine Haftungsfreistellung zu vereinbaren, die die Risikoverteilung nach Geschäftsbereichen wiederherstellt.[1002)]

767 Bei Carve-out-Transaktionen ist hinsichtlich der Relevanz des Wissens, das Ansprüche wegen Verletzungen von Garantien des Verkäufers ausschließt, folgender Aspekt von Bedeutung. Wenn der Käufer einem für den übernommenen Geschäftsbereich wichtigen Mitarbeiter eine leitende Funktion bei sich einräumt, muss er sich nach allgemeinen Grundsätzen dessen Wissen zurechnen lassen. Um dieses Risiko zu vermeiden, sollte die

---

1000) *Hauschka*, BB 1987, 2169, 2176 Fn. 80.

1001) Vgl. *Kirchner/Helmreich*, CFL 2010, 487, 491.

1002) Vgl. dazu *Kirchner/Helmreich*, CFL 2010, 487, 491 f.

Kenntnis der im Rahmen der Carve-out-Transaktionen übernommenen Wissensträger von der Anwendung des § 442 BGB ausgeschlossen werden. Wenn der Käufer den Ausschluss des Rechtsgedankens des § 442 BGB nicht durchsetzen kann, empfiehlt es sich, den Kreis der dem Käufer zuzurechnenden Wissensträger möglichst abschließend aufzuzählen (siehe Rz. 1449).[1003)]

Häufig sind bei Carve-out-Transaktionen zwischen der zu veräußernden Konzerngesell- 768
schaft und der Konzernmutter bestehende Ergebnisabführungsverträge aufzuheben bzw. außerordentlich zu kündigen. In diesem Zusammenhang ist die Vorschrift des § 73 AO zu beachten, die die Nachhaftung der Organtochter für dem Organkreis zuzurechnende Steuern vorsieht (siehe Rz. 1463).

### e) Acqui-Hire-Transaktionen

Der Begriff des Acqui-Hire setzt sich aus „Acquisition" und „Hiring" zusammen und be- 769
schreibt die gezielte Übernahme von Arbeitnehmern, um diese im eigenen Unternehmen anzustellen.[1004)] Dem Bereich der Start-ups entstammend, deren Arbeitnehmer häufig das wertvollste Asset sind, ist Acqui-Hire inzwischen in alle Unternehmensbereiche vorgedrungen und wird verbreitet als Instrument der strategischen Weiterentwicklung genutzt – sowohl für das betreffende Start-up als auch für erwerbende Unternehmen.

Acqui-Hire-Transaktionen können sowohl als Asset Deal als auch als Share Deal durch- 770
geführt werden. Maßgeblich für die Wahl der Transaktionsstruktur ist regelmäßig die Zielsetzung des Erwerbers im Einzelfall: Kommt es dem Käufer nicht nur auf das Team, sondern auch darauf an, Zugang zu wichtigen Kontakten und Vertragsbeziehungen des Zielunternehmens mit Kunden und sonstigen Geschäftspartnern zu gewinnen, kann der Share Deal die günstigere Variante zum Asset Deal sein. Liegt der Schwerpunkt des Interesses des Käufers dagegen ausschließlich auf der Übernahme von Mitarbeitern, wird die Acqui-Hire-Transaktion regelmäßig in Form des Asset Deals abgewickelt. Zu deren Umsetzung werden dann oftmals dreiseitige Vereinbarungen zwischen Erwerber, Veräußerer und betroffenem Arbeitnehmer abgeschlossen, um so die Arbeitsverhältnisse auf den neuen Arbeitgeber, den Erwerber, überzuleiten.[1005)] Zu beachten ist, dass auch bei einem Acqui-Hire Asset Deal auch in dem Fall, dass Teams von Mitarbeitern Acqui-Hired werden sollen, die Regelung des § 613a BGB zum Betriebsübergang unverändert Anwendung finden kann. Problematisch kann dabei die Konstellation sein, dass der Erwerber nicht alle Arbeitnehmer der Zielgesellschaft, sondern nur sein „Wunsch-Team" für sich gewinnen möchte, er dabei aber durch Übernahme eines nach Anzahl und Sachkunde wesentlichen Teils der Belegschaft des Targets einen (vom Erwerber nicht gewünschten) Betriebsübergang nach § 613a BGB auslöst.[1006)] Diese Möglichkeit kann sich gerade bei betriebsmittelarmen Unternehmen wie Start-ups, deren wesentliche Assets meist die Mitarbeiter und ihr Know-how sind, realisieren,[1007)] was bei der Planung der Transaktion frühzeitig angemessen zu

1003) *Kirchner/Helmreich*, CFL 2010, 487, 492.

1004) Grundlegend zum Konzept der Acqui-Hire-Transaktion: *Grub/Krispenz/Koschker*, Legal Management of Innovation, S. 212 ff.

1005) *Grub/Krispenz/Koschker*, Legal Management of Innovation, S. 212, 215 f.

1006) *Grub/Krispenz/Koschker*, Legal Management of Innovation, S. 212, 215, 216.

1007) So und ausführlich zum Acqui-Hire Asset Deal: *Grub/Krispenz/Koschker*, Legal Management of Innovation, S. 212, 215 ff.

berücksichtigen ist. Auch umgekehrt besteht die „Gefahr“, dass nicht alle vom Erwerber als wesentlich für die Transaktion identifizierten Mitarbeiter und „Key Experts“ die dreiseitigen Vereinbarungen der Acqui-Hire-Transaktion akzeptieren. Aus Erwerbersicht ist es daher wichtig, in einer Acqui-Hire-Transaktion schon früh für sich zu werben, um allen betroffenen Arbeitnehmern, gerade den Key Experts, auch durch Schnüren eines attraktiven Gesamtpakets die notwendige Sicherheit und Zuversicht für eine gemeinsame Zukunft unter dem Dach des Erwerbers zu geben.[1008)]

771 Regelmäßig ebenso wichtig wie die Gewinnung des Know-how der Mitarbeiter ist für den Erwerber, dass im Zuge der Akquisition auch alle für die zukünftige Fortführung der Arbeiten des übernommenen Teams notwendigen Arbeitnehmererfindungen, gewerblichen Schutzrechte etc. erworben werden. Schwierig kann sich dies gerade bei Start-ups erweisen, bei denen Arbeitnehmererfindungen z. B. (noch) nicht durch eine entsprechende Erklärung des Arbeitgebers von diesem an sich gezogen worden sind (§§ 5, 6 ArbnErfG) oder von den Mitarbeitern im Auftrag eines Kunden entwickelte Produkte oder gemachte Erfindungen, z. B. Software-Lösungen, gar nicht der Zielgesellschaft zustehen, sondern eben diesem Kunden.[1009)] Entsprechend ist es ein Muss für den Käufer, bei der Due Diligence in diesem Bereich seine Prüfungen besonders umfassend und gründlich vorzunehmen.[1010)]

772 Auch nach der Umsetzung des Acqui-Hirings setzt sich für den Erwerber die Herausforderung fort, die gewonnenen Mitarbeiter von sich zu überzeugen, um ihren dauerhaften Verbleib im Erwerberunternehmen zu gewährleisten (sog. Employee Retention). Außerhalb rechtlicher Möglichkeiten, wie der Vereinbarung beiderseitiger verlängerter Kündigungsfristen oder nachvertraglicher Wettbewerbsverbote – was jedoch stets die Zustimmung und Mitwirkung des betreffenden Mitarbeiters erfordert – sind die Hauptinstrumente hierfür das Aufzeigen klarer Karriereperspektiven und Aufstiegschancen.[1011)] Auch das Ausloben von Halteprämien sowie die Beteiligung der besonders wichtigen Mitarbeiter am Unternehmen des Erwerbers – sei es durch Ausgabe von Anteilen oder durch virtuelle Beteiligung am Unternehmenserfolg im Rahmen eines Mitarbeiterbeteiligungsprogramms (sog. Employee-Stock-Option-Plan) sind probate Mittel. Für den Erfolg einer Acqui-Hire-Transaktion letztlich auschlaggebend ist, ob es dem Erwerber gelingt, im Prozess der Post Merger Integration die Unterschiede in der Arbeitsweise und der Unternehmenskultur, welche regelmäßig bereits im Rahmen der Due Diligence-Prüfung identifiziert werden, zu überbrücken. Dies erfordert, alle Beteiligten frühzeitig in die Planungen für den Ablauf einer Integration des neuen Teams in die beim Erwerber bestehende Ablauforganisation und seine Unternehmensstrukturen einzubeziehen und oft auch besonderes Augenmaß auf das Tempo zu legen, mit dem die Post Merger Integration umgesetzt wird.[1012)]

---

1008) *Grub/Krispenz/Koschker*, Legal Management of Innovation, S. 212, 216.

1009) Zum Ganzen ausführlich: *Grub/Krispenz/Koschker*, Legal Management of Innovation, S. 212, 217 f.

1010) *Grub/Krispenz/Koschker*, Legal Management of Innovation, S. 212, 218.

1011) *Grub/Krispenz/Koschker*, Legal Management of Innovation, S. 212, 218 f.

1012) *Grub/Krispenz/Koschker*, Legal Management of Innovation, S. 212, 219.

### f) Öffentliche Übernahmeangebote

#### aa) Allgemeines

Ist Gegenstand eines Unternehmenskaufs eine Beteiligung an einer börsennotierten Gesellschaft, sind jedenfalls dann, wenn eine Kontrollbeteiligung von 30 % und mehr der Stimmrechte an der Gesellschaft angestrebt wird, die Vorschriften des Wertpapiererwerbs- und Übernahmegesetzes (WpÜG) zu beachten. Dies gilt sowohl für den Fall, dass zunächst aufgrund eines außerbörslichen Aktienpaketerwerbs die Kontrollbeteiligung erworben wird, als auch für den Fall, dass zunächst durch ein freiwilliges Angebot an alle Aktionäre eine entsprechende Kontrollbeteiligung aufgebaut werden soll. Freiwillige und Pflichtangebote an die Aktionäre einer börsennotierten Gesellschaft zum Erwerb ihrer Aktien stellen öffentliche Übernahmeangebote dar. 773

#### (1) Entwicklung und Ziele der Regelungen

Erstmals zum 1.1.2002 wurden öffentliche Übernahmeangebote gesetzlich durch das WpÜG geregelt, das durch die Umsetzung der Vorgaben der EU-Übernahmerichtlinie im Jahr 2006 und durch das Risikobegrenzungsgesetz im Jahr 2008 wesentliche Änderungen erfahren hat.[1013] Zuvor gab es lediglich einen nicht verbindlichen Übernahmekodex der Börsensachverständigenkommission.[1014] 774

Auch wenn die Stimmrechtsmitteilungen von Aktionären über das Überschreiten und Unterschreiten bestimmter Schwellen nach §§ 33, 38, 39 WpHG für den Kapitalmarkt in vielen Fällen Hinweise dafür erkennen lassen, ob ein Bieter möglicherweise Übernahmeabsichten verfolgt, bedarf es zur Vermeidung asymmetrischer Information der Aktionäre und teilweiser Intransparenz eines geregelten Verfahrens. Das WpÜG soll insoweit neben der Sicherstellung eines fairen, an internationalen Standards orientierten Angebotsverfahrens die Position der Aktionäre, insbesondere der Minderheitenaktionäre, bei Unternehmensübernahmen durch Transparenz und Information stärken.[1015] Dies geschieht zunächst durch die in § 3 WpÜG normierten allgemeinen Grundsätze, nach denen Gleichbehandlung, Transparenz, Interessenwahrung der Zielgesellschaft, Beschleunigung sowie die Vermeidung von Marktverzerrungen zu gewährleisten sind. Um dem Aktionär in der Situation einer Übernahme durch das Übernahmeverfahren eine faire Deinvestition aus den konkreten Aktien zu ermöglichen, ist es zudem wesentliche Zielsetzung des Übernahmerechts, einen fairen Angebotspreis zu gewährleisten. Dies wird durch die Mindestpreisvorschrift des § 5 WpÜG-AngebotsVO sichergestellt. 775

#### (2) Anwendungsbereich

Gemäß § 1 Abs. 1 WpÜG sind die Vorschriften über öffentliche Übernahmeangebote auf alle Angebote zum Erwerb von Wertpapieren, die von einer inländischen Gesellschaft ausgegeben wurden und zum Handel an einem organisierten Markt zugelassen sind, anwendbar. Der Begriff des organisierten Handels entspricht dabei dem des geregelten Markts 776

1013) Vgl. zu den Änderungen *Merkt/Binder*, BB 2006, 1285.

1014) Übernahmekodex der Börsensachverständigenkommission, abgedruckt in ZIP 1995, 1464.

1015) Vgl. Begründung RegE WpÜG, BT-Drucks. 14/7034, S. 28.

i. S. v. Art. 4 Abs. 1 Nr. 14 der Finanzmarktrichtlinie,[1016] auch wenn der Gesetzgeber einen anderen Wortlaut verwendet hat.[1017] Dies stellt § 2 Abs. 7 WpÜG klar.

777 Auf Erwerbsangebote für Wertpapiere solcher Gesellschaften, deren Sitz sich im europäischen Ausland befindet, finden die Vorschriften unter der Voraussetzung des § 1 Abs. 3 WpÜG zusammenfassend dann Anwendung, wenn es sich um ein europäisches Angebot handelt (zum Begriff siehe Rz. 779) und die stimmberechtigten Wertpapiere der Zielgesellschaft ausschließlich an einer inländischen Börse zum Handel zugelassen sind oder auch an einer inländischen Börse zum Handel zugelassen sind und die Gesellschaft außerdem ihre Erst-Börsenzulassung in Deutschland erhalten oder die BaFin als zuständige Aufsichtsbehörde gewählt hat. Auf Übernahme- und Pflichtangebote von Gesellschaften mit Sitz im Inland und Börsennotierung ausschließlich im europäischen Ausland sind die Regelungen des WpÜG nur in Teilen anwendbar (§ 1 Abs. 2 WpÜG).

778 Vom Geltungsbereich des WpÜG umfasst sind lediglich Angebote zum Erwerb von Aktien, aktiengleichen Wertpapieren oder Zertifikaten, die Aktien vertreten. Auf Angebote zum Erwerb von Schuldverschreibungen findet das Gesetz somit keine Anwendung.[1018]

### (3) Definitionen

779 Die zentralen Begriffe im Zusammenhang mit öffentlichen Übernahmeangeboten sind legaldefiniert: Nach § 2 Abs. 4 WpÜG ist Bieter jede natürliche oder juristische Person oder Personengesellschaft, die allein oder gemeinsam mit anderen Personen ein Angebot abgibt, ein solches beabsichtigt oder zur Abgabe verpflichtet ist. Zielgesellschaften i. S. d. WpÜG sind gemäß § 2 Abs. 3 WpÜG Aktiengesellschaften, Kommanditgesellschaften auf Aktien oder Aktiengesellschaften europäischen Rechts (Societas Europaea bzw. SE) mit Sitz im Inland und Gesellschaften mit Sitz in einem anderen Staat des Europäischen Wirtschaftsraums. Europäische Angebote sind nach § 2 Abs. 1a WpÜG Angebote zum Erwerb von Wertpapieren einer Zielgesellschaft, die nach dem Recht des Staates des Europäischen Wirtschaftsraums, in dem die Zielgesellschaft ihren Sitz hat, als Angebote i. S. d. Art. 2 Abs. 1 Buchst. a) der Übernahmerichtlinie[1019] gelten.

### (4) Beaufsichtigung öffentlicher Übernahmeangebote

780 Die Aufsicht über die Einhaltung der Regelungen des WpÜG sowie der WpÜG-Verordnungen obliegt der Bundesanstalt für Finanzdienstleistungsaufsicht (BaFin). Sie ist nach § 14 WpÜG insbesondere für die Billigung der Angebotsunterlage, die Voraussetzung ihrer Veröffentlichung ist, zuständig. Gemäß § 4 WpÜG kann sie zudem Anordnungen zur Beseitigung von Missständen des Wertpapiermarktes treffen und beaufsichtigt diesen allgemein. Seit Inkrafttreten des Gesetzes hat die BaFin pro Jahr im Durchschnitt ca. 14 Angebotsunterlagen gebilligt und veröffentlicht, in den Jahren 2016 und 2017 waren es jeweils 22 und bis Ende Oktober 2018 waren es 15. Sie ist auch zuständig für eine Befreiung von der Angebotspflicht gemäß §§ 36, 37 WpÜG (siehe Rz. 797 ff).

1016) Richtlinie 2004/39/EG des Europäischen Parlaments und des Rates v. 21. April 2004 über Märkte für Finanzinstrumente, ABl Nr. L 145/1.

1017) Vgl. *Angerer*, in: Angerer/Geibel/Süßmann, WpÜG, § 1 Rz. 59.

1018) Vgl. MünchKomm-*Wackerbarth*, AktG, § 2 WpÜG Rz. 28.

1019) Richtlinie 2004/25/EG des Europäischen Parlaments und des Rates v. 21. April 2004 betreffend Übernahmeangebote, ABl Nr. L 145/12.

### bb) Angebotsarten

Das WpÜG unterscheidet drei verschiedene Angebotsarten. Gemäß § 2 Abs. 1 WpÜG ist zunächst zwischen freiwilligen und Pflichtangeboten zu differenzieren. Daneben gibt es sog. sonstige (freiwillige) Erwerbsangebote, bei denen der Bieter entweder Anteile kaufen will, ohne i. S. d. § 29 Abs. 2 WpÜG die Kontrolle über die Gesellschaft zu erlangen, oder er die Kontrollbeteiligung, die er bereits innehat, ausbauen will.[1020] Die freiwilligen Erwerbsangebote unterfallen indes nicht den nachfolgend dargestellten Übernahmeangebotsverfahren; bei ihnen ist kein Mindestpreis vorgeschrieben. Auch sind sie als Teilangebote, die sich nicht an alle Aktionäre richten oder nur bis zu einer bestimmten Anteilshöhe beschränkt sind, zulässig. 781

Die Unterscheidung zwischen freundlichen („*friendly*") und feindlichen („*hostile*") Übernahmeangeboten ist hingegen keine, die sich auf das einzuhaltende Verfahren bezieht, sondern vielmehr auf die Tatsache, ob die Verwaltungsorgane der Zielgesellschaft die Übernahme unterstützen oder ihr ablehnend gegenüberstehen und sie bis zur Veröffentlichung des Angebots, ab dem sie eine Neutralitätspflicht trifft, zu verhindern versuchen, etwa durch sog. *Poisonous Pills* auf operativer Ebene (Change-of-Control-Klauseln etc.) oder durch Kapitalerhöhungen, Veränderungen der Mehrheitserfordernisse oder die Suche nach einem sog. Weißen Ritter. 782

#### (1) Freiwillige Übernahmeangebote

Als Übernahmeangebot definiert § 29 Abs. 1 WpÜG solche Angebote, die auf den Erwerb der Kontrolle gerichtet sind.[1021] Da die Pflicht zur Abgabe eines Übernahmeangebots erst mit Erreichen einer 30 %igen Kontrollbeteiligung einsetzt, ist jedes Übernahmeangebot, das schon vorher abgegeben wird und den Vorschriften der §§ 29 ff WpÜG folgt, ein freiwilliges Übernahmeangebot. Es macht ein späteres Pflichtangebot nach Erreichen der Kontrollbeteiligung insoweit entbehrlich und zieht letztlich den Zeitpunkt des Übernahmeangebots nur vor, um damit gleichzeitig die Kontrollerlangung zu erreichen. Dem Aktionär wird so deutlich, dass der Bieter eine Kontrollübernahme beabsichtigt und ihm bleibt nur die Wahl, das Angebot anzunehmen oder aber an einer Gesellschaft beteiligt zu bleiben, die von einem möglicherweise missliebigen Mehrheitsanteilseigner beherrscht wird.[1022] 783

#### (2) Pflichtangebote

Die Pflicht zur Abgabe eines Angebots zum Erwerb von Wertpapieren besteht nach § 35 WpÜG dann, wenn ein Beteiligter unmittelbar oder mittelbar die Kontrolle über eine Gesellschaft erlangt hat und dem kein freiwilliges Angebot vorausgegangen ist. Eine Befreiung für die Angebotspflicht ist nur unter den restriktiven Voraussetzungen des § 37 WpÜG, z. B. in Sanierungsfällen oder in besonderen Kontrollsituationen, etwa bei Vorhandensein eines Mehrheitsaktionärs neben dem Bieter, und nur auf schriftlichen Antrag an die BaFin möglich (siehe Muster 5b). Zudem kann die BaFin gemäß § 36 WpÜG auf Antrag zulassen, dass in den aufgeführten Fällen Stimmrechte bei der Berechnung der Kontrollschwelle 784

---

1020) Vgl. *Buck-Heeb*, Kapitalmarktrecht, § 14 Rz. 1012 ff.

1021) Vgl. m. w. N. *Schröder/Niggemann*, in: Münchener Anwaltshandbuch Aktienrecht, § 51 Rz. 13.

1022) Zur Situation der Aktionäre vgl. näher *Liebscher*, ZIP 2001, 853, 866.

unberücksichtigt bleiben, etwa bei Erbgängen, Rechtsformwechseln oder Umstrukturierungen im Konzern. Die Einzelheiten einer solchen Befreiung regelt § 9 WpÜG-AngebotsVO.

**785** Das pflichtwidrige Unterlassen der Abgabe eines Pflichtangebots stellt nicht nur eine bußgeldbewährte Ordnungswidrigkeit nach § 60 WpÜG dar, sondern kann zudem zu einem Rechtsverlust nach § 59 WpÜG und für das nachzuholende Übernahmeangebot zu einem Anspruch der Aktionäre der Zielgesellschaft auf Zahlung eines Strafzinses in Höhe von 5 Prozentpunkten über dem Basiszinssatz nach § 38 WpÜG führen.

### cc) Zurechnung von Stimmrechtsanteilen und Acting in Concert

**786** Bei der Berechnung der Stimmrechte, deren Anzahl für die Frage maßgeblich ist, ob die Kontrollerwerbsschwelle nach § 29 Abs. 2 WpÜG erreicht wurde, und damit, ob eine Angebotspflicht besteht, sind nicht nur die Stimmrechte des Bieters selbst zu berücksichtigen. Gemäß § 30 Abs. 1 Satz 1 WpÜG stehen diesen Stimmrechten Stimmrechte gleich, auf die der Bieter – rechtlich oder tatsächlich – Einfluss nehmen kann. Dies trifft etwa für Stimmrechte aus Aktien zu, die einem Tochterunternehmen des Bieters gehören (§ 30 Abs. 1 Nr. 1 WpÜG) oder die für Rechnung des Bieters gehalten werden (§ 30 Abs. 1 Nr. 2 WpÜG).

**787** Zudem werden dem Bieter nach § 30 Abs. 2 WpÜG Stimmrechte eines Dritten in voller Höhe zugerechnet, mit dem der Bieter oder ein Tochterunternehmen sein Verhalten in Bezug auf die Zielgesellschaft aufgrund einer Vereinbarung oder in sonstiger Weise abstimmt. Der Tatbestand des sog. Acting in Concert ist indes nicht nur dann erfüllt, wenn der Bieter und der Dritte eine verpflichtende Vereinbarung treffen. Es genügt nach § 30 Abs. 2 Satz 1 Halbs. 2 WpÜG vielmehr ein sonstiges Zusammenwirken, das bereits in Form eines einvernehmlichen Handelns gegeben sein kann.[1023)]

**788** Auch wenn der Tatbestand des Acting in Concert in seinen Einzelheiten als relativ umstritten gelten darf, ermöglicht eine unverbindliche Stellungnahme der ESMA vom November 2013[1024)] zumindest eine Orientierung darüber, welches Verhalten sicherlich oder keinesfalls als Acting in Concert einzustufen ist. Typischer Fall eines Acting in Concert ist etwa der Abschluss einer Poolingvereinbarung. Nicht ausreichend ist dagegen eine Einflussnahme auf das Management der Zielgesellschaft oder eine gemeinsame Abstimmung bei der Wahl des Aufsichtsratsvorsitzenden.[1025)]

**789** Wie § 30 Abs. 1 Satz 2, Abs. 2 Satz 2 WpÜG klarstellen, erfolgt eine Kettenzurechnung dann, wenn dem Tochterunternehmen seinerseits Stimmrechte nach § 30 Abs. 1 Satz 1 Nr. 2–8 WpÜG zugerechnet werden und in den Fällen des Acting in Concert. Ob die Kettenzurechnung auf weitere Zurechnungstatbestände, etwa das treuhänderische Halten von Stimmrechten nach § 30 Abs. 1 Satz 1 Nr. 2 WpÜG auszudehnen ist, ist im Schrifttum umstritten.

---

1023) *Süßmann*, in: Angerer/Geibel/Süßmann, WpÜG, § 30 Rz. 33.

1024) Siehe https://www.esma.europe.eu (Stand: 6.8.2019).

1025) Vgl. hierzu BGH, Urt. v. 18.9.2006 – II 137/05, ZIP 2006, 2077 = NJW-RR 2007, 1179.

## dd) Ablauf öffentlicher Erwerbsangebote

Die inhaltlichen Anforderungen und das einzuhaltende Verfahren sollen nachfolgend anhand eines typischen Ablaufplans zur Abgabe eines Pflichtangebots nach § 35 WpÜG aus Sicht des Bieters gezeigt werden: 790

| Schritt | Maßnahme | Anmerkung | Zeitrahmen |
|---|---|---|---|
| I. | Due Diligence | | |
| 1. | Im Falle einer freundlichen Übernahme: Durchführung der Due Diligence | | Vor Durchführung des Kontrollerwerbs |
| 2. | Beschluss des Vorstands der Zielgesellschaft nach Art. 17 Abs. 4 MAR | Es empfiehlt sich für die Zielgesellschaft, einen Befreiungsbeschluss gemäß Art. 17 Abs. 4 MAR zur Vermeidung von Ad-hoc-Publikationspflichten hinsichtlich der geplanten Übernahme oder der Ergebnisse der Due Diligence nach Art. 17 Abs. 1 MAR zu fassen. | Vorzugsweise mit Beginn der Due Diligence |
| II. | Vorbereitung eines Pflichtangebots gemäß § 35 WpÜG | | |
| 1. | Überprüfung der Geltung ausländischen Rechts | Gegebenenfalls Antrag auf Ausnahme ausländischer Wertpapierhalter gemäß § 24 WpÜG. | Vor Durchführung des Kontrollerwerbs |
| 2. | Auswahl und Verpflichtung einer Bank als zentrale Abwicklungsstelle für die geplante Übernahme | | Vor Durchführung des Kontrollerwerbs |
| 3. | Vereinbarung der Ausstellung einer Finanzierungsbestätigung gemäß § 13 Abs. 1 Satz 2 WpÜG mit Wertpapierdienstleistungsunternehmen.<br>Falls das Angebot fremdfinanziert werden soll: Festlegung und Absicherung der Finanzierung | Das Angebot muss die Finanzierungsbestätigung eines unabhängigen Wertpapierdienstleistungsunternehmens enthalten, wonach dem Bieter die Mittel zur Zahlung des Kaufpreises zum Zeitpunkt der Fälligkeit zur Verfügung stehen. | Vor Durchführung des Kontrollerwerbs |
| 4. | Feststellung des letzten veröffentlichten Aktienkurses der Zielgesellschaft | Nach § 5 Abs. 1 WpÜG-AngebotsVO muss der Angebotspreis mindestens dem gewichteten durchschnittlichen inländischen Börsenkurs dieser Aktien während der letzten drei Monate vor der Veröffentlichung (bzw. seit Börseneinführung bei weniger als dreimonatiger Börsenzulassung) nach § 10 Abs. 1 Satz 1 oder § 35 Abs. 1 Satz 1 WpÜG entsprechen. Der gewichtete durchschnittliche inländische Börsenkurs ist der nach Umsatzen gewichtete Durchschnittskurs der der BaFin nach § 9 WpHG als börslich gemeldeten Geschäfte. Diesen zu errechnenden Wert teilt die BaFin auf Anfrage mit. | Am Tag der Durchführung des Anteilserwerbs von Aktionären außerhalb der Börse und des Kontrollerwerbs |

| Schritt | Maßnahme | Anmerkung | Zeitrahmen |
|---|---|---|---|
| III. | Fusionskontrollanmeldung(en) | | |
| Falls einschlägig: Fusionskontrollanmeldung gemäß Art. 4 FKVO, § 39 Abs. 1, 2 GWB | | Gemäß § 39 Abs. 1, § 37 Abs. 1 Nr. 1, 2 GWB muss der Erwerb der Kontrolle über eine andere Gesellschaft beim Bundeskartellamt vor dem Vollzug angemeldet werden.<br>Zusammenschlüsse und Übernahmen, die dem GWB oder der europäischen Fusionskontrolle unterfallen, können nicht ohne die Freigabe gemäß § 40 Abs. 1 Satz 1, Abs. 2 Satz 2 GWB bzw. Art. 6 und 8 FKVO vollzogen werden. Falls der Erwerb der Kontrolle dem GWB oder der europäischen Fusionskontrolle unterfällt, ist das öffentliche Angebot unter eine entsprechende aufschiebende Bedingung zu stellen. Privilegierung öffentlicher Übernahmeangebote nach Art. 7 Abs. 2 FKVO; § 41 Abs. 1a GWB in Bezug auf das Vollzugsverbot. | Vor Durchführung des Anteilserwerbs von Aktionären außerhalb der Börse und des Kontrollerwerbs |
| IV. | Durchführung des Anteilskaufs außerhalb der Börse; Veröffentlichung Stimmrechtsmitteilung und Mitteilungen über Finanzinstrumente | | |
| 1. | Abschluss der Anteilserwerbs- und Übertragungsverträge mit Aktionären außerhalb der Börse | Der Erwerb von mindestens 30 % der Anteile an der Zielgesellschaft (Kontrollerwerb) führt nach § 35 Abs. 1 WpÜG zu der Pflicht zur Abgabe eines öffentlichen Angebots.<br>Ein Kontrollerwerb i. S. d. § 35 Abs. 1 WpÜG findet indes erst mit Vollzug und der dinglichen Übertragung der Anteile statt.<br>Gemäß § 10 Abs. 2 WpÜG muss ein solcher Erwerb unverzüglich publiziert werden. | |
| 2. | Mitteilung über Finanzinstrumente gemäß § 38 WpHG | Der Erwerb von stimmberechtigten Anteilen unter aufschiebender Bedingung (etwa der Kartellfreigabe) muss gemäß §§ 38, 39 WpHG bei Überschreitung der Schwelle von 5, 10, 20, 25, 30, 50 oder 75 % der Stimmrechte der Zielgesellschaft vom Erwerber durch eine Stimmrechtsmeldung veröffentlicht werden. | |

| Schritt | Maßnahme | Anmerkung | Zeitrahmen |
|---|---|---|---|
| 3. | Erfüllung aller aufschiebenden Bedingungen der Anteilserwerbs- und Übertragungsverträge (insbesondere: Freigabe der zuständigen Kartellbehörden) | Der Vollzug und die dingliche Übertragung der Anteile an der Zielgesellschaft sowie der Kontrollerwerb finden statt.[1026] | |
| 4. | (Stimmrechts-)Mitteilungen gemäß § 33 Abs. 1 und § 38 WpHG | Dem Vollzug und der dinglichen Übertragung der Anteile folgt die Verpflichtung zu einer weiteren Stimmrechtsmeldung gemäß § 33 Abs. 1 WpHG beim Erwerb von 3, 5, 10, 15, 20, 25, 30, 50 oder 75 % der stimmberechtigten Anteile an der Zielgesellschaft.<br>Zudem muss eine korrespondierende Mitteilung nach §§ 38, 39 WpHG gemacht werden, wonach der Bieter aufgrund des Vollzugs und der Übertragung der Aktien keine Finanzinstrumente mehr an der Zielgesellschaft hält. | |
| V. | Veröffentlichung des Kontrollerwerbs gemäß § 35 Abs. 1, § 10 Abs. 3 WpÜG | | |
| 1. | Veröffentlichung des Kontrollerwerbs durch Bieter im Internet und im Bundesanzeiger | Gemäß § 10 Abs. 3 WpÜG muss der Bieter den Kontrollerwerb unverzüglich im Internet und durch ein anerkanntes Informationsverbreitungssystem, etwa über die DGAP, veröffentlichen.<br>Zudem muss die Geschäftsführung der Börsen, an denen Wertpapiere des Bieters, der Zielgesellschaft und anderer durch das Angebot unmittelbar betroffener Gesellschaften zum Handel zugelassen sind, vorab vom Kontrollerwerb informiert werden. | Unverzüglich nach dem Kontrollerwerb |

1026) Im Falle einer erforderlichen Kartellfreigabe ist zu beachten: Die Veröffentlichung einer Stimmrechtsmeldung über den Abschluss von Anteilserwerbs- und Übertragungsverträgen gerichtet auf den Erwerb einer großen Menge stimmberechtigter Anteile nach §§ 38, 39 WpHG führt typischerweise zu einem Anstieg des Börsenpreises der Zielgesellschaft. Ein öffentliches Pflichtangebot nach § 35 WpÜG kann indes nur nach dem tatsächlichen Erwerb der Kontrolle über die Zielgesellschaft abgegeben werden, das heißt nach der Übertragung der entsprechenden Anteile. Insbesondere wenn eine Kartellfreigabe zum Vollzug der verabredeten Anteilserwerbs- und Übertragungsverträge erforderlich ist, können bis zu vier Monate zwischen Vertragsschluss und tatsächlichem Kontrollerwerb i. S. d. § 35 WpÜG liegen, in welchen der Börsenkurs der Zielgesellschaft erheblich steigen kann. Da der Angebotspreis des öffentlichen Pflichtangebots, das nach dem Kontrollerwerb abgegeben werden muss, sich am Börsenkurs der Zielgesellschaft zum Zeitpunkt des Kontrollerwerbs und der Monate davor orientiert, ist es deshalb häufig ratsamer, anstatt eines Pflichtangebots bereits vor dem Kontrollerwerb ein freiwilliges öffentliches Angebot unter der aufschiebenden Bedingung der Kartellfreigabe abzugeben.

| Schritt | Maßnahme | Anmerkung | Zeitrahmen |
|---|---|---|---|
| 2. | Gegebenenfalls weitere Ad-hoc-Meldung über die Details des Kontrollerwerbs | Eine solche Ad-hoc-Meldung ist dann erforderlich, wenn der ursprüngliche Befreiungsbeschluss nach Art. 17 Abs. 4 MAR hinsichtlich bestimmter Informationen über den Kontrollerwerb und/ oder der Befreiungsbeschluss im Laufe der Transaktion nicht erneuert wurde. | Unverzüglich nach dem Kontrollerwerb |
| VI. | Gestattung der Angebotsunterlage durch die BaFin, Veröffentlichung des öffentlichen Pflichtangebots gemäß § 35 Abs. 1, § 14 Abs. 1, § 11 WpÜG | | |
| 1. | Übermittlung der unterzeichneten originalen Angebotsunterlage an die BaFin gemäß § 11 WpÜG | Die Angebotsunterlage muss binnen 4 Wochen nach der Veröffentlichung des Kontrollerwerbs gemäß § 10 Abs. 3 WpÜG bei der BaFin eingereicht werden. | Binnen 4 Wochen nach der Veröffentlichung des Kontrollerwerbs gemäß § 10 Abs. 3 WpÜG |
| 2. | Überprüfung der Angebotskonditionen und Gestattung der Veröffentlichung durch die BaFin; unverzügliche Veröffentlichung des Angebots durch den Bieter | Gemäß § 14 Abs. 2 WpÜG muss die BaFin die Angebotsunterlage überprüfen und innerhalb einer Maximalfrist von 15 Tagen ihre Veröffentlichung gestatten oder untersagen.<br>Nach der Gestattung muss die Angebotsunterlage durch den Bieter im Internet sowie im Bundesanzeiger veröffentlicht werden (alternativ: Hinweisbekanntmachung im Bundesanzeiger, wo die Angebotsunterlage im Internet abgerufen werden kann und zur kostenlosen Ausgabe bereitgehalten wird). | Innerhalb von 15 Tagen nach Übermittlung der Angebotsunterlage an die BaFin |
| 3. | Mitteilung über erfolgte Veröffentlichung an die BaFin | | Unverzüglich nach Veröffentlichung der Angebotsunterlage |
| 4. | Übermittlung der Angebotsunterlage an Vorstand der Zielgesellschaft | | Unverzüglich nach Veröffentlichung der Angebotsunterlage |
| VII. | Maßnahmen nach der Veröffentlichung des Angebots und vor Ablauf der Angebotsfrist | | |
| 1. | Während der Angebotsfrist:<br>Veröffentlichung täglicher/ wöchentlicher Erwerbsberichte auf der Homepage des Bieters und im Bundesanzeiger | Gemäß § 23 Abs. 1, § 14 Abs. 3 WpÜG ist der Bieter während der Laufzeit der Angebotsfrist verpflichtet, wöchentliche Berichte über die Anzahl der erworbenen Anteile auf seiner Homepage und im Bundesanzeiger zu veröffentlichen.<br>In der letzten Woche der Angebotsfrist müssen die Berichte täglich veröffentlicht werden.<br>Diese wöchentlichen Berichte müssen zudem am selben Tag der BaFin übermittelt werden. | Wöchentlich/ täglich während der Laufzeit der Angebotsfrist. |

| Schritt | Maßnahme | Anmerkung | Zeitrahmen |
|---|---|---|---|
| 2. | Erstellung und Veröffentlichung einer gemeinsamen und begründeten Stellungnahme zu den Angebotskonditionen von Vorstand und Aufsichtsrat der Zielgesellschaft | Gemäß §§ 27, 14 Abs. 3 WpÜG müssen Vorstand und Aufsichtsrat der Zielgesellschaft eine begründete Stellungnahme abgeben, in der sie die Konditionen des Angebots überprüfen und insbesondere auf die für die Anteilsübertragung angebotene Gegenleistung eingehen müssen.<br>Zudem muss eine Information über die Abgabe der Stellungnahme nach § 14 Abs. 3 WpÜG im Bundesanzeiger veröffentlicht werden. | Frühestmöglich innerhalb der Laufzeit der Angebotsfrist |
| 3. | Erfüllung/Eintritt aller Bedingungen des öffentlichen Angebots und Veröffentlichung auf der Homepage des Bieters | Die Erfüllung aller Bedingungen des öffentlichen Angebots muss auf der Homepage des Bieters veröffentlicht werden. | Während der Laufzeit der Angebotsfrist |
| 4. | Ablauf der Angebotsfrist und abschließender Bericht über die Anzahl der erworbenen Anteile;<br>Veröffentlichung der Schlussbekanntmachung durch Bieter im Internet und im Bundesanzeiger | Die Angebotsfrist kann verlängert werden. | Frühestens 4 Wochen nach der Veröffentlichung des Angebots |
| 5. | Mitteilung der Schlussbekanntmachung im Bundesanzeiger an die BaFin | | Unverzüglich nach Veröffentlichung im Bundesanzeiger |
| 6. | Bezahlung der Kaufpreise für die Aktien gemäß den Angebotskonditionen | | Unverzüglich nach Erfüllung aller Bedingungen des öffentlichen Angebots |
| VIII. | Maßnahmen nach Ablauf der (verlängerten) Angebotsfrist | | |
| 1. | Veröffentlichungspflichten hinsichtlich späterer Erwerbe von Anteilen an der Zielgesellschaft | Gemäß § 23 Abs. 2, § 14 Abs. 3 Satz 1 WpÜG müssen alle späteren Erwerbe von Anteilen an der Zielgesellschaft vom Bieter veröffentlicht werden. | Bis zu 1 Jahr nach Ablauf der Angebotsfrist |

| Schritt | Maßnahme | Anmerkung | Zeitrahmen |
|---|---|---|---|
| 2. | Falls angestrebt und je nach Ergebnis des öffentlichen Angebots:<br>Ausschluss der verbliebenen Aktionäre der Zielgesellschaft durch einen Squeeze-out | Je nach Anzahl der erworbenen Anteile kann ein Ausschluss der verbliebenen Aktionäre der Zielgesellschaft erwirkt werden durch einen<br>– **übernahmerechtlichen Squeeze-out** (§§ 39a ff WpÜG); auf Antrag binnen drei Monaten nach Ablauf der Angebotsfrist bei mindestens 95 %iger Beteiligung des Bieters an der Zielgesellschaft, wobei 90 % der Aktien durch das Angebot erworben wurden; Übertragung der Aktien erfolgt durch Gerichtsbeschluss des LG Frankfurt a. M.;<br>– **aktienrechtlichen Squeeze-out** gemäß §§ 327a ff AktG (Anteilsmehrheit von 95 % erforderlich) jederzeit durch Hauptversammlungsbeschluss;<br>– **verschmelzungsrechtlichen Squeeze-out;** jederzeit durch eine Verschmelzung der Zielgesellschaft auf die Bietergesellschaft in der Rechtsform einer AG, KGaA oder SE (Anteilsmehrheit von 90 % erforderlich). | Jederzeit nach Ablauf der Angebotsfrist und Erwerb von mindestens 90 % der Anteile möglich |

### ee) Zu den Einzelheiten des Ablaufs eines öffentlichen Angebots

791 Einige der in der Übersicht dargestellten Schritte des Ablaufs eines öffentlichen Übernahmeangebots sollen im Folgenden in chronologischer Herangehensweise detaillierter dargestellt werden.

#### (1) Angebotsvorbereitung

792 In die Phase der Angebotsvorbereitung fällt die Entscheidung, ob die Zielgesellschaft übernommen werden soll bzw. ob eine Beteiligung an der Gesellschaft erfolgen soll. Dafür ist bei der in Betracht kommenden Gesellschaft nach Möglichkeit eine Due Diligence durchzuführen (vgl. I. der Tabelle). Der Phase der Angebotsvorbereitung unterfallen im Falle eines Pflichtangebots darüber hinaus die Vorbereitungshandlungen nach II. der Tabelle, die Beantragung der Kartellfreigabe (vgl. III. der Tabelle) und der Anteilskäufe außerhalb der Börse (vgl. IV. der Tabelle). Die verpflichtende Veröffentlichung des Kontrollerwerbs gemäß § 35 Abs. 1, § 10 Abs. 3 WpÜG, die durch den Bieter sowohl im Internet (§ 10 Abs. 3 Nr. 1 WpÜG) als auch über ein elektronisch betriebenes Informationsverbreitungssystem (§ 10 Abs. 3 Nr. 2 WpÜG) zu erfolgen hat, läutet die auf die Vorbereitungsphase folgende Angebotsphase ein.

793 Im Falle eines freiwilligen Angebotes hat der Bieter seine Entscheidung zur Abgabe eines Angebots gemäß § 10 Abs. 1 WpÜG zu veröffentlichen und sie zuvor gemäß § 10 Abs. 2 WpÜG den Geschäftsführungen der Börsen, an denen Wertpapiere der von dem Angebot

unmittelbar betroffenen Gesellschaften zum Handel zugelassen sind oder an denen auf diese Wertpapiere bezogene Derivate gehandelt werden, sowie der BaFin mitzuteilen.

Unverzüglich nach der Veröffentlichung der Entscheidung zur Abgabe eines Übernahme- 794 angebotes hat der Bieter nach § 10 Abs. 5 WpÜG sodann den Vorstand der Zielgesellschaft schriftlich darüber zu informieren. Dieser ist verpflichtet, die Information an den Betriebsrat der Zielgesellschaft oder, falls ein solcher nicht besteht, direkt an die Arbeitnehmer der Zielgesellschaft weiterzugeben. Ebenso hat der Bieter den eigenen Betriebsrat bzw. die eigenen Arbeitnehmer über die Veröffentlichung der Entscheidung zur Abgabe eines Angebots zu informieren. Gemäß § 10 Abs. 6 WpÜG sind Ad-hoc-Mitteilungen nach Art. 17 MAR über die Entscheidung zur Abgabe eines Angebots nicht erforderlich. Dies gilt indes nur insoweit, wie die nach Art. 17 MAR zu veröffentlichenden Tatsachen bereits nach § 10 Abs. 1–5 WpÜG veröffentlicht wurden.[1027)]

### (2) Erstellung, Prüfung und Veröffentlichung der Angebotsunterlage

Die Erstellung und Veröffentlichung der Angebotsunterlage nach § 11 WpÜG sind sowohl 795 bei Pflichtangeboten als auch bei freiwilligen Angeboten Kernbestandteil des Angebotsverfahrens. Die veröffentlichte Angebotsunterlage stellt ein verbindliches Angebot des Bieters an die Aktionäre der Zielgesellschaft dar; eine öffentliche Aufforderung des Bieters zur Abgabe von Angeboten (invitatio ad offerendum) untersagt § 17 WpÜG. Aus diesem Grund regelt § 11 WpÜG detailliert den Mindestinhalt der Angebotsunterlage. Dies stellt sicher, dass die Unterlage das Verhältnis zwischen Bieter und Veräußerer abschließend regelt und die Aktionäre das Angebot ohne weitere Verhandlungen durch ein einfaches „Ja" annehmen können.[1028)] Kehrseite der Regelung ist die seit dem Inkrafttreten des WpÜG im Jahr 2002 zu beobachtende Tendenz zu immer längeren und ausführlicheren Angebotsunterlagen, wodurch das Verständnis juristisch unbedarfter Aktionäre stark herausgefordert wird.[1029)]

Die Angebotsunterlage muss der BaFin innerhalb von vier Wochen nach Veröffentlichung 796 des Kontrollerwerbs (§ 35 Abs. 2 WpÜG) bzw. nach Veröffentlichung der Entscheidung zur Abgabe eines Angebots (§ 10 Abs. 1 Satz 1 WpÜG) übermittelt werden. Nach § 10 Abs. 1 Satz 2 WpÜG kann diese Frist auf Antrag von der BaFin um weitere vier Wochen verlängert werden. Genehmigt die BaFin die Angebotsunterlage oder hat sie sich nach Ablauf von zehn Werktagen nicht dazu geäußert, ohne die Untersagungsfrist um weitere fünf Werktage zu verlängern, so ist die Angebotsunterlage unverzüglich durch den Bieter im Internet sowie im Bundesanzeiger bekannt zu machen (§ 14 Abs. 2 und 3, § 35 Abs. 2 WpÜG). Anstelle der Bekanntmachung im Bundesanzeiger kann die Angebotsunterlage bei einer geeigneten Stelle im Inland bereitgehalten werden. In diesem Fall sind die Stelle sowie die Internetadresse, unter der die Angebotsunterlage im Internet zugänglich ist, bekannt zu machen.

---

1027) Siehe das Rundschreiben der BaFin v. 26.4.2002, abgedruckt in: NZG 2002, 563, 564 (zum Veröffentlichungszeitpunkt des Rundschreibens mit Verweis auf § 15 WpHG a. F., der durch Art. 17 MAR ersetzt worden ist).

1028) So *Zirngibl*, in: Angerer/Geibel/Süßmann, WpÜG, Einleit. Rz. 33.

1029) Zu Einzelheiten zu dem Inhalt einer Angebotsunterlage nach derzeitigem Stand und Formulierungsvorschlägen für den gesetzlich vorgeschriebenen Inhalt vgl. Muster 5a.

### (3) Befreiungsanträge im Fall von Pflichtangeboten

797 In Fällen, in denen eine Veröffentlichungspflicht und die Pflicht zur Abgabe eines Angebotes unangemessen erscheinen, kann die BaFin auf Antrag nach § 37 Abs. 1 WpÜG davon befreien. Trotz ihres Ausnahmecharakters hat die Vorschrift große praktische Bedeutung. So gab die BaFin allein im ersten Jahr nach Einführung des WpÜG 81 Anträgen auf Befreiung von der Angebotspflicht statt, während sie lediglich 14 Anträge ablehnte.[1030]

798 Die Befreiung nach § 37 Abs. 1 WpÜG liegt im Ermessen der BaFin.[1031] Die in dem abschließenden Katalog des § 37 Abs. 1 WpÜG festgehaltenen Kriterien für die Befreiung sind die Art der Erlangung, die mit der Erlangung der Kontrolle beabsichtigte Zielsetzung, ein nach der Erlangung der Kontrolle erfolgendes Unterschreiten der Kontrollschwelle, die Beteiligungsverhältnisse an der Zielgesellschaft und die tatsächliche Möglichkeit zur Ausübung der Kontrolle. Neben dem Vorliegen mindestens eines dieser Kriterien muss eine Befreiung außerdem unter Berücksichtigung der Interessen von Antragstellern und Aktionären der Zielgesellschaft gerechtfertigt erscheinen. Hauptanwendungsfall der Befreiung nach § 37 WpÜG sind bisher Sanierungen gewesen.[1032]

799 Gemäß § 36 WpÜG kann auf Antrag durch die BaFin zugelassen werden, dass Stimmrechte bei der für das Überschreiten der Kontrollschwelle maßgeblichen Berechnung unberücksichtigt bleiben, wenn sie durch bestimmte erb- oder familienrechtliche Vorgänge (Nr. 1), Rechtsformwechsel (Nr. 2) oder Umstrukturierungen innerhalb eines Konzerns (Nr. 3) erworben wurden und dieser Erwerb zudem in einem unmittelbaren zeitlichen Zusammenhang mit der Kontrollerlangung stand und hinreichende Bedingung desselben war.[1033] Anders als der Antrag nach § 37 Abs. 1 WpÜG steht die Entscheidung über die Nichtberücksichtigung von Stimmrechtsanteilen nicht im Ermessen der BaFin, sondern dem Antrag wird nur bei Vorliegen eines der genannten Sachverhalte stattgegeben.

### (4) Vorstand und Aufsichtsrat der Zielgesellschaft

800 Auch die Organe der Zielgesellschaft sind von den Regelungen des WpÜG betroffen. So müssen Vorstand und Aufsichtsrat gemäß § 27 Abs. 1 WpÜG eine begründete Stellungnahme zu dem Angebot abgeben. In dieser müssen Vorstand und Aufsichtsrat der Zielgesellschaft auf Art und Höhe der Gegenleistung, die voraussichtlichen Folgen bei Erfolg des Angebots für die Zielgesellschaft, die Arbeitnehmer und ihre Vertretungen, die Beschäftigungsbedingungen und die Standorte der Zielgesellschaft sowie auf die vom Bieter mit dem Angebot verfolgten Ziele und die Absicht von Mitgliedern des Vorstands und des Aufsichtsrats, soweit sie Inhaber von Wertpapieren der Zielgesellschaft sind, das Angebot anzunehmen, eingehen. Die Informationspflicht der Organe der Zielgesellschaft ist Ausfluss des Transparenzgrundsatzes, nach dem sichergestellt sein muss, dass alle Aktionäre der Zielgesellschaft über ausreichende Informationen verfügen, um eine begründete Entscheidung zu treffen.[1034]

---

1030) Vgl. *Lenz*, NJW 2003, 2073, 2074 f.

1031) *A. H. Meyer*, in: Angerer/Geibel/Süßmann, WpÜG, § 37 Rz. 27.

1032) Vgl. *Lenz*, NJW 2003, 2073, 2075.

1033) Vgl. zur Notwendigkeit des unmittelbaren Zusammenhangs *A. H. Meyer*, in: Angerer/Geibel/Süßmann, WpÜG, § 36 Rz. 2.

1034) Vgl. *Louven*, in: Angerer/Geibel/Süßmann, WpÜG, § 27 Rz. 1.

Die Organe der Zielgesellschaft unterliegen nach § 33 Abs. 1 WpÜG einer Neutralitätspflicht. Dem Vorstand ist es daher grundsätzlich untersagt, Handlungen vorzunehmen, die den Erfolg des Angebots verhindern könnten. Ausgenommen sind Handlungen, die ein gewissenhafter Geschäftsleiter einer Gesellschaft, die nicht von einem Angebot betroffen ist, auch vorgenommen hätte, die Suche nach einem konkurrierenden Angebot sowie Handlungen, denen der Aufsichtsrat zugestimmt hat. 801

Allerdings kann die Hauptversammlung den Vorstand nach § 33 Abs. 2 WpÜG vor der konkreten Entscheidung eines Bieters zur Abgabe eines Angebots zu Handlungen ermächtigen, die in die Zuständigkeit der Hauptversammlung fallen, um den Erfolg von Übernahmeangeboten zu verhindern. Die Handlungen, zu denen der Vorstand ermächtigt werden soll, sind dabei konkret zu bezeichnen. Zudem ist die Ermächtigung nur für einen Maximalzeitraum von 18 Monaten möglich und Handlungen, die aufgrund dieser Ermächtigung vorgenommen werden, bedürfen der Zustimmung des Aufsichtsrates. 802

Die Regelung des § 33 WpÜG stellt ein Opt-out des deutschen Gesetzgebers aus dem wesentlich restriktiveren europäischen Verhinderungsverbotes, wie die Übernahmerichtlinie[1035] es vorsieht, dar. Die Richtlinie schreibt jedoch in Art. 12 Abs. 2 vor, dass bei einem Opt-out des Mitgliedstaates aus dem generellen Verhinderungsverbot der einzelnen Gesellschaft eine Opt-in-Möglichkeit verbleiben muss. Aus diesem Grund sieht § 33a WpÜG vor, dass die Gesellschaft in ihrer Satzung vorsehen kann, dass die Vorschrift des § 33 WpÜG auf sie keine Anwendung findet. In diesem Fall gilt dann das europäische Verhinderungsverbot, das nur solche Handlungen, zu denen die Hauptversammlung den Vorstand oder den Aufsichtsrat nach der Veröffentlichung der Entscheidung zur Abgabe eines Angebots ermächtigt hat, Handlungen innerhalb des normalen Geschäftsbetriebs, Handlungen außerhalb des normalen Geschäftsbetriebs, soweit sie der Umsetzung einer vor Veröffentlichung der Entscheidung zur Abgabe eines Angebots gefassten und teilweise bereits umgesetzten Entscheidung dienen, sowie die Suche nach einem konkurrierenden Angebot zulässt.[1036] 803

### (5) Teilangebote

Angebote, die sich nur auf einen Teil der Aktien einer Zielgesellschaft erstrecken, sind nach § 32 WpÜG unzulässig. Diese Vorschrift gilt freilich nur für Übernahme- und Pflichtangebote.[1037] Für einfache Erwerbsangebote, die sich nur auf einen Teil der Aktien der Zielgesellschaft beziehen, regelt § 19 WpÜG die Zuteilung der Wertpapiere in dem Fall, dass die Anzahl der Wertpapiere, die der Bieter erwerben kann, höher ist als die Anzahl der Wertpapiere, zu deren Erwerb sich der Bieter verpflichtet hat. 804

### (6) Änderung des öffentlichen Angebots

Wie bereits dargestellt, ist ein einmal veröffentlichtes Angebot grundsätzlich verbindlich (siehe Rz. 795). Es ist indes nach Maßgabe des § 21 WpÜG möglich, das Angebot bis zu einem Werktag vor Ablauf der Annahmefrist zu ändern. Mögliche Änderungen sind in § 21 Abs. 1 WpÜG abschließend aufgezählt. Zusammenfassend sind nur solche Änderun- 805

1035) MünchKomm-*Schlitt*, AktG, § 33 WpÜG Rz. 19 f.

1036) Zu einem Überblick über die Umsetzung der Vorgaben der Europäischen Übernahmerichtlinie hinsichtlich der Pflichten der Geschäftsführung der Zielgesellschaft siehe *Diekmann*, NJW 2007, 17.

1037) Vgl. *Zirngibl*, in: Angerer/Geibel/Süßmann, WpÜG, Einleit. Rz. 37.

gen zulässig, die für die Aktionäre der Zielgesellschaft einen Vorteil darstellen. Änderungen sind nach § 21 Abs. 2 WpÜG unverzüglich zu veröffentlichen und vermitteln denjenigen Aktionären, die das Angebot bereits vor der Änderung angenommen haben, nach § 21 Abs. 4 WpÜG ein Rücktrittsrecht. Zudem bewirken Änderungen, die innerhalb der letzten zwei Wochen der Annahmefrist vorgenommen werden, eine Verlängerung der Annahmefrist um zwei Wochen (§ 21 Abs. 5 WpÜG). Innerhalb dieser verlängerten Frist ist eine erneute Änderung des Angebots nicht mehr möglich (§ 21 Abs. 6 WpÜG).

### (7) Inhalt der Angebotsunterlage

806 Die einzelnen in der Angebotsunterlage vorzunehmenden Pflichtangaben werden in § 11 WpÜG sowie ergänzend in § 2 WpÜG-AngebotsVO vorgegeben. Sie beziehen sich auf den Bieter, die Wertpapiere, die Gegenstand des Angebots sind, die Art und Höhe der Gegenleistung, die weiteren Bedingungen des Angebots, die Absichten des Bieters im Hinblick auf die zukünftige Geschäftstätigkeit der Zielgesellschaft sowie auf die Absicherung der Gegenleistung. Maßgeblich für den Standard der Angaben und den Empfängerhorizont dürfte der verständige Durchschnittsanleger sein, wie dies auch für Börsenzulassung und Verkaufsprospekte gilt.[1038)] Hinsichtlich des Inhalts der Angebotsunterlage hat sich in den 17 Jahren seit Inkrafttreten des WpÜG ein einheitlicher Standard der Struktur von Angebotsunterlagen herausgebildet. Insoweit wird auf das Muster 5a (siehe Rz. 2481 ff) verwiesen. Die Angebotsunterlage ist letztlich die Grundlage für den Aktionär, darüber zu entscheiden, ob er als Aktionär in der Gesellschaft verbleiben oder seine Wertpapiere an der Zielgesellschaft veräußern will oder ob er – in den seltenen Fällen eines Umtausches in Aktien des Bieters – sich auf den Tausch einlassen will.

### (8) Haftung für die Angebotsunterlage

807 Sind die für die Beurteilung des Angebots wesentlichen Angaben der Angebotsunterlage unrichtig oder unvollständig, kann derjenige, der das Angebot angenommen hat bzw. dessen Aktien dem Bieter im Rahmen eines übernahmerechtlichen Squeeze-outs übertragen worden sind, nach § 12 WpÜG Ersatz des ihm aus der Annahme des Angebots zur Übertragung der Aktien entstandenen Schadens verlangen. Schuldner dieses Schadensersatzanspruchs sind gesamtschuldnerisch der Angebotserlasser und der Angebotsveranlasser, mithin der Bieter, der die Unterlage gemäß § 11 Abs. 1 Satz 5 WpÜG als Angebotserlasser zu unterzeichnen hat, sowie die tatsächlichen Urheber der Angebotsunterlage als Angebotsveranlasser, die typischerweise ein einheitliches wirtschaftliches Interesse an der Übernahme haben. Hierzu gehören insbesondere die mit dem Bieter gemeinsam handelnden Personen.

808 Nicht erfasst von der Haftungsnorm des § 12 WpÜG sind unterstützende Dienstleister wie Wirtschaftsprüfer, Steuerberater, Rechtsanwälte oder Kredit- und Finanzdienstleistungsinstitute bei nur passiven Hilfsfunktionen bei der Angebotsabwicklung. Für all diese Personenkreise kommt jedoch eine Haftung nach den Grundsätzen der allgemein zivilrechtlichen Prospekthaftung und der beruflichen Auskunftshaftung in Betracht.

---

1038) *Seydel*, in: Kölner Komm. z. WpÜG, § 11 Rz. 28.

### (9) Gegenleistung des Bieters

Die privatautonome Festsetzung einer Gegenleistung für die zu erwerbenden Aktien ist dem Bieter nur im Falle einfacher Erwerbsangebote gestattet. Bei Pflicht- und Übernahmeangeboten besteht hingegen die Beschränkung des § 31 Abs. 1 Satz 1 WpÜG, wonach der Bieter den Aktionären eine angemessene Gegenleistung anzubieten hat. Maßgeblich für die Angemessenheit sind nach § 31 Abs. 1 Satz 2 WpÜG der durchschnittliche volumengewichtete Börsenkurs der Aktien der Zielgesellschaft im Zeitraum von drei Monaten vor der Veröffentlichung zur Entscheidung der Abgabe des Angebots bzw. des Kontrollerwerbs sowie der innerhalb der letzten sechs Monate vor der Veröffentlichung nach § 14 Abs. 2 Satz 1 oder § 35 Abs. 2 Satz 1 WpÜG im Vorfeld eines Übernahmeangebotes für Aktien der Zielgesellschaft durch den Bieter, mit ihm gemeinsam handelnden Personen oder deren Tochterunternehmen gezahlte Preis (der sog. Vorerwerbspreis). Die Einzelheiten zur Festsetzung des Angebotspreises bei Pflicht- und Übernahmeangeboten regeln die §§ 3 ff WpÜG-AngebotsVO. 809

Bei der Natur der Gegenleistung hat der Bieter grundsätzlich die Wahl zwischen einer Geldleistung und liquiden Aktien (§ 31 Abs. 2 WpÜG). Nur wenn der Bieter, eine mit ihm gemeinsam handelnde Person oder deren Tochtergesellschaft in den sechs Monaten vor der Entscheidung zur Abgabe eines Angebots bis zum Ablauf der Annahmefrist mindestens 5 % der Aktien oder Stimmrechte der Zielgesellschaft gegen Zahlung einer Geldleistung erworben haben, ist der Bieter auf das Angebot von Geldleistungen beschränkt (§ 31 Abs. 3 WpÜG). 810

Des Weiteren ist der Bieter zu einer Nachbesserung des Angebots verpflichtet, wenn er, mit ihm gemeinsam handelnde Personen oder deren Tochterunternehmen im zeitlichen Zusammenhang mit dem öffentlichen Angebot Aktien der Zielgesellschaft gegen eine wertmäßig höhere als die in der Angebotsunterlage benannte Gegenleistung erwerben (§ 31 Abs. 4 und 5 WpÜG). Diese Regelungen sind Ausfluss des Grundsatzes der Gleichbehandlung aller Aktionäre. 811

### (10) Annahmefrist

Die Frist für die Annahme des Angebots, die sog. Annahmefrist, darf nach § 16 Abs. 1 WpÜG nicht weniger als vier Wochen und unbeschadet der nachfolgend darzustellenden Verlängerungsfälle nicht mehr als zehn Wochen betragen. Sie beginnt mit der Veröffentlichung der Angebotsunterlage. Bei einem Übernahmeverfahren können die Aktionäre der Zielgesellschaft, die das Angebot nicht innerhalb der Annahmefrist angenommen haben, das Angebot innerhalb von zwei weiteren Wochen nach der Veröffentlichung des Bieters gemäß § 23 Abs. 1 Nr. 2 WpÜG, der sog. Wasserstandsbekanntmachung über die Anzahl der dem Bieter zugegangenen Annahmeerklärung nach Ablauf der Annahmefrist, annehmen (sog. weitere Annahmefrist nach § 16 Abs. 2 WpÜG). 812

Wird im Zusammenhang mit dem Angebot nach der Veröffentlichung der Angebotsunterlage eine Hauptversammlung der Zielgesellschaft einberufen, beträgt die Annahmefrist nach § 16 Abs. 3 WpÜG zehn Wochen ab Veröffentlichung der Angebotsunterlage, damit die Beschlussfassungen der Hauptversammlung im Rahmen der Entscheidung über die Annahme des Angebots berücksichtigt werden können und etwaige Beschlüsse der Hauptversammlung mit Abwehrcharakter Wirkung entfalten können. Die Einberufung der Hauptversammlung im Zusammenhang mit dem Übernahmeangebot führt also kraft Gesetzes 813 zu einer Verlängerung der vom Bieter festgesetzten Annahmefrist auf zehn Wochen vom Tag der Veröffentlichung der Angebotsunterlage gerechnet.[1039]

**814** Auch im Falle der Änderung des Angebots verlängert sich gemäß § 21 Abs. 5 WpÜG die Angebotsfrist um zwei Wochen, sofern die Veröffentlichung der Änderung innerhalb der letzten zwei Wochen vor Ablauf der Angebotsfrist erfolgt. Schließlich ist auch dann, wenn im Falle konkurrierender Angebote die Angebotsfrist für ein Angebot vor Ablauf der Annahmefrist für das konkurrierende Angebot abläuft, nach § 22 Abs. 2 WpÜG der Ablauf der Annahmefrist für das konkurrierende Angebot für die Annahmefrist dieses Angebots maßgeblich. Die Abgabe des konkurrierenden Angebots führt also zur Verschiebung des Ablaufs der Annahmefrist des zuerst abgegebenen Angebots auf den etwaig späteren Endtermin des konkurrierenden Angebots, sodass die Annahmefrist für beide Angebote am gleichen Tag endet und die Aktionäre sich bis zu einem einheitlichen Termin für die Annahme des einen oder des anderen Angebots entscheiden können. Allein dann, wenn das ursprüngliche Angebot länger läuft als das konkurrierende Angebot, das eine kürzere Annahmefrist vorsieht, kommt es zu keiner Verlängerung der Annahmefrist des einen oder des anderen Angebots.

#### (11) Squeeze-out und Sell-out

**815** Nach erfolgreicher Durchführung eines Übernahmeangebots, aber auch in Fällen, in denen ein Gesellschafter schon langjährig eine substantielle Mehrheitsbeteiligung hält, besteht häufig das Bestreben, den noch vorhandenen geringen Streubesitz der Minderheitsaktionäre auszuschließen, also diese zum Verkauf ihrer Anteile zu zwingen. Seit Inkrafttreten des WpÜG wurde zu diesem Zwecke in das Aktienrecht die Möglichkeit eines Squeeze-outs eingeführt. Insgesamt gibt es mittlerweile nach geltendem Recht drei Arten des Squeeze-outs:

##### (a) Aktienrechtlicher Squeeze-out gemäß § 327a ff AktG

**816** Im Rahmen des aktienrechtlichen Squeeze-outs kann ein Hauptaktionär, der mindestens 95 % am Grundkapital hält, jederzeit eine Beschlussfassung der Hauptversammlung verlangen, durch welche die Aktien der Mehrheitsaktionäre gegen Zahlung einer Abfindung auf ihn übertragen werden.

##### (b) Umwandlungsrechtlicher Squeeze-out gemäß § 62 Abs. 5 UmwG

**817** § 62 Abs. 5 UmwG i. V. m. §§ 327a ff AktG ermöglichen es einem Hauptaktionär der Zielgesellschaft, bereits mit einer Beteiligung am Grundkapital von 90 % durch Verschmelzung auf den Hauptaktionär selbst die übrigen Aktionäre aus der Gesellschaft auszuschließen, sofern der Hauptaktionär die Rechtsform der Aktiengesellschaft, SE oder KGaA hat. Die Minderheitsaktionäre scheiden im Rahmen dieser Verschmelzung gegen Zahlung einer Abfindung aus der Gesellschaft mit Eintragung der Verschmelzung im Handelsregister des übernehmenden Rechtsträgers aus.

---

1039) *Hasselbach*, in: Kölner Komm. z. WpÜG, § 16 Rz. 66.

### (c) Übernahmerechtlicher Squeeze-out gemäß §§ 39a ff WpÜG

Schließlich kommt nach §§ 39a ff WpÜG einem Bieter das Recht zu, beim LG Frankfurt 818 a. M. durch Beschluss des Gerichts die Aktien der Minderheitsaktionäre gegen Zahlung einer Abfindung in Höhe des Angebotspreises übertragen zu lassen. Voraussetzung für einen entsprechenden Beschluss ist, dass der Bieter nach dem Übernahmeangebot 95 % des stimmberechtigten Grundkapitals hält und er durch Annahme des Angebots 90 % des vom Angebot betroffenen Grundkapitals erworben hat. Dieser Antrag muss binnen drei Monaten nach Ablauf der Annahmefrist gestellt werden.

Die Barabfindung der Minderheitsgesellschafter leitet sich sowohl im Rahmen des aktien- 819 rechtlichen als auch des verschmelzungsrechtlichen Squeeze-outs als Vermögensausgleich für den Verlust der Mitgliedschaftsrechte aus dem anteiligen Unternehmenswert der Zielgesellschaft her, der nach dem Ertragswert – in der Regel nach dem IDW-Standard S 1 – zu ermitteln ist, wonach zu berücksichtigen ist, welche zukünftig zufließenden Erträge den Anteilseignern zukommen, die sodann mit dem Kapitalisierungszinssatz zu diskontieren sind, um den Barwert zu erhalten. Der Kapitalisierungszinssatz ergibt sich aus dem risikolosen Basiszinssatz zuzüglich eines Risikozuschlags. Bei börsennotierten Aktiengesellschaften ist – ähnlich wie beim übernahmerechtlichen Mindestpreis – nach der Rechtsprechung von Bundesverfassungsgericht und Bundesgerichtshof der nach Umsatzvolumen gewichtete Durchschnittskurs innerhalb einer dreimonatigen Referenzperiode vor Bekanntmachung des Squeeze-outs ebenfalls als Mindestpreis zugrunde zu legen.[1040)] Für den übernahmerechtlichen Squeeze-out hingegen gilt der Angebotspreis gemäß dem zeitlich vorhergehenden Übernahme- oder Pflichtangebot nach § 39 a Abs. 3 WpÜG fort.

Ein Squeeze-out ist grundsätzlich nicht rechtfertigungsbedürftig.[1041)] Die Rechtsprechung 820 geht bei der Kontrolle von Squeeze-outs und der Feststellung eines Rechtsmissbrauchs zudem sehr zurückhaltend vor; so ist etwa der Rechtsformwechsel der Mutter in Vorbereitung eines umwandlungsrechtlichen Squeeze-outs unbedenklich.[1042)]

### (d) Sell-out (Andienungsrechte der Minderheitsaktionäre)

Nach § 39c WpÜG können die Aktionäre einer Zielgesellschaft, die dieses Angebot nicht an- 821 genommen haben, nach einer Übernahme oder einem Pflichtangebot das Angebot innerhalb von drei Monaten nach Ablauf der Annahmefrist annehmen, sofern der Bieter berechtigt ist, einen Antrag nach § 39a WpÜG zu stellen, also einen übernahmerechtlichen Squeeze-out durchzuführen. Dieses Sell-out-Recht soll dem Aktionär der Zielgesellschaft als weitere Deinvestitionsmöglichkeit die Verkaufsoption eröffnen, wenn der Bieter infolge des Übernahmeangebots die 95 %ige Squeeze-out-Grenze erreicht. In diesem Fall ist der Aktionär berechtigt, seine Aktien dem Mehrheitsaktionär anzubieten, und muss nicht abwarten, dass der Mehrheitsaktionär aktiv und dann möglicherweise zu ungünstigeren Rahmenbedingungen einen verschmelzungsrechtlichen oder aktenrechtlichen Squeeze-out einleitet. Der Sell-out wirkt damit letztlich wie eine weitere Verlängerung der Annahmefrist.

1040) Vgl. BVerfG, Beschl. v. 27.4.1999 – I BvR 1613/94, ZIP 1999, 1436 („DAT/Altana"); BGH, Beschl. v. 19.7.2010 – II ZB 18/09, ZIP 2010, 1487 = NJW 2010, 2657 („Stollwerck").

1041) Vgl. BGH, Urt. v. 16.3.2009 – II ZR 302/06, ZIP 2009, 908 = AG 2009, 441; LG Stuttgart, Urt. v. 29.9.2004 – 39 O 49/03 KfH, DB 2005, 327.

1042) Vgl. nur BGH, Urt. v. 18.9.2006 – II ZR 225/04, ZIP 2006, 2080 = NZG 2006, 905 (zu § 327a AktG); OLG Düsseldorf, Urt. v. 16.1.2003 – I-6 U 60/02, ZIP 2003, 1749 = DB 2003, 1318, 1319 = NZG 2002, 191, 193; OLG Frankfurt/M., Beschl. v. 8.2.2006 – 12 W 185/05, ZIP 2006, 370 = NJOZ 2006, 870, 879 f (zur Verschmelzung).

### g) Kauf aus der Insolvenz

#### aa) Szenario

822 Der Kauf eines Unternehmens aus der Insolvenz stellt die Beteiligten neben den gängigen Aspekten des Unternehmenskaufs vor weitere Herausforderungen. Für die Überlegung und Planung ist es hilfreich, wenn der Kaufinteressent das Insolvenzverfahren in den Grundzügen und den typischen Zeitläufen versteht. Die Grafik zeigt den typischen Ablauf eines (vorläufigen) Insolvenzverfahrens und die einzelnen Verfahrensschritte.

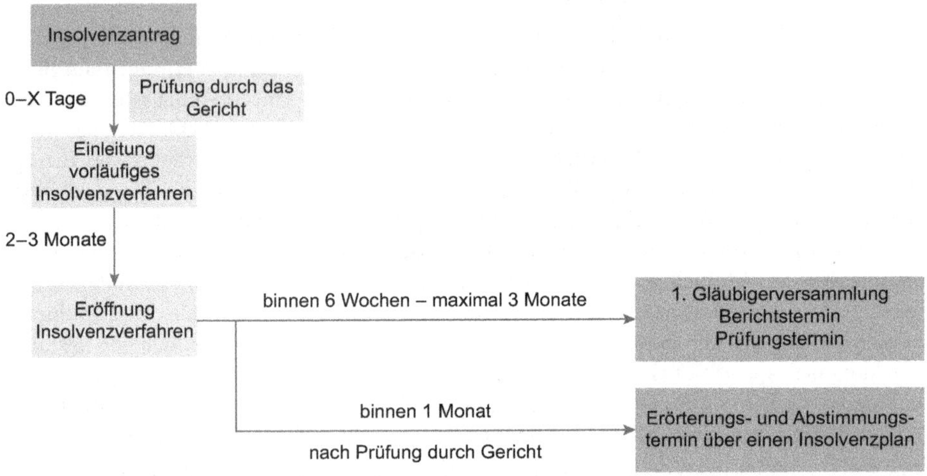


823 Nach Einreichung des Insolvenzantrags prüft das Gericht zunächst die **Zulässigkeit des Antrags**. Während der von dem Schuldner oder Unternehmen selbst gestellte Antrag, der sog. Eigenantrag, typischerweise unmittelbar zugelassen wird und das Gericht sofort vorläufige Sicherungsmaßnahmen nach §§ 21 ff InsO anordnet, einen vorläufigen Insolvenzverwalter bestellt und damit ein vorläufiges Insolvenzverfahren in Gang setzt, ist bei von Gläubigern gestellten Anträgen, den sog. Drittanträgen, das betroffene Unternehmen zwingend anzuhören. Zudem prüft das Gericht in besonderem Maße die Zulässigkeit des Drittantrags, der neben der Glaubhaftmachung der Zahlungsunfähigkeit und/oder der Überschuldung des Unternehmens als Eröffnungsgrund auch die Glaubhaftmachung der Forderung und ein rechtliches Interesse des Gläubigers voraussetzt (§ 14 InsO). Diese Prüfung und ggf. notwendige Abstimmung dauert in der Regel einige Tage, kann in Sondersituationen aber auch sehr lange Zeit in Anspruch nehmen, in Extremfällen Monate.

824 Das **vorläufige Insolvenzverfahren** bis zur Entscheidung des Gerichts über die Eröffnung oder Einstellung z. B. mangels Masse dauert in Deutschland regelmäßig zwei bis drei Monate. Der Grund für die recht vorhersehbare Dauer liegt darin, dass im vorläufigen Insolvenzverfahren die Fortführung von Unternehmen durch die grundsätzlich mögliche Insolvenzgeldfinanzierung gefördert wird. Die Bundesagentur für Arbeit verwaltet einen von allen Unternehmen in Deutschland finanzierten Topf, aus dem bei fortführungsfähig erscheinenden insolventen Unternehmen die Löhne und Gehälter im vorläufigen Insolvenzverfahren – allgemeiner vor Eröffnung eines Insolvenzverfahrens – bis zu maximal drei Monaten finanziert werden. Praktisch bedeutet dies, dass im vorläufigen Insolvenzverfahren der Geschäftsbetrieb fortgeführt werden kann, ohne dass das insolvente Unternehmen die Löhne und Gehälter bezahlen muss. Während des vorläufigen Insolvenzverfahrens ist der vorläufige Insolvenzverwalter – oder im Fall der Eigenverwaltung die Geschäfts-

führer zusammen mit dem vom Gericht bestellten vorläufigen Sachwalter – grundsätzlich nicht bereit, zu veräußern. Die Abwicklung wäre auch höchst komplex und ist deswegen faktisch unüblich.

Die **Verfahrenseröffnung** erfolgt dann klassisch auf einen Monatsanfang oder wenige Tage vor einem Monatsanfang. Die Verwalter streben dann sehr häufig eine Veräußerung unmittelbar zum Stichtag der Insolvenzeröffnung an, da mit Insolvenzeröffnung das insolvente Unternehmen wieder zur uneingeschränkten Zahlung aller Löhne und Gehälter verpflichtet ist. Eine Übertragung auf den Stichtag der Insolvenzeröffnung oder sehr zeitnah danach ist deshalb in der Praxis der übliche Fall. Im Verhältnis zu Dritten ist der Insolvenzverwalter nach Verfahrenseröffnung uneingeschränkt verfügungsberechtigt. Im Innenverhältnis bedarf er allerdings der Zustimmung der Gläubigerversammlung oder des in der Mehrzahl der Unternehmensinsolvenzen gesetzlich erforderlichen Gläubigerausschusses. Sind unter den Erwerbern ehemalige Gesellschafter oder Organe, so bedarf die Transaktion in jedem Fall der Zustimmung der Gläubigerversammlung (siehe Rz. 850 ff). 825

Mit Eröffnung des Insolvenzverfahrens beraumt das Gericht auch die **Termine für die Gläubigerversammlung** an. Nach dem Gesetz soll die Gläubigerversammlung, der sog. Berichtstermin, binnen sechs Wochen nach Eröffnung stattfinden, er muss binnen drei Monaten stattfinden. Bei einem Insolvenzplanverfahren ist zusätzlich erforderlich, dass für die Erörterung des Insolvenzplans und die Abstimmung über diesen ein weiterer Termin anzuberaumen ist. Der Termin für die Erörterung und Abstimmung über den Insolvenzplan kann erst nach einem Prüfungstermin stattfinden, da zumindest über den Umfang der Stimmrechte und die Beteiligung der Gläubiger erste Beschlüsse vorliegen müssen und dies einen Termin zur Prüfung der Forderung, den Prüfungstermin, voraussetzt. Auch wenn dies unüblich ist, ist es praktisch möglich, alle Termine in unmittelbarer Abfolge an einem Tag durchzuführen, d. h. erste Gläubigerversammlung (Berichtstermin), unmittelbar anschließend der Prüfungstermin und daran anschließend der Erörterungstermin für den Insolvenzplan und zuletzt der Abstimmungstermin für den Insolvenzplan. Für die Durchführung des Erörterungs- und Abstimmungstermins über den Insolvenzplan muss der Insolvenzplan dem Gericht vorliegen, muss von diesem geprüft worden sein und die wesentlichen Beteiligten mussten zu dem Insolvenzplan angehört werden (siehe zu den Inhalten des Insolvenzplans Rz. 866 ff). Der Erörterungs- und Abstimmungstermin soll dann binnen eines Monates nach der Prüfung durch das Gericht anberaumt werden. Die Mindestladefrist für den Termin beträgt sechs Tage. Wird der Insolvenzplan zum Zeitpunkt der Eröffnung oder auch zuvor bereits eingereicht, bereitet eine gemeinsame Terminierung, wohlwollende Unterstützung durch das Gericht unterstellt, keine Probleme. 826

Ausgangspunkt aller Überlegungen für den Kaufinteressenten ist die Frage, welche **Art des Insolvenzverfahrens** das Insolvenzgericht angeordnet hat. Handelt es sich um ein Regelinsolvenzverfahren, ist der Insolvenzverwalter bestrebt, das Unternehmen durch Verkauf sämtlicher Vermögensgegenstände im Wege eines Asset Deals an einen Investor zu übertragen. Dieser Vorgang wird als übertragende Sanierung bezeichnet. Dies ist die in der Praxis vorherrschende Form und hinsichtlich der Abwicklung der i. d. R. schlichteste Weg der Transaktion. Sieht das Insolvenzverfahren die Aufstellung eines Insolvenzplans vor, ergeben sich für den Erwerber aufgrund der Gestaltungsfreiheit des Insolvenzplans weitere Möglichkeiten des Erwerbs z. B. im Wege des Share Deals, durch Umwandlungsmaßnahmen oder einen Debt-Equity-Swap. 827

In jedem Fall haben die Beteiligten bei dem Kauf aus der Insolvenz die Ziele und Vorgaben der Insolvenzordnung zu berücksichtigen. Der Zweck eines Kaufs aus der Insolvenz 828 besteht nicht nur in der Sanierung des Unternehmens, sondern insbesondere in der **bestmöglichen Gläubigerbefriedigung**. Der Investor muss sich darüber im Klaren sein, dass er zwar vorrangig mit dem Insolvenzverwalter oder – realistischer – mit dessen Vertreter als Vertragspartner verhandelt, dieser jedoch während des gesamten Verkaufsprozesses zwar auch die Interessen des schuldnerischen Unternehmens vertritt, aber vorrangig die Interessen der Gläubiger im Blick halten muss. Der Verwalter wird außerdem jegliche Haftung oder Gewährleistung – soweit gesetzlich möglich – ausschließen oder einschränken, da ihm das Unternehmen und dessen Historie nicht vertraut sind und er kraft Gesetzes persönlich und unbeschränkt haftet.

### bb) Übertragende Sanierung

829 Auch wenn sich der Begriff der übertragenden Sanierung im wirtschaftlichen Sprachgebrauch etabliert hat, kennt die Insolvenzordnung den Begriff nicht. Eine übertragende Sanierung liegt vor, wenn der Insolvenzverwalter die für den Geschäftsbetrieb wesentlichen Vermögensgegenstände eines Unternehmens aus der Insolvenzmasse im Wege eines Asset Deal verkauft. Dogmatisch betrachtet führt dies nicht zu einer Sanierung des schuldnerischen Unternehmens, denn dieses wird nach dem Verkauf der Vermögensgegenstände nicht fortgeführt, sondern vom Insolvenzverwalter abgewickelt. Die Sanierung hingegen erfolgt, soweit nicht bereits im Rahmen des bisherigen (vorläufigen) Insolvenzverfahrens geschehen, bei der Erwerbergesellschaft. Die notwendige und von dem Investor angestrebte Sanierung vollzieht sich in zwei streng voneinander zu unterscheidenden Schritten. Die Übertragung im Wege des Asset Deal führt dazu, dass der Erwerber keine Verbindlichkeiten des Unternehmens übernimmt. Darüber hinaus trifft der Erwerber bei Abschluss des Kaufvertrags eine Entscheidung darüber, ob er das gesamte Unternehmen kauft oder ggf. unwirtschaftliche Teile des Unternehmens nicht erwirbt. Beides kann dazu führen, dass das neue Unternehmen bereits mit Abschluss des Asset Deal und anschließender Übertragung besser aufgestellt ist als vorher. Sollte dies nicht ausreichend sein, muss der Erwerber im Anschluss weitere Maßnahmen treffen, um die wirtschaftliche Situation des Unternehmens zu stabilisieren und zu verbessern. Somit erfolgt die Sanierung im eigentlichen Sinne häufig erst nach der Übertragung.[1043)]

#### (1) Ablauf

830 **Geschwindigkeit** ist bei einer M&A-Transaktion selbstverständlich. Bei einem Kauf aus der Insolvenz ist dies umso wichtiger, weil die Insolvenz die weitere Fortführung des Betriebs mit zunehmender Zeitdauer erschwert. Der Insolvenzverwalter ist damit konfrontiert, dass die Geschäftspartner des schuldnerischen Unternehmens verunsichert sind und erschwerte Bedingungen für die Fortführung der Lieferung von Waren und Erbringung von Leistungen stellen, Arbeitnehmer in Schlüsselpositionen auf dem Absprung sind und Kunden alternative Lösungen suchen. Trotzdem muss der Insolvenzverwalter den Betrieb des Unternehmens bis zu einem Verkauf fortführen, da die Investoren an einem bereits stillgelegten Betrieb kein Interesse haben. Diese zeitliche Gemengelage sollte der Investor stets vor Augen haben, wenn er an einem erfolgreichen Vertragsabschluss mit dem Insolvenzverwalter interessiert ist. Der Investor sollte daher, wenn der Insolvenzverwalter im Rahmen der Vertragsverhandlungen zur Eile mahnt und mit der Schließung des Betriebs

1043) *Undritz*, in: Thierhoff/Müller, Unternehmenssanierung, Kap. 9 Rz. 263.

droht, in Betracht ziehen, dass es sich hierbei nicht nur um ein taktisches Manöver des Insolvenzverwalters handeln muss.

Idealerweise wird der Veräußerungsprozess bereits unmittelbar nach dem Beschluss über die Eröffnung des vorläufigen Insolvenzverfahrens noch frühzeitig im vorläufigen Insolvenzverfahren eingeleitet. Denn auch ohne sich bereits ein genaues Bild von dem schuldnerischen Unternehmen gemacht zu haben, weiß der vorläufige Insolvenzverwalter, dass für eine nachhaltige Lösung eine übertragende Sanierung erforderlich ist, die vorzugsweise bereits zeitgleich mit dem Beschluss über die Eröffnung des Insolvenzverfahrens umgesetzt werden kann. Damit vermeidet der Verwalter das unternehmerische Risiko, das die Fortführung des Unternehmens im eröffneten Verfahren mit der Verpflichtung zur Zahlung sämtlicher Löhne und Gehälter, weiterer wesentlicher Verpflichtungen und seiner unbeschränkten persönlichen Haftung mit sich bringt. 831

In der Regel beauftragt der (vorläufige) Insolvenzverwalter ein auf Distressed M&A-Transaktionen spezialisiertes Beratungsunternehmen mit der **Durchführung und Steuerung des Veräußerungsprozesses.** Mit einer professionellen Begleitung erreicht der Insolvenzverwalter eine möglichst umfassende Marktansprache und eine investorenorientierte Steuerung des Verkaufsprozesses durch Aufarbeitung der wesentlichen Unterlagen und Informationen. Sofern die Marktansprache dazu führt, dass mehrere Interessenten an dem Verkaufsprozess teilnehmen, wird der Insolvenzverwalter im Wege eines Bieterverfahrens die Verhandlungen mit mehreren Interessenten gleichzeitig aufnehmen. 832

Nach Identifizierung der Kaufinteressenten werden – wie in jedem anderen M&A-Prozess auch – Vereinbarungen getroffen, die für den weiteren Ablauf des Veräußerungsprozesses erforderlich sind. Auf den Abschluss einer Vertraulichkeitsvereinbarung wird der Insolvenzverwalter regelmäßig bestehen, da häufig auch Konkurrenten des schuldnerischen Unternehmens mitbieten. Auch eine Absichtserklärung mit einem indikativen Kaufpreisangebot wird sich der Insolvenzverwalter geben lassen, um in einem möglichst frühen Stadium die Spreu vom Weizen trennen zu können. 833

Nachdem der Insolvenzverwalter das indikative Angebot als ausreichend bewertet hat, wird der Kaufinteressent das insolvente Unternehmen im Wege einer **Due Diligence** rechtlich, wirtschaftlich und steuerlich prüfen. Der Umfang der Due Diligence ist anders als bei M&A-Transaktionen außerhalb der Krise stark einzelfallabhängig und durch die Besonderheiten des Insolvenzverfahrens bestimmt. Faktoren hierfür sind der Zeitplan, die Vorkenntnis und Nähe des Kaufinteressenten, der Umfang des Unternehmens und die Bereitschaft des Insolvenzverwalters zur Offenlegung. In der Praxis führt dies dazu, dass regelmäßig keine standardisierte Due Diligence stattfindet, sondern der Kaufinteressent sich fallabhängig auf einzelne Bereiche fokussiert (z. B. Arbeitsrecht, IP-Recht). Ziel der Due Diligence ist es, den Kaufinteressenten in die Lage zu versetzen, das insolvente Unternehmen zu bewerten und ein bindendes Angebot abzugeben. 834

Soweit sich der Insolvenzverwalter mit einem Kaufinteressenten nach Durchführung der Due Diligence vertraglich geeinigt hat, stellt sich die Frage nach dem richtigen **Zeitpunkt für den Abschluss des Kaufvertrags.** Auch wenn der Veräußerungsprozess bereits frühzeitig im Rahmen des vorläufigen Insolvenzverfahrens begonnen wurde, wird der Vertrag über eine übertragende Sanierung in den meisten Fällen frühestens mit dem Beschluss über die Eröffnung des Insolvenzverfahrens unterzeichnet. Ein wesentlicher Grund hierfür ist die Frage des Vertragspartners. Mit der Eröffnung des Insolvenzverfahrens erst entsteht das Amt des Insolvenzverwalters. Dieser ist Vertragspartner für den Asset Deal und kann 835 ohne Zustimmung des Schuldners und ohne Zustimmung des Insolvenzgerichts handeln. Im Rahmen des vorläufigen Insolvenzverfahrens hingegen kann der Kaufvertrag nur mit dem Schuldner unter Zustimmung des vorläufigen Insolvenzverwalters und mit Zustimmung des Insolvenzgerichts (nach herrschender Meinung auch bei einem starken Insolvenzverwalter)[1044] abgeschlossen werden. Zudem übernimmt der Erwerber bei einem Kauf im Eröffnungsverfahren Haftungsrisiken, die er bei Vertragsabschluss nach Eröffnung des Insolvenzverfahrens nicht trägt. Dies betrifft sowohl eine mögliche Haftung gemäß § 25 Abs. 1 HGB wegen Firmenfortführung als auch eine erweiterte Haftung wegen Betriebsübergangs nach § 613a BGB. Schließlich besteht bei einer Veräußerung durch den Schuldner mit Zustimmung des vorläufigen Insolvenzverwalters die (zumindest theoretische) Gefahr einer Anfechtung des Unternehmenskaufs durch den Insolvenzverwalter.[1045]

836 Soweit die übertragende Sanierung nach der Eröffnung des Insolvenzverfahrens erfolgt, ist der Insolvenzverwalter in seiner Entscheidung über den richtigen Zeitpunkt grundsätzlich frei. Insbesondere muss der Insolvenzverwalter nicht die Entscheidung der Gläubigerversammlung über den Fortgang des Verfahrens im Berichtstermin (§ 157 InsO) abwarten. Denn § 158 InsO eröffnet dem Insolvenzverwalter die Möglichkeit, das Unternehmen mit Zustimmung des vorläufigen Gläubigerausschusses bereits vor dem Berichtstermin zu veräußern. Ist in dem Insolvenzverfahren kein Gläubigerausschuss bestellt, kann der Insolvenzverwalter nach pflichtgemäßem Ermessen über eine Unternehmensveräußerung vor dem Berichtstermin entscheiden. Bei dieser Entscheidung wird der Insolvenzverwalter sein Ermessen fehlerfrei ausüben, wenn die Veräußerung vor dem Berichtstermin eine günstige Verwertungsmöglichkeit darstellt bzw. bei einem Abwarten die geplante Veräußerung gefährdet wäre.[1046] In der Praxis sind solche Fälle faktisch ausgeschlossen, da Insolvenzverwalter absolut risikoavers handeln.

#### (2) Steuerliche und betriebswirtschaftliche Aspekte

837 Der Umfang einer Due Diligence im steuerlichen und betriebswirtschaftlichen Bereich ist in höchstem Maße vom Einzelfall abhängig. Beim Kauf aus der Insolvenz im Wege einer übertragenden Sanierung spielen steuerliche Fragen allerdings wegen der **fehlenden Nachhaftung für Altverbindlichkeiten** und Lasten typischerweise keine Rolle. Gleiches gilt für Verträge und grundsätzlich auch für Dauerschuldverhältnisse (ausgenommen Arbeitsverhältnisse, siehe dazu Rz. 841 ff), die für den Übergang jeweils der expliziten Zustimmung des Vertragspartners oder des Neuabschlusses bedürfen. Anderes gilt, soweit sich der Erwerber verpflichtet, bestimmte Vertragsverhältnisse zu übernehmen. Dies ist eine von Insolvenzverwaltern häufig angestrebte Lösung.

838 In jedem Fall gilt es zu klären, welche **Vertragsverhältnisse** für eine nachhaltige Fortführung des Geschäftsbetriebs erforderlich sind und inwieweit die Vertragspartner dies auch wünschen und die zukünftigen Konditionen tragfähig sind. Nicht erforderliche oder erwünschte Verträge sollten nicht übernommen und vom Insolvenzverwalter unter Nutzung der Optionen des Insolvenzrechts beendet werden. Beachtlich ist auch, dass Lizenzen, Zertifizierungen und Genehmigungen bei einer übertragenden Sanierung grundsätzlich nicht übergehen. Wenn und soweit dies für die Fortführung zwingend erforderlich ist und – auch übergangsweise – keine Lösung gefunden werden kann, scheidet die übertragende

1044) BGH, ZIP 2007, 827.

1045) Uhlenbruck-*Vallender*, InsO, § 22 Rz. 39.

1046) Uhlenbruck-*Zipperer*, InsO, § 158 Rz. 9.

Sanierung als Transaktionsform aus und es sind Lösungen über einen Insolvenzplan anzustreben, die den alten Rechtsträger erhalten und damit auch den Übergang aller Rechte und Vertragsverhältnisse grundsätzlich sicherstellen.

Da aber **öffentlich-rechtliche Lasten** und Verpflichtungen regelmäßig auch im Wege der übertragenden Sanierung übergehen ist hier besondere Sorgfalt geboten. Dies umso mehr als der Insolvenzverwalter regelmäßig Aussagen hierzu und Gewährleistungen vertraglich ausschließen wird. Die im Regelfall maximal mögliche Absicherung ist die Aussage, dass dem Verwalter solche Lasten nicht bekannt sind. Der Erwerber muss insoweit also potenzielle Risiken angemessen abklären oder in seiner Kalkulation einpreisen. 839

Auch **Pensionsverpflichtungen** sind zu analysieren. Zwar gilt für diese Versorgungszusagen, dass diese soweit sie auf die Zeit vor der Eröffnung des Insolvenzverfahrens entfallen, nicht mit übergehen, sondern Insolvenzforderungen sind, die i. d. R. durch den Pensions-Sicherungs-Verein VVaG übernommen werden. Soweit diese Zusagen aber noch bestehen, gehen die ab dem Zeitpunkt der Eröffnung des Insolvenzverfahrens entstehenden Ansprüche im Falle eines Betriebsübergangs auf den Erwerber über. 840

### (3) Arbeitsrechtliche Aspekte

Der Kauf aus der Insolvenz im Wege der übertragenden Sanierung stellt nach ständiger Rechtsprechung des BAG einen **Betriebsübergang** gemäß § 613a BGB dar.[1047] Eine gesetzliche Ausnahme hiervon hatte der Gesetzgeber lediglich bis 1998 für Insolvenzverfahren in Ostdeutschland vorgesehen. Mit Einführung der Insolvenzordnung im Jahr 1999 hat der Gesetzgeber die Rechtsprechung des BAG bestätigt, indem er in § 128 Abs. 2 InsO das Vorliegen eines Betriebsübergangs bei einem Erwerb aus der Insolvenz heraus voraussetzt. 841

Festzuhalten ist daher, dass § 613a BGB grundsätzlich in einem Insolvenzverfahren – ebenso wie in dem vorgeschalteten vorläufigen Insolvenzverfahren – Anwendung findet. Von dem Anwendungsbereich des § 613a BGB werden nach ständiger Rechtsprechung lediglich Insolvenzansprüche der Arbeitnehmer, d. h. solche Ansprüche, die bis zur Eröffnung des Insolvenzverfahrens fällig geworden sind, ausgenommen.[1048] Diese Haftungserleichterung für den Erwerber gilt nicht, wenn die übertragende Sanierung vor der Eröffnung des Insolvenzverfahrens erfolgt. 842

Die entscheidende Herausforderung bei einem Erwerb aus der Insolvenz besteht in § 613a Abs. 4 BGB, wonach die wegen Betriebsübergangs erfolgte Kündigung unwirksam ist. Da der Erwerber oftmals nicht die gesamte Belegschaft, sondern nur einen bestimmten Teil der Belegschaft übernehmen will, stellt sich die Frage, wie die Übernahme der gesamten Belegschaft trotz Betriebsübergangs vermieden werden kann. Hierzu haben sich in der Praxis als Lösungsmodelle die Transfergesellschaft und/oder das Erwerberkonzept herausgebildet. 843

Eine Möglichkeit besteht in der **Errichtung einer Transfergesellschaft** (auch Beschäftigungs- und Qualifizierungsgesellschaft genannt). Dieses Modell sieht vor, dass alle Arbeitnehmer im Wege eines dreiseitigen Vertrags mit dem Insolvenzverwalter und der Transfergesellschaft freiwillig aus der insolventen Gesellschaft ausscheiden und in die Transfergesellschaft überwechseln. Anschließend kann sich der Erwerber aus der Transfergesellschaft 844

1047) BAG, NJW 2003, 3506; BAG ZIP 1983, 1377.

1048) BAG, NZA 2003, 318, BAG NJW 2010, 2154.

seine Wunschmannschaft zusammenstellen. Der Vorteil dieser Variante besteht darin, dass keine betriebsbedingten Kündigungen ausgesprochen werden müssen und Kündigungsschutzklagen damit weitgehend vermieden werden können. Der Erwerber hat darüber hinaus den Vorteil, dass er seinen neuen Arbeitnehmern Arbeitsverträge zu seinen Konditionen anbieten kann und nicht an die alten Arbeitsverträge gebunden ist. Für die Arbeitnehmer bedeutet der Wechsel in die Transfergesellschaft, dass zumindest für einen befristeten Zeitraum die Arbeitslosigkeit vermieden werden kann, da der Übergang regelmäßig eine Verlängerung der Beschäftigung bis zu deren etwaigen Beendigung mit sich bringt, und der Arbeitnehmer durch die Teilnahme an Qualifizierungsmaßnahmen seine Chancen auf eine Rückkehr in den ersten Arbeitsmarkt erhöht.

**845** Der Weg über die Transfergesellschaft gelingt allerdings nur, wenn eine hohe Akzeptanz aufseiten der Belegschaft und der Betriebsräte einschließlich der Gewerkschaften für dieses Modell erreicht werden kann, da jeder Arbeitnehmer zunächst freiwillig seinen bestehenden Arbeitsplatz aufgibt. Zwar fördert die Agentur für Arbeit die Transfergesellschaft über Transfer-Kurzarbeitergeld-Leistungen, darüber hinaus verursachen jedoch sowohl die üblichen Aufstockungszahlungen auf das Transfer-Kurzarbeitergeld als auch die weiteren Kosten der Transfergesellschaft (Gründungskosten, Sozialversicherungsbeiträge, Kosten für Qualifizierungsmaßnahmen) einen erheblichen finanziellen Aufwand. Teilweise werden Transfergesellschaften auch von Dienstleistern oder den Gewerkschaften vorgehalten.

**846** Bei der vertraglichen Ausgestaltung zur Aufhebung des bestehenden Arbeitsverhältnisses und Eintritt in die Transfergesellschaft ist darauf zu achten, dass die Rechtsprechung des BAG die jeweils gewählte Konstruktion daraufhin überprüft, ob die Vertragspartner nicht vornehmlich den Zweck hatten, die Rechtswirkungen des § 613a BGB zu umgehen mit der Folge, dass der dreiseitige Vertrag gemäß § 134 BGB nichtig wäre.[1049)] Hinweise auf eine Umgehung sind nach Ansicht des BAG dann gegeben, wenn nach den gesamten Umständen klar war, dass der freiwillig ausscheidende Arbeitnehmer vom Betriebserwerber wieder eingestellt wird. Dies muss der Erwerber bei der Ausgestaltung berücksichtigen.

**847** Neben dem Weg über eine Transfergesellschaft hat der Erwerber die Möglichkeit, das Personal über betriebsbedingte Kündigungen, die noch vom Insolvenzverwalter ausgesprochen werden, zu reduzieren. Um diese Kündigungen einigermaßen gerichtsfest auszugestalten, hat die Praxis das von der arbeitsgerichtlichen Rechtsprechung akzeptierte Modell der **Kündigung nach einem vorliegenden Erwerberkonzept** entwickelt.[1050)] Danach ist eine betriebsbedingte Kündigung dann nicht wegen Betriebsübergangs unwirksam, wenn der Arbeitsplatz des Arbeitnehmers aufgrund eines Sanierungskonzepts des Erwerbers entfallen ist und der Insolvenzverwalter auf der Grundlage dieses Erwerberkonzepts die Kündigung ausspricht. Die Rechtssicherheit wird noch erhöht, wenn der Insolvenzverwalter und der Betriebsrat sich auf der Grundlage des Erwerberkonzepts auf eine Namensliste mit den zu kündigenden Personen einigen. Dies führt dazu, dass im Insolvenzverfahren im Wege einer gesetzlichen Vermutung davon ausgegangen wird, dass die Kündigung nicht wegen Betriebsübergangs erfolgt ist.

**848** Die aufgrund des Erwerberkonzepts noch vom Insolvenzverwalter ausgesprochenen Kündigungen haben für den Erwerber den weiteren Vorteil, dass die Kündigungen den erleichternden Regelungen der Insolvenzordnung unterfallen. Die wichtigste Erleichterung in der Insolvenz ist die Beschränkung der Kündigungsfrist auf höchstens drei Monate zum

1049) BAG, ZInsO 2013, 946.

1050) BAG, NJW 2003, 3507, LAG Köln, Urt. v. 28.6.2018 – 7 Sa 794/17, LAG Köln, NZI 2019, 47.

Monatsende, soweit nicht eine kürzere Frist maßgeblich ist. Bei Belegschaften mit langen Betriebszugehörigkeiten, die zu Kündigungsfristen von bis zu sieben Monaten führen können, ist diese Regelung von erheblicher Bedeutung. Darüber hinaus findet bei Kündigungen durch den Insolvenzverwalter (auch auf Grundlage eines Erwerberkonzepts) die Regelung über den Umfang des Sozialplans gemäß § 123 InsO Anwendung. Sofern in dem Betrieb ein Betriebsrat besteht und der Personalabbau zu einem erzwingbaren Sozialplan führt, beschränkt § 123 InsO den nach dem Sozialplan zu zahlenden Gesamtbetrag auf bis zu 2,5 Monatsverdiensten aller betroffenen Arbeitnehmer. Zudem darf für den Sozialplan nicht mehr als 1/3 der Insolvenzmasse verwendet werden, die ohne einen Sozialplan für die Verteilung an die Gläubiger zur Verfügung steht.

Dieses Vorgehen entbindet den Erwerber jedoch nicht von der Durchführung einer Sozialauswahl. Der Erwerber muss also darauf achten, dass bei der Zusammenstellung der Namenslisten der zu kündigenden Arbeitnehmer eine Sozialauswahl nach Alter, Betriebszugehörigkeit und Unterhaltspflichten durchgeführt wird, die nicht grob fehlerhaft sein darf. Wenn der Erwerber sich hieran nicht hält und sich stattdessen eine Wunschmannschaft zusammenstellt, riskiert er auch bei Vorliegen eines Erwerberkonzepts, dass die ausgesprochenen Kündigungen im Rahmen von Kündigungsschutzklagen für unwirksam erklärt werden. 849

### (4) Wirksamkeitserfordernisse

Auch wenn der Insolvenzverwalter im Außenverhältnis gegenüber dem Erwerber allein handelt, hat er die Gläubiger und den Insolvenzschuldner gemäß §§ 156 ff InsO an dem Veräußerungsprozess zu beteiligen. Die Beteiligung der Gläubiger erfolgt durch den Gläubigerausschuss oder, wenn ein Gläubigerausschuss in dem Insolvenzverfahren nicht bestellt worden ist, durch die Gläubigerversammlung. Grundsätzlich ist der Insolvenzverwalter verpflichtet, die **Zustimmung des (vorläufigen) Gläubigerausschusses bzw. der Gläubigerversammlung** einzuholen, bevor er das Unternehmen veräußert. Erfolgt die Veräußerung ohne die erforderliche Zustimmung, führt dies nicht zur Unwirksamkeit des Kaufvertrags. Allerdings besteht für den Insolvenzverwalter das Risiko, dass die Gläubiger ihn im Zusammenhang mit der Veräußerung des Unternehmens mit Schadensersatzansprüchen konfrontieren. Der Insolvenzverwalter besteht daher regelmäßig darauf, dass der Unternehmenskaufvertrag als aufschiebende Bedingung die Zustimmung des Gläubigerausschusses bzw. der Gläubigerversammlung vorsieht. Sofern der Erwerber mit dieser Regelung nicht einverstanden ist und mit Vertragsunterzeichnung Sicherheit haben möchte, kann er versuchen, den Insolvenzverwalter dazu zu bewegen, vorab die Zustimmung einzuholen. Hierzu wird sich der Insolvenzverwalter nur dann bereit erklären, wenn der Vertragsentwurf wirtschaftlich bereits weitgehend ausverhandelt ist und der Insolvenzverwalter diesen Vertragsentwurf dem Gläubigerausschuss bzw. der Gläubigerversammlung zur Abstimmung vorlegen kann. Sollte der Insolvenzverwalter stattdessen auf den Vertragsabschluss mit aufschiebender Bedingung bestehen, sollte der Erwerber darauf achten, dass bis zum Eintritt der aufschiebenden Bedingungen beiderseitig keine Vollzugshandlungen erfolgen. Denn es ist nicht auszuschließen, dass die Zustimmung nicht erfolgt oder der Insolvenzverwalter noch mit weiteren Interessenten einen Kaufvertrag endverhandelt und damit mehrere unterschriebene Kaufverträge zur Abstimmung vorliegen. 850

Der Insolvenzverwalter muss auch den **Insolvenzschuldner**, vertreten durch die Geschäftsführung über die geplante Veräußerung **unterrichten**. Der Insolvenzschuldner hat die Möglichkeit, nach erfolgter Unterrichtung bei dem Insolvenzgericht einen Antrag auf 851 vorläufige Untersagung der Veräußerung zu stellen mit dem Ziel, dass unabhängig vom Bestehen eines Gläubigerausschusses in jedem Fall die Gläubigerversammlung zustimmen muss. Dieses Antragsrecht steht neben dem Insolvenzschuldner auch einer Mehrzahl von absonderungsberechtigten Gläubigern zu. Sofern das Insolvenzgericht zu der Auffassung gelangt, dass die geplante Veräußerung zu einer erheblichen Schmälerung der zu verteilenden Insolvenzmasse führt, kann es die Veräußerung vorläufig untersagen und eine Gläubigerversammlung einberufen, um über die geplante Veräußerung zu beschließen. Auch der trotz vorläufiger Untersagung durch das Insolvenzgericht abgeschlossene Unternehmenskaufvertrag ist nicht unwirksam, sondern löst ggf. lediglich Schadensersatzansprüche gegen den Insolvenzverwalter aus.

852 Neben der Regelung zur Herbeiführung der Zustimmung der Gläubigerversammlung sieht der Gesetzgeber die weitere Möglichkeit für den Insolvenzschuldner oder eine Gruppe von mindestens fünf wesentlichen Gläubigern vor, beim Insolvenzgericht die Zustimmungspflicht durch die Gläubigerversammlung anordnen zu lassen, sofern der Insolvenzverwalter aus Sicht der Antragsteller eine **Betriebsveräußerung unter Wert** plant. Diese Vorschrift enthält keinen eigenen Regelungsgehalt im Vergleich zu den oben beschriebenen Regelungen der §§ 160, 161 InsO.[1051)]

853 Schließlich sieht die Insolvenzordnung eine weitere Besonderheit vor, wenn die **Veräußerung an bestimmte Personen** erfolgt. Wenn es sich bei dem Erwerber um eine sog. nahe stehende Person oder um einen absonderungsberechtigten Gläubiger mit 1/5 des Wertes aller Absonderungsrechte handelt, ist in allen Fällen die Zustimmung der Gläubigerversammlung erforderlich. Auch in diesem Fall führt ein Verstoß nicht zur Unwirksamkeit des Unternehmenskaufvertrags.

854 Hinsichtlich der **Form des Unternehmenskaufvertrags** finden sich keine Besonderheiten gegenüber dem Asset Deal außerhalb der Insolvenz. Verfügt die Insolvenzschuldnerin über ein Grundstück und wird dieses mitveräußert, bedarf der Kaufvertrag der notariellen Beurkundung. Ebenfalls Anwendung findet die oftmals übersehene Vorschrift des § 311b Abs. 3 BGB. Danach ist der Kaufvertrag beurkundungspflichtig, wenn Gegenstand der Übertragung das Vermögen als Ganzes ist. Die Rechtsprechung legt das Formbedürfnis so aus, dass eine notarielle Beurkundung nur dann erforderlich ist, wenn das Vermögen insgesamt auf einen Schlag weggegeben wird. Einer Beurkundung bedarf es hingegen bereits dann nicht, wenn alle zu veräußernden Gegenstände konkret bezeichnet sind. In diesem Fall ist eine Beurkundung selbst dann nicht erforderlich, wenn die konkret bezeichneten Gegenstände das gesamte Vermögen des Veräußerers ausmachen.[1052)] Da der Unternehmenskaufvertrag bereits aus Gründen des Bestimmtheitsgrundsatzes die Vermögensgegenstände einzeln und konkret in der Regel mittels Anlagen auflistet, verzichten die Vertragspartner in diesen Fällen regelmäßig auf die kosten- und zeitaufwendigere Form der notariellen Beurkundung. Diese Praxis stößt jedoch dann an ihre rechtlichen Grenzen, wenn der Unternehmenskaufvertrag auch eine „Catch-all“-Klausel enthält, die die Verpflichtung zur Übertragung auch solcher Vermögensgegenstände umfasst, die (versehentlich) nicht konkret aufgeführt wurden.[1053)] Legt der Erwerber auf eine derartige Klausel Wert, sollte der Unternehmenskaufvertrag notariell beurkundet werden.

1051) Uhlenbruck-*Zipperer*, InsO, § 163 Rz. 1.

1052) BGH, NJW 1957, 1514.

1053) *Kiem*, NJW 2006, 2363, 2365.

### (5) Vertragliche Besonderheiten

Neben den bereits behandelten **arbeitsrechtlichen Besonderheiten** im Zusammenhang mit § 613a BGB und der vertraglichen **Umsetzung des Zustimmungsvorbehaltes** durch den Gläubigerausschuss bzw. die Gläubigerversammlung (siehe Rz. 850) gibt es einige weitere Besonderheiten, die bei einer übertragenden Sanierung im Rahmen der Vertragsgestaltung bedacht bzw. berücksichtigt werden müssen. 855

Der Erwerber muss sich bewusst machen, dass sowohl die Kaufgegenstände des Anlagevermögens als auch des Umlaufvermögens aufgrund der Insolvenzsituation regelmäßig mit Sicherungsrechten Dritter belastet sind. Entweder ist die Insolvenzschuldnerin aufgrund von Eigentumsvorbehalten bzw. Sicherungseigentum nicht Eigentümerin an den Gegenständen oder es bestehen z. B. Pfandrechte Dritter an den Gegenständen. Der Erwerber sollte den Umfang dieser **Fremdsicherungsrechte** im Rahmen der Due Diligence klären. Wenn aus Sicht des Erwerbers die Gefahr besteht, dass der Insolvenzverwalter die Sicherungsrechte nicht vollständig wird ablösen können, könnte der Kaufvertrag eine Regelung zur Anpassung des Kaufpreises nach einem bestimmten Zeitraum enthalten für Kaufgegenstände, die dauerhaft nicht frei von Rechten Dritter auf den Erwerber übertragen werden können. 856

Eine weitere Regelung zur nachträglichen Kaufpreisjustierung wird sich regelmäßig aus der **Bewertung des Umlaufvermögens** ergeben. Je nach Situation werden die Vertragspartner einen Kaufpreis für das Umlaufvermögen zunächst schätzen und anschließend am Tag des Vollzugs eine gemeinsame Inventur vornehmen, um den exakten Bestand des Umlaufvermögens zu ermitteln. Der auf diese Weise ermittelte Bestand wird normalerweise nicht erheblich von dem zuvor geschätzten Bestandswert abweichen, da der Insolvenzverwalter in der Regel zu Beginn des vorläufigen Insolvenzverfahrens bereits eine Inventur vorgenommen hat und der Schätzwert darauf aufbauen kann. 857

Auch bei der übertragenden Sanierung müssen sich die Vertragspartner über die vom Erwerber **zu übernehmenden Verträge** verständigen. Dies betrifft sowohl die Versorgungs-, Liefer- und Dienstleistungsverträge als auch die Kunden- und Vertriebsverträge des schuldnerischen Unternehmens. Hierbei muss der Erwerber beachten, dass der Insolvenzverwalter grundsätzlich die Möglichkeit hat, bestehende Verträge, soweit die Voraussetzungen des § 103 InsO vorliegen, durch Ablehnung der Erfüllung zu beenden. Der Erwerber sollte bereits im Rahmen der Due Diligence prüfen, welche Verträge hiervon betroffen sind und inwieweit diese Verträge für die Fortführung des Unternehmens benötigt werden. 858

Der Insolvenzverwalter wird regelmäßig großen Wert darauf legen, einen vollständigen **Gewährleistungsausschluss** zu erreichen. Dies schließt auch den Ausschluss der persönlichen Haftung des Insolvenzverwalters gemäß §§ 60, 61 InsO ein. Aus Sicht des Erwerbers erscheint es meist erfolgversprechender, diesen grundsätzlichen Gewährleistungsausschluss zu akzeptieren und stattdessen den Insolvenzverwalter bei einzelnen Themen zur Abgabe haftungsbegründender Garantieerklärungen zu bewegen. 859

Der Erwerber wiederum muss sich damit auseinandersetzen, bei welchen Ansprüchen gegen das schuldnerische Unternehmen aufgrund der übertragenden Sanierung eine **Mithaft der Erwerbergesellschaft** droht. Eine Haftung für Betriebssteuern des schuldnerischen Unternehmens scheidet aus, da § 75 Abs. 2 AO die Haftung des Betriebsübernehmers bei einem Erwerb aus der Insolvenzmasse verneint. Eine Haftung wegen Firmenfortführung gemäß § 25 HGB muss der Erwerber ebenfalls nicht berücksichtigen, da § 25 HGB nach 860 ständiger Rechtsprechung im eröffneten Insolvenzverfahren nicht anwendbar ist.[1054] Beachten muss der Erwerber hingegen die mögliche Altlastenhaftung gemäß § 4 BBodSchG ebenso wie die Haftung wegen eines Ausgleichsanspruchs der öffentlichen Hand bei Altlastensanierung. Der Erwerber sollte sich daher im Rahmen der Due Diligence eingehend mit dem Thema Altlasten beschäftigen, sofern Anlass dazu besteht. Schließlich sollte sich der Erwerber darüber informieren, ob dem schuldnerischen Unternehmen Beihilfen gewährt wurden und eine Rückforderung droht. Eine Rückzahlungspflicht kann eintreten, wenn die ursprünglich mit der Gewährung der Beihilfe erteilten Auflagen künftig nicht mehr eingehalten werden können oder der Unternehmensgegenstand geändert wird.

861 Je nach Geschwindigkeit des Verkaufsprozesses und der dem Insolvenzverwalter im Rahmen der Betriebsfortführung noch zur Verfügung stehenden Liquidität kommt es nicht selten vor, dass der Insolvenzverwalter den potenziellen Erwerber auch mit der **Frage einer Verlustübernahme** für die weitere Betriebsfortführung bis zum Vollzug der übertragenden Sanierung konfrontiert. Hier gilt es für den Erwerber, abzuschätzen, welche Zeit für den endgültigen Abschluss des Verkaufsprozesses noch benötigt und wie groß auf der anderen Seite das Risiko ist, dass der Insolvenzverwalter die Betriebsfortführung vor Abschluss des Asset Deals einstellt. In jedem Fall sollten bei Vertragsabschluss auch die Modalitäten und laufende Abstimmung zwischen den Vertragspartnern für den Übergangszeitraum bestimmt werden.

#### cc) Erwerb mithilfe eines Insolvenzplans

862 Mit der Insolvenzrechtsreform durch das ESUG im Jahr 2012 wurde in die Insolvenzordnung erstmalig die Möglichkeit aufgenommen, in einen Insolvenzplan die Anteils- oder Mitgliedschaftsrechte der am Schuldner beteiligten Personen einzubeziehen (§ 217 Satz 2 InsO) und im Plan jede Regelung zu treffen, die gesellschaftsrechtlich zulässig ist (§ 225a Abs. 3 InsO). Zudem wurde mit § 225a Abs. 2 InsO der Sonderfall geregelt, dass Gläubigerforderungen auch gegen den Willen der Altgesellschafter im Wege eines Debt-Equity-Swap in Beteiligungsrechte am schuldnerischen Unternehmen umgewandelt werden können. Das deutsche Insolvenzrecht bot vorher keine Möglichkeit, die in einem Sanierungskonzept vorgesehenen Maßnahmen zur Umstrukturierung der Schuldnergesellschaft und finanzwirtschaftliche Maßnahmen wie z. B. Kapitalherabsetzung oder Kapitalerhöhung auch gegenüber den Gesellschaftern – nötigenfalls zwangsweise – durchzusetzen.[1055] Damit haben sich auch für den Kauf aus der Insolvenz neue Optionen für Investoren ergeben.

863 Mit dem Insolvenzplan können vom Regelverfahren abweichende Vereinbarungen zur Verwertung des Vermögens, Gläubigerbefriedigung und Abwicklung getroffen werden, insbesondere mit dem Ziel der Sanierung des Unternehmens und des Erhalts des Rechtsträgers.[1056] Ein Insolvenzplanverfahren kommt als Instrumentarium zum Unternehmenserwerb deshalb insbesondere dann in Betracht, wenn eine übertragende Sanierung ausscheidet, weil der Rechtsträger erhalten werden soll. Dies kann wie vorgehend schon kurz erwähnt z. B. dann der Fall sein, wenn für den Erfolg der Sanierung der Fortbestand von langfristigen Verträgen mit günstigen Konditionen wesentlich ist, die nicht ohne Weiteres auf einen neuen Unternehmensträger transferiert werden können oder Konzessionen, Lizenzen oder Ähnliches gar nicht übertragbar sind.

---

1054) BAG, NZA 2007, 335.

1055) *Kübler*, in: HRI, § 31 Rz. 1 ff.

1056) Vgl. hierzu *Haas*, in: HK-InSO, Vor §§ 217 ff Rz. 1 ff.

### (1) Ablauf des Insolvenzplanverfahrens

Der Ablauf eines Insolvenzplanverfahrens wird üblicherweise vom Insolvenzverwalter in Abstimmung mit dem Insolvenzgericht gesteuert. Der Erwerber hat keine Möglichkeit, den Verfahrensablauf direkt zu beeinflussen, es sei denn, er ist wesentlicher Gläubiger. Der Insolvenzverwalter wird sich jedoch mit dem Erwerber hinsichtlich des zeitlichen Ablaufs der Transaktion i. d. R. eng abstimmen. Im Folgenden soll daher der typische Ablauf eines Insolvenzplanverfahrens skizziert werden: **864**

Zur Vorlage eines Insolvenzplans sind grundsätzlich nur der Schuldner und der Insolvenzverwalter berechtigt (§ 218 InsO). Das **Planinitiativrecht** liegt also nicht bei einzelnen Gläubigern oder gar Kaufinteressenten. Die Gläubigerversammlung kann jedoch den Insolvenzverwalter beauftragen, innerhalb einer zu setzenden Frist einen Insolvenzplan vorzulegen (§ 218 Abs. 2 InsO). Dabei hat die Gläubigerversammlung auch die Möglichkeit, bestimmte inhaltliche Vorgaben für die Ausgestaltung des Insolvenzplans zu machen. Es kann daher auch möglich sein, dass die Gläubigerversammlung über konkurrierende Insolvenzpläne zu entscheiden hat, was z. B. dann der Fall ist, wenn der Schuldner einen Zugriff von Gläubigern oder Wettbewerbern auf sein Unternehmen verhindern will und selbst einen Insolvenzplan vorlegt. **865**

Der Insolvenzplan besteht zunächst aus einem **darstellenden Teil** (§ 220 InsO), in dem der Planverfasser aktuelle Unternehmensdaten (organisatorische und rechtliche Verhältnisse, betriebswirtschaftliche Daten, Ertragslage, Vermögens- und Finanzlage usw.) darstellt. Da der Insolvenzplan in der Regel ein Sanierungskonzept ist, enthält der darstellende Teil regelmäßig auch Angaben zu den Insolvenzursachen, dem Leitbild des sanierten Unternehmens, den zur Erreichung des Sanierungsziels vorgesehenen Maßnahmen (Sanierungsbeiträge der Gesellschafter, im Falle der Finanzierung des Insolvenzplans durch Drittmittel, Angaben über die Herkunft dieser Drittmittel (§ 230 Abs. 3 InsO) und Sanierungsbeiträge der Insolvenzgläubiger durch Forderungsverzichte) und den Sanierungsaussichten/Aussichten auf Planerfüllung.[1057] **866**

Herzstück des darstellenden Teils des Insolvenzplans ist die **Vergleichsrechnung**. Da der Insolvenzplan die Alternative zur Verwertung und Verteilung des Schuldnervermögens im Rahmen eines Regelinsolvenzverfahrens, also Verkauf im Wege der übertragenden Sanierung oder Liquidation ist, muss sichergestellt sein, dass kein Beteiligter durch den Insolvenzplan (unfreiwillig) schlechtergestellt wird, als er ohne Plan im Wege der Regelabwicklung stünde.[1058] Der Planverfasser hat deshalb den Insolvenzgläubigern deren Befriedigungsaussichten unter Zugrundelegung alternativer Szenarien (z. B. Ausproduktion und Einstellung des Geschäftsbetriebs, Asset-Deal) im Vergleich zum vorgeschlagenen Insolvenzplan darzulegen. Anhand dieser Vergleichsrechnung sollen die Beteiligten in die Lage versetzt werden, eine fundierte Entscheidung darüber zu treffen, ob die Zustimmung zum Insolvenzplan vorteilhaft ist. Im Rahmen dieser Vergleichsrechnung ist insbesondere darzustellen, dass die Insolvenzgläubiger durch den Insolvenzplan nicht schlechtergestellt werden, als sie ohne einen Insolvenzplan stünden. Praktisch heißt dies, dass die den Insolvenzgläubigern im Plan angebotene Quotenzahlung gegen Forderungsverzicht etwas höher sein muss als die erwartete Quotenzahlung bei Alternativabwicklung. Dies wiederum ist wesentliche Voraussetzung für die Ersetzung der fehlenden Zustimmung einer Gläu- **867**

1057) Vgl. hierzu zusammenfassend *Haas*, in: HK-InsO, § 220 Rz. 1–3.

1058) Dieser Grundgedanke der Insolvenzordnung kommt in mehreren Vorschriften des Insolvenzplanverfahrens zum Ausdruck.

bigergruppe durch das Insolvenzgericht (§ 245 Abs. 1 Nr. 1 InsO) oder über den Widerspruch des Schuldners (§ 247 InsO) oder eines Gläubigers (§ 251 InsO) gegen den Insolvenzplan.[1059] Auf diese Weise definiert die Vergleichsrechnung auch den Betrag, den der potenzielle Investor für die Finanzierung der Quote in der Kalkulation für sein Investment berücksichtigen muss.

868 Im **gestaltenden Teil** des Insolvenzplans (§ 221 InsO) wird festgestellt, wie die Rechtsstellung der Beteiligten durch den Plan geändert werden soll. Dazu werden die Beteiligten entsprechend ihrer unterschiedlichen Rechtspositionen und den vorgesehenen Rechtsänderungen zunächst in Gruppen eingeteilt, in denen dann auch über den Plan abgestimmt wird (§ 222 InsO). Sieht der Insolvenzplan auch Änderungen der Anteils- oder Mitgliedschaftsrechte der Gesellschafter vor, so sind die Gesellschafter als separate Gruppe zu beteiligen. Für jede Gruppe sind dann die vorgesehenen Rechtsänderungen so konkret zu formulieren, dass ihnen unmittelbar Gestaltungswirkung zukommt und aus ihnen ggf. vollstreckt werden kann (§ 257 InsO).

869 Nach Einreichung findet zunächst eine **gerichtliche Vorprüfung** des Insolvenzplans durch das Insolvenzgericht anhand der Kriterien des § 231 InsO innerhalb einer Frist von zwei Wochen statt. Weist das Insolvenzgericht den Insolvenzplan nicht zurück, holt das Insolvenzgericht Stellungnahmen wesentlicher Verfahrensbeteiligter ein (§ 232 InsO) und bestimmt anschließend einen **Erörterungs- und Abstimmungstermin** (§ 235 InsO). In der Regel hat der Planverfasser den Insolvenzplan bereits vor Einreichung beim Insolvenzgericht mit den wesentlichen Verfahrensbeteiligten abgestimmt. Andernfalls wirbt der Planverfasser spätestens nach Anberaumung des Erörterungs- und Abstimmungstermins bei den Insolvenzgläubigern um Zustimmung zum Insolvenzplan, sodass beim Erörterungs- und Abstimmungstermin die erforderlichen Mehrheiten (§§ 244, 245 InsO) erreicht werden. Für die Bestätigung des Insolvenzplans ist eine **doppelte Mehrheit** in dem Sinne erforderlich, dass einerseits innerhalb jeder einzelnen Gläubigergruppe eine Kopf- und Summenmehrheit erzielt wird und andererseits die Mehrheit der Gläubigergruppen dem Insolvenzplan zustimmt (§ 244 InsO). Wurde der Insolvenzplan mehrheitlich von der Gläubigerversammlung angenommen, bestätigt das Insolvenzgericht den Insolvenzplan durch Beschluss (§ 248 InsO), der unter den Voraussetzungen des § 253 InsO mit dem Rechtsmittel der sofortigen Beschwerde angefochten werden kann. Wird der Insolvenzplan rechtskräftig, treten die im Plan vorgesehenen Rechtsänderungen unmittelbar ein (§§ 254 ff InsO) und das Insolvenzverfahren wird unter den Voraussetzungen des § 258 InsO aufgehoben.

870 Bei optimaler Vorbereitung des Insolvenzplanverfahrens und vorheriger Abstimmung des Plans mit allen wesentlichen Verfahrensbeteiligten kann das Verfahren in einem **Zeitraum von zwei bis drei Monaten** abgeschlossen sein, sofern keine Rechtsmittel zu Verzögerungen führen.

871 Eine besondere Ausgestaltung des Insolvenzplanverfahrens ist das sog. **Schutzschirmverfahren** (§ 270b InsO). Diese Verfahrenskonstellation kommt dann in Betracht, wenn bei Insolvenzantragstellung noch keine Zahlungsunfähigkeit eingetreten ist, Eigenverwaltung beantragt werden soll und nachgewiesene Sanierungsaussichten bestehen. Dem Schuldner wird dann ein Zeitraum von max. drei Monaten eingeräumt, um einen Insolvenzplan vorzulegen. Während dieses Zeitraums können Zwangsvollstreckungsmaßnahmen einstweilen eingestellt werden (§§ 270b Abs. 2 Satz 3, 21 Abs. 2 Nr. 3 InsO).

1059) *Geiwitz/Schneider*, in: HRI, § 25 Rz. 16.

Da bei dem Unternehmenserwerb im Wege eines Insolvenzplans der Rechtsträger erhalten bleibt, müssen die vorgesehenen rechtsändernden Maßnahmen des gestaltenden Teils sowie die sonstigen Sanierungsmaßnahmen im Ergebnis dazu führen, dass die bei der Gesellschaft eingetretene Insolvenz nachhaltig beseitigt wird (Herstellung der Zahlungsfähigkeit und Beseitigung der Überschuldung), um eine unmittelbare Folgeinsolvenz zu vermeiden. Neben den Verzichten der Insolvenzgläubiger auf die die angebotene Planquote übersteigenden Forderungen, was zur gewünschten Entschuldung des Rechtsträgers führt, sind deshalb im Plan auch regelmäßig Regelungen zur Finanzierung der Planquote und auch zur Sicherstellung der nachhaltigen Unternehmensfortführung enthalten. 872

### (2) Optionen für den Erwerber

#### (a) Übertragung der Gesellschafterstellung und sonstige gesellschaftsrechtliche Maßnahmen

Gemäß § 225a Abs. 3 InsO kann ein Insolvenzplan sämtliche Maßnahmen vorsehen, die gesellschaftsrechtlich zulässig sind. Damit können im Wege eines Insolvenzplanverfahrens die gesellschaftsrechtlichen Strukturen des Schuldners grundlegend umgestaltet werden. Da mit der Eröffnung des Insolvenzverfahrens die Gesellschaft in der Regel aufgelöst wird (vgl. z. B. für die GmbH § 60 Abs. 1 Nr. 4 GmbHG) ist bei der mit dem Insolvenzplan typischerweise beabsichtigten Fortführung des Unternehmens die Fortsetzung der aufgelösten Gesellschaft zu regeln. Eines förmlichen Gesellschafterbeschlusses bedarf es dagegen nicht. Geregelt werden kann die Übertragung von Anteils- und Mitgliedschaftsrechten an neue Gesellschafter. Der Plan kann aber z. B. auch eine Kapitalherabsetzung und anschließende Kapitalerhöhung, die Leistung von Sacheinlagen, den Ausschluss von Bezugsrechten oder die Zahlung von Abfindungen an ausscheidende Anteilsinhaber, weitere gesellschaftsrechtliche Maßnahmen wie Formwechsel, Verschmelzung oder Spaltung, Satzungsänderungen und Wechsel von Organen beinhalten.[1060] 873

Für einen außenstehenden Investor bieten sich durch diese in Deutschland als revolutionär anzusehenden Gesetzesänderungen verschiedene Möglichkeiten, ähnlich einem Share Deal, sich als Gesellschafter an dem Unternehmen zu beteiligen. Da ein außenstehender Investor formal zunächst nicht an dem Insolvenzverfahren beteiligt ist, besteht auf der einen Seite die Möglichkeit, dass die Investoren gezielt entweder Gläubigerforderungen oder Anteilsrechte erwerben, um dann aus dieser Position heraus an der Aufstellung eines Sanierungskonzepts und Umsetzung über einen Insolvenzplan mitzuwirken. Daneben kann selbstverständlich auch über die Ansprache im Rahmen des durchzuführenden M&A-Prozesses eine Einbeziehung erfolgen und der Insolvenzplan als alternatives Erwerbsszenario mit dem Insolvenzverwalter bzw. einem Eigenverwalter ausgearbeitet werden. 874

#### (b) Sonderfall: Debt-Equity-Swap

Mit Einführung des ESUG wurde der **Debt-Equity-Swap** als Herzstück des ESUG bezeichnet.[1061] Die von der Bundesregierung in Auftrag gegebene rechtstatsächliche Untersuchung zu den Auswirkungen des ESUG, die im Oktober 2018 veröffentlicht wurde, hat jedoch nach einer statistischen Auswertung von knapp 1.600 Eigenverwaltungsverfahren im Zeitraum zwischen 2012 und 2017 gezeigt, dass der Debt-Equity-Swap in der bisherigen 875

---

1060) Ergänzend zu weiteren möglichen Maßnahmen siehe *Thies*, in: HambKomm, InsO, § 225a Rz. 48 f.

1061) Vgl. z. B. die Vorauflage, Rz. 629.

Praxis offensichtlich nur eine geringe Rolle spielt. Vorrangig werden, wie vorstehend dargelegt, Anteilsübertragungen an einen Erwerber sowie Kapitalschnitte als in der Praxis verwendetes Instrumentarium in der Studie zur ESUG-Evaluation genannt.[1062] Ein Debt-Equity-Swap kann für bislang außenstehende Investoren eine Handlungsoption sein, indem sie gezielt Gläubigerforderungen erwerben, um aus dieser Position eine Umwandlung in Gesellschafterrechte zu erreichen.

876 Eine Umwandlung von Gläubigerforderungen in Gesellschafterrechte ist zwar gegen den Willen der Altgesellschafter, nicht jedoch gegen den Willen des betroffenen Gläubigers zulässig. Vielmehr hat der Gläubiger im Insolvenzplan ausdrücklich zu erklären, dass er mit einer Umwandlung einverstanden ist (§§ 230 Abs. 2, 225a Abs. 2 Satz 2 InsO). Andererseits ergibt sich auch kein gesetzlicher Anspruch eines Gläubigers auf Teilnahme an einem Debt-Equity-Swap. Es ist auch nicht erforderlich, alle Gläubiger im Rahmen eines Debt-Equity-Swaps zu beteiligen. Es empfiehlt sich, jeweils eine gesonderte Gruppe für die Altgesellschafter (§ 222 Abs. 1 Satz 2 Nr. 4 InsO) und für die Neugesellschafter, deren Forderungen umgewandelt werden sollen, zu bilden.[1063] Innerhalb der Gruppe der Neugesellschafter ist eine unterschiedliche Beteiligung der bisherigen Gläubiger an der künftigen Gesellschafterstruktur nur mit Zustimmung aller Neugesellschafter zulässig (§ 226 Abs. 1 und 2 InsO).

877 Der Debt-Equity-Swap geht in aller Regel mit einer **Kapitalherabsetzung** einher, wobei es nicht zwingend erforderlich ist, eine Kapitalherabsetzung auf null mit der Folge des vollständigen Verdrängens der Altgesellschafter aus dem schuldnerischen Unternehmen vorzunehmen. Sofern ein Verbleib der Altgesellschafter in der Gesellschaft strategisch sinnvoll ist, können deren Anteile auch lediglich reduziert oder verwässert werden. Da auch im Rahmen des Insolvenzplanverfahrens die Kapitalaufbringungs- und -erhaltungsvorschriften zu beachten sind,[1064] darf durch die Kapitalherabsetzung das gesetzlich vorgesehene Mindestkapital nicht unterschritten werden, wenn die sich anschließende Auffüllung ausschließlich in Form einer Sacheinlage bezüglich der einzubringenden Gläubigerforderung erfolgen soll (vgl. bei der GmbH z. B. § 58a Abs. 4 Satz 1 GmbHG). Sollen demzufolge die Anteile der Altgesellschafter auf null reduziert werden, ist neben der als Sacheinlage einzubringenden Gläubigerforderung zusätzlich eine Bareinlage mindestens in Höhe des Mindesthaftkapitals erforderlich.

878 Die **Sachkapitalerhöhung** erfolgt entweder durch eine Forderungsabtretung mit anschließendem Erlöschen der Forderung (Konfusion) oder durch einen Forderungserlass.[1065]

879 Noch nicht höchstrichterlich geklärt ist die Frage, mit welchem Wert die einzubringende Forderung auf die Einlageverpflichtung der Neugesellschafter anzurechnen ist. Die herrschende Meinung in der Literatur spricht sich dafür aus, auch im Insolvenzplanverfahren vom sog. **Vollwertprinzip** auszugehen, nach dem die Forderung mit ihrem Verkehrswert unter Orientierung an der künftigen Quotenerwartung anzusetzen ist.[1066]

880 Erwirbt ein Gläubiger im Rahmen eines Debt-Equity-Swaps Gesellschaftsanteile und stellt der Gesellschaft gleichzeitig Darlehen (z. B. zur Liquiditätssicherung oder zur Finanzie-

1062) Vgl. zu den Ergebnissen der ESUG-Evaluation den ausführlichen Bericht der Bundesregierung v. 11. Oktober 2018 (Deutscher Bundestag Drucksache 19/4880).

1063) *Thies*, in: HambKomm, InsO, § 225a Rz. 15.

1064) *Thies*, in: HambKomm, InsO, § 225a Rz. 19.

1065) *Thies*, in: HambKomm, InsO, § 224 Rz. 5.

1066) Vgl. zum Meinungsstand *Thies*, in: HambKomm, InsO, § 225a Rz. 23 ff und *Haas*, in: HK-InsO, § 225a Rz. 25 ff.

rung von Investitionen) zur Verfügung, kann er sich bei einer evtl. Folgeinsolvenz bzgl. der Rangklasse seiner Darlehensforderungen auf das **Sanierungsprivileg** in § 39 Abs. 4 Satz 2 InsO berufen, mit der Folge, dass diese Darlehen nicht als nachrangig i. S. v. § 39 Abs. 1 Nr. 5 InsO zu qualifizieren sind. Höchstrichterlich ist allerdings noch nicht geklärt, wann das Tatbestandsmerkmal einer nachhaltigen Sanierung eingetreten ist.[1067] Sofern sich eine enge Auslegung durchsetzen sollte, wäre eine nachhaltige Sanierung bereits mit rechtskräftiger Bestätigung des Insolvenzplans eingetreten, sodass in diesem Moment auch das Sanierungsprivileg wieder wegfallen würde.

#### (c) Unechter Debt-Equity-Swap

881 Eine weitere Option für den Erwerb von Gesellschaftsanteilen im Rahmen eines Insolvenzplanverfahrens besteht darin, dass Anteilsrechte am schuldnerischen Unternehmen im Wege des Anteilskaufs auf einen Gläubiger übertragen werden und dieser als Gegenleistung auf seine Forderungen ganz oder teilweise verzichtet. Diese Konstruktion wird als sog. **unechter Debt-Equity-Swap** bezeichnet.[1068] Dieser Weg kann auch gegen den Willen der bisherigen Anteilseigner beschritten werden, sofern die Gläubiger in den sonstigen gebildeten Gruppen dem Insolvenzplan mehrheitlich zustimmen.

### (3) Steuerliche und handelsrechtliche Aspekte

882 Nach langen Irrungen und Wirrungen von Rechtsprechung und Gesetzgeber haben sich die Probleme rund um den durch den mit einem Insolvenzplanverfahren regelmäßig verbundenen **Sanierungsgewinn**, der aus dem Forderungsverzicht der Gläubiger resultiert, gelöst. Nachdem der Bundesfinanzhof im November 2016 den sog. Sanierungserlass aus dem Jahr 2003 gekippt hatte, hat der Gesetzgeber bereits im Juni 2017 Neuregelungen zur Steuerfreiheit verabschiedet. Der bisherige Genehmigungsvorbehalt durch die EU-Kommission wurde Ende 2018 aufgehoben, sodass nunmehr die Regelungen zur Steuerfreiheit von Sanierungsgewinnen in Kraft getreten sind und diese auch für alle offenen Fälle Anwendung finden. Die dazu jetzt geltenden gesetzlichen Regelungen insbesondere gemäß § 3a EStG sind komplex formuliert und bieten begrenzte Optionen. Handhabung und Ausübung sollten am Einzelfall geklärt und steuerlich beraten werden. Es gilt aber die Aussage, dass die entstehenden Gewinne grundsätzlich vollständig steuerfrei sind und zwar sowohl bei der Einkommens- bzw. Körperschaftssteuer als auch der Gewerbesteuer. Der Verzicht auf eine Besteuerung des Sanierungsgewinns geht allerdings damit einher, dass regelmäßig sämtliche vorhandenen steuerlichen Verlustvorträge vorrangig aufgebraucht werden.

883 **Handelsrechtlich** bringt das Insolvenzverfahren und insbesondere das Insolvenzplanverfahren einige **Besonderheiten** mit sich. Mit dem Zeitpunkt der Insolvenzeröffnung endet zwingend ein (Rumpf-)Wirtschaftsjahr für das ein vollständiger Jahresabschluss zu erstellen ist. Das danach beginnende neue Wirtschaftsjahr endet dann nach zwölf Monaten oder aber mit der in der Regel früher stattfindenden Aufhebung des Insolvenzverfahrens nach der Bestätigung des Insolvenzplans durch das Amtsgericht. Auf diesen Stichtag ist ebenfalls wieder ein vollständiger Jahresabschluss zu erstellen. Beide genannten Jahresabschlüsse sind entsprechend der Größenklasse des betroffenen Unternehmens prüfungspflichtig. Das mit Aufhebung des Insolvenzverfahrens beginnende neue Wirtschaftsjahr dauert wiederum zwölf

1067) Vgl. zum Meinungsstand *Haas*, in: HK-InsO, § 225a Rz. 32.

1068) *Thies*, in: HambKomm, InsO, § 225a Rz. 53.

Monate. Die Rückkehr zum ursprünglichen Wirtschaftsjahr oder die Umstellung auf das Kalenderjahr als Wirtschaftsjahr ist aber jederzeit im vereinfachten Wege möglich.[1069)]

### (4) Arbeitsrechtliche Aspekte

884 Da das insolvente Unternehmen nach Durchführung eines Insolvenzplanverfahrens als Rechtsträger erhalten bleibt, ändert sich aus Sicht des Arbeitnehmers die Person des Arbeitgebers nicht. Anders als im Falle der übertragenden Sanierung sind die Regelungen zum Betriebsübergang gemäß § 613a BGB daher nicht zu beachten. Der Erwerber wird auch bei einem Erwerb mithilfe eines Insolvenzplans nicht für die Insolvenzforderungen der Arbeitnehmer haften, da der Insolvenzplan regelmäßig den Verzicht der Insolvenzgläubiger auf ihre über die vereinbarte Quote hinausgehenden Forderungen enthält.

885 Auch im Rahmen des Insolvenzplanverfahrens besteht die Möglichkeit, dass der Insolvenzverwalter Maßnahmen zur Personalanpassung durchführt. Hierfür gelten die die Kündigungen erleichternden Regelungen der Insolvenzordnung. Lediglich die in § 123 Abs. 2 InsO bestimmte Grenze des Sozialplanvolumens auf höchstens 1/3 der zu verwendenden Masse ist im Insolvenzplanverfahren nicht anwendbar. Die absolute Obergrenze von 2 ½ Monatsverdiensten gemäß § 123 Abs. 1 InsO ist hingegen auch bei einem Sozialplan im Insolvenzplanverfahren zu beachten. Die vom Insolvenzverwalter durchgeführten Personalanpassungen können auch auf der Grundlage eines Erwerberkonzepts erfolgen.

### (5) Vertragliche Besonderheiten

886 Werden Anteils- und Mitgliedschaftsrechte an dem Unternehmen in den Insolvenzplan einbezogen, ist für die bestehenden Gesellschafter nach § 222 Abs. 1 Satz 2 Nr. 4 InsO eine **eigene Gruppe bei der Abstimmung** über den Plan zu bilden, sodass die Rechte der „Altgesellschafter" damit hinreichend gewahrt sind.

887 Werden Gesellschaftsanteile über einen Insolvenzplan eingezogen, ist zwar eine **finanzielle Kompensation** vorzusehen, sofern die Anteile noch werthaltig sind. Entsprechend der Regelung in § 225a Abs. 5 InsO ist jedoch für die Bestimmung der Höhe eines etwaigen Kompensationsanspruchs die Vermögenslage maßgeblich, die sich bei einer Abwicklung des Unternehmens eingestellt hätte. Da im Insolvenzverfahren jedoch regelmäßig von einer Wertlosigkeit der Anteile auszugehen ist, ist eine Kompensationszahlung typischerweise nicht erforderlich.[1070)]

888 Die nach den gesellschaftsrechtlichen Regeln sonst erforderlichen **Formerfordernisse** zur Umsetzung von gesellschaftsrechtlichen Maßnahmen wie erforderliche Ladung, Bekanntmachung, sonstige Maßnahmen zur Vorbereitung von Beschlüssen der Anteilsinhaber und zwingende Formvorschriften bestehen bei der Regelung entsprechender gesellschaftsrechtlicher Maßnahmen in einem Insolvenzplan nicht. Denn nach § 254a Abs. 2 InsO gelten sämtliche im gestaltenden Teil des Insolvenzplans geregelten gesellschaftsrechtlichen Maßnahmen und sämtliche dazu erforderlichen Willenserklärungen der Beteiligten durch die Aufnahme der entsprechenden Erklärungen in den gestaltenden Teil des Insolvenzplans als in der vorgeschriebenen Form abgegeben. In der Praxis hat es sich aber bewährt, in den gestaltenden Teil einen eigenen Abschnitt zu den gesellschaftsrechtlichen Regelungen aufzunehmen.

---

1069) BGH, Beschl. v. 14.10.2014 – II-ZB-20/13, DStR 2015, 178.

1070) Vgl. Gesetzesbegründung zum Entwurf eines Gesetzes zur weiteren Erleichterung der Sanierung von Unternehmen, Bundestagsdrucksache 17/5712 v. 4.5.2011.

Die gesellschaftsrechtlichen Maßnahmen müssen jedoch beim **Handelsregister** zur Eintragung angemeldet werden. Vor diesem Hintergrund hat es sich auch bewährt, die konkreten Formulierungen im gestaltenden Teil des Insolvenzplans zu den gesellschaftsrechtlichen Maßnahmen vorab mit dem zuständigen Registergericht abzustimmen, um den raschen Vollzug im Handelsregister zu gewährleisten und etwaige Hinweise des Registergerichts schon bei Planerstellung mit einbeziehen zu können. 889

Ein weiterer praktischer Hinweis zur Planerstellung: Die Insolvenzordnung sieht vor, dass die **Überwachung der Erfüllung des Plans,** soweit dieser nicht unmittelbar mit der Aufhebung des Insolvenzverfahrens vollständig erfüllt wird, dem einstmaligen Insolvenzverwalter oder Sachwalter übertragen werden kann. Diese Lösung ist insoweit nicht empfehlenswert, als für die Dauer der Planüberwachung bis zu drei Jahren vereinbart werden können und während der gesamten Dauer der Planüberwachung im Handelsregister der Insolvenzvermerk für das betroffene Unternehmen aufrechterhalten bleibt. Dies ist für die Kreditwürdigkeit und den Außenauftritt regelmäßig schädlich. Es ist deshalb dringend zu empfehlen, dass im Plan für nachlaufende Verpflichtungen Lösungen gefunden werden, z. B. über Treuhänder, die keine Planüberwachung i. S. d. Insolvenzordnung darstellen. 890

Hinzuweisen ist schließlich noch auf eine wichtige Regelung des Insolvenzrechts zu sog. **Change-of-Control-Klauseln,** mit denen sich Vertragspartner ein Sonderkündigungsrecht für den Fall erheblicher Änderungen in der Gesellschafter- oder Kontrollstruktur vorbehalten. Mit der Reform des Insolvenzrechts durch das ESUG wurde auch in § 225a Abs. 4 InsO eine Regelung aufgenommen, dass gesellschaftsrechtliche Änderungen nicht zum Rücktritt oder zur Kündigung von Verträgen mit dem schuldnerischen Unternehmen berechtigen und entgegenstehende vertragliche Vereinbarungen unwirksam sind. Damit wird sichergestellt, dass die durch eine Sanierung des Unternehmens über einen Insolvenzplan verbundenen Vorteile nicht durch die Beendigung der Vertragsverhältnisse beeinträchtigt werden. 891

### dd) Fusionskontrolle

Ein Unternehmenskauf aus der Insolvenz ist typischerweise Erwerb der Kontrolle über das insolvente oder insolvenzbedrohte Unternehmen (Art. 3 Abs. 1 FKVO, § 37 Abs. 1 Nr. 2 GWB) sowie Erwerb seines Vermögens zu einem wesentlichen Teil (§ 37 Abs. 1 Nr. 1 GWB) oder auch Erwerb der Anteile noch lebensfähiger Tochtergesellschaften oder Beteiligungen. Überschreiten Erwerber und Zielunternehmen die Aufgreifschwellen der FKVO, des GWB oder ausländischer Fusionskontrollregeln, gelten grundsätzlich dieselben Pflichten wie bei anderen Unternehmenskäufen. Die Lage des Zielunternehmens kann jedoch zu einer abweichenden materiell-rechtlichen Beurteilung (siehe Rz. 894) sowie zu verfahrensrechtlichen Erleichterungen (siehe Rz. 898) führen. 892

#### (a) Prognosebetrachtung

Wenn Eigentümer oder Insolvenzverwalter bereits andere Unternehmensteile veräußert oder deren Geschäftsbetrieb eingestellt haben, sind nur die tatsächlich zu veräußernden Unternehmensteile sowie deren Umsatzerlöse und Marktanteile Gegenstand des Zusammenschlusses.[1071] Wo Umsatzerlöse, Ressourcen und Marktgeltung des Zielunternehmens 893

---

1071) Unabhängig von Insolvenzen sind Änderungen in einem Unternehmen zwischen Stichtag des letzten Jahresabschlusses („letztes abgeschlossenes Geschäftsjahr“) und einem geplanten Zusammenschluss zu berücksichtigen, Kommission, Konsolidierte Mitteilung zu Zuständigkeitsfragen, Rz. 172 f; *Bechtold/Bosch*, GWB, § 35 Rz. 32.

bereits gelitten haben, ist das bei der wettbewerblichen Bewertung und Prognose für einen Zusammenschluss (Art. 2 FKVO; § 36 Abs. 1 GWB) zu berücksichtigen.[1072)]

### (b) Kausalität für Verschlechterung der Wettbewerbsstruktur („Sanierungsfusion")

**894** Die Kausalität eines Zusammenschlusses für die erhebliche Behinderung wirksamen Wettbewerbs (Art. 2 Abs. 3 FKVO, § 36 Abs. 1 GWB) kann wegen der prekären Lage eines insolventen oder insolvenzbedrohten Unternehmens entfallen („*failing company defence*", Sanierungsfusion).

**895** In der **EU-Fusionskontrolle** ist ein Zusammenschluss nicht zu untersagen, wenn sich ohne den Zusammenschluss die Wettbewerbsstruktur ebenso verschlechtern würde:[1073)] Das Zielunternehmen müsste in naher Zukunft aus dem Markt ausscheiden, es darf keinen wettbewerblich vorzugswürdigen Erwerbsinteressenten geben, und dem Erwerber müssten auch ohne den Zusammenschluss die Marktanteile des Zielunternehmens zufallen.[1074)] Die Kommission verlangt außerdem, dass die Ressourcen (Assets) des Zielunternehmens ohne die Transaktion vom Markt verschwinden würden.[1075)] Andernfalls bleibe offen, ob nicht auch Dritte weniger wettbewerbsgefährdend um diese Ressourcen konkurrieren und sie übernehmen könnten. Die Kommission akzeptiert aber auch außerhalb dieser Voraussetzungen den Nachweis, dass die Wettbewerbsstruktur mit dem an sich zu untersagenden Zusammenschluss vorteilhafter ist, als sie ohne ihn wäre.[1076)]

**896** Diese Voraussetzungen, einschließlich der Bemühungen um eine unbedenklichere Alternative und der Gründe für deren Scheitern,[1077)] müssen von den beteiligten Unternehmen dargelegt und bewiesen werden.[1078)] Will ein Unternehmen lediglich eine Tätigkeit abstoßen, welche ohne die Transaktion aufgegeben werden müsste („*failing division defence*"), sind die Anforderungen an den Ausschluss der Kausalität kaum zu erfüllen.[1079)] Sind die Voraussetzungen für eine Sanierungsfusion nicht erfüllt, können die Lage des Zielunter-

---

1072) Siehe beispielsweise BKartA, Beschl. v. 28.10.2004 – B10-86/04, Rz. 205–208 – Schneider&Söhne/Classen: Umsatz- und Marktanteilsverluste durch Insolvenz und grundlegende Neuausrichtung des Zielunternehmens.

1073) EuGH, Urt. v. 31.3.1998 – Rs C-68/94, C-30/95, Slg. 1998, I-1375, Rz. 14 f – Frankreich/Kommission.

1074) EuGH, Urt. v. 31.3.1998 – Rs C-68/94, C-30/95, Slg. 1998, I-1375, Rz. 111 f – Frankreich/Kommission, unter Hinweis auf Entscheidung der Kommission v. 14.12.1993 – IV/M.308, Rz. 71.

1075) Kommission, Leitlinien zur Bewertung horizontaler Zusammenschlüsse, ABl 2004 Nr. C 31/5, Rz. 89–91; aus der Praxis: Entscheidung der Kommission (2002/365/EG) v. 11.7.2001 – COMP/M.2314, ABl 2002 Nr. L 132/45, Rz. 141 f – BASF/Eurodiol/Pantochim, bekannt gegeben unter Aktenzeichen K(2001) 1856; Kommission, Beschl. v. 30.3.2012 – COMP/M. 6447 – IAG/bmi, Rz. 616 ff.

1076) Kommission, Beschl. v. 9.10.2013 – COMP/M.6360 – Nynas/Harburg, Rz. 307 ff: Stilllegung durch Verkäufer wegen Kapazitätsverlusts nachteilig im Vergleich zu Erwerb durch Marktbeherrscher; Entscheidung der Kommission (2004/311/EG) v. 2.4.2003 – COMP/M.2876 – Newscorp/Telepiù, bekannt gegeben unter Aktenzeichen K(2003) 1082, ABl 2004 Nr. L 110/73, Rz. 208.

1077) Entscheidung der Kommission (2004/311/EG) v. 2.4.2003 – COMP/M.2876 – Newscorp/Telepiù, bekannt gegeben unter Aktenzeichen K(2003) 1082, ABl 2004 Nr. L 110/73, Rz. 217.

1078) Kommission, Leitlinien zur Bewertung horizontaler Zusammenschlüsse, ABl 2004 Nr. C 31/5, Rz. 91. Beispiele in Beschl. v. 9.10.2013 – COMP/M.6796 – Aegean/Olympic, Rz. 643 ff – Freigabe nach Untersagung desselben Zusammenschlusses, v. 26.1.2011 – COMP/M.5830, und Beschl. v. 30.3.2012 – COMP/M.6447 – IAG/bmi, Rz. 627 ff.

1079) Gegen „*failing division defence*" Kommission, Beschl. v. 30.3.2012 – COMP/M.6447 – IAG/bmi, Rz. 612 ff.

nehmens und die Konsequenzen seines Ausscheidens aus dem Markt in der Abwägung gegen wettbewerbliche Bedenken zu berücksichtigen sein.[1080]

Im **deutschen Recht** muss ebenfalls die erhebliche Behinderung wirksamen Wettbewerbs 897
auch dann zu erwarten sein, wenn der Zusammenschluss mit dem Zielunternehmen unterbliebe:[1081] Das Unternehmen muss in solchen wirtschaftlichen Schwierigkeiten sein, dass es ohne den Zusammenschluss zwingend kurzfristig aus dem Markt ausscheiden müsste,[1082] es darf keinen wettbewerblich weniger problematischen Erwerber geben,[1083] und das Wettbewerbspotential, vor allem die Marktanteile, des Zielunternehmens müsste auch ohne den Zusammenschluss im Wesentlichen an das marktbeherrschende Unternehmen fallen.[1084] Die Parteien müssen nötigenfalls konkret nachweisen, dass und warum andere Interessenten nicht infrage kamen, zum Beispiel indem sie ein Bieterverfahren durchführen.[1085] Wenn der Erwerber auf dem Markt des bedrohten Unternehmens Konkurrenten hat, werden ihm ohne die Transaktion kaum *alle* Marktanteile des insolventen Unternehmens, also all dessen Kunden zufallen;[1086] den Kampf um Marktstellung und Kunden des ausgeschiedenen Akteurs zieht das Amt vor.[1087] Eine Sanierungsfusion durch Erwerb eines nicht überlebensfähigen Betriebsteils („*failing division defence*“) kommt infrage, wenn dieser Betriebsteil nachweisbar organisatorisch und wirtschaftlich selbständig geführt wird.[1088]

### (c) Verfahrenserleichterungen

Bedrohte Unternehmen benötigen oft rasch neue Mittel, um Insolvenzgründe zu beseiti- 898
gen, das Vertrauen von Kunden, Lieferanten und Mitarbeitern wiederzugewinnen oder überhaupt den Geschäftsbetrieb aufrechtzuerhalten. Fehlt noch die Freigabe einer Kartell-

1080) Entscheidung der Kommission (2004/311/EG) v. 2.4.2003 – COMP/M.2876 – Newscorp/Telepiù, bekannt gegeben unter Aktenzeichen K(2003) 1082, ABl 2004 Nr. L 110/73, Rz. 221; Entscheidung der Kommission v. 5.9.2002 – IV/M.2816 – Ernst & Young/Andersen France, ABl Nr. C 232/6, Rz. 80 ff.

1081) BKartA, Beschl. v. 11.3.2005 – B10-123/04, Rz. 232 – Rhön-Klinikum, bestätigt durch OLG Düsseldorf, Beschl. v. 11.4.2007 – VI-Kart 6/05 (V), dort Rz. 131 ff, WuW/E DE-R 1958, 1972 f. und BGH, Beschl. v. 16.1.2008 – KVR 26/07.

1082) BKartA, Beschl. v. 1.9.2014 – B6-97/14 – Lensing/Aschendorff, Fallbericht S. 2; *BKartA*, Leitfaden Zusagen, Rz. 184 ff; BKartA, Beschl. v. 5.9.2012 – B3-43/12 – Klinikum Worms, Rz. 137–143: ungenügende Darlegung von Sanierungsbedarf. Siehe auch BKartA, Beschl. v. 11.3.2005 – B 10-123/04, Rz. 240 ff, bestätigt durch OLG Düsseldorf, Beschl. v. 11.4.2007 – VI-Kart 6/05 (V), WuW/E DE-R 1958, 1972 f, und BGH, Beschl. v. 16.1.2008 – KVR 26/07 – Rhön-Klinikum: „sofortige Liquidation als einzige Alternative“.

1083) Siehe allerdings BKartA, Beschl. v. 27.2.2013 – B6-9/13 – FAZ/FR, Fallbericht v. 8.4.2013: Anerkennung einer Sanierungsfusion, weil der alternative Erwerbsinteressent für das Insolvenzverfahren ungünstiger gewesen wäre.

1084) BKartA, Beschl. v. 1.9.2014 – B6-97/14, Fallbericht S. 2; grundlegend BGH, Beschl. v. 23.10.1979 – KVR 3/78, WuW/E BGH 1655, 1660 – Zementmahlanlage II; siehe auch BKartA, Beschl. v. 11.4.2006 – B6-142/05 –RTL/n-tv, WuW/E DE-V 1226, 1233 f: Marktanteile bleiben im marktbeherrschenden Duopol.

1085) BKartA, Beschl. v. 11.4.2006 – B6-142/05 – RTL/n-tv, unter VI 4 (S. 39–41).

1086) Anders, wenn (nur) noch der Erwerber und das Zielunternehmen auf dem Markt tätig sind, *BKartA*, TB 1985/1986, BT-Drucks. 11/554, S. 87 – Darmstädter Echo; BKartA, TB 1981/1982, BT-Drucks. 10/243, S. 38 – Kali + Salz, oder alle Marktanteile einem marktbeherrschenden Oligopol zufallen würden, BKartA, Beschl. v. 28.10.2004 – B10-86/0, Rz. 210 – Schneider&Söhne/Classen.

1087) *BKartA*, Leitfaden Marktbeherrschung, Rz. 184.

1088) BKartA, Beschl. v. 1.9.2014 – B6-97/14 – Lensing/Aschendorff, Fallbericht S. 2 f; Fallbericht zu B6-89/13 – Lensing/Funke, S. 2 ff, dort auch zu § 36 Abs. 1 Satz 2 Nr. 3 GWB; siehe außerdem BKartA, Beschl. v. 22.12.2009 – B9-84/09 – *Webasto/Edscha*, S. 74, 78 f: wahrscheinlicher Marktaustritt des Erwerbers als Abwägungsgesichtspunkt.

behörde, verbietet das Vollzugsverbot (siehe Rz. 594 ff und 627 f) dem Erwerber, das Zielunternehmen zu unterstützen. In diesen Fällen kann eine Befreiung vom Vollzugsverbot beantragt werden (Art. 7 Abs. 3 FKVO; § 41 Abs. 2 GWB).[1089] Die Befreiung erlaubt entweder bestimmte Unterstützungshandlungen oder erlegt dem Erwerber auf, seine durch den vorzeitigen Vollzug erlangten Rechte nur in bestimmter Weise auszuüben. Bei unproblematischen Transaktionen kann in der deutschen Fusionskontrolle eine rasche Anmeldung sinnvoller sein. Der Befreiungsantrag und seine Prüfung kosten ähnlich viel Zeit wie die Anmeldung. Die prekäre Lage des Zielunternehmens kann man dem Amt wie anderen Kartellbehörden unter Wahrung der Vertraulichkeit erläutern.

### h) Unternehmenskauf im Wege der Kapitalerhöhung

899 Die Übernahme einer Beteiligung oder eines Unternehmens kann nicht nur im Wege eines Unternehmenskaufvertrags im vorbeschriebenen Sinne erfolgen, sondern auch auf gesellschaftsrechtlichem Wege im Rahmen einer Kapitalerhöhung.[1090] Beim Unternehmenskauf durch Kapitalerhöhung sind zwei Fallgestaltungen zu unterscheiden: Zum einen die Konstellation, in der die Beteiligung an der Zielgesellschaft nicht durch den Erwerb bestehender, sondern neu ausgegebener Anteile erfolgt (siehe Rz. 900 ff). Davon zu unterscheiden ist das Szenario, in dem der „Kaufpreis" von dem Erwerber nicht in bar, sondern mit eigenen Anteilen bezahlt wird (siehe Rz. 907 ff). Naturgemäß kann beides auch mit dem „normalen" Anteilskauf, also einem Erwerb einer bereits bestehenden Beteiligung und der Zahlung in bar, kombiniert werden.

#### aa) Barkapitalerhöhung bei der Zielgesellschaft

900 Ein denkbarer Weg für den Erwerb einer Beteiligung durch den Erwerber ist eine Barkapitalerhöhung bei der Zielgesellschaft unter Bezugsrechtsausschluss für die Altgesellschafter, die der Erwerber zeichnet bzw. übernimmt. Die Strukturierung eines Erwerbs einer Unternehmensbeteiligung im Wege einer (Bar-)Kapitalerhöhung bietet sich an, wenn die bisherigen Gesellschafter nicht aus der Gesellschaft ausscheiden möchten und der „Kaufpreis" vor allem der Gesellschaft zugutekommen soll. Diese Art der Gestaltung ist daher insbesondere im Venture-Capital- und Private-Equity-Bereich häufig anzutreffen; sie findet aber auch bei etablierten börsennotierten Gesellschaften Anwendung, wenn etwa eine Kapitalerhöhung um bis zu 10 % durchgeführt wird. Diese Gestaltung ermöglicht es den Alt- oder Gründungsgesellschaftern, ihre Gesellschafterposition auch in Zukunft – wenn auch anteilig verwässert – beizubehalten. Gleichzeitig wird der (Ziel-)Gesellschaft durch die Beteiligung eines Investors über die Kapitalerhöhung neue, für den weiteren Auf- und Ausbau des Geschäfts oft dringend benötigte Liquidität zugeführt. Die alten Gesellschafter und neuen Investoren können beide an der erwarteten Wertsteigerung des Unternehmens teilhaben. Zu beobachten ist diese Art der Unternehmensakquisition auch, wenn die Altgesellschafter der Zielgesellschaft aus steuerlichen Gründen ihre Beteiligung an dem Unternehmen nicht vollständig aufgeben sollen. Insbesondere wenn der Beitritt des Erwerbers mit einer vorherigen Kapitalherabsetzung kombiniert wird, kann die Beteiligungsquote der Altgesellschafter gleichwohl marginalisiert werden. Möglich ist auch eine Kombination von Verkauf

---

1089) Siehe neuerdings Kommission, Beschl. v. 27.10.2017, COMP/M.8633, Lufthansa/Air Berlin, Rz. 12, 18 ff: Befreiung vom Vollzugsverbot zur Aufrechterhaltung des Geschäftsbetriebs der insolventen Air Berlin.

1090) *Seibt/Raschke/Reiche*, NZG 2002, 256, 260.

und Kapitalerhöhung, wenn einzelne Gesellschafter aussteigen möchten und gleichzeitig zusätzliches Geld über die Kapitalerhöhung aufgebracht werden soll. Statt Geld kann der Investor natürlich auch andere Einlagen erbringen, sodass eine Sachkapitalerhöhung vorliegt.

Für die Durchführung schließen in der Regel die Altgesellschafter der Zielgesellschaft mit 901 dem Erwerber einen Beteiligungsvertrag ab. Dieser Vertrag enthält typischerweise die Verpflichtung der Altgesellschafter, eine (Bar-)Kapitalerhöhung bei der Zielgesellschaft zu beschließen und ausschließlich den Erwerber zur Übernahme der neuen Stammeinlage bzw. zur Zeichnung der neuen Aktien zuzulassen. Der Erwerber seinerseits verpflichtet sich üblicherweise zur Übernahme der neuen Stammeinlage bzw. zur Zeichnung der neuen Aktien, unter Umständen darüber hinaus auch zur Zahlung eines Aufgelds (Agio) gemäß § 272 Abs. 2 Nr. 1 HGB oder zur Zahlung einer sonstigen Zuzahlung gemäß § 272 Abs. 2 Nr. 4 HGB oder zu sonstigen Leistungen, häufig abhängig vom Erreichen bestimmter Meilensteine, z. B. Umsatzziele.[1091] Wird im Rahmen der Beteiligung an einer Aktiengesellschaft die Zuzahlung eines Agios i. S. d. § 272 Abs. 2 Nr. 1 HGB vereinbart, ist jedoch zu beachten, dass dieses gemäß §§ 188 Abs. 2, § 36a Abs. 2 Satz 1 AktG vor Anmeldung der Kapitalerhöhung vollständig eingezahlt werden muss. Um dies zu vermeiden, wird man sich daher vielfach auf die Zahlung eines „schuldrechtlichen Aufgelds" oder auf eine „freiwillige Zuzahlung" gemäß § 272 Abs. 2 Nr. 4 HGB einigen.[1092] Obwohl die Zielgesellschaft oft ebenfalls Partei der Beteiligungsvereinbarung ist (etwa mit Blick auf die Verpflichtung, die Kapitalerhöhung unverzüglich zum Handelsregister anzumelden), steht der Anspruch auf Zahlung des Aufgeldes bzw. der freiwilligen Zuzahlung oft nur den Altgesellschaftern zu.

### (1) Rechtsnatur und Form des Beteiligungsvertrags

Der typische Beteiligungsvertrag zwischen Altgesellschaftern und Investor stellt wegen 902 der darin enthaltenen Verpflichtung der Altgesellschafter zur Durchführung einer Kapitalerhöhung auch eine Stimmbindungsvereinbarung dar. Eine solche Stimmbindungsvereinbarung ist nach überwiegender Ansicht grundsätzlich zulässig.[1093] Hat die Vereinbarung die Beteiligung an einer GmbH zum Gegenstand, bedarf sie entgegen der früher herrschenden Meinung trotz der darin enthaltenen Verpflichtung des Erwerbers zur Übernahme der neuen Stammeinlage nicht der Form, die für die Übernahmeerklärung selbst erforderlich ist (§ 55 Abs. 1 GmbHG).[1094] Eine Pflicht zur Beurkundung besteht nach allgemeinen Regeln aber etwa dann, wenn bei einer GmbH Call-Optionen bezogen auf die neuen Anteile für den Fall vorgesehen sind, dass spätere Meilensteinzahlungen ausbleiben sollten.

Ist die Beteiligung an einer Aktiengesellschaft vorgesehen, ist ebenfalls gemäß der Be- 903 stimmung des § 185 AktG zur Zeichnung von Aktien lediglich das Schriftformerfordernis zu wahren.[1095] Das Erfordernis einer notariellen Beurkundung wird trotz der in der Ver-

1091) *Hergeth/Mingau*, DStR 2001, 1217.

1092) Zum Risiko, inwieweit eine solche Regelung ein „verdecktes Agio" gemäß § 272 Abs. 1 Nr. 1 HGB darstellt, vgl. *Mellert*, NZG 2003, 1096.

1093) Für die GmbH: BGH, Urt. v. 7.2.1983 – II ZR 25/82, ZIP 1983, 432; MünchKomm-*Drescher*, GmbHG, § 47 Rz. 237; *Wiesbrock*, DB 2002, 2311, 2315; für die AG (auch mit Nichtaktionären): MünchKomm-*Arnold*, AktG, § 136 Rz. 66; *Hüffer/Koch*, AktG, § 133 Rz. 27; *Maidl/Kreifels*, NZG 2003, 1091; Zulässigkeit von Stimmbindungsverträgen wohl ablehnend, sofern diese als klagbare und vollstreckbare Erfüllungspflichten verstanden werden: *Habersack*, ZHR 164 (2000), 1.

1094) Scholz/*Priester*, GmbHG, § 55 Rz. 117; *Bayer*, in: Lutter/Hommelhoff, GmbHG, § 55 Rz. 33; *Hergeth/Mingau*, DStR 2001, 1217, 1220; jetzt auch *Zöllner/Fastrich*, in: Baumbach/Hueck, GmbHG, § 55 Rz. 40.

1095) *Hüffer/Koch*, AktG, § 185 Rz. 23a; *Maidl/Kreifels*, NZG 2003, 1091.

einbarung enthaltenen Verpflichtung zur Satzungsänderung in Form der Kapitalerhöhung überwiegend abgelehnt.[1096] Zur Begründung wird der Sinn und Zweck des Urkundserfordernisses gemäß § 53 Abs. 2 GmbHG bzw. § 130 Abs. 1 AktG herangezogen, der nicht in der Warnung der Gesellschafter oder ihrer Belehrung durch den Notar zu finden ist, sondern vielmehr dem Beweis über das Zustandekommen des Satzungsänderungsbeschlusses im Interesse der Rechtssicherheit und zur Erleichterung der registergerichtlichen Prüfung dient.

### (2) Vertragsparteien des Beteiligungsvertrags

904 Auf Seiten der Zielgesellschaft treten häufig die Altgesellschafter als Vertragspartei des Beteiligungsvertrags auf, darüber hinaus unter Umständen auch die Zielgesellschaft selbst. Es besteht jedoch auch die Möglichkeit, dass auf Seiten der Zielgesellschaft lediglich die Gesellschaft selbst, nicht aber deren Altgesellschafter, Partei des Beteiligungsvertrags wird. Das ist möglich, wenn und soweit der Vorstand der Zielgesellschaft im Rahmen eines genehmigten Kapitals auch ohne weitere Mitwirkung der Altaktionäre die Kapitalerhöhung durchführen kann. Nachdem dies früher nur bei Aktiengesellschaften möglich war, sieht inzwischen § 55a GmbHG die Möglichkeit genehmigten Kapitals auch bei der GmbH vor. Allerdings sollte auch in diesem Fall der Vorstand keine absolute Verpflichtung der Gesellschaft zur Kapitalerhöhung und Aktienzuteilung formulieren, da die Hauptversammlung die Ermächtigung zur Kapitalerhöhung jederzeit wieder aufheben kann[1097] und außerdem gemäß § 203 Abs. 1 i. V. m. § 187 Abs. 1 AktG Rechte auf den Bezug neuer Aktien nur unter dem Vorbehalt des Bezugsrechts der Aktionäre zugesichert werden können, sofern sich nicht ein Bezugsrechtsausschluss rechtfertigen lässt. Ein solcher kommt bei einer Barkapitalerhöhung allerdings nur ausnahmsweise in Betracht; bei der Ausgabe von Aktien an einen strategischen Investor kann dies – abhängig von der Ausgestaltung des genehmigten Kapitals – möglich sein. Bei börsennotierten Gesellschaften ist zudem die Ausgabe von Aktien unter den Voraussetzungen des § 186 Abs. 3 Satz 4 AktG denkbar, wenn das Grundkapital um weniger als 10 % erhöht werden soll.

### (3) Garantien und Zusagen

905 In der Praxis werden in einem solchen Beteiligungsvertrag oftmals sowohl von der Zielgesellschaft selbst als auch von deren Altgesellschaftern Garantien über bestimmte Umstände der Zielgesellschaft gefordert, deren Ausgestaltung dem Haftungsregime von Beteiligungs- und Unternehmenskaufverträgen entspricht. Die Zulässigkeit von Garantien seitens der Altgesellschafter ist dabei unproblematisch.[1098] Anders ist dies im Hinblick auf die von der Zielgesellschaft selbst abgegebenen Garantien.[1099] Hier ist zu beachten, dass ihrer Inanspruchnahme durch den ihr beigetretenen neuen Gesellschafter zwingendes Kapitalerhaltungsrecht (§§ 30 ff GmbHG, §§ 56, 57 AktG) entgegenstehen kann.[1100] Denkbar wäre darüber hinaus, in der Übernahme von Garantien zugunsten des Bareinlegers eine gegen die Vorschrift des § 53a AktG verstoßende unzulässige Ungleichbehand-

1096) MünchKomm-*Lieder*, GmbHG, § 55 Rz. 157; *Priester*, ZIP 1987, 280, 285; *Hergeth/Mingau*, DStR 2001, 1217, 1219; *Maidl/Kreifels*, NZG 2003, 1091; *Wiesbrock*, DB 2002, 2311, 2315; offengelassen von *Weitnauer*, NZG 2001, 1065, 1073.

1097) *Hüffer/Koch*, AktG, § 202 Rz. 18.

1098) *Mellert*, NZG 2003, 1096, 1099.

1099) Vgl. zu der Sondersituation, dass Geschäftsführer der Zielgesellschaft auch an der Erwerbergesellschaft beteiligt oder auf ihrer Seite tätig sind: *Weißhaupt*, ZIP 2016, 2447.

1100) *Seibt/Raschke/Reiche*, NZG 2002, 256, 262; *Maidl/Kreifels*, NZG 2003, 1091, 1093.

lung[1101] gegenüber denjenigen Aktionären bzw. Gesellschaftern zu sehen, die ihre Anteile im Wege einer „regulären“ Kapitalerhöhung erworben haben und die daher auf die allgemeinen zivilrechtlichen Schadensersatzansprüche beschränkt sind.[1102] Im Ergebnis dürfte dies beim Unternehmenskauf via Kapitalerhöhung allerdings nicht gelten, da eine unterschiedliche Behandlung gegenüber der normalen Kapitalerhöhung gerechtfertigt erscheint. Wegen des Verstoßes gegen §§ 56, 57 AktG kommt eine Gewährung von Garantien in der Regel allerdings gleichwohl nicht in Betracht, insbesondere dann nicht, wenn sie auf eine Preisgarantie oder eine Rückkaufpflicht bei Unterschreiten eines bestimmten Wertes hinauslaufen.

Rechtliche Schwierigkeiten bereiten auch Vereinbarungen, in denen sich die Zielgesellschaft 906
gegenüber dem künftigen Aktionär zu bestimmten Verhaltensweisen verpflichtet (z. B. Unterlassen weiterer Kapitalerhöhungen o. Ä., sog. „*business combination agreements*“).[1103] Die Rechtsprechung sieht hierin – bei zu starker und langfristiger Bindung an den Investor – einen Verstoß gegen die dem Wesen der AG immanente Aufgabenverteilung zwischen Vorstand und Aktionär.[1104]

### bb) Sachkapitalerhöhung bei der Erwerbergesellschaft

Eine völlig andere Konstellation als die Kapitalerhöhung der Zielgesellschaft (siehe 907
Rz. 900 ff) stellt die Sachkapitalerhöhung auf Erwerberseite dar. Hier wird faktisch der Kaufpreis für die erworbene Beteiligung an der Zielgesellschaft von der Erwerbergesellschaft nicht in bar, sondern in Anteilen an der Erwerbergesellschaft bezahlt, die Beteiligung an der Zielgesellschaft also gegen Ausgabe neuer Anteile an der Erwerbergesellschaft in die Erwerbergesellschaft eingebracht.[1105]

In diesen Fällen wird regelmäßig zwischen den Altgesellschaftern der Zielgesellschaft sowie 908
der Erwerbergesellschaft (ggf. einschließlich deren Altgesellschaftern) ein Beteiligungs- oder Einbringungsvertrag geschlossen. In diesem verpflichten sich die Altgesellschafter der Erwerbergesellschaft zur Durchführung einer (Sach-)Kapitalerhöhung und zur alleinigen Zulassung der Altgesellschafter der Zielgesellschaft zur Übernahme der neuen Stammeinlagen bzw. zur Zeichnung der neuen Aktien der Erwerbergesellschaft. Im Gegenzug verpflichten sich die bisherigen Gesellschafter der Zielgesellschaft, ihre Beteiligungen an der Zielgesellschaft in das Erwerberunternehmen durch Abtretung einzubringen.[1106] Die Beteiligung erfolgt somit im Wege eines Anteilstauschs. Die Erwerbergesellschaft erwirbt durch die Einbringung Anteile an der Zielgesellschaft, während im Gegenzug die bisherigen Gesellschafter der Zielgesellschaft im Wege der (Sach-)Kapitalerhöhung Anteile an der Erwerbergesellschaft erhalten. Bei diesem Vorgang setzt die Erwerbergesellschaft damit Aktien bzw. Geschäftsanteile anstelle von Bargeld als Akquisitionswährung ein.[1107]

---

1101) § 53a AktG normiert einen allgemeinen Grundsatz, der auch im GmbH-Recht Anwendung findet; vgl. nur *Bayer*, in: Lutter/Hommelhoff, GmbHG, § 14 Rz. 46 ff.

1102) *Sieger/Hasselbach*, BB 2004, 60, 63.

1103) *Kiem*, AG 2009, 301; *Seibt/Wunsch*, ZIP 2008, 1093; *Bungert/Wansleben*, ZIP 2013, 1841; *Hippeli/Diesing*, AG 2015, 185.

1104) LG München I, Urt. v. 5.4.2012 – 5 HK O 20488/11, NZG 2012, 1152; OLG München, Beschl. v. 14.11.2012 – 7 AktG 2/12, ZIP 2012, 2439. Teilweise wird darin etwa der Abschluss eines (verdeckten) Unternehmensvertrags i. S. d. §§ 291 ff AktG gesehen, vgl. dazu etwa *Beisel*, in: Beisel/Klumpp, § 1 Rz. 109 ff.

1105) *Seibt/Raschke/Reiche*, NZG 2002, 256, 261; *Reger/Wieneke*, GWR 2013, 195.

1106) *Schindhelm/Pickhardt-Poremba/Hilling*, DStR 2003, 1444, 1448.

1107) *Sieger/Hasselbach*, BB 2004, 60.

909 Abhängig von den Wertverhältnissen[1108] und der daraus resultierenden Beteiligungsquote der Altgesellschafter der Zielgesellschaft an der Erwerbergesellschaft infolge der Transaktion sind die Altgesellschafter der Zielgesellschaft oft daran interessiert, in der Erwerbergesellschaft angemessen vertreten zu sein, z. B. in den Aufsichtsgremien. Insoweit erhält der Beteiligungs- bzw. Einbringungsvertrag aufgrund seines umfassenderen Regelungsgegenstands den Charakter einer Investorenvereinbarung.[1109] Soweit möglich werden – insbesondere im Falle einer Aktiengesellschaft mit größerem Gesellschafterkreis als Erwerbergesellschaft – die den Altgesellschaftern der Zielgesellschaft gewährten Aktien in der Regel durch genehmigtes Kapital (§§ 202 ff AktG) geschaffen,[1110] sofern aufgrund der Größe der erworbenen Beteiligung und der daher auszugebenden neuen Aktien nicht eine ordentliche Kapitalerhöhung notwendig ist.

910 In der beschriebenen Konstellation haben grundsätzlich die Parteien auf beiden Seiten des Beteiligungsvertrags ein Interesse daran, Garantien der anderen Vertragspartei zu erhalten, um sich gegen die wichtigsten Transaktionsrisiken abzusichern, d. h., die Erwerbergesellschaft verlangt Garantien in Bezug auf die Zielgesellschaft und die Gesellschafter der Zielgesellschaft benötigen Garantien in Bezug auf die Erwerbergesellschaft.

911 Auf Seiten der Erwerbergesellschaft geschieht dies häufig dadurch, dass der bzw. die Sacheinleger (also der bzw. die Anteilseigner der Zielgesellschaft) in dem Beteiligungsvertrag Garantien abgibt bzw. abgeben, die dem üblichen Standard von Unternehmenskaufverträgen entsprechen. Allerdings haften die Altgesellschafter der Zielgesellschaft auch unabhängig von der Abgabe solcher Garantien zumindest aufgrund der gesetzlichen Differenzhaftung,[1111] nach der ein Sacheinleger nicht nur zur Leistung des vereinbarten Einlagegegenstands, sondern auch zur Erbringung des festgelegten Vermögenswertes verpflichtet ist.[1112] Der zusätzlichen Übernahme von Garantien kommt daher nur insoweit eigenständige Bedeutung zu, als die Erwerbergesellschaft die (vormaligen) Anteilseigner der Zielgesellschaft über den aufgrund der gesetzlichen Differenzhaftung geschuldeten Betrag hinaus in Anspruch nehmen möchte (unabhängig davon, dass es die Verletzung konkreter Garantien in der Regel deutlich einfacher erlaubt, Ansprüche durchzusetzen).

912 Aber auch der bzw. die Sacheinleger haben ein Interesse an entsprechenden Garantien seitens der Erwerbergesellschaft, um sicherzustellen, dass der Wert der als Gegenleistung für das eingebrachte Unternehmen erhaltenen Aktien bzw. Geschäftsanteile nicht durch unternehmensimmanente Risiken auf Seiten der Erwerbergesellschaft gemindert ist. Die Abgabe von Garantien seitens der Erwerbergesellschaft ist indes problematisch, da ihrer Inanspruchnahme auch hier zwingendes Kapitalerhaltungsrecht (§ 30 GmbHG, § 57 AktG) sowie der Gleichbehandlungsgrundsatz entgegenstehen können.[1113] Unabhängig von dem vorbezeichneten Risiko wird vorgeschlagen, die Garantien ausschließlich von den Anteilsinhabern der beteiligten Gesellschaften abgeben zu lassen, weil nach Durchführung der

1108) Zu der Relevanz des Bewertungsstichtags etwa *Wollny*, DStR 2017, 949.

1109) Siehe zu den aktienrechtlich zulässigen Inhalten solcher Vereinbarungen *Kiem*, AG 2009, 301 (zur Gremienbesetzung S. 309); restriktiver: LG München I, Urt. v. 5.4.2012 – 5 HK O 20488/11, NZG 2012, 1152; OLG München, Beschl. v. 14.11.2012 – 7 AktG 2/12, ZIP 2012, 2439.

1110) Zu den aktienrechtlichen Fragen in diesem Zusammenhang vgl. *Strauß*, AG 2010, 192.

1111) Dies gilt unbeschadet der Notwendigkeit, bei der Anmeldung der Sachkapitalerhöhung zum Handelsregister eine Werthaltigkeitsbescheinigung vorzulegen, die bei der Aktiengesellschaft sogar durch einen gerichtlich bestellten Prüfer erstellt worden sein muss.

1112) *Seibt/Raschke/Reiche*, NZG 2002, 256, 261.

1113) BGH, Urt. v. 26.4.2004 – II ZR 155/02, ZIP 2004, 993; vgl. Rz. 905.

Kapitalerhöhung eine Schadensersatzpflicht der Gesellschaften nur bedingt geeignet sei, den Nachteil der jeweils geschädigten Gesellschaftergruppe auszugleichen. Denn jede aus dem Gesellschaftsvermögen gezahlte Schadensersatzleistung vermindert letztlich auch den Wert der von dem klagenden Gesellschafter gehaltenen Aktien bzw. Geschäftsanteile.[1114] Praktikabel ist dies indes nur bei einem überschaubaren Gesellschafterkreis oder einem an der Transaktion interessierten Großaktionär.

### i) Grenzüberschreitende Transaktionen

913 Bei grenzüberschreitenden Unternehmenskäufen stammen entweder Käufer und Verkäufer aus unterschiedlichen Ländern oder das oder die Zielunternehmen haben ihren Sitz in einem anderen Land als Käufer und/oder Verkäufer. In allen Fällen sind grundsätzlich mehrere Rechtsordnungen berührt, was Auswirkungen sowohl auf den Verkaufsprozess als auch auf die Vertragsgestaltung hat.

#### aa) Besonderheiten des Verkaufsprozesses

914 Haben die Zielunternehmen ihren Sitz in verschiedenen Ländern oder hat das Zielunternehmen ausländische Tochtergesellschaften, sind auch die ausländischen Ziel- bzw. Tochtergesellschaften regelmäßig in die Due Diligence einzubeziehen. Diese kann entweder dezentral im Land des Sitzes der jeweiligen Gesellschaft oder zentral in einem Land, in der Praxis entweder im Land des Verkäufers oder im Land des Sitzes der Muttergesellschaft des Zielunternehmens, durchgeführt werden. Im letzteren Fall müssen die entsprechenden Unterlagen aus den einzelnen Ländern in den zentralen (elektronischen) Datenraum gebracht werden. In beiden Fällen wird es zumindest für die rechtliche und steuerliche Due Diligence erforderlich sein, Experten aus den jeweiligen Ländern mit einzubeziehen, um sicherzustellen, dass die länderspezifischen Besonderheiten berücksichtigt werden. Darüber hinaus werden viele der durchzusehenden Dokumente Texte in der jeweiligen Landessprache enthalten, sodass auch deswegen die Mithilfe von Beratern aus den jeweiligen Ländern erforderlich sein wird.

915 Auch bei der Vertragsgestaltung sind die Rechtsordnungen der Länder, in denen die Zielgesellschaften ihren Sitz haben, zu beachten (im Einzelnen siehe Rz. 917). Auch dies erfordert die Einbeziehung von Anwälten aus den betreffenden Ländern, um sicherzustellen, dass die getroffenen Regelungen nach dem einschlägigen Recht wirksam sind und alle für die Durchführung des Vertrags erforderlichen Maßnahmen wie behördliche Genehmigungen, Fusionskontrollverfahren, Registrierungen oder Ähnliches ergriffen werden.

916 Insgesamt verursachen internationale Unternehmenskäufe einen **erheblichen Koordinationsaufwand**, da einzelne Aspekte für einzelne Länder getrennt bearbeitet werden müssen, gleichzeitig jedoch zu gewährleisten ist, dass alle Aspekte in dem Unternehmenskaufvertrag Berücksichtigung finden. Überdies muss sichergestellt werden, dass die Transaktion in einem überschaubaren Zeitraum abgeschlossen werden kann und einzelne Länder den Prozess nicht über Gebühr aufhalten. Zwischenzeitlich hat sich dieser Koordinationsaufwand durch diverse Änderungen des Außenwirtschaftsgesetzes und der Außenwirtschaftsverordnung erheblich vergrößert, indem die Kontrollbefugnisse des Bundesministeriums für Wirtschaft und Energie für den Erwerb eines deutschen Unternehmens oder einer Beteiligung an diesem durch gemeinschaftsfremde Investoren erweitert wurden und ein Er-

1114) *Aha*, BB 2001, 2225, 2230.

werb zur Gewährleistung der (weit verstandenen) öffentlichen Ordnung oder Sicherheit der Bundesrepublik Deutschland untersagt werden kann.[1115] Insofern kann es sich für betroffene Erwerbsinteressenten empfehlen, bereits zu einem frühen Zeitpunkt der Transaktion eine Unbedenklichkeitsbescheinigung nach § 58 AWV zu beantragen, um auf diesem Wege Rechtssicherheit hinsichtlich des Bestands der geplanten Transaktion herzustellen.[1116] Auch international haben die Restriktionen zugenommen, die überwiegend gegen den Erwerb von Technologieunternehmen durch chinesische Käufer gerichtet sind, aber auch schon deutsche Interessenten betroffen haben. So beeinflusst insbesondere das US-Investitionskontrollverfahren (CFIUS) Transaktionen, die Berührung mit dem US-Markt haben.[1117] Oft steht daher auch die Frage im Vordergrund, ob (und wenn ja welche) Berührung zum US-Markt besteht. Dies alles stellt nicht unerhebliche Anforderungen an die Beteiligten, insbesondere an ihre Erfahrung in internationalen Transaktionen und ihr internationales Netzwerk, das sie für die Durchführung der Transaktion nutzen können.

### bb) Besonderheiten der Vertragsgestaltung

917 Auch bei der Vertragsgestaltung ist das Recht der jeweils betroffenen Länder zu berücksichtigen. Erfolgt der Kauf im Wege eines **Asset Deals**, richtet sich die Übertragung der einzelnen Wirtschaftsgüter gemäß der Grundsätze des internationalen Privatrechts nach dem Recht des Landes, in dem die Vermögensgegenstände belegen sind (lex rei sitae).[1118] Bei einem **Share Deal** richtet sich die Anteilsübertragung, da ein Geschäftsanteil selbst bei Ausstellung von Anteilsscheinen mangels Verkörperung keine Sachqualität besitzt,[1119] nach dem Recht des Staates, in dem die betreffende Gesellschaft ihren Sitz hat.[1120]

918 Bei einer Holdingstruktur mit einer deutschen Gesellschaft als Holdingspitze und darunter hängenden ausländischen Tochtergesellschaften verbleiben die Anteile an den Tochtergesellschaften bei der deutschen Muttergesellschaft und gehen bei Übertragung der Anteile an der Muttergesellschaft, die deutschem Recht unterliegt, indirekt auf den Erwerber über. Hat der Erwerber bereits in den betroffenen Ländern Tochtergesellschaften, mag es jedoch aus steuerlichen oder organisatorischen Gründen günstiger sein, wenn die Anteile an den jeweiligen ausländischen Tochtergesellschaften von diesen bereits bestehenden Tochtergesellschaften des Erwerbers übernommen werden. In diesem Fall unterliegt die Übertragung der Anteile an den ausländischen Tochtergesellschaften dem jeweiligen nationalen Recht.

919 Schließlich sind zwingende Vorschriften ausländischer Rechtsordnungen wie die Haftung aus Vermögensübernahme und zwingende arbeits- und mitbestimmungsrechtliche sowie gesellschaftsrechtliche Bestimmungen zu beachten.[1121] Ausländische **Kartellgesetze und Fusionskontrollregeln** können Anmeldungen bei den jeweiligen Kartellbehörden vorschreiben.[1122] Gerade im Verfahrensrecht gibt es dabei von Land zu Land erhebliche Unterschiede.

---

1115) Siehe ausführlich zu den Restriktionen durch das Außenwirtschaftsrecht, die nicht nur chinesische sondern auch US-Investoren betreffen, Rz. 632 ff.

1116) Vgl. *von Rosenberg/Hilf/Kleppe*, DB 2009, 831, 834 ff.

1117) Vgl. *Heinrich/Jalinous*, AG 2017, 526.

1118) *Picot/Land*, DB 1998, 1601, 1602; *Reichert/Weller*, DStR 2005, 250.

1119) *Reichert/Weller*, DStR 2005, 250.

1120) *Streyl*, in: Semler/Volhard, § 12 Rz. 198 m. w. N.

1121) Siehe hierzu *Picot/Land*, DB 1998, 1601, 1604.

1122) Eine gewisse Erleichterung schafft innerhalb der EU Art. 4 Abs. 5 FKVO mit der Möglichkeit, Zusammenschlüsse durch die Kommission statt durch drei oder mehr nationale Kartellbehörden prüfen zu lassen, siehe Rz. 562 ff.

Gelegentlich müssen die Parteien Anmeldungen innerhalb enger Fristen nach dem Vertragsschluss einreichen, wobei die nach den jeweiligen ausländischen Rechtsordnungen bestehenden kartellrechtlichen Anmeldepflichten auch zu befolgen sind, wenn ein Unternehmenskauf zunächst nur einen rein inländischen Sachverhalt zu betreffen scheint, da die entsprechenden Regelungen nach den nationalen Vorschriften jeweils auch dann auf Auslandssachverhalte Anwendung finden, wenn diese Auswirkungen in dem jeweiligen Staat haben, sofern die jeweiligen nationalen Schwellenwerte überschritten sind und die Transaktion einen Zusammenschluss nach der Definition der jeweiligen nationalen Gesetze darstellt. Die Anmeldungen müssen regelmäßig in der Landessprache abgefasst werden. Besteht in den einzelnen Ländern ein Vollzugsverbot bis zur Freigabe der Transaktion durch die nationale Kartellbehörde, ist in dem Unternehmenskaufvertrag zu regeln, wie verfahren werden soll, wenn die Freigaben in den einzelnen Ländern zu unterschiedlichen Zeitpunkten erteilt werden.[1123)] Hier kommen entweder ein stufenweiser Vollzug des Unternehmenskaufs oder der Vollzug der gesamten Transaktion auf einmal nach der Erteilung der letzten Freigabe in Betracht. 920

Sofern das anwendbare Recht von den Parteien frei gewählt werden kann, wird jede Partei zunächst dazu neigen, die Anwendung des ihr bekannten eigenen Rechts zu vereinbaren. Dies ist jedoch nur dann ratsam, wenn dieses Recht den größten Sachbezug zu der Transaktion hat. In der Regel ist dies das Recht des Landes, in dem das Zielunternehmen seinen Sitz hat, da das Recht dieses Landes sowohl auf die Übertragung der Geschäftsanteile als auch auf die Übertragung der Wirtschaftsgüter dieses Unternehmens zwingend Anwendung findet (siehe Rz. 917). Gleichzeitig ist darauf zu achten, dass auch der Gerichtsstand in dem Land des anzuwendenden Rechts liegt, da ansonsten ein Gericht über fremdes Recht entscheiden müsste, was zwar rechtlich möglich ist, in der Praxis jedoch zu großen Schwierigkeiten führt. Wird nicht das sachnächste Recht gewählt, würde dies in aller Regel ebenfalls dazu führen, dass ein Gericht nach ausländischem Recht entscheiden müsste. Dies sollte unbedingt vermieden werden. Aus diesem Grunde ist auch von der Vereinbarung eines „neutralen“ Rechts eines Drittstaates abzuraten. 921

Bei der Frage, ob die Zuständigkeit ordentlicher Gerichte oder von Schiedsgerichten vereinbart werden soll, ist neben der Effizienz der ordentlichen Gerichte in dem betreffenden Staat auch die Frage der Vollstreckbarkeit der Entscheidungen ausländischer Gerichte zu berücksichtigen. Da dem UN-Übereinkommen vom 10. Juni 1958 über die Anerkennung und Vollstreckung ausländischer Schiedssprüche (New York Convention)[1124)] mehr Unterzeichnerstaaten beigetreten sind als dem entsprechenden Übereinkommen über die Vollstreckung ausländischer Gerichtsurteile, ist in der Regel die Vollstreckung ausländischer Schiedssprüche einfacher als die ausländischer Gerichtsurteile.[1125)] 922

Unterliegen verschiedene Teile des Unternehmenskaufs unterschiedlichen Rechtsordnungen, weil z. B. Anteile an verschiedenen ausländischen Gesellschaften oder in verschiedenen Ländern belegene Vermögensgegenstände veräußert werden, auf die jeweils das Recht des betreffenden Landes Anwendung findet, wird es in der Regel zweckmäßig sein, einen Hauptvertrag („*master agreement*“) abzuschließen, in dem die Bedingungen des Unterneh- 923

1123) Vgl. auch zu dem unterschiedlichen Verständnis von Vollzugsverboten z. B. bei *v. Brevern*, M&A Review 2017, 386.

1124) UN-Übereinkommen über die Anerkennung und Vollstreckung ausländischer Schiedssprüche (New York Convention) v. 10.6.1958, BGBl II 1961, 121.

1125) *Lionnet*, Handbuch der internationalen und nationalen Schiedsgerichtsbarkeit, S. 60 ff.

menskaufs umfassend schuldrechtlich geregelt werden, sowie daneben separate Vereinbarungen, die die zwingend dem jeweiligen ausländischen Recht unterliegenden Verfügungsgeschäfte regeln („*local agreements*").

924 Beim Verkauf einer Holdinggesellschaft mit Auslandstöchtern wird der Hauptvertrag regelmäßig nur zwischen den Verkäufern der Holdinggesellschaft und dem Erwerber abgeschlossen. Die Holdinggesellschaft selbst bzw. ihre Tochtergesellschaften werden nicht Partei des Hauptvertrags, sondern schließen lediglich die Verträge über die Übertragung der Anteile oder Wirtschaftsgüter der Tochtergesellschaften ab. Sie handeln dabei nicht in Erfüllung einer eigenen Verpflichtung, sondern auf Weisung der Konzernobergesellschaft, die sich im Kaufvertrag verpflichtet, auf die Konzernuntergesellschaften entsprechend einzuwirken.[1126] Hierbei ist sehr genau darauf zu achten, dass zwischen Hauptvertrag und den lokalen Übertragungsverträgen keine Widersprüche auftreten. Zur Sicherheit sollte vertraglich bestimmt werden, welcher Vertrag bei Widerspruch vorgeht.

925 Bei dem Abschluss der lokalen Übertragungsverträge sind neben den zwingenden materiell-rechtlichen Vorschriften des betreffenden Staates auch etwaige Formvorschriften zu beachten. Wenn das ausländische Recht notarielle Beurkundung vorschreibt, wird in aller Regel der Abschluss des lokalen Übertragungsvertrags in dem betreffenden Staat vor einem dortigen Notar erforderlich sein.

926 Internationale Unternehmenskäufe berühren nicht nur unterschiedliche Rechtsordnungen, sondern auch unterschiedliche Sprachen und (Vertrags)Kulturen. Aufgrund der Globalisierung und damit einhergehend des Einflusses angelsächsischer Investmenthäuser und Beraterunternehmen hat sich zwar die englische Sprache und die angelsächsische Praxis der Vertragsgestaltung weitgehend durchgesetzt. Dies hat den Vorteil, dass sich dadurch ein internationaler Standard herausgebildet hat, der die Verständigung zwischen Parteien und ihren Beratern aus unterschiedlichen Ländern sehr erleichtert. Dabei darf jedoch nicht aus dem Auge verloren werden, dass die rechtliche Terminologie der einzelnen Rechtsordnungen unterschiedlich ist, eine einheitliche Auslegung des Vertragstextes durch Käufer und Verkäufer somit nicht gewährleistet ist, und nicht alle Rechtsinstitutionen einer Rechtsordnung eine Entsprechung in der anderen Rechtsordnung haben.[1127] Bei der Vertragsformulierung muss daher sichergestellt werden, dass bei der Verwendung einer anderen Sprache als der des anwendbaren Rechts die richtigen Termini oder, wenn entsprechende Ausdrücke in der Vertragssprache fehlen, möglichst präzise Umschreibungen gewählt werden, die gleichzeitig von allen Vertragsbeteiligten verstanden werden müssen.

### cc) Sonstige, insbesondere kulturelle Besonderheiten

927 Eine ganz eigene und nicht zu unterschätzende Bedeutung haben neben den rechtlichen Themen auch die kulturellen Unterschiede und Besonderheiten, die es erheblich erschweren können, das „Gegenüber" zu verstehen. Hier kann es sich empfehlen, sich bereits im Vorfeld auch über solche Themen zu informieren und ggf. sogar professionelle Unterstützung in Anspruch zu nehmen.

1126) Vgl. hierzu *Ettinger/Wolff*, GmbHR 2002, 890, 891.

1127) Vgl. die Beispiele bei *Maier-Reimer*, NJW 2010, 2545, 2547 ff.

## Muster 1a: GmbH-Geschäftsanteilskauf- und -abtretungsvertrag (käuferfreundlich)

Abrufbar unter: http://www.rws-verlag.de/vk-unternehmenskauf.htm

***Sachverhalt:*** *Das Muster 1a betrifft die Veräußerung eines Unternehmens der Zielgesellschaft in Rechtsform einer Gesellschaft mit beschränkter Haftung im Wege des sog. Share Deals durch beurkundungspflichtigen Verkauf und Abtretung sämtlicher Geschäftsanteile durch einen einzigen Verkäufer an nur einen Käufer. Die Regelungen des Kaufvertrags sind tendenziell käuferfreundlich ausgestaltet. Das Vertragsmuster enthält einen Anpassungsmechanismus für den Kaufpreis auf der Grundlage eines auf den Stichtag des dinglichen Vollzugs der Transaktion aufzustellenden Stichtagsabschlusses (Closing Accounts). Zur Sicherung etwaiger Garantieansprüche der Käuferin ist im Muster ein temporärer Sicherheitseinbehalt eines Teilbetrags des vorläufigen Kaufpreises auf einem Treuhandkonto vorgesehen. Des Weiteren wird aus Vereinfachungsgründen angenommen, dass die Zielgesellschaft im Wesentlichen einen „Stand-alone"-Charakter hat, d. h., dass insbesondere keine unternehmensvertraglichen oder gesellschafterdarlehensmäßigen Verbindungen zum Verkäufer bestehen. Weiterhin soll die Zielgesellschaft keine Auslandsbeteiligungen haben. Die Transaktion als solche soll der Zusammenschlusskontrolle durch das Bundeskartellamt unterliegen. Die für den Geschäftsbetrieb genutzten Immobilien stehen teilweise im Eigentum der Zielgesellschaft, teilweise werden diese von Dritten gemietet.*

### I. Vertragstext

**UR-Nr. […]/[…]** 928
Verhandelt in [*Ort*] am [*Datum*]
Vor dem Notar [*Name*]
mit Amtssitz in [*Ort*],
erschienen heute:

1. Herr [*Name*], geb. am [*Datum*], [*Beruf*], deutscher Staatsangehöriger, wohnhaft (**alternativ**: geschäftsansässig) [*Adresse*] (der „Erschienene zu 1)"), handelnd nicht im eigenen Namen, sondern in seiner Eigenschaft als einzelvertretungsberechtigter Geschäftsführer der [Käufer] GmbH mit Sitz in […], eingetragen im Handelsregister des Amtsgerichts […] unter HRB […] (**alternativ**: namens der [Käufer] GmbH als rechtsgeschäftlicher Vertreter aufgrund Vollmacht vom [*Datum*]. Die Vollmacht wird dieser Niederschrift als Anlage beigefügt. Die vorgenannte Vollmacht wurde von [*Name*] unterzeichnet. Der Notar bestätigt aufgrund seiner heutigen Einsichtnahme in das elektronische Handelsregister des Amtsgerichts […] (HRB […]), dass der Unterzeichner der Vollmacht als zur Einzelvertretung befugter Geschäftsführer im Zeitpunkt der Unterzeichnung der Vollmacht zur Vertretung der Gesellschaft berechtigt war);
2. Herr [*Name*], geb. am [*Datum*], [*Beruf*], deutscher Staatsangehöriger, wohnhaft (**alternativ:** geschäftsansässig) [*Adresse*] (der „Erschienene zu 2)"), handelnd nicht im eigenen Namen, sondern in seiner Eigenschaft als einzelvertretungsberechtigter Geschäftsführer der [Verkäufer] GmbH mit Sitz in […], eingetragen im Handelsregister des Amtsgerichts […] unter HRB […] (**alternativ:** namens der [Verkäufer] GmbH als rechtsgeschäftlicher Vertreter aufgrund Vollmacht vom [*Datum*]. Die Vollmacht wird dieser Niederschrift als Anlage beigefügt. Die vorgenannte Voll-

macht wurde von [*Name*] unterzeichnet. Der Notar bestätigt aufgrund seiner heutigen Einsichtnahme in das elektronische Handelsregister des Amtsgerichts [...] (HRB [...]), dass der Unterzeichner der Vollmacht als zur Einzelvertretung befugter Geschäftsführer im Zeitpunkt der Unterzeichnung der Vollmacht zur Vertretung der Gesellschaft berechtigt war).

929 Die Erschienenen wiesen sich zur Gewissheit des beurkundenden Notars durch Vorlage ihrer gültigen Bundespersonalausweise aus und stimmten der Fertigung von Ausweiskopien durch den beurkundenden Notar zu.

930 Der beurkundende Notar fragte die Erschienenen nach einer Vorbefassung i. S. v. § 3 Abs. 1 Satz 1 Nr. 7 BeurkG im Zusammenhang mit dem im Folgenden vorgesehenen Verkauf und der damit zusammenhängenden Übertragung. Eine solche Vorbefassung wurde von den Erschienenen verneint. [→ Rz. 1131]

931 Die Anlagen zu dieser Niederschrift sind in einer Bezugsurkunde vom [*Datum*] festgestellt worden (UR-Nr. [...]/[...] des beurkundenden Notars, nachfolgend die „**Bezugsurkunde**"). Die Bezugsurkunde lag im Original vor. Die Erschienenen erklärten, dass ihnen der Inhalt der Bezugsurkunde bekannt ist und sie auf ein Vorlesen und die Beifügung zu dieser Niederschrift verzichten. Die Erschienenen genehmigen vorsorglich weiterhin in ihrem Namen bzw. im Namen der von ihnen vertretenen Personen und vertretenen Gesellschaften den gesamten Inhalt der Bezugsurkunde. Soweit vorstehend auf Anlagen Bezug genommen wird, entsprechen die Nummerierungen denjenigen in der Bezugsurkunde. [→ Rz. 1129]

932 Dies vorausgeschickt, baten die Erschienenen, handelnd wie angegeben, den beurkundenden Notar sodann um Beurkundung des Folgenden:

**Anteilskauf- und -abtretungsvertrag**

Z-GmbH [*Firma der Zielgesellschaft*]

**zwischen**

[*Name oder Firma des Verkäufers*]

**(Verkäufer)**

**und**

[*Name oder Firma der Käuferin*]

**(Käuferin)**

## Inhaltsverzeichnis



## Verzeichnis der Definitionen

| **Begriff** | **Definiert in** |
|---|---|
| […]-IP | § 8 Nr. 9.1 |
| Angehörige | § 8 Nr. 8.1.11 |
| Bankarbeitstag | § 4 Abs. 11 |
| Barmittel | § 4 Abs. 1 Nr. 2 |
| Beihilfen | § 8 Nr. 12.3 |
| Beurkundungstag | Präambel, Buchst. (D) |
| Bezugsurkunde | Notarielle Eingangsformel |
| Change of Control | § 8 Nr. 8.3 |
| Finanzbehörde | § 11 Abs. 1 |
| Finanzverbindlichkeiten | § 4 Abs. 1 Nr. 3 |
| Geplanter Vollzugstag | § 7 Abs. 1 |
| Gewerbliche Schutzrechte | § 8 Nr. 9.1 |
| Haftungsfreigrenze | § 9 Abs. 3 |
| Haftungshöchstbetrag | § 9 Abs. 4 |

| | |
|---|---|
| Immobiliareigentum | § 8 Nr. 3.1 |
| Jahresabschluss [...] | § 8 Nr. 2.2 |
| Jahresabschlüsse | § 8 Nr. 2.1 |
| Käuferkonto | § 4 Abs. 12 |
| Kaufpreis | § 4 Abs. 1 |
| Kaufpreisanpassung | § 4 Abs. 10 |
| Know-how | § 8 Nr. 9.7 |
| Maßgeblicher Schadensfall | § 9 Abs. 3 |
| Mietimmobilien | § 8 Nr. 3.3 |
| Mitteilungen | § 17 |
| Nahe stehende Personen | § 8 Nr. 8.1.11 |
| Naturalrestitution | § 9 Abs. 1 |
| Nettoumlaufvermögen | § 4 Abs. 1 Nr. 4 |
| Qualifizierter Garantieanspruch | § 9 Abs. 3 |
| Relevante Auseinandersetzung | § 12 Abs. 1 |
| Sanierungsverantwortliche Person | § 10 Abs. 1 |
| Sicherheitseinbehalt | § 4 Abs. 3 |
| Steuerbehörde | § 11 Abs. 1 |
| Steuererklärungen | § 11 Abs. 2 |
| Steuern | § 11 Abs. 1 |
| Stichtag | § 1 Abs. 3 |
| Stichtagsabschluss | § 5 Abs. 1 Nr. 2 |
| Subventionen | § 8 Nr. 12.2 |
| Transaktion | Präambel, Buchst. (D) |
| Treuhänder | § 4 Abs. 3 |
| Treuhandkonto | § 4 Abs. 12 |
| Treuhandvertrag | § 4 Abs. 3 |
| Unternehmenspreis | § 4 Abs. 1 Nr. 1 |
| Verkäufergarantie, Verkäufergarantien | § 8 Satz 1 |
| Verkäufer-Gesellschaften | Präambel, Buchst. (A) |
| Verkäuferkonto | § 4 Abs. 12 |
| Versicherungen | § 8 Nr. 7.1 |
| Vollzug | § 3 Abs. 3 |
| Vollzugshandlungen | § 7 Abs. 2 |
| Vollzugstag | § 3 Abs. 3 |
| Vorläufige Berechnungen | § 5 Abs. 2 |
| Vorläufige Kaufpreisberechnung | § 5 Abs. 2 |
| Vorläufige Stichtagsaufstellung | § 5 Abs. 1 Nr. 3 |
| Vorläufiger Kaufpreis | § 4 Abs. 2 |
| Vorläufiger Stichtagsabschluss | § 5 Abs. 1 Nr. 2 |
| Wesentlich Nachteilige Veränderung | § 4 Abs. 6 Nr. 2 |
| Wesentliche Verträge, Wesentlicher Vertrag | § 8 Nr. 8.1 |
| Z-Anteile | § 1 Abs. 1 |
| Z-GmbH | Präambel, Buchst. (A) |
| Zielgesellschaft | Präambel, Buchst. (A) |
| Zusammenschluss | § 6 Abs. 1 |
| Zusammenschlussvorhaben | § 6 Abs. 1 |

**Verzeichnis der Anlagen**

| **Anlage** | **Inhalt** |
|---|---|
| Anlage 2.2 | Zustimmungsbeschluss der Gesellschafterversammlung |
| Anlage 2.3 | Zustimmungserklärung des Ehegatten gemäß § 1365 BGB |
| Anlage 3.2.3 | Treuhandvertrag |
| Anlage 4.1 | Beispielsrechnung für die Berechnung des Kaufpreises |
| Anlage 4.1.2 | Nicht betriebsnotwendiges Vermögen |
| Anlage 4.1.3 | Barmittel |
| Anlage 4.1.4 | Finanzverbindlichkeiten |
| Anlage 4.1.5 | Nettoumlaufvermögen |
| Anlage 5.1 | Inhalt des Stichtagsabschlusses |
| Anlage 5.2 | Bilanzierungs- und Bewertungsgrundsätze |
| Anlage 7.2.4 | Entwurf der Vollzugsbestätigung |
| Anlage 8.1.5 | Rechte Dritter |
| Anlage 8.1.6 | Beteiligungen an anderen Gesellschaften |
| Anlage 8.1.7 | Chronologischer Handelsregisterauszug |
| Anlage 8.3.1 | Immobiliareigentum |
| Anlage 8.3.3 | Mietimmobilien |
| Anlage 8.4.1 | Vermögensgegenstände des Anlage- und Umlaufvermögens |
| Anlage 8.5 | Top-10-Kunden und -Lieferanten |
| Anlage 8.6 | Bankkonten |
| Anlage 8.7.1 | Versicherungen |
| Anlage 8.7.3 | Versicherungsfälle |
| Anlage 8.8.1 | Wesentliche Verträge |
| Anlage 8.8.3 | Wesentliche Verträge mit Change of Control-Klauseln |
| Anlage 8.9.1 | [...]-IP |
| Anlage 8.10.1 | Organmitglieder und Arbeitnehmer |
| Anlage 8.10.2 | Freie Mitarbeiter |
| Anlage 8.10.3 | Anstellungsverträge |
| Anlage 8.10.8 | Mitarbeiter mit Altersteilzeitverträgen |
| Anlage 8.10.9 | Direktversicherungen |
| Anlage 8.10.10 | Tarifverträge, Betriebsvereinbarungen, Interessenausgleichsvereinbarungen, Sozialpläne und betriebliche Übungen |
| Anlage 8.10.12 | Vertretungsberechtigte Personen |
| Anlage 8.11.4 | Ausländische Betriebsstätten |
| Anlage 8.12.2 | Subventionen |
| Anlage 8.12.3 | Beihilfen |
| Anlage 8.13.1 | Produkthaftungs-/Gewährleistungsfälle |
| Anlage 8.14 | Gerichtliche und behördliche Verfahren |
| Anlage 8.16.1 | Mustervertrag und Liste Vertragshändler Inland |
| Anlage 8.16.2 | Mustervertrag und Liste Vertragshändler Ausland |

## Präambel

933 (A) Der Verkäufer ist der alleinige Gesellschafter der Z-GmbH, einer Gesellschaft mit beschränkter Haftung nach deutschem Recht mit Sitz in [...], eingetragen im Handelsregister des Amtsgerichts [...] unter HRB [...] („**Zielgesellschaft**"). Gegenstand des Unternehmens der Zielgesellschaft ist [...]. Alle sonstigen direkt oder indirekt durch den Verkäufer gehaltenen Gesellschaften mit Ausnahme der Zielgesellschaft werden nachfolgend als „**Verkäufer-Gesellschaften**" bezeichnet. [→ Rz. 1132]

934 (B) Das Stammkapital der Zielgesellschaft beträgt [...] €. Im Einzelnen stellt sich die Anteilsstruktur der Zielgesellschaft wie folgt dar: [→ Rz. 1133]

| Nr. des Geschäftsanteils | Gesellschafter | Nennbetrag des Geschäftsanteils |
|---|---|---|
| [1] | Verkäufer | [...] € |
| [2] | Verkäufer | [...] € |

935 (C) Die Käuferin ist eine Gesellschaft der [...]-Gruppe. Gegenstand des Unternehmens der Käuferin ist [...].

936 (D) Der Verkäufer beabsichtigt, sämtliche Geschäftsanteile an der Zielgesellschaft an die Käuferin zu veräußern. Die Käuferin beabsichtigt, sämtliche Geschäftsanteile an der Zielgesellschaft zu erwerben (nachfolgend die „**Transaktion**"). Der Tag der Beurkundung dieses Vertrags wird nachfolgend als „**Beurkundungstag**" bezeichnet.

937 Dies vorausgeschickt, vereinbaren die Parteien das Folgende:

## § 1
## Kaufgegenstand; Stichtag

938 (1) Kaufgegenstand sind die in der Präambel unter (B) bezeichneten Geschäftsanteile des Verkäufers an der Zielgesellschaft, wobei sich die Parteien einig sind, dass der Kaufgegenstand, unabhängig von den Angaben zu der Anzahl, laufenden Nummerierung und den jeweiligen Nennbeträgen der Geschäftsanteile, sämtliche Geschäftsanteile an der Zielgesellschaft umfassen soll („**Z-Anteile**"). [→ Rz. 1137]

939 (2) Der Kaufgegenstand umfasst alle mit den Z-Anteilen verbundenen Ansprüche und sonstigen Rechte, einschließlich des Gewinnbezugsrechts für alle Gewinne des laufenden Geschäftsjahres [**sowie ggf.:** und alle nicht ausgeschütteten Gewinne vorangegangener Geschäftsjahre]. [→ Rz. 1138]

940 (3) „**Stichtag**" ist der Vollzugstag, 24:00 Uhr [**alternativ:** anderes Datum, 24:00 Uhr]. [→ Rz. 1141]

## § 2
## Verkauf der Z-Anteile

941 (1) Der Verkäufer verkauft hiermit die Z-Anteile an die Käuferin. Die Käuferin nimmt diesen Verkauf hiermit an. [→ Rz. 1144]

942 (2) Der Verkäufer als der alleinige Gesellschafter der Zielgesellschaft erklärt hiermit gemäß § [...] der Satzung die Zustimmung zum Verkauf und zur Abtretung der Z-Anteile

an die Käuferin. [**Alternativ:** Die Gesellschafterversammlung der Zielgesellschaft hat gemäß § [...] der Satzung dem Verkauf und der Abtretung der Z-Anteile mit Beschluss vom [*Datum*] zugestimmt. Eine Kopie des Gesellschafterbeschlusses ist dieser Urkunde als **Anlage 2.2** beigefügt.] [→ Rz. 1145]

(3) [Der Ehegatte/die Ehegattin] des Verkäufers hat dem Verkauf und der Abtretung der Z-Anteile mit Erklärung vom [*Datum*] zugestimmt. Eine Kopie der Erklärung ist dieser Urkunde als **Anlage 2.3** beigefügt. [→ Rz. 1146] 943

**§ 3**

**Abtretung der Z-Anteile; aufschiebende Bedingungen**

(1) Der Verkäufer tritt hiermit die Z-Anteile vorbehaltlich des Eintritts der in § 3 Abs. 2 bezeichneten aufschiebenden Bedingungen an die Käuferin ab. Die Käuferin nimmt diese Abtretung hiermit an. [→ Rz. 1147] 944

(2) Die Abtretung der Z-Anteile erfolgt aufschiebend bedingt auf den Eintritt der folgenden Bedingungen: [→ Rz. 1147 ff] 945

1. Freigabe der Transaktion durch das Bundeskartellamt gemäß § 6;
2. Zustimmung der zuständigen Aufsichtsgremien der Käuferin zum Abschluss dieses Vertrags;
3. Abschluss des im Entwurf als **Anlage 3.2.3** beigefügten Treuhandvertrags;
4. Zahlung des Sicherheitseinbehalts auf das Treuhandkonto;
5. Zahlung des vorläufigen Kaufpreises abzüglich des Sicherheitseinbehalts auf das Verkäuferkonto.

(3) Der Zeitpunkt, in dem die Abtretung gemäß Absatz 1 wirksam wird, wird als **„Vollzug"** bezeichnet. Der Tag, an dem der Vollzug stattfindet, wird als **„Vollzugstag"** bezeichnet. Für die Zwecke dieses § 3 können die Parteien durch übereinstimmende schriftliche Erklärung auf das Erfordernis des Eintritts einzelner oder sämtlicher der vorstehenden aufschiebenden Bedingungen verzichten. Ferner gelten die vorstehenden aufschiebenden Bedingungen für die Zwecke dieses § 3 als eingetreten, sobald und soweit sich die Parteien den Eintritt gegenseitig schriftlich bestätigt haben. [→ Rz. 1421 ff] 946

**§ 4**

**Kaufpreis; Zahlung des Kaufpreises; Rücktrittsrecht der Käuferin**

(1) Der Kaufpreis (**„Kaufpreis"**) für die gemäß § 2 Abs. 1 verkauften Z-Anteile berechnet sich wie folgt: 947

1. [...] € (in Worten: [...] Euro) (**„Unternehmenspreis"**);
2. zuzüglich des Kaufpreises für das gemäß **Anlage 4.1.2** zusammengestellten nicht betriebsnotwendigen Vermögens (**„nicht betriebsnotwendiges Vermögen"**) in Höhe von [...] € (in Worten: [...] Euro);
2. zuzüglich der Summe der gemäß **Anlage 4.1.3** ermittelten Barmittel der Zielgesellschaft (**„Barmittel"**);
3. abzüglich der Summe der gemäß **Anlage 4.1.4** ermittelten Finanzverbindlichkeiten der Zielgesellschaft (**„Finanzverbindlichkeiten"**);

4. zuzüglich bzw. abzüglich des Betrags, um den das gemäß **Anlage 4.1.5** ermittelte Nettoumlaufvermögen („**Nettoumlaufvermögen**") den Betrag von [...] € über- bzw. unterschreitet.

948 Die vorstehenden Positionen sind jeweils mit den Beträgen anzusetzen, mit denen sie im Stichtagsabschluss ausgewiesen sind. Eine Beispielsrechnung für die Berechnung des Kaufpreises ist als **Anlage 4.1** beigefügt. [→ Rz. 1153 ff]

949 (2) Die Parteien schätzen den Kaufpreis nach Maßgabe der Berechnungsmethodik in Absatz 1 per Stichtag auf einen Betrag von [...] € („**vorläufiger Kaufpreis**"). [→ Rz. 1328]

950 (3) Die Käuferin wird zur Absicherung ihrer möglichen Ansprüche aus diesem Vertrag einen Teilbetrag in Höhe von [*10*] % des vorläufigen Kaufpreises vorübergehend auf einem Treuhandkonto einbehalten („**Sicherheitseinbehalt**"). Zu diesem Zweck werden die Parteien mit [*Name*] („**Treuhänder**") den im Entwurf als **Anlage 3.2.3** beigefügten Treuhandvertrag abschließen („**Treuhandvertrag**"). [→ Rz. 1333]

951 (4) Der vorläufige Kaufpreis wird mit Eintritt der aufschiebenden Bedingungen gemäß § 3 Abs. 2 Nr. 1 bis 3 zur Zahlung fällig, frühestens jedoch am Geplanten Vollzugstag.

952 (5) Bei Fälligkeit des vorläufigen Kaufpreises ist

1. der Sicherheitseinbehalt auf das Treuhandkonto zu zahlen;
2. der vorläufige Kaufpreis abzüglich des Sicherheitseinbehalts auf das Verkäuferkonto zu zahlen.

953 (6) Die Käuferin kann von diesem Vertrag zurücktreten, wenn

1. die Fälligkeitsvoraussetzungen des Absatzes 4 nicht bis spätestens zum [*Datum*] eingetreten sind oder
2. sich die Verhältnisse in Bezug auf die Zielgesellschaft seit dem Beurkundungstag bis zum Vollzugstag entsprechend der nachfolgend in Absatz 7 genannten Kriterien wesentlich nachteilig verändert haben („**wesentlich nachteilige Veränderung**"). [→ Rz. 1344]

954 (7) Eine Wesentlich Nachteilige Veränderung i. S. d. Absatzes 6 Nr. 2 ist ein Ereignis, Umstand oder eine Entwicklung, die allein oder zusammen mit anderen Ereignissen, Umständen oder Entwicklungen

1. sich nachteilig auf die Vermögenswerte, das Eigenkapital, den Betrieb, die Geschäftstätigkeit, die Ertragslage oder die Geschäftsaussichten der Zielgesellschaft auswirken und
2. voraussichtlich zu einer Verringerung des Jahresüberschusses/Bilanzgewinns der Zielgesellschaft vor Zinsen und Steuern (EBIT) von jährlich mindestens [*20*] % über eine Dauer von mindestens zwei Jahren (laufendes und folgendes Geschäftsjahr) führen.

955 Ob ein Ereignis, Umstand oder eine Entwicklung vorhersehbar ist, ist nicht relevant. Keine Wesentlich Nachteilige Veränderung sind Ereignisse, Umstände oder Entwicklungen, die

1. die Branche, in der die Zielgesellschaft tätig ist, im Allgemeinen oder
2. die wirtschaftlichen, rechtlichen, regulatorischen oder politischen Verhältnisse, die für die Geschäftstätigkeit der Zielgesellschaft relevant sind,

betreffen, jeweils soweit die Zielgesellschaft von einem solchen Ereignis nicht unverhältnismäßig betroffen ist. Ist im Falle der Ausübung des Rücktrittsrechts durch die Käuferin zwischen den Parteien streitig, ob die in Absatz 7 Satz 1 Nr. 2 genannte betragsmäßige Schwelle erreicht oder überschritten ist, und können sich die Parteien hierüber nicht innerhalb von [*30 Tagen*] nach Abgabe der Rücktrittserklärung darüber verständigen, so entscheidet über diese Frage abschließend der nach § 5 Abs. 8 dieses Vertrags für Streitigkeiten zwischen den Parteien betreffend den Stichtagsabschluss zu bestellende Wirtschaftsprüfer verbindlich als Schiedsgutachter. Die Kostenregelung des § 5 Abs. 13 gilt in diesem Fall entsprechend. [→ Rz. 1353]

(8) Das Rücktrittsrecht gemäß Absatz 6 hat durch schriftliche Erklärung gegenüber dem Verkäufer, mit Nachricht an den beurkundenden Notar, zu erfolgen. **956**

(9) Im Falle eines Rücktritts gemäß Absatz 6 entfallen alle Verpflichtungen zwischen den Parteien aus diesem Vertrag mit Ausnahme der Verpflichtungen aus § 15 (Geheimhaltung, Presse- und sonstige Mitteilungen), § 16 (Abtretungsverbot, Aufrechnung), § 17 (Mitteilungen), § 18 (Kosten), § 19 (Rechtswahl; Schiedsklausel) und § 20 (Schlussbestimmungen). **957**

(10) Für den Fall, dass der Kaufpreis den vorläufigen Kaufpreis (a) übersteigt oder (b) unterschreitet, ist der Differenzbetrag („**Kaufpreisanpassung**") im Fall von (a) von der Käuferin an den Verkäufer und im Fall von (b) von dem Verkäufer an die Käuferin zu zahlen. [→ Rz. 1355] **958**

(11) Die Kaufpreisanpassung gemäß Absatz 10 ist innerhalb von [*zehn*] Bankarbeitstagen, nachdem die vorläufigen Berechnungen verbindlich geworden sind, zu zahlen. „**Bankarbeitstag**" i. S. d. Vertrags ist jeder Tag, an dem die Banken in [*Ort*] für den Geschäftsverkehr geöffnet haben. **959**

(12) Sämtliche Zahlungen aufgrund dieses Vertrags sind auf das folgende Konto („**Verkäuferkonto**") zu leisten: **960**

Kontoinhaber: [...]

IBAN: [...]

BIC: [...]

Name der Bank: [...]

Sämtliche Zahlungen an die Käuferin aufgrund dieses Vertrags sind auf das folgende Konto („**Käuferkonto**") zu leisten:

Kontoinhaber: [...]

IBAN: [...]

BIC: [...]

Name der Bank: [...]

Sämtliche Zahlungen an die Treuhänder aufgrund dieses Vertrags sind auf das folgende Konto („**Treuhandkonto**") zu leisten:

Kontoinhaber: [...]

IBAN: [...]

BIC: [...]

Name der Bank: [...]

Sämtliche Zahlungen sind per Banküberweisung mit gleichtägiger Gutschrift frei von Kosten und Gebühren zu leisten.

961 (13) Die Parteien gehen übereinstimmend davon aus, dass für die in diesem Vertrag vorgesehene Transaktion keine Umsatzsteuer anfällt. Der Verkäufer wird in Bezug auf die in diesem Vertrag vorgesehene Transaktion nicht gemäß § 9 Abs. 1 UStG zur Umsatzsteuer optieren.

962 (14) Sämtliche Zahlungen nach den §§ 8 bis 11 stellen eine Anpassung des Kaufpreises dar. Zahlungen direkt an die Zielgesellschaft gelten als Einlage der Käuferin in das Vermögen der Zielgesellschaft. Die Zahlungen sind von dem Verkäufer, der Käuferin und der Zielgesellschaft, soweit gesetzlich zulässig, auch für steuerliche Zwecke entsprechend zu behandeln.

## § 5
## Stichtagsabschluss

963 (1) Die Käuferin wird die Geschäftsführung der Zielgesellschaft veranlassen:

964 1. Unverzüglich nach dem Stichtag eine körperliche Bestandsaufnahme durchzuführen. Daraufhin werden die Gegenstände unverzüglich bewertet und ihre schriftliche Bewertung der Käuferin innerhalb von zwei Wochen nach Abschluss der Inventur vorgelegt. Die Gegenstände sind zu Anschaffungs- bzw. Herstellungskosten oder zu den niedrigeren beizulegenden Werten unter Berücksichtigung von Alter, Qualität, Gängigkeit, Stand der Technik und anderen den Wert beeinflussenden Faktoren zu bewerten. Die Kosten der Inventur und der Bewertung trägt der Verkäufer. Die körperliche Bestandsaufnahme und Bewertung ist unter Beachtung der einschlägigen gesetzlichen Vorschriften sowie den Grundsätzen der ordnungsgemäßen Inventur durchzuführen. Die Käuferin ist berechtigt, an der Inventur teilzunehmen oder Personen (Inventurbeobachter) zur Beobachtung der Inventur zu entsenden. Der Inventurbeobachter ist berechtigt, eigene Stichproben bei der Inventur durchzuführen. [→ Rz. 1363 f]

965 2. Zum Stichtag innerhalb eines Abrechnungszeitraumes ist durch den bisherigen Eigentümer eine Ablesung der Ausstattung zur Verbrauchserfassung für den Bezug von Gas, Wasser, Strom zu veranlassen. Die Zählerstände sind entsprechend zu protokollieren. [→ Rz. 1365]

966 3. Zeitnah nach dem Stichtag, möglichst bis zum [*Datum*], einen Stichtagsabschluss (Bilanz, Gewinn- und Verlustrechnung, Anhang) der Zielgesellschaft auf den Stichtag aufzustellen (der „**Stichtagsabschluss**“). Der Stichtagsabschluss soll die in **Anhang 5.1** enthaltenen Bestandteile haben. Bei dem Stichtagsabschluss handelt es sich um einen Abschluss, der nach Rechnungslegungsgrundsätzen für den Zweck der Kaufpreisabrechnung aufzustellen ist. Dieser Stichtagsabschluss wird von einem durch die Käuferin zu bestimmenden Wirtschaftsprüfer auf Kosten der Zielgesellschaft [**alternativ:** der Käuferin/des Verkäufers] nach den Grundsätzen für die Prüfung von Abschlüssen, die nach Rechnungslegungsgrundsätzen für einen speziellen Zweck aufgestellt wurden (IDW PS 480), geprüft. Diese Prüfung soll bis zum [*Datum*] ab-

geschlossen sein. Der Verkäufer wird dafür Sorge tragen, dass sämtliche für die Aufstellung und Prüfung erforderlichen Unterlagen zur Verfügung stehen. In der vor Verbindlichwerden gemäß den Absätzen 6, 7 oder 10 bestehenden Fassung wird dieser geprüfte Abschluss als **„vorläufiger Stichtagsabschluss"** bezeichnet. [→ Rz. 1361]

4. Liegt der sich ergebende Stichtag nicht am Monatsende, so soll der Stichtagsabschluss zum Monatsende des Vormonats erstellt werden, wenn der Stichtag in der ersten Hälfte des Monats liegt. Liegt hingegen der Stichtag in der zweiten Hälfte des Monats, so soll der Stichtagsabschluss zum Ende des laufenden Monats erstellt werden. 967

5. Auf Basis des vorläufigen Stichtagsabschlusses eine jeweils auf den Stichtag bezogene Aufstellung (a) der Barmittel, (b) der Finanzverbindlichkeiten und (c) des Nettoumlaufvermögens anzufertigen (die **„vorläufige Stichtagsaufstellung"**). Die Definition der (a) Barmittel, (b) der Finanzverbindlichkeiten und (c) des Nettoumlaufvermögens ergeben sich aus **Anlage 5.5.** [→ Rz. 1361] 968

(2) Die Käuferin wird anschließend auf Grundlage der gemäß Absatz 1 angefertigten Dokumentation nach Maßgabe von § 4 Abs. 1 den Kaufpreis berechnen (die **„vorläufige Kaufpreisberechnung"**). Die vorläufige Stichtagsaufstellung und die vorläufige Kaufpreisberechnung werden nachfolgend zusammen **„vorläufige Berechnungen"** genannt. [→ Rz. 1425] 969

(3) Die Käuferin wird den vorläufigen Stichtagsabschluss und die vorläufigen Berechnungen unverzüglich nach Fertigstellung an den Verkäufer übersenden. 970

(4) Der Stichtagsabschluss ist unter Berücksichtigung der vollständigen Ausschüttung des Zwischenüberschusses, unter Beachtung der einschlägigen gesetzlichen Vorschriften sowie der folgenden Grundsätze aufzustellen: 971

1. Der Stichtagsabschluss soll im Einklang mit den in **Anlage 5.2** festgehaltenen Bilanzierungs- und Bewertungsgrundsätzen erstellt werden. Diese Bilanzierungs- und Bewertungsgrundsätze haben unter allen Umständen Vorrang vor den im Weiteren genannten Grundsätzen zur Erstellung des Abschlusses.
2. Nach Maßgabe der Regelung in vorstehender Nr. 1 soll der Stichtagsabschluss unter Berücksichtigung der Rechnungslegungsgrundsätze, der Rechnungslegungspolitik und der Schätzungstechniken (soweit diese im Einklang mit den Grundsätzen der ordnungsgemäßen Buchführung stehen)[*)] wie in dem vorherigen Jahresabschluss zum 31. Dezember [*letztes abgeschlossenes Geschäftsjahr*] erstellt werden.
3. Nach Maßgabe der Regelungen in vorstehenden Nr. 1 und 2 soll der Stichtagsabschluss unter Berücksichtigung des Handelsgesetzbuchs und der Grundsätze ordnungsmäßiger Buchführung erstellt werden. [→ Rz. 1383]

(5) Der Verkäufer hat das Recht, den vorläufigen Stichtagsabschluss und die vorläufigen Berechnungen zu überprüfen und durch einen Wirtschaftsprüfer seiner Wahl im Rahmen einer Prüfung nach dem Prüfungsstandard IDW PS 290/480 überprüfen zu lassen, wobei die Prüfung jeweils darauf beschränkt ist, ob die in Absatz 1 und 4 genannten Ableitungen und Grundsätze eingehalten sind. Die Frist zur Überprüfung beträgt [*drei*] Wochen, ge- 972

*) Bei dem Klammerzusatz handelt es sich um eine käuferfreundliche Ergänzung.

rechnet ab dem Tag, an dem der vorläufige Stichtagsabschluss und die vorläufigen Berechnungen dem Verkäufer zugegangen sind. Alle im Zusammenhang mit einer Überprüfung gemäß Absatz 5 anfallenden Kosten sind vom Verkäufer zu tragen. [→ Rz. 1361 ff]

973 (6) Einwände gegen den vorläufigen Stichtagsabschluss und die vorläufigen Berechnungen hat der Verkäufer innerhalb der [*Dreiwochenfrist*] des Absatzes 5 schriftlich unter Angabe der wesentlichen Gründe gegenüber der Käuferin geltend zu machen. Lässt der Verkäufer diese Frist ohne Geltendmachung von Einwänden verstreichen, sind der vorläufige Stichtagsabschluss, die vorläufigen Berechnungen und der sich daraus ergebende Kaufpreis für ihn verbindlich. [→ Rz. 1406 ff]

974 (7) Zeigt der Verkäufer der Käuferin innerhalb der Dreiwochenfrist des Absatzes 5 Einwände gegen den vorläufigen Stichtagsabschluss und/oder die vorläufigen Berechnungen an, werden sich der Verkäufer und die Käuferin bemühen, innerhalb von weiteren [*drei*] Wochen ab Zugang der Anzeige eine Einigung über die Behandlung der Einwände zu erzielen. Sofern und soweit eine solche Einigung zustande kommt, wird deren Ergebnis für die Zwecke dieses Vertrags in den vorläufigen Stichtagsabschluss und/oder die vorläufigen Berechnungen übernommen, die insoweit zusammen mit dem sich daraus ergebenden Kaufpreis für die Parteien verbindlich werden.

975 (8) Soweit die Parteien innerhalb der [*Dreiwochenfrist*] des Absatzes 7 zu keiner Einigung über die Behandlung der Einwände gelangen, haben sie innerhalb von zwei Wochen nach Ablauf dieser Frist gemeinsam einen unabhängigen Wirtschaftsprüfer als Schiedsgutachter zu benennen.

976 (9) Einigen die Parteien sich nicht innerhalb der Zweiwochenfrist des Absatzes 8 auf die Ernennung eines Schiedsgutachters, wird der Schiedsgutachter auf Antrag der Käuferin und/oder des Verkäufers durch den Sprecher des Vorstands des Instituts der Wirtschaftsprüfer e. V. (IDW) in Düsseldorf benannt. Der vom IDW zu benennende Schiedsgutachter soll nachweislich über eine hinreichende Erfahrung bei der Beratung im Zusammenhang mit Kaufpreismechanismen und die entsprechende Branchenerfahrung verfügen. [→ Rz. 1408]

977 (10) Der Schiedsgutachter prüft hinsichtlich der zwischen den Parteien streitigen Punkte, ob die in Absatz 1 und 4 genannten Grundsätze und Ableitungen für die Erstellung des vorläufigen Stichtagsabschlusses und für die vorläufigen Berechnungen eingehalten wurden. Der Schiedsgutachter soll jeder Partei angemessene Gelegenheit geben, ihre Ansichten schriftlich sowie im Rahmen einer oder mehrerer Anhörungen vorzutragen, die in Anwesenheit der Parteien und ihrer Berater abzuhalten sind. Er hat hierzu innerhalb von 30 Bankarbeitstagen nach seiner Ernennung nach Maßgabe der Vereinbarung der Parteien in diesem Vertrag und im Übrigen nach billigem Ermessen ein schriftliches Gutachten zu erstellen, das für die Parteien, vorbehaltlich offensichtlicher mathematischer Unrichtigkeiten, abschließend und verbindlich ist. Der Schiedsgutachter wird die Gründe für seine Entscheidung im Hinblick auf sämtliche Punkte, die zwischen dem Verkäufer und der Käuferin umstritten sind, angeben. Die Käuferin hat das Ergebnis des Gutachtens in den vorläufigen Stichtagsabschluss und/oder die vorläufigen Berechnungen für die Zwecke dieses Vertrags zu übernehmen, die in der so geänderten Fassung für die Parteien verbindlich werden.

978 (11) Schiedsgutachter kann nur ein qualifizierter Wirtschaftsprüfer sein. Berater oder Abschlussprüfer einer der Parteien oder der mit einer der Parteien verbundenen Unter-

nehmen i. S. d. §§ 15 ff AktG kommen nicht für das Amt des Schiedsgutachters in Betracht.

(12) Die Kosten und Auslagen für den Schiedsgutachter und das Schiedsgutachterverfahren werden zunächst von der Käuferin und dem Verkäufer jeweils hälftig verauslagt und getragen. Beide Seiten tragen ihre eigenen Kosten und die Kosten ihrer Berater selbst, es sei denn, der Schiedsgutachter trifft gemäß Absatz 13 eine abweichende Entscheidung über die Verteilung der Kosten. [→ Rz. 1409] 979

(13) Der Schiedsgutachter entscheidet nach billigem Ermessen unter Berücksichtigung seiner Entscheidung und der ursprünglichen Standpunkte und Anträge der Parteien entsprechend § 91 ZPO abschließend über die Verteilung seiner Kosten und Auslagen und der Kosten für das Schiedsgutachterverfahren, einschließlich angemessener Gebühren und Auslagen der Parteien für ihre Berater. [→ Rz. 1405 ff] 980

(14) Die Käuferin hat dafür zu sorgen, dass der Verkäufer, die gemäß diesem § 5 beteiligten Wirtschaftsprüfer sowie etwaige Schiedsgutachter nach dem Vollzugszeitpunkt alle Informationen und Unterlagen erhalten, die für die Zwecke dieses § 5 erforderlich sind. [→ Rz. 1409 ff] 981

(15) Die Parteien müssen weiterhin dafür sorgen, dass der Verkäufer, der gemäß § 5 beteiligte Wirtschaftsprüfer und ein etwaiger Schiedsgutachter uneingeschränkten Zugang zu den Jahresabschlüssen vergangener Jahre der Zielgesellschaft und den zugehörigen Arbeitsunterlagen und Aufzeichnungen erhalten. 982

## § 6
## Freigabe der Transaktion durch das Bundeskartellamt

(1) Die Käuferin wird die Transaktion („**Zusammenschluss**“ bzw. „**Zusammenschlussvorhaben**“) im Namen aller Beteiligten unverzuglich beim Bundeskartellamt anmelden. 983

(2) Der Verkäufer verpflichtet sich, der Käuferin unverzüglich nach Abschluss dieses Vertrags alle Dokumente, Daten und anderen Informationen zur Verfügung zu stellen, die nach billigem Ermessen der Käuferin für die Durchführung des Fusionskontrollverfahrens einschließlich eines möglichen Beschwerde- oder Rechtsbeschwerdeverfahrens erforderlich sind. [→ Rz. 1410 ff] 984

(3) Die Parteien werden sich nach besten Kräften bemühen, die Freigabe des Bundeskartellamtes für das Zusammenschlussvorhaben so schnell wie möglich zu erwirken. Die Käuferin wird nach Können und Vermögen dem Verkäufer vor Stellungnahmen, Auskünften und Erklärungen gegenüber dem Bundeskartellamt Gelegenheit zur Stellungnahme geben. [→ Rz. 1416] 985

(4) Die Käuferin wird den Verkäufer unverzüglich über den Verlauf des Fusionskontrollverfahrens unterrichten und ihm Schriftverkehr mit dem Bundeskartellamt unverzüglich in Kopie zukommen lassen. Sie darf eigene Geschäftsgeheimnisse nach billigem Ermessen unkenntlich machen oder ausschließlich einem externen Rechtsanwalt des Verkäufers von Anwalt zu Anwalt zur Verfügung stellen. 986

(5) Soweit das Bundeskartellamt den Parteien mitteilt, dass es das Zusammenschlussvorhaben nur unter Bedingungen und Auflagen freizugeben bereit ist, verhandeln die Parteien nach Treu und Glauben über mögliche Verpflichtungen nach § 40 Abs. 3 Satz 1 GWB. 987

Die Käuferin ist nicht verpflichtet, bestehende Aktivitäten oder Vermögenswerte, insbesondere Beteiligungen, zur Abwendung einer Untersagung zur Veräußerung anzubieten. [→ Rz. 1418 f]

988 (6) Wenn das Bundeskartellamt das Zusammenschlussvorhaben untersagt, ist die Käuferin berechtigt, aber nicht verpflichtet, Beschwerde gegen die Untersagung einzulegen. Auf Verlangen und nach näherer Bestimmung der Käuferin wird auch der Verkäufer Beschwerde einlegen und/oder sich an von der Käuferin eingelegten Beschwerdeverfahren beteiligen. Die Sätze 1 und 2 gelten entsprechend für das Verfahren der Rechtsbeschwerde sowie für den Fall, dass die Käuferin gegen Nebenbestimmungen zur Freigabe Beschwerde einlegt. [→ Rz. 1417]

989 (7) Die Freigabe durch das Bundeskartellamt gilt als erteilt, wenn [→ Rz. 626]

1. das Bundeskartellamt den beabsichtigten Zusammenschluss gemäß § 40 Abs. 2 Satz 1 GWB freigegeben hat oder
2. das Bundeskartellamt den anmeldenden Unternehmen schriftlich mitgeteilt hat, dass die Voraussetzungen für eine Untersagung nach § 36 GWB nicht vorliegen oder
3. die Ein-Monats-Frist gemäß § 40 Abs. 1 GWB verstrichen ist, ohne dass das Bundeskartellamt den anmeldenden Unternehmen den Eintritt in das Hauptprüfverfahren nach § 40 Abs. 1 Satz 1 GWB mitgeteilt hat oder
4. die viermonatige Untersagungsfrist des § 40 Abs. 2 Satz 1 GWB verstrichen ist, ohne dass das Bundeskartellamt (i) das Zusammenschlussvorhaben untersagt hat oder (ii) die anmeldenden Unternehmen gemäß § 40 Abs. 2 Satz 3 Nr. 1 GWB einer Fristverlängerung zugestimmt haben oder
5. eine Fristverlängerung nach Nr. 4 abläuft, ohne dass eines der in vorstehendem Nr. 4 genannten Ereignisse eingetreten ist.

990 (8) Die Gebühren und Auslagen des Bundeskartellamts trägt die Käuferin.

## § 7
## Vollzug/Vollzugshandlungen

991 (1) Die Parteien verpflichten sich, die Transaktion am letzten Tag desjenigen Kalendermonats dinglich zu vollziehen, in dem die letzte der aufschiebenden Bedingungen gemäß § 3 Abs. 2 Nr. 1 und 2 eingetreten ist oder, falls dieser Bedingungseintritt weniger als [*fünf*] Bankarbeitstage vor dem Ende des betreffenden Kalendermonats erfolgt, am letzten Tag des auf den betreffenden Kalendermonat folgenden Kalendermonats („**Geplanter Vollzugstag**“). Die Parteien können sich einvernehmlich auf einen anderen Geplanten Vollzugstag verständigen. [→ Rz. 1421 ff]

992 (2) Die Parteien verpflichten sich, am Geplanten Vollzugstag die folgenden Handlungen („**Vollzugshandlungen**“) in der nachfolgend aufgeführten Reihenfolge auszuführen, soweit sie nicht schon vorher ausgeführt worden sind: [→ Rz. 1425]

1. Abschluss des im Entwurf als **Anlage 3.2.3** beigefügten Treuhandvertrags durch die darin vorgesehenen Vertragsparteien;
2. die Käuferin zahlt den Sicherheitseinbehalt auf das Treuhandkonto;
3. die Käuferin zahlt den vorläufigen Kaufpreis abzüglich des Sicherheitseinbehalts auf das Verkäuferkonto;

4. Die Parteien unterzeichnen die im Entwurf als **Anlage 7.2.4** beigefügte Vollzugsbestätigung, stellen dem beurkundenden Notar eine Kopie der unterzeichneten Vollzugsbestätigung zur Verfügung und bitten ihn, diese Kopie zu Beweiszwecken zu dieser Urkunde zu nehmen.

(3) Unmittelbar nach Erhalt der Kopie der unterzeichneten Vollzugsbestätigung wird der 993
beurkundende Notar gemäß § 16 Abs. 1, § 40 Abs. 2 GmbHG eine aktualisierte Gesellschafterliste der Zielgesellschaft zum Handelsregister einreichen. [→ Rz. 1152, 1428]

(4) Der Verkäufer bevollmächtigt die Käuferin hiermit unwiderruflich für die Zeit zwi- 994
schen dem Vollzug und der Aufnahme der aktualisierten Gesellschafterliste im Handelsregister der Zielgesellschaft zur Ausübung sämtlicher mit den Z-Anteilen verbundenen Rechte, insbesondere zur Abhaltung von Gesellschafterversammlungen in der Zielgesellschaft und zur Ausübung des Stimmrechts aus den Z-Anteilen zur Fassung von Beschlüssen. Zugleich verzichtet der Verkäufer hiermit unwiderruflich auf die eigene Ausübung dieser Rechte im vorbezeichneten Zeitraum.

## § 8
## Verkäufergarantien

Der Verkäufer erklärt hiermit gegenüber der Käuferin in Form selbständiger, verschuldens- 995
unabhängiger Garantieversprechen gemäß § 311 Abs. 1 BGB, dass die Aussagen gemäß Nr. 1 bis 16 (jeweils einzeln eine **„Verkäufergarantie"**, zusammen die **„Verkäufergarantien"**) bei Beurkundung und bei Vollzug vollständig und richtig sind, soweit nicht nachstehend ein anderer Bezugszeitpunkt bestimmt ist. Die Verkäufergarantien stellen weder Beschaffenheitsvereinbarungen i. S. d. § 434 Abs. 1 BGB noch Garantien für die Beschaffenheit der Sache i. S. d. § 443 BGB dar. [→ Rz. 1439]

1. Gesellschaftsrechtliche Verhältnisse/Verfügungsberechtigung des Verkäufers

1.1 Die in der Präambel getroffenen Aussagen über die Zielgesellschaft und ihre 996
Gesellschafterstruktur treffen zu. [→ Rz. 1455]

1.2 Die Zielgesellschaft wurde ordnungsgemäß gegründet. Sie hat ihren Geschäfts- 997
betrieb mit der Gründung aufgenommen und seitdem ununterbrochen aufrechterhalten. [→ Rz. 1455]

1.3 Die Einlagen auf die Z-Anteile sind vollständig erbracht und weder offen 998
noch verdeckt zurückgewährt worden. Die Einlagen sind nicht durch Verluste gemindert oder aufgezehrt worden. Es bestehen keine Nachschusspflichten. [→ Rz. 1456]

1.4 Der Verkäufer ist der alleinige rechtliche und wirtschaftliche Eigentümer der 999
Z-Anteile. Er ist berechtigt, über diese frei zu verfügen, ohne dass hierdurch die Rechte Dritter verletzt werden. Sämtliche zur Übertragung der Geschäftsanteile nach der Satzung oder anderen internen Dokumenten der Gesellschaft erforderlichen Gesellschafterbeschlüsse und/oder sonstigen Maßnahmen sind wirksam getroffen. [→ Rz. 1457]

1.5 Die Z-Anteile sind frei von Belastungen oder sonstigen Rechten Dritter. Mit 1000
Ausnahme der in **Anlage 8.1.5** aufgelisteten Rechte, bestehen keine Vorer-

werbsrechte, Optionen, Stimmrechtsvereinbarungen oder sonstigen Rechte Dritter im Hinblick auf den Erwerb der Z-Anteile. [→ Rz. 1457]

1001 1.6 Die Zielgesellschaft hält mit Ausnahme der in **Anlage 8.1.6** aufgeführten Beteiligungen keine Beteiligungen an anderen Gesellschaften. Sie ist auch nicht zum Erwerb solcher Beteiligungen verpflichtet. Die Zielgesellschaft hat keine Unternehmensverträge i. S. d. §§ 291 ff AktG oder vergleichbare Verträge geschlossen und ist auch nicht zum Abschluss solcher Verträge verpflichtet. [→ Rz. 1460]

1002 1.7 Alle beim Handelsregister einzureichenden Unterlagen der Zielgesellschaft wurden ordnungsgemäß beim Handelsregister eingereicht. Alle im Handelsregister einzutragenden oder eintragungsfähigen Tatsachen betreffend die Zielgesellschaft sind ordnungsgemäß im Handelsregister eingetragen worden. Die Angaben in dem als **Anlage 8.1.7** beigefügten chronologischen Handelsregisterauszug sind vollständig und zutreffend. [→ Rz. 1464]

1003 1.8 Die Zielgesellschaft hat keinen Antrag auf Eröffnung eines Insolvenzverfahrens oder eines vergleichbaren Verfahrens gestellt. Es bestehen weder Umstände, die den Antrag auf Eröffnung eines Insolvenzverfahrens oder eines vergleichbaren Verfahrens erforderlich machen, noch Umstände, die nach anwendbaren Insolvenzvorschriften die Anfechtung dieses Vertrags rechtfertigen. Die Zielgesellschaft ist weder überschuldet noch zahlungsunfähig, noch droht sie zahlungsunfähig zu werden. Die Zielgesellschaft hat ihre Zahlungen nicht eingestellt und auch keine Schuldenbereinigungsabkommen oder ähnliche Vereinbarungen mit Gläubigern angebahnt oder abgeschlossen. [→ Rz. 1465]

2. Finanzen

1004 2.1 Die Jahresabschlüsse der Zielgesellschaft für die letzten drei Geschäftsjahre [...], [...] und [...] („**Jahresabschlüsse**") sind bezogen auf den Tag der jeweiligen Testatserteilung mit der Sorgfalt eines ordentlichen Kaufmanns unter Beachtung der gesetzlichen Vorschriften, der Grundsätze ordnungsmäßiger Buchführung (GoB) sowie unter Wahrung der Bilanzierungs- und Bewertungskontinuität, einschließlich der unveränderten Ausübung aller Aktivierungs- und Passivierungswahlrechte, aufgestellt worden. [→ Rz. 1466 ff]

1005 2.2 Die Jahresabschlüsse vermitteln jeweils ein den tatsächlichen Verhältnissen entsprechendes Bild der Vermögens-, Finanz- und Ertragslage der Zielgesellschaft gemäß § 264 HGB. Im Jahresabschluss [*letztes abgeschlossenes Geschäftsjahr*] („**Jahresabschluss [...]**") sind Rückstellungen in ausreichendem Umfang gebildet. Daraus entstehende Verbindlichkeiten können befriedigt werden. Für die Risiken hinsichtlich der Einbringlichkeit der in dem Jahresabschluss [...] ausgewiesenen Forderungen wurden in ausreichendem Umfang Einzel- oder Pauschalwertberichtigungen angesetzt. Für die Vermögensgegenstände des Vorratsvermögens wurden ausreichende Wertberichtigungen für Gängigkeit, Überalterung, Verwertbarkeit oder nicht am Absatzmarkt realisierbare Verkaufspreise (verlustfreie Bewertung) gebildet. [→ Rz. 1466 ff]

2.3 Es existieren per Stichtag keine Verbindlichkeiten, Eventualverbindlichkeiten oder sonstigen Risiken der Zielgesellschaft aus Zeiträumen vor dem Stichtag, die nicht im Stichtagsabschluss der Zielgesellschaft ausgewiesen oder durch Rückstellungen gedeckt sind. [→ Rz. 1472] 1006

2.4 Die im Stichtagsabschluss ausgewiesenen Forderungen der Zielgesellschaft können abzüglich der in diesem Abschluss gebildeten Einzel- und Pauschalwertberichtigungen in vollem Umfang realisiert werden. [→ Rz. 1475] 1007

2.5 Seit dem 1. Januar des laufenden Geschäftsjahres sind außer im Rahmen des gewöhnlichen Geschäftsbetriebs keine stillen Reserven der Zielgesellschaft aufgelöst oder dieser entzogen worden. Weder dem Verkäufer noch den Verkäufergesellschaften wurden von der Zielgesellschaft Vorteile außerhalb eines von der Gesellschafterversammlung gefassten Ergebnisverwendungsbeschlusses zugewendet (verdeckte Gewinnausschüttungen). [→ Rz. 1477 ff] 1008

3. Grundstücke

3.1 **Anlage 8.3.1** enthält unter Nennung der genauen Adresse, der Grundbuchbezeichnung, der Größe, der Nutzung und etwaiger Belastungen (schuldrechtlich, dinglich und öffentlich-rechtlich) eine richtige und vollständige Aufstellung sämtlicher im Eigentum der Zielgesellschaft stehender Grundstücke oder solcher Grundstücke, an denen die Zielgesellschaft ein Erbbaurecht, ein Dauernutzungsrecht oder ein anderes, vergleichbares Recht zusteht („**Immobiliareigentum**"). [**Alternativ:** Die Gesellschaft verfügt über keine eigenen Grundstücke sowie grundstücksgleichen Rechte und ist nicht verpflichtet, solche zu erwerben.] [→ Rz. 1480] 1009

3.2 Soweit in **Anlage 8.3.1** nicht anders offengelegt, ist die Zielgesellschaft rechtlicher und wirtschaftlicher Eigentümer des Immobiliareigentums, und soweit in **Anlage 8.3.1** nicht anders bezeichnet, ist das Immobiliareigentum nicht mit Grundpfandrechten, Grunddienstbarkeiten, Vormerkungen, Wohn- und Nutzungsrechten, Erbbau- oder Vorkaufsrechten oder sonstigen Rechten Dritter belastet. 1010

3.3 **Anlage 8.3.3** enthält unter Nennung der genauen Adresse, der Größe, der Nutzung, des Vermieters, des Datums des Mietvertrags, des Mietzinses, der Kündigungsfristen und etwaiger Rückbauverpflichtungen eine richtige und vollständige Aufstellung sämtlicher von der Zielgesellschaft gemieteter Immobilien („**Mietimmobilien**"). Keiner der Mietverträge über die Mietimmobilien kann als Folge des Abschlusses und Vollzuges dieses Vertrags gekündigt werden, ebenso wenig ist deswegen eine Anpassung der Konditionen zum Nachteil der Gesellschaft möglich. [→ Rz. 1482] 1011

3.4 Mit Ausnahme des Immobiliareigentums und der Mietimmobilien nutzt die Zielgesellschaft gegenwärtig keinen anderen Grundbesitz. Für die ordnungsgemäße Fortführung des Geschäftsbetriebs der Zielgesellschaft in seinem gegenwärtigen Umfang ist auch keine Nutzung weiteren Grundbesitzes notwendig. 1012

3.5 Sowohl das Immobiliareigentum als auch die Mietimmobilien befinden sich in einwandfreiem und gebrauchsfähigem Zustand und können von der Zielge- 1013 sellschaft unbeschränkt zur Fortführung ihres Geschäftsbetriebs im gegenwärtigen Umfang genutzt werden. Alle Instandhaltungs- und Instandsetzungsmaßnahmen an dem Immobiliareigentum und den Mietimmobilien sowie den darauf befindlichen Gebäuden und Aufbauten sind ordnungsgemäß und rechtzeitig sowie unter Beachtung aller maßgeblichen rechtlichen Vorschriften und einschlägigen technischen Standards durchgeführt worden. Die Zielgesellschaft befindet sich nicht im Rückstand mit notwendigen Investitionen. Die gegenwärtige Nutzung des Immobiliareigentums oder der Mietimmobilien und der hierauf befindlichen Gebäude und Aufbauten wird nicht durch Rechtsvorschriften oder etwaige Rechte Dritter eingeschränkt.

1014 3.6 Alle auf dem Immobiliareigentum oder den Mietimmobilien befindlichen genehmigungspflichtigen Bauten, Einrichtungen und Anlagen und ihre derzeitige Nutzung sind bestandskräftig, unbedingt und unbefristet genehmigt. Sie entsprechen den einschlägigen öffentlich-rechtlichen, insbesondere bau- und immissionsschutzrechtlichen Vorschriften und Regelwerken und verstoßen nicht gegen geltendes Recht. [→ Rz. 1483]

4. Vermögensgegenstände des Anlage- und Umlaufvermögens

1015 4.1 **Anlage 8.4.1** enthält eine vollständige Aufstellung aller im rechtlichen und wirtschaftlichen Eigentum der Zielgesellschaft stehenden Vermögensgegenstände des Anlage- und Umlaufvermögens (einschließlich geringwertiger oder anderweitig vollständig abgeschriebener Vermögensgegenstände). [→ Rz. 1484]

1016 4.2 Die Zielgesellschaft verfügt über das rechtliche und wirtschaftliche Eigentum an allen in ihrem Geschäftsbetrieb genutzten Gegenständen des Anlagevermögens. Diese Gegenstände sind frei von Rechten Dritter und befinden sich in einem unter Berücksichtigung der verkehrsüblichen Nutzung guten Betriebs- und Erhaltungszustand.

1017 4.3 Abgesehen von branchenüblichen Eigentumsvorbehalten und Vermieterpfandrechten verfügt die Zielgesellschaft über das rechtliche und wirtschaftliche Eigentum an allen in ihrem Geschäftsbetrieb genutzten Gegenständen des Umlaufvermögens und sind diese Gegenstände frei von Rechten Dritter. Diese Gegenstände sind frei von Mängeln. Der Wert des Umlaufvermögens zum Vollzugstag unterschreitet nicht den im Jahresabschluss [...] bilanzierten Wert. [→ Rz. 1484]

1018 4.4 Die gegenwärtig und am Vollzugstag im Eigentum der Zielgesellschaft stehenden oder von ihr genutzten Einrichtungen, Anlagen und Gegenstände sind ausreichend und angemessen für den gegenwärtigen Umfang des Geschäftsbetriebs und können für den gewöhnlichen Geschäftsbetrieb der Gesellschaft ohne Einschränkungen genutzt werden. Es besteht kein Reparaturrückstand. [→ Rz. 1486]

5. Kunden und Lieferanten

1019 **Anlage 8.5** enthält eine vollständige Aufstellung der gemessen am Geschäftsvolumen für das laufende Geschäftsjahr [*zehn*] größten Kunden und Lieferanten der Zielgesellschaft, jeweils unter Angabe des betreffenden Geschäftsvolumens.

6. Bankkonten

**Anlage 8.6** enthält eine vollständige Aufstellung aller Bankkonten der Zielgesellschaft sowie der Zeichnungsberechtigten für die jeweiligen Konten. 1020

7. Versicherungen [→ Rz. 1487]

7.1 **Anlage 8.7.1** enthält unter Nennung des jeweils versicherten Risikos, der Versicherungsgesellschaft, der Deckungssumme und der zu entrichtenden Prämie eine vollständige und zutreffende Aufstellung aller von der Zielgesellschaft als Versicherungsnehmerin und/oder versicherter Person abgeschlossenen Versicherungen („**Versicherungen**"). Die Versicherungen sind ungekündigt und umfassen sämtliche Pflichtversicherungen. Die Zielgesellschaft hat die jeweiligen Versicherungsprämien stets rechtzeitig und vollständig geleistet und befindet sich auch sonst nicht im Verzug oder im Bruch mit einer Verpflichtung unter den Versicherungen. 1021

7.2 Die Versicherungen decken alle Risiken ab, für die Unternehmen von gleicher Art und Größe wie die Zielgesellschaft üblicherweise Versicherungsschutz abschließen, und zwar in dem für solche Unternehmen üblichen Umfang in Bezug auf versicherte Risiken und Deckungssummen. 1022

7.3 **Anlage 8.7.3** enthält eine vollständige Aufstellung aller Ereignisse der letzten [*drei*] Jahre, welche die Zielgesellschaft zu Leistungen aus den in **Anlage 8.7.1** aufgeführten Versicherungen berechtigt haben oder berechtigen oder aufgrund derer solche Leistungen geltend gemacht worden sind. 1023

8. Wesentliche Verträge [→ Rz. 1489 ff]

8.1 **Anlage 8.8.1** enthält eine vollständige Aufstellung aller noch nicht beiderseits (einschließlich Neben-, Nebenleistungs-, bedingten oder künftigen Pflichten) vollständig erfüllten Verträge, die von der Zielgesellschaft ausdrücklich oder stillschweigend, schriftlich, mündlich oder in sonstiger Form geschlossen worden sind und die mindestens einer der nachfolgend aufgeführten Kategorien unterfallen (zusammen die „**Wesentlichen Verträge**" und einzeln der „**Wesentliche Vertrag**"), jeweils mit Angaben zu den Vertragspartnern, wesentlichen Vertragsleistungen und -gegenleistungen (insbesondere zur Höhe von Zahlungspflichten), Laufzeit und Kündigungsfristen: 1024

8.1.1 Joint Venture- oder sonstige Kooperationsverträge;

8.1.2 Verträge über die Anschaffung oder Veräußerung von Gegenständen des Anlagevermögens einschließlich immaterieller Vermögensgegenstände, Sachanlagen (mit Ausnahme von Grundstücken und grundstücksgleichen Rechten) und Finanzanlagen, deren Wert [...] € pro Einzelfall übersteigt;

8.1.3 Verträge mit den gemessen am Geschäftsvolumen für das laufende Geschäftsjahr [*zehn*] größten Kunden und Lieferanten der Zielgesellschaft, deren Wert pro Geschäftsjahr jeweils mindestens [...] € beträgt;

8.1.4 Darlehens- und sonstige Kreditverträge, die von der Zielgesellschaft als Darlehensgeber oder Darlehensnehmer abgeschlossen worden sind, mit

Ausnahme von Angaben zu im Rahmen des üblichen Geschäftsverkehrs vereinbarten Zahlungszielen;

8.1.5 Verträge, die Wettbewerbs- oder Abwerbeverbote enthalten oder in sonstiger Weise die Zielgesellschaft in ihrem freien Handeln auf dem Markt beschränken;

8.1.6 Garantien, Bürgschaften, Schuldübernahmen und ähnliche durch die Zielgesellschaft übernommene Verpflichtungen;

8.1.7 Lizenzverträge, die die Zielgesellschaft als Lizenzgeber oder Lizenznehmer eingegangen ist, soweit die jeweiligen jährlichen Nettolizenzgebühren im Einzelfall [...]€ übersteigen;

8.1.8 Anstellungsverträge, Dienstverträge oder Beraterverträge, nach denen die Zielgesellschaft im abgelaufenen Geschäftsjahr eine Gesamtvergütung von mehr als [...] € gezahlt hat oder im laufenden Geschäftsjahr voraussichtlich zahlen wird;

8.1.9 Gewinn- oder Umsatzbeteiligungen und ähnliche Verträge;

8.1.10 Verträge mit Vertragshändlern oder Handelsvertretern sowie sonstige Vertriebsverträge, die entweder im Fall ihrer Beendigung zu Ausgleichsansprüchen führen können oder deren Kündigungsfrist [*zwölf*] Monate übersteigt;

8.1.11 Verträge zwischen dem Verkäufer, Angehörigen des Verkäufers i. S. d. § 15 Abgabenordnung („**Angehörige**"), Verkäufer-Gesellschaften oder dem Verkäufer nahe stehenden Personen i. S. d. § 1 Abs. 2 Außensteuergesetz („**nahe stehende Personen**") einerseits und der Zielgesellschaft andererseits;

8.1.12 sonstige Verträge oder Verpflichtungen der Zielgesellschaft mit einem gegenwärtigen oder künftig geplanten durchschnittlichen jährlichen Wert der Leistungen oder Verpflichtungen der Zielgesellschaft in Höhe von mindestens [...] € oder die in sonstiger Weise von wesentlicher Bedeutung für die Zielgesellschaft sind.

1025 8.2 Alle Wesentlichen Verträge sind in vollem Umfang wirksam und in Kraft und begründen wirksame und durchsetzbare Rechte der Zielgesellschaft. Alle Wesentlichen Verträge sind zu marktüblichen Bedingungen geschlossen worden. Kein Wesentlicher Vertrag ist schriftlich oder mündlich angefochten, gekündigt oder anderweitig beendet worden; es ist auch keine Anfechtung, Kündigung oder anderweitige Beendigung eines Wesentlichen Vertrags angekündigt worden. Weder die Zielgesellschaft noch der jeweilige Vertragspartner haben gegen Bestimmungen eines Wesentlichen Vertrags verstoßen oder befinden sich mit der Erfüllung von wesentlichen Vertragspflichten in Verzug.

1026 8.3 Mit Ausnahme der in **Anlage 8.8.3** aufgeführten Wesentlichen Verträge geben die in diesem Vertrag enthaltenen Bestimmungen und ihre Durchführung keinem Vertragspartner der Zielgesellschaft in Bezug auf einen Wesentlichen Vertrag ein Recht zur Kündigung, Abänderung oder zu einer sonstigen inhaltlichen Änderung; es bestehen insoweit auch keine Beendigungs- bzw. Änderungsautomatismen oder Zustimmungsvorbehalte des jeweiligen Vertragspartners („**Change of Control**"). [→ Rz. 1490 f]

9. Gewerbliche Schutzrechte/IT [→ Rz. 1493 f]

9.1 **Anlage 8.9.1** enthält eine vollständige Aufstellung aller geschäftlichen Bezeichnungen, Marken, Patente, Gebrauchsmuster, Handelsnamen, Geschmacksmuster, Urheberrechte (einschließlich Rechten an Software und Datenbanken), Leistungsschutzrechte, schutzrechtsfähigen oder geschützten Arbeitsergebnisse, Domains, Websites und sonstigen gewerblichen Schutzrechte sowie Schutzrechte mit vergleichbarer Wirkung (zusammen „**Gewerbliche Schutzrechte**"), die im Eigentum der Zielgesellschaft stehen oder an die Zielgesellschaft lizenziert sind („**[...]-IP**"). Die Zielgesellschaft hat alle für die Aufrechterhaltung, den Schutz und die Durchsetzung des [...]-IP erforderlichen Maßnahmen getroffen. 1027

9.2 Die Zielgesellschaft verfügt über alle Gewerblichen Schutzrechte, die für die Weiterführung ihres gegenwärtigen Geschäftsbetriebs über den Zeitpunkt des Vollzugs hinaus oder für künftig geplante Aktivitäten erforderlich sind. 1028

9.3 Das [...]-IP ist frei von Rechten Dritter, insbesondere bestehen keine Lizenzen oder anderen Nutzungsrechte Dritter am [...]-IP. 1029

9.4 Das [...]-IP ist weder Gegenstand gerichtlicher oder behördlicher Verfahren, in denen die Wirksamkeit des [...]-IP bestritten wird und die die Geschäftstätigkeit der Zielgesellschaft beeinträchtigen könnten, noch wird das [...]-IP von Dritten verletzt. 1030

9.5 Die Zielgesellschaft verletzte und verletzt keine Gewerblichen Schutzrechte Dritter. 1031

9.6 Die Computerhardware, Software und sonstige von der Zielgesellschaft genutzte Informations- und Kommunikationstechnologie steht im Eigentum der Zielgesellschaft bzw. ist ordnungsgemäß an die Zielgesellschaft lizenziert. Sie befindet sich in einem guten Betriebszustand und hat eine den Anforderungen des gegenwärtigen Geschäftsbetriebs der Zielgesellschaft entsprechende Leistungsfähigkeit und Kapazität. Es ist in der Vergangenheit nicht zu Datenverlusten, Störungen oder Ausfällen der Informations- und Kommunikationstechnologie gekommen, die wesentlich nachteilige Auswirkungen auf den Geschäftsbetrieb der Zielgesellschaft hatten. 1032

9.7 Die Zielgesellschaft hat Zugang und die uneingeschränkte Möglichkeit zur Nutzung sämtlicher Informationen (einschließlich Formeln, Mustern, Listen, technischen Beschreibungen und Zeichnungen), die sich auf den Geschäftsbetrieb der Zielgesellschaft beziehen und nicht allgemein bekannt sind und für die Führung ihres Geschäftsbetriebs und geplante zukünftige Aktivitäten erforderlich sind („**Know-how**"). Es sind keine Lizenzen oder anderen Nutzungsrechte an dem Know-how gewährt worden. [→ Rz. 1496 ff] 1033

9.8 Die Zielgesellschaft hat sich datenschutzkonform verhalten und insbesondere nicht gegen die Vorschriften des Bundesdatenschutzgesetzes oder sonstige datenschutzrechtliche Vorschriften verstoßen. 1034

10. Personal

1035 10.1 **Anlage 8.10.1** enthält eine vollständige Aufstellung aller Organmitglieder und Arbeitnehmer (einschließlich leitender Angestellter, Auszubildender und Teilzeitbeschäftigter) der Zielgesellschaft, jeweils unter Angabe von Position/Tätigkeit, Geburtsdatum, Eintrittsdatum, Geschlecht, Bruttojahresgehalt, Bruttojahresgesamtbezüge (einschließlich sämtlicher Boni und ähnlicher Zusatzleistungen), Gratifikationen, Ansprüchen aus Entgeltumwandlung, nicht in Anspruch genommenen Urlaubstagen, Wochenarbeitszeit und Vertragslaufzeit bzw. -kündigungsfrist. Arbeitnehmer mit besonderem Kündigungsschutz sind unter Angabe des Rechtsgrundes (z. B. Mutterschutz, Elternzeit, Schwerbehinderung) gekennzeichnet. [→ Rz. 1502 f]

1036 10.2 **Anlage 8.10.2** enthält eine vollständige Aufstellung aller freien Mitarbeiter der Zielgesellschaft, jeweils unter Angabe der Art der Tätigkeit, des Beginns der Tätigkeit und der Art sowie Höhe der Vergütung. Keiner der aktuellen oder ehemaligen freien Mitarbeiter der Zielgesellschaft ist oder war als Arbeitnehmer einzustufen. [→ Rz. 1504 f]

1037 10.3 **Anlage 8.10.3** enthält vollständige Kopien der Anstellungsverträge aller (a) Organmitglieder, (b) Arbeitnehmer, deren Bruttojahresgesamtbezüge (einschließlich sämtlicher Boni und ähnlicher Zusatzleistungen) den Betrag von [...] € überschreiten, und (c) freien Mitarbeiter der Zielgesellschaft. Keine dieser Personen hat ihr Vertragsverhältnis mit der Zielgesellschaft gekündigt, und es bestehen auch keine Anhaltspunkte dafür, dass sie ihr Vertragsverhältnis mit der Zielgesellschaft kündigen werden. [→ Rz. 1507 f]

1038 10.4 Die Vertragsbeziehungen mit den Arbeitnehmern und freien Mitarbeitern der Zielgesellschaft wurden und werden in Übereinstimmung mit allen vertraglichen und gesetzlichen Bestimmungen geführt. Die Zielgesellschaft hat die jeweils geltenden öffentlich-rechtlichen Bestimmungen beachtet und danach fällige Zahlungen entrichtet. Die Bestimmungen des Mindestlohngesetzes wurden durch die Zielgesellschaft sowie ihre unmittelbaren und mittelbaren Lieferanten und Dienstleister eingehalten. [→ Rz. 1509]

1039 10.5 Keinem Arbeitnehmer oder freien Mitarbeiter der Zielgesellschaft entstehen durch den Abschluss oder Vollzug dieses Vertrags besondere Ansprüche gegenüber der Zielgesellschaft. [→ Rz. 1510]

1040 10.6 Die Zielgesellschaft ist nicht Mitglied in einem Arbeitgeberverband. [→ Rz. 1515]

1041 10.7 Die Zielgesellschaft beschäftigt keine Leiharbeitnehmer. [→ Rz. 1506]

1042 10.8 **Anlage 8.10.8** enthält eine vollständige Aufstellung der Mitarbeiter, mit denen die Zielgesellschaft Altersteilzeitverträge geschlossen hat, einschließlich Informationen zum Zeitpunkt des Eintritts in die Freistellungsphase. [→ Rz. 1511]

1043 10.9 Mit Ausnahme der in **Anlage 8.10.9** aufgeführten Direktversicherungen hat die Zielgesellschaft keine Maßnahmen der betrieblichen Altersvorsorge ergriffen. Die Zielgesellschaft hat sämtliche sie treffenden Verpflichtungen aus diesen Direktversicherungen bei Fälligkeit stets fristgerecht und vollständig erfüllt. Mit Ausnahme der aus diesen Direktversicherungen resultierenden Verbindlichkeiten hat die Zielgesellschaft keine Pensionsverbindlichkeiten. [→ Rz. 1512]

10.10 **Anlage 8.10.10** enthält eine vollständige Aufstellung sämtlicher Tarifverträge, Firmentarifverträge, Betriebsvereinbarungen, Interessenausgleichsvereinbarungen, Sozialpläne und betrieblichen Übungen, die bei der Zielgesellschaft Anwendung finden. [→ Rz. 1513] 1044

10.11 Die Zielgesellschaft hat keinen Betriebsrat und es bestehen auch keine Anhaltspunkte dafür, dass ein solcher eingerichtet werden soll. Es finden weder Streiks noch andere Arbeitskampfmaßnahmen statt und es gibt auch keine Anhaltspunkte dafür, dass solche Arbeitskampfmaßnahmen bevorstehen. [→ Rz. 1514] 1045

10.12 **Anlage 8.10.12** enthält eine vollständige Aufstellung aller Personen, die zur Vertretung der Zielgesellschaft berechtigt sind, ohne dass dies aus dem Handelsregister ersichtlich ist, jeweils unter Angabe des Rechtsgrundes für die Vertretungsmacht. [→ Rz. 1516] 1046

11. Steuern [→ Rz. 1517]

11.1 Die Zielgesellschaft hat alle steuerlichen und abgaberechtlichen Verpflichtungen stets ordnungsgemäß erfüllt. Insbesondere sind alle Steuererklärungen der Zielgesellschaft in Übereinstimmung mit allen einschlägigen Rechtsvorschriften sowie unter Berücksichtigung von deren Auslegung durch die Finanzbehörden ordnungsgemäß erstellt sowie ordnungsgemäß und fristgerecht eingereicht worden bzw. werden bis zum Vollzugstag ordnungsgemäß und fristgerecht eingereicht werden. Alle den Finanzbehörden gegenüber zu machenden Angaben sind ordnungsgemäß und fristgerecht erledigt worden bzw. werden bis zum Vollzugstag ordnungsgemäß und fristgerecht erledigt werden. Bis zum Vollzugstag werden alle Steuern einschließlich der Steuervorauszahlungen sowie alle im Zusammenhang damit angefallenen Nebenleistungen bei Fälligkeit ordnungsgemäß vollständig gezahlt und/oder einbehalten. Es sind keine Ermittlungshandlungen, Außenprüfungen oder sonstigen behördlichen oder gerichtlichen Verfahren im Zusammenhang mit Steuern der Zielgesellschaft angekündigt, anhängig oder eingeleitet worden und es stehen solche weder bevor noch drohen solche. Steuerliche Melde- und Nachweispflichten wurden stets ordnungsgemäß und rechtzeitig erfüllt. 1047

11.2 Die steuerlichen Bilanzpositionen, insbesondere Steuerforderungen, Steuerrückstellungen und Steuerverbindlichkeiten sind im Stichtagsabschluss vollständig und richtig bzw. ausreichend ausgewiesen. 1048

11.3 Es sind keine Teilwertabschreibungen auf materielle oder immaterielle Wirtschaftsgüter der Zielgesellschaft vorgenommen worden. 1049

11.4 Mit Ausnahme der in **Anlage 8.11.4** aufgeführten ausländischen Betriebsstätten verfügt die Zielgesellschaft über keine weiteren Betriebsstätten außerhalb Deutschlands. 1050

1051 11.5 Es wurden bei der Zielgesellschaft keine Umstrukturierungen vorgenommen, die zu Steuerverstrickungen oder Sperrfristen geführt haben.

1052 11.6 Alle Transaktionen der Zielgesellschaft mit dem Verkäufer, Angehörigen des Verkäufers, Verkäufer-Gesellschaften oder dem Verkäufer nahe stehenden Personen wurden zu Konditionen vorgenommen, die einem Drittvergleich standhalten. Es hat bei der Zielgesellschaft insbesondere keine Vorgänge gegeben und wird bis zum Vollzugstag keine Vorgänge geben, die als verdeckte Gewinnausschüttung einzuordnen sind.

1053 11.7 Die Zielgesellschaft erfüllt die Anforderungen der Finanzverwaltung für den elektronischen Datenzugriff der Finanzverwaltung, einschließlich der Anforderungen für die elektronische Übermittlung von Bilanzen sowie Gewinn- und Verlustrechnungen nach § 5b Einkommensteuergesetz. Die steuerlich relevanten Daten werden getrennt von den nicht steuerlich relevanten Daten gespeichert und archiviert.

1054 11.8 Es sind keine verbindlichen Auskünfte der Finanzbehörden erteilt oder beantragt worden.

12. Öffentliches Recht

1055 12.1 Die Zielgesellschaft hat stets alle wesentlichen öffentlich-rechtlichen Gesetze und Vorschriften für den Bau und den Betrieb aller von ihr genutzten Gebäude und Anlagen sowie für die Führung ihres Geschäftsbetriebs eingehalten. Alle hierzu erforderlichen Genehmigungen und Erlaubnisse sind erteilt und bestandskräftig. Keine der Genehmigungen und Erlaubnisse ist widerrufen, zurückgenommen, geändert oder eingeschränkt worden. Es steht kein Widerruf und keine Rücknahme, Änderung oder Einschränkung bevor. Die Berechtigung, den Geschäftsbetrieb auch künftig in Art und Umfang unverändert fortzuführen, wird durch diesen Vertrag nicht berührt. [→ Rz. 1528]

1056 12.2 Mit Ausnahme der in **Anlage 8.12.2** aufgeführten öffentlichen Zuschüsse hat die Zielgesellschaft keine Subventionen, Fördermittel, Beihilfen oder anderen öffentlichen Zuschüsse („**Subventionen**") erhalten. Die Zielgesellschaft ist nicht zur Rückzahlung gewährter Subventionen aufgefordert worden und es sind auch keine Umstände bekannt, die zur Rückforderung gewährter Subventionen führen könnten, insbesondere löst auch die Transaktion keine Rückzahlungsverpflichtung aus. Die Zielgesellschaft hat die ihr gewährten Subventionen entsprechend der Zweckbindungen verwendet sowie alle Auflagen und Bedingungen erfüllt.

1057 12.3 Der Zielgesellschaft wurden außer den in **Anlage 8.12.3** genannten keine weiteren staatlichen Beihilfen gleich welcher Art („**Beihilfen**"), insbesondere keine Zuschüsse oder Zulagen gewährt und sie hat keine weiteren Beihilfen beantragt. Gewährte Beihilfen wurden von der Zielgesellschaft bestimmungs- und fristgemäß verwendet. Alle mit Beihilfen verbundenen Bedingungen und Auflagen wurden erfüllt. Keine der gewährten Beihilfen ist wegen der Veräußerung der Geschäftsanteile gemäß diesem Vertrag, wegen Verstoßes gegen das EU-Beihilferecht oder – mit Ausnahme der Darlehen – aus sonstigen Gründen zurückzugewähren. Gegenüber der Zielgesellschaft und/oder dem Verkäufer sind keine Rückforderungsansprüche für Beihilfen geltend gemacht oder angedroht worden. Die Zielgesellschaft hat keine ausstehenden Verpflichtungen im Zusammenhang mit gewährten Beihilfen. Es bestehen keine Schadensersatz-, Unterlassungs- oder sonstigen Ansprüche Dritter gegen die Zielgesellschaft und/oder die Käuferin im Zusammenhang mit gewährten Beihilfen. [→ Rz. 1518]

13. Produkthaftung/Produktsicherheit/Gewährleistung [→ Rz. 1530]

13.1 Mit Ausnahme der in der **Anlage 8.13.1** genannten Ansprüche wurden gegenüber der Gesellschaft weder Produkthaftungsansprüche in Bezug auf die von der Gesellschaft hergestellten oder vertriebenen Produkte geltend gemacht, noch drohen nach bestem Wissen des Verkäufers solche Ansprüche, die nicht durch Rückstellungen im verbindlichen Stichtagsabschluss gedeckt sind. Die Produkte der Gesellschaft entsprechen in jeder Hinsicht den anwendbaren Vorschriften in Deutschland und [*wichtigste Exportmärkte der Zielgesellschaft*], insbesondere sämtlichen einschlägigen allgemeinen Sicherheits-, Arbeitsschutz- und Unfallverhütungsvorschriften sowie DIN- oder anderen technischen Normen. Die Produkte weisen nach bestem Wissen des Verkäufers keine Serien-, Konstruktions- oder Sicherheitsmängel auf. Der Verkäufer garantiert zudem, dass die Gesellschaft ihren Konstruktions-, Fabrikations-, Instruktions- und Produktbeobachtungspflichten stets ordnungsgemäß nachgekommen ist. Von der Gesellschaft gegenüber Kunden abgegebene Garantie- und Gewährleistungszusagen halten sich in den in der Branche für gleichartige Produkte üblichen Grenzen. 1058

13.2 Die von der Zielgesellschaft abgegebenen Garantie- und Gewährleistungszusagen gegenüber Kunden bzw. Endkunden befinden sich innerhalb des in der Branche für gleichartige Produkte bzw. Leistungen üblichen Rahmens. 1059

14. Gerichtliche und behördliche Verfahren/Compliance [→ Rz. 1534]

14.1 Mit Ausnahme der in **Anlage 8.14** aufgeführten Verfahren ist die Zielgesellschaft weder Partei noch Gegenstand von gerichtlichen, schiedsgerichtlichen oder behördlichen Verfahren. Auch drohen keine solchen Verfahren. 1060

14.2 Der Geschäftsbetrieb der Zielgesellschaft ist stets unter Beachtung aller anwendbaren Gesetze, Verordnungen, sonstigen Rechtsvorschriften und Verwaltungsakte geführt worden. Die Zielgesellschaft ist und war nicht Partei eines Vertrags, abgestimmten Verhaltens oder sonstigen Verhaltens, welches nach anwendbarem Kartellrecht der Anmeldung oder Registrierung bei einer zuständigen Kartellbehörde bedarf oder gegen anwendbares Kartellrecht verstößt. Es bestehen keine Umstände bei der Zielgesellschaft, die als Bestechung, Bestechlichkeit, Vorteilsgewährung oder -annahme oder als nach anwendbarem Recht vergleichbare Tat gewertet werden können. 1061

15. Altlasten und schädliche Bodenveränderungen [→ Rz. 1536]

Das Immobiliareigentum und die Mietimmobilien der Zielgesellschaft sind frei von Altlasten und schädlichen Bodenveränderungen nach dem Bundes-Bodenschutzgesetz (BBodSchG). 1062

16. Händlerverträge/Handelsvertreterverträge [→ Rz. 1537 ff]

1063 **Anlage 8.16.1** diesem Vertrag ist der Muster-Händlervertrag beigefügt, den die Gesellschaft mit allen in dieser Anlage ebenfalls aufgelisteten inländischen Vertragshändlern abgeschlossen hat. **Anlage 8.16.2** enthält den Mustervertrag für Vertragshändler im Ausland, die in dieser Anlage ebenfalls aufgeführt sind.

17. Fortführung der Geschäfte [→ Rz. 1542 ff]

1064 Seit Beginn des laufenden Geschäftsjahres bis zur Beurkundung sind die Geschäfte der Zielgesellschaft ausschließlich im Rahmen des gewöhnlichen Geschäftsgangs, mit der Sorgfalt eines ordentlichen Kaufmanns und in Übereinstimmung mit der bisherigen Geschäftspraxis geführt worden. Insbesondere hat die Zielgesellschaft in diesem Zeitraum:

1065 17.1 keine Gewinne ausgeschüttet, Kapitalmaßnahmen ergriffen, Anteile ausgegeben oder sich zu solchen Maßnahmen verpflichtet;

1066 17.2 keine materiellen oder immateriellen Vermögensgegenstände des Anlagevermögens – gleich ob bilanzierungsfähig oder nicht – verkauft, vermietet, verpachtet, übertragen, erworben, sicherungsübereignet oder -abgetreten, verpfändet oder in sonstiger Weise belastet oder sich hierzu verpflichtet, außer im Rahmen des gewöhnlichen Geschäftsgangs und in Übereinstimmung mit der bisherigen Geschäftspraxis;

1067 17.3 keine Investitionen außerhalb des gewöhnlichen Geschäftsgangs getätigt;

1068 17.4 nichts getan oder unterlassen, das zu einer Erhöhung der Barmittel führt, es sei denn im Rahmen des gewöhnlichen Geschäftsgangs und in Übereinstimmung mit der bisherigen Geschäftspraxis;

1069 17.5 ihre Vorräte nach Art und Umfang nicht abweichend von der bisherigen Geschäftspraxis angelegt oder unterhalten;

1070 17.6 keine Wesentlichen Verträge abgeschlossen, geändert oder aufgehoben, es sei denn im Rahmen des gewöhnlichen Geschäftsgangs und in Übereinstimmung mit der bisherigen Geschäftspraxis;

1071 17.7 keine Firmentarifverträge, Betriebsvereinbarungen, Interessenausgleiche und Sozialpläne oder andere Vereinbarungen mit oder Verpflichtungen gegenüber Arbeitnehmervertretern abgeschlossen oder eingegangen.

## § 9
## Rechtsfolgen von Garantieverletzungen; Verjährung

1072 (1) Sollte eine Verkäufergarantie gemäß § 8 dieses Vertrags unzutreffend sein, ist der Verkäufer verpflichtet, innerhalb einer angemessenen Frist, spätestens jedoch innerhalb eines Zeitraums von [*vier Wochen*] nach Zugang eines entsprechenden schriftlichen Verlangens der Käuferin, die Käuferin oder, nach Wahl der Käuferin, die Zielgesellschaft so zu stellen, wie sie stünde, wenn die betreffende Garantie zutreffend gewesen wäre („**Naturalrestitution**"). Soweit der Verkäufer die Naturalrestitution nicht innerhalb der gesetzten Frist bewirkt oder Naturalrestitution nicht möglich ist, kann die Käuferin oder, nach Wahl der Käuferin, die Zielgesellschaft von dem Verkäufer Schadensersatz in Geld gemäß

§§ 249 ff BGB verlangen. § 442 BGB und § 377 HGB sowie die ihnen zugrunde liegenden Rechtsgedanken finden keine Anwendung. Wegen desselben Schadens kann der Verkäufer auch bei Verletzung mehrerer Verkäufergarantien nur einmal in Anspruch genommen werden. [→ Rz. 1544 ff]

(2) Bei der Berechnung des Schadens der Käuferin sind für den jeweiligen Schadensfall im Jahresabschluss zum [*letztes abgelaufenes Geschäftsjahr*] ausgewiesene Verbindlichkeiten, Rückstellungen, Abschreibungen und Wertberichtigungen sowie bestehende Versicherungsansprüche und ein etwaiges Mitverschulden der Käuferin gemäß § 254 BGB schadensmindernd zu berücksichtigen. Ist für das schadensstiftende Ereignis keine Einzelrückstellung oder Wertberichtigung gebildet, sind die für Ereignisse dieser Art gebildeten Pauschalrückstellungen schadensmindernd zu berücksichtigen. [→ Rz. 1550] 1073

(3) Der Verkäufer haftet für die Verletzung von Verkäufergarantien nur dann, wenn 1074

1. der Garantieanspruch im Einzelfall einen Betrag von [...] € übersteigt („**Qualifizierter Garantieanspruch**") und
2. die Summe aller Qualifizierten Garantieansprüche einen Betrag von [...] € übersteigt („**Haftungsfreigrenze**").

Wird die Haftungsfreigrenze überschritten, so ist der gesamte Schaden zu ersetzen. Eine auf einheitlichen Umständen beruhende Serie von gleichgelagerten Garantieansprüchen wird für die Zwecke des Abs. 3 Nr. 1 wertmäßig zusammengerechnet. [→ Rz. 1552 ff] 1075

(4) Die Haftung des Verkäufers für die Verletzung von Verkäufergarantien ist insgesamt auf einen Haftungshöchstbetrag von [...] € begrenzt („**Haftungshöchstbetrag**"). Abweichend von Satz 1 ist die Haftung des Verkäufers für die Verletzung der Verkäufergarantien in § 8 Nr. 1 und § 8 Nr. [...] auf einen Betrag in Höhe des Kaufpreises begrenzt. Die Haftungsbeschränkungen in Absatz 3 und 4 gelten nicht bei Vorsatz oder grober Fahrlässigkeit. [→ Rz. 1555] 1076

(5) Der Käuferin stehen wegen der Verletzung von Verkäufergarantien ausschließlich die in diesem Vertrag bestimmten Ansprüche zu. Alle anderen Ansprüche, insbesondere aus Mängelgewährleistung gemäß §§ 434 ff BGB, Verschulden bei Vertragsschluss gemäß § 280 Abs. 1, § 311 Abs. 2, § 241 Abs. 2 BGB, positiver Vertragsverletzung gemäß § 280 Abs. 1, § 241 Abs. 2 BGB und Störung der Geschäftsgrundlage gemäß § 313 BGB, sind ausgeschlossen. Soweit in diesem Vertrag nicht ausdrücklich etwas anderes bestimmt ist, ist keine Partei berechtigt, von diesem Vertrag ganz oder teilweise zurückzutreten, auch nicht im Wege der Geltendmachung von Schadensersatz statt der ganzen Leistung. Nicht ausgeschlossen sind Ansprüche, die wegen vorsätzlichen Verhaltens der verpflichteten Partei geltend gemacht werden, sowie Ansprüche nach §§ 123, 823 und 826 BGB. [→ Rz. 1557] 1077

(6) Ansprüche der Käuferin wegen der Verletzung von Verkäufergarantien unterliegen einer am Vollzugstag beginnenden Verjährungsfrist von [*drei*] Jahren. Abweichend hiervon gilt für Ansprüche aus der Verletzung der Verkäufergarantien in § 8 Nr. 1 und Nr. 15 eine Verjährungsfrist von [*zehn*] Jahren. [→ Rz. 1559 ff] 1078

(7) Die Verjährung von Ansprüchen wegen der Verletzung von Verkäufergarantien ist für den Zeitraum gehemmt, in dem die Parteien Verhandlungen über den jeweiligen Anspruch oder die den jeweiligen Anspruch begründenden Umstände führen. Als Verhandlungsbeginn wird der Zugang des schriftlichen Verlangens der Käuferin gemäß vorstehendem Absatz 1 bei dem Verkäufer vereinbart. Die Hemmung endet in jedem Fall zu 1079

dem Zeitpunkt, zu dem einer Partei ein Schreiben zugeht, nach dem die Verhandlungen für beendet erklärt, deren Fortsetzung ausdrücklich verweigert oder die Erfüllung geltend gemachter Ansprüche vollständig abgelehnt wird. [→ Rz. 1560]

### § 10
### Freistellung von Sanierungskosten

1080 (1) Der Verkäufer stellt die Käuferin, die nach § 4 Abs. 3 Satz 4 BBodSchG verantwortlichen Personen und die Zielgesellschaft (jeweils die „**Sanierungsverantwortliche Person**") von allen Kosten und Aufwendungen frei, die der Sanierungsverantwortlichen Person im Zusammenhang mit einer Untersuchung, Abwehr oder Sanierung von am Vollzugstag bestehenden Altlasten oder schädlichen Bodenveränderungen an dem Immobiliareigentum oder den Mietimmobilien entstanden sind oder noch entstehen. Dies gilt nicht für Anordnungen zur Vorsorge gemäß § 7 BBodSchG. Wird eine Altlast oder schädliche Bodenveränderung innerhalb von [*zehn*] Jahren ab dem Vollzugstag entdeckt, wird vermutet, dass sie am Vollzugstag vorhanden war. [→ Rz. 1563 ff]

1081 (2) Der Verkäufer ist zur Freistellung nur verpflichtet, wenn und soweit Anordnungen zur Untersuchung, Abwehr oder Sanierung von Altlasten oder schädlichen Bodenveränderungen des Grundstücks und aller damit im Zusammenhang stehenden Maßnahmen in einem bestandskräftigen oder vollziehbaren Verwaltungsakt der zuständigen Behörde, einem rechtskräftigen Gerichtsurteil oder einem öffentlich-rechtlichen Vertrag mit der zuständigen Behörde getroffen sind. [→ Rz. 1570]

1082 (3) Die Freistellungsverpflichtung des Verkäufers ist auf die Kosten für die i. S. d. Bundes-Bodenschutzgesetzes notwendigen Maßnahmen beschränkt, insbesondere auf diejenigen Sanierungskosten, die bei Fortführung der bisher planungsrechtlich zulässigen Nutzung des Immobiliareigentums und der Mietimmobilien entstehen. [→ Rz. 1570]

1083 (4) Die Freistellungsansprüche nach diesem § 10 verjähren nach Ablauf einer Frist von [*zehn*] Jahren ab dem Vollzugstag. [→ Rz. 1562]

### § 11
### Steuerfreistellung

1084 (1) „**Steuern**" i. S. d. Vertrags sind alle Steuern, Gebühren, Zölle, Beiträge einschließlich Steuerhaftungsbeträgen, Sozialversicherungsbeiträge und andere öffentlich-rechtlichen Abgaben, die von einer Bundes-, Landes- oder Kommunalbehörde („**Steuerbehörde**") oder einem sonstigen Hoheitsträger (zusammen die „**Finanzbehörden**") festgesetzt werden und/oder aufgrund Rechtsvorschriften geschuldet werden. Als „Steuern" gelten zudem alle Zahlungen als Haftungsschuldner für Steuern, Zahlungen aus Gewerbesteuer- und Umsatzsteuerumlageverträgen oder aus vergleichbaren Verträgen oder Steuern betreffende Freistellungsvereinbarungen, ferner alle steuerlichen Nebenleistungen, wie z. B. Zinsen, Kosten und Steuerzuschläge, sowie mit Steuern in Zusammenhang stehende Straf- und Bußgelder, die gesetzlich geschuldet oder von Finanzbehörden auferlegt werden. Als „Steuern" gelten insbesondere alle Steuern und steuerlichen Nebenleistungen i. S. d. § 3 AO. Latente Steuern stellen keine Steuern i. S. d. vorgenannten Definition dar. [→ Rz. 1574]

1085 (2) „**Steuererklärungen**" i. S. d. Vertrags sind alle Erklärungen, Anmeldungen, Voranmeldungen und sonstigen Unterlagen und Dokumente, die im Zusammenhang mit Steuern bei oder gegenüber den Finanzbehörden einzureichen oder abzugeben sind.

(3) Der Verkäufer stellt die Käuferin und/oder nach deren Wahl die Zielgesellschaft hiermit frei von allen Steuern, die gegen die Zielgesellschaft festgesetzt worden sind oder festgesetzt werden und den Zeitraum bis zum Stichtag betreffen, und zwar jeweils unabhängig davon, ob der Zeitpunkt oder das Ereignis der Entstehung, einer etwaigen Festsetzung oder der Fälligkeit der Steuer vor, am oder nach dem Stichtag liegt bzw. liegen wird. [→ Rz. 1576 f] 1086

(4) Ein Anspruch der Käuferin auf Freistellung gemäß Absatz 3 ist ausgeschlossen, wenn und soweit die Steuer durch Berücksichtigung entsprechender Steuerrückstellungen oder Steuerverbindlichkeiten in den Stichtagsabschluss bei der Berechnung des Kaufpreises zugunsten der Käuferin beachtet wurde. [→ Rz. 1574] 1087

(5) Die Käuferin hat den Verkäufer über den Beginn einer Außenprüfung oder anderer Verfahren, die zu einem Anspruch nach Absatz 3 führen könnten, zu unterrichten. § 12 Abs. 1 gilt entsprechend. Die Käuferin hat dem Verkäufer Abschriften der Steuererklärungen, die die Zeiträume bis einschließlich zum Stichtag betreffen, zur Verfügung zu stellen. [→ Rz. 1580] 1088

(6) Der Verkäufer und die Käuferin sind verpflichtet, sich in den die Zielgesellschaft betreffenden steuerlichen Angelegenheiten (insbesondere hinsichtlich der Gewährung von Informationen) nach besten Kräften gegenseitig zu unterstützen, soweit es sich hierbei um Steuern für Zeiträume bis zum Stichtag handelt. Dies gilt insbesondere für die Unterstützung bei der Erstellung der Steuererklärungen für die Zeit bis zum Stichtag. [→ Rz. 1580] 1089

(7) Von dem Verkäufer nach diesem § 11 zu leistende Zahlungen sind innerhalb von 5 Bankarbeitstagen nach der entsprechenden schriftlichen Zahlungsaufforderung der Käuferin fällig, jedoch nicht vor Ablauf des elftletzten Bankarbeitstages vor der Fälligkeit der Steuern. [→ Rz. 1580] 1090

(8) Die Ansprüche der Käuferin verjähren mit Ablauf von sechs Monaten nach dem Zeitpunkt, in dem die den Ansprüchen aus der Steuerfreistellung zugrunde liegende Steuerfestsetzung materiell und formell bestandskräftig wird. § 9 Abs. 6 findet insoweit keine Anwendung. [→ Rz. 1579] 1091

## § 12
## Freistellung von Betriebskostennachzahlungen

(1) Betriebskosten i. S. d. Vertrags sind alle Kosten nach § 2 Abs. 2 BetrKV, die im Zusammenhang mit der Nutzung eigener oder angemieteter Immobilien anfallen. 1092

(2) Der Verkäufer stellt die Käuferin und/oder nach deren Wahl die Zielgesellschaft hiermit frei von allen Betriebskosten, die gegen die Zielgesellschaft festgesetzt worden sind oder festgesetzt werden und den Zeitraum bis zum Stichtag betreffen, und zwar jeweils unabhängig davon, ob der Zeitpunkt oder das Ereignis der Entstehung einer etwaigen Festsetzung oder der Fälligkeit von Betriebskostennachzahlungen am oder nach dem Stichtag liegt bzw. liegen wird. 1093

(3) Die Käuferin wird entsprechende Überzahlungen von Betriebskostenvorauszahlungen, die den Zeitraum bis zum Stichtag betreffen, unverzüglich an den Verkäufer abführen. 1094

1095 (4) Ein Anspruch der Käuferin auf Freistellung gemäß Absatz 3 ist ausgeschlossen, wenn und soweit die Betriebskosten durch Berücksichtigung entsprechender Rückstellungen oder Verbindlichkeiten in den Stichtagsabschluss bei der Berechnung des Kaufpreises zugunsten der Käuferin berücksichtigt wurden.

1096 (5) Von dem Verkäufer nach diesem § 11 zu leistende Zahlungen für Betriebskostennachzahlungen sind innerhalb von fünf Bankarbeitstagen nach der entsprechenden schriftlichen Zahlungsaufforderung der Käuferin fällig, jedoch nicht vor Ablauf von zehn Bankarbeitstagen vor der Fälligkeit der Betriebskostennachzahlung.

## § 13
## Beteiligung des Verkäufers an haftungsrelevanten Auseinandersetzungen

1097 (1) Der Verkäufer ist durch die Käuferin unverzüglich und vollständig unter Vorlage des entsprechenden Schriftverkehrs über sämtliche seine Haftung gegenüber der Käuferin nach diesem Vertrag möglicherweise begründenden, gegen die Zielgesellschaft gerichtlich oder außergerichtlich geltend gemachten Ansprüche sowie über den Fortgang der Angelegenheit zu unterrichten. Die Käuferin hat dieselbe Verpflichtung, falls die Zielgesellschaft für die Haftung des Verkäufers relevante Ansprüche gegenüber Dritten geltend macht (die Ansprüche gemäß Satz 1 und 2 jeweils eine **„Relevante Auseinandersetzung"**). Der Verkäufer ist berechtigt, sich selbst oder durch einen von Berufs wegen zur Verschwiegenheit verpflichteten Beauftragten an der Prüfung und der Führung des im Rahmen einer relevanten Auseinandersetzung stattfindenden Verfahrens zu beteiligen. [→ Rz. 1585 ff]

1098 (2) Einspruch oder Widerspruch gegen Verwaltungsakte, Klage, Klagerücknahme, Verzicht, Anerkenntnis, Vergleich oder die Einlegung oder Zurücknahme von Rechtsmitteln oder -behelfen in Relevanten Auseinandersetzungen bedürfen der vorherigen Zustimmung des Verkäufers. Auf Verlangen des Verkäufers wird die Käuferin diese Maßnahmen selbst vornehmen bzw. die Zielgesellschaft dazu veranlassen, sie zu ergreifen, soweit der Käuferin bzw. der Zielgesellschaft Prozesskosten, einschließlich Vorschüssen und Sicherheiten, vor deren Fälligkeit gezahlt werden. Die Käuferin wird Relevante Auseinandersetzungen nach Weisung des Verkäufers führen bzw. die Zielgesellschaft dazu veranlassen, gemäß den Instruktionen des Verkäufers zu verfahren. Der Verkäufer kann auch den jeweiligen Prozessbevollmächtigten bestimmen. [→ Rz. 1585 ff]

1099 (3) Die Käuferin ist zur Beteiligung des Verkäufers gemäß vorstehenden Absätzen 1 und 2 nur verpflichtet, soweit nach ihrem freien Ermessen geschäftliche Interessen nicht entgegenstehen. Soweit die Käuferin den Verkäufer an Relevanten Auseinandersetzungen allerdings nicht gemäß vorstehenden Absätzen 1 und 2 beteiligt, hat sie gegen den Verkäufer einen Anspruch wegen Verletzung einer Verkäufergarantie lediglich mit der Maßgabe, dass der Anspruch nur in Höhe desjenigen Betrags besteht, welcher der Käuferin oder der Zielgesellschaft auch unter Beteiligung des Verkäufers gemäß Absatz 1 und 2 als Schaden entstanden wäre. [→ Rz. 1588]

1100 (4) Sämtliche Kosten, die der Käuferin oder der Zielgesellschaft im Zusammenhang mit der Führung von Relevanten Auseinandersetzungen unter Beachtung der in Absatz 1 und 2 niedergelegten Beteiligungsrechte des Verkäufers entstehen, trägt allein der Verkäufer.

§ 14
**Fortführung der Zielgesellschaft bis zum Vollzugstag; sonstige Pflichten des Verkäufers**

(1) Der Verkäufer verpflichtet sich, dafür Sorge zu tragen, dass die Geschäfte der Zielgesellschaft in der Zeit ab dem Beurkundungstag bis zum Vollzug dieses Vertrags ausschließlich im Rahmen des gewöhnlichen Geschäftsgangs, mit der Sorgfalt eines ordentlichen Kaufmanns und in Übereinstimmung mit der bisherigen Geschäftspraxis geführt werden. Insbesondere hat die Zielgesellschaft in diesem Zeitraum: [→ Rz. 1589 ff] 1101

1. keine Gewinne auszuschütten, Kapitalmaßnahmen zu ergreifen, Anteile auszugeben oder sich zu solchen Maßnahmen zu verpflichten;
2. keine materiellen oder immateriellen Vermögensgegenstände des Anlagevermögens – gleich ob bilanzierungsfähig oder nicht – zu verkaufen, zu vermieten, zu verpachten, zu übertragen, zu erwerben, sicherungszuübereignen oder -abzutreten, zu verpfänden oder in sonstiger Weise zu belasten oder sich hierzu zu verpflichten, außer im Rahmen des gewöhnlichen Geschäftsgangs und in Übereinstimmung mit der bisherigen Geschäftspraxis;
3. keine Investitionen außerhalb des gewöhnlichen Geschäftsgangs zu tätigen;
4. nichts zu tun oder zu unterlassen, was zu einer Erhöhung der Barmittel führt, es sei denn im Rahmen des gewöhnlichen Geschäftsgangs und in Übereinstimmung mit der bisherigen Geschäftspraxis;
5. ihre Vorräte nach Art und Umfang nicht abweichend von der bisherigen Geschäftspraxis anzulegen oder zu unterhalten;
6. keine Wesentlichen Verträge abzuschließen, zu ändern oder aufzuheben, es sei denn im Rahmen des gewöhnlichen Geschäftsgangs und in Übereinstimmung mit der bisherigen Geschäftspraxis;
7. keine Firmentarifverträge, Betriebsvereinbarungen, Interessenausgleiche und Sozialpläne oder andere Vereinbarungen mit oder Verpflichtungen gegenüber Arbeitnehmervertretern abzuschließen oder einzugehen.

(2) Darüber hinaus verpflichtet sich der Verkäufer, [→ Rz. 1594] 1102

1. das in **Anlage 8.9.1** aufgeführte [...]-IP nach dem Vollzugstag in keinem Land mehr zu benutzen, und steht dafür ein, dass auch die mit ihm verbundenen Unternehmen (i. S. v. § 15 AktG) dieser Verpflichtung nachkommen;
2. dafür Sorge zu tragen, dass mit Ausnahme der in **Anlage 14.2.2** genannten Verträge sämtliche Verträge zwischen dem Verkäufer, den Angehörigen des Verkäufers, Verkäufer-Gesellschaften oder dem Verkäufer nahestehenden Personen einerseits und der Zielgesellschaft andererseits mit Wirkung zum Vollzug dieses Vertrags beendet werden;
3. sicherzustellen, dass bis zum Vollzug dieses Vertrags alle zugunsten der Zielgesellschaft oder ihres Geschäftsbetriebs geschlossenen Versicherungen im Wesentlichen in der gleichen Weise wie zuvor fortbestehen;
4. nach besten Kräften auf den Vollzug dieses Vertrags hinzuwirken und eine Verletzung von Verkäufergarantien zu vermeiden;

5. die Käuferin unverzüglich über alle Umstände zu informieren, die den Vollzug dieses Vertrags verzögern oder verhindern könnten.

## § 15
## Wettbewerbsverbot; Abwerbeverbot

1103 (1) Der Verkäufer verpflichtet sich, für die Dauer von [*zwei*] Jahren ab dem Vollzugstag innerhalb des räumlichen Tätigkeitsbereichs der Zielgesellschaft am Vollzugstag jegliche Betätigung zu unterlassen, mit der er unmittelbar oder mittelbar in Wettbewerb zur Geschäftstätigkeit der Zielgesellschaft am Vollzugstag treten würde. Insbesondere wird der Verkäufer kein Unternehmen, welches in vorstehendem Sinne im Wettbewerb zur Zielgesellschaft steht, unmittelbar oder mittelbar gründen, erwerben, sich daran beteiligen oder für ein solches Unternehmen tätig werden. Ausgenommen von diesem Wettbewerbsverbot ist der Erwerb oder das Halten von Anteilen an Konkurrenzunternehmen allein zu Investitionszwecken, ohne dass damit direkt oder indirekt Leitungsfunktionen oder ein materieller Einfluss im Konkurrenzunternehmen verbunden sind. [→ Rz. 1595 ff]

1104 (2) Der Verkäufer verpflichtet sich, für die Dauer von [*zwei*] Jahren ab dem Vollzugstag keinen der Geschäftsführer und leitenden Angestellten der Zielgesellschaft zur Aufnahme einer Tätigkeit für den Verkäufer oder eines seiner verbundenen Unternehmen (§ 15 AktG) zu veranlassen. Insbesondere wird er den Geschäftsführern und leitenden Angestellten der Zielgesellschaft während deren Tätigkeit für die Zielgesellschaft weder aus eigenem Antrieb ein Angebot zum Abschluss eines Anstellungs-, Beratungs- oder Dienstvertrags unterbreiten noch Vorteile für den Fall anbieten, dass sie ihre mit der Zielgesellschaft bestehenden Anstellungsverträge kündigen oder auflösen. [→ Rz. 1602]

1105 (3) Der Verkäufer verpflichtet sich sicherzustellen, dass das vorstehende Wettbewerbs- und Abwerbeverbot auch von allen mit dem Verkäufer verbundenen Unternehmen (§ 15 AktG) beachtet wird. Ausgenommen sind Unternehmen, die aufgrund des Erwerbs von Anteilen an dem Verkäufer durch einen Dritten nach dem Vollzugstag zu verbundenen Unternehmen des Verkäufers werden. [→ Rz. 1603]

1106 (4) Verletzt der Verkäufer das vorstehende Wettbewerbs- bzw. Abwerbeverbot, so hat er der Käuferin für jeden Fall einer Verletzung eine Vertragsstrafe in Höhe von [...] € zu zahlen. Dauert die Verletzungshandlung an, hat der Verkäufer für jeden Monat der Verletzung eine weitere Vertragsstrafe in Höhe von [...] € zu zahlen; die Einrede des Fortsetzungszusammenhangs ist ausgeschlossen. Das Recht der Käuferin, einen weitergehenden Schaden geltend zu machen und Unterlassung des verbotenen Verhaltens zu fordern, bleibt unberührt. In diesem Falle werden Vertragsstrafen auf einen solchen Schaden angerechnet. [→ Rz. 1605]

## § 16
## Geheimhaltung, Presse- und sonstige Mitteilungen

1107 (1) Der Verkäufer wird seine Kenntnisse über die Zielgesellschaft und deren Geschäftsbetrieb streng vertraulich behandeln und nicht für sich selbst oder andere benutzen. [→ Rz. 1606]

1108 (2) Die Parteien haben den Inhalt dieses Vertrags sowie die Kenntnisse, die sie im Zusammenhang mit der Verhandlung und dem Abschluss dieses Vertrags übereinander und die jeweiligen i. S. v. § 15 AktG verbundenen Unternehmen erhalten haben, streng vertraulich zu behandeln. [→ Rz. 1606]

(3) Die vorgenannten Vertraulichkeitspflichten gelten nicht, soweit die betreffenden Umstände bereits öffentlich bekannt sind, nach dem Beurkundungstag ohne Verletzung einer vertraglichen oder gesetzlichen Vertraulichkeitspflicht durch die betreffende Partei bekannt werden oder gesetzliche Offenlegungs- bzw. Mitteilungspflichten bestehen. [→ Rz. 1607] 1109

(4) Die Parteien werden Presseerklärungen oder sonstige Verlautbarungen in Bezug auf diesen Vertrag nur nach vorheriger schriftlicher Verständigung mit der anderen Partei herausgeben. In Bezug auf gesetzlich erforderliche Offenlegungen bzw. Mitteilungen gilt dies nur, soweit vernünftigerweise möglich. 1110

## § 17
## Abtretungsverbot; Aufrechnung

(1) Die Abtretung von Rechten oder Ansprüchen aufgrund dieses Vertrags ist nur mit vorheriger schriftlicher Zustimmung der jeweils anderen Vertragspartei zulässig. Ausgenommen hiervon sind Abtretungen an mit den Parteien i. S. v. § 15 AktG verbundene Unternehmen. [→ Rz. 1609] 1111

(2) Die Aufrechnung ist nur mit vom Aufrechnungsgegner anerkannten oder rechtskräftig festgestellten Gegenforderungen zulässig. [→ Rz. 1610] 1112

## § 18
## Mitteilungen

(1) Sämtliche Erklärungen und Mitteilungen nach diesem Vertrag („**Mitteilungen**") sind wie folgt zu adressieren: [→ Rz. 1611] 1113

1. an den Verkäufer:
   [*Kontaktdaten des Verkäufers*]
   mit einer Kopie zu Informationszwecken an:
   [*Kontaktdaten des Rechtsberaters des Verkäufers*]
2. an die Käuferin:
   [*Kontaktdaten der Käuferin*]
   mit einer Kopie zu Informationszwecken an:
   [*Kontaktdaten des Rechtsberaters der Käuferin*]

(2) Mitteilungen bedürfen der Schriftform und sind per Einschreiben mit Rückschein, Kurier mit Empfangsbestätigung, Telefax mit Sendebericht oder E-Mail mit einer durch das E-Mail-Programm des Versenders generierten Übermittlungsbestätigung zu übermitteln. Bei Übermittlung per Telefax oder E-Mail gilt die Mitteilung spätestens einen Bankarbeitstag nach der ausweislich des Telefax-Sendeberichts bzw. der Email-Übermittlungsbestätigung erfolgreichen Übermittlung der Mitteilung als zugegangen. [→ Rz. 1612] 1114

(3) Der Zugang einer Mitteilung bei den Beratern einer Partei ist weder für den Zugang der Mitteilung bei der Partei selbst erforderlich, noch begründet oder ersetzt er den Zugang der Mitteilung bei der Partei selbst. 1115

1116 (4) Die Parteien haben sich über etwaige Änderungen ihrer in Abs. (1) genannten Kontaktdaten unverzüglich per Mitteilung zu informieren. Etwaige Änderungen der Kontaktdaten werden für die jeweils andere Partei [*zehn*] Bankarbeitstage nach Zugang der entsprechenden Mitteilung der Änderung wirksam.

§ 19
**Kosten**

1117 Die Kosten der Beurkundung dieses Vertrags sowie die Gebühren und Auslagen der zuständigen Kartellbehörden trägt die Käuferin. Gleiches gilt für etwaig durch diesen Vertrag ausgelöste Verkehrssteuern. Im Übrigen trägt jede Partei die ihr im Zusammenhang mit diesem Vertrag entstehenden Kosten (einschließlich Beratungskosten) selbst. [→ Rz. 1613]

§ 20
**Rechtswahl; Schiedsklausel**

1118 (1) Dieser Vertrag unterliegt dem Recht der Bundesrepublik Deutschland. [→ Rz. 1615]

1119 (2) Alle Streitigkeiten, die sich im Zusammenhang mit diesem Vertrag oder über seine Gültigkeit ergeben, werden nach der Schiedsgerichtsordnung der Deutschen Institution für Schiedsgerichtsbarkeit e. V. (DIS) unter Ausschluss des ordentlichen Rechtsweges endgültig entschieden. Der Ort des Schiedsverfahrens ist [...]. Die Anzahl der Schiedsrichter beträgt [*drei*]. Der Vorsitzende muss die Befähigung zum Richteramt in der Bundesrepublik Deutschland haben. Die Sprache des Schiedsverfahrens ist deutsch. [→ Rz. 1617 ff]

§ 21
**Schlussbestimmungen**

1120 (1) Dieser Vertrag nebst Anlagen enthält eine in Bezug auf den Gegenstand dieses Vertrags abschließende Vereinbarung zwischen den Parteien. Alle vor Abschluss dieses Vertrags zwischen den Parteien in Bezug auf den Gegenstand dieses Vertrags getroffenen Vereinbarungen sind durch den Abschluss dieses Vertrags überholt und werden hierdurch ersetzt; Nebenabreden bestehen nicht. [→ Rz. 1622]

1121 (2) Änderungen und Ergänzungen dieses Vertrags bedürfen der Schriftform, soweit gesetzlich nicht eine strengere Form vorgeschrieben ist. Dies gilt auch für eine Änderung dieser Schriftformklausel. [→ Rz. 1623]

1122 (3) Sollte eine Bestimmung dieses Vertrags ganz oder teilweise unwirksam oder undurchsetzbar sein oder werden, wird die Wirksamkeit der übrigen Bestimmungen dieses Vertrags davon nicht berührt. Die Parteien verpflichten sich, die unwirksame oder undurchsetzbare Bestimmung durch diejenige wirksame und durchsetzbare Bestimmung zu ersetzen, die dem von den Vertragsparteien mit der unwirksamen bzw. undurchsetzbaren Bestimmung verfolgten wirtschaftlichen Zweck am nächsten kommt. Entsprechendes gilt für den Fall, dass dieser Vertrag lückenhaft sein sollte. [→ Rz. 1624]

1123 Notarielle Belehrungen [→ Rz. 1625]

Der beurkundende Notar belehrte die Erschienenen abschließend darüber, dass 1124

- der Erwerber eines Geschäftsanteils für die nicht erbrachten Geldeinlagen und die Fehlbeträge nicht vollwertig geleisteter Sacheinlagen des Verkäufers des Geschäftsanteils und aller anderen Gesellschafter unbeschränkt haftet,
- der Erwerber eines Geschäftsanteils der Gesellschaft gegenüber erst dann als Gesellschafter gilt, wenn er als solcher in der im Handelsregister aufgenommenen Gesellschafterliste eingetragen ist, und er alle vorher von der Gesellschaft gegenüber dem Verkäufer oder von dem Verkäufer gegenüber der Gesellschaft in Bezug auf das Gesellschaftsverhältnis vorgenommenen Rechtshandlungen gegen sich gelten lassen muss,
- ein Geschäftsanteil nur dann gutgläubig von einem Nichtberechtigten erworben werden kann, wenn der Verkäufer seit mindestens drei Jahren als Inhaber des Geschäftsanteils in der im Handelsregister aufgenommenen Gesellschafterliste eingetragen ist, diese Unrichtigkeit dem Berechtigten nicht zuzurechnen ist, der Gesellschafterliste kein Widerspruch zugeordnet ist und dem Erwerber die mangelnde Berechtigung weder bekannt noch infolge grober Fahrlässigkeit unbekannt ist,
- durch die Abtretung etwaige Belastungen eines Geschäftsanteils nicht entfallen und ein gutgläubiger lastenfreier Erwerb von Geschäftsanteilen nicht möglich ist,
- ein Vertrag über die Verpflichtung zur Abtretung von Geschäftsanteilen bis zum Wirksamwerden der Geschäftsanteilsabtretung für die Parteien unverbindlich bleibt, sollten nicht sämtliche Vereinbarungen und Nebenabreden, die ohne den Vertrag nicht getroffen worden wären, richtig und vollständig beurkundet worden sein,
- Verkäufer und Käuferin gegenüber den Steuerbehörden anzeigepflichtig sind und Grunderwerbsteuer anfallen kann, wenn zum Vermögen der Gesellschaft ein inländisches Grundstück gehört und die Anteilsveräußerung zur Vereinigung von 95 % oder mehr der Anteile an der Gesellschaft in der Hand des Erwerbers oder mit ihm verbundener Unternehmen führt,
- der Kauf- und Abtretungsvertrag und die Geschäftsanteilsabtretung bis zum Eintritt der für ihr Wirksamwerden vereinbarten aufschiebenden Bedingungen schwebend unwirksam sind und, sollten die Bedingungen nicht eintreten, dauerhaft unwirksam bleiben mit der Folge, dass der Kauf- und Abtretungsvertrag dann nicht durchgeführt werden kann, die Notarkosten für die Beurkundung aber unabhängig davon entstehen,
- der Notar bei Abfassung dieser gesamten Urkunde steuerliche Fragen nicht geprüft hat, worauf er von den Beteiligten ausdrücklich aus entsprechender Bemühung entlassen wird; in diesem Zusammenhang erklärten die Parteien ebenfalls, dass sie jeweils auch rechtlich beraten wurden.

Der beurkundende Notar, sein amtlich bestellter Vertreter und die Notariatsfachangestellten 1125

[*Name*],

[*Name*]

sämtlich dienstansässig [*Adresse des beurkundenden Notars*], werden hiermit je einzeln bevollmächtigt, sämtliche Erklärungen für die Erschienenen und die Vertretenen abzugeben und Rechtshandlungen vorzunehmen, die zum Wirksamwerden sowie zur Durchführung und Abwicklung der in dieser Urkunde niedergelegten Geschäftsanteilsveräußerung und -abtretung erforderlich oder zweckmäßig sind, jedoch mit der Maßgabe, dass diese Erklärungen und Rechtshandlungen nur auf Weisung des beurkundenden Notars oder seines amtlich bestellten Vertreters abgegeben bzw. vorgenommen werden dürfen. Die Vollmacht ist jederzeit widerruflich. Jeder Bevollmächtigte darf – soweit rechtlich möglich – allein auch für alle Beteiligten gleichzeitig handeln. Dem Handelsregister gegenüber ist die Vollmacht unbeschränkt.

## II. Erläuterungen

1126 Das Vertragsmuster zum Erwerb sämtlicher Geschäftsanteile der Zielgesellschaft in der Rechtsform einer GmbH ist **käuferfreundlich** ausgestaltet. Dies wirkt sich unter anderem besonders auf den Umfang der abgegebenen Garantien aus (einschließlich des Umstands, dass dabei keine Einschränkungen hinsichtlich einer Kenntnis oder eines Kennenmüssens des Verkäufers, sog. *Knowledge Qualifier*, gemacht werden). Weiterhin klammert das Vertragsmuster aus Vereinfachungsgründen eine Reihe der bei Unternehmenskaufverträgen vorkommenden Szenarien aus und unterstellt insoweit eine Zielgesellschaft mit *Standalone*-Charakter, bei der insbesondere keine unternehmensvertraglichen bzw. gesellschafterdarlehensmäßigen Verbindungen zum Verkäufer existieren. In der Praxis finden sich aber gerade bei komplexen Transaktionen regelmäßig Bestimmungen zur Ablösung von Verbindlichkeiten oder (Konzern-)Sicherheiten sowie zur Herauslösung der Zielgesellschaft aus bestehenden Finanzierungsstrukturen (vor allem *Cash Pool Settlement*, also die Ablösung bestehender Finanzierungsverbindlichkeiten bzw. Ausgleich von Rückzahlungsansprüchen der Zielgesellschaft, die im Rahmen eines zentralen Cash Managements im Konzern begründet worden sind,[1128] oder Beendigung bestehender Beherrschungs- und Gewinnabführungsverträge). Häufig sind auch andere Maßnahmen im Unternehmenskaufvertrag zu regeln, um das Fortbestehen des Zielunternehmens unabhängig von seiner bisherigen Konzerneinbindung sicherzustellen. Zu denken ist insoweit z. B. an den Abschluss von sog. *Transitional Service Agreements*, also von Verträgen, auf deren Grundlage der Verkäufer bzw. dessen Gruppe noch für eine gewisse Übergangszeit nach dem Closing der Transaktion bestimmte unterstützende, infrastrukturelle Dienstleistungen für das Zielunternehmen unter Kontrolle des Käufers erbringt, wie etwa Buchhaltungs-, IT- oder Personaldienstleitungen.

### 1. Urkundseingang

#### a) Notarielle Eingangsformel [→ Rz. 928 ff]

1127 In der Eingangsformel sind die **Vertragsparteien** und die **Vertretungsverhältnisse** angegeben. Es wird angenommen, dass die Geschäftsführer der beteiligten Gesellschaften einzelvertretungsberechtigt sind. Sind sie gesamtvertretungsbefugt und soll nur einer von ihnen an der Beurkundung teilnehmen, sollte ein zweiter Gesamtvertretungsberechtigter der an der Beurkundung teilnehmenden Person eine rechtsgeschäftliche **Vollmacht** (sog. „Ermächtigung") erteilen. Nach Auffassung des Bundesgerichtshofs beinhaltet eine Ermächtigung einen organschaftlichen Akt besonderer Art, durch den organschaftliche Gesamtvertretungs-

1128) Zur Ablösung von Konzernfinanzierungen und von Sicherheiten in M&A-Prozessen vgl. auch: *Larisch/Denninger*, KSzW 2016, 31.

macht zur Alleinvertretungsmacht „erstarkt“.[1129] Es kann auch eine von den Organen einer Partei bevollmächtigte außenstehende Person den Anteilskaufvertrag namens der GmbH abschließen. Die Vollmacht muss bei Beurkundung des Anteilskaufvertrags in Urschrift oder beglaubigter Abschrift vorliegen (§ 12 Satz 1 BeurkG). Es ist mit dem beurkundenden Notar zu besprechen, ob er die Beurkundung ausnahmsweise auch auf Basis einer Vollmachtsabschrift (z. B. einem Scan der Vollmacht) durchführt. Dann ist zu vermerken, dass das Original der Vollmacht schnellstmöglich nachgereicht wird. Die Vollmacht selbst bedarf wegen § 167 Abs. 2 BGB grundsätzlich keiner notariellen Beurkundung oder Beglaubigung.[1130] Lediglich in den explizit von Gesetzes wegen vorgesehenen Fällen ist bei der Vollmacht ausnahmsweise eine Form zu beachten. Neben Grundstücksgeschäften sind dies insbesondere Fälle der Gründung von Kapitalgesellschaften oder der Durchführung von Kapitalmaßnahmen. Der den Anteilskaufvertrag beurkundende Notar muss sich jedoch gemäß § 12 BeurkG von der Vertretungsberechtigung des die Vollmacht unterzeichnenden Organs überzeugen. Aus diesem Grunde kann es sich empfehlen, die Beglaubigung der Unterschrift der Vollmachtgeber oder der die Vollmachtgeber vertretenden Organe vorzunehmen. Der Notar, der die Unterschrift des die Vollmacht erteilenden Organs beglaubigt, sollte auf der Vollmachtsurkunde dessen Vertretungsbefugnis bescheinigen. Hierzu sind die Notare nach § 21 Abs. 1 Nr. 1 BNotO befugt. Sofern es sich um eine deutsche Personen- oder Kapitalgesellschaft handelt, die im Handelsregister eingetragen ist, kann der beurkundende Notar ohne Weiteres die Vertretungsbescheinigung durch Einsichtnahme in das elektronische Handelsregister gemäß § 12 Satz 2 BeurkG selbst vornehmen. Dies ist im Alternativtext der Eingangsformel bereits vorgesehen.

Im Zusammenhang mit **ausländischen Urkundsbeteiligten** ist es wichtig, dass die Parteien **1128**
vorab mit dem beurkundenden Notar Kontakt hinsichtlich der Form und des Nachweises der Vertretungsberechtigung des in der Urkunde auftretenden Geschäftsführungsorgans oder der Vertretungsberechtigung des die Vollmacht unterzeichnenden ausländischen Geschäftsführungsorgans aufnehmen. Oftmals wird es notwendig sein, dass der – üblicherweise von einem ausländischen Notar oder einem ausländischen Handelsregister – ausgestellte Vertretungsnachweis beglaubigt und apostilliert wird bzw. legalisiert wird, wenn die die Bescheinigung ausstellende Stelle aus einem Land stammt, das nicht dem Apostilleübereinkommen[1131] beigetreten ist. Der ausländische Vertretungsnachweis ist dabei entweder in einer Sprache abzufassen, die der beurkundende Notar versteht, oder aber in eine entsprechende Sprache – im Zweifel durch einen vereidigten Übersetzer – zu übersetzen. Auch hier muss ggf. die Unterschrift des ausländischen Übersetzers beglaubigt und apostilliert werden; in der Praxis wird es ratsam sein, den Vertretungsnachweis und die Übersetzung miteinander zu verbinden. Sollte der beurkundende Notar erfahren im Umgang mit ausländischen Urkundsbeteiligten sein, ist es – je nach Land – auch möglich, dass der beurkundende Notar selbst eine Vertretungsbescheinigung in der Urkunde vornimmt, und zwar auf Grundlage der Einsichtnahme in ein ausländisches elektronisches Handelsregister, sofern dieses dem deutschen Handelsregister vergleichbar ist.

---

1129) BGH, Urt. v. 6.3.1975 – II ZR 80/73 = NJW 1975, 1117, 1118; für weitere Nachweise vgl. *Zöllner/Noack*, in: Baumbach/Hueck, GmbHG, § 35 Rz. 120.

1130) Vgl. dazu auch BGH, Urt. v. 17.11.1955 – II ZR 222/54, BGHZ 19, 69, 72; BGH, Urt. v. 5.11.1979 – II ZR 83/79, BGHZ 75, 352, 353.

1131) Übereinkommen zur Befreiung ausländischer öffentlicher Urkunden von der Legalisation (Apostilleübereinkommen) v. 5.10.1961, BGBl 1965 II, 876.

1129 Des Weiteren sieht das Muster die Verweisung auf eine **Bezugsurkunde** vor. In einer solchen Bezugsurkunde werden aus Vereinfachungs- und Zeitgründen sämtliche Anlagen des Anteilskaufvertrags integriert. Die vorlesungsfähigen Teile der Bezugsurkunde werden vorgelesen (§ 13 Abs. 1 Satz 1 Halbs. 1 BeurkG). Karten, Zeichnungen sowie Abbildungen werden lediglich zur Durchsicht vorgelegt (§ 13 Abs. 1 Satz 1 Halbs. 2 BeurkG). Eine eingeschränkte Vorlesungspflicht besteht gemäß § 14 Abs. 1 BeurkG zudem für Bilanzen, Inventare, Nachlassverzeichnisse und sonstige Bestandsverzeichnisse über Sachen, Rechte und Rechtsverhältnisse. Die Beteiligten können auf ein Vorlesen verzichten. Stattdessen sind diese Dokumente den Beteiligten zur Kenntnisnahme vorzulegen und auf jeder Seite von ihnen zu unterzeichnen (§ 14 Abs. 2 Satz 1 BeurkG).

1130 Urkundsbeteiligter der Bezugsurkunde ist in der Regel ein Mitarbeiter des beurkundenden Notars. Mit der Bezugsurkunde wird sichergestellt, dass den Kaufvertragsparteien nicht sämtliche **Anlagen des Anteilskaufvertrags** vorgelesen werden müssen, was in großen Transaktionen Tage ausmachen kann. Vorteil ist nunmehr, dass in der Beurkundung des Anteilskaufvertrags gemäß § 13a BeurkG auf die Bezugsurkunde verwiesen werden kann, ohne dass diese verlesen werden müsste. Praktischerweise wird der beurkundende Notar die Bezugsurkunde erst kurz vor Abschluss des Anteilskaufvertrags schließen, sodass etwaige Änderungen der Bezugsurkunde (z. B. durch Austausch einzelner Anlagen) ohne Weiteres noch vorgenommen werden können. Das Muster sieht nicht vor, dass in der Bezugsurkunde Willenserklärungen durch die Notarmitarbeiter abgegeben werden, diese verweisen lediglich auf die Anlagen. Sollten in der Bezugsurkunde Verträge enthalten sein, die so mit dem Anteilskaufvertrag verbunden sind, dass sie eine rechtliche Einheit bilden und dieselben Vertragsparteien betreffen, so könnten die Urkundsbeteiligten auf den in der Bezugsurkunde enthaltenen Vertragstext Bezug nehmen und den Vertrag explizit durch Abgabe von Willenserklärungen in der Haupturkunde abschließen.

1131 Das Risiko der Parteilichkeit des Notars aufgrund einer anderweitigen beruflichen Befassung besteht nur beim Anwaltsnotar, nicht beim Nur-Notar.[1132)] Bei Letzterem entfällt dieser Passus daher (Rz. 930).

### b) **Präambel** [→ Rz. 933]

1132 Trotz der Einführung des Euro zum 1. Januar 2002 kann das Stammkapital bei manchen GmbHs aufgrund der Übergangsregelungen des § 1 Abs. 1 und 2 EGGmbHG weiterhin noch in Deutscher Mark ausgewiesen sein. Dabei ist zwischen drei Konstellationen zu unterscheiden. Für Altgesellschaften, d. h. Gesellschaften, die vor dem 1. Januar 1999 in das Handelsregister eingetragen worden sind, gelten gemäß § 1 Abs. 1 EGGmbHG auch noch nach der **Einführung des Euro** als Zahlungsmittel die alten Vorschriften des GmbH-Gesetzes.[1133)] Alt-GmbHs können daher Geschäftsanteilsabtretungen vornehmen und dabei nach den alten Vorschriften über Mindestbetrag und Teilbarkeit Geschäftsanteile teilen und zusammenlegen.[1134)] Nur bei kapitaländernden Maßnahmen muss auf Euro umgestellt werden (§ 1 Abs. 1 Satz 4 EGGmbHG). Für diese Gesellschaften ändert sich also im Falle einer Abtretung von Gesellschaftsanteilen nichts. Dazu gibt es noch die Gruppe der Ge-

---

1132) Vgl. Begründung zum Regierungsentwurf eines Gesetzes zur Änderung der Bundesnotarordnung, BT-Drucks. 13/4184, S. 36 r. Sp.; *Heller/Vollrath*, MittBayNot 1998, 322, 323 f; *Eylmann*, NJW 1998, 2929, 2932.

1133) *Kopp*, MittBayNot 1999, 161, 162.

1134) *Altmeppen*, in: Roth/Altmeppen, GmbHG, § 1 EGGmbHG Rz. 7.

sellschaften, die in der Übergangszeit zwischen der Einführung des Euro als Buchgeld und der Einführung als Zahlungsmittel, also zwischen dem 1. Januar 1999 und dem 31. Dezember 2001 in das Handelsregister eingetragen worden sind. Bei diesen kann die Satzung gemäß § 1 Abs. 2 EGGmbHG noch DM-Beträge vorsehen, allerdings nur mit den Einschränkungen des § 5 Abs. 1 und 3 GmbHG a. F. (Betrag der Stammeinlage umgerechnet mindestens 100 €, Teilbarkeit des Betrags der Stammeinlage in Euro durch fünfzig). Neugesellschaften müssen die Voraussetzungen des § 5 GmbHG uneingeschränkt erfüllen, d. h., sie müssen über ein Mindeststammkapital von 25.000 € verfügen, und der Nennbetrag jedes Geschäftsanteils der Stammeinlagen muss auf volle Euro lauten.

Die Angabe der Anteilsstruktur unter Nennung der Geschäftsanteilsnummern sollte zwin- 1133
gend der zuletzt im Handelsregister aufgenommenen **Liste der Gesellschafter** entsprechen. Von der Richtigkeit dieser Angaben muss sich auch der beurkundende Notar überzeugen, da er anderenfalls im Zeitpunkt des Wirksamwerdens der Anteilsabtretung keine Bescheinigung nach § 40 Abs. 2 Satz 2 GmbHG abgeben kann. Sollte bei einer GmbH die Liste der Gesellschafter nicht im Handelsregister online abrufbar sein, so ist die Liste in der Regel vor der Einführung des elektronisch geführten Handelsregisters im Jahre 2007 erstellt worden und beim Registergericht nur in Papierform vorhanden. Die Liste muss in diesem Fall separat beim zuständigen Registergericht angefordert werden. Dies sollte rechtzeitig vor Beurkundung in die Wege geleitet werden.

Gemäß § 15 Abs. 3 GmbHG bedarf der dingliche **Abtretungsvertrag** bei der Veräußerung 1134
eines GmbH-Geschäftsanteils der notariellen Form. Zwar muss auch der die Verpflichtung zur Abtretung begründende Vertrag beurkundet werden (vgl. § 15 Abs. 4 Satz 1 GmbHG). Das Beurkundungserfordernis erstreckt sich dabei auf sämtliche Nebenabreden und sonstigen Zusatzvereinbarungen.[1135)] Eine Verletzung dieser Beurkundungspflicht wird jedoch durch die Beurkundung der Abtretung nach § 15 Abs. 4 Satz 2 GmbHG geheilt.

### c) Bezeichnung der Geschäftsanteile [→ Rz. 934]

Aufgrund des sachenrechtlichen **Bestimmtheitsgrundsatzes** ist die eindeutige Bezeichnung 1135
der kaufgegenständlichen Geschäftsanteile erforderlich. Dies erfolgt im Muster durch Bezugnahme auf die in der Präambel definierten Geschäftsanteile. Seit Inkrafttreten des MoMiG zum 1. November 2008 müssen die Geschäftsanteile gemäß § 40 Abs. 1 GmbHG mit einer laufenden Nummer versehen werden, sodass auch Geschäftsanteile mit demselben Nennbetrag sich durch die entsprechende Nummerierung individualisieren lassen. Sofern bereits eine neue Gesellschafterliste nach § 40 GmbHG bei der Zielgesellschaft hinterlegt ist, sollte im Abtretungsvertrag zur Konkretisierung der vertragsgegenständlichen Geschäftsanteile auch die laufende Nummerierung aus der Gesellschafterliste angegeben werden.

### d) Beschreibung des Unternehmensgegenstands [→ Rz. 935]

Die möglichst konkrete Beschreibung des Unternehmensgegenstands der Zielgesellschaft 1136
ist angeraten, wenn der Anteilsveräußerer nach der Anteilsübertragung einem Wettbewerbsverbot unterworfen werden soll. Ebenso kann es für Garantien oder Covenants des Unternehmenskaufvertrags von Bedeutung sein, den Geschäftsbereich der Gesellschaft

---

1135) St. Rspr. des BGH, vgl. BGH, Urt. v. 27.6.2001 – VIII ZR 329/99, ZIP 2001, 1536 = NJW 2002, 142, 143 („Vollständigkeitsgrundsatz"); MünchKomm-*Reichert/Weller*, GmbHG, § 15 Rz. 106.

klar zu beschreiben. Auf diese Weise kann späteren Abgrenzungsschwierigkeiten zuvorgekommen werden.

### 2. Kaufgegenstand, Gewinnbezugsrecht und Stichtag [→ Rz. 938 ff]

1137 Kaufgegenstand sind die zuvor in der Präambel konkret bezeichneten Geschäftsanteile an der Zielgesellschaft. Die Zielgesellschaft muss grundsätzlich nicht Partei des Anteilskauf- und Abtretungsvertrags werden. Anderes kann sich anbieten, wenn die zu übertragenden Anteile vinkuliert sind, also für den Fall der Übertragung der Anteile an der Zielgesellschaft in deren Gesellschaftsvertrag ein Zustimmungserfordernis der Zielgesellschaft selbst – und nicht nur der Gesellschafterversammlung/Gesellschafter – geregelt ist.

1138 Das Gewinnbezugsrecht geht als **mitgliedschaftliches Vermögensrecht** automatisch mit dem Geschäftsanteil über.[1136)] Der Anspruch auf Auszahlung von Gewinnen entsteht grundsätzlich mit dem Ergebnisverwendungsbeschluss der Gesellschafterversammlung (§ 46 Nr. 1, § 29 Abs. 1 GmbHG).[1137)] Der Gesellschaft gegenüber ist dabei derjenige Gläubiger des (vollen) Gewinnausschüttungsanspruchs, der zum Beschlusszeitpunkt in der Gesellschafterliste als Inhaber der Anteile ausgewiesen ist.

1139 Bei einem Anteilswechsel während eines Geschäftsjahres hat der seine Anteile veräußernde Gesellschafter gemäß § 101 Nr. 2 BGB im Innenverhältnis einen zeitanteiligen Gewinnanspruch gegenüber dem Erwerber.[1138)] Die Aufteilung des gesamten Jahresergebnisses zwischen Veräußerer und Erwerber nach der Beteiligungsdauer (*pro rata temporis*) ist meistens aber nicht gewünscht, weshalb hiervon in der Praxis – so auch im vorliegenden Muster – regelmäßig abgewichen wird.

1140 Eine in der Praxis häufig anzutreffende Alternative zum „Verkauf" des Gewinnbezugsrechts ist die **Vorabausschüttung** des bis zum Übertragungszeitpunkt erwarteten Gewinns an den Verkäufer. Zu hohe oder zu geringe Ausschüttungen werden anschließend auf der Basis eines Stichtagsabschlusses ausgeglichen. Bei Vorabausschüttungen ist die ertragsteuerliche Behandlung der Gewinnausschüttung nach § 20 Abs. 5 EStG i. V. m. § 8 Abs. 1 KStG zu beachten. Danach sind Gewinnausschüttungen einer Kapitalgesellschaft ohne Rücksicht auf eventuell anderslautende vertragliche Vereinbarungen von demjenigen zu versteuern, der im Zeitpunkt des Ergebnisverwendungsbeschlusses (§ 20 Abs. 5 Satz 2 EStG) wirtschaftlicher Eigentümer (§ 39 Abs. 2 Nr. 1 AO) der Anteile ist. Je nach Gestaltung des Anteilskaufvertrags und der danach bestehenden Rechtsstellung des Käufers in Bezug auf das verkaufte Unternehmen kann das wirtschaftliche Eigentum bereits mit Beurkundung des Anteilskaufvertrags ungeachtet der aufschiebenden Bedingung der kartellrechtlichen Freigabe des Anteilserwerbs auf den Käufer übergehen.[1139)] **Wirtschaftliches Eigentum** des Erwerbers an Anteilen ist nämlich bereits dann anzunehmen, wenn der Käufer aufgrund eines bürgerlich-rechtlichen Rechtsgeschäftes eine rechtlich geschützte Position erworben hat, die ihm gegen seinen Willen nicht mehr entzogen werden kann. Dabei müssen die mit den Anteilen verbundenen wesentlichen Rechte sowie das Risiko einer Wertminderung und die Chance einer Wertsteigerung bereits auf ihn übergegangen

---

1136) BGH, Urt. v. 8.12.1997 – II ZR 203/96, ZIP 1998, 384 = NJW 1998, 1314; *Schacht*, in: Beck'sches Handbuch der GmbH, § 12 Rz. 67 f.

1137) BGH, Urt. v. 12.1.1998 – II ZR 82/93, ZIP 1998, 467 = NJW 1998, 1559; *Strohn*, in: Henssler/Strohn, Gesellschaftsrecht, § 29 GmbHG Rz. 32.

1138) *Schacht*, in: Beck'sches Handbuch der GmbH, § 12 Rz. 67.

1139) BFH, Urt. v. 10.3.1988 – IV R 226/85, BStBl 1988 II, 832, 833.

sein.[1140] Die Position des wirtschaftlichen Eigentümers kann der Erwerber folglich unabhängig vom Eintritt der aufschiebenden Bedingung innehaben. Vor diesem Hintergrund empfiehlt sich regelmäßig die im Muster vorgesehene Regelung (§ 1.2).

Der „Stichtag“ ist der zeitliche Bezugspunkt für die mit dem Übergang der Geschäftsanteile verbundenen **Rechtswirkungen**. Die Abtretung der Geschäftsanteile erfolgt aufschiebend bedingt auf einen nach Vertragsunterzeichnung liegenden Stichtag, nämlich mit Eintritt der aufschiebenden Bedingungen, die in § 3 des Musters geregelt sind. Der Stichtag fällt also mit dem sog. Vollzugstag zusammen, also dem Tag, an dem sämtliche aufschiebenden Bedingungen eingetreten sind. Mit Eintritt der letzten aufschiebenden Bedingung ist der Vollzug (auch Closing genannt) eingetreten und die Geschäftsanteile gehen auf den Käufer über. 1141

Zu dem hier gewählten Stichtag ist entsprechend der Stichtagsabschluss zu erstellen. Vor diesem Hintergrund sind mögliche technische Herausforderungen für die Erstellung des Stichtagsabschlusses bei der Festlegung des Stichtags zu bedenken. So ist vor allem von Stichtagen abzuraten, die innerhalb eines Monats liegen, weil dies zu buchungstechnischen Herausforderungen führt (siehe die Ausführung zur „Regelung zur Festlegung des Stichtages). 1142

Der **wirtschaftliche Stichtag**[1141] eines Unternehmenskaufs kann auch in der Vergangenheit liegen. So kann z. B. ein im Februar des Folgejahres abgeschlossener Unternehmenskauf mit wirtschaftlicher Wirkung zum Ende des Vorjahres abgeschlossen werden. Dann gilt das Unternehmen seit Beginn des Vorjahres als für Rechnung des Käufers geführt. Der Käufer hat in solchen Fällen ein Interesse an einer Klausel, dass das Unternehmen seit dem wirtschaftlichen Stichtag, soweit nicht ausdrücklich Abweichendes offengelegt wird, *in the Ordinary Course of Business* (§ 13 des Musters) geführt wurde. Zwar steht dem Käufer in diesem Fall ein etwaiger anteiliger Jahresüberschuss für den zurückliegenden Zeitraum zu; er trägt aber auch die Risiken des Unternehmens während dieser Periode. 1143

### 3. Verkauf der Geschäftsanteile [→ Rz. 941 ff]

Das schuldrechtliche Verpflichtungsgeschäft kommt durch den Vertragsabschluss, also durch Unterzeichnung des Anteilskaufvertrags zustande (auch Signing genannt). Zu beachten sind etwaige Zustimmungsvorbehalte. So kann der Gesellschaftsvertrag der Zielgesellschaft vorsehen, dass bei einer Anteilsübertragung die vorherige Zustimmung der Zielgesellschaft selbst einzuholen ist. Insofern handelt es sich um eine Vinkulierung i. S. v. § 15 Abs. 5 GmbHG, sodass die **Zustimmung der Gesellschaft** Wirksamkeitsvoraussetzung für den Wechsel des Inhabers der Anteile ist. Ebenso finden sich häufig Regelungen in den Gesellschaftsverträgen der Veräußerer und Erwerber, nach denen die Veräußerung oder der Erwerb von Gesellschaftsanteilen an anderen Gesellschaften der **Zustimmung der Gesellschafterversammlung** bedarf. Diese Regelungen beschränken grundsätzlich lediglich intern, also ohne Wirkung gegenüber Dritten, die Geschäftsführungsbefugnis der Geschäftsführer.[1142] Sollten jedoch solche Regelungen dem Vertragspartner bekannt sein oder hätten sie sich ihm aufdrängen müssen, wirkt sich eine fehlende Zustimmung auf die Wirksamkeit des Anteilskaufvertrags aus.[1143] 1144

1140) BFH, Urt. v. 30.5.1984 – I R 146/81, BStBl 1984 II, 825 = ZIP 1995, 56.

1141) Vgl. dazu *Lappe/Schmitt*, DB 2007, 153.

1142) *Altmeppen*, in: Roth/Altmeppen, GmbHG, § 15 Rz. 109.

1143) BGH, Urt. v. 14.3.1988 – II ZR 211/87, GmbHR 1988, 260, 261.

1145 Zu Beweiszwecken empfiehlt es sich, eine entsprechend erforderliche Zustimmung dem Anteilskauf- und Abtretungsvertrag – wie hier in § 2 Abs. 2 vorgesehen – der Urkunde als Anlage beizufügen.

1146 Ist der Anteilsveräußerer eine natürliche, verheiratete Person ist zudem stets zu prüfen, ob ein **Zustimmungserfordernis nach § 1365 BGB** besteht. Dieses ist zu beachten, wenn der im gesetzlichen Güterstand der Zugewinngemeinschaft lebende Verkäufer durch den Anteilsverkauf eine Verfügung über sein Vermögen im Ganzen treffen würde (§ 1365 Abs. 1 BGB). In diesem Fall hat der Notar ggf. auch die Frist des § 17 Abs. 2a Nr. 2 BeurkG i. V. m. § 311b Abs. 3 BGB zu beachten.

### 4. Abtretung der Z-Anteile und aufschiebende Bedingungen [→ Rz. 944]

1147 Die Vereinbarung aufschiebender Bedingungen erlaubt einen **frühzeitigen Vertragsschluss**. Beide Vertragsparteien erlangen aufgrund der in §§ 158 ff BGB festgelegten Rechtswirkungen eine hinreichend gesicherte Rechtsposition. Die dingliche Übertragung findet jedoch erst mit Eintritt der letzten aufschiebenden Bedingung statt. Nachteilig ist allerdings der insbesondere bei einer späteren Weiterveräußerung der Anteile gegenüber dem künftigen Käufer zu erbringende Nachweis des Eintritts sämtlicher aufschiebender Bedingungen (auch „*closing conditions*"), der ohne entsprechende Dokumentation nach einigen Jahren Probleme bereiten kann. Diese Nachweise sollten daher im notariellen Kaufvertrag genau und konkret bezeichnet werden (vgl. Muster § 3 Abs. 2).

1148 Neben einem Gremienvorbehalt bieten aufschiebende Bedingungen im Kaufvertrag ein wichtiges Feld des Risikomanagements. All die Risiken, die im Rahmen der Due Diligence aufgedeckt worden sind und die von dem Verkäufer vor Vollzug abgestellt werden können und sollen, können im Rahmen der aufschiebenden Bedingungen berücksichtigt werden. Hierbei gilt es, Augenmaß zu bewahren und lediglich solche Aspekte als aufschiebende Bedingung zu berücksichtigen, die aus Käufersicht gravierend sind („*deal breaker*") und vor allem auch durch den Verkäufer beeinflusst werden können. Werden durch den Erwerber unrealistische Anforderungen hinsichtlich der aufschiebenden Bedingungen gestellt, so kann der Erwerber sich in einer Situation befinden, in der er vollziehen möchte, aber aufgrund unrealistischer Bedingungen, die von dem Verkäufer nicht erfüllt werden können, nicht vollziehen kann. In jedem Fall sollte darauf geachtet werden, dass die Möglichkeit vorgesehen wird, dass beide Vertragsparteien einvernehmlich auf einzelne oder mehrere aufschiebende Bedingungen verzichten können (Muster § 3 Abs. 3). Ebenso sollte ein einseitiger Verzicht auf eine aufschiebende Bedingung eingeräumt werden, wenn diese Bedingung allein die zum Verzicht berechtigte Vertragspartei schützen soll.

1149 Falls der Unternehmenskaufvertrag keine aufschiebenden Bedingungen oder nur solche enthält, die von den Parteien hinsichtlich ihres zeitlichen Ablaufs kontrolliert werden können (wie z. B. Zustimmung von Aufsichtsgremien), kann der Stichtag auf ein bestimmtes Datum festgelegt werden. Dann sollte im Vertrag genau bestimmt werden, ob der Stichtag z. B. der 1. Januar 0:00 Uhr des Jahres 02 oder der 31. Dezember 24:00 Uhr des Jahres 01 ist. In dem ersten Fall erfolgt die Versteuerung des Veräußerungsgewinns beim Verkäufer im Jahre 02, im zweiten noch im Jahre 01.[1144] Der Verkäufer kann ein Interesse daran haben, die verkauften Anteile im ablaufenden Geschäftsjahr nicht mehr bi-

1144) Vgl. BFH, Urt. v. 23.1.1992 – IV R 88/90, BStBl 1992 II, 525; siehe aber auch BFH, Urt. v. 2.5.1974 – IV R 47/73, BStBl 1974 II, 707.

lanzieren zu müssen. Dieses Ziel kann durch den Stichtag „31.12., 24:00 Uhr" erreicht werden.

Besteht eine **körperschaftsteuerliche Organschaft** zum Verkäufer, würde dieser Stichtag allerdings den Wegfall der Organschaft für das gesamte abgelaufene Wirtschaftsjahr zur Folge haben. Voraussetzung für deren Bestehen ist nämlich, dass der Organträger an der Organgesellschaft „vom Beginn ihres Wirtschaftsjahres an ununterbrochen" beteiligt ist (finanzielle Eingliederung, § 14 Nr. 1 KStG). Um sowohl eine bis zur Veräußerung bestehende Organschaft zum Verkäufer für das ablaufende Geschäftsjahr zu erhalten als auch dem Erwerber bereits für das erste Jahr, in dem er Anteilsinhaber ist, die Errichtung einer körperschaftsteuerlichen Organschaft zu ermöglichen, findet man häufig in Unternehmenskaufverträgen als Stichtag die Bestimmung „31. Dezember, 24:00 Uhr/1. Januar, 0:00 Uhr" (vgl. Abschn. 59 Abs. 2 Satz 1 und 2 KStR). Genügen würde für diese Zwecke aber der Stichtag „1. Januar, 0:00 Uhr". Die Fixierung des Stichtags auf „31. Dezember, 24:00 Uhr/ 1. Januar, 0:00 Uhr" erfolgt auch im Hinblick auf das gewerbesteuerliche **Schachtelprivileg** für Dividenden gemäß § 9 Nr. 2 Buchst. a) GewStG. Voraussetzung für die Schachtelvergünstigung ist, dass die die Vergünstigung in Anspruch nehmende Person die Beteiligung während des gesamten Veranlagungszeitraums (Kalenderjahr) gehalten hat. 1150

Im Muster fallen **zivilrechtlicher** und **wirtschaftlicher Stichtag** auf dasselbe Datum (Stichtag ist der Vollzugstag, Muster § 1 Abs. 3). Sie können aber auch voneinander verschieden sein. Dann sollte der wirtschaftliche Stichtag *vor* und nicht nach dem zivilrechtlichen gewählt werden. Anderenfalls wird die Zielgesellschaft nach Anteilsübergang vom Käufer für Rechnung des Verkäufers geführt, sodass die Person des wirtschaftlich Berechtigten vom zivilrechtlichen Eigentümer abweicht. Diese Situation birgt stets Konfliktpotential in sich. Weder mit dinglicher noch steuerrechtlicher Wirkung kann der Unternehmenskauf rückwirkend abgeschlossen werden.[1145] 1151

Das Muster sieht wegen der Verpflichtung des Notars gemäß § 40 Abs. 2 GmbHG zur Einreichung einer aktualisierten Gesellschafterliste vor, dass die Vertragsparteien den Notar von dem Eintritt der aufschiebenden Bedingungen schriftlich zu unterrichten haben. Dem Notar obliegt insofern hinsichtlich des Eintritts der aufschiebenden Bedingungen keine eigene materielle Prüfungspflicht. Die Mitteilung an den Notar ist auch für den Erwerber von großer Bedeutung, denn nach § 16 Abs. 1 GmbHG gilt nur die in der im Handelsregister aufgenommenen Gesellschafterliste ausgewiesene Person als Gesellschafter (siehe Rz. 993 ff). 1152

## 5. Kaufpreis

### a) Kaufpreisermittlung und Kaufpreisformel [→ Rz. 947 ff]

Was die Ermittlung des Kaufpreises im Verhandlungswege zwischen den Parteien betrifft, kann bereits auf die ausführliche Darstellung zur Unternehmensbewertung und die darauf basierende Entwicklung der Kaufpreisvorstellungen der Parteien im Einleitungsteil verwiesen werden (siehe Rz. 187 ff). Es ist für die von einem Berater vertretene Partei bei der Kaufpreisanpassung günstig, wenn sie so verhandelt ist, dass die eigene Partei Rückzahlungen entsprechender Kaufpreisteilbeträge schuldet und nicht solche Beträge von der anderen Partei verlangen muss. 1153

1145) *Lappe/Schmitt*, DB 2007, 153; Schmidt/*Seeger*, EStG, § 2 Rz. 44 ff.

1154 Alternativ zu dem in dem Mustervertrag dargestellten Cash/Debt-free-Kaufpreismechanismus wäre auch ein **Eigenkapitalmechanismus** möglich. [→ Rz. 1355 ff]

1155 Wird im Rahmen des Kaufvertrags mehr als ein Unternehmen verkauft, so ist die Ausgestaltung des Kaufpreismechanismus zunächst von der gegenwärtigen Bilanzierung des Veräußerers abhängig. Hierbei sind drei Fälle möglich:

1. Der Verkäufer erstellt für die zu verkaufenden Unternehmen bereits einen **Konzernabschluss**, der identisch ist mit dem Umfang der Transaktion. In diesem Fall kann der Kaufpreismechanismus auf den Konzernabschluss bezogen werden.
2. Für die verkaufenden Unternehmen wird bisher **kein Konzernabschluss** erstellt, aber:
   a) die **Anzahl** der zu verkaufenden **Unternehmen** ist **gering**. In diesem Fall könnten die Kaufpreise für die einzelnen Unternehmen getrennt ermittelt werden. Die heranzuziehenden Werte für Barmittel, Finanzverbindlichkeiten und Nettoumlaufvermögen können dann entweder zusammenfassend in den Anlagen 4.1.2–4.1.4 oder in jeweils gesonderten Anlagen für jedes einzelne Unternehmen dargestellt werden;

   b) die **Anzahl der** zu verkaufenden **Unternehmen** ist **groß**. In diesem Fall kann die Aufzählung der einzelnen Unternehmen im Kaufvertrag nicht mehr praktikabel sein. Denkbar wäre für die Transaktion, einen vorläufigen und endgültigen Stichtagskonzernabschluss zu erstellen. Dieses Vorgehen wäre aber aufgrund der nach HGB und IFRS durchzuführenden Neubewertung der Vermögensgegenstände im Rahmen der Kaufpreisallokation („*purchase price allocation*") wenig praktikabel. Als Ausweg wäre hier die Erstellung von pro-forma konsolidierten Stichtagsabschlüssen auf der Grundlage des Konzepts zweckgerichteter Finanzinformationen. Hierzu würde dann im Rahmen der Bilanzierungs- und Bewertungsrichtlinien in Anlage 5.2 ein vereinfachendes Konsolidierungsprocedere festgelegt werden. Eine wesentliche Vereinbarung wäre dabei die Vereinbarung der Buchwertmethode für die Durchführung der Kapitalkonsolidierung.

1156 Die Prinzipien, anhand derer die Vertragsparteien den Kaufpreis ermittelt haben, halten sie in aller Regel auch in der Kaufpreisformel im Kaufvertrag fest. Das Vertragsmuster geht z. B. beim Kaufpreis von der Zahlung auf Cash-free-/Debt-free-Basis aus. Den Ausgangspunkt der Kaufpreisberechnung bildet dabei der auf Grundlage einer **Unternehmensbewertung** gebotene feste Basiskaufpreis.[1146] Zu diesem Betrag sind dann zunächst die beim Zielunternehmen vorhandenen liquiden Mittel (**Barmittel**) hinzuzurechnen. Abgezogen werden in einem weiteren Schritt die bei der Zielgesellschaft verbleibenden Nettofinanzverbindlichkeiten (**Finanzverbindlichkeiten**). Abschließend erfolgt eine Korrektur um die Abweichungen des **Nettoumlaufvermögens** (sog. Working Capital) von einem definierten Ausgangswert.

1157 Eine Quelle von Missverständnissen ist es, den auf dem Unternehmensgesamtwert („*enterprise value*") basierenden Unternehmenspreis und den Preis für die zu erwerbenden Anteile

1146) Zu beachten ist allerdings, dass als Basiskaufpreis nicht der Unternehmenswert heranzuziehen ist, sondern lediglich ein auf Basis der Unternehmensbewertung als angemessen erachteter Kaufpreis. In dem Fall, in dem der Kaufpreis dem Unternehmenswert entspräche, wäre für den Erwerber die Alternative des Kaufs und einer Anlage der Mittel zur Zielrendite gleichwertig, er wäre indifferent, da die auf Basis dieses Kaufpreises erzielbare Rendite der Investition genau seiner Zielrendite entspräche. Nur wenn der gebotene und vom Verkäufer akzeptierte Kaufpreis aus Sicht des Erwerbers geringer ist als der Unternehmenswert, wird seine risikobasierte Mindestrendite erfüllt.

an der Zielgesellschaft gleichzusetzen, welcher auf dem des Eigenkapitals („*equity value*") basiert. Bei dem auf dem Equity Value beruhenden Preis für die Geschäftsanteile sind bereits alle Nettofinanzverbindlichkeiten abgezogen. Das Muster unterstellt, dass der *enterprise-value*-basierte Unternehmenspreis, der als Ausgangspunkt der Kaufpreisfindung dient, vor dem Abzug der Finanzverbindlichkeiten gebildet worden ist. Auf mögliche Diskrepanzen zu anderen betriebswirtschaftlichen Begriffen sollten die Parteien hingewiesen werden. Anderenfalls bestünde das Risiko, dass die Finanzverbindlichkeiten doppelt abgezogen würden, einmal über die Verwendung unterschiedlicher Begriffe, einmal im Rahmen der Kaufpreisanpassung.

Welche Bilanzpositionen bei den einzelnen Komponenten des Kaufpreises (Barmittel, Finanzverbindlichkeiten und Nettoumlaufvermögen) zu berücksichtigen sind, steht letztlich im freien Ermessen der Vertragsparteien. Vor allem die Fragen, welche Positionen die Barmittel bilden und welche Finanzverbindlichkeiten berücksichtigt werden sollen, stehen im Zentrum der Verhandlungen über den Kaufpreis.[1147] Dementsprechend wichtig ist es, die einzelnen Positionen auch ganz genau im Unternehmenskaufvertrag festzuhalten. Das Muster sieht für diese Zwecke Anlagen vor, einschließlich einer Anlage mit einer Beispielsrechnung. Zur Vermeidung von Missverständnissen bei der Ermittlung sollten die Anlagen sowohl die Bezeichnung der relevanten Einzelpositionen als auch die bereits vorhandenen Vorjahreswerte enthalten. Idealerweise wird auch der Bezug zu Kontenklassen und Konten aus der Buchhaltung hergestellt, sodass auf dieser Basis die Positionen eindeutig definiert werden können. **1158**

Die Abgrenzung zwischen Working Capital und Nettofinanzverbindlichkeiten ist häufig subjektiv und hängt von der Argumentation des Betrachters ab. Entsprechend kann es in Bezug auf die Abgrenzung zwischen Käufer und Verkäufer unterschiedliche Sichten geben.[1148] Gleichzeitig ist zu beachten, dass aus einer Bewertungsperspektive die Zuordnung zwischen Working Capital und Nettofinanzverbindlichkeiten bei einem integrierten Bewertungsmodell unerheblich ist und zum gleichen Wert des Eigenkapitals führen muss. Aufgrund der vereinfachenden Herangehensweise von Multiplikatormethoden, kann es bei dieser Methode jedoch zu abweichenden Werten des Eigenkapitals je nach Zuordnung kommen. **1159**

Die **Anlage 4.1.3** Barmittel kann z. B. wie folgt gestaltet werden: **1160**

**Anlage 4.1.3 Barmittel**

Die Barmittel i. S. d. § 4 Abs. 1 Nr. 2 des Kaufvertrags werden auf Grundlage des Kontenplans der Gesellschaft in der Fassung vom xx.xx.20xx definiert. Der Kontenplan wurde auf Basis des Kontenrahmens SKRxx in der Fassung vom xx.xx.20xx erstellt. **1161**

| Konto-Nr. | Konto-Bezeichnung | Kredit-institut | IBAN | Anm. | 31.12.xx | Stichtag |
|---|---|---|---|---|---|---|
| | | | | | | |
| | | | | | | |
| **Barmittel** | | | | | | |

1147) Vgl. *Lips*, in Beck'sches Mandatshandbuch Unternehmenskauf, § 3 Rz. 165.

1148) Vgl. *Pomp*, Praxishandbuch Financial Due Diligence, S. 200.

1162 Sollten zwischen dem Zeitpunkt des Kontenplans vom xx.xx.20xx und des Stichtags weitere Konten gebildet werden, so zählen alle zusätzlichen Konten der Kategorie „Flüssige Mittel" entsprechend des Kontenrahmens SKRxx in der Fassung vom xx.xx.20xx zu den hier genannten Barmitteln.

1163 **Anmerkungen:**

1) Das Konto unterliegt dem allgemeinen AGB Pfandrecht.

2) Es handelt sich um ein Terminkonto und die Mittel sind bis zum xx.xx.20xx gebunden.

3) Es handelt sich um ein verpfändetes Konto im Zusammenhang mit [...].

4) Es handelt sich um ein Schuldendienstreservekonto im Zusammenhang mit dem Darlehen Nr. [...] bei der Bank [...].

1164 Die Anlage nimmt auf den letztgültigen Kontenplan und den zugrundeliegenden Kontenrahmen Bezug. Hier ist jeweils das entsprechende Datum anzugeben, da sowohl Kontenrahmen als auch Kontenplan Veränderungen und Revisionen unterworfen sind. Ferner ist die Art des Kontenrahmens anzugeben. Verbreitet sind dabei der Standardkontenrahmen 03 (SKR03) oder der Standardkontenrahmen 04 (SKR04).[1149)]

1165 Die einzubeziehenden Konten können neben den flüssigen Mitteln i. S. v. § 266 Abs. 2 B. IV. HGB weitere Komponenten enthalten. [→ z. B. Rz. 1214, 1216 ff]

1166 Da das Risiko besteht, dass in den Kontenplan der letzten vorliegenden Fassung weitere Konten in der Zwischenzeit aufgenommen wurden oder werden, sollte eine Regelung für diesen Fall vorgesehen werden.

1167 Aus praktischen Gründen ist es weiterhin hilfreich, bzgl. möglicher **Verfügungsbeschränkungen** Anmerkungen vorzunehmen, sodass diese Umstände auf diesem Wege final und verbindlich geklärt werden können. Aufgrund von Fragebeschränkungen in Q&A Prozessen ist es z. T. im Rahmen der Financial Due Diligence nicht möglich, diesen Grad des Details in den Untersuchungen zu erhalten. [→ Rz. 1139]

1168 Um mögliche Fehler bei Kontennummern und daraus resultierende Missverständnisse zu vermeiden, hat es sich bewährt, zu jedem Konto den **Vorjahressaldo** anzugeben, sodass das Konto selbst bei einem Fehler in der Kontonummer oder -bezeichnung dennoch über den Betrag eindeutig identifiziert werden kann.

1169 Bei der Festlegung der den einzelnen Kaufpreiskomponenten zuzuordnenden Bilanzpositionen ist insbesondere aus Sicht des Verkäufers darauf zu achten, dass diese nicht ggf. mehrfach und damit zu seinem Nachteil berücksichtigt werden (sog. ***„double counting"***). Als Beispiel hierfür seien kurzfristige Verbindlichkeiten mit einer Restlaufzeit von unter einem Jahr genannt, die sowohl bei der Ermittlung der Finanzverbindlichkeiten als auch bei der Ermittlung des Working Capitals – soweit es sich um Verbindlichkeiten aus Lieferung und Leistung handelt – erfasst werden könnten und damit zweifach kaufpreismindernd wirken würden.

---

1149) Vgl. *Schäfer-Kunz*, Buchführung und Jahresabschluss für Schule, Studium und Beruf, S. 61 f.

### b) Nicht betriebsnotwendiges Vermögen [→ Rz. 947]

1170 Bewertungstechnisch ist das nicht betriebsnotwendige Vermögen gesondert zu bewerten, da hieraus üblicherweise keine Zahlungszuflüsse resultieren, die in der Unternehmensbewertung berücksichtigt wurden.[1150] Häufig werden für die Bewertung des nicht betriebsnotwendigen Vermögens aber auch andere Bewertungsmethoden wie z. B. die Immobilienbewertung und andere Diskontierungszinsen eingesetzt, sodass der separate Ansatz des nicht betriebsnotwendigen Vermögens gerade aus Verkäufersicht von Interesse ist.

1171 Um eine Kongruenz zwischen der Perspektive der Unternehmensbewertung, aus der der Kaufpreis abgeleitet wird, und dem Kaufpreismechanismus des Kaufvertrags zu haben, ist die gesonderte Aufführung des nicht betriebsnotwendigen Vermögens hilfreich.[1151] Sollte im konkreten Einzelfall kein betriebsnotwendiges Vermögen vorhanden sein, so kann dieser Punkt in dem Berechnungsschema des Kaufpreises gelöscht werden.

1172 Beispiele für nicht betriebsnotwendiges Vermögen sind u. a. Wertpapiere, Beteiligungen, die zu Finanzzwecken gehalten werden, nicht konsolidierte At-equity-Beteiligungen, nicht mehr weiter geführte und zu führende Geschäftsaktivitäten, nicht operative Vermögensgegenstände und Verlustvorträge.[1152] Aber auch Reservegrundstücke für einen möglichen weiteren Ausbau der Produktionsaktivitäten, vermietete Immobilien, Kunst-, Antiquitäten oder Oldtimer-Sammlungen können nicht betriebsnotwendiges Vermögen darstellen.

1173 Die Identifikation des nicht betriebsnotwendigen Vermögens ist häufig nicht einfach, da diese Vermögensgegenstände nicht in der laufenden Betriebstätigkeit eingesetzt werden und auch nicht zum Erfolg dieser beitragen. Mithin werden diese Vermögensgegenstände in den Berichtswesen des Unternehmens eher vernachlässigt.

1174 Die genannten Beispiele machen deutlich, dass eine Abgrenzung des nicht betriebsnotwendigen Vermögens und noch viel wichtiger, der daraus resultierenden Aufwendungen und Erträge sowie Auswirkungen auf das Working Capital nicht trivial sein können. Wesentlich ist es, zu vermeiden, dass die Ergebniseinflüsse des nicht betriebsnotwendigen Vermögens mit dem zur Unternehmensbewertung herangezogenen Cashflows vermengt werden, da dann einerseits der Unternehmenswert durch Aufwendungen des nicht betriebsnotwendigen Vermögens gesenkt wird, und anderseits mögliche Kosten des nicht betriebsnotwendigen Vermögens unterschätzt werden.

### c) Finanzverbindlichkeiten [→ Rz. 947] und Quasi-Finanzverbindlichkeiten („debt-like items“)

1175 Finanzverbindlichkeiten sind grundsätzlich alle zur Finanzierung des Geschäftsbetriebs der Zielgesellschaft von dieser eingegangenen verzinslichen Verbindlichkeiten (insbesondere die in § 266 Abs. 3 C. HGB genannten), sei es gegenüber Gesellschaftern, gegenüber verbundenen Unternehmen oder gegenüber Dritten, insbesondere Finanzinstituten.

1150) Vgl. *Koller/Goedhardt/Wessels*, Valuation, S. 140.

1151) Es wird auch empfohlen, das nicht betriebsnotwendige Vermögen als Teil der Nettofinanzverbindlichkeiten zu betrachten, vgl. *Pomp*, Praxishandbuch Financial Due Diligence, S. 199. Dieser Sicht wird nicht gefolgt, da grundsätzlich eine separate Bewertung des nicht betriebsnotwendigen Vermögens notwendig ist. Lediglich im Hinblick auf börsennotierte Wertpapiere kann dieses ein gangbarer Weg sein.

1152) Vgl. *Koller/Goedhardt/Wessels*, Valuation, S. 180 ff.

1176 In vielen Verträgen werden Finanzverbindlichkeiten und Nettofinanzverbindlichkeiten begrifflich nicht differenziert. Bei **Nettofinanzverbindlichkeiten** handelt es sich jedoch um Finanzverbindlichkeiten abzüglich der Barmittel. Diesen Unterschied gilt es bei der Benennung der Kaufpreiskomponenten zu beachten, um bei der Auslegung des Vertrags keine unnötigen Dispute darüber zu schaffen, was eigentlich gemeint war.

1177 Die in § 4 Abs. 1 Nr. 3 genannten Finanzverbindlichkeiten sind **vertragsspezifisch zu definieren**, da es in der betriebswirtschaftlichen Literatur keine eindeutige Definition von Finanzverbindlichkeiten gibt. Einigkeit herrscht allerdings über die Einbeziehung der sog. zinstragenden Verbindlichkeiten, also aller Verbindlichkeiten, die zu einem entsprechenden Zinsaufwand in der Gewinn- und Verlustrechnung führen.

1178 Ein Beispiel für die Ausgestaltung der **Anlage 4.1.4** Finanzverbindlichkeiten kann wie folgt erstellt werden:

**Anlage 4.1.4 Finanzverbindlichkeiten**

1179 Die Finanzverbindlichkeiten i. S. d. § 4 Abs. 1 Nr. 3 des Kaufvertrags werden auf Grundlage des Kontenplans der Gesellschaft in der Fassung vom xx.xx.20xx definiert. Der Kontenplan wurde auf Basis des Kontenrahmens SKRxx in der Fassung vom xx.xx.20xx erstellt.

| Konto-Nr. | Konto-Bezeichnung | Gläubiger | Zinssatz | Laufzeit | Anm. | 31.12.xx | Stichtag |
|---|---|---|---|---|---|---|---|
| | | | | | | | |
| | | | | | | | |
| **Finanzverbindlichkeiten** | | | | | | | |

1180 Sollten zwischen dem Zeitpunkt des Kontenplans vom xx.xx.20xx und des Stichtags weitere Konten gebildet werden, so zählen alle zusätzlichen Konten der Kategorie „Flüssige Mittel" entsprechend des Kontenrahmens SKRxx in der Fassung vom xx.xx.20xx zu den hier genannten Barmitteln.

1181 **Anmerkungen:**

1) Das Darlehen ist durch Grundpfandrechte an [...] besichert.
2) Das Darlehen ist durch Verpfändung des Kontos [...] besichert.
3) Das Darlehen unterliegt einer Change of Control Klausel.
4) Die nicht abgegrenzten Zinsaufwendungen werden wie folgt berechnet.

1182 Die Finanzverbindlichkeiten werden analog zu den Barmitteln in der Anlage dargestellt. [→ Rz. 1161 f]

1183 Die Anmerkungen zu den Finanzverbindlichkeiten sollten weitere erläuternde Kommentare enthalten. Im Falle von nicht passivierten Verbindlichkeiten wie z. b. Zinsabgrenzungen, sollte die anzuwendende Berechnungsformel dargestellt werden.

1184 In den Vertragstexten ist auf die korrekte Verwendung der einschlägigen betriebswirtschaftlichen Begriffe zu achten: So werden Schulden, Bankverbindlichkeiten oder auch Nettofinanzverbindlichkeiten mit derselben Bedeutung genannt:

- *Schulden* ist ein Begriff, der so umfassend ist, dass dabei unklar bleibt, was eigentlich gemeint ist. In jedem Fall ist der Begriff der Schulden betriebswirtschaftlich zu unspezifisch.
- *Bankverbindlichkeiten* berücksichtigen lediglich die Verbindlichkeiten gegenüber Banken bzw. Kreditinstituten. Hierbei ist z. B. unklar, ob Leasing- und Factoringverbindlichkeiten etc. dazugehören.
- *Nettofinanzverbindlichkeiten* berücksichtigen bereits den Abzug von liquiden Mitteln von den Finanzverbindlichkeiten. Würden in dem Kaufpreismechanismus des Musters unter § 4 Abs. 1 Nr. 3 versehentlich Nettofinanzverbindlichkeiten gewählt, so wären die liquiden Mittel dann in § 4 Abs. 1 Nr. 2 noch einmal zum zu zahlenden Kaufpreis hinzuzuzählen, sodass der Erwerber für die liquiden Mittel zweimal gezahlt hätte.

Die Diskussion dieser Begriffe macht deutlich, dass die alleinige Begriffsdefinition der Abzugs- und Zuzugspositionen hinreichende Interpretationsspielräume belassen, denen lediglich durch eine konkrete Definition der gewählten Begriffe auf Basis von Konten und entsprechenden Vorjahreswerten begegnet werden kann. In der Praxis führt die mangelnde Konkretisierung der Definition von Verbindlichkeiten auf Basis von Konten zu vielfältigen Zeitverzögerungen aufgrund des daraus resultierenden Interpretationsbedarfs und zu unnötigen Diskussionen. 1185

Als Finanzverbindlichkeiten kommen auch **Gesellschafterdarlehen** in Betracht. Gesellschafterdarlehen sind Darlehen, die von den ursprünglichen Gesellschaftern bzw. von dem Konzernverbund dem Zielunternehmen zum Teil zinslos gewährt wurden. In der Praxis gibt es grundsätzlich zwei Möglichkeiten des Umgangs mit Gesellschafterdarlehen. 1186

- Es werden lediglich die Anteile des Unternehmens erworben und der neu eintretende Gesellschafter führt in einem zweiten Schritt das Darlehen an den Altgesellschafter zurück, indem er dieses durch eine zusätzliche Kapitalerhöhung oder durch die Aufnahme von Fremdkapital refinanziert.
- Der Erwerber erwirbt zusätzlich zu den Anteilen ebenfalls die Darlehensforderung des Altgesellschafters. In diesem Fall hat er dann ein zusätzliches Gesellschafterdarlehen gegenüber der erworbenen Gesellschaft.

Typischerweise entscheiden sich die Erwerber für die zweite Variante, da diese eine größere Flexibilität in der Gestaltung ermöglicht. So kann entweder Liquidität durch Tilgung der Gesellschafterdarlehen – auch bei vorliegender handelsbilanzieller Ausschüttungssperre – an den Gesellschafter zurückgeführt werden oder das Gesellschafterdarlehen kann später auch refinanziert werden. Damit sind die Gesellschafterdarlehen in beiden Gestaltungsvarianten auch als Finanzverbindlichkeiten wertmindernd zu berücksichtigen. Im ersten Fall ist tatsächlich eine Rückzahlung an den Altgesellschafter zu leisten und im zweiten Fall ist für den Erwerb der Darlehensforderung auch ein zusätzlicher Kaufpreis zu leisten. Die Argumentation, dass die Gesellschafterdarlehen auf der Ebene des Zielunternehmens keine Finanzverbindlichkeiten darstellen würden, da der Erwerber den gezahlten Mehrpreis für die Darlehen unmittelbar durch die Rückführung der Darlehen zurückerhalten würde, ist nicht stichhaltig, da durch die Rückführung des Gesellschafterdarlehens und den dadurch bedingten Abfluss von liquiden Mitteln bzw. der Neuaufnahme von Finanzverbindlichkeiten der Wert des Eigenkapitals des Zielunternehmens in Höhe des zurückgeführten Darlehens gemindert wird. 1187

### aa) Leasingverträge

1188 Weiterhin können Leasingverträge Kreditsubstitute darstellen, die den Erwerb langlebiger Investitionsgüter und die dafür notwendige Kreditaufnahme ersetzen.[1153] Je nach Rechnungslegungsgrundsätzen sind diese Verbindlichkeiten als Finanzverbindlichkeiten oder auch nur als sonstige finanzielle Verpflichtung im Anhang auszuweisen. Ob Finanzierungsleasing- oder auch Operating-Leasing-Verträge als Finanzverbindlichkeiten für die Kaufpreisbemessung berücksichtigt werden, hängt wesentlich von der Berücksichtigung der Leasingraten bei der Ermittlung des Unternehmenswertes vor Verschuldung oder des Basiskaufpreises ab. Wurden die in der Leasingrate enthaltenen Zinsanteile nicht bereinigt und vollständig in dem zur Bewertung und Ermittlung des Basiskaufpreises herangezogenen Cashflow mindernd abgezogen, so würde die nochmalige Berücksichtigung der Leasingverbindlichkeiten zu einem doppelten Abzug dieser Verbindlichkeiten führen.

1189 Da der Diskontierungszinssatz zur Bewertung des operativen Geschäftes höher ist als der zur Bewertung von Finanzverbindlichkeiten herangezogene Zinssatz, wird durch die Berücksichtigung der Leasingraten im operativen Geschäft der Wert der Leasingverbindlichkeiten unterschätzt, sodass der Erwerber an einer weitestgehenden Berücksichtigung der Leasingverbindlichkeiten als Finanzverbindlichkeiten interessiert sein sollte. Die Berücksichtigung der Verpflichtungen aus Operating-Leasing hängt von den Kündigungsregelungen des Vertrags ab. Kann ein Vertrag kurzfristig gekündigt werden, so kann kaum von einer langfristigen Zahlungsverpflichtung gesprochen werden, die unabhängig von der Entwicklung und den Risiken des operativen Geschäfts besteht. Sind die Kündigungsmöglichkeiten hingegen eingeschränkt, so kann aus Erwerbersicht argumentiert werden, dass die operativen Leasingzahlungen mit einer höheren Sicherheit – ähnlich wie bei einem Darlehensvertrag – eintreten werden als die Zahlungen aus dem operativen Geschäft.

1190 Existieren keine Leasingverträge, so sollte dennoch die Missbrauchsmöglichkeit, die Nettofinanzverbindlichkeiten durch eine Sale-and-lease-back-Transaktion erheblich zu reduzieren, mit in das Kalkül gezogen werden.[1154] Werden Leasingverbindlichkeiten entsprechend in die Definition der Nettofinanzverbindlichkeiten einbezogen, so führt eine Sale-and-lease-back-Transaktion zwar einerseits zur Liquiditätsschöpfung, aber andererseits auch zu einer Erhöhung der Nettofinanzverbindlichkeiten, sodass – von Bewertungsunterschieden abgesehen – keine signifikante Veränderung der Nettofinanzverbindlichkeiten eintritt.

### bb) Pensionsrückstellungen

1191 Bei Pensionszusagen ist grundsätzlich zwischen beitragsorientierten und leistungsorientierten Pensionszusagen zu differenzieren:[1155]

- Bei den **beitragsorientierten Pensionszusagen** („*defined contribution plan*“) leistet das Unternehmen einen Beitrag an einen externen Versorgungsträger, ohne eine eigene Leistungsverpflichtung einzugehen. Die Beiträge werden üblicherweise als Auszahlungen in der Unternehmensplanung erfasst und unterliegen damit der Unternehmensbewertung. Bei dem Unternehmen verbleibt lediglich die Subsidiärhaftung bzgl. der eingezahlten Beiträge.

1153) Zur Berücksichtigung von *Indefeasible Rights of Use* (IRU) im Fall z. B. von Glasfasernetzen vgl. *Koesling*, in Kiem, S. 214; *Pomp*, Praxishandbuch Financial Due Diligence, S. 209.

1154) Vgl. *Hilgard*, DB 2007, 559, 563; *Bruski*, BB 2005, Beilage 17, S. 19, 25.

1155) Vgl. *Pomp*, Praxishandbuch Financial Due Diligence, S. 207.

- Bei den **leistungsorientierten Pensionszusagen** („*defined benefit plan*") geht das Unternehmen hingegen eine künftige Leistungsverpflichtung gegenüber dem Arbeitnehmer ein. Hierfür sind entsprechende Pensionsrückstellungen zu bilden.

Da Pensionsrückstellungen ebenfalls einer Verzinsung unterliegen, wird die Diskussion geführt, ob diese zu den Finanzverbindlichkeiten gezählt und damit zum Abzug gebracht werden sollten. An erster Stelle steht die Frage, welchen Vorschlag der Verkäufer in seinem Kaufvertragsentwurf unterbreitet. Werden hierin die Pensionsrückstellungen nicht als Finanzverbindlichkeiten berücksichtigt, so stellt sich der interessierte Erwerber in einer Wettbewerbssituation in der Regel schlechter, wenn er versucht, eine zusätzliche Finanzverbindlichkeit zu etablieren, da hierdurch dem Verkäufer die Vergleichbarkeit der Angebote erschwert wird. 1192

In der Praxis hat sich mittlerweile durchgesetzt, Pensionsrückstellungen, denen kein deckungsgleicher Aktivposten gegenübersteht, mit dem ungedeckten Teil als Finanzverbindlichkeit anzuerkennen und dementsprechend als Abzugsposten bei der Kaufpreisermittlung zu berücksichtigen.[1156] Allerdings ist zu beachten, dass bei dem Abzug der Pensionsrückstellungen der in der jährlichen Dotierung der Pensionsrückstellung enthaltene Zinsanteil ebenfalls von den Personalaufwendungen in das Zinsergebnis umgegliedert wird, da es anderenfalls zu einem Doppelabzug kommt. 1193

Weiterhin ist zu bedenken, dass bei einer vorhersehbaren Entwicklung des Personalbestands und einem voraussichtlich überschaubaren Zeitraum zwischen Vertragsunterzeichnung und Übertragungsstichtag die Pensionsverbindlichkeiten keiner unvorhersehbaren Veränderung unterliegen und durch einen Versicherungsmathematiker auf Basis der Berechnung zum letzten Bilanzstichtag eine Prognoserechnung angefertigt werden kann. Dieses setzt die Offenlegung der entsprechenden Daten an den Versicherungsmathematiker voraus. Da es sich hierbei um datenschutzrechtlich relevante Daten handelt, kann die Datenherausgabe zu einem Verhandlungspunkt werden. Eine Lösung kann darin bestehen, von dem Veräußerer lediglich die berechnungsrelevanten Daten[1157] wie Geschlecht, Alter, Eintrittsdatum etc. ohne Zuordnung von Namen zu erbitten. 1194

Bei einer handelsrechtlichen Rechnungslegung ist zu berücksichtigen, dass der bilanzielle Wert der Pensionsrückstellung zwar nach den Maßgaben des BilMoG unter Berücksichtigung der tatsächlich erwarteten Auszahlungen zu bilden ist, aber insoweit auch entsprechende Übergangsregelungen existieren, sodass der angesetzte Wert der handelsrechtlichen Pensionsrückstellung noch nicht den Barwert der zu erwartenden Verpflichtung widerspiegelt. Damit hat sich das wirtschaftliche Risiko von Pensionsrückstellungen gegenüber der Vor-BilMoG-Situation deutlich verringert.[1158] Um einen wirtschaftlich angemessenen Betrag für Bewertungszwecke zu erhalten, ist die sog. *Projected-Unit-Credit-Method* nach den Maßgaben von IAS 19.50 zu ermitteln. In vielen Fällen wird in einem Net-debt-Mechanismus – trotz einer handelsbilanziellen Rechnungslegung des zu erwerbenden Unternehmens – explizit auf den Wert nach IAS 19.50 Bezug genommen. 1195

1156) Vgl. *Lehmann*, CFL 2011, 31.

1157) Die exakte Liste der benötigten Daten ist im Einzelfall mit dem Versicherungsmathematiker abzustimmen. Im Folgenden werden lediglich die üblichen Daten genannt, die jedoch im spezifischen Einzelfall nicht ausreichen mögen.

1158) Vgl. *Pomp*, Praxishandbuch Financial Due Diligence, S. 208.

1196 Ähnlich zu behandeln wie Pensionsrückstellungen sind Altersteilzeit und Jubiläumsrückstellungen.[1159] Abfertigungsrückstellungen in Österreich und Italien sind entsprechend zu behandeln.

### cc) Rückbauverpflichtungen

1197 Hat das zu erwerbende Unternehmen die rechtliche oder wirtschaftliche Verpflichtung, einen erstellten Vermögensgegenstand zurückzubauen, so ist diese Verpflichtung entsprechend bilanziell zu berücksichtigen. Gleiches gilt für eine notwendige Rekultivierung. Diese langfristigen Verpflichtungen stellen ebenfalls Finanzverbindlichkeiten dar, denen sich das Unternehmen nicht entziehen kann und die auch einen erheblichen Wert annehmen können.

1198 Bei Rückbaurückstellungen ist zu unterscheiden, ob es sich um eine latente oder tatsächliche Verpflichtung handelt. Im Falle der latenten Rückbaurückstellungen ist oder wird davon ausgegangen, dass der zugrunde liegende Pacht- oder Erbbauvertrag revolvierend verlängert wird, sodass der Rückbaufall praktisch nicht eintreten wird. Anders verhält es sich in einem Fall, bei dem davon auszugehen ist, dass nach Ablauf der Genehmigung oder des Vertrags keine Verlängerung möglich ist. Hierbei handelt es sich dann um eine tatsächliche Verpflichtung. Diese Umstände sind entsprechend in der Unternehmensbewertung zu berücksichtigen.

1199 Grundsätzlich bestehen hierbei zwei Herangehensweisen: (i) Die künftige Rückbauverpflichtung könnte entweder bereits in der Cashflow-Projektion und damit in der DCF-Bewertung berücksichtigt werden oder (ii) es erfolgt keine direkte Berücksichtigung. Nur im letzteren – eher unüblichen – Fall wäre es angezeigt, die Rückbauverpflichtung als Nettofinanzverbindlichkeit zu beachten, da bei einer Berücksichtigung der Zahlungsströme aus der Rückbauverpflichtung in der Bewertung und einem zusätzlich Abzug der Rückbauverpflichtung diese Verpflichtung dann zweimal einbezogen worden wäre.

1200 In der Praxis stellt sich auf Basis der technischen Due Diligence häufig heraus, dass die künftigen Kosten des Rückbaus unterschätzt werden. Berücksichtigt die Unternehmensplanung lediglich den unterschätzten Wert, so wäre es angemessen, die zusätzlich durch die Due Diligence identifizierten Werte als Finanzverbindlichkeit abzuziehen. Hierbei ist aber zu beachten, dass nicht der volle Wert, sondern lediglich der Barwert des unterschätzten Betrags abgezogen wird.

1201 Soll die Rückstellung für die Rückbauverpflichtung separat berücksichtig werden, so ist zu beachten, dass diese in der Regel im Rahmen einer **Ansammlungsrückstellung** bilanziert wird, d. h., die rechtliche Verpflichtung zum Rückbau entsteht sofort bei Inbetriebnahme. Die Verpflichtung ist jedoch erst in der Zukunft zu erfüllen und wird daher aus wirtschaftlichen Gründen über den Zeitraum bis zur Erfüllung der Verpflichtung angesammelt sind („echte Ansammlungsrückstellungen"). Da diese Verbindlichkeiten wirtschaftlich bereits entstanden sind, wären sie an sich sofort in voller Höhe durch eine Rückstellung zu berücksichtigen. Es ist jedoch zulässig, diese ratierlich zu bilden.[1160] Bedingt durch die ratierliche Zuführung stellt der passive Wert nicht den Barwert der Rückbauverpflichtung dar. Soll also dieser Weg des separaten Abzugs der Rückbauverpflichtung gewählt werden, so muss der bilanzielle Wert korrigiert werden, sodass er den Barwert der Verpflichtung reflektiert.

---

1159) Vgl. *Pomp*, Praxishandbuch Financial Due Diligence, S. 209.

1160) Vgl. Schubert/*Andrejewski*, in: Beck'scher Bilanzkommentar, § 253 HGB Rz. 164.

### dd) Factoring

1202 Des Weiteren stellt sich die Frage nach der Relevanz des Factorings im Zusammenhang mit Finanzverbindlichkeiten. Während beim echten Factoring das Delkredererisiko auf die Factoringbank übertragen wird, verbleibt dieses beim unechten Factoring beim Kunden.[1161]

#### (1) Echtes Factoring

1203 Beim **echten Factoring** zahlt die eine Forderung ankaufende Factoringbank deren Nennwert abzüglich eines Diskontierungsabschlags und einer Factoringvergütung an das Unternehmen, den Factor. Man könnte die Abzinsung als eine zinstragende Verbindlichkeit ansehen, die entsprechend als Finanzverbindlichkeit kaufpreismindernd in Abzug zu bringen wäre. Ohne Berücksichtigung der nicht mehr bilanzierten Vorauszahlung auf die noch offenen Forderungen durch die Factoringbank wären die Nettofinanzverbindlichkeiten durch den Zufluss der Liquidität einseitig gemindert.

1204 Der Verkäufer könnte in einer Verhandlung argumentieren, dass die Ausfallrisiken aus der Forderung an die Factoring-bank übergegangen sind und damit auch keine Regressmöglichkeiten mehr bestehen und somit der vorhandene Liquiditätsbestand frei verfügbar ist. Darüber hinaus ist nicht davon auszugehen, dass der Liquiditätsbestand in Zukunft abnehmen wird, da auch in Zukunft in gleichem Umfang Forderungen verkauft werden. In diesem Fall wäre es naheliegend, das echte Factoring nicht als Finanzverbindlichkeit zu berücksichtigen, da aufgrund der gleichbleibenden Inanspruchnahme des Factoringkreditrahmens keine weiteren Änderungen des Working Capitals mehr bewirkt werden.[1162]

1205 Hat das zu erwerbende Unternehmen bisher noch kein Factoring genutzt, so könnte der Veräußerer geneigt sein, zwischen Unterzeichnungstag und Übertragungsstichtag den Liquiditätsbestand durch Verkauf von Forderungen an eine Factoringbank positiv zu beeinflussen und somit die Nettofinanzverbindlichkeiten zu senken, wenn verkaufte Forderungen nicht in die Definition der Nettofinanzverbindlichkeiten einbezogen wurden.[1163] In diesem Fall wäre das Working Capital entsprechend zu korrigieren und das echte Factoring als Finanzverbindlichkeit abzuziehen.[1164]

#### (2) Unechtes Factoring

1206 Da beim **unechten Factoring** das Delkredererisiko beim Factoringkunden verbleibt, unterliegt die aus dem Factoring resultierende Liquidität weiterhin dem Ausfallrisiko. Damit ist es auch sachgerecht, die Verbindlichkeit aus dem Factoring als Finanzverbindlichkeit abzuziehen.[1165]

### ee) Subvention

1207 Als Subventionen werden vermögenswerte Zuwendungen oder Vergünstigungen bezeichnet, die die öffentliche Hand zur Förderung eines im öffentlichen Interesses liegenden

1161) Vgl. *Koesling*, in: Kiem, S. 215 Rz. 80.

1162) Vgl. *Koesling*, in: Kiem, S. 216 Rz. 82.

1163) Vgl. *Hilgard*, DB 2007, 559, 561; *von Braunschweig*, DB 2002, 1815, 1817; *Bruski*, BB 2005, Beilage 17, S. 19, 25.

1164) Vgl. *Koesling*, in: Kiem, S. 216 Rz. 87.

1165) Vgl. *Koesling*, in: Kiem, S. 217 Rz. 89 f.

Zwecks an Private oder ggf. auch an andere öffentlich-rechtliche vom Subventionsgeber verschiedene juristische Personen leistet.[1166)]

1208 Grundsätzlich sind erhaltene Subventionen nicht zurückzuzahlen, solange die Mittel entsprechend der festgelegten Mittelverwendung genutzt werden.

1209 Gründe für eine **Rückforderung** der erhaltenen Subventionen können entweder in der Rücknahme eines rechtswidrig ergangenen Subventionsbescheids[1167)] oder in dem Verstoß gegen die Zweckbindung liegen.[1168)]

1210 Im Falle einer zu leistenden Rückzahlung von Subventionen sind diese als Finanzverbindlichkeiten zu berücksichtigen.[1169)]

#### ff) Geplante Ausschüttungen

##### (1) Beschlossene Ausschüttungen

1211 Wurden Ausschüttungen an die bisherigen Gesellschafter bereits beschlossen, aber noch nicht durchgeführt, so werden diese geplanten Ausschüttungen als Verbindlichkeiten gegenüber Gesellschaftern ausgewiesen.[1170)] Werden diese Verbindlichkeiten in die Finanzverbindlichkeiten einbezogen, so ist bereits eine Kaufpreisminderung in Höhe der auszuschüttenden Dividende berücksichtigt. Die Ausschüttung zwischen Vertragsunterzeichnung und Übertragungsstichtag führt zu einer Minderung der Liquidität (kaufpreismindernd) und zu einer Minderung der Finanzverbindlichkeiten (kaufpreiserhöhend) und ist im Ergebnis neutral.

##### (2) Noch nicht beschlossene Ausschüttungen

1212 Wurden die Ausschüttungen hingegen noch nicht von dem bisherigen Gesellschafter beschlossen, so sind folgende Konstellationen denkbar:

(a) Es erfolgt für das vergangene Jahr keine Ausschüttung: Entsprechend wird die Verkäuferin mit einem höheren Verkaufspreis für die nicht vorgenommene Ausschüttung entschädigt. Im Kaufvertrag sollte eine Zusicherung der Verkäuferin gegeben werden, dass entsprechend zwischen Unterschrift des Kaufvertrags und dem Closing kein Beschluss über eine Ausschüttung erfolgt.

(b) Es soll eine Ausschüttung erfolgen. Entsprechend ist diese Ausschüttung in dem Bewertungsmodell liquiditätsmindernd zu berücksichtigen. Es ist entsprechend vertraglich abzusichern, dass der noch zu treffende Ausschüttungsbeschluss der Höhe nach nicht von dem geplanten Betrag abweicht. Alternativ zur Berücksichtigung der Ausschüttung im Finanzmodell ist auch ein Abzug als Finanzverbindlichkeit möglich.[1171)]

---

1166) Vgl. *Ebeling/Tellenbröker*, JuS 2014, 217.

1167) Vgl. *Ebeling/Tellenbröker*, JuS 2014, 217, 221 f.

1168) Vgl. *Koesling*, in Kiem, S. 249 Rz. 225.

1169) Vgl. *Koesling*, in Kiem, S. 249 Rz. 225.

1170) Vgl. *Reiner/Haußer*, in: Münchener Kommentar zum HGB, § 268 Rz. 6.

1171) Vgl. *Pomp*, Praxishandbuch Financial Due Diligence, S. 209.

### gg) Steuerforderungen, -rückstellungen und -verbindlichkeiten

#### (1) Ertragssteuern

**Ertragsteuern** sind als Finanzverbindlichkeiten zu klassifizieren, wenn diese den histori- 1213
schen Zeitraum bis zum wirtschaftlichen Übergang des Zielunternehmens betreffen.[1172] Im Gegensatz zu Steuerverbindlichkeiten, bei denen bereits eine Veranlagung erfolgt ist, handelt es sich bei den Ertragsteuerrückstellungen um Schätzungen des Zielunternehmens auf Basis eigener Berechnungen.

Im Falle von **Ertragsteuerforderungen** sind diese mit etwaigen **Ertragssteuerverbindlich-** 1214
**keiten** zu verrechnen.[1173] Liegen diese Ertragsteuerrückstellungen und -verbindlichkeiten nicht vor, so stellen die Ertragsteuerforderungen Quasi-Liquidität dar.

#### (2) Umsatz-, Energie- und Stromsteuer

**Umsatzsteuerverbindlichkeiten und -forderungen** werden typischerweise als Working 1215
Capital klassifiziert.[1174] Forderungen und Verbindlichkeiten aus Strom- und Energiesteuern sind analog zu den Umsatzsteuerverbindlichkeiten und -forderungen zu behandeln.

Eine Ausnahme hiervon bilden **Vorsteuererstattungsansprüche** im Zusammenhang mit 1216
Investitionen, da es sich hierbei um Einmaleffekte und nicht um wiederkehrende Ansprüche handelt.

#### (3) Steuerrisiken

Im Hinblick auf die Steuerforderungen und -verbindlichkeiten ist zu beachten, dass diesen 1217
Forderungen und Verbindlichkeiten **steuerliche Risiken** zugrunde liegen, die aus dem Veranlagungszeitraum vor dem Stichtag resultieren. Deshalb könnte eine Alternative darin bestehen, die Steuerforderungen und -verbindlichkeiten nicht in die Kaufpreisberechnung einzubeziehen, sondern etwaige Erstattungen von Steuerforderungen dem Verkäufer zu erstatten und Verbindlichkeiten durch den Verkäufer zahlen zu lassen. Diese Aspekte sind durch die Steuerfreistellung in § 8 Nr. 11 des Mustervertrags abzusichern.

### hh) Kreditorenmanagement

Um eine entsprechende Reduktion des Nettoumlaufvermögens herbeizuführen, könnte 1218
ein Zielunternehmen systematisch seine Verhandlungsmacht gegenüber den Lieferanten ausnutzen und entweder bestehende Zahlungsziele überziehen oder unüblich lange Zahlungsziele verlangen.[1175] Hierdurch würde der Umfang der Finanzverbindlichkeiten zum Übertragungsstichtag sinken.

**(Über-)Fällige Verbindlichkeiten** aus Lieferung und Leistung können damit als Finanz- 1219
verbindlichkeiten angesehen werden, da die Rückführung der fälligen Verbindlichkeiten zur unmittelbaren Erhöhung der Finanzverbindlichkeiten führt.[1176]

---

1172) Vgl. *Pomp*, Praxishandbuch Financial Due Diligence, S. 206.

1173) Vgl. *Pomp*, Praxishandbuch Financial Due Diligence, S. 206.

1174) Vgl. *Pomp*, Praxishandbuch Financial Due Diligence, S. 206.

1175) Vgl. *von Braunschweig*, DB 2010, 1815, 1817 und BB 2005, Beilage 17, S. 19, 25.

1176) Vgl. *Hilgard*, DB 2007, 559, 560; *Pomp*, Praxishandbuch Financial Due Diligence, S. 213.

### ii) Erhaltene Anzahlungen von Kunden

1220 Im Rahmen von langfristiger Auftragsfertigung, wie z. B. bei Anlagebauern und Projektentwicklern, finanzieren diese sich typischerweise durch von Kunden im Laufe des Erstellungsprozesses **erhaltene Anzahlungen.**[1177] Ein weiteres Beispiel für erhaltene Anzahlungen sind Wertgutscheine im Einzelhandel, die von Einzelhändlern z. B. als Geschenkgutscheine verkauft werden. Diese Anzahlungen werden auf schwebende Geschäfte erbracht. Die Anzahlenden haben unter gewissen Voraussetzungen ihre Anzahlungen zurückzufordern. Aufgrund dieser Tatsache kann die geleistete Anzahlung auch als Kreditgeschäft betrachtet werden, das substituierend für die Aufnahme von Fremdkapital wirkt und zu entsprechend erhöhten Liquiditätsbeständen führen kann.[1178]

1221 Dennoch ist die Behandlung von erhaltenen Anzahlungen von Kunden in der Praxis strittig. Geleistete Anzahlungen auf große Einzelprojekte oder Vorauszahlungen, die auf einen längeren Zeitraum geleistet werden, erfüllen den Substituierungstatbestand. Anders verhält es sich bei kurzfristig und revolvierend geleisteten Anzahlungen von Kunden. Hier könnte auch argumentiert werden, dass die erhaltenen Anzahlungen von Kunden regelmäßig wiederkehrend und operativ bedingt sind und somit Working-Capital-Charakter haben.[1179]

### jj) Besonderheiten beim Cash Pooling

1222 Ist das zu erwerbende Unternehmen in ein konzernweites Cash Pooling integriert, so existieren weder Finanzverbindlichkeiten noch Liquidität im herkömmlichen Sinne.[1180] Werden jedoch die aus dem Cash Pooling resultierenden Forderungen und Verbindlichkeiten gegenüber verbundenen Unternehmen mit in die Definition der Nettofinanzverbindlichkeiten einbezogen, so werden entsprechende, im Rahmen des Cash Pooling entstehende Veränderungen ebenfalls als Kaufpreisanpassung berücksichtigt. In der Praxis kann sich bei Forderungen und Verbindlichkeiten gegenüber verbundenen Unternehmen zum Teil ein Abgrenzungsproblem zwischen Forderungen und Verbindlichkeiten aus Lieferung und Leistung und solchen aus Finanztransaktionen wie dem Cash Pooling ergeben. Diese Abgrenzung ist im Einzelfall zu klären. Eine Lösung kann die Nutzung von Buchhaltungskontennummern bieten, wenn diese eine ausreichende Trennung zwischen Leistungs- und Finanzbeziehungen ermöglichen.

### kk) Aktive Rechnungsabgrenzungsposten

1223 In der Praxis kommt es immer wieder zur Diskussion über die Berücksichtigung von aktiven Rechnungsabgrenzungsposten im Rahmen der Bestimmung der Nettofinanzverbindlichkeiten. Aufgrund der geleisteten anfänglichen Einmalzahlung sind Verkäufer der Ansicht, dass dem Erwerber eine künftige Ersparnis entsteht, die auch entsprechend im Kaufpreis abzubilden ist, indem der aktive Rechnungsposten als *Cash-like Item* den Nettofinanzverbindlichkeiten hinzugezählt wird. Hierbei ist zwischen dem gewählten Bewertungsansatz zu unterscheiden:

- Im Falle einer Multiplikatorbewertung wird eine Ergebniskennzahl wie z. B. das EBITDA durch die aufwandswirksame Auflösung des aktiven Rechnungsabgrenzungs-

1177) Vgl. *Coenenberg/Haller/Schultze*, Jahresabschluss und Jahresabschlussanalyse, S. 422; *Pomp*, Praxishandbuch Financial Due Diligence, S. 212.

1178) Vgl. *Koesling*, in: Kiem, S. 235 Rz. 169.

1179) Vgl. *Koesling*, in: Kiem, S. 235 Rz. 169.

1180) Vgl. *Hilgard*, DB 2007, 559, 563.

postens gemindert. Entsprechend hat die Auflösung des aktiven Rechnungsabgrenzungspostens in diesem Bewertungskalkül eine wertmindernde Wirkung auf den Unternehmenswert.

- Anders verhält es sich hingegen, bei der Anwendung der DCF-Methode. Hier wird die tatsächlich für den Erwerber vorliegende Ersparnis bereits in dem der Unternehmensbewertung zugrunde liegenden Cashflow werterhöhend berücksichtigt. Würde der aktive Rechnungsabgrenzungsposten erneut in der Kaufpreisbemessung im Rahmen des Kaufpreismechanismus berücksichtigt werden, so würde eine doppelte Berücksichtigung der Ersparnis erfolgen.

Insofern wäre die Berücksichtigung des aktiven Rechnungsabgrenzungspostens als *Cash-* 1224
*like Item* lediglich in den Fällen angemessen, in denen tatsächlich eine Bewertung auf Basis der Multiplikatormethode durchgeführt wurde, oder in den Fällen, in denen die Auflösung des aktiven Rechnungsabgrenzungspostens aus Vereinfachungsgründen nicht in dem Cashflow-Modell angemessen berücksichtigt wurde. In allen anderen Fällen sollten die aktiven Rechnungsabgrenzungsposten als sonstiges Nettoumlaufvermögen berücksichtigt werden.

**ll) Passive Rechnungsabgrenzungsposten**

Schwierig zuzuordnen sind im Einzelfall auch passive Rechnungsabgrenzungsposten, die 1225
aus der Zahlung eines Jahresbeitrages für einen Vertrag am Anfang der jeweiligen Vertragslaufzeit resultieren (z. B. Lizenzzahlungen). In diesem Fall erhält das Unternehmen die Liquidität aus der Beitragszahlung am Jahresanfang und realisiert den Umsatz durch die monatliche Auflösung des passiven Rechnungsbeitrags. Bei Unternehmen, die nach diesem Erlösmodell arbeiten, resultieren hieraus typischerweise hohe passive Rechnungsabgrenzungsposten sowie entsprechend hohe Liquiditätspositionen, welche die Nettofinanzverbindlichkeiten in erheblichem Maße reduzieren. Hier stellt sich die Frage, ob die Liquidität frei verfügbar ist (dann Kaufpreisminderung) oder wegen der damit noch abzudeckenden Leistungspflichten gebunden, also nicht abziehbar ist. Die Diskussion zu den passiven Rechnungsabgrenzungsposten ist vergleichbar mit der Diskussion zu den erhaltenen Anzahlungen von Kunden.

Bei der Beurteilung der passiven Rechnungsabgrenzungsposten und damit zusammenhän- 1226
gender Liquiditätsbestände gilt es wiederum, diese Situation im Kontext des Bewertungsverfahrens zu betrachten:

- Im Falle der DCF-Bewertung werden künftige Cashflow-Effekte bereits in dem der Bewertung zugrunde liegenden Cashflow berücksichtigt, d. h. insbesondere die Tatsache, dass den aus der Auflösung der passiven Rechnungsabgrenzungsposten resultierenden Erträgen keine Einzahlungen gegenüberstehen, da die Zahlung bereits zu Beginn des Vertrags geflossen ist. Bei der DCF-Bewertung sind insofern die negativen Effekte bereits in dem Bewertungskalkül berücksichtigt.
- Anders verhält es sich im Fall der Multiplikatorbewertung. Hier erhöhen die Erträge aus der Auflösung des passiven Rechnungsabgrenzungspostens die Bewertungskennzahlen wie z. B. das EBITDA. Wird der passive Rechnungsabgrenzungsposten nicht wertmindernd berücksichtigt, so käme es zu einer Überbewertung, da der Liquidität aus der anfänglichen Kundenzahlung noch künftige Leistungspflichten gegenüberstehen.

### mm) Minderheitsanteile

1227 Halten andere Gesellschafter Anteile an dem Zielunternehmen oder seinen Tochterunternehmen, so haben diese Gesellschafter Ansprüche an dem jeweiligen Anteil der Ausschüttung. Diese auch als Minderheitsgesellschafter bezeichneten Gesellschafter haben keinen beherrschenden Einfluss auf die Gesellschaft bzw. ihre Tochterunternehmen.[1181] Es kann zwischen Minderheitsgesellschaftern ohne und mit Garantiedividendenanspruch unterschieden werden.

#### (1) Ohne Garantiedividendenanspruch

1228 Die Minderheitsgesellschafter haben im Falle einer Ausschüttung ein Anrecht auf eine ihrem Anteil entsprechende Auszahlung. Das heißt, solange, wie aus der jeweiligen Gesellschaft keine Ausschüttung geleistet wird, kommt es auch nicht zu Liquiditätsabflüssen an Gesellschafter.

1229 Im diesem Falle ist der Abzug des anteiligen Eigenkapitalwertes angezeigt. Dieser kann entweder im Wege einer DCF-Bewertung der Beteiligung oder im Wege einer Multiplikatorbewertung der Beteiligung ermittelt werden.[1182] Im Falle von unwesentlichen Beteiligungen wird zum Teil auch eine Berücksichtigung zu Buchwerten bzw. eine vollständige Vernachlässigung der Minderheitsanteile vorgeschlagen.[1183]

#### (2) Mit Garantiedividendenanspruch

1230 Nach § 304 Abs. 1 Satz 1 AktG haben die Minderheitsaktionäre einer AG oder KGaA im Falle des Gewinnabführungsvertrags ein Anrecht auf eine Garantiedividende. Neben den gesetzlichen Ansprüchen bezüglich einer Garantiedividende können auch vertragliche Vereinbarungen mit Minderheitsgesellschaftern existieren, die ebenfalls zu regelmäßigen Dividendenzahlungen an die Minderheitsgesellschafter führen.

1231 Im Fall der **Garantiedividende** kann der Barwert der künftig zu leistenden Garantiedividende ermittelt und entsprechend berücksichtigt werden. Aufgrund der Zusicherung eines festen Betrags unterliegt diese Garantiedividende nicht mehr dem operativen Risiko, sondern ist entsprechend risikofrei und sollte entsprechend auch mit einem geringeren risikofreien Zinssatz diskontiert werden. Aufgrund dieses geringeren Risikos und des entsprechend geringeren Diskontierungszinssatzes, kann der Wert des Anteils mit Garantiedividende höher sein, also der Wert im Fall ohne Garantiedividendenanspruch.

#### (3) Halten von Minderheitsanteilen

1232 Spiegelbildlich zu der diskutierten Situation der Berücksichtigung des Wertes der Anteile von Minderheitsgesellschaftern an der Zielgesellschaft oder ihren Tochterunternehmen, verhält es sich mit der Situation in der die Zielgesellschaft Minderheitsanteile an anderen Unternehmen hält und somit keinen beherrschenden Einfluss hat.[1184]

---

1181) Vgl. *Koesling*, in: Kiem, 218 f Rz. 95 ff.

1182) Vgl. *Koesling*, in: Kiem, S. 218 Rz. 96.

1183) Vgl. *Koesling*, in: Kiem, S. 221 Rz. 106.

1184) Vgl. *Koesling*, in: Kiem, S. 221 Rz. 107.

### nn) Künftige Ausgaben, die im Zusammenhang mit der Transaktion stehen

Durch die Transaktion können verschiedene Zahlungen ausgelöst werden, die in der Nachfolge der Transaktion von der erworbenen Gesellschaft zu begleichen sind: 1233

- **Prämien und Boni für Mitarbeiter**, die von dem erfolgreichen Abschluss der Transaktion abhängen (Transaktionsboni).[1185]
- **Kosten der Transaktion**, die nicht von dem Verkäufer, sondern von der Gesellschaft getragen werden. Ergänzend können die künftigen steuerliche Verbindlichkeiten aus dieser Praxis in Betracht kommen, die daraus resultieren, dass die Finanzbehörden die Qualifikation als Betriebsausgabe und den Vorsteuerabzug anzweifeln und die Ausgaben darüber hinaus bei Kapitalgesellschaften als verdeckte Gewinnausschüttung gelten könnten.
- **Mitarbeiterbeteiligungsprogramme** mit einer Change-of-Control-Klausel. Im Falle des Erwerbs des Unternehmens haben die Mitarbeiter das Recht auf Ausübung ihres Mitarbeiterbeteiligungsprogramms. Es ist im Einzelfall zu betrachten, wie diese Effekte hieraus konkret zu berücksichtigen sind.

### d) Barmittel [→ Rz. 947]

Zu den in § 4 Abs. 1 Nr. 2 des Kaufvertrags genannten liquiden Mitteln zählen grundsätzlich Bankguthaben und Kassenbestände nach der handelsrechtlichen Definition in § 266 Abs. 2 B. IV. HGB. In Bezug auf diese Definition werden in der Praxis zwei Bereiche diskutiert: Zum einen ist es strittig, ob Positionen des Umlaufvermögens, die kurzfristig in Liquidität umgewandelt werden können („Quasi-Liquidität"), ebenfalls in die Liquiditätsdefinition für Kaufvertragszwecke einbezogen werden sollen. Zum anderen wird diskutiert, ob Teilbeträge der Bankguthaben und Kassenbestände tatsächlich frei disponierbar sind. 1234

### aa) Geldtransit

Als Geldtransit („*cash in transit*") werden Mittel bezeichnet, die am Stichtag bereits einem Bilanzkonto belastet wurden, aber stichtagsbedingt noch nicht dem anderen Bankkonto gutgeschrieben wurden.[1186] Hierzu zählen z. b. eingereichte Schecks, übergebene Filialkassenbestände, Ec- und Kreditkarten-Gutschriften, Ec- und Kreditkartenlastschriften. Je nach Branche können die Geldtransitkonten eine gewisse Relevanz haben wie z. B. im Einzelhandel. 1235

### bb) Quasi-Liquidität

Ob **Quasi-Liquidität** zur Liquidität gezählt wird, hängt wesentlich von der Verhandlung zwischen den Parteien ab. Grundsätzlich wäre es ausreichend, die kurzfristige Liquidierbarkeit dieser Vermögensgegenstände entsprechend in der Prognose der Entwicklung des Umlaufvermögens und damit in dem zur Bewertung heranzuziehenden Cashflow zu berücksichtigen. Damit wäre dann keine gesonderte Berücksichtigung der Quasi-Liquidität notwendig. Wird hingegen mit einem Multiplikatorverfahren (siehe Rz. 183) bewertet, so ist die gesonderte Berücksichtigung von Quasi-Liquidität notwendig. Die Berücksichtigung 1236

---

1185) Vgl. *Koesling*, in: Kiem, S. 232 Rz. 154.

1186) Vgl. *Graf von Kanitz*; in: Münchener Anwaltshandbuch GmbH-Recht, § 16 Rz. 285.

kurzfristig liquidierbarer Vermögensgegenstände als Liquidität kommt tendenziell eher dem Veräußerer zugute.

1237 Zur Quasi-Liquidität können insbesondere **Erstattungsansprüche** aus Zahlungen von Steuern und Sozialversicherungsbeiträgen oder Versicherungserstattungsansprüche gezählt werden.[1187)]

1238 Weiterhin können zugesagte aber noch nicht ausgezahlte **Investitionszulagen/-zuschüsse** als Quasi-Liquidität angesehen werden.[1188)] Eine Zurechnung sollte jedoch nur dann erfolgen, wenn die nicht ausgezahlten Investitionszulagen/-zuschüsse nicht als widerrechtlich gewährt betrachtet werden bzw. nicht durch den Wechsel des Anteilseigners zurückzuzahlen wären.

### cc) Verfügungsbeschränkte Mittel

1239 Aus Sicht des Erwerbers wird eher die Diskussion relevant sein, welche der als Bankguthaben und Kassenbestände ausgewiesenen Positionen ggf. nicht disponierbar sind und daher nicht zur Ausschüttung verwendet werden können (sog. *„trapped cash"*). Die Saldierung von Finanzverbindlichkeiten und liquiden Mitteln unterstellt implizit, dass die vorhandenen liquiden Mittel ebenfalls zur Schuldentilgung herangezogen werden könnten. Grundsätzlich ist zu berücksichtigen, dass im Unternehmen vorhandene Liquidität sich lediglich mit einer marktüblichen Verzinsung rentiert, wohingegen das operative Geschäft eine (hoffentlich) höhere Rendite auf das eingesetzte Kapital erzielt. Hält das Unternehmen mehr als die betriebsnotwendige Liquidität, wird daher der Unternehmenswert gemindert. Vor diesem Hintergrund ist Vorsicht bei scheinbar frei disponierbaren, hohen Liquiditätsbeständen geboten: Entweder ist ein großer Teil der Liquidität aus nachfolgend dargestellten, häufig sehr branchenspezifischen Gründen nicht frei disponierbar oder das Unternehmen ist von einer finanzwirtschaftlich unbedarften Geschäftsführung geführt worden.

1240 **Verfügungsbeschränkungen** von liquiden Mitteln können u. a. aus deren Verpfändung für die Besicherung von Krediten und Avalen resultieren. Ebenfalls stellen bei Projektfinanzierungen Reservekonten für Schuldendienst, Wartung etc. Verfügungsbeschränkungen dar. Im Falle einer Verpfändung kann über die liquiden Mittel lediglich nach Zustimmung der Banken verfügt werden. Diese werden aber im Regelfall eine Ersatzbesicherung fordern.[1189)] Um die verfügungsbeschränkten Mittel angemessen in der Berechnung der Nettofinanzverbindlichkeiten zu berücksichtigen, ist die Dauer der Verfügungsbeschränkung zu betrachten. Aus Erwerbersicht könnte damit argumentiert werden, dass die Mittel zum Zeitpunkt des Erwerbs nicht verfügbar und deshalb vollständig abzuziehen sind. Auf Verkäuferseite könnte entgegnet werden, dass die Mittel lediglich zeitlich begrenzt verfügungsbeschränkt und zu einem späteren Zeitpunkt wieder frei verfügbar sind. Eine Abzinsung der Mittel wäre hierbei ein gangbarer Kompromiss.

1241 Weiterhin können das Unternehmen oder seine Tochterunternehmen über Liquidität verfügen, die aber aus gesetzlichen oder vertraglichen Gründen nicht an die Anteilseigner ausgeschüttet werden kann (*„trapped cash"*), etwa vor dem Hintergrund der **Kapitalerhal-**

1187) Vgl. *Pomp*, Praxishandbuch Financial Due Diligence, S. 204.

1188) Vgl. *Pomp*, Praxishandbuch Financial Due Diligence, S. 204.

1189) Vgl. *Matzen*, in: Rottke/Rebitzer, Kap 3.4, S. 276.

**tungsvorschriften** nach §§ 30, 31 GmbHG oder in Finanzierungsverträgen eingegangener Verpflichtungen (*„financial covenants“*).[1190]

1242 In Anbetracht der zunehmenden Expansion in Wachstumsmärkte, wie z. B. China, spielen im europäischen Raum nicht mehr bekannte Vorschriften der **Devisenbewirtschaftung**, die eine Ausfuhr von Devisen ganz oder teilweise nur nach langwieriger Genehmigung erlauben, eine wichtige Rolle.[1191]

### dd) Kautionen

1243 Eine Kaution ist eine Sicherheitsleistung zur Absicherung von Ansprüchen von Vertragspartnern. Kautionen sind häufig im Rahmen von Miet- und Pachtverträgen zu leisten.[1192]

1244 Ob die auf Kautionskonten hinterlegten Barmittel zur Liquidität gezählt werden können, hängt von der nachhaltigen Bindung der Mittel ab.

1245 Ist davon auszugehen, dass bei einer Weiterführung des Unternehmens der zugrunde liegende Mietvertrag aufrechterhalten werden muss bzw. durch einen anderen Mietvertrag ersetzt wird, so ist die Kaution als Working Capital zu betrachten.

1246 Soll hingegen der Vertrag aufgegeben werden, z. B. aufgrund der Aufgaben eines Geschäftsfeldes, sodass die Kaution zurückgezahlt wird, so können die Mittel als Barmittel berücksichtigt werden.

### ee) Mindestliquidität

1247 Ein besonderer Fall der Mittelbindung stellt die innerbetriebliche Bindung der Liquidität („Mindestliquidität“), z. B. als Wechselgeld, im Rahmen eines Lastschriftobligos oder zur Überbrückung der innermonatlichen Liquiditätsschwankungen dar.

1248 In Einzelhandelsunternehmen und bei Filialisten sind in jedem Betrieb **Wechselgeldbestände** vorzuhalten.

1249 In anderen Unternehmen gibt es ebenfalls einen betriebsnotwendigen **Mindestbestand** an Liquidität, um die laufenden Verpflichtungen bedienen zu können.[1193] Die Höhe der Mindestliquidität hängt von den Fakturierungszyklen gegenüber den Kunden einerseits, und der zeitlichen Struktur der Mittelabflüsse für Löhne und Gehälter, Verbindlichkeiten gegenüber fremden Dritten sowie Steuerzahlungsterminen andererseits ab.[1194]

1250 Im Falle von SEPA-**Lastschrifteinzügen**, haben die Kunden ein 8-wöchiges Rückgaberecht. Falls der Lastschrift jedoch keine Einzugsermächtigung zugrunde lag, besteht innerhalb einer Frist von 13 Monaten ein Anspruch auf Korrektur. Entsprechend besteht bei der Verfügung der gutgeschriebenen Lastschrifteinzüge das Risiko, dass diese innerhalb dieser Fristen zurückgerufen werden können.

---

1190) Vgl. *Matzen*, in: Rottke/Rebitzer, Kap 3.4, S. 276.

1191) Vgl. *Koesling*, in Kiem, S. 200 Rz. 20.

1192) Vgl. *Koesling*, in Kiem, S. 249 Rz. 226.

1193) Vgl. *Pomp*, Praxishandbuch Financial Due Diligence, S. 202.

1194) Vgl. *Pomp*, Praxishandbuch Financial Due Diligence, S. 202.

e) **Nettoumlaufvermögen** [→ Rz. 947]

aa) **Abgrenzung des Nettoumlaufvermögens**

1251 Die Kaufpreiskomponente des **Nettoumlaufvermögens (Working Capital)** setzt sich üblicherweise aus den Vorräten i. S. d. § 266 Abs. 2 B. I. HGB zusammen, wobei ggf. einige dieser Bilanzposition zuzuordnende Posten für die Zwecke der Working-Capital-Ermittlung ausgenommen werden. Eine Anpassung erfährt das Working Capital durch Forderungen aus Lieferung und Leistung sowie aktive Rechnungsabgrenzungsposten, die das Working Capital erhöhen, oder durch Verbindlichkeiten gegenüber Lieferanten und erhaltene Anzahlungen auf Bestellungen sowie Rückstellungen, die das Working Capital entsprechend verringern.

1252 Ein Beispiel für die Ausgestaltung der **Anlage 4.1.5** Nettoumlaufvermögen kann wie folgt erstellt werden:

**Anlage 4.1.5 Nettoumlaufvermögen**

1253 Das Nettoumlaufvermögen i. S. d. § 4 Abs. 1 Nr. 5 des Kaufvertrags wird auf Grundlage des Kontenplans der Gesellschaft in der Fassung vom xx.xx.20xx definiert. Der Kontenplan wurde auf Basis des Kontenrahmens SKRxx in der Fassung vom xx.xx.20xx erstellt.

| Konto-Nr. | Konto-Bezeichnung | Anm. | 31.12.xx | Stichtag |
|---|---|---|---|---|
| | | | | |
| | | | | |
| **Nettoumlaufvermögen** | | | | |

1254 Sollten zwischen dem Zeitpunkt des Kontenplans vom xx.xx.20xx und des Stichtags weitere Konten gebildet werden, so zählen alle zusätzlichen Konten der Kategorie „flüssige Mittel“ entsprechend des Kontenrahmens SKRxx in der Fassung vom xx.xx.20xx zu den hier genannten Barmitteln.

1255 **Anmerkungen:**

1) Die Position ergibt sich aus dem Konto [...] abzgl. des als Finanzverbindlichkeit ausgewiesenen Betrags für [...]. Der Abzugsbetrag ermittelt sich durch [...].

1256 Das Nettoumlaufvermögen wird analog zu den Barmitteln in der Anlage dargestellt. [→ Rz. 1160 f]

1257 Die Darstellungen zu Finanzverbindlichkeiten haben gezeigt, dass eine eindeutige Abgrenzung zwischen Finanzverbindlichkeiten und Nettoumlaufvermögen notwendig ist. Diese Aufgabe wird von der Financial Due Diligence wahrgenommen. Es ist strikt darauf zu achten, dass es bei der Nennung der Konten in der Anlage 4.1.2. Barmittel, Anlage 4.1.3 Finanzverbindlichkeiten und Anlage 4.1.4 Nettoumlaufvermögen grundsätzlich nicht zu Doppelnennungen kommt, sodass eine eindeutige Abgrenzung jederzeit möglich ist.

1258 In der Praxis kann es jedoch Situationen geben, in denen ein einzelnes Bilanzkonto auf Finanzverbindlichkeiten und Nettoumlaufvermögen aufgeteilt werden muss. Beispielsweise ist vorstellbar, dass aus dem Konto Verbindlichkeiten aus Lieferung und Leistungen, welche grundsätzlich zum Nettoumlaufvermögen zählen, die überfälligen Verbindlichkeiten aus Lieferung und Leistungen in die Finanzverbindlichkeiten umgegliedert werden müssen

[→ Rz. 1218 f.]. In einem solchen Fall sollten die Kriterien für die Umgliederung in den **Anmerkungen** zu der Anlage 4.1.4 notiert werden.

Bei der Definition der Finanzverbindlichkeiten sind die Definition der liquiden Mittel, die Wettbewerbssituation und die geplante Fortführung des Unternehmens zu berücksichtigen. Aufgrund der Wettbewerbssituation mag es in Einzelfällen nicht möglich sein, Verbindlichkeiten als Finanzverbindlichkeiten zu etablieren, sondern es muss eine Zurechnung zum Nettoumlaufvermögen in Kauf genommen werden (z. B. passive Rechnungsabgrenzungsposten eines Software-Unternehmens). Ein erheblicher Unterschied liegt darin, dass die Erhöhung von Finanzverbindlichkeiten zur unmittelbaren Reduktion des Kaufpreises führt. Die Erhöhung von Verbindlichkeiten im Nettoumlaufvermögen wird hingegen ggf. teilweise mit der Erhöhung des Umlaufvermögens kompensiert, sodass sich Fälle ergeben können, in denen sich die Erhöhung von Verbindlichkeiten aufgrund ihrer Zuordnung zum Nettoumlaufvermögen nicht in gleichem Maße kaufpreismindernd auswirkt wie als Bestandteil der Finanzverbindlichkeiten. Dies gilt insbesondere dann, wenn für die Anpassung des Nettoumlaufvermögen De-minimis-Regeln oder Bandbreitenregeln definiert wurden. 1259

Die engste Definition des Nettoumlaufvermögens (**Trade Working Capital**) bezieht sich lediglich auf Vorräte, Forderungen aus Lieferung und Leistungen sowie Verbindlichkeiten aus Lieferung und Leistungen. Damit können Verkäufer und Käufer keine Kaufpreisanpassung aus der Veränderung der sonstigen Forderungen und Vermögensgegenstände und aus Rückstellungen und sonstigen Verbindlichkeiten sowie aktiver und passiver Rechnungsabgrenzungsposten herleiten. Es hängt stark von dem Einzelfall ab, ob weitere Positionen in dem Anpassungsmechanismus berücksichtigt werden sollten. Hierbei können sowohl Interessen des Verkäufers als auch die des Erwerbers eine Rolle spielen. 1260

Je nach Definition des Nettoumlaufvermögens werden auch **Rückstellungen** (mit Ausnahme von Steuer- und Pensionsrückstellungen) mit einbezogen. Im Gegensatz zu Verbindlichkeiten bilden Rückstellungen das Risiko eventueller Verbindlichkeiten gegenüber Dritten, die jedoch der Höhe oder dem Grunde nach ungewiss sind, bzw. drohende Verluste aus schwebenden Geschäften in der Bilanz ab. Nach § 253 HGB hat die Bildung der Rückstellung nach vernünftiger kaufmännischer Beurteilung der Höhe der Verpflichtung zu folgen.[1195] Diese Definition der Rückstellungen macht einen gewissen Ermessensspielraum der Geschäftsführung bei der Schätzung der zum Ansatz zu bringenden Rückstellungen deutlich. Werden bestehende Rückstellungen aufgrund des entfallenden Rückstellungsgrundes oder einer veränderten Einschätzung der erforderlichen Rückstellungshöhe zwischen Unterzeichnungstag und Übertragungsstichtag verringert, so führt dieses zu einem entsprechend kaufpreiserhöhenden Anstieg des Nettoumlaufvermögens.[1196] Vor diesem Hintergrund ist bei den in das normalisierte Nettoumlaufvermögen eingehenden Rückstellungen vom Erwerber zu überprüfen, inwieweit diese ggf. überhöht sind. 1261

Zu beachten ist, dass das Nettoumlaufvermögen nicht in allen Umständen positiv sein muss. Es gibt auch Geschäftsmodelle, bei denen das **Nettoumlaufvermögen negativ** ist. Dies ist z. B. der Fall, wenn 1262

- die von Lieferanten gewährten Zahlungsziele länger sind als die Umschlagshäufigkeit der Vorräte (z. B. Lebensmitteleinzelhandel);

1195) Hierbei ist das handelsbilanzielle Vorsichtsprinzip zu berücksichtigen und nicht etwa eine Wahrscheinlichkeitsabwägung zu treffen.

1196) Vgl. *Hilgard*, DB 2007, 559, 563.

- die Kunden den Kaufpreis für die über ein Jahr hinweg zu erbringende Dienstleistung im Voraus zahlen (z. B. Software as a Service).

1263 Für das Unternehmen heißt ein negatives Working Capital, dass das weitere Wachstum ganz oder teilweise aus dem negativen Working Capital finanziert werden kann. Schwächt sich jedoch das Wachstum ab, so kann das Unternehmen in Liquiditätsprobleme kommen.

### bb) Working Capital Benchmark

1264 Dieses stichtagsbedingte Working Capital wird in Bezug zu einem **Working Capital Benchmark** gesetzt. Der zu dem Stichtag den Benchmark übersteigende Working-Capital-Saldo ist durch den Erwerber zu vergüten, wohingegen die Unterschreitung des Benchmarks zu einer Kaufpreisminderung führt. Es ist wichtig, dass den Parteien klar ist, dass es über den Abzug der Nettofinanzverbindlichkeiten hinaus zu einer Berücksichtigung der Working-Capital-Anpassung kommt.[1197] Gerade auf Käuferseite ist die Vernachlässigung einer möglichen Zuzahlung für ein stichtagsbedingtes über dem Working Capital Benchmark liegendes Working Capital gefährlich, da der Kaufpreisfinanzierungsbedarf unterschätzt wird.

1265 Das in § 4 Abs. 1 Nr. 4 bei der Bemessung des vorläufigen Kaufpreises berücksichtigte **normalisierte Nettoumlaufvermögen (Working Capital Benchmark)** dient als Maßstab für die Anpassung von Veränderungen zwischen Stichtag der Kaufpreisbemessung und dem Übertragungsstichtag. Hierbei ist zwischen der Working Capital Benchmark bei positivem und negativem Working Capital zu unterscheiden:

- Übersteigt (unterschreitet) am Übertragungsstichtag bei **positivem Working Capital** das Nettoumlaufvermögen das normalisierte Nettoumlaufvermögen, so muss der Erwerber einen um den Differenzbetrag höheren (niedrigeren) Kaufpreis leisten.
- Bei **negativem Working Capital** verhält sich der Working Capital Mechanismus umgekehrt: Übersteigt (unterschreitet) am Übertragungsstichtag das negative Nettoumlaufvermögen das normalisierte negative Nettoumlaufvermögen, so muss der Erwerber einen um den Differenzbetrag niedrigeren (höheren) Kaufpreis leisten.

1266 Diese Wirkungsweise ergibt sich aus dem Zusammenspiel von Nettoumlaufvermögen und Nettofinanzverbindlichkeiten: Erhöhen sich z. B. die Vorräte, so führt dies zu einer höheren Kapitalbindung, die entweder durch eine Abnahme der bestehenden Liquidität oder durch Neuaufnahme von Finanzverbindlichkeiten finanziert werden kann. Ob zur Finanzierung der erhöhten Kapitalbindung Liquidität oder Fremdfinanzierung herangezogen wird, ist in der aggregierten Betrachtung der Nettofinanzverbindlichkeiten unerheblich, da diese in beiden Fällen um den Finanzierungsbetrag sinkt. Idealerweise kompensiert die Kaufpreiserhöhung (Kaufpreisminderung) aus einer Erhöhung (Reduzierung) des Nettoumlaufvermögens im Vergleich zum normalisierten Nettoumlaufvermögen die spiegelbildliche Kaufpreisminderung (Kaufpreiserhöhung) aus der Erhöhung (Reduktion) der Nettofinanzverbindlichkeiten. Grundsätzlich hat der Veräußerer durch den sich aus § 4 Abs. 1 Nr. 4 ergebenden Anpassungsmechanismus den Anreiz, Vermögensgegenstände im Vergleich zum normalisierten Nettoumlaufvermögen im Volumen zu erhöhen und in der Bewertung zu überhöhen. Umgekehrt besteht für den Veräußerer ein Interesse daran,

1197) Vgl. *Koesling/Neuhaus*, in: Kiem, S. 167 Rz. 10 ff.

Verbindlichkeiten zu reduzieren bzw. unterzubewerten, um eine entsprechende positive Kaufpreisanpassung zu erzielen.

In der Praxis wird für die Berechnung des **Benchmark Working Capitals** oder des Working Capital Referenzbetrags empfohlen, diese auf Basis der letzten zwölf Monate oder auf Basis des letzten Geschäftsjahres zu berechnen.[1198] Im Folgenden wird dieser auch als **Backward Looking Working Capital Benchmark** bezeichnet. 1267

Aus der Perspektive der Unternehmensbewertung ist jedoch ein zukunftsorientierter Working Capital Referenzbetrag zu bevorzugen, der sich auf das erste Planungsjahr bezieht **(Forward Looking Working Capital Benchmark)**. Für diese Vorgehensweise spricht, dass die in der Unternehmensbewertung berücksichtigten Nettofinanzverbindlichkeiten und die daraus resultierenden Zinsaufwendungen ebenfalls auf der künftigen Saisonalität und nicht auf Basis der historischen Saisonalität des Working Capitals begründet sind. 1268

Bzgl. der zeitlichen Granularität der Planung des Erwerbers können nunmehr zwei Situationen in Bezug auf die Ermittlung des Working Capital Benchmarks unterschieden werden: 1269

1. Der Erwerber hat eine **monatliche Planung** erstellt, die der Unternehmensbewertung zugrunde gelegt wird. In diesem Fall wäre der Working Capital Referenzbetrag auf Basis der Monatsdurchschnitte der Working Capital Salden zu ermitteln.
2. Der Erwerber hat lediglich eine **Jahresplanung** erstellt. In diesem Fall müsste konsequenterweise der zu dem geplanten Zinsaufwand korrespondierende Working Capital Referenzbetrag auf Basis des Durchschnitts von Jahresanfangs- und -endsaldo des Working Capitals ermittelt werden.

Praktischerweise stellt sich das Problem, dass während der Financial Due Diligence Phase häufig die Planung des Erwerbers noch nicht fertiggestellt ist und somit der Referenzbetrag des Working Capitals auf Basis eines 12-monatigen Durchschnitts hilfsweise ermittelt wird, um eine Indikation bzgl. der Höhe des Working Capital Referenzbetrags zu haben. Dieser Betrag muss jedoch mit der Planung des Erwerbs in Bezug gesetzt werden. Gerade in Situationen, in denen das zu erwerbende Unternehmen sich in einer Transformation befindet oder hohes Wachstum oder auch gar Schrumpfung im ersten Planjahr erwartet, kann der Backward Looking Working Capital Mechanismus eine schlechte Approximation für den bewertungsmethodisch richtigen Referenzbetrag sein. 1270

Eine weitere Herausforderung besteht darin, dass i. d. R. weder Verkäufer noch Käufer ihre Bewertungsmodelle offenlegen wollen. Hier sind drei Fälle zu unterscheiden: 1271

1. Der Geschäftsverlauf wird erwartungsgemäß **keinen großen Veränderungen** im ersten Planjahr unterliegen. In diesem Fall kann der historische 12-Monatsdurchschnitt in Verhandlungen als Argumentationsbasis herangezogen werden.
2. Es werden **größere Veränderungen** bzgl. des Cashflows und des Working Capitals erwartet und der Verkäufer hat eine **monatliche Planung** offengelegt: Hier kann der 12-Monatsdurchschnitt auf Basis der vom Verkäufer offengelegten Planung errechnet werden und in der Verhandlung diskutiert werden, ohne dass Erwerber oder Verkäufer ihre tatsächliche Planung offenlegen müssen.
3. Eine weitere Möglichkeit besteht darin, dass zwar **größere Veränderungen** erwartet werden, aber seitens des Verkäufers **keine taugliche monatliche Planung** vorgelegt wurde:

1198) Vgl. *Koesling/Neuhaus*, in: Kiem, S. 273 Rz. 30.

In diesem Fall ist für die Verhandlungen ein monatliches Working-Capital-Modell zu bauen, dessen Annahmen zwischen Erwerber und Verkäufer abzustimmen sind, sodass dann auf Basis dieses monatlichen Modells und der gemeinsam vereinbarten Planungsannahmen ein Referenzbetrag für das Working Capital ermittelt werden kann.

1272 Bzgl. der Höhe des Working Capital Referenzbetrags ist es wichtig, den **Interessengegensatz** zwischen Verkäufer und Käufer zu beachten. Dieser gestaltet sich bei **positivem Working Capital** wie folgt:

- Ein **Erwerber** strebt – unabhängig von den tatsächlichen Gegebenheiten – einen möglichst hohen Working-Capital-Referenzbetrag an, da mit steigender Höhe des Referenzbetrags die Wahrscheinlichkeit abnimmt, dass er zusätzlich zu dem vereinbarten Kaufpreis eine Zuzahlung aus dem Working-Capital-Mechanismus leisten muss.
- Für den **Verkäufer** ist die Interessenlage spiegelbildlich: Der Verkäufer strebt einen möglichst niedrigen Working Capital Betrag an, da sich damit die Chance erhöht, eine zusätzliche Zahlung aus dem Working Capital Mechanismus zu erlangen. Die Diskussionen um die Art der Ermittlung (Backward vs. Forward Looking) und die Länge der vorgeschlagenen Perioden für die Durchschnittsermittlung bis hin zur Diskussion der mathematischen Durchschnittsermittlung (einfaches arithmetisches Mittel, gewichtetes arithmetisches Mittel, Median etc.) sind vor dem Hintergrund dieser Interessenlage zu betrachten.

1273 Wie vorangehend ausgeführt, ist die Interessenlage bei **negativem Working Capital** jeweils umgekehrt.

### f) CAPEX [→ Rz. 947]

1274 Im Zusammenhang mit Investitionen sind unterschiedliche Konstellationen zu berücksichtigen, die im Folgenden beschrieben werden. Hierbei ist zu berücksichtigen, dass diese Fragestellungen sich vor allem für anlageintensive Unternehmen ergeben.

#### aa) CAPEX-Verbindlichkeiten

1275 Verbindlichkeiten aus Lieferungen und Leistungen, die im Zusammenhang mit getätigten Investitionen oder darauf geleisteten Anzahlungen stehen, sind als Finanzverbindlichkeiten zu verstehen.[1199] Sie zählen aus zwei Gründen nicht zum Working Capital: (i) Die Gegenposition zu diesen CAPEX-Verbindlichkeiten (CAPEX-Creditor) im Anlagevermögen zählt ebenfalls nicht zum Working Capital.[1200] (ii) Die Investitionen und die daraus resultierenden Geschäftsmöglichkeiten wurden bereits in die Unternehmensplanung einbezogen und werden somit im Unternehmenspreis vergütet. Die noch ausstehenden Verbindlichkeiten wirken hingegen noch liquiditätsmindernd und treffen den künftigen Eigentümer des Unternehmens. (iii) Darüber hinaus haben die CAPEX Verbindlichkeiten – anders als reguläre Verbindlichkeiten aus Lieferungen und Leistungen – keinen wiederkehrenden Charakter.

1199) Vgl. *Koesling*, in: Kiem, S. 243 Rz. 201.
1200) Vgl. *Koesling*, in: Kiem, S. 240 Rz. 184.

### bb) Investitionsrückstau (CAPEX-Backlog)

Unterlassene oder verschobene Investitionen und auch Großreparaturen verbessern die Liquiditätssituation des zu erwerbenden Unternehmens. Sie führen damit zu einer kaufpreisrelevanten Erhöhung der Barmittel und der künftige Eigentümer der Gesellschaft hat nachfolgend erhöhte Ausgaben, um diesen Investititons- und Reparaturstau zu beseitigen.[1201] 1276

Der Investitionsstau wird typischerweise durch die technische Due Diligence ermittelt und beziffert.[1202] Darüber sind aber auch im historischen Zeitablauf rückläufige Investitionsausgaben, die geringer als die Abschreibung sind, Indizien für einen möglichen Instandhaltungsstau.[1203] Letztendlich ist es aber eine Verhandlung zwischen Verkäuferin und Käuferin, in welchem Umfang ein Abzug des Investitionsstaus von dem Unternehmenskaufpreis in Betracht kommt. 1277

### cc) Investitionsverzögerung zwischen Signing und Closing

Diese Verzögerung der Investitionsausgaben zwischen Signing und Closing kann eine Verletzung von Garantien sein. Eine Verletzung des § 13 Abs. 1 (Fortführung des Unternehmens) dürfte nur schwer nachgewiesen werden können. Es geht um die Fortführung des Unternehmens gemäß den Kriterien „ordentliche Geschäftspraxis" und „im Wesentlichen in der gleichen Weise wie zuvor". Vor diesem Hintergrund bietet es sich – insbesondere bei umfangreichen Investitionsbudgets – für den Erwerber an, den Kaufpreisanpassungsmechanismus auf die Investitionsbudgets auszuweiten. Es ist festzulegen, welches Investitionbudget zwischen Signing und Closing auszugeben ist. Hierzu ist der Kaufpreis um die im Vergleich zum Investitionsbudget nicht durchgeführten Investitionen zu kürzen, da in gleicher Höhe am Übertragungsstichtag mehr Liquidität zur Verfügung steht bzw. die Finanzverbindlichkeiten geringer sind und somit die Minderung der Nettofinanzverbindlichkeiten durch eine entsprechende CAPEX Adjustierung kompensiert wird. 1278

Um das geforderte Investitionsbudget einzuhalten, könnte die Verkäuferin zu zwei Maßnahmen greifen. Einerseits könnten die aktivierten Eigenleistungen erhöht werden und anderseits können von nahe stehenden Personen Anlagegüter zu überhöhten Preisen erworben werden.[1204] 1279

In Bezug auf **aktivierte Eigenleistung** ist einerseits in Anlage 5.2. Bilanzierungs- und Bewertungsgrundsätze das Vorgehen bei der Aktivierung von Einzel- und Gemeinkosten zu definieren. Weiterhin sollte in dem Investitionsbudget der Umfang der aktivierten Eigenleistung beschrieben und vorgesehen werden, dass eine Überschreitung des Budgets für aktivierte Eigenleistung nicht als Investitionen angerechnet werden. Damit besteht für die Verkäuferin auch kein Anreiz mehr, aktivierte Leistungen zu aktivieren als im Budget vorgesehen wird, da hierdurch eine Kaufpreisreduktion aufgrund des nicht erreichten Investitionsbudgets nicht vermieden wird. 1280

---

1201) Vgl. *Bruski*, BB 2005, Beilage 17, S. 19, 26; *von Braunschweig*, DB 2010, 1815, 1817; *Koesling*, in: Kiem, S. 240 Rz. 183.

1202) Vgl. *Koesling*, in: Kiem, S. 240 Rz. 183.

1203) Vgl. *Koesling*, in: Kiem, S. 240 Rz. 186.

1204) Vgl. *Koesling*, in: Kiem, S. 243 Rz. 198–200.

1281 Bzgl. des **Erwerbs von** Anlagevermögen von **nahe stehenden Personen** ist zu fordern, dass dieser Erwerb zu Marktpreisen erfolgt.[1205] Gleichwohl ist es in der Praxis im Einzelfall schwer nachweisbar, ob die Anlagegüter zu Marktpreisen erworben wurden, insbesondere wenn es sich um Spezialmaschinen handelt, die spezifisch für die jeweiligen Gegebenheiten angefertigt wurden. Insofern sollte auch dieser Fall durch ein differenziertes Investitionsbudget abgebildet werden, welches die von nahe stehenden Personen zu erwerbenden Anlagegüter eindeutig spezifiziert.

#### dd) Unterlassene Erweiterungsinvestitionen

1282 Hat das zu erwerbende Unternehmen seine Kapazitätsgrenze erreicht, so sind grundsätzlich Erweiterungsinvestitionen vorzunehmen.[1206] Ob die unterlassenen Erweiterungsinvestitionen als Finanzverbindlichkeiten abgezogen werden, hängt davon ab, ob die Möglichkeiten aus der Erweiterungsinvestition i. S. v. einer größeren Leistung bereits in der Unternehmensplanung berücksichtigt wurden oder noch nicht. Sollte die Unternehmensplanung des Verkäufers bereits Umsätze und Ergebnisbeiträge enthalten, die mit der gegenwärtigen Kapazität des Unternehmens nicht zu erzielen wären, so sind die unterlassenen Erweiterungsinvestitionen auch als Finanzverbindlichkeiten abzuziehen.[1207]

#### ee) Ausstehende Kaufpreiszahlung aus Unternehmenserwerben

1283 Ausstehende **Kaufpreisraten** aus Unternehmenserwerben oder damit im Zusammenhang stehende **Verkäuferdarlehen**, die durch den Erwerb der Gesellschaft als Verbindlichkeit gegenüber Dritten übernommen werden, sind demnach als Finanzverbindlichkeit abzuziehen. Hierfür spricht auch, dass der Wert des erworbenen Unternehmens ebenfalls bei dem Angebot des Unternehmenskaufpreises berücksichtigt wurde.[1208] Dieses gilt entsprechend für abzugrenzende Zinsen aus den Kaufpreisraten oder den Verkäuferdarlehen.

1284 Grundsätzlich ist dieses Vorgehen auch auf ausstehende **Earn-out-Verbindlichkeiten** anzuwenden.[1209] Nach DRS 4.14. musste das erworbene Unternehmen die Earn-out-Verbindlichkeit bereits unter Berücksichtigung der Wahrscheinlichkeit des Eintritts passivieren. [→ Rz. 424]. Die Käuferin muss jedoch eine Einschätzung darüber treffen, ob die Wahrscheinlichkeit des Eintritts durch den beabsichtigten Erwerb des Unternehmens beeinflusst wird und ggf. aus Sicht der Käuferin anders zu bewerten ist als aus Sicht der Verkäuferin.

### g) Earn-out

1285 Bei einem Earn-out handelt es sich um die kaufvertragliche Vereinbarung, einen Teil des Kaufpreises in Abhängigkeit von den künftigen Ergebnissen der Zielgesellschaft festzulegen. Earn-out-Regelungen sind ein Instrument, um bei unterschiedlichen Bewertungsansätzen von Verkäufer und Käufer in Bezug auf das Zielunternehmen dennoch eine Transaktion zustande zu bringen. Gerade in Krisenzeiten oder bei volatilen bzw. zyklischen

1205) Vgl. *Koesling*, in: Kiem, S. 243 Rz. 200.

1206) Bzgl. der Diskussion einer Investitionsverpflichtung zugunsten Dritter vgl. *Koesling*, in: Kiem, S. 242 Rz. 193 ff.

1207) Vgl. *Koesling*, in: Kiem, S. 241 Rz. 189 – 192.

1208) Vgl. *Pomp*, Praxishandbuch Financial Due Diligence, S. 214; *Koesling*, in: Kiem, S. 222 Rz. 110a.

1209) Vgl. *Koesling*, in: Kiem, S. 222 Rz. 110a.

Marktgegebenheiten kann die Bewertung der Zielgesellschaft durch die Verkäufer- und Käuferseite, insbesondere durch unterschiedliche Gewichtung von Risikofaktoren, unterschiedlich ausfallen. Denkbar ist aber auch die Nutzung von Earn-outs in Situationen, in denen weder dem Verkäufer noch dem Erwerber die künftige Leistung bekannt sein kann. So bürgert es sich z. B. in zunehmendem Maße ein, dass Onshorewindparks zusätzlich zum Kaufpreis einen Earn-out enthalten, der abhängig ist von dem künftigen Windertrag in den nächsten drei Jahren. Zur Überbrückung von Bewertungsdifferenzen bietet sich insoweit die Verständigung an, dass der Käufer bereit ist, den Verkäufer an zukünftigen positiven Entwicklungen (*„up-side"*) teilhaben zu lassen. Das wirft die Frage auf, auf welche Weise negative zukünftige Entwicklungen der Zielgesellschaft bei der Kaufpreisfindung berücksichtigt werden. Dies hängt davon ab, inwieweit der Basiskaufpreis (also vor Anpassung durch die Earn-out-Klausel) lediglich die Bewertung durch den Käufer widerspiegelt. In diesem Fall sollten negative Abweichungen keine Berücksichtigung finden, sondern zulasten des Käufers gehen. Earn-out-Klauseln bereiten Schwierigkeiten, wenn die relevanten Kennzahlen nur schwierig bestimmt werden können und daraus Streitigkeiten zwischen den Parteien entstehen. Gegebenenfalls kann für die Erfüllung der Kriterien für eine Zusatzvergütung aufgrund einer Earn-out-Klausel ein beschleunigtes Schiedsgutachterverfahren (*„fast track procedure"*) im Vertrag niedergelegt werden. Bei einer Earn-out-Regelung empfiehlt es sich, einen Schwellenbetrag festzulegen, bei dessen Überschreitung der Earn-out geschuldet wird. Wichtiger Vertragsbestandteil ist dabei, wie die Schwelle festgelegt wird. Aus Sicht des Käufers empfiehlt sich eine eher „unten in der GuV" angesiedelte Bezugsgröße, etwa der Gewinn nach Zinsen, Abschreibung und Steuern. Der Verkäufer wird eher auf eine Bezugsgröße, die „am oberen Ende der GuV" angesiedelt ist, dringen, da insoweit weniger Potential für den Käufer besteht, die entsprechenden Bilanzgrößen – unter Wahrung der anwendbaren Bewertungs- und Bilanzierungs- und Bewertungsgrundsätze – zu gestalten.

Kann der dem Earn-out zugrunde liegende Ertrag nur durch den Einsatz von Gutachtern **1286** ermittelt werden, so ist zu empfehlen, dass bereits vorbefasste Gutachter nicht die erneute Begutachtung durchführen dürfen. Je nach Berufsstand des Gutachters sind die Regeln der Selbstprüfung unterschiedlich strikt und es kann nicht notwendigerweise vorausgesetzt werden, dass ein Berufsstand seinen Mitgliedern die Selbstprüfung untersagt, obwohl dieses Mindestgebot in vielen Berufsständen als Selbstverständlichkeit gilt. Unter Umständen ist eine Chinese-Walls-Regelung in dem Sinne vertretbar, dass zwar dasselbe Beratungshaus tätig werden darf, aber nicht dieselben Mitarbeiter des ursprünglichen Teams. Ob diese Regelung aus Sicht eines Erwerbers akzeptabel ist, hängt davon ab, ob das zu mandatierende Beratungsunternehmen Hausmeinungen vertritt, die bewertungsrelevant sind und damit auch für das künftige Gutachterteam gelten, oder ob das künftige Gutachterteam tatsächlich unabhängig sein kann und nicht Hausmeinungen befolgen muss, die am Ende zum gleichen Ergebnis führen. Je nach Branche kann die Bedeutung von Hausmeinungen bei der Ermittlung von Ergebnissen ganz unterschiedliche Auswirkungen haben, die ggf. zu materiellen Unterschieden in der Begutachtung durch andere Häuser führen können. Hier besteht dann ein Interessengegensatz zwischen Veräußerer und Erwerber: Während der Veräußerer an einer Fortführung der bisherigen Bewertungsmethode interessiert ist, die ggf. für ihn zu vorteilhafteren Ergebnissen führt, ist der Erwerber an der unabhängigen Sicht bzw. sogar an einer Sicht interessiert, die durch entsprechende methodische Vorgaben zu für ihn vorteilhafteren Ergebnissen führt.

1287 Die Earn-out-Klauseln sind einer der vielen Bereiche, in denen Finanz-, Steuer- und Rechtsberater sehr eng zusammenarbeiten sollten. Steuerlich ist nämlich die Frage relevant, inwieweit Zahlungen aufgrund des Earn-outs als Kaufpreis oder laufende Vergütung für die weitere Tätigkeit des Verkäufers im Zielunternehmen anzusehen sind. Denn eine Earn-out-Gestaltung ist meist nur in denjenigen Fällen sinnvoll, in denen die Verkäuferseite dem Unternehmen der Zielgesellschaft verbunden bleibt, damit sie hinreichenden Einfluss auf die weitere Entwicklung der Zielgesellschaft nehmen kann, um die Aussicht zu haben, dass der Earn-out erwirtschaftet werden kann. Wegen der vielfältigen Gestaltungsvarianten in Situationen, in denen eine Earn-out-Gestaltung in Betracht kommt, wurde im Muster davon abgesehen, eine Klausel zu formulieren.

1288 Einleitend wurden die verschiedenen Standards bei der Gestaltung von Earn-outs beschrieben. [→ Rz. 239] Im Folgenden sollen Vertragsmuster zur Umsetzung dieser verschiedenen Standards dargestellt werden.

### aa) Fester Standard

1289 Bei dem festen Standard wird ein Zusatzkaufpreis in Abhängigkeit von einer festen Messgröße in einer Periode definiert.[1210)]

***Sachverhalt:*** *In dem folgenden Beispiel wird der Zusatzkaufpreis in Abhängigkeit von dem EBITDA definiert. Da die ursprüngliche Bewertung des Unternehmens 6x EBITDA im Jahr des Closings betrug, kommt dieser Bewertungsmaßstab wieder zum Einsatz. Es soll nunmehr eine mögliche signifikante EBITDA-Steigerung im Vergleich zum EBITDA im Jahr des Closings vergütet werden. Hierzu soll die Differenz zwischen aktuellen EBITDA und EBITDA im Closing-Jahr multipliziert mit dem ursprünglichen Bewertungsmultiplikator als Earn-out vergütet werden.*

**§ 5**

**Earn-out**

1290 (1) Die Käuferin verpflichtet sich in Abhängigkeit des EBITDAs im Jahr 20xx zur Zahlung eines zusätzlichen Kaufpreises (**Earn-out**) an die Verkäuferin.

1291 (2) Der Earn-out berechnet sich wie folgt:

$$\text{Earn-out} = (\text{EBITDA}_{\text{Closing}} - \text{EBITDA}_{20xx}) \times 6$$

*mit:*

*$EBITDA_{Closing}$ = EBITDA in Höhe von [...] € im Jahr des Closings auf Basis des Ermittlungsschemas für Ableitung des EBITDAs in **Anlage 5.x***

*$EBITDA_{20xx}$ = EBITDA im Jahr 20xx auf Basis des Ermittlungsschemas für Ableitung des EBITDAs in **Anlage 5.x***

1292 (3) Sollte der sich ergebende Earn-out negativ sein, so kommt es nicht zu einem durch die Verkäuferin zu leistenden negativen Kaufpreis.

1293 (4) Der Erwerber wird dem Verkäufer in dem jeweiligen Jahr bis zum Ende [Monat] eines Jahres, einen geprüften Jahresabschluss (**„Earn-out-Jahresabschluss“**) sowie eine Berechnung des Earn-out-Anspruchs auf Basis des Jahresabschlusses (**„Berechnung**

1210) Vgl. *Labbé*, FB 2004, 120.

**des Earn-out-Anspruchs**") offenlegen. Weiterhin gewährt der Erwerber dem Verkäufer auf Anforderung Zugang zu den zugrunde liegenden Unterlagen und Arbeitspapieren.

(5) Wenn der Verkäufer der Ansicht ist, dass die Berechnung des Earn-out-Anspruchs nicht im Einklang mit den Bestimmungen des Kaufvertrags steht, so hat er die Möglichkeit, innerhalb von [...] Werktagen einen Widerspruch gegen die Berechnung des Earn-out-Anspruchs einzulegen („**Earn-out-Widerspruch**"). 1294

(6) Falls keine Einigung der Parteien über die Ermittlung des Earn-out-Anspruchs erzielt wird, kann jede Partei das Institut der Wirtschaftsprüfer e. V. bitten, einen unabhängigen Wirtschaftsprüfer zu benennen, der als Schiedsgutachter, nicht als Schiedsrichter, die Streitigkeit mit bindender Wirkung entscheidet. Die durch Inanspruchnahme des unabhängigen Schiedsgutachters entstandenen Kosten tragen die Parteien im Verhältnis ihres jeweiligen Unterliegens oder Obsiegens. Ein Anpassungsbetrag, der gemäß Vereinbarung der Parteien oder Entscheidung des unabhängigen Wirtschaftsprüfers geschuldet wird, ist von den Verkäufern an die Käuferin unverzüglich auf ein von der Käuferin zu benennendes Bankkonto zu zahlen. 1295

Es bietet sich an, die Vereinbarung zum Earn-out als gesonderten Paragrafen nach der Kaufpreisvereinbarung in den Vertrag einzufügen, da die Earn-out-Vereinbarung eine vom Kaufpreis unabhängige Vereinbarung ist. 1296

Um Missverständnisse bei der gewählten Ergebnisgröße, in diesem Falle das EBITDA, zu vermeiden, sollte die Ermittlung des EBITDAs in einem separaten Anhang 5.x dargestellt werden. In dem Anhang sollten analog zu der Bestimmung von Barmitteln, Finanzverbindlichkeiten und Nettoumlaufvermögen der Ableitung der Ergebnisgröße auf Kontenebene dargestellt werden. Da bei den Earn-outs längere Perioden in Betracht kommen können, sollten Regelungen zur Berücksichtigung neuer Konten bedacht werden. 1297

Der Earn-out wird als mathematische Gleichung dargestellt. Hierbei sollten die Variablen der Gleichungen unterhalb der Gleichung definiert werden. 1298

In Absatz 3 des Mustervorschlages wird für das Beispiel festgelegt, dass ein Unterschreiten des EBITDAs im Jahr des Closings zu keinen Anpassungen führen würde. Diese Einschränkung muss jedoch nicht vorgenommen werden. Es können z. B. auch Anpassungen in beide Richtungen erfolgen oder es können Mindest- oder Höchstbeträge vereinbart werden. 1299

In Absatz 4 wird die Offenlegung erforderlicher Unterlagen an den Verkäufer zur Berechnung des Earn-outs durch den Erwerber konkretisiert. Da der Verkäufer nach Closing keinen Zugang mehr zu den Geschäftsunterlagen hat, ist es notwendig, dem Verkäufer adäquate Informationen zur Verfügung zu stellen und eine Nachprüfung möglich zu machen. 1300

Absatz 5 und 6 definieren die Widerspruchsmöglichkeit und die Möglichkeit der Bestellung eines Schiedsgutachters, falls beide Parteien sich nicht auf eine Berechnung des Earn-outs einigen können. 1301

### bb) Ereignis-Standard

1302 Der Ereignis-Standard definiert ein bestimmtes Ereignis, welches zu einem zusätzlichen Kaufpreis führt,[1211] wie z. B. das Erlangen einer Baugenehmigung, Betriebsgenehmigung, Lizensierung etc.

***Sachverhalt:*** *In dem folgenden Beispiel wird der Zusatzkaufpreis in Abhängigkeit von der Änderung des Bebauungsplans und dem Ausweis der miterworbenen Grundstücke als baureifes Land abhängig gemacht. Im Falle des Ausweises der Grundstücke als baureifes Land innerhalb von drei Jahren nach dem Closing leistet der Erwerber einen zusätzlichen Kaufpreis.*

**§ 5**
**Earn-out**

1303 (1) Die Zielgesellschaft ist Eigentümerin des in Anlage 8.3.1 ausgewiesenen Immobilienbesitzes. Hierunter befindet sich ein Grundstück in der Gemeinde [...] mit der Flurstücknummer [...]/[...] mit einer Größe von [...] m². Dieses Grundstück wird derzeitig im aktuell gültigen Bebauungsplan als Gartenland ausgewiesen. Es wird jedoch erwartet, dass der Bebauungsplan in den nächsten drei Jahren überarbeitet wird und das Grundstück dann als Bauland ausgewiesen wird.

1304 (2) Die Käuferin verpflichtet sich, wenn der Bebauungsplan geändert wird und das Grundstück danach als Bauland ausgewiesen wird, einen zusätzlichen Kaufpreis (**Earn-out"**) in Höhe von [...] € an die Verkäuferin zu leisten.

1305 (3) Der Erwerber wird dem Verkäufer bis zur Änderung des Bebauungsplanes, den Schriftverkehr mit dem Bauamt in dieser Angelegenheit in Kopie zur Verfügung stellen. Bei Änderung des Bebauungsplans wird er den aktualisierten Bebauungsplan zur Verfügung stellen. Weiterhin gewährt der Erwerber der Verkäuferin auf Anforderung Zugang zu den zugrunde liegenden Unterlagen und Arbeitspapieren.

1306 (4) Wenn der Verkäufer der Ansicht ist, dass das Ereignis, welches den Earn-out-Anspruch auslöst, (noch) nicht eingetreten ist, so hat er die Möglichkeit, innerhalb von [...] Werktagen einen Widerspruch gegen die Berechnung des Earn-out-Anspruchs einzulegen (**„Earn-out-Widerspruch"**).

1307 (5) Falls keine Einigung der Parteien über die Ermittlung des Earn-out-Anspruchs erzielt wird, kann jede Partei das Institut der Wirtschaftsprüfer e. V. bitten, einen unabhängigen Wirtschaftsprüfer zu benennen, der als Schiedsgutachter, nicht als Schiedsrichter, die Streitigkeit mit bindender Wirkung entscheidet. Die durch Inanspruchnahme des unabhängigen Schiedsgutachters entstandenen Kosten tragen die Parteien im Verhältnis ihres jeweiligen Unterliegens oder Obsiegens. Ein Anpassungsbetrag, der gemäß Vereinbarung der Parteien oder Entscheidung des unabhängigen Wirtschaftsprüfers geschuldet wird, ist von den Verkäufern an die Käuferin unverzüglich auf ein von der Käuferin zu benennendes Bankkonto zu zahlen.

1308 Bei dem Ereignis-Standard ist es von Bedeutung einerseits das Objekt auf das sich das Ereignis bezieht und anderseits das Ereignis selbst genau zu spezifizieren.

1211) Vgl. *Labbé*, FB 2004, 120.

In Bezug auf das Ereignis ist festzulegen, was genau erfolgt sein muss. Beispielsweise stellt sich bei einer Genehmigung die Frage, ob die Ausstellung einer vorläufigen Genehmigung ausreicht und wie mit etwaigen Widerspruchsfristen umzugehen ist. Um spätere Dispute zwischen Verkäuferin und Käuferin zu vermeiden, müssen hier alle Eventualitäten in Betracht gezogen werden. 1309

In Absatz 3 werden abweichend zu den ergebnisbasierten Earn-outs, Unterlagen definiert, mit denen der Eintritt des Ereignisses nachgewiesen werden kann. Ergänzend wurden Unterlagen aufgenommen, mit denen der Fortschritt in Bezug auf die Erreichung des gewünschten Ereignisses nachgewiesen werden kann. 1310

In Absatz 5 kann abweichend zu einem Wirtschaftsprüfer auch ein anderer Experte genannt werden, der den Eintritt des Earn-out-Ereignisses sachkundig beurteilen kann. 1311

### cc) Variabler Standard

Bei dem variablen Standard wird der zusätzliche Kaufpreis in Abhängigkeit von einer anderen Größe definiert.[1212] Hierbei ist es möglich, interne Größen, wie z. B. das zum Closing noch nicht bekannte Ergebnis zu definieren oder auch externe Größen, wie z. B. der EBITDA-Zuwachs des Wettbewerbers. 1312

***Sachverhalt:*** *In dem folgenden Beispiel wird der Zusatzkaufpreis in Abhängigkeit von dem EBITDA-Zuwachs der nächsten drei Jahre nach Closing im Vergleich zu dem EBITDA-Zuwachs des börsennotierten Hauptwettbewerbers vereinbart. In dem Maße wie das EBITDA des Zielunternehmens schneller wächst als das seines Hauptwettbewerbers, erfolgt eine nachträgliche prozentuale Kaufpreisanpassung.*

**§ 5**
**Earn-out**

(1) Die Käuferin verpflichtet sich, in Abhängigkeit des EBITDAs in den nächsten drei Jahren nach Closing bis zum Jahr 20xx im Vergleich zur EBITDA-Entwicklung der [...] AG im selben Zeitraum, einen zusätzlichen Kaufpreis (**„Earn-out“**) an die Verkäuferin zu zahlen. 1313

(2) Der Earn-out berechnet sich wie folgt: 1314

$$\text{Earn-out} = [[(\text{EBITDA}_{Z,Closing} - \text{EBITDA}_{Z,20xx}) \div \text{EBITDA}_{K,Closing} - \text{EBITDA}_{K,20xx})] - 1] \times \text{KP}_{Closing}$$

*mit:*

*$EBITDA_{Z,Closing}$ = EBITDA des Zielunternehmens in Höhe von [...] € im Jahr des Closings auf Basis des Ermittlungsschemas für Ableitung des EBITDA in* ***Anlage 5.x***

*$EBITDA_{Z,20xx}$ = EBITDA des Zielunternehmens im Jahr 20xx auf Basis des Ermittlungsschemas für Ableitung des EBITDA in* ***Anlage 5.x***

*$EBITDA_{K,Closing}$ = EBITDA des Konkurrenzunternehmens in Höhe von [...] € im Jahr des Closings auf Basis des Ermittlungsschemas für Ableitung des EBITDA in* ***Anlage 5.x***

1212) Vgl. *Labbé*, FB 2004, 120.

*$EBITDA_{K.20xx}$ = EBITDA des Konkurrenzunternehmens im Jahr 20xx auf Basis des Ermittlungsschemas für Ableitung des EBITDA in* ***Anlage 5.x***

$KP_{Closing}$ = Unternehmenspreis i. S. v. *§ 4 Abs. 1 Nr. 1 des Kaufvertrags*

1315 (3) Der Erwerber wird dem Verkäufer in dem jeweiligen Jahr bis zum Ende [Monat] eines Jahres einen geprüften Jahresabschluss (**„Earn-out-Jahresabschluss“**) sowie eine Berechnung des Earn-out-Anspruchs auf Basis des Jahresabschlusses (**„Berechnung des Earn-out-Anspruchs“**) offenlegen. Weiterhin gewährt der Erwerber dem Verkäufer auf Anforderung Zugang zu den zugrunde liegenden Unterlagen und Arbeitspapieren.

1316 (4) Wenn der Verkäufer der Ansicht ist, dass die Berechnung des Earn-out-Anspruchs nicht im Einklang mit den Bestimmungen des Kaufvertrags steht, so hat er die Möglichkeit, innerhalb von [...] Werktagen einen Widerspruch gegen die Berechnung des Earn-out-Anspruchs einzulegen (**„Earn-out-Widerspruch“**).

1317 (5) Falls keine Einigung der Parteien über die Ermittlung des Earn-out-Anspruchs erzielt wird, kann jede Partei das Institut der Wirtschaftsprüfer e. V. bitten, einen unabhängigen Wirtschaftsprüfer zu benennen, der als Schiedsgutachter, nicht als Schiedsrichter, die Streitigkeit mit bindender Wirkung entscheidet. Die durch Inanspruchnahme des unabhängigen Schiedsgutachters entstandenen Kosten tragen die Parteien im Verhältnis ihres jeweiligen Unterliegens oder Obsiegens. Ein Anpassungsbetrag, der gemäß Vereinbarung der Parteien oder Entscheidung des unabhängigen Wirtschaftsprüfers geschuldet wird, ist von den Verkäufern an die Käuferin unverzüglich auf ein von der Käuferin zu benennendes Bankkonto zu zahlen.

1318 Bei diesem variablen Standard wird auf die Ergebnisentwicklung des börsennotierten Konkurrenten Bezug genommen. Bei externen Vergleichsgrößen ist zu beachten, dass die Daten entsprechend öffentlich verfügbar sind. Insofern kommen hier nur börsennotierte Unternehmen zum Tragen. Alternativ ließe sich auch der Börsenindex eines entsprechenden Börsensegmentes heranziehen.

1319 Die hier dargestellte Gleichung zur Ermittlung der Kaufpreisanpassung bewirkt eine prozentuale Kaufpreisanpassung in Höhe der prozentual stärkeren Ergebnissteigerung des Zielunternehmens im Vergleich zum Konkurrenzunternehmen.

1320 Der variable Standard mit externer Bezugsgröße führt dazu, dass der Earn-out sich nicht ausschließlich auf die Unternehmensentwicklung bezieht, sondern die gesamtwirtschaftliche Entwicklung bzw. die Entwicklung der Branche miteinbezieht. Das heißt, im Falle einer Wirtschaftskrise wäre es dennoch möglich, dass das Zielunternehmen eine bessere Leistung erbringt als der hier definierte Wettbewerber und es somit zu einer Earn-out Zahlung kommt, die im Falle des festen Standards bei diesen Rahmenbedingungen nicht erfolgt wäre.

#### dd) Kumulativer Standard

1321 Bei dem kumulativen Standard ist nicht der Erfolg in einer Periode, sondern die Summe des Erfolges aus mehreren Perioden relevant. Hierbei kann festgelegt werden, dass ein bestimmter Schwellenwert überschritten werden soll.[1213)]

1213) Vgl. *Labbé*, FB 2004, 120.

***Sachverhalt:*** *In dem folgenden Beispiel wird der Zusatzkaufpreis in Abhängigkeit von dem kumulativen EBITDA der nächsten drei Jahre und dem Überschreiten eines Schwellenwertes von 10 Mio. € geleistet.*

**§ 5**
**Earn-out**

(1) Die Käuferin verpflichtet sich in Abhängigkeit des kumulativen EBITDAs der Jahre 20xx bis 20xx zur Zahlung eines zusätzlichen Kaufpreises („**Earn-out**") an die Verkäuferin. 1322

(2) Der Earn-out berechnet sich wie folgt: 1323

$$\text{Earn-out} = (\text{EBITDA}_{20xx} + \text{EBITDA}_{20xx} + \text{EBITDA}_{20xx}) - 10.000.000$$

*mit:*
*$EBITDA_{20xx}$ = EBITDA im Jahr 20xx auf Basis des Ermittlungsschemas für Ableitung des EBITDAs in* ***Anlage 5.x***

(3) Der Erwerber wird dem Verkäufer in dem jeweiligen Jahr bis zum Ende [Monat] eines Jahres einen geprüften Jahresabschluss („**Earn-out-Jahresabschluss**") sowie eine Berechnung des Earn-out-Anspruchs auf Basis des Jahresabschlusses („**Berechnung des Earn-out-Anspruchs**") offenlegen. Weiterhin gewährt der Erwerber dem Verkäufer auf Anforderung Zugang zu den zugrunde liegenden Unterlagen und Arbeitspapieren. 1324

(4) Wenn der Verkäufer der Ansicht ist, dass die Berechnung des Earn-out-Anspruchs nicht im Einklang mit den Bestimmungen des Kaufvertrags steht, so hat er die Möglichkeit, innerhalb von [...] Werktagen einen Widerspruch gegen die Berechnung des Earn-out-Anspruchs einzulegen („**Earn-out-Widerspruch**"). 1325

(5) Falls keine Einigung der Parteien über die Ermittlung des Earn-out-Anspruchs erzielt wird, kann jede Partei das Institut der Wirtschaftsprüfer e. V. bitten, einen unabhängigen Wirtschaftsprüfer zu benennen, der als Schiedsgutachter, nicht als Schiedsrichter, die Streitigkeit mit bindender Wirkung entscheidet. Die durch Inanspruchnahme des unabhängigen Schiedsgutachters entstandenen Kosten tragen die Parteien im Verhältnis ihres jeweiligen Unterliegens oder Obsiegens. Ein Anpassungsbetrag, der gemäß Vereinbarung der Parteien oder Entscheidung des unabhängigen Wirtschaftsprüfers geschuldet wird, ist von den Verkäufern an die Käuferin unverzüglich auf ein von der Käuferin zu benennendes Bankkonto zu zahlen. 1326

Mit dem kumulativen Standard wird eine nachhaltige Entwicklung über die definierten Jahre belohnt. 1327

### h) Vorläufiger Kaufpreis [→ Rz. 949]

Das Vertragsmuster geht von einem Auseinanderfallen von Kaufvertragsschluss und dinglichem Vollzug der Transaktion aus. Da aufgrund der Tatsache, dass am Tag der Unterzeichnung des Unternehmenskaufvertrags keine auf den (in der Zukunft liegenden) Vollzugstag erstellten Abschlüsse des Zielunternehmens vorliegen können, welche die wirtschaftliche Situation des Zielunternehmens zu diesem Stichtag darstellen, muss für die Zwecke der Kaufpreiszahlung am Vollzugstag, die aufschiebende Bedingung gemäß § 3 1328

Abs. 2 Nr. 5 des Kaufvertrags ist, von den Parteien eine Prognose des zu erwartenden endgültigen Kaufpreises aufgestellt werden. Hierzu müssen die Vertragsparteien den Kaufpreis, der zunächst an den Verkäufer zu zahlen ist, auf der Basis der Berechnungsmethodik für die Kaufpreisermittlung (§ 4 Abs. 1) schätzen (sog. **vorläufiger Kaufpreis**). Problematisch ist dabei, dass die unterjährige interne Berichterstattung häufig keine oder nicht korrekt abgegrenzte Finanzinformationen liefert. **Besondere Probleme** werfen hierbei alle Abgrenzungspositionen wie sonstige Forderungen und Verbindlichkeiten, aktive und passive Rechnungsabgrenzungsposten, Wertberichtigungen auf Forderungen und Vorräte sowie Rückstellungen auf. Neben der möglichen Nachlässigkeit bei der monatsgenauen Abgrenzung können auch saisonale Effekte hinzukommen und dazu führen, dass Bilanzpositionen zum Ende des Wirtschaftsjahres gering sind und sich zum Vollzugstag signifikant verändert haben, wie z. B. Urlaubsrückstellungen. Weiterhin muss der Käufer im Blick halten, dass die nachträglichen Anpassungspositionen keine für die Bemessung des Basiskaufpreises relevante Veränderung des Unternehmensgesamtwertes (Enterprise Value) berücksichtigen. Dieses **Risiko** nimmt mit zunehmender Länge des Zeitraums zwischen Unterzeichnung und Übertragung zu. Eine hohe Saisonalität der zur Bewertung herangezogenen Cashflows kann sich ebenfalls wertändernd auf den Unternehmensgesamtwert auswirken.

1329 Der vorläufige Kaufpreis basiert auf einer von den Parteien festgelegten Ausgangsgröße – im Vertrag in § 4 Abs. 1 Nr. 1 Unternehmenspreis genannt –, der um die in den nachfolgenden Nr. 2 bis 4 aufgeführten Positionen korrigiert wird (zu den Bestandteilen der in Abzug zu bringenden oder hinzuzuaddierenden Positionen im Einzelnen siehe Rz. 1156 ff).

1330 Um den vorläufigen Kaufpreis dem letztendlich geschuldeten finalen Kaufpreis möglichst anzunähern, wird insbesondere die Käuferseite darauf dringen, bei Unterzeichnung des Kaufvertrags (Signing) die aktuelle Unternehmensentwicklung und deren Auswirkung auf die Bilanz bis zum Closing in Form von Kaufpreisanpassung vorzunehmen. Auf diese Weise spiegelt der vorläufige Kaufpreis die tatsächlichen Verhältnisse im Unternehmen der Zielgesellschaft realistischer wider.

1331 **Aus Verkäuferperspektive** wäre es hingegen wünschenswert, den vorläufigen Kaufpreis entsprechend dem von den Parteien zugrunde gelegten Enterprise Value festzulegen und sämtliche Kaufpreisanpassungen erst auf Basis des Stichtagsabschlusses (Closing Accounts) vorzunehmen. Hierdurch würde der Erwerber die wirtschaftlichen Risiken vom Zeitpunkt der Unterschrift des Kaufvertrags de facto übernehmen. Das Vertragsmuster sieht in § 4 Abs. 2 vor, dass die im Rahmen der Bestimmung des vorläufigen Kaufpreises erfolgten Korrekturposten (§ 4 Abs. 1 Nr. 2–4) auf die tatsächlichen Verhältnisse per Stichtag angepasst werden. Eine weitere Diskussion zwischen Verkäufer und Käufer betrifft typischerweise die Frage, ob **werterhellende Erkenntnisse** nach dem Stichtag bei der Erstellung des Stichtagsabschlusses zu berücksichtigen sind. Bei werterhellenden Erkenntnissen handelt es sich um Ereignisse, die nach dem Stichtag eintreten, aber die Positionen des auf den Stichtag aufgestellten Abschlusses betreffen. Ein Beispiel wäre z. B. die Berücksichtigung einer Wertberichtigung auf eine Forderung bezüglich eines Debitors, der erst nach dem Stichtag in erkennbare Zahlungsschwierigkeiten gekommen ist.

1332 Die **Verhandlungen** über den Kaufpreisanpassungsmechanismus sind üblicherweise sehr technischer Art, wobei oft auch einzelne Beispielsfälle erörtert werden müssen. Da diese Verhandlungen jedoch einen erheblichen Einfluss auf den Kaufpreis haben, ist ihnen große Aufmerksamkeit zu widmen. Um Verhandlungen über den Kaufpreisanpassungsmechanismus überhaupt führen zu können, ist es wichtig, dass die finanzielle Due-Diligence-Prüfung abgeschlossen wurde, da einzelne Positionen und Mechanismen durch den Käufer nur sinnvoll auf Basis der Informationen aus der Due Diligence diskutiert werden können. Häufigster Diskussionspunkt bei Closing Accounts ist die Definition von Nettofinanzverbindlichkeiten und von Working Capital. Problematisch ist dabei auch das Potential zur Manipulation der relevanten Bilanzpositionen (siehe Rz. 1169 ff). Aufgrund des Zeitaufwands und der hohen technischen Spezifizität kann es sich empfehlen, diese Diskussion aus den Kaufvertragsverhandlungen im Übrigen auszuklammern und an ein Verhandlungsteam von Experten des Verkäufers und des Käufers, ggf. unterstützt durch Berater aus dem Finanzsektor, zu übertragen.

### i) Sicherheitseinbehalt und Treuhandkonto [→ Rz. 950]

Naturgemäß hat der Käufer ein Interesse daran, bis zum Ablauf der Verjährungsfrist für mögliche Ansprüche wegen Garantieverletzung und/oder aus übernommenen Freistellungsverpflichtungen des Verkäufers eine Sicherheit zu erhalten. Denkbare Sicherungsmittel sind der Einbehalt eines Teils des Kaufpreises durch den Käufer, die Stellung einer Bankbürgschaft durch den Verkäufer oder die Hinterlegung eines Teils des Kaufpreises auf einem Treuhandkonto (*„escrow account"*). 1333

Wesentlich ist die Frage der Höhe und der Dauer des Sicherheiteneinbehalts auf einem Treuhandkonto. 1334

Hinsichtlich der **Höhe** der erforderlichen Sicherheit sind die durch das Treuhandkonto abzusichernden Sachverhalte, also insbesondere die Verkäufergarantien und die Freistellungen des Verkäufers, im Detail zu analysieren und der mögliche Schaden zu quantifizieren. Hierdurch kann eine stichhaltige Argumentation in der Verhandlung über die erforderliche Höhe des Sicherheiteneinbehalts geführt werden. Gleichzeitig stellt sich dabei aber auch die Frage, ob diese quantifizierten Risiken dann nicht auch im Rahmen der Unternehmensbewertung berücksichtigt werden können. 1335

Hinsichtlich der **Dauer** sollte das Treuhandkonto sich an dem vermutlichen Eintritt eines möglichen Schadens orientieren. Möglich sind gestaffelte Einbehaltsdauern, bei denen die Sicherheitseinbehalte sukzessive im Zeitablauf freigegeben werden. 1336

Ein **Kaufpreiseinbehalt** durch den Käufer wird seitens des Verkäufers wohl nicht akzeptiert werden. Hier steht aus Verkäufersicht zu befürchten, dass der Käufer den einmal einbehaltenen Betrag später nur noch sehr „ungern" an den Verkäufer wird bezahlen wollen. Die Erfahrung aus der Praxis hat dabei gelehrt, dass der Käufer in dieser Fallkonstellation bemüht ist, möglichst viele Sachverhalte aufzudecken, aus denen er Schadensersatzansprüche gegen den Verkäufer herleiten kann, die ihn dazu berechtigen, mit dem Kaufpreiseinbehalt aufzurechnen. Darüber hinaus hätte der Verkäufer das Insolvenzrisiko des Käufers zu tragen. 1337

Eine **Bankbürgschaft** in Form einer Bürgschaft auf erstes Anfordern ist aus Käufersicht ein geeignetes Sicherungsmittel, da hierdurch zum Beispiel auch problemlos die Leistung einer durch den Verkäufer nach dem Closing ggf. noch zu erbringenden Kaufpreisanpassungszahlung gesichert werden kann. Der Verkäufer hingegen wird oftmals versuchen, eine andere Sicherheit zu stellen, da die Bankbürgschaft für ihn zum einen mit erheblichen Kosten verbunden ist und zum anderen seinen Kreditrahmen im Übrigen schmälert. Wird eine Bankgarantie zur Sicherung etwaiger Garantieansprüche des Käufers gestellt, so enthält diese üblicherweise einen Höchstbetrag der Inanspruchnahme und eine Befristung der Laufzeit.[1214] Bei der Festlegung des Höchstbetrags sollte klargestellt werden, ob dieser auch Zin- 1338

1214) MünchKomm-*Habersack*, BGB, Vor § 765 Rz. 31.

sen und Kosten erfasst. Um die die Garantie in Auftrag gebende Partei zu schützen, sollte die Bankgarantie u. a. folgende Klausel enthalten: *„Die Garantie erlischt mit Ablauf der auf ihr vermerkten Laufzeit, auch ohne dass die Garantieurkunde von der begünstigten Person zurückgegeben wird."*

1339 Das Vertragsmuster geht von der Einrichtung eines **Treuhandkontos** aus, auf das ein Teil des vorläufigen Kaufpreises einzuzahlen ist. Die Einrichtung eines Treuhandkontos ist bei Abwägung der verschiedenen Parteiinteressen wohl die fairste und in der Praxis am weitesten verbreitete Sicherungsmöglichkeit. Als Treuhänder kommen insbesondere Notare, Rechtsanwälte oder Banken in Betracht. Da Notare die Verwahrung von Fremdgeld auf Notaranderkonten zwingend nach den Vergütungsregelungen des GNotKG abrechnen müssen, werden die Vertragsparteien häufig – insbesondere bei erheblichen Kaufpreisen – von der Beauftragung eines Notars als Treuhänder Abstand nehmen.

1340 Die Einzelheiten des Treuhandverhältnisses regeln die Kaufvertragsparteien gemäß § 4 Abs. 3 des Vertragsmusters mit dem Treuhänder in einer separaten, am Vollzugstag abzuschließenden Vereinbarung. Ein solcher **Treuhandvertrag** regelt typischerweise die Bestellung des Treuhänders, die Einrichtung des Treuhandkontos, die Modalitäten der Verwahrung des Treuhandbetrags, ggf. einschließlich Anlagerichtlinien, sowie Bestimmungen über den Einbehalt des Treuhandbetrags auch bei Auslaufen der Treuhandzeit, soweit Garantieansprüche durch den Käufer ordnungsgemäß geltend gemacht und angezeigt wurden, und schließlich Bestimmungen über die Auskehrung des Treuhandbetrags. Besonderes Augenmerk ist darauf zu legen, dass der Treuhandvertrag die Voraussetzungen der Auszahlung vom Treuhandkonto präzise festlegt.[1215] Hierbei kann auch eine zeitliche Staffelung von Auszahlungsbeträgen in Abhängigkeit vom Auslaufen einzelner Risiken vorgesehen werden. Aus Sicht des Verkäufers ist darauf zu achten, dass die Auskehr des (verbliebenen) Treuhandbetrags nach Ablauf der Treuhandzeit (bzw. nachdem geltend gemachte Käuferansprüche befriedigt sind) keiner Mitwirkungshandlungen der Parteien mehr bedarf, sondern vom Treuhänder automatisch an den Verkäufer erfolgt.

1341 **Andere geeignete**, in der Praxis aber seltener anzutreffende **Sicherungsinstrumente** für das Zahlungs-, Vertragserfüllungs- und/oder Gewährleistungsrisiko beim Unternehmenskauf sind die Stellung einer **Konzernbürgschaft** oder die Abgabe einer **Patronatserklärung** durch die Konzernobergesellschaft. Als akzessorische Sicherheit ist die **Bürgschaft** in ihrem Bestand und ihrer Durchsetzbarkeit vom Schicksal der ihr zugrunde liegenden Forderung abhängig und von den diese Forderung betreffenden Einwendungen und Einreden.[1216] Eine Bürgschaft sollte im Interesse des Käufers selbstschuldnerisch übernommen werden, d. h. unter Verzicht auf die Einrede der Vorausklage (§ 771 BGB) gegen den Schuldner der gesicherten Forderung. Durch die Abgabe einer sog. **harten Patronatserklärung** übernimmt die Konzernobergesellschaft als Patronin die vertragliche Verpflichtung, den Verkäufer stets mit ausreichender Liquidität auszustatten, damit die Erfüllung der durch die Patronatserklärung gesicherten (Garantie-)Ansprüche des Käufers stets gewährleistet ist.[1217] Es handelt sich dabei um einen „Gewährleistungsvertrag" i. S. v. § 251 Satz 1 Alt. 3 HGB,

1215) *Witte/Bultmann*, BB 2005, 1121.

1216) MünchKomm-*Habersack*, BGB, Vor § 765 Rz. 33.

1217) Vgl. zu Begriff und Inhalt der harten Patronatserklärung beispielsweise MünchKomm-*Habersack*, BGB, Vor § 765 Rz. 50.

der im Anhang des Abschlusses der Muttergesellschaft zu vermerken ist, solange keine Inanspruchnahme droht.[1218)]

### j) Rücktrittsrecht [→ Rz. 953]

Die Bestimmung in § 4 Abs. 6 des Musters gewährt dem Käufer bis zum Zeitpunkt des 1342 Closings das Recht, sich durch einseitige Erklärung des Rücktritts von dem bereits beurkundeten Kaufvertrag zu lösen. Liegt einer der vertraglich vereinbarten Rücktrittsgründe vor und erklärt der Käufer den Rücktritt vom Vertrag, entfällt die Verpflichtung der Parteien, den Kaufvertrag dinglich zu vollziehen. Die Klausel enthält eine **Verschärfung** gegenüber dem **gesetzlichen Rücktrittsrecht** nach § 323 Abs. 1 BGB. Unter dem Gesichtspunkt der Transaktionssicherheit wird der Verkäufer diese Regelung allerdings zu vermeiden suchen. Es ist auch möglich, weitere Gründe vertraglich festzulegen, bei deren Vorliegen der Käufer zum Rücktritt berechtigt ist, z. B. wenn am Vollzugstag wenigstens eine Verkäufergarantie verletzt ist und dem Käufer deswegen Schadensersatzansprüche in einer einen bestimmten Betrag übersteigenden Höhe zustünden oder wenn die Freigabe des Vorhabens durch die Kartellbehörden nur mit Auflagen für den Käufer erteilt wird. Zu beachten ist auch, dass weitergehende Ansprüche des Käufers, insbesondere die Geltendmachung von Schadensersatzansprüchen, durch die Ausübung des Rücktrittsrechts nicht ausgeschlossen werden (§ 325 BGB).

Die im Muster vorgeschlagene Rücktrittsklausel sichert den Käufer in der Phase zwischen 1343 Signing und Closing: Der Käufer möchte vermeiden, dass sich der Vollzug der Transaktion nach dem Signing auf unabsehbare Zeit verzögert. Denn während der Schwebezeit nach der Beurkundung des Kaufvertrags entstehen dem Käufer fortlaufend weitere Transaktionskosten, während er gleichzeitig praktisch noch keinen oder allenfalls einen sehr begrenzten Einfluss auf die Führung des Geschäftsbetriebs der Zielgesellschaft hat, insbesondere dann, wenn noch keine Freigabe der Transaktion durch die Kartellbehörden vorliegt und Vollzugsverbote zu beachten sind. Eine Rücktrittsmöglichkeit für den Fall, dass die aufschiebenden Bedingungen für den Vollzug des Anteilsübergangs nicht bis zu einem bestimmten Stichtag erfüllt sind, hält vor allem auch den Verkäufer dazu an, umfassend an der Erfüllung aller Bedingungen mitzuwirken, damit das Closing möglichst schnell herbeigeführt wird.

Weiter hat der Käufer ein Interesse daran, in der teilweise langen Zeit zwischen Signing 1344 und Closing vor **wesentlichen Veränderungen** geschützt zu sein, die sich **nachhaltig negativ auf das Geschäft des Zielunternehmens** auswirken.[1219)] Denn bereits mit dem Signing ist der Käufer verpflichtet, das Unternehmen zu übernehmen, hat aber, wie gesagt, hierüber noch keine Kontrolle. Deswegen werden die kaufvertraglichen Garantien (§ 8) auch auf den Vollzugstag abgegeben (siehe Rz. 1446). Entsprechend ist der Käufer nicht gewillt, uneingeschränkt das allgemeine Geschäftsrisiko und das Risiko sonstiger, von ihm nicht zu beeinflussender Ereignisse zu tragen,[1220)] die dazu führen, dass der Wert des Zielunternehmens zwischen Signing und Closing erodiert und zum Zeitpunkt des Vollzugs

1218) *Grottel/Haußer*, in: Beck'scher Bilanzkommentar, § 251 HGB Rz. 41.

1219) Der Fall *„Akorn, Inc. v. Fresenius Kabi AG"* – die im Dezember 2018 vom Delaware Supreme Court bestätigte Entscheidung – ist die erste Entscheidung, in der ein Delaware Court den Eintritt eines zur Abstandnahme vom Merger Agreement berechtigenden Material Adverse Change festgestellt hat, C.A. No. 2018-0300-JTL (Del. Ch. Oct. 1, 2018).

1220) *Kindt/Stanek*, BB 2010, 1490.

signifikant geringer ist als der dann zu zahlende, bereits bei Kaufvertragsschluss vereinbarte Kaufpreis.[1221)]

1345 Insoweit enthält das Muster in § 4 Abs. 6 Nr. 2 eine Klausel, die dem Käufer ein Rücktrittsrecht gewährt, wenn nach der Beurkundung bis spätestens zum Eintritt der letzten aufschiebenden Bedingung ein Ereignis eintritt, das als **Wesentlich Nachteilige Veränderung** zu werten ist. Entsprechend ihrem angelsächsischen Ursprung wird sie als **MAC-Klausel** bezeichnet, eine Abkürzung für „Material Adverse Changes". Dadurch werden bestimmte neu entstehende Risiken für die Dauer der Schwebezeit bis zum dinglichen Vollzug der Transaktion auf den Verkäufer verlagert.

1346 Die MAC-Klausel hat insbesondere in Krisenzeiten eine besondere Bedeutung. Um für den Käufer einen Gleichlauf mit denjenigen Bedingungen herzustellen, die auf die Finanzierung des Kaufpreises Anwendung finden, wird der Käufer bei Transaktionen mit Fremdfinanzierung häufig eine solche Klausel verlangen.[1222)]

1347 Im deutschen Recht ist eine MAC-Klausel am ehesten mit dem Rechtsinstitut der Störung der Geschäftsgrundlage (§ 313 Abs. 1 BGB) vergleichbar, sodass man sich die Frage stellen könnte, ob es einer MAC-Klausel überhaupt bedarf, wenn der Grundgedanke einer solchen Klausel im deutschen Recht bereits normiert ist.[1223)]

1348 Die in § 313 Abs. 1 BGB geregelte Rechtsfigur der Störung der Geschäftsgrundlage ist in erster Linie auf die **Anpassung des Vertrags** gerichtet. Aus der Anwendung von MAC-Klauseln in der US-Praxis ist bekannt, dass solche Klauseln häufig dazu benutzt werden, die Transaktion neu zu verhandeln, wenn sich abzeichnet, dass sich Annahmen des Käufers nicht erfüllen dürften.[1224)] Eine Vertragsanpassung nach § 313 BGB im Fall einer Wesentlich Nachteiligen Veränderung, konkret eine Anpassung des Kaufpreises, kann auch noch nach dem Closing vorgenommen werden, während der Käufer das Unternehmen fortführt.

1349 In der Vertragspraxis hat man jedoch erkannt, dass das vorhandene Rechtsinstitut der Störung der Geschäftsgrundlage durch Unwägbarkeiten bei der Auslegung gekennzeichnet ist und daher die erforderliche Sicherheit bei der Rechtsanwendung fehlt.[1225)] Dem kann durch eine vertragliche Definition derjenigen Ereignisse, die eine Wesentlich Nachteilige Veränderung darstellen, begegnet werden. Die Klausel legt in § 4 Abs. 7 Satz 1 möglichst detailliert und umfassend diejenigen Ereignisse fest, die als Wesentlich Nachteilige Veränderung anzuerkennen sind. Nach dem Muster sollen nur das **Unternehmen betreffende** Ereignisse relevant sein. Daher werden **marktbezogene Entwicklungen** in § 4 Abs. 7 Satz 3 als Ausnahmen (auch hierbei spricht man von Carve-outs) formuliert[1226)] und grenzen das vom Verkäufer übernommene Risiko ein. Da die den Kaufpreis finanzierenden Banken häufig zusätzlich marktbezogene MAC-Klauseln verlangen, wird eine solche dann auch vom Käufer verlangt werden.[1227)] Dann würden die Carve-outs in § 4 Abs. 7 Satz 3 der

1221) *Schrader/Seibt*, in: Beck'sches Formularbuch M&A, Form. C.II.2 Anm. 73.

1222) *Kuntz*, DStR 2009, 377.

1223) So auch *Louven/Mehrbrey*, NZG 2014, 1321, 1328.

1224) *Kindt/Stanek*, BB 2010, 1490, 1491 f.

1225) Vgl. zum Fall eines auf Störung der Geschäftsgrundlage (§ 313 BGB) gestützten Kaufpreisanpassungsanspruchs die (verneinende) Entscheidung des OLG Namburg, Urt. v. 24.4.2012 – 12 U 184/11; dazu auch *Louven/Mehrbrey*, NZG 2014, 1321, 1327 f.

1226) *Kindt/Stanek*, BB 2010, 1490, 1491.

1227) *Kindt/Stanek*, BB 2010, 1490, 1494.

Klausel wegfallen und Beispiele marktbezogener Ereignisse als sog. *Inclusions* aufgezählt werden.

Schwierig ist insoweit die Abgrenzung konjunkturbedingter von anderen Gründen für einen Rückgang des Geschäfts der Zielgesellschaft. Seitens des Verkäufers will man derartige Ereignisse möglichst als MAC-relevant ausschließen,[1228] etwa mit der Klausel: „*Ein Rückgang der Geschäftstätigkeit der Zielgesellschaft stellt für sich genommen keine wesentlich nachteilige Verschlechterung dar.*" Für das Vorliegen eines MAC-Ereignisses ist der Käufer als davon profitierende Partei darlegungs- und beweispflichtig; der Verkäufer muss darlegen und beweisen, dass ein von der Klausel nicht erfasstes marktbezogenes Ereignis vorliegt. 1350

Mögliche Veränderungen, die schon bei Vertragsschluss als MAC-Ereignisse erkennbar sind, sollten bei der Beschreibung der Wesentlich Nachteiligen Veränderungen (§ 4 Abs. 7 Satz 1) möglichst als Beispiele genannt werden. Dadurch wird der Anwendungsbereich der MAC-Klausel plastischer und nicht hierauf begrenzt, solange sie nur als Beispiele aufgeführt werden. Zur Objektivierung MAC-relevanter Ereignisse empfiehlt es sich, einen **Schwellenwert** dafür festzulegen, ab wann eine Verschlechterung **als „wesentlich" einzustufen** ist, wie in § 4 Abs. 7 Satz 1 Nr. 2 vorgesehen. Sicherlich verbleibt insoweit eine gewisse Unsicherheit, als die Auswirkung der wesentlichen Verschlechterung auf zukünftige Unternehmenszahlen im Wege einer Prognose im Voraus abgeschätzt werden muss. Vor diesem Hintergrund ließen sich Auswirkungen auf den Umsatz vielleicht leichter vorhersehen als ertragsbezogene Angaben, wie sie dem Muster zugrunde liegen. Es gibt aber wesentliche Verschlechterungen, die nur eine geringe Umsatzauswirkung, dafür aber den Gewinn eines Unternehmens wesentlich schmälern (z. B. Kosten der Materialbeschaffung). Daher legt die Klausel als Maßstab für die Wesentlichkeit einer Verschlechterung den Gewinn vor Zinsen und Steuern (EBIT) zugrunde. 1351

Die für das Vorliegen eines MAC-Ereignisses relevante Periode sollte von einer gewissen Dauer sein. Im Muster ist eine Frist von zwei Jahren gewählt. Wenn das laufende Geschäftsjahr bereits weitgehend abgelaufen ist, sollte auf die beiden folgenden Geschäftsjahre abgestellt werden. 1352

Die MAC-Klausel legt für den Fall eines Streits darüber, ob die Wesentlichkeitsschwelle erreicht ist, die Einschaltung eines Schiedsgutachters fest.[1229] Dies sollte ebenso gelten, wenn als Rechtsfolge des MAC-Ereignisses auch die Vertragsanpassung in Betracht kommt (siehe Rz. 1348). Sinn der Einschaltung des Schiedsgutachters ist es, in einem beschleunigten („*fast track*") Verfahren schnell Klarheit darüber zu erreichen, ob ein MAC-Ereignis vorliegt. Anderenfalls entstehen große Unsicherheiten. 1353

Ein unabhängiger Wirtschaftsprüfer, der auch schon für eventuelle Meinungsverschiedenheiten im Hinblick auf den Stichtagsabschluss (§ 5 Abs. 8) vorgesehen ist, kann diese im Interesse der Parteien rasch zu klärende Frage schnell und effizient entscheiden. Anderenfalls würde diese Frage nur über das zeitlich aufwendigere Schiedsverfahren[1230] gemäß § 19 Abs. 2 gelöst werden können. 1354

---

1228) *Kindt/Stanek*, BB 2010, 1490, 1493; *Schrader/Seibt*, in: Beck'sches Formularbuch M&A, Form. C.II.2 Anm. 73.

1229) Kritisch insoweit *Borris*, BB 2008, 294, 296; ausführlich zur Frage Schieds- oder Schiedsgutachterverfahren zur Feststellung eines MAC: *Kästle/Haller*, NZG 2016, 926 ff.

1230) Hierfür *Borris*, BB 2008, 294, 296.

### k) Eigenkapitalgarantie und Kaufpreisanpassung [→ Rz. 958]

1355 Gelegentlich ist in Unternehmenskaufverträgen die früher sehr gebräuchliche Methode einer Kaufpreisanpassung auf der Basis einer sog. Eigenkapitalgarantie („*net equity guarantee*") des Verkäufers anzutreffen. Im Unterschied zur Bilanzgarantie sichert der Verkäufer dem Käufer dabei das Vorhandensein eines bestimmten **bilanziellen Eigenkapitals** der Zielgesellschaft i. S. v. § 266 Abs. 3 A. HGB, d. h. einer konkreten Bilanzkennziffer, am Vollzugstag zu.[1231] Dessen Höhe wird sich im Regelfall an dem im geprüften und testierten letzten Jahresabschluss der Gesellschaft ausgewiesenen Betrag orientieren. Diese Regelung ist grundsätzlich sehr käuferfreundlich und wird nur in Verhandlungssituationen durchsetzbar sein, die vom Käufer dominiert werden.[1232] Systematisch wird die Eigenkapitalgarantie im Kaufvertrag – da sie der Kaufpreisanpassung dient – typischerweise bei den Regelungen zum Kaufpreis und nicht innerhalb des weiteren Garantiekatalogs (§ 8 des Musters) verortet.[1233] Als rechnerische Größe wird das Eigenkapital aus der Differenz zwischen Vermögen und Schulden (von Aktiv- und Passivseite der Bilanz) des Zielunternehmens ermittelt und spiegelt damit die **tatsächliche Vermögenslage der Zielgesellschaft** (ohne stille Reserven) – also das Reinvermögen – wider. Bei Kapitalgesellschaften wie der GmbH besteht das bilanzielle Eigenkapital aus dem gezeichneten Kapital zuzüglich der Kapital- und Gewinnrücklagen, abzüglich des nicht durch Eigenkapital gedeckten Fehlbetrags nach § 268 Abs. 3 HGB, des Verlustvortrags und Bilanzverlustes.[1234]

1356 Eine Eigenkapitalgarantie mit entsprechender Kaufpreisanpassung kann beispielweise wie folgt formuliert werden:[1235]

„(1) Der Verkäufer garantiert i. S. e. selbständigen Garantieversprechens gemäß § 311 Abs. 1 BGB, dass das bilanzielle Eigenkapital der Zielgesellschaft i. S. v. § 266 Abs. 3 A. HGB am Vollzugstag mindestens […] € beträgt („**Garantiertes Eigenkapital**"). Sollte das Eigenkapital der Zielgesellschaft zum Vollzugstag ausweislich des nach Maßgabe der folgenden Absätze erstellten verbindlichen Stichtagsabschlusses geringer sein als das Garantierte Eigenkapital, verringert sich der Kaufpreis für die Z-Anteile entsprechend um den Abweichungsbetrag.

(2) Unverzüglich nach seinem Einrücken in die Gesellschafterstellung wird der Käufer dafür Sorge tragen, dass die Zielgesellschaft unter Durchführung einer körperlichen Bestandsaufnahme ihres Vermögens einen Stichtagsabschluss (Bilanz sowie Gewinn- und Verlustrechnung nebst Anhang) zum Vollzugstag aufstellt und dieser durch einen Wirtschaftsprüfer nach Wahl des Käufers („**Abschlussprüfer**") geprüft wird („**Stichtagsabschluss**"). Der Stichtagsabschluss ist den Parteien nebst Prüfungsbericht des Abschlussprüfers innerhalb von [*60*] Tagen nach dem Vollzugstag zu übergeben. Der Stichtagsabschluss ist im Einklang mit den für die Erstellung des Stichtagsabschlusses vorgegebenen Regelungen in § 5 Abs. 1 Nr. 1 (Inventur), Abs. 1 Nr. 2 (Zählerablesung) und § 5 Abs. 4 dieses Vertrags zu erstellen.

---

1231) *Blunk/Rabe*, GmbHR 2011, 408, 413.

1232) Vgl. *Lappe/Schmidt*, DB 2007, 153, 156.

1233) *Blunk/Rabe*, GmbHR 2011, 408, 412.

1234) *Beisel*, in: Klumpp, § 11 Rz. 93.

1235) Nach *Blunk/Rabe*, GmbHR 2011, 408, 411 f (dort unter Verweis u. a. auf die 4. Aufl. und *Beisel/Klumpp*, 6. Aufl., § 20 Rz. 108 f).

Wertaufhellende Ereignisse nach dem Vollzugstag, die erst nach Beendigung der Prüfungshandlungen durch den Abschlussprüfer festgestellt werden können, bleiben für Zwecke des Stichtagsabschlusses unberücksichtigt.

(3) Der Verkäufer ist berechtigt, auf eigene Kosten den Stichtagsabschluss durch einen von ihm benannten Wirtschaftsprüfer unter Einsichtnahme in die Arbeitspapiere des Abschlussprüfers sowie sonstigen hierfür relevanten Unterlagen prüfen zu lassen. Die im vom Abschlussprüfer geprüften Stichtagsabschluss ausgewiesenen Bilanzpositionen sind für den Verkäufer verbindlich, sofern und soweit dieser nicht innerhalb von sechs Wochen nach Zugang des Stichtagsabschlusses sowie des Prüfungsberichts des Abschlussprüfers in einer schriftlichen Stellungnahme gegenüber dem Käufer widerspricht. In der Stellungnahme sind dem Käufer Art und Umfang der Beanstandungen mitzuteilen. Falls sich die Parteien nicht innerhalb weiterer sechs Wochen nach Zugang der Stellungnahme beim Käufer über die darin enthaltenen Beanstandungen einigen können, entscheidet – sofern sich die Parteien nicht zuvor auf einen Schiedsgutachter einigen konnten – auf schriftlichen Antrag einer Partei ein vom […] benannter unabhängiger Wirtschaftsprüfer als Schiedsgutachter über die streitigen Positionen für beide Parteien verbindlich. Der Schiedsgutachter entscheidet zudem in entsprechender Anwendung von §§ 91 ff ZPO darüber, welche Partei die Kosten des Schiedsgutachtens trägt.

(4) Sobald keine streitige Position mehr besteht, sind die nach den vorstehenden Absätzen verbindlich gewordenen Positionen und Kennzahlen des Stichtagsabschlusses der **„Verbindliche Stichtagsabschluss"** i. S. d. Vertrags."

Die Eigenkapitalgarantie ist in ihrer Wirkung aber begrenzt und sichert den Erwerber nur gegen bis zum Stichtag eintretende Wertbeeinträchtigungen des bilanzierten Vermögens, sofern dadurch das garantierte Eigenkapital des Zielunternehmens unterschritten wird. Indes hat eine Vielzahl von Tatsachen, die für die Ertragsfähigkeit des Unternehmens wichtig sind, keine Auswirkung auf das bilanzielle Eigenkapital.[1236] Beispiele sind die Entwicklung von Kundenbeziehungen oder von langfristigen Verträgen. Hier bedarf es eigenständiger Garantien (vgl. den Garantiekatalog in § 8 des Mustervertrags). 1357

Der Klauselvorschlag für eine Eigenkapitalgarantie sieht eine **Kaufpreiserhöhung** bei einem den Garantiebetrag übersteigenden bilanziellen Eigenkapital nicht vor. Der garantierte Betrag wird insoweit nur als Mindestbetrag verstanden. 1358

Soll der Betrag des garantierten Eigenkapitals dem des letzten Jahresabschlusses entsprechen, so ist der Fehlbetrag durch einen Verlust der Zielgesellschaft in der Periode bis zum Stichtag verursacht. Dieser kann auch auf Korrekturen des letzten Jahresabschlusses im Rahmen der Festlegung der verbindlichen Zwischenbilanz beruhen. Dann gibt es folglich keinen Zwischenüberschuss und damit keinen Zusatzkaufpreis. Im Vertrag sollte deutlich geregelt werden, ob bei einer Unterschreitung des garantierten Eigenkapitals ein Anspruch auf **Bilanzauffüllung** (der Zielgesellschaft) oder auf Kaufpreisminderung oder Schadensersatz (des Käufers) besteht.[1237] Im hier gemachten Klauselvorschlag wird abweichend von den Regelungen zu den Rechtsfolgen von Verletzungen der Verkäufergarantien in § 9 des Vertragsmusters (Wiederherstellung des geschuldeten Zustands) die Alternative Kauf- 1359

1236) *Semler*, in: Hölters, Handbuch Unternehmenskauf, Rz. 7.248.

1237) Dazu auch *Hilgard*, BB 2013, 937, zur Bilanzauffüllung vgl. dort S. 940 f.

preisminderung gewählt und dem Käufer kein Recht eingeräumt, wahlweise Zahlung an die Zielgesellschaft zu verlangen. Der Anpassungsbetrag unterliegt nicht den Bestimmungen in § 9 des Vertragsmusters. Haftungshöchst- oder -mindestbeträge finden hierauf keine Anwendung. Soweit einzelne Garantien in § 8 das bilanzielle Eigenkapital der Zielgesellschaft berühren, würden diese durch Aufnahme einer separaten allgemeinen Eigenkapitalgarantie nach vorstehendem Formulierungsvorschlag nicht betroffen. Um einen etwaigen Fehlbetrag im bilanziellen Eigenkapital der Zielgesellschaft verringern sich der Veräußerungsgewinn des Verkäufers und die (nicht abschreibbaren) Anschaffungskosten des Käufers. In dem Fall, dass eine Ausgleichszahlung an die Zielgesellschaft möglich ist, würde sich eine entsprechende Zahlung als eine nachträgliche Einlage darstellen, die den Beteiligungsbuchwert des Verkäufers erhöht und hierüber den Veräußerungsgewinn ebenfalls reduziert.

1360 Zweifelsfragen in Bezug auf die Rechtsfolgen können bei einer **Verletzung von Einzelgarantien** entstehen, die gleichzeitig zu einer Minderung des garantierten Eigenkapitals führen. Eine doppelte Inanspruchnahme des Verkäufers aus dem gleichen Sachverhalt kommt nach allgemeinen Rechtsgrundsätzen zwar grundsätzlich nicht in Betracht.[1238]) Aus Verkäuferperspektive wäre trotzdem zu einem klarstellenden Hinweis bei der Regelung über die Rechtsfolgen von Garantieverletzungen zu raten, dass, soweit eine Anpassung des Eigenkapitals ausweislich der verbindlichen Zwischenbilanz auch eine besondere Garantie gemäß § 8 betrifft, deren Verletzung durch die Anpassung des Eigenkapitals mit abgegolten ist.

### 6. Stichtagsabschluss

#### a) Zweck und Besonderheiten [→ Rz. 963 ff]

1361 Das Muster geht davon aus, dass die Gesellschaft prüfungspflichtig ist (§ 316 HGB) und der Stichtag vom Bilanzstichtag abweicht. Um das Eigenkapital der Gesellschaft zum Stichtag sowie den Zusatzkaufpreis zu ermitteln, soll ein geprüfter und mit einer dem Testat beim Jahresabschluss vergleichbaren Bestätigung versehener Stichtagsabschluss der Gesellschaft zum Stichtag aufgestellt werden. Die Prüfung dieses Abschlusses führt der vom Verkäufer in der Vergangenheit bestellte **Abschlussprüfer** der Gesellschaft durch. Aus diesem Grunde erscheint es sachgerecht, dem Käufer die Möglichkeit zu gewähren, den auf den Stichtag erstellten Stichtagsabschluss zusätzlich durch einen von ihm bestellten Wirtschaftsprüfer prüfen zu lassen. Soweit es im Falle von Meinungsverschiedenheiten über diesen Stichtagsabschluss zu keiner Einigung zwischen den Parteien kommt, entscheidet hierüber ein neutraler Schiedsgutachter. Zum Zeitpunkt der Aufstellung des Stichtagsabschlusses ist der Käufer bereits Gesellschafter der Gesellschaft. Er kann also dessen Aufstellung kontrollieren.

1362 Wichtig ist auch die Frage nach den **Kosten** des zu bestellenden Abschlussprüfers. Bestellt der Verkäufer den bisherigen Abschlussprüfer und lässt der Erwerber den Abschluss durch den von ihm bestellten Wirtschaftsprüfer überprüfen, so bietet sich an, dass jede Partei die Kosten für die Bestellung ihres Beraters übernimmt. Anders verhält es sich in dem Fall, in dem lediglich *ein* Abschlussprüfer bestellt wird. In diesem Fall ist die Teilung

1238) BGH, Urt. v. 11.7.1985 – IX ZR 11/85, ZIP 1985, 1331 = NJW 1985, 2941, 2942, nach dem auch die Rechtsfolgen der Verletzung selbständiger Garantien dem allgemeinen Schadensersatzrecht unterliegen.

der Kosten üblich. In jedem Fall sollte für die Prüfung des Stichtagsabschlusses geklärt werden, wer die Abschlussprüfer mandatiert und die daraus resultierenden Kosten trägt.

Ist das zu erwerbende Unternehmen anlage- oder vorratsintensiv und ergaben sich aus der Financial Due Diligene Zweifel an der ordnungsgemäßen Durchführung der Inventur, so ist die gesonderte Vereinbarung einer Inventur zum Stichtag anzuraten. 1363

Da die Bilanzierung auf einer Bewertung des inventarisierten Vermögens beruht, empfiehlt es sich weiterhin, einen Inventurstichtag sowie Inventurrichtlinien zu vereinbaren und sich auf einen Inventurbeobachter zu verständigen. Weiterhin ist die Teilnahme an der Inventur für den Erwerber eine gute Gelegenheit, das Inventar in Augenschein zu nehmen und sich einen eigenen Eindruck von dessen Qualität zu verschaffen. Wird die Inventur zum Stichtag nicht oder nicht ordnungsgemäß durchgeführt, kann die Prüfung des Jahresabschlusses lediglich eingeschränkt erfolgen. Da dieser Mangel im Nachhinein aber nicht mehr behoben werden kann, ist die ordnungsgemäße Inventur ein wesentlicher Baustein des Jahresabschlusses eines bisher nicht geprüften Unternehmens. Vor diesem Hintergrund sollte die Durchführung der Inventur zwischen den Parteien durchgesprochen werden. Gegebenenfalls hilft auch ein Vororttermin, um die Inventurrichtlinien zu konkretisieren. Werden die Erfahrungen der Geschäftsführung und der Mitarbeiter in Bezug auf die ordnungsgemäße Durchführung der Inventur als gering eingeschätzt, so kann eine vorherige Schulung zu den Grundsätzen der ordnungsgemäßen Inventur helfen, die Feststellung einer nicht ordnungsgemäß durchgeführten Inventur durch den Inventurbeobachter zu vermeiden. 1364

Wechselt der Mieter einer Immobilie, sind üblicherweise die **Zählerstände** abzulesen. Idealerweise wird das durch den entsprechenden Dienstleister durchgeführt. Hilfsweise können die Parteien die Zählerstände auch selbst aufnehmen und gegenseitig abzeichnen. Gleiches gilt auch für die Übernahme von Immobilien im Anlagevermögen. Je nach Höhe der üblicherweise anfallenden Energiekosten sollte diese Regelung bedacht werden, da sie entsprechend auch die eventuell notwendige Bildung von entsprechenden Rückstellungen im Stichtagsabschluss erleichtert. 1365

Wurden die Jahresabschlüsse der Gesellschaft bisher nicht geprüft, so empfiehlt es sich, die Prüfung des Stichtagsabschlusses und ggf. auch des letzten Jahresabschlusses zu vereinbaren, um hinreichende Sicherheit über die Grundlage des Erwerbs zu haben. 1366

Die in § 7 Nr. 3 gewählte Formulierung „Abschluss, der nach Rechnungslegungsgrundsätzen für den Zweck der Kaufpreisabrechnung aufzustellen ist", stellt auf die Erstellung von zweckgerichteten Finanzinformationen i. S. des IDW PS 480 ab. Das heißt, es soll kein herkömmlicher Zwischenabschluss in Anlehnung an DRS 16 oder in Anlehnung an einen Jahresabschluss erstellt werden, sondern die Parteien sind frei, den notwendigen Inhalt des Stichtagsabschlusses zu definieren und in Anlage 5.1. zu konkretisieren. Zu möglichen und sinnvollen Inhalten dieses Stichtagsabschlusses wird auf Rz. 288 verwiesen. 1367

Mit der Festlegung des Stichtagsabschlusses auf das selbst zu definierende Format der zweckgerichteten Finanzinformation ist aber auch zu beachten, dass die Parteien sich zwangsläufig auf die Inhalte der zweckgerichteten Finanzinformation verständigen und diese in Anlage 5.1 dokumentieren müssen und dass weiterhin keine herkömmliche Jahresabschlussprüfung nach IDW PS 280 möglich ist, sondern lediglich die Prüfung zweckgerichteter Finanzinformationen nach IDW PS 480. 1368

Der Inhalt des Stichtagsabschlusses, der in Anlage 5.1 zusammengefasst wird sowie die anzuwendenden Bewertungs- und Bilanzierungsrichtlinien in Anlage 5.2 sind vor abschließender Vereinbarung im Kaufvertrag mit dem Wirtschaftsprüfer abzustimmen, der die Prü- 1369 fung der zweckgerichteten Finanzinformationen nach IDW PS 480 durchführen soll, um zu vermeiden, dass in Anlage 5.1 Bestandteile definiert werden, die nicht sinnvoll geprüft werden können bzw. in Anlage 5.2 Bilanzierungs- und Bewertungsgrundsätze definiert werden, die zu unkonkret sind, als dass auf dieser Basis die Prüfung sinnvoll durchgeführt werden kann.

1370 Möchten sich die Parteien nicht im Detail mit den Inhalten des zu erstellenden Stichtagsabschlusses auseinandersetzen, so muss der Vertragstext des § 7 Nr. 3 entsprechend geändert werden. Statt „Abschluss, der nach Rechnungslegungsgrundsätzen für den Zweck der Kaufpreisabrechnung aufzustellen ist" sollte „Stichtagsabschluss im Einklang mit den handelsbilanziellen Anforderungen nach § 242 ff HGB" definiert werden. Hierbei muss aber klar sein, dass etwaige Komponenten und Analysen, die die Abwicklung vereinfachen könnten, wie z. B. eine Gegenüberstellung von vorläufiger Bilanz und Stichtagsbilanz oder eine Darstellung der Kaufpreisabrechnung auf Basis der Stichtagsbilanz, in einem herkömmlichen Abschluss nicht darstellbar sind.

1371 Aufgrund der Vollzugsbedingungen in § 7 des Kaufvertrags kann sich ein **Stichtag** unterhalb eines Monates ergeben. Aus einem solchen untermonatigen Stichtagsabschluss ergeben sich technische Herausforderungen, da mit handelsüblichen Buchhaltungssystemen nicht die Erstellung von untermonatigen Stichtagsabschlüssen möglich ist und darüber hinaus daraus zahlreiche in der Literatur kaum behandelte Abgrenzungsfragen resultieren. Durch die vorgeschlagene Regelung wird ein untermonatiger Stichtagsabschluss vermieden. Es besteht damit jedoch das Risiko, dass die Finanzverwaltung zur Ermittlung des zu versteuernden Gewinns die Regelung nicht anerkennt und abweichend zu dem dann erstellten Stichtagsabschluss auf eine taggenaue Ermittlung bzw. Schätzung des zu versteuernden Gewinns drängt. Hierbei stellen sich jedoch auch aus Sicht der Finanzverwaltung Wesentlichkeitsfragen. Soll dieser in § 5 Abs. 3 vereinfachenden Stichtagsregelung nicht gefolgt werden, so ist es erforderlich, in den Bilanzierungs- und Bewertungsrichtlinien in Anlage 5.2 die Grundlagen für die untermonatige Abgrenzung von Erträgen und Aufwendungen zu regeln. Die wesentliche Frage ist dabei die Frage des Aufteilungsmaßstabes für Erträge und Aufwendungen, die lediglich einmal im Monat verbucht werden. Hier wäre zu klären, ob diese nach Arbeitstagen, Kalendertagen oder gar vereinfachend nach einer vereinfachend festgelegten Anzahl von 30 Monatstagen verteilt werden.

1372 Um den Käufer anzuhalten, Aufstellung und Prüfung des Stichtagsabschlusses zeitnah nach dem Stichtag durchzuführen, kann hierfür eine Frist vorgesehen werden, deren Nichteinhaltung z. B. die Verzinsung eines eventuellen Zusatzkaufpreises mit einem Verzugszinssatz von fünf Prozentpunkten über dem Basiszinssatz auslöst. Vereinbaren die Kaufvertragsparteien eine solche Überprüfungsfrist, sollten beide Parteien darauf achten, hierfür einen angemessenen Zeitraum zu wählen, welcher den Umständen und der Qualität des Rechnungswesens gerecht wird. Dabei sollte auch berücksichtigt werden, dass die betroffenen Mitarbeiter der Zielgesellschaft sich neben der Erstellung des Stichtagsabschlusses weiterhin auch dem operativen Tagesgeschäft widmen müssen. Eine übereilte Zwischenberichterstellung führt dann häufig zu erheblichen Fehlern und nachträglichen Disputen zwischen Käufer und Verkäufer. Deshalb empfiehlt es sich, die Mitarbeiter, die mit der Erstellung des Stichtagsabschlusses betraut werden, in die Zeitplanung mit einzubeziehen, um einen realistischen Zeitplan aufstellen zu können, der die notwendige Qualität des Stichtagsabschlusses gewährleistet.

1373 Sollte die Gesellschaft – anders als im Mustervertrag angenommen – bisher nicht geprüft worden sein, so ist auch zu berücksichtigen, dass die erstmalige Prüfung eines Unternehmens mit erheblichem Zeitaufwand verbunden sein kann. Auch hier sollten die Fristen für die Abschlussprüfung unter Berücksichtigung der Qualität des Rechnungswesens und nach Rücksprache mit dem durchführenden Wirtschaftsprüfer gewählt werden.

Es ist sicherzustellen, dass der Stichtagsabschluss unter gleichen Bedingungen wie ein Jahresabschluss aufgestellt wird. Dies bedeutet insbesondere, dass sämtliche Periodenabgrenzungen verbucht werden, eine körperliche Bestandsaufnahme der Vermögensgegenstände erfolgt, sämtliche Rückstellungen neu berechnet und verbucht und sämtliche Haftungsverhältnisse und finanziellen Verpflichtungen per Stichtag ermittelt werden. 1374

### b) Bilanzierungs- und Bewertungsgrundsätze [→ Rz. 971 ff]

Bei der Erstellung des Stichtagsabschlusses kommt der Definition der Bilanzierungs- und Bewertungsgrundsätze, die ihm zugrunde liegen, eine erhebliche Bedeutung zu. Sowohl bei eigenkapital- als auch gesamtkapitalbezogenen Kaufpreisanpassungsmechanismen besteht ein Anreiz dazu, den Spielraum interpretationsbedürftiger Bilanzierungsnormen zur Kaufpreisanpassung zu nutzen. 1375

Bei Transaktionen, die mittelständische Unternehmen betreffen, fehlt es bei der Definition der anzuwendenden Bilanzierungs- und Bewertungsgrundsätze häufig an Augenmaß, wenn – ohne Berücksichtigung der Erkenntnisse aus der finanziellen Due Diligence – stillschweigend davon ausgegangen wird, dass jedes Unternehmen allen Aspekten der handelsbilanziellen Rechnungslegung vollumfänglich nachkommt. Das Gegenteil ist nämlich häufig bei nicht geprüften Unternehmen der Fall, und insofern sind die als Textbausteine eingefügten Maßgaben zur Bilanzierung und Bewertung in Kaufverträgen häufig wirklichkeitsfremd und ohne Bezug zur konkreten Situation. 1376

Soll der Stichtagsabschluss auf Basis des Konzepts der zweckgerichteten Finanzinformationen nach dem Prüfungsstandard IDW PS 480 geprüft werden, so ist zu beachten, dass die in Anlage 5.2 dargestellten Bilanzierungs- und Bewertungsgrundsätze hinreichend konkret sind, sodass eine Prüfung der zweckgerichteten Finanzinformationen erfolgen kann. Vor diesem Hintergrund sollte die Zusammenstellung der Bilanzierungs- und Bewertungsgrundsätze nicht nur aufgrund von Wesentlichkeitsbetrachtungen im Zusammenhang mit den kaufpreisrelevanten Bilanzpositionen erfolgen, sondern auch im Hinblick auf die spätere Prüfbarkeit der zweckgerichteten Finanzinformationen. Hierzu sollte der die Prüfung ausführende Wirtschaftsprüfer frühzeitig involviert werden, um auszuschließen, dass die zweckgerichteten Finanzinformationen weder nach dem hierfür anzuwendenden Prüfungsstandard IDW PS 480 noch nach dem Prüfungsstandard IDW PS 200 für Jahresabschlussprüfungen geprüft werden können. 1377

Verbreitet ist es, in Kaufverträgen im Hinblick auf die Erstellung der Stichtagsbilanz die Beachtung gesetzlicher Vorschriften, die Grundsätze ordnungsmäßiger Buchführung sowie der Bilanzierungs- und Bewertungskontinuität zu verlangen. Die gleichberechtigte Nennung dieser Konzepte führt jedoch zu Problemen, die im Folgenden diskutiert werden sollen. 1378

#### aa) Gesetzliche Vorschriften

Das Handelsrecht bietet in bestimmten Aspekten Wahlmöglichkeiten (Ansatz- bzw. Bewertungswahlrechte),[1239] die einen erheblichen Einfluss auf den Ergebnis- und Bilanz- 1379

1239) Vgl. *Merkt*, in: Baumbach/Hopt, HGB, § 252 Rz. 28.

ausweis haben können. Auch mit dem Hinweis auf eine Bewertungs- und Bilanzierungskontinuität bleibt ein großer Spielraum im Bereich der Schätztechniken, um den Ergebnis- und Bilanzausweis in der Abrechnungsbilanz zu beeinflussen.

### bb) Grundsätze ordnungsmäßiger Buchführung

1380 Das Bilanzrecht schreibt die Beachtung der Grundsätze ordnungsmäßiger Buchführung und Bilanzierung (GoB) vor (§ 243 Abs. 1, 2, § 264 Abs. 2 HGB).[1240] Dazu zählen die formalen Grundsätze wie Klarheit und Übersichtlichkeit (§ 243 Abs. 2 HGB), Vollständigkeit (§ 246 Abs. 1 HGB) und eine Mindestgliederung (§ 247 HGB). Zu den inhaltlichen Anforderungen gehören Bewertungsstetigkeit (materielle Bilanzkontinuität, § 252 Abs. 1 Nr. 6 HGB), tatsachengenaue Angaben bei Ansatz und Bewertung (Bilanzwahrheit, §§ 246–251 HGB) und das Vorsichtsprinzip mit seinen besonderen Ausprägungen, z. B. dem Niederstwertprinzip gemäß §§ 253, 255 HGB.

1381 Es ist in der Praxis schwierig, im Rahmen der gesetzlichen sowie der in den GoB niedergelegten Bilanzierungs- und Bewertungsgrundsätzen eine rechtssichere Anwendung zu erlangen, da eine Vielzahl von Auslegungsalternativen und Wahlrechten besteht. Hierbei ist zu beachten, dass es sich bei den GoB nicht um eine kodifizierte Interpretation des bilanzierungsrelevanten Handelsrechts handelt, sondern um eine sich aus der Beachtung der einschlägigen Literatur und Rechtsprechung ergebende Anwendung. Da es durch eine Kaufpreisanpassung zu erheblichen und zum Teil auch unerwarteten Veränderungen des Kaufpreises kommen kann, haben die Parteien grundsätzlich ein Interesse daran, durch eine weitestgehende Festlegung der Bilanzierungs- und Bewertungsgrundsätze die Planungssicherheit bezüglich des zu zahlenden bzw. des zu erwartenden Kaufpreises zu erlangen.

1382 Eine weitere Herausforderung besteht darin, dass eine Bilanzierungs- und Bewertungskontinuität nur so lange sinnvoll ist und im Einklang mit den GoB steht, wie der zu beurteilende Sachverhalt gleich ist. Bei veränderten Rahmenbedingungen kann die Fortführung der Bewertung auf Basis der Bewertungsansätze des Vorjahres zu einer falschen und dem Sachverhalt nicht mehr angemessenen Beurteilung führen. Beispielsweise können im Vorjahr ermittelte Fertigungsgemeinkostenzuschläge aufgrund eines veränderten Produktionsprozesses nicht mehr angemessen sein.

### cc) Hierarchische Definition der Bilanzierungs- und Bewertungsgrundsätze

1383 Um die vorstehend dargestellten Unsicherheiten zu beseitigen, empfiehlt es sich für die Parteien, das Normengefüge für die Bilanzierung vertraglich zu fixieren.[1241]

1384 1. An erster Stelle stehen konkretisierte Grundsätze zur Bewertung und Bilanzierung in der Abrechnungsbilanz. Die Auswahl, welche Grundsätze im Detail zu definieren sind, ist branchen-, unternehmens- und transaktionsspezifisch. Auch spielt eine Rolle, welche Bestandteile der Bilanz für die Kaufpreisanpassung relevant sind.

1385 Verfügt das Unternehmen über schriftlich niedergelegte Bilanzierungs- und Bewertungsgrundsätze („*accounting manual*“), so ist zu prüfen, ob diese als Anlage 5.2 Bilanzierungs- und Bewertungsgrundsätze herangezogen werden. Hierbei ist zu überprü-

1240) *Federmann*, Bilanzierung nach Handelsrecht, Steuerrecht und IAS/IFRS, S. 54 ff.

1241) Die Accounting-Hierarchie ist oft eines der Streitthemen bei der Kaufpreisbemessung, siehe *Schleis/Kühne*, M&A-Review 2017, 2, 5.

fen, ob diese vom Zielunternehmen niedergelegten Bilanzierungs- und Bewertungsgrundsätze hinreichend präzise in Bezug auf strittige Fälle der Kaufpreisabrechnung sind. Falls diese Grundsätze in relevanten Einzelfällen unklar sind, so kann dieser Mangel durch eine zusätzliche Anlage geheilt werden, die lediglich die bestehenden Zweifelsfragen klärt.

Im Falle von Closing Accounts sollten die wesentlichen Positionen des Working Capitals und auch der Nettofinanzverbindlichkeiten in den Bilanzierungs- und Bewertungsgrundsätzen ausgeführt werden, um spätere Missverständnisse zu vermeiden. 1386

Bei vorratsintensiven Unternehmen kann es ebenfalls angezeigt sein, die Grundsätze der Inventur zu definieren. Insbesondere wenn die Vorräte sich aufgrund ihrer Charakteristika, z. B. Schüttgut, Feinchemikalien, Knöpfe etc., nicht einfach messen, wiegen oder zählen lassen, sollten Messverfahren und das Inventurvorgehen festgelegt werden. 1387

Im Fall des Verkaufs von Tochterunternehmen sollte gefordert werden, dass alle der Bilanzierung zugrunde liegenden Verträge der Schriftform genügen müssen. Je nach Professionalisierungsgrad des Verkäufers kann es zu unerwarteten Vermögensgegenständen aufgrund von zwischen der Mutter- und Tochtergesellschaft mündlich geschlossenen Verträgen kommen. Überdies kann das Risiko eines möglichen Missbrauchs reduziert werden, wenn auch für innerkonzernliche Rechnungen die Anforderungen nach § 14 Abs. 4 UStG i. V. m. § 14a Abs. 5 UStG gefordert werden. Hierdurch wird ebenfalls das Risiko, dass mögliche Vorsteuererstattungsansprüche aufgrund von Formmängeln der Rechnungen gefährdet werden, verringert. 1388

Im Rahmen dieser Bilanzpositionen können die Bilanzierungs- und Bewertungsgrundsätze inklusive der Annahmen bzw. Methoden zur Schätzung oder Ermittlung der Annahmen sowie Bewertungsmethoden für die wesentlichen Vermögensgegenstände und Verbindlichkeiten definiert werden. 1389

Im Rahmen der Verhandlung über die darin zu berücksichtigenden Sachverhalte wird selbstverständlich immer wieder die Diskussion darüber aufflammen, dass z. B. definierte Annahmen nicht mehr angemessen sind, da sich in der Zwischenzeit Märkte dramatisch verändert haben, und somit nicht mehr den Grundsätzen ordnungsgemäßer Buchführung entsprechen. Um dieser Diskussion zu begegnen, kann für wesentliche Bilanzpositionen vorgeschlagen werden, Schätztechniken und Kalkulationsgrundlagen und nicht die konkreten Ergebnisse wie z. B. Zuschlagssätze festzuschreiben. Bei unwesentlichen Positionen bietet es sich hingegen an, die verwendeten Zuschlagssätze in der Bewertung zu definieren, da so die Beschreibung erheblich vereinfacht wird. 1390

Der Umfang der erforderlichen Definitionen der Bilanzierungs- und Bewertungsgrundsätze im Detail hängt von der Güte der internen Dokumentation bezüglich der Rechnungslegungsgrundsätze und Rechnungslegungspolitik im Rahmen eines Rechnungslegungshandbuches („*accounting manual*") ab. Unter Umständen reduziert dieses Rechnungslegungshandbuch bereits in erheblichem Maße die Ermessensspielräume, sodass sich die detaillierte Darstellung auf Sachverhalte begrenzt, die in dem Rechnungslegungshandbuch nicht ausreichend gewürdigt wurden. 1391

Insbesondere bei Unternehmen, die erkennbar qualitative Mängel der Rechnungslegung aufweisen, ist der Definition gesonderter Bilanzierungs- und Bewertungsgrundsätze besondere Bedeutung beizumessen. Mit Bilanzkontinuität zu argumentieren, wäre in einer solchen Situation nicht angebracht und würde lediglich dazu beitragen, 1392 dass alte Fehler fortgeschrieben werden, was für den Erwerber nicht von Interesse sein kann und den Bilanzierungsregeln nicht entspricht.

1393 2. Wenn für die wesentlichen Einzelfälle die Bilanzierungs- und Bewertungsgrundsätze definiert worden sind, werden an zweiter Stelle für alle verbleibenden Fragen die Rechnungslegungsgrundsätze, Rechnungslegungspolitik und die Schätzungstechniken so definiert, wie sie im vorangehenden Jahresabschluss angewandt wurden (Bilanzkontinuität). Wichtig ist es bei Unternehmen, die bisher fehlerhaft bilanziert haben, diese fehlerhaften Aspekte in den Bilanzierungs- und Bewertungsgrundsätzen explizit aufzugreifen, da anderenfalls Diskussionen bei der Kaufpreisabrechnung vorprogrammiert sind. Existiert ein Rechnungslegungshandbuch für das Unternehmen und wurden lediglich diejenigen bilanzierungsrelevanten Sachverhalte definiert, die darin nicht hinreichend dokumentiert waren, so bietet sich ebenfalls ein Verweis auf dieses Rechnungslegungshandbuch an, um das abstrakte Konzept der Bilanzierungs- und Bewertungskontinuität zu konkretisieren.

1394 Durch den Einschub des Satzes „soweit diese im Einklang mit den Grundsätzen ordnungsgemäßer Buchführung steht" eröffnet sich der Erwerber die Möglichkeit, im Nachhinein selbst bei konsistenter Anwendung von Bilanzierungs- und Bewertungsansätzen im Detail nachzuverhandeln und mit weiteren Auslegungen zu den Grundsätzen ordnungsmäßiger Buchführung eine neue Position aufzubauen. Der Veräußerer wird sich den Bezug auf die Grundsätze ordnungsmäßiger Buchführung schwerlich verbitten können, da seine bisher angewandten Bilanzierungs- und Bewertungsgrundsätze im Einklang mit den Grundsätzen ordnungsmäßiger Buchführung stehen sollten.

1395 3. Treten neue Sachverhalte auf, die weder spezifisch definiert wurden noch im Vorjahr aufgetreten sind, so wird an dieser Stelle auf das Handelsgesetzbuch sowie die Grundsätze ordnungsmäßiger Buchführung Bezug genommen.

### c) **Prüfung und Prüfungsdurchführung** [→ Rz. 972]

1396 In Abhängigkeit der Art und des Formats des zu erstellenden Stichtagsabschlusses ist die Art der in Bezug auf den Stichtagsabschluss möglichen Prüfungshandlung auszuwählen. Hierbei ist zu beachten, dass die Art des Abschlusses die Art der möglichen Prüfung einschränkt. So können beispielsweise lediglich Jahresabschlüsse, die voll umfänglich den handelsbilanziellen Grundsätzen entsprechend erstellt wurden, auch einer Jahresabschlussprüfung unterworfen werden. Jede vereinfachende Abweichung, wie z. B. das Weglassen des Lageberichtes würde entweder zur Versagung oder zur Einschränkung des Bestätigungsvermerkes führen.

1397 Weiterhin ist das von den Parteien gewünschte Prüfungsergebnis zu beachten. (zu den möglichen Optionen [→ Rz. 380 ff]

1398 **Inhalt und Umfang** des Prüfungsverfahrens durch den bisherigen Abschlussprüfer ist durch die Parteien unter Berücksichtigung der vorgenannten Aspekte zu regeln. Daneben können die Parteien zusätzliche Prüfungshandlungen festlegen, z. B. detaillierte Analysen des Vorratsvermögens oder vollumfängliche, substantielle Prüfungshandlungen in Risikobereichen, die über das normale Maß an Prüfungshandlungen des Wirtschaftsprüfers hinausgehen.

1399 Der Kaufvertrag sollte klare **Fristen** enthalten, bis wann der geprüfte und testierte Stichtagsabschluss der Gesellschaft und die Prüfungsberichte des Abschlussprüfers der Zielgesellschaft den Parteien übergeben werden müssen.

Eine Befreiung von der **Verschwiegenheitspflicht des bisherigen Abschlussprüfers** gegenüber dem Käufer ist nicht erforderlich, da der Käufer zu diesem Zeitpunkt bereits Gesellschafter ist und insoweit sämtliche Auskünfte von der Gesellschaft erhalten kann. Der Käufer ist auch selbst in der Lage, die Erlaubnis der Gesellschaft zur Durchsicht der Arbeitspapiere und zum Informationsaustausch zwischen dem bisherigen Abschlussprüfer und dem Wirtschaftsprüfer des Käufers einzuholen. 1400

### d) Bilanzierung und Bewertung [→ Rz. 971 ff]

Der Wirtschaftsprüfer hat im Zuge seiner Prüfungshandlungen insbesondere sicherzustellen, dass die Bilanzierungs- und Bewertungsprinzipien des Unternehmens konsistent zum Vorjahr angewendet werden. Dies betrifft sowohl Fragen des bilanziellen Ausweises als auch die Bewertungsverfahren selbst. Insbesondere Zuschreibungen auf Anlage- und Umlaufvermögen, Veränderungen in der Stetigkeit der Inanspruchnahme von Bewertungswahlrechten (z. B. Aktivierung der Aufwendungen für Ingangsetzung und Erweiterung), außerplanmäßige Abschreibungen oder Veränderungen von Prozentsätzen oder Bemessungsgrundlagen zur Berechnung von Pauschalwertberichtigungen oder pauschalen Garantierückstellungen sind zu beachten. 1401

Der Wirtschaftsprüfer hat auch festzustellen, welche aperiodischen und/oder außerordentlichen Ereignisse die betrachteten Jahresergebnisse nicht unwesentlich beeinflusst haben. Diese Effekte sind im Regelfall in seinem Bericht gesondert darzustellen und zu erläutern, damit deutlich wird, welchen Anteil am Ergebnis das operative Geschäft des Zielunternehmens erwirtschaftet hat. 1402

Empfehlenswert ist, bilanzrechtliche Ansatz- und Bewertungswahlrechte oder das Prinzip der Bewertungsstetigkeit zu konkretisieren und zu spezifizieren. Darüber hinaus vereinbaren die Parteien häufig auch besondere Bilanzierungsregeln, da insbesondere für eine Zwischenbilanz Abweichungen von den vorstehend beschriebenen Grundsätzen angebracht sein können.[1242] 1403

Aufgrund der gesetzlich eingeräumten **Ausweiswahlrechte** und **Ermessensspielräume** bei der Abgrenzung von Einzelposten bestehen für die Gesellschaft im Rahmen der Aufstellung des Stichtagsabschlusses Gestaltungsmöglichkeiten, die im Rahmen der Bilanzpolitik genutzt werden können.[1243] Eine Analyse auch früherer Jahresabschlüsse der Gesellschaft durch den vom Käufer benannten Wirtschaftsprüfer trägt dazu bei, bilanzkosmetische Maßnahmen rechtzeitig zu erkennen und sicherzustellen, dass die Gesellschaft u. a. notwendige Wertberichtigungen vorgenommen und nicht über Jahre hinweg stille Reserven sukzessive aufgelöst hat. Solches *Window Dressing* birgt nicht unerhebliche Risiken für die Beurteilung der Vermögens-, Finanz- und Ertragslage des Zielunternehmens für die Zukunft. 1404

Können sich die Parteien über die Zwischenbilanz nicht verständigen, soll ein **Schiedsgutachter** nach billigem Ermessen i. S. d. § 317 Abs. 1 BGB eine bindende Entscheidung über die strittigen Punkte treffen.[1244] Die Entscheidung des Schiedsgutachters findet ihre gesetzliche Grenze in § 319 Abs. 1 Satz 1 BGB dort, wo diese – bzw. das ausgeübte Ermessen – *„offenbar unbillig ist"*. Entsprechend wird ein Schiedsgutachten für die Beteiligten 1405

1242) Ausführlich *von Hoyenberg*, in: Münchener Vertragshandbuch, Bd. 2, Formular III 1, 2 Anm. 81; vgl. dazu auch: *Weißhaupt*, BB 2013, 2947, 2951.

1243) *Langseder*, in: Beck'sches Handbuch der GmbH, § 9 Rz. 68 f.

1244) Vgl dazu ausführlich: *Schackmann/Mellert*, BB 2018, 840 ff.

dann nicht verbindlich, wenn es offenbar unrichtig ist. Eine derartige Unrichtigkeit liegt nach der Rechtsprechung vor, wenn sich einem sachkundigen und unbefangenen Beobachter – sei es auch erst nach eingehender Prüfung – offensichtliche Fehler der Leistungsbestimmung aufdrängen, die das Gesamtergebnis verfälschen oder auch dann, wenn die Ausführungen des Sachverständigen so lückenhaft sind, dass selbst der Fachmann das Ergebnis aus dem Zusammenhang des Gutachtens nicht überprüfen kann.[1245)]

1406 Streitigkeiten über die Kaufpreisermittlung bei Closing Accounts sollen nach dem Willen der Parteien regelmäßig vom Anwendungsbereich der allgemeinen Schiedsklausel (oder der bei kleineren Transaktionen ggf. vereinbarten Zuständigkeit der ordentlichen Gerichte) ausgenommen sein und exklusiv der Entscheidung durch einen Schiedsgutachter unterworfen werden. Im Gegensatz zum Schiedsrichter soll der Schiedsgutachter Tatsachen feststellen. Dieses Vorgehen stellt sich insbesondere im Vergleich zu einem oft mit mehreren Schiedsrichtern besetzten und im Allgemeinen teureren Schiedsgerichtsverfahren als die effektivere, weil schnellere und kostengünstigere Lösungsmöglichkeit für etwaige Streitfragen rund um die Kaufpreisermittlung dar.[1246)] Durch Vereinbarungen zur Person und Qualifikation des Schiedsgutachters kann zudem erreicht werden, dass der mögliche Disput durch eine mit der notwendigen Erfahrung und Kompetenz im Bereich von Wertermittlungs- von Kaufpreisstreitigkeiten im M&A-Umfeld ausgestattete Person oder Stelle beigelegt wird.[1247)]

1407 Die Kosten des Schiedsgutachters tragen die Parteien nach dem Grade ihres Unterliegens. Die Garantien in § 8 sollen durch die Verbindlichkeit der Zwischenbilanz nicht eingeschränkt werden, auch wenn deren Verletzung einzelne Positionen betreffen würde.

1408 Als Schiedsgutachter werden die Parteien meist vereinbaren, dass als solcher ein unabhängiger Wirtschaftsprüfer ausgewählt wird. Dieser sollte idealerweise nicht nur über umfassende Kenntnis und ein tiefgehendes Verständnis für rechnungslegungsbezogene Fragestellungen im Kontext der Unternehmensbewertung und Kaufpreisfindung bei M&A-Transaktionen verfügen, sondern als „Independent Expert" zugleich auch Erfahrung und ein rechtliches Verständnis von Unternehmenskaufverträgen mit sich bringen.[1248)] Alternativ zu dem Verweis auf den durch das Institut der Wirtschaftsprüfer e. V. in Düsseldorf zu benennenden Schiedsgutachter ist die gemeinsame Benennung eines Schiedsgutachters durch die Parteien denkbar. Wird der Schiedsgutachter vom Institut der Wirtschaftsprüfer benannt, ist es nicht ausgeschlossen, dass ihm die spezifischen Erfahrungen fehlen.

1409 Die **Kosten** der eingeschalteten Wirtschaftsprüfer trägt jeweils diejenige Partei, die ihn beauftragt hat. Denkbar ist auch, die Kosten des vom Käufer eingeschalteten Wirtschaftsprüfers dem Verkäufer in dem Maße aufzubürden, in welchem der verbindliche Stichtagsabschluss Korrekturen zugunsten des Käufers gegenüber dem vom bisherigen Abschlussprüfer der Gesellschaft geprüften Stichtagsabschluss aufweist (siehe Rz. 979).

---

1245) BGH, Urt. v. 27.6.2001 – VIII ZR 235/00 – juris, Rz. 15 ff, NJW 2001, 3775, 3777 unter Hinweis auf BGH, Urt. v. 16.11.1987 – II ZR 111/87, NJW-RR 1988, 506 = ZIP 1988, 162; *Schackmann/Mellert*, BB 2018, 840, 842.

1246) *Schackmann/Mellert*, BB 2018, 840, 841 m. w. N.

1247) So auch *Schackmann/Mellert*, BB 2018, 840, 841/842; *Schleis/Kühne*, M&A-Review 2017, 2, 5 ff; vgl. ferner *Weißhaupt*, BB 2013, 2947, 2951.

1248) *Schleis/Kühne*, M&A-Review 2017, 2, 5 ff mit ausführlicher typisierter Darstellung des Ablaufs eines Kaufpreis-Disputs.

### 7. Fusionskontrolle [→ Rz. 983]

1410 Die Klausel zur Fusionskontrolle ist nötig, wenn die Transaktion bei der Europäischen Kommission, beim Bundeskartellamt oder weiteren Kartellbehörden angemeldet werden muss und diese Behörden sie nicht bereits vor Beurkundung des Kaufvertrags freigegeben haben (siehe Rz. 587, 625). Solche Klauseln dienen dazu, die Beachtung von – häufig bußgeldbewehrten (Art. 14 Abs. 2 Buchst. b) FKVO, § 81 Abs. 2 Nr. 1 GWB) – Vollzugsverboten zu gewährleisten, die Aufgaben der Parteien im Hinblick auf das oder die Fusionskontrollverfahren festzulegen und Risiken, dass ein solches Verfahren ungünstig verläuft oder ausgeht, zuzuordnen. Klauseln über § 13 Abs. 1 hinaus (siehe Rz. 1606), die noch vor der Freigabe durch die Kartellbehörden dem Käufer weitreichenden Einfluss auf das Zielunternehmen gewähren, können problematisch sein. Eine Verpflichtung, bis zum Vollzug des Zusammenschlusses keine wesentlichen Änderungen am Geschäft des Zielunternehmens vorzunehmen, ist eine zulässige Nebenabrede.[1249] Weitergehende Zustimmungsvorbehalte, namentlich wenn sie Eingriffe in das Tagesgeschäft des Zielunternehmens ermöglichen, können als unzulässige Vorwegnahme des Vollzugs vor der Freigabe verstanden werden. Auch in der deutschen Fusionskontrolle wäre eine Vorwegnahme des Vollzugs (siehe oben und zu neuerer Rechtsprechung des EuGH Rz. 627) unzulässig. Es kann dabei nach unserer Auffassung nicht darauf ankommen, ob das Verhalten des Zielunternehmens unmittelbar mit Zustimmungsvorbehalten oder mittelbar mit Schadensersatzpflichten oder anderen Nachteilen nach dem Closing gesteuert werden soll. Die Abgrenzung im Einzelfall kann schwierig sein. Eine Abstimmung des Zielunternehmens mit dem Erwerber kann zugleich eine wettbewerbsbeschränkende Vereinbarung zwischen den Parteien (Art. 101 Abs. 1 AEUV, § 1 GWB) sein.[1250] Je mehr eine Transaktion materiell-rechtliche Probleme aufwirft und je ungewisser (deshalb) ihr Vollzug ist, desto mehr Zurückhaltung ist bei der Vereinbarung solcher Rechte geboten.

1411 Nur das dingliche Erfüllungsgeschäft, die **Abtretung** der Geschäftsanteile, fällt unter das Vollzugsverbot.[1251] Für dieses ist eine aufschiebende Bedingung oder ein anderweitiger Aufschub bis zur Freigabe schon wegen der Bußgeldrisiken erforderlich. Der schuldrechtliche Verkauf kann jedoch auch im Verkäuferinteresse unter die aufschiebende Bedingung (§ 3 Abs. 2 Nr. 1) der Freigabe gestellt werden: Erteilt eine Behörde die erforderliche Zustimmung zum Erfüllungsgeschäft (endgültig) nicht, führt dies zur nachträglichen Unmöglichkeit der Vertragserfüllung mit den Rechtsfolgen der §§ 275, 326 BGB.[1252] Diese ist von keiner Seite zu vertreten, es sei denn, eine Partei hätte schuldhaft eine Pflicht gegenüber der anderen, auch zur Förderung des Verfahrens, verletzt oder das Risiko des Verfahrensausgangs übernommen.[1253] Steht nun auch der schuldrechtliche Kaufvertrag unter der aufschiebenden Bedingung, vermeidet man bereits den Anschein einer solchen Risikoübernahme.[1254]

---

1249) Bekanntmachung der Kommission über Einschränkungen des Wettbewerbs, die mit der Durchführung von Unternehmenszusammenschlüssen unmittelbar verbunden und für diese notwendig sind (Nebenabreden), ABl 2005 Nr. C 56/24, Rz. 14.

1250) OLG Düsseldorf, Beschl. v. 9.12.2015 – VI-Kart 1/15 (V), NZKart 2016, 30, 35; *Mielke/Welling*, BB 2007, 277, 281 f.

1251) *Thomas*, in: Immenga/Mestmäcker, Wettbewerbsrecht, § 41 GWB Rz. 16; dies gilt entsprechend für die Übertragung einzelner Vermögenswerte.

1252) BGH, Urt. v. 22.6.1993 – VI ZR 190/92, NJW 1993, 648, 650 f.

1253) BGH, Urt. v. 26.10.1979 – V ZR 58/76, NJW 1980, 700; Palandt/*Grüneberg*, BGB, § 275 Rz. 42.

1254) Unter Umständen kann auch ohne ausdrückliche Regelung die stillschweigende Vereinbarung einer Bedingung angenommen werden, vgl. BGH, Urt. v. 15.1.1992 – IV ZR 317/90, NJW-RR 1992, 558; schon aus Klarstellungsgründen sollte die Bedingung ausdrücklich festgelegt werden.

1412 Gelegentlich lassen Parteien offen, ob die Kommission, das Bundeskartellamt oder weitere Kartellbehörden den Zusammenschluss freigeben sollen, etwa durch Formulierungen wie „Freigabe durch die zuständige Kartellbehörde“ oder „die zuständigen Kartellbehörden“. Möglich ist auch die Auffangklausel „Dies gilt entsprechend für Fusionskontrollverfahren nach der FKVO.“ Eine genaue Festlegung ist aber vorzuziehen.

1413 Die Parteien sind wie bei anderen Genehmigungserfordernissen schon aufgrund ihres Kaufvertrags und aus Treu und Glauben verpflichtet, die Freigabe herbeizuführen und alles zu unterlassen, was sie gefährden könnte.[1255)] Es ist unschädlich, diese Förderpflicht ausdrücklich festzuschreiben (§ 6 Abs. 3). Die Parteien können sie durch Vertragsstrafen absichern; solche Strafversprechen sollte man, wenn überhaupt, aber nur abgeben, wenn die Verletzungstatbestände präzise geregelt sind.

1414 Im Rahmen der EG-Fusionskontrolle muss der Erwerber (Art. 4 Abs. 2 Satz 2 FKVO), bei Gemeinschaftsunternehmen müssen die Unternehmen, welche die gemeinsame Kontrolle erwerben (Satz 1), den Zusammenschluss anmelden (zu § 6 Abs. 1). Das deutsche Kartellrecht verpflichtet den Erwerber, das Zielunternehmen und regelmäßig auch den Veräußerer zur Anmeldung (§ 39 Abs. 2 GWB). Die Freigabe durch das Amt wirkt zugunsten aller Parteien, unabhängig davon, wer die Anmeldung eingereicht hat.[1256)]

1415 Es ist auch in Verfahren vor dem Bundeskartellamt üblich, dass der Erwerber es federführend betreibt und für dessen Kosten aufkommt. Konsequenzen der Zusammenschlusskontrolle, wie z. B. belastende Nebenbestimmungen oder nachteilige Wirkungen seiner Angaben und Äußerungen gegenüber dem Amt in späteren Verfahren, treffen vor allem ihn.

1416 Verzögerungen und Komplikationen in der Fusionskontrolle können allerdings auch den Verkäufer beeinträchtigen: Er erhält den Kaufpreis später oder bei einer Untersagung gar nicht. Er kann aus steuerlichen Gründen oder weil er wegen Nebenbestimmungen aus einem anderen Fusionskontrollverfahren verkauft, daran interessiert sein, innerhalb einer bestimmten Frist die Transaktion zu vollziehen. Deshalb sollte auch er sich Mitsprache oder Mitwirkung im Verfahren vorbehalten. Eine Möglichkeit ist die Verpflichtung des Erwerbers, den Veräußerer über alle Schritte im Fusionskontrollverfahren zu informieren und sie ggf. mit ihm abzustimmen. Im Verfahren vor dem Bundeskartellamt kann sich der Veräußerer der Anmeldung des Erwerbers anschließen.

1417 Ein Gerichtsverfahren wegen einer Untersagung (zum Rechtsschutz siehe Rz. 601 und 630) kann so lange dauern, dass die Parteien das Interesse an der Transaktion verlieren. Nach dem Muster sind sie deshalb nicht verpflichtet, vor Gericht zu ziehen (§ 6 Abs. 5 und 6). Eine derartige Regelung schließt auch Zweifel über entsprechende Obliegenheiten aus dem Kaufvertrag und aus § 242 BGB aus.

1418 Die Klausel regelt auch den Fall, dass die Kartellbehörde den Zusammenschluss nur unter Nebenbestimmungen freigeben will (§ 6 Abs. 5). Wenn die Parteien nichts anderes vereinbaren, sind sie verpflichtet, im Rahmen des Zumutbaren ihren Vertrag zu ändern und so genehmigungsfähig zu machen.[1257)] Bedingungen und Auflagen einer Kartellbehörde können die **wirtschaftlichen** und strategischen **Grundlagen** der Transaktion **verändern**. Häufig

---

1255) So zu baurechtlichen Genehmigungserfordernissen bei Grundstückskaufverträgen BGH, Urt. v. 25.6.1976 – V ZR 121/73, BGHZ 67, 34, 35; Palandt/*Grüneberg*, BGB, § 275 Rz. 40.

1256) *Bechtold/Bosch*, GWB, § 39 Rz. 12; siehe allerdings OLG Düsseldorf, Beschl. v. 22.12.2006 – VI-Kart 10/06 (V), WuW/E DE-R 1881, 1882 f – Du Pont: Anmeldepflicht *aller* Parteien nach § 39 Abs. 2 GWB (obiter). Sicherheitshalber enthält das Formular eine Anmeldung „im Namen aller Beteiligten“.

1257) BGH, Urt. v. 25.6.1976 – V ZR 121/73, BGHZ 67, 34, 35, 37.

wird die Kartellbehörde verlangen, dass der Käufer bestehende Aktivitäten aufgibt oder Beteiligungen veräußert. Eine Pflicht zu solchen Schritten ist im Muster ausgeschlossen (§ 6 Abs. 5). Aufschiebende Bedingungen für die Freigabe können den Zeitplan für die Transaktion beeinträchtigen. Hat der Käufer eine besonders starke Verhandlungsposition, kann er möglicherweise durchsetzen, dass er sich in einem solchen Falle ganz vom Kaufvertrag lösen kann. Für den Fall, dass Nebenbestimmungen die Grundlagen eines Unternehmenskaufs erschüttern, kann man auch die Anpassung des Kaufpreises vorsehen.

In der deutschen wie in der europäischen (Art. 6 Abs. 2 Unterabs. 2, Art. 8 Abs. 2 Unter- 1419
abs. 2 FKVO, Rz. 583 ff, 624) Fusionskontrolle beruhen Nebenbestimmungen auf den Vorschlägen der anmeldenden Unternehmen. Deshalb liegt es in ihrer Hand, ob sie eine Freigabe selbst unter einschneidenden Nebenbestimmungen erwirken wollen. Das Muster ermöglicht es den Parteien, verpflichtet sie aber nicht dazu. Erwirbt der Käufer das Zielunternehmen ganz, können Nebenbestimmungen nur ihn und das Zielunternehmen treffen. Behält jedoch der Verkäufer – insbesondere bei der Gründung eines Gemeinschaftsunternehmens – Anteile am Zielunternehmen, kommen auch Nebenbestimmungen zu seinen Lasten in Betracht. Für die Anfechtung von Nebenbestimmungen (siehe Rz. 601, 624) stellt das Muster der betroffenen Partei oder den Parteien die Entscheidung über den Rechtsweg frei (§ 6 Abs. 6).

Der Verkäufer kann sich den Rücktritt vom Vertrag vorbehalten, wenn er nicht innerhalb 1420
eines bestimmten Zeitraums vollzogen werden kann: Er ist daran interessiert, rasch den Kaufpreis zu erhalten. In einem Bieterverfahren kann er auf andere Interessenten zurückgreifen, wenn der zunächst ausgewählte Käufer kartellrechtliche Probleme hat. Dem Zielunternehmen können wegen der Ungewissheit, ob die Transaktion gelingt, Nachteile drohen, zum Beispiel durch den Verlust wichtiger Kunden oder Mitarbeiter. Für den Käufer ist ein solches Rücktrittsrecht bei zeitsensiblen Vorhaben von Interesse. Auf zügige Fusionskontrollverfahren kann der Verkäufer auch hinwirken, indem er sich die Verzinsung des Kaufpreises von einem bestimmten Zeitpunkt an ausbedingt.

### 8. Vollzug und Vollzugshandlungen [→ Rz. 991]

Da oftmals verschiedenste Voraussetzungen erfüllt sein müssen, bevor ein Unternehmens- 1421
kaufvertrag vollzogen werden kann, fallen bei nahezu allen Unternehmenskäufen der Zeitpunkt des notariellen Vertragsschlusses (hier der „Beurkundungstag") und der des dinglichen Vollzugs des Kaufvertrags (hier der „Vollzugstag") auseinander. Zwischen beiden Zeitpunkten können oftmals mehrere Wochen, wenn nicht sogar Monate liegen, da verschiedenste Genehmigungen oder der Abschluss weiterer Vereinbarungen wie zum Beispiel einer Gesellschaftervereinbarung oder die Änderung des Gesellschaftsvertrags der Zielgesellschaft (Letzteres insbesondere bei Joint-Venture-Unternehmen) zwischen den Parteien ausgehandelt und erst endgültig am Vollzugstag vorgenommen werden können.

Die vereinbarten Vollzugsbedingungen wirken sich auf den Vollzugstag und damit auf 1422
den Stichtag des zu erstellenden Stichtagsabschlusses aus. Vor diesem Hintergrund ist abzuwägen, welche Vollzugsbedingungen erforderlich sind und welche durch den Verkäufer oder den Käufer beeinflusst werden können und inwieweit sich Verkäufer und Käufer darauf einlassen wollen, dass der Vollzug der Transaktion von exogenen Faktoren abhängt, die sie nicht beeinflussen können. Diese Umstände könnten dazu führen, dass ein Stichtag für den Stichtagsabschluss resultiert, der innerhalb eines Monates liegt und damit bu-

chungstechnisch nur schwerlich realisiert werden kann (vgl. die Ausführung zur „Regelung zur Festlegung des Stichtags").

1423 Liegt hingegen ein von beiden Parteien nicht zu beeinflussendes Ereignis vor, welches den Wert des Unternehmens maßgeblich beeinflusst, wie z. B. das Erlangen einer Genehmigung, so kann die Vollzugsbedingung ein geeignetes Gestaltungsinstrument sein, um das wirtschaftliche Risiko der Transaktion zu minimieren. Dieses Instrument kann sinnvollerweise aber nur dann angewendet werden, wenn der Eintritt des exogenen Ereignisses kurzfristig zu erwarten ist. Alternativ kann einem solchen Umstand aber auch mit einem Earn-out mit Ereignis-Standard begegnet werden (ausführlich siehe Rz. 239).

1424 Das Auseinanderfallen von Beurkundungstag und Vollzugstag zwingt den Käufer aber auch, an mehreren Stellen im Kaufvertrag Schutzmechanismen für sich und insbesondere den Erhalt der Kaufsache einzubauen. So muss z. B. aus Käufersicht sichergestellt sein, dass der Geschäftsbetrieb der Zielgesellschaft in dem Übergangszeitraum ordnungsgemäß weitergeführt wird. Im Muster wird dieses Ziel insbesondere durch die in § 14 Abs. 1 geregelte **„Going-Concern-Klausel"** (ausführlich siehe Rz. 1589) erreicht.

1425 Das Muster sieht in § 7 Abs. 2 vor, dass am Vollzugstag – bis auf die Freigabe durch die Kartellbehörde – sämtliche aufschiebenden Bedingungen (§ 3 Abs. 2) von den Parteien erfüllt werden. Im Muster sind insbesondere der Abschluss eines Treuhandvertrags, die Zahlung des Sicherheitseinbehalts und die Zahlung des vorläufigen Kaufpreises durch den Erwerber an den Verkäufer genannt. Die Liste dieser Vollzugsbedingungen ist dabei i. S. e. schlanken Vertragsmusters bewusst kurz gehalten, kann aber je nach Komplexität der Transaktion beliebig erweitert werden. So können neben dem Abschluss von weiteren die Transaktion betreffenden (Neben-)Vereinbarungen auch die Einholung etwaiger Gremienbeschlüsse, die Kündigung eines bestehenden **Ergebnisabführungsvertrags**, die Abberufung und Bestellung von Gesellschaftsorganen oder gar gesellschaftsrechtliche Maßnahmen wie z. B. die Herauslösung des Zielunternehmens aus dem Verkäuferkonzern (sog. **Carve-out**) als aufschiebende Bedingungen bzw. Vollzugshandlungen im Kaufvertrag vereinbart werden.

1426 § 7 Abs. 2 Nr. 4 sieht als abschließende Vollzugshandlung vor, dass sich die Parteien gegenseitig bestätigen, dass alle Vollzugshandlungen durchgeführt wurden, also „Vollzug" im definitorischen Sinne des Kaufvertrags eingetreten und damit das Eigentum an den Geschäftsanteilen auch dinglich auf den Erwerber übergegangen ist. Auf den ersten Blick erscheint diese Vollzugshandlung zwar als reine Formalität, ist aber aus Beweiszwecken unverzichtbar, da so sicher nachvollzogen werden kann – insbesondere bei späteren Verfügungen über die Geschäftsanteile –, dass alle Vollzugshandlungen vorgenommen wurden und damit wirksam das Eigentum an den Geschäftsanteilen vom Verkäufer auf den Erwerber übergegangen ist.

1427 Wichtig und daher im Unternehmenskaufvertrag nicht zu vergessen ist die Anweisung an den beurkundenden Notar, dass dieser die neue Gesellschafterliste zum Handelsregister reicht, sobald Vollzug eingetreten ist. Auch aus diesem Grund ist die Zeichnung der Vollzugsbestätigung (§ 7 Abs. 2 Nr. 4) durch beide Parteien wichtig. Diese Bestätigung wird von dem Notar nach dem vorliegenden Muster auch als Anlage zur Urkunde genommen.

1428 Da dem Erwerber erst mit Veröffentlichung der neuen Gesellschafterliste im Handelsregister auch alle Rechte gegenüber der Gesellschaft aus seinen Geschäftsanteilen zustehen (vgl. § 16 Abs. 1 GmbHG), enthält § 7 Abs. 4 eine Vollmacht des Verkäufers, mit welcher dieser den Käufer zur Ausübung sämtlicher auf die verkauften Geschäftsanteile entfallenden Rechte, insbesondere der Stimmrechte, im Zeitraum zwischen Vollzug und Aufnahme der neuen Gesellschafterliste im Handelsregister bevollmächtigt. Diese Vollmacht versetzt den Erwerber in die Lage, auch in diesem – meist nicht sehr langen – Übergangszeitraum formal als Gesellschafter der Zielgesellschaft handeln zu können.

### 9. Verkäufergarantien [→ Rz. 995]

Der Garantiekatalog bildet in nahezu jedem Unternehmenskaufvertrag – neben der Kaufpreisklausel – das „Herzstück" des Vertrags. Insoweit stellen die Garantien neben den Regeln zum Kaufpreismechanismus und zur Fortführung des Geschäftsbetriebs in der Schwebezeit zwischen Abschluss des Kaufvertrags und Vollzug der Transaktion den wohl wichtigsten Schutz des Käufers dar.[1258] Die Garantien sichern – üblicherweise unter Ausschluss des gesetzlichen Gewährleistungsregimes – die von den Parteien im Rahmen der Übernahmeverhandlungen vereinbarte Beschaffenheit des Zielunternehmens ab. Eben aus diesem Grund wird über kaum eine andere Regelung derart intensiv und leidenschaftlich diskutiert und verhandelt wie über den Umfang und die Ausgestaltung der einzelnen Garantien. 1429

Diese Verhandlungsintensität ist nicht zuletzt dadurch bedingt, dass an keiner anderen Stelle im Vertrag die unterschiedlichen Interessenlagen von Verkäufer und Käufer so deutlich aufeinanderprallen. Aus Sicht des Verkäufers soll mit dem Closing der „Schlussstrich" unter seiner Beteiligung am Zielunternehmen gezogen sein. Risiken sollen idealerweise im Kaufpreis abgebildet sein; eine „Nachhaftung" versucht der Verkäufer daher weitestgehend auszuschließen. Der Käufer hingegen übernimmt mit dem Unternehmen einen aktiven Geschäftsbetrieb, dessen vielfältige Risiken auch durch eine noch so sorgfältige Due-Diligence-Prüfung möglicherweise nicht abschließend aufgedeckt werden können. Daher ist er daran interessiert, für unbekannte und bekannte Risiken aus der Vergangenheit nicht finanziell einstehen zu müssen. 1430

Insbesondere bei Transaktionen, die im Auktionsverfahren durchgeführt werden (siehe Rz. 751 ff), können Garantien auch einen „Quasi-Kaufpreis" darstellen. So lehrt die Praxis, dass ein Verkäufer sich bei nahezu identischen Angeboten verschiedener Bieter regelmäßig für dasjenige entscheiden wird, welches ihm den umfangreichsten Garantiekatalog bietet. 1431

#### a) Garantien – Wann sinnvoll und wann ausgeschlossen?

Typischerweise werden in Kaufverträgen von Erwerbern aus den soeben benannten Gründen umfangreiche Garantien des Verkäufers gefordert. Zum Teil werden die Due-Diligence-Arbeiten in der Hoffnung auf den Erhalt von Garantien im Hinblick auf die von dem Management abgegebenen Negativerklärungen auch aus Budgeterwägungen verkürzt und die zu garantierenden Sachverhalte nicht mehr im Detail untersucht. Bei diesem Vorgehen ist aber darauf zu achten, sich als Käufer nicht dem Vorwurf grob fahrlässiger Unkenntnis eines Mangels auszusetzen. Im Folgenden soll diskutiert werden, in welchem Umfang Garantien gefordert werden sollten. 1432

Wichtig ist, das Wechselspiel zwischen Garantien im Unternehmenskaufvertrag und Kenntnissen aus der Due Diligence im Auge zu behalten. Es ist in jedem Einzelfall vom Käufer zu prüfen, ob die Garantie angesichts der in der Due Diligence erworbenen Kenntnisse noch einen materiellen Gehalt hat. Eine Garantie bleibt insbesondere dann sinnvoll, wenn 1433

1258) *Jaletzke/Henle/Ziegler*, in: Jaletzke/Henle, S. 98 f.

die Due Diligence zu einer bestimmten Frage gar keine oder nur eingeschränkte Ergebnisse erbracht hat.

1434 Eine sinnvolle Garantie setzt voraus, dass der Garantiegeber der Garantie auch nachkommen kann. Dies ist jedoch z. B. bei ansonsten „leeren“ Holdinggesellschaften bei Private-Equity-Fonds als Verkäufer in der Regel nicht der Fall, da das Fondsvermögen nach Verkauf aller Beteiligungen an die Kapitalgeber des Fonds ausgeschüttet wird, sodass keine Haftungsmasse mehr zur Verfügung steht bzw. der Kaufpreis auf anderen Wegen abfließt.

1435 Weiterhin können Garantien des Verkäufers nicht werthaltig sein, wenn der Verkäufer nicht über ein hinreichendes laufendes Einkommen verfügt, um den Verpflichtungen aus diesen Garantien nachzukommen. Eine solche Situation kann z. B. bei einem Verkauf eines Unternehmens durch eine Privatperson gegeben sein.

1436 Als Lösung bietet sich in diesen Fällen an, den Kaufpreis teilweise auf einem Treuhandkonto („*escrow account*“) einzubehalten, bis der Zeitraum der vertraglichen Garantiegewährung abgelaufen ist (siehe Rz. 1333 ff). Es kommt auch eine zeitlich gestaffelte Freigabe unter Berücksichtigung der Verringerung der jeweiligen Risiken in Betracht. So kann z. B. der Betrag zur Besicherung der Steuergarantie nach Erhalt des Betriebsprüfungsbescheids in dem Umfang freigegeben werden, wie dieser nicht zur Begleichung etwaiger Steuerschulden erforderlich ist. Insbesondere bei Private-Equity-Transaktionen kann aber auch der Abschluss einer W&I-Versicherung (siehe Rz. 171 ff) für einen entsprechenden Schutz der möglichen Ansprüche des Käufers sorgen.

1437 Ein Grund, Garantien nur in begrenztem Umfang zu verlangen, kann schließlich im Wettbewerb mit anderen Bietern liegen. Zwar ist gewöhnlich in erster Linie die Höhe des Kaufpreises für den Zuschlag maßgeblich. Bei eng beieinanderliegenden Angeboten können jedoch „exzessive“ Garantieforderungen zum vorzeitigen Ausscheiden des betreffenden Bieters führen.

1438 Grundsätzlich ist bei Garantien zunächst zu fragen, inwieweit sich die Bewertungssicherheit für den Käufer verbessert. Für die Garantien, die der Verkäufer bereitwillig gibt, ist der Nutzen aus Sicht des Käufers typischerweise nicht immer hoch. Bei denjenigen Punkten, bei denen auf Seiten des Käufers erhebliche Bewertungsunsicherheit herrscht, wird dies häufig auch auf Verkäuferseite der Fall sein, sodass über diese Themen in den Verhandlungen gerungen wird. Ein Beispiel hierfür ist eine Umweltverdachtsfläche, die jedoch noch nicht durch Bohrungen etc. untersucht wurde, sodass unklar ist, wie groß der tatsächliche Schaden ist. In solchen Fällen ist eine Garantie nicht angemessen, da den Parteien die entsprechenden Risiken ja bekannt sind. Meist wird daher eine Freistellungsverpflichtung des Verkäufers vereinbart (so im Vertragstext unter § 10), die freilich nach betraglichem und zeitlichem Umfang begrenzt ist.

### b) Gewährleistungszusagen in Form selbständiger Garantien [→ Rz. 995]

1439 Das Muster sieht vor, dass der Verkäufer einen Katalog von **selbständigen Garantieversprechen** bezüglich bestimmter Angaben über das Unternehmen abgibt. Dies entspricht der allgemeinen Vertragspraxis. Im Falle der Vereinbarung von selbständigen Garantieversprechen im Rahmen der Vertragsfreiheit gemäß § 311 Abs. 1 BGB steht der Verkäufer unabhängig vom Verschulden des Verkäufers für die in der jeweiligen Garantie beschriebenen Verhältnisse dem Käufer gegenüber ein.

Das BGB enthält keine Regelungen zu den Rechtsfolgen der Verletzung selbständiger Garantien. Daher ist den Parteien eines Unternehmenskaufvertrags zu empfehlen, im Vertrag eigenständig und vollumfänglich die Rechtsfolgen von Garantieverletzungen (einschließlich der Verjährung von Ansprüchen) abschließend zu regeln. 1440

Im Vertragstext wird klargestellt, dass die im Unternehmenskaufvertrag abgegebenen Garantien des Verkäufers weder eine Beschaffenheitsvereinbarung noch eine Beschaffenheitsgarantie sind. Damit soll der selbständige Charakter der Garantieversprechen von den im Rahmen der gesetzlichen Gewährleistung erfolgenden Beschaffenheitsvereinbarungen und der Beschaffenheitsgarantie i. S. d. §§ 442, 443 BGB abgegrenzt werden. Entgegen dem zweideutigen Wortlaut als „Garantie" handelt es sich bei der Beschaffenheitsgarantie nämlich lediglich um eine unselbständige Garantie, welche die Rechte des Käufers entsprechend ihrem Wortlaut nur erweitert und erst auf der Ebene der Rechtsfolgen relevant ist, so in § 442 Abs. 1 Halbs. 2 und § 444 BGB.[1259] 1441

Der Käufer ist an einem umfangreichen Garantienkatalog interessiert. Je umfangreicher der Garantienkatalog, desto höher ist dagegen das Haftungsrisiko des Verkäufers. Im Interesse des Verkäufers ist also auf eine sorgfältige Formulierung der Garantien und eine gründliche interne Prüfung zu achten, ob die in den Garantien enthaltenen Aussagen zutreffen. Denn gibt der Verkäufer wissentlich eine falsche Garantie ab, ist im Zweifel Vorsatz gegeben und wegen § 276 Abs. 3 BGB wären sämtliche Einschränkungen seiner Haftung unwirksam.[1260] Wegen der eigenständigen vertraglichen Regelung der Garantien werden in der Regel das gesetzliche Gewährleistungsrecht sowie verwandte Ansprüche, z. B. aus Verschulden bei Vertragsschluss, im Vertrag ausgeschlossen (Rz. 1077). 1442

Der Garantiekatalog in § 8 enthält viele der in Unternehmenskaufverträgen typischen Garantien des Veräußerers, ohne jedoch im Hinblick auf die Besonderheiten des jeweiligen Einzelfalles abschließend sein zu können. Umfang und Inhalt der Garantien hängen stets von den Risiken des betroffenen Unternehmens, der Branche, den Ergebnissen der Due Diligence und der Verhandlungssituation ab. 1443

Bei der Verhandlung von Garantien sind regelmäßig folgende Fragen zu beachten: Die erste Frage, die sich der Käufer stellen muss, ist die, welche Gewährleistungen für ihn unverzichtbar sind. Die Antwort auf diese Frage wird sich regelmäßig nach den Umständen richten, die den Wert des Unternehmens wesentlich ausmachen (***„key value drivers"***).[1261] Weiter ist zu klären, ob bestimmte Elemente in Bezug auf das Unternehmen überhaupt ganz oder teilweise durch den Verkäufer garantiert werden (können), etwa die Realisierbarkeit der in der Zwischenbilanz ausgewiesenen Forderungen abzüglich bereits gebuchter Wertberichtigungen. Hat man sich auf die **Abgabe** einer Garantie durch den Verkäufer geeinigt, ist aus Sicht des Verkäufers zu entscheiden, ob er diese uneingeschränkt, unter Ausschluss bestimmter bereits bekannter Fälle einer Verletzung oder nur auf der Basis seiner aktuellen Kenntnis oder seines Kennenmüssens **(fahrlässige bzw. grob fahrlässige Unkenntnis)** abzugeben bereit ist (siehe Rz. 1447). Das käuferfreundliche Vertragsmuster sieht solche Einschränkungen indes nicht vor. 1444

---

1259) Siehe nur *Schröcker*, ZGR 2005, 63, 92 f.

1260) *Mellert*, BB 2011, 1667.

1261) *Jaletzke/Henle/Ziegler*, in: Jaletzke/Henle, S. 99.

1445 Dem Verkäufer bereits **bekannte Fälle einer Verletzung** der Garantie können in Anlagen zum notariellen Kaufvertrag offengelegt werden. Durch solche Offenlegungen *(Disclosures)* wird der Umfang der im Übrigen unbedingten Garantiezusage eingeschränkt. Dies sind im angelsächsischen Rechtskreis die sog. *Disclosure Statements*.[1262)] Statt als Anlage zu jeder Garantie kann der Verkäufer auch einen zusammenhängenden *Disclosure Letter* abgeben. Diese Form eignet sich insbesondere, wenn die Garantien (auch) bezogen auf den in der Zukunft liegenden Stichtag abgegeben werden, da dann der Verkäufer die Möglichkeit haben will, die Offenlegungen auf diesen Tag zu aktualisieren.

### c) Maßgebliche Stichtage für Garantien des Verkäufers [→ Rz. 995]

1446 Sofern nichts anderes geregelt ist, ist der Tag des Vertragsschlusses das Datum, auf das die Garantien abgegeben werden. Das Muster sieht als Daten, an denen die Garantien erfüllt sein müssen, neben dem Tag des Vertragsschlusses den Vollzugstag vor. Da der Verkäufer das Unternehmen der Zielgesellschaft noch bis zum Vollzugstag weiterführt, hat der Käufer ein großes Interesse daran, dass die Garantien auch an diesem Tag zutreffen. Je nach Gegenstand und Umfang der Garantien wird der Verkäufer jedoch möglicherweise nicht bereit sein, auf ein in der Zukunft liegendes Datum Garantien abzugeben, z. B. dass auch Forderungen aus nach der Beurkundung abgeschlossenen Geschäften mit zum Zeitpunkt des Vertragsschlusses noch gar nicht bekannten Kunden in vollem Umfang einbezogen werden können. Da das vorliegende Muster käuferfreundlich ist, werden sämtliche Garantien auf beide Stichtage abgegeben, also sowohl auf den Beurkundungstag als auch auf den Vollzugstag.

### d) Garantien in Abhängigkeit von Kenntnis und fahrlässiger Unkenntnis des Verkäufers

1447 Das käuferfreundlich ausgestaltete Vertragsmuster sieht keine Einschränkungen der Garantien im Hinblick darauf vor, ob der Verkäufer „nach bestem Wissen" (*„to seller's best knowledge"*) bestimmte Umstände positiv kannte oder hätte kennen müssen, deren Vorliegen oder Nichtvorliegen er in den jeweiligen Garantien in Bezug auf die Zielgesellschaft zugesichert hat, sog. ***Knowledge Qualifier***. In der Praxis allerdings werden Verkäufer typischerweise darauf bestehen, im Interesse einer angemessenen Risikoallokation zwischen den Vertragspartnern bezüglich gewisser Positiv- oder Negativtatsachen bzw. positiver oder negativer Entwicklungen der Zielgesellschaft und ihres Geschäftsbetriebs Garantien lediglich nach dem (besten) Wissen der Verkäufer abzugeben.[1263)] Indes darf nicht verkannt werden, dass hierdurch – neben einem eventuell vereinbarten verkäuferfreundlichen Freibetrag (siehe Rz. 1552 ff) – die Hürde, ab wann eine Haftung des Verkäufers eingreifen soll, weiter erhöht wird.

1448 Die in der M&A-Praxis daher nicht selten anzutreffende Formulierung „nach (bestem) Wissen des Verkäufers" enthält die Zusicherung, dass der Verkäufer alle notwendigen Nachforschungen angestellt hat, ob es eine Verletzung der betreffenden Garantie gibt. Bei einer solchen Klausel steht der Verkäufer nicht nur für seine positive Kenntnis ein, sondern auch für diejenigen Kenntnisse, die er hätte erlangen können, dies aber (grob) fahrlässig nicht getan hat. Zur Klarstellung wäre gleichwohl zu empfehlen – jedenfalls für fahrlässige

---

1262) Vgl. zu dieser aus der angelsächsischen Vertragspraxis stammenden Technik Göthel-*Göthel*, Grenzüberschreitende M&A-Transaktionen, § 2 Rz. 173 ff.

1263) Hierzu und zu den Grenzen der Wissenszurechnung beim Unternehmenskauf ausführlich *Hoenig/Klingen*, NZG 2013, 1046; weiterhin *Weißhaupt*, WM 2013, 782, 784.

Unkenntnis – dies in einer Klausel im Kaufvertrag, z. B. wie nachstehend formuliert, in einem separaten Absatz des § 8 des Musters ausdrücklich festzuhalten:

> „Soweit die Garantien nach diesem § 8 nach bestem Wissen des Verkäufers abgegeben werden, kommt es auf die positive Kenntnis bzw. auf die fahrlässige Unkenntnis der in Anlage … aufgeführten Personen des Verkäufers sowie der Zielgesellschaft am Beurkundungstag und am Vollzugstag an."

### aa) Bestimmung der erfassten Personen

In diesem Zusammenhang ist darüber hinaus der Kreis der Personen zu bestimmen, deren 1449 Kenntnis oder Kennenmüssen eine Verletzung der Garantie begründet. Dabei ist vorab festzulegen, ob es auf das **Wissen der Geschäftsführer** der Zielgesellschaft und bestimmter weiterer (führender) Mitarbeiter oder nur auf das des **Verkäufers** ankommt. Der Käufer hat das Interesse, alle nach den organisatorischen Abläufen in Betracht kommenden Wissensträger zu erfassen. Der Verkäufer, also der Gesellschafter der Zielgesellschaft, dagegen will die Garantie nur auf seinen eigenen Kenntnisstand beziehen, um die Reichweite der kenntnisbezogenen Garantien weiter einzugrenzen.

Je weniger aktuelle Wissensträger einer Angelegenheit, die garantiert wird, erfasst werden, 1450 desto geringer ist die Bedeutung der Garantie für den Käufer. Die Kenntnis oder das Kennenmüssen der maßgeblichen Personen kann leicht nicht erfasst sein mit der Folge, dass die Garantie „ins Leere läuft". Entsprechend wird der Verkäufer stets versuchen, den Umfang seiner möglichen Haftung weiter dadurch zu begrenzen, dass die Personen (insbesondere Geschäftsführer, leitende Mitarbeiter etc.), auf deren Wissen oder (grob) fahrlässiges Nichtwissen es für die Frage von Garantieverletzungen maßgeblich ankommen soll, in einer Anlage zum Kaufvertrag explizit und abschließend aufgelistet werden. Das Interesse des Käufers ist dem diametral entgegengesetzt, denn er wird zu erreichen versuchen, dass Kenntnis („*knowledge*") weder von den „besten Möglichkeiten" des Verkäufers abhängt (also kein „*bestes* Wissen des Verkäufers") noch dass der Kreis der Wissensträger in irgendeiner Weise limitiert wird. Entsprechend ist der Käufer vor allem daran interessiert, dass auch Kenntnis und Kennenmüssen der Zielgesellschaft in den Umfang der Garantie mit einbezogen werden. Denn in der Zielgesellschaft weiß man über die für die Garantien relevanten Umstände häufig sehr viel detaillierter und damit besser Bescheid als auf Ebene des Verkäufers. Je mehr mit den in der jeweiligen Garantie adressierten Umständen und Verhältnissen vertraute Personen in die Kategorie der Wissensträger des Verkäufers einbezogen sind, desto eher kann eine Verkäufergarantie verletzt sein, weil eine dieser Personen konkrete Kenntnis von einer Verletzung der Zusage hatte oder davon Kenntnis hätte haben müssen. Diesem Interesse entspricht der vorstehende Formulierungsvorschlag, der entsprechend auch von einer Anlage mit den maßgeblichen Wissensträgern des Verkäufers absieht.

Kenntnis oder Kennenmüssen der Zielgesellschaft erstreckt sich auf alle Mitarbeiter, deren 1451 Wissen gemäß § 166 BGB nach den **Grundsätzen der Wissenszurechnung** als Kenntnis der Zielgesellschaft behandelt wird. Solche Wissensvertreter sind alle Personen, die nach der Aufgabenorganisation der Gesellschaft dazu berufen sind, im Rechtsverkehr als deren Repräsentant bestimmte Aufgaben in eigener Verantwortung zu erledigen und die dabei anfallenden Informationen zur Kenntnis zu nehmen und weiterzugeben. Ein besonderer Akt der Bestellung oder die Gewährung rechtsgeschäftlicher Vollmacht ist nicht erforderlich.[1264]

---

1264) BGH, Urt. v. 24.1.1992 – V ZR 262/90, BGHZ 117, 104, 106 f = NJW 1992, 1099, 1100 (Gründe II 3 a); vgl. auch *Hoenig/Klingen*, NZG 2013, 1046.

### bb) Maßgeblicher Zeitpunkt

1452 Soweit einzelne Garantieansprüche von der Kenntnis oder fahrlässigen Unkenntnis des Verkäufers sowie der Zielgesellschaft abhängig gemacht werden, hat der Käufer ein Interesse daran, dass **Kenntnis** oder fahrlässige Unkenntnis einer Garantieverletzung entweder **bei Vertragsschluss oder am Vollzugstag** die Haftung des Verkäufers auslösen.

### e) Möglichkeit der nachträglichen Mitteilung des Verkäufers über Garantieansprüche auslösende Umstände zum Vollzugstag

1453 In Unternehmenskaufverträgen sind auch in der deutschen M&A-Praxis zunehmend öfter Regelungen anzutreffen, die dem Verkäufer das Recht gewähren, in begrenztem Umfang beim Closing (also am Vollzugstag) dem Käufer einen sog. ***Disclosure Letter*** zu übergeben, mit dem die in den übernommenen Verkäufergarantien enthaltenen Umstände auf dieses Datum aktualisiert werden können (sog. *„bring down disclosure“*).[1265] Machen die Parteien von der Möglichkeit der Versicherbarkeit der übernommenen Verkäufergarantien über eine Gewährleistungsversicherung Gebrauch, wird der Versicherer – soweit Garantien auch auf das Closing abgegeben werden und vom (erweiterten) Versicherungsschutz erfasst werden sollen – darauf bestehen,[1266] dass der Kaufvertrag auch eine entsprechende Verkäuferpflicht zur Bring Down Disclosure vorsieht, die den Verkäufer zur Offenlegung aller ihm bekannten Verletzungen von auf den Vollzugstag abgegebenen Garantien verpflichtet.[1267] Die Übergabe des *Disclosure Letter* ist dann als weitere Vollzugshandlung in § 7.2 des Musters aufzunehmen. Wird dem Verkäufer die Möglichkeit zur nachträglichen **Offenlegung** (*Disclosures*) eingeräumt, ist der Käufer vor einer Aushöhlung der Garantien nach Vertragsschluss zu schützen. Zu diesem Zweck kann der Umfang zulässiger *Disclosures* im Kaufvertrag eingeschränkt oder dem Verkäufer für erst zum Vollzugstag offengelegte garantierelevante Umstände und Ereignisse eine Sanktion auferlegt werden. Eine Kombination beider Alternativen könnte wie folgt formuliert und dem § 8 des Musters als weiterer Absatz angefügt werden:

„Der Verkäufer kann der Käuferin bis zum Vollzugstag Sachverhalte schriftlich mitteilen, die sich nach dem Beurkundungstag ereignet haben und den Umfang der von dem Verkäufer in dieser Mitteilung benannten Garantien dieses § 8 einschränken (**„Offenlegungen“**). Solche Ereignisse dürfen nicht durch das Verhalten des Verkäufers oder ihm zurechenbares Verhalten oder durch das Handeln mit ihm verbundener Unternehmen verursacht sein. Für das Vorliegen solcher Sachverhalte trägt der Verkäufer die Darlegungs- und Beweislast. [Gegebenenfalls weitere Einschränkung: *Solche einschränkenden Offenlegungen sind lediglich in Bezug auf die Garantien in § 8 Nr. […] zulässig.*] [Falls eine Eigenkapitalgarantie vorgesehen wird: *Die Eigenkapitalgarantie in § […] wird durch solche Offenlegungen in keinem Fall eingeschränkt.*]

---

1265) Ausführlich zur „bring down disclosure“, auch bei Einsatz von Gewährleistungsversicherungen: *Giessen/Luettges*, BB 2018, 647 ff.

1266) *Giessen/Luettges*, BB 2018, 647 ff; *Grädler/Fritsche/Beilborn*, GWR 2018, 464, 465; *Hensel/Namislo*, BB 2018, 1475, 1477 f.

1267) Gewährleistungsversicherungen sind grundsätzlich vergangenheitsbezogen und gewähren Deckungsschutz nur für bis zum Signing eingetretene, aber regelmäßig unbekannt gebliebene Umstände, vgl. Rz. 172 und *Seibt*, in: Beck'sches Formularbuch M&A, Form. C.I.3; erweiterter Versicherungsschutz, insb. für operative Garantien für den Zeitraum bis zum Closing kann vereinbart werden, *Seibt*, in: Beck'sches Formularbuch M&A, Form. C.I.3; *Giessen/Luettges*, BB 2018, 647, 648 f.

Durch solche Offenlegungen werden die Rechte der Käuferin nach § 4 Abs. 6 dieses Vertrags (Rücktrittsrecht) nicht berührt. Soweit solche Offenlegungen Schäden des Käufers oder der Zielgesellschaft aufgrund einer sonst entstandenen Garantieverletzung von insgesamt mindestens *[...]*€ (in Worten: *[...]* Euro) betreffen, ist die Käuferin ebenfalls berechtigt, von diesem Vertrag durch schriftliche Erklärung gegenüber dem Verkäufer innerhalb einer Frist von einem Monat ab dem Vollzugstag zurückzutreten. In diesem Fall sind bereits erbrachte Leistungen unverzüglich zurückzugewähren. Geleistete Zahlungen sind mit *[...]* Prozentpunkten über dem Ein-Monats-Euribor seit Datum der Gutschrift beim jeweiligen Empfänger zu verzinsen. Weitergehende Ansprüche, insbesondere auf Schadensersatz, bestehen zwischen den Parteien aus diesem Rücktrittsgrunde nicht. Bei Meinungsverschiedenheiten über die Höhe eines sonst entstandenen Schadens kann jede Partei nach Ablauf eines Monats seit dem Vollzugstag die Ernennung eines Schiedsgutachters verlangen, welcher mangels Einigung der Parteien innerhalb einer weiteren Woche auf schriftlichen Antrag einer Partei durch den Sprecher des Vorstands des Instituts der Wirtschaftsprüfer e. V. (IDW) in Düsseldorf ernannt wird. Der Schiedsgutachter legt für die Parteien verbindlich die Höhe des Schadens des Käufers oder der Zielgesellschaft fest, der ohne die Offenlegung des Verkäufers hätte geltend gemacht werden können."

Die den Garantien zu den arbeitsrechtlichen und öffentlich-rechtlichen Verhältnissen, zur **1454** Produkthaftung und zu den Rechtsstreitigkeiten zugrunde liegenden Verhältnisse verändern sich häufig relativ rasch im normalen operativen Geschäft der Zielgesellschaft. Auch können neue Streitigkeiten z. B. in Bezug auf die gewerblichen Schutzrechte entstehen. Der Verkäufer wird daher oftmals darauf beharren, diese und deren Reichweite zum Vollzugstag aktualisieren zu können. Freilich darf er in keiner Weise diese Ereignisse selbst verursacht haben (vgl. Satz 2 des vorstehenden Formulierungsvorschlags). Wichtig ist dabei aus Käuferperspektive auch, die Darlegungs- und Beweislast zu seinen Gunsten vertraglich dem Verkäufer zu überantworten, da sonst der Käufer den (praktisch wohl kaum zu erbringenden) Beweis für Kenntnis bzw. fahrlässige Unkenntnis des Verkäufers erbringen müsste.[1268)] Des Weiteren dürfen die Pflichten des Verkäufers zur Fortführung der Geschäfte der Zielgesellschaft im Rahmen des gewöhnlichen Geschäftsbetriebs bis zum Vollzugstag (vgl. § 14 Abs. 1) durch die Möglichkeit, Garantieverletzungen offenzulegen, nicht eingeschränkt werden. Übersteigen die finanziellen Auswirkungen der Offenlegung einen bestimmten Betrag, soll der Käufer zum **Rücktritt vom Vertrag** befugt sein. Eine Klausel wie in vorstehendem Formulierungsbeispiel entfaltet daher ähnliche Wirkungen wie eine MAC-Klausel.[1269)] Das Klauselbeispiel sieht ferner die Möglichkeit vor, über die Höhe des Schadens aus den Offenlegungen ein Schiedsgutachten erstellen zu lassen. Auf diese Weise kann vermieden werden, dass sich ein Rücktritt im Nachhinein als unberechtigt herausstellt. Allerdings sollte hierfür stets ein enger Zeitrahmen vorgesehen werden.

1268) *Rödder/Hötzel/Mueller-Thuns*, Unternehmenskauf, Unternehmensverkauf, § 10 Rz. 31.

1269) Zu diesen Klauseln im Zusammenhang mit öffentlichen Übernahmeangeboten siehe Rz. 2678; zu MAC-Klauseln in Unternehmenskaufverträgen *Picot/Duggal*, DB 2003, 2635.

#### f) Die Garantien im Einzelnen

#### aa) Gesellschaftsrechtliche Verhältnisse und Verfügungsberechtigung des Verkäufers

#### (1) Aussagen zum Zielunternehmen und den kaufgegenständlichen Geschäftsanteilen [→ Rz. 996 f]

1455 Mit den Klauseln in § 8 Nr. 1.1 und 1.2 werden das Bestehen der Gesellschaft, der Betrag des Stammkapitals, die Zahl und die Nennbeträge der Geschäftsanteile, die Gesellschafterstruktur vor Erwerb sowie der Unternehmensgegenstand der Zielgesellschaft garantiert. Diese Garantie betrifft den Kaufgegenstand und damit im Wesentlichen den Erfüllungsanspruch, sodass man versucht sein könnte, der Garantie keine besondere Bedeutung zuzumessen. Je nach Ausgestaltung der Haftungsausschlussklausel hinsichtlich der Gewährleistung können jedoch auch Rücktritts- und Schadensersatzansprüche aufgrund Unmöglichkeit des Erfüllungsanspruchs ausgeschlossen sein – was sich aus Käuferperspektive nicht empfiehlt –, sodass die Garantie im Ergebnis unverzichtbar ist. Des Weiteren wird mit der Garantie in § 8 Nr. 1.2 zugesichert, dass es keine unternehmenslosen Zeiten beim Zielunternehmen gegeben hat, die dazu geführt hätten, dass die ursprünglich mit einem Geschäftsbetrieb ausgestattete Zielgesellschaft zu einer Mantelgesellschaft geworden wäre. Damit ist sichergestellt, dass es keine wirtschaftliche Neugründung der Zielgesellschaft in der Vergangenheit gegeben hat und es kann somit ausgeschlossen werden, dass eine solche dem Handelsregister gegenüber nicht angezeigt worden ist. Dies ist wichtig vor dem Hintergrund, dass eine unterlassene Anzeige einer wirtschaftlichen Neugründung die Haftung der Gesellschafter für eine zwischenzeitlich möglicherweise eingetretene Unterbilanz zur Folge hätte.

#### (2) Stammkapital und Stammeinlagen [→ Rz. 998]

1456 Der Erwerber haftet neben dem Veräußerer als Gesamtschuldner für rückständige (d. h. vor Aufnahme der neuen Gesellschafterliste im Handelsregister fällig gewordene und noch nicht erfüllte) Einlageleistungen auf die Geschäftsanteile nach § 16 Abs. 3 GmbHG. Dazu zählen ausstehende oder unwirksame Kapitaleinzahlungen auf die Stammeinlage, z. B. bei verdeckter Sacheinlage (unwirksame Leistung einer Sach- bei ausbedungener Bareinlage), die Differenzhaftung nach §§ 9, 56 Abs. 2 GmbHG bei überbewerteter Sacheinlage und die Ausfallhaftung nach § 24 GmbHG für noch nicht erbrachte Stammeinlagen von Mitgesellschaftern. Darüber hinaus kann den Erwerber von GmbH-Anteilen die (subsidiäre) Erstattungspflicht nach § 31 Abs. 3 GmbHG treffen, falls unter Verstoß gegen § 30 Abs. 1 GmbHG das zur Erhaltung des Stammkapitals notwendige Vermögen an den Veräußerer oder einen anderen Gesellschafter ausgezahlt wurde.[1270]

#### (3) Unbelastetes Eigentum an den Geschäftsanteilen und Verfügungsbeschränkungen [→ Rz. 999 f]

1457 Ein **gutgläubiger Erwerb** von Geschäftsanteilen an einer GmbH ist gemäß § 16 Abs. 3 GmbHG möglich. Die zum Handelsregister eingereichten Gesellschafterlisten sind daher

---

1270) Umstritten wegen der Neufassung des § 16 Abs. 2 GmbHG („Einlageverpflichtung"), vgl. hierzu *Wicke*, GmbHG, § 16 Rz. 12, § 31 Rz. 3 m. w. N.; siehe zur Anwendung dieser Haftung auch auf Fälle, in denen das Stammkapital zwischenzeitlich auf andere Weise wieder aufgefüllt wurde, BGH, Urt. v. 29.5.2000 – II ZR 118/98, ZIP 2000, 1251.

Träger des Gutglaubensschutzes.[1271] Dennoch sind die im Muster als § 8 Nr. 1.4 und Nr. 1.5 aufgenommenen Garantien beizubehalten. Insbesondere ist der **gutgläubige lastenfreie Erwerb** von Geschäftsanteilen **nicht möglich**, da dingliche Rechte und Belastungen an einem Geschäftsanteil (z. B. Pfandrecht, Nießbrauch oder Abtretung von Gewinnbezugsrechten) nicht in die Gesellschafterliste eingetragen werden können,[1272] sodass sie auch nach einem Inhaberwechsel unabhängig davon, ob der Erwerber davon Kenntnis hatte, grundsätzlich fortbestehen. Allein zwischen den Vertragsparteien wirken dagegen schuldrechtliche Vereinbarungen, die sich auf die Geschäftsanteile oder die damit verbundenen Nebenrechte beziehen, wie z. B. Vorkaufs- oder Ankaufsrechte. Sie entfalten für den Erwerber keine Bindungswirkung.

Besonderes Augenmerk ist auch auf das Bestehen von Verfügungsbeschränkungen zu legen, die in der Praxis häufig anzutreffen sind. Dies gilt insbesondere für **Vinkulierungen** i. S. v. § 15 Abs. 5 GmbHG (Erfordernis der Zustimmung der Gesellschaft zum Anteilsübergang) oder sonstige gesellschaftsvertragliche Beschränkungen, wie etwa Vorkaufsrechte. **Zustimmungserfordernisse Dritter** können sich bei verheirateten, minderjährigen oder im Wege des Erbganges eingesetzten Gesellschaftern auch aus den familien-, vormundschafts- und erbrechtlichen Beschränkungen gemäß § 1365 Abs. 1, §§ 1450, 1822, 2040 und 2211 BGB ergeben (siehe Rz. 662 ff). Die Anteile wurden möglicherweise zur Sicherung abgetreten oder unterliegen einem per einstweiliger Verfügung verhängten Veräußerungsverbot (§ 938 ZPO). 1458

Wegen der in der GmbH – anders als in der AG – doch eher bestehenden persönlichen Bindung der Gesellschafter ist die Abtretung von Gesellschaftsanteilen häufig – wie in § 15 Abs. 5 GmbHG optional vorgesehen – an die Zustimmung der Gesellschaft, eines Gesellschaftsorgans (z. B. optionaler Aufsichtsrat) oder aller übrigen Gesellschafter gebunden. Der Ausspruch der Zustimmung der Gesellschaft ist zwar eine Maßnahme der Geschäftsführung, stützt sich wegen ihrer Bedeutung aber doch regelmäßig auf einen entsprechenden Gesellschafterbeschluss, auch wenn dies nicht ausdrücklich in der Satzung verlangt wird.[1273] Die Satzung oder ein auf einer Ermächtigung beruhender Gesellschafterbeschluss können auch strengere Voraussetzungen aufstellen, wie z. B. qualifizierte Mehrheiten oder besondere persönliche Qualifikationen. 1459

### (4) Beteiligungen [→ Rz. 1001]

Diese Garantie in § 8 Nr. 1.6 Satz 1 schützt den Käufer vor ihm nicht bekannten Beteiligungsengagements der Gesellschaft und im Hinblick auf einen Erwerb bereits eingegangener Verpflichtungen. 1460

1271) MünchKomm-*Heidinger*, GmbHG, § 16 Rz. 242; *Altmeppen*, in: Roth/Altmeppen, GmbHG, § 16 Rz. 65; Michalski/Heidinger/Leible/J. Schmidt/*Ebbing*, GmbHG, § 16 Rz. 187.

1272) BGH, Beschl. v. 20.9.2011 – II ZB 17/10, BGHZ 191, 84, Rz. 19, 22 (obiter) = ZIP 2011, 2141 mit zahlreichen Nachweisen; MünchKomm-*Heidinger*, GmbHG, § 16 Rz. 315; *Altmeppen*, in: Roth/Altmeppen, GmbHG, § 16 Rz. 70.

1273) Jedenfalls soweit die Satzung dem Geschäftsführer nicht die alleinige Entscheidungsbefugnis zuweist: BGH, Urt. v. 14.3.1988 – II ZR 211/87, NJW 1988, 2241; *Altmeppen*, in: Roth/Altmeppen, GmbHG, § 15 Rz. 100, 103; Michalski/Heidinger/Leible/J. Schmidt/*Ebbing*, GmbHG, § 15 Rz. 146; *Bayer*, in: Lutter/Hommelhoff, GmbHG, § 15 Rz. 66.

### (5) Konzernbindungen [→ Rz. 1001]

1461 Problematisch erweisen sich in der Praxis insbesondere **Gewinnabführungs- und sonstige Unternehmensverträge** i. S. v. §§ 291 ff AktG, welche die Zielgesellschaft mit dem Verkäufer oder einer Konzerngesellschaft des Verkäufers abgeschlossen hat. Solche Verträge lassen sich nur im Rahmen der §§ 296 und 297 AktG beenden, die grundsätzlich analog auf Unternehmensverträge mit GmbHs Anwendung finden.[1274] Aufhebung und ordentliche Kündigung sind danach nur zum Ende des Geschäftsjahres der beherrschten Gesellschaft zulässig. Die grundsätzlich mögliche Kündigung aus wichtigem Grund kommt dann nicht in Betracht, wenn – anders als die Steuerbehörden im Hinblick auf die vorzeitige Beendigung einer Organschaft nach § 14 Nr. 3 Satz 2 KStG – die Veräußerung der Anteile des beherrschten Unternehmens nicht als wichtiger Grund im Unternehmensvertrag vereinbart ist.[1275]

1462 Es empfiehlt sich daher, die Anteilsveräußerung in Unternehmensverträgen ausdrücklich als wichtigen **Kündigungsgrund** festzulegen.[1276] Fehlt eine solche Klausel und erfolgt die Anteilsveräußerung nicht zum Geschäftsjahresende, können die Vertragsparteien das Geschäftsjahr der Zielgesellschaft auf den Veräußerungsstichtag ändern. Hierzu ist die Zustimmung des Finanzamts der Gesellschaft erforderlich (§ 8b Satz 2 Nr. 2 Satz 2 EStDV).[1277] Im Unternehmenskaufvertrag werden häufig Verpflichtungen zur **Freistellung** vereinbart, und zwar in Bezug auf die gesetzliche Verpflichtung des Verkäufers aus einem Beherrschungs- und/oder Gewinnabführungsvertrag, die Verluste der Gesellschaft per Ablauf des laufenden Geschäftsjahres auszugleichen (§ 302 AktG) und den Gläubigern der Gesellschaft Sicherheit zu leisten (§ 303 AktG).[1278] Was den Anspruch des Verkäufers auf Gewinnabführung betrifft, so kann er sich zur Wiedereinlage desjenigen Teilbetrags verpflichten, der auf die Zeit nach dem Vollzugstag entfällt, oder der Kaufpreis kann um diesen Betrag reduziert werden, jedenfalls sofern eine Beendigung des Gewinnabführungsvertrags zum Closing oder davor nicht möglich ist. Im Allgemeinen wird ein Käufer jedoch kein Gewinne erzielendes Unternehmen mit einem ungekündigten Gewinnabführungsvertrag übernehmen wollen, sodass solche Vereinbarungen sehr selten anzutreffen sind.

1463 Eine wichtige Norm im Zusammenhang mit der Beendigung von Unternehmensverträgen ist auch § 73 AO. Danach haftet die Organgesellschaft für solche Steuern des Organträgers, für welche die Organschaft zwischen ihnen von Bedeutung ist. Werden also die Anteile an der Organgesellschaft veräußert, so haftet diese dem Wortlaut nach für sämtliche Steuern, die im Organkreis der Verkäuferin entstehen. Allerdings wird die Vorschrift so ausgelegt, dass die Haftung grundsätzlich auf diejenigen Steuern beschränkt ist, die im Betrieb der Organgesellschaft, die veräußert wird, entstehen. Lediglich wenn der Organgesellschaft so erhebliche Vermögenswerte aus dem Organbereich übertragen wurden, dass die Beschränkung der Haftung auf den Steueranteil der Organgesellschaft in einem Miss-

---

1274) Scholz/*Emmerich*, GmbHG, Anhang Konzernrecht Rz. 189.

1275) *Hüffer/Koch*, AktG, § 297 Rz. 7; ausführlich zur Beendigung von Beherrschungs- und Ergebnisabführungsverträgen im Rahmen von M&A-Transaktionen *Link/Greven*, M&A Review 2010, 285 ff, 350 ff; *Deilmann*, NZG 2015, 460.

1276) Dies ist im Rahmen des § 297 AktG zulässig, vgl. BGH, Urt. v. 5.4.1993 – II ZR 238/91, BGHZ 122, 211, 227 = ZIP 1993, 751.

1277) Vgl. zur gesamten Thematik *Link/Greven*, M&A Review 2010, 285, 350.

1278) Zum Ganzen *Knott/Rodewald*, BB 1996, 472.

verhältnis zu den haftenden Vermögenswerten stehen würde, weitet sich die Haftung nach § 73 AO über die der Organgesellschaft zuzurechnenden Steuern aus.[1279]

### (6) **Handelsregister und Gesellschaftsvertrag** [→ Rz. 1002]

Mit dieser Garantie soll gewährleistet werden, dass es keine noch nicht im Handelsregister eingetragenen Änderungen eintragungspflichtiger und eintragungsfähiger Verhältnisse der Gesellschaft gibt. Sie bezieht sich insbesondere auch auf die Personen und Vertretungsverhältnisse der Geschäftsführer und Prokuristen. **1464**

### (7) **Keine Insolvenz** [→ Rz. 1003]

Die Garantie erfasst den Fall, dass unmittelbar nach dem Anteilsübergang ein Insolvenzverfahren eingeleitet wird. Ohne die Garantie bestünde nicht nur das Risiko, dass der Erwerber seine Verfügungsbefugnis über das Unternehmen an den Insolvenzverwalter verliert, sondern auch die Gefahr, dass der Insolvenzverwalter bestimmte Rechtsgeschäfte aufgrund inkongruenter Deckung oder vorsätzlicher Gläubigerbenachteiligung nach §§ 129 ff InsO anficht. Eine Anfechtung wäre in solchen Fällen auch außerhalb eines Insolvenzverfahrens nach dem Anfechtungsgesetz (AnfG) möglich. Insolvenzanträge aus der Vergangenheit sind bedeutsam, da sich die Gesellschaft noch in der Überwachungsphase im Rahmen eines Insolvenzplanverfahrens befinden könnte. **1465**

## bb) Finanzen

### (1) **Bilanzgarantie** [→ Rz. 1004 f]

Die Bilanzgarantie[1280] (§ 8 Nr. 2.1 und Nr. 2.2) gewährleistet dem Käufer, dass die Jahresabschlüsse der letzten drei Jahre den anwendbaren gesetzlichen Vorschriften entsprechen und „unter Beachtung der Grundsätze ordnungsmäßiger Buchführung ein den tatsächlichen Verhältnissen entsprechendes Bild von der Vermögens-, Finanz- und Ertragslage der Gesellschaft vermitteln" (§ 264 Abs. 2 Satz 1 HGB). Da die gesetzlich normierten ebenso wie die nicht kodifizierten Grundsätze der Buchführung und Bilanzierung zahlreiche Wahlrechte für den Bilanzansatz und die Bewertung von Aktiva und Passiva gewähren, ist für den Käufer die Wahrung des Grundsatzes der Ansatz- und Bewertungsstetigkeit (§ 252 Abs. 1 Nr. 6 HGB) von großer Bedeutung. Nur bei Beachtung dieses Grundsatzes sind die Abschlüsse für den Käufer vergleichbar und nur in diesem Fall haben auf die Bilanz bezogene weitere Garantien (insbesondere eine etwa abgegebene Eigenkapitalgarantie, dazu siehe Rz. 1355 ff) einen materiellen Gehalt. Diese Bilanzgarantie sichert den Erwerber vor allem vor einer unrichtigen Bilanzierung, die dem Verkäufer bereits bekannt ist. **1466**

Der **Grundsatz der Bilanzstetigkeit** sollte vom Verkäufer grundsätzlich neben der allgemeinen Bilanzgarantie zugesagt werden, da von dem Grundsatz der Bilanzstetigkeit in begründeten Fällen abgewichen werden kann (vgl. § 264 Abs. 2).[1281] Da diese Fälle sich dann jedoch an den wirtschaftlichen Gegebenheiten orientieren, sollten entsprechende Änderungen i. S. e. Ausnahme von der Bilanzierungsstetigkeit aufgenommen werden. **1467**

1279) Vgl. zum Ganzen *Braunagel/Paschke*, Ubg 2011, 233, 236; *Mayer*, DStR 2011, 109, 110.

1280) Ausführlich: *Hennrichs*, NZG 2014, 1001; *Wächter*, NJW 2013, 1270.

1281) Zum Beispiel Anpassung der Bilanzierungsgrundsätze für die Zielgesellschaft an konzerneinheitliche Bilanzierungsrichtlinien; vgl. *Merkt*, in: Baumbach/Hopt, HGB, § 252 Rz. 24.

1468 Problematisch wird die Bilanzgarantie, wenn der Erwerbsinteressent während der Due-Diligence-Prüfung Kenntnis erlangt hat, dass die bisherigen Jahresabschlüsse nicht den Grundsätzen ordnungsgemäßer Buchführung oder handelsbilanziellen Voraussetzungen entsprechen, z. B. weil ihm bekannt ist, dass bisher keine ordnungsgemäße Inventur durchgeführt wurde. Gewährt der Verkäufer ihm in einem solchen Fall eine Bilanzgarantie, so ist es fraglich, ob der Erwerber hierauf zurückkommen kann.

1469 Die Klausel in § 8 Nr. 2.2 enthält darüber hinaus die Zusicherung, dass für alle per Stichtag bestehenden Risiken im Jahres- und Stichtagsabschluss unter Beachtung des Grundsatzes der Bilanzstetigkeit ausreichende Rückstellungen gebildet worden sind. Die Garantie hinsichtlich ausreichender **Einzel- oder Pauschalwertberichtigungen** auf Forderungen bedeutet nicht, dass sämtliche Forderungen eintreibbar sind. Vielmehr wird zugesichert, dass unter Anwendung der maßgeblichen Bilanzierungs- und Bewertungsgrundsätze ausreichende Wertberichtigungen verbucht worden sind. Der Verkäufer sichert weiter zu, dass nach Maßgabe der anwendbaren Bilanzierungs- und Bewertungsgrundsätze alle **Abwertungsrisiken** in Bezug auf das Vorratsvermögen der Gesellschaft gebucht worden sind.

1470 Die Ausgestaltung von Bilanzgarantien ist in der Praxis vielfältig. Das Kernstück bildet aber ganz regelmäßig eine Formulierung ähnlich der im Vertragsmuster in § 8 Nr. 2.1 und Nr. 2.2 Satz 1 vorgeschlagenen, wonach der Verkäufer dem Käufer neben ordnungsgemäßer Aufstellung des Jahresabschlusses und Wahrung der Bilanzierungs- und Bewertungskontinuität garantiert, dass der Jahresabschluss ein zutreffendes und umfassendes Bild der tatsächlichen finanziellen Gesamtsituation der Zielgesellschaft vermittelt.

1471 Solche Klauseln haben das OLG München und das OLG Frankfurt/M. jeweils im Zusammenhang mit der Geltendmachung von Käuferansprüchen wegen Garantieverletzungen als sog. **„harte“ Bilanzgarantie** ausgelegt. Dies ergebe sich, so das OLG München, aus dem eindeutigen **Wortlaut** des selbständigen Garantieversprechens („vermittelt ein den tatsächlichen Verhältnissen entsprechendes Bild der Vermögens-, Finanz- und Ertragslage“), der sich – angesichts des Fehlens jedweder subjektiver Komponente, wie etwa die Kenntnis der Verkäuferin zum Zeitpunkt der Bilanzerstellung – **allein auf die objektive Richtigkeit** beziehe.[1282] Das OLG Frankfurt/M. kommt zu derselben Bewertung[1283] und hat in den Urteilsgründen ausgeführt,

> „dass die Erwartungen des Erwerbers an die Vermögens-, Finanz- und Ertragslage der Zielgesellschaft beim Mehrheitserwerb von GmbH-Geschäftsanteilen typischerweise maßgeblich für den Kaufentschluss und die zugrunde liegende Kaufpreiskalkulation sind. [...] Die Zusicherung bezieht sich dabei terminologisch auf den gesamten Jahresabschluss der Ziel-GmbH, mithin auf sämtliche gesetzlichen Bestandteile des Jahresabschlusses, der Bilanz und der Gewinn- und Verlustrechnung. Vorhandene Aktiva und Passiva, Ertragssituation und Risiken waren daher korrekt auszuweisen, insbesondere sollten in der Referenzbilanz auch Rückstellungen in dem erforderlichen Maße gebildet werden, sodass auch hinsichtlich der Existenz und/oder der Höhe der Schuld noch nicht (vollständig) bekannte bzw. zu erwartende Risiken, Wertminderungen und Verbindlichkeiten von der Bilanzgarantie umfasst sind.“[1284]

1282) OLG München, Urt. v. 30.3.2011 – 7 U 4226/10, GmbHR 2016, 116 = juris, Rz. 35.

1283) OLG Frankfurt/M., Urt. v. 7.5.2015 – 26 U 35/12, GmbHR 2016, 116 mit Anm. *Bormann/ Trautmann*.

1284) OLG Frankfurt/M., Urt. v. 7.5.2015 – 26 U 35/12, GmbHR 2016, 116 = juris, Rz. 56.

### (2) Vollständiger Ausweis aller (Eventual-)Verbindlichkeiten [→ Rz. 1006]

Unter der Bilanz sind Eventualverbindlichkeiten auszuweisen, die sich aus **Sicherheiten für fremde Verbindlichkeiten** ergeben. Sobald die Inanspruchnahme der Zielgesellschaft droht, ist die ungewisse Verbindlichkeit zu passivieren. Die Garantie in § 8 Nr. 2.3 stellt sicher, dass sämtliche Eventualverbindlichkeiten unter der Bilanz vermerkt sind. Das Muster stellt insoweit auf den Stichtagsabschluss (Closing Accounts) ab, der aber zum Zeitpunkt des Vertragsschlusses noch gar nicht existiert, sodass der Verkäufer diese Garantie ungern abgeben wird. Alternativ kann auf den letzten Jahresabschluss abgestellt werden. 1472

Zu beachten ist, dass es bei der Passivierung von Verbindlichkeiten und insbesondere Rückstellungen Ermessensspielräume bei dem Ansatz, aber vor allem bei der Bewertung geben kann. Gegenstand der finanziellen Due-Diligence-Prüfung des Käufers sollte es deshalb u. a. auch sein, zu untersuchen, inwieweit die Geschäftsführung von solchen Ermessensspielräumen Gebrauch gemacht hat. Da in der Praxis die Verhandlung über diese Ermessensspielräume müßig ist, kann der Käufer diese Positionen lediglich im Basiskaufpreis berücksichtigen. 1473

### (3) Befriedigung von Forderungen

Die im Muster enthaltene Garantie der Durchsetzbarkeit und Befriedigung der Forderungen der Zielgesellschaft (§ 8 Nr. 2.4) ist, soweit keine Vorsorge in der Bilanz getroffen ist, in Verhandlungen sehr umstritten und meist nur schwer durchsetzbar. In der Praxis wird diese **Zusage** daher regelmäßig auf das **Wissen des Verkäufers**, das die Kenntnis oder das Kennenmüssen der Zielgesellschaft einschließt, beschränkt werden müssen. Zum Verweis auf den Stichtagsabschluss gilt das soeben zu den (Eventual-)Verbindlichkeiten Gesagte entsprechend. 1474

Spielen konkrete Forderungen und insbesondere überfällige Forderungen im Einzelfall eine Rolle, ist die Diskussion über die Einbringbarkeit und Bewertung der Forderungen vorprogrammiert. In den Grundsätzen zur Bewertung und Bilanzierung (siehe Rz. 1053 ff) sollten die Maßstäbe zur Bildung der **Pauschalwertberichtigung** enthalten sein. Diese sollte u. a. in Abhängigkeit von dem Alter der Forderung gebildet werden. Gegebenenfalls kann auch nach Kategorien von Schuldnern differenziert werden. 1475

Bezüglich der **Einzelwertberichtigung** ist der Gesprächsbedarf höher, da die Geschäftsführung typischerweise einen Informationsvorsprung hinsichtlich der Wahrscheinlichkeit der Begleichung der Forderung hat. Kommt die Verhandlung bezüglich der Einzelwertberichtigung bestimmter Forderungen zu einem Stillstand, kann das Problem durch Alternativen gelöst werden. Entweder bietet der Veräußerer an, die betreffenden Forderungen von der Zielgesellschaft zu einem bestimmten Kaufpreis zu erwerben und selbst einzutreiben, oder er bietet bis zur Begleichung der Forderung eine Sicherheit in Form von Bankgarantie oder Treuhandkonto an, aus der die Differenz zwischen Wertansatz und tatsächlichem Zahlungseingang beglichen werden kann. 1476

### (4) Entzug stiller Reserven und verdeckte Gewinnausschüttungen [→ Rz. 1008]

Der Käufer ist davor zu schützen, dass Vermögensgegenstände der Zielgesellschaft, deren Zeit- den Buchwert übersteigt, zu einem niedrigeren Wert als dem Zeitwert veräußert werden. 1477

1478 Was verdeckte Gewinnausschüttungen betrifft, so sollte insbesondere bei Familien- und Konzerngesellschaften den **Geschäften mit Familienangehörigen** und mit **verbundenen Unternehmen** Aufmerksamkeit gewidmet werden. Diese Geschäfte bergen häufig das Risiko verdeckter Gewinnausschüttungen in sich. Verdeckte Gewinnausschüttungen können aufgrund einer Vermögensminderung oder einer verhinderten Vermögensmehrung auf der Ebene der Kapitalgesellschaft entstehen, deren Ursache im Gesellschafterverhältnis begründet ist (§ 8 Abs. 3 Satz 2 KStG, Abschn. R 31 KStR). Typische Fälle von verdeckten Gewinnausschüttungen sind nicht im Voraus klar vereinbarte oder durchgeführte, unter Umständen zu hohe Geschäftsführervergütungen für den beherrschenden Gesellschafter-Geschäftsführer.

1479 Im Konzern begründen Verträge über Dienstleistungen, Kostenumlagen und Lizenzumlagen sowie die Verrechnungspreise für konzernbezogene Lieferungen und Leistungen häufig verdeckte Gewinnausschüttungen.[1285] Die Gründe für verdeckte Gewinnausschüttungen können vielfältig sein.

### cc) Grundstücke [→ Rz. 1009 ff]

1480 Der Grundbesitz der Zielgesellschaft stellt nicht nur einen erheblichen monetären Wert dar, sondern ist für den Erwerbsinteressenten insbesondere bei produzierenden Betrieben von besonderem Interesse, damit nach Abschluss der Transaktion die Geschäftstätigkeit am vorhandenen Standort fortgesetzt werden kann. Dementsprechend wichtig ist es, den zu erwerbenden Grundbesitz vollständig und korrekt zu erfassen und sicherzustellen, dass keine weiteren Immobilien als die angeführten zur Fortführung des Geschäftsbetriebs der Zielgesellschaft genutzt und/oder benötigt werden (§ 8 Nr. 3.4).

1481 Neben der jeweiligen Anschrift sollte zur genauen Beschreibung der Immobilie auch deren Grundbuchbezeichnung einschließlich Größe und Nutzung festgehalten werden. Relevant für Wert und Nutzbarkeit des Immobiliareigentums sind weiterhin die auf den Grundstücken in Abteilung II des Grundbuchs vermerkten Lasten und Beschränkungen sowie die hierauf lastenden Grundpfandrechte, die in Abteilung III eingetragen sind.

1482 Für die bestehenden Mietverhältnisse der Zielgesellschaft gilt hinsichtlich der genauen Beschreibung zunächst ein ähnlicher Detaillierungsgrad wie bei dem Immobiliareigentum. Darüber hinaus geht es dem Erwerbsinteressenten hier darum, Sicherheit darüber zu haben, wie lange der jeweilige Mietvertrag läuft, wie hoch der Mietzins ist und dass der Vollzug der Transaktion zu keiner einseitig nachteiligen Anpassung des jeweiligen Mietverhältnisses zulasten der Zielgesellschaft oder gar zur Vertragskündigung führt (zur sog. Change-of-Control-Klausel“ siehe Rz. 1490).

1483 Schließlich gibt der Verkäufer auch eine ausführliche Garantie hinsichtlich des Erhaltungs- und Ausbesserungszustands sowie der zulässigen Nutzbarkeit der jeweiligen Immobilie – sei es im Eigentum oder zur Miete – ab. Diese Garantie ist für den Käufer auch deshalb wichtig, weil er – soweit im Rahmen der Due-Diligence-Prüfung Besichtigungen des Betriebs des Zielunternehmens vor Ort (sog. *„site visits“*) stattgefunden haben – oftmals keine

1285) Vgl. ausführlich hierzu *Vögele/Borstell/Engler*, Verrechnungspreise, Kap. A Rz. 63 ff, sowie die vom Bundesminister der Finanzen erlassenen Grundsätze für die Prüfung der Einkunftsabgrenzung bei international verbundenen Unternehmen (Verwaltungsgrundsätze 1983), BStBl 1983 I, 218, geändert und ergänzt maßgeblich durch BMF-Schreiben v. 30.12.1999 (Verwaltungsgrundsätze Umlageverträge), BMF-Schreiben v. 12.4.2005 (Verwaltungsgrundsätze Verfahren) und BMF-Schreiben v. 13.10.2010 (Verwaltungsgrundsätze Funktionsverlagerung).

abschließende Bewertung des baulichen sowie genehmigungsrechtlichen Zustands der Immobilien wird vornehmen können. Mit dieser Garantie nimmt der Verkäufer dem Käufer insbesondere das Risiko ab, dass dieser unerwartete Erhaltungsinvestitionen tätigen muss, sodass der Käufer seinen Finanzierungsaufwand für Erhalt und Unterhalt der genutzten Immobilien auf mittlere Sicht planen kann.[1286)]

### dd) Vermögensgegenstände des Anlage- und Umlaufvermögens [→ Rz. 1015 ff]

#### (1) Anlage- und Umlaufvermögen

Die Garantien in § 8 Nr. 4.1 beziehen sich auf das **Eigentum** der Zielgesellschaft an allen **1484**
bilanzierten **Gegenständen des Anlage- und Umlaufvermögens.** Ausnahmen, z. B. Leasing von Gegenständen des Anlagevermögens, sind in der Anlage 8.4.1 aufzuführen. Dagegen müssen branchenübliche Eigentumsvorbehalte sowie gesetzliche Pfandrechte (z. B. Vermieterpfandrechte) an Gegenständen des Umlaufvermögens in der Anlage nicht explizit aufgeführt werden.

Ähnlich wie bei den Grundstücken bestätigt der Verkäufer auch hinsichtlich der Gegen- **1485**
stände des Anlage- und Umlaufvermögen, dass sich diese in einem ihrem Alter und ihrer Nutzung entsprechenden Erhaltungszustand befinden.

#### (2) Betriebsvermögen ausreichend für Geschäftsbetrieb [→ Rz. 1018]

Die Garantie in § 8 Nr. 4.4 stellt sicher, dass die Zielgesellschaft die für die **Ausübung ihres** **1486**
**Geschäftsbetriebs nötigen Vermögensgegenstände** zur Verfügung hat. Da es sich um ein käuferfreundliches Vertragsmuster handelt, geht diese Garantie sehr weit und wird zumindest in dieser Form von Veräußerern nicht häufig akzeptiert. Soll verhindert werden, dass der Gesellschaft für ihre operative Tätigkeit notwendige Gegenstände entzogen werden, genügt eine Garantie, nach der die im letzten Jahresabschluss ausgewiesenen Vermögensgegenstände bis auf Anschaffungen und Veränderungen im gewöhnlichen Geschäftsbetrieb am Vollzugstag vorhanden sind.

### ee) Versicherungen [→ Rz. 1021]

Die Klausel in § 8 Nr. 7 stellt sicher, dass der Verkäufer dem Käufer sämtliche Versiche- **1487**
rungen bekannt gegeben hat, die die Zielgesellschaft als Versicherungsnehmerin oder versicherte Person abgeschlossen hat, um Risiken aus ihrem Geschäftsbetrieb abzudecken und angemessenen Schutz ihrer Betriebsmittel und -einrichtungen sowie ihrer Organmitglieder und Arbeitnehmer sicherzustellen. Nur so ist es dem Käufer möglich, sich ein genaues Bild von dem Umfang des Versicherungsschutzes der Gesellschaft zu machen. Den Käufer interessiert hierbei regelmäßig neben dem Prämienvolumen insbesondere die Höhe der einzelnen Deckungssummen im Schadensfall und die Frage, ob von der Gesellschaft im Schadensfall etwaige Selbstbehalte zu leisten sind.

Des Weiteren versichert der Verkäufer dem Käufer, dass sämtliche Versicherungsprämien **1488**
rechtzeitig und in voller Höhe an die entsprechende Versicherungsgesellschaft entrichtet worden sind, und damit, dass Versicherungsschutz durchgehend bestand.

---

1286) Vgl. *Jaletzke/Henle/Ziegler*, in: Jaletzke/Henle, S. 113.

### ff) Wesentliche Verträge [→ Rz. 1024]

1489 Das Bestehen oder Nichtbestehen und die Konditionen **langfristiger Verträge** mit den Geschäftspartnern der Zielgesellschaft sind in aller Regel ganz wesentlich für die Ertragslage des zu erwerbenden Unternehmens. Hierzu gehören Verträge mit Lieferanten wichtiger Rohstoffe oder Zulieferteile, Mietverträge über wesentliche Betriebsgrundstücke und -gebäude, Rahmenvereinbarungen mit wichtigen Kunden und Abnehmern sowie Verträge mit Kreditgebern. Auch bei einer Vielzahl von anderen Verträgen der Zielgesellschaft ist deren Fortbestand nach dem Closing der Transaktion für die Fortführung des operativen Geschäfts von Bedeutung. Diese Vertragsbeziehungen sind in einer Bilanz nicht ausgewiesen.

1490 Solchen Verträgen, die für die weitere Geschäftstätigkeit der Zielgesellschaft unverzichtbar oder von großer Bedeutung sind, ist daher bereits im Rahmen der Due-Diligence-Prüfung besondere Aufmerksamkeit zu schenken. Sie sind zu identifizieren und beim Veräußerer (ggf. mit Schwärzungen) anzufordern. Alle wesentlichen Verträge sind u. a. darauf zu prüfen, ob sie eine Bestimmung enthalten, aufgrund derer bei einem Eigentümerwechsel oder einer wesentlichen Änderung der Gesellschafterstruktur der Zielgesellschaft der anderen Partei ein Kündigungsrecht zusteht oder dies automatisch zur Beendigung des entsprechenden Vertrags führt (**Change-of-Control-Klauseln**).[1287] Solche Vertragsbestimmungen finden sich insbesondere in angelsächsischen Verträgen recht häufig.

1491 § 8 Nr. 8.3 des Musters (Rz. 1026) enthält die Garantie, dass solche Klauseln nicht vorliegen. Im Rahmen der Due-Diligence-Prüfung ist zudem kritisch zu hinterfragen, inwieweit solche Wesentlichen Verträge während ihrer Laufzeit durch den Vertragspartner durch einseitige Maßnahmen ausgehöhlt und damit für den Erwerber entwertet werden können. Für den Bereich des Einkaufs stellt sich hier z. B. die Frage, ob für die zu liefernden Produkte während der Vertragslaufzeit ein Festpreis vereinbart ist oder zumindest ein Mechanismus vorgesehen ist, der die Käuferin (das Zielunternehmen) vor einseitigen Preiserhöhungen durch den Lieferanten schützt. Für den Bereich des Vertriebs ist zu prüfen, ob wichtige Kunden einer Mindestabnahmeverpflichtung oder – in den kartellrechtlich zulässigen Grenzen – einer exklusiven Bezugspflicht unterliegen, sodass sie die Lieferbeziehung nicht faktisch dadurch beenden können, dass sie die Vertragsprodukte nicht mehr bestellen bzw. die Bestellungen zumindest deutlich herunterfahren.

1492 Das Muster enthält eine nicht abschließende Auflistung typischer „Wesentlicher Verträge“. Auch bei dieser Garantie ist eine Anpassung an die Umstände im jeweiligen Einzelfall unverzichtbar.

### gg) Gewerbliche Schutzrechte [→ Rz. 1027]

1493 Geistiges Eigentum ist in vielen Branchen von großer Bedeutung für das Unternehmen. Der Anteil **immaterieller Vermögenswerte** nimmt bei vielen Unternehmen ständig zu, sodass den Garantien hinsichtlich gewerblicher Schutzrechte große Aufmerksamkeit gewidmet werden sollte.[1288]

---

1287) *Plath*, CR 2007, 345, 347; zu Change-of-Control-Klauseln siehe *Mielke/Nguyen-Viet*, DB 2004, 2515.

1288) Instruktiv zum Erwerb von Marken, Domains und Patenten beim Unternehmenskauf *Rozijn*, M&A Review 2015, 31; *Bolt*, BB 2013, 2568.

Schwerpunkt einer Prüfung im Vorfeld wie auch der Garantien im Kaufvertrag sind **Bestand und Dauer der Schutzrechte** (die zweckmäßigerweise in Form von Anlagen definiert werden), Verifizierung der Inhaberschaft, bestehende und drohende Konflikte sowie ggf. auch Schutzfähigkeit und Unterscheidungskraft bei materiellen Zweifeln.[1289] Bei der Prüfung des Bestands und der inhaltlichen Reichweite von Patenten, Marken, Gebrauchsmustern, eingetragenen Designs, Lizenz- und Urheberrechten, geschützten Bezeichnungen und sonstigem geistigen Eigentum sind neben dem maßgeblichen nationalen Recht auch internationale Abkommen zu beachten.[1290] 1494

Häufig sind mehrere Personen Inhaber oder Berechtigte von gewerblichen Schutzrechten, weshalb sich eine gründliche Prüfung der **Inhaberschaft** der wesentlichen Rechte empfiehlt. Schwierigkeiten bereitet dies in der Praxis, wenn – wie oft – noch keine Registrierung der aktuellen Inhaber erfolgt ist. Die Schutzdauer der meisten gewerblichen Schutzrechte ist beschränkt; ausschließlich bei Marken (§ 47 MarkenG) kann durch kontinuierliche Zahlung der Verlängerungsgebühren bei jeweiliger Fälligkeit durch den Inhaber ein zeitlich praktisch unbegrenzter Schutz erreicht werden. Aufgabe einer Due Diligence ist es auch, Schutzumfang, Schutzzeitraum sowie die Möglichkeit einer Verlängerung der Schutzdauer zu ermitteln. Besondere Aufmerksamkeit ist bei eingetragenen Marken dabei darauf zu legen, dass die Zielgesellschaft die Marke in der Form, in der sie eingetragen ist, auch tatsächlich benutzt. Ist die Marke dagegen im Prüfungszeitpunkt während der zurückliegenden fünf Jahre faktisch nicht benutzt worden, kann sie durch Dritte angegriffen werden.[1291] Alternativ zu eigenen vertieften Prüfungen des Käufers helfen Bestätigungen der die Marken und Patente betreuenden Patentanwälte in Bezug auf den Bestand der Rechte, die ordentliche Pflege (Entrichtung der zur Aufrechterhaltung notwendigen Gebühren) sowie das Nichtvorhandensein von Angriffen Dritter. 1495

Gehören zu dem Geschäftsbetrieb des Zielunternehmens **Arbeitnehmererfindungen**, ist zu prüfen, ob die Gesellschaft diese in Anspruch genommen hat. Nur wenn dies der Fall ist, gehen nach § 7 Abs. 1 ArbNErfG alle vermögenswerten Rechte an der Diensterfindung auf den Arbeitgeber über. 1496

**Urheberrechte** sind nach § 29 Abs. 1 UrhG mit Ausnahme von Übertragungen im Zusammenhang mit einer Verfügung von Todes wegen oder einer Erbauseinandersetzung unter Miterben nicht übertragbar. Der Urheber kann Dritten gemäß § 31 Abs. 1 UrhG aber das einfache oder ausschließliche, ggf. räumlich, zeitlich oder inhaltlich beschränkte Recht einräumen, das geschützte Werk auf einzelne oder alle Nutzungsarten für eigene Zwecke zu verwerten (sog. **Nutzungsrechte**). Bestehen an von dem Zielunternehmen genutzten Betriebsmitteln Urheberrechte Dritter, ist bei dem Erwerb des Zielunternehmens im Wege eines Asset Deals daher sicherzustellen, dass dem Erwerber entsprechende Nutzungsrechte eingeräumt werden. Hierfür ist grundsätzlich gemäß § 34 Abs. 1 UrhG die Zustimmung des Urhebers erforderlich. Erfolgt die Übertragung jedoch im Rahmen der Gesamtveräußerung eines Unternehmens oder der Veräußerung von Teilen eines Unternehmens, ist gemäß § 34 Abs. 3 Satz 1 UrhG die Zustimmung des Urhebers nicht erforderlich. Der Urheber kann jedoch nach § 34 Abs. 3 Satz 2, 3 UrhG das Nutzungsrecht zurückru- 1497

1289) *Völker*, BB 1999, 2413; *Donle*, DStR 1997, 74; *Hug/Gaugenrieder*, in: Beck'sches Mandatshandbuch Unternehmenskauf, § 7 Rz. 17–61.

1290) Einen guten Überblick über die infrage kommenden internationalen Abkommen betreffend den gewerblichen Rechtsschutz geben *Völker*, BB 1999, 2413, 2414 und *Hug/Gaugenrieder*, in: Beck'sches Mandatshandbuch Unternehmenskauf, § 7 Rz. 10 ff.

1291) Vgl. auch *Hug/Gaugenrieder*, in: Beck'sches Mandatshandbuch Unternehmenskauf, § 7 Rz. 28.

fen, wenn ihm die Ausübung des Nutzungsrechts durch den Erwerber nach Treu und Glauben nicht zuzumuten ist oder wenn sich die Beteiligungsverhältnisse am Unternehmen des Inhabers des Nutzungsrechts wesentlich ändern.

1498 Darüber hinaus sollte geprüft werden, welche **Domains** die Gesellschaft für sich hat registrieren lassen. Auf diese Weise kann sichergestellt werden, dass eine internationale Ausdehnung des Geschäfts mit nationalen Webseiten im Internet möglich ist.

1499 Anders als in diesem rein käuferfreundlich gestalteten Muster sollte in Bezug auf den Umstand, dass die gewerblichen Schutzrechte der Gesellschaft und deren Gebrauch die **Rechte Dritter nicht verletzt**, die entsprechende Zusicherung im Interesse des Verkäufers auf sein bestes Wissen, das die Kenntnis oder das Kennenmüssen der Gesellschaft einschließt, beschränkt werden. Es kann nämlich nicht ausgeschlossen werden, dass trotz Registrierung z. B. einer EU-Marke, eines Patentes oder eines Gebrauchsmusters diese gewerblichen Schutzrechte gegen Schutzrechte Dritter verstoßen, die Gesellschaft hiervon jedoch keine Kenntnis hat. Selbst wenn vor Antragstellung sorgfältige Recherchen durchgeführt wurden, kann nicht mit Sicherheit davon ausgegangen werden, dass keine Schutzrechtsverletzungen vorliegen.

### hh) Personal [→ Rz. 1035 ff]

1500 Beim Kauf der Geschäftsanteile werden keine Wirtschaftsgüter und Verbindlichkeiten auf einen anderen Rechtsträger übertragen. Für die Arbeitnehmer findet kein Wechsel in der Person des Arbeitgebers statt. Im Gegensatz zum Asset Deal kommt es in keinem Fall zu einem Betriebsübergang (siehe Rz. 554 ff).

#### (1) Organ- und Mitarbeiterstruktur [→ Rz. 1035 ff]

1501 Die in Bezug genommenen Anlagen geben Aufschluss über die im Unternehmen bestehende Organ- und Mitarbeiterstruktur. Die Struktur hat wesentlichen Einfluss auf die Ertragskraft und damit auf die wirtschaftliche Bewertung, die durch Zahl und Qualifikation der beschäftigten Mitarbeiter sowie durch die auf sie anwendbaren **individual- und kollektivrechtlichen Regelungen** (siehe Rz. 1513), aber auch durch die Struktur und Qualität des Managements maßgeblich beeinflusst wird. Da die Personalkosten häufig ein ausschlaggebender Faktor in der Kostenrechnung eines Unternehmens sind, sollten die Zusagen des Garantiekataloges sorgfältig ausgewählt werden. Die Anlagen 8.10.1 bis 8.10.3 enthalten die für Unternehmen fast jeder Branche wesentlichen Klauseln:

1502 – Angaben über die Gesamtzahl der beschäftigten Mitarbeiter und aller Organmitglieder sowie deren jährliche Brutto-Gesamtbezüge, Kündigungsfristen, besonderer Kündigungsschutz, gewährte Arbeitnehmerdarlehen, Versorgungszusagen, Tantiemen, Boni, Gratifikationen u. Ä. sollten gerade bei größeren Unternehmen durch eine Vollständigkeitserklärung des Verkäufers abgedeckt werden. Ebenfalls von Bedeutung sind die Altersstruktur der Arbeitnehmer (insbesondere bei produzierenden Unternehmen), die Überlassung von Werkswohnungen, Dienstwagen sowie andere außertarifliche Leistungen (Anlage 8.10.1).

1503 – Stets durch Negativ- oder Vollständigkeitserklärungen des Verkäufers sind Versorgungszusagen jeglicher Art abzudecken, da sie in Zukunft einen hohen finanziellen Aufwand verursachen und daher adäquate Rückstellungen erfordern.

- Von besonderer Bedeutung sind insbesondere auch Angaben zu freien Mitarbeitern. 1504
Häufig sind als „freie Mitarbeiter“ bezeichnete Personen arbeitsrechtlich Arbeitnehmer mit der Folge, dass der Arbeitgeber für diese rückwirkend für bis zu vier Jahren Sozialversicherungsbeiträge und Steuern schuldet. Bei Fehlqualifikation des bestehenden Vertragsverhältnisses wird dieses nach außen als Arbeitsverhältnis angesehen. Die Haftung des Arbeitgebers wird lediglich durch die Verjährungsregelung in § 25 Abs. 1 SGB IV begrenzt. Da der Käufer bei einem Share Deal grundsätzlich sämtliche, mithin auch unbekannte Verbindlichkeiten übernimmt, hat er nicht nur für zukünftige, sondern auch für sämtliche Verbindlichkeiten des bisherigen Geschäftsbetriebs einzustehen. Dies hat einen wesentlichen Einfluss auf die wirtschaftliche Bewertung des Unternehmens und birgt so ein nicht unerhebliches Risiko. Allein durch Garantieversprechen des Verkäufers, durch die dem Käufer bestimmte Merkmale des Unternehmens zugesichert werden und die eine umfassende Ersatzpflicht des Verkäufers im Verletzungsfall vorsehen, kann das Risiko des Käufers begrenzt werden. Eine Schadloshaltung gegenüber dem vermeintlich freien Mitarbeiter kommt dagegen nur eingeschränkt in Betracht. Zum einen kann ein Rückforderungsanspruch des Arbeitgebers nur durch Abzug vom Arbeitsentgelt geltend gemacht werden. Zum anderen ist die Geltendmachung zeitlich befristet und kann nur bei den nächsten drei Lohn- oder Gehaltszahlungen nachgeholt werden (§ 28g Satz 3 SGB IV).

Sind im Unternehmen tatsächlich keine freien Mitarbeiter tätig, empfiehlt sich grund- 1505
sätzlich eine Negativerklärung des Veräußerers aufzunehmen. Werden dagegen im Unternehmen, wie im Muster vorgesehen, freie Mitarbeiter tätig, sollte der Vertrag Angaben über deren Gesamtzahl, die Art der Tätigkeit und die Höhe der Vergütung enthalten und diese Angaben durch eine Vollständigkeitserklärung des Verkäufers abgedeckt werden (Anlage 8.10.2.).

- Auch aus Leiharbeitsverhältnissen können sich Haftungsrisiken ergeben (z. B. § 10 1506
Abs. 1 AÜG). Daher ist auch zu diesem Punkt eine Negativerklärung anzuraten.

- Insbesondere die Organstruktur sowie der Bestand an qualifizierten Führungskräften 1507
sind von erheblicher wirtschaftlicher Bedeutung für die Bewertung der Geschäftsanteile. Es empfiehlt sich daher nicht nur eine gesonderte Benennung dieser Kräfte,[1292] sondern es bedarf auch der Aufführung möglicher gekündigter Arbeits- oder Anstellungsverhältnisse, um sicherzustellen, dass Know-how-Träger und andere qualifizierte Mitarbeiter im Unternehmen verbleiben und nicht kurz nach der Übernahme aus dem Unternehmen ausscheiden. Auf diesen Umstand bezieht sich die Klausel, dass keine Anhaltspunkte für künftige Kündigungen bestehen (Anlage 8.10.3).

Ob die Anlage gleichzeitig auch eine vollständige Kopie aller Anstellungsverträge der 1508
Organmitglieder, der freien Mitarbeiter sowie aller Arbeitnehmer, deren Gehalt ein bestimmtes Bruttojahreseinkommen überschreitet, enthalten sollte, bedarf grundsätzlich einer Bewertung im Einzelfall. Die Weitergabe dieser Informationen ist regelmäßig mit datenschutzrechtlichen Risiken verbunden, da es sich hierbei um personenbezogene Daten von Mitarbeitern oder des Managements handelt. Grundsätzlich dürfen personenbezogene Daten nur dann an Dritte weitergegeben werden, soweit die betroffenen Per-

1292) Regelmäßig wird es sich hierbei nicht allein um anonymisierte Datensätze handeln, sondern die Benennung der Kräfte eine der Datenschutzgrundverordnung sowie dem BDSG unterfallende Datenverarbeitung darstellen. Es ist daher darauf zu achten, dass die Datenverarbeitung von einem Erlaubnistatbestand mitumfasst und der Grundsatz der Datensparsamkeit beachtet wird.

sonen hierzu ihre Einwilligung erteilt haben (§ 26 Abs. 2 BDSG bzw. Art. 7 DSGVO) oder die Weitergabe von Daten durch Kollektivvereinbarung erlaubt wurde (§ 26 Abs. 4 BDSG bzw. Art. 88 Abs. 1 DSGVO).[1293] Einer Einwilligung bzw. Kollektivvereinbarung bedarf es nur dann nicht, wenn die Weitergabe von personenbezogenen Daten durch Gesetz zugelassen ist.[1294] Dies ist bei der Weitergabe von Verträgen an potentielle Käufer nur der Fall, soweit dies zur Wahrung der berechtigten Interessen des Verkäufers erforderlich ist und kein Grund zu der Annahme besteht, dass das schutzwürdige Interesse des Betroffenen an dem Ausschluss der Verarbeitung oder Nutzung überwiegt.[1295] Da die im Unternehmen bestehende Organ- und Mitarbeiterstruktur wesentlichen Einfluss auf die Ertragskraft und damit auf die wirtschaftliche Bewertung des Unternehmens hat, werden Kaufinteressenten regelmäßig ihre Kaufentscheidung hiervon abhängig machen. Einen umfassenden Überblick vermögen meist nur die bestehenden Verträge mit Führungskräften zu geben, sodass die Weitergabe für einen erfolgreichen Vertragsabschluss regelmäßig erforderlich sein wird. Gleichwohl muss bei jedem Vertrag eine Interessenabwägung vorgenommen werden, ob nicht möglicherweise die Interessen des Betroffenen dem Interesse an der Weitergabe der Daten entgegenstehen. Unabhängig von möglichen Interessen des Betroffenen im Einzelfall besteht jedenfalls ein Interesse daran, die Daten nur an einen äußerst begrenzten Personenkreis weiterzugeben. Sollen Verträge an Dritte weitergegeben werden, so sollte vertraglich abgesichert werden, dass lediglich Entscheidungsträgern des Kaufinteressenten die Verträge zugänglich gemacht werden.[1296]

### (2) Einhaltung der gesetzlichen Bestimmungen [→ Rz. 1038]

1509 Die Klausel deckt verschiedene Haftungsrisiken ab. Zum einen erfasst sie die bei Arbeitnehmern bestehenden steuerlichen und sozialversicherungsrechtlichen Risiken. Der Arbeitgeber muss dafür einstehen, dass die Lohnsteuer vorschriftsmäßig vom steuerpflichtigen Arbeitslohn einbehalten und fristgerecht abgeführt wird (§ 42d Abs. 1 Nr. 1 EStG). Der Arbeitgeber, also hier die im Verkauf befindliche juristische Person, ist Beitragsschuldner für den Gesamtsozialversicherungsbeitrag des Arbeitnehmers. Werden die Sozialversicherungsbeiträge entgegen den gesetzlichen Vorschriften nicht oder nur zum Teil abgeführt, so kann die Einzugsstelle die Abführung der Beiträge zwangsweise durchsetzen, unabhängig davon, wer Anteilseigner an der juristischen Person ist. Unterbleibt die Abführung, sind die Geschäftsführer ggf. sowohl unter zivil- als auch strafrechtlichen Aspekten verantwortlich. Zum anderen enthält die Klausel eine Bestätigung über die Einhaltung der Bestimmungen zum Mindestlohngesetz. Seit dem 1.1.2019 gilt in Deutschland ein allgemeiner gesetzlicher Mindestlohn von 9,19 € pro Stunde.[1297] Die Einhaltung dieser Bestimmungen ist unabdingbar (§ 3 MiLoG). Bei Verstoß gegen die Mindestlohnpflicht steht zum einen den Arbeitnehmern ein Anspruch auf Lohnnachzahlung und Entrichtung von Sozialbei-

1293) Diese Möglichkeit dürfte jedoch regelmäßig dem Geheimhaltungsinteresse bei geplanten Unternehmenstransaktionen entgegenstehen, über die der Betriebsrat bereits im Vorfeld informiert werden müsste, vgl. *Sander/Schumacher/Kühne*, ZD 2017, 105, 108.

1294) Vgl. u. a. *Kort*, NZA 2018, 1097, 110, der für die Zulässigkeit der Datenverarbeiteung jedoch nicht § 26 BDSG, sondern Art. 6 DSGVO heranziehen möchte; im Ergebnis ebenso *Härting*, CR 2017, 724, 727.

1295) Bereits *Braun/Wybitul*, BB 2008, 782, 785.

1296) *Braun/Wybitul*, BB 2008, 782, 785.

1297) Ab dem 1.1.2020 gilt ein gesetzlicher Mindestlohn von 9,35 €.

trägen, mindestens in Höhe des Mindestlohnes,[1298] zu, was für sich allein gesehen schon ein kaum überschaubares Kostenrisiko für den Käufer birgt; zum anderen ist die Unterschreitung des Mindestlohns nach §§ 20, 21 Abs. 1 Nr. 9 MiLoG ordnungswidrig und bußgeldbedroht.[1299]

### (3) Ansprüche der Arbeitnehmer und freien Mitarbeiter [→ Rz. 1039]

Diese Klausel hat allein klarstellende Bedeutung. Dadurch, dass keine Wirtschaftsgüter und Verbindlichkeiten auf einen anderen Rechtsträger übertragen werden und das Arbeitsverhältnis mit dem Arbeitgeber unverändert fortbestehen bleibt, hat der Abschluss eines Share Deals keine unmittelbaren Auswirkungen auf das Vertragsverhältnis. 1510

### (4) Altersteilzeit und betriebliche Altersversorgung [→ Rz. 1042 f]

Die Angabe von bestehenden Altersteilzeitverhältnissen ist nötig, um dem Käufer einen umfassenden Überblick über die Personalstruktur und die -kosten zu ermöglichen. Der Bestand an qualifizierten Führungskräften ist von erheblicher wirtschaftlicher Bedeutung, sodass ein kurzfristiger Wegfall der Arbeitskraft, aufgrund beginnender Freistellungsphase, ausgeschlossen werden soll. Zum anderen kann eine nicht ausreichende Sicherung von Wertguthaben zu einem erheblichen Kostenrisiko führen, welches als Faktor in die Kostenrechnung eines Unternehmens mit einzubeziehen ist. 1511

Versorgungszusagen sind ebenfalls von erheblicher Bedeutung, da unbekannte Verpflichtungen, z. B. aus einer betrieblichen Altersversorgung, zu unübersehbaren finanziellen Belastungen für das Unternehmen führen können. Für bestehende unmittelbare Versorgungszusagen wird der Käufer regelmäßig einen wirtschaftlichen Ausgleich beanspruchen. Wurden im Unternehmen keine Maßnahmen der betrieblichen Altersvorsorge ergriffen, ist daher die Aufnahme einer Negativerklärung des Verkäufers dringend zu empfehlen. Werden, wie im Muster vorgesehen, lediglich bestimmte Versorgungszusagen ergriffen, sind diese explizit durch Vollständigkeitserklärungen des Verkäufers abzudecken. Dies gilt selbst dann, wenn die Versorgungszusage auf Direktversicherungen beruht und daher das Unternehmen nicht direkt betrifft. Ein Haftungsrisiko kann auch hier nicht in Gänze ausgeschlossen werden. 1512

### (5) Individuelle und kollektive Vertragsbedingungen [→ Rz. 1044]

Da beim Share Deal keine Veränderung in der Beziehung Arbeitgeber – Arbeitnehmer stattfindet, greifen alle bisher anwendbaren individual- und kollektivvertraglichen Rege- 1513

---

1298) Umstritten ist, ob sich der Anspruch auf die Differenz zum gesetzlichen Mindestlohn beschränkt, so richtigerweise u. a. ErfK/*Franzen*, § 3 MiLoG Rz. 1a m. w. N.; *Lembke*, NZA 2015, 70, 77, oder ob dem Arbeitnehmer bei Unterschreitung des Mindestlohns ein Anspruch auf Zahlung der üblichen Vergütung i. S. v. § 612 Abs. 2 BGB zusteht, der meist höher als der Mindestlohn sein wird, so u. a. *Däubler*, NJW 2014, 1924, 1927; *Pötters/Krause*, NZA 2015, 398.

1299) Die Haftung ist nicht auf die eigenen Arbeitnehmer beschränkt. Setzt der Arbeitgeber zur Erfüllung seiner Aufträge Dritte, beispielsweise freie Mitarbeiter oder Subunternehmer, in erheblichem Umfang ein, so haftet er nach § 21 Abs. 2 MiLoG ebenso dafür, wenn der Beauftragte oder ein von diesem beauftragter Nachunternehmer den Mindestlohn nicht oder nicht rechtzeitig zahlt. Überdies haftet der Auftraggeber den Arbeitnehmern eines Sub- oder Nachunternehmers nach § 13 MiLoG i. V. m. § 14 AEntG verschuldensunabhängig auf Zahlung von Nettolohn und Sozialversicherungsbeiträgen, mindestens in Höhe des Mindestlohnes. Es empfiehlt sich daher, neben Garantiepflichten zu Arbeitnehmern und freien Mitarbeitern auch Garantiepflichten zu Subunternehmern im Vertrag zu regeln.

lungen auch nach der Übertragung der Geschäftsanteile. Insbesondere bisher anwendbare **Tarifverträge** und **Betriebsvereinbarungen** gelten weiterhin unmittelbar und zwingend für die bestehenden Arbeitsverhältnisse. Es ist daher von großer Bedeutung, alle anwendbaren kollektiv- und individualvertraglichen Bestimmungen zu kennen, um die finanziellen Risiken der Vertragsbindung mit den Arbeitnehmern abschätzen zu können. Hierzu gehören auch die betrieblichen Übungen. Vollständigkeits- und/oder Negativerklärungen des Verkäufers sollten vereinbart werden.

(6) **Arbeitnehmervertretungen und Arbeitgeberverbände** [→ Rz. 1040, 1045]

1514 Der Käufer ist daran interessiert, die vorhandenen Arbeitnehmervertretungen zu kennen, um einen Überblick zu haben, für welche Themen welches Organ der Arbeitnehmervertretung der richtige Ansprechpartner ist. Soweit keine Arbeitnehmervertretungen vorhanden sind, ist hierzu eine Negativerklärung des Verkäufers aufzunehmen. Sollten dagegen Arbeitnehmervertretungen bestehen, empfiehlt sich dies über eine Vollständigkeitserklärung des Veräußerers abzudecken. Hierdurch wird sichergestellt, dass auch die Kompetenzen etwaiger zusätzlicher Gremien bekannt sind, denn der Käufer kann nur bei entsprechenden Angaben im Zuge der Due Diligence zielgenau nachfragen.

1515 Dasselbe gilt im Hinblick auf die Mitgliedschaft in einem Arbeitgeberverband. Der Käufer hat ein Interesse daran, zu wissen, welche Verpflichtungen, Mitgliedschaften oder sonstigen Verbindlichkeiten er mit dem Abschluss des Vertrags eingeht.

(7) **Vertretungsmacht** [→ Rz. 1046]

1516 Da die wirksame Vertretung Rechtswirkungen für und gegen den Vertretenen herbeiführen kann, hat der Käufer ein berechtigtes Interesse daran, einen umfassenden Überblick darüber zu haben, wer und in welcher Form dazu berechtigt ist, das Unternehmen nach außen zu vertreten. Angaben über die Gesamtzahl der vertretungsberechtigten Personen sowie die Art und Ausgestaltung ihrer Vertretungsmacht, insbesondere auch Beschränkungen im Innenverhältnis sollten daher gerade bei größeren Unternehmen durch eine Vollständigkeitserklärung des Verkäufers abgedeckt werden, um ein mögliches Haftungsrisiko für den Käufer überschaubarer zu machen.

ii) **Steuern** [→ Rz. 1047]

1517 Neben der Steuerfreistellung (§ 11) empfiehlt es sich auch für den Käufer, vom Verkäufer zu verlangen, dass einige Steuergarantien abgegeben werden. Insbesondere sollte der Verkäufer garantieren, dass die Zielgesellschaft ihren steuerlichen Erklärungs- und Zahlungsverpflichtungen stets ordnungsgemäß nachgekommen ist und dass alle aus steuerlicher Sicht notwendigen Unterlagen vorliegen. Die Steuergarantien dienen auch der Absicherung und Bestätigung der Ergebnisse aus einer Due Diligence. Insbesondere sofern keine oder nur eine eingeschränkte steuerliche Due Diligence vorgenommen wurde, dienen die Steuergarantien auch dazu, vom Verkäufer eine Bestätigung zu erhalten, dass alle steuerlichen Angelegenheiten in der Vergangenheit ordnungsgemäß geregelt wurden.

### jj) Öffentliches Recht

#### (1) Staatliche Beihilfen [→ Rz. 1057]

Die Garantie in § 8 Nr. 12.3 des Musters dient der Absicherung vor möglichen Forderungen gegen die Gesellschaft und – so weit möglich – gegen die Käuferin auf Rückzahlung staatlicher Beihilfen. Sind solche Beihilfen gewährt worden und hat die Gesellschaft als Beihilfeempfänger diese nicht bestimmungsgemäß verwendet, Auflagen nicht eingehalten oder sind die gewährten Beihilfen unionsrechtswidrig, können bzw. müssen sie zurückgefordert werden. Das Rückforderungsrisiko besteht regelmäßig in Höhe der gesamten Beihilfe, auch bei nur geringen Verstößen gegen Förderbestimmungen, und von erheblichen Zinsen. 1518

Beihilfen sind in vielfältigen Formen denkbar (z. B. zinsvergünstigte Darlehen, Bürgschaften, verminderte Anschaffungskosten für ein Grundstück, (Teil-)Erlass von Erschließungsbeiträgen oder Steuern); zumeist werden sie aber in Form von Zuschüssen oder Zulagen gewährt. In Betracht kommen insbesondere Investitionszuschüsse im Rahmen der Gemeinschaftsaufgabe „Verbesserung der regionalen Wirtschaftsstruktur (GA-Zuschüsse)", die u. a. zurückgefordert werden können, wenn das geförderte Vorhaben nicht oder abweichend von der Zusage verwirklicht wird, Bedingungen, Auflagen oder andere Verpflichtungen nicht erfüllt werden, die gemäß dem Zuschussbescheid zu sichernden oder zu schaffenden Arbeitsplätze nicht besetzt bzw. unterschritten werden oder innerhalb der Mittelbindungsfrist von fünf Jahren nach Beendigung des Vorhabens die Betriebsstätte ganz oder teilweise stillgelegt, veräußert, vermietet oder verpachtet wird oder die geförderten Investitionsgüter aus der geförderten Betriebsstätte ausscheiden. 1519

Investitionszulagen nach dem Investitionszulagengesetz können zurückgefordert werden, wenn die Zugehörigkeits-, Verbleibens- und Nutzungsvoraussetzungen für die begünstigten Investitionen nicht ununterbrochen während des fünfjährigen Bindungszeitraums gemäß § 2 Abs. 1 Satz 1 InvZulG 2010 erfüllt sind. Darüber hinaus können die Mitgliedstaaten von der Kommission gemäß Art. 108 AEUV i. V. m. Art. 11 ff der Verfahrensverordnung[1300)] verpflichtet werden, staatliche Beihilfen von den Empfängern zurückzufordern, die gemäß Art. 107 Abs. 1 AEUV wegen Verfälschung des Wettbewerbs und Beeinträchtigung des Handels zwischen den Mitgliedstaaten durch Begünstigung bestimmter Unternehmen oder Produktionszweige mit dem Binnenmarkt unvereinbar sind. 1520

Um sich vor einem durch eine Rückforderung bei der Gesellschaft eintretenden Schaden zu schützen, sollte der Käufer sich daher garantieren lassen, dass keine staatlichen Beihilfen geflossen sind oder, sofern dies der Fall war, dass alle Beihilfen bestimmungsgemäß verwendet und alle Auflagen erfüllt wurden und keine Rückforderung droht. Sofern hier Zweifel bestehen und der Verkäufer daher nicht bereit ist, ohne Weiteres eine solche Garantie abzugeben, empfiehlt es sich, die Sachlage mit den zuständigen Behörden abzuklären. Soweit diesen ein Ermessen zusteht, kann versucht werden, sie zu einer für die Gesellschaft günstigen Ausübung zu bewegen. Können vernünftige und nachvollziehbare Gründe wie z. B. unverschuldete Nichterfüllung von Auflagen wegen unvorhersehbarer Änderungen der Gesamtumstände geltend gemacht werden, sind die Behörden hierzu erfahrungsgemäß bereit. 1521

In die Anlage zum Vertrag sollte eine Aufstellung aller Beihilfen der letzten zehn Jahre aufgenommen werden, weil dies nach Art. 15 Abs. 1 der Verfahrensverordnung die maßgeb- 1522

1300) Verordnung (EG) Nr. 659/1999 des Rates v. 22.3.1999 über besondere Vorschriften für die Anwendung von Artikel 92 des EG-Vertrags (Verfahrensverordnung), ABl Nr. L 83/1.

liche Rückforderungsfrist ist. Es sollten vollständige Kopien aller betreffenden Bewilligungs- und Änderungsbescheide bzw. Vereinbarungen zu den genannten Beihilfen übergeben werden.

1523 Die Käuferin sollte sich ein umfassendes Bild darüber verschaffen, ob weitere Beihilfen beantragt sind, eine Rückforderung von Beihilfen droht oder angekündigt ist bzw. welche Verpflichtungen seitens der Gesellschaft oder auch deren Gesellschaften im Zusammenhang mit gewährten Beihilfen noch zu erfüllen sind, um nicht selbst einen Rückforderungstatbestand auszulösen (z. B. durch Personalmaßnahmen).

1524 Sollten tatsächlich staatliche Beihilfen geflossen sein, stellt sich die Problematik, ob neben dem grundsätzlich in Anspruch zu nehmenden Beihilfeempfänger als Adressat der Rückforderungsentscheidung auch ein Erwerber des Unternehmens, das die Beihilfe erhalten hat, in Betracht kommt. Während die Kommissionspraxis zuweilen aufgrund eher schwacher Indizien schnell dahin tendiert, dass Beihilfen auch vom Erwerber des Zielunternehmens zurückzufordern sind,[1301] haben die Unionsgerichte hieran bislang strengere Anforderungen gestellt und entsprechende Entscheidungen der Kommission regelmäßig aufgehoben, in denen eine Beihilfe nicht nur vom ursprünglichen Beihilfeempfänger, sondern auch vom (neuen) Eigentümer des Unternehmens oder dem Erwerber der Vermögenswerte bei einer Umgehung zurückgefordert wurden.[1302] Kann bei einem Share Deal nachgewiesen werden, dass der Erwerb von Anteilen an einem Unternehmen, das zu Unrecht staatliche Beihilfen erhielt, zum Marktpreis erfolgte, kann der Käufer nach Auffassung des EuGH nicht als Nutznießer der staatlichen Beihilfe angesehen und diese von ihm nicht zurückgefordert werden.[1303] Demgegenüber hat auch das EuG bei einem Going-Concern-Asset-Deal eine Haftungserstreckung auf den Erwerber von Assets wegen wirtschaftlicher Kontinuität und dem Vorliegen eines Umgehungstatbestands bestätigt.[1304]

1525 Der Grundsatz, dass nur der Beihilfeempfänger haftet und keine Rückforderung der Beihilfen von Dritten erfolgt, gilt demgemäß nicht uneingeschränkt. Vielmehr haben die europäischen Gerichte die Problematik der Umgehung erkannt, aber die bloße Gefahr einer Umgehung der Rückforderungsentscheidung – entgegen der Einschätzung der Kommission – für nicht ausreichend erachtet. Richtigerweise sollte eine Umgehung der Rückforderungsentscheidung – und damit eine Haftung des Erwerbers beihilfebegünstigter Unternehmen – nur dann in Betracht kommen, wenn für das erworbene Unternehmen nicht der Marktpreis gezahlt wurde[1305] oder durch die Verschiebung von Aktiva auf Unternehmen, die dem gleichen Unternehmensverbund angehören (z. B. auf die Mutter- oder eine Schwestergesellschaft), der Beihilfeempfänger letztlich als „leere Hülle" zurückgelassen wird.[1306]

1301) Entscheidung der Kommission v. 8.7.1999 – Gröditzer Stahlwerke, ABl 1999 Nr. L 292/27; Entscheidung der Kommission v. 2.6.2000 – Seleco, Abl 2000 Nr. L 227/14; Entscheidung der Kommission v. 11.4.2000 – SMI, ABl 2000 Nr. L 238/50; Entscheidung der Kommission v. 22.6.2000 – CDA Albrechts GmbH, ABl 2000 Nr. L 318/62.

1302) EuGH, Urt. v. 29.4.2004 – Rs C-277/00, Slg. 2004, I-3925 = ZIP 2004, 1013; EuGH, Urt. v. 8.5.2003 – Rs C-328/99, C-399/00, Slg. 2003, I-4035 = ZIP 2003, 955.

1303) EuGH, Urt. v. 8.5.2003 – verb. Rs C-328/99 und C-399/00 – Italien und SIM 2 Multimedia, Slg. 2003, I-4035, Rz. 83; vgl. zuletzt EuG, Urt. v. 19.6.2019 – Rs T-373/15 – Nürburgring, Rn. 133 ff – juris, betreffend den Beschluss der Kommission v. 1.10.2014, ABl. 2016, L 34, S. 1.

1304) EuG, Urt. v. 13.9.2010 – verb. Rs T-415/05, T-416/05 und T-423/05 – Olympiaki Aeroporia, Slg. 2010, II-4749, betreffend die Entscheidung der Kommission v. 14.9.2005, K(2006) 2706.

1305) EuGH, Urt. v. 29.4.2004 – Rs C-277/00, Slg. 2004, I-3925 = ZIP 2004, 1013 m. w. N.; *Mairose*, DZWIR 2004, 141, 144 f; *Soltész/Schädle*, BB 2008, 510.

1306) *Mairose*, DZWIR 2004, 141, 142 f; *Arhold*, EuZW 2006, 42.

Rechtswidrige Beihilfen können also nicht nur formell von dem Unternehmen zurückgefordert werden, das Beihilfeempfänger war, sondern unter Umständen auch von dessen Erwerber. Das gilt dann, wenn dieser den tatsächlichen Nutzen davon hatte, z. B., weil es das Unternehmen des Beihilfeempfängers unter dem Marktpreis erworben hatte.

Die Klausel über eine Haftungsfreistellung für staatliche Beihilfen kann bei einer Veräußerung durch die öffentliche Hand ihrerseits ebenfalls eine Beihilfe darstellen, insbesondere soweit kein Wettbewerbsverfahren für die Beteiligung durchgeführt wurde. In diesem Fall kann ggf. ein zusätzliches Rücktrittsrecht für die Zeit vereinbart werden, bis die Beihilfefragen mit den Behörden – z. B. durch Notifizierung – geklärt sind. 1526

Beihilfen können auch Ansprüche Dritter (Nutzer, Wettbewerber etc.) begründen. So kann ein rechtmäßiger Fördervertrag zugleich auch ein echter Vertrag zugunsten Dritter sein, der zivilrechtliche Ansprüche vermittelt.[1307] Rechtswidrige Beihilfen können Auskunfts-, Unterlassungs- und Schadensersatzansprüche von Wettbewerbern begründen.[1308] Für derartige Ansprüche sollte eine umfassende Garantie vereinbart werden. 1527

#### (2) Behördliche Erlaubnisse [→ Rz. 1055]

Die Geschäftstätigkeit der Gesellschaft kann eine behördliche Erlaubnis erfordern. Hierbei ist zwischen **persönlichen und sachbezogenen Genehmigungserfordernissen** zu unterscheiden (siehe Rz. 653 ff). Bei einem Anteilskauf werden regelmäßig beide Formen der Konzession erhalten bleiben, soweit personenbezogene Genehmigungen nicht an die Person des Geschäftsführers anknüpfen, der nicht übernommen wird. Die Klausel garantiert das Vorhandensein solcher Erlaubnisse, wie z. B. die Genehmigung der Betriebsanlage gemäß § 4 Abs. 1 BImSchG oder die Erlaubnis zum Geschäftsbetrieb einer Kapitalverwaltungsgesellschaft gemäß § 20 Abs. 1 KAGB. 1528

#### (3) Geschäftsbetrieb der Gesellschaft [→ Rz. 1055]

Verletzungen von Rechten dritter Personen durch den Geschäftsbetrieb der Gesellschaft sind insbesondere auf dem Gebiet des Kartell- und Wettbewerbsrechts, des Persönlichkeitsschutzes und des baurechtlichen Nachbarschaftsrechts denkbar. Sie können zu Unterlassungs-, Beseitigungs- oder Schadensersatzansprüchen führen, z. B. gemäß §§ 1, 13 UWG, § 33 GWB oder §§ 1004, 823 BGB. Weiter gibt es Rechtsverstöße, die von Behörden verfolgt werden und sogar zu Bußgeldern wegen Ordnungswidrigkeiten führen können. 1529

### kk) Produkthaftung, Produktsicherheit und Gewährleistung [→ Rz. 1058]

Bei der Übernahme einer produzierenden Gesellschaft spielen die öffentlich-rechtliche Warenvertriebsfähigkeit sowie Risiken aus Gewährleistungs- und Produkthaftungsansprüchen regelmäßig eine große Rolle. Sollten die von der Zielgesellschaft hergestellten Produkte sicherheitsrelevante Defizite aufweisen, kann die Investition in eine Transaktion schnell vollständig entwertet werden. Schließlich haben die für die Marktüberwachung zuständigen Behörden sowohl durch Spezialgesetze (AMG, ChemG etc.) als auch durch das Produktsicherheitsgesetz (ProdSG) das Recht, den weiteren Vertrieb von als unsicher er- 1530

1307) BGH, Urt. v. 11.3.2009 – VIII ZR 279/07, NJW-RR 2009, 657 f.

1308) BGH, Urt. v. 21.7.2011 – I ZR 209/09, GRUR-RR 2012, 157; Urt. v. 10.2.2011 – I ZR 136/09, ZIP 2011, 732; EuGH, Urt. v. 21.11.2013 – Rs C 284/12, NVwZ 2014, 641; OLG Hamburg, Urt. v. 31.7.2014 – 3 U 8/12, NJW-RR 2015, 293.

kannten Produkten komplett zu verbieten.[1309] Ist das Zielunternehmen aufgrund eines solchen Warenverkehrsverbots nicht mehr lieferfähig und verursacht hierdurch Betriebsunterbrechungen bei seinen Kunden, können hieraus resultierende Schadensersatzansprüche wegen Lieferverzugs ohne Weiteres existenzbedrohende Auswirkungen haben. Schon der ausbleibende Cashflow kann für das Zielunternehmen äußerst problematisch sein. Im Rahmen der Due Diligence ist daher sorgfältig zu prüfen bzw. durch passende Garantien vertraglich abzusichern, dass die durch das Zielunternehmen hergestellten Produkte und die Art der Fertigung den einschlägigen Sicherheitsstandards entsprechen. Hierbei sind in der Vergangenheit aufgetretene Produkthaftungsfälle sicherlich ein Warnzeichen. Allein aus ihrem Fehlen kann aber nicht geschlossen werden, dass insoweit beim Zielunternehmen die produktsicherheitsrechtlichen Anforderungen eingehalten sind.[1310] Erhebliche Belastungen sowohl unter wirtschaftlichen als auch Imagegesichtspunkten können auch aus einer (potentiellen) Verpflichtung zum Produktrückruf bestimmter Produkte bei Vorliegen sicherheitsrelevanter Probleme resultieren. Zur Absicherung des Käufers enthält das Muster daher die Garantie, dass die Produkte des Zielunternehmens in jeglicher Hinsicht den einschlägigen Sicherheitsstandards entsprechen und das Zielunternehmen seinen Konstruktions-, Fabrikations-, Instruktions- und Produktbeobachtungspflichten nachgekommen ist.

**1531** Führen Produktfehler zur Beeinträchtigung anderer Rechtsgüter (Beispiel: der elektrische Defekt eines Produkts führt zu einer Körperverletzung des Benutzers), kommen Produkthaftungsansprüche in Betracht, die nach Art und Umfang deutlich weiter reichen können als bloße vertragliche Gewährleistungsansprüche. Je nach Verbreitungsgrad der fraglichen Produkte drohen insbesondere auch Regressforderungen nach ausländischen Rechtsordnungen, da das Produkthaftungsrecht in der Regel (auch) an die Rechtsordnung des Landes anknüpft, in dem der Schaden eingetreten ist. Insbesondere in den USA können diese Ansprüche (z. B. über die Zubilligung sog. *„punitive damages"*) immense Beträge erreichen, die weit über den tatsächlich entstandenen materiellen Schaden hinausgehen.[1311]

**1532** In Bezug auf potentielle Haftungsfälle wäre den Interessen des Käufers sicherlich am meisten mit einer Garantie gedient, nach der die Produkte der Gesellschaft so entworfen, konstruiert und hergestellt werden, dass sie keine Produkthaftungsansprüche nach den Rechtsordnungen der für die Gesellschaft wichtigsten Absatzmärkte verursachen können. Der Käufer wird allerdings oft bestenfalls eine Regelung durchsetzen können, nach der der Verkäufer keine Kenntnis von Tatsachen hat, die geeignet sind, Produkthaftungsansprüche in denjenigen Ländern zu begründen, in denen die Gesellschaft im Wesentlichen tätig ist. Stehen auf Basis der Due Diligence Produkthaftungsrisiken bereits fest bzw. besteht für entsprechende Forderungen Dritter zumindest eine gewisse Wahrscheinlichkeit, ist aber die genaue Höhe der Ansprüche noch nicht hinreichend bestimmbar, kommt die Vereinbarung einer Freistellung/Indemnity in Betracht.[1312]

**1533** Der Käufer muss bedenken, dass er für durch das Zielunternehmen hergestellte Produkte ggf. noch viele Jahre nach Inverkehrbringen produkthaftungsrechtlich verantwortlich ist, also womöglich noch zu einem Zeitpunkt, in dem sein Schadensersatzanspruch gegen den Veräußerer des Unternehmens bereits verjährt ist. So beginnt die Verjährungsfrist nach deutschem Recht für deliktische Schadensersatzansprüche nach §§ 823 ff BGB grundsätz-

1309) *Klindt/Swoboda*, DB 2005, 1203, zur Due Diligence im Hinblick auf Produktsicherheitsfragen.

1310) Zu den Details *Klindt/Swoboda*, DB 2005, 1203.

1311) *Scherer/Butt/Reimertshofer*, DB 1999, 469 f; vertiefend *Klode*, NJOZ 2009, 1762.

1312) *Schütt*, NJW 2016, 980, 982; *Hilgard*, BB 2016, 1218, 1223.

lich erst mit dem Schluss des Jahres, in dem der Schaden eingetreten/der Anspruch entstanden ist und der Geschädigte von den den Anspruch begründenden Umständen und der Person des Schädigers Kenntnis erlangt hat oder ohne grobe Fahrlässigkeit hätte erlangen müssen. Diese Voraussetzungen können durchaus erst lange Jahre nach dem Erwerb der Zielgesellschaft eintreten. Kenntnisunabhängig verjähren Schadensersatzansprüche, die auf der Verletzung des Lebens, des Körpers oder der Gesundheit beruhen, erst 30 Jahre nach der den Schaden auslösenden Handlung (§ 199 Abs. 2 BGB). Auch besteht für Produkte, die vor dem Erwerb des Zielunternehmens in den Verkehr gebracht wurden, eine Produktbeobachtungspflicht und – für den Fall der Entdeckung eines sicherheitsrelevanten Problems – ggf. die Verpflichtung zu einem Produktrückruf.

### ll) Gerichtliche und behördliche Verfahren und Compliance [→ Rz. 1060]

Zur Einschätzung der Risiken in Bezug auf das Zielunternehmen ist der Käufer u. a. an der vollständigen Kenntnis und Einschätzung der bestehenden Rechtsstreitigkeiten interessiert, an denen die Zielgesellschaft beteiligt ist. 1534

Mit den wachsenden Compliance-Anforderungen an Unternehmen kommt der Frage, ob das Zielunternehmen vor dem Erwerb alle (wesentlichen) anwendbaren Gesetze und sonstigen Rechtsvorschriften und behördlichen Auflagen eingehalten hat, auch aus Sicht des Käufers immer größere Bedeutung zu.[1313)] Denn während sich Verstöße auch bei sorgfältiger Due Diligence oftmals nicht aufdecken lassen,[1314)] drohen im Fall von Compliance-Verstößen neben dem Reputationsschaden massive monetäre Schäden beim Zielunternehmen, einerseits durch Geldbußen, anderseits durch nachfolgende Schäden wie Kartellschadensersatzklagen Dritter, Ausschluss von öffentlichen Ausschreibungen oder Beendigung wichtiger Kunden-/Lieferantenbeziehungen.[1315)] Daher werden allgemeine Compliance-Garantien heute standardmäßig im Unternehmenskaufvertrag vereinbart.[1316)] Das vorliegende Muster enthält einen käuferfreundlichen Formulierungsvorschlag.[1317)] Aufgrund ihrer generalklauselartigen Formulierung werden Verkäufer in den Verhandlungen stets auf Einschränkungen solcher allgemeinen Garantien betreffend die Einhaltung aller Gesetze und Rechtsvorschriften schon auf Tatbestandsseite bestehen, insbesondere hinsichtlich der vom Anwendungsbereich der Klausel erfassten Vorschriften.[1318)] Ziel der Verhandlungen des Verkäufers wird zudem sein, die Compliance-Garantie auf seine Kenntnis zu begrenzen und nur unwesentliche Gesetzesverletzungen vom Anwendungsbereich der Garantie auszuklammern.[1319)] Aufgrund der Besonderheiten der Compliance-Garantie, deren Verlet- 1535

1313) *Schniepp/Holfeld*, DB 2016, 1738, 1739; *Meyer-Sparenberg*, in: Beck'sches M&A-Handbuch, § 44 Rz. 90.

1314) *Meyer-Sparenberg*, in: Beck'sches M&A-Handbuch, § 44 Rz. 90.

1315) *Schniepp/Holfeld*, DB 2016, 1738, 1739; *Moosmayer*, in: Moosmayer, Compliance, Rz. 262.

1316) *Liese/Theusinger*, in: Hauschka/Moosmayer/Lösler, Corporate Compliance, § 27 Rz. 86; *Schniepp/Holfeld*, DB 2016, 1738, 1739.

1317) In Anlehnung an *Liese/Theusinger*, in: Hauschka/Moosmayer/Lösler, Corporate Compliance, § 27 Rz. 86.

1318) Beispielsweise im Hinblick auf die erfassten Jurisdiktionen, etwa durch Ausschluss für Gesetze außerhalb der EU und ggf. Nordamerikas, *Meyer-Sparenberg*, in: Beck'sches Formularbuch BHW, Form. III.A.16. Anm. 33; *Kästle/Oberbracht*, Unternehmenskauf Share Purchase Agreement, S. 186; *Meyer-Sparenberg*, in: Beck'sches M&A-Handbuch, § 44 Rz. 91; *Liese/Theusinger*, in: Hauschka/Moosmayer/Lösler, Corporate Compliance, § 27 Rz. 87; *Schniepp/Holfeld*, DB 2016, 1738, 1740.

1319) *Schniepp/Holfeld*, DB 2016, 1738, 1740; *Meyer-Sparenberg*, in: Beck'sches M&A-Handbuch, § 44 Rz. 91; *Liese/Theusinger*, in: Hauschka/Moosmayer/Lösler, Corporate Compliance, § 27 Rz. 87, 88; *Kästle/Oberbracht*, Unternehmenskauf – Share Purchase Agreement, S. 186.

zung sich neben direkten Schäden wie Bußgeldern auch in mittelbaren Folgeschäden manifestieren kann – beispielsweise dann, wenn ein wesentlicher (und damit regelmäßig im Rahmen der Ermittlung des Unternehmenswertes und des Kaufpreises berücksichtigter) langfristiger Auftrag eines Kunden von der Zielgesellschaft rechtswidrig erlangt worden ist und nach Übernahme durch den Käufer aufgrund eigener Compliance beendet werden muss –, ist auch auf Rechtsfolgenseite besondere Aufmerksamkeit auf die Regelung des ersatzfähigen Schadens zu legen.[1320)]

### mm) Altlasten und schädliche Bodenveränderungen [→ Rz. 1062]

1536 Die Freiheit des Immobiliareigentums und der Mietimmobilien von Altlasten und schädlichen Bodenveränderungen ist für den Käufer von wesentlicher Bedeutung. Werden diese Fragen problematisch, ist die Klausel an die spezifischen Umstände des Einzelfalls anzupassen. Wichtig ist insbesondere die Regelung der Rechtsfolgen im Falle vorhandener Kontamination. Hier gilt es zu vermeiden, dass im Zuge der Transaktion übermäßige Sanierungsmaßnahmen behördlich oder vertraglich festgelegt werden.

### nn) Händlerverträge und Handelsvertreterverträge [→ Rz. 1024, 1063]

1537 Bei der Bewertung der wirtschaftlichen Belastungen, die mit dem Erwerb des Zielunternehmens verbunden sein können, dürfen mögliche Ansprüche der Vertriebspartner des Zielunternehmens im Falle der (späteren) Beendigung der Vertriebsbeziehung nicht übersehen werden. Sowohl dem Handelsvertreter als auch dem Vertragshändler kann dabei ein Ausgleichsanspruch für von ihm geworbene Stammkunden zustehen, der zu erheblichen wirtschaftlichen Belastungen für das übernehmende Unternehmen führen kann. Für den Handelsvertreter ist der vorgenannte Ausgleichsanspruch dabei durch die sog. Handelsvertreterrichtlinie[1321)] innerhalb der Europäischen Union festgeschrieben.[1322)] Der Anspruch kann damit weder im Vorhinein vertraglich ausgeschlossen werden, noch ist der Anspruch dem Grunde nach davon abhängig, welches Recht auf das Vertragsverhältnis im Übrigen Anwendung findet, wenn der Handelsvertreter seine Tätigkeit in einem Mitgliedstaat ausübt.[1323)]

1538 Da es für den Vertragshändler keine der Handelsvertreterrichtlinie entsprechende Regelung gibt, ist hier die Gesetzeslage innerhalb der EU-Mitgliedstaaten uneinheitlich. In Deutschland wird zugunsten des Händlers die für den Handelsvertreter geltende Regelung des § 89b HGB in einer Vielzahl von Fällen analog angewandt. Auch sofern der Händlervertrag deutschem Recht unterliegt, soll der Ausgleichsanspruch jedenfalls durch individualvertragliche Vereinbarung aber ausgeschlossen werden können, wenn der Vertragshändler weder seinen Sitz in Deutschland hat noch hier seine Tätigkeit ausübt.[1324)] Außerhalb des EWR-Bereichs kann der Ausgleichsanspruch auch bei Anwendbarkeit deutschen Rechts

---

1320) Dazu ausführlich: *Schniepp/Holfeld*, DB 2016, 1738, 1741 f.

1321) Richtlinie 86/653/EWG des Rates v. 18.12.1986 zur Koordinierung der Rechtsvorschriften der Mitgliedstaaten betreffend die selbständigen Handelsvertreter, ABl Nr. L 382/17.

1322) Geltung innerhalb des EWR aufgrund Übernahme der Regelungen durch Norwegen, Lichtenstein und Island, vgl. *Emde*, ZVertriebsR 2014, 218.

1323) EuGH, Urt. v. 9.11.2000 – Rs C-381/98, ZIP 2000, 2108 = NJW 2001, 2007, sogar für den Fall, dass der Prinzipal seinen Sitz außerhalb der Europäischen Union hat und der Vertrag wirksam dem Recht am Sitz des Prinzipals unterstellt wurde.

1324) *Westphal*, Vertriebsrecht, Rz. 60 f; für die Zulässigkeit eines Ausschlusses auch durch eine AGB-Regelung *Teichmann/Wauschkuhn*, ZVertriebsR 2012, 274, 280.

sowohl für den Handelsvertreter als auch den Vertragshändler vertraglich begrenzt oder ausgeschlossen werden (§ 92c HGB). Im Rahmen der Due Diligence ist daher sorgfältig zu prüfen, ob und inwieweit das Zielunternehmen die gegebenen Gestaltungsmöglichkeiten in zulässiger Weise ausgeschöpft und damit die wirtschaftliche Belastung mit möglichen Ausgleichsansprüchen wirksam reduziert hat.

Sofern ein Händler dazu angehalten ist, ein Warenlager zu unterhalten, kommt neben 1539
dem vorgenannten Ausgleich für geworbene Stammkunden auch ein Anspruch auf Rückkauf des Warenlagers durch den Prinzipal in Betracht.[1325]

Sollten die Vertriebsverträge dem Vertragspartner des Zielunternehmens für den Fall des 1540
Wechsels des Anteilseigners ein Kündigungsrecht einräumen (sog. Change-of-Control-Klausel, siehe Rz. 1490), ist zudem das Risiko des Verlustes wichtiger Vertriebspartner zu bewerten. In der Praxis wird ein Kündigungsrecht allerdings häufiger für den Fall gesellschaftsrechtlicher Veränderungen beim Händler als für den Fall eines Inhaberwechsels auf Seiten des Prinzipals vereinbart. Zudem ist in der Praxis oftmals zu beobachten, dass die vertraglich vereinbarten Kündigungsfristen zu kurz bemessen und daher unwirksam sind – auch hierauf sollte im Rahmen der Due Diligence geachtet werden.

Im Rahmen der Due Diligence ist des Weiteren kritisch zu prüfen, inwieweit die Vertriebs- 1541
verträge wettbewerbsrechtlich unbedenklich sind. Hier sind insbesondere zu weitreichende Wettbewerbsverbote bzw. Bezugsbindungen des Händlers problematisch. Geht die einschlägige vertragliche Regelung über das zulässige Maß hinaus, ist das Wettbewerbsverbot/die Bezugsverpflichtung insgesamt unwirksam und der hiermit eigentlich zugunsten des Zielunternehmens bezweckte Schutz geht ins Leere.

**oo) Fortführung der Geschäfte** [→ Rz. 1064 ff]

Um den Status quo des Kaufgegenstands zu erhalten, legt der Käufer großen Wert darauf, 1542
dass das Zielunternehmen während des Zeitraums zwischen Beurkundungstag und dem Vollzugstag so fortgeführt wird, dass seine Verhältnisse unverändert bleiben. Der Käufer soll darauf vertrauen dürfen, dass abgesehen von Veränderungen im gewöhnlichen Geschäftsgang das Zielunternehmen sich auch zum Closing so darstellt, wie es verkäuferseits im Rahmen der Due Diligence im Datenraum dargestellt worden ist.[1326] Zu diesem Zweck werden dem Verkäufer zur unveränderten Fortführung der Zielgesellschaft bis zum Vollzugstag eine Reihe **konkreter Vorgaben zur Geschäftsführung** gemacht (vgl. § 14 Abs. 1 des Vertragsmusters).

Die Garantie in § 8 Nr. 17 zur Fortführung der Geschäfte im Rahmen des ordentlichen 1543
Geschäftsgangs erstreckt diese Pflichten des Verkäufers, für die er mit der Garantie einzustehen hat, für die Zeit zwischen dem Bilanzstichtag des letzten Jahresabschlusses und dem Signing und schließt so die anderenfalls entstehende Schutzlücke für diesen Zeitraum. Inhaltlich werden dabei die Verhaltenspflichten des § 14 Abs. 1 „gespiegelt", nur eben nicht als zukunftsbezogene Verpflichtung ab Signing, sondern als vergangenheitsbezogene Garantie für den Zeitraum zwischen dem Bilanzstichtag des letzten Jahresabschlusses und Signing. Auf diese Weise wird insoweit ein nahtloser Schutz für den gesamten Zeitraum seit dem Bilanzstichtag des letzten Jahresabschlusses bis zum Closing erreicht.

1325) BGH, Urt. v. 20.7.2005 – VIII ZR 121/04, ZIP 2005, 1785 = WM 2005, 2002.

1326) *Henle*, in: Jaletzke/Henle, S. 69.

### 10. Rechtsfolgen von Garantieverletzungen und Verjährung

#### a) Schadensersatz [→ Rz. 1072 ff]

1544 Das Muster ersetzt das gesetzliche Gewährleistungsregime durch ein eigenständiges, in sich geschlossenes vertragliches Haftungsregime. Während der in § 8 aufgeführte Katalog selbständiger Garantieversprechen des Verkäufers i. S. v. § 311 Abs. 1 BGB die Tatbestandsseite regelt, bestimmt § 9 die Rechtsfolgenseite dieses vertraglichen Haftungsregimes.

1545 **Wiederherstellung des geschuldeten Zustands** sollte dem Verkäufer allenfalls innerhalb einer kurzen Frist gestattet sein, zumal diese vielfach nicht möglich oder vom Käufer nicht gewollt sein wird. Dabei darf jedoch nicht vergessen werden, dass die Naturalrestitution auch für den Käufer positive Aspekte wie die Freistellung von Forderungen Dritter beinhaltet und daher durchaus erwünscht sein kann. Rechtsfolge von Garantieverletzungen ist dennoch regelmäßig „Kaufpreisminderung" in Form von Schadensersatz in Geld.[1327)]

1546 Der **Schaden** des Käufers besteht grundsätzlich in der Minderung des Werts der von ihm gekauften Anteile an der Zielgesellschaft aufgrund der fehlerhaften Garantiezusage,[1328)] soweit Naturalrestitution nicht mehr möglich oder unverhältnismäßig ist (§ 251 BGB), anderenfalls aus dem zur Herstellung der Naturalrestitution erforderlichen Betrag (§ 250 BGB). Der konkrete Nachweis einer solchen Wertminderung kann im Einzelfall Schwierigkeiten bereiten. Der Käufer sollte daher darauf achten, dass nach seiner Wahl alternativ auch die Zielgesellschaft so zu stellen ist, wie sie stünde, wenn die betreffende Garantie zutreffend gewesen wäre.[1329)]

1547 Bei den Konsequenzen einer etwaigen **Kenntnis des Käufers** aus der Due Diligence handelt es sich um einen der oft besonders intensiv verhandelten Punkte. Die Klausel in § 9 Abs. 1 Satz 3 bedingt im Interesse des Käufers die Bestimmungen des § 442 BGB und § 377 HGB sowie die ihnen zugrunde liegenden Rechtsgedanken ab. Ohne eine solche Klausel könnte die Kenntnis und unter Umständen auch grob fahrlässige Unkenntnis des Käufers von Mängeln des Unternehmens die Haftung des Verkäufers einschränken.[1330)] Formal gilt die Regelung in § 442 BGB über den Ausschluss von Gewährleistungsansprüchen zwar nicht für selbständige Garantieversprechen, wie sie im Muster vorgesehen sind. § 442 BGB basiert jedoch auf dem Grundsatz von Treu und Glauben, insbesondere dem Verbot des widersprüchlichen Verhaltens (*venire contra factum proprium*) und dieser Grundsatz ist im Prinzip auch auf selbständige Garantien anzuwenden.[1331)] Eine klarstellende Regelung bietet sich daher an. Für eine solche Regelung spricht aus Sicht des Käufers, dass er die Due Diligence im Rahmen seiner Kaufentscheidung durchführt, ohne aus diesem Grunde seine Rechte gegenüber dem Verkäufer schmälern zu wollen. Umgekehrt wird der Verkäufer den Standpunkt vertreten, die Bereitstellung eines Datenraums im Rahmen der Due Diligence diene doch gerade dem Zweck, es dem Käufer zu ermöglichen, sich selbst ein Bild von der Lage der Zielgesellschaft zu verschaffen. Oft steht hinter dieser Kontroverse

---

1327) Vgl. hierzu *Schmitz*, RNotZ 2006, 561, 596.

1328) BGH, Urt. v. 15.3.2006 – VIII ZR 120/04, NJW-RR 2006, 1185, 1187 f.

1329) Zu den Rechtsfolgen bei der Verletzung einer Bilanzgarantie siehe OLG Frankfurt a. M., Urt. v. 7.5.2015 – 26 U 35/12, NZG 2016, 435; *Kleissler*, NZG 2017, 531, 535 ff; *Mehrbrey/Hofmeister*, NZG 2016, 419, 420 f; *Schulz/Sommer*, NZG 2018, 50, 51 f; *König/Gießelmann*, GWR 2016, 155, 157 ff; *Wächter*, BB 2016, 711, 713 f.

1330) Ob das Unterlassen oder die Durchführung einer nur eingeschränkten Due Diligence im Vorfeld des Unternehmenskaufs eine grobe Fahrlässigkeit des Käufers zu begründen vermag, ist eine im Einzelfall unter Berücksichtigung der konkreten Umstände zu beantwortende Frage, siehe Rz. 281 f.

1331) Vgl. *Mellert*, BB 2011, 1667, 1671.

letztlich die praktische Frage, welcher Vertragsseite der Aufwand einer präzisen Auswertung der in dem Datenraum enthaltenen Unterlagen aufgelastet werden soll. Eine Kompromisslinie kann dann möglicherweise darin gefunden werden, den Rechtsgedanken des § 442 BGB unter Berücksichtigung der konkreten Umstände des Einzelfalls dadurch individuell zu modifizieren oder gar zu ersetzen, dass der Unternehmenskaufvertrag regelt, auf welche Weise etwaige Abweichungen von den Verkäufergarantien im Datenraum offenzulegen sind. Die unverzügliche Untersuchungs- und Rügepflicht nach § 377 HGB ist für den Unternehmenskauf nicht sachgerecht.[1332]

Häufig wird die Verletzung einer Garantie auch eine andere berühren, insbesondere die Bilanzgarantie. § 9 Abs. 1 Satz 4 stellt klar, dass ein Schadensfall nicht doppelt berücksichtigt wird (siehe Rz. 1072). Diese Regelung ist vor allem auch dann wichtig, wenn im Kaufvertrag ein variabler Kaufpreis vereinbart ist.[1333] In solchen Fällen kann sich die Geltendmachung eines Garantieanspruchs doppelt auswirken („*double dip*"). So könnte die Unrichtigkeit einer Garantie zur Reduzierung des Kaufpreises führen und kumulativ einen Schadensersatzanspruch auslösen. Daher ist eine entsprechende vertragliche Regelung geboten. 1548

Es liegt im Interesse des Verkäufers, den Umfang des Schadens, für den er einzustehen hat, zu begrenzen. Aus diesem Grunde fordert der Verkäufer üblicherweise Klauseln, die den für seine Haftung relevanten Schaden einschränken, z. B. die Haftung für **Folgeschäden und entgangenen Gewinn ausschließen.** Käuferfreundlicher ist es hingegen, diesem Interesse des Verkäufers lediglich durch die Festlegung von Haftungsmindest- und -höchstbeträgen Rechnung zu tragen (siehe § 9 Abs. 3 und 4). 1549

### b) Schadensmindernde Faktoren [→ Rz. 1073]

Die Klausel stellt die Elemente der Schadensminderung klar, die auch ohne besondere Erwähnung aus den Regeln des allgemeinen Schadensrechts folgen würden. Ungeklärt ist häufig, wie in der handelsrechtlichen Bilanz für das letzte abgelaufene Geschäftsjahr gebuchte pauschalierte Rückstellungen (etwa für Gewährleistungen) oder Wertberichtigungen (z. B. auf Forderungen) schadensmindernd zu berücksichtigen sind. Das Muster schlägt in § 9 Abs. 2 vor, diese nach dem Verbrauch eventueller bilanzieller Vorsorge für den konkreten Fall schadensmindernd zu berücksichtigen. 1550

Aus Käufersicht ist es jedoch nicht ausreichend, dass der anspruchsbegründende Sachverhalt als Verbindlichkeit, Rückstellung oder Abschreibung in den Jahresabschlüssen berücksichtigt wurde. Vielmehr ist darauf zu achten, dass diese Position dann auch bei der Berechnung des Kaufpreises entsprechend berücksichtigt wird. 1551

### c) Bagatellklausel [→ Rz. 1074]

Um bei niedrigen Schadensbeträgen den mit der Klärung von Garantieansprüchen verbundenen Zeit- und Kostenaufwand zu vermeiden, sieht der Unternehmenskaufvertrag üblicherweise vor, dass Ansprüche wegen der Verletzung von Verkäufergarantien erst ab gewissen Mindestbeträgen geltend gemacht werden können.[1334] Dabei sollte klargestellt werden, ob der Käufer bei Erreichen des Mindestbetrags den gesamten Schaden (**Freigrenze/** 1552

1332) Vgl. *v. Hoyenberg*, in: Münchener Vertragshandbuch, Bd. 2, Formular IV 3, 4 Anm. 99 (2).

1333) *Hilgard*, ZIP 2005, 1813, 1815.

1334) Ausführlich zu den klassischen Gestaltungsvarianten *Roschmann*, ZIP 1998, 1941, 1947.

***Threshold***) oder nur die den Mindestbetrag überschreitende Summe (**Freibetrag/*Deductible***) verlangen können soll. Das Muster sieht den Mindestbetrag als Freigrenze vor (§ 9 Abs. 3 Satz 2).

1553 In der Transaktionspraxis weit verbreitet ist ein **zweistufiger Ansatz**: Einzelne Schadensersatzansprüche werden danach nur berücksichtigt, wenn sie eine gewisse Schwelle (von z. B. 100.000 €) überschreiten (***De-minimis***); Schadensersatz kann der Käufer aber auch dann erst geltend machen, wenn der Gesamtbetrag aller hiernach berücksichtigungsfähigen Einzelansprüche eine weitere Schwelle (von z. B. 1.000.000 €) erreicht (***Basket***). Die konkrete Höhe der Schwellenwerte wird üblicherweise in Abhängigkeit vom Transaktionsvolumen festgelegt. Kann die erste Schwelle noch mit dem Argument begründet werden, man wolle Bagatellschäden zum Nutzen aller Parteien aussparen, so ist die zweite Schwelle letztlich eine ausschließlich zugunsten des Verkäufers wirkende Haftungsbegrenzung.

1554 Insbesondere für Zielgesellschaften, die im Bereich der Serienfertigung tätig sind, empfiehlt sich eine klarstellende Regelung dazu, wie mit etwaigen **Serienschäden** umgegangen werden soll. Das Muster sieht vor, dass eine auf einheitlichen Umständen beruhende Serie von gleichgelagerten Garantieansprüchen für die Zwecke der Berechnung des Erreichens der ersten Schwelle wertmäßig zu addieren ist. Dadurch soll das Risiko einer möglicherweise großen Serie kleiner Schäden abgedeckt werden.

### d) Haftungshöchstbetrag [→ Rz. 1076]

1555 Der Verkäufer wird regelmäßig verlangen, dass ein **Haftungshöchstbetrag** für den von ihm zu leistenden Schadensersatz festgelegt wird (*Cap*). Auch dieser orientiert sich regelmäßig am vereinbarten Kaufpreis. Wird ein Kaufpreisanpassungsmechanismus vereinbart, sollte der Unternehmenskaufvertrag klarstellen, ob insofern der vorläufige oder der endgültige Kaufpreis als Bezugspunkt dienen soll. Die am Markt zu beobachtende Spanne für die Festlegung des Haftungshöchstbetrags reicht je nach den Umständen des Einzelfalls und der Verhandlungsposition des Verkäufers von einem Bruchteil bis hin zur vollen Höhe des Kaufpreises. Ein Haftungshöchstbetrag von mehr als 50 % des Kaufpreises bildet dabei allerdings eher die Ausnahme.

1556 Für die fundamentalen Garantien in Bezug auf die gesellschaftsrechtlichen Verhältnisse sowie die Verfügungsberechtigung des Verkäufers werden üblicherweise Ausnahmen von dem Haftungshöchstbetrag vereinbart. Oft wird der Käufer diese Ausnahme auch auf ausgewählte weitere, von ihm im konkreten Einzelfall als essentiell erachtete Garantien erstrecken wollen. In der Regel wird für diese Ausnahmen dann eine Haftungsbegrenzung in Höhe des Kaufpreises vereinbart. § 9 Abs. 4 des Musters stellt klar, dass die Haftungsbeschränkungen nicht bei Vorsatz gelten (vgl. § 276 Abs. 3, § 444 Alt. 1 BGB) und erstreckt den Ausschluss der Haftungsbeschränkungen zugunsten des Käufers auch auf Fälle grober Fahrlässigkeit.

### e) Ausschluss des gesetzlichen Gewährleistungsrechts [→ Rz. 1077]

1557 Die gesetzliche Mängelgewährleistung kann grundsätzlich abbedungen werden, soweit dem nicht § 276 Abs. 3 oder § 444 Alt. 1 BGB entgegensteht.[1335] Dies ist der Fall, wenn

1335) Palandt/*Weidenkaff*, BGB, § 434 Rz. 4.

ein Mangel arglistig verschwiegen worden ist oder der Verkäufer vorsätzlich gehandelt hat. Daneben können auch mögliche Ansprüche wegen Störung der Geschäftsgrundlage (§ 313 BGB), Verschulden bei Vertragsschluss (§ 280 Abs. 1, § 311 Abs. 2, § 241 Abs. 2 BGB) und positiver Vertragsverletzung (§ 280 Abs. 1, § 241 Abs. 2) ausgeschlossen werden. Aus Verkäufersicht sollte bei der Formulierung darauf geachtet werden, dass der Haftungsausschluss auch tatsächlich alle auszuschließenden Ansprüche erfasst. Eine Klausel mit dem Inhalt, „weitergehende Gewährleistungsansprüche" seien ausgeschlossen, bezieht sich nicht auf alle einschlägigen Anspruchsgrundlagen. So können z. B. unrichtige Angaben des Verkäufers im Vorfeld des Vertragsschlusses einen von einem solchen Ausschluss nicht umfassten Anspruch aus Verschulden bei Vertragsschluss auslösen.[1336)]

Eine **Rückabwicklung** des Unternehmenskaufs sieht das Muster, von Sonderfällen abgesehen, nicht vor. § 9 Abs. 5 schließt diese Variante ausdrücklich aus. In der Praxis ist die Rückabwicklung regelmäßig weder praktikabel noch interessengerecht (siehe Rz. 274) und sollte daher auf Ausnahmefälle beschränkt bleiben. 1558

### f) **Verjährung** [→ Rz. 1078]

Die Verjährungsregeln im Falle der gesetzlichen Gewährleistung sind in der Einleitung dargestellt (siehe Rz. 285 f). Für selbständige Garantieversprechen gilt ohne anderslautende vertragliche Regelung nicht die zweijährige Verjährungsfrist des § 438 Abs. 1 Nr. 3 BGB, sondern die dreijährige Frist des § 195 BGB.[1337)] Bei der Verjährungsfrist des § 195 BGB handelt es sich allerdings um eine relative Frist: Der Fristbeginn hängt grundsätzlich vom Zeitpunkt der Kenntnis bzw. grob fahrlässigen Unkenntnis der anspruchsbegründenden Umstände ab. Zur Vermeidung der daraus resultierenden Unsicherheiten über den Fristbeginn und damit auch -ablauf statuiert das Muster **absolute Verjährungsfristen**, deren Beginn an das Closing anknüpft. 1559

Weitere Unsicherheiten hinsichtlich des Fristablaufs können durch die Regelung des § 203 BGB entstehen. Nach dieser Bestimmung ist die Verjährung im Falle von Verhandlungen zwischen den Parteien so lange gehemmt, bis eine Partei die Fortsetzung der Verhandlungen verweigert; die Verjährung tritt dann frühestens drei Monate nach dem Ende der Hemmung ein.[1338)] § 9 Abs. 7 bringt Klarheit, unter welchen Voraussetzungen eine **Hemmung** eintritt bzw. endet. Aus Sicht des Verkäufers erscheint eine nach Ende der Hemmung noch laufende Mindestverjährungsfrist von drei Monaten (vgl. § 203 Satz 2 BGB) unvorteilhaft. Er wird daher oft auf eine Abbedingung dieser Regelung drängen. Aus Sicht des Käufers ist für die **Länge der Verjährungsfrist** typischerweise die Zahl der in dieser Zeit anfallenden Jahresabschlussprüfungen von Bedeutung. Insofern ist bei der Bemessung der Verjährungsfrist zu beachten, wie lang die Periode vom Zeitpunkt des Erwerbs bis zu der jeweiligen Abschlussprüfung ist. So können von Beginn des Geschäftsjahres bis zum Vorliegen des Prüfungsberichtes 15 bis 18 Monate vergehen. Der Käufer ist daran interessiert, dass mindestens zwei Jahresabschlussprüfungen Berücksichtigung finden, sodass der Zeitraum dann leicht 27 bis 30 Monate betragen kann. Vor diesem Hin- 1560

1336) OLG München, Urt. v. 26.7.2006 – 7 U 2128/06, DNotZ 2007, 712, 716 m. Anm. *Weigl*.

1337) BGH, Urt. v. 17.9.1979 – VIII ZR 193/79, NJW 1982, 1809 (noch zum alten Recht vor Inkrafttreten des Schuldrechtsmodernisierungsgesetzes); Palandt/*Ellenberger*, BGB, § 195 Rz. 3.

1338) Zum Umfang der Hemmungswirkung vgl. OLG Karlsruhe, Urt. v. 25.7.2017 – 17 U 103/17, IWRZ 2017, 40 mit Anm. *Kästle*.

tergrund spricht viel für eine Verjährungsfrist von drei Jahren. In der Praxis werden aber oft auch kürzere Verjährungsfristen vereinbart.

**1561** Es ist anzuraten, längere Verjährungsfristen zumindest für die Garantien betreffend die Inhaberschaft des Verkäufers an den veräußerten Anteilen zu vereinbaren. Eine solche Regelung ist deshalb wichtig, weil die beim Handelsregister einzureichenden Gesellschafterlisten keinen öffentlichen Glauben zugunsten des Käufers entfalten und ein gutgläubiger Erwerb von Anteilen an einer GmbH nach deutschem Recht nur unter bestimmten Voraussetzungen in Betracht kommt. Ansprüche aus der Verletzung der gesellschaftsrechtlichen Garantien (§ 8 Nr. 1) sollten wegen ihrer elementaren Bedeutung daher nicht unter einer Frist von fünf bis zehn Jahren verjähren.

**1562** **Altlasten und schädliche Bodenveränderungen** werden oft erst nach längerer Zeit erkennbar, weshalb das Muster in § 9 Abs. 6 auch insoweit eine verlängerte Verjährungsfrist vorsieht.

### 11. Freistellung von Sanierungskosten [→ Rz. 1080 ff]

**1563** Zusätzlich zu den Garantien kann vereinbart werden, dass der Verkäufer den Käufer von bestimmten Risiken freistellt. Eine Freistellung kommt insbesondere in Betracht, wenn bereits feststeht, dass die betreffenden Risiken dem Grunde nach bestehen, deren genaues Ausmaß jedoch noch unbekannt ist. Außerdem eignet sich eine Freistellung, wenn Risiken in Zukunft voraussichtlich eintreten werden.[1339)] Dies ist insbesondere bei Altlasten und Steuern angebracht, wie im Muster in §§ 10 und 11 vorgesehen.

**1564** Insbesondere der Erwerb von Unternehmen aus der produzierenden Industrie kann mit nicht zu unterschätzenden **umweltrechtlichen Haftungsrisiken** verbunden sein. Kommen solche Haftungsrisiken im konkreten Einzelfall in Betracht, wird deren Allokation aufgrund der potentiell gravierenden wirtschaftlichen Relevanz regelmäßig Gegenstand intensiver Verhandlungen. Im Mittelpunkt stehen dann häufig Haftungsrisiken aus schädlichen Bodenveränderungen und Altlasten.[1340)] Die in dem Muster enthaltene Freistellung bezieht sich daher auf die aus solchen schädlichen Bodenveränderungen und Altlasten resultierenden Haftungsrisiken. In Abhängigkeit von den Umständen des Einzelfalls können sich umweltrechtliche Haftungsrisiken aber auch aus anderen Umständen ergeben, wie etwa Schadstoffbelastungen von Gebäuden und technischen Anlagen oder im Boden befindlichen Kampfmitteln und Munitionsrückständen. Die Freistellungsklausel ist dann unter Berücksichtigung solcher Umstände des Einzelfalls individuell anzupassen.[1341)]

**1565** Mit dem **Bundes-Bodenschutzgesetz**[1342)] hat der Gesetzgeber ein bundeseinheitlich geltendes Altlasten- und Bodenschutzrecht geschaffen. Die vorher bestehenden landesrechtlichen Bestimmungen sind damit gegenstandslos geworden.[1343)] Die Länder sind nach dem Bun-

---

1339) Zum Freistellungsanspruch beim Unternehmenskauf siehe *Hilgard*, BB 2016, 1218; *Schütt*, NJW 2016, 980.

1340) *Schmitdt-Kötters*, in: Beck'sches M&A-Handbuch, § 82 Rz. 46.

1341) Dazu *Kiesewetter/Hoffmann*, BB 2016, 1798; *Schmidt-Kötter*, in: Beck'sches M&A-Handbuch, § 82 Rz. 174 ff.

1342) Gesetz zum Schutz vor schädlichen Bodenveränderungen und zur Sanierung von Altlasten (Bundes-Bodenschutzgesetz – BBodSchG) v. 17.3.1998, BGBl I, 502; Anforderungen und Pflichten sind konkretisiert in der Bundes-Bodenschutz- und Altlastenverordnung (BBodSchV) v. 12.7.1999, BGBl I, 1554.

1343) Vgl. *Meißner*, ZfIR 1999, 407, 408.

des-Bodenschutzgesetz insbesondere für die Altlastenerfassung, die Gefahrerforschung sowie für den Erlass von Verfahrensvorschriften zuständig.[1344] Diese Landesgesetze sind inzwischen teilweise erlassen worden. Das Bundes-Bodenschutzgesetz selbst enthält für Veräußerer und Erwerber von schadstoffbelasteten Grundstücken bedeutsame Bestimmungen im Hinblick auf die Voraussetzungen der Haftung für Bodenveränderungen, den Kreis der Sanierungsverantwortlichen und den Umfang der für die Sanierung erforderlichen Maßnahmen.[1345]

Das Bundes-Bodenschutzgesetz findet auf **schädliche Bodenveränderungen** und **Altlasten** Anwendung, soweit nicht bereits die in § 3 Abs. 1 BBodSchG genannten spezielleren Vorschriften Einwirkungen auf den Boden regeln. „Schädliche Bodenveränderungen" sind gemäß § 2 Abs. 3 BBodSchG Beeinträchtigungen der Bodenfunktionen, die geeignet sind, Gefahren, erhebliche Nachteile oder erhebliche Belästigungen für den Einzelnen oder die Allgemeinheit herbeizuführen.[1346] Altlasten sind in § 2 Abs. 5 BBodSchG definiert. 1566

Nach § 4 Abs. 3 Satz 1 BBodSchG sind nicht nur der Verursacher einer schädlichen Bodenveränderung oder Altlast sowie dessen Gesamtrechtsnachfolger, sondern auch der **Grundstückseigentümer** und der **Inhaber der tatsächlichen Gewalt** über ein Grundstück (z. B. Mieter) zur Sanierung verpflichtet. Zudem ist gemäß § 4 Abs. 3 Satz 4 BBodSchG zur Sanierung verpflichtet, wer aus handelsrechtlichem oder gesellschaftsrechtlichem Grund für eine juristische Person einzustehen hat, der ein mit einer schädlichen Bodenveränderung oder Altlast belastetes Grundstück gehört. Mit dieser Vorschrift soll kein neuer Durchgriffstatbestand geschaffen werden, sondern auf die Anwendbarkeit der bestehenden gesellschaftsrechtlichen Grundsätze zur Durchgriffshaftung auf die Umwelthaftung verwiesen werden.[1347] Nach dem Beschluss des Bundesverfassungsgerichts vom 16. Februar 2000[1348] ist die Haftung des Grundstückseigentümers als Zustandsstörer durch den **Grundsatz der Verhältnismäßigkeit** begrenzt. Als Anhaltspunkt für eine danach zulässige finanzielle Belastung kann unter Umständen der Verkehrswert des Grundstücks nach Durchführung der Sanierung dienen.[1349] 1567

Bei **mehreren Sanierungspflichtigen** ist der gesetzliche Innenausgleich gemäß § 24 Abs. 2 BBodSchG zu beachten.[1350] Danach haben die Sanierungspflichtigen untereinander unabhängig von ihrer Heranziehung durch die Behörde einen Ausgleichsanspruch. Soweit nichts anderes vereinbart wurde, hängt dieser Anspruch davon ab, inwieweit die Gefahr oder der Schaden vorwiegend von dem einen oder dem anderen Teil verursacht worden ist. 1568

Die vorstehend beschriebene Rechtslage und der weite Kreis der Sanierungsverantwortlichen, die von der zuständigen Behörde herangezogen werden können, erfordern eine präzise **Abgrenzung der Verantwortlichkeiten** beim Erwerb von Anteilen einer Zielgesellschaft mit eigenem oder gemietetem Grundbesitz. 1569

Der Käufer hat ein berechtigtes Interesse daran, von Risiken frei zu sein, die im Zusammenhang mit vor dem Closing verursachten Verunreinigungen des Betriebsgrundstücks 1570

1344) Vgl. *Körner*, DNotZ 2000, 344, 345 f.

1345) Siehe *Vierhaus*, NJW 1998, 1262; *Giesberts/Frank*, DB 2000, 505.

1346) Vgl. zum Begriff der „schädlichen Bodenveränderungen" instruktiv *Körner*, DNotZ 2000, 344, 353 ff.

1347) Zu Einzelheiten siehe *Giesberts/Frank*, DB 2000, 505, 507 ff; *Spindler*, ZGR 2001, 385.

1348) BVerfG, Beschl. v. 16.2.2000 – 1 BvR 242/91 u. 315/99, NJW 2000, 2573; dazu EWiR 2000, 655 *(Scherer-Leydecker)*.

1349) BVerfG, Beschl. v. 16.2.2000 – 1 BvR 242/91, 315/99, ZfIR 2000, 464, 470.

1350) Vgl. hierzu ausführlich *Frenz*, DB 2000, 2461.

stehen.[1351] Dies darf aber nicht zur Folge haben, dass der Käufer eine **„Luxussanierung“**[1352] durchführt. Diesem Anliegen des Verkäufers dient die **Beschränkung seiner Einstandspflicht** auf die nach dem Bundes-Bodenschutzgesetz notwendigen Kosten (Rz. 1082). Darüber hinaus werden die Belange des Verkäufers auch durch die Regelung geschützt, nach der die Sanierungsmaßnahme in einer behördlichen Anordnung, einem öffentlich-rechtlichen Vertrag oder einem rechtskräftigen Urteil festgesetzt sein muss (Rz. 1081). Trotz Vorliegens eines Umweltgutachtens werden im Laufe der Zeit die Beiträge, die zur Verschmutzung des Grundstücks geleistet wurden, schwerer abgrenzbar. Daher sehen manche Klauseln vor, dass die Haftungsquote des Verkäufers sich kontinuierlich verringert.

1571 Die Freistellung sollte sich auch auf die ggf. im Wege der Durchgriffshaftung auf Seiten des Käufers verantwortliche Person erstrecken. Eine Freistellung des Käufers von **Aufwendungen zur Vorsorge gegen künftige Bodenveränderungen** (§ 7 BBodSchG) erscheint nicht sachgerecht.[1353] Ebenso sollte dem gesetzlichen Leitbild (§ 4 Abs. 4 BBodSchG) entsprechend die Verantwortung des Verkäufers auf die Sanierungskosten begrenzt werden, die bei Fortführung der bisherigen planungsrechtlich zulässigen Nutzung des Betriebsgrundstücks entstehen.[1354]

1572 Das Muster sieht in § 13 (Rz. 1097 ff) Rechte des Verkäufers zur Beteiligung an dem Verfahren vor, in dem etwaige Sanierungsmaßnahmen festgelegt werden.

### 12. Steuerfreistellung [→ Rz. 1084 ff]

1573 Die **Steuerklausel**[1355] ist von zentraler Bedeutung, weil die Steuerbescheide in der Regel unter dem Vorbehalt der Nachprüfung ergehen und die Steuerbescheide für die letzten abgelaufenen Veranlagungszeiträume vor dem Stichtag nicht durch eine Betriebsprüfung bestätigt sind. Die Steuerklausel sichert den Käufer gegen die in künftigen Betriebsprüfungen aufgedeckten Mehrsteuern ab.

1574 Die Steuerklausel sollte alle Steuerarten einschließlich Nebenleistungen (Verspätungszuschläge, Säumniszuschläge, Nachzahlungszinsen) sowie sonstige öffentliche Abgaben für alle abgelaufenen Veranlagungszeiträume sowie für das laufende Jahr bis zum Stichtag berücksichtigen.

1575 Nachteilige Steuerwirkungen einer möglichen verdeckten Gewinnausschüttung trägt nach der Steuerklausel in § 11 des Musters der Veräußerer. Im Muster ist zudem vorgesehen, dass der Veräußerer garantiert, dass keine verdeckten Gewinnausschüttungen vorliegen (§ 8 Nr. 11.6). Verdeckte Gewinnausschüttungen entstehen oft durch überhöhte Zahlungen an Gesellschafter oder Konzerngesellschaften aus nicht marktkonformen internen Leistungsbeziehungen. Die überhöhten Zahlungen sind, wenn sie z. B. in einer Betriebsprüfung als **verdeckte Gewinnausschüttung** aufgedeckt werden, nachträglich nicht mehr steuerlich abzugsfähig. Folglich kommt es zu zusätzlichen Körperschaft- und Gewerbesteuer-

---

1351) Eingehend zur Interessenlage der am Unternehmenskauf Beteiligten im Hinblick auf Bodenveränderungen *Wächter*, NJW 1997, 2073, 2074 f.

1352) Vgl. dazu plastisch *Wächter*, NJW 1997, 2073, 2077 („denn selbstverständlich wird die Vornahme von Umweltreparaturen … von jedermann, der nicht die Kosten zu tragen hat, freudig begrüßt.“).

1353) *Körner*, DNotZ 2000, 344, 350.

1354) *Wächter*, NJW 1997, 2073, 2077.

1355) Zur Bedeutung von Steuerklauseln in Aktienkauf- und anderen Übertragungsverträgen siehe *Stümper/Walter*, GmbHR 2008, 31.

belastungen der Gesellschaft; bei ausländischen Gesellschaftern kommt oft noch Kapitalertragsteuer hinzu.

Häufig haben Korrekturen des steuerlichen Ergebnisses durch Betriebsprüfungen in späteren Jahren Umkehreffekte zugunsten des Steuerpflichtigen zur Folge. Das gilt für die Höherbewertung von Aktiva (z. B. Verlängerung der Abschreibungsdauer, Nichtanerkennung einer außerplanmäßigen Abschreibung) und für die niedrigere Bewertung von Passiva (z. B. Rückstellung wird nicht anerkannt). Die ersten beiden Alternativen haben einen Gegeneffekt in der Zukunft: Die höhere Bewertung eines Vermögensgegenstands führt nach dem Stichtag zu einer geringeren Steuerbelastung der Gesellschaft, als es ohne die Korrektur in der Betriebsprüfung der Fall gewesen wäre. Denn dadurch erhöht sich die steuerliche Abschreibung in späteren Jahren. Die Nichtanerkennung einer Rückstellung hat ebenfalls eine geringere Steuerlast für die Gesellschaft zur Folge, wenn in der Zukunft die Verpflichtung eintritt. Zunächst führen diese Posten grundsätzlich zur Freistellung nach § 11 Abs. 3. Die gegenläufige Steuerersparnis in der Zukunft könnte ebenfalls in § 11 aufgenommen werden. 1576

Der Umkehreffekt ist oft nicht einfach zu berechnen. Die Höherbewertung eines Gebäudes etwa kehrt sich steuerlich nur über eine sehr lange Zeitspanne um. Der Käufer hat ein Interesse daran, die Zeitspanne zu beschränken, die bei der Berechnung von Umkehreffekten zu berücksichtigen ist (z. B. auf fünf Jahre). Ebenso hat er ein Interesse daran, Umkehreffekte abzuzinsen. In den künftigen Jahren können sich die Steuersätze ändern; außerdem führt die künftige Mehrabschreibung zumindest in Verlustjahren nicht unbedingt tatsächlich zu Mindersteuern. Auch das lässt sich in einer weiteren Verfeinerung der Klausel berücksichtigen: Zum Beispiel könnte der künftige steuerliche Mehraufwand mit einem typisierten Steuersatz angesetzt werden. 1577

Andere Korrekturen im Zuge einer Betriebsprüfung haben keinen Umkehreffekt, vor allem die Nichtabzugsfähigkeit von Betriebsausgaben (Bewirtungsaufwendungen, verdeckte Gewinnausschüttungen). 1578

Die allgemeine Verjährungsfrist (§ 9 Abs. 6) ist für Steuerschäden regelmäßig zu kurz, weil Betriebsprüfungsergebnisse oft erst später feststehen werden. Daher empfehlen sich eigenständige **Verjährungsfristen für die Steuergarantie und für die Freistellung** (§ 11 Abs. 8). Dabei sollte die Verjährungsfrist erst dann enden, wenn die zugrundeliegenden Steuerbescheide formell und materiell bestandskräftig sind (Rz. 1091). Um noch ausreichend Zeit für eine Geltendmachung der Ansprüche zu haben, sollten die Ansprüche erst einige Monate nach Eintritt der formellen und materiellen Bestandskraft verjähren. 1579

Wenn es für Altjahre zu Steuernachzahlungen kommt, zum Beispiel nach einer Betriebsprüfung, hat der Käufer gemeinhin wenig Interesse, dagegen Rechtsbehelfe einzulegen: Aufgrund der Freistellungsregel in § 11 kann er sich die Steuernachzahlung vom Verkäufer zurückholen. Der Verkäufer, der dieses Interesse sehr wohl hat, kann verfahrensrechtlich gegen die Steuerbescheide nicht vorgehen, die ja gegen die Gesellschaft ergangen sind. Deshalb wird sich der Verkäufer ein Mitwirkungsrecht sichern wollen. Die Mitwirkung bei steuerlichen Angelegenheiten ist im Muster in § 11 Abs. 6 geregelt. 1580

### 13. Freistellung von Betriebskostennachzahlungen

Je nach Umfang des eigenen Immobilienbesitzes bzw. der Anmietung von Flächen, kann die Vereinbarung einer Freistellung von Betriebskostennachzahlungen, die die Zeit vor dem Stichtag betreffen, sinnvoll sein. Für den Erwerber können nicht nur stark ansteigende 1581

Energiekosten und Kosten von öffentlichen Leistungen zu überraschenden Nachzahlungen führen, sondern auch die geplante Reform der Grundsteuer.

1582 Aufgrund eines Urteils des Bundesverfassunsgerichts ist das Grundsteuergesetz bis 2019 zu reformieren.[1356] Grund für dieses Urteil sind allgemein als zu niedrig erachtete Einheitswerte. Das heißt, mit der geforderten Reform des Grundsteuerrechts ist es zu erwarten, dass sich die Grundsteuern erhöhen. Diese betreffen jedoch nicht nur die Eigentümer, sondern zählen nach § 2 Nr. 1 BetrKV auch zu den umlagefähigen Betriebskosten.

1583 Es wird auf die BetrKV verwiesen, da sich hierin eine Zusammenfassung der üblichen Betriebskosten findet. Im Bereich der gewerblichen Vermietung sind die Vertragsparteien frei, sich entweder auf die BetrKV zu beziehen oder auf anderer Grundlage die Umlage der Betriebskosten zu regeln. Je nach Ausgestaltung des Mietvertrags muss ggf. auf eine andere Vereinbarung oder auf den Mietvertrag Bezug genommen werden. Bei besonderer Relevanz der Betriebskosten ist auch die Verwendung einer eigenen Anlage denkbar.

1584 Analog zu der Steuerfreistellung sind Betriebskostennachzahlungen nur insoweit durch den Verkäufer auszugleichen, wie diese nicht bereits durch entsprechende Rückstellungen oder Verbindlichkeiten in der Stichtagsbilanz berücksichtigt wurden. Zur angemessenen Berücksichtigung, zumindest der verbrauchsabhängigen Betriebskosten, trägt auch § 5 Nr. 2 des Kaufvertrags bei, durch den die Ablesung von Zählern zum Stichtag der Transaktion vereinbart wird.

### 14. Beteiligung des Verkäufers an haftungsrelevanten Auseinandersetzungen [→ Rz. 1097 ff]

1585 Garantieansprüche des Käufers werden in vielen Fällen ausgelöst durch Forderungen, die Gläubiger gegenüber der Zielgesellschaft geltend machen, wie etwa Produkthaftungsansprüche. Garantieansprüche des Käufers können aber auch davon abhängig sein, in welchem Umfang die Zielgesellschaft Ansprüche gegenüber Dritten besitzt und durchsetzt, z. B. gegenüber dem Lieferanten einer Komponente des schadhaften Produkts. Der Verkäufer ist daran interessiert, dass **Ansprüche Dritter** mit allen Mitteln abgewehrt werden und **Forderungen gegen Dritte** mit allen Mitteln durchgesetzt werden. Demgegenüber dürfte der Käufer insbesondere gegenüber Kunden meist nicht an einer streitigen Auseinandersetzung interessiert, sondern eher kompromissbereit sein, um die Geschäftsbeziehung nicht zu gefährden. Ihm dürfte es vorzugswürdig erscheinen, den Garantieanspruch gegen den Verkäufer zu verfolgen, anstatt die Ansprüche eines Gläubigers der Zielgesellschaft abzuwehren oder die Forderung der Zielgesellschaft gegen Dritte geltend zu machen. Die konkrete Ausgestaltung der Regelung zur Beteiligung des Verkäufers an haftungsrelevanten Auseinandersetzungen hängt damit letztlich maßgeblich davon ab, welche der Parteien die bessere Verhandlungsposition hat.

1586 Die Klausel ist Ausdruck der generellen zivilrechtlichen Pflicht des Verkäufers, den **eingetretenen Schaden zu mindern** (§ 254 BGB).[1357] Sie regelt die Beteiligung des Verkäufers an relevanten Auseinandersetzungen im Allgemeinen und findet u. a. auf die Fälle

1356) Vgl. BVerfG, Urt. v. 10.4.2018 – 1 BvL 11/14, BVerfG –1 BvL 12/14, 1 BvL 1/15, BVerfG – 1 BvR 639/11, BVerfG – 1 BvR 889/12.

1357) Vgl. speziell zur Verpflichtung der Einlegung von Rechtsbehelfen MünchKomm-*Oetker*, BGB, § 254 Rz. 96.

nachträglicher steuerlicher Außenprüfungen sowie Verfahren zur Sanierung des Betriebsgrundstücks Anwendung.

**Nebenintervention** (§§ 66 f ZPO) und **Streitverkündung** (§§ 72 f ZPO) würden den Beitritt des Verkäufers zum Verfahren ermöglichen, wenn Partei des Rechtsstreits wegen der Forderung eines Dritten der Käufer wäre. Er hat nämlich aus dem Anteilskaufvertrag den Rückgriff gegen den Verkäufer. Dies hätte den Vorteil, dass der Verkäufer in dem Verfahren selbst seine Interessen wahrnehmen könnte. Regelmäßig ist die Forderung jedoch gegen die Zielgesellschaft gerichtet, die keinen Rückgriff gegen den Verkäufer hat. 1587

Das Muster sieht weitgehende Pflichten des Käufers zur Beteiligung des Verkäufers an Verfahren vor, die Grundlage für eine Haftung des Verkäufers nach den vertraglichen Garantiezusagen sein können. Im Interesse des Käufers gelten diese Pflichten aber nur, soweit nach freiem Ermessen des Käufers geschäftliche Interessen nicht entgegenstehen. Gemäß § 13 Abs. 3 Satz 2 hindert auch das Unterlassen einer entsprechenden Beteiligung des Verkäufers den Käufer nicht daran, Schadensersatzansprüche gegen den Verkäufer geltend zu machen. Er muss dann allerdings beweisen, dass der geltend gemachte Schaden auch bei entsprechender Beteiligung des Verkäufers entstanden wäre. 1588

### 15. Fortführung der Zielgesellschaft bis zum Vollzugstag und sonstige Pflichten des Verkäufers [→ Rz. 1101 f]

Um den Status quo des Kaufgegenstands zu erhalten, legt der Käufer großen Wert darauf, dass das Zielunternehmen in der Zeit ab dem Beurkundungstag bis zum Vollzug so fortgeführt wird, dass seine Verhältnisse unverändert bleiben. Der Käufer soll darauf vertrauen dürfen, dass abgesehen von Veränderungen im gewöhnlichen Geschäftsgang das Zielunternehmen sich auch zum Closing so darstellt, wie es verkäuferseits im Rahmen der Due Diligence im Datenraum dargestellt worden ist.[1358] Zu diesem Zweck werden dem Verkäufer in § 14 eine Reihe **konkreter Vorgaben zur Geschäftsführung** gemacht. Dem genannten Schutz dient daneben die Regelung in § 8 Abs. 1 (siehe Rz. 995), nach der die Garantien des Verkäufers auch bei Vollzug zutreffen müssen. 1589

Während das Muster in § 14 einen allgemeinen Vorschlag hinsichtlich typischer Risiken in der Phase der Fortführung bis zum Closing macht, ist im konkreten Fall zu erwägen, welche Risiken tatsächlich existieren. Es ist dann zu prüfen, ob diese Risiken mit den allgemeinen Bestimmungen hinreichend reduziert bzw. ausgeschlossen werden können oder ob es gravierende Risiken gibt, die im Rahmen einer speziellen Verpflichtung zur Fortführung berücksichtigt werden sollten. 1590

Die Fortführungsklausel in § 14 des Kaufvertrags dient aber nicht nur dem Schutz des Geschäftsbetriebs, sondern sollte aus Sicht des Käufers auch vor dem Hintergrund der **Beeinflussung der Kaufpreisanpassung** bei Closing Accounts (Rz. 947) bedacht werden. Einflussmöglichkeiten seitens des Verkäufers bestehen hier z. B. bei dem Bestellverhalten bezüglich der Vorräte, dem Mahnwesen für ausstehende Forderungen, dem Zahlungsverhalten bei Verbindlichkeiten sowie dem Investitionsverhalten. Im konkreten Einzelfall sollte in § 14 des Kaufvertrags z. B. bestimmt werden, in welchem Umfang Vorräte bestellt und Investitionsprojekte in Auftrag gegeben werden sollen. Hier gilt es jedoch, die spezifischen Erfordernisse und Risiken des Einzelfalls zu berücksichtigen. 1591

1358) *Henle*, in: Jaletzke/Henle, S. 69.

1592 Weiterhin ist zu bedenken, dass ein Käufer das erworbene Unternehmen nach Eigentumsübergang nicht notwendigerweise mit dem bisherigen Geschäftskonzept fortführen möchte. Wird also die Fortführung „im Rahmen des gewöhnlichen Geschäftsgangs" vereinbart, so kann der Verkäufer ggf. Bestellungen für Vorräte und Investitionsgüter vornehmen, die ausschließlich für ein Produkt genutzt werden können, das der Käufer nach Eigentumsübergang einstellen will. In einem solchen Fall sollten in § 14 des Kaufvertrags derartige Bestellungen untersagt werden, sofern im Einzelfall nicht kartellrechtliche Erwägungen entgegenstehen.

1593 Die in der Klausel enthaltenen Beschränkungen der Freiheit des Verkäufers bei der Führung des Unternehmens dürfen nicht das **fusionskontrollrechtliche Vollzugsverbot** verletzen (sog. *„gun-jumping"*, zur Reichweite des Vollzugsverbots siehe Rz. 594, 1410 ff). Bedarf der Unternehmenskauf der Freigabe durch eine zuständige Kartellbehörde, darf der Käufer nicht in die Geschäftstätigkeit des Zielunternehmens eingreifen, bevor die Freigabe erteilt wurde. Legitim sind indessen Vorbehalte, die sich auf die Werterhaltung des Zielunternehmens als Kaufobjekt beschränken. In der Praxis wird der Vorbehalt entweder als Verbots- oder als Zustimmungsklausel ausgestaltet. Die Zustimmungsklausel mag zumindest auf den ersten Blick mehr Flexibilität bieten, erscheint unter kartellrechtlichen Gesichtspunkten jedoch weniger rechtssicher.[1359)]

1594 § 14 Abs. 2 des Musters enthält weitere Verpflichtungen des Verkäufers. Zum einen soll die **rechtliche Trennung der Zielgesellschaft** von der Gruppe des Verkäufers vollzogen und ein etwaig bestehender **Konzernversicherungsschutz** bis zum Vollzug des Unternehmenskaufvertrags aufrechterhalten werden. Des Weiteren soll ein unverzügliches und reibungsloses Closing gewährleistet werden. Insbesondere wenn Käufer und Zielunternehmen Wettbewerber sind, ergibt sich in der Phase zwischen Signing und Closing häufig ein Spannungsverhältnis daraus, dass der Käufer mit der Integrationsplanung des Zielunternehmens so schnell wie möglich beginnen möchte, dem dafür erforderlichen Informationsaustausch zwischen Käufer und Zielunternehmen jedoch auch unter dem Gesichtspunkt des **Kartellverbots** noch enge Grenzen gesetzt sind. Ein etwaig geplanter Informationsaustausch während dieses Zeitraums sollte daher aus kartellrechtlicher Sicht eng begleitet und der Einsatz sog. Clean Teams erwogen werden.[1360)]

### 16. Wettbewerbsverbot und Abwerbeverbot [→ Rz. 1103 ff]

1595 Der Verkäufer verfügt als Alleingesellschafter der GmbH regelmäßig über umfangreiches Wissen über die Geschäftstätigkeit der Zielgesellschaft und genießt das Vertrauen ihrer Kunden. Er könnte versucht sein, nach dem Verkauf der Anteile an seine bisherige Geschäftstätigkeit im gleichen Marktsegment anzuknüpfen und dabei Teile der Kundschaft mitzunehmen. Der Kaufpreis der Anteile ergibt sich aber gerade auch aus der **Marktposition** des Unternehmens. Ein solches Ansinnen des Verkäufers gilt es daher aus Käufersicht zu verhindern. Zwar folgt bereits als Nebenpflicht aus dem Kaufvertrag eine gewisse Verpflichtung des Verkäufers, ein derartiges Vorgehen zu unterlassen.[1361)] Gleichwohl ist dem Käufer zu raten, ein ausdrückliches Wettbewerbsverbot in den Unternehmenskaufvertrag aufzunehmen.

---

1359) *Brevern*, M&A-Review 2017, 386, 389 f.

1360) *Purps/Beaumunier*, NZKart 2017, 224, 225 ff; *Brevern*, M&A-Review 2017, 386, 390 f.

1361) Picot-*Picot*, Unternehmenskauf, § 4 Rz. 485.

Allerdings sind hinsichtlich des Umfangs eines solchen Wettbewerbsverbots **zivilrechtliche und kartellrechtliche Grenzen** zu beachten. So darf das Wettbewerbsverbot in zivilrechtlicher Hinsicht keinen Verstoß gegen § 138 BGB begründen. Danach ist ein Wettbewerbsverbot sittenwidrig, wenn es nach Gegenstand, Ort und Dauer die schutzwürdigen Interessen des Begünstigten überschreitet und den Verpflichteten übermäßig beschränkt.[1362] Aus kartellrechtlicher Sicht kann ein Wettbewerbsverbot gegen § 1 GWB bzw. Art. 101 AEUV verstoßen. Diese – gleich auszulegenden – kartellrechtlichen Verbote gelten jedoch nicht für Beschränkungen, die als Nebenabrede („*ancillary restraint*") in sachlicher, örtlicher und zeitlicher Hinsicht erforderlich sind, um das Unternehmen in seinem Bestand, insbesondere mit seinem Kundenstamm, dem Käufer zu übertragen.[1363] 1596

Ob ein solcher Verstoß vorliegt, ist unter Würdigung der Umstände des Einzelfalls zu beurteilen. Konkrete Anhaltspunkte für die kartellrechtlichen Grenzen eines unternehmenskaufvertraglichen Wettbewerbsverbots bietet die **Bekanntmachung der Europäischen Kommission zu Nebenabreden.**[1364] Danach darf sich ein unternehmenskaufvertragliches Wettbewerbsverbot in **sachlicher Hinsicht** nur auf solche Waren (einschließlich verbesserter oder aktualisierter Versionen sowie Nachfolgemodellen) und Dienstleistungen beschränken, die den Geschäftsgegenstand des Unternehmens im Zeitpunkt der Übertragung bilden, wobei das Wettbewerbsverbot auch Produkte umfassen darf, die das Zielunternehmen noch nicht vermarktet, aber bis in ein fortgeschrittenes Stadium entwickelt hat.[1365] In **räumlicher Hinsicht** muss sich das Wettbewerbsverbot auf das Gebiet beschränken, in dem die betreffenden Waren oder Dienstleistungen bereits vor der Unternehmensübertragung angeboten wurden. Zudem kann der räumliche Anwendungsbereich auf Gebiete erstreckt werden, in denen eine Vermarktung bereits mit entsprechenden Investitionen vorbereitet worden ist.[1366] In **zeitlicher Hinsicht** ist grundsätzlich ein Zeitraum von bis zu zwei Jahren bei bloßer Übertragung des Geschäftswerts zulässig und ein Zeitraum von bis zu drei Jahren, wenn zusammen mit dem Unternehmen sowohl der Geschäftswert als auch das Know-how übertragen wird. Längere Laufzeiten sind im Einzelfall denkbar, bedürfen dann aber einer besonderen Rechtfertigung.[1367] 1597

Wettbewerbsverbote verstoßen nur dann gegen Art. 101 AEUV und § 1 GWB, wenn sie eine spürbare, im Hinblick auf die Marktstellung der Parteien mehr als nur unbedeutende Beschränkung des Wettbewerbs bezwecken oder bewirken. Die Gerichte erklären jedoch regelmäßig Wettbewerbsverbote in Gesellschafts- oder Austauschverträgen, die über das gegenständlich, räumlich und zeitlich erforderliche Maß hinausgehen, aber (möglicherweise) unterhalb der Spürbarkeitsschwellen liegen, für sittenwidrig (§ 138 Abs. 1 BGB);[1368] eine Parallelwertung für Unternehmenskäufe ist sehr wahrscheinlich. Im Übrigen sind Verein- 1598

1362) MünchKomm-*Armbrüster*, BGB, § 138 Rz. 79; vgl. BGH, Urt. v. 13.3.1979 – KZR 23/77, NJW 1979, 1605, 1606.

1363) *Hengst*, in: Langen/Bunte, Art. 101 AEUV Rz. 191 f.

1364) Bekanntmachung der Kommission über Einschränkungen des Wettbewerbs, die mit der Durchführung von Unternehmenszusammenschlüssen unmittelbar verbunden und für diese notwendig sind (Nebenabreden), ABl 2005 Nr. C 56/24; zur Bindungswirkung dieser Bekanntmachung siehe *Rudersdorf*, RNotZ 2011, 509, 519 f.

1365) Bekanntmachung der Kommission über Nebenabreden, ABl 2005 Nr. C 56/24, Rz. 23.

1366) Bekanntmachung der Kommission über Nebenabreden, ABl 2005 Nr. C 56/24, Rz. 22.

1367) Bekanntmachung der Kommission über Nebenabreden, ABl 2005 Nr. C 56/24, Rz. 21.

1368) BGH, Urt. v. 23.6.2009 – KVR 58/07, WuW/E DE-R 2742, 2747 – Gratiszeitung Hallo; OLG München, Urt. v. 11.11.2010 – U (K) 2143/10, WuW/E DE-R 3126, 3127 ff – gesellschaftsvertragliches Wettbewerbsverbot.

barungen mit einem wettbewerbsbeschränkenden Zweck – bei einem Wettbewerbsverbot die Marktaufteilung – nach neuerer EuGH-Rechtsprechung auch unabhängig von ihren tatsächlichen Auswirkungen auf die Märkte spürbar.[1369)]

1599 Besonders problematisch sind Fälle, in denen Unternehmen ohne Übertragung des Kundenstamms zur sofortigen Stilllegung gekauft werden[1370)] oder in denen die Parteien in erster Linie die (entgeltliche) Unterlassung von Konkurrenz anstelle der Übernahme eines Unternehmens anstreben.[1371)] In solchen Fällen kann über das Wettbewerbsverbot hinaus die ganze Transaktion gegen das Kartellverbot verstoßen.[1372)]

1600 Ein Wettbewerbsverbot mit zulässiger sachlicher und räumlicher Reichweite, aber zu langer Dauer, kann **geltungserhaltend** auf einen zulässigen Zeitraum **reduziert** werden.[1373)] Die geltungserhaltende Reduktion endet, wo das Gericht rechtsgestaltend auf den Vertrag einwirken müsste.[1374)] Gegenständlich oder räumlich zu weite Fassungen machen daher regelmäßig die gesamte Klausel unwirksam.[1375)]

1601 Die Möglichkeit, allein zu Zwecken der Kapitalanlage in bestimmtem Umfang **Beteiligungen** zu erwerben, kann dem Verkäufer nach den in der Bekanntmachung der Europäischen Kommission niedergelegten Grundsätzen nicht entzogen werden.[1376)]

1602 Das Muster sieht neben dem Wettbewerbsverbot ein **Abwerbeverbot** vor, da es für den Käufer von großer Bedeutung ist, dass der Verkäufer nach Durchführung des Verkaufs keine wichtigen Mitarbeiter der Zielgesellschaft abwirbt (Rz. 1104). Dies kann in der Praxis für den Käufer gravierende Folgen haben. Abwerbeverbote sind aus kartellrechtlicher Sicht grundsätzlich in gleicher Weise zu beurteilen wie Wettbewerbsverbote.[1377)]

1603 Das Wettbewerbs- und Abwerbeverbot erstreckt sich im Interesse des Käufers auch auf mit dem Verkäufer i. S. v. § 15 AktG **verbundene Unternehmen**. Da diese nicht Partei des Vertrags sind, kann sich nur der Verkäufer verpflichten, die Beachtung des Wettbewerbsverbots durch die verbundenen Unternehmen sicherzustellen. Einen Sonderfall regelt § 15 Abs. 3 Satz 2: An dem Verkäufer wird eine Beteiligung erworben, die ihn mit seinen neuen verbundenen Unternehmen zum Konkurrenten des Erwerbers macht. Diese neuen Konzernunternehmen des Erwerbers sollen dann nicht an das Wettbewerbs- und Abwerbeverbot gebunden sein (Rz. 1105).

---

1369) EuGH, Urt. v. 13.12.2012 – Rs C-226/11 – Expedia, EuZW 2013, 113, Rz. 35–37.

1370) BGH, Urt. v. 13.3.1979 – KZR 23/77, WuW/E BGH 2085 f – Strohgäu-Wochenjournal; KG, Urt. v. 11.9.1998 – Kart 2/98, WuW/E DE-R 228, 229 f – Osthafenmühle.

1371) BGH, Urt. v. 13.3.1979 – KZR 23/77, WuW/E BGH 2085, 2086 – Strohgäu-Wochenjournal; BGH, Urt. v. 13.11.1990 – KZR 2/89, ZIP 1991, 402 = WuW/E BGH 2675, 267678, dazu EWiR 1991, 383 *(Schmidt)* – Nassauische Landeszeitung.

1372) Beispiel bei BGH, Urt. v. 13.11.1990 – KZR 2/89, ZIP 1991, 402 – Nassauische Landeszeitung. Ähnlich zuletzt BKartA, Pressemitteilung v. 8.12.2015: Bußgelder wegen koordinierter Einstellung von Anzeigenblättern.

1373) BGH, Urt. v. 8.5.2000 – II ZR 308/98, ZIP 2000, 1337 = NJW 2000, 2584, 2585; BGH, Urt. v. 29.1.1996 – II ZR 286/94, NJW-RR 1996, 741, 742 (nachvertragliche Wettbewerbsverbote gegen einen ausscheidenden Gesellschafter); OLG Stuttgart, Urt. v. 1.8.2001 – 20 U 55/01, NJW 2002, 1431, 1432 f; zu den Grenzen von Wettbewerbsverboten in Gemeinschaftsunternehmen BGH, Urt. v. 23.6.2009 – KZR 58/07, ZIP 2009, 2263 = WuW/E DE-R 2743, 2744 ff – Gratiszeitung Hallo.

1374) BGH, Urt. v. 14.7.1997 – II ZR 238/96, NJW 1997, 3089, 3089 f.

1375) BGH, Urt. v. 19.10.1993 – KZR 3/92, ZIP 1994, 61; BGH, Urt. v. 29.10.1990 – II ZR 241/89, GmbHR 1991, 15, 17, dazu EWiR 1991, 73 *(Roth)*.

1376) Bekanntmachung der Kommission über Nebenabreden, ABl 2005 Nr. C 56/24, Rz. 25.

1377) Bekanntmachung der Kommission über Nebenabreden, ABl 2005 Nr. C 56/24, Rz. 26.

Die **§§ 74 ff HGB** sind auf das unternehmenskaufvertragliche Wettbewerbsverbot nicht anwendbar. Insbesondere besteht das Erfordernis der Gewährung einer Karenzentschädigung nicht. Im Übrigen wird im Rahmen des § 138 BGB jedoch mitunter auf die Wertungen der §§ 74 ff HGB zurückgegriffen.[1378] 1604

Sinnvoll ist es, auch die Sanktionen für eine Verletzung des Wettbewerbsverbots festzulegen. § 15 Abs. 4 des Musters (Rz. 1106) enthält im Interesse des Käufers eine Vertragsstrafenregelung. Die **Vertragsstrafe** ermöglicht dem Käufer, ohne genaue Berechnung und Bezifferung seines Schadens eine Ausgleichszahlung für die Verletzung des Wettbewerbsverbots zu erhalten. Wichtig ist im Interesse des Käufers die Regelung, dass weitergehender Schadensersatz geltend gemacht werden kann. Dem Verkäufer ist an der Regelung gelegen, dass Vertragsstrafezahlungen auf den Schadensersatz angerechnet werden. 1605

### 17. Geheimhaltung, Presse- und sonstige Mitteilungen [→ Rz. 1107 ff]

Die **Geheimhaltungsverpflichtung** soll zum einen verhindern, dass die vertraulichen Informationen, die im Zusammenhang mit der Verhandlung eines Unternehmenskaufs zwischen den Parteien ausgetauscht werden, von der anderen Partei missbräuchlich verwendet werden. Zum anderen soll ein gemeinsamer Sprachgebrauch der Parteien über die Transaktion, insbesondere im Zusammenhang mit Presseerklärungen, sichergestellt werden. 1606

**Gesetzliche Offenlegungs- und Mitteilungspflichten** setzen der Geheimhaltungsverpflichtung Grenzen. Soweit es sich bei den Parteien um börsennotierte Gesellschaften handelt, kommen z. B. Ad-hoc-Publizitätspflichten gemäß Marktmissbrauchsverordnung (Verordnung (EU) 596/2014 des Europäischen Parlaments und des Rates vom 16. April 2014 über Marktmissbrauch (Marktmissbrauchsverordnung) und zur Aufhebung der Richtlinie 2003/6/EG des Europäischen Parlaments und des Ratses und der Richtlinien 2003/124/EG, 2003/125/EG und 2004/72/EG der Kommission, ABl. EU Nr. L 173/1 v. 12.6.2014) in Betracht. Unternehmen, die an ausländischen Börsen notiert sind, müssen darüber hinaus die dafür einschlägigen Vorschriften beachten. 1607

Sofern absehbar ist, dass der Verkäufer oder der Käufer selbst zum Verkauf gestellt werden wird, ist zu erwägen, die Offenlegung des Kaufvertrags im Rahmen einer entsprechenden Due Diligence von der Vertraulichkeitspflicht auszunehmen. Einschränkend könnte vereinbart werden, dass eine Offenlegung des Kaufpreises auch in diesem Fall nicht gestattet ist. 1608

### 18. Abtretungsverbot und Aufrechnungsausschluss [→ Rz. 1111 f]

In der Praxis des Unternehmenskaufs entspricht es den Gepflogenheiten, den Unternehmenskaufvertrag mit einem Abtretungsverbot zu versehen. Ein solches Abtretungsverbot soll dem typischen Wunsch der Parteien Ausdruck verleihen, den Unternehmenskauf allein mit dem eigens hierfür ausgewählten Vertragspartner bzw. dessen Unternehmensgruppe abzuwickeln. Üblicherweise zielt es insbesondere darauf ab, den Käufer daran zu hindern, seine etwaigen Schadensersatzansprüche aus der Verletzung von Garantien des Verkäufers an Dritte abzutreten. Sofern es sich bei dem Unternehmenskauf für beide Seiten um ein Handelsgeschäft handelt, kann allerdings nach § 354a HGB gerade die freie Abtretbarkeit der aus einem Schadensersatzanspruch möglicherweise resultierenden Geldforderung 1609

1378) MünchKomm-*Armbrüster*, BGB, § 138 Rz. 79.

grundsätzlich nicht wirksam vertraglich abbedungen werden. Sofern der Käufer beabsichtigt, den Unternehmenskauf fremdzufinanzieren und zu diesem Zweck Rechte und Ansprüche aus dem Unternehmenskaufvertrag an die den Unternehmenskauf finanzierenden Banken abzutreten, sollte das Abtretungsverbot unabhängig davon zur Klarstellung um einen entsprechenden Ausnahmetatbestand ergänzt werden. Zu beachten ist, dass ein nach § 399 Alt. 2 BGB vereinbartes Abtretungsverbot einem Forderungsübergang im Wege der Verschmelzung aufgrund von § 20 Abs. 1 Nr. 1 UmwG nicht entgegensteht.[1379]

1610 Mit dem weitgehenden Ausschluss der Aufrechnung soll die Durchsetzung von Ansprüchen einer Partei (z. B. ein etwaiger Anspruch des Verkäufers auf Zahlung einer Kaufpreisanpassung) nicht durch die Aufrechnung mit bestrittenen Gegenforderungen erschwert werden (z. B. wegen angeblicher Verletzung der Garantien des Verkäufers nach § 8). Regelmäßig dient ein solches Aufrechnungsverbot damit in erster Linie den Interessen des Verkäufers. Aus Käufersicht kann es sich daher anbieten, diesen Punkt taktisch zur Verhandlungsmasse zu nehmen oder bei entsprechender Verhandlungsmacht ganz zu streichen.

### 19. **Mitteilungen** [→ Rz. 1113 f]

1611 Im Rahmen der Abwicklung des Unternehmenskaufs haben die Vertragsparteien sich unter Umständen Mitteilungen zu machen (siehe z. B. § 9 Abs. 1 oder § 11 Abs. 5). Zur Erleichterung der Kommunikation regelt § 18 Abs. 1, an welchen **Adressaten** solche Mitteilungen im Einzelnen zu richten sind.

1612 § 18 Abs. 2 des Musters verlangt für Mitteilungen die Schriftform und bestimmte **Übermittlungsformen**, die den Nachweis des Zugangs ermöglichen. Die Bestimmung von Übermittlungsformen statuiert kein Wirksamkeitserfordernis für die Erklärung. Sie soll lediglich den Zugang der Erklärung sichern. Der Zugang kann damit auch auf andere Weise als auf dem in § 18 Abs. 2 genannten Wege erfolgen.[1380] Von den prinzipiell zur Verfügung stehenden Varianten des Einschreibens ist das Einschreiben mit Rückschein die wohl sicherste Methode, den Zugangsnachweis zu erbringen. Im Falle des „Übergabe-Einschreibens“ erhält der Versender nicht automatisch einen Zugangsnachweis. Im Falle des „Einwurf-Einschreibens“ hängt der Zugangsnachweis davon ab, dass der Briefträger den Einwurf in den Briefkasten des Empfängers ordnungsgemäß dokumentiert.[1381] Die Wahl der Übermittlungsform sollte unter Berücksichtigung der Bedeutung der Mitteilung und des Nachweises ihres Zugangs im konkreten Einzelfall erfolgen. Zumindest als Vorab-Versand dürfte der Versand per E-Mail heute der gängigen Praxis entsprechen.

### 20. **Kosten** [→ Rz. 1117]

1613 Das Muster sieht – wie allgemein üblich – vor, dass die Kosten der Beurkundung des Vertrags sowie die Gebühren und Auslagen der zuständigen Kartellbehörden der Käufer, im Übrigen jede Partei ihre Kosten selbst trägt. Es ist jedoch auch jede andere Regelung möglich. Wirken Berater des Verkäufers an der Vorbereitung der Anmeldung und im Fusionskontrollverfahren mit, könnte man spitzfindig deren Kosten auch als „Kosten der

1379) BGH, Urt. v. 22.9.2016 – VII ZR 298/14, NZG 2018, 182.

1380) MünchKomm-*Einsele*, BGB, § 130 Rz. 12; BGH, Urt. v. 21.1.2004 – XII ZR 214/00, NJW 2004, 1320.

1381) Vgl. Palandt/*Ellenberger*, BGB, § 130 Rz. 21.

Anmeldung“ verstehen. Die Klausel begrenzt die Kostentragung des Käufers auf die den zuständigen Kartellbehörden geschuldeten Gebühren und Auslagen.

Sofern der Unternehmenskauf Verkehrssteuern auslöst, werden diese üblicherweise eben- **1614**
falls vom Käufer getragen. Während Umsatzsteuer regelmäßig nicht anfällt (Rz. 961), kann der Unternehmenskauf gemäß § 1 Abs. 3 GrEStG Grunderwerbsteuer auslösen, wenn der Zielgesellschaft inländische Grundstücke gehören. Der Kreis der Steuerschuldner hängt gemäß § 13 Nr. 1 bzw. 5 GrEStG von der Transaktionsstruktur ab. War der Käufer bislang kein Gesellschafter der Zielgesellschaft und erwirbt er vom Verkäufer nun mindestens 95 % der Anteile, sind Steuerschuldner nach der Regelung des § 13 Nr. 1 GrEStG die an dem Erwerbsvorgang als Vertragsteile beteiligten Personen, neben dem Käufer also auch der Verkäufer. Soll der Käufer davon abweichend die Grunderwerbsteuer allein tragen, ist eine vertragliche Klarstellung demnach zweckmäßig.

### 21. Rechtswahl und Schiedsklausel [→ Rz. 1118 f]

In der dem Muster zugrunde liegenden Konstellation – Erwerb einer deutschen GmbH **1615**
im Wege eines Share Deals – wird die Frage des anwendbaren Rechts nur bei der Beteiligung einer ausländischen Partei eine Rolle spielen. Nur dann empfiehlt sich aus Gründen der Rechtssicherheit regelmäßig die Aufnahme einer **Rechtswahlklausel** in den Unternehmenskaufvertrag.[1382] Denn seit der Reform des Notarkostenrechts im Jahr 2013 führt die Aufnahme einer Rechtswahlklausel in den notariell beurkundeten Unternehmenskaufvertrag bei **Small- und Midcap-Transaktionen** unterhalb des Maximalgeschäftswerts von 60 Mio. € zu einem nicht unerheblichen Anstieg der **Beurkundungskosten.**[1383] Welches Recht die Parteien für anwendbar erklären, hängt im Übrigen von der Verhandlungsposition ab. Im Fall des Erwerbs einer deutschen Zielgesellschaft liegt es zunächst nahe, die Anwendbarkeit deutschen Rechts als des am **Sitz der Zielgesellschaft** geltenden Rechts zu vereinbaren.[1384] Dieser Gedanke ist aber keineswegs zwingend. Aus ebenso nachvollziehbaren Gründen bevorzugen es ausländische Investoren mitunter, den Unternehmenskauf so weit wie möglich ihrem Heimatrecht als dem ihnen vielleicht besser vertrauten Recht zu unterstellen. Da die dingliche Übertragung der Geschäftsanteile an der GmbH allerdings zwingend deutschem Recht unterliegt,[1385] werden die Parteien die Abtretung der Geschäftsanteile dann von dem der ausländischen Rechtsordnung unterstellten schuldrechtlichen Kaufvertrag trennen und in einem deutschen Recht unterliegenden Abtretungsvertrag separat vornehmen (zum sog. *„two-step model“* siehe Rz. 253). Hat die deutsche Zielgesellschaft Beteiligungen oder sonstige Geschäftsaktivitäten im Ausland, ist es grundsätzlich möglich, den übergeordneten Kaufvertrag deutschem Recht zu unterstellen und für bestimmte Teilaspekte der Transaktion das Recht der jeweiligen Tochtergesellschaft zu vereinbaren. Eine solche teilweise Rechtswahl kann aber leicht zu Abgrenzungsproblemen führen und dürfte daher nur im Ausnahmefall zweckmäßig sein.[1386]

---

1382) Zur Rechtslage nach der Verordnung (EG) Nr. 593/2008 des Europäischen Paralments und des Rates v. 17.6.2008 über das auf vertragliche Schuldverhältnisse anzuwendende Recht (Rom I) bei Fehlen einer Rechtswahlkausel siehe etwa Staudinger/*Magnus*, BGB, Art. 4 Rom I VO Rz. 221.

1383) Näher dazu *Begemann/Nölle*, BB 2016, 137; *Annweiler/Graewe*, NZG 2017, 893.

1384) *Land*, BB 2013, 2697, 2698.

1385) Als Gesellschaftsstatut, Staudinger/*Magnus*, BGB, Art. 4 Rom I VO Rz. 226; Hölters/*Wetzler*, Handbuch Unternehmenskauf, Rz. 18.72; *Göthel*, in: Reithmann/Martiny, Rz. 6.2498 f.

1386) *Land*, BB 2013, 2697, 2698.

1616 Das **UN-Kaufrecht**[1387] findet auf den Unternehmenskauf im Wege eines Share Deals keine Anwendung, da sich sein Anwendungsbereich nicht auf den Verkauf von Gesellschaftsanteilen erstreckt.[1388] Der in Unternehmenskaufverträgen mit internationalem Bezug gelegentlich zu findende Passus „[…] unter Ausschluss des UN-Kaufrechts" hat dann einen lediglich deklaratorischen Charakter.

1617 Aufgrund der Vorteile der Schiedsgerichtsbarkeit gegenüber der ordentlichen Gerichtsbarkeit – u. a. Vertraulichkeit, spezielle Sachkunde der Schiedsrichter, kürzere Verfahrensdauer und Flexibilität bei der Verfahrensgestaltung[1389] – sind **Schiedsklauseln** in Unternehmenskaufverträgen weit verbreitet. Das auf das Schiedsverfahren anwendbare Recht bestimmt sich gemäß § 1051 ZPO nach der Vereinbarung der Parteien, subsidiär nach der engsten objektiven Verbindung. Für die Frage nach dem anwendbaren Verfahrensrecht und für die Qualifikation als in- oder ausländischer Schiedsspruch (Anerkennung und Vollstreckung) ist zunächst der Verfahrensort von Bedeutung.[1390] Zum notwendigen Inhalt einer Schiedsklausel gehört nach deutschem Prozessrecht die Vereinbarung, dass die Entscheidung aller oder einzelner Streitigkeiten zwischen den Parteien unter Ausschluss der staatlichen Gerichte einem Schiedsgericht übertragen wird.[1391] Fehlen weitere Vereinbarungen, greifen die gesetzlichen Regeln der §§ 1025 ff ZPO.

1618 Die Parteien können bindende Regeln für das schiedsrichterliche Verfahren aufstellen oder dieses durch Bezugnahme auf eine schiedsrichterliche Verfahrensordnung regeln. Zu empfehlen ist ein institutionelles Schiedsgericht, das als ständige Einrichtung auf der Grundlage einer eigenen Verfahrensordnung meist zum Gebührentarif tätig wird.[1392] Wird der Unternehmenskaufvertrag mit einer Partei geschlossen, die dem Recht eines außerhalb der EU gelegenen Staates unterliegt, und soll im Konfliktfall ein Schiedsspruch auch in jenem Staat vollstreckt werden können, sollten bei der Wahl der Schiedsgerichtsbarkeit und Formulierung der Schiedsklausel etwaig bestehende Besonderheiten jener ausländischen Rechtsordnung in Bezug auf die Vollstreckbarkeit von Schiedssprüchen berücksichtigt werden. Das Muster nimmt auf die **Schiedsgerichtsordnung** der Deutschen Institution für Schiedsgerichtsbarkeit e. V. („DIS") Bezug und orientiert sich dazu an der von der DIS für diese Zwecke empfohlenen Muster-Schiedsklausel. Die maßgebliche Schiedsordnung muss regelmäßig auch dann nicht mit beurkundet werden, wenn – wie im vorliegenden Fall – der Unternehmenskaufvertrag der notariellen Beurkundung bedarf.[1393]

1619 In der Praxis bildet das **Dreierschiedsgericht** die häufigste Besetzung. Dies ist auch als gesetzlicher Regelfall vorgesehen (§ 1034 Abs. 1 ZPO). Die Parteien können außerdem vertraglich besondere Anforderungen an die Qualifikation der Schiedsrichter aufstellen, insbesondere deren Befähigung zum Richteramt zur Voraussetzung machen.

1620 Nach § 1031 Abs. 5 Satz 1–3 Halbs. 1 ZPO muss bei einem Unternehmenskauf unter **Beteiligung eines Verbrauchers** (§ 13 BGB) die Schiedsvereinbarung grundsätzlich in einer

1387) United Nations Convention on Contracts for the International Sale of Goods (CISG) v. 11.4.1980.

1388) Siehe Art. 1 CISG; dazu Hölters/*Wetzler*, Handbuch Unternehmenskauf, Rz. 18.53; Staudinger/*Magnus*, BGB, Art. 4 Rom I VO Rz. 220 m. w. N.

1389) Vgl. Zöller/*Geimer*, ZPO, Vor § 1025 Rz. 6.

1390) Zöller/*Geimer*, ZPO, § 1025 Rz. 1.

1391) MünchKomm-*Münch*, ZPO, § 1029 Rz. 93 ff.

1392) Vgl. im Einzelnen MünchKomm-*Münch*, ZPO, Vor § 1025 Rz. 18.

1393) BGH, Beschl. v. 24.7.2014 – III ZB 83/13, ZIP 2014, 1852 = NZG 2014, 1155, dazu EWiR 2014, 699 *(Zarth)*.

separaten Urkunde enthalten sein, die keine anderen Vereinbarungen enthält als solche, die sich auf das schiedsrichterliche Verfahren beziehen. Gemäß § 1031 Abs. 5 Satz 3 Halbs. 2 ZPO besteht dieses Erfordernis allerdings nicht, wenn der gesamte Vertrag notariell beurkundet wird. Wenn also für den Verpflichtungsvertrag die Form des § 15 Abs. 3 GmbHG eingehalten wird, bedarf die Schiedsklausel keiner besonderen Form.

Ziehen es die Parteien vor, etwaige Streitigkeiten im Zusammenhang mit dem Unternehmenskauf durch staatliche Gerichte entscheiden zu lassen, ist es vorbehaltlich § 38 ZPO in der Regel zweckmäßig, anstelle der Schiedsklausel eine **Gerichtsstandsvereinbarung** zu treffen. 1621

## 22. Schlussbestimmungen [→ Rz. 1120 ff]

§ 21 Abs. 1 des Musters dient der **Klarstellung**, dass die im Vertrag und seinen Anlagen enthaltenen Regelungen in Bezug auf den Vertragsgegenstand abschließend sind und alle insoweit zwischen den Parteien getroffenen Vereinbarungen festhalten. Dies empfiehlt sich aus Gründen der Vertragshygiene zunächst dann, wenn die Parteien – wie regelmäßig – auf dem Weg bis zum Abschluss des Unternehmenskaufvertrags verschiedene den Akquisitionsprozess begleitende Vereinbarungen (z. B. Confidentiality Agreement oder Letter of Intent) geschlossen haben und deren Inhalte sich möglicherweise nicht mit denen des letztlich geschlossenen Unternehmenskaufvertrags decken. Zudem soll die Regelung verhindern, dass eine Partei sich später auf etwaige Nebenabreden beruft.[1394)] Denn grundsätzlich wird durch die notariell beurkundete Abtretung der GmbH-Anteile auch der Formmangel einer nicht beurkundeten, ggf. mündlich getroffenen Nebenabrede geheilt.[1395)] Daher sollte die Klausel entsprechend angepasst werden, wenn die Parteien im Einzelfall doch Nebenabreden getroffen haben. 1622

Das Muster sieht für sämtliche Vereinbarungen zwischen den Parteien über die Änderung oder Ergänzung des Vertrags zumindest ein **Schriftformerfordernis** vor (§ 21 Abs. 2, Rz. 1121). Keine der Parteien soll sich später auf ggf. nur mündlich getroffene, nachträgliche Änderungsvereinbarungen gegenüber den in der Urkunde festgehaltenen Regelungen berufen. Für nach der Abtretung getroffene Änderungsvereinbarungen, die nicht die Abtretung selbst betreffen, besteht nämlich grundsätzlich keine Beurkundungspflicht.[1396)] Zweckmäßig ist, dass auch diese vertragliche Schriftformregelung selbst nur unter Wahrung der Schriftform geändert werden können soll.[1397)] 1623

Die **salvatorische Klausel** des § 21 Abs. 3 bedingt mit der Erhaltungsklausel in Satz 1 zunächst die Vorschrift des § 139 BGB ab, nach der die Teilunwirksamkeit des Vertrags im Zweifel die Nichtigkeit des gesamten Vertrags zur Folge hat. Nach der Rechtsprechung des Bundesgerichtshofs schließt eine solche Regelung eine Gesamtnichtigkeit nicht aus, 1624

---

1394) Zur rechtlichen Einordnung sog. „Vollständigkeitsklauseln" in AGB siehe Palandt/*Grüneberg*, BGB, § 305b Rz. 5; MünchKomm-*Basedow*, BGB, § 305b Rz. 16; zu den Risiken einer möglichen Einordnung der Standardbestimmungen des Unternehmenskaufvertrags als AGB siehe Rz. 249 ff.

1395) Vgl. BGH, Urt. v. 19.1.1987 – II ZR 81/86, NJW-RR 1987, 807; *Görner*, in: Rowedder/Schmidt-Leithoff, GmbHG, § 15 Rz. 61; *Bayer*, in: Lutter/Hommelhoff, GmbHG, § 15 Rz. 63 m. w. N.

1396) *Löbbe*, in: Ulmer/Habersack/Löbbe, GmbHG, § 15 Rz. 109.

1397) Zur rechtlichen Einordnung der „doppelten Schriftformklausel" in AGB siehe Palandt/*Grüneberg*, BGB, § 305b Rz. 5; HK-BGB/*Schulte-Nölke*, BGB, § 305b Rz. 5; zu den Risiken einer möglichen Einordnung der Standardbestimmungen des Unternehmenskaufvertrags als AGB siehe Rz. 249 ff.

führt aber zu einer Umkehrung der Vermutung des § 139 BGB in ihr Gegenteil.[1398] Die Ersetzungsklausel in § 21 Abs. 3 Satz 2 regelt die Frage, wie eine unwirksame Regelung ersetzt wird. Es empfiehlt sich eine Regelung, nach der die Verpflichtung besteht, eine ersetzende Regelung zu treffen, die dem wirtschaftlichen Interesse der fehlenden oder unwirksamen Regel am nächsten kommt. Es sollte nicht vereinbart werden, dass die unwirksame Bestimmung als durch die den wirtschaftlichen Interessen am nächsten kommende Regelung „ersetzt gilt". Hierbei wird nicht klar, was die Parteien als ersetzende Regelung tatsächlich vereinbart haben, sodass die Klausel möglicherweise wegen mangelnder Bestimmtheit unwirksam sein könnte.[1399] Das gleiche Prinzip gilt für den Fall einer Lücke im Vertrag.

### 23. Notarielle Belehrungen [→ Rz. 1123 f]

**1625** Der beurkundende Notar wird in Abhängigkeit von den Umständen des Einzelfalls und seiner individuellen Beurkundungspraxis unter Umständen verschiedene Hinweise in die Urkunde aufnehmen. Solche Hinweise können sich z. B. auf die Rechtsfolgen der Aufnahme des Erwerbers in die beim Handelsregister aufgenommene Gesellschafterliste (§ 16 Abs. 1 GmbHG), auf Haftungsrisiken für den Erwerber der Anteile in Bezug auf rückständige Einlageverpflichtungen (§ 16 Abs. 2 GmbHG) oder etwa auf die Möglichkeit zum gutgläubigen Erwerb von Geschäftsanteilen (§ 16 Abs. 3 GmbHG) beziehen. Üblicherweise weist der Notar zudem darauf hin, dass er keine steuerrechtliche Überprüfung der Auswirkungen des Anteilskauf- und Abtretungsvertrags vorgenommen hat. Es wird angeraten, den Notariatsmitarbeitern des beurkundenden Notars eine Vollmacht zu erteilen, um die Abwicklung des Vertrags zu erleichtern und z. B. etwaige Beanstandungen des Handelsregisters von Formalitäten auch ohne die weitere Mitwirkung der Parteien zügig beheben zu können.

---

1398) BGH, Beschl. v. 15.3.2010 – II ZR 84/09, ZIP 2010, 925 = NJW 2010, 1660; siehe dazu Palandt/*Ellenberger*, BGB, § 139 Rz. 17.

1399) Vgl. ausführlich *Michalski*, NZG 1998, 7, 8 f; eine solche Klausel hat der BGH (allerdings auf Grundlage des seinerzeitigen AGB-Gesetzes) wegen mangelnder Bestimmtheit beanstandet, vgl. BGH, Urt. v. 6.10.1982 – VIII ZR 201/81, ZIP 1982, 1449, 1454 = NJW 1983, 159, 162.

## Muster 1b: GmbH-Geschäftsanteilskauf- und -abtretungsvertrag – Locked-Box-Modell (käuferfreundlich)

| Abrufbar unter: http://www.rws-verlag.de/vk-unternehmenskauf.htm |
|---|

*Sachverhalt: Das nachfolgende Vertragsmuster 1b bildet den Fall ab, dass sich die Kaufvertragsparteien auf einen festen Kaufpreis für das zu erwerbende Unternehmen verständigt haben. Das prägende Element ist dabei neben der Festkaufpreisabrede das Verbot von den Unternehmenswert mindernden Vermögensabflüssen in der Zeit zwischen dem (vor dem Beurkundungstag liegenden) Stichtag des Jahres- bzw. Stichtagsabschlusses, auf dessen Grundlage die Kalkulation des Kaufpreises erfolgte, und dem Vollzug der Transaktion. Dieses sog. „no-leakage regime" sieht in Form einer Garantie vor, dass in der Zeit zwischen Stichtag und Signing keine (zu definierenden) unerlaubten Wertabflüsse aus der Zielgesellschaft stattfinden und erlegt dem Verkäufer entsprechende Verpflichtungen für die Zeit zwischen Signing und Closing auf. Etwaige Verstöße gegen das „no-leakage regime" sind der Käuferin durch den Verkäufer Euro für Euro zu erstatten, weshalb auch die Haftungsbeschränkungen (siehe § 9 Abs. 3 des Vertragsmusters 1a) keine Anwendung finden sollen.*

*Die nachfolgende Darstellung beschränkt sich zur Vermeidung von Wiederholungen auf die für das Locked-Box-Modell charakteristischen Bestimmungen. Ungeachtet dessen bedarf es für eine nahtlose Implementierung des Locked-Box-Konzepts in das Vertragsmuster 1a vereinzelter redaktioneller Folgeanpassungen in weiteren Bestimmungen des Vertragsmusters 1a.*

## I. Vertragstext

§ 4
**Kaufpreis**

(1) Der Kaufpreis für die gemäß § 2 Abs. 1 verkauften Z-Anteile beträgt: 1626

[...] € (in Worten: [...] Euro) („**Kaufpreis**"). [→ Rz. 1634, 1641]

(2) Der Kaufpreis erhöht sich um einen Betrag in Höhe von [...] % des Kaufpreises p. a. 1627
für den Zeitraum ab dem Stichtag bis zum geplanten Vollzugstag („**Zusatzkaufpreis**"), wobei der Stichtag und der Geplante Vollzugstag bei der Berechnung des Zusatzkaufpreises unberücksichtigt bleiben und der Zusatzkaufpreis anhand der verstrichenen Tage und auf Basis eines Jahres von 365 Tagen zu ermitteln ist (der um den Zusatzkaufpreis addierte Kaufpreis wird in diesem Vertrag auch als „**Gesamtkaufpreis**" bezeichnet). Spätestens drei Bankarbeitstage vor dem Geplanten Vollzugstag wird der Verkäufer der Käuferin eine entsprechende Berechnung des Zusatzkaufpreises und des daraus resultierenden Gesamtkaufpreises übermitteln.*) [→ Rz. 1643 ff]

[...]

*) Da es sich bei der Verzinsung des Kaufpreises für die Zeit zwischen dem Stichtag und dem Geplanten Vollzugstag um eine verkäuferfreundliche Gestaltung handelt, ist zu erwägen, sie in einem käuferfreundlich ausgestalteten Vertrag ersatzlos zu streichen.

§ 5
**Locked Box**

1628 (1) Für die Zwecke dieses Vertrags ist der „**Stichtag**" der [...], 24:00 Uhr MEZ. Der Verkäufer hat der Käuferin den als **Anlage 5.1** beigefügten [*Jahresabschluss/Zwischenabschluss*] der Zielgesellschaft für den Zeitraum vom [...] bis zum Stichtag („**Stichtagsabschluss**") zur Verfügung gestellt. Der Stichtagsabschluss wurde von der Wirtschaftsprüfungsgesellschaft [...] geprüft und mit einem uneingeschränkten Bestätigungsvermerk versehen. [→ Rz. 1647 ff]

1629 (2) „**Wertabfluss**" bedeutet: [→ Rz. 1648]

1. jegliche Gewinnausschüttung durch die Zielgesellschaft an den Verkäufer;
2. jegliche Rückgewähr von Einlagen durch die Zielgesellschaft an den Verkäufer;
3. jegliche Vergütung für den Erwerb eigener Anteile durch die Zielgesellschaft;
4. jegliche Vergütung für die Einziehung von Anteilen durch die Zielgesellschaft;
5. jegliche Gewährung oder Rückzahlung von Darlehen bzw. diesbezüglichen Zinsen durch die Zielgesellschaft an den Verkäufer, Angehörige des Verkäufers, dem Verkäufer nahe stehende Personen oder Verkäufer-Gesellschaften;
6. jegliche sonstige Zahlung durch die Zielgesellschaft an den Verkäufer, Angehörige des Verkäufers, dem Verkäufer nahe stehende Personen oder Verkäufer-Gesellschaften;
7. jegliche Übertragung von Vermögensgegenständen durch die Zielgesellschaft an den Verkäufer, Angehörige des Verkäufers, dem Verkäufer nahe stehende Personen oder Verkäufer-Gesellschaften;
8. jeglicher Verzicht und jegliche Stundung in Bezug auf Ansprüche der Zielgesellschaft gegenüber dem Verkäufer, Angehörigen des Verkäufers, dem Verkäufer nahe stehenden Personen oder Verkäufer-Gesellschaften;
9. jegliche Übernahme von Verbindlichkeiten des Verkäufers, Angehörigen des Verkäufers, der dem Verkäufer nahe stehenden Personen oder Verkäufer-Gesellschaften durch die Zielgesellschaft;
10. jegliche Gewährung von Sicherheiten durch die Zielgesellschaft an den Verkäufer, Angehörige des Verkäufers, dem Verkäufer nahe stehende Personen oder Verkäufer-Gesellschaften bzw. zu deren Gunsten;
11. jegliches sonstige Geschäft zwischen der Zielgesellschaft einerseits und dem Verkäufer, Angehörigen des Verkäufers, dem Verkäufer nahe stehenden Personen oder Verkäufer-Gesellschaften andererseits;
12. jegliche Zahlung von Gebühren oder sonstigen Entgelten durch die Zielgesellschaft an Berater (einschließlich Rechts- und Steuerberater), Makler oder ähnliche Personen, die im Zusammenhang mit der in diesem Vertrag vorgesehenen Transaktion entstehen;
13. jegliche Zahlung von Boni oder sonstigen Incentivierungen durch die Zielgesellschaft an Dritte (einschließlich Geschäftsführer und sonstiger Angestellter der Zielgesellschaft) für oder im Zusammenhang mit dem Abschluss der in diesem Vertrag vorgesehenen Transaktion; sowie

14. jegliche Verpflichtung der Zielgesellschaft zur Durchführung einer der unter Nr. 1 bis 13 bezeichneten Maßnahmen.

(3) **„Erlaubter Wertabfluss"** bedeutet: [→ Rz. 1649] 1630

1. jeglicher in diesem Vertrag ausdrücklich vorgesehener Wertabfluss;
2. jeglicher mit der ausdrücklichen schriftlichen Zustimmung der Käuferin erfolgte Wertabfluss; sowie
3. jeglicher in **Anlage 5.3.3** spezifisch aufgeführte Wertabfluss.

(4) Der Verkäufer garantiert im Wege eines selbständigen Garantieversprechens gemäß § 311 Abs. 1 BGB, dass in der Zeit vom Stichtag bis zur Beurkundung mit Ausnahme von Erlaubten Wertabflüssen kein Wertabfluss bei der Zielgesellschaft stattgefunden hat (**„Locked-Box-Garantie"**). [→ Rz. 1647] 1631

(5) Der Verkäufer verpflichtet sich, dafür zu sorgen, dass in der Zeit von der Beurkundung bis zum Vollzug mit Ausnahme von Erlaubten Wertabflüssen keine Wertabflüsse bei der Zielgesellschaft stattfinden werden (**„Locked-Box-Verpflichtung"**). 1632

(6) Im Falle einer Verletzung der Locked-Box-Garantie gemäß vorstehendem Absatz 4 oder im Falle eines Verstoßes gegen die Locked-Box-Verpflichtung gemäß vorstehendem Absatz 5 wird der Verkäufer der Käuferin den erfolgten Wertabfluss auf einer Euro-für-Euro-Basis erstatten. Die Haftungsbeschränkungen des nachstehenden § 9 Abs. 3 finden insoweit keine Anwendung. 1633

[…]

## II. Erläuterungen

### 1. Beschreibung und Anwendungsbereich

Wesentliches Element des Locked-Box-Modells ist die Vereinbarung eines festen Kaufpreises durch die Parteien, der nicht mehr nachträglich abgepasst wird. Der für das Unternehmen zu zahlende Kaufpreis wird auf Grundlage einer auf einen bestimmten Referenzstichtag erstellten Bilanz (Stichtagsabschluss) ermittelt. Der Referenzstichtag, das sog. ***Locked-Box-Date***, liegt typischerweise in der Vergangenheit und ist der letzte Bilanzstichtag des Zielunternehmens.[1400] Von da an bis zum Vollzugstag wird das Unternehmen aus Verkäufersicht sprichwörtlich wie eine Box abgeschlossen. Bei diesem Kaufpreismechanismus wird – im Gegensatz zu einer Kaufpreisanpassung auf Net-Debt-/Working-Capital-Basis oder auf Eigenkapitalbasis – zum Übertragungsstichtag (Closing) keine Zwischenbilanz erstellt. Daher ist bei der Durchführung der finanziellen Due-Diligence-Prüfung besondere Gründlichkeit geboten, um die erwartete Liquiditäts- und damit Wertveränderung zwischen Referenzstichtag und Vollzugsstichtag angemessen in die Kaufpreiskalkulation einfließen lassen zu können. Eine nachträgliche Berücksichtigung im Rahmen von Closing Accounts scheidet aus.[1401] 1634

1400) Diese Form des Locked-Box-Mechanismus wird auch *Backward-Looking-Locked-Box* genannt. In Fällen, in denen der letzte Jahresabschluss nicht aussagekräftig ist, wird zum Teil auch eine künftige Bilanz als Stichtagsabschluss vereinbart. Diese Vorgehensweise wird vor allem bei Carve-outs angewendet und *Forward-Looking-Locked-Box* genannt.

1401) Im Falle des hybriden *Forward-Looking-Locked-Box* wird der Kaufpreis auf Basis der künftigen Jahresabschlüsse angepasst.

**1635** Bei Wahl des Locked-Box-Modells ist § 5 des Vertragsmusters entsprechend anzupassen: Die Regelungen, die sich mit dem Zwischenabschluss befassen (siehe Rz. 963), entfallen; sie werden ersetzt durch Bestimmungen über seit dem *Locked-Box-Date* zulässige Liquiditätsabflüsse (sog. erlaubter Wertabfluss, ***„permitted leakage“***).

**1636** Die wirtschaftlichen Chancen und Risiken gehen somit bereits zum *Locked-Box-Date* auf den Erwerber über. Die rechtliche Übertragung der Anteile erfolgt aber erst zum Vollzugstag. Daher ist es bei dem Locked-Box-Modell typisch, dass die Klausel zur Fortführung des gewöhnlichen Geschäftsbetriebs (vgl. § 13 des Vertragsmusters 1) nicht erst ab der Unterzeichnung des Kaufvertrags (Signing), sondern bereits ab dem *Locked-Box-Date* vereinbart wird. Dementsprechend sollten aus der Perspektive des Käufers die Garantieversprechen des Verkäufers (vgl. § 8 des Vertragsmusters 1) auch bezogen auf das *Locked-Box-Date* Anwendung finden, also insgesamt bezogen auf drei Stichtage.

**1637** Abgesehen von möglichen Marktentwicklungen und Fehlentscheidungen der Geschäftsführung während dieses Zeitraums besteht für den Erwerber das wesentliche Risiko in der Fehleinschätzung der Liquiditätsentwicklung zwischen *Locked-Box-Date* und Vollzugstag und damit des Finanzierungsbedarfs am Vollzugstag. Insoweit ist der Käufer faktisch vor die schwierige Aufgabe gestellt, zu prognostizieren, wie sich die Bilanz und damit der Finanzierungsbedarf des erworbenen Unternehmens am Vollzugstag darstellt, da er in der Regel die bisherige Finanzierung ablösen muss. Im schlimmsten Fall unterschätzt der Käufer den Finanzierungsbedarf und hat dann keine ausreichende Finanzierung, um beides zu leisten, Zahlung des Kaufpreises und Ablösung der bestehenden Finanzierung der Zielgesellschaft. In diesem Fall müsste der Erwerber einen höheren Eigenkapitalzuschuss leisten als erwartet, sodass die Eigenkapitalrendite niedriger ausfällt als erwartet.

**1638** Damit wird ein Locked-Box-Mechanismus insbesondere unter folgenden Konstellationen für einen Käufer problematisch und riskant:

- Die Saisonalität des Working Capitals lässt sich aufgrund einer Start-up-Situation, einer Wachstumssituation oder eines unstetigen Saisonalitätsverhaltens schwer prognostizieren;
- das Unternehmen verfügt aufgrund einer mangelnden periodengerechten Abgrenzung nicht über ein aussagekräftiges internes Berichtswesen auf Monatsbasis, um die Saisonalität der unterjährigen Liquiditätsentwicklung zu analysieren;
- der Stichtagsabschluss ist nicht von hinreichender Qualität bzw. nicht im Rahmen einer Jahresabschlussprüfung geprüft;
- die bisherige Geschäftsführung scheidet nach dem Erwerb aus und hat damit keinen Anreiz zur Kooperation mit dem Käufer;
- das zu verkaufende Unternehmen ist aus einem Carve-out entstanden oder befindet sich im Stadium einer Restrukturierung, sodass es für den Erwerber problematisch ist, die Entwicklung aus der Vergangenheit zu analysieren.

**1639** Zur Absicherung des Erwerbers wird weiterhin durch ein separates Garantieversprechen (§ 5 Abs. 4 des Musters) und durch entsprechende Verhaltenspflichten des Verkäufers (§ 5 Abs. 5 des Musters) vereinbart, dass die Liquidität bis zum Vollzugstag in der Zielgesellschaft verbleibt und nicht durch den Verkäufer in Form von Ausschüttungen, Managementvergütungen, Boni, Rückzahlung von Gesellschafterdarlehen etc. entzogen wird

(*„leakage covenant“*) bzw. nicht als *Permitted Leakage* berücksichtigt wurde.[1402] Zur Verhandlung des *Leakage Covenants* bzw. der *Permitted Leakage* ist es wichtig, im Rahmen der finanziellen Due Diligence zu verstehen, welche Zahlungsflüsse es typischerweise zwischen Verkäufer und der Zielgesellschaft gibt, um diese Klauseln im Vertrag hinreichend zu konkretisieren.

Der Locked-Box-Mechanismus ist im Vergleich zu Closing Accounts, also der eigen- oder gesamtkapitalbezogenen Kaufpreisanpassung, verkäuferfreundlicher, da der Verkäufer nicht dem Risiko einer nicht einschätzbaren nachträglichen Kaufpreisanpassung ausgesetzt ist. Bereits bei Unterzeichnung des Kaufvertrags steht der bei Übertragung der Anteile zu zahlende Kaufpreis fest. Die Wahl eines Locked-Box-Kaufpreises ist von der Situation der M&A-Märkte abhängig: In Situationen, in denen von einer entsprechenden Nachfrage auf Käuferseite auszugehen ist, ist von einer verstärkten Anwendung des Locked-Box-Mechanismus auszugehen. Neben dem Referenzabschluss wäre beim Locked-Box-Modell auch eine Vendor Due Diligence (siehe Rz. 72 ff) wünschenswert, jedoch nicht in allen Fällen gegeben. 1640

Die in § 4 dargestellte Kaufpreisbemessung setzt sich aus zwei Komponenten zusammen, dem Kaufpreis für die Anteile des Zielunternehmens (Abs. 1) sowie einer Verzinsung des Kaufpreises zwischen dem *Locked-Box-Date* und dem Übertragungsstichtag (Abs. 2). Welches Datum als *Locked-Box-Date* und damit als Stichtag des Referenzabschlusses gewählt wird, ist typischerweise Gegenstand der Verhandlung zwischen den Parteien. Dabei besteht aus Sicht des Käufers folgender Zielkonflikt: Einerseits sollte der Stichtagsabschluss geprüft sein, um ein möglichst hohes Maß an Sicherheit bezüglich des Ansatzes der Vermögensgegenstände und Schulden dem Grunde und der Höhe nach zu haben. Andererseits kann das *Locked-Box-Date* bereits etliche Monate zurückliegen, sodass der Abschluss nicht mehr hinreichend aktuell ist und das interne Berichtswesen eine bessere Basis für die Kaufpreisbemessung sein kann. 1641

Der Kaufpreis für die Anteile an dem Zielunternehmen ist fest vereinbart und kann lediglich bei Verletzung der Gewährleistungen bezüglich des Entzugs von liquiden Mitteln aus der Zielgesellschaft angepasst werden. 1642

### 2. Verzinsung des Kaufpreises (Locked-Box-Zins) [→ Rz. 1627]

Die zweite Komponente des Kaufpreises, die rückwirkende Verzinsung zum Stichtag, ist verkäuferfreundlich. Hierdurch werden dem Verkäufer die Wertveränderung des Unternehmens zwischen *Locked-Box-Date* und dem Vollzugstag vergütet. Da das *Locked-Box-Date* vor dem Vollzugstag liegt, ist der Kaufpreis lediglich bezogen auf das *Locked-Box-Date* angemessen. Er enthält keine Kompensation für die Wertschöpfung im Unternehmen und die weitere Kapitalbindung (*„value accrual“*) für den Verkäufer im vorgenannten Zeitraum. Neben der im Vertragsmuster gewählten Zinsanpassung (sog. *„accrued interest approach“*) wird auch der Ansatz diskutiert, auf Basis der Schätzung der Veränderung des Gewinns zwischen *Locked-Box-Date* und Vollzugstag den Kaufpreis anzupassen (*„retained profit approach“*). 1643

Bei diesen beiden Ansätzen werden anhand der Plan-Gewinn- und Verlustrechnung, der Plan-Bilanz oder der Plan-Kapitalflussrechnung die zwischen *Locked-Box-Date* und dem 1644

1402) Werden diese Positionen explizit als *Permitted Leakage* berücksichtigt, so können sie entsprechend in der Unternehmensbewertung berücksichtigt werden.

Übertragungsstichtag liegende Liquiditäts- und Unternehmenswertänderung ermittelt bzw. geschätzt. Welche der Rechenwerke herangezogen werden, hängt in der Praxis davon ab, ob der Verkäufer bzw. Erwerber ein integriertes Finanzmodell auf Monatsbasis erstellt hat. Liegt keine integrierte Finanzplanung auf Monatsbasis vor, so ist die Bemessung der angemessenen Höhe der Kaufpreisanpassung aus Käufersicht schwerlich möglich. Vor diesem Hintergrund muss der Erwerber bei einem Locked-Box-Modell in jedem Fall eine eigene monatliche integrierte Finanzplanung erstellen. Entsprechend muss dieser Kaufpreismechanismus bereits frühzeitig im Transaktionsprozess durch den Verkäufer kommuniziert werden und es müssen entsprechende monatliche Daten zur Verfügung gestellt werden.

**1645** In der Kaufpreisanpassung ist die Wertveränderung zwischen Referenzstichtag und Übertragungsstichtag abzubilden. Welcher der beiden Ansätze im konkreten Einzelfall anzuwenden ist, hängt davon ab, welcher Ansatz zwischen den Parteien besser zu verhandeln ist. Keiner der beiden Ansätze ist geeignet, die tatsächliche Wertveränderung abzubilden. Der Zweck dieser beiden Ansätze liegt lediglich darin, für Bewertungslaien eine nachvollziehbare – wenngleich konstruierte – argumentative Brücke zu bauen. Weiterhin wird durch die Vorschiebung dieser Ansätze vermieden, über die eigentliche Unternehmensbewertung zu sprechen, was auch im Interesse des Erwerbers sein sollte. Um die Wertveränderung des Zielunternehmens zwischen Referenzstichtag („*locked box date*") und Vollzugstag im Einzelfall genau festzustellen, bedarf es einer auf Monatsbasis durchgeführten Wertermittlung des **Discounted Cashflows.** Ohne ein entsprechendes Vorgehen mit hinreichender Detaillierung – um die Veränderung des Wertes auf Monatsbasis abzubilden – ist keine Beantwortung der Frage hinsichtlich der Angemessenheit der Kaufpreisanpassung möglich.

**1646** Da der Locked-Box-Mechanismus in zunehmendem Maße in Auktionsverfahren eingesetzt wird, sollte der Ermittlung der Wertanpassung die nötige Aufmerksamkeit gewidmet werden. In der Praxis wurden bereits Situationen beobachtet, in denen zwei Bieter sich im Hinblick auf den gebotenen Kaufpreis kaum unterschieden haben, es aber bei der Auswertung den Ausschlag gab, dass ein Bieter das attraktivere Angebot für eine Kaufpreisverzinsung vorgelegt hatte.

### 3. Locked-Box-Garantie und Leakage Covenant [→ Rz. 1631 f]

**1647** § 5 Abs. 4 enthält die selbständige Garantie des Verkäufers, dass in der Periode zwischen *Locked-Box-Date* und dem Vollzugstag keine anderen als die erlaubten Liquiditätsabflüsse aus dem Zielunternehmen stattgefunden haben bzw. stattfinden werden („*leakage covenant*").

**1648** In § 5 Abs. 2 sind diejenigen Liquiditätsabflüsse genannt, die aus Perspektive des Käufers kritisch sein können. Das sind zum einen alle Zahlungen und wirtschaftlich gleichgerichtete Handlungen im Verhältnis zum Verkäufer und den mit ihm verbundenen Personen. Zum anderen sind alle Zahlungen und Verpflichtungen im Hinblick auf die geplante Transaktion betroffen. Alle anderen Liquiditätsströme sind von der *Leakage*-Kontrolle nicht erfasst. Sie unterliegen den Beschränkungen aus der Regelung zur Fortführung des Unternehmens (vgl. § 13 des Vertragsmusters 1), der bei Locked-Box-Fällen schon ab dem *Locked-Box-Date* gilt.

**1649** In § 5 Abs. 3 werden die Fälle des erlaubten Liquiditätsabflusses geregelt. Bei diesen Positionen kann man davon ausgehen, dass sie in der Kaufpreiskalkulation des Käufers berücksichtigt sind. Daher sollten als *Permitted Leakage* nur solche Positionen erfasst werden, die bezüglich der Art, des Betrags und des Zahlungszeitpunktes genau definiert werden können. Andernfalls können sie nur schwerlich bei der Bewertung durch den Käufer berücksichtigt werden.

## 4. Alternativer Kaufpreismechanismus bei Carve-Out-Transaktionen („Forward-Looking-Locked-Box")

Im Folgenden wird ein Kaufpreismechanismus für eine Carve-Out Transaktion beschrieben, 1650
bei der zunächst die Vermögensgegenstände und Verbindlichkeiten im Wege eines Asset Deals in eine neue Gesellschaft (NewCo) verkauft werden. Die Gesellschaft wird durch den Verkäufer in der Rechtsform einer GmbH gegründet. Nachfolgend werden die Anteile an der GmbH im Wege eines Share Deals an den Erwerber veräußert.

***Sachverhalt:*** *Vermögensgegenstände und Verbindlichkeiten werden im Wege eines Asset Deals in eine neue Gesellschaft (NewCo) verkauft. Der Asset Deal ist nicht Gegenstand des Kaufvertrags zwischen Verkäuferin und Käuferin. Der Unternehmenskaufpreis wurde bereits vereinbart, aber hinsichtlich des Kaufpreises für die Anteile der NewCo stellt sich das Problem, dass während der Transaktion noch unklar ist, welche Vermögensgegenstände und Verbindlichkeiten im Wege eines Asset Deals übernommen werden und die Eröffnungsbilanz der NewCo somit noch nicht feststeht. In Bezug auf die Eröffnungsbilanz möchte der Verkäufer jedoch keine weiteren Kaufpreisanpassungen mehr, die aus einem Closing Account resultieren könnten. Insofern wird hierfür ein Locked-Boxed-Mechanismus auf die zukünftige noch zu erstellende Eröffnungsbilanz der NewCo vereinbart (Forward-Looking-Locked Box).*

### § 4
### Kaufpreis

(1) Der Kaufpreis („**Kaufpreis**") für die gemäß § 2 Abs. 1 verkauften Anteile der New- 1651
Co-GmbH berechnet sich wie folgt:

1. […] € (in Worten: […] Euro) („**Unternehmenspreis**");
2. zuzüglich der Summe der gemäß **Anlage 4.1.2** ermittelten Barmittel der Zielgesellschaft („**Barmittel**");
3. abzüglich der Summe der gemäß **Anlage 4.1.3** ermittelten Finanzverbindlichkeiten der Zielgesellschaft („**Finanzverbindlichkeiten**");
4. zuzüglich bzw. abzüglich des Betrags, um den das gemäß **Anlage 4.1.4** ermittelte Nettoumlaufvermögen („**Nettoumlaufvermögen**") den Betrag von […] € über- bzw. unterschreitet.

Die vorstehenden Positionen sind jeweils mit den Beträgen anzusetzen, mit denen sie in 1652
der Eröffnungsbilanz der NewCo ausgewiesen sind. Eine Beispielsrechnung für die Berechnung des Kaufpreises ist als **Anlage 4.1** beigefügt. [→ Rz. 1153 ff]

(2) Der in Abs. 1 ermittelte Kaufpreis für die gemäß § 2 Abs. 1 verkauften Anteile der 1653
GmbH erhöht sich um einen Betrag in Höhe von […] % des Kaufpreises p. a. für den Zeitraum ab dem Stichtag der Eröffnungsbilanz der NewCo bis zum geplanten Vollzugstag („**Zusatzkaufpreis**"), wobei der Stichtag und der geplante Vollzugstag bei der Berechnung des Zusatzkaufpreises unberücksichtigt bleiben und der Zusatzkaufpreis anhand der verstrichenen Tage und auf Basis eines Jahres von 365 Tagen zu ermitteln ist (der um den Zusatzkaufpreis addierte Kaufpreis wird in diesem Vertrag auch als „**Gesamtkaufpreis**" bezeichnet). Spätestens drei Bankarbeitstage vor dem geplanten Voll-

zugstag wird der Verkäufer der Käuferin eine entsprechende Berechnung des Zusatzkaufpreises und des daraus resultierenden Gesamtkaufpreises übermitteln.*)

1654 Der Absatz 1 des Kaufpreismechanismus entspricht dem herkömmlichen Mechanismus für Closing Acccounts. [→ Rz. 947 f]. Aus der Anwendung auf die Eröffnungsbilanz der NewCo ergeben sich keine besonderen Anforderungen für den Mechanismus selbst. Allerdings sind die Anlagen durch Angaben von Konten ohne Kenntnis der konkreten Vorjahreswerte zu definieren, da die konkreten Werte zum Zeitpunkt der Vertragsunterzeichnung ggf. noch nicht vollständig feststehen.

1655 Der Absatz 2 des Kaufpreismechanismus entspricht dem Locked-Box-Mechanismus. Hier wurde allerdings statt des Stichtagsabschlusses (*„referenz balance sheet“*) auf die Eröffnungsbilanz der NewCo Bezug genommen.

1656 Zusätzlich zu den obenstehenden Regelungen zur Festlegung des Kaufpreises (Abs. 1) und der Verzinsung des Kaufpreises im Rahmen eines Locked-Boxed-Mechanismus, sind die Regelungen bzgl. der Locked Box gemäß § 5 des Vertragsmusters zu treffen.

*) Da es sich bei der Verzinsung des Kaufpreises für die Zeit zwischen dem Stichtag und dem geplanten Vollzugstag um eine verkäuferfreundliche Gestaltung handelt, ist zu erwägen, sie in einem käuferfreundlich ausgestalteten Vertrag ersatzlos zu streichen.

## Muster 2: Kauf- und Abtretungsvertrag über einen Geschäfts- und einen Kommanditanteil

| |
|---|
| Abrufbar unter: http://www.rws-verlag.de/vk-unternehmenskauf.htm |

*Sachverhalt: Ausgangspunkt des Musters ist der Verkauf des einzigen Kommanditanteils einer GmbH & Co. KG sowie des einzigen Geschäftsanteils der Komplementär-GmbH. Es handelt sich um ein Familienunternehmen, das an einen industriellen Erwerber veräußert wird. Eine kartell- oder außenwirtschaftsrechtliche Anzeige- oder Genehmigungspflicht besteht nicht. Der Verkäufer ist alleiniger Kommanditist und Gesellschafter-Geschäftsführer des einzigen persönlich haftenden Gesellschafters, der Komplementär-GmbH. Die GmbH & Co. KG besitzt keine weiteren Beteiligungen. Das Betriebsgrundstück wird von einem Dritten langfristig an die KG vermietet. Die Käuferin will die Gesellschaft als GmbH & Co. KG fortführen. Eine Versicherung etwaiger Gewährleistungsansprüche ist nicht gewollt.*

### I. Vertragstext

UR-Nr. [...]/[...] 1657
Verhandelt in Köln am [*Datum*]
Vor [*Name des Notars*],
Notar mit Amtssitz in Köln,
erschienen heute:

1. Herr [*Name*], geb. am [...], [*Beruf*], deutscher Staatsangehöriger, wohnhaft [...], [...], handelnd im eigenen Namen

und

2. Herr [...], geb. am [...], [*Beruf*], deutscher Staatsangehöriger, geschäftsansässig [...], handelnd nicht im eigenen Namen, sondern in seiner Eigenschaft als einzelvertretungsberechtigter Geschäftsführer der K GmbH mit Sitz in [...], eingetragen im Handelsregister des Amtsgerichts [...] unter HRB [...]

Die Erschienenen wiesen sich dem beurkundenden Notar gegenüber durch ihre gültigen Personalausweise aus (**alternativ:** sind dem beurkundenden Notar von Person bekannt). [→ Rz. 1127] 1658

Der beurkundende Notar überzeugte sich von der Vertretungsbefugnis des Erschienenen zu 2) durch Einsichtnahme in das Handelsregister des Amtsgerichts [...] vom [...] (**alternativ:** Zum Nachweis ihrer Vertretungsberechtigung/der Vertretungsbefugnis der die jeweiligen Vollmachten zeichnenden Personen legte der Erschienene zu 2) beglaubigte Handelsregisterauszüge der K GmbH vom [...] vor, die der beurkundende Notar im Original dieser Urkunde beifügt.) [→ Rz. 1127] 1659

Der Notar fragte die Erschienenen, ob er oder einer seiner mit ihm zur gemeinsamen Berufsausübung verbundenen Sozien in dieser Angelegenheit bereits vor der Beurkundung tätig waren (Vorbefassung i. S. v. § 3 Abs. 1 Nr. 7 BeurkG). Dies wurde von den Erschienenen verneint. [→ Rz. 1131] 1660

Der Notar erörterte mit den Erschienenen die Verpflichtungen nach dem Geldwäschegesetz. Die Erschienenen erklärten nachfolgend auf eigene Rechnung bzw. auf Rechnung 1661 der von ihnen Vertretenen und nicht für Dritte zu handeln. Der Erschienene zu 1. erklärte, dass er der wirtschaftlich Berechtigte i. S. v. § 3 Abs. 1 GWG ist. Der Erschienene zu 2. erklärte, dass auf Grundlage der ihm vorliegenden Informationen keine natürliche Person an der K-GmbH (direkt oder indirekt) mehr als 25 % der Kapitalanteile hält, mehr als 25 % der Stimmrechte kontrolliert oder auf vergleichbare Weise Kontrolle ausübt oder die in dieser Urkunde vereinbarte Transaktion oder die ihr zugrundeliegende Geschäftsbeziehung i. S. v. § 3 Abs. 1 Nr. 2 GWG veranlasst hat.

**1662** Die Erschienenen, handelnd wie vorstehend angegeben, baten den unterzeichnenden Notar um Beurkundung des folgenden [→ Rz. 1832]

**Kauf- und Abtretungsvertrags**
**über einen Geschäfts- und einen Kommanditanteil**

zwischen

**Herrn [...]**
**– nachfolgend der „Verkäufer“ –**

und

**K GmbH**
**– nachfolgend die „Käuferin“ –**

**Inhaltsverzeichnis**

§ 17 Kosten
§ 18 Rechtswahl; Schiedsklausel
§ 19 Schlussbestimmungen

## Verzeichnis der Definitionen

| Begriff | Definiert in |
|---|---|
| Anpassungsbetrag | § 2 Abs. 11 |
| Basiskaufpreis | § 2 Abs. 1 |
| Beihilfen | § 4 Abs. 1 Nr. 6 |
| Ein-Monats-Euribor | § 2 Abs. 12 |
| Finanzbehörden | § 8 Abs. 1 |
| Garantiertes GmbH-Eigenkapital | § 2 Abs. 11 |
| Garantiertes KG-Eigenkapital | § 2 Abs. 11 |
| Gesicherter Anspruch | § 2 Abs. 5 |
| GmbH | Vorb. Abs. 1a) |
| GmbH-Basiskaufpreis | § 2 Abs. 1 |
| GmbH-Stichtagsabschluss | § 3 Abs. 1 |
| GmbH-Zusatzkaufpreis | § 2 Abs. 1 |
| Geschäftsanteil | Vorb. Abs. 1a) |
| Gesellschaften | Vorb. Abs. 2a) |
| Grundstück | § 4 Abs. 1 Nr. 8 |
| Haftungsfreigrenze | § 5 Abs. 3 |
| Jahresabschlüsse | § 4 Abs. 1 Nr. 5a) |
| Käuferin | Vertragsrubrum |
| KG | Vorb. Abs. 2a) |
| KG-Basiskaufpreis | § 2 Abs. 1 |
| KG-Stichtagsabschluss | § 3 Abs. 1 |
| KG-Zusatzkaufpreis | § 2 Abs. 1 |
| Kommanditanteil | Vorb. Abs. 2a) |
| Maßgeblicher Schadensfall | § 5 Abs. 3 |
| Relevante Auseinandersetzung | § 9 Abs. 1 |
| Sanierungsverantwortliche Person | § 7 Abs. 1 |
| Schiedsgutachter | § 3 Abs. 2 |
| Steuerbehörde | § 8 Abs. 1 |
| Steuern | § 8 Abs. 1 |
| Stichtag | § 1 Abs. 3 |
| Stichtagsabschlüsse | § 3 Abs. 1 |
| Treuhandkonto | § 2 Abs. 2 Nr. 2 |
| Umweltgutachter | § 7 Abs. 1 |
| Verbindliche Stichtagsabschlüsse | § 3 Abs. 2 |
| Verdeckte Gewinnausschüttungen | § 4 Abs. 1 Nr. 5b) |
| Verkäufer | Vertragsrubrum |
| Verkäuferkonto | § 2 Abs. 2 Nr. 1 |
| Wichtiger Vertrag | § 4 Abs. 1 Nr. 4 |
| Wichtigen Verträge | § 4 Abs. 1 Nr. 4 |
| Zusatzkaufpreise | § 2 Abs. 1 |

## Verzeichnis der Anlagen

| Anlage | Inhalt |
|---|---|
| Anlage 1.4 | Handelsregisteranmeldung |
| Anlage 2.2.5 | Treuhandvertrag |
| Anlage 2.9 | Bankgarantie |
| Anlage 3.1.1 | Bilanzierungs- und Bewertungsgrundsätze |
| Anlage 4.1.1.c.1 | aktuelle Satzung der GmbH |
| Anlage 4.1.1.c.2 | aktueller Gesellschaftsvertrag der KG |
| Anlage 4.1.1.c.3 | aktuelle Handelsregisterauszüge der Gesellschaften |
| Anlage 4.1.1.e | Verträge mit nahe stehenden Personen |
| Anlage 4.1.2.a | gewerbliche Schutzrechte |
| Anlage 4.1.2.b | angegriffene gewerbliche Schutzrechte |
| Anlage 4.1.3.a | Anmerkungen zu KG-Anlagevermögen |
| Anlage 4.1.3.b | Anmerkungen zu KG-Umlaufvermögen |
| Anlage 4.1.3.d.1 | Anmerkungen zu GmbH-Anlagevermögen |
| Anlage 4.1.3.d.2 | Anmerkungen zu GmbH-Umlaufvermögen |
| Anlage 4.1.4 | Wichtige Verträge |
| Anlage 4.1.4.2 | Wichtige Kunden |
| Anlage 4.1.5 | Jahresabschlüsse |
| Anlage 4.1.6.a | Beihilfen |
| Anlage 4.1.6.b | gesellschaftergebundenen Erlaubnisse |
| Anlage 4.1.6.c | Rechtsverletzungen durch Produkte |
| Anlage 4.1.6.d | Produkthaftungsansprüche |
| Anlage 4.1.6.e.1 | Versicherungsverträge |
| Anlage 4.1.6.e.2 | Versicherungsfälle |
| Anlage 4.1.6.f | Rechtsstreitigkeiten |
| Anlage 4.1.6.g.1 | Muster-Händlervertrag (Inland) |
| Anlage 4.1.6.g.2 | Liste der Vertragshändler (Inland) |
| Anlage 4.1.6.g.3 | Muster-Händlervertrag (Ausland) |
| Anlage 4.1.6.g.4 | Liste der Vertragshändler (Ausland) |
| Anlage 4.1.7.a.1 | Mitarbeiter KG |
| Anlage 4.1.7.a.2 | Mitarbeiter GmbH |
| Anlage 4.1.7.a.3 | gekündigte/gekündigt habende Mitarbeiter |
| Anlage 4.1.7.b.1 | Kollektivvereinbarungen |
| Anlage 4.1.7.b.2 | Muster Anstellungsverträge |
| Anlage 4.1.7.d | Pensionszusagen |
| Anlage 4.1.7.e | Betriebsräte |
| Anlage 10.2.1 | nicht mehr zu nutzenden Schutzrechte |
| Anlage 10.2.3 | zu übertragende Genehmigungen |
| Anlage 13.2 | Beratervertrag |
| Anlage 13.3 | Einwilligung Ehefrau |
| Anlage 15.1 | Zustimmung der Geschäftsführung |

**Vorbemerkungen**

1. a) Der Verkäufer ist alleiniger Gesellschafter der [...] – Gesellschaft mit beschränkter Haftung mit Sitz in [...], eingetragen im Handelsregister des Amtsgerichts [...] unter HRB [...] (die **„GmbH"**). Der Verkäufer hält den einzigen, voll eingezahlten Geschäftsanteil an der GmbH im Nennbetrag von 25.000 € (in Worten: fünfundzwanzigtausend Euro), der in der Gesellschafterliste mit Nr. 1 bezeichnet ist (der **„Geschäftsanteil"**). Der Notar hat die Gesellschafterliste am Tag der Beurkundung elektronisch eingesehen. Ein Widerspruch ist der Gesellschafterliste nicht zugeordnet. Eine Abschrift der Liste wird zu Informationszwecken zur Urkunde genommen. [→ Rz. 1840] 1663

b) Unternehmensgegenstand der GmbH ist der Erwerb und die Verwaltung von Beteiligungen sowie die Übernahme der persönlichen Haftung und der Geschäftsführung bei Handelsgesellschaften. [→ Rz. 1840] 1664

2. a) Im Handelsregister des Amtsgerichts [...] ist unter HRA [...] die [...]-GmbH & Co. KG mit Sitz in [...], eingetragen (die **„KG"** – die GmbH und die KG gemeinsam die **„Gesellschaften"**). Die GmbH ist alleinige persönlich haftende Gesellschafterin der KG. Die GmbH hat weder eine Einlage geleistet, noch ist sie am Vermögen der KG beteiligt. Das im Handelsregister eingetragene Kommanditkapital der KG beträgt [...] € (in Worten: [...] Euro). Der Verkäufer ist der alleinige Kommanditist der KG und an ihr mit einem voll eingezahlten festen, im Handelsregister als Haftsumme eingetragenen Kapitalanteil in gleicher Höhe beteiligt (der **„Kommanditanteil"**). [→ Rz. 1841 f] 1665

b) Unternehmensgegenstand der KG ist [...]. 1666

3. Der Verkäufer beabsichtigt, den Geschäfts- sowie den Kommanditanteil an die Käuferin zu veräußern und abzutreten; die Käuferin ist am Erwerb dieser Anteile interessiert. 1667

Vor diesem Hintergrund vereinbaren die Parteien das Folgende:

## § 1
## Verkauf und Abtretung des Geschäfts- und des Kommanditanteils; aufschiebende Bedingung; Treuhand

(1) Verkauf und Abtretung 1668

Der Verkäufer verkauft und tritt an die annehmende Käuferin ab:

1. Den Geschäftsanteil einschließlich sämtlicher Nebenrechte. Das Gewinnbezugsrecht einschließlich des Rechts auf die nicht ausgeschütteten Gewinne der Vergangenheit geht auf die Käuferin mit Wirkung zum [*Beginn des laufenden Geschäftsjahres*] über. [→ Rz. 1844, 1858 f]

2. Den Kommanditanteil im Wege der Sonderrechtsnachfolge mit den zu dem Kommanditanteil gehörenden Nebenrechten, einschließlich der auf dem Kapitalkonto I (Festkapitalkonto) gebuchten Vermögenseinlage (Hafteinlage) in Höhe von [...] € (in Worten: [...] Euro) sowie den auf dem Kapitalkonto II, dem Verlustvortrags-, dem Rücklagen- sowie dem Privatkonto zum Stichtag gemäß Absatz 3 Satz 1 vorhandenen Salden. Der auf den Kommanditanteil entfallende Anteil am Gewinn und

Verlust der KG geht mit Wirkung zum [*Beginn des laufenden Geschäftsjahres*] auf die Käuferin über. [→ Rz. 1846 ff, 1849 ff]

1669 (2) Aufschiebende Bedingung

Die Abtretungen gemäß Absatz 1 erfolgen unter folgenden Bedingungen:

1. Die Abtretung des Geschäftsanteils steht unter der aufschiebenden Bedingung der Zahlung des GmbH-Basiskaufpreises gemäß § 2 Abs. 1 auf das in § 2 Abs. 2 Nr. 1 genannte Konto des Verkäufers und des KG-Basiskaufpreises gemäß § 2 Abs. 1 auf das in § 2 Abs. 2 Nr. 2 genannte Treuhandkonto (jedoch jeweils unabhängig von eventuell geschuldeten Zinsen gemäß § 2 Abs. 2 Nr. 3).
2. Die Übertragung des Kommanditanteils steht unter der aufschiebenden Bedingung der Eintragung der Käuferin als Kommanditistin im Wege der Sonderrechtsnachfolge nach dem Verkäufer im Handelsregister der KG.

1670 (3) Stichtag/Treuhand

Mit Wirkung zum 1. [*nächster Monatserster*] [*Jahr*], 0:00 Uhr (der **„Stichtag"**), hält der Verkäufer den Kommanditanteil unentgeltlich als Treuhänder für die Käuferin; sollte der Basiskaufpreis gemäß § 2 Abs. 1 zum Stichtag noch nicht ordnungsgemäß gezahlt worden sein, beginnt das Treuhandverhältnis erst mit Gutschrift der Zahlungen. Der Verkäufer verpflichtet sich, ab Beginn des Treuhandverhältnisses die aus dem Kommanditanteil folgenden Rechte nur noch in Abstimmung mit der Käuferin auszuüben. Der Verkäufer bevollmächtigt die Käuferin ab diesem Zeitpunkt zur Ausübung sämtlicher aus dem Kommanditanteil folgenden Rechte. Dieses Treuhandverhältnis ist auflösend bedingt durch die Eintragung des Ausscheidens des Verkäufers als Kommanditist und des Erwerbs der Kommanditistenstellung durch die Käuferin im Wege der Sonderrechtsnachfolge im Handelsregister der KG. [→ Rz. 1866 ff]

1671 (4) Handelsregisteranmeldung/Anweisung an Notar/Vollmacht

Die Vertragsparteien verpflichten sich, die im Entwurf als **Anlage 1.4** beigefügte Anmeldung zum Handelsregister der KG über das Ausscheiden des Verkäufers als Kommanditist aus der KG und den Eintritt der Käuferin als Kommanditistin kraft Sonderrechtsnachfolge unverzüglich nach Unterzeichnung dieses Vertrags in notariell beglaubigter Form zu unterschreiben. Sie weisen den Notar an, die notariell beglaubigte Handelsregisteranmeldung in Verwahrung zu nehmen. Sie weisen den Notar ferner an, unverzüglich nach vorbehaltloser Gutschrift des KG-Basiskaufpreises (nachfolgend § 2 Abs. 1) auf dem Treuhandkonto gemäß § 2 Abs. 2 Nr. 2 und der schriftlichen Bestätigung des Verkäufers oder der dieser gemäß § 2 Abs. 2 Nr. 1 gleichstehenden Bankbestätigung über die Gutschrift des GmbH-Basiskaufpreises auf dem Verkäuferkonto gemäß § 2 Abs. 2 Nr. 1 sowohl (i) die notariell beglaubigte Handelsregisteranmeldung beim Handelsregister der KG als auch (ii) die neue Liste der Gesellschafter der GmbH zur Aufnahme in das Handelsregister der GmbH einzureichen. Der Verkäufer kann – insoweit auch mit Wirkung für den Käufer – durch schriftliche Erklärung gegenüber dem beurkundenden Notar auf die Zahlung der Kaufpreise als Voraussetzung für die Handelsregisteranmeldung und -einreichung verzichten; ein Verzicht auf die Zahlung des Kaufpreises als solche ist damit nicht verbunden. Die Zahlung etwaiger Zinsen gemäß § 2 Abs. 2 Nr. 3 ist keine Voraussetzung dafür, die Unterlagen beim Handelsregister einzureichen. Der Verkäufer als Gesellschafter der GmbH erteilt der Käuferin Vollmacht, die Rechte des Verkäufers in der Gesellschafterversammlung der GmbH ab dem Zeitpunkt der Zahlung des Basiskaufpreises zu vertreten. [→ Rz. 1860 ff]

§ 2
**Kaufpreise; Treuhandkonto; Eigenkapitalgarantie**

(1) Kaufpreis 1672

Die Käuferin verpflichtet sich, die Kaufpreise nach diesem § 2 zu zahlen. Der Kaufpreis für den Geschäftsanteil beträgt [...] € (in Worten: [...] Euro) (der „**GmbH-Basiskaufpreis**"), für den Kommanditanteil [...] € (in Worten: [...] Euro) (der „**KG-Basiskaufpreis**"; gemeinsam mit dem GmbH-Kaufpreis der „**Basiskaufpreis**"). Der Basiskaufpreis erhöht sich um etwaige Zwischenüberschüsse der KG (der „**KG-Zusatzkaufpreis**") und/oder der GmbH (der „**GmbH-Zusatzkaufpreis**"; gemeinsam die „**Zusatzkaufpreise**") für den Zeitraum vom 1. Januar [...] bis [*Monatsletzter vor Stichtag*] [...] oder vermindert sich um einen Fehlbetrag der KG für den vorgenannten Zeitraum ausweislich der verbindlichen Stichtagsabschlüsse gemäß nachfolgendem § 3 Abs. 2 sowie um einen etwaigen Anpassungsbetrag gemäß nachfolgendem Absatz 11. [→ Rz. 1877]

(2) Zahlungsweise/Treuhandkonto/Zahlungsbestätigung 1673

Die Kaufpreise sind von der Käuferin kosten- und spesenfrei durch Überweisung zu zahlen.

1. Der GmbH-Basiskaufpreis ist mit dem Verwendungszweck „GmbH-Basiskaufpreis" auf das Konto des Verkäufers bei der Bank [...], BIC [...], IBAN DE[...], oder ein anderes vom Verkäufer der Käuferin spätestens fünf Werktage vorher schriftlich mit Kopie an den beurkundenden Notar mitgeteiltes inländisches Bankkonto (das „**Verkäuferkonto**") zu zahlen, eingehend am Monatsletzten vor dem Stichtag.
2. Der KG-Basiskaufpreis ist mit dem Verwendungszweck „KG-Basiskaufpreis" zum in Nr. 1 bezeichneten Zeitpunkt eingehend auf das Treuhandkonto des beurkunden den Notars bei der Bank [...], BIC [...], IBAN DE[...] (das „**Treuhandkonto**") zu zahlen. Die Kosten für das Treuhandkonto tragt der Verkaufer; etwaige Zinsen auf dem Treuhandkonto stehen dem Verkäufer zu.
3. Ab Fälligkeit sind die geschuldeten Beträge in Höhe von 5 Prozentpunkten p. a. über dem Basiszinssatz gemäß § 247 BGB zu verzinsen. Die Zinsen sind unmittelbar auf das Verkäuferkonto bzw. auf das Treuhandkonto zu zahlen.
4. Der Verkäufer verpflichtet sich, unverzüglich nach Eingang des GmbH-Basiskaufpreises gegenüber dem beurkundenden Notar die Zahlung schriftlich zu bestätigen; geht diese Bestätigung nicht binnen fünf Werktagen nach Eingang der Zahlung bei dem beurkundenden Notar ein, ist die Käuferin berechtigt, durch Vorlage einer Bankbestätigung, die die unwiderrufene Überweisung eines Betrags in Höhe des GmbH-Basiskaufpreises mit dem Verwendungszweck „GmbH-Basiskaufpreis" auf das Verkäuferkonto bestätigt, die Zahlung und den damit verbundenen Bedingungseintritt gegenüber dem beurkundenden Notar und dem Verkäufer nachzuweisen.
5. Die Parteien werden den im Entwurf als **Anlage 2.2.5** beigefügten Treuhandvertrag mit dem beurkundenden Notar abschließen. [→ Rz. 1878 f]

1674 (3) Zahlungsverzögerung

Der Verkäufer ist – unbeschadet weitergehender Ansprüche nach Gesetz oder diesem Vertrag – berechtigt, von diesem Vertrag durch schriftliche Erklärung gegenüber der Käuferin zurückzutreten, falls die Käuferin ihren gemäß vorstehendem Absatz 2 fälligen Zahlungsverpflichtungen nicht spätestens einen Monat nach Fälligkeit vollständig (einschließlich Zinsen) nachgekommen ist. [→ Rz. 1342]

1675 (4) Auszahlung des Treuhandkontos

Der beurkundende Notar wird unverzüglich nach Eingang der Mitteilung über die Eintragung des Gesellschafterwechsels im Wege der Sonderrechtsnachfolge im Handelsregister der KG [...] % des KG-Basiskaufpreises zuzüglich eventuell angefallener Zinsen und abzüglich der bis dahin entstandenen Kosten und Gebühren für das Treuhandkonto auf das Verkäuferkonto oder ein anderes vom Verkäufer dem beurkundenden Notar schriftlich mitgeteiltes inländisches Bankkonto überweisen. [→ Rz. 1885]

1676 (5) Sicherheitseinbehalt/Abwicklung der Zahlungen vom Treuhandkonto

Der nicht gemäß Absatz 4 auszuzahlende, verbleibende Teil des KG-Basiskaufpreises dient als Sicherheit für die Ansprüche der Käuferin wegen Verletzung der in diesem Vertrag geregelten Pflichten und Garantiezusagen des Verkäufers oder für einen etwaigen Rückzahlungsanspruch gemäß nachfolgendem Absatz 10 (je ein **„Gesicherter Anspruch“**). Der beurkundende Notar wird 50 % dieses Betrags unverzüglich nach Ablauf einer Periode von einem Jahr nach dem Stichtag zuzüglich eventuell angefallener Zinsen und abzüglich Kosten und Gebühren für das Treuhandkonto auf das Verkäuferkonto oder ein anderes ihm vom Verkäufer schriftlich mitgeteiltes inländisches Bankkonto überweisen. Diese Überweisung unterbleibt, falls dem beurkundenden Notar spätestens am Tag vor Fälligkeit des Auszahlungsanspruchs des Verkäufers eine schriftliche Mitteilung der Käuferin vorliegt, nach der ein Gesicherter Anspruch gegenüber dem Verkäufer schriftlich geltend gemacht worden ist, und dieser Mitteilung eine Kopie des entsprechenden Schreibens der Käuferin an den Verkäufer einschließlich eines Nachweises über dessen Zugang beim Verkäufer beigefügt ist. Die restlichen 50 % des verbleibenden Teils des KG-Basiskaufpreises wird der beurkundende Notar zuzüglich eventuell angefallener Zinsen und abzüglich Kosten und Gebühren unverzüglich nach Ablauf einer Periode von zwei Jahren nach dem Stichtag auf das Verkäuferkonto überweisen, es sei denn, ihm liegt eine Mitteilung entsprechend vorstehendem Satz 3 vor. [→ Rz. 1886]

1677 (6) Vorgehen bei Geltendmachung von gesichertem Anspruch

Liegt dem beurkundenden Notar im Zeitpunkt der Fälligkeit der Auszahlungen vom Treuhandkonto eine Mitteilung der Käuferin gemäß vorstehendem Absatz 5 Satz 3 und/oder 4 vor, überweist der beurkundende Notar – unabhängig von der Höhe der geltend gemachten Ansprüche – hinterlegte Beträge nur auf gleichlautende schriftliche Weisung beider Parteien oder gegen Vorlage einer Ausfertigung eines rechtskräftigen Schiedsspruchs oder Urteils nach Maßgabe der darin getroffenen Festsetzungen auf das ihm von den Parteien bzw. der berechtigten Partei mitgeteilte Konto. Die bis zum Datum der anderenfalls eingetretenen Fälligkeit eventuell angefallenen Zinsen sowie die Kosten und Gebühren des Treuhandkontos erhält bzw. trägt der Verkäufer.

Für darauf folgende Zeiträume stehen Verkäufer und Käuferin eventuelle Zinsen zu bzw. tragen sie die Kosten und Gebühren des Treuhandkontos nach dem Grade ihres Obsiegens und Unterliegens im Hinblick auf den geltend gemachten Anspruch der Käuferin. [→ Rz. 1886]

(7) Erweisen sich die gesicherten Ansprüche der Käuferin im Nachhinein zu weniger als [...] % des geltend gemachten Betrags als berechtigt, so schuldet die Käuferin dem Verkäufer als pauschalierten Schadensersatz eine Verzinsung des zu Unrecht nicht ausgezahlten Betrags in Höhe von 3 Prozentpunkten über dem Ein-Monats-Euribor, wie in nachfolgendem Absatz 12 definiert; dieselbe Verzinsung ist zu zahlen, wenn und soweit der einzubehaltende Betrag den behaupteten Gesicherten Anspruch (ohne Zinsen) übersteigt. Der Zins berechnet sich vom Datum der sonst eingetretenen Fälligkeit der Auszahlung vom Treuhandkonto bis zum Zeitpunkt, zu dem (i) die Käuferin den ungerechtfertigten Betrag in Schriftform als nicht bestehend anerkennt und den beurkundenden Notar entsprechend zur Auszahlung an den Verkäufer anweist oder (ii) dieser rechtskräftig oder durch Schiedsspruch mit vereinbartem Wortlaut abgewiesen ist. Zu diesem Datum ist der Anspruch des Verkäufers zur Zahlung fällig. [→ Rz. 1887] 1678

(8) Das Treuhandkonto wird als laufendes Konto geführt, sodass über die hinterlegten Beträge jederzeit verfügt werden kann, sofern die Parteien dem Notar keine andere Weisung übereinstimmend schriftlich erteilen. Der beurkundende Notar wird auf dem Treuhandkonto eingezahlte Beträge nur auf ausdrückliche übereinstimmende schriftliche Weisung der Parteien in der in dieser Weisung genannten Form anlegen. [→ Rz. 1886] 1679

(9) Bankgarantie 1680

Der Verkäufer ist jederzeit berechtigt, über den auf dem Treuhandkonto hinterlegten Betrag der Käuferin eine unbedingte und unwiderrufliche Bankgarantie gemäß **Anlage 2.9** einer deutschen Großbank mit derselben Laufzeit wie die in dieser Urkunde geregelten Hinterlegungsfristen zu übergeben. In diesem Fall wird der beurkundende Notar auf schriftliche Mitteilung des Verkäufers die hinterlegten Beträge (abzüglich Kosten und zuzüglich Zinsen) an ihn freigeben, sobald ihm ein Nachweis über die Übergabe der Bankgarantie an die Käuferin vorliegt. [→ Rz. 1888]

(10) Zusatzkaufpreis/Rückzahlung/Bilanzgarantie 1681

Die Höhe der weiteren von der Käuferin gemäß Absatz 1 geschuldeten Zusatzkaufpreise entspricht den Überschüssen der Gesellschaften, die in den verbindlichen Stichtagsabschlüssen der Gesellschaften gemäß § 3 Abs. 2 für das laufende Geschäftsjahr bis zum Stichtag ausgewiesen sind. Ergibt sich für die KG ein Fehlbetrag für diese Periode, ist dieser vom KG-Basiskaufpreis abzuziehen und der Käuferin vom Notar auf schriftliche Aufforderung der Käuferin unter Beifügung einer Kopie des verbindlichen Stichtagsabschlusses durch Überweisung eines entsprechenden Betrags vom Treuhandkonto zu erstatten. Der GmbH-Zusatzkaufpreis ist nur geschuldet, soweit die angenommene Ausschüttung des Überschusses aus dem GmbH-Stichtagsabschluss nicht gegen gesetzliche Vorschriften verstoßen würde, insbesondere nicht gegen § 30 GmbHG. Der KG-Zusatzkaufpreis ist, soweit der Überschuss aus dem KG-Stichtagsabschluss betroffen ist, nur geschuldet, soweit aufgrund der Entnahme dieses Betrags der Kapitalanteil des Verkäufers per Stichtag nicht unter den Betrag der Haftsumme sinken würde oder bereits herabgemindert ist. [→ Rz. 1890 ff]

1682 (11) Der Verkäufer garantiert i. S. e. selbständigen Garantieversprechens nach § 311 Abs. 1 BGB, dass das bilanzielle Eigenkapital der KG i. S. v. § 266 Abs. 3 A, § 264c Abs. 2 Satz 1 HGB zum Stichtag mindestens [...] € (das „**Garantierte KG-Eigenkapital**") und der GmbH [...] € (das „**Garantierte GmbH-Eigenkapital**") beträgt. Sollte das Eigenkapital der KG zum Stichtag ausweislich des verbindlichen Stichtagsabschlusses geringer als das Garantierte KG-Eigenkapital sein, verringert sich der Basiskaufpreis nachträglich um den Fehlbetrag (der „**Anpassungsbetrag**"). [→ Rz. 1894]

1683 (12) Die Käuferin hat die Zusatzkaufpreise innerhalb einer Frist von sechs Wochen nach Vorlage der geprüften und testierten Stichtagsabschlüsse bei der Käuferin gemäß § 3 Abs. 1 Satz 1 auf das Verkäuferkonto zu zahlen. Ausgenommen von dieser Fälligkeitsregelung sind diejenigen Beträge, denen die Käuferin gemäß § 3 Abs. 2 Satz 2 gegenüber dem Verkäufer widerspricht; diese Beträge sind zehn Tage nach Vorlage der verbindlichen Stichtagsabschlüsse bei der Käuferin zur Zahlung fällig. Weist einer der geprüften und testierten Stichtagsabschlüsse Fehlbeträge aus, gilt die Regelung in vorstehendem Satz 1 entsprechend für die Verpflichtung des Verkäufers zur Zahlung der Anpassungsbeträge an die Käuferin, wobei zunächst auf die auf dem Treuhandkonto hinterlegten Beträge zurückgegriffen werden muss. Ergeben sich höhere Anpassungsbeträge, hat der Verkäufer diese innerhalb von zehn Werktagen nach Vorlage der verbindlichen Stichtagsabschlüsse beim Verkäufer zu zahlen. Sämtliche als Zusatzkaufpreise geschuldeten Beträge sowie eventuelle Beträge gemäß vorstehenden Sätzen 3 oder 5 sind ab dem in Satz 1 genannten Zeitpunkt, spätestens aber mit Ablauf von drei Monaten nach dem Stichtag, zu verzinsen; das gilt selbst dann, wenn der Stichtagsabschluss noch nicht testiert und/oder nicht verbindlich sein sollte. Der Zinssatz beträgt drei Prozentpunkte über dem Euro-Zinssatz im Inter-Bankenhandel für Monatsgeld, wie er am Tag des Beginns jeder Zinsperiode von Reuters um 11:00 Uhr auf deren Internetseite veröffentlicht wird oder einem an seine Stelle getretenen Nachfolger („**Ein-Monats-Euribor**"). [→ Rz. 1890 ff]

### § 3
### Stichtagsabschlüsse der GmbH und der KG

1684 (1) Der Verkäufer wird die Zwischenabschlüsse der Gesellschaften (Bilanz sowie Gewinn- und Verlustrechnung) für das laufende Geschäftsjahr per Stichtag (§ 1 Abs. 3) (der „**KG-Stichtagsabschluss**" bzw. der „**GmbH- Stichtagsabschluss**" sowie zusammen die „**Stichtagsabschlüsse**") gemäß den nachfolgenden Bestimmungen aufstellen, durch den bisherigen Abschlussprüfer der Gesellschaften prüfen und testieren lassen und dem Verkäufer und der Käuferin die geprüften Stichtagsabschlüsse nebst Prüfungsbericht des Abschlussprüfers sowie eine Aufstellung über die Fortführung der Gesellschafterkonten des Verkäufers per Stichtag bis spätestens 60 Tage nach dem Stichtag übergeben. Die Käuferin wird dafür Sorge tragen, dass die Gesellschaften den Verkäufer, seine berufsmäßig zur Verschwiegenheit verpflichteten Berater sowie den Abschlussprüfer hierbei umfassend unterstützen und ihnen während der üblichen Geschäftszeiten umfassenden Zugriff auf die relevanten Unterlagen und Systeme der Gesellschaften gewährt wird. Im Rahmen der Aufstellung der Stichtagsabschlüsse ist eine körperliche Bestandsaufnahme des Vermögens der Gesellschaften zum Stichtag durchzuführen. Vertreter der Käuferin und des Verkäufers können an der körperlichen Bestandsaufnahme teilnehmen. Der GmbH-Stichtagsabschluss ist unter Berücksichtigung der vollständigen Ausschüttung des Zwischenüberschusses, der KG-Stichtagsabschluss unter Beachtung der gesetzlichen Vorschriften sowie der folgenden Grundsätze aufzustellen:

1. Der Stichtagsabschluss soll im Einklang mit den in **Anlage 3.1.1** festgehaltenen Bewertungs- und Bilanzierungsgrundsätzen erstellt werden. Diese Bilanzierungsgrundsätze haben unter allen Umständen Vorrang vor den im Weiteren genannten Grundsätzen zur Erstellung des Abschlusses.
2. Unter Berücksichtigung der Regelung in vorstehender Nr. 1 soll der Stichtagsabschluss unter Berücksichtigung der Rechnungslegungsgrundsätze, der Rechnungslegungspolitik und der Schätzungstechniken (soweit diese im Einklang mit den Grundsätzen der ordnungsgemäßen Buchführung stehen*)) wie in dem vorherigen Jahresabschluss zum 31.12. … (Grundsatz der Bilanzkontinuität) erstellt werden.
3. Unter Berücksichtigung der Regelungen in vorstehenden Nr. 1 und 2 sollen die Stichtagsabschlüsse unter Berücksichtigung des Handelsgesetzbuches und der Grundsätze ordnungsmäßiger Buchführung erstellt werden.

Wertaufhellende Ereignisse nach dem Stichtag, die erst nach Beendigung der Prüfungs- 1685
handlungen durch den Abschlussprüfer festgestellt werden können, bleiben für Zwecke der Stichtagsabschlüsse außer Betracht. Die Berichte des Abschlussprüfers der Gesellschaften müssen den Wortlaut eines uneingeschränkten Testats enthalten, welches der Abschlussprüfer erteilen würde, wenn es sich um die Prüfung von Jahresabschlüssen der Gesellschaften handeln würde. [→ Rz. 1893, 1904 ff]

(2) Ein von der Käuferin benannter Wirtschaftsprüfer/Wirtschaftsprüfungsgesellschaft ist 1686
berechtigt, die Stichtagsabschlüsse einschließlich der Eröffnungsbilanzen der Gesellschaften zum Beginn des laufenden Geschäftsjahres zu prüfen. Die in den vom bisherigen Abschlussprüfer der Gesellschaften geprüften Stichtagsabschlüssen ausgewiesenen Positionen sind für die Käuferin verbindlich, sofern diese nicht innerhalb von sechs Wochen nach Übergabe der geprüften und testierten Stichtagsabschlüsse sowie des Prüfungsberichts des Abschlussprüfers der Gesellschaften in einer schriftlichen Stellungnahme gegenüber dem Verkäufer widerspricht. In dieser Stellungnahme sind dem Verkäufer Art und Umfang der Beanstandungen mitzuteilen und zu begründen. Falls sich die Parteien nicht binnen weiterer sechs Wochen nach Zugang einer solchen Stellungnahme der Käuferin bei dem Verkäufer über die darin enthaltenen Beanstandungen einigen können, entscheidet auf schriftlichen Antrag einer Partei, sofern sich die Parteien nicht zuvor auf einen Schiedsgutachter einigen konnten, ein vom Institut der Wirtschaftsprüfer in Deutschland e. V., Düsseldorf, ernannter unabhängiger Wirtschaftsprüfer/Wirtschaftsprüfungsgesellschaft (der „**Schiedsgutachter**") über die streitigen Positionen für beide Parteien verbindlich, wobei er sich bei seiner Entscheidung in dem Rahmen bewegen muss, den die Parteien durch die Stichtagsabschlüsse bzw. ihren begründeten Widerspruch dazu festgelegt haben. In entsprechender Anwendung von §§ 91 ff ZPO entscheidet der Schiedsgutachter auch darüber, welche Partei die Kosten des Schiedsgutachtens trägt. Die nach vorstehenden Bestimmungen für die Parteien maßgeblichen Zwischenbilanzen sind die „**verbindlichen Stichtagsabschlüsse**". Die Garantien gemäß § 4 bleiben hiervon unberührt.[→ Rz. 1893, 1904 ff]

(3) Sämtliche Kosten, die im Zusammenhang mit der Aufstellung und Prüfung der Stich- 1687
tagsabschlüsse durch den bisherigen Abschlussprüfer der Gesellschaften entstehen, trägt der Verkäufer. Die Kosten des von ihr eingeschalteten Wirtschaftsprüfers trägt die Käuferin. [→ Rz. 1904]

*) Der in Klammern eingefügte Zusatz ist nur aus Sicht des Käufers hinzuzufügen.

## § 4
## Garantien des Verkäufers

1688 (1) Der Verkäufer garantiert der Käuferin im Sinne selbständiger, verschuldensunabhängiger Garantieversprechen gemäß § 311 Abs. 1 BGB, dass die folgenden Angaben am heutigen Tag und am Stichtag sowie für die Garantie gemäß Nr. 1 Buchst. f) Satz 1 auch zum Zeitpunkt der Eintragung der Käuferin als Rechtsnachfolgerin des Verkäufers im Handelsregister der KG zutreffend und nicht irreführend sind. Die Parteien sind sich einig, dass die Garantien weder eine Beschaffenheitsvereinbarung gemäß § 434 Abs. 1 BGB noch eine Beschaffenheitsgarantie gemäß § 443 BGB darstellen. [→ Rz. 1429 ff, 1925]

1. Gesellschaftsrechtliche Verhältnisse

1689 a) Die Ausführungen in den Vorbemerkungen dieses Vertrags in Bezug auf die Gesellschaften sind richtig und hinsichtlich der darin behandelten Sachverhalte vollständig. [→ Rz. 1926]

1690 b) Die Gesellschaften sind nach dem Recht der Bundesrepublik Deutschland ordnungsgemäß errichtet und bestehen wirksam fort. Es liegt kein Antrag auf Eröffnung eines Insolvenzverfahrens über das Vermögen der GmbH oder der KG vor. In der Vergangenheit wurde kein Insolvenz- bzw. Konkurs- oder Vergleichsverfahren über das Vermögen der Gesellschaften eröffnet oder mangels Masse abgelehnt. Die Gesellschaften sind weder überschuldet noch (drohend) zahlungsunfähig. Es bestehen auch keine Umstände, die die Eröffnung eines Insolvenzverfahrens rechtfertigen würden, noch sind solche zu erwarten. [→ Rz. 1465]

1691 c) Die als **Anlage 4.1.1.c.1** beigefügte, derzeit gültige Fassung der Satzung der GmbH datiert vom [...], die als **Anlage 4.1.1.c.2** beigefügte, derzeit gültige Fassung des Gesellschaftsvertrags der KG vom [...]. Die als **Anlage 4.1.1.c.3** beigefügten Handelsregisterauszüge der Gesellschaften vom [...] sind aktuell. Es sind keine weiteren Anträge zur Eintragung in das Handelsregister der Gesellschaften gestellt worden. Weder in der GmbH noch in der KG sind Gesellschafterbeschlüsse gefasst worden, die zu ihrer Wirksamkeit der Eintragung in das Handelsregister bedürfen, aber noch nicht im Register eingetragen sind. Es gibt keine Nebenvereinbarungen, die sich auf die Verfassung und Organisation der GmbH und/oder der KG beziehen. [→ Rz. 1926]

1692 d) Weder die GmbH noch die KG halten Beteiligungen an anderen Unternehmen; sie sind nicht verpflichtet, solche Beteiligungen zu erwerben. [→ Rz. 1927]

1693 e) In Bezug auf die Gesellschaften bestehen weder Stimmbindungsverträge noch Unternehmensverträge i. S. d. §§ 291 ff AktG noch Verträge über die Begründung von stillen Gesellschaften oder sonstige Gewinnbeteiligungs- oder -abführungsvereinbarungen. Zwischen der GmbH bzw. der KG und dem Verkäufer oder ihm nahe stehenden Personen i. S. v. § 15 AO oder Gesellschaften, die von dem Verkäufer und/oder seinen Angehörigen einzeln oder gemeinsam (auch mittelbar) beherrscht werden, sowie zwischen der GmbH und der KG untereinander bestehen keine vertraglichen Beziehungen außer den in **Anlage 4.1.1.e** zu diesem Vertrag aufgeführten. [→ Rz. 1927]

1694 f) Der Geschäftsanteil und der Kommanditanteil stehen im rechtlichen und wirtschaftlichen Eigentum des Verkäufers und sind frei von jeglichen Belastungen sowie sonstigen Rechten Dritter, insbesondere Sicherungsrechten, Pfandrechten und Nießbrauchsrechten. Mit Ausnahme der Zustimmung der GmbH bzw. der Gesellschafterversammlung der KG kann der Verkäufer über den Geschäftsanteil sowie den Kommanditanteil ohne die Zustimmung Dritter und ohne dadurch die Rechte Dritter zu verletzen, frei verfügen. Dritten stehen weder direkt noch indirekt Rechte an den mit dem Geschäftsanteil oder dem Kommanditanteil verbundenen Nebenrechten, insbesondere den Stimm- oder Gewinnbezugsrechten, zu. Es existieren keine Optionen, Vorkaufs- oder sonstigen Rechte hinsichtlich des Geschäftsanteils sowie des Kommanditanteils. [→ Rz. 1457 ff]

g) Der Geschäftsanteil ist voll eingezahlt. Rückzahlungen von Stammeinlagen sind weder offen noch verdeckt erfolgt. Es bestehen keine Nachschusspflichten. Der Verkäufer hat die Kommanditeinlage voll eingezahlt. Die Haftung des Verkäufers als Kommanditist der KG ist durch Entnahmen nicht wieder aufgelebt. [→ Rz. 1928] 1695

h) Sämtliche zur Übertragung des Geschäftsanteils nach der Satzung oder anderen internen Dokumenten der Gesellschaft erforderlichen Gesellschafterbeschlüsse und/oder sonstigen Maßnahmen sind wirksam getroffen. Dasselbe gilt für sämtliche zur Übertragung des Kommanditanteils nach dem Gesellschaftsvertrag oder anderen internen Dokumenten der Gesellschaft erforderlichen Gesellschafterbeschlüsse und/oder sonstigen Maßnahmen. [→ Rz. 1929] 1696

2. Gewerbliche Schutzrechte [→ Rz. 1493 ff]

a) **Anlage 4.1.2.a** zu diesem Vertrag enthält eine Aufstellung aller in- und ausländischen gewerblichen Schutzrechte (Patente, Gebrauchsmuster, Marken, Geschmacksmuster, Topografien und Sortenschutzrechte), Urheberrechte sowie Domains (insgesamt die **„Gewerblichen Schutzrechte"**), die der KG bzw. der GmbH gehören oder an denen ihnen ein Nutzungsrecht eingeräumt ist, sowie der zugehörigen Lizenzverträge. Die in Anlage 4.1.2.a genannten Gewerblichen Schutzrechte sind zur Führung des aktuellen Geschäftsbetriebs ausreichend. Weitere gewerbliche Schutzrechte werden nach besten Wissen des Verkäufers – auch unter Berücksichtigung geplanter Erweiterungen des Geschäftsbetriebs – nicht benötigt. 1697

b) Die von der KG genutzten Gewerblichen Schutzrechte genießen unbeschränktes Prioritätsrecht in allen Ländern, in denen die KG wesentliche Geschäftsaktivitäten entfaltet. Keine der in Anlage 4.1.2.a aufgeführten Gewerblichen Schutzrechte wurden geändert oder zurückgezogen. Durch die Gewerblichen Schutzrechte oder deren Gebrauch werden nach bestem Wissen des Verkäufers keine Rechte Dritter verletzt. Soweit nicht in **Anlage 4.1.2.b** aufgeführt, sind von der KG genutzte Gewerbliche Schutzrechte weder von Dritten angegriffen worden, noch droht nach bestem Wissen des Verkäufers ein solcher Angriff oder die Gefahr ihrer Löschung oder Nichtigerklärung. Alle fälligen Register- und Lizenzgebühren sind bezahlt und alle sonst zur Aufrechterhaltung der Gewerblichen Schutzrechte erforderlichen Maßnahmen sind vollständig und rechtzeitig erfolgt. 1698

3. Vermögensgegenstände

1699 a) Die KG verfügt über das alleinige und unbeschränkte rechtliche und wirtschaftliche Eigentum an allen in ihrem Geschäftsbetrieb genutzten Gegenständen des im Jahresabschluss zum 31.12. [*letztes abgelaufenes Geschäftsjahr*] bilanzierten Anlagevermögens zuzüglich etwaiger Zugänge nach dem Bilanzstichtag, soweit nicht etwas anderes in **Anlage 4.1.3.a** aufgeführt ist. Diese sind mit Ausnahme gesetzlicher Pfandrechte frei von jeglichen Belastungen sowie anderen Rechten Dritter. [→ Rz. 1484 ff]

1700 b) Die KG verfügt über das alleinige und unbeschränkte Eigentum an allen Gegenständen des im Jahresabschluss zum 31.12. [*letztes abgelaufenes Geschäftsjahr*] bilanzierten Umlaufvermögens unter Berücksichtigung etwaiger Zu- und Abgänge innerhalb des ordnungsgemäßen Geschäftsablaufs. Der Wert des Umlaufvermögens zum Stichtag unterschreitet nicht den im Jahresabschluss zum 31.12. [*letztes abgelaufenes Geschäftsjahr*] bilanzierten Wert. Die Gegenstände des Umlaufvermögens sind frei von jeglichen Belastungen sowie anderen Rechten Dritter mit Ausnahme von gesetzlichen Pfandrechten oder handelsüblicher, im gewöhnlichen Geschäftsbetrieb vereinbarten Eigentumsvorbehalten und Sicherungsübereignungen für Verbindlichkeiten, die im Jahresabschluss zum 31.12. [*letztes abgelaufenes Geschäftsjahr*] bilanziert sind, soweit nicht etwas anderes in **Anlage 4.1.3.b** aufgeführt ist. [→ Rz. 1484 ff]

1701 c) Die gegenwärtig und zum Stichtag im Eigentum der KG stehenden oder von ihr genutzten Einrichtungen, Anlagen und Gegenstände sind ausreichend und angemessen für den gegenwärtigen Umfang des Geschäftsbetriebs, befinden sich in einem der betriebsgewöhnlichen Nutzung entsprechenden voll gebrauchsfähigen Betriebs- und Erhaltungszustand und können für den gewöhnlichen Geschäftsbetrieb der KG ohne Einschränkungen genutzt werden. Es besteht kein Reparaturrückstand. [→ Rz. 1486]

1702 d) Buchstaben a–c gelten für die GmbH entsprechend; an die Stelle der Anlagen 4.1.3.a und 4.1.3.b treten insofern die **Anlagen 4.1.3.d.1** und **4.1.3.d.2.**

4. Vertragsverhältnisse [→ Rz. 1489 ff]

1703 **Anlage 4.1.4** zu diesem Vertrag enthält eine vollständige Aufstellung folgender für den Geschäftsbetrieb der KG oder der GmbH wichtigen (schriftlich, in Textform oder mündlich abgeschlossenen) Verträge und Verpflichtungen der jeweiligen Gesellschaft (jeweils ein „**Wichtiger Vertrag**" oder zusammen die „**Wichtigen Verträge**"), jeweils unter Nennung der Parteien und Bezeichnung und Bezifferung der wesentlichen Rechte bzw. Verpflichtungen:

1704 a) Verträge über die Anschaffung oder Veräußerung von Gegenständen des Anlagevermögens einschließlich immaterieller Vermögensgegenstände, Sachanlagen (mit Ausnahme von Grundstücken und grundstücksgleichen Rechten) und Finanzanlagen, deren Wert […] € pro Einzelfall übersteigt und bei denen die Leistungspflicht von einer Partei noch nicht erfüllt ist;

1705 b) Pacht-, Miet- oder Leasingverträge (mit Ausnahme von Kfz-Leasingverträgen), soweit deren jährliche Nettoraten […] € im Einzelfall übersteigen;

c) Lizenzverträge, die die KG oder die GmbH als Lizenzgeber oder Lizenznehmer eingegangen ist, soweit die jeweiligen jährlichen Nettolizenzgebühren im Einzelfall [...] € übersteigen; 1706

d) Kredit- und Factoringverträge, die die KG oder die GmbH als Kreditgeber, Kreditnehmer oder Partei des Factoringvertrags eingegangen ist, mit Ausnahme handelsüblicher, im gewöhnlichen Geschäftsverkehr vereinbarter Zahlungsziele; 1707

e) Verträge mit inländischen oder ausländischen Vertragshändlern oder Handelsvertretern sowie alle sonstigen Vertriebsverträge, die entweder im Falle ihrer Beendigung zu Ausgleichsansprüchen gegen die KG oder die GmbH führen können oder deren Kündigungsfrist drei Monate übersteigt; 1708

f) Anstellungsverträge, nach denen die KG oder die GmbH im abgelaufenen Geschäftsjahr eine Gesamtvergütung von mehr als [...] € gezahlt haben oder im laufenden Geschäftsjahr voraussichtlich zahlen werden; 1709

g) Verträge mit Beratern, soweit die jährliche (voraussichtliche) Zahllast daraus im Einzelfall [...] € (netto) übersteigt; 1710

h) Kooperations- oder sonstige Verträge über die Zusammenarbeit der GmbH oder der KG mit Dritten in Bereichen, die für die gegenwärtige oder zukünftige Geschäftstätigkeit der jeweiligen Gesellschaft von erheblicher Bedeutung sind, bei denen insbesondere das damit verbundene gegenwärtige oder künftig geplante Umsatzvolumen mindestens [...] € p. a. beträgt. 1711

i) die Wettbewerbsfreiheit der GmbH oder KG beschränkende Vereinbarungen oder Verpflichtungen; 1712

j) sonstige Verträge oder Verpflichtungen mit einem gegenwärtigen oder künftig geplanten durchschnittlichen jährlichen Wert der Leistungen oder Verpflichtungen der KG oder der GmbH in Höhe von mindestens [...] €. 1713

Alle Wichtigen Verträge mit den Gesellschaften sind in vollem Umfang wirksam und in Kraft. Kein Wichtiger Vertrag ist schriftlich oder mündlich angefochten, gekündigt oder anderweitig beendet worden; es ist auch keine Anfechtung, Kündigung oder anderweitige Beendigung angekündigt worden bzw. steht nach bestem Wissen des Verkäufers auch nicht bevor. Auch sind – abgesehen von allgemeinen Marktunwägbarkeiten – keine Umstände gegeben, die die Geschäftsbeziehungen zu den wichtigsten Kunden (insbesondere den in **Anlage 4.1.4.2** genannten) hinsichtlich Umfang oder Konditionen gefährden könnten oder durch die das Geschäftsergebnis der KG negativ beeinflusst werden könnte. Weder die Gesellschaften noch, nach bestem Wissen des Verkäufers, der jeweilige Vertragspartner haben gegen wesentliche Bestimmungen eines Wichtigen Vertrags verstoßen oder befinden sich mit der Erfüllung von wesentlichen Vertragspflichten in Verzug. Die in diesem Vertrag enthaltenen Bestimmungen und ihre Durchführung werden keiner Partei eines Wichtigen Vertrags ein Recht zur außerordentlichen Kündigung oder Abänderung eines Wichtigen Vertrags geben. 1714

5. Finanzielle Verhältnisse

a) Die als **Anlage 4.1.5** beigefügten Jahresabschlüsse der Gesellschaften für die letzten drei Geschäftsjahre [...], [...] und [...] (die **„Jahresabschlüsse“**) sind 1715 unter Beachtung der gesetzlichen Vorschriften, der Grundsätze ordnungsmäßiger Buchführung (GoB) sowie unter Wahrung der Bilanzierungs- und Bewertungskontinuität aufgestellt worden und vermitteln unter Berücksichtigung dessen ein den jeweiligen tatsächlichen Verhältnissen entsprechendes Bild der Vermögens-, Finanz- und Ertragslage der jeweiligen Gesellschaft. In den jeweiligen Jahresabschlüssen der KG und der GmbH für [*letztes abgeschlossenes Geschäftsjahr*] sind für Verbindlichkeiten Rückstellungen in ausreichendem Umfang gebildet. Für die Risiken hinsichtlich der Einbringlichkeit der in dem jeweiligen Jahresabschluss für [...] ausgewiesenen Forderungen wurden in ausreichendem Umfang Einzel- oder Pauschalwertberichtigungen angesetzt. Für die Vermögensgegenstände des Vorratsvermögens wurden ausreichende Wertberichtigungen für Gängigkeit, Überalterung, Verwertbarkeit oder nicht am Absatzmarkt realisierbare Verkaufspreise (verlustfreie Bewertung) gebildet. [→ Rz. 1466 ff]

1716 b) Seit dem 1. Januar des laufenden Geschäftsjahres sind außer im Rahmen des gewöhnlichen Geschäftsbetriebs keine stillen Reserven der KG oder der GmbH aufgelöst oder entzogen worden. Dem Verkäufer, ihm i. S. v. § 15 AO nahe stehenden Personen oder Gesellschaften wurden von der GmbH oder der KG keine Vorteile irgendwelcher Art zugewendet, die außerhalb eines von der Gesellschafterversammlung der GmbH gefassten Ergebnisverwendungsbeschlusses liegen („**verdeckte Gewinnausschüttungen**") oder im Falle der KG nicht als Privatentnahmen verbucht worden sind. [→ Rz. 1930]

1717 c) Es existieren per Stichtag keine Verbindlichkeiten, Eventualverbindlichkeiten oder sonstigen Risiken der KG oder der GmbH, insbesondere keine Bürgschaften, Patronatserklärungen oder Garantien aus Zeiträumen vor dem Stichtag, die nicht in den verbindlichen Zwischenabschlüssen der Gesellschaften ausgewiesen und durch Rückstellungen gedeckt sind. [→ Rz. 1472 f]

1718 d) Die in den verbindlichen Zwischenabschlüssen ausgewiesenen Forderungen der Gesellschaften können abzüglich der in diesen Abschlüssen gebildeten Einzel- und Pauschalwertberichtigungen nach bestem Wissen des Verkäufers in vollem Umfang realisiert werden. [→ Rz. 1474 ff]

6. Financial Model

1719 Die Annahmen des von dem Verkäufer zur Verfügung gestellten Financial Model in der Version [...] mit dem Dateinamen [...].xls und der Dateigröße [...] kB sind im Wesentlichen nicht falsch oder unvollständig. [→ Rz. 1932 ff]

7. Öffentlich-rechtliche Verhältnisse; Produkthaftung; Versicherungen; Rechtsstreitigkeiten; Vertragshändlerverträge

1720 a) Weder der KG noch der GmbH wurden zu irgendeinem Zeitpunkt öffentliche Beihilfen gleich welcher Art gewährt, insbesondere haben sie keine öffentliche Zuschüsse oder Zulagen erhalten. [→ Rz. 1518 ff]

[Alternative für den Fall, dass an die Gesellschaften öffentliche Zuschüsse, Zulagen oder Beihilfen gewährt wurden:

*Weder der KG noch der GmbH wurden – außer den in* ***Anlage 4.1.6.a*** *genannten – irgendwelche öffentlichen Beihilfen gleich welcher Art (nachfolgend „**Beihilfen**"), insbesondere keine Zuschüsse oder Zulagen gewährt. Gewährte Beihilfen wurden*

*von der jeweiligen Gesellschaft bestimmungs- und fristgemäß verwendet. Alle mit Beihilfen verbundenen Bedingungen und Auflagen wurden erfüllt, sofern und soweit die zuständigen Stellen nicht auf sie verzichtet haben. Keine der gewährten Beihilfen ist wegen der Veräußerung der Geschäftsanteile der Gesellschaften gemäß diesem Vertrag, wegen Verstoßes gegen beihilferechtliche Vorschriften oder – mit Ausnahme der Darlehen – aus sonstigen Gründen zurückzugewähren. Gegenüber den Gesellschaften und/oder dem Verkäufer sind keine Rückforderungsansprüche für Beihilfen geltend gemacht oder angedroht worden. Die Gesellschaften haben keine ausstehenden Verpflichtungen im Zusammenhang mit gewährten Beihilfen. Es bestehen keine Schadensersatz-, Unterlassungs- oder sonstigen Ansprüche Dritter gegen die Gesellschaften und/oder die Käuferin im Zusammenhang mit gewährten Beihilfen. Die Gesellschaft hat keine weiteren Beihilfen beantragt.]*

b) Der KG sind alle behördlichen Genehmigungen und Erlaubnisse erteilt, die für 1721
die Führung und die Fortsetzung ihres gegenwärtigen Geschäftsbetriebs erforderlich oder zweckmäßig sind. Diejenigen Genehmigungen und Erlaubnisse, die einer Übertragung auf die Käuferin bedürfen oder der KG nach dem Gesellschafterwechsel erneut erteilt werden müssen, sind in **Anlage 4.1.6.b** zu diesem Vertrag abschließend aufgeführt. Nach bestem Wissen des Verkäufers droht weder ein Widerruf oder eine Einschränkung einer Genehmigung oder Erlaubnis, noch steht eine behördliche Untersuchung bevor, die zu einem Widerruf oder einer Einschränkung der Genehmigung oder Erlaubnis mit negativen Folgen für den gegenwärtigen Geschäftsbetrieb der KG führen könnte. [→ Rz. 1528]

c) Die betrieblichen Anlagen der KG (einschließlich der Gebäude) sind nach bes- 1722
tem Wissen des Verkäufers unter Beachtung aller anwendbaren Rechtsvorschriften und behördlichen Weisungen, insbesondere auf dem Gebiet des Baurechts und des Gewerberechts, errichtet worden. Soweit in **Anlage 4.1.6.c** nichts anderes aufgeführt ist, verletzen weder ihr Betrieb noch der sonstige gegenwärtige Geschäftsbetrieb der KG, ihre Produkte oder Dienstleistungen jeweils anwendbare Rechtsvorschriften, Rechte dritter Personen oder behördliche Weisungen. Ansprüche dritter Personen gegen die KG aufgrund angeblicher Rechtsverletzungen sind weder erhoben, noch sind nach bestem Wissen des Verkäufers Umstände ersichtlich, die die Geltendmachung solcher Ansprüche erwarten lassen. [→ Rz. 1528]

d) Mit Ausnahme der in **Anlage 4.1.6.d** genannten wurden gegenüber den Gesell- 1723
schaften weder Produkthaftungsansprüche in Bezug auf die von den Gesellschaften hergestellten oder vertriebenen Produkte geltend gemacht, noch drohen nach bestem Wissen des Verkäufers solche Ansprüche, die nicht durch Rückstellungen in den verbindlichen Zwischenabschlüssen gedeckt sind. Die Produkte der KG entsprechen in jeder Hinsicht den anwendbaren Vorschriften in Deutschland und [*wichtigste Exportmärkte der KG*], insbesondere sämtlichen einschlägigen allgemeinen Sicherheits-, Arbeitsschutz- und Unfallverhütungsvorschriften sowie DIN- oder anderen technischen Normen. Die Produkte weisen nach bestem Wissen des Verkäufers keine Serien-, Konstruktions- oder Sicherheitsmängel auf. Der Verkäufer garantiert zudem, dass die Gesellschaften ihren Konstruktions-, Fabrikations-, Instruktions- und Produktbeobachtungspflichten stets ordnungsgemäß nachgekommen sind. Von der KG gegenüber Kunden abgegebene Ga-

rantie- und Gewährleistungszusagen halten sich in den in der Industrie für gleichartige Produkte üblichen Grenzen. [→ Rz. 1530 ff]

1724 e) **Anlage 4.1.6.e.1** zu diesem Vertrag enthält eine Aufstellung aller von der KG oder der GmbH bzw. zugunsten der KG oder der GmbH oder ihres Geschäftsbetriebs abgeschlossenen Versicherungen. Der jeweilige Versicherungsnehmer befindet sich nicht im Verzug mit seinen Pflichten aus den Versicherungsverträgen. Der Versicherungsschutz entspricht dem Umfang, der im Rahmen einer pflichtgemäßen Geschäftsführung abgeschlossen wird, und erstreckt sich insbesondere auf die mit dem Geschäftsbetrieb verbundenen Risiken aus Betriebshaftpflicht, Betriebsunterbrechung und Produkthaftung. Alle Gegenstände des Anlage- und Umlaufvermögens sind gegen übliche Risiken in Höhe ihres Wiederbeschaffungswertes versichert. **Anlage 4.1.6.e.2** enthält alle Versicherungsfälle der Gesellschaften der letzten fünf Jahre ab einem Schadenswert von [...] €. [→ Rz. 1491 f]

1725 f) Mit Ausnahme der in **Anlage 4.1.6.f** zu diesem Vertrag ausdrücklich genannten bestehen keine Rechtsstreitigkeiten, an denen die KG oder die GmbH beteiligt ist. Solche sind auch nicht angedroht. [→ Rz. 1534]

1726 g) Als **Anlage 4.1.6.g.1** zu diesem Vertrag ist der Muster-Händlervertrag beigefügt, den die KG mit allen inländischen Vertragshändlern, die in **Anlage 4.1.6.g.2** aufgelistet sind, abgeschlossen hat. **Anlage 4.1.6.g.3** enthält den Mustervertrag für Vertragshändler im Ausland, die in **Anlage 4.1.6.g.4** aufgeführt sind. [→ Rz. 1537]

8. Arbeitsrechtliche Verhältnisse [→ Rz. 1500 ff]

1727 a) **Anlage 4.1.7.a.1** und **Anlage 4.1.7.a.2** enthalten eine Aufstellung aller von den Gesellschaften am heutigen Tage beschäftigten Mitarbeiter mit Angaben zu den jährlichen Bruttogesamtbezügen, vertraglicher Arbeitszeit, Urlaubsansprüchen, Kündigungsfristen, besonderem Kündigungsschutz, Position, gewährten Arbeitnehmerdarlehen sowie Versorgungszusagen, Tantieme- und ähnlichen Zusatzvereinbarungen. Freie Mitarbeiter und von anderen Unternehmen überlassene Arbeitnehmer sind bei den Gesellschaften nicht tätig. Alle bei Abschluss dieses Vertrags von der KG, der GmbH oder Mitarbeitern gekündigten oder auf einem Zeitpunkt nach Abschluss dieses Vertrags einvernehmlich beendeten Arbeitsverhältnisse sind in **Anlage 4.1.7.a.3** aufgeführt. Es liegen keine Anhaltspunkte vor, dass andere Mitarbeiter ihr Dienst- oder Arbeitsverhältnis mit der KG oder der GmbH kündigen werden.

1728 b) Alle Zahlungen an Arbeitnehmer der Gesellschaften erfolgen auf Grundlage der jeweils gültigen Arbeits- bzw. anwendbaren Tarifverträge und Betriebsvereinbarungen. Die derzeit gültigen kollektiven Vereinbarungen sind vollständig in **Anlage 4.1.7.b.1** aufgelistet. **Anlage 4.1.7.b.2** listet die von der KG und der GmbH verwendeten Anstellungsverträge für gewerbliche und leitende Angestellte abschließend auf. Betriebliche Übungen existieren nicht. Andere außer- oder übertarifliche Leistungen werden nicht gewährt.

1729 c) Die Arbeitsbeziehungen mit den Arbeitnehmern (Voll- und Teilzeitbeschäftigte) wurden und werden in Übereinstimmung mit allen gesetzlichen, tarifvertraglichen, betrieblich vereinbarten sowie sonstigen anwendbaren Regelungen geführt. Insbesondere haben die Gesellschaften die bestehenden Bestimmungen hinsichtlich Lohnsteuern, Sozialversicherungsbeiträgen sowie sonstiger von den Gesellschaften geschuldeter öffentlich-rechtlicher Abgaben jeder Art stets beachtet, die Steuern und Abgaben bei Fälligkeit stets bezahlt, insbesondere den Arbeitnehmeranteil ordnungsgemäß einbehalten und abgeführt.

d) Die Gesellschaften gewähren keine Leistungen der betrieblichen Altersversorgung, insbesondere keine über den Stichtag hinaus wirksamen Pensionszusagen gegenüber (auch ehemaligen) Mitarbeitern oder Gesellschaftern, die nicht in **Anlage 4.1.7.d** vollständig und richtig aufgeführt sind. 1730

e) Sämtliche bei der Gesellschaft bestehenden Betriebsräte sind in **Anlage 4.1.7.e** aufgeführt. Auf freiwilliger Basis eingeführte Arbeitnehmervertretungen bestehen nicht. 1731

9. Altlasten

Das Betriebsgrundstück der KG (das „**Grundstück**") ist nach bestem Wissen des Verkäufers frei von Altlasten und schädlichen Bodenveränderungen nach dem Bundes-Bodenschutzgesetz (BBodSchG) in der am Stichtag gültigen Fassung. [→ Rz. 1536 ff] 1732

10. Steuern und Sozialabgaben [→ Rz. 1517]

a) Die Gesellschaften haben alle steuerlichen Verpflichtungen gemäß den jeweils gültigen gesetzlichen Bestimmungen stets ordnungsgemäß erfüllt, alle Steueran- oder -voranmeldungen und/oder Steuererklärungen ordnungsgemäß erstellt und rechtzeitig abgegeben und alle sonstigen bestehenden gesetzlichen Anmelde- und Abgabepflichten stets beachtet. 1733

b) Alle Steuern i. S. v. § 3 AO einschließlich Steuervorauszahlungen, Sozialversicherungsbeiträge und sonstigen öffentlich-rechtlichen Abgaben und alle im Zusammenhang damit angefallenen Nebenleistungen wurden von den Gesellschaften bei Fälligkeit gemäß den jeweils anwendbaren gesetzlichen Bestimmungen ordnungsgemäß gezahlt und/oder einbehalten. 1734

11. Datenschutz

Die Gesellschaften verarbeiten personenbezogene Daten nach bestem Wissen des Verkäufers in Einklang mit den Vorschriften der Datenschutzgrundverordnung. 1735

(2) Untersuchungen und Überprüfungen, die von der Käuferin oder Dritten im Auftrag der Käuferin im Hinblick auf die KG oder ihren Geschäftsbetrieb oder die GmbH durchgeführt wurden oder werden, berühren die der Käuferin in diesem Vertrag gewährten Garantien nicht, es sei denn, die Käuferin weiß bei Vertragsschluss um die Unrichtigkeit; positive Kenntnis der von ihr mit der Prüfung betrauten Dritten gilt als Wissen der Käuferin. 1736

(3) Soweit die Garantien nach Absatz 1 nach bestem Wissen des Verkäufers abgegeben werden, kommt es auf das Wissen oder die fahrlässige Unkenntnis des Verkäufers entweder zum Zeitpunkt des Abschlusses dieses Vertrags oder am Stichtag an. Sofern es neben dem Verkäufer weitere organschaftliche Vertreter von GmbH oder KG gibt, sind dem Verkäufer hinsichtlich der vorstehenden Garantien Kenntnis und fahrlässige Unkenntnis dieser organschaftlichen Vertreter zuzurechnen. [→ Rz. 1446 ff] 1737

1738 (4) Der Verkäufer kann der Käuferin bis zum Stichtag Sachverhalte schriftlich mitteilen, die sich nach dem Tag der Beurkundung dieses Vertrags ereignet haben, die die von dem Verkäufer in dieser Mitteilung benannten Garantien nach Absatz 1 berühren und weder durch das eigene oder dem Verkäufer zurechenbare Verhalten noch durch das Handeln von ihm i. S. v. § 15 AO nahe stehenden Personen verursacht sind. Für das Vorliegen solcher Sachverhalte trägt der Verkäufer die Darlegungs- und die Beweislast. Solche die Haftung des Verkäufers einschränkenden Mitteilungen sind lediglich in Bezug auf die Garantien in Absatz 1 Nr. 2, 4, 6 und 7 zulässig. Weder die Eigenkapitalgarantie gemäß § 2 Abs. 11 noch die Rechte der Käuferin nach § 11 dieses Vertrags werden durch solche Mitteilungen berührt. Soweit solche Mitteilungen Sachverhalte betreffen, die Schadensersatzansprüche der Käuferin oder der KG aufgrund einer sonst entstandenen Garantieverletzung von insgesamt mindestens […] € (in Worten: […] Euro) betreffen, ist die Käuferin berechtigt, von diesem Vertrag durch schriftliche Erklärung gegenüber dem Verkäufer innerhalb einer Frist von einem Monat ab dem Stichtag zurückzutreten. In diesem Fall sind bereits erbrachte Leistungen unverzüglich zurückzugewähren. Geleistete Zahlungen sind ab dem Rücktritt mit 3 Prozentpunkten über dem Ein-Monats-Euribor zu verzinsen. Weitergehende Ansprüche, insbesondere auf Schadensersatz, bestehen zwischen den Parteien aus diesem Rücktrittsgrund nicht. Bei Meinungsverschiedenheiten über die Höhe eines sonst entstandenen Schadens kann jede Partei nach Ablauf eines Monats seit Mitteilung des Verkäufers die Ernennung eines Schiedsgutachters verlangen, der mangels Einigung der Parteien innerhalb einer weiteren Woche auf schriftlichen Antrag einer Partei vom Institut der Wirtschaftsprüfer in Deutschland e. V., Düsseldorf, ernannt wird. § 3 Abs. 2 Satz 5 gilt sinngemäß. Bei Einschaltung eines Schiedsgutachters berechnet sich die Frist für den Rücktritt nach vorstehendem Satz 5 ab Vorlage des Schiedsgutachtens bei der Käuferin.

## § 5
## Rechtsfolgen von Garantieverletzungen; Verjährung

1739 (1) Sollten eine oder mehrere Garantien des Verkäufers nach § 4 dieses Vertrags ganz oder teilweise unzutreffend sein, ist der Verkäufer verpflichtet, innerhalb einer angemessenen Frist, jedoch spätestens bis vier Wochen nach Zugang eines entsprechenden Verlangens der Käuferin, den Zustand herzustellen, der bestehen würde, wenn die betreffende Garantie bzw. Garantien zutreffend wären (Naturalrestitution). Soweit der Verkäufer innerhalb der gesetzten Frist nicht den vertragsgemäßen Zustand herstellt oder soweit die Herstellung des vertragsgemäßen Zustands nicht möglich ist, kann die Käuferin oder, nach Wahl der Käuferin, die KG oder die GmbH von dem Verkäufer Schadensersatz in Geld gemäß §§ 249 ff BGB verlangen, es sei denn, die Käuferin kannte bei Vertragsschluss die Unrichtigkeit oder ein entsprechendes Wissen wird ihr zugerechnet; im Übrigen finden § 442 BGB sowie § 377 HGB keine Anwendung. Wegen desselben Schadens kann der Verkäufer auch bei Verletzung mehrerer Garantien nur einmal in Anspruch genommen werden. [→ Rz. 1544 ff]

1740 (2) Bei der Berechnung des Schadens der Käuferin sind für den jeweiligen Schadensfall im Jahresabschluss zum 31.12. [*letztes abgelaufenes Geschäftsjahr*] gebildete Rückstellungen oder Wertberichtigungen, künftig ersparte Aufwendungen und Versicherungsansprüche schadensmindernd zu berücksichtigen. Ist für das schadenstiftende Ereignis keine Einzelrückstellung oder Wertberichtigung gebildet, sind die für Ereignisse dieser Art gebildeten Pauschalrückstellungen schadensmindernd zu berücksichtigen. [→ Rz. 1550 f]

(3) Der Verkäufer haftet wegen einer unrichtigen Garantie nach § 4 Abs. 1 dieses Vertrags nur dann, wenn der Schaden im Einzelfall einen Betrag von EUR [*10.000*] übersteigt („**Maßgeblicher Schadensfall**") und die Summe der einzelnen maßgeblichen Schadensfälle den Betrag von EUR 100.000 („**Haftungsfreigrenze**") übersteigt. Wird die Haftungsfreigrenze überschritten, so ist stets der gesamte Schaden zu ersetzen. Der Höchstbetrag für Zahlungsansprüche aufgrund einer Verletzung der Garantieversprechen in § 4 Abs. 1 beläuft sich auf insgesamt [...] € (in Worten: [...] Euro), im Falle grober Fahrlässigkeit auf [...] € (in Worten: [...] Euro). [→ Rz. 1552 ff] 1741

(4) Die Haftungsbeschränkungen nach vorstehendem Absatz 3 gelten nicht bei Vorsatz sowie für die in § 4 Abs. 1 Nr. 1 und Nr. 3 Buchst. a) und b) und Nr. 4 Buchst. k) dieses Vertrags enthaltenen Garantien des Verkäufers. [→ Rz. 1556] 1742

(5) Der Käuferin und den Gesellschaften stehen wegen Verletzung der Garantiezusagen oder anderer Vertragsverletzungen des Verkäufers ausschließlich die in diesem Vertrag ausdrücklich genannten Ansprüche zu. Alle anderen Ansprüche, insbesondere aufgrund des allgemeinen Leistungsstörungsrechts im Zusammenhang mit dem gesetzlichen Mängelhaftungsrecht, Verschuldens bei Vertragsschluss gemäß § 311 Abs. 1, § 241 Abs. 2 BGB, positiver Vertragsverletzung gemäß § 280 Abs. 1 BGB und Wegfalls der Geschäftsgrundlage gemäß § 311a Abs. 2 BGB, sind ausgeschlossen. Soweit in dieser Urkunde nicht ausdrücklich etwas anderes geregelt ist, ist keine Partei berechtigt, von diesem Vertrag ganz oder teilweise zurückzutreten, auch nicht im Wege der Geltendmachung von Schadensersatz statt der ganzen Leistung. Nicht ausgeschlossen sind Ansprüche, die wegen vorsätzlichen Verhaltens der verpflichteten Partei geltend gemacht werden, sowie Ansprüche aus §§ 123, 823 und 826 BGB. [→ Rz. 1557 f] 1743

(6) Ansprüche der Käuferin wegen Garantieverletzungen unterliegen einer am Stichtag beginnenden Verjährungsfrist von zwei Jahren. Abweichend davon gilt für die Garantie des Verkäufers gemäß § 4 Abs. 1 Nr. 8 eine Verjährungsfrist von fünf Jahren, für die Garantien in § 4 Abs. 1 Nr. 1 eine Verjährungsfrist von zehn Jahren. Die Verjährung von Garantieansprüchen ist gehemmt während des Zeitraums, innerhalb dessen die Parteien Verhandlungen über die eine Verletzung von Verkäufergarantien begründenden Umstände führen. Als Verhandlungsbeginn wird der Zugang des schriftlichen Verlangens der Käuferin gemäß vorstehendem Absatz 1 bei dem Verkäufer vereinbart. Die Hemmung endet in jedem Fall zu dem Zeitpunkt, zu dem einer Partei ein Schreiben zugeht, nach dem die Verhandlungen für beendet erklärt, deren Fortsetzung ausdrücklich verweigert oder die Erfüllung geltend gemachter Ansprüche vollständig abgelehnt wird. Die Hemmung endet ferner, wenn nach dem Beginn der Verhandlungen auf die letzte schriftliche Äußerung einer Partei binnen zwei Wochen seit Zugang bei der anderen Partei keine schriftliche Erwiderung der anderen Partei zugegangen ist. Die Regelung in § 203 Satz 2 BGB wird abbedungen. [→ Rz. 1559 ff] 1744

## § 6
## Haftungsfreistellungen

(1) Der Verkäufer verpflichtet sich, die Käuferin gegenüber Gesellschaftsgläubigern bis zur Höhe des Betrags der im Handelsregister der KG für den Verkäufer eingetragenen Haftsumme von jeglicher Haftung gemäß § 172 Abs. 4 HGB oder einer sonstigen persönlichen Haftung für Gesellschaftsverbindlichkeiten freizustellen, die sich unmittelbar oder mittelbar aus vom Verkäufer oder den Gesellschaften bis zur wirksamen Übertra- 1745

gung des Kommanditanteils auf die Käuferin ergriffenen Maßnahmen ergibt, es sei denn, die Maßnahme basiert auf Weisung oder Veranlassung der Käuferin. [→ Rz. 1850]

1746 (2) Die Käuferin verpflichtet sich, den Verkäufer von jeder Haftung für Gesellschaftsverbindlichkeiten freizustellen, die sich daraus ergeben könnte, dass die Einlage nach wirksamer Übertragung des Kommanditanteils zurückgezahlt oder eine der in § 172 Abs. 4 Satz 2 HGB genannten, haftungsauslösenden Maßnahmen von der Käuferin oder den Gesellschaften durchgeführt werden. [→ Rz. 1936]

## § 7
## Freistellung von Sanierungskosten

1747 (1) Der Verkäufer stellt die Käuferin, die nach § 4 Abs. 3 Satz 4 BBodSchG verantwortlichen Personen oder nach Wahl der Käuferin die KG und die GmbH (nachfolgend jeweils die „**Sanierungsverantwortliche Person**") von allen Aufwendungen frei, die der Sanierungsverantwortlichen Person im Zusammenhang mit einer Untersuchung, Abwehr oder Sanierung von Altlasten oder schädlichen Bodenveränderungen am Grundstück entstehen. Dies gilt nicht für Anordnungen zur Vorsorge gemäß § 7 BBodSchG. Die Regelungen in § 5 dieses Vertrags bleiben im Hinblick auf andere Ansprüche als die Freistellungsansprüche nach diesem § 7 unberührt. [→ Rz. 1563 ff]

1748 [Falls ein Verdacht auf Verunreinigung des Grundstücks besteht: Einfügung des folgenden Absatzes 2 mit entsprechender Renummerierung der nachfolgenden Absätze:

*Altlasten oder schädliche Bodenveränderungen i. S. d. Bundes-Bodenschutzgesetzes in der am Stichtag geltenden Fassung werden in dem Gutachten des Herrn/der Firma [...], [...] [Adresse] (nachfolgend der „**Umweltgutachter**") für beide Parteien verbindlich festgestellt. Die Parteien werden den Umweltgutachter unverzüglich nach Abschluss dieses Vertrags mit der Erstellung dieses Gutachtens beauftragen. Die Kosten des Umweltgutachters tragen die Parteien je zur Hälfte. Die Parteien werden dafür Sorge tragen, dass dem Umweltgutachter alle über das Grundstück verfügbaren Unterlagen zur Verfügung gestellt werden, er mit den für diese Fragen zuständigen Mitarbeitern des Verkäufers, der KG bzw. der GmbH zu den geschäftsüblichen Zeiten sprechen kann und die betroffenen Mitarbeiter dem Umweltgutachter alle verfügbaren Auskünfte erteilen. Sie werden darauf hinwirken, dass der Umweltgutachter das Grundstück im Rahmen der normalen Geschäftszeiten der Gesellschaften betreten und alle erforderlichen Untersuchungen auf dem Grundstück vornehmen kann, wobei er so weit als möglich auf das Interesse der KG und der GmbH an der ungestörten Fortführung ihres Geschäftsbetriebs Rücksicht nehmen soll. Die Parteien werden den Umweltgutachter verpflichten, sie über seine Besichtigungs- und Untersuchungstermine rechtzeitig zu unterrichten, damit sie oder ihre Vertreter daran teilnehmen können.]*

1749 (2) Der Verkäufer ist der freistellungsberechtigten Person nur zur Freistellung verpflichtet, wenn und soweit Anordnungen zur Untersuchung, Abwehr oder Sanierung von Altlasten oder schädlichen Bodenveränderungen des Grundstücks und aller damit in Zusammenhang stehenden Maßnahmen [im Falle des Einschubs des vorstehenden Absatzes: ..., *wenn und soweit Anordnungen zur Untersuchung, Abwehr oder Sanierung die in dem Gutachten des Umweltgutachters aufgeführten Altlasten oder schädlichen Bodenveränderungen betreffen und*] in einem bestandskräftigen oder vollziehbaren Verwaltungsakt der zuständigen Behörde, einem rechtskräftigen Gerichtsurteil oder einem öffentlich-rechtlichen Vertrag mit der zuständigen Behörde getroffen sind. [→ Rz. 1570]

(3) Die Freistellungsverpflichtung des Verkäufers ist auf die Kosten für die i. S. d. Bundes-Bodenschutzgesetzes notwendigen Maßnahmen beschränkt, insbesondere auf diejenigen Sanierungskosten, die bei Fortführung der bisher planungsrechtlich zulässigen Nutzung des Grundstücks entstehen. [→ Rz. 1571] 1750

(4) Die Freistellungsansprüche nach diesem § 7 verjähren nach Ablauf einer Frist von fünf Jahren ab dem Stichtag. 1751

**§ 8**
**Steuer- und Abgabenklausel**

(1)„**Steuern**" im Sinne dieses Vertrags sind alle Steuern, Gebühren, Zölle, Beiträge einschließlich Steuerhaftungsbeträgen, Sozialversicherungsbeiträge und andere öffentlich-rechtlichen Abgaben, die von einer Bundes-, Landes- oder Kommunalbehörde („**Steuerbehörde**") oder einem sonstigen Hoheitsträger (zusammen die „**Finanzbehörden**") festgesetzt werden und/oder aufgrund Rechtsvorschriften geschuldet werden. Als „Steuern" gelten zudem alle Zahlungen als Haftungsschuldner für Steuern, Zahlungen aus Gewerbesteuer- und Umsatzsteuerumlageverträgen oder aus vergleichbaren Verträgen oder Steuern betreffende Freistellungsvereinbarungen, ferner alle steuerlichen Nebenleistungen, wie z. B. Zinsen, Kosten und Steuerzuschläge, sowie mit Steuern in Zusammenhang stehende Straf- und Bußgelder, die gesetzlich geschuldet oder von Finanzbehörden auferlegt werden. Als „Steuern" gelten insbesondere alle Steuern und steuerlichen Nebenleistungen i. S. d. § 3 AO. Latente Steuern stellen keine Steuern i. S. d. vorgenannten Definition dar. 1752

(2) Der Verkäufer stellt nach Wahl der Käuferin die Käuferin oder die KG beziehungsweise die GmbH von allen Zahlungsverpflichtungen frei, die Steuern betreffen. Diese Verpflichtung betrifft sämtliche vorgenannten Zahlungsverpflichtungen der KG und der GmbH, soweit sich der dieser Pflicht zugrunde liegende Sachverhalt vor dem Stichtag ereignet hat und die verbindlichen Zwischenabschlüsse dafür keine Verbindlichkeit und keine Rückstellung oder eine Verbindlichkeit oder Rückstellung in nicht ausreichender Höhe enthalten. Die Freistellungsverpflichtung erstreckt sich sowohl auf Veranlagungszeiträume, für die bereits Steuer- oder sonstige Abgabenbescheide gegenüber der KG und der GmbH ergangen, aber noch nicht materiell bestandskräftig sind, als auch auf solche Veranlagungszeiträume, für die die KG oder die GmbH noch nicht veranlagt sind. Soweit für Veranlagungszeiträume in der Vergangenheit bereits Steuer- oder sonstige Abgabenbescheide ergangen sind, betrifft die Freistellungsverpflichtung insbesondere Nachzahlungen der Gesellschaften aufgrund von steuerlichen oder sonstige öffentliche Abgaben betreffenden Außenprüfungen. [→ Rz. 1937] 1753

(3) Auf den Freistellungsanspruch finden die Regelungen in § 5 dieses Vertrags mit Ausnahme der Absätze 3 und 6 Anwendung. 1754

(4) Die Freistellungsansprüche gemäß Absatz 2 verjähren nach Ablauf einer Frist von sechs Monaten nach formeller und materieller Bestands- oder Rechtskraft des Bescheids für die jeweilige Steuer. 1755

§ 9
**Beteiligung des Verkäufers an haftungsrelevanten Auseinandersetzungen**

1756 (1) Der Verkäufer ist von der Käuferin über sämtliche seine Haftung gegenüber der Käuferin bzw. der KG oder der GmbH nach diesem Vertrag möglicherweise begründenden, gegen die KG oder die GmbH gerichtlich oder außergerichtlich geltend gemachten Ansprüche sowie über den Fortgang der Angelegenheit unverzüglich und vollständig unter Vorlage des entsprechenden Schriftverkehrs zu unterrichten. Die Käuferin hat dieselbe Verpflichtung, falls die KG oder die GmbH für die Haftung des Verkäufers eventuell relevante Ansprüche gegenüber Dritten geltend macht (Ansprüche gemäß Satz 1 und 2 jeweils eine „**Relevante Auseinandersetzung**"). Der Verkäufer ist berechtigt, sich selbst oder durch einen von Berufs wegen zur Verschwiegenheit verpflichteten Beauftragten an der Prüfung und der Führung des im Rahmen der Relevanten Auseinandersetzung stattfindenden Verfahrens zu beteiligen. [→ Rz. 1585 f]

1757 (2) Einspruch oder Widerspruch gegen Verwaltungsakte, Klage, Klagerücknahme, Verzicht, Anerkenntnis, Vergleich oder die Einlegung oder Zurücknahme von Rechtsmitteln oder -behelfen in Relevanten Auseinandersetzungen bedürfen der vorherigen Zustimmung des Verkäufers. Auf Verlangen des Verkäufers wird die Käuferin diese Maßnahmen selbst vornehmen bzw. die KG oder die GmbH veranlassen, sie zu ergreifen, sofern der Käuferin bzw. der KG oder der GmbH die entstehenden Prozesskosten, einschließlich Vorschüssen und Sicherheiten, vor deren Fälligkeit gezahlt werden. Die Käuferin wird Relevante Auseinandersetzungen nach Weisung des Verkäufers führen bzw. die KG oder die GmbH veranlassen, gemäß den Instruktionen des Verkäufers zu verfahren. Der Verkäufer kann auch den jeweiligen Prozessbevollmächtigten bestimmen.

1758 (3) Verletzt die Käuferin ihre Pflichten zur Beteiligung des Verkäufers an Relevanten Auseinandersetzungen, ist ihr Anspruch gegen den Verkäufer wegen Verletzung einer in diesem Vertrag abgegebenen Garantiezusage ausgeschlossen, es sei denn, dass der Anspruch der Käuferin bzw. der KG oder der GmbH insoweit auch bei Beachtung ihrer Pflicht zur Beteiligung des Verkäufers als Schaden entstanden wäre.

1759 (4) Sämtliche Kosten, die der Käuferin bzw. der KG oder der GmbH im Zusammenhang mit der Führung von Relevanten Auseinandersetzungen unter Beachtung der in dieser Vorschrift niedergelegten Verpflichtungen entstehen, trägt allein der Verkäufer.

§ 10
**Fortführung der Gesellschaften bis zum Stichtag**

1760 (1) Der Verkäufer verpflichtet sich gegenüber der Käuferin, dafür Sorge zu tragen und steht dafür ein, dass ab dem heutigen Tag bis zum Beginn des Treuhandverhältnisses gemäß § 1 Abs. 3 Satz 1, [→ Rz. 1940]

1761 1. der Geschäftsbetrieb der KG und der GmbH ausschließlich im Rahmen des gewöhnlichen Geschäftsbetriebs, nach den Grundsätzen einer ordentlichen Geschäftspraxis und im Wesentlichen in der gleichen Weise wie zuvor geführt wird;

1762 2. keine Geschäfte außerhalb des gewöhnlichen Geschäftsbetriebs getätigt werden, insbesondere keine neuen Wichtigen Verträge i. S. v. § 4 Abs. 1 Nr. 4 abgeschlossen oder bestehende geändert, seitens der Gesellschaften gekündigt oder aufgehoben werden;

3. weder der Gesellschaftsvertrag der KG oder der GmbH gegenüber den in § 4 Abs. 1 Nr. 1 Buchst. c) genannten Fassungen geändert noch sonstige Gesellschafterbeschlüsse gefasst werden; ausgenommen sind Gesellschafterbeschlüsse der KG oder der GmbH, welche die Ausschüttung von in Vorjahren thesaurierten Gewinnen der GmbH oder die Durchführung der in diesem Vertrag geregelten Transaktion zum Gegenstand haben; 1763

4. keine Gewinnausschüttungen der GmbH in Bezug auf das laufende Geschäftsjahr beschlossen oder vorgenommen werden und keine Entnahme von Gewinnen der KG für das laufende Wirtschaftsjahr erfolgt; 1764

5. die KG und die GmbH mit ausreichender Liquidität versorgt sind, um alle fälligen Verbindlichkeiten bis zum Stichtag begleichen zu können; 1765

6. keine Handlungen erfolgen werden, die entgegen bisheriger Geschäftspraxis die Fälligkeit von Steuer- oder sonstigen Verbindlichkeiten der KG oder der GmbH auf Zeiträume nach dem Stichtag verschieben; 1766

7. der Käuferin und ihren Beratern während der üblichen Geschäftszeiten Zugang zu allen Räumlichkeiten und Unterlagen der KG und der GmbH gewährt wird, sofern die Käuferin oder ihre Berater den Verkäufer über jeden Besuch rechtzeitig, mindestens jedoch drei Werktage vorher informieren; 1767

8. mit Ausnahme von Herrn [...] kein derzeit leitender Mitarbeiter oder derzeitiges Organmitglied der KG oder GmbH direkt oder indirekt zum Ausscheiden aus der jeweiligen Gesellschaft veranlasst wird oder für diesen Fall einen Anreiz erhält; 1768

9. variable Vergütungen an Mitarbeiter und Organe der GmbH oder KG nur entsprechend der in der Vergangenheit geübten und der Käuferin bekannten Praxis gewährt werden; 1769

10. mit Ausnahme von Herrn [...] keine Änderungen der bestehenden Anstellungs- und Dienstverträge mit Mitarbeitern oder Organmitgliedern der GmbH oder KG getroffen werden und keine Zusagen, insbesondere hinsichtlich Abfindungen für den Fall des Ausscheidens von Mitarbeitern oder Organmitgliedern der Gesellschaften, gemacht werden; es sei denn, der Käufer stimmt vorher schriftlich einem abweichenden Verhalten zu, nachdem er von dem Verkäufer schriftlich auf die Abweichung von diesem § 10 hingewiesen worden ist. 1770

(2) Darüber hinaus verpflichtet sich der Verkäufer, 1771

1. die in **Anlage 10.2.1** genannten Schutzrechte nach dem Stichtag in keinem Land mehr zu benutzen; 1772

2. sicherzustellen, dass für einen Zeitraum von mindestens sechs Monaten nach dem Stichtag alle zugunsten der KG oder ihres Geschäftsbetriebs geschlossenen Versicherungen im Wesentlichen in der gleichen Weise wie zuvor fortbestehen, sofern nicht die Käuferin oder die Gesellschaften diese ab dem Beginn des Treuhandverhältnisses beenden; 1773

3. die Käuferin und die KG nach besten Kräften dabei zu unterstützen, dass die in **Anlage 10.2.3** aufgeführten Genehmigungen auf die Käuferin übertragen oder der KG neu erteilt werden. 1774

§ 11
**Wettbewerbsverbot**

1775 (1) Der Verkäufer verpflichtet sich, für die Dauer von zwei Jahren ab dem Stichtag innerhalb des räumlichen Tätigkeitsgebiets der KG jegliche Betätigung zu unterlassen, mit der er unmittelbar oder mittelbar in Wettbewerb zur Geschäftstätigkeit der KG, wie sie am Stichtag ausgeübt wird, treten würde. Der Verkäufer wird insbesondere kein Unternehmen, welches im vorstehenden Sinne im Wettbewerb zur KG steht, unmittelbar oder mittelbar gründen, erwerben, sich daran beteiligen oder für ein solches Unternehmen tätig werden. Ausgenommen von diesem Wettbewerbsverbot ist

1776 1. der Erwerb von Aktien börsennotierter Gesellschaften in Höhe von höchstens 10 % des jeweiligen Grundkapitals zu Zwecken der Kapitalanlage;

1777 2. der Erwerb eines anderen Unternehmens durch den Verkäufer, das teilweise im Wettbewerb zur Geschäftstätigkeit der KG steht, sofern sich der mit Wettbewerbsprodukten erzielte Umsatz des erworbenen Unternehmens innerhalb eines Jahres nach Erwerb durch den Verkäufer auf weniger als 10 % des Gesamtumsatzes des erworbenen Unternehmens beläuft. [→ Rz. 1595 ff]

1778 (2) Der Verkäufer verpflichtet sich, während einer Periode von zwei Jahren ab dem Stichtag keine Arbeitnehmer der KG oder der GmbH zur Aufnahme einer Tätigkeit für den Verkäufer oder eine Gesellschaft, an der er oder eine ihm nahe stehende Person i. S. v. § 15 AO beteiligt ist, zu veranlassen, insbesondere dem Geschäftsführer und anderen leitenden Mitarbeitern der KG oder der GmbH während deren Tätigkeit für die KG oder GmbH aus eigenem Antrieb keinen Anstellungs-, Beratungs- oder Dienstvertrag oder sonstige Tätigkeitsangebote zu unterbreiten oder Vorteile für den Fall anzubieten, dass sie ihre mit der KG oder GmbH bestehenden Anstellungsverträge kündigen oder auflösen. [→ Rz. 1602]

1779 (3) Der Kaufpreis enthält einen angemessenen Ausgleich für das Wettbewerbsverbot gemäß den Absätzen 1 und 2.

1780 (4) Die Bestimmungen der §§ 74 ff HGB finden auf dieses Wettbewerbsverbot keine Anwendung. [→ Rz. 1604]

1781 (5) Verletzt der Verkäufer das in den Absätzen 1 und 2 vereinbarte Wettbewerbsverbot und setzt er diese Verletzung trotz Abmahnung durch die Käuferin fort, so hat er der Käuferin für jede Verletzung eine Vertragsstrafe im Betrag von [...] € (in Worten: [...] Euro) zu zahlen. Dauert die Verletzungshandlung an, hat er für jeden weiteren angefangenen Kalendermonat der Verletzung eine weitere Vertragsstrafe in Höhe von [...] € (in Worten: [...] Euro) zu zahlen; die Einrede des Fortsetzungszusammenhangs ist ausdrücklich ausgeschlossen. Das Recht der Käuferin, – auch ohne Abmahnung – einen auch weitergehenden Schaden geltend zu machen und Unterlassung des verbotenen Verhaltens zu fordern, bleibt unberührt. In diesem Falle werden Vertragsstrafen auf einen solchen Schaden angerechnet. [→ Rz. 1605]

## § 12
## Geheimhaltung; Presse- und sonstige Mitteilungen

(1) Der Verkäufer wird seine Kenntnisse über die KG oder die GmbH und deren jeweiligen Geschäftsbetrieb, soweit die betreffenden Umstände nicht öffentlich bekannt sind und keine gesetzlichen Offenlegungsvorschriften bestehen, geheim halten und solche vertraulichen Informationen nicht für sich selbst oder andere benutzen. [→ Rz. 1606] 1782

(2) Die Parteien haben die Kenntnisse, die sie im Zusammenhang mit der Verhandlung und dem Abschluss dieses Vertrags übereinander und über etwaige verbundene Unternehmen erhalten haben, streng vertraulich zu behandeln. 1783

(3) Die Parteien werden Presseerklärungen oder ähnliche Verlautbarungen in Bezug auf die mit diesem Vertrag geregelten Rechtsgeschäfte nur nach vorheriger schriftlicher Verständigung mit der anderen Partei herausgeben. Ausgenommen sind gesetzlich erforderliche Mitteilungen, insbesondere an Börsenaufsichtsbehörden. [→ Rz. 1607 f] 1784

## § 13
## Angelegenheiten des Verkäufers

(1) Der Verkäufer wird zum Stichtag sein Amt als Geschäftsführer der GmbH niederlegen; sofern die Basiskaufpreise gemäß § 2 Abs. 2 dieses Vertrags zu diesem Zeitpunkt noch nicht gezahlt wurden, mit dem Eingang der Zahlungen. Die Käuferin verpflichtet sich, ihm für seine Tätigkeit im laufenden Geschäftsjahr Entlastung zu erteilen. Zugleich vereinbaren die Parteien, dass der Anstellungsvertrag des Verkäufers mit Wirkung zum Ende der Geschäftsführerstellung aufgehoben wird. Vergütungsansprüche über diesen Zeitpunkt hinaus bestehen nicht. [→ Rz. 1941] 1785

(2) Um einen reibungslosen Übergang des Unternehmens der KG auf die Käuferin zu gewährleisten, wird der Verkäufer der KG für einen Zeitraum von einem Jahr ab dem Stichtag als Berater zur Verfügung stehen. Er wird zu diesem Zwecke unverzüglich nach Abschluss dieses Vertrags mit der KG einen Beratervertrag gemäß **Anlage 13.2** schließen. [→ Rz. 1942] 1786

(3) Frau [*Ehefrau des Verkäufers*] hat mit privatschriftlicher Erklärung vom [...], die im Original vorlag und dieser Urkunde als **Anlage 13.3** in Abschrift beigefügt ist, i. S. v. § 1365 BGB in die Verfügungen eingewilligt, die der Verkäufer in dieser Urkunde vornimmt. [→ Rz. 1943] 1787

## § 14
## Abtretungsverbot; Aufrechnung

(1) Die Abtretung von Rechten oder Ansprüchen aufgrund dieses Vertrags ist nur mit vorheriger schriftlicher Zustimmung der jeweils anderen Vertragspartei zulässig. Ausgenommen hiervon sind Abtretungen der Käuferin an mit ihr i. S. v. § 15 AktG verbundene Unternehmen. [→ Rz. 1609] 1788

(2) Die Aufrechnung ist nur mit vom Aufrechnungsgegner anerkannten oder rechtskräftig festgestellten Gegenforderungen zulässig. [→ Rz. 1610] 1789

§ 15
**Zustimmung der Gesellschafterversammlungen**

1790 (1) Mit der in **Anlage 15.1** beigefügten Erklärung der Geschäftsführung vom [...] hat die GmbH gemäß § [...] der Satzung der Abtretung des Geschäftsanteils sowie gemäß § [...] des Gesellschaftsvertrags der KG der Abtretung des Kommanditanteils an die Käuferin zugestimmt. Die GmbH hat in dieser Erklärung auch der Begründung des in § 1 Abs. 3 dieses Vertrags vereinbarten Treuhandverhältnisses zugestimmt. Der Verkäufer ist als Geschäftsführer der GmbH gemäß § [...] der GmbH-Satzung vom Verbot des Selbstkontrahierens (§ 181 BGB) befreit. [→ Rz. 1945 ff]

1791 (2) Die Käuferin versichert, die Geschäftsführungsbefugnis eventuell betreffende Zustimmungserfordernisse beachtet zu haben. [→ Rz. 1949]

§ 16
**Mitteilungen**

1792 (1) Sämtliche Mitteilungen nach diesem Vertrag sind wie folgt zu adressieren, sofern der anderen Partei nicht schriftlich eine neue Adresse mitgeteilt wurde:

1. an den Verkäufer:
   [*Verkäufer*]
   [*Adresse*]
   mit einer Kopie an:
   [*Anwalt*]
2. an die Käuferin:
   [*Käuferin*]
   z. Hd. Herrn [...]
   [*Adresse*]
   mit einer Kopie an:
   [*Anwalt*]

1793 (2) Sind Mitteilungen schriftlich zu machen, so ist auch eine Übermittlung per Telefax oder E-Mail zulässig. In jedem Fall muss eine schriftliche Mitteilung per Einschreiben mit Rückschein, Bote mit Empfangsbestätigung, Telefax mit Sendebericht oder E-Mail mit Zugangsbestätigung erfolgen. [→ Rz. 1950]

1794 (3) Der Zugang der Mitteilungen bei demjenigen, dem eine Kopie zu übermitteln ist, ersetzt den Zugang bei dem Adressaten nicht.

1795 (4) Hat eine Partei einen Adresswechsel nicht mitgeteilt, gilt eine an die alte Adresse gerichtete Mitteilung als zugegangen, wenn und sobald mit ihrem Zugang zu rechnen war.

§ 17
**Kosten**

1796 Die Kosten der Beurkundung dieses Vertrags trägt die Käuferin. Die übrigen mit diesem Vertrag im Zusammenhang stehenden Kosten, insbesondere die jeweiligen Anwaltskosten, trägt jede Partei selbst, soweit in diesem Vertrag keine andere Regelung getroffen ist. [→ Rz. 1613 f, 1951]

## § 18
## Schiedsklausel

Alle Streitigkeiten, die sich im Zusammenhang mit diesem Vertrag oder über seine Gültigkeit ergeben, werden nach der Schiedsgerichtsordnung der Deutschen Institution für Schiedsgerichtsbarkeit e. V. (DIS) unter Ausschluss des ordentlichen Rechtsweges endgültig entschieden. Das Schiedsgericht entscheidet auch über die Gültigkeit dieser Schiedsklausel. Das Schiedsgericht besteht aus drei Schiedsrichtern. Der Vorsitzende muss die Befähigung zum Richteramt in der Bundesrepublik Deutschland haben. Ort des Schiedsverfahrens ist […]. [→ Rz. 1617 ff] 1797

## § 19
## Schlussbestimmungen

(1) Diese Urkunde enthält zusammen mit ihren Anlagen alle Vereinbarungen und Erklärungen der vertragschließenden Parteien in Bezug auf den Erwerb und die Abtretung des Geschäfts- und des Kommanditanteils sowie aller damit zusammenhängenden Angelegenheiten. Alle zwischen den Vertragsparteien vor dem Abschluss dieses Vertrags getroffenen Vereinbarungen sind durch den Abschluss dieses Vertrags überholt und werden durch die Bestimmungen dieses Vertrags ersetzt. [→ Rz. 1622] 1798

(2) Änderungen und Ergänzungen dieses Vertrags, einschließlich dieser Bestimmung, bedürfen, soweit nicht aufgrund zwingenden Gesetzes notarielle Form zu beachten ist, der Schriftform. [→ Rz. 1623] 1799

(3) Sollte eine Bestimmung dieses Vertrags ganz oder teilweise unwirksam sein oder werden, wird die Wirksamkeit aller übrigen Bestimmungen dieses Vertrags davon nicht berührt. Die Parteien verpflichten sich, die unwirksame Bestimmung durch diejenige wirksame Bestimmung zu ersetzen, die dem von den Vertragsparteien mit der unwirksamen Bestimmung verfolgten wirtschaftlichen Zweck am nächsten kommt. Das Gleiche gilt für den Fall, dass dieser Vertrag unvollständig sein sollte. [→ Rz. 1624] 1800

(4) Die Gesellschaften haben keinen Grundbesitz. 1801

* * * * * * *

Der Notar belehrte die Erschienenen darüber, dass [→ Rz. 1625] 1802

- gemäß § 16 Abs. 1 GmbHG der Erwerber seine Gesellschafterrechte gegenüber der Gesellschaft erst dann wirksam ausüben kann, wenn er in die im Handelsregister aufgenommene Gesellschafterliste eingetragen ist;
- gemäß § 16 Abs. 2 GmbHG der Erwerber neben dem Veräußerer als Gesamtschuldner für alle Einlageverpflichtungen auf die Geschäftsanteile, die zur Zeit der Aufnahme des Erwerbers in die im Handelsregister aufgenommene Gesellschafterliste noch nicht erbracht sind, der Gesellschaft gegenüber haftet;
- gemäß § 16 Abs. 3 GmbHG der gutgläubige Erwerb von Geschäftsanteilen möglich ist, wobei der Erwerb nicht bestehender Geschäftsanteile und der gutgläubige Erwerb im Hinblick auf Lastenfreiheit nicht möglich sind.

1803 Diese Niederschrift einschließlich aller Anlagen wurde den Erschienenen vom Notar vorgelesen, von ihnen genehmigt und von ihnen und dem Notar wie folgt eigenhändig unterschrieben:

[…]

## II. Erläuterungen

### 1. Allgemeines

1804 Der Geschäftsbetrieb der GmbH & Co. KG wird von der KG ausgeübt. Einzige Funktion der GmbH ist die Wahrnehmung der Komplementärstellung. Für das von ihr übernommene Haftungsrisiko wird sie vergütet. Das Betriebsgrundstück wird von einem Dritten langfristig an die KG vermietet. Eine **Pflicht zur Anmeldung** der Transaktion beim Bundeskartellamt oder der EU-Kommission soll hier nicht bestehen. Im Falle des Erwerbs der KG durch einen Erwerber, dessen Umsätze gemeinsam mit denjenigen der KG 500 Mio. € überschreiten, entfällt eine Anmeldepflicht nur bei Anwendbarkeit der Bagatell- oder Bagatellmarktklausel der §§ 35 Abs. 2, 36 Abs. 1 Satz 2 GWB.[1403)] Bestünde eine Anmeldepflicht des Erwerbs der Kommanditanteile, so wäre § 6 von Muster 1 (siehe Rz. 1735 ff) entsprechend heranzuziehen. Die Regelungen in § 1 Abs. 2 und 3 wären so anzupassen, dass vor Freigabe durch die Kartellbehörde kein Vollzug der Transaktion eintritt, der nach § 41 GWB verboten ist.[1404)] Soweit die Transaktion im Einzelfall der Fusionskontrolle unterliegt, sollten die damit verbundenen Risiken einer wesentlich nachteiligen Veränderung (Material Adverse Change) in der Schwebezeit zwischen Signing und Closing zumindest durch eine Klausel i. S. v. § 4 Abs. 6 Nr. 2 des Musters 1 abgebildet werden.

1805 Der Verkauf unterliegt auch keinen außenwirtschaftsrechtlichen Restriktionen oder Anzeige- und Genehmigungspflichten (siehe Rz. 632 ff).

1806 Der Käufer will die **Gesellschaft als KG fortführen**. Veräußert werden daher der einzige Kommanditanteil des Verkäufers sowie der einzige Geschäftsanteil an der Komplementär-GmbH. Die Stellung der Komplementär-GmbH als persönlich haftende Gesellschafterin der KG bleibt also unverändert. Beabsichtigt der Käufer, das Vermögen der KG auf sich zu übertragen, kommt folgendes Vorgehen in Betracht: Der Käufer erwirbt den Kommanditanteil sowie ggf. zusätzlich den Anteil an der Komplementär-GmbH, und im Anschluss daran tritt die Komplementär-GmbH aus der KG aus. Dies hat zur Folge, dass das Vermögen der KG beim Käufer **anwächst** (§ 738 Abs. 1 Satz 1 BGB i. V. m. §§ 161 Abs. 2, 105 Abs. 2 HGB).[1405)] Auf diese Weise kann die aufwendigere Verschmelzung auf den Erwerber vermieden werden. Da die GmbH & Co. KG als alter Arbeitgeber durch die Anwachsung erlischt, führt die Anwachsung auch arbeitsrechtlich im Hinblick auf den mit diesem Vorgang verbundenen Betriebsübergang i. S. v. § 613a BGB nicht zu einem Widerspruchsrecht der Arbeitnehmer.[1406)] Die Arbeitsverhältnisse gehen danach also in

1403) Zu der neuen Aufgreifschwelle für die Fusionskontrolle bei Umsätzen bis 5 Mio. € vgl. *Benedikt-Buckenleib/Falkner/Molestina*, BB 2018, 1410.

1404) Zu der unterschiedlichen Reichweite des deutschen und des europäischen Vollzugsverbots: *Herrlinger/Valdini*, NZKart 2018, 308; *v. Brevern*, M&A Review 2017, 386.

1405) Engehend zur Anwachsung MünchKomm-*Schäfer*, BGB, § 718 Rz. 6 ff; zur ertragsteuerlichen Beurteilung *Lauermann/Protzen*, DStR 2001, 647.

1406) BAG, Urt. 21.2.2008 – 8 AZR 157/07, ZIP 2008, 1296.

der hier erwogenen Konstellation für den Fall der Anwachsung in jedem Fall auf den Kommanditisten über.

## 2. Zivil- und steuerrechtliche Merkmale der GmbH & Co. KG

### a) Gesamthänderische Bindung, Einlage und Haftung

In der Personengesellschaft ist das Vermögen den Gesellschaftern zur gesamten Hand als **Sondervermögen** zugeordnet.[1407] Alle Gesellschafter sind ungeteilt Gesamtberechtigte am Gesellschaftsvermögen. Daher ist es ihnen u. a. untersagt, ihren Anteil am Gesellschaftsvermögen zu übertragen (§ 719 Abs. 1 Alt. 1 BGB). 1807

Am Wert des Gesellschaftsvermögens sind die Gesellschafter über ihren **Kapitalanteil** (§ 120 Abs. 2 HGB i. V. m. § 167 Abs. 1 HGB für die Kommanditisten) beteiligt. Dies ist diejenige Ziffer, die das Verhältnis der Beteiligung der Gesellschafter an der Gesellschaft zum Ausdruck bringt.[1408] Sofern der Gesellschaftsvertrag von der in § 119 Abs. 2 HGB und § 121 Abs. 3 HGB vorgesehenen Abstimmung bzw. Gewinnverteilung nach Köpfen abweicht, bestimmen sich der auf den Gesellschafter entfallende Gewinn, die Verteilung des Gesellschaftsvermögens im Rahmen der Liquidation (§ 155 HGB) sowie das Stimmrecht in der Regel nach dem Kapitalanteil. 1808

Bei einer GmbH & Co. KG ist üblicherweise die Komplementär-GmbH nicht am Vermögen der KG beteiligt (siehe Rz. 1665), d. h., sie hat weder Stimmrecht noch eine Beteiligung am Gewinn oder Liquidationserlös.[1409] 1809

Die Gesellschafter verpflichten sich im Gesellschaftsvertrag gegenüber den Mitgesellschaftern zur Leistung von Einlagen in das gesamthänderisch gebundene Vermögen in Höhe eines bestimmten Betrags **(Pflichteinlage)**. Dieser Betrag stimmt meist mit der Haftsumme des Kommanditisten (§ 171 Abs. 1 Halbs. 1 HGB) überein, muss es aber nicht.[1410] Die Haftsumme ist der im Handelsregister nach § 162 Abs. 1 HGB eingetragene Betrag, bis zu dessen Höhe der Kommanditist gegenüber Gläubigern der Gesellschaft haftet.[1411] 1810

Die **persönliche Haftung des Kommanditisten** gegenüber Gläubigern der Gesellschaft ist ausgeschlossen, wenn die Einlage in Höhe der Haftsumme geleistet ist (§ 171 Abs. 1 Halbs. 2 HGB). Dabei gibt eine Bewertung der Einlage nach objektiven Maßstäben den Ausschlag, nicht etwa im Gesellschaftsvertrag festgelegte abweichende Kriterien.[1412] Die Bewertung der Einlage des Kommanditisten bestimmt bei Gründung der KG regelmäßig ihren Kapitalanteil. Abweichende Vereinbarungen sind zulässig. 1811

Die Haftung des Kommanditisten kann nach Leistung der Einlage wieder aufleben. Dies zum einen, wenn die **Einlage zurückgewährt** wird (§ 172 Abs. 4 Satz 1 HGB). Außerdem lebt die Haftung durch Gewinnentnahmen in einer Situation wieder auf, in der der Kapitalanteil durch Verluste unter den Betrag der Haftsumme gesunken ist oder durch die Entnahme sinken würde (§ 172 Abs. 4 Satz 2 HGB). Bereits bezogene Gewinne brauchen 1812

1407) Vgl. Reichert/*Ihrig*, GmbH & Co. KG, § 20 Rz. 6.

1408) *Roth*, in: Baumbach/Hopt, HGB, § 120 Rz. 12, 13.

1409) Vgl. dazu Reichert/*Ihrig*, GmbH & Co. KG, § 20 Rz. 8 f, und Rz. 1859.

1410) *V. Falkenhausen/Schneider*, in: Münchener Handbuch des Gesellschaftsrechts, Bd. 2, KG § 17 Rz. 7.

1411) Zur Unterscheidung zwischen Haft- und Pflichteinlage vgl. *Roth*, in: Baumbach/Hopt, HGB, § 171 Rz. 1; Reichert/*Ihrig*, § GmbH & Co. KG, 20 Rz. 2.

1412) *Roth*, in: Baumbach/Hopt, HGB, § 171 Rz. 6; Reichert/*Ihrig*, GmbH & Co. KG, § 20 Rz. 20.

zur Verlustdeckung nicht zurückgewährt zu werden (§ 169 Abs. 2 HGB). Bezogen ist der Gewinn auch dann, wenn er auf das Privatkonto zur freien Verfügung gebucht ist.[1413)]

### b) Steuerliche Behandlung der GmbH & Co. KG

#### aa) Steuersubjekt und Transparenzprinzip

1813 Während die Personengesellschaften im Zivilrecht über die Regelung in § 124 HGB weitgehend verselbständigt sind, sind sie einkommensteuerrechtlich kein eigenes Steuersubjekt. Vielmehr sind deren Gesellschafter Steuersubjekte: Dafür hat sich der Begriff der steuerlichen Transparenz von Personengesellschaften eingebürgert. § 15 Abs. 1 Satz 1 Nr. 2 EStG rechnet die Einkünfte der dort im Einzelnen bezeichneten „Mitunternehmerschaften" anteilig unmittelbar den einzelnen Gesellschaftern als **eigene Einkünfte** zu, und zwar unabhängig davon, ob die Personengesellschaft die Gewinne ausschüttet oder einbehält. Die Gesellschafter haben auf die positive Wertveränderung ihres steuerlichen Eigenkapitalkontos Einkommensteuer zu entrichten oder, wenn sie Kapitalgesellschaften sind, Körperschaftsteuer. Die den Gesellschaftern steuerlich zuzurechnenden Einkünfte werden allerdings zunächst auf Ebene der Gesellschaft ermittelt („gesonderte und einheitliche Feststellung"; § 180 Abs. 1 Nr. 2 Buchst. a) AO).

1814 Etwas anderes gilt jedoch für betriebliche Steuern, zu denen insbesondere die **Gewerbe-** und die **Umsatzsteuer** gehören. Für die Gewerbesteuer und auch für die Umsatzsteuer ist die Personengesellschaft selbst Steuerschuldnerin (§ 5 Abs. 1 Satz 3 GewStG, § 2 Abs. 1 UStG). Bei der Gewerbesteuerergibt sich die Besonderheit, dass natürlichen Personen der anteilige Gewerbesteuermessbetrag, der der Gewerbesteuerbelastung zugrunde liegt, im Rahmen der gesonderten und einheitlichen Feststellung zugewiesen wird (§ 35 EStG). Dieser mindert dann im Faktor 3,8 (maximal jedoch in Höhe der anteiligen, tatsächlich gezahlten Gewerbesteuer) die Einkommensteuer des Gesellschafters im nämlichen Veranlagungszeitraum, soweit sie auf seine gewerblichen Einkünfte entfällt. Diese Verschränkung von betrieblicher und privater Steuersphäre, die über den allgemeinen Gewinnverteilungsschlüssel erfolgt, kann erhebliche Verwerfungen auslösen und führt zu teilweise sehr komplexen Ausgleichsregelungen auf Ebene des Gesellschaftsvertrags und auch im Rahmen des Kaufvertrags.

#### bb) Steuerliche Gewinnermittlung

1815 Gemäß § 15 Abs. 3 Nr. 2 EStG gelten Gewinneinkünfte aus der Beteiligung an einer GmbH & Co. KG stets[1414)] als gewerbliche Einkünfte, wenn die Gesellschafter als **Mitunternehmer** i. S. v. § 15 Abs. 1 Nr. 2 EStG anzusehen sind. Die steuerliche Gewinnermittlung erfolgt auf zwei Stufen:

1816 Zunächst wird der Gewinn auf der Basis der Handelsbilanz und der daraus abgeleiteten **Steuerbilanz** der Gesamthand ermittelt. Die Bilanzansätze für die Wirtschaftsgüter und Schulden werden korrigiert um die Wertansätze in einer eventuell vorhandenen **Ergänzungsbilanz** des Mitunternehmers. Der Hauptanwendungsfall für Ergänzungsbilanzen ist der entgeltliche Erwerb eines Mitunternehmeranteils zu einem Preis, der vom Buchwert

1413) *Roth*, in: Baumbach/Hopt, HGB, § 169 Rz. 6; zu den Gesellschafterkonten vgl. Rz. 1865 ff.

1414) Einzige Ausnahme ist eine vermögensverwaltende, entprägte GmbH & Co. KG, bei der entweder auch ein Kommanditist zur Geschäftsführung befugt ist oder eine natürliche Person weiterer Komplementär ist.

des übernommenen steuerlichen Kapitalkontos (siehe Rz. 1850) abweicht. Nach dem Transparenzprinzip ist der Erwerb eines Anteils an einer Personengesellschaft steuerlich als anteilige Anschaffung der einzelnen Wirtschaftsgüter des Gesellschaftsvermögens zu verstehen.[1415)] Daher sind die zusätzlichen Anschaffungskosten für die anteiligen stillen Reserven und ein Geschäftswert in der Ergänzungsbilanz zu aktivieren; in gleicher Höhe ist dort ein Mehrkapital zu passivieren.[1416)] Folge dieser Aktivierungen sind u. a. höhere Abschreibungen in der Zukunft und ein niedrigerer Gewinn bei der Weiterveräußerung der Mitunternehmeranteile. Der Vorgesellschafter hatte die stillen Reserven für den Mitunternehmeranteil seinerseits bei seiner Veräußerung versteuert. Liegen die Anschaffungskosten unter dem Wert des übernommenen steuerlichen Kapitalkontos, ist eine negative Ergänzungsbilanz zu bilden. Das Minderkapital wird auf der Aktivseite ausgewiesen. Es ergeben sich durch die Korrektur letztendlich niedrigere Buchwerte und entsprechend geringere Abschreibungen.

Auf einer zweiten Stufe wird der Gewinnanteil des Mitunternehmers um das Ergebnis et- 1817
waiger **Sonderbilanzen** korrigiert. Hierzu gehören zunächst Aufwand und Ertrag des Sonderbetriebsvermögens. Dazu zählen die Wirtschaftsgüter, die zwar im Eigentum des Mitunternehmers stehen, die aber für den Betrieb der Personengesellschaft genutzt werden – genauer: die objektiv geeignet und zum unmittelbaren Einsatz in der Personengesellschaft bestimmt sind oder subjektiv gewidmet wurden[1417)] oder die unmittelbar der Begründung oder Stärkung der Beteiligung an der Kommanditgesellschaft dienen oder dazu subjektiv bestimmt sind.[1418)] Ein Beispiel ist ein Grundstück, das ein Gesellschafter der Personengesellschaft vermietet. Sonderbetriebsvermögen sind außerdem (meist) die Anteile an der Komplementär-GmbH. Die Einnahmen daraus zählen dann zu den Einkünften aus der Personengesellschaft und sind in deren steuerlicher Gewinnermittlung auszuweisen. Die Aufwendungen für das Wirtschaftsgut und seine Finanzierung sind abzugsfähig; abzugsfähig sind vor allem Zinsaufwendungen für den Erwerb der Anteile an sich, obwohl sie eigentlich auf Ebene des Gesellschafters anfallen, nicht auf Ebene der Gesellschaft selbst.

In der zweiten Stufe wird noch eine ganze Reihe weiterer **Sondervergütungen** erfasst 1818
(§ 15 Abs. 1 Satz 1 Halbs. 2 EStG), z. B. Tätigkeits- und Darlehensvergütungen.

### cc) Beschränkungen des Verlustausgleichs nach § 15a EStG

Grundsätzlich kann der Gesellschafter einer Personengesellschaft einen anteiligen Ver- 1819
lust, der ihm steuerlich zugerechnet wird, mit seinen anderweitigen, positiven Einkünften verrechnen. Doch ist diese steuergünstige Verrechnung bei einem Kommanditisten nach § 15a EStG nur beschränkt möglich. Grundgedanke der Beschränkung ist: Ein beschränkt haftender Gesellschafter soll Verluste nur insoweit mit anderen positiven Einkünften verrechnen können, als er durch die Verluste wirtschaftlich belastet ist. Dies ist in dem Maße der Fall, in dem der Kommanditist der Gesellschaft steuerlich **Eigenkapital zur Verfügung** gestellt hat oder nach außen gemäß § 171 Abs. 1 HGB haftet. Insoweit ist der Ver-

1415) BFH, Urt. v. 12.12.1996 – IV R 77/93, BStBl 1998 II, 180 zu 2a; Schmidt/*Wacker*, EStG, § 15 Rz. 461.

1416) Schmidt/*Wacker*, EStG, § 15 Rz. 462.

1417) Notwendiges oder gewillkürtes Sonderbetriebsvermögen I, Schmidt/*Wacker*, EStG, § 15 Rz. 513 f und 527–531.

1418) Notwendiges oder gewillkürtes Sonderbetriebsvermögen II, Schmidt/*Wacker*, EStG, § 15 Rz. 517.

lust ausgleichsfähig. Überschreitet der Verlust die wirtschaftliche Belastung des Kommanditisten, ist er nur noch verrechenbar: Er kann nur mit künftigen Gewinnanteilen aus eben dieser Beteiligung verrechnet werden (§ 15a Abs. 2 EStG).

1820 Ob ein Verlust sofort und uneingeschränkt ausgleichsfähig oder teilweise beziehungsweise in Gänze erst später verrechenbar ist, entscheidet sich danach, ob durch einen Verlust ein **negatives Kapitalkonto** entsteht (oder dieses sich erhöht). Zur Ermittlung des steuerlichen Kapitalkontos des Kommanditisten sind nur Verluste aus der steuerlichen Gesamthandsbilanz der Personengesellschaft sowie der Ergänzungsbilanz des Kommanditisten zu berücksichtigen,[1419)] nicht jedoch aus dem Bereich des Sonderbetriebsvermögens.[1420)] Letztere können unbegrenzt verrechnet werden.[1421)] Für die Frage, ob das Kapitalkonto negativ ist (oder durch die neuen Verluste wird), sind nur die eigenkapitalrelevanten Kapitalkonten heranzuziehen. Eigenkapitalrelevant sind (jedenfalls) solche Konten, auf denen nach dem Gesellschaftsvertrag Verluste gebucht werden.[1422)] In Muster 2 sind dies das Kapitalkonto I, das Kapitalkonto II, das Verlustvortragskonto sowie das Rücklagenkonto, nicht jedoch das Privat- oder Darlehenskonto, da dessen Saldo dem Sonderbetriebsvermögen zuzuordnen ist und als solches bei Minderungen stets zu ausgleichsfähigen Verlusten führt.

### dd) Besteuerung des Erlöses aus der Veräußerung von Mitunternehmeranteilen

#### (1) Auswirkungen bei der GmbH & Co. KG

1821 Auf die Gesamthandsbilanz der Gesellschaft hat der Verkauf eines Gesellschaftsanteils grundsätzlich keine Auswirkungen. Ausnahmen hiervon stellen § 7 Satz 2 GewStG sowie der rückwirkende Wegfall von steuerlichen Vergünstigungen durch Verstoß gegen Mindesthaltefristen dar. Im ersten Fall ergibt sich eine erhöhte Gewerbesteuerlast, die über die Gewinn- und Verlustrechnung die Gesamthandsbilanz belastet. Im zweiten Beispiel ergibt sich eine Steuernachzahlung, die ebenfalls in der Gesamthandsbilanz als Verbindlichkeit zu erfassen ist. Steuerliche Auswirkungen gibt es auch durch die Berücksichtigung der individuellen Verhältnisse des Käufers als Gesellschafter auf Ebene der Gesamthand: So kann der Käufer etwa zusätzliche Abschreibungen aus seiner Ergänzungsbilanz oder Aufwand für die Finanzierung des Beteiligungserwerbs haben. Solche Aufwendungen stehen zwar nicht in der Gesamthands-GuV, aber wegen der komplizierten mehrstufigen steuerlichen Gewinnermittlung (siehe Rz. 1817) reduzieren sie den **Gewerbeertrag** der Gesellschaft und damit die Gewerbesteuerbelastung der KG.[1423)] Dieser Effekt kommt steuerlich allen anderen Gesellschaftern anteilig zugute, obwohl nur der neue Kommanditist die finanzielle Belastung trägt. Gleichzeitig mindert sich das Mitgesellschaftern – die natürliche Personen sind – zuzuweisende Ermäßigungspotenziell wegen des geringeren Gewerbesteuermessbetrags. Dafür empfiehlt es sich, Ausgleichsregelungen unter den Gesellschaftern zu treffen.

---

1419) BFH, Urt. v. 30.3.1993 – VIII R 63/91, BStBl 1993 II, 706; *Prinz/Thiel*, DStR 1994, 341, 344; BFH, Urt. v. 13.10.1998 – VIII R 78/97, BStBl 1999 II, 163, 164.

1420) BFH, Urt. v. 14.5.1991 – VIII R 31/88, BStBl 1992 II, 167, 171.

1421) Abschnitt R 15a Abs. 2 Satz 1 EStR.

1422) BMF, Schreiben v. 30.5.1997, BStBl 1997 I, 627; OFD Hannover, Vfg. v. 7.2.2008 – S 2241 a – 96 – StO 222/221.

1423) *Zimmermann u. a.*, Die Personengesellschaft im Steuerrecht, B Rz. 164 ff und B Rz. 201 ff.

Die Fortführung der gewerbesteuerlichen Verlustvorträge setzt neben **Unternehmens- auch Unternehmeridentität** voraus.[1424] Die Unternehmeridentität ist im Falle eines Gesellschafterwechsels nicht mehr gewahrt, sodass ein bestehender gewerbesteuerlicher Verlustvortrag anteilig verloren geht (R 10a.3 Abs. 3 Satz 9 GewStR). 1822

### (2) Ermittlung des Veräußerungsgewinns

Gegenstand der Veräußerung sind die ideellen Anteile des Ausgeschiedenen an den einzelnen bilanzierten und nicht bilanzierten Wirtschaftsgütern des Gesellschaftsvermögens, eventuell ergänzt um Gegenstände des Sonderbetriebsvermögens. Veräußerungsgewinn ist die **Differenz zwischen dem Veräußerungspreis** und dem steuerlichen **Buchwert** des Mitunternehmeranteils zum Zeitpunkt der Veräußerung (§ 16 Abs. 2 Satz 1, 2 EStG). Falls nichts anderes vereinbart ist, wird auf den Stichtag eine Abschichtungsbilanz aufgestellt. Möglich ist auch, den Buchwert des Mitunternehmeranteils, bei einer unterjährigen Veräußerung, auf den Zeitpunkt der Veräußerung zu schätzen.[1425] Der maßgebliche Buchwert setzt sich zusammen aus den Werten der Wirtschaftsgüter in der Steuerbilanz der Personengesellschaft und in der Ergänzungsbilanz des Veräußerers. Relevant ist aber auch die Sonderbilanz des Kommanditisten, und zwar auch dann, wenn Wirtschaftsgüter des Sonderbetriebsvermögens gar nicht mitveräußert werden, sondern ins Privatvermögen übergehen, weil eine solche „Entnahme" ebenfalls zur steuerpflichtigen Aufdeckung der im Sonderbetriebsvermögen enthaltenen stillen Reserven führt.[1426] 1823

Im Regelfall kann eine **Abschichtungsbilanz** nicht dadurch ersetzt werden, dass die während eines Wirtschaftsjahres erfolgte Anteilsübertragung auf den Beginn des Wirtschaftsjahres zurückbezogen wird.[1427] Dies ist u. a. nur für eine kurze Zeitspanne bis zu höchstens drei Monaten möglich, falls die Rückbeziehung lediglich der technischen Vereinfachung der Besteuerung dient und sich in der Zwischenzeit nichts ereignet hat, was möglicherweise für die Besteuerung noch erheblich ist.[1428] 1824

Der **Buchwert** des Anteils zum Schluss des vorangegangenen Wirtschaftsjahres wird auf den Stichtag der Veräußerung fortentwickelt (§ 6 Abs. 2 EStDV); dadurch wird auch der laufende Gewinn vom ggf. begünstigten Veräußerungsgewinn abgegrenzt.[1429] Der laufende Gewinn kann nicht in ggf. begünstigten Veräußerungsgewinn umgewandelt werden. 1825

Wird ein durch Entnahmen oder verrechenbare Verlustanteile (§ 15a EStG) **negatives Kapitalkonto** vom Erwerber übernommen, ohne dass der Verkäufer hierfür Ausgleich leisten muss, so erhöht sich der Veräußerungspreis steuerlich um den Betrag des negativen Kapitalkontos.[1430] Verrechenbare Verluste nach § 15a Abs. 2 EStG kann der Verkäufer mit dem Veräußerungsgewinn verrechnen. 1826

1424) BFH, Urt. v. 3.5.1993 – GrS 3/92, BStBl 1993 II, 616, 620.
1425) Schmidt/*Wacker*, EStG, § 16 Rz. 463.
1426) Schmidt/*Wacker*, EStG, § 16 Rz. 463.
1427) Schmidt/*Wacker*, EStG, § 16 Rz. 442.
1428) BFH, Urt. v. 18.9.1984 – VIII R 119/81, BStBl 1985 II, 55, 57 unter 3.b.
1429) Schmidt/*Wacker*, EStG, § 16 Rz. 310.
1430) *Sauter*, in: Beck'sches Handbuch der Personengesellschaften, § 7 Rz. 183; Schmidt/*Wacker*, EStG, § 15a Rz. 224, § 16 Rz. 472.

1827 Werden Gegenstände des **Sonderbetriebsvermögens** mitveräußert, ist der daraus entstehende Gewinn Teil des gesamten ggf. steuerbegünstigten Veräußerungsgewinns. Werden die Gegenstände zurückbehalten, kann dies zum Wegfall der Tarifbegünstigung führen.[1431)]

1828 Der Veräußerungsgewinn unterliegt der **Gewerbesteuer**, soweit er nicht auf unmittelbar beteiligte natürliche Personen entfällt (§ 7 Satz 2 GewStG). Steuerschuldner der Gewerbesteuer auch auf den Veräußerungsgewinn ist die Personengesellschaft selbst, obwohl der Gewinn wirtschaftlich gar nicht von ihr erzielt wurde, sondern vom veräußernden Gesellschafter. Diese steuertechnische Besonderheit sollte im Verhältnis der Parteien untereinander vertraglich berücksichtigt werden. Der Veräußerer sollte die Gewerbesteuer tragen. Diese Belastung des Erwerbers ist bei der Vertragsgestaltung, z. B. über eine (nachträgliche) Kaufpreisminderung, zu berücksichtigen.[1432)]

1829 Grundsätzlich sind in Bezug auf die aus § 7 Abs. 2 GewStG resultierenden Steuerverbindlichkeiten zwei Herangehensweisen denkbar:

1. Durch eine entsprechende Formulierung der Steuern- und Abgabenklausel in § 8 des Mustervertrags, sind die steuerlichen Belastungen der verbleibenden bzw. neu eintretenden Mitgesellschafter vom Veräußerer auszugleichen.
2. Auf Basis des festgelegten Kaufpreises erfolgt eine Berechnung der zu leistenden Steuern und diese Steuern werden direkt vom Kaufpreis reduziert, indem die Steuerverbindlichkeit als Finanzverbindlichkeit definiert wird. Der Verkäufer kann den verbleibenden oder neueintretenden Mitgesellschafter von etwaigen Mehrforderungen, z. B. aufgrund eines Rechenfehlers, freistellen.

1830 Für den Veräußerer gilt die **Fünftel-Regelung** gemäß § 34 Abs. 1 Satz 2 EStG und, wenn die Voraussetzungen des § 34 Abs. 3 EStG vorliegen, auch der **halbe Steuersatz** bis zu einem Veräußerungsgewinn von 5 Mio. Euro (siehe Rz. 491 im Zusammenhang mit Einzelunternehmen). Die Veräußerung der Anteile an der Komplementär-GmbH unterliegt dem **Teileinkünfteverfahren** (§ 3 Nr. 40 Buchst. b) EStG).

**ee) Besteuerung beim Erwerber**

1831 Die vom Käufer an den Verkäufer geleisteten Zahlungen sind bei diesem aktivierungspflichtige **Anschaffungskosten** für die aus steuerlicher Sicht erworbenen ideellen Anteile des Verkäufers an den einzelnen Wirtschaftsgütern des Gesellschaftsvermögens. Ist der Kaufpreis höher als das in der Steuerbilanz der Gesellschaft und einer etwaigen Ergänzungsbilanz des Verkäufers ausgewiesene Kapitalkonto (fortgeführter anteiliger Buchwert), so sind diese Anschaffungskosten entsprechend der prozentualen Beteiligung des Käufers am Gesellschaftsvermögen in einer **Ergänzungsbilanz** zu aktivieren. Zunächst wird der Mehrbetrag anteilig proportional den stillen Reserven in den Wirtschaftsgütern des Gesellschaftsvermögens zugeschrieben, danach nicht bilanzierten (etwa selbst geschaffenen) immateriellen Wirtschaftsgütern. Wenn dann noch ein nicht zugeordneter Mehrbetrag verbleibt, wird dieser einem Firmenwert zugeschrieben.[1433)] Zu den Anschaffungskosten des Käufers gehört auch der Betrag eines ohne Ausgleich durch den Verkäufer übernommenen negativen Kapitalkontos (korrespondierend zur Erhöhung des Veräußerungsgewinns, siehe Rz. 1826).

---

1431) BFH, Urt. v. 24.8.2000 – IV R 51/98, BStBl 2005 II, 173; Schmidt/*Wacker*, EStG, § 16 Rz. 410, 414.

1432) *Füger/Rieger*, DStR 2002, 936, 939.

1433) Sog. Stufen- oder modifizierte Stufentheorie, siehe Rz. 2203 ff sowie Schmidt/*Wacker*, EStG, § 16 Rz. 487 – 490.

## 3. Vorbemerkungen

### a) Notarielle Beurkundung [→ Rz. 1662]

Hinsichtlich des GmbH-Geschäftsanteils wird auf die entsprechenden Ausführungen im Vertragsmuster 1 (Rz. 1126 ff) verwiesen. Die Veräußerung von Anteilen an einer Personengesellschaft ist grundsätzlich formfrei möglich. Dies gilt selbst dann, wenn die Personengesellschaft über Grundbesitz verfügt[1434] oder eine Beteiligung an einer GmbH hält. Etwas anderes gilt jedoch, wenn die Veräußerung des Personengesellschaftsanteils Teil eines **einheitlichen Rechtsgeschäfts** ist, das auch **beurkundungspflichtige Teile** enthält. In diesem Fall ist das Rechtsgeschäft insgesamt, also auch die Veräußerung des Anteils an der Personengesellschaft, beurkundungspflichtig.[1435] Dabei spielt es gerade keine Rolle, ob die verschiedenen Rechtsgeschäfte in unterschiedlichen Verträgen vereinbart werden. 1832

Werden bei einer GmbH & Co. KG Kommanditanteil und Geschäftsanteil der Komplementär-GmbH im zeitlichen Zusammenhang veräußert, liegt regelmäßig ein solches einheitliches Rechtsgeschäft vor, da die Veräußerung des einen Anteils nicht ohne den anderen erfolgte.[1436] Dies gilt erst recht, aber nicht nur, wenn die Beteiligungsparallelität durch Satzung und Gesellschaftsvertrag fixiert ist. Da die Verpflichtung zur Übertragung eines GmbH-Anteils gemäß § 15 Abs. 4 GmbHG der notariellen Beurkundung bedarf, muss auch die Veräußerung der Kommanditbeteiligung beurkundet werden.[1437] Ein ohne Beachtung dieser Form geschlossener Vertrag über die Veräußerung der Kommanditbeteiligung ist nach § 125 BGB i. V. m. § 139 BGB insgesamt unwirksam. 1833

Wird jedoch die Abtretung des GmbH-Anteils beurkundet, führt dies gemäß § 15 Abs. 4 Satz 2 GmbHG zur Heilung des Formmangels. Die Heilung erstreckt sich dabei nach zutreffender Ansicht auch auf die (dingliche) Übertragung des Kommanditanteils.[1438] Da die Abtretung der Geschäftsanteile einer typischen Komplementär-GmbH, die am Vermögen der Kommanditgesellschaft nicht beteiligt ist, keine nennenswerten Beurkundungskosten verursacht, die Beurkundung der Veräußerung und Übertragung der Kommanditbeteiligung jedoch bei entsprechendem Unternehmenswert erhebliche Notargebühren auslösen kann, können durch diese Vorgehensweise die Transaktionskosten erheblich reduziert werden. 1834

Bis zum Wirksamwerden der Abtretung der GmbH-Anteile ist jedoch der Kauf- und Übertragungsvertrag über die Kommanditanteile (schwebend) unwirksam. Es besteht also weder ein Anspruch auf Kaufpreiszahlung noch auf Übertragung der Anteile, sodass dieses Vorgehen nur dann anzuraten ist, wenn die Abtretung der GmbH-Anteile zeitgleich mit dem Verkauf und der Abtretung der Kommanditanteile erfolgt und die Übertragung der Ge- 1835

---

1434) BGH, Urt. v. 31.1.1983 – II ZR 288/1, BGHZ 86, 367, 369 = ZIP 1983, 436; Reichert/*Reichert*/*Ullrich*, GmbH & Co. KG, § 29 Rz. 58; zu beachten ist jedoch, dass § 311b BGB eingreift, wenn der Veräußerer eigenen Grundbesitz mit überträgt; siehe Rz. 701. Angesichts der sich aus dem Handelsregister ergebenden Vertretungsbefugnis für die Kommanditgesellschaft stellen sich die für die Gesellschaft bürgerlichen Rechts vor dem Hintergrund der §§ 20, 29 GBO diskutierten Fragen (vgl. etwa OLG Karlsruhe, Beschl. v. 8.4.2011 – 11 Wx 127/10) hier nicht.

1435) *Hermanns*, DNotZ 2013, 9, 14; zu Vermeidungsstrategien generell: *Binz/Rosenbauer*, NZG 2015, 1136.

1436) *Hannes*, in: Hesselmann/Tillmann/Mueller-Thuns, § 8 Rz. 8.34 f.

1437) BGH, Urt. v. 14.4.1986 – II ZR 155/85, ZIP 1986, 1046 = NJW 1986, 2642, 2643, dazu EWiR 1986, 687 *(Günther)*; *Schulte/Hushahn*, in: Münchener Handbuch des Gesellschaftsrechts, Bd. 2, KG § 35 Rz. 32; *Hannes*, in: Hesselmann/Tillmann/Mueller-Thuns, § 8 Rz. 8.34 f; *Kempermann*, NJW 1991, 684, 685.

1438) *Löbbe*, in: Ulmer/Habersack/Löbbe, GmbHG, § 15 Rz. 106; *Wiesbrock*, DB 2002, 2311, 2313; *Ettinger/Wolff*, GmbHR 2002, 890, 895; a. A. *Kempermann*, NJW 1991, 684.

schäftsanteile an der Komplementär-GmbH nicht unter einer aufschiebenden Bedingung wie z. B. Bezahlung des Kaufpreises steht. Letzteres ist jedoch in der Praxis sehr häufig der Fall und auch in § 1 Abs. 2 des Musters vorgesehen. In diesem Fall ist daher anzuraten, den gesamten Vertrag notariell beurkunden zu lassen. Nur wenn der Kommanditanteil auch unabhängig vom Geschäftsanteil der Komplementär-GmbH veräußert worden wäre, sodass die Nichtigkeit von deren Veräußerung nach § 139 BGB nicht auch die Nichtigkeit der Veräußerung des KG-Anteils zur Folge hat, kann die Veräußerung des Kommanditanteils ohne notarielle Beurkundung erfolgen.

1836 Etwas anderes gilt jedoch für den Fall der **Einheits-GmbH & Co. KG**. Anders als in der vorstehend beschriebenen Konstellation gehören hier die Geschäftsanteile an der Komplementär-GmbH der Kommanditgesellschaft selbst, sodass eine Übertragung der GmbH-Geschäftsanteile nicht erforderlich ist. Da sie als Vermögen der KG mit erworben werden, besteht hier **keine Beurkundungspflicht** für die Übertragung der Kommanditanteile.

1837 Ferner ist gemäß § 518 Abs. 1 BGB die notarielle Form für einen Vertrag, durch den ein **Kommanditanteil schenkweise** versprochen wird, zu beachten. Jedoch bewirken in diesem Fall die Übertragung der Beteiligung und der Abschluss des Gesellschaftsvertrags den (einen etwaigen Formmangel heilenden) Schenkungsvollzug (§ 518 Abs. 2 BGB). Im Fall einer Schenkung an Minderjährige ist ferner zu beachten, dass über den Wortlaut von §§ 1643 Abs. 1, 1822 Nr. 3 BGB hinaus auch der unentgeltliche Eintritt im Wege der Sonderrechtsnachfolge der Genehmigung durch das Familiengericht bedarf.[1439)]

1838 Ein einheitlicher Vorgang, der zur Beurkundungsbedürftigkeit des gesamten Geschäfts führt, kann auch dann bestehen, wenn neben der Gesellschaftsbeteiligung die privat gehaltenen Betriebsgrundstücke (steuerlich als Sonderbetriebsvermögen bezeichnet) mit veräußert werden.

1839 Keinen Verstoß gegen beurkundungsrechtliche Vorschriften stellt es dar, wenn etwa die umfangreichen Anlagen zu dem Vertrag in einer gesondert beurkundeten **notariellen Bezugsurkunde** enthalten sind. Zu beachten ist lediglich die Vorschrift des § 13a BeurkG, sodass insbesondere in der Hauptturkunde auf die Urkunde Bezug genommen werden muss.

### b) Angaben zu den Gesellschaften [→ Rz. 1663]

1840 Die Vorbemerkungen enthalten Angaben zu den Zielgesellschaften (GmbH & Co. KG und die persönlich haftende GmbH) sowie eine Beschreibung der zu veräußernden Anteile. Dies dient sowohl der Übersichtlichkeit des Vertragswerks als auch als Maßstab für eventuell aufkommende Unstimmigkeiten bezüglich der Vertragsauslegung.

### c) Angaben zu den Kapitalanteilen [→ Rz. 1665]

1841 In Muster 2 leistet die Komplementär-GmbH keine Einlage und hält keinen Kapitalanteil an der KG. Diese Gestaltung wird in der Praxis häufig gewählt, da sich die Zurechnung der Einkünfte bei ihr nachteilig auswirkt und Verluste nicht nutzbar sind. Wenn der alleinige Kommanditist – wie im Muster – gleichzeitig alleiniger Gesellschafter der Komplementär-GmbH ist, ist er wirtschaftlich Inhaber der KG. Die **GmbH** erfüllt lediglich formell die **Funktion des Komplementärs**. Sie ist als solche – wie auch im Muster vorge-

1439) *Hannes*, in: Hesselmann/Tillmann/Mueller-Thuns, § 8 Rz. 8.81.

sehen – nicht verpflichtet, eine Einlage zu leisten,[1440] hält dann aber auch regelmäßig keinen Kapitalanteil und hat kein Stimmrecht. Steuerlich wird sie als Mitunternehmer anerkannt.[1441] Der Kapitalanteil des Komplementärs ist nach dem Gesetz (§§ 161 Abs. 2, 120 Abs. 2 HGB) variabel. Dagegen geht § 167 Abs. 2 HGB, wenn die vereinbarte Pflichteinlage geleistet wurde, von einem festen Kapitalanteil des Kommanditisten aus.[1442] Es steht den Gesellschaftern frei, in dem Gesellschaftsvertrag einen festen oder einen variablen Kapitalanteil vorzusehen.[1443] Muster 2 unterstellt, dass – wie üblich – für Kommanditisten feste Kapitalanteile festgelegt worden sind. Das Muster unterstellt ferner, dass diese Einlage auf den Kommanditanteil vollständig geleistet ist; besteht hingegen noch eine Einlageschuld [→ Rz. 1855].

### d) Haft- und Pflichteinlagen [→ Rz. 1665]

1842 Das im Handelsregister nach § 162 Abs. 1 HGB angemeldete und eingetragene **Kommanditkapital** entspricht der Haftsumme, auf dessen Höhe die persönliche Haftung des Kommanditisten im Außenverhältnis beschränkt ist.[1444] Davon zu trennen ist die Pflichteinlage als die gegenüber den Mitgesellschaftern im Innenverhältnis übernommene Pflicht zur Leistung einer Einlage. Diese Unterscheidung kommt im Gesetz nicht zum Ausdruck, sodass jeweils aus dem Kontext zu ermitteln ist, ob eine Norm die Pflicht- oder die Hafteinlage meint;[1445] relevant wird dies insbesondere dann, wenn die Höhe der vereinbarten Pflichteinlage nicht mit der verabredeten Haftsumme übereinstimmt.[1446]

1843 Eine weitere Situation kann darin bestehen, dass mangels bilanzieller Gewinne, Ausschüttungen an die Kommanditisten zulasten des Kommanditkapitals vorgenommen wurden und das Kommanditkapital geringer ist als die Haftsumme. In diesem Falle kann eine Auffüllung des Haftkapitals durch eine entsprechende Kaufpreisregelung helfen, um zu vermeiden, dass die neuen Gesellschafter der GmbH & Co. KG im Falle einer nachfolgenden Insolvenz mit persönlichen Haftungsfragestellungen aufgrund der Auskehrung des Haftkapitals betroffen sind.

## 4. Verkauf und Abtretung der Anteile

### a) Geschäftsanteil der GmbH [→ Rz. 1668]

1844 § 1 Abs. 1 sieht neben der schuldrechtlichen Einigung über die Veräußerung des Geschäftsanteils der Komplementär-GmbH auch das Erfüllungsgeschäft, die dingliche Ab-

1440) *V. Falkenhausen/Schneider*, in: Münchener Handbuch des Gesellschaftsrechts, Bd. 2, KG § 22 Rz. 9.

1441) Blümich/*Stuhrmann*, EStG, KStG, GewStG, § 15 EStG Rz. 342 ff; Schmidt/*Wacker*, EStG, § 15 Rz. 709; nach Letzterem kann auch noch ohne Beteiligung an Gewinn und Verlust und bei Weisungsgebundenheit im Innenverhältnis Mitunternehmerschaft vorliegen; dagegen jedoch Blümich/*Stuhrmann*, EStG, KStG, GewStG, § 15 EStG Rz. 345 ff.

1442) Staub/*Casper*, HGB, § 167 Rz. 24; wurde die Einlage noch nicht vollständig erbracht, so ist auch nach § 167 Abs. 2 HGB der Kapitalanteil des Kommanditisten noch variabel bis zur vorgesehenen Obergrenze der bedungenen Einlage.

1443) *V. Falkenhausen/Schneider*, in: Münchener Handbuch des Gesellschaftsrechts, Bd. 2, KG § 22 Rz. 14 ff.

1444) *Roth*, in: Baumbach/Hopt, HGB, § 162 Rz. 2 und 4.

1445) *V. Falkenhausen/Schneider*, in: Münchener Handbuch des Gesellschaftsrechts, Bd. 2, KG § 17 Rz. 6.

1446) Die Vereinbarung einer verglichen mit der Hafteinlage unterschiedlich großen Pflichteinlage ist zulässig; *v. Falkenhausen/Schneider*, in: Münchener Handbuch des Gesellschaftsrechts, Bd. 2, KG § 17 Rz. 7. Mangels besonderer Abmachung ist von gleich hohen Beträgen auszugehen, BGH, Urt. v. 28.3.1977 – II ZR 230/75, DB 1977, 1249, 1250; *Roth*, in: Baumbach/Hopt, HGB, § 171 Rz. 1; vgl. hierzu auch Rz. 1826.

tretung, vor. Die Anknüpfung an den Jahresbeginn für den Übergang des **Gewinnbezugsrechts** ist aus bilanztechnischen Gründen zu empfehlen. Sofern eine solche Regelung nicht aufgenommen wird, steht dem Verkäufer und dem Käufer der Jahresgewinn anteilig zu („pro rata temporis", § 101 Nr. 2 BGB). In diesem Fall muss der Käufer dem Verkäufer den auf ihn entfallenden Anteil des Jahresgewinns auszahlen (zum Ganzen siehe Rz. 1858). Insofern empfehlen sich dann Regelungen zur Aufstellung der Bilanz und ggf. sogar zur Beschlussfassung über die Ausschüttung an.

**1845** Der Geschäftsanteil der GmbH wäre in der Situation, in der die KG die alleinige Gesellschafterin ihrer eigenen Komplementär-GmbH ist (**Einheitsgesellschaft**), nicht gesondert zu verkaufen (siehe auch Rz. 1836).

### b) Kommanditanteil

#### aa) Übertragbarkeit [→ Rz. 1668]

**1846** Nach früherer Ansicht konnten Kommanditanteile nur dadurch „übertragen" werden, dass der Veräußerer aus der KG ausschied und der neue Kommanditist in sie eintrat.[1447] Folge dieses **Austritt-Eintritt-Modells** war eine Haftungsverdoppelung, sofern der neue Kommanditist eine Zahlung an den alten Kommanditisten geleistet hatte. Die Zahlung des Eintretenden an den Ausscheidenden wurde als Rückgewähr von dessen Einlage i. S. v. § 172 Abs. 4 Satz 1 HGB angesehen, sodass dessen Haftung wieder auflebte, selbst wenn der Ausscheidende seine Einlage voll erbracht hatte und Einigkeit darüber bestand, dass der Eintretende seine Zahlung an den Ausscheidenden auf dessen Abfindungsanspruch gegen die Gesellschaft erbrachte.

**1847** Heute ist hingegen allgemein anerkannt, dass der Käufer den Kommanditanteil des Ausscheidenden im Wege der **Abtretung** übernehmen kann.[1448] Voraussetzung für die wirksame Anteilsübertragung ist angesichts der Regelungen in § 719 BGB i. V. m. §§ 161 Abs. 2, 105 Abs. 2 HGB, dass alle **Mitgesellschafter zustimmen** oder sie im **Gesellschaftsvertrag** zugelassen ist.[1449] Die Verdopplung der Haftungssumme gegenüber Dritten kann vermieden werden, sofern die Übertragung als **„Sonderrechtsnachfolge"** (im Unterschied zum Austritt und Eintritt) in das Handelsregister eingetragen wird.[1450] Damit wird für den Rechtsverkehr deutlich, dass kein zusätzlicher Kommanditist in die KG eingetreten ist. In der Anmeldung zum Handelsregister ist die Versicherung abzugeben, dass der Altkommanditist keine Abfindung aus dem Gesellschaftsvermögen erhalten hat.[1451] Sofern einzelne Registergerichte verlangen, dass neben dem Ausscheidenden und dem Komplementär auch die übrigen Kommanditisten dies zu versichern haben, ist dies abzulehnen. Hat der Verkäufer seine Einlage ganz oder teilweise noch nicht erbracht, so haftet der

---

1447) *Karsten Schmidt*, Gesellschaftsrecht, § 45 III, § 54 IV.

1448) Grundlegend RG, Beschl. v. 30.9.1944 – GSE 39/43, DNotZ 1944, 195, 201 = WM 1964, 1130; BGH, Urt. v. 8.11.1965 – II ZR 223/64, BGHZ 44, 229, 231; Staub/*Schäfer*, HGB, § 105 Rz. 291.

1449) Vgl. BGH, Urt. v. 29.6.1981 – II ZR 142/80, BGHZ 81, 82, 84 = ZIP 1981, 981; BGH, Urt. v. 8.11.1965 – II ZR 223/64, BGHZ 44, 229, 231; *Hannes*, in: Hesselmann/Tillmann/Mueller-Thuns, § 8 Rz. 8.5 ff; siehe auch die Erläuterung zu § 15 des Musters, Rz. 1961 ff.

1450) Grundlegend RG, Beschl. v. 30.9.1944 – GSE 39/43, DNotZ 1944, 195, 200; OLG Oldenburg, Beschl. v. 7.8.1990 – 5 W 72/90, DB 1990, 1909; LG München, Beschl. v. 30.7.1990 – 17 HKT 8837/90, DB 1990, 1814; *Hannes*, in: Hesselmann/Tillmann/Mueller-Thuns, § 8 Rz. 8.26; siehe Rz. 1878.

1451) Dies gilt auch nach der Neufassung des § 162 Abs. 2 HGB, BGH, Beschl. v. 19.9.2005 – II ZB 11/04, ZIP 2005, 2257 = NJW-RR 2006, 107, 108, dazu EWiR 2006, 77 *(Wachter)*.

neue Kommanditist in gleicher Weise, jedoch neben dem alten Kommanditisten begrenzt auf dieselbe Haftsumme.[1452)]

### bb) Rechtsfolgen der Übertragung

Mit der Übertragung des Kommanditanteils gehen grundsätzlich die Rechte und Pflichten aus dem Gesellschaftsverhältnis des bisherigen Kommanditisten auf den Erwerber mit über. Ein solcher Übergang ist zwingend für die gemäß § 717 Satz 1 BGB unlösbar mit der Gesellschafterstellung verbundenen Rechte und Pflichten. Hierzu zählen insbesondere das Stimmrecht sowie das Informationsrecht.[1453)] Doch selbst ein dem Abspaltungsverbot des § 717 Satz 1 BGB unterliegendes Recht geht dann nicht auf den Erwerber über, wenn es sich um ein höchstpersönliches Recht handelt. Dieses erlischt wegen seiner starken Bindung an den Altkommanditisten vielmehr bei der Übertragung.[1454)] Inwieweit ein Recht ein höchstpersönliches Recht (z. B. Mehrstimmrechte, Geschäftsführungsrechte, Sonderrechte zur Bestellung von Beirats- und Aufsichtsratsmitgliedern) darstellt, ist im Wege der Auslegung des Gesellschaftsvertrags zu ermitteln.[1455)] Im Zweifel ist der Gesellschaftsvertrag dahingehend auszulegen, dass das Recht nicht höchstpersönlich und damit übertragbar ist.[1456)] Der Übergang der unlösbar mit der Gesellschafterstellung verbundenen höchstpersönlichen Rechte und Pflichten und deren Erlöschen sind somit einer regelnden Verfügung durch die Parteien der Anteilsübertragung entzogen. Eine Klarstellung in dem Vertrag, wovon die Parteien ausgehen, schadet indes nicht. Angesichts der verbleibenden Unsicherheit und der Streitanfälligkeit der Frage, ob ein Recht höchstpersönlich ist, sollte vorsorglich die Zustimmung der übrigen Mitgesellschafter zu jeder Übertragung von Sonderrechten eingeholt werden, die im Zweifel dann auch als Neubestellung des Rechts qualifiziert werden könnte. 1848

### cc) Gesellschafterkonten und Sozialansprüche [→ Rz. 1668]

Zur Abbildung ihrer Rechtsverhältnisse zur Personengesellschaft werden für die Gesellschafter Konten geführt. Der **Kapitalanteil eines Kommanditisten** ist nach der vertraglich abänderbaren gesetzlichen Regelung (§ 120 Abs. 2 HGB i. V. m. § 161 Abs. 2 HGB) bis zur Höhe der Pflichteinlage variabel. Danach werden Gewinne dem Kapitalanteil zugeschrieben, Verluste abgezogen, Gewinne aber nur so lange, bis der Betrag der Pflichteinlage erreicht ist (§ 167 Abs. 2 HGB). Darüber hinausgehende Beträge müssen entnommen oder auf dem Privatkonto oder Darlehenskonto des Kommanditisten gutgeschrieben werden.[1457)] **Gewinne** dürfen nicht entnommen werden, solange der Kapitalanteil durch Verluste unter den Betrag der Pflichteinlage gesunken ist oder durch die Entnahme sinken würde (§ 169 Abs. 1 Satz 2 HGB). 1849

In der gesellschaftsvertraglichen Praxis wird zumeist von der gesetzlichen Regelung abgewichen. Gebräuchlich sind vor allem die sog. Zwei-, Drei- und Vierkontenmodelle. Zu- 1850

---

1452) BGH, Urt. v. 29.6.1981 – II ZR 142/80, BGHZ 81, 82, 85 = ZIP 1981, 981; *Schulte/Hushahn*, in: Münchener Handbuch des Gesellschaftsrechts, Bd. 2, KG § 35 Rz. 46.

1453) *Schulte/Hushahn*, in: Münchener Handbuch des Gesellschaftsrechts, Bd. 2, KG § 35 Rz. 19 f; *Mueller-Thuns*, in: Hesselmann/Tillmann/Mueller-Thuns, § 8 Rz. 8.21 und 8.22.

1454) *Schulte/Hushahn*, in: Münchener Handbuch des Gesellschaftsrechts, Bd. 2, KG § 35 Rz. 20.

1455) Vgl. *Teichmann*, NJW 1966, 2336, 2339.

1456) So auch *Schulte/Hushahn*, in: Münchener Handbuch des Gesellschaftsrechts, Bd. 2, KG § 35 Rz. 20.

1457) *V. Falkenhausen/Schneider*, in: Münchener Handbuch des Gesellschaftsrechts, Bd. 2, KG § 22 Rz. 34.

nächst werden regelmäßig feste Kapitalanteile für die Kommanditisten im Gesellschaftsvertrag festgelegt. Durch ein solches **Festkapitalkonto** (Kapitalkonto I) wird verhindert, dass sich der Verteilungsschlüssel für die Gewinn- und Verlustverteilung jährlich ändert.[1458] Neben dem Festkapitalkonto wird für jeden Kommanditisten ein **variables Kapitalkonto** (Kapitalkonto II) geführt, auf dem beim **Zweikontenmodell** alle sonstigen Buchungen erfolgen, also sowohl entnahmefähige als auch nicht entnahmefähige Gewinnanteile, Zinsen, eventuelle Tätigkeitsvergütungen sowie Verlustanteile und Entnahmen verbucht werden.[1459] Zu empfehlen ist das Zweikontenmodell in der Praxis nicht. Beim **Dreikontenmodell** dagegen werden auf dem (aufgrund seines Eigenkapitalcharakters unverzinslichen) Kapitalkonto II nur die nicht entnahmefähigen Gewinn- und Verlustanteile verbucht. Auf einem dritten Konto, welches häufig als Darlehenskonto, Verrechnungskonto oder auch als Privatkonto bezeichnet wird, werden hingegen die **entnahmefähigen Gewinne** und die Entnahmen verbucht. Diese Aufteilung hat den Vorteil, dass die entnahmefähigen, aber stehen gelassenen Gewinne sich nicht mehr auf einem der Kapitalkonten befinden und die Gesellschafter den Auszahlungsanspruch gegen die Gesellschaft auch dann nicht verlieren, wenn die Gesellschaft im Verlauf der Zeit Verluste erwirtschaftet.[1460] Ist der entnahmefähige, aber stehen gelassene Gewinn auf einem Privat- oder Darlehenskonto verbucht, führt seine Entnahme in späteren Verlustjahren nicht gemäß § 172 Abs. 4 Satz 2 HGB zum Wiederaufleben der Haftung des Kommanditisten.[1461] Auf diese Weise nehmen die entnahmefähigen Gewinne nicht am Ausgleich in späteren Jahren entstehender Verluste teil.[1462]

**1851** Um zu vermeiden, dass sämtliche nicht entnahmefähigen, auf dem Kapitalkonto II gebuchten Gewinne zum Ausgleich zukünftiger Verluste zur Verfügung stehen, kann ein zusätzliches Verlustvortragskonto eingerichtet werden; mithin bietet sich die Anwendung des sog. **Vierkontenmodells** an. Dabei werden auf dem Kapitalkonto II lediglich die nicht entnahmefähigen Gewinne verbucht. Verluste werden dem vierten Konto, dem Verlustvortragskonto, zugerechnet. Lediglich künftige Gewinne müssen dann zunächst zum Ausgleich eines Debets des Verlustvortragskontos verwendet werden, bevor sie auf das Kapitalkonto II oder das Darlehenskonto gebucht werden können.[1463] Der Nachteil dieses Vorgehens ist, dass das Kapitalkonto II seinen Eigenkapitalcharakter verliert, d. h. die Guthaben nicht mehr zum Verlustausgleich zur Verfügung stehen und auch bei der Festsetzung des steuerlichen Kapitalkontos nicht berücksichtigt werden. Denn durch die Eröffnung eines Verlustvortragskontos ist eine Verrechnung von Guthaben auf dem Kapitalkonto II mit späteren Verlusten nunmehr nicht möglich.[1464] Da das Kapitalkonto II in der Regel als Eigenkapitalkonto geführt werden soll, kann abgeholfen werden, indem entweder eine Verrechnung von Verlusten auch mit Guthaben auf dem Kapitalkonto II durch Gesell-

---

1458) *Oppenländer*, DStR 1999, 939, 940; ausführlich zu den Vorteilen eines festen Kapitalanteils auch Reichert/*Ihrig*, GmbH & Co. KG, § 21 Rz. 15.

1459) *Mueller-Thuns*, in: Hesselmann/Tillmann/Mueller-Thuns, § 7 Rz. 7.86.

1460) Reichert/*Ihrig*, GmbH & Co. KG, § 21 Rz. 42 ff.

1461) *Ley*, KÖSDI 1994, 9972, 9975; *Huber*, ZGR 1988, 1, 60 f.

1462) *Rodewald*, GmbHR 1998, 521, 525.

1463) *Ley*, KÖSDI 1994, 9972, 9976; *Rodewald*, GmbHR 1998, 521, 526; *Huber*, ZGR 1988, 1, 87; Reichert/*Ihrig*, GmbH & Co. KG, § 21 Rz. 56; *Mueller-Thuns*, in: Hesselmann/Tillmann/Mueller-Thuns, § 7 Rz. 7.86. Würden zukünftige Verluste auf dem Kapitalkonto I verbucht werden, hätte dies zur Folge, dass die Beteiligungsquoten und die damit zusammenhängenden Rechte wie Gewinnverteilung und Stimmrechte veränderlich wären, was in aller Regel nicht gewünscht ist.

1464) *Rodewald*, GmbHR 1998, 521, 526; *Ley*, DStR 2003, 957, 958, 960; Reichert/*Ihrig*, GmbH & Co. KG, § 21 Rz. 57.

schafterbeschluss ermöglicht wird[1465] oder eigene **Rücklagenkonten** zum Ausgleich mit künftigen Verlusten gebildet werden.

Auf dem Kapitalkonto II werden also die nicht entnahmefähigen Gewinne gebucht, die nicht zur Verlustverrechnung zur Verfügung stehen sollen. Diejenigen nicht entnahmefähigen Gewinne dagegen, die zur Verlustverrechnung genutzt werden sollen, werden auf den Rücklagenkonten der Kommanditisten verbucht. Das Muster folgt diesem sog. **modifizierten Vierkontenmodell.** Das Kapitalkonto II kann auch zum Kapitalkonto werden, indem das Verlustvortragskonto als Unterkonto zum Kapitalkonto I und II oder auch als gesamthänderisch gebundenes Rücklagenkonto geführt wird.[1466] 1852

**Sozialverbindlichkeiten und -ansprüche**, d. h. selbständige Vermögensansprüche und -verpflichtungen des Gesellschafters aus dem Gesellschaftsverhältnis (z. B. Ansprüche auf vergangene oder zukünftige Gewinne, Geschäftsführervergütungen, Anspruch auf das Auseinandersetzungsguthaben), sind entsprechend § 717 Satz 2 BGB **selbständig übertragbar.** Dies eröffnet den Vertragsparteien die Möglichkeit, diese Ansprüche von der Übertragung auszuschließen, sodass sie beim Veräußerer verbleiben. Mangels abweichender Vereinbarung gehen nach der Rechtsprechung des Bundesgerichtshofs zukünftige Ansprüche und Verpflichtungen uneingeschränkt auf den Erwerber über; für die in der Vergangenheit begründeten Ansprüche und Verbindlichkeiten gilt dies im Zweifel nur, soweit sie im Zeitpunkt des Vertragsschlusses bereits im Rechenwerk der Gesellschaft (Bilanz, Kontenplan) niedergelegt sind.[1467] Die Literatur wendet sich mehrheitlich dagegen, dass der Veräußerer und der Erwerber allein über den Übergang der auf dem Gesellschaftsverhältnis beruhenden Verbindlichkeiten entscheiden können. Da es sich hierbei um eine befreiende Schuldübernahme handelt, ist gemäß § 415 BGB die Zustimmung der Gesellschaft erforderlich. Ob diese jedoch nur ausdrücklich und in Kenntnis des Vertragsinhalts erteilt werden kann,[1468] erscheint zweifelhaft. 1853

**Ansprüche und Verbindlichkeiten** des Veräußerers gegenüber der Gesellschaft, die nicht im Gesellschaftsverhältnis begründet sind (z. B. bei einem Mietvertrag zwischen der Gesellschaft und dem Veräußerer), gehen nur auf den Erwerber über, wenn sie ausdrücklich übertragen werden. Bei Verbindlichkeiten müssen darüber hinaus die Voraussetzungen des § 415 BGB erfüllt sein. 1854

Die Vertragsparteien sind frei, welche Übertragungsregelungen sie hinsichtlich der Gesellschafterkonten treffen: Im Kaufvertrag sollte festgelegt werden, welche Gesellschafterkonten des Verkäufers mit welchen Kontoständen am Übergangsstichtag vom Käufer übernommen werden.[1469] Das Kapitalkonto I wird stets vom Käufer übernommen, da Guthaben auf diesem Konto die Hafteinlage des Gesellschafters darstellen. Sofern noch eine Einlageschuld besteht, muss im Einzelfall vereinbart werden, ob die Vertragsparteien einen Ausgleich durch den Verkäufer vor dem Übergang wünschen oder nicht. Für letzteren Fall kann dies durch eine Anpassung des Kaufpreises kompensiert werden; alternativ können die Parteien vereinbaren, dass ein Teilbetrag des Kaufpreises, der erforderlich ist, 1855

1465) *Huber*, ZGR 1988, 1, 89; *Ley*, KÖSDI 1994, 9972, 9987; Reichert/*Ihrig*, GmbH & Co. KG, § 21 Rz. 58.

1466) Vgl. zu der gesellschaftsvertraglichen Praxis *Carlé/Bauschatz*, FR 2002, 1153, 1159 f.

1467) BGH, Urt. v. 2.11.1987 – II ZR 50/87, ZIP 1988, 164 = DB 1988, 281, dazu EWiR 1988, 173 *(Reimer)*; BGH, Urt. v. 5.5.1986 – II ZR 163/85, WM 1986, 1314, 1315.

1468) *Teichmann*, NJW 1966, 2336, 2339 f; vgl. zum Streitstand *Schulte/Hushahn*, in: Münchener Handbuch des Gesellschaftsrechts, Bd. 2, KG § 35 Rz. 26.

1469) Reichert/*Reichert/Ullrich*, GmbH & Co. KG, § 29 Rz. 56.

um die Einlageschuld zu erfüllen, von dem Notaranderkonto aus auf diese Einlageschuld gezahlt wird. Guthaben aus dem Darlehenskonto kann der verkaufende Gesellschafter mit übertragen oder zurückbehalten.[1470)] Ein positiver Saldo des Darlehens- oder Verrechnungskontos sollte von der Gesellschaft befriedigt, also nicht übernommen werden, es sei denn, der KG fehlt die notwendige Liquidität. Dann sollte der Käufer das Guthaben ablösen, also das Konto übernehmen. Ein negativer Saldo, also eine Forderung der Gesellschaft gegen den Gesellschafter, sollte vom Verkäufer ausgeglichen werden. Das Muster geht davon aus, dass auf dem **Darlehens- oder Verrechnungskonto** ein positiver Saldo besteht, den die KG auszugleichen in der Lage ist, dass aber der Käufer die Darlehen aufrechterhalten will und diese daher übernimmt.

**1856** Ob das Kapitalkonto II, das Rücklagen- sowie das Verlustvortragskonto vom Käufer übernommen werden, ist in der Regel abhängig davon, ob die Guthaben der jeweiligen Konten dem Eigenkapital der Gesellschaft zugerechnet werden können. Das ist bei den auf dem Kapitalkonto II verbuchten Guthaben regelmäßig zu bejahen, sodass dieses Konto regelmäßig vom Käufer übernommen wird. Das Kapital des Rücklagenkontos ist dann als Eigenkapital zu betrachten, wenn es unverzinslich eingesetzt worden ist oder vorab aus dem Gewinn verzinst wurde. Stellt das Rücklagekapital Eigenkapital der Gesellschaft dar, ist es Teil des übergehenden Kommanditanteils und schlägt sich im Kaufpreis nieder. Anders liegt der Fall, wenn das Rücklagekapital marktüblich verzinst wird. Es ist dann als Fremdkapital zu betrachten und wird als Verbindlichkeit der Gesellschaft gegenüber dem Verkäufer eingeordnet. Beträge auf dem Verlustvortragskonto sind – abhängig von der Ausgestaltung im Detail – in der Regel dem Eigenkapital zuzurechnen.[1471)] Das Muster geht davon aus, dass die Gesellschaft das gesamte Eigenkapital zur Fortführung benötigt.

**1857** Im Einzelfall kann die Konstellation selbstverständlich anders sein: So könnte die KG über die Jahre hinweg zu viele Reserven gebildet haben. In diesem Fall sollten die eigenkapitalrelevanten Konten vom Käufer nur zu einem Teilbetrag übernommen werden. Umgekehrt kann die KG durch zu hohe Verluste auch unterkapitalisiert sein, so z. B. wenn der Saldo des Verlustvortragskontos denjenigen des Rücklagenkontos übersteigt. Dies wird sich dann regelmäßig kaufpreismindernd auswirken.

### dd) Gewinnberechtigung

**1858** Wird der Kommanditanteil im Laufe eines Geschäftsjahres abgetreten, so steht der Anspruch auf den Anteil am Jahresgewinn gegenüber der KG in vollem Umfang dem Erwerber zu. Denn der Gewinnanspruch entsteht gegenüber der Gesellschaft erst mit dem **Beschluss über** die **Feststellung des Jahresabschlusses** in der Person des jeweiligen Gesellschafters, also bei Beschlussfassung dem Erwerber.[1472)] Vorbehaltlich einer abweichenden gesellschaftsvertraglichen Regelung ist hingegen kein gesonderter Gewinnverwendungsbeschluss erforderlich, da sich die Zuordnung des Überschusses aus dem Gesellschaftsvertrag ergibt. Von dem gesellschaftsrechtlichen Anspruch auf den Jahresgewinn ist jedoch die schuldrechtliche Zuordnung des Jahresergebnisses zwischen Veräußerer und Erwerber zu unterscheiden. Insoweit gilt im Verhältnis zwischen Veräußerer und Erwerber die abdingbare Regel des § 101 Nr. 2 BGB. Danach gebührt der auf den übertragenen

1470) *Huber*, ZGR 1988, 1, 85.

1471) *Mueller-Thuns*, in: Hesselmann/Tillmann/Mueller-Thuns, § 7 Rz. 7.104 mit genaueren Ausführungen zu § 264c HGB.

1472) BGH, Urt. v. 6.4.1981 – II ZR 186/80, BGHZ 80, 357, 358 = ZIP 1981, 1090 (für GbR).

Anteil des Verkäufers entfallende Teil am Jahresergebnis der KG Verkäufer und Käufer im Verhältnis der Dauer ihrer Beteiligung an der KG während des betroffenen Geschäftsjahres (siehe Rz. 1844). Als Konsequenz aus der Entscheidung für einen vor dem dinglichen Abtretungszeitpunkt liegenden wirtschaftlichen Stichtag legt das Muster (§ 1 Abs. 1 Nr. 2 Satz 2) in Abweichung zu § 101 Nr. 2 BGB fest, dass dem Erwerber der volle Gewinnanteil für das laufende Geschäftsjahr zusteht. Damit wird verhindert, dass nach Übertragung des Kommanditanteils der Veräußerer einen schuldrechtlichen Anspruch gegen den Erwerber auf Auskehr eines anteiligen Gewinnanspruchs erheben kann. So entstehen zivilrechtlich keine Probleme im Hinblick auf die unterjährige Abgrenzung. Steuerlich wird der Gewinn des laufenden Geschäftsjahres im Regelfall allerdings unabhängig von dieser Zuordnung anteilig dem Verkäufer zugerechnet (siehe Rz. 1824 f). Dieser wird nach dem Muster über den Zusatzkaufpreis vergütet (siehe Rz. 1672 ff).

Eine Zuordnung der **Gewinnbezugsberechtigung für** bereits **abgelaufene Geschäftsjahre** braucht, anders als bei dem Erwerb von GmbH-Anteilen (§ 1 Abs. 2 Muster 1, siehe Rz. 939), für Kommanditanteile im Regelfall nicht vorgenommen zu werden. Diese werden nach dem gesellschaftsvertraglichen Gewinnverteilungsschlüssel zugeordnet, soweit sie nicht in die Rücklagen fließen, es sei denn, der Gesellschaftsvertrag sieht ausdrücklich vor, dass ein Gewinnverwendungsbeschluss zu fassen ist. 1859

### c) Anmeldung zum Handelsregister und aufschiebende Bedingung [→ Rz. 1669]

Die Anmeldung des durch die Anteilsübertragung bewirkten Gesellschafterwechsels zum Handelsregister ist von sämtlichen[1473)] Gesellschaftern, also Komplementär-GmbH, Verkäufer und Käufer, zu bewirken. Angesichts der Haftung nach § 176 HGB, die die Rechtsprechung auch auf einen noch nicht ins Handelsregister eingetragenen Sonderrechtsnachfolger in einen Kommanditanteil anwendet,[1474)] hat die Anmeldung im Verhältnis der Parteien regelmäßig nicht nur deklaratorische Wirkung; vielmehr ist die Eintragung in das Handelsregister in der Regel Voraussetzung für den Erwerb der Gesellschafterstellung des Erwerbers. Soweit der Kaufpreis direkt an den Verkäufer gezahlt wird, erscheint eine Bevollmächtigung des Käufers für die Anmeldung denkbar. Zu denken ist allerdings noch an die von dem Handelsregister verlangte Versicherung des Altkommanditisten, dass er keine Abfindung erhalten hat. Diese kann indes formfrei erfolgen.[1175)] 1860

Die **Abtretung des Geschäftsanteils** an der Komplementär-GmbH steht im Muster unter der aufschiebenden Bedingung der Zahlung des GmbH-Basiskaufpreises, also des Festpreises, der nicht gewinnabhängig ist, auf das Konto des Verkäufers. Das Muster sieht zudem vor, dass der Erwerb des GmbH-Anteils auch die Zahlung des Basiskaufpreises für den Kommanditanteil voraussetzt, weil der Erwerber sonst allein mit der Zahlung des GmbH-Basiskaufpreises die weitgehende Kontrolle über das Geschäft der KG erhalten würde, da er die Komplementär-GmbH beherrschen würde. Die Abtretung des Kommanditanteils wird zum Schutz beider Vertragsparteien unter die aufschiebende Bedingung gestellt, dass der Erwerber in das Handelsregister unter Klarstellung der **Sonder-** 1861

1473) Entscheidend für die Mitwirkungspflicht ist im Grundsatz die Zugehörigkeit des Gesellschafters zur Gesellschaft im Zeitpunkt der Änderung. Daher trifft bei der deklaratorischen Handelsregisteranmeldung die Anmeldepflicht auch den Käufer als neuen Kommanditisten, vgl. § 162 Abs. 3, § 162 Abs. 1, § 161 Abs. 1, §§ 106, 108 Abs. 1 HGB.

1474) BGH, Urt. v. 21.3.1983 – II ZR 113/82, WM 1983, 651.

1475) BGH, Beschl. v. 19.9.2005 – II ZR 11/04, NZG 2006, 15.

**rechtsnachfolge** eingetragen ist. Denn die Übertragung eines Kommanditanteils im Wege der Sonderrechtsnachfolge bedarf zur Wirksamkeit gegenüber Dritten und zur wirksamen Vermeidung der Haftungsverdoppelung der Eintragung im Handelsregister mit dem klarstellenden Hinweis auf die Sonderrechtsnachfolge.[1476)] Anderenfalls würde aus der Eintragung des Käufers als Kommanditist im Handelsregister der Schluss gezogen, dieser sei mit einer weiteren Haftsumme hinzugetreten.

**1862** Fehlt der Nachfolgevermerk, kann sich nur der Käufer auf die Einlageleistung berufen. Das Fehlen des Rechtsnachfolgevermerks kann sich also zulasten des Verkäufers auswirken. Dies ergibt sich aus einer analogen Anwendung der Vorschrift zur Einlagerückgewähr (§ 172 Abs. 4 HGB) auf den Fall der Abtretung des Kommanditanteils.[1477)] Die Haftung des Verkäufers kann infolge der Änderung von § 162 Abs. 2 und 3 HGB durch das Namensaktiengesetz[1478)] jedoch nicht mehr mit der negativen Publizität des Handelsregisters nach § 15 Abs. 1 HGB begründet werden. Denn seitdem bestimmt § 162 Abs. 2 HGB ausdrücklich, dass die Vorschriften des § 15 HGB bei der Bekanntmachung der Eintragung der Gesellschaft bzw. über § 162 Abs. 3 HGB bei einem Kommanditistenwechsel keine Anwendung finden.

**1863** Der Veräußerer haftet daher bei Fehlen eines Nachfolgevermerks im Handelsregister bei der Kommanditanteilsübertragung nur noch nach den allgemeinen Rechtsscheingrundsätzen. Dies ist dann der Fall, wenn dem Altgläubiger die Eintragung bekannt war und er im Vertrauen auf die Forthaftung des Altkommanditisten nach der Eintragung noch Vermögensdispositionen getroffen hat.[1479)] Dennoch ist die Eintragung des Nachfolgevermerks aus der Sicht des Veräußerers unbedingt erforderlich, um eine Haftung zu vermeiden. Damit der Rechtsnachfolgevermerk eingetragen wird, verlangen die Registergerichte in der Anmeldung zum Handelsregister regelmäßig die Versicherung des Altkommanditisten und der Komplementäre, dass dem Verkäufer keine Abfindung aus dem Gesellschaftsvermögen geleistet worden ist.[1480)] Mit dieser Versicherung soll die Anteilsabtretung von dem kombinierten Ein-/Austritt der Kommanditisten abgegrenzt werden. Das Muster trägt dieser Rechtslage Rechnung, indem eine **Registeranmeldung** zur Verwendung kommen soll, die einen Rechtsnachfolgevermerk enthält.

**1864** Erfolgt der Erwerb der Beteiligung und damit der Beitritt des Erwerbers zu der Gesellschaft schon vor seiner Eintragung in das Handelsregister, besteht für den Erwerber ein **Haftungsrisiko** für den Zeitraum zwischen Abschluss des Kauf- und Abtretungsvertrags/Erwerbs und Eintragung des Rechtsnachfolgevermerks. Nach § 176 Abs. 2 HGB haftet der neu eintretende Kommanditist für in der Zeit zwischen seinem Eintritt bis zu seiner Eintragung im Handelsregister begründete Verbindlichkeiten der Gesellschaft unbeschränkt. Entgegen der Kritik in der Literatur[1481)] wendet der Bundesgerichtshof diese

1476) H. M. seit RG, Beschl. v. 30.9.1944 – GSE 39/43, DNotZ 1944, 195; BGH, Beschl. v. 19.9.2005 – II ZB 11/04, ZIP 2005, 2257 = NJW-RR 2006, 107, 108; *Schulte/Hushahn*, in: Münchener Handbuch des Gesellschaftsrechts, Bd. 2, KG § 35 Rz. 41; siehe auch Rz. 1847.

1477) BGH, Urt. v. 29.6.1981 – II ZR 142/80, BGHZ 81, 82, 89 = ZIP 1981, 981.

1478) Gesetz zur Namensaktie und zur Erleichterung der Stimmrechtsausübung (Namensaktiengesetz – NaStraG v. 18.1.2001, BGBl I, 123.

1479) *Schulte/Hushahn*, in: Münchener Handbuch des Gesellschaftsrechts, Bd. 2, KG § 35 Rz. 42; *Karsten Schmidt*, ZIP 2002, 413, 418; a. A. *Paul*, MDR 2004, 849, 852; siehe zur Rechtslage vor NaStraG auch *Eckert*, ZHR 147 (1983), 565, 572.

1480) BGH, Beschl. v. 19.9.2005 – II ZR 11/04, NZG 2006, 15; siehe auch Rz. 1863.

1481) *Schulte/Hushahn*, in: Münchener Handbuch des Gesellschaftsrechts, Bd. 2, KG § 35 Rz. 43.

Vorschrift analog auf die Anteilsabtretung an.[1482] Bis zu seiner Eintragung haftet der Erwerber danach unbeschränkt für die seit seinem Eintritt begründeten Verbindlichkeiten der KG. Diese Analogie gilt jedoch nicht für Anteilsabtretungen an einen Mitgesellschafter.[1483]

Allerdings wird für die **GmbH & Co. KG** in der Literatur überwiegend vertreten, dass bei der Verwendung der Bezeichnung „GmbH & Co. KG" im Rechtsverkehr keine Haftung gemäß § 176 Abs. 2 HGB eintrete. Kein Gläubiger rechne damit, dass ein Gesellschafter wegen Nichteintragung unbeschränkt hafte, sodass bei der nach außen auftretenden GmbH & Co. KG die Eintragung der Kommanditbeteiligung nicht mehr als aufschiebende Bedingung eines Unternehmenskaufs ausgestaltet werden müsse.[1484] Der Bundesgerichtshof hat in einer Entscheidung aus dem Jahre 1983 angedeutet, dieser Ansicht für Vorgänge nach dem 1. Januar 1981 angesichts des zu diesem Zeitpunkt geänderten Firmenrechts in § 19 Abs. 5 HGB a. F. (heute: Abs. 2) zu folgen.[1485] Die analoge Anwendung von § 176 Abs. 2 HGB auf die Anteilsabtretung dürfte daher bei einer GmbH & Co. KG heute nicht mehr in Betracht kommen. Jedoch ist diese Frage höchstrichterlich bislang nicht abschließend geklärt.[1486] Bis zu einer endgültigen Klärung durch den Bundesgerichtshof besteht also Unsicherheit, die zur Vereinbarung der aufschiebenden Bedingung der Eintragung Anlass geben sollte. Daher stellt das Muster in § 1 Abs. 2 die Übertragung der Kommanditanteile unter die aufschiebende Bedingung der Eintragung des Käufers als Kommanditist im Handelsregister der KG. Die angesprochene Bedingung stellt sicher, dass der Erwerber nicht vor Eintragung Kommanditist wird, sodass er vor der Haftung gemäß § 176 HGB geschützt ist. 1865

### d) Auflösend bedingtes Treuhandverhältnis [→ Rz. 1670]

Die in § 1 Abs. 2 des Musters vorgesehene aufschiebende Bedingung für den Erwerb des Kommanditanteils entspricht insofern nicht den wirtschaftlichen Interessen der Parteien, als der Käufer bereits einige Zeit vor Bedingungseintritt und damit vor dem Übergang des Kommanditanteils den Kaufpreis entrichtet und den Geschäftsanteil an der Komplementär-GmbH erworben hat. Zwar hat er durch den Erwerb des GmbH-Anteils bereits ab dem Zeitpunkt der Zahlung des GmbH-Basiskaufpreises und des KG-Basiskaufpreises die Möglichkeit, die den gewöhnlichen Betrieb des Handelsgewerbes der KG betreffenden Geschäfte per Weisung an den GmbH-Geschäftsführer zu führen (vgl. § 164 Satz 1 HGB). Die Rechte als Kommanditist stehen ihm jedoch erst ab Erwerb der Kommanditbeteiligung im Zeitpunkt der Eintragung des Nachfolgevermerks im Handelsregister der Kommanditgesellschaft zu. Um auch die Rechte als Kommanditist für die Übergangszeit bis zur Eintragung der Rechtsnachfolge im Handelsregister der KG ausüben zu können, besteht die im Muster in § 1 Abs. 3 vorgesehene Möglichkeit, dass der Verkäufer den Kommanditanteil treuhänderisch für den Käufer hält. 1866

Allgemein ist unter einer Treuhand die Inhaberschaft eines Rechts für einen anderen zu verstehen.[1487] Es wird eine dingliche Treuhänderposition des Verkäufers gegenüber dem 1867

1482) BGH, Urt. v. 21.3.1983 – II ZR 113/82, ZIP 1983, 822, 823 = NJW 1983, 2258, 2259.

1483) BGH, Urt. v. 4.3.1976 – II ZR 145/75, BGHZ 66, 98, 101, 102.

1484) *Schachner*, Kauf und Verkauf von Gesellschaftsanteilen, S. 79; *Karsten Schmidt*, NJW 1983, 2260, 2261 (Urteilsanm.).

1485) BGH, Urt. v. 21.3.1983 – II ZR 113/82, ZIP 1983, 822 = NJW 1983, 2258, 2260.

1486) Vgl. aber OLG Frankfurt/M., Urt. v. 9.5.2007 – 13 U 195/06, ZIP 2007, 1809.

1487) *Karsten Schmidt*, Gesellschaftsrecht, § 61 III 1, S. 1826.

Käufer begründet. Dem Treuhandverhältnis liegt vertraglich ein Geschäftsbesorgungsvertrag (§§ 675, 611 BGB) zugrunde. Zu unterscheiden ist zwischen der **Übertragungstreuhand**, d. h., ein Gesellschafter überträgt seinen Gesellschaftsanteil treuhänderisch auf einen Dritten, und der **Vereinbarungstreuhand**, bei der ein Gesellschafter verspricht, seinen Anteil nunmehr treuhänderisch für einen Dritten zu halten.[1488)] Dieser zweite Fall kommt im Muster zur Anwendung. Der Veräußerer hält den Anteil im Interesse des Erwerbers als Treugeber (sog. Verwaltungstreuhand).

1868 Die Begründung des Treuhandverhältnisses lässt lediglich **schuldrechtliche Bindungen** zwischen den Parteien entstehen, führt im vorliegenden Kontext jedoch nicht zur Übertragung einer dinglichen oder quasi-dinglichen Rechtsposition, da der Verkäufer Inhaber des Kommanditanteils bleibt. Im Innenverhältnis zwischen Treugeber und Treuhänder können Absprachen getroffen werden, die dem Treugeber (hier der Käuferin) eine gesellschafterähnliche Rechtsposition verschaffen.[1489)] Auch kann der Treuhänder den Treugeber – wie im Muster – bevollmächtigen, die mitgliedschaftlichen Rechte (insbesondere das Stimmrecht) auszuüben.[1490)] Eine eigene mitgliedschaftliche Position des Treugebers wird zwar nicht begründet. Bei offengelegter Treuhand kann jedoch zusätzlich ein außerordentliches Informationsrecht des Treugebers gegenüber der Gesellschaft bestehen.[1491)] Die Einräumung dieser Rechte setzt aber nicht nur eine Offenlegung der Treuhand, sondern auch eine Billigung der übrigen Gesellschafter voraus, sei es im Gesellschaftervertrag, sei es separat.[1492)] Dieses **Zustimmungserfordernis** entspricht den allgemeinen gesellschaftsrechtlichen Grundsätzen und ist im Muster in § 15 Abs. 1 Satz 2 (siehe Rz. 1790) berücksichtigt worden.

1869 Allgemein kann ein Treugeber noch einen Auskunftsanspruch haben über die Namen und Anschriften der Mitgesellschafter. Diese zu kennen, ist ein grundlegendes Gesellschafterrecht.[1493)] Dies gilt auch für Anleger, die sich als Treugeber über eine Treuhandkommanditistin an einer Publikumsgesellschaft in Form einer Kommanditgesellschaft beteiligt haben, wenn die Anleger aufgrund der im konkreten Fall getroffenen vertraglichen Vereinbarungen im Innenverhältnis eine Innengesellschaft bürgerlichen Rechts bilden.[1494)] In der vorliegenden Konstellation ist dies aber allenfalls von Interesse bei weiteren Kommanditisten.

1870 Zu beachten ist, dass nach der höchstrichterlichen Rechtsprechung ein Treuhandverhältnis zwar keine Haftung des Treugebers im Außenverhältnis begründet,[1495)] jedoch im Verhältnis zur Gesellschaft dessen Inanspruchnahme verschiedentlich bereits bejaht worden ist. Insbesondere sind Darlehen des Treugebers an die Gesellschaft als eigenkapitalerset-

---

1488) MünchKomm-*K. Schmidt*, HGB, Vor § 230 Rz. 52; *Roth*, in: Baumbach/Hopt, HGB, § 105 Rz. 32; ferner ist auch der Fall einer „Erwerbstreuhand“ denkbar. Der Treuhänder erwirbt die Beteiligung im Auftrag und für Rechnung des Treugebers.

1489) BGH, Urt. v. 13.5.1953 – II ZR 157/52, BGHZ 10, 44, 50.

1490) *Karsten Schmidt*, Gesellschaftsrecht, § 61 III 3, S. 1832.

1491) MünchKomm-*K. Schmidt*, HGB, Vor § 230 Rz. 67; BGH, Urt. v. 10.10.1994 – II ZR 285/93, NJW-RR 1995, 165; so wohl auch OLG München, Beschl. v. 5.9.2008 – 31 Wx 063/07, DNotZ 2009, 152, 154.

1492) *Roth*, in: Baumbach/Hopt, HGB, § 105 Rz. 34; MünchKomm-*K. Schmidt*, HGB, Vor § 230 Rz. 54.

1493) BGH, Beschl. v. 21.9.2009 – II ZR 264/08, ZIP 2010, 27 = NJW 2010, 439.

1494) BGH, Urt. v. 11.1.2011 – II ZR 187/09, ZIP 2011, 322 = WM 2011, 317, 319.

1495) BGH, 11.11.2008 – XI ZR 468/07, ZIP 2008, 2354 = NJW-RR 2009, 254; BGH, Urt. v. 12.2.2009 – III ZR 90/08, NZG 2009, 380, 385.

zende Darlehen behandelt worden,[1496)] mit der Folge, dass sie in der Insolvenz nachrangig behandelt werden. Im Innenverhältnis besteht aus dem Treuhandverhältnis ein Freistellungsanspruch des Treuhänders gegen den Treugeber. Dies ist auch dann der Fall, wenn der Treuhandvertrag selbst einen solchen Anspruch nicht regelt. Der Freistellungsanspruch ergibt sich nämlich schon aus den Regelungen zum Geschäftsbesorgungsvertrag (§§ 675, 670 BGB i. V. m. § 257 BGB).[1497)]

Die Rechtsstellung des Treugebers ist dadurch gestärkt, dass er in der Zwangsvollstre- 1871
ckung gegen den Treuhänder und jedenfalls bei der Übertragungstreuhand auch in der **Insolvenz** des Treuhänders geschützt wird.[1498)] Trotz des strengen Maßstabs, den die Rechtsprechung[1499)] anlegt, ist aber auch in Fällen der Vereinbarungstreuhand ein solcher Schutz möglich, insbesondere wenn die Treuhand offenkundig ist. Eine gewisse Unsicherheit besteht aber, inwieweit dies neben öffentlichen Registern möglich ist. Dieser Schutz begründet sich aus der wirtschaftlichen Zuordnung des Anteils an den Treugeber. Er kann daher mit der Drittwiderspruchsklage (§ 771 ZPO) Vollstreckungsmaßnahmen der Gläubiger des Treuhänders in den Gesellschaftsanteil verhindern[1500)] und besitzt ein Aussonderungsrecht gemäß § 47 InsO im Fall der Insolvenz des Treuhänders.[1501)] Angesichts der im Fall des Musters üblicherweise nur wenigen Tage, während derer das Treuhandverhältnis besteht, erscheint das damit verbleibende Risiko aber vertretbar.

Insgesamt lässt sich somit durch die Vereinbarung eines Treuhandverhältnisses eine 1872
Rechtsposition des Käufers herstellen, die der eines Gesellschafters angenähert ist, ohne dass der Käufer vor seiner Eintragung im Handelsregister im Außenverhältnis bereits (unbeschränkt) haftet. Insbesondere können so die Konsequenzen des § 176 Abs. 2 HGB (siehe Rz. 1864 f) vermieden werden. Nach dem im Muster vorgeschlagenen Modell hält der Verkäufer daher den Kommanditanteil bis zum Eintritt der aufschiebenden Bedingung treuhänderisch für den Käufer.[1502)] Dieses Treuhandverhältnis steht unter der auflösenden Bedingung der **Eintragung** des Käufers als Sonderrechtsnachfolger des Verkäufers **im Handelsregister** der KG. Diese Eintragung führt zu einem doppelten Bedingungseintritt. Zum einen wird der Rechtserwerb des Käufers wirksam, zum anderen erlischt das Treuhandverhältnis. Der Käufer ist nunmehr alleiniger Berechtigter und Verpflichteter am Kommanditanteil.

Der **Beginn** des Treuhandverhältnisses am nächsten Monatsersten nach Vertragsschluss 1873
ist aus bilanztechnischen Gründen empfehlenswert, da auf diesen Stichtag ggf. eine Abschichtungsbilanz erstellt und zugrunde gelegt wird.[1503)] Sofern die Kaufpreise noch nicht gezahlt wurden, besteht indes auch kein Grund für eine solche Treuhand und die sich daran anschließende Weisungsmacht. Dies erhöht auch den Druck auf den Erwerber, rechtzeitig zu zahlen, soll aber keinen Einfluss auf den Stichtag haben.

1496) BGH, Urt. v. 14.12.1959 – II ZR 187/57, BGHZ 31, 258, 266 f. Die Entscheidung betraf zwar eine Treuhand an einem GmbH-Anteil. Wegen § 39 InsO stellt sich das Problem jedoch auch bei der GmbH & Co. KG.

1497) *Tebben*, in: Goette/Hüffer/Tebben, S. 169; MünchKomm-*K. Schmidt*, HGB, Vor § 230 Rz. 75.

1498) *Roth*, in: Baumbach/Hopt, HGB, § 105 Rz. 36; MünchKomm-*K. Schmidt/Brinkmann*, ZPO, § 771 Rz. 25.

1499) BGH, Urt. v. 24.6.2003 – IX ZR 75/01, BGHZ 155, 227 = NJW 2003, 3414.

1500) MünchKomm-*K. Schmidt/Brinkmann*, ZPO, § 771 Rz. 25.

1501) *Roth*, in: Baumbach/Hopt, HGB, § 105 Rz. 36.

1502) MünchKomm-*K. Schmidt*, HGB, § 176 Rz. 31; äußerst kritisch: *Schulte/Hushahn*, in: Münchener Handbuch des Gesellschaftsrechts, Bd. 2, KG § 35 Rz. 44.

1503) *Roth*, in: Baumbach/Hopt, HGB, § 131 Rz. 50 f.

1874 Der gesamte Erwerbsvorgang untergliedert sich somit in drei Phasen: Vom Tag des Vertragsabschlusses gilt die „Interim-Management-Klausel" (§ 10 des Musters, Rz. 1760 ff), ab dem Stichtag (dem nächsten Monatsersten) bzw. der Zahlung des Kaufpreises besteht zudem ein Treuhandverhältnis, bis mit der Eintragung des Kommanditistenwechsels in das Handelsregister der Erwerb des Kommanditanteils wirksam wird (Eintritt der aufschiebenden Bedingung gemäß § 1 Abs. 2 des Musters).

1875 Alternativ (oder auch kumulativ) könnte bis zum Eintritt der aufschiebenden Bedingung auch eine **Unterbeteiligung** des Käufers an dem **Kommanditanteil** vereinbart werden. Dann stünde dem Käufer nur ein bestimmter Anteil an dem Ertrag des Gesellschaftsanteils für diesen Zeitraum zu. Jedoch wäre seine Rechtsstellung gegenüber der KG im Verhältnis zu einem (offenen und von den anderen Gesellschaftern gebilligten) Treuhandverhältnis eingeschränkt.[1504)]

### 5. Kaufpreise, Treuhandkonto und Eigenkapitalgarantie

#### a) Kaufpreiselemente [→ Rz. 1672]

1876 Grundsätzlich ist bei der GmbH & Co. KG ebenso wie bei der GmbH ein eigenkapitalbasierter oder ein Cash-/Debt-Free-Kaufpreismechanismus denkbar. Bezüglich des Cash-/Debt-Free-Kaufpreismechanismus wird auf die Ausführung [→ Rz. 1895] verwiesen.

1877 Der im Muster vorgesehene Kaufpreis gliedert sich in einen **Festpreis** für den GmbH- und den KG-Anteil sowie in einen **variablen Kaufpreisteil**, der vom Überschuss der Gesellschaften während des laufenden Geschäftsjahres bis zum Stichtag ausweislich der verbindlichen Zwischenabschlüsse abhängt. Dabei ist der GmbH-Zusatzkaufpreis relativ leicht zu bestimmen, da die Einkünfte der Komplementär-GmbH im Wesentlichen aus der Haftungsvergütung für die Stellung als Komplementär der KG bestehen. Aufgrund dieses stetigen Einkünftezuflusses wird im Muster unterstellt, dass es bei der GmbH keinen Fehlbetrag für die Zeit ab Beginn des laufenden Geschäftsjahres bis zum Stichtag gibt. Wie bereits ausgeführt (siehe Rz. 1890 f), versteuert der Verkäufer den Zusatzkaufpreis als laufenden Gewinn.

#### b) GmbH-Basiskaufpreis [→ Rz. 1672]

1878 Einziger Geschäftszweck der GmbH ist es, Komplementärin der KG zu sein. Ihr Gewinn besteht unter normalen Verhältnissen allein in der Haftungsvergütung für ihre unbeschränkte Haftung als Komplementär. Sie hat keinen Anteil am Gewinn in der KG. Daher dürfte der GmbH-Basiskaufpreis regelmäßig den **Betrag des Stammkapitals** der GmbH nicht wesentlich übersteigen. Der GmbH-Basiskaufpreis wird deshalb direkt auf das Verkäuferkonto bezahlt, da hierfür keine Registereintragung mit Sonderrechtsnachfolge erforderlich ist. Da der Käufer mit dem Erwerb des GmbH-Geschäftsanteils weitgehende Kontrolle über das Tagesgeschäft der KG erhält, ist als weitere Bedingung für den GmbH-Geschäftsanteilserwerb sinnvoll, dass der Käufer bereits die Vergütung für den vollen Unternehmenswert gezahlt hat, der sich im KG-Basiskaufpreis niederschlägt. Um die Zeit zu überbrücken, die zwischen der Einreichung der Gesellschafterliste zum Han-

1504) Ausführlich zu diesen Gestaltungsmöglichkeiten *Blaurock*, Unterbeteiligung und Treuhand an Gesellschaftsanteilen, S. 109 ff, 123 ff; vgl. auch Reichert/*Schlitt/Bortfeldt*, GmbH & Co. KG, § 40 Rz. 11 ff; MünchKomm-*K. Schmidt*, HGB, Vor § 230 Rz. 45, 97 ff.

delsregister und der Aufnahme in dasselbe vergehen kann und während derer gegenüber der GmbH noch der Verkäufer als Gesellschafter gilt, sieht das Muster eine Vollmacht vor.

Für den GmbH-Anteil wird typischerweise ein Kaufpreis in Höhe des einbezahlten Stammkapitals vereinbart. Diese Vorgehensweise ist bewertungstechnisch zu rechtfertigen, wenn die von der GmbH gehaltenen Vermögensgegenstände einen Wert in Höhe des Stammkapitals aufweisen. Dies ist insbesondere bei Barmitteln gegeben. Hat die Komplementär-GmbH stattdessen ein Darlehen zur Mittelanlage gegeben oder die Mittel in Wertpapiere angelegt, so ist der Wert der Mittelanlagen zu ermitteln und ein Kaufpreis in Abhängigkeit des Wertes zu vereinbaren. Die Interessen von Verkäufer und Käufer sind hierbei gegensätzlich. Das heißt, wenn der Wert der Vermögensgegenstände geringer ist als das Stammkapital, wird vor allem der Käufer von dieser Argumentation Gebrauch machen wollen. Für den Verkäufer verhält es sich entsprechend umgekehrt. 1879

### c) KG-Basiskaufpreis [→ Rz. 1672]

Das Muster geht davon aus, dass sich die Parteien im Vorfeld auf einen Kaufpreis verständigt haben, der für die Beteiligung einschließlich der übergehenden Konten bezahlt wird. Dieser Kaufpreis reduziert sich, wenn das Eigenkapital einen bestimmten Betrag unterschreitet. Im Übrigen wird der Kaufpreis nur durch das Geschäftsergebnis des laufenden Geschäftsjahres bis zum Stichtag verändert (vgl. KG-Zusatzkaufpreis, § 2 Abs. 10 ff). Nicht vorgesehen ist eine Aufteilung des KG-Kaufpreises auf verschiedene erworbene Wirtschaftsgüter.[1505] 1880

### d) Notaranderkonto [→ Rz. 1673]

Während der Verkäufer nur dann verkaufen und abtreten will, wenn er auch den Kaufpreis erhält, ist der Käufer daran interessiert, nur zu bezahlen, wenn er auch Vollinhaber der Anteile wird. Es ist daher aus neutraler Sicht interessengerecht, wenn der Kaufpreis entweder in Teilbeträgen bei Kauf und Anmeldung direkt an den Verkäufer gezahlt wird oder beim Kauf auf ein Anderkonto des Notars geleistet und im **Zeitpunkt der Eintragung freigegeben** wird. Wie ausgeführt (siehe Rz. 1861 ff), ist die dingliche Übertragung der Anteile an die Eintragung der Sonderrechtsnachfolge im Handelsregister geknüpft, sodass die Zahlung des KG-Basiskaufpreises bei Vertragsschluss auf ein Notaranderkonto am angemessensten erscheint. Es lässt sich nur sehr schwer das Datum des dinglichen Übergangs des KG-Anteils (Tag der Eintragung des Nachfolgevermerks) bestimmen: Dies hängt von der Arbeit des Registergerichts ab; auf diese haben weder Verkäufer noch Käufer Einfluss, sodass der Verkäufer kein Zurückbehaltungsrecht ausüben kann, wenn der Käufer zu diesem Zeitpunkt die Zahlung verweigern würde. Nicht sinnvoll erscheint es, als weitere aufschiebende Bedingung für den Übergang der Anteile die Zahlung des Kaufpreises vorzusehen. Dann würde ab der Eintragung der Sonderrechtsnachfolge der Registerinhalt von der wirklichen Rechtslage abweichen. Da die Registeranmeldung bedingungsfeindlich ist,[1506] würde diese aufschiebende Bedingung, deren Erfüllung durch die Eintragung nicht herbeigeführt wird, nicht mit eingetragen. Entsprechend soll hier der Notar die Anmeldung erst dann zum Register einreichen, wenn die Basiskaufpreise gezahlt wurden. 1881

---

1505) Vgl. zu den Gestaltungsmöglichkeiten etwa *Bisle*, SteuK 2016, 451.

1506) *Hopt*, in: Baumbach/Hopt, HGB, § 12 Rz. 2.

1882 Die **Kosten** für das Treuhandkonto sollte der Verkäufer tragen, da es seiner Sicherung dient, wenn der Käufer schon vor Anteilsübergang zahlt. Aus demselben Grunde sollten die auf den eingezahlten Betrag entfallenden Zinsen bis zur Eintragung der Sonderrechtsnachfolge dem Verkäufer zustehen. Letztlich ist dies aber Verhandlungssache, denn die bedingte Übertragung wiederum liegt im Interesse des Käufers. Die Kosten eines Notartreuhandkontos richten sich nach dem Geschäftswert des Treuhandgegenstands, für den eine 1,0-Verwahrungsgebühr anfällt. Die damit verbundenen Kosten können nicht unerheblich sein; gleichwohl ist das Prozedere der Abwicklung über einen Notar in der Regel empfehlenswert.

1883 Es sind aber auch **Alternativen** zu einem Notaranderkonto denkbar. Neben einem Rechtsanwaltsanderkonto, bei dem neben dem neu gefassten § 3 Abs. 1 Satz 2 BORA (dazu sogleich Rz. 1884) ebenfalls u. a. Geldwäschevorschriften zu beachten sind, kann den Interessen der Parteien (jedenfalls bezogen auf den Teil der Zahlung, der nicht als Sicherheitseinbehalt dienen soll) auch etwa über ein *Conditional Swift Payment* Rechnung getragen werden, ein Prozedere, das etwa bei dem Verkauf von Schiffen nicht unüblich ist. Bei einer solchen Zahlung ist der zunächst treuhänderisch an die Empfängerbank überwiesene Kaufpreis bereits auf einem eigenen Konto der Empfängerbank sichtbar, dem Konto des Verkäufers aber noch nicht gutgeschrieben. Die Bank kann daher den Geldeingang bestätigen. Das Geld wird jedoch erst dann mit Erfüllungswirkung auf das Empfängerkonto gebucht, wenn die vereinbarten Bedingungen dafür eingetreten sind, hier also etwa eine Bestätigung, dass die aufschiebend bedingte Übertragung und die Handelsregisteranmeldung unterzeichnet und eingereicht sind. Auf diese Weise hat auch der Verkäufer die Gewissheit, dass der Kaufpreis zur Verfügung steht, wenn er seine Anteile überträgt.

1884 Die transaktionsbegleitenden Rechtsanwälte sind mit gewissen berufsrechtlichen Hindernissen als Treuhänder konfrontiert, die sich u. a. aus § 3 BORA ergeben. Würde z. B. der Käuferanwalt von beiden Parteien als Treuhänder eingeschaltet, wird eine treuhänderische Bindung auch im Verhältnis zum Verkäufer angenommen, wenn der Anwalt zumindest auch ein Verhalten des Verkäufers bei seinem Vorgehen zu berücksichtigen hat.[1507)] Einige Rechtsanwaltskammern vertreten die Ansicht, dass § 3 Abs. 1 Satz 2 BORA jede Form der doppelten Treuhand verbiete – unabhängig von dem Vorliegen einer tatsächlichen Interessenkollision – und für Rechtsanwälte eine doppelte Treuhandtätigkeit damit berufsrechtlich unzulässig sei. Richtigerweise ist – wie bereits die Entstehungsgeschichte des § 3 Abs. 1 Satz 2 BORA zeigt – jedoch eine teleologische Reduktion vorzunehmen.[1508)] Da die Neuregelung eine Klarstellung für Fälle der Interessenkollision bei Treuhandtätigkeiten schaffen wollte, kann für den Anwalt eine berufsrechtlich verbotene Pflichtenkollision durch eine klare Treuhandabrede beider Parteien, die ihm keinerlei Ermessens- oder Beurteilungsspielraum belässt, vermieden werden. Dies beinhaltet den Hinweis an die nicht vertretene Partei, dass über die Verwahrung hinaus keinerlei Hinweis-, Beratungs- oder Aufklärungspflichten entstehen. Aus Nachweisgründen und im Hinblick auf die besondere Warnfunktion ist eine Belehrung in Textform unumgänglich.[1509)]

1507) Vgl. BGH, Urt. v. 13.5.2004 – III ZR 368/03, ZIP 2004, 1154 = NJW-RR 2004, 1356, 1358; AnwG Hamburg, Beschl. v. 10.6.2008 – II AnwG 21/07, AnwBl 5/2009, 1, 2.

1508) So auch *Römermann*, AnwBl 2015, 34; *Baumert*, NJW 2014, 320.

1509) So auch *Szalai/Tietze*, AnwBl 2015, 37, 43.

### e) Teilweiser Einbehalt des KG-Basiskaufpreises [→ Rz. 1675]

1885 Da es dem Verkäufer als Privatperson meist nur schwer möglich sein wird, Banksicherheiten beizubringen, wählt das Muster als Sicherung des Käufers für Ansprüche wegen **Garantieverletzungen** und für sonstige Ansprüche, insbesondere für die Freistellungsansprüche nach §§ 6–8 des Musters, den teilweisen Einbehalt des gezahlten Kaufpreises. Daher wird gemäß § 2 Abs. 4 nach Eintritt der aufschiebenden Bedingung nur ein Teil des Kaufpreises an den Verkäufer freigegeben.

### f) Sicherung der Ansprüche des Käufers [→ Rz. 1676 f]

1886 § 2 Abs. 5 und 6 regeln die Möglichkeit des Käufers, auf dem Treuhandkonto des Notars hinterlegte Beträge zur Erfüllung seiner Ansprüche aus diesem Vertrag zu verwerten. Der Käufer hat danach das Recht, die Auszahlung von auf dem Treuhandkonto hinterlegten Beträgen an den Verkäufer durch Übersendung einer schriftlichen Mitteilung an den Notar zu verhindern, aus der hervorgeht, dass Ansprüche aus diesem Vertrag gegen den Verkäufer geltend gemacht werden. In diesem Fall überweist der Notar nur aufgrund einer übereinstimmenden Weisung der Parteien oder eines rechtskräftigen Schiedsspruchs auf dem Treuhandkonto hinterlegte Beträge an den Verkäufer oder den Käufer.

1887 Die Regelung birgt aus Sicht des Verkäufers die Gefahr, dass der Käufer die Freigabe von Teilen des hinterlegten KG-Basiskaufpreises durch unbegründete Ansprüche verhindert oder verschleppt. Diesem Risiko wird, falls der Verkäufer dies durchsetzen kann, mit einer Klausel begegnet, nach der der Käufer zur Zahlung eines **pauschalierten Schadensersatzes** (im Muster 3 Prozentpunkte über dem Ein-Monats-Euribor seit Fälligkeit der Auszahlung vom Notaranderkonto) verpflichtet ist, wenn der erfolglose Teil einen von den Vertragsparteien festzusetzenden Prozentsatz des insgesamt geltend gemachten Anspruchs übersteigt oder er sich ohne Not weigert, einen den geltend gemachten Anspruch übersteigenden Betrag freizugeben. [→ Rz. 1678]

### g) Austausch von Sicherheiten [→ Rz. 1680]

1888 Dem Verkäufer soll jederzeit die Möglichkeit gewährt werden, die hinterlegten Beträge durch eine andere Sicherheit, und zwar eine **Bankgarantie**, abzulösen. Kostengünstiger als eine Bankgarantie ist für den Verkäufer die Möglichkeit, eine Garantie, harte Patronatserklärung o. Ä. der Konzernmutter stellen zu können. Jedenfalls in einem solchen Fall sollte die Garantie genau beschrieben und der vereinbarte Text als Anlage dem Vertrag beigefügt werden oder der Garantiegeber die Garantie direkt im Kaufvertrag erklären. Auch im Fall einer Bankgarantie kann die Regelung noch weiter konkretisiert bzw. verschärft werden und etwa eine Bankgarantie auf erstes Anfordern vorsehen. Das gilt erst recht, wenn kein Text einer Bankgarantie beigefügt wird. In jedem Fall sollte der Verkäufer sicherstellen, dass seine Bank eine Garantie im entsprechenden Wortlaut auch abgeben würde.

1889 Zur „Besicherung" eines Gewährleistungsanspruchs kommt auch eine Versicherung etwaiger Gewährleistungsansprüche in Betracht, die im Muster jedoch nicht vorgesehen ist. In der Praxis ist der zusätzliche Aufwand, der mit dem Abschluss einer Gewährleistungsversicherung verbunden ist, nicht zu unterschätzen.

### h) **Zusatzkaufpreise** [→ Rz. 1681]

1890 Der Zusatzkaufpreis entspricht dem Anteil an den Überschüssen der Gesellschaften, der auf den Zeitraum seit Beginn des laufenden Geschäftsjahres bis zum Stichtag entfällt und damit wirtschaftlich (unabhängig von der Regelung zum Beginn des Gewinnbezugsrechts und der steuerlichen Zuordnung) dem Verkäufer zusteht. Der Verkäufer hat diesen Anspruch nicht gegenüber der KG und der GmbH, da das Geschäftsjahr, soweit kein Rumpfgeschäftsjahr für diesen Übergangszeitraum gebildet wird, noch nicht abgeschlossen ist. Nach § 101 Nr. 2 BGB besteht jedoch – vorbehaltlich abweichender Vereinbarungen – ein Anspruch gegenüber dem Käufer als derjenigen Person, die nach Ablauf des Geschäftsjahres gegenüber der GmbH und der KG den Anspruch auf den **gesamten verteilungsfähigen Gewinn** hat (siehe Rz. 1858). Es ist daher bei der KG nicht möglich, den Gewinnanteil des Verkäufers für den Übergangszeitraum den Gesellschafterkonten des Verkäufers gutzuschreiben und aus dem Gesellschaftsvermögen auszugleichen. Die Erstellung eines Zwischenabschlusses ist zwar mit nicht unerheblichem Mehraufwand verbunden; sie bietet sich aber auch dann an, wenn die zeitanteilige Aufteilung nicht den wirtschaftlichen Gegebenheiten entspricht.[1510)]

1891 Vorbehaltlich anderslautender Vereinbarungen der Parteien besteht jedoch kein Anlass, dem Verkäufer für den Übergangszeitraum Gewinne abweichend von der gesellschaftsvertraglichen Gewinnverteilungsabrede oder der Regelung über die Bildung von Rücklagen zu gewähren. Dementsprechend sieht § 3 Abs. 1 Satz 4 des Musters vor, dass der **KG-Stichtagsabschluss** unter Berücksichtigung der Regeln des Gesellschaftsvertrags zur **Gewinnverteilung** und **Rücklagenbildung** aufgestellt wird. Sollte von dieser Ermittlung des verteilungsfähigen Gewinns abgewichen werden, so ist dies im Kaufvertrag als Änderung des Gesellschaftsvertrags der KG zu vereinbaren. Grundsätzlich können Gesellschaftsverträge einer KG stillschweigend abgeändert werden [→ Rz. 1926]; soweit sie bestimmte Formalia für eine Änderung des Gesellschaftsvertrags vorsehen, sind diese jedoch einzuhalten. Alternativ wäre auch denkbar, die Käuferin zu verpflichten, am Ende des Geschäftsjahres den zeitanteiligen Gewinnanspruch (ggf. nach einem Gewinnverwendungsbeschluss, zu dem sie dann ebenfalls verpflichtet werden müsste) an den Verkäufer abzutreten und/oder an ihn auszukehren.[1511)] Auch hierfür müssen dann aber Regelungen aufgenommen werden, die nicht zuletzt auch die Erstellung des Jahresabschlusses betreffen.

1892 Die Gesellschafterkonten des Verkäufers bei der KG werden per Stichtag nur mit Wirkung zwischen den Parteien, nicht mit Wirkung gegenüber der Gesellschaft abgeschlossen. Um den Anspruch des Verkäufers für die Übergangsperiode zu ermitteln, werden die Gesellschafterkonten für rein interne Zwecke zwischen den Parteien auf den Stichtag fortgeführt. Der an den Verkäufer verteilungsfähige Überschuss für die Zwischenperiode wird – entsprechend den Regelungen im Gesellschaftsvertrag – zur Gewinnverwendung und Rücklagenbildung dem Darlehenskonto des Verkäufers gutgeschrieben und ist damit entnahmefähig. Soweit für diesen Zeitraum ein Verlust entsteht, wirkt sich dieser kaufpreismindernd aus.

1893 Die **Höhe des Zwischenüberschusses** und damit mittelbar des zwischen den Parteien gültigen Saldos des Darlehenskontos des Verkäufers per Stichtag ist abhängig von den relevanten Positionen des verbindlichen Stichtagsabschlusses der KG gemäß § 3 Abs. 2 des Musters. Daher ist es sinnvoll, dass der Zusatzkaufpreis entsprechend den Regelungen in

1510) Reichert/*Reichert*/*Ullrich*, GmbH & Co. KG, § 29 Rz. 57.

1511) Reichert/*Reichert*/*Ullrich*, GmbH & Co. KG, § 29 Rz. 57.

§ 2 Abs. 11 und 12 des Musters fällig wird, wenn der Stichtagsabschluss verbindlich ist. Um eine unnötige Verschleppung der Erstellung des Stichtagsabschlusses zu vermeiden, ist vorgesehen, dass die Verzinsung des sich aus dem Stichtagsabschluss ergebenden weiteren Zahlungsanspruchs spätestens drei Monate nach dem Stichtag beginnt.

### i) Eigenkapitalgarantie und Kaufpreiskorrektur [→ Rz. 1682]

Das bilanzielle Eigenkapital der KG ergibt sich ausweislich der **Gesamthandsbilanz** der KG aus den Bilanzpositionen „Kapitalkonten/Kommanditeinlage" zuzüglich „Rücklagenkonten" abzüglich „Verlustkonten". Die Eigenkapitalgarantie sichert den Erwerber gegen Wertbeeinträchtigungen des bilanzierten Vermögens, die bis zum Stichtag eintreten, sofern dadurch das garantierte Eigenkapital unterschritten wird.[1512] Ihre Wirkung darf allerdings nicht überschätzt werden, denn zahlreiche wertbildende Faktoren, die für die Ertragsfähigkeit des Unternehmens wichtig sind, haben keine unmittelbare Auswirkung auf das bilanzielle Eigenkapital, sodass daneben eigenständige Garantien unerlässlich sind (vgl. den Garantiekatalog in § 4). Ohne Weiteres denkbar ist natürlich auch, betragsmäßige Grenzen für die Anpassung des Eigenkapitals vorzusehen. Gleichzeitig besteht bei umfassenden Bilanzgarantien insgesamt immer die Gefahr, dass hierüber ein im Detail ausverhandelter Garantiekatalog „ausgehebelt" wird; bei einer nur auf die Eigenkapitalziffer beschränkten Bilanzgarantie ist die Gefahr allerdings nicht so groß. 1894

### j) Cash/Debt Free

Alternativ zu dem eher eigenkapitalorientierten Kaufpreismechanismus des vorliegenden Musters können auch beim KG-Anteilskaufvertrag die unter Rz. 947 ff, 1626 ff (Vertrag) und Rz. 1153 ff, 1634 ff (Erläuterungen) dargestellten Kaufpreisanpassungsmechanismen über die Debt-Free-/Cash-Free- und Locked-Box-Methoden analog beim Kauf von Anteilen an Personengesellschaften neben der dem Muster zugrunde liegenden Kaufpreisanpassung über die Eigenkapitalgarantie zur Anwendung kommen. Dann sind aber insbesondere auch die Bedingungen in § 1 Abs. 2 des Musters anzupassen. Zur Erläuterung wird auf die Ausführungen zu dem GmbH-Mustervertrag verwiesen. [→ Rz. 1153 ff]. Zur Erstellung der Closing Accounts vgl. auch das Muster [→ Rz. 1909 ff]. 1895

Die Klausel könnte dann wie folgt lauten: 1896

§ 2 1897

**Kaufpreise, Treuhandkonto**

(1) Der Kaufpreis (Cash/Debt Free)

Der Kaufpreis („**Kaufpreis**") für den gemäß § 1 Abs. 1 verkauften Geschäftsanteil sowie den Kommanditanteil berechnet sich wie folgt:

1. […] € (in Worten: […] Euro) („**Unternehmenspreis GmbH**");

2 […] € (in Worten: […] Euro) („**Unternehmenspreis KG**");

3. zuzüglich der Summe der gemäß **Anlage 2.1.2** ermittelten Barmittel der Kommanditgesellschaft („**Barmittel**");

1512) Vgl. insgesamt zur Eigenkapitalgarantie: *Wächter*, BB 2016, 711; *Kleissler*, NZG 2017, 531; *Korch*, WM 2018, 700.

4. abzüglich der Summe der gemäß **Anlage 2.1.3** ermittelten Finanzverbindlichkeiten der Kommanditgesellschaft („**Finanzverbindlichkeiten**");

5. zuzüglich bzw. abzüglich des Betrags, um den das gemäß **Anlage 2.1.4** ermittelte Nettoumlaufvermögen der Kommanditgesellschaft („**Nettoumlaufvermögen**") den Betrag von [...] € über- bzw. unterschreitet.

Die vorstehenden Positionen sind jeweils mit den Beträgen anzusetzen, mit denen sie im Stichtagsabschluss ausgewiesen sind. Eine Beispielsrechnung für die Berechnung des Kaufpreises ist als **Anlage 2.1** beigefügt. [→ Rz. 1153 ff]

1898 (2) Die Parteien schätzen den Kaufpreis nach Maßgabe der Berechnungsmethodik in Absatz 1 per Stichtag auf einen Betrag von [...] € („**vorläufiger Kaufpreis**"). [→ Rz. 1328]

1899 (3) Die Käuferin wird zur Absicherung ihrer möglichen Ansprüche aus diesem Vertrag einen Teilbetrag in Höhe von [*10*] % des vorläufigen Kaufpreises vorübergehend auf einem Treuhandkonto einbehalten („**Sicherheitseinbehalt**"). Zu diesem Zweck werden die Parteien mit [*Name*] („**Treuhänder**") den im Entwurf als **Anlage 2.3** beigefügten Treuhandvertrag abschließen („**Treuhandvertrag**"). [→ Rz. 1333]

1900 (4) Der vorläufige Kaufpreis wird mit Eintritt der aufschiebenden Bedingungen gemäß Abs. 2 zur Zahlung fällig, frühestens jedoch am geplanten Vollzugstag.

1901 (5) Für den Fall, dass die Kommanditeinlagen im Stichtagsabschluss den Wert des im Handelsregister ausgewiesenen Haftkapitals in Höhe von [...] € unterschreiten, wird der Käufer an den Verkäufer einen Hafteinlagenausgleichspreis in Höhe der Differenz zwischen Haftkapital und Kommanditeinlagen leisten **(„Hafteinlagenausgleichspreis")**. Der durch den Käufer geleistete Hafteinlagenausgleichspreis ist dem Treuhandkonto zusätzlich zum vereinbarten Sicherheitseinbehalt gutzuschreiben. Nach Gutschrift dieses Hafteinlagenausgleichspreises werden die Mittel dann zulasten des Treuhandkontos als Bareinlagen in die Kommanditeinlagekonten zugeführt, sodass die Kommanditeinlagekonten die Höhe des im Handelsregister ausgewiesenen Haftkapitals aufweisen. [→ Rz. 1355]

1902 Durch den Hafteinlagenausgleichspreis-Mechanismus werden die aufgrund vorheriger Ausschüttungen fehlenden Kommanditeinlagen ausgeglichen, sodass unmittelbar zum Closing die Kommanditeinlagen den Hafteinlagen entsprechen. Hierzu zahlt der Erwerber zunächst den Differenzbetrag zwischen Hafteinlagen und Kommanditeinlagen als Hafteinlagenausgleichspreis auf ein Treuhandkonto. Dann wird im Namen des Verkäufers dieser Hafteinlagenausgleichspreis als Barkapitalerhöhung in die Kommanditeinlage geleistet, sodass die Kommanditeinlagen wieder einen Stand in Höhe des Haftkapitals haben.

1903 Für den Erwerber ist die Leistung des zusätzlichen Hafteinlagenausgleichspreises wirtschaftlich unerheblich, da dieser Mehrpreis nicht an den Verkäufer geleistet wird, sondern nach der Barkapitalerhöhung als Barmittel der Kommanditgesellschaft zur Verfügung steht und insofern entsprechend der Logik der Pre-Money/Post-Money-Bewertung [→ Rz. 212] der Wert der Kommanditgesellschaft in Höhe der Barkapitalerhöhung zugenommen hat.

### 6. Stichtagsabschlüsse der GmbH und der KG [→ Rz. 1684 ff]

1904 Die Aufstellung eines Stichtagsabschlusses durch den Verkäufer und die Berechtigung des Käufers, diesen durch einen unabhängigen Wirtschaftsprüfer kontrollieren zu lassen, dienen einer möglichst **sicheren Bestimmung des Kaufpreises**. Auch die Festlegung eines möglichen Schiedsgutachters kann bei etwaigen späteren Streitigkeiten eine erhebliche Vereinfachung bedeuten.[1513] Ferner ist es sinnvoll, die Pflicht zur Tragung der Kosten vorab zu regeln (siehe Rz. 1687). Das Muster unterstellt dabei, dass die Jahresabschlüsse des vorangegangenen Geschäftsjahres bereits festgestellt sind. Ein alternatives Muster [→ Rz. 1910 ff].

Zu der Hierarchie der Bilanzierungs- und Bewertungsgrundsätze wird auf die Ausführungen unter Rz. 1383 ff verwiesen. 1905

Zur Vermeidung späterer Streitigkeiten sollte (wie im Muster in § 3 Abs. 2 a. E. geschehen) klargestellt werden, dass aufgrund der Verbindlichkeit der Zwischenabschlüsse die Garantie des Verkäufers in § 4 nicht eingeschränkt wird, auch wenn ihre Verletzung den verbindlichen Stichtagsabschluss verändert. 1906

Das Muster sieht vor, dass auch der GmbH-Stichtagsabschluss durch den bisherigen **Abschlussprüfer** geprüft und testiert wird, obwohl die GmbH – da sie lediglich die Aufgabe als Komplementärin der KG wahrnimmt und sonst nicht geschäftlich tätig ist – nicht prüfungspflichtig sein dürfte. Der GmbH-Stichtagsabschluss kann im Rahmen der Prüfung des KG-Stichtagsabschlusses mit geprüft werden. 1907

Der Käufer wird über die geprüften und testierten Zwischenabschlüsse hinaus an einer vollständigen und richtigen **Aufstellung der Salden der Gesellschafterkonten des Verkäufers** per Stichtag sowie deren Zusicherung interessiert sein. Hieraus ergibt sich, ob Überschüsse in der KG zu Recht dem Kapitalkonto II oder dem Rücklagenkonto zugebucht worden sind. Die Aufstellung des KG-Stichtagsabschlusses erfolgt dabei in der Weise, dass die gesellschaftsvertraglichen Regelungen zur Rücklagenbildung, also zur Zuführung von Überschüssen zu dem Kapitalkonto II oder dem Rücklagenkonto, beachtet werden und somit nur die nach diesen Dotierungen verbleibenden Überschüsse zur Ermittlung des Zusatzkaufpreises verwandt werden können. 1908

Im Übrigen gelten für die Zwischenabschlüsse die Ausführungen zu dem Stichtagsabschluss in § 5 des Musters zum Erwerb von GmbH-Geschäftsanteilen [→ Rz. 1361 ff] entsprechend. Alternativ könnte § 3 des Vertrags auch wie folgt lauten: 1909

**§ 3**

**Stichtagsabschluss der GmbH und der KG**

(1) Die Käuferin wird die Geschäftsführung der Zielgesellschaft veranlassen: 1910

1. Unverzüglich nach dem Stichtag eine körperliche Bestandsaufnahme durchzuführen. Daraufhin werden die Gegenstände unverzüglich bewertet und ihre schriftliche Bewertung der Käuferin innerhalb von zwei Wochen nach Abschluss der Inventur vorgelegt. Die Gegenstände sind zu Anschaffungs- bzw. Herstellungskosten oder zu den niedrigeren beizulegenden Werten unter Berücksichtigung von Alter, Qualität, Gängigkeit, Stand der Technik und anderen den Wert beeinflussenden Faktoren zu bewerten. Die Kosten der Inventur und der Bewertung trägt der Verkäufer. Die körperliche Bestandsaufnahme und Bewertung ist unter Beachtung der einschlägigen gesetzlichen Vorschriften sowie den Grundsätzen der ordnungsgemäßen Inventur durchzuführen. Die Käuferin ist berechtigt, an der Inventur teilzunehmen oder Personen (Inventurbeobachter) zur Beobachtung der Inventur zu entsenden. Der

1513) Vgl. zu Schiedsgutachtern in dieser Konstellation auch *Schackmann/Mellert*, BB 2018, 840.

Inventurbeobachter ist berechtigt, eigene Stichproben bei der Inventur durchzuführen. [→ Rz. 1364]

2. Zum Stichtag innerhalb eines Abrechnungszeitraumes durch den bisherigen Eigentümer, eine Ablesung der Ausstattung zur Verbrauchserfassung für den Bezug von Gas, Wasser, Strom zu veranlassen. Die Zählerstände sind entsprechend zu protokollieren. [→ Rz. 1369]

3. Zeitnah nach dem Stichtag, möglichst bis zum [*Datum*], einen Stichtagsabschluss (Bilanz, Gewinn- und Verlustrechnung, Anhang) der Zielgesellschaft auf den Stichtag aufzustellen (der „**Stichtagsabschluss**"). Der Stichtagsabschluss soll die in **Anhang 3.1** enthaltenen Bestandteile haben. Bei dem Stichtagsabschluss handelt es sich um einen Abschluss, der nach Rechnungslegungsgrundsätzen für den Zweck der Kaufpreisabrechnung aufzustellen ist. Dieser Stichtagsabschluss wird von einem durch die Käuferin zu bestimmenden Wirtschaftsprüfer auf Kosten der Zielgesellschaft [**alternativ:** der Käuferin/des Verkäufers] nach den Grundsätzen für die Prüfung von Abschlüssen, die nach Rechnungslegungsgrundsätzen für einen speziellen Zweck aufgestellt wurden (IDW PS 480), geprüft. Diese Prüfung soll bis zum [*Datum*] abgeschlossen sein. Der Verkäufer wird dafür Sorge tragen, dass sämtliche für die Aufstellung und Prüfung erforderlichen Unterlagen zur Verfügung stehen. In der vorverbindlichen gemäß den Absätzen 6, 7 oder 10 bestehenden Fassung wird dieser geprüfte Abschluss als „**vorläufiger Stichtagsabschluss**" bezeichnet. [→ Rz. 1361]

4. Liegt der sich ergebende Stichtag nicht am Monatsende, so soll der Stichtagsabschluss zum Monatsende des Vormonates erstellt werden, wenn der Stichtag in der ersten Hälfte des Monates liegt. Liegt hingegen der Stichtag in der zweiten Hälfte des Monats, so soll der Stichtagsabschluss zum Ende des laufenden Monats erstellt werden.

5. Auf Basis des vorläufigen Stichtagsabschlusses eine jeweils auf den Stichtag bezogene Aufstellung (a) der Barmittel, (b) der Finanzverbindlichkeiten und (c) des Nettoumlaufvermögens anzufertigen (die „**vorläufige Stichtagsaufstellung**"). Die Definition der Barmittel, (b) der Finanzverbindlichkeiten und (c) des Nettoumlaufvermögens ergeben sich aus **Anlage 3.5.** [→ Rz. 1361]

1911 (2) Die Käuferin wird anschließend auf Grundlage der gemäß Absatz 1 angefertigten Dokumentation nach Maßgabe von § 4 Abs. 1 den Kaufpreis berechnen (die „**vorläufige Kaufpreisberechnung**"). Die vorläufige Stichtagsaufstellung und die vorläufige Kaufpreisberechnung werden nachfolgend zusammen „**vorläufige Berechnungen**" genannt. [→ Rz. 1425]

1912 (3) Die Käuferin wird den vorläufigen Stichtagsabschluss und die vorläufigen Berechnungen unverzüglich nach Fertigstellung an den Verkäufer übersenden.

1913 (4) Der Stichtagsabschluss ist unter Berücksichtigung der vollständigen Ausschüttung des Zwischenüberschusses, unter Beachtung der einschlägigen gesetzlichen Vorschriften sowie der folgenden Grundsätze aufzustellen:

1. Der Stichtagsabschluss soll im Einklang mit den in **Anlage 3.1.1** festgehaltenen Bilanzierungs- und Bewertungsgrundsätzen erstellt werden. Diese Bilanzierungs- und Bewertungsgrundsätze haben unter allen Umständen Vorrang vor den im Weiteren genannten Grundsätzen zur Erstellung des Abschlusses.

2. Nach Maßgabe der Regelung in vorstehender Nr. 1 soll der Stichtagsabschluss unter Berücksichtigung der Rechnungslegungsgrundsätze, der Rechnungslegungspolitik und der Schätzungstechniken (soweit diese im Einklang mit den Grundsätzen der ordnungsgemäßen Buchführung stehen)*) wie in dem vorherigen Jahresabschluss zum 31. Dezember [*letztes abgeschlossenes Geschäftsjahr*] erstellt werden.

3. Nach Maßgabe der Regelungen in vorstehender Nr. 1 und 2 soll der Stichtagsabschluss unter Berücksichtigung des Handelsgesetzbuchs und der Grundsätze ordnungsmäßiger Buchführung erstellt werden. [→ Rz. 1383]

(5) Der Verkäufer hat das Recht, den vorläufigen Stichtagsabschluss und die vorläufigen 1914
Berechnungen zu überprüfen und durch einen Wirtschaftsprüfer seiner Wahl im Rahmen einer Prüfung nach dem Prüfungsstandard IDW PS 290/480 überprüfen zu lassen, wobei die Prüfung jeweils darauf beschränkt ist, ob die in Absatz 1 und 4 genannten Ableitungen und Grundsätze eingehalten sind. Die Frist zur Überprüfung beträgt [*drei*] Wochen, gerechnet ab dem Tag, an dem der vorläufige Stichtagsabschluss und die vorläufigen Berechnungen dem Verkäufer zugegangen sind. Alle im Zusammenhang mit einer Überprüfung gemäß Absatz 5 anfallenden Kosten sind vom Verkäufer zu tragen. [→ Rz. 1409]

(6) Einwände gegen den vorläufigen Stichtagsabschluss und die vorläufigen Berechnun- 1915
gen hat der Verkäufer innerhalb der [*Dreiwochenfrist*] des Absatzes 5 schriftlich unter Angabe der wesentlichen Gründe gegenüber der Käuferin geltend zu machen. Lässt der Verkäufer diese Frist ohne Geltendmachung von Einwänden verstreichen, sind der vorläufige Stichtagsabschluss, die vorläufigen Berechnungen und der sich daraus ergebende Kaufpreis für ihn verbindlich. [→ Rz. 1406 ff]

(7) Zeigt der Verkäufer der Käuferin innerhalb der Dreiwochenfrist des Absatzes 5 Ein- 1916
wände gegen den vorläufigen Stichtagsabschluss und/oder die vorläufigen Berechnungen an, werden sich der Verkäufer und die Käuferin bemühen, innerhalb von weiteren [*drei*] Wochen ab Zugang der Anzeige, eine Einigung über die Behandlung der Einwände zu erzielen. Sofern und soweit eine solche Einigung zustande kommt, wird deren Ergebnis für die Zwecke dieses Vertrags in den vorläufigen Stichtagsabschluss und/oder die vorläufigen Berechnungen übernommen, die insoweit zusammen mit dem sich daraus ergebenden Kaufpreis für die Parteien verbindlich werden.

(8) Soweit die Parteien innerhalb der [*Dreiwochenfrist*] des Absatzes 7 zu keiner Einigung 1917
über die Behandlung der Einwände gelangen, haben sie innerhalb von zwei Wochen nach Ablauf dieser Frist gemeinsam einen unabhängigen Wirtschaftsprüfer als Schiedsgutachter zu benennen. [→ Rz. 1405 ff]

(9) Einigen die Parteien sich nicht innerhalb der Zweiwochenfrist des Absatzes 8 auf die 1918
Ernennung eines Schiedsgutachters, wird der Schiedsgutachter auf Antrag der Käuferin und/oder des Verkäufers durch den Sprecher des Vorstands des Instituts der Wirtschaftsprüfer e. V. (IDW) in Düsseldorf benannt. Der vom IDW zu benennende Schiedsgutachter soll nachweislich über eine hinreichende Erfahrung in der Beratung im Zusammenhang mit Kaufpreismechanismen und entsprechender Branchenerfahrung verfügen.
[→ Rz. 1408]

*) Bei dem Klammerzusatz handelt es sich um eine käuferfreundliche Ergänzung.

1919 (10) Der Schiedsgutachter prüft hinsichtlich der zwischen den Parteien streitigen Punkte, ob die in Absatz 1 und 4 genannten Grundsätze und Ableitungen für die Erstellung des vorläufigen Stichtagsabschlusses und für die vorläufigen Berechnungen eingehalten wurden. Der Schiedsgutachter soll jeder Partei angemessene Gelegenheit geben, ihre Ansichten schriftlich sowie im Rahmen einer oder mehrerer Anhörungen vorzutragen, die in Anwesenheit der Parteien und ihrer Berater abzuhalten sind. Er hat hierzu innerhalb von 30 Bankarbeitstagen nach seiner Ernennung nach Maßgabe der Vereinbarung der Parteien in diesem Vertrag und im Übrigen nach billigem Ermessen ein schriftliches Gutachten zu erstellen, das für die Parteien, vorbehaltlich offensichtlicher mathematischer Unrichtigkeiten, abschließend und verbindlich ist. Der Schiedsgutachter wird die Gründe für seine Entscheidung im Hinblick auf sämtliche Punkte, die zwischen dem Verkäufer und der Käuferin umstritten sind, angeben. Die Käuferin hat das Ergebnis des Gutachtens in den vorläufigen Stichtagsabschluss und/oder die vorläufigen Berechnungen für die Zwecke dieses Vertrags zu übernehmen, die in der so geänderten Fassung für die Parteien verbindlich werden. [→ Rz. 1405 ff]

1920 (11) Schiedsgutachter kann nur ein qualifizierter Wirtschaftsprüfer sein. Berater oder Abschlussprüfer einer der Parteien oder der mit einer der Parteien verbundenen Unternehmen i. S. d. §§ 15 ff AktG kommen nicht für das Amt des Schiedsgutachters in Betracht. [→ Rz. 1405 ff]

1921 (12) Die Kosten und Auslagen für den Schiedsgutachter und das Schiedsgutachterverfahren werden zunächst von der Käuferin und dem Verkäufer jeweils hälftig verauslagt und getragen. Beide Seiten tragen ihre eigenen Kosten und die Kosten ihrer Berater selbst, es sei denn, der Schiedsgutachter trifft gemäß Absatz 13 eine abweichende Entscheidung über die Verteilung der Kosten. [→ Rz. 1409]

1922 (13) Der Schiedsgutachter entscheidet nach billigem Ermessen unter Berücksichtigung seiner Entscheidung und der ursprünglichen Standpunkte und Anträge der Parteien entsprechend § 91 ZPO abschließend über die Verteilung seiner Kosten und Auslagen und der Kosten für das Schiedsgutachterverfahren, einschließlich angemessener Gebühren und Auslagen der Parteien für ihre Berater. [→ Rz. 1409]

1923 (14) Die Käuferin hat dafür zu sorgen, dass der Verkäufer, die gemäß diesem § 5 beteiligten Wirtschaftsprüfer sowie etwaige Schiedsgutachter nach dem Vollzugszeitpunkt alle Informationen und Unterlagen erhalten, die für die Zwecke dieses § 5 erforderlich sind.

1924 (15) Die Parteien müssen weiterhin dafür sorgen, dass der Verkäufer, der gemäß § 5 beteiligte Wirtschaftsprüfer und ein etwaiger Schiedsgutachter uneingeschränkten Zugang zu den Jahresabschlüssen vergangener Jahre der Zielgesellschaft und den zugehörigen Arbeitsunterlagen und Aufzeichnungen erhalten.

### 7. Garantien des Verkäufers [→ Rz. 1688 ff]

1925 Die Ausführungen zu den Garantien in Anteilskaufverträgen in der Einführung und in Muster 1 (siehe Rz. 1429 ff), insbesondere auch zur Notwendigkeit der speziellen Vereinbarung solcher Garantien, gelten hier gleichermaßen. Die Garantien müssen sich allerdings sowohl auf die **KG** und den **zu übertragenden Kommanditanteil** als auch auf die Geschäftsanteile bzw. einen etwaigen – selten vorhandenen – Geschäftsbetrieb der **Komplementär-GmbH** und deren Verhältnisse beziehen. Auf die sich hieraus ergebenden Besonderheiten beschränkt sich die nachfolgende Kommentierung. Dabei wird davon ausgegangen, dass das operative Geschäft – wie üblich – allein von der KG wahrgenommen wird.

### a) Gesellschaftsrechtliche Verhältnisse

#### aa) Handelsregister und Gesellschaftsvertrag [→ Rz. 1689 ff]

Der Abschluss und die Änderung des Gesellschaftsvertrags einer KG ist grundsätzlich 1926
**formfrei** möglich.[1514)] Falls der Gesellschaftsvertrag der GmbH & Co. KG keine Schriftformklausel enthält, die auch deren Abänderung erfasst, ist daher auf die Garantiezusage, dass der Gesellschaftsvertrag nicht mündlich oder stillschweigend geändert wurde, zu achten. Dies gilt insbesondere, wenn es in der KG weitere Mitgesellschafter gibt.

#### bb) Organschaft und Beziehungen zu verbundenen Unternehmen [→ Rz. 1693]

In Bezug auf diese Garantie ist zu beachten, dass heute weitgehend anerkannt ist, dass eine 1927
KG Untergesellschaft eines Gewinnabführungs- und Beherrschungsvertrags sein kann.[1515)] Da ein Gewinnabführungsvertrag bei einer Personengesellschaft steuerlich ohne Relevanz wäre, sind solche Verträge in der Praxis bei Personengesellschaften auch völlig ungebräuchlich. Wegen der unmittelbaren steuerlichen Ergebniszurechnung beim Gesellschafter der Personengesellschaft ist eine ertragsteuerliche Konsolidierung per se gegeben und erfordert, anders als bei Kapitalgesellschaften, keinen Gewinnabführungsvertrag. Zum anderen ist eine gewerbesteuerliche Organschaft mit einer Personengesellschaft als Untergesellschaft nicht möglich (§ 2 Abs. 2 GewStG).

#### cc) Volleinzahlung und keine Rückgewähr der Kommanditeinlage [→ Rz. 1695]

Zu den Fragen der Einlageleistung und -rückgewähr gemäß § 172 Abs. 4 HGB ist bereits 1928
Stellung genommen worden (siehe Rz. 1812). Der Käufer sollte im Übrigen vor dem Hintergrund der im Kaufvertrag vereinbarten Fortführung der Gesellschafterkonten zum Stichtag in seiner Due Diligence genau untersuchen, ob sich hieraus Risiken für ihn ergeben. Dies gibt ihm ggf. die Sicherheit, dass auf dem Darlehenskonto lediglich die **entnahmefähigen Gewinne**, die zur Verrechnung mit Verlustvorträgen verfügbaren nicht entnahmefähigen Gewinnanteile auf dem Rücklagenkonto und diejenigen nicht entnahmefähigen Gewinnanteile, die nicht zur Verrechnung mit Verlustvorträgen zur Verfügung stehen, auf dem Kapitalkonto II verbucht worden sind. Da es jedoch keine gesetzlich normierte Pflicht zum Führen bestimmter Konten gibt und in der Praxis verschiedene Kontenmodelle vorkommen, ist jeweils eine Abstimmung auf den Einzelfall vorzunehmen.

#### dd) Zustimmungsbeschlüsse und andere interne Maßnahmen [→ Rz. 1696]

Übertragungen von Anteilen an Personengesellschaften bedürfen grundsätzlich der Zu- 1929
stimmung aller Gesellschafter (siehe Rz. 1948), sofern der Gesellschaftsvertrag nicht Übertragungen generell oder an bestimmte Personengruppen (z. B. Abkömmlinge) von der Zustimmungspflicht ausnimmt. Das Einstimmigkeitsprinzip nach § 119 Abs. 1, § 161 Abs. 2 HGB ist jedoch dispositiv, hiervon kann also im Gesellschaftsvertrag abgewichen werden.

---

1514) *Roth*, in: Baumbach/Hopt, HGB, § 105 Rz. 62; BGH, Urt. v. 8.5.1989 – II ZR 229/88, ZIP 1989, 986 = NJW 1989, 2687, 2688, dazu EWiR 1989, 695 *(Bergmann)* (auch stillschweigende Änderung möglich).

1515) Vgl. zum Streitstand *Hüffer/Koch*, AktG, § 291 Rz. 7.

Häufig enthalten Gesellschaftsverträge von KGs allgemeine Mehrheitsklauseln. Nach der neueren Rechtsprechung des Bundesgerichtshofs kommt dem sog. Bestimmtheitsgrundsatz dabei nicht mehr die zentrale Rolle zu, die sie früher auch als Funktion einer Schranke hatte. Vielmehr ist nach allgemeinen Auslegungskriterien zu entscheiden, ob die gesellschaftsvertragliche Mehrheitsklausel einen bestimmten Beschluss erfasst; in einer weiteren Stufe ist dann zu prüfen, ob sich der Beschluss als Ergebnis einer treuwidrigen Ausübung der Mehrheitsmacht darstellt, denn nur dann ist er nichtig. Das ist bei einer Zustimmung zur Anteilsübertragung nicht der Fall.[1516)]

### b) Finanzielle Verhältnisse [→ Rz. 1715 ff]

1930 Hinsichtlich der Garantien zu den finanziellen bzw. steuerlichen Verhältnissen ist zu beachten, dass es bei einer KG nicht zu verdeckten Gewinnausschüttungen im steuerrechtlichen Sinne kommen kann, da die KG als solche kein **Steuersubjekt** für Zwecke der Einkommensteuer ist.[1517)] Jedoch ist es auch bei einer KG denkbar, dass ein Gesellschafter Zuwendungen aus dem Gesellschaftsvermögen erhält, die sich bilanziell auf den Gewinn der KG auswirken, da sie nicht als Entnahmen des Gesellschafters deklariert wurden, bei objektiver Betrachtung jedoch nicht als Aufwand der Gesellschaft, sondern als **„verdeckte Entnahme"** zu bewerten sind. Gerade weil es sich bei dem Verkäufer um den einzigen Kommanditisten und zugleich Alleingesellschafter der Komplementär-GmbH handelt, erscheint eine Garantie des Verkäufers, dass weder verdeckte Gewinnausschüttungen bei der GmbH noch verdeckte Entnahmen bei der KG erfolgten, für den Käufer ratsam (siehe Rz. 1716).

1931 Regelungen für die GmbH bezüglich der körperschaftsteuerlichen **Verlustvorträge** (siehe Rz. 515) sind im Muster für den Erwerb von Kommanditanteilen nicht enthalten, da den finanziellen Verhältnissen bei der Komplementär-GmbH nur untergeordnete Bedeutung beizumessen ist, vor allem wenn die Komplementär-GmbH, wie in diesem Muster und wie in der Praxis üblich, nicht am Vermögen der KG beteiligt ist.

### c) Financial Model [→ Rz. 1719]

1932 Bei Infrastrukturtransaktionen ist es nicht unüblich, dass der Verkäufer zusätzlich zu einem Informationsmemorandum und anderen Verkäuferdokumentationen auch ein excel-basiertes Financial Model zur Verfügung stellt.

1933 Wichtig ist es, dieses Financial Model über den Dateinamen, das Dateidatum und vor allem die Dateigröße in kilobyte (kB) zu spezifizieren. Jede nachträgliche Veränderung an dem Modell verändert das Datum der letzten Veränderung der Datei und mit größter Wahrscheinlichkeit auch die Dateigröße.

1934 Da das vom Verkäufer gewährte Finanical Model Grundlage für alle Diskussionen in der Transaktion war, sollte auf dessen Annahmen auch eine Garantie gegeben werden.

---

1516) BGH, Urt. v. 21.10.2014 – II ZR 84/13, ZIP 2014, 2231.

1517) Vgl. ausführlich zu verdeckten Gewinnausschüttungen bei einer GmbH & Co. KG *Wassermeyer*, GmbHR 1999, 18. Zu beachten ist, dass in der hier zugrunde liegenden Konstellation die GmbH nicht an der KG beteiligt ist, sodass sie auch kein Gewinnbezugsrecht hat. Die Frage verdeckter Gewinnausschüttungen kann sich daher nicht stellen. Etwas anderes gilt in der von *Wassermeyer* dargestellten Situation, in der die GmbH am Vermögen der KG beteiligt ist.

Zu beachten ist allerdings auch, dass der Käufer im Rahmen der Finanical Due Diligence vor allem die Annahmen untersucht. Insofern müssten hier ggf. Anmerkungen zu falschen Annahmen gemacht werden, sollte sich während der Due Diligence herausgestellt haben, dass einzelne Annahmen falsch waren. 1935

### 8. Haftungsfreistellungen [→ Rz. 1745 f]

Der Regelung in § 6 Abs. 2 liegt der Gedanke zugrunde, dass die **Rückgewähr der Einlage** nach Abtretung des Kommanditanteils grundsätzlich auch die Haftung des Verkäufers auslöst, da die Gefahr besteht, dass der ausgeschiedene Kommanditist haftet, wenn die Einlage an seinen Sonderrechtsnachfolger zurückgewährt wird.[1518] Umgekehrt ist es die Pflicht des Verkäufers, den Käufer insoweit freizustellen,[1519] als vor der wirksamen Übertragung des Kommanditanteils eine Einlagerückgewähr an ihn, den Verkäufer, vorgenommen wurde. 1936

### 9. Freistellung von Mehrsteuern [→ Rz. 1752 ff]

Die KG selbst ist kein Steuersubjekt bei der Einkommen- und Körperschaftsteuer (siehe Rz. 1813). Mehrsteuern aufgrund künftiger Betriebsprüfungen fallen insoweit beim alten Gesellschafter an. Die KG haftet dafür nicht. Für andere Steuern hingegen ist die KG selbst Steuersubjekt (siehe Rz. 1814). Durch diese Besonderheit gegenüber einer Kapitalgesellschaft ändert sich der Hintergrund der Steuerklausel, nicht aber ihre grundsätzliche Notwendigkeit und auch nicht ihr Inhalt, weil in Bezug auf betriebliche Steuern (Gewerbesteuer, Umsatzsteuer, Lohnsteuer, sonstige Verkehrs- und Verbrauchssteuern) und Arbeitgebersozialversicherungsbeiträge eine identische Interessenlage besteht. Deswegen wird auf die Erläuterungen zum GmbH-Muster verwiesen (Rz. 1573 ff). 1937

Bei der KG ist der steuerliche Mechanismus komplizierter, der in Gang kommt, wenn eine Betriebsprüfung den Gesamthandsgewinn eines Jahres vor der Veräußerung erhöht: Oft sind das lediglich Verlagerungen über die Jahre – die Nichtanerkennung einer Rückstellung in einem Jahr vor dem Anteilsverkauf etwa erhöht dort die Steuer, sie führt aber auch dazu, dass sich in einem späteren Jahr, wenn der Aufwand tatsächlich eintritt, die Steuer vermindert. Im Falle der GmbH treten beide Wirkungen beim selben Steuerpflichtigen auf. Im Falle der KG scheint von dem steuerlichen Mehraufwand der Käufer zu profitieren, dessen Anteil am Gewinn der Gesamthand sich ja entsprechend vermindert. Einen Vorteil wird er dennoch nicht haben: Durch den Befund der Betriebsprüfung hat sich nachträglich auch das steuerliche Kapitalkonto des Veräußerers geändert; damit verknüpft wiederum ist die Ergänzungsbilanz des Käufers, die somit geringer ausfällt als ursprünglich ohne Betriebsprüfung berechnet. Entsprechend geringer sind deshalb auch die Mehrabschreibungen, die dem Käufer aus der Ergänzungsbilanz zustehen. Insgesamt gleichen sich die beiden Wirkungen in der Regel beim Käufer aus. Insofern besteht für die Steuerklausel kein zusätzlicher Regelungsbedarf, denn die Umkehreffekte sind identisch mit denen bei einer Kapitalgesellschaft, bei der die Betriebsprüfung sich umkehrende Feststellungen tätigt. 1938

1518) BGH, Urt. v. 22.10.1975 – II ZR 214/74, NJW 1976, 751, 752; *Koller*, in: Koller/Kindler/Roth/Morck, HGB, §§ 171, 172 Rz. 27.

1519) Zu Streitigkeiten über Freistellungsansprüche vgl. *Schütt*, NJW 2016, 980.

1939 Ergänzend zu der vorgeschlagenen Steuerklausel ist eine Regelung zur Gewerbesteuer zu empfehlen, die ggf. aus der Veräußerung resultiert und auf Ebene der KG anfällt, sofern eine entsprechende Regelung nicht bereits im Gesellschaftsvertrag enthalten ist (siehe Rz. 1828).[1520] Hintergrund ist die Tatsache, dass bei einem Verkäufer, der keine natürliche Person ist, der Veräußerungsgewinn Bestandteil des Gewerbeertrags der Personengesellschaft wird (§ 7 Satz 2 GewStG). Dementsprechend muss die Personengesellschaft den Gewinn des ehemaligen Gesellschafters versteuern. Das belastet den Erwerber und alle verbleibenden Mitgesellschafter, weil die zusätzliche Gewerbesteuerbelastung das Gesamthandsvermögen mindert. Bei natürlichen Personen als Mitgesellschaftern entsteht ein zweiter, gegenläufiger Effekt dadurch, dass Ihnen für den Veranlagungszeitraum ein quotaler Anteil am erhöhten Gewerbesteuermessbetrag zugewiesen wird, durch den sie eine höhere Ermäßigung ihrer Einkommensteuer auf ihre gewerblichen Einkünfte erhalten. Daneben führt eine Fremdfinanzierung des Anteilserwerbes auf Ebene des Käufers zu einer geringeren Gewerbesteuerbelastung der Gesamthand, weil der Gewerbeertrag durch den zusätzlichen Finanzierungaufwand gemindert wird. Diese teilweise gegenläufigen und individuell in Abhängigkeit von der steuerlichen Situation des Gesellschafters unterschiedlich wirkenden Effekte auszugleichen, ist in der Regel komplex.

### 10. Fortführung der Gesellschaften bis zum Stichtag [→ Rz. 1760 ff]

1940 In Bezug auf diese Klausel stellt sich zunächst die Frage, ob sie in der gegebenen Konstellation überhaupt erforderlich ist: Der Käufer erlangt die Kontrolle über das tägliche Geschäft der KG mittels Erwerbs der Anteile an der Komplementär-GmbH ab dem Zeitpunkt der Zahlung des GmbH-Basiskaufpreises auf das Verkäuferkonto und des KG-Basiskaufpreises auf das Treuhandkonto. Diese Zahlung soll innerhalb einer recht kurzen Frist nach Abschluss des Kaufvertrags erfolgen, sodass nur ein sehr **kurzer Zeitraum zwischen Vertragsschluss und Übernahme der Geschäftsführung** der GmbH & Co. KG durch den Käufer verbleibt. Die Klausel ist vor allem erforderlich, falls der Erwerb bei den Kartellbehörden angemeldet werden muss. Die Grenzen des Vollzugsverbots sind dann genau zu beachten.[1521]

### 11. Angelegenheiten des Verkäufers

#### a) Ausscheiden aus der Geschäftsführung [→ Rz. 1785]

1941 Der Käufer möchte regelmäßig die Leitung des erworbenen Unternehmens selbst bestimmen. Dem wird im Muster dadurch entsprochen, dass der bisherige Geschäftsführer der Komplementär-GmbH mit Wirkung zum Stichtag sein Amt niederlegt, sodass von da an die Position ein vom Käufer ausgesuchter Geschäftsführer einnehmen kann. Bedingung ist jedoch die Zahlung der Basiskaufpreise. Sachgerecht ist es, in dem Vertrag zugleich die Beendigung des Anstellungsverhältnisses des bisherigen Geschäftsführers mit der GmbH oder der KG und die Pflicht des Käufers, ihm Entlastung zu erteilen, zu regeln. Der im Interesse des Geschäftsführers liegende Verzicht des Käufers auf etwaige gegen ihn gerichtete **Ersatzansprüche** kann durch entsprechende **Gewährleistungsansprüche** gegen den Verkäufer ausgeglichen werden.

---

1520) Vgl. zu möglichen Regelungen *Scheifele*, DStR 2006, 253.

1521) *Herrlinger/Valdini*, NZKart 2018, 308; *v. Brevern*, M&A Review 2017, 386.

### b) Beratervertrag

In der Praxis hat es sich häufig als günstig erwiesen, wenn der Geschäftsführer auch noch nach dem Unternehmensübergang als Erfahrungsträger vorübergehend in einem Beraterverhältnis die Übergangsphase mit begleitet. Das Muster sieht vor, dass der Verkäufer mit der KG hierzu einen separaten Beratervertrag abschließt, in dem die Einzelheiten des Beraterverhältnisses, insbesondere Umfang und Gegenstand der Beratung sowie Vergütung, geregelt sind. **1942**

### c) Einwilligung nach § 1365 Abs. 1 BGB [→ Rz. 1787]

Ist der Verkäufer im gesetzlichen Güterstand verheiratet, so muss das familienrechtliche Einwilligungserfordernis gemäß § 1365 Abs. 1 BGB beachtet werden, wenn das verkaufte Unternehmen das ganze oder nahezu das ganze Vermögen des Verkäufers darstellt. Es handelt sich hierbei um ein absolutes Veräußerungsverbot,[1522] sodass der Erwerb auch nicht bei Gutgläubigkeit des Erwerbers wirksam ist; eine Einwilligung liegt somit im Interesse beider Parteien. Da die Zustimmung nicht der notariellen Form des Kaufvertrags bedarf (vgl. § 182 Abs. 2 BGB), verweist § 13 Abs. 2 des Musters auf eine privatschriftliche Einwilligung des Ehepartners (zu Zustimmungserfordernissen beim Unternehmenskauf siehe Rz. 652 ff). **1943**

### d) Zustimmung nach § 179a AktG analog [→ Rz. 1787]

Sofern der Verkäufer keine natürliche Person ist, ist ggf. nach § 179a AktG eine Zustimmung der Gesellschafterversammlung des Verkäufers erforderlich. Die früher h. M. hat das Zustimmungserfordernis gemäß § 179a AktG (analog) nicht nur für Aktiengesellschaften, die als Verkäufer auftreten, sondern entsprechend auch für alle weiteren Gesellschaftsformen immer dann vorgesehen, wenn sich der Verkäufer verpflichtet, (im Wesentlichen) sein ganzes Gesellschaftsvermögen zu übertragen.[1523] Zwischenzeitlich hat der BGH[1524] die analoge Anwendung von § 179a AktG für die GmbH allerdings abgelehnt, die Möglichkeit eines Zustimmungserfordernisses aus anderen Rechtsgrundlagen aber offengelassen. Vorsorglich sollte daher in jedem Fall weiterhin eine Zustimmung der Gesellschafterversammlung (wenn auch nicht in notariell beurkundeter Form) eingeholt werden. Für andere Rechtsformen ist die Rechtslage etwas unklar. **1944**

## 12. Zustimmungen

### a) Zustimmung der GmbH [→ Rz. 1790]

Die grundsätzlich freie Übertragbarkeit von GmbH-Geschäftsanteilen wird häufig gemäß § 15 Abs. 5 GmbHG durch die Satzung beschränkt sein. Im hier zugrunde gelegten Fall des Verkaufs durch einen Alleingesellschafter-Geschäftsführer der GmbH ist eine solche Vinkulierung gegenstandslos.[1525] Sonst kann die Vorschrift des § 181 BGB Probleme bereiten, wenn ein Gesellschafter-Geschäftsführer seine Beteiligung verkauft. § 181 BGB **1945**

1522) Palandt/*Brudermüller*, BGB, § 1365 Rz. 19.

1523) Vgl. dazu *Brocker/Schulenburg*, BB 2015, 1993.

1524) BGH, Urt. v. 8.1.2019 – II ZR 364/18, NZG 2019, 505.

1525) BGH, Urt. v. 15.4.1991 – II ZR 209/90, ZIP 1991, 724 = DB 1991, 1218, 1219; Michalski/Heidinger/Leible/J. Schmidt/*Ebbing*, GmbHG, § 15 Rz. 136; MünchKomm-*Reichert/Weller*, GmbHG, § 15 Rz. 367; *Fastrich*, in: Baumbach/Hueck, GmbHG, § 15 Rz. 39.

verbietet nur Rechtsgeschäfte, die der Vertreter mit sich selbst abschließt. Es ist daher nicht klar, ob die Zustimmungserklärung gemäß § 15 Abs. 5 GmbHG auch von § 181 BGB erfasst ist. Dies wird zum Teil mit der Erwägung abgelehnt, dass der Geschäftsführer die Zustimmung auch gegenüber dem Erwerber erklären kann.[1526] Jedoch existiert zu dieser Frage nur ältere Rechtsprechung, die vor Einfügung des ursprünglich als § 35 Abs. 4 GmbHG eingefügten § 35 Abs. 3 Satz 1 GmbHG ergangen ist,[1527] der die Geltung des § 181 BGB auch für den Alleingesellschafter anordnet.

1946 Jedenfalls dann, wenn der Geschäftsführer der anderen Vertragspartei gegenüber die Zustimmung erteilt, ist nicht zu erkennen, dass dies ein Verstoß gegen § 181 BGB darstellt. Es ist auch nicht zu erkennen, wieso dies als Umgehung von § 181 BGB, § 35 Abs. 3 GmbHG angesehen werden sollte, was zur Folge hätte, dass die Zustimmungserklärung unwirksam wäre. In der Regel dürfte der Gesellschafter-Geschäftsführer jedoch ohnehin vom Verbot des Selbstkontrahierens wirksam befreit sein. Vorsorglich kann er sonst für Zwecke des Vertragsschlusses auch in der Notarurkunde durch Gesellschafterbeschluss von den Beschränkungen des § 181 BGB befreit werden.

1947 Liegt eine gemäß § 15 Abs. 5 GmbHG erforderliche Zustimmung bei Vertragsschluss nicht vor, ist zum Schutz des Verkäufers zu empfehlen, den Verkauf und die Abtretung der Geschäftsanteile unter die aufschiebende Bedingung der Erteilung der Zustimmung zu stellen.

1948 Hinsichtlich der Übertragung des Kommanditanteils ist zu berücksichtigen, dass jede Anteilsübertragung gemäß § 719 BGB i. V. m. §§ 161 Abs. 2, 105 Abs. 2 HGB der Zustimmung sämtlicher Mitgesellschafter bedarf. Der Gesellschaftsvertrag kann die einzelnen Anteile von vornherein veräußerlich stellen. Wenn es an einer solchen gesellschaftsvertraglichen Klausel fehlt, ist die für den konkreten Fall erteilte Zustimmung aller übrigen Gesellschafter zwingende Voraussetzung für die Veräußerung des Kommanditanteils. In der diesem Muster zugrunde liegenden Konstellation ist der Verkäufer einziger Kommanditist der KG, sodass es lediglich der Zustimmung der GmbH als Komplementärin bedarf (vgl. § 15 Abs. 1 des Musters). Sofern weitere Kommanditisten vorhanden sind, ist die folgende Klausel im Muster zu ergänzen:

> „Die Gesellschafter der KG haben gemäß Anlage … der Abtretung des Kommanditanteils an die Käuferin zugestimmt."

Dies gilt auch dann, wenn der Käufer nicht in den Kreis derjenigen fällt, für deren Eintritt die Zustimmung im Gesellschaftsvertrag bereits antizipiert erteilt wurde.

### b) Beachtung eventueller Zustimmungserfordernisse [→ Rz. 1791]

1949 Sofern Erwerber oder Veräußerer minderjährig sind, bedarf der Vertrag der vormundschaftsgerichtlichen Genehmigung gemäß § 1822 Nr. 3 BGB.[1528] Der Käufer kann hinsichtlich des Erwerbs von Gesellschaftsanteilen weiteren vertraglichen Zustimmungserfordernissen unterliegen, die seine Dispositionsfreiheit einschränken. Auch wenn diese

1526) Michalski/Heidinger/Leible/J. Schmidt/*Ebbing*, GmbHG, § 15 Rz. 145; MünchKomm-*Reichert*/*Weller*, GmbHG, § 15 Rz. 420.

1527) So RG, Urt. v. 27.4.1915 – II 24/15, WarnRspr. 1915 Nr. 179; RG, Urt. v. 12.5.1914 – II 51/14, RGZ 85, 46, 51. Im letztgenannten Urteil stellt das RG ausdrücklich fest, dass der Geschäftsführer die Genehmigung nicht gegenüber sich selbst als Veräußerer erklären kann; jedoch hat der Senat bei einer Genehmigung gegenüber dem Erwerber keine Bedenken hinsichtlich § 181 BGB.

1528) BGH, Urt. v. 30.4.1955 – II ZR 202/53, BGHZ 17, 160, 164.

Zustimmungserfordernisse in der Regel keinen Einfluss auf die Wirksamkeit des abgeschlossenen Kauf- und Übertragungsvertrags haben werden, ist es zur Vermeidung etwaiger daraus entstehender praktischer Probleme aus Verkäufersicht ratsam, wenn der Käufer versichert, solchen Zustimmungserfordernissen nicht zu unterliegen.

### 13. Mitteilungen [→ Rz. 1793]

Zu Beweiszwecken und im Hinblick auf eine für beide Parteien möglichst übersichtliche 1950
Abwicklung des Unternehmensübergangs einschließlich auftretender Gewährleistungsfälle können vertraglich formelle Vorgaben für den Austausch von Mitteilungen vorgeschrieben werden. Im Muster wird dies durch die Vorgabe der Schriftlichkeit und der möglichen Übermittlungsformen bewirkt.

### 14. Sonstiges

Die früher standardmäßig vereinbarte Rechtswahlklausel sollte aufgrund der damit ver- 1951
bundenen Mehrkosten seit der Reform des Notarkostenrechts nur noch dann aufgenommen werden, wenn dies deswegen rechtlich geboten ist, weil sonst Unsicherheit über das anwendbare Recht besteht oder ein davon abweichendes vereinbart werden soll. Andernfalls droht – jedenfalls bis zu einem Geschäftswert von 60 Mio. € – gemäß § 104 Abs. 3 GNotKG durch die Aufnahme einer Rechtswahlklausel eine Erhöhung des notarkostenrechtlich relevanten Geschäftswerts der Beurkundung um 30 %.[1529)] Diese Mehrkosten gelten selbst dann, wenn die Rechtswahlklausel lediglich deklaratorisch ist.

1529) *Begemann/Nölle*, BB 2016, 137.

## Muster 3: Kaufvertrag über Wirtschaftsgüter (Asset Deal)

| Abrufbar unter: http://www.rws-verlag.de/vk-unternehmenskauf.htm |
|---|

***Sachverhalt:*** *Das Vertragsmuster regelt einen nicht beurkundungspflichtigen Unternehmenskauf in Form des Erwerbs sämtlicher Einzelwirtschaftsgüter eines Unternehmens inklusive der Firma der Verkäuferin, einen sog. Asset Deal. Sowohl die Verkäuferin als auch die Käuferin sind juristische Personen. Aus Vereinfachungsgründen gehören keine Grundstücke zu den zu erwerbenden Einzelwirtschaftsgütern. Die zum Unternehmen gehörenden Betriebsimmobilien werden durch langfristige Verträge von der Käuferin angemietet. Des Weiteren sieht das Vertragsmuster vor, dass der Betrieb der Verkäuferin gemäß § 613a BGB auf die Käuferin übergeht und die Transaktion beim Bundeskartellamt angemeldet werden muss. Das Muster regelt sowohl die schuldrechtliche Verpflichtung als auch den dinglichen Vollzug des Unternehmenskaufs.*

### I. Vertragstext

**Kaufvertrag über Wirtschaftsgüter („Asset Deal“)** 1952

**zwischen**

[*Firma, Anschrift, Handelsregisterangaben*]

(**„Verkäuferin“**)

**und**

[*Firma, Anschrift, Handelsregisterangaben*]

(**„Käuferin“**)

(Verkäuferin und Käuferin gemeinsam die **„Parteien“**)

**Inhaltsverzeichnis**

## Verzeichnis der Definitionen

| **Begriff** | **Definiert in** |
|---|---|
| Absatzverträge | § 1 Abs. 3 |
| Anlagevermögen | § 1 Abs. 1 |
| Aufschiebende Bedingungen | § 7 Abs. 1 |
| Beschaffungsverträge | § 1 Abs. 3 |
| Bewertungsstichtag | § 14 Abs. 1 |
| Escrow-Betrag | § 8 Abs. 3 |
| Finanzanlagevermögen | § 1 Abs. 1 |
| Finanzbehörde(n) | § 13 Abs. 1 |
| Finanzierungsverträge | § 1 Abs. 3 |
| Forderungen | § 1 Abs. 2 |
| Geschäftsbeziehungen | § 1 Abs. 3 |
| Haftungsfreigrenze | § 10 Abs. 3 |
| Haftungshöchstbetrag | § 10 Abs. 3 |
| Immaterielle Vermögensgegenstände | § 1 Abs. 1 |
| Jahresabschlüsse | § 9 Nr. 3 |
| Käuferin | Rubrum |
| Kaufpreis | § 8 Abs. 1 |
| Kenntnis der Verkäuferin | § 10 Abs. 5 |
| Liquide Mittel | § 1 Abs. 2 |
| Maßgeblicher Schadensfall | § 10 Abs. 3 |
| Mietverträge | § 1 Abs. 3 |
| Parteien | Rubrum |
| Personalkonzessionen | § 5 Abs. 2 |
| Realkonzessionen | § 5 Abs. 1 |
| Relevante Auseinandersetzung | § 12 Abs. 1 |
| Sachanlagevermögen | § 1 Abs. 1 |
| Sonstige Vermögensgegenstände | § 1 Abs. 2 |
| Sonstige Verträge | § 1 Abs. 3 |

| | |
|---|---|
| Steuern | § 13 Abs. 1 |
| Steuerfreistellung | § 13 Abs. 2 |
| Stichtag | § 7 Abs. 1 |
| Transaktion | Präambel (C) |
| Umlaufvermögen | § 1 Abs. 2 |
| Unternehmen | Präambel (A) |
| Unterzeichnungstag | § 9 |
| Verkäufergarantien | § 9 |
| Verkäuferin | Rubrum |
| Verkäufer-Informationen | § 9 Nr. 15 |
| Vertragsangebote | § 1 Abs. 3 |
| Verträge | § 1 Abs. 3 |
| Vorräte | § 1 Abs. 2 |
| Wertpapiere | § 1 Abs. 2 |
| Wesentliche Verträge | § 9 Nr. 7 |
| Wettbewerbsverbot | § 17 Abs. 1 |

## Verzeichnis der Anlagen

| **Anlage** | **Inhalt** |
|---|---|
| Anlage 1.1.1 | Immaterielle Vermögensgegenstände |
| Anlage 1.1.2 | Sachanlagevermögen |
| Anlage 1.1.3 | Finanzanlagevermögen |
| Anlage 1.2.1 | Vorräte |
| Anlage 1.2.2 | Forderungen |
| Anlage 1.2.3 | Wertpapiere |
| Anlage 1.2.4 | Liquide Mittel |
| Anlage 1.2.5 | Sonstige Vermögensgegenstände |
| Anlage 1.3.1 | Beschaffungsverträge |
| Anlage 1.3.2 | Mietverträge |
| Anlage 1.3.3 | Finanzierungsverträge |
| Anlage 1.3.4 | Absatzverträge |
| Anlage 1.3.5 | Sonstige Verträge |
| Anlage 1.3.6 | Vertragsangebote |
| Anlage 1.3.7 | Geschäftsbeziehungen |
| Anlage 3 | Übernommene Verbindlichkeiten |
| Anlage 5.1 | Realkonzessionen |
| Anlage 5.2 | Personalkonzessionen |
| Anlage 6.1 | Liste der übergehenden Arbeitsverhältnisse |
| Anlage 6.2 | Schreiben nach § 613a Abs. 5 BGB |
| Anlage 9.4.1 | Liste der Einzelwirtschaftsgüter, die mit Drittrechten belastetet sind |
| Anlage 9.4.2 | Liste der Einzelwirtschaftsgüter, bzgl. derer die Verkäuferin nicht über das rechtliche oder wirtschaftliche Eigentum verfügt |
| Anlage 9.5 | Liste der Einzelwirtschaftsgüter, die für den gewöhnlichen Geschäftsbetrieb nicht ohne Einschrankung genutzt werden können |
| Anlage 9.6 | Liste der von Dritten angegriffenen Immateriellen Vermögensgegenständen (insbesondere Schutzrechte und Urheberrechte) |
| Anlage 9.7 | Wesentliche Verträge |

| | |
|---|---|
| Anlage 9.8.1 | Liste der Arbeitsrechtsstreitigkeiten |
| Anlage 9.8.2 | Übersicht über sämtliche anwendbaren Tarifverträge, Betriebsvereinbarungen und Pensionszusagen sowie betrieblichen Übungen und Gesamtzusagen |
| Anlage 9.8.3 | Langfriste Verbindlichkeiten aus betrieblicher Altersversorgung |
| Anlage 9.9 | Liste der betrieblichen Anlagen |
| Anlage 9.10.1 | Liste der im Rahmen des Unternehmens genutzten Grundstücke |
| Anlage 9.10.2 | Grundstücksbelastungen |
| Anlage 9.12.1 | Rechtsstreitigkeiten |
| Anlage 9.12.2 | Drohende Rechtsstreitigkeiten |
| Anlage 9.15.1 | Hinterlegungsvertrag |
| Anlage 9.15.2 | Antworten im Rahmen des Q&A-Prozesses |
| Anlage 9.15.3 | Protokoll der Managementpräsentation |
| Anlage 14.8 | Liste von variablen Vergütungen, Boni oder anderen Zuwendung an Mitarbeiter und Organe des Unternehmens |
| Anlage 16.2 | Vertrag über die Erbringung von Dienstleistungen der Verkäuferin an die Käuferin auf den Gebieten Personalverwaltung, Buchhaltung und Informationstechnologie |
| Anlage 16.3 | Beratervertrag |
| Anlage 16.4 | Pachtvertrag |
| Anlage 16.6 | Gemeinsame Handelsregisteranmeldung |

## Präambel

(A) Unternehmensgegenstand der Verkäuferin ist [...] („**Unternehmen**"). [→ Rz. 2055] 1953

(B) Die Käuferin ist [...]. [→ Rz. 2067] 1954

(C) Die Verkäuferin beabsichtigt, das Unternehmen im Wege der Veräußerung sämtlicher Einzelwirtschaftsgüter des Unternehmens an die Käuferin zu verkaufen und zu übertragen, mit Ausnahme der Betriebsimmobilien. Die Käuferin beabsichtigt, das Unternehmen im Wege des Erwerbs sämtlicher Einzelwirtschaftsgüter des Unternehmens von der Verkäuferin zu kaufen und zu übernehmen, mit Ausnahme der Betriebsimmobilien (insgesamt „**Transaktion**"). 1955

(D) Die Betriebsimmobilien sollen langfristig von der Verkäuferin an die Käuferin vermietet werden. 1956

(E) Eine Liquidation der Verkäuferin durch ihre Gesellschafter nach der Durchführung der Transaktion ist nicht geplant. [→ Rz. 2068] 1957

Vor diesem Hintergrund vereinbaren die Parteien das Folgende: 1958

## § 1
## Verkauf der Einzelwirtschaftsgüter des Unternehmens

(1) Die Verkäuferin verkauft der dies annehmenden Käuferin sämtliche zum Unternehmen gehörenden und in den **Anlagen 1.1.1** bis **1.1.3** aufgelisteten Einzelwirtschaftsgüter des Anlagevermögens i. S. d. § 266 Abs. 2 A. HGB, einschließlich der nicht bilanzierungspflichtigen Wirtschaftsgüter („**Anlagevermögen**"). [→ Rz. 2069, 2070, 2075] Das Anlagevermögen gliedert sich in die in 1959

**Anlage 1.1.1** aufgelisteten immateriellen Vermögensgegenstände, insbesondere die Firma, die Geschäftsbezeichnungen, die gewerblichen Schutzrechte (Patente, Marken und Urheberrechte), Domains, das Know-how und die Lizenzen („**Immaterielle Vermögensgegenstände**"); [→ Rz. 2075]

**Anlage 1.1.2** aufgelisteten Sachanlagen („**Sachanlagevermögen**");

**Anlage 1.1.3** aufgelisteten Finanzanlagen („**Finanzanlagevermögen**"). [→ Rz. 2080]

Die Grundstücke der Verkäuferin werden nicht veräußert. [→ Rz. 2082] 1960

(2) Die Verkäuferin verkauft der dies annehmenden Käuferin sämtliche zum Unternehmen gehörenden und in den **Anlagen 1.2.1** bis **1.2.3** aufgelisteten Vermögensgegenstände des Umlaufvermögens, einschließlich nicht bilanzierungspflichtiger Wirtschaftsgüter („**Umlaufvermögen**") jedoch ohne die Barmittel und Wertpapiere. [→ Rz. 2084] Das Umlaufvermögen gliedert sich in die in 1961

**Anlage 1.2.1** aufgelisteten Vorräte, insbesondere die Lagerbestände und die Halbfertig- und Fertigprodukte („**Vorräte**");

**Anlage 1.2.2** aufgelisteten Forderungen („**Forderungen**"); [→ Rz. 2086]

**Anlage 1.2.3** aufgelisteten sonstigen Vermögensgegenstände („**sonstige Vermögensgegenstände**");

**Anlage 1.2.4** aufgelisteten erhaltenen Anzahlungen („**erhaltenen Anzahlungen**").

1962 (3) Die Verkäuferin verkauft der dies annehmenden Käuferin sämtliche zum Unternehmen gehörenden und in den **Anlagen 1.2.1** bis **1.2.5** aufgelisteten **Barmittel** und Wertpapiere des Umlaufvermögens („**Barmittel**"). Die Barmittel gliedern sich in die in

**Anlage 1.3.1** aufgelisteten Wertpapiere („**Wertpapiere**"); [→ Rz. 2103]

**Anlage 1.3.2** aufgelisteten Kassenbestände, Bundesbankguthaben, Guthaben bei Kreditinstituten und Schecks („**Liquide Mittel**").

1963 (4) Die Verkäuferin überträgt der dies annehmenden Käuferin sämtliche zum Unternehmen gehörenden und in den Anlagen 1.4.1 bis 1.4.5 aufgelisteten Finanzverbindlichkeiten („Barmittel"). Die Barmittel gliedern sich in die

**Anlage 1.4.1** aufgelisteten Bankdarlehen („**Bankdarlehen**"); [→ Rz. 2103]

**Anlage 1.4.2** aufgelisteten Derivate zur Zinssicherung („**Derivate**").

1964 (5) Die Verkäuferin verkauft der dies annehmenden Käuferin sämtliche zum Unternehmen gehörenden und in den **Anlagen 1.5.1** bis **1.5.7** aufgelisteten Verträge, Vertragsangebote der Verkäuferin und Geschäftsbeziehungen („**Verträge**") [→ Rz. 2118]. Die Verträge gliedern sich in die in

**Anlage 1.5.1** aufgelisteten Lieferantenverträge, Dienstverträge und Zulieferverträge („**Beschaffungsverträge**");

**Anlage 1.5.2** aufgelisteten Miet- und Pachtverträge („**Mietverträge**");

**Anlage 1.5.3** aufgelisteten Kreditverträge, Leasingverträge und sonstigen Finanzierungsverträge („**Finanzierungsverträge**"); [→ Rz. 2124]

**Anlage 1.5.4** aufgelisteten Kunden-, Liefer- und Rahmenverträge („**Absatzverträge**");

**Anlage 1.5.5** aufgelisteten Versicherungsverträge, Ver- und Entsorgungsverträge (Strom, Wasser, Abfall usw.) sowie sonstigen Verträge („**Sonstige Verträge**");

**Anlage 1.5.6** aufgelisteten Vertragsangebote der Verkäuferin („**Vertragsangebote**");

**Anlage 1.5.7** aufgelisteten Geschäftsbeziehungen („**Geschäftsbeziehungen**") [→ Rz. 2090].

Die Übernahme von Verbindlichkeiten, die sich nicht aus den Verträgen ergeben, wird in § 3 geregelt.

1965 (4) Die in den **Anlagen 1.1.1** bis **1.4.7** aufgelisteten Einzelwirtschaftsgüter, die im Rahmen des gewöhnlichen Geschäftsbetriebs des Unternehmens im Zeitraum von der Erstellung der Anlagen bis zum Stichtag veräußert oder dem Unternehmen auf andere Weise entzogen wurden, sind vom Verkauf ausgeschlossen. Die Einzelwirtschaftsgüter, die dem Unternehmen im Zeitraum von der Erstellung der Anlagen bis zum Stichtag im Rahmen des gewöhnlichen Geschäftsbetriebs des Unternehmens zugegangen sind, sind vom Verkauf erfasst.

## § 2
## Übertragung der Einzelwirtschaftsgüter des Unternehmens

(1) Die Verkäuferin tritt an die dies annehmende Käuferin die Immateriellen Vermögensgegenstände [→ Rz. 2093], das Finanzanlagevermögen [→ Rz. 2103], die Forderungen [→ Rz. 2105], die Wertpapiere und die Liquiden Mittel (soweit es sich um Bundesbankguthaben und Guthaben bei Kreditinstituten handelt) zum Stichtag ab. [→ Rz. 2091] 1966

(2) Die Parteien sind sich darüber einig, dass das Eigentum am Sachanlagevermögen, an den Vorräten und den Liquiden Mitteln (soweit es sich um Kassenbestände und Schecks handelt) zum Stichtag auf die Käuferin übergeht. 1967

(3) Die Verkäuferin verschafft der Käuferin den Besitz am Sachanlagevermögen, an den Vorräten und den Liquiden Mitteln (soweit es sich um Kassenbestände und Schecks handelt) zum Stichtag. Soweit die Käuferin zum Stichtag an einzelnen Gegenständen des Sachanlagevermögens und der Vorräte keinen Besitz erhält, werden diese Vermögensgegenstände von diesem Zeitpunkt an von der Verkäuferin für die Käuferin unentgeltlich verwahrt. Soweit sich einzelne Gegenstände des Sachanlagevermögens und der Vorräte zum Stichtag im Besitz Dritter befinden, tritt die Verkäuferin der Käuferin ihren jeweiligen Herausgabeanspruch ab. [→ Rz. 2106, 2107] 1968

(4) Soweit an einzelnen Gegenständen des Anlage- und Umlaufvermögens zum Stichtag Eigentumsvorbehaltsrechte Dritter bestehen oder diese Gegenstände an Dritte sicherungsübereignet sind, überträgt die Verkäuferin der Käuferin zum Stichtag das jeweilige Anwartschaftsrecht. [→ Rz. 2108] 1969

(5) Soweit ein Einzelwirtschaftsgut des Unternehmens in den **Anlagen 1.1.1** bis **1.3.7** nicht aufgelistet ist, obgleich das jeweilige Einzelwirtschaftsgut in einer dieser Anlagen hätte aufgelistet werden müssen (vergessene oder übersehene Einzelwirtschaftsgüter), hat die Käuferin gegenüber der Verkäuferin einen Anspruch auf Übertragung dieses Einzelwirtschaftsguts. Der Wert eines solchen Einzelwirtschaftsguts ist mit dem Kaufpreis abgegolten. [→ Rz. 2110] 1970

(6) Soweit ein Einzelwirtschaftsgut in den **Anlagen 1.1.1** bis **1.3.7** aufgelistet ist, das nicht zum Unternehmen gehört, hat die Verkäuferin gegenüber der Käuferin einen Anspruch auf Übertragung dieses Einzelwirtschaftsguts. Der Wert eines solchen Einzelwirtschaftsguts wird nicht entgolten. [→ Rz. 2110] 1971

## § 3
## Übernahme der Verbindlichkeiten des Unternehmens

(1) Die Käuferin übernimmt von der Verkäuferin zum Stichtag im Wege der befreienden Schuldübernahme die in **Anlage 3** aufgelisteten Verbindlichkeiten der Verkäuferin. [→ Rz. 2113] 1972

(2) Außer den in **Anlage 3** aufgelisteten Verbindlichkeiten übernimmt die Käuferin keine Verbindlichkeiten oder anderweitigen Verpflichtungen der Verkäuferin, es sei denn, in diesem Vertrag ist etwas anderes ausdrücklich geregelt. [→ Rz. 2082] 1973

(3) § 4 Abs. 2 und 3 gelten entsprechend. 1974

## § 4
## Eintritt in Verträge des Unternehmens, Agency-Modell

1975 (1) Die Käuferin tritt in die Verträge zum Stichtag ein. Die Verkäuferin tritt alle Ansprüche aus den Verträgen zum Stichtag an die dies annehmende Käuferin ab. Die Käuferin übernimmt sämtliche Verpflichtungen aus den Verträgen im Wege der befreienden Schuldübernahme zum Stichtag. [→ Rz. 2118]

1976 (2) Soweit für die Übernahme der Verträge, der sich aus den Verträgen ergebenden Verpflichtungen, Verbindlichkeiten und Ansprüche die Zustimmung Dritter notwendig ist, werden die Parteien alles Erforderliche tun, um die Zustimmung zu erhalten. [→ Rz. 2126]

1977 (3) Bis die Zustimmung vorliegt, werden sich die Parteien im Innenverhältnis so stellen, als ob die Zustimmung zum Stichtag vorgelegen hätte, insbesondere wird die Käuferin die Verkäuferin von sämtlichen Verpflichtungen aus den Verträgen freistellen und die Verkäuferin wird die an sie nach dem Stichtag geleisteten Zahlungen an die Käuferin abführen. Bis zur Zustimmung wird die Verkäuferin im Außenverhältnis Vertragspartei des jeweiligen Vertrags bleiben und im Innenverhältnis den Vertrag für Rechnung der Käuferin halten. Die Verkäuferin wird die Käuferin von sämtlichen Ansprüchen Dritter freistellen, die sich aus einer Pflichtverletzung der Verkäuferin bei der Erfüllung der Verträge durch die Verkäuferin ergeben. [→ Rz. 2119]

1978 (4) Liegt die Zustimmung nach Ablauf von 24 Monaten nach dem Stichtag nicht vor, so ist die Verkäuferin berechtigt, den Vertrag zu kündigen. Der Käuferin stehen gegenüber der Verkäuferin keine Ansprüche zu, die sich aus einer solchen Kündigung ergeben. Des Weiteren stehen der Käuferin gegenüber der Verkäuferin keine Ansprüche zu, sollte ein Dritter einen Vertrag aufgrund der Vertragsübertragung kündigen. [→ Rz. 2122]

## § 5
## Öffentlich-rechtliche Erlaubnisse

1979 (1) Die in **Anlage 5.1** aufgelisteten sachbezogenen öffentlich-rechtlichen Genehmigungen, Bewilligungen und Erlaubnisse („**Realkonzessionen**") werden durch die Übertragung der Einzelwirtschaftsgüter des Unternehmens nicht berührt. Die Käuferin kann von den Realkonzessionen nach dem Stichtag weiter Gebrauch machen. Die Käuferin wird die nötigen Anzeigen und Anmeldungen im Hinblick auf die Realkonzessionen nach dem Stichtag vornehmen. [→ Rz. 2129]

1980 (2) Von den in **Anlage 5.2** aufgelisteten personenbezogenen öffentlich-rechtlichen Genehmigungen, Bewilligungen und Erlaubnissen („**Personalkonzessionen**") kann die Käuferin keinen Gebrauch machen. [→ Rz. 2131]

## § 6
## Arbeitsverhältnisse

1981 (1) Die in **Anlage 6.1** anonymisiert aufgelisteten Arbeitsverhältnisse des Unternehmens gehen gemäß § 613a BGB mit allen Rechten und Pflichten zum Stichtag auf die Käuferin über. Das Widerspruchsrecht der Arbeitnehmer gemäß § 613a Abs. 6 BGB bleibt unberührt. [→ Rz. 2141 ff]

(2) Die Parteien werden nach Unterzeichnung dieses Vertrags unverzüglich die in **Anlage 6.1** anonymisiert aufgelisteten Arbeitnehmer in Textform gemäß § 613a Abs. 5 BGB mit dem in **Anlage 6.2** beigefügten Schreiben von dem geplanten Betriebsübergang unterrichten und auf ihr Recht hinweisen, dem gesetzlichen Übergang ihrer Arbeitsverhältnisse innerhalb eines Monats nach Zugang der Unterrichtungsschrift nach § 613a Abs. 6 BGB zu widersprechen. Die Unterrichtungsschrift gemäß § 613a Abs. 5 BGB hat die Aufforderung zu enthalten, auf einem beigefügten Vordruck den Empfang der Unterrichtungsschrift zu bestätigen und zu erklären, ob dem Übergang zugestimmt oder widersprochen wird. [→ Rz. 2141] 1982

(3) Sollten Arbeitnehmer dem Betriebsübergang fristgemäß widersprechen, werden die Parteien sich bemühen, den Übergang der betroffenen Arbeitsverhältnisse auf die Käuferin dennoch zu bewirken. Die Käuferin hat keine weiteren Verpflichtungen in Bezug auf widersprechende Arbeitnehmer. [→ Rz. 2161] 1983

(4) Die bis zum Stichtag bestehenden Verpflichtungen aus der Zusage betrieblicher Altersversorgung gehen mit dem Übergang der Arbeitsverhältnisse auf die Käuferin über. [→ Rz. 2162] 1984

(5) Die Verkäuferin trägt die Gehälter, inklusive Sozialversicherungsabgaben, Lohnsteuer und sonstiger Nebenkosten, Bonus- und Leistungsprämien, Beiträgen zur betrieblichen Altersvorsorge sowie zeitanteiliger Urlaubs- und Weihnachtsgeldbeträge, die sich auf den Zeitraum vor dem Stichtag beziehen, auch wenn diese nach dem Stichtag fällig werden. Die Verkäuferin stellt die Käuferin zum Fälligkeitszeitpunkt der genannten Leistungen von dem auf sie entfallenden anteiligen Zahlungsanspruch nach Erbringung eines geeigneten Nachweises frei. [→ Rz. 2163] 1985

## § 7
## Stichtag

(1) Sämtliche in diesem Vertrag geregelten Abtretungen, Übereignungen, Schuld- und Vertragsübernahmen erfolgen unter den folgenden **„Aufschiebenden Bedingungen"** [→ Rz. 2164 ff] 1986

1. der vollständigen Zahlung des Kaufpreises,
2. der Kartellrechtsfreigabe,
3. […],

frühestens jedoch mit Ablauf des Monats, in dem die Aufschiebenden Bedingungen sämtlich eingetreten sind (**„Stichtag"**) [→ Rz. 2168 ff].

(2) Zum Stichtag werden die Verkäuferin und die Käuferin gemeinsam sämtliche Anlagen zu diesem Vertrag aktualisieren. Die Aktualisierung der Anlagen zum Stichtag erfolgt durch eine gemeinsame Inventur innerhalb von […] Werktagen ab dem Stichtag. [→ Rz. 2171] 1987

(3) Sollten die aktualisierten Anlagen zeigen, dass die Verkäuferin gegen ihre Verpflichtungen zur Fortführung des Geschäftsbetriebs bis zum Stichtag gemäß § 14 verstoßen hat, so steht der Käuferin innerhalb von 14 Tagen nach der Aktualisierung der Anlagen das Recht zu, von diesem Vertrag zurückzutreten. Tritt die Käuferin aufgrund eines Verstoßes der Verkäuferin gegen ihre Verpflichtungen zur Fortführung des Geschäftsbetriebs bis zum Stichtag gemäß § 14 zurück, hat die Verkäuferin der Käuferin sämtliche 1988

Kosten und Auslagen zu erstatten, die der Käuferin im Zusammenhang mit der Vorbereitung, den Verhandlungen und dem Abschluss dieses Vertrags entstanden sind. Für Einwände gegen die aktualisierten Anlagen gilt § 24 (Schiedsklausel). Im Falle eines Rücktritts gelten die §§ 20 bis 25 fort. [→ Rz. 2176]

1989 (4) Darüber hinaus steht der Käuferin innerhalb von 14 Tagen nach der Aktualisierung der Anlagen das Recht zu, von diesem Vertrag zurückzutreten, wenn die aktualisierten Anlagen zeigen, dass das Unternehmen seit dem Bewertungsstichtag eine erheblich negative Entwicklung erfahren hat. Eine erheblich negative Entwicklung hat das Unternehmen erfahren,

1. wenn die Einzelwirtschaftsgüter des Anlagevermögens um mehr als [...] % an Wert verloren haben,
2. wenn mehr als [...] % der Absatzverträge gekündigt wurden,
3. wenn die Eröffnung des Insolvenzverfahrens über das Vermögen der Verkäuferin beantragt oder erfolgt oder die Eröffnung mangels Masse abgelehnt worden ist oder die Voraussetzungen vorliegen, unter denen die Verkäuferin verpflichtet wäre, einen Antrag auf Eröffnung eines Insolvenzverfahrens zu stellen, oder
4. wenn aufgrund einer behördlichen oder gerichtlichen Entscheidung die Fortsetzung des Geschäftsbetriebs der Verkäuferin in der bisherigen Art und im bisherigen Umfang durch die Käuferin untersagt oder derart eingeschränkt wird, dass der Käuferin die Fortsetzung wirtschaftlich nicht zugemutet werden kann. [→ Rz. 2177]

§ 7 Abs. 3 Satz 2 und 4 gelten entsprechend.

1990 (5) Die Parteien werden alles ihnen rechtlich und wirtschaftlich Zumutbare unternehmen, um die aufschiebenden Bedingungen unverzüglich herbeizuführen. Des Weiteren werden die Parteien alles ihnen rechtlich und wirtschaftlich Zumutbare unternehmen, um diesen Vertrag auch im Übrigen durchzuführen, insbesondere alle Erklärungen abgeben und Maßnahmen treffen, die erforderlich sind, um die Zustimmung Dritter für die Verträge zu erhalten, die immateriellen Vermögensgegenstände umzuschreiben und ggf. notwendige öffentlich-rechtliche Erlaubnisse zu erlangen.

1991 (6) Jede Partei wird die jeweils andere Partei unmittelbar nach Kenntniserlangung in schriftlicher Form von allen Umständen unterrichten, die darauf hindeuten, dass die Durchführung dieses Vertrags gefährdet sein könnte oder dass sich die Erfüllung einer Pflicht aus diesem Vertrag verzögern könnte.

1992 (7) Soweit die Aufschiebenden Bedingungen bis zum [*Datum*] nicht sämtlich eingetreten sind, sind die Parteien berechtigt, von diesem Vertrag zurückzutreten. Tritt die Verkäuferin von dem Vertrag zurück und ist der Nichteintritt einer Aufschiebenden Bedingung von der Käuferin zu vertreten, schuldet die Käuferin der Verkäuferin Schadensersatz bis zur Höhe des Kaufpreises.

## § 8
## Kaufpreis

1993 (1) Der Kaufpreis („**Kaufpreis**") für die gemäß § 2 Abs. 1 verkauften Vermögensgegenstände und Schulden berechnet sich wie folgt:

1. Anlagevermögen („**Anlagevermögen**") der gemäß **Anlage 8.1.1** festgelegten Kaufpreise für das Anlagevermögen entsprechend der Anlagen 1.1.1 bis 1.1.3;

2. zuzüglich der Summe des gemäß **Anlage 8.1.2** ermittelten Umlaufvermögens der Zielgesellschaft (**„Umlaufvermögens“**) entsprechend der Anlagen 1.2.1 bis 1.2.3;
3. zuzüglich der Summe der gemäß **Anlage 8.1.3** ermittelten Barmittel der Zielgesellschaft (**„Barmittel“**);
3. abzüglich der Summe der gemäß **Anlage 8.1.4** ermittelten Finanzverbindlichkeiten der Zielgesellschaft (**„Finanzverbindlichkeiten“**).

Die vorstehenden Positionen sind jeweils mit den Beträgen anzusetzen, mit denen sie im Stichtagsabschluss ausgewiesen sind. Eine Beispielsrechnung für die Berechnung des Kaufpreises ist als **Anlage 8.1** beigefügt. [→ Rz. 1153 ff]

(2) Die Parteien schätzen den Kaufpreis nach Maßgabe der Berechnungsmethodik in Absatz 1 per Stichtag auf einen Betrag von [...] € (**„vorläufiger Kaufpreis“**). [→ Rz. 1328] 1994

(3) Die Käuferin wird zur Absicherung ihrer möglichen Ansprüche aus diesem Vertrag einen Teilbetrag in Höhe von [*10*] % des vorläufigen Kaufpreises vorübergehend auf einem Treuhandkonto einbehalten (**„Sicherheitseinbehalt“**). Zu diesem Zweck werden die Parteien mit [*Name*] (**„Treuhänder“**) den im Entwurf als **Anlage 3.2.3** beigefügten Treuhandvertrag abschließen (**„Treuhandvertrag“**). [→ Rz. 1333] 1995

(4) Der vorläufige Kaufpreis wird mit Eintritt der aufschiebenden Bedingungen gemäß § 3 Abs. 2 Nr. 1 bis 3 zur Zahlung fällig, frühestens jedoch am geplanten Vollzugstag. 1996

(5) Bei Fälligkeit des vorläufigen Kaufpreises ist 1997

1. der Sicherheitseinbehalt auf das Treuhandkonto zu zahlen;
2. der vorläufige Kaufpreis abzüglich des Sicherheitseinbehalts auf das Verkäuferkonto zu zahlen.

(6) Die Käuferin kann von diesem Vertrag zurücktreten, wenn 1998

1. die Fälligkeitsvoraussetzungen des Absatzes 4 nicht bis spätestens zum [*Datum*] eingetreten sind oder
2. sich die Verhältnisse in Bezug auf die Zielgesellschaft seit dem Beurkundungstag bis zum Vollzugstag entsprechend der nachfolgend in § 7 Abs. 4 genannten Kriterien wesentlich nachteilig verändert haben („wesentlich nachteilige Veränderung“). [→ Rz. 1344]

(7) Die Verkäuferin wird eine mögliche Option zur Umsatzsteuer nicht ausüben. Soweit es sich bei diesem Unternehmenskauf – entgegen der Ansicht der Parteien – um einen umsatzsteuerpflichtigen Vorgang handelt, schuldet die Käuferin zusätzlich zum Kaufpreis die Umsatzsteuer. In diesem Fall wird die Verkäuferin eine die Umsatzsteuer ausweisende Rechnung an die Käuferin ausstellen. [→ Rz. 2212] 1999

(8) Ab Fälligkeit sind geschuldete Beträge in Höhe von 6 % p. a. über dem Basiszinssatz gemäß § 247 BGB zu verzinsen. Der Verzug beginnt mit der Fälligkeit, ohne dass es einer Mahnung oder Inverzugsetzung bedarf. 2000

(9) Sämtliche mit Überweisungen verbundenen Kosten und Gebühren trägt die Partei, die die Überweisung beauftragt. 2001

§ 9
**Garantien der Verkäuferin**

2002 Die Verkäuferin garantiert der Käuferin in der Form eines selbständigen Garantieversprechens gemäß § 311 Abs. 1 BGB, dass die folgenden Angaben am Tag der allseitigen Unterzeichnung dieses Vertrags („**Unterzeichnungstag**") und zum Stichtag, soweit nicht nachstehend ein anderer Bezugspunkt bestimmt ist, vollständig und zutreffend sind („**Verkäufergarantien**"). Die Parteien sind sich darüber einig, dass die Verkäufergarantien weder Beschaffenheitsvereinbarungen i. S. d. § 434 Abs. 1 BGB noch Garantien für die Beschaffenheit einer Sache i. S. d. § 443 BGB darstellen. § 444 BGB findet keine Anwendung. [→ Rz. 2213]

1. Die Ausführungen in der Präambel (A) über das Unternehmen sind zutreffend. [→ Rz. 2214]

2. Die Verkäuferin ist weder insolvent noch ist ein Antrag auf Eröffnung des Insolvenzverfahrens über das Vermögen der Verkäuferin gestellt worden noch droht der Eintritt eines Insolvenzgrundes. [→ Rz. 2215]

3. Die Jahresabschlüsse und Lageberichte der Verkäuferin für die Geschäftsjahre [...] („**Jahresabschlüsse**") sind unter Beachtung der Grundsätze ordnungsgemäßer Buchführung sowie unter Wahrung der Bilanzierungs- und Bewertungskontinuität erstellt. [→ Rz. 2218]

4. Die Verkäuferin hat das Recht, über das Anlage- und das Umlaufvermögen frei zu verfügen, ohne dazu die Zustimmung Dritter zu benötigen oder durch eine solche Verfügung die Rechte Dritter zu verletzen, mit Ausnahme der in **Anlage 9.4.1** aufgelisteten Einzelwirtschaftsgüter. Die Verkäuferin verfügt über das rechtliche und wirtschaftliche Eigentum am Anlage- und Umlaufvermögen, mit Ausnahme der in **Anlage 9.4.2** aufgelisteten Einzelwirtschaftsgüter. Die der Käuferin nach § 2 Abs. 3 zustehenden Herausgabeansprüche sind frei von jeglichen Einreden oder Einwendungen. [→ Rz. 2224]

5. Das Anlage- und das Umlaufvermögen und die Verträge sind ausreichend, um den gegenwärtigen Geschäftsbetrieb des Unternehmens fortzuführen. Die Einzelwirtschaftsgüter des Anlage- und Umlaufvermögens befinden sich in einem der betriebsgewöhnlichen Nutzung entsprechenden voll gebrauchsfähigen Betriebs- und Erhaltungszustand und können für den gewöhnlichen Geschäftsbetrieb ohne Einschränkung genutzt werden, mit Ausnahme der in **Anlage 9.5** aufgelisteten Einzelwirtschaftsgüter. [→ Rz. 2226]

6. Die Nutzung der Immateriellen Vermögensgegenstände greift nicht in Rechte Dritter ein. Kein von der Verkäuferin genutzter Immaterieller Vermögensgegenstand, insbesondere Schutzrecht oder Urheberrecht, ist von Dritten angegriffen worden, mit Ausnahme der in **Anlage 9.6** aufgelisteten Immateriellen Vermögensgegenstände. [→ Rz. 2227]

7. Nach Kenntnis der Verkäuferin sind die in **Anlage 9.7** aufgelisteten **„Wesentlichen Verträge"** in vollem Umfang wirksam und in Kraft. Nach Kenntnis der Verkäuferin ist keiner der Wesentlichen Verträge angefochten, gekündigt oder in anderer Weise beendet, noch ist eine Anfechtung, Kündigung oder sonstige Beendigung gegenüber der Verkäuferin erklärt oder angedroht worden. Weder die Verkäuferin noch – nach Kenntnis der Verkäuferin – ihre jeweiligen Vertragspartner haben gegen wesent-

liche Bestimmungen eines Wesentlichen Vertrags verstoßen oder befinden sich mit der Erfüllung von wesentlichen Vertragspflichten in Verzug. [→ Rz. 2228]

8. Die Auflistung der Arbeitnehmerverhältnisse in **Anlage 6.1** mit Angabe des Betriebseintritts, des Arbeitsentgelts, der Qualifikation und des Schwerbehindertenstatus ist vollständig und zutreffend. [→ Rz. 2229]

   Keiner der in der **Anlage 6.1** als wichtig gekennzeichneten Arbeitnehmer hat die Absicht, sein Arbeitsverhältnis zu beenden, zu erkennen gegeben. Es bestehen keine Arbeitsrechtsstreitigkeiten, mit Ausnahme der in **Anlage 9.8.1** aufgelisteten Arbeitsrechtsstreitigkeiten. [→ Rz. 2230]

   **Anlage 9.8.2** enthält eine Übersicht über sämtliche anwendbaren Tarifverträge, Betriebsvereinbarungen und Pensionszusagen sowie betrieblichen Übungen und Gesamtzusagen.

   Bis auf die in **Anlage 9.8.3** aufgelisteten Verbindlichkeiten bestehen keine langfristigen Verbindlichkeiten aus betrieblicher Altersversorgung, insbesondere keine über den Stichtag hinaus wirksamen Pensionszusagen gegenüber den übertragenen Arbeitnehmern. [→ Rz. 2231]

   Die im Hinblick auf die Arbeitnehmer vor dem Stichtag fälligen Zahlungen für Löhne, für Lohnsteuer und für Beiträge zu gesetzlichen Versicherungen sind ordnungsgemäß ermittelt, abgerechnet und gezahlt bzw. abgeführt.

9. Die in **Anlage 9.9** aufgelisteten betrieblichen Anlagen sind nach Kenntnis der Verkäuferin unter Beachtung sämtlicher öffentlich-rechtlicher Vorschriften errichtet worden. [→ Rz. 2233]

10. Die in **Anlage 9.10.1** aufgelisteten im Rahmen des Unternehmens genutzten Grundstücke sind nach Kenntnis der Verkäuferin frei von Belastungen des Erdreiches, des Grundwassers, der Luft oder sonstigen Umweltverschmutzungen, auf deren Beseitigung die Käuferin in Anspruch genommen werden könnte, mit Ausnahme der in **Anlage 9.10.2** aufgelisteten Grundstücksbelastungen. Auch der gewöhnliche Geschäftsbetrieb des Unternehmens bringt keine Belastung des Erdreiches, des Wassers oder der Luft mit sich, auf deren Unterlassung die Käuferin in Anspruch genommen werden konnte. [→ Rz. 2234]

11. Der Verkäuferin wurden zu keinem Zeitpunkt öffentliche Beihilfen gleich welcher Art gewährt, insbesondere hat sie keine öffentlichen Zuschüsse oder Zulagen erhalten. [→ Rz. 2236]

12. Bis auf die in **Anlage 9.12.1** aufgelisteten Rechtsstreitigkeiten ist die Verkäuferin nicht Partei eines Rechtsstreits. Nach Kenntnis der Verkäuferin droht kein Rechtsstreit, der sich auf das Unternehmen bezieht, mit Ausnahme der in **Anlage 9.12.2** beschriebenen Sachverhalte. [→ Rz. 2240]

13. Die Verkäuferin hat alle steuerlichen und abgaberechtlichen Erklärungen gemäß den jeweils gültigen gesetzlichen Bestimmungen stets ordnungsgemäß erfüllt, alle Steueran- bzw. -voranmeldungen und/oder -erklärungen ordnungsgemäß erstellt und rechtzeitig abgegeben, alle sonstigen gesetzlichen Anmelde- und Abgabepflichten stets beachtet und alle Steuern einschließlich Steuervorauszahlungen, Sozialversicherungsbeiträgen und sonstigen öffentlich-rechtlichen Abgaben und alle damit zusammenhängenden Nebenleistungen bei Fälligkeit stets vollständig gezahlt.
    [→ Rz. 2241]

14. Sämtliche in den **Anlagen 1.1.1** bis **1.1.3** und **1.2.1** aufgelisteten Einzelwirtschaftsgüter befinden sich im Hoheitsgebiet der Bundesrepublik Deutschland. [→ Rz. 2244]

15. Sämtliche der Käuferin und ihren Beratern seitens der Verkäuferin bis zum [*Datum*] zur Verfügung gestellten Informationen

   a) im elektronischen Datenraum (Die Dokumente des Datenraums sind auf einer vom Datenraumprovider zertifizierten DVD beim Notar [...] bis zum Ende der Verjährungsfrist gemäß dem als **Anlage 9.15.1** beigefügten Hinterlegungsvertrag hinterlegt. Jede Partei hat das Recht, auf eigene Kosten, eine Kopie der Datenraum-DVD anzufordern. Der Notar haftet weder für einen Datenverlust noch für den Verlust der DVD. Am Ende der Verjährungsfrist übersendet der Notar die DVD an die Käuferin.), [→ Rz. 2245]

   b) im Q&A-Prozess, dessen Antworten der Verkäuferin als **Anlage 9.15.2** beigefügt sind,

   c) im Informationsmemorandum über das Unternehmen vom [*Datum*],

   d) in der Managementpräsentation, deren Protokoll als **Anlage 9.15.3** beigefügt ist,

   („**Verkäufer-Informationen**") sind zutreffend und nicht lückenhaft im Hinblick auf wesentliche Informationen. Unbeschadet der in § 9 Nr. 1 bis 13 und 15 Satz 1 abgegebenen Verkäufergarantien akzeptiert die Käuferin, dass die Verkäuferin mit den in § 9 Nr. 15 Satz 1 aufgelisteten Informationen keinerlei Gewährleistungen oder Garantien zu Prognosen, Gewinnen, Cashflows und der zukünftigen Finanzlage des Unternehmens abgibt.

## § 10
## Rechtsfolgen

2003 (1) Sollten die Verkäufergarantien unzutreffend sein, hat die Verkäuferin die Käuferin, innerhalb einer angemessenen Frist, jedoch spätestens bis vier Wochen ab Zugang eines entsprechenden Verlangens der Käuferin, so zu stellen, wie sie stehen würde, wenn die Verkäufergarantien zutreffend wären (Naturalrestitution). Soweit die Verkäuferin innerhalb der gesetzten Frist den vertragsgemäßen Zustand nicht herstellt oder soweit die Herstellung des vertragsgemäßen Zustands nicht möglich ist, kann die Käuferin von der Verkäuferin Schadensersatz in Geld gemäß §§ 249 ff BGB verlangen. § 442 BGB sowie § 377 HGB finden keine Anwendung. Wegen desselben Schadens kann die Verkäuferin auch bei Verletzung mehrerer Garantien nur einmal in Anspruch genommen werden. [→ Rz. 2246]

2004 (2) Der Käuferin stehen bei einer unzutreffenden Verkäufergarantie ausschließlich die in diesem Vertrag bestimmten Ansprüche zu. Alle anderen Ansprüche, insbesondere aufgrund des allgemeinen Leistungsstörungsrechts in Verbindung mit dem gesetzlichen Mängelhaftungsrecht, Verschuldens bei Vertragsschluss gemäß § 311 Abs. 1, § 241 Abs. 2 BGB, positiver Vertragsverletzung gemäß § 280 Abs. 1 BGB und Wegfalls der Geschäftsgrundlage gemäß § 313 BGB, sind bei einer unzutreffenden Verkäufergarantie ausgeschlossen, soweit solche Ansprüche nicht wegen vorsätzlichen Verhaltens der Verkäuferin geltend gemacht werden. Soweit in diesem Vertrag nicht ausdrücklich etwas anderes geregelt ist, ist keine Partei berechtigt, von diesem Vertrag ganz oder teilweise zurückzutreten, auch nicht im Wege der Geltendmachung eines sog. großen Schadensersatzes. Nicht ausgeschlossen sind die Rechte nach §§ 123, 823 und 826 BGB.

(3) Die Verkäuferin haftet bei einer unzutreffenden Verkäufergarantie nur dann, wenn der Schaden im Einzelfall einen Betrag von [...] € (in Worten: [...] Euro) übersteigt („**Maßgeblicher Schadensfall**") und die Summe der einzelnen Maßgeblichen Schadensfälle den Betrag von [...] € (in Worten: [...] Euro) („**Haftungsfreigrenze**") übersteigt. Wird die Haftungsfreigrenze überschritten, so ist stets der gesamte Schaden zu ersetzen. Der Höchstbetrag für Zahlungsansprüche aufgrund einer unzutreffenden Verkäufergarantie ist insgesamt auf [...] € (in Worten: [...] Euro) begrenzt („**Haftungshöchstbetrag**"). Die Haftung der Verkäuferin ist bei den Verkäufergarantien gemäß § 9 Abs. 1 und 2 nicht auf den Haftungshöchstbetrag begrenzt. 2005

(4) Ansprüche der Käuferin aufgrund von unzutreffenden Verkäufergarantien unterliegen einer am Stichtag beginnenden Verjährungsfrist von zwei Jahren. Abweichend von dem Vorstehenden gilt für Rechtsmängel der verkauften Einzelwirtschaftsgüter eine Verjährungsfrist von zehn Jahren. § 203 BGB findet keine Anwendung. 2006

(5) Soweit eine Verkäufergarantie nur nach „**Kenntnis der Verkäuferin**" abgegeben wird, kommt es auf die Kenntnis oder die fahrlässige Unkenntnis der Verkäuferin zum Unterzeichnungstag an. Die Verkäuferin hat sich die Kenntnis und die fahrlässige Unkenntnis ihrer Gesellschafter, ihrer Geschäftsführung und ihrer Prokuristen sowie des Herrn [...] und der Frau [...] zurechnen zu lassen. [→ Rz. 2247] 2007

(6) Eine Haftung der Verkäuferin aufgrund einer unzutreffenden Verkäufergarantie ist ausgeschlossen, soweit mit den Verkäufer-Informationen ein Verstoß gegen eine Verkäufergarantie offengelegt wurde. [→ Rz. 2248] 2008

## § 11
## Freistellungen

(1) Soweit Verbindlichkeiten der Verkäuferin auf die Käuferin übergehen, die nicht in **Anlage 3** aufgelistet sind oder gemäß § 4 auf die Käuferin übergehen, wird die Käuferin die Verkäuferin von der Inanspruchnahme aus diesen Verbindlichkeiten freistellen, dies gilt insbesondere für Ansprüche gegen die Käuferin unter dem Gesichtspunkt der Firmenfortführung nach § 25 Abs. 1 HGB. [→ Rz. 2277] 2009

(2) § 10 findet keine Anwendung. 2010

## § 12
## Beteiligung an haftungsrelevanten Auseinandersetzungen

(1) Die Verkäuferin ist von der Käuferin unverzüglich über sämtliche ihre Haftung gegenüber der Käuferin nach diesem Vertrag möglicherweise begründenden, gegen die Käuferin gerichtlich oder außergerichtlich geltend gemachten Ansprüche sowie über den Fortgang der Angelegenheit unverzüglich und vollständig unter Vorlage des entsprechenden Schriftverkehrs zu unterrichten. Die Käuferin hat dieselbe Verpflichtung, falls sie für die Haftung der Verkäuferin relevante Ansprüche gegenüber Dritten geltend macht (die Ansprüche gemäß Satz 1 und 2 jeweils eine „**Relevante Auseinandersetzung**"). Die Parteien werden bei Relevanten Auseinandersetzungen vertrauensvoll zusammenarbeiten und ge- 2011

genseitig Informationen austauschen, um zu verhindern, dass die Relevanten Auseinandersetzungen zur Verletzung einer Verkäufergarantie führen. [→ Rz. 2249]

2012 (2) Über Einsprüche bzw. Widersprüche gegen Verwaltungsakte, Klagen, Klagerücknahmen, Verzichte, Anerkenntnisse, Vergleiche oder die Einlegung oder Zurücknahme von Rechtsmitteln oder -behelfen in Relevanten Auseinandersetzungen muss die Käuferin die Verkäuferin vorab informieren. Die Käuferin wird diese Maßnahmen nicht vornehmen, soweit sich die Verkäuferin zur Übernahme sämtlicher damit verbundener Kosten verpflichtet.

2013 (3) Verletzt die Käuferin ihre in dieser Vorschrift geregelten Pflichten zur Beteiligung der Verkäuferin an Relevanten Auseinandersetzungen, hat sie gegen die Verkäuferin einen Anspruch wegen Verletzung einer der in diesem Vertrag abgegebenen Garantiezusagen mit der Maßgabe, dass der Anspruch nur in Höhe desjenigen Betrags, welcher der Käuferin auch bei Beachtung ihrer in dieser Vorschrift niedergelegten Pflicht zur Beteiligung der Verkäuferin als Schaden entstanden wäre, besteht.

2014 (4) Sämtliche Kosten, die der Käuferin im Zusammenhang mit der Führung von Relevanten Auseinandersetzungen unter Beachtung der in dieser Vorschrift niedergelegten Verpflichtungen entstehen, trägt allein die Verkäuferin.

## § 13
## Steuerfreistellungen

2015 (1) **„Steuern"** im Sinne dieses Vertrags sind alle von einer zuständigen Bundes-, Landes- oder Kommunalbehörde oder einer entsprechenden ausländischen Behörde (nachfolgend als **„Finanzbehörde(n)"** bezeichnet) erhobenen Steuern i. S. d. § 3 Abs. 1 und 3 AO oder entsprechender Regelungen eines ausländischen Rechts, zuzüglich steuerlicher Nebenleistungen (wie z. B. Zinsen, Kosten, Steuerzuschläge) i. S. v. § 3 Abs. 4 AO oder entsprechenden Regelungen eines ausländischen Rechts, sowie Haftungsverbindlichkeiten für vorstehend genannte Steuern.

2016 (2) Die Verkäuferin stellt die Käuferin von Haftungsverpflichtungen der Käuferin nach § 75 AO frei (**„Steuerfreistellung"**) [→ Rz. 2252].

2017 (3) Die Freistellungsansprüche für Steuern gemäß Absatz 1 verjähren nach Ablauf einer Frist von sechs Monaten nach Bestandskraft des Haftungsbescheids für die betreffenden Steuern, steuerlichen Nebenleistungen, Sozialabgaben oder sonstigen öffentlich-rechtlichen Abgaben, der nicht mehr unter dem Vorbehalt der Nachprüfung oder eines Vorläufigkeitsvermerks steht, jedoch nicht vor Ablauf der Verjährungsfrist gemäß § 10 Abs. 4 Satz 1.

2018 (4) Die Vertragsparteien werden in allen steuerlichen Angelegenheiten des Unternehmens, welche Zeiträume vor dem Stichtag betreffen, in angemessenem Umfang zusammenarbeiten. Die Verkäuferin wird der Käuferin und ihren Beratern sämtliche insoweit relevanten Bücher, Unterlagen und Informationen zugänglich machen und innerhalb der gesetzlichen Aufbewahrungsfristen aufbewahren.

2019 (5) Die Regelung in diesem § 13 zu den Steuersachverhalten ist abschließend, soweit nicht in diesem Vertrag etwas anderes geregelt ist.

## § 14
## Führung des Geschäftsbetriebs bis zum Stichtag

(1) Die Verkäuferin garantiert der Käuferin in der Form eines selbständigen Garantieversprechens gemäß § 311 Abs. 1 BGB, dass ab dem Stichtag der Unternehmensbewertung, dem [*Datum*] („**Bewertungsstichtag**"), bis zum Stichtag das Unternehmen im Rahmen des gewöhnlichen Geschäftsbetriebs nach den Grundsätzen einer ordentlichen Geschäftspraxis und im Wesentlichen in der gleichen Weise wie zuvor geführt wurde und wird und keine Geschäfte außerhalb des gewöhnlichen Geschäftsgangs vorgenommen wurden und werden, insbesondere wurde und wird 2020

1. kein Wesentlicher Vertrag geändert, gekündigt oder aufgehoben oder ein ähnlicher Vertrag abgeschlossen;
2. kein wesentlicher Einzelvermögensgegenstand des Anlagevermögens veräußert;
3. über keinen wesentlichen Einzelvermögensgegenstand des Anlagevermögens verfügt;
4. über das Umlaufvermögen nur im Rahmen des gewöhnlichen Geschäftsbetriebs verfügt;
5. keine Zahlungsverbindlichkeit durch neue Verträge begründet, die höher als [...] € p. a. sind;
6. keine Handlungen vorgenommen, die entgegen bisheriger Geschäftspraxis die Fälligkeit von Steuer- oder sonstigen Verbindlichkeiten des Unternehmens auf Zeiträume nach dem Stichtag verschieben, soweit solche Verbindlichkeiten nach diesem Vertrag von der Käuferin übernommen werden;
7. kein derzeit leitender Mitarbeiter oder kein Organmitglied des Unternehmens direkt oder indirekt zum Ausscheiden aus dem Unternehmen veranlasst oder ihm für diesen Fall ein Vorteil versprochen oder gewährt;
8. keine variable Vergütung, Boni oder andere Zuwendung an Mitarbeiter und Organe des Unternehmens gewährt, es sei denn, diese ist in **Anlage 14.8** aufgeführt;
9. keine Änderung der bestehenden Anstellungs- oder Dienstverträge mit Mitarbeitern oder Organmitgliedern des Unternehmens vereinbart und keine Zusage, insbesondere hinsichtlich Abfindungen für den Fall des Ausscheidens von Mitarbeitern oder Organmitgliedern des Unternehmens, gemacht;
10. keine Änderung im Zahlungs- und Inkassoverhalten vorgenommen;
11. keine Schuld oder Verbindlichkeit erlassen;
12. keine Schenkung vorgenommen;
13. kein Vertrag mit Gesellschaftern der Verkäuferin oder ihr nahe stehenden Personen geschlossen oder gekündigt, soweit dieser Vertrag nicht etwas anderes ausdrücklich regelt. [→ Rz. 2266]

(2) Für jeden Fall des Verstoßes der Verkäuferin gegen das in § 14 Abs. 1 geregelte Garantieversprechen wird die Verkäuferin die Käuferin so stellen, wie die Käuferin stünde, wenn die Verkäuferin nicht gegen das in § 14 Abs. 1 geregelte Garantieversprechen verstoßen hätte, oder zumindest, nach der Wahl der Käuferin, wird die Verkäuferin der Käuferin den Schaden in Geld ersetzen, den die Käuferin durch die Verletzung des in § 14 Abs. 1 geregelten Garantieversprechens erlitten hat. 2021

2022 (3) Der Käuferin und ihren Beratern wird während der üblichen Geschäftszeiten zwischen dem Unterzeichnungstag und dem Stichtag Zugang zu allen Räumlichkeiten und Unterlagen des Unternehmens gewährt, sofern die Käuferin oder ihre Berater die Verkäuferin über jeden Besuch rechtzeitig, mindestens jedoch drei Werktage vorher, informieren.

## § 15
## Garantien der Käuferin

2023 Die Käuferin garantiert der Verkäuferin zum Unterzeichnungstag und zum Stichtag i. S. e. selbständigen Garantieversprechens gemäß § 311 Abs. 1 BGB Folgendes:
[→ Rz. 2268]

1. Die Käuferin ist nach dem Recht […] ordnungsgemäß errichtet und besteht wirksam. Die Käuferin ist nicht insolvent und es droht auch keine Insolvenz der Käuferin.
2. Die Käuferin verfügt über die erforderlichen finanziellen Mittel, um ihre Verpflichtungen aus dem Vertrag zu erfüllen.
3. Die Käuferin verfügt über alle erforderlichen internen und externen Genehmigungen und Unbedenklichkeitserklärungen, die für die Durchführung dieses Vertrags auf Seiten der Käuferin erforderlich sind.

Soweit sich eine der von der Käuferin übernommenen Garantien als unzutreffend oder unvollständig erweist, ist sie verpflichtet, die der Verkäuferin daraus entstehenden Schäden zu ersetzen.

## § 16
## Sonstige Verpflichtungen

2024 (1) Die Verkäuferin verpflichtet sich, die in **Anlage 1.1.1** genannten gewerblichen Schutzrechte nach dem Stichtag in keinem Land mehr zu benutzen.

2025 (2) Mit Wirkung zum Stichtag werden die Parteien einen Vertrag über die Erbringung von Dienstleistungen der Verkäuferin an die Käuferin auf den Gebieten Personalverwaltung, Buchhaltung und Informationstechnologie schließen, der im Wesentlichen den Inhalt laut **Anlage 16.2** hat. [→ Rz. 2272]

2026 (3) Die Käuferin und […] werden unmittelbar nach dem Stichtag den in **Anlage 16.3** beigefügten Beratervertrag abschließen. [→ Rz. 2273]

2027 (4) Die Käuferin und die Verkäuferin werden unmittelbar nach dem Stichtag den in **Anlage 16.4** beigefügten Pachtvertrag über Betriebsgrundstücke abschließen. [→ Rz. 2274]

2028 (5) Die Käuferin wird für die Verkäuferin sämtliche Buchhaltungsunterlagen des Unternehmens, soweit sie nicht gemäß den Regelungen dieses Vertrags auf die Käuferin übertragen werden, gemäß den gesetzlichen Aufbewahrungsfristen verwahren und der Verkäuferin und ihren Beratern zugänglich machen, dies gilt insbesondere auch für die Bücher, Unterlagen und Informationen, die für die in **Anlage 9.12.1** aufgelisteten Rechtsstreitigkeiten relevant sind. Die Kosten hierfür trägt die Verkäuferin. Soweit Buchhaltungsunterlagen des Unternehmens gemäß den Regelungen dieses Vertrags auf die Käuferin übertragen werden, wird der Verkäuferin ein entsprechendes Recht zur kostenpflichtigen Einsichtnahme gewährt. [→ Rz. 2276]

(6) Die Verkäuferin wird unverzüglich nach dem Stichtag unter der Firma [...] firmieren und eine entsprechende Umfirmierung unverzüglich nach dem Stichtag beim Handelsregister anmelden. Der Übergang des Handelsgeschäfts mit dem Recht der Käuferin zur Fortführung der Firma der Verkäuferin und der von § 25 Abs. 1 HGB abweichenden Vereinbarung zwischen den Parteien wird von den Parteien gemeinsam gemäß § 25 Abs. 2 HGB entsprechend der in **Anlage 16.6** beigefügten Anmeldung zum Handelsregister der Käuferin unmittelbar nach dem Stichtag angemeldet. [→ Rz. 2277] 2029

## § 17
## Wettbewerbsverbot

(1) Die Verkäuferin wird für die Dauer von [...] Jahren ab dem Stichtag im Gebiet der [...] jede Betätigung unterlassen, mit der sie unmittelbar oder mittelbar in Wettbewerb zu der Käuferin treten würde, insbesondere wird die Verkäuferin kein anderes Unternehmen, das mit dem gegenwärtigen Geschäftsbetrieb des Unternehmens unmittelbar oder mittelbar in Wettbewerb steht, gründen, erwerben, sich daran beteiligen oder es beraten. Ausgenommen von diesem Wettbewerbsverbot ist der Erwerb von Aktien von bis zu 10 % an börsennotierten Gesellschaften. („**Wettbewerbsverbot**") [→ Rz. 2284] 2030

(2) Verletzt die Verkäuferin das Wettbewerbsverbot und setzt sie diese Verletzung trotz Abmahnung durch die Käuferin fort, so hat die Verkäuferin der Käuferin eine Vertragsstrafe in Höhe von [...] € (in Worten: [...] Euro) zu zahlen. Dauert die Verletzungshandlung an, hat die Verkäuferin für jeden weiteren Monat der Verletzung eine weitere Vertragsstrafe in Höhe von [...] (in Worten: [...] Euro) zu zahlen; die Einrede des Fortsetzungszusammenhangs ist ausgeschlossen. Das Recht der Käuferin, einen weiteren Schaden geltend zu machen und Unterlassung des verbotenen Handelns zu fordern, bleibt unberührt. In diesem Falle werden Vertragsstrafen auf einen solchen Schaden angerechnet. 2031

## § 18
## Escrow-Auszahlung

(1) Zur Sicherung der Ansprüche der Käuferin aufgrund von unzutreffenden Verkäufergarantien hat die Käuferin als Teil des Kaufpreises den Escrow-Betrag auf das Notaranderkonto geleistet. [→ Rz. 2286] 2032

(2) Für den Fall, dass die Verkäuferin der Käuferin aufgrund einer unzutreffenden Verkäufergarantie Schadensersatz leisten muss, wird diese Schadensersatzleistung aus dem Escrow-Betrag bedient. Soweit der Escrow-Betrag zur Bedienung dieser Schadensersatzleistung dient, werden die Parteien den Notar gemeinsam schriftlich über die Auszahlung des Escrow-Betrags benachrichtigen. 2033

(3) Zum Zeitpunkt des Ablaufs der Verjährung gemäß § 10 Abs. 4 Satz 1 wird die Hälfte des Escrow-Betrags an die Verkäuferin ausgezahlt, es sei denn, dass bis zu diesem Zeitpunkt bereits Auszahlungen an die Käuferin erfolgt sind. In diesem Fall reduziert sich die Auszahlung des Escrow-Betrags an die Verkäuferin um den Betrag, der bereits an die Käuferin ausgezahlt wurde. 2034

(4) Zum Zeitpunkt des Ablaufs der Verjährung gemäß § 10 Abs. 4 Satz 2 wird der bis dahin nicht an die Käuferin oder Verkäuferin geleistete Escrow-Betrag an die Verkäuferin ausgezahlt. 2035

2036 (5) Mögliche Zinsen für den Escrow-Betrag stehen der Verkäuferin zu.

§ 19
**Anmeldung beim Bundeskartellamt**

2037 (1) Die Käuferin wird auf eigene Kosten und in Abstimmung mit der Verkäuferin den Erwerb des Unternehmens unverzüglich nach dem Unterzeichnungstag beim Bundeskartellamt anmelden sowie die nach den einschlägigen kartellrechtlichen Vorschriften zu diesem Zweck erforderlichen Angaben und Auskünfte rechtzeitig, vollständig und richtig machen.

2038 (2) Wird die Erteilung der Freigabe durch die zuständige Kartellbehörde vom Eintritt oder der Erfüllung von Bedingungen oder Auflagen seitens der Käuferin abhängig gemacht, ist die Käuferin verpflichtet, diese Bedingungen oder Auflagen zu befolgen, es sei denn, die Bedingungen oder Auflagen sind für die Käuferin wirtschaftlich nicht zumutbar.

2039 (3) Soweit die zuständige Kartellbehörde den in diesem Vertrag vereinbarten Zusammenschluss untersagt, ist die Käuferin auf Verlangen der Verkäuferin verpflichtet, Rechtsmittel gegen die Untersagung einzulegen. Die Verkäuferin ist berechtigt, aber nicht verpflichtet, selbst Rechtsmittel einzulegen oder sich an dem von der Käuferin eingeleiteten Rechtsmittelverfahren zu beteiligen. [→ Rz. 630]

§ 20
**Geheimhaltung, Presse- und sonstige Mitteilungen**

2040 (1) Die Verkäuferin wird ihre Kenntnisse über das Unternehmen, soweit die betreffenden Umstände nicht öffentlich bekannt sind oder gesetzliche Offenlegungsvorschriften bestehen, geheim halten und solche vertraulichen Informationen nicht für sich selbst oder andere benutzen.

2041 (2) Die Parteien haben die Kenntnisse, die sie im Zusammenhang mit der Verhandlung und dem Abschluss dieses Vertrags übereinander und die jeweiligen verbundenen Unternehmen erhalten haben, streng vertraulich zu behandeln.

2042 (3) Presseerklärungen oder ähnliche Verlautbarungen in Bezug auf die mit diesem Vertrag geregelten Rechtsgeschäfte dürfen ohne vorherige schriftliche Zustimmung der anderen Partei nicht abgegeben werden. Ausgenommen hiervon sind gesetzlich erforderliche Mitteilungen, insbesondere an Börsenaufsichtsbehörden. [→ Rz. 1607]

§ 21
**Abtretungs- und Aufrechnungsverbot**

2043 (1) Die Abtretung von Rechten oder Ansprüchen aus diesem Vertrag ist nur mit vorheriger Zustimmung der jeweils anderen Partei zulässig. Ausgenommen hiervon sind Abtretungen der Parteien an mit ihnen i. S. v. § 15 AktG verbundene Unternehmen, sofern sich das verbundene Unternehmen als Abtretungsempfänger dem vorgenannten Abtretungsverbot unterworfen hat. [→ Rz. 1609]

2044 (2) Die Aufrechnung ist nur mit vom Aufrechnungsgegner anerkannten oder rechtskräftig festgestellten Gegenforderungen zulässig.

## § 22
## Mitteilungen

(1) Sämtliche Mitteilungen nach diesem Vertrag sind schriftlich und in deutscher Sprache wie folgt zu adressieren: 2045

1. an die Verkäuferin:
   [*Kontaktdaten der Verkäuferin*]
   mit einer Kopie an:
   [*Kontaktdaten des Rechtsberaters der Verkäuferin*]
2. an die Käuferin:
   [*Kontaktdaten der Käuferin*]
   mit einer Kopie an:
   [*Kontaktdaten des Rechtsberaters der Käuferin*]

(2) Der Schriftform für Mitteilungen genügt die Übermittlung per Einschreiben mit Rückschein, Boten mit Empfangsbestätigung, Telefax mit Sendebericht oder E-Mail mit Zugangsbestätigung. 2046

## § 23
## Kosten

Jede Partei trägt ihre eigenen Kosten und Auslagen, insbesondere die jeweiligen Rechtsanwaltskosten. Die Kosten für die Hinterlegung der Datenraum-DVD tragen die Parteien je zur Hälfte. [→ Rz. 1613] 2047

## § 24
## Rechtswahl- und Schiedsklausel

(1) Dieser Vertrag unterliegt dem Recht der Bundesrepublik Deutschland. Das Wiener UN-Übereinkommen über Verträge über den internationalen Warenkauf (CISG) findet keine Anwendung. 2048

(2) Alle Streitigkeiten, die sich aus oder im Zusammenhang mit diesem Vertrag oder über seine Gültigkeit ergeben, werden nach der Schiedsgerichtsordnung der Deutschen Institution für Schiedsgerichtsbarkeit e. V. (DIS) unter Ausschluss des ordentlichen Rechtsweges endgültig entschieden. Das Schiedsgericht entscheidet auch über die Gültigkeit dieser Schiedsklausel. Das Schiedsgericht besteht aus drei Schiedsrichtern. Der Vorsitzende muss die Befähigung zum Richteramt in der Bundesrepublik Deutschland haben. Ort des Schiedsverfahrens ist […]. Die Sprache des Schiedsverfahrens ist deutsch. [→ Rz. 2288] 2049

## § 25
## Schlussbestimmungen

(1) Dieser Vertrag enthält zusammen mit seinen Anlagen alle Vereinbarungen und Erklärungen der Parteien in Bezug auf den Erwerb der Einzelwirtschaftsgüter des Unternehmens sowie alle damit zusammenhängenden Angelegenheiten. Alle zwischen den Parteien vor dem Abschluss dieses Vertrags getroffenen Vereinbarungen sind durch den Abschluss dieses Vertrags überholt und werden hierdurch ersetzt. Die Überschriften der Paragrafen, 2050

Absätze und Anlagen in diesem Vertrag dienen allein der Übersichtlichkeit und sind für die Auslegung des Vertrags nicht zu berücksichtigen.

2051 (2) Änderungen und Ergänzungen dieses Vertrags, einschließlich dieser Bestimmung, bedürfen der Schriftform, soweit nicht aufgrund zwingenden Gesetzes notarielle Form zu beachten ist. [→ Rz. 2289] Die Schriftform für von einer Partei gegenüber der anderen abzugebende Erklärungen wird auch durch Abgabe der Erklärung per Telefax oder E-Mail gewahrt.

2052 (3) Alle Überschriften dieses Vertrags dienen alleine der Übersichtlichkeit und sind für die Auslegung nicht zu berücksichtigen. Soweit Begriffe im Singular definiert sind, gilt diese Definition auch für den Plural des Begriffs und umgekehrt.

2053 (4) Sollte eine Bestimmung dieses Vertrags ganz oder teilweise unwirksam sein, wird die Wirksamkeit aller übrigen Bestimmungen dieses Vertrags davon nicht berührt. Die Parteien verpflichten sich, die unwirksame Bestimmung durch diejenige wirksame Bestimmung zu ersetzen, die dem von den Parteien mit der unwirksamen Bestimmung verfolgten wirtschaftlichen Zweck am nächsten kommt. Das Gleiche gilt für den Fall, dass dieser Vertrag unvollständig sein sollte.

## II. Erläuterungen

### 1. Einführung

#### a) Struktur des Asset Deals

2054 Der Unternehmenskaufvertrag ist grundsätzlich **käuferfreundlich** gestaltet, jedoch insoweit ausgeglichen, als dass das Vertragsmuster die substantiellen Interessen der Verkäuferin berücksichtigt und somit die Chance auf eine erfolgreiche Transaktion erhöht. Der im Unternehmenskaufvertrag vorgesehene Locked-Box-Mechanismus für den Kaufpreis ist aufgrund seiner Einfachheit und Klarheit für beide Parteien vorteilhaft. Falls das Ergebnis der Unternehmensbewertung negativ vom Unternehmenswert zum Stichtag abweicht und die Verkäuferin dies zu vertreten hat, ist die Käuferin durch eine Freistellungsklausel in § 14 und ein zusätzliches Rücktrittsrecht gemäß § 7 Abs. 2 geschützt. Soweit die Verkäuferin die Reduzierung des Unternehmenswerts nicht zu vertreten hat, steht der Käuferin durch die MAC-Klausel in § 7 Abs. 4 ebenfalls ein Rücktrittsrecht zu. Befürchtet die Käuferin, dass das Ergebnis der Unternehmensbewertung zum Stichtag erheblich geringer sein könnte als der vereinbarte Kaufpreis, ohne dass die Verkäuferin dies zu vertreten hat, sind die Vorteile der Einfachheit und Klarheit des Locked-Box-Mechanismus mit dem Nachteil der negativen Differenz des Unternehmenswerts abzuwägen. Im Einzelfall können diese Mechanismen auf die Besonderheiten der jeweiligen Transaktion angepasst und feinjustiert werden, sodass der Locked-Box-Mechanismus regelmäßig eine Alternative zur Kaufpreisanpassung ist. Soweit Besonderheiten durch ein zeitlich größeres Auseinanderfallen zwischen dem Stichtag der Unternehmensbewertung und dem Stichtag (Closing) zu antizipieren sind, können diese schon bei der Kaufpreisbestimmung berücksichtigt werden. Sollte die Gestaltungsmöglichkeit bei einem Locked-Box-Mechanismus für die Käuferin keinen ausreichenden Schutz bieten, dann kann dieser durch eine Kaufpreisanpassungsklausel ganz oder zum Teil ersetzt werden (siehe Rz. 947 ff).

2055 Obgleich sich die Beschreibung des Unternehmensgegenstands nicht mit der Beschreibung der zu übertragenden Einzelwirtschaftsgüter decken muss, ist der Unternehmensgegenstand begrifflich der geborene Anknüpfungspunkt für die Definition des „Unternehmens“, da der Unternehmensgegenstand das zur Verwirklichung des Unternehmenszwecks eingesetzte Mittel beschreibt.[1530] Soweit nur ein Teilbetrieb übertragen werden soll, bietet sich der Begriff „Teilbetrieb“ für diese Definition an.

In der Praxis sind bei der Übertragung bestimmter Einzelwirtschaftsgüter Besonderheiten 2056
zu berücksichtigen, die von diesem Vertragsmuster abweichende Regelungen erfordern. Eine besondere Fallgestaltung des Asset Deals ist die, bei der nicht sämtliche Einzelwirtschaftsgüter des Unternehmens erworben werden, sondern nur ein Teilunternehmen, z. B. nur bestimmte Betriebsstätten oder Geschäftsbereiche eins Unternehmens. Ein solcher **Teilerwerb eines Unternehmens** bedingt jedoch keine strukturelle Änderung des Unternehmenskaufvertrags. Bei einem Teilerwerb ist vielmehr eine genaue Abgrenzung zwischen dem Teilunternehmen, das erworben werden soll, und dem Unternehmensteil, der bei der Verkäuferin verbleibt, notwendig. Bei einem Teilerwerb sind darüber hinaus regelmäßig ausführliche Regelungen über bestimmte Einzelwirtschaftsgüter zu treffen, die – zumindest für einen Übergangszeitraum – sowohl von der Verkäuferin als auch von der Käuferin genutzt werden müssen. Die gemeinsame Nutzung kann sich insbesondere regelmäßig auf Marken, Lizenzen und weitere immaterielle Vermögensgegenstände beziehen.

Unabhängig davon, ob es sich um einen Teilerwerb oder den Erwerb sämtlicher Einzel- 2057
wirtschaftsgüter des Unternehmens handelt, sind die Parteien zumindest für einen **Übergangszeitraum** nach dem Closing vielfach auch auf Leistungen der jeweils anderen Partei angewiesen.[1531] Diese Leistungen sollten in einem Katalog des Unternehmenskaufvertrags genau geregelt werden. Das Vertragsmuster sieht in § 16 einen allgemeinen Katalog von Leistungen für einen Übergangszeitraum vor, der an die jeweiligen Besonderheiten des Einzelfalls anzupassen ist.

Der Kaufpreisregelung im Vertragsmuster liegt die Annahme zugrunde, dass der Kauf- 2058
preis nach dem **IDW Standard: Grundsätze zur Durchführung von Unternehmensbewertungen** (IDW-Standard S 1 i. d. F. 2008) bestimmt wurde. Damit kommt entweder ein Ertragswertverfahren (Nr. 7.2 IDW S 1) oder ein DCF-Verfahren (Nr. 7.3 IDW S 1) bei der Kaufpreisermittlung zur Anwendung. Mithin unterscheidet sich die Kaufpreisermittlung grundsätzlich nicht von der bei einem Share Deal. Nur in dem Fall, dass der Wert des Unternehmens erheblich durch den Wert der erworbenen bilanzierten Gegenstände des Anlage- und Umlaufvermögens bestimmt wird, kann eine ausführliche Regelung zur Bewertung des Anlage- und Vorratsvermögens zum Closing notwendig sein.

## b) Vorteile des Asset Deals

Ein Asset Deal hat gegenüber dem Share Deal für die Käuferin **steuerrechtliche Vorteile**, 2059
da sie die erworbenen Einzelwirtschaftsgüter in ihrer Bilanz neu ausweisen kann und damit sowohl bilanzielle als auch steuerliche Gestaltungsspielräume gewinnt (siehe Rz. 2183). Die Käuferin kann den Kaufpreis auf die Einzelwirtschaftsgüter **allokieren** und in der Zukunft gewinnmindernd abschreiben. Diese Möglichkeit gibt es bei einem Share Deal für die Käuferin nicht, da Beteiligungen an Kapitalgesellschaften nicht zu den abnutzbaren

1530) *Hüffer/Koch*, AktG, § 23 Rz. 22.

1531) Vgl. *Koziczinski*, in: Semler/Volhard, § 13 Rz. 14.

Wirtschaftsgütern gehören und eine Kaufpreisallokation zu einzelnen Bilanzpositionen bei einem Erwerb eines Unternehmens im Rahmen eines Share Deals nicht möglich ist.

2060 Für die Verkäuferin entsteht bei einem Asset Deal ein steuerpflichtiger Gewinn, auf den nur im Falle der Betriebsaufgabe ggf. teilweise ein geminderter Steuersatz zur Anwendung kommt (siehe Rz. 491). Der Verkäuferin kommt aber in jedem Fall die Fünftel-Regelung nach § 34 Abs. 1 Satz 2 EStG zugute.

2061 Auch im Hinblick auf die Haftung für Risiken aus der Vergangenheit kann der Asset Deal gegenüber dem Share Deal für die Käuferin von Vorteil sein. Während die Käuferin beim Share Deal die Gesellschaft erwirbt, die den Gläubigern gegenüber haftet, kann sie beim Asset Deal durch entsprechende Vertragsgestaltung ihre Haftung für Risiken aufgrund der früheren Tätigkeit des Unternehmens weitgehend vermeiden. Die Käuferin haftet dann nur aufgrund der ausdrücklich übernommenen Verbindlichkeiten und aufgrund weniger gesetzlicher Vorschriften, die eine Haftungsüberleitung speziell bei einem Asset Deal vorsehen. Dies sind insbesondere **§ 25 HGB** (Firmenfortführung), **§ 75 AO** (betriebliche Steuern), **§ 11 Abs. 2 GrStG** (Grundstücke) und **§ 613a BGB** (Arbeitnehmer).

2062 Ein Asset Deal ist für die Käuferin jedoch nicht nur mit Vorteilen gegenüber einem Share Deal verbunden. Ein wesentlicher Nachteil des Asset Deals ist, dass für die zu übertragenden Verträge die Zustimmung der jeweiligen Vertragspartei notwendig ist.[1532] Um dieses Risiko zu minimieren, wird ein sog. **Agency-Modell** für die zu übertragenden Verträge in den Unternehmenskaufvertrag aufgenommen (siehe Rz. 2118).

### c) Beurkundungspflicht

2063 Der Unternehmenskaufvertrag bei einem Asset Deal ist grundsätzlich **nicht formbedürftig.**[1533] Eine Pflicht zur **notariellen Beurkundung** besteht jedoch dann, wenn Grundstücke (§ 311b Abs. 1 Satz 1 BGB) oder GmbH-Geschäftsanteile (§ 15 Abs. 4 Satz 1 GmbHG) übertragen werden. Darüber hinaus kann eine Beurkundungspflicht bestehen, wenn sich die Verkäuferin verpflichtet, ihr gegenwärtiges Vermögen oder ein Bruchteil ihres gegenwärtigen Vermögens zu übertragen (§ 311b Abs. 3 BGB). Auch wenn der Anwendungsbereich des § 311b Abs. 3 BGB in der juristischen Literatur umstritten ist,[1534] kommt § 311b Abs. 3 BGB dann nicht zur Anwendung, wenn der Unternehmenskaufvertrag bei einem Asset Deal den Bestimmtheitsgrundsatz (siehe Rz. 2070) berücksichtigt und sämtliche zu übertragenden Einzelwirtschaftsgüter einzeln aufzählt,[1535] da der Warn- und Beratungsfunktion des § 311b Abs. 3 BGB, den Veräußerer vor übereilten und unüberlegten Entscheidungen zu schützen,[1536] allein schon durch die Einhaltung des Bestimmtheitsgrundsatzes entsprochen wird. Insoweit zeigt sich auch hier die Bedeutung des sachenrechtlichen Bestimmtheitsgrundsatzes für das Verpflichtungsgeschäft (siehe Rz. 2071).

2064 Das Vertragsmuster sieht keine Beurkundungspflicht vor, da es zum einen dem Bestimmtheitsgrundsatz entspricht (dabei wird angenommen, dass die Anlagen entsprechend dem Bestimmtheitsgrundsatz erstellt werden) und zum anderen das Grundstück des Unter-

---

1532) *Koziczinski*, in: Semler/Volhard, § 13 Rz. 116.

1533) Vgl. *Karsten Schmidt*, Handelsrecht, § 5 II 1 d, S. 175; *Koziczinski*, in: Semler/Volhard, § 13 Rz. 104.

1534) *Hermanns*, DNotZ 2013, 9, 10 f; *Fortun/Neveling*, BB 2011, 2568; *Böttcher/Fischer*, NZG 2010, 1332; *Klöckner*, DB 2008, 1083; *Morshäuser*, WM 2007, 337; *Heckschen*, NZG 2006, 772.

1535) BGH, Urt. v. 19.6.1957 – IV ZR 214/56, BGHZ 25, 1, 5 = NJW 1957, 1514.

1536) BGH, Urt. v. 19.6.1957 – IV ZR 214/56, BGHZ 25, 1, 5 = NJW 1957, 1514; Staudinger/*Schumacher*, BGB, § 311b Abs. 1 Rz. 3.

nehmens nicht erworben, sondern zunächst durch einen langfristigen Mietvertrag gemietet werden soll, und damit weder § 311b Abs. 1 Satz 1 BGB noch § 311b Abs. 3 BGB zur Anwendung kommen. Auch wenn keine Beurkundungspflicht besteht, kann ein **Notar** dennoch involviert werden, indem die Datenraum-DVD bei einem Notar zu Beweiszwecken hinterlegt und ein **Notaranderkonto** zur Sicherung eines Kaufpreiseinbehalts genutzt wird. Alternativ zu einem Notaranderkonto kann auch ein sog. **gemeinsames Konto** durch die Parteien bei einer Bank eröffnet werden, auf das die Parteien nur gemeinsam entsprechend den Regelungen der Rechtsfolgen bei Garantieverletzungen Zugriff haben. Die Hinterlegung der Datenraum-DVD bei einem Notar kann durch eine separate einfache **Hinterlegungsvereinbarung** zwischen den Parteien und dem Notar erfolgen.

Soweit keine Beurkundungspflicht vorliegt, ist für einen Unternehmenskaufvertrag in **2065** Form eines Assel Deals sowohl zu Beweiszwecken als auch aufgrund des sachenrechtlichen Bestimmtheitsgrundsatzes (siehe Rz. 2070) die **Schriftform** zu wählen.

### d) Definitionen

Zum Teil werden die im Vertragsmuster definierten Begriffe nur einmal verwandt, sodass **2066** sich die Definition eigentlich erübrigt. Dies gilt insbesondere für die Definition in § 1 des Vertragsmusters. Bei der notwendigen Anpassung des Vertragsmusters auf den jeweiligen Einzelfall werden jedoch regelmäßig gesonderte Regelungen im Hinblick auf die definierten Asset-Klassen notwendig, sodass für den Verwender diese Definitionen schon im Vertragsmuster vorgenommen wurden.

## 2. Präambel

### a) Beschreibung der Käuferin [→ Rz. 1954]

Neben der genauen **Beschreibung der Verkäuferin** hat sich auch eine **Beschreibung der** **2067** **Käuferin** in der Rechtspraxis durchgesetzt, da auch sie im Rahmen des Vollzugs des Kaufvertrags – abgesehen von der Kaufpreiszahlung – in der Regel diverse Verpflichtungen erfüllen muss, z. B. bei der Umsetzung des Agency-Modells (siehe Rz. 2118). Mit einer ausführlichen Beschreibung kann insbesondere ihre Fähigkeit, diese Verpflichtungen zu erfüllen, dargelegt werden. Sofern auch die Gesellschafter der Verkäuferin und der Käuferin als Garantiegeber Parteien des Vertrags werden, bietet sich auch ihre Beschreibung in der Präambel an.

### b) Fortbestand der Verkäuferin [→ Rz. 1957]

Die Verkäuferin kann bestimmte Verpflichtungen aus dem Asset Deal, wie z. B. das Ein- **2068** stehen für die Verkäufergarantien, nur dann langfristig erfüllen, wenn sie nach dem Vollzug nicht liquidiert wird. Insoweit sollte der Unternehmenskaufvertrag beschreiben, in welcher Weise die Verkäuferin von ihren Gesellschaftern nach dem Vollzug der Transaktion fortgeführt wird. Da das **Schicksal der Verkäuferin** in den Händen der Gesellschafter der Verkäuferin liegt, beschreibt das Vertragsmuster daher das Schicksal der Verkäuferin nur in der Präambel. Diese Beschreibung sollte im Einzelfall ausführlich ausgestaltet werden. In Fällen, bei denen es darauf in besonderem Maße ankommt, kann auch eine Garantie der Gesellschafter der Verkäuferin in Betracht kommen. In einem solchen Fall würde sich der Gesellschafter als weitere Partei des Vertrags verpflichten, die Verkäuferin bis zu einem bestimmten Zeitpunkt nicht zu liquidieren und ggf. auch dafür einzustehen, die

Verkäuferin bis zum infrage stehenden Zeitpunkt mit Mitteln auszustatten (Liquiditätshilfegarantie oder Patronatserklärung), damit diese weder in die Insolvenz geht noch ihre Verbindlichkeiten aus dem Vertrag nicht erfüllen kann.

### 3. Schuldrechtlicher Verkauf [→ Rz. 1959]

#### a) Zeitpunkt des Verkaufs

2069 Auch bei einem Unternehmenskauf im Wege eines Asset Deals ist zwischen dem **schuldrechtlichen Verkauf** und der **dinglichen Übertragung** der Einzelwirtschaftsgüter streng zu unterscheiden, indem beide Rechtsgeschäfte in voneinander getrennten Klauseln geregelt werden. Die dingliche Übertragung findet meist zu einem definierten **Stichtag** statt, während der schuldrechtliche Verkauf in der Regel mit der Unterzeichnung des Unternehmenskaufvertrags erfolgt. Der Zeitpunkt des schuldrechtlichen Verkaufs muss jedoch nicht als ein Stichtag ausgestaltet sein. Darüber hinaus macht es bei einem Asset Deal, anders als bei einem Share Deal, auch keinen Sinn, einen wirtschaftlichen Stichtag zu bestimmen, der dem Tag der Unterzeichnung des Unternehmenskaufvertrags vorgelagert ist. Weder kann der Vollzug in die Vergangenheit gelegt werden noch ist eine wirtschaftliche Risikoverteilung für vergangene Zeiträume wie beim Share Deal sinnvoll (siehe Rz. 2429). Allerdings kann unter Umständen im Rahmen des Agency-Modells (siehe Rz. 2118) bei der Übertragung von Verträgen ein wirtschaftlicher Stichtag modelliert werden.

#### b) Bestimmtheitsgrundsatz

2070 Die Einzelwirtschaftsgüter eines Unternehmens können nicht pauschal als Einheit übertragen werden.[1537] Eine Übertragung im Ganzen mittels Gesamtrechtsnachfolge erlauben außerhalb des Erbrechts lediglich die Regelungen des Umwandlungsgesetzes (Verschmelzung, Spaltung, Ausgliederung und Vermögensübertragung) und die Fälle der Anwachsung.

2071 Für die Eigentumsübertragung im Wege der Einzelübertragung ist der sachenrechtliche **Bestimmtheitsgrundsatz**[1538] zu beachten. Dieser verlangt, dass die Parteien genau bestimmen, „an welchen konkret bestimmten Sachen das Eigentum übergehen soll".[1539] „Es liegt in der Natur der Sache, dass nur individuell bestimmte Sachen und nicht nur allgemein mengen- oder wertmäßig bestimmte Teile von Sachgesamtheiten übereignet werden können."[1540] Nach der ständigen obergerichtlichen Rechtsprechung zum Bestimmtheitsgrundsatz[1541] ist daher eine genaue Auflistung der zu übertragenden Einzelwirtschaftsgüter notwendig. Vertragsklauseln, die die zu übertragenden Einzelwirtschaftsgüter nur abstrakt beschreiben, wie z. B. als „das gesamte Sachanlagevermögen", ohne die Einzelwirtschaftsgüter insgesamt aufzulisten, laufen ins Leere. Wird der sachenrechtliche Bestimmtheitsgrundsatz nicht beachtet, ist die Übertragung des Eigentums unwirksam. Der sachenrechtliche Bestimmtheitsgrundsatz hat auch Auswirkungen auf den **schuldrechtlichen Verkauf** (Verpflichtungsgeschäft) der Wirtschaftsgüter, da insbesondere in der

---

1537) *Semler*, in: Hölters, Handbuch Unternehmenskauf, Rz. 7.80.

1538) BGH, Urt. v. 13.6.1956 – IV ZR 24/56, BGHZ 21, 52, 55; BGH, Urt. v. 3.7.2000 – II ZR 314/98, ZIP 2000, 1895 = NJW 2000, 2898; Staudinger/*Seiler*, BGB, Einl. z. SachenR, Rz. 54.

1539) BGH, Urt. v. 13.6.1956 – IV ZR 24/56, BGHZ 21, 52.

1540) BGH, Urt. v. 13.6.1956 – IV ZR 24/56, BGHZ 21, 52, 55.

1541) RG, Urt. v. 18.10.1902 – II 193/02, RGZ 52, 385, 394; BGH, Urt. v. 13.6.1956 – IV ZR 24/56, BGHZ 21, 52, 55; BGH, Urt. v. 13.1.1992 – II ZR 11/91, ZIP 1992, 393 = NJW 1992, 1161; BGH, Urt. v. 19.9.1994 – II ZR 161/93, NJW-RR 1994, 1537.

Praxis die Asset-Listen die Wirtschaftsgüter zugleich für das Verpflichtungsgeschäft und für die **dingliche Übertragung** bestimmen. Verpflichtungsgeschäft und dingliche Übertragung sind zwar juristisch streng zu trennen, bei der Vertragsgestaltung sind sie jedoch immer gemeinsam zu betrachten.

In der Praxis werden die Listen der Einzelwirtschaftsgüter zum Großteil durch die jeweiligen Buchhaltungssysteme des Unternehmens generiert. Auch wenn es sich bei diesen Asset-Listen zum Teil um **„generische" Listen** handelt – d. h. um Listen, die die Einzelwirtschaftsgüter lediglich mit Inventarnummern aufführen –, so können die Einzelheiten der Wirtschaftsgüter (wie z. B. die Parteien von Verträgen) jedoch mit Hilfe des jeweiligen Buchhaltungssystems bestimmt werden. Daher entsprechen auch diese generischen Listen, soweit sie die Wirtschaftsgüter individuell auflisten, dem sachenrechtlichen Bestimmtheitsgrundsatz. **2072**

Im Folgenden ein Beispiel einer Vertragsliste, die durch ein Buchhaltungssystem generiert wurde (Liste von Kundenverträgen), die dem Bestimmtheitsgrundsatz genügt, da mit ihr mittels des Buchhaltungssystems jeder Vertrag identifizierbar ist: **2073**

| Vertragsnr. | Kunde | Land |
|---|---|---|
| SD 34234 | Z 343 | D |
| SD 23542 | T 342 | D |

Die Auflistung der zu veräußernden Einzelwirtschaftsgüter ist eine Aufgabe, die nicht zu unterschätzen ist. Zur Erstellung der Asset-Listen gehört nämlich auch die richtige **Kategorisierung der Einzelwirtschaftsgüter**. Beispielsweise können Forderungen, die auf die Käuferin übertragen werden sollen, zu einem Vertrag gehören, der im Rahmen des Agency-Modells (siehe Rz. 2118) übertragen werden soll. Soweit dies der Fall ist, sind diese Forderungen nicht mehr in der Asset-Liste „Forderungen" aufzuführen (siehe Rz. 2086). **2074**

### c) Anlagevermögen [→ Rz. 1959]

Das Anlagevermögen umfasst die Einzelwirtschaftsgüter, die dazu bestimmt sind, dauernd dem Geschäftsbetrieb des Unternehmens zu dienen. Die Auflistung des Anlagevermögens ist meist unproblematisch, da das Anlagevermögen viel langsamer als das Umlaufvermögen umgeschlagen wird. Im Regelfall sind die Sachanlagen und die Finanzanlagen des Unternehmens weitgehend vollständig durch **Buchhaltungssysteme** erfasst, die immateriellen Vermögensgegenstände demgegenüber häufig nicht. Soweit Einzelwirtschaftsgüter nicht durch Buchhaltungssysteme erfasst sind – was häufig bei nicht in der Bilanz des Unternehmens aktivierbaren Einzelwirtschaftsgütern der Fall ist – müssen diese **gesondert erfasst werden**. Auch auf die **Inventarlisten** gemäß § 240 HGB kann nicht ohne Weiteres zurückgegriffen werden, da sie ebenfalls nicht alle Einzelwirtschaftsgüter erfassen müssen. **2075**

Vor ungewollten Veränderungen des Bestands des Anlagevermögens – dies gilt auch für das Umlaufvermögen und die Verträge – wird die Käuferin durch mehrere Regelungen des Vertragsmusters geschützt. Zu diesen Regelungen gehören die Klauseln über die Fortführung der Geschäfte des veräußerten Unternehmensbereichs bis zum Stichtag (§ 14 des Vertragsmusters) und das Rücktrittsrecht nach dem Stichtag (§ 7 Abs. 4 des Vertragsmusters). **2076**

### d) Immaterielle Vermögensgegenstände [→ Rz. 1959]

2077 Die immateriellen Vermögensgegenstände sind **unkörperliche Einzelwirtschaftsgüter** und umfassen die gewerblichen Schutzrechte und ähnliche Rechte sowie die weiteren in § 266 Abs. 2 A. I. HGB aufgelisteten Vermögensgegenstände. Zu den immateriellen Vermögensgegenständen gehören auch die nicht von § 266 Abs. 2 A. I. HGB umfassten, wie z. B. selbst geschaffene Marken oder Kundenlisten (vgl. § 248 Abs. 2 HGB).

2078 Auch die immateriellen Vermögensgegenstände müssen zum Zwecke ihrer Übertragung hinreichend klar und genau aufgeführt werden.[1542] Eine genaue Auflistung dieser Rechte ist auch aus steuerlichen Gründen notwendig. Nach der für die Zuordnung der Anschaffungskosten zu den Vermögensgegenständen (Kaufpreisallokation) in der Steuerbilanz anzuwendenden Stufentheorie (siehe Rz. 2184) ist auch den immateriellen Gegenständen bei der Verteilung des Kaufpreises auf die Vermögensgegenstände ein Wert beizumessen. Dadurch können die Abschreibungsperioden ggf. im Interesse der Käuferin gestaltet werden.

2079 Neben der Auflistung der immateriellen Vermögensgegenstände bedarf es auch einer genauen Prüfung der immateriellen Einzelrechte, da sich aus dieser **Besonderheiten für ihre Übertragung** ergeben können. Gesetzliche Regelungen zu immateriellen Vermögensgegenständen finden sich im Urheber-, Patent-, Gebrauchsmuster-, Design- und Markengesetz. Beispielsweise können Urheberrechte grundsätzlich nicht übertragen werden (§ 29 Abs. 1 UrhG); vielmehr können an den Urheberrechten, die in der Person des Schöpfers entstanden sind, lediglich **Nutzungs- und Verwertungsrechte** eingeräumt werden. Im Einzelfall sind daher gesonderte Regelungen in den Unternehmenskaufvertrag aufzunehmen.

### e) Finanzanlagevermögen [→ Rz. 1959]

2080 Das Finanzanlagevermögen umfasst Investitionen in andere Unternehmen und Ausleihungen an juristische und natürliche Personen. Die sich daraus ergebenden Anteile und Forderungen müssen dem Geschäftsbetrieb des Unternehmens dauernd zu dienen bestimmt sein. Zum Finanzanlagevermögen gehören z. B. die **GmbH-Geschäftsanteile** an Tochterunternehmen. Soweit diese übertragen werden, besteht eine notarielle Beurkundungspflicht für den Unternehmenskaufvertrag (§ 15 Abs. 4 Satz 1 GmbHG). Das Vertragsmuster geht davon aus, dass keine GmbH-Geschäftsanteile übertragen werden.

2081 Sollte das Unternehmen kein Finanzanlagevermögen besitzen, ist bei der Asset-Liste eine **Leermeldung** einzufügen. Die Klausel über das Finanzanlagevermögen sollte indes nicht gestrichen werden. Diese bei allen Asset-Klassen anzuwendende Vorgehensweise dient der notwendigen Klarstellung.

### f) Nicht zu übertragende Einzelwirtschaftsgüter [→ Rz. 1973]

2082 Die Einzelwirtschaftsgüter, die von dem Verkauf und der Übertragung ausgenommen sind, sollten – ungeachtet dessen, ob es sich dabei um Aktiva oder Passiva handelt – ebenfalls in einer Asset-Liste erfasst werden. Dies kann durch eine eigenständige Regelung im Vertrag erfolgen oder durch eine sog. **Negativauflistung** in der jeweiligen Asset-Liste.

2083 Neben der Negativauflistung finden sich auch **mengenmäßige Beschränkungen** bei der Übertragung von Einzelwirtschaftsgütern. Beispielsweise kann „die Übertragung des Kassenbestands in einer Höhe bis zu 1 Mio €" erfolgen. Dabei wird sich die Summe an dem für

1542) *Koziczinski*, in: Semler/Volhard, § 13 Rz. 27.

das Unternehmen notwendigen Kassenbestand orientieren. Für die Käuferin ist es zwar grundsätzlich nicht sinnvoll, den Kassenbestand zu erwerben. Soweit die Entnahme des Kassenbestands zum Vollzug des Asset Deals jedoch nur mit erheblichem Aufwand möglich ist, kann der Erwerb des nicht für den laufenden Geschäftsbetrieb benötigten Kassenbestands sinnvoll sein. Entsprechende Regelungen finden sich in Abhängigkeit der Besonderheiten des jeweiligen Asset Deals auch in Bezug auf Bankguthaben, weitere liquide Mittel oder Teile des Working Capitals. Diese Einzelvermögenswerte werden in der Regel maximal in der für die Käuferin notwendigen Höhe übernommen. Dieses Vertragsmuster sieht keine gesonderte Regelung für diese Klassen von Einzelvermögensgegenständen vor.

### g) **Umlaufvermögen** [→ Rz. 1961]

Das Umlaufvermögen besteht aus den Einzelwirtschaftsgütern, die nicht dazu bestimmt sind, dauernd dem Geschäftsbetrieb des Unternehmens zu dienen. Die Erfassung des Umlaufvermögens kann insbesondere bei den Vorräten aufgrund des ständigen Umschlags schwierig sein. Die Praxis hilft sich mit einer **sukzessiven Erfassung** der Vorräte. Die Listen des Umlaufvermögens sind daher zum Zeitpunkt des Unterzeichnungstags selten aktuell. Um die Aktualität der Listen einschätzen zu können, sollten sämtliche Listen mit dem Datum der Aufnahme der Einzelwirtschaftsgüter versehen sein. **2084**

Auch die Auflistung des Umlaufvermögens muss den Anforderungen genügen, die durch den sachenrechtlichen Bestimmtheitsgrundsatz gestellt werden. Dies stellt insbesondere bei einem Teilerwerb eines Unternehmens eine Herausforderung dar.[1543] Die Praxis versucht zum Teil, diesen Schwierigkeiten durch **„All-Formeln"** zu begegnen, mit denen z. B. pauschal auf „alle" Vermögensgegenstände an einen Betriebsstandort Bezug genommen wird. Die Verwendung von „All-Formeln" bei der Bestimmung der Einzelwirtschaftsgüter kann jedoch vor dem Hintergrund des Bestimmtheitsgrundsatzes nicht empfohlen werden. Vielmehr ist auch bei der Bestimmung des Umlaufvermögens eine genaue Erfassung vorzunehmen, die ggf. zeitlich gestreckt erfolgen muss. **2085**

### h) **Forderungen** [→ Rz. 1961]

Forderungen müssen **bestimmbar** sein, um wirksam abgetreten werden zu können.[1544] Für die Bestimmbarkeit einer Forderung ist erforderlich, dass sich der Gegenstand und der Umfang der Forderung sowie der Schuldner ermitteln lassen. Gleichzeitig muss die Forderung in der Asset-Liste genau **bestimmt** sein, um den Anforderungen des Bestimmtheitsgrundsatzes zu genügen. **2086**

Bei den Forderungen des Unternehmens muss zwischen den Forderungen des Umlaufvermögens und den Forderungen, die an anderer Stelle in der Bilanz ausgewiesen werden, wie z. B. Bankguthaben, unterschieden werden. Letztere werden durch die entsprechenden Auflistungen an deren Stelle im Vertrag erfasst. Darüber hinaus werden die Forderungen aus Lieferung und Leistung aus Umsatzgeschäften regelmäßig vollständig durch die Regelung über den Übergang von Verträgen erfasst (Agency Modell, im Vertragsmuster in § 4). **2087**

---

1543) *Lips*, in: Beck'sches Mandatshandbuch Unternehmenskauf, § 3 Rz. 140; *Semler*, in: Hölters, Handbuch Unternehmenskauf, Rz. 7.80.

1544) BGH, Urt. v. 12.10.1999 – XI ZR 24/99, ZIP 1999, 2058 = NJW 2000, 276, 277; BGH, Urt. v. 16.3.1995 – IX ZR 72/94, ZIP 1995, 630 = NJW 1995, 1668, 1669; Staudinger/*Busche*, BGB, § 398 Rz. 53.

2088 Die Entscheidung, welche Forderungen von der Käuferin übernommen werden sollen, hängt zum einen vom wirtschaftlichen Risiko ab, die Forderung nicht in vollem Umfang realisieren zu können. Dieses Risiko wird die Käuferin bei der Kaufpreisfindung berücksichtigen. Zum anderen stellt sich für die Käuferin die Frage, inwieweit es ökonomisch sinnvoll ist, Forderungen zu erwerben. Für die Verkäuferin stellt sich demgegenüber regelmäßig die Frage, ob sie nach der Veräußerung des Unternehmens überhaupt noch in der Lage ist, die Forderungen einzutreiben. Je schwieriger die Realisierung der Forderung nach der Veräußerung des Unternehmens ist, desto größer ist ihr Interesse, die Forderung zu veräußern.

2089 Werden Forderungen, die auf Geldleistungen gerichtet sind, übertragen, ist **§ 354a HGB** zu beachten. Danach greifen insbesondere bei beiderseitigen Handelsgeschäften (hier zwischen Verkäufer und Kunde) vereinbarte Abtretungsverbote nicht ein. Allerdings bleibt es der Schuldnerin unbenommen, mit befreiender Wirkung an die bisherige Gläubigerin (hier die Verkäuferin) zu leisten.[1545)] Kommt die letzte Möglichkeit realistischerweise in Betracht, sollte eine Ausgleichsregelung zwischen Verkäuferin und Käuferin in den Unternehmenskaufvertrag aufgenommen werden.

### i) Geschäftsbeziehungen [→ Rz. 1964]

2090 Für die Unternehmensfortführung durch die Käuferin sind nicht nur die Einzelwirtschaftsgüter, sondern auch die **Kenntnisse der Verkäuferin** von besonderer Bedeutung. Diese spiegeln sich z. B. in Aufstellungen zur Preiskalkulation, Kundenlisten u. Ä. wider und sollten unbedingt in den Kreis der von der Übertragung betroffenen Vermögensgegenstände einbezogen sein.[1546)] Die Einbeziehung kann durch die Niederschrift des jeweiligen Wissens, z. B. durch die Auflistung von **Geschäftsbeziehungen**, erfolgen.

## 4. Dingliche Übertragung [→ Rz. 1966]

2091 Im deutschen Zivilrecht gilt das **Trennungs- und Abstraktionsprinzip,**[1547)] nach dem zwischen dem Verpflichtungsgeschäft (schuldrechtliche Verpflichtung) und dem Verfügungsgeschäft (dingliche Übertragung) streng zu trennen ist. Das Vertragsmuster sieht daher vor, dass beide Typen von Rechtsgeschäften getrennt voneinander geregelt werden.

2092 Beim Asset Deal erfolgt der Übergang des Unternehmens oder Unternehmensteils durch die dingliche Übertragung der Vermögensgegenstände im Wege der Einzelrechtsnachfolge. Auf die dingliche Übertragung finden die für die Einzelwirtschaftsgüter maßgeblichen Vorschriften Anwendung. Forderungen und Rechte werden durch Abtretung nach § 398 BGB oder nach den sonstigen für Rechte maßgeblichen Vorschriften, bewegliche Sachen nach den §§ 929 ff BGB durch Einigung und Übergabe, Grundstücke nach den §§ 873 ff BGB durch Auflassung und Eintragung, Verbindlichkeiten durch vertragliche Übernahme nach § 415 BGB übertragen. Auch grundsätzlich unübertragbare Rechte, wie z. B. der Nießbrauch, können mit dem Unternehmen übertragen werden (vgl. § 1059a Abs. 1 Nr. 2 BGB).[1548)]

---

1545) *Hopt*, in Baumbach/Hopt, HGB, § 354a Rz. 2.

1546) *Semler*, in: Hölters, Handbuch Unternehmenskauf, Rz. 7.96.

1547) Staudinger/*Seiler*, BGB, Einl. z. Sachenrecht, Rz. 48 ff; MünchKomm-*Gaier*, BGB, Einl. z. Sachenrecht, Rz. 15 ff.

1548) Zu den einzelnen Übertragungsformen *Wollny*, Unternehmens- und Praxisübertragungen, Rz. 375 ff.

### a) Immaterielle Vermögensgegenstände [→ Rz. 1966]

#### aa) Umschreibung von Schutzrechten

**Immaterielle Vermögensgegenstände** werden grundsätzlich durch Abtretung gemäß §§ 398, 413 BGB übertragen.[1549) 2093

Bei der Übertragung von gewerblichen Schutzrechten ist zu beachten, dass deren Erwerb weitgehend unabhängig von der Umschreibung des Inhabers im entsprechenden Register erfolgt. Die Eintragung des neuen Eigentümers in das Register (etwa beim Deutschen Patent- und Markenamt) ist für die Übertragung regelmäßig nicht erforderlich, sondern hat lediglich deklaratorische Wirkung. Daraus folgt, dass ein Registereintrag keine ausreichende Legitimation des eingetragenen Rechtsinhabers begründet. Der gutgläubige Erwerb von gewerblichen Schutzrechten ist daher ausgeschlossen.[1550) 2094

Die Durchsetzbarkeit gewerblicher Schutzrechte hängt in bestimmten Fällen jedoch von der Eintragung als Inhaber im entsprechenden Register ab (vgl. § 30 Abs. 3 Satz 1, § 3 PatG). Soweit die Mitwirkung der Verkäuferin für die Umschreibung erforderlich oder zumindest hilfreich ist, wird sie im Vertragsmuster durch die Mitwirkungspflicht gemäß § 7 Abs. 5 hierzu verpflichtet. Sollte für die Erwerberin eine bestimmte Umschreibung essentiell sein, kann diese z. B. auch zu einer aufschiebenden Bedingung gemacht oder in eine gesonderte Regelung des Vertrags aufgenommen werden. 2095

Für gewerbliche Schutzrechte gilt das **Territorialitätsprinzip**. Nach diesem Grundsatz wirken Schutzrechte nur in den Ländern, denen sie ihre Entstehung zu verdanken haben,[1551) es sei denn, das Schutzrecht wird in anderen Ländern aufgrund eines Staatsvertrags oder des autonomen Rechts dieses Staates anerkannt. Es ist daher zu prüfen, inwieweit Regelungen anderer Rechtsordnungen für die Übertragung von gewerblichen Schutzrechten einschlägig sind. 2096

**Domains** werden übertragen, indem der neue Inhaber der Domain einen sog. KK-Antrag[1552) stellt. Je nach Registrar (Verwaltungsstelle der Domains) erfolgt die Übertragung teilweise auch durch Mitteilung von Authentifizierungs-Codes unmittelbar über die Internet-Provider.[1553) Bei einer Domain, die über einen Service-Provider bezogen wird, sollte auf jeden Fall auch der Vertrag mit dem Service-Provider übertragen werden. 2097

Für die Übertragung sonstiger gewerblicher Schutzrechte gibt es zum Teil ebenfalls Spezialvorschriften (vgl. z. B. § 13 GebrMG, § 29 DesignG).[1554) Das betriebliche **Know-how** (z. B. Rezepturen, besondere Produktionsverfahren) wird in der Regel ebenfalls im Rahmen eines Asset Deals übertragen. Soweit das Know-how nicht physisch vorliegt, sollte es von der Verkäuferin schriftlich oder elektronisch fixiert und als Teil der zu übertragenden Einzelwirtschaftsgüter aufgelistet werden.[1555) 2098

---

1549) Palandt/*Grüneberg*, BGB, § 413 Rz. 2; *Mes*, PatG, GebrMG, § 22 GebrMG Rz. 2; Benkard/*Ullmann*, PatG, § 15 Rz. 5.

1550) *Donle*, DStR 1997, 74, 76.

1551) *Mestmäcker/Schweitzer*, Europäisches Wettbewerbsrecht, § 28 Rz. 3; *Völker*, BB 1999, 2413 m. w. N. zu zusätzlichen Anforderungen ausländischer Rechtsordnungen.

1552) KK steht für „Konnektivitätskoordination".

1553) Siehe hierzu https://www.denic.de (Stand: 6.8.2019).

1554) Eine ausführliche Übersicht zu den Anforderungen bei der Übertragung weiterer Immaterialgüterrechte im Detail findet sich bei *Donle*, DStR 1997, 74, 79.

1555) *Koziczinski*, in: Semler/Volhard, § 13 Rz. 27 f.

### bb) Nutzung von Konzern-Marken und -Lizenzen

2099 Ist die Verkäuferin ein **Konzernunternehmen**, kann der Regelungsbedarf im Hinblick auf die Marken und Lizenzen der Verkäuferin komplex sein, sofern diese übertragen werden sollen.

2100 Die Marken und Lizenzen können bei einem Konzern durch eine gesonderte Konzerngesellschaft gehalten werden. Soweit dies der Fall ist, sind entweder die Marken und Lizenzen vor dem Unternehmenskauf auf die Verkäuferin zu übertragen oder das Konzernunternehmen, welches Inhaber der Marken und Lizenzen ist, muss Partei des Unternehmenskaufvertrags werden und die Marken und Lizenzen auf die Verkäuferin übertragen. Soweit auch die Käuferin ein Konzernunternehmen ist und in diesem Konzern die Marken und Lizenzen ebenfalls zentral durch eine Konzerngesellschaft gehalten werden, kann in Erwägung gezogen werden, die Marken und Lizenzen durch einen gesonderten Übertragungsvertrag zwischen diesen beiden Gesellschaften zu übertragen. Darüber hinaus ist zu bedenken, dass ein ggf. bestehender Vertrag über die Marken- und Lizenznutzung zwischen der Verkäuferin mit einer Konzerngesellschaft, welche die Marken und Lizenzen hält, nicht auf die Verkäuferin übertragen wird.

2101 Soweit eine Marke einen **Konzernzusatz** (also den Konzernnamen) beinhaltet, kann diese Marke in der Regel durch die Verkäuferin nicht mehr oder nur durch die Streichung des Konzernzusatzes verwandt werden. Allerdings gibt es auch seltene Fälle, bei denen es der Käuferin für einen (kurzen) Übergangszeitraum gestattet wird, die Marke mit dem Konzernzusatz zu verwenden. Darüber hinaus müssen ebenso die Fälle gesondert geregelt werden, bei denen Marken und Lizenzen übertragen werden und die Konzernunternehmen auf Seiten der Verkäuferin noch auf die Nutzung von Marken bzw. Lizenzen nach dem Stichtag angewiesen sind. Insoweit sind Spezialfälle durch gesonderte Regelungen im Vertrag genau abzubilden.[1556] Als Ort für eine entsprechende Regelung im Vertragsmuster bietet sich hierfür § 16 an.

### cc) Firmenfortführung

2102 Soweit die **Firma der Verkäuferin** durch die Käuferin übernommen und fortgeführt wird, stellt sich die Frage, auf welche Regelung sich die Parteien im Hinblick auf die zukünftige Firma der Verkäuferin einigen. Gemäß § 30 HGB muss sich jede neue Firma von allen am selben Ort oder in derselben Gemeinde bereits bestehenden Firmen deutlich unterscheiden. Jede Verwechslung, insbesondere auch hinsichtlich organisatorischer oder wirtschaftlicher Beziehungen zwischen den ähnlich firmierenden Unternehmen, muss ausgeschlossen sein.[1557] Fehlende Unterscheidbarkeit ist aber nur erheblich, wenn Verkäufer und Käufer ihren Sitz am gleichen Ort haben.[1558] Abgesehen von den rechtlichen Beschränkungen im Hinblick auf die Firmenidentität ist diese von den Parteien regelmäßig nicht gewollt. Daher ist eine klare Regelung zu empfehlen, welche Partei nach dem Stichtag unter welcher Firma firmiert. § 16 Abs. 6 des Vertragsmusters unterbreitet hierzu einen Vorschlag (zur Haftung bei Firmenfortführung siehe Rz. 2277).

1556) Vgl. *Bolt*, BB 2013, 2568.

1557) *Wamser*, in: Henssler/Strohn, Gesellschaftsrecht, § 30 HGB Rz. 1 f.

1558) *Roth*, in: Koller/Kindler/Roth/Morck, HGB, § 30 Rz. 3.

### b) Finanzanlagevermögen und Wertpapiere [→ Rz. 1966]

Die Übertragung von Wertpapieren richtet sich je nach Art des Wertpapiers nach unterschiedlichen gesetzlichen Vorschriften. **GmbH-Geschäftsanteile** werden durch Abtretung übertragen (§ 15 GmbH). Das Eigentum an der Urkunde einer **verbrieften Namensaktie** wird ebenfalls durch Abtretung übertragen (§ 952 Abs. 2 BGB i. V. m. § 952 Abs. 1 BGB). In gleicher Weise wird nach inzwischen herrschender Meinung auch das Eigentum an **verbrieften Inhaberaktien** übertragen.[1559)] 2103

Daneben gibt es Arten von Wertpapieren, die durch **Einigung und Übergabe** übertragen werden können. Hierzu zählen die Inhaberpapiere. Zusätzlich gibt es die Möglichkeit der **Depotübertragung** und die Übertragung von Wertpapieren durch **Indossament.** Welche Art der Übertragung zu wählen ist, hängt vom Einzelfall ab. Die Regelungen des Unternehmenskaufvertrags sind entsprechend anzupassen. 2104

### c) Abtretung von Forderungen [→ Rz. 1966]

Forderungen können grundsätzlich **ohne die Mitwirkung des Schuldners** durch Abtretung übertragen werden (§ 398 BGB). Im Einzelnen ist jedoch zu prüfen, ob die Abtretung der Forderung durch eine Vereinbarung mit dem Schuldner oder aufgrund einer gesetzlichen Regelung ausgeschlossen ist (§ 399 BGB) (zu § 354a HGB siehe Rz. 2089). Soweit die Abtretung einer Forderung nur mit Zustimmung des Schuldners möglich ist, sollte eine gesonderte Regelung in den Vertrag aufgenommen werden. Diese Regelung kann entsprechend dem Agency-Modell in § 4 des Vertragsmusters ausgestaltet sein. 2105

### d) Einräumung des Besitzes [→ Rz. 1968]

Die zweite Komponente des Eigentumserwerbs an beweglichen Sachen neben der **Einigung** über die Übertragung des Eigentums, nämlich der **Besitzübergang** (§ 929 BGB), wird in § 2 Abs. 3 des Vertragsmusters geregelt. Ist ein Dritter im Besitz der Sache, z. B. zum Zwecke der Lagerhaltung, kann die Übergabe durch **Abtretung des Herausgabeanspruchs** gegen diese Person ersetzt werden (vgl. § 931 BGB). 2106

### e) Verwahrung und Abtretung des Herausgabeanspruchs [→ Rz. 1968]

Auf welche Einzelwirtschaftsgüter sich die im Vertragsmuster vorgesehene Klausel über die Verwahrung und Abtretung des Herausgabeanspruchs bezieht, ist Sache des Einzelfalls. Diese Klausel des Vertragsmusters ist ggf. auf andere Arten von Einzelwirtschaftsgütern auszuweiten. 2107

### f) Anwartschaftsrechte [→ Rz. 1969]

Einzelwirtschaftsgüter des Vorratsvermögens sind häufig mit **Sicherungsrechten** zugunsten von Lieferanten, Banken oder anderer finanzierender Institutionen belastet. Auch das Anlagevermögen dient häufig als **Sicherheit.** Die Sicherheiten sollten in der jeweiligen Anlage explizit aufgeführt werden und die Asset-Listen entsprechend strukturiert werden. Soweit Sicherungsrechte an Einzelwirtschaftsgütern bestehen, kann die Verkäuferin der Käuferin kein unbeschränktes Eigentum, sondern lediglich das ihr zustehende An- 2108

1559) *Vatter*, in: Spindler/Stilz, AktG, § 10 Rz. 52 f.

wartschaftsrecht übertragen.[1560] Auf die Übertragung von Anwartschaftsrechten an beweglichen Sachen sind nach ganz herrschender Meinung die allgemeinen Regeln (§§ 929 ff BGB) entsprechend anzuwenden.[1561]

2109 Soweit die Käuferin auch die Verbindlichkeiten aus Lieferungen und Leistungen bzw. deren Finanzierung für bereits gelieferte Güter übernimmt, wird die Käuferin gegenüber der finanzierenden Institution verantwortlich. In diesem Fall müssen sowohl die Rechte aus dem **Anwartschaftsrecht** als auch die diesem zugrunde liegenden Pflichten übertragen werden. Soweit die Verkäuferin nicht zur Weiterveräußerung befugt ist, ist auch die Übertragung des Anwartschaftsrechts ausgeschlossen. In diesem Fall muss eine zusätzliche Regelung in den Unternehmenskaufvertrag eingefügt werden, nach der die Verkäuferin verpflichtet ist, aus dem Kaufpreis zunächst die Verbindlichkeiten zu tilgen, damit das Anwartschaftsrecht zum Vollrecht erstarkt und so eine Übertragung des jeweiligen Einzelwirtschaftsguts möglich ist. In Betracht kommt auch, dass ein Teilbetrag des Kaufpreises zur Ablösung der Sicherheit verwendet wird. Die Übereignung des Einzelwirtschaftsguts an die Käuferin müsste dann unter der aufschiebenden Bedingung der Ablösung der Sicherheit durch die Verkäuferin erfolgen.

### g) Vergessene Wirtschaftsgüter und Catch-all-Klauseln [→ Rz. 1972]

2110 Bei der Veräußerung sämtlicher oder nahezu aller Einzelwirtschaftsgüter des Unternehmens oder eines Geschäftsbereichs kann es sich anbieten, eine Klausel in den Unternehmenskaufvertrag aufzunehmen, der zufolge alle nicht durch Asset-Listen erfasste Einzelwirtschaftsgüter übertragen werden sollen (sog. **Catch-all-Klausel**). Dies bietet sich vor allem dann an, wenn Unsicherheiten über die Vollständigkeit der Asset-Listen bestehen. Auch wenn diskutiert werden kann, ob solch eine Klausel in Anbetracht der Anforderungen des Bestimmtheitsgrundsatzes wirksam ist, hat sich in der Praxis die Verwendung einer solchen Klausel mit dem Argument durchgesetzt, dass nur so sichergestellt werden kann, dass **vergessene Gegenstände** von der Veräußerung mit umfasst sind.[1562]

2111 Ob eine Catch-all-Klausel ggf. zur Folge hat, dass der Unternehmenskaufvertrag insgesamt nach § 311b Abs. 3 BGB der notariellen Beurkundung bedarf, da mit ihr in „Bausch und Bogen" das ganze bzw. ein Bruchteil des Vermögens der Verkäuferin übertragen werden soll,[1563] wird kontrovers diskutiert. Entscheidend dabei ist aber der Wortlaut der Klausel. Bei näherer Betrachtung wird man zu dem Schluss kommen, dass eine Catch-all-Klausel in aller Regel den Charakter eines Unternehmenskaufvertrags nicht in der Weise ändert, dass das Vermögen in „Bausch und Bogen" übertragen werden soll. Bei einer Catch-all-Klausel geht es meist nur darum, **unwesentliche, eventuell vergessene Einzelwirtschaftsgüter** zu erfassen. Soweit eine Catch-all-Klausel mehr als unwesentliche, eventuell vergessene Einzelwirtschaftsgüter erfassen will, liegt ein Verstoß gegen den Bestimmtheitsgrundsatz vor, sodass sie unwirksam ist.

2112 Im Vertragsmuster wurde mit § 2 Abs. 5 und 6 eine besondere Variante einer Catch-all-Klausel umgesetzt, die der Käuferin nur einen **schuldrechtlichen Anspruch** auf Übertragung vergessener und der Verkäuferin einen schuldrechtlichen Anspruch auf Rücküber-

---

1560) Palandt/*Herrler*, BGB, § 929 Rz. 37 ff.

1561) Staudinger/*Wiegand*, BGB, § 929 Rz. 7.

1562) *Stiller*, BB 2002, 2619, 2623; *Fortun/Neveling*, BB 2011, 2568, 2570.

1563) BGH, Urt. v. 19.6.1957 – IV ZR 214/56, BGHZ 25, 1, 4 ff = NJW 1957, 1514; *Eickelberg/Mühlen*, NJW 2011, 2476, 2478; *Heckschen*, NZG 2006, 772, 775; *Morshäuser*, WM 2007, 337, 343.

tragung versehentlich in eine Asset-Liste aufgenommener Einzelwirtschaftsgüter einräumt. Durch die Beschränkung dieser Catch-all-Klauseln auf einen schuldrechtlichen Anspruch auf Übertragung ist diese Catch-all-Klausel mit dem sachenrechtlichen Bestimmtheitsgrundsatz vereinbar, da eine Spezifizierung noch im Rahmen der dinglichen Übertragung erfolgen kann.

## 5. Verbindlichkeiten [→ Rz. 1970]

Die durch die Käuferin zu übernehmenden Verbindlichkeiten sind exakt festzulegen, um spätere Zuordnungsprobleme zu vermeiden.[1564] Eine befreiende Übernahme fremder Verbindlichkeiten ist jedoch nur mit **Zustimmung des jeweiligen Gläubigers** möglich (§ 415 BGB). Das Vertragsmuster berücksichtigt dies in § 3 Abs. 3 durch den Verweis auf § 4 Abs. 2 und 3. 2113

Zwischen den Parteien kann eine **Erfüllungsübernahme** vereinbart werden, d. h., die Käuferin ist der Verkäuferin gegenüber verpflichtet, den Gläubiger rechtzeitig zu befriedigen. Eine solche Erfüllungsübernahme ist nach § 415 Abs. 3 BGB auch regelmäßig anzunehmen, solange die Zustimmung des Gläubigers fehlt. Der Gläubiger hat, wenn seine Zustimmung noch nicht vorliegt, keinen direkten Anspruch gegen die Käuferin (vgl. § 329 BGB). Eine diesen Grundsätzen entsprechende Regelung trifft § 3 Abs. 3 des Vertragsmusters durch den Verweis in § 4 Abs. 3. 2114

Der Umfang der durch die Käuferin zu übernehmenden Verbindlichkeiten unterscheidet sich bei jedem Asset Deal. Zum Teil werden ausschließlich die im Rahmen der zu übernehmenden Verträge von der Verkäuferin eingegangenen Verbindlichkeiten von der Käuferin übernommen. In diesem Fall bedarf es keiner gesonderten Regelung im Hinblick auf die Übernahme der Verbindlichkeiten, da diese im Rahmen des Agency-Modells (siehe Rz. 2118) vollständig erfasst werden. Zum Teil werden weitere Verbindlichkeiten übernommen. Grundsätzlich hat die Käuferin aber kein Interesse an der Übernahme von Verbindlichkeiten. Soweit die Käuferin Verbindlichkeiten übernimmt, reduziert dies den Kaufpreis. 2115

Ein **Beispiel** einer im Rahmen eines Asset Deals von der Verkäuferin ggf. zu übernehmenden Verbindlichkeit ist die sog. **Palettenverbindlichkeit** im Speditionsgewerbe. Speditionsunternehmen begründen sog. Palettenverbindlichkeiten, wenn sie Güter auf Paletten geliefert bekommen, und Palettenforderungen, wenn sie Güter auf Paletten ausliefern. Palettenverbindlichkeiten und -forderungen werden im Speditionsgewerbe in einer Art Pfandsystem verbucht. Soweit bei einem Asset Deal ein Speditionsunternehmen veräußert wird, wird die Verkäuferin ihre Palettenverbindlichkeiten nicht mehr im Rahmen dieses Pfandsystems verbuchen können. Die Verkäuferin wird daher ein großes Interesse haben, diese Verbindlichkeiten an die Käuferin zu übertragen, auch wenn damit der Kaufpreis um die Palettenverbindlichkeiten nebst einem Betrag für die Geltendmachung der Palettenverbindlichkeiten reduziert wird. Sollten im genannten Beispiel die Parteien keine Einigung über die Übernahme der Palettenverbindlichkeiten finden, gibt es noch die Möglichkeit, Dritte mit der Übernahme der Verbindlichkeiten zu beauftragen, sog. Clearingunternehmen für die Logistikbranche. Solche Lösungen finden sich nahezu für jede Industriebranche. Soweit Dritte mit dem Ausgleich von Verbindlichkeiten beauftragt werden, sollte dies klarstellend, z. B. in der Präambel, festgehalten werden. 2116

1564) *Koziczinski*, in: Semler/Volhard, § 13 Rz. 31.

2117 Die operativ notwendigen Verbindlichkeiten, wie z. B. erhaltene Anzahlungen von Kunden, müssen übernommen werden, um eine weitere erfolgreiche Ausübung des Geschäftes zu ermöglichen.

### 6. Übernahme von Verträgen [→ Rz. 1975 ff]

#### a) Agency-Modell

2118 Die Übernahme von Verträgen ist im deutschen Recht nicht gesetzlich geregelt. Die **Vertragsübernahme** ist dennoch rechtlich möglich und allgemein anerkannt.[1565] Auf eine Vertragsübernahme sind die §§ 398 ff BGB (für Forderungen) und §§ 414 ff BGB (für Verbindlichkeiten) entsprechend anwendbar.[1566] Von der Verkäuferin abgeschlossene Verträge gehen entsprechend § 415 BGB nur mit **der Zustimmung des jeweiligen Vertragspartners** über.

2119 Sofern diese Zustimmung nicht erteilt wird, sieht § 4 des Vertragsmusters das sog. **Agency-Modell** vor. Das Agency-Modell stellt die Vertragsparteien im Innenverhältnis zum einen so, als ob die Zustimmung vorliegen würde. Zum anderen verpflichtet es die Parteien im Außenverhältnis, alles zu tun, um den Vertrag ordnungsgemäß zu erfüllen. Dabei orientiert sich das Agency-Modell an der Auslegungsregel in § 415 Abs. 3 BGB, nach der im Zweifel der Übernehmer dem Schuldner gegenüber verpflichtet ist, den Gläubiger rechtzeitig zu befriedigen.

2120 Nach Maßgabe des Agency-Modells liegt die Übertragung der Verträge auf die Käuferin in ihrer Risikosphäre. Es ist die Aufgabe der Käuferin, die jeweilige Vertragspartei zur Zustimmung zur Vertragsübertragung zu bewegen, da nur sie über die Ressourcen verfügt, den Vertrag zukünftig zu erfüllen, und sie auch die Gewinne aus dem Vertrag zukünftig vereinnahmt. Bei besonders wichtigen Verträgen erfolgt die Vertragsübertragung meist durch eine Zusatzvereinbarung zum bestehenden Vertrag. Bei Verträgen im Bereich des Massengeschäfts (also bei einer Vielzahl von Einzelkunden mit vergleichbaren Verträgen) werden die Vertragspartner in der Regel nur durch einen Brief (oder eine E-Mail) über den neuen Vertragspartner informiert. Soweit kein Widerspruch des Vertragspartners vorliegt, wird das Schweigen als konkludente Zustimmung gewertet. Auch wenn diese Praxis im Einzelfall rechtlich komplexe Fragen aufwerfen kann, lässt sich faktisch der Vertragsübergang von – möglicherweise tausenden – Kundenverträgen im Massengeschäft nicht anders gestalten.[1567] Mögliche rechtliche und ökonomische Risiken, die mit dieser Art der Vertragsübertragung verbunden sind, sollte die Käuferin bei der Kaufpreisfindung berücksichtigen.

2121 Beim Agency-Modell ist des Weiteren zu beachten, dass die Verträge zweckmäßigerweise nur im Ganzen, d. h. bezogen auf Ansprüche und Verpflichtungen für Zeiträume vor und nach dem Stichtag, übernommen werden. Der Vertragspartner der Verkäuferin wird nämlich nicht bereit sein, im Einzelfall zu überprüfen, ob er an die Käuferin oder die Verkäuferin leisten muss. Nur im Ausnahmefall macht eine entsprechende Stichtagsabgrenzung

---

1565) BGH, NJW 1985, 2528; BGH, Urt. v. 20.6.1985 – IX ZR 173/84, NJW 1986, 918; *Kreße*, in: Dauner-Lieb/Langen, BGB, § 398 Rz. 44; *Maurer*, BWNotZ 2005, 114.

1566) Palandt/*Grüneberg*, BGB, § 398 Rz. 44.

1567) Gegen diese Praxis: OLG Köln, Urt. v. 7.1.2000 – 19 U 20/99, BeckRS 2000, 03452; *Rosch*, in: jurisPK-BGB, § 415 Rz. 48; *Heinig*, in: Gsell/Krüger/Lorenz/Mayer, beck-online.Großkommentar BGB, § 414 Rz. 55.

Sinn. Für eine solche Abgrenzung bedarf es einer gesonderten Regelung im Unternehmenskaufvertrag und der Zustimmung des Dritten.

Darüber hinaus ist zu beachten, dass es regelmäßig im Interesse der Parteien ist, eine zeitliche Begrenzung für das Agency-Modell zu vereinbaren. Insbesondere hat die Verkäuferin ein Interesse an einer zeitlichen Limitierung, da ihre zukünftige Geschäftstätigkeit durch den Unternehmensverkauf in der Regel erheblich eingeschränkt ist. Dies gilt erst recht für den Fall, bei dem die Verkäuferin zu einem späteren Zeitpunkt liquidiert werden soll. Die zeitliche Begrenzung ist auch Ausdruck der grundsätzlichen Risikoverteilung beim Agency-Modell. Soweit es der Käuferin nicht gelingt, die Zustimmung zur Vertragsübertragung einzuholen, sieht das Vertragsmuster vor, dass die Verkäuferin nach einem gewissen Zeitraum (24 Monate nach dem Stichtag) im Verhältnis zur Käuferin berechtigt ist, den jeweiligen Vertrag zu kündigen. Bei dieser Kündigung sind die Kündigungsfristen des jeweiligen Vertrags zu beachten (zur steuerlichen Behandlung von Verpflichtungsübernahmen siehe Rz. 2189). 2122

Mit der **Datenschutz-Grundverordnung** („**DSGVO**"), die seit dem 25. Mai 2018 unmittelbar in allen EU-Mitgliedstaaten ohne weitere Umsetzung gilt, stellt sich die Frage nach den Auswirkungen der DSGVO für den Asset Deal. Mit der DSGVO wird der Schutz von personenbezogenen Daten schärfer gefasst, als dies durch das **Bundesdatenschutzgesetz** („**BDSG**")[1568] der Fall ist. Die Auswirkungen dieser Verschärfung des Schutzes von personenbezogenen Daten werden sich vornehmlich im Bereich der Übertragung von Verträgen, Geschäftskontakten und Kundenlisten zeigen, da hierbei personenbezogene Daten, wie z. B. die Namen von natürlichen Personen als Vertragspartner, enthalten sind. Konkret stellt sich die Frage, ob und inwieweit die Übertragung dieser Vermögensgegenstände durch die DSGVO beschränkt wird. Erste Urteile liegen hierzu noch nicht vor, jedoch zeigt ein aktuelles Urteil des OLG Frankfurt,[1569] welche Herausforderungen beim Asset Deal in Zukunft bei der Übertragung von Vermögensgegenständen, die personenbezogene Daten enthalten, bestehen werden. Das OLG Frankfurt hat in seinem Urteil entschieden, dass der Verkauf von Adressdaten wegen fehlender Einwilligung nach dem BDSG unwirksam ist. Dieses Urteil und die DSGVO könnten so interpretiert werden, dass die Übertragung von entsprechenden Vermögensgegenständen aufgrund der damit verbundenen Übermittlung von personenbezogenen Daten nur mit ausdrücklicher Einwilligung – nunmehr auch nach der DSGVO – möglich ist. Dies wäre jedoch eine fehlerhafte Sichtweise sowohl auf das Urteil des OLG Frankfurt als auch auf die DSGVO. Zum einen handelte es sich bei dem Sachverhalt, der dem Urteil des OLG Frankfurt zugrunde lag, streng genommen nicht um einen Unternehmenskauf in Form eines Asset Deals, sondern um den Kauf von Einzel-Assets, sodass dieses Urteil keine Aussage zum Unternehmenskauf macht. Zum anderen sieht die DSGVO mit dem „berechtigten Interesse" gemäß Art. 6 Abs. 1 Satz1 Buchst. f) DSGVO vor, dass die Verarbeitung von personenbezogenen Daten zulässig ist, wenn dies zur Wahrung der berechtigten Interessen des Verantwortlichen oder eines Dritten erforderlich ist. Bei einem Verkauf eines Unternehmens in Form eines Asset Deals ist die Verarbeitung i. S. d. Übermittlung der personenbezogenen Daten erforderlich und somit zulässig. Andernfalls würde die Rechtsordnung nicht anerkennen, dass der Inhaber eines Unternehmens dieses vollständig oder in Teilen 2123

---

1568) Das BDSG wird durch die DSGVO nicht abgelöst, jedoch wird das BDSG mit dem Gesetz zur Anpassung des Datenschutzrechts an die Versordnung (EU) 2016/679 und zur Umsetzung der Richtlinie (EU) 2016/680 v. 30. Juni 2017 angepasst.

1569) OLG Frankfurt, Urt. v. 29.1.2018 – 13 U 165/16, becklink 2008928.

veräußern darf. Insoweit ist davon auszugehen, dass auch unter der Geltung der DSGVO Verträge, Kundenlisten, Geschäftskontakte usw. im Rahmen eines Asset Deals verkauft werden dürfen, ohne dass dieser Verkauf mangels ausdrücklicher Einwilligung gemäß der DSGVO unwirksam wäre.

### b) Finanzierungsverträge [→ Rz. 1964]

2124 Die zu übertragenden Einzelwirtschaftsgüter sind häufig im Rahmen von Finanzierungsverträgen **mit Sicherheiten belastet.** In diesen Fällen ist auch die **finanzierende Bank** in den Asset Deal einzubinden. Aus praktischen Erwägungen sollte der Kontakt zur finanzierenden Bank durch die Vertragsparteien gemeinsam gesucht werden, da die Verkäuferin – gerade in wirtschaftlich angespannter Situation – die Aussichten bezüglich der Freigabe der Sicherheiten wesentlich vorteilhafter darstellen wird, als sie sich ggf. aus Sicht der Bank tatsächlich darstellen. Die Freigabe der Sicherheiten hängt meist davon ab, inwieweit die finanzierende Bank durch den Verkaufserlös befriedigt wird. Soweit die **Finanzierungsverträge abgelöst** werden, erlöschen grundsätzlich auch die Sicherheiten und die Einzelwirtschaftsgüter können insoweit **lastenfrei** übernommen werden. Andernfalls besteht noch die Möglichkeit, dass die Käuferin die **Finanzierungsverträge übernimmt** und die Einzelwirtschaftsgüter mit den entsprechenden Sicherheiten erwirbt.

### c) Versicherungsverträge [→ Rz. 1964]

2125 Bei einem Asset Deal sind die Versicherungsverträge des Unternehmens von geringerer Bedeutung für die Käuferin als bei einem Share Deal, da die Versicherungsverträge meist nicht übernommen werden. In erster Linie ist die Käuferin daran interessiert, dass die erworbenen Einzelwirtschaftsgüter in gutem Zustand sind und von der Käuferin weitergenutzt werden können. Der Versicherungsstatus der Verkäuferin ist für die Käuferin regelmäßig nur insoweit von Bedeutung, als der gute Zustand der Einzelwirtschaftsgüter bis zum Stichtag abgesichert werden soll. Die Versicherung des Unternehmens nach dem Vollzug wird häufig durch ein eigenständiges Versicherungskonzept der Käuferin geleistet. Dies gilt insbesondere soweit Konzernversicherungen bei der Käuferin bestehen. Im Einzelfall ist das Vertragsmuster auf die versicherungsspezifischen Besonderheiten anzupassen.

### d) Zustimmung Dritter und Change of Control [→ Rz. 1976]

2126 Ob für eine Vertragsübertragung die Zustimmung der jeweiligen Vertragspartei notwendig ist und ob und inwieweit Verträge im Hinblick auch auf ihre Übertragbarkeit besondere Regelungen (**Change of Control**) enthalten, sollte die Käuferin im Rahmen ihrer Due Diligence prüfen.

2127 Die Zustimmung der Vertragspartei ist nach dem gesetzlichen Regelfall immer notwendig und nur bei einer vertraglichen Vereinbarung, die von dem Regelstatut abweicht, entbehrlich. Eine Change-of-Control-Klausel ist in wichtigen Verträgen im Rechtsverkehr üblich geworden. Mit einer solchen Klausel wird in der Regel der Vertragspartei ein Kündigungsrecht eingeräumt, sollte der Vertragspartner nicht mehr unter der Kontrolle seines bisherigen Gesellschafters stehen. Ein Kündigungsrecht kann der Vertragspartei jedoch auch dann zustehen, wenn die konkrete Leistungserbringung durch einen Dritten (beim Agency-Modell durch die Käuferin) erfolgt (**Change of Control im weiteren Sinne**). Soweit eine Change of Control im weiteren Sinne in einem Vertrag enthalten ist, besteht daher die

Gefahr, dass mit der Umsetzung des Agency-Modells der entsprechende Vertrag gekündigt werden kann. Die Prüfung von Verträgen auf eine Change-of-Control-Klausel ist daher nicht nur beim Share Deal, sondern auch beim Asset Deal wichtig.

Mit einer Zustimmung zur Vertragsübertragung im Rahmen des Agency-Modells wird in der Regel auch ein Kontrollwechsel genehmigt. Soweit ein wesentlicher Vertrag bei der Durchführung des Agency-Modells aufgrund einer Change of Control im weiteren Sinne kündbar ist, sollte dies im Unternehmenskaufvertrag ausdrücklich festgehalten werden, z. B. indem die Zustimmung des Dritten als aufschiebende Bedingung aufgenommen wird. Im Zweifel ist die eventuell nicht mögliche Übertragbarkeit bestimmter Verträge bei der Kaufpreisbildung zu berücksichtigen. Hier zeigt sich die besondere Bedeutung der Due Diligence für den Asset Deal. 2128

### 7. Öffentlich-rechtliche Erlaubnisse [→ Rz. 1979 f]

Bei öffentlich-rechtlichen Erlaubnissen ist zwischen sog. Realkonzessionen und Personalkonzessionen zu unterscheiden.[1570) 2129

**Realkonzessionen** sind Genehmigungen, Erlaubnisse u. Ä., die sich auf einen Gegenstand beziehen, etwa Anlagen oder das Betriebsgrundstück. Da Realkonzessionen anlagenbezogen sind, müssen sie grundsätzlich nicht übertragen werden, sondern „haften" den Einzelwirtschaftsgütern, auf die sie sich beziehen, unmittelbar an. Im Einzelfall besteht jedoch eine Pflicht zur Anzeige der Übertragung bei der zuständigen Behörde. Die Behörde wird ggf. die Käuferin aufgrund der Anzeige als neue Betreiberin bestätigen. Verfahrensregelungen beim Betreiberwechsel enthalten z. B. das Bundes-Immissionsschutzgesetz und das Baugesetzbuch. § 5 Abs. 1 des Vertragsmusters hat somit vornehmlich klarstellenden Charakter. Die Käuferin soll erkennen können, welche Realkonzessionen auf sie übergehen und welche Anzeigen und Anmeldungen sie dementsprechend nach dem Stichtag vorzunehmen hat. 2130

**Personalkonzessionen** werden aufgrund von persönlichen Eigenschaften einer bestimmten Person erteilt, z. B. nach Maßgabe von Zuverlässigkeit oder Sachkunde. Personalkonzessionen sind daher grundsätzlich nicht übertragbar. Die Käuferin muss daher, soweit Personalkonzessionen für den Betrieb des Unternehmens notwendig sind, diese selbst einholen.[1571) Dementsprechend kommt auch § 5 Abs. 2 des Vertragsmusters lediglich klarstellende Funktion zu. 2131

Einer Personalkonzession bedürfen z. B. die Errichtung und der Betrieb von Deponien (§ 35 Abs. 2 Satz 1 KrWG), Bankgeschäfte und Finanzdienstleistungen (§§ 32, 33 KWG) Handwerksbetriebe (§§ 1, 7 HwO), Gaststättengewerbe (§ 2 GastG, § 14 GewO), Maklerbüros (§ 34c GewO), Privatkliniken (§ 30 GewO) oder Apotheken (§ 2 ApoG). 2132

### 8. Arbeitsverhältnisse und Betriebsübergang [→ Rz. 1981 ff]

Bei einem Asset Deal werden regelmäßig die Voraussetzungen zumindest eines Teilbetriebsübergangs i. S. d. § 613a BGB vorliegen. Dies hat zur Folge, dass die Arbeitsverhältnisse des betroffenen Betriebsteils bzw. des gesamten Betriebs auf den Käufer als neuen Arbeitgeber übergehen. § 6 enthält Regelungen zum Betriebsübergang, insbesondere dazu, 2133

1570) *Marx/Dallmann*, in: Baetge/Kirsch/Thiele, Bilanzrecht, § 266 Rz. 43.1.

1571) *Wiebauer*, NZA 2010, 733.

welche Arbeitsverhältnisse auf den Käufer übergehen sollen. Eine solche Regelung ändert nichts daran, welche Arbeitsverhältnisse gesetzlich übergehen (siehe Rz. 2160 ff). § 9 Nr. 8 enthält arbeitsrechtliche Garantien. Sie sind darauf gerichtet, die finanziellen Belastungen des Käufers für diesen kalkulierbar zu machen.

2134 Der Käufer tritt als neuer Betriebsinhaber kraft Gesetzes in die Rechte und Pflichten aus den im Zeitpunkt des Betriebsübergangs bestehenden Arbeitsverhältnissen des Verkäufers ein. Von der Regelung des § 613a BGB nicht erfasst sind **arbeitnehmerähnliche Personen**, Heimarbeiter, freie Mitarbeiter und die organschaftlichen Geschäftsführer bzw. Vorstände.[1572)]

2135 Für Ansprüche der vor dem Betriebsübergang bereits **ausgeschiedenen Arbeitnehmer** haftet der Betriebserwerber nicht nach § 613a BGB.[1573)] In Betracht kommt aber eine Haftung nach § 25 HGB. Die Haftung nach § 25 HGB setzt jedoch eine Fortführung der bisherigen Firma oder zumindest des Firmenkerns voraus.[1574)]

### a) Die Tatbestandsvoraussetzungen des Betriebsübergangs

2136 Vorausgesetzt wird zunächst der **Übergang eines Betriebs oder eines Betriebsteils.**[1575)] Der Betrieb wird definiert als eine **organisatorische Einheit**, in der Personen mit Hilfe persönlicher, sächlicher oder immaterieller Mittel bestimmte arbeitstechnische Zwecke fortgesetzt verfolgen. Bei einem Betriebsteil handelt es sich ebenfalls um eine selbständige Organisationseinheit in diesem Sinne, der (Gesamt-)Betrieb muss daher in verschiedene Teileinheiten zerlegbar sein, ohne dass der zu übertragende Teil seine Selbständigkeit verliert.

2137 Auch wenn das „wirtschaftliche Substrat" einer solchen Organisationseinheit übertragen wird, handelt es sich um einen Betriebsübergang. Mit den Worten des Bundesarbeitsgerichts ist dies dann der Fall, wenn sich der Erwerber durch die Übernahme sächlicher oder immaterieller Betriebsmittel „in ein gemachtes Bett legt".[1576)] Unerheblich ist, ob der übertragene Betrieb bzw. Betriebsteil seine organisatorische Selbständigkeit beim Erwerber bewahrt, sofern die funktionelle Verknüpfung zwischen den übertragenen Betriebsmitteln beibehalten wird und sie es dem Erwerber erlaubt, das wirtschaftliche Substrat zu nutzen, um derselben oder einer gleichartigen wirtschaftlichen Tätigkeit nachzugehen.[1577)] Die Übertragung des wirtschaftlichen Substrats muss in Abhängigkeit von dem jeweiligen arbeitstechnischen Zweck bestimmt werden; in Branchen, in denen die Wertschöpfung im Wesentlichen auf dem Einsatz von Maschinen beruht, kommt es maßgeblich auf die Übertragung der wesentlichen (also nicht aller) materiellen und immateriellen Wirtschaftsgüter, bei Handels- und Dienstleistungsbetrieben dagegen auf die Übernahme der immateriellen

1572) BAG, Urt. v. 13.2.2003 – 8 AZR 654/01, ZIP 2003, 1010.

1573) BAG, Urt. v. 24.3.1987 – 3 AZR 384/85, ZIP 1987, 1474 = DB 1988, 123, 124, dazu EWiR 1988, 171 *(Rühle)*; ErfK/*Preis*, BGB, § 613a Rz. 69; hierzu zählen jedoch nicht die Arbeitnehmer, deren Arbeitsverhältnis schon wirksam gekündigt wurde, ohne dass die Kündigungsfrist bereits abgelaufen ist, BAG, Urt. v. 22.2.1978 – 5 AZR 800/76, BB 1978, 914.

1574) BAG, Urt. v. 24.3.1987 – 3 AZR 384/85, ZIP 1987, 1474 = DB 1988, 123, 124 zur Haftung für Betriebsrenten bei Firmenübertragung.

1575) Vgl. ausführlich zu den Voraussetzungen und Rechtsfolgen eines Betriebsübergangs Hölters/*von Steinau-Steinrück/Thees*, Handbuch Unternehmenskauf, Rz. 6.27 ff.

1576) BAG, Urt. v. 6.4.2006 – 8 AZR 222/04, ZIP 2006, 1268 = NZA 2006, 723.

1577) EuGH, Urt. v. 12.2.2009 – Rs C-466/07, ZIP 2009, 433.

Betriebsmittel an, wie Kundenstamm und Know-how.[1578] Dabei kann auch die Übernahme des nach Zahl und Sachkunde wesentlichen Personals in Branchen, in denen es vor allem auf die menschliche Arbeitskraft ankommt, einen Betriebs(-teil-)übergang auslösen.[1579] Im Einzelfall ist die Abgrenzung, ob tatbestandlich ein Betriebsübergang vorliegt, schwierig zu führen. Notwendig ist eine Gesamtbewertung aller Umstände und Teilaspekte.[1580] Aus der Rechtsprechung des EuGH[1581] lässt sich hierzu ein Sieben-Punkte-Katalog[1582] entnehmen, der im Einzelfall überprüft werden sollte.

Dieses Anknüpfen an die organisatorisch selbständige Einheit führt dazu, dass nur diejenigen Arbeitnehmer im Rahmen eines Betriebsübergangs ihren Arbeitgeber wechseln, die tatsächlich in einer übergangsfähigen Organisationseinheit eingegliedert sind.[1583] Dies ist nicht schon dann der Fall, wenn der betreffende Arbeitnehmer im Wesentlichen seine Tätigkeiten für die übergehende Organisationseinheit erbringt; es kommt vielmehr darauf an, ob er in diese Organisationseinheit eingegliedert ist. Dies ist vielfach bei solchen Arbeitnehmern nicht der Fall, die übergeordnete Funktionen, wie etwa in der Buchhaltungsabteilung, für mehrere Betriebsabteilungen wahrnehmen. **2138**

Weitere Voraussetzung des Betriebsübergangs ist der **Übergang durch Rechtsgeschäft** sowie ein **Wechsel** in der Person **des für den Betrieb der organisatorisch selbständigen Einheit Verantwortlichen.**[1584] Das Kriterium der rechtsgeschäftlichen Übertragung dient im Wesentlichen der Abgrenzung zur Übertragung durch öffentlich-rechtliche Akte und lässt nicht den Rückschluss darauf zu, dass die vertraglichen Vereinbarungen den Betriebsübergang vollumfänglich regeln müssen. Unabhängig von vertraglich vereinbarten Stichtagen oder aufschiebenden Bedingungen tritt die Rechtsfolge eines Betriebsübergangs nach § 613a BGB in dem Augenblick ein, in dem der Erwerber tatsächlich die betriebliche Leitungs- und Organisationsgewalt übernimmt.[1585] Hierzu reicht es jedoch nicht aus, wenn die für die organisatorische Einheit verantwortliche Person lediglich im Verhältnis zur Belegschaft als neuer Inhaber auftritt. Erforderlich ist vielmehr, dass der Erwerber die organisatorische Einheit im eigenen Namen führt und auch nach außen als neuer Inhaber auftritt.[1586] 2139

1578) BAG, Urt. v. 6.4.2006 – 8 AZR 222/04, ZIP 2006, 1268; BAG, Urt. v. 23.5.2013 – 8 AZR 207/12, BB 2014, 61; BAG, Urt. v. 25.8.2016 – 8 AZR 53/15, NZA-RR 2017, 123.

1579) EuGH, Urt. v. 11.3.1997 – Rs C-13/95, ZIP 1997, 516 = AP EWG-Richtlinie Nr. 77/187 Nr. 14, dazu EWiR 1997, 315 *(Blomeyer)*; BAG, Urt. v. 11.12.1997 – 8 AZR 426/94, ZIP 1998, 663; BAG, Urt. v. 21.6.2012 – 8 AZR 181/11, NZA-RR 2013, 6; EuGH, Urt. v. 19.10.2017 – C-200/16, NZA 2017, 1379.

1580) BAG, Urt. v. 21.8.2014 – 8 AZR 648/13, NZA 2015, 167; vgl. auch BVerfG, Beschl. v. 15.1.2015 – 1 BvR 2796/13, ZIP 2015, 445 = WM 2015, 526, das eine Gesamtabwägung aller Umstände zur Bestimmung einer wirtschaftlichen Einheit für verfassungskonform hält.

1581) EuGH, Urt. v. 11.3.1997 – Rs C-13/95, ZIP 1997, 516 = AP EWG-Richtlinie Nr. 77/187 Nr. 14.

1582) Namentlich: Art des betreffenden Unternehmens oder Betriebs, etwaiger Übergang materieller Betriebsmittel, Wert, immaterielle Aktiva im Übergangszeitpunkt, etwaige Übernahme der Hauptbelegschaft, durch den neuen Inhaber, etwaiger Übergang der Kundschaft, der Grad der Ähnlichkeit zwischen der vor und nach Übergang verrichteten Tätigkeit, die Dauer einer eventuellen Unterbrechung dieser Tätigkeit; zum Sieben-Punkte-Katalog siehe auch HWK/*Willemsen*, § 613a BGB Rz. 92 ff.

1583) BAG, Urt. v. 7.4.2011 – 8 AZR 730/09, NZA 2011, 1231.

1584) BAG, Urt. v. 25.1.2018 – 8 AZR 309/16, NZA 2018, 933.

1585) BAG, Urt. v. 21.2.2008 – 8 AZR 77/07, ZIP 2008, 2132; BAG, Urt. v. 27.4.1995 – 8 AZR 197/94, BAGE 80, 74 = ZIP 1995, 1540 = NZA 1995, 1155, 1157, dazu EWiR 1995, 963 *(Plander)*.

1586) BAG, Urt. v. 25.1.2018 – 8 AZR 309/16, NZA 2018, 933.

### b) Die Rechtsfolgen des Betriebsübergangs

2140 Aufgrund des Betriebsübergangs **tritt der neue Betriebsinhaber kraft Gesetzes in die Rechte und Pflichten aus den im Zeitpunkt des Übergangs bestehenden Arbeitsverhältnissen ein.** Ruhestandsverhältnisse sowie künftige Verpflichtungen zur Altersversorgung von ausgeschiedenen Arbeitnehmern gehen nicht auf den Erwerber über.[1587)] Der Käufer übernimmt dagegen Verpflichtungen aus Versorgungsanwartschaften,[1588)] Urlaubsansprüchen, Urlaubs- und Weihnachtsgeld gegenüber den übernommenen Arbeitnehmern. Diese Verpflichtungen wird er bei der Kaufpreisberechnung als Abzugsposten geltend machen. § 9 Nr. 8 enthält eine Garantie des Verkäufers, dass die per Stichtag ermittelten Rückstellungen vollständig und richtig sind.

#### aa) Widerspruch der Arbeitnehmer [→ Rz. 1982]

2141 Dem Arbeitnehmer steht im Falle eines Betriebsüberganges ein Widerspruchsrecht zu, dessen Ausübung zum Fortbestehen seines Arbeitsverhältnisses mit dem Veräußerer führt. Da die dem Arbeitsverhältnis zugrunde liegende Beschäftigungsmöglichkeit aber zu dem übergehenden Betrieb oder Betriebsteil gehört, ist regelmäßig keine Beschäftigungsmöglichkeit beim Veräußerer mehr gegeben, sodass das Arbeitsverhältnis aus betriebsbedingten Gründen gekündigt werden muss.[1589)]

2142 Der Widerspruch muss keinen rechtfertigenden Grund haben, sein Fehlen hat dementsprechend keine negativen Konsequenzen für den Arbeitnehmer. Soll das Arbeitsverhältnis mit einem widersprechenden Arbeitnehmer infolge der Übertragung des Betriebs oder eines Betriebsteils und dem damit einhergehenden Wegfall des Beschäftigungsbedürfnisses gekündigt werden, ist der Arbeitnehmer, im Unterschied zur früheren Rechtsprechung,[1590)] bei einer beim Veräußerer durchzuführenden Sozialauswahl in die Auswahlentscheidung mit einzubeziehen.[1591)]

2143 Nach dem Wortlaut des § 613a Abs. 6 Satz 2 BGB kann der Widerspruch nur gegenüber zwei Personen erklärt werden: dem „bisherigen Arbeitgeber“ oder dem „neuen Inhaber“.[1592)] Der Widerspruch gegenüber einem ehemaligen Arbeitgeber mit Bezug auf einen früheren Betriebsübergang ist nach dem Wortlaut des Gesetzes dagegen nicht möglich.[1593)] In Fällen zeitlich aufeinander folgender Betriebsübergänge kann ein isolierter Widerspruch gegen einen früheren Betriebsübergang daher nicht dazu führen, dass der

---

1587) BAG, Urt. v. 24.3.1977 – 3 AZR 649/76, DB 1977, 1466; BAG, Urt. v. 11.11.1986 – 3 AZR 194/85, ZIP 1987, 863 = BB 1987, 1392, dazu EWiR 1987, 947 (*Blomeyer*); vgl. hierzu auch BAG, Urt. v. 18.3.2003 – 3 AZR 313/02, NZA 2004, 848.

1588) BAG, Urt. v. 24.3.1977 – 3 AZR 649/76, DB 1977, 1466; BAG, Urt. v. 12.5.1992 – 3 AZR 247/91, ZIP 1992, 1408.

1589) Das BAG hat mit Urt. v. 2.10.1974 – 5 AZR 504/73, BAGE 26, 301 = AP Nr. 1 zu § 613a BGB, ausdrücklich festgestellt, dass die Kündigung eines widersprechenden Arbeitnehmers durch den bisherigen Arbeitgeber nicht „wegen des Übergangs“ i. S. d. § 613a Abs. 4 erfolgt, sondern als Kündigung „aus anderen Gründen“ i. S. d. § 613a Abs. 4 Satz 2 anzusehen ist, vgl. auch Hölters/*von Steinau-Steinrück/Thees*, Handbuch Unternehmenskauf, Rz. 6.255; ErfK/*Preis*, BGB, § 613a Rz. 106.

1590) BAG, Urt. v. 22.4.2004 – 2 AZR 244/03, NZA 2004, 1389.

1591) BAG, Urt. v. 31.5.2007 – 2 AZR 276/06, ZIP 2007, 2433; ist dagegen im Sozialplan ein Ausschluss betriebsbedingter Kündigungen vorgesehen, können sich darauf auch die dem Übergang ihres Arbeitsverhältnisses widersprechenden Arbeitnehmer berufen, vgl. LAG Berlin-Brandenburg, Urt. v. 10.2.2015 – 7 Sa 1694/14, BeckRS 2015, 68002.

1592) BAG, Urt. v. 11.12.2014 – 8 AZR 968/13, BeckRS 2015, 65996.

1593) BAG, Urt. v. 24.4.2014 – 8 AZR 369/13, ZIP 2014, 1647 = NJW 2014, 3182.

Arbeitnehmer durch Ausübung seines Widerspruchsrechts auf den Vorveräußerer zurückfällt.

Die Frist zur Ausübung des Widerspruchsrechts beträgt einen Monat nach der ordnungsgemäßen Unterrichtung des Arbeitnehmers über den Zeitpunkt oder den geplanten Zeitpunkt des Übergangs, den Grund für den Übergang, die rechtlichen, wirtschaftlichen und sozialen Folgen des Übergangs für die Arbeitnehmer und die hinsichtlich der Arbeitnehmer in Aussicht genommenen Maßnahmen in Textform (§ 613a Abs. 5, § 126 BGB). Die inhaltlichen Anforderungen an die Gestaltung einer ordnungsgemäßen Information der Arbeitnehmer sind hoch und häufig Gegenstand der höchstrichterlichen Rechtsprechung.[1594)] Konsequenz einer fehlerhaften Unterrichtung der Arbeitnehmer ist, dass die Widerspruchsfrist nicht zu laufen beginnt;[1595)] das Widerspruchsrecht ist dann zeitlich unbegrenzt bis zur Grenze der Verwirkung ausübbar.[1596)] Die Maßstäbe zur Annahme der Verwirkung sind sehr hoch.[1597)] Nach ständiger Rechtsprechung kann diese überhaupt nur dann angenommen werden, wenn der Arbeitnehmer erst nach Ablauf eines längeren Zeitraums von seinem Widerspruchsrecht Gebrauch macht und zudem beim Adressaten des Widerspruchs ein Vertrauenstatbestand geschaffen worden ist, dass dem Übergang des Arbeitsverhältnisses infolge eines Betriebsübergangs nicht mehr widersprochen werde.[1598)] Ein Fall der Verwirkung soll jedoch dann gegeben sein, wenn es durch einen weiteren Betriebsübergang zu einer zwischenzeitlichen Neubegründung des Arbeitsverhältnisses gekommen ist. In diesem Fall entfällt der Zusammenhang zwischen der durch § 613a Abs. 6 BGB vermittelten arbeitsrechtlichen oder sonstigen vertragsrechtlichen Beziehung.[1599)] Das Widerspruchsrecht soll ferner dann verwirkt sein, wenn der Arbeitnehmer über den Bestand des Arbeitsverhältnisses disponiert hat.[1600)] 2144

### bb) Gehaltsansprüche und Versorgungsanwartschaften

Mit dem Arbeitsverhältnis gehen grundsätzlich sämtliche damit verbundenen **Rechte und Pflichten** auf den Erwerber über. Dieser wird Partner des Arbeitsvertrags und somit auch Schuldner solcher Ansprüche, die schon beim Veräußerer entstanden waren; das betrifft 2145

1594) BAG, Urt. v. 23.7.2009 – 8 AZR 538/08, ZIP 2010, 46 zum Umfang der Unterrichtungspflicht; auch die Sozialplanprivilegierung des neuen Inhabers nach § 112a Abs. 2 S. 1 BetrVG ist eine mit dem Betriebsübergang verbundene veränderte rechtliche Situation, die nach § 613a Abs. 5 Nr. 3 BGB im Unterrichtungsschreiben mitgeteilt werden muss, vgl. BAG, Urt. v. 15.12.2016 – 8 AZR 612/15, NZA 2017, 783.

1595) Zur Schlüssigkeit einer Klage auf Feststellung eines Arbeitsverhältnisses aufgrund eines Widerspruchs, der später als einen Monat nach erfolgter Unterrichtung über einen Betriebsübergang eingelegt wurde, gehört die Darlegung, dass die Frist des § 613a Abs. 6 BGB infolge fehlerhafter Unterrichtung nicht zu laufen begonnen hat, BAG, Urt. v. 16.10.2014 – 8 AZR 696/13, NZA 2015, 433.

1596) BAG, Urt. v. 13.7.2006 – 8 AZR 382/05, ZIP 2007, 87; kein Widerspruchsrecht besteht außerdem, wenn der Arbeitnehmer auf sein Widerspruchsrecht verzichtet oder dem Übergang seines Arbeitsverhältnisses ausdrücklich zugestimmt hat, vgl. LAG Niedersachsen, Urt. 5.2.2018 – 8 Sa 911/17, BeckRS 2018, 9526.

1597) LAG Berlin-Brandenburg, Urt. v. 14.8.2014 – 10 Sa 861/14, BeckRS 2014, 73955; BAG, Urt. v. 25.10.2012 – 8 AZR 572/11, ZInsO 2013, 946.

1598) BAG, Urt. v. 20.4.2011 – 4 AZR 368/09, NZA-RR 2011, 609; nach Rechtsprechung des BAG kann eine Verwirkung des Widerspruchsrechts regelmäßig bei einer widerspruchslosen Weiterarbeit bei dem neuen Inhaber über einen Zeitraum von sieben Jahren angenommen werden, vgl. BAG, Urt. v. 21.12.2017 – 8 AZR 700/16, NZA 2018, 854.

1599) BAG, Urt. v. 11.12.2014 – 8 AZR 968/13, BeckRS 2015, 65996.

1600) BAG, Urt. v. 24.2.2011 – 8 AZR 699/09, AP BGB § 613a Nr. 397; Thüringer LAG, Urt. v. 10.4.2014 – 3 Sa 307/13.

insbesondere auch die **Versorgungsanwartschaften.**[1601] Dies gilt unabhängig davon, ob die Übernahme vertraglich vereinbart wurde oder nicht. Ebenso wenig hängt der Übergang der Versorgungsansprüche davon ab, ob die Anwartschaft des Arbeitnehmers im Zeitpunkt des Betriebsübergangs bereits unverfallbar sind (§ 1b BetrAVG). Pensionsansprüche von Arbeitnehmern im Ruhestand und Versorgungsanwartschaften bereits ausgeschiedener Mitarbeiter gehen dagegen nicht auf den Erwerber über.[1602]

2146 Bei **Arbeitnehmerdarlehen** muss unterschieden werden, ob das Darlehen reine Finanzierungsfunktion hat oder auf dem Arbeitsverhältnis beruht. Im zuletzt genannten Fall dürfte das Darlehensverhältnis mit übergehen.[1603] Es empfiehlt sich daher, eine diese Frage regelnde Klausel in den Unternehmenskaufvertrag aufzunehmen.

### cc) Kollektivarbeitsrechtliche Regelungen

2147 Beim Veräußerer geltende **Tarifverträge** und **Betriebsvereinbarungen** gelten beim Erwerber weiter oder werden durch bei diesem bestehende Regelungen verdrängt. Eine kollektivrechtliche Fortgeltung von Betriebsvereinbarungen ist zunächst dann anzunehmen, wenn ein in Gänze übergehender Betrieb als solcher beim Erwerber fortgeführt wird.[1604] Die bestehenden Betriebsvereinbarungen bleiben wirksam und der amtierende Betriebsrat im Amt. In dieser Form weitergeltende kollektivrechtliche Vereinbarungen können lediglich durch beim Erwerber geltende höherrangige Normen verdrängt werden. Nach der Rechtsprechung des Bundesarbeitsgerichts gilt dies sogar für Konzern- und Gesamtbetriebsvereinbarungen bei Übertragung nur eines Betriebs, sofern der betroffene Regelungsgegenstand nicht bereits beim Erwerber mit Wirkung für den neu hinzukommenden Betrieb kollektivrechtlich geregelt ist.[1605] Für den Fall der Betriebsvereinbarung kommt es daher in aller Regel zu einer kollektivrechtlichen Fortgeltung.

2148 Die kollektivrechtliche Fortgeltung eines Tarifvertrags kommt demgegenüber in aller Regel nicht in Betracht, da diese voraussetzt, dass auch der Arbeitgeber tarifgebunden ist. Die Tarifbindung des Arbeitgebers aber geht nicht im Rahmen des Asset Deals mit über.[1606]

2149 Kommt eine kollektivrechtliche Fortgeltung nicht in Betracht, so gehen die bestehenden kollektivrechtlichen Vereinbarungen im Grundsatz in den Arbeitsvertrag über, wirken zwischen den Arbeitsvertragsparteien also wie alle übrigen Regelungen des Arbeitsvertrags (§ 613a Abs. 1 Satz 2 BGB). Die Änderbarkeit dieser Regelungen ist allerdings Einschränkungen unterworfen: Nur wenn der zugrunde liegende Tarifvertrag oder die Betriebsvereinbarung nicht mehr gilt oder im Geltungsbereich eines anderen Tarifvertrags dessen Anwendung arbeitsvertraglich vereinbart wird, können diese „transformierten“

---

1601) BAG, Urt. v. 24.3.1977 – 3 AZR 649/76, DB 1977, 1466; BAG, Urt. v. 12.5.1992 – 3 AZR 247/91, ZIP 1992, 1408.

1602) BAG, Urt. v. 24.3.1977 – 3 AZR 649/76, DB 1977, 1466; BAG, Urt. v. 11.11.1986 – 3 AZR 194/85, ZIP 1987, 863 = BB 1987, 1392, dazu EWiR 1987, 947 *(Blomeyer)*; vgl. hierzu auch BAG, Urt. v. 18.3.2003 – 3 AZR 313/02, NZA 2004, 848.

1603) So jedenfalls LAG Köln, Urt. v. 18.5.2000 – 10 Sa 50/00, NZA-RR 2001, 174.

1604) LAG Hamm, Urt. v. 3.7.2014 – 15 Sa 211/14, BeckRS 2014, 73762.

1605) BAG, Beschl. v. 18.9.2002 – 1 ABR 54/01, ZIP 2003, 1059; bestätigt durch BAG Urt. v. 5.5.2015 – 1 AZR 765/13, BeckRS 2015, 72432.

1606) Vgl. dazu auch LAG Hamm, Urt. v. 18.12.2014 – 17 Sa 1103/14, BeckRS 2015, 66144.

kollektivrechtlichen Bestimmungen zum Nachteil des Arbeitnehmers vor Ablauf von einem Jahr nach dem Betriebsübergang geändert werden (§ 613a Abs. 1 Satz 2 BGB).[1607]

2150 § 613a Abs. 1 Satz 2 BGB greift dagegen nach § 613a Abs. 1 Satz 3 BGB nicht ein, wenn die Rechte und Pflichten aus dem Arbeitsverhältnis bei dem neuen Inhaber schon durch **Rechtsnormen eines anderen Tarifvertrags** oder einer **anderen Betriebsvereinbarung** geregelt sind.[1608] Voraussetzung für die Ablösung eines bestehenden Tarifvertrags nach einem Betriebsübergang durch einen neuen Tarifvertrag ist nach der Rechtsprechung des Bundesarbeitsgerichts[1609] allerdings, dass sowohl der neue Arbeitgeber als auch der Arbeitnehmer an diesen Tarifvertrag gebunden sind. Die Rechtsnormen des anderen Tarifvertrags oder der anderen Betriebsvereinbarung können auch schlechtere Arbeitsbedingungen beinhalten als die früheren Tarifregelungen oder Betriebsvereinbarungen. Dies gilt auch dann, wenn eine solche Regelung erst nach dem Betriebsübergang geschaffen wird.[1610]

2151 Häufig wird mit einem Betriebsübergang ein **Tarifwechsel** in einen für den Arbeitgeber günstigeren Tarifvertrag angestrebt. Im Hinblick auf arbeitsvertragliche Verweisungsklauseln ist ein solcher nur dann unproblematisch, wenn dieser Fall explizit geregelt ist oder sich die Anwendbarkeit eines Erwerbertarifvertrags aus den den Arbeitsvertragsschluss begleitenden Umständen eindeutig ergibt. Keinen Tarifwechsel erlaubt der bloße Verweis auf einen bestimmten Tarifvertrag in seiner jeweils geltenden Fassung. Der Verweis auf einen im Betrieb geltenden Tarifvertrag in seiner jeweils geltenden Fassung (sog. „große dynamische Verweisungsklausel" oder „Tarifwechselklausel") kann demgegenüber dahingehend auszulegen sein, dass auch ein beim Erwerber kollektivrechtlich geltender Tarifvertrag Anwendung findet.[1611]

2152 Die Anwendung des Tarifvertrags erfolgt hier aufgrund des arbeitsvertraglichen Verweises, dieser wird aber durch den Betriebsübergang inhaltlich nicht verändert, eine Ablösung des Tarifvertrags nach § 613a Abs. 1 Satz 3 BGB findet daher nicht statt.[1612] Nur wenn der Tarifvertrag vor dem Betriebsübergang im Arbeitsverhältnis der Parteien kraft Tarifrechts (und nicht als Vertragsrecht) gilt, kommt nach der Rechtsprechung des Bundesarbeitsgerichts eine Ablösung durch die beim Betriebsübernehmer geltenden tarifrechtlichen Regelungen in Betracht.[1613]

2153 Soll im Rahmen des Unternehmenskaufs ein Tarifwechsel erreicht werden, ist bei der arbeitsrechtlichen Due Diligence also große Aufmerksamkeit auf eine genaue Analyse der in den Arbeitsverträgen mit dem Veräußerer enthaltenen Bezugnahmeklauseln auf Tarifverträge zu legen.

---

1607) Vgl. dazu auch EuGH, Urt. v. 11.9.2014 – Rs C-328/13, ZIP 2014, 1893 = EuZW 2014, 820.

1608) BAG Urt. v. 29.8.2001 – AZR 332/00, ZIP 2002, 721, 723.

1609) BAG, Urt. v. 21.2.2001 – 4 AZR 18/00, BAGE 97, 107 = AP TVG § 4 Nr. 20 = ZIP 2001, 1555, dazu EWiR 2001, 855 *(Ingenfeld/Stollenwerk)*.

1610) BAG, Urt. v. 11.5.2005 – 4 AZR 315/04, ZIP 2005, 1889; BAG, Urt. v. 19.3.1986 – 4 AZR 640/84, BAGE 51, 274 = ZIP 1986, 933 = DB 1986, 1575, dazu EWiR 1986, 881 *(Schwerdtner)*.

1611) Vgl. BAG, Urt. v. 29.8.2007 – 4 AZR 767/06, ZIP 2008, 470, 472.

1612) BAG, Urt. v. 17.11.2010 – 4 AZR 391/09, ZIP 2011, 395. Beim Übergang des Arbeitsverhältnisses auf einen nicht tarifgebundenen Arbeitgeber wirkt diese Klauselform als Verweis auf den beim Veräußerer geltenden Tarifvertrag in der zum Zeitpunkt des Betriebsübergangs geltenden Fassung. Zur grundsätzlichen Fortgeltung dynamischer Bezugnahmeklauseln beim Erwerber vgl. EuGH, Urt. 27.4.2017 – C-681/15, NZA 2017, 571 und BAG, Urt. v. 30.8.2017 – 4 AZR 95/14, NZA 2018, 255.

1613) BAG, Urt. v. 29.8.2007 – 4 AZR 767/06, ZIP 2008, 470, 473.

### dd) Gesamtschuldnerische Haftung

2154 Nach § 613a Abs. 2 Satz 1 BGB haftet der bisherige Arbeitgeber als Gesamtschuldner neben dem neuen Inhaber für Verpflichtungen aus den übergegangenen Arbeitsverhältnissen, soweit die Verpflichtungen vor dem Zeitpunkt des Übergangs entstanden sind und vor Ablauf von einem Jahr nach diesem Zeitpunkt fällig werden.[1614)] § 613a Abs. 2 Satz 2 BGB stellt klar, dass die Haftung des Veräußerers gegenüber den Arbeitnehmern während der Jahresfrist anteilig bis zum Zeitpunkt des Betriebsübergangs besteht, während der Erwerber den Arbeitnehmern gegenüber in vollem Umfang haftet.

2155 Für rückständige **Sozialversicherungsbeiträge oder Lohnsteuer** haftet der Erwerber nicht nach § 613a BGB, da es sich nicht um Rechte und Pflichten gegenüber den übergegangenen Arbeitnehmern handelt, sondern vielmehr um solche gegenüber dem Sozialversicherungsträger.[1615)]

2156 Beim **Kauf aus der Insolvenz** wird die Haftung nach § 613a BGB vor dem Hintergrund des insolvenzrechtlichen Gleichbehandlungsgrundsatzes nach der Rechtsprechung teleologisch eingeschränkt ausgelegt: Der Erwerber haftet nur für die nach Insolvenzeröffnung entstandenen bzw. erdienten Ansprüche der Arbeitnehmer.[1616)] Bei Einmalzahlungen ist dementsprechend zu differenzieren zwischen solchen Ansprüchen, die zeitanteilig erdient werden, und solchen, die lediglich an eine Stichtagsbetrachtung[1617)] anknüpfen. Bei ersteren besteht eine Haftung des Betriebserwerbers nur für den nach der Insolvenzeröffnung abgelaufenen Teil des Anspruchs, bei letzteren besteht eine volle Haftung, wenn der Stichtag erst nach der Insolvenzeröffnung liegt.[1618)] Diese Form der Haftungsbeschränkung gilt im Grundsatz für diejenigen Ansprüche, die der Arbeitnehmer zur Insolvenztabelle anmelden kann. Im Bereich der betrieblichen Altersversorgung besteht ein erheblicher Unterschied zwischen der Übernahme vor und nach der Eröffnung des Insolvenzverfahrens. Nur wenn das Insolvenzverfahren bereits eröffnet worden ist, schuldet der Übernehmende nur die zeitanteilig nach dem Betriebsübergang entstandenen Versorgungsanwartschaften,[1619)] im Übrigen erwirbt der betroffene Mitarbeiter Ansprüche ge-

---

1614) Dies gilt auch im Hinblick auf die Nachhaftung eines ehemaligen Gesellschafters, BAG, Urt. v. 13.2.2014 – 8 AZR 144/13, NJW 2014, 2223.

1615) Vgl. Palandt/*Weidenkaff*, BGB, § 613a Rz. 26; ErfK/*Preis*, BGB, § 613a Rz. 135.

1616) Grundlegend BAG, Urt. v. 17.1.1980 – 3 AZR 160/79, ZIP 1980, 117; BAG, Urt. v. 19.12.2006 – 9 AZR 230/06, BB 2007, 1281; *Richter/Nacewicz*, ZIP 2008, 256, 257 m. w. N.; europarechtskonform, vgl. EuGH, Beschl. v. 28.1.2015 – Rs C-688/13, ZIP 2015, 652 = NZA 2015, 287.

1617) Hierunter fallen insbesondere sog. „Treue-" oder „Halteprämien", vgl. BAG, Urt. v. 18.1.2012 – 10 AZR 667/10, ZIP 2012, 1093 = NZA 2012, 620.

1618) BAG, Urt. v. 11.10.1995 – 10 AZR 984/94, ZIP 1996, 239; BAG, Urt. v. 14.11.2012 – 10 AZR 793/11, NZA 2013, 273.

1619) BAG, Urt. v. 19.5.2005 – 3 AZR 649/03, ZIP 2005, 1706; dies kann insbesondere in den Fällen problematisch sein, in welchen ein Mitarbeiter bei Eröffnung des Insolvenzverfahrens über keine unverfallbaren Anwartschaften verfügen, da dem Arbeitnehmer nach derzeitiger Rechtsprechung in diesem Fall weder Ansprüche gegen den Erwerber noch gegen den Pensions-Sicherungs-Verein zustehen. Das BAG hat den EuGH nunmehr um Beantwortung der Frage ersucht, ob diese sich durch das deutsche Insolvenzrecht ergebende einschränkende Geltung von § 613a Abs. 1 BGB im Einklang mit dem europäischen Recht steht oder ob die betroffenen Arbeitnehmer einen direkten Anspruch aus Art. 8 RL 2008/94/EG haben.

gen den Pensions-Sicherungs-Verein.[1620] Kommt es nicht zu einer Eröffnung des Insolvenzverfahrens, haftet der Übernehmer demgegenüber uneingeschränkt.[1621]

### ee) Kündigung aufgrund des Betriebsübergangs

Eine auf den Betriebsübergang gestützte **Kündigung** von Arbeitsverhältnissen durch den bisherigen oder den neuen Arbeitgeber ist nach **§ 613a Abs. 4 BGB unwirksam**. Die Kündigung kann aber auch beim Betriebsübergang sozial gerechtfertigt werden, wenn der Betriebsübergang nur den äußeren Anlass, nicht aber den tragenden Grund der Kündigung bildet.[1622] Danach kann die Kündigung darauf beruhen, dass die wirtschaftliche Lage oder Unternehmensstruktur auch ohne die Veräußerung **Rationalisierungsmaßnahmen** erfordert hätte. Die betriebsbedingte Kündigung durch den Veräußerer wird vom Bundesarbeitsgericht sogar aufgrund eines Konzepts des Erwerbers zugelassen, wenn das zwischen Veräußerer und Erwerber abgesprochene und bindende Konzept bereits bei Ausspruch der Kündigung so konkretisiert war, dass gerichtlich die Feststellung möglich ist, ob die Beschäftigungsmöglichkeit mit dem Betriebsübergang auch tatsächlich wegfällt.[1623] Zu beachten ist, dass sich die durchzuführende Sozialauswahl im Falle der Eingliederung eines Teilbetriebs beim Erwerber auf sämtliche im aufnehmenden Betrieb beschäftigten Arbeitnehmer erstreckt.[1624] 2157

Kündigt der Arbeitgeber das Arbeitsverhältnis wegen Stilllegungsabsicht und verhandelt gleichzeitig über eine Veräußerung der wesentlichen Betriebsmittel, so wird **vermutet**, dass es an einer ernsthaften Stilllegungsabsicht fehlte, wenn es noch während der laufenden Kündigungsfristen zum Betriebsübergang kommt.[1625] Bestand ursprünglich aber eine ernsthafte Stilllegungsabsicht und kommt es nach Ausspruch der Kündigungen dann aufgrund neuer Tatsachen doch noch zu einer Übernahme durch einen Erwerber, so kann ein **Wiedereinstellungsanspruch** gegen den Betriebserwerber gegeben sein. 2158

Die **Änderung des Arbeitsvertrags** ist auch im Zusammenhang mit einem Betriebsübergang möglich, solange hierdurch nicht der Schutzgedanke des § 613a BGB durchbrochen wird.[1626] Im Grundsatz sind Änderungen des Arbeitsvertrags nach dem Betriebsübergang 2159

1620) BAG, Urt. v. 11.2.1992 – 3 AZR 117/91, ZIP 1992, 1247; noch nicht abschließend geklärt ist, ob den Pensions-Sicherungs-Verein auch eine Einstandspflicht bei Kürzung von Leistungen der betrieblichen Altersvorsorge trifft, wenn der Arbeitgeber die Kürzungen der Pensionskassenrente aufgrund von Zahlungsunfähigkeit nicht ausgleichen kann. Einen Anspruch hierauf aus nationalem Recht hat das BAG grundsätzlich verneint, jedoch die Frage, ob sich ein entsprechender Anspruch ggf. aus Art. 8 RL 2008/94/EG ergibt, dem EuGH zur Beantwortung vorgelegt, vgl. BAG, Vorlagebeschl. v. 20.2.2018 – 3 AZR 142/16.

1621) BAG, Urt. v. 20.11.1984 – 3 AZR 584/83, ZIP 1985, 561.

1622) BAG, Urt. v. 20.9.2006 – 6 AZR 249/05, ZIP 2007, 595.

1623) BAG, Urt. v. 20.9.2006 – 6 AZR 249/05, ZIP 2007, 595; BAG, Urt. v. 26.5.1983 – 2 AZR 477/81, BAGE 43, 13 = ZIP 1983, 1377 = NJW 1984, 627, 630; *Sieger/Hasselbach*, DB 1999, 430, 431 f (sog. Veräußererkündigung mit Erwerberkonzept); einschränkend im Hinblick auf die Schaffung einer ausgewogenen Personalstruktur, BAG, Urt. v. 19.12.2013 – 6 AZR 790/12, ZIP 2014, 536 = NZA-RR 2014, 185.

1624) ErfK/*Preis*, BGB, § 613a Rz. 172.

1625) BAG, Urt. v. 13.2.2008 – 2 AZR 75/06, juris, Rz. 23; BAG, Urt. v. 27.9.1984 – 2 AZR 309/83, BAGE 47, 13 = ZIP 1985, 698 = NZA 1985, 493, dazu EWiR 1985, 379 *(Bauer)*.

1626) Das Gleiche gilt auch bezüglich einvernehmlicher Beendigungen von Arbeitsverhältnissen. Der Abschluss eines Aufhebungsvertrags ist jedoch dann ausgeschlossen, wenn § 613a BGB umgangen werden soll, BAG, Urt. v. 27.9.2012 – 8 AZR 826/11, ZIP 2013, 1186.

daher einvernehmlich möglich;[1627] beinhalten diese allerdings einen Verzicht des Arbeitnehmers auf bereits entstandene Ansprüche oder den Verzicht auf betriebliche Sozialleistungen, so ist nach der Rechtsprechung des Bundesarbeitsgerichts ein dies rechtfertigender Grund erforderlich.[1628]

### c) Übernahme von Arbeitnehmern im Verhältnis zwischen Verkäufer und Erwerber

2160 Die Vorschrift des § 613a BGB ist den Arbeitnehmern gegenüber zwingend, d. h., abweichende Vereinbarungen im Arbeitsvertrag oder Unternehmenskaufvertrag sind gegenüber dem Arbeitnehmer unwirksam.[1629] Im Innenverhältnis zwischen Veräußerer und Erwerber herrscht dagegen **Vertragsfreiheit**. Dementsprechend legt die in § 6 Abs. 1 genannte Anlage zwischen den Parteien des Unternehmenskaufvertrags fest, welche Arbeitnehmer der Käufer übernehmen soll. Sofern die vertraglich fixierten Arbeitnehmer weniger sind als die nach § 613a BGB zu übernehmenden, sind die Rechtsfolgen im Verhältnis zwischen den Parteien zu regeln.[1630]

2161 § 6 Abs. 2 regelt die Pflicht zur Information der betroffenen Arbeitnehmer, um ihnen die Ausübung ihres oben dargestellten Widerspruchsrechts zu ermöglichen. § 6 Abs. 3 stellt klar, dass im Fall von Widersprüchen seitens der nach § 6 Abs. 2 zu übernehmenden Arbeitnehmer der Käufer bei Erfolg des Widerspruchs im Ergebnis weniger Arbeitnehmer übernimmt als vertraglich vereinbart, ohne dass der Käufer deswegen schadensersatzpflichtig wird. Im Einzelfall kann die Berufung von Arbeitnehmern auf ihr Widerspruchs recht für den Käufer nachteilig sein, z. B. bei Know-how-Trägern. Der Käufer sollte sich vor Vertragsschluss des Übergangs der wesentlichen Mitarbeiter versichern. Der Verkäufer kann im Einzelfall vertraglich verpflichtet werden, keine Maßnahmen zu ergreifen, die geeignet sind, den Übergang von Arbeitnehmern auf den Käufer zu gefährden.

2162 § 6 Abs. 4 kommt lediglich klarstellende Wirkung zu. Der Übergang bestehender Verpflichtungen aus der Zusage betrieblicher Altersversorgung auf den Käufer ist zwingend.

2163 § 6 Abs. 5 regelt die **Freistellung des Käufers** von den Rechtsfolgen des § 613a Abs. 2 Satz 1 BGB für Ansprüche des Arbeitnehmers, die sich auf den Zeitraum vor dem Betriebsübergang beziehen, jedoch erst nach Betriebsübergang fällig werden. Die Regelung hat jedoch allein Einfluss auf die Haftungsverteilung im Innenverhältnis. Der Arbeitnehmer kann im Außenverhältnis, entsprechend der gesetzlichen Regelung, frei wählen, von welchem Arbeitgeber er die Leistung verlangt.

---

1627) BAG, Urt. v. 19.3.2009 – 8 AZR 722/07, ZIP 2009, 1733, behandelt den Fall des Erlassvertrags für den Fall des Betriebsübergangs (unwirksam nach § 134 BGB); vgl. auch LAG Mecklenburg-Vorpommern, Urt. 11.3.2015 – 3 Sa 128/14, BeckRS 2015, 67333.

1628) BAG, Urt. v. 18.8.1976 – 5 AZR 95/75, NJW 1977, 1168; in BAG, Urt. v. 7.11.2007 – 5 AZR 1007/06, ZIP 2008, 286, lässt das BAG ausdrücklich offen, ob diese Einschränkungen aufrechterhalten werden sollen.

1629) St. Rspr. seit BAG, Urt. v. 29.10.1975 – 5 AZR 444/74, NJW 1976, 535.

1630) Die Vereinbarung der Übernahme einer geringeren Anzahl von Arbeitnehmern ist grundsätzlich zulässig, gelingt dem Veräußerer allerdings nicht die Trennung von den betroffenen Arbeitnehmern, geht das Arbeitsverhältnis, ungeachtet der vertraglichen Vereinbarung auf den Erwerber über, vgl. Hölters/*von Steinau-Steinrück/Thees*, Handbuch Unternehmenskauf, 6.234.

### 9. Zeitpunkt der dinglichen Übertragung [→ Rz. 1986 ff]

#### a) Aufschiebende Bedingungen

Zum Schutz der Interessen der Verkäuferin stehen sämtliche in dem Vertrag vorgesehenen Eigentumsübertragungen und Abtretungen unter der aufschiebenden Bedingung der Zahlung des vorläufigen Kaufpreises an die Verkäuferin. Anderenfalls würde die Verkäuferin durch die Übereignungen und die Abtretungen in Vorleistung treten, ohne eine **Sicherheit für die Kaufpreiszahlung** durch die Käuferin zu haben. Die aufschiebenden Bedingungen beziehen sich dabei nicht auf die schuldrechtliche Verpflichtung oder auf den gesamten Unternehmenskaufvertrag. Auch insoweit zeigt sich die Notwendigkeit, streng zwischen dem schuldrechtlichen und dinglichen Rechtsgeschäft zu trennen. 2164

Je nach den Umständen des Einzelfalls empfiehlt es sich, **weitere aufschiebende Bedingungen** in den Unternehmenskaufvertrag aufzunehmen als im Vertragsmuster vorgesehen. Regelmäßig findet sich bei größeren Transaktionen die Anforderung der Freigabe des Unternehmenskaufs durch die zuständige Kartellbehörde (siehe § 7 Abs. 1 Nr. 2 und § 19 des Vertragsmusters). 2165

Häufig sind bestimmte Verträge, die übernommen werden sollen (vgl. § 4 des Vertragsmusters), so wesentlich für das Unternehmen, dass die nach § 415 BGB erforderliche Zustimmung des Vertragspartners Voraussetzung für die Wirksamkeit des Unternehmenskaufvertrags sein soll. Das Vertragsmuster sieht hierfür einen Platzhalter vor. 2166

Bei einem Asset Deal kann auch die Mitwirkung von **betriebsverfassungsrechtlich vorgesehenen Gremien** in Betracht kommen, die zum Teil in gesonderten Regelungen und zum Teil in den aufschiebenden Bedingungen des Vertrags festgehalten werden. Grundsätzlich besteht keine Mitwirkungspflicht des Betriebsrats gemäß **§ 111 BetrVG.**[1631] Eine Mitwirkung des Betriebsrats kann jedoch erforderlich sein, wenn mit der Betriebsveräußerung eine Betriebsänderung i. S. v. § 111 BetrVG (etwa die Entlassung von erheblichen Teilen des Personals durch die Verkäuferin) einhergeht.[1632] Im Übrigen ist lediglich die Pflicht zur Unterrichtung des **Wirtschaftsausschusses** in Betrieben mit mehr als 100 ständig Beschäftigten zu beachten (§ 106 Abs. 1, 3 Nr. 10 BetrVG). 2167

#### b) Stichtag [→ Rz. 1986]

Der Stichtag ist **kein gesetzlich geregelter Zeitpunkt.** Ein Stichtag beschreibt in Unternehmenskaufverträgen den Zeitpunkt, an dem die Einzelwirtschaftsgüter übertragen werden sollen. Bei einer Stichtagsregelung wird meist zwischen dem wirtschaftlichen und dem **dinglichen Stichtag** unterschieden. Der **wirtschaftliche Stichtag** ist in der Regel der Zeitpunkt, an dem das wirtschaftliche Risiko auf die Käuferin übergehen soll. Der wirtschaftliche Stichtag wird oftmals auf den Bilanzstichtag der Käuferin zurückdatiert. Insoweit ist der wirtschaftliche Stichtag eine **Fiktion,** gemäß der sich die Käuferin und die Verkäuferin so stellen, als wären die Einzelwirtschaftsgüter zum wirtschaftlichen Stichtag auf die Käuferin übertragen worden. Diese Fiktion ist bei einem Share Deal insoweit sinnvoll, als dass die Käuferin der Anteile (der Shares) ab dem wirtschaftlichen Zeitpunkt gewinnberechtigt sein soll und der Kaufpreis aufgrund von Faktoren und Kennzahlen zum Zeitpunkt des wirtschaftlichen Stichtags bestimmt ist. Bei einem Asset Deal gibt es 2168

---

1631) Vgl. ausführlich zur Mitwirkung des Betriebsrates Hölters/*v. Steinau-Steinrück/Thees*, Handbuch Unternehmenskauf, Rz. 6.309.

1632) Hölters/*v. Steinau-Steinrück/Thees*, Handbuch Unternehmenskauf, Rz. 6.311.

den Aspekt der Gewinnberechtigung der Verkäuferin nicht. Ein wirtschaftlicher Stichtag macht bei einem Asset Deal daher keinen Sinn, sodass eine Stichtagsregelung nur für die dingliche Übertragung der Einzelwirtschaftsgüter auszugestalten ist.

2169 Das Vertragsmuster sieht als Stichtag den Ablauf des Monats vor, in dem die aufschiebenden Bedingungen sämtlich eingetreten sind. Erfahrungsgemäß lassen sich auch die notwendigen Aktualisierungen der Listen der Einzelwirtschaftsgüter aus dem Berichtswesen der Verkäuferin besser zu einem Monatsende aufstellen, als z. B. per Datum des Vertragsschlusses. In dem Fall, dass keine Aktualisierung der Asset-Listen erforderlich ist, z. B. bei einem unbedingten Erwerb der Einzelwirtschaftsgüter, erübrigt sich der Bezug des Stichtags auf den Monatsletzten. In jedem Fall ist jedoch von den Parteien genau zu prüfen, ob sich zum gewählten Stichtag die Asset-Listen aktualisieren lassen. Dies gilt insbesondere für die Fälle, bei denen die Erstellung der Asset-Listen lange vor dem Unterzeichnungstag erfolgte.

2170 Der Stichtag dient in jedem Fall für alle Parteien als klarstellende Regelung und als **Bezugspunkt**, um den dinglichen Übergang der Einzelwirtschaftsgüter herbeizuführen.

### c) Aktualisierung der Asset-Listen [→ Rz. 1987]

2171 Die Aktualisierung der Asset-Listen ist eine Aufgabe, die zum Stichtag erfolgt. Die Aktualisierung dient in erster Linie der bilanziellen Erfassung der Einzelwirtschaftsgüter bei der Käuferin. Die Käuferin hat dabei ein Interesse, die Einzelwirtschaftsgüter in der Weise in ihre Bilanz aufzunehmen, dass so viel wie möglich abschreibungsfähige Substanz bilanziert wird. Dabei geht es in der Hauptsache um die Aufdeckung stiller Reserven, die Schätzung der (Rest-)Nutzungsdauer von Einzelwirtschaftsgütern und die Aktivierung von immateriellen Wirtschaftsgütern, die die Verkäuferin selbst nicht bilanzieren konnte.

2172 Die Art und Weise der bilanziellen Erfassung der Einzelwirtschaftsgüter bei der Käuferin sollte nicht im Unternehmenskaufvertrag geregelt werden, da die bilanzielle Bewertung auf Seiten der Käuferin zum Unterzeichnungstag oftmals gar nicht feststeht. Des Weiteren ist die Bewertung der Einzelwirtschaftsgüter in der Bilanz der Käuferin eine Maßnahme, die der Verkäuferin oftmals nicht offengelegt werden soll. Insgesamt ist festzuhalten, dass sich die bilanzielle Erfassung der Einzelwirtschaftsgüter nach der Unternehmensbewertung richtet und nicht die Unternehmensbewertung nach der bilanziellen Erfassung der Einzelwirtschaftsgüter (siehe Rz. 2183).

2173 Darüber hinaus dient die Aktualisierung der Asset-Listen der Prüfung, ob die Verkäuferin gegen ihre Verpflichtungen zur Fortführung des Geschäftsbetriebs bis zum Stichtag gemäß § 14 Abs. 1 verstoßen hat und insoweit ein Freistellungsanspruch der Käuferin gemäß § 14 Abs. 2 oder ein Rücktrittsrecht gemäß § 7 Abs. 3 besteht oder ob die Regelungen der MAC-Klausel gemäß § 7 Abs. 4 Anwendung finden (siehe Rz. 2177).

2174 Bei einem lebenden Unternehmen wird es faktisch jedoch kaum möglich sein, sämtliche Asset-Listen vollumfänglich **stichtagsgenau** zu aktualisieren, da sich z. B. das Umlaufvermögen zum Teil schneller umschlägt, als es erfasst werden kann, soweit es nicht elektronisch erfasst ist. Die Aktualisierung der Asset-Listen ist daher im Einzelfall durch die Parteien näher im Vertrag zu beschreiben. Zudem ist eine genaue Aufgabenverteilung zwischen den Parteien vorzunehmen. Dabei kann es zwischen den Parteien zu Diskussionen kommen, wer für die Aktualisierung die Verantwortung trägt. Um eine möglichst streitfreie Aktualisierung zu gewährleisten, sieht das Vertragsmuster vor, dass dies eine gemeinsame Aufgabe der Parteien ist.

### d) Keine Nachtragsurkunde

2175 Sollte der Unternehmenskaufvertrag des Asset Deals notariell beurkundet sein, müssen die aktualisierten Asset-Listen grundsätzlich nicht beurkundet werden. Für eine **Inkorporierung der aktualisierten Asset-Listen** in den Unternehmenskaufvertrag durch eine notarielle Nachtragsurkunde gibt es keinen Grund. Soweit sich die Beurkundungspflicht des Unternehmenskaufvertrags aus § 311b Abs. 2 BGB ergibt, stellt § 1 Abs. 4 des Vertragsmusters hinreichend klar, dass die in den Anlagen der Urkunde aufgelisteten Einzelwirtschaftsgüter mit den Zugängen und ohne die Abgänge verkauft und entsprechend übertragen werden, sodass keine Beurkundungspflicht für die aktualisierten Asset-Listen besteht. Soweit sich die Beurkundungspflicht aus § 15 GmbHG (GmbH-Geschäftsanteile) oder aus § 311b Abs. 1 Satz 1 BGB (Grundstücke) ergibt, besteht nur dann die Notwendigkeit einer notariellen Nachtragsurkunde, wenn sich die Änderungen genau auf diese Asset-Klassen (GmbH-Geschäftsanteile oder Grundstücke) beziehen.

### e) Rücktrittsrecht [→ Rz. 1988]

2176 Ein Rücktrittsrecht der Käuferin für den Fall, dass die Verkäuferin ihre Pflicht zur ordnungsgemäßen Fortführung des Geschäftsbetriebs verletzt hat, ist **käuferfreundlich,** in den Vertragsverhandlungen jedoch nicht immer durchsetzbar. Dieses Rücktrittsrecht wird indes bei einem Locked-Box-Mechanismus regelmäßig für den Schutz der Käuferin als notwendig erachtet. Soweit die Rechtsfolgen des Rücktritts von der Käuferin nicht gewollt sind, kann die Käuferin auch gemäß § 14 Abs. 2 ihren Anspruch auf Freistellung von allen Schäden gegenüber der Verkäuferin geltend machen, die aufgrund der Verletzung der Verpflichtung der Verkäuferin, den Geschäftsbetrieb zwischen dem Stichtag der Unternehmensbewertung, dem Bewertungsstichtag, und dem Stichtag ordnungsgemäß fortzuführen, entstanden sind. Die Käuferin hat somit ein Wahlrecht, welche Rechtsfolge eintreten soll. Darüber hinaus beinhaltet die MAC-Klausel ebenfalls ein Rücktrittsrecht. Im Einzelfall sind die Rechte der Käuferin genau auf die Besonderheiten des Unternehmenskaufs anzupassen und aufeinander abzustimmen.

### f) MAC-Klausel [→ Rz. 1989]

2177 Ob eine sog. **Material-Adverse-Change-Klausel (MAC-Klausel)** in den Vertrag aufgenommen wird, hängt regelmäßig davon ab, ob die Käuferin eine entsprechend starke Verhandlungsposition hat. Bei der Gestaltung einer MAC-Klausel ist es wichtig, genau die Ereignisse zu beschreiben, bei denen sie zur Anwendung kommen soll. Anderenfalls drohen streitige Auseinandersetzungen über die Unwirksamkeit oder die Undurchführbarkeit der MAC-Klausel. Ob eine zu allgemein formulierte MAC-Klausel auch unwirksam ist, wurde von deutschen Gerichten noch nicht entschieden. Die Gerichte des US-Bundesstaats Delaware gehen regelmäßig von der Unwirksamkeit zu allgemein gefasster MAC-Klauseln aus.[1633]

## 10. Kaufpreis [→ Rz. 1993 ff]

### a) Berechnungsmethoden

2178 Der Kaufpreis für das Unternehmen ist bei einem Asset Deal grundsätzlich nicht anders zu berechnen als bei einem Share Deal.[1634] Der Kaufpreis wird daher grundsätzlich auf

1633) Hexion Specialty Chemicals, Inc. v. Huntsman Corp., Del. Ch., C.A. No. 3841-VCL (Sept. 29, 2008).

1634) *Koziczinski*, in: Semler/Volhard, § 13 Rz. 36.

Basis der zukünftigen **Nettozuflüsse** für die Unternehmenseigner ermittelt, da auch beim Asset Deal das Unternehmen als solches oder der Unternehmensteil als solcher veräußert wird. Für die Berechnung der Nettozuflüsse hat die Rechtsprechung und insbesondere die Praxis der Unternehmensbewertung unterschiedliche Ansätze entwickelt, die durch das Institut der Wirtschaftsprüfer im IDW-Standard: Grundsätze zur Durchführung von Unternehmensbewertungen (**IDW S 1** i. d. F. 2008) zusammengefasst sind. Dieser sog. IDW-S 1-Standard hat sich in Deutschland als Industriestandard durchgesetzt.[1635)]

2179 Der Kaufpreis bei einem Asset Deal orientiert sich daher nicht an der schlichten Summe des Werts der Einzelwirtschaftsgüter. Ein derart ermittelter **Substanzwert** eines Unternehmens würde unterstellen, dass das Unternehmen beliebig durch die Zusammenstellung von Assets reproduziert werden kann (**Reproduktionswert**).[1636)] Eine derart simple Sichtweise auf den Unternehmenswert geht jedoch fehl. Sie unterstellt nämlich, dass ein Unternehmen kein organisches Ganzes ist, sondern schlicht durch das Zusammenkaufen von Assets „rekonstruiert" werden kann. Eine solche Rekonstruktion ist in der Praxis aber grundsätzlich nicht möglich. Anderenfalls würden Unternehmen nicht erworben sondern „rekonstruiert" werden. Die Annahme eines Reproduktionswerts ist im Einzelfall allenfalls dann legitim, wenn es sich letztendlich um den Kauf eines Warenlagers und nicht um einen Unternehmenskauf handelt.

2180 Obgleich bei der Unternehmensbewertung von „dem" IDW-S 1-Standard gesprochen wird, beinhaltet dieser Standard unterschiedliche Bewertungsverfahren. Im Zentrum stehen dabei das **Ertragswertverfahren** (Nr. 7.2 IDW S 1) und das **DCF-Verfahren** (Nr. 7.3 IDW S 1). Diese unterschiedlichen Bewertungsverfahren werden durch eine Reihe von Besonderheiten (Nr. 8 IDW S 1) ergänzt, wie z. B. bei der Bewertung wachstumsstarker Unternehmen oder ertragsschwacher Unternehmen.

2181 Die folgenden Punkte sind bei der Anwendung des IDW-S 1-Standard für den Asset Deal zu beachten: Der IDW-S 1-Standard beschreibt lediglich die unterschiedlichen Bewertungsverfahren. Das bedeutet, dass allein anhand der jeweiligen Beschreibung im IDW-S 1-Standard noch keine Unternehmensbewertung erfolgen kann. Vielmehr muss diese Beschreibung durch eine Berechnungsformel und einen -algorithmus umgesetzt und konkretisiert werden. Diese Berechnungsformeln sind in der Regel durch Investmentbanken oder andere M&A-Berater entwickelte komplexe Bewertungsmodelle, mit denen sich die Besonderheiten jedes Unternehmenskaufs modellieren lassen. Ob und inwieweit diese Besonderheiten im Unternehmenskaufvertrag reflektiert werden müssen, hängt vom Einzelfall ab; sie sind daher im Rahmen der Abstimmung zwischen den Rechtsanwälten, den Parteien und den beratenden Investmentbanken genau festzulegen.

2182 Des Weiteren ist zu berücksichtigen, dass der IDW-S 1-Standard kein ausdrückliches Kapitel über die Besonderheiten der Unternehmensbewertung beim Asset Deal enthält. Im Folgenden sollen diese Besonderheiten näher beschrieben werden.

#### aa) Aktivierung stiller Reserven und Kaufpreisallokation

2183 Bei der Unternehmensbewertung ist zu berücksichtigen, dass die Käuferin den Kaufpreis einschließlich der darin vergüteten stillen Reserven den einzelnen erworbenen Einzelwirt-

1635) *Theysohn-Wadle*, in: Beisel/Klumpp, § 3 Rz. 13.

1636) *Betsch/Groh/Lohmann*, Corporate Finance, S. 189; *Wollny*, Unternehmens- und Praxisübertragungen, Rz. 1975.

schaftsgütern zuordnen (**Kaufpreisallokation**) und in Zukunft erfolgswirksam abschreiben kann. Die Käuferin wird an der sofortigen oder möglichst schnellen erfolgswirksamen Abschreibung interessiert sein.[1637)] Die Abschreibungsdauer hängt davon ab, welchem Einzelwirtschaftsgut bestimmte Teilbeträge des Kaufpreises zugeordnet werden.[1638)] Die Parteien können schon im Unternehmenskaufvertrag eine Kaufpreisallokation vereinbaren und festhalten, müssen dies jedoch nicht. Zwar sind diese Vereinbarungen für die Steuerveranlagung im Hinblick auf die daraus resultierende Abschreibungsdauer nicht bindend, sie stellen dennoch ein gewisses Präjudiz dar. Die Kaufpreisallokation im Kaufvertrag ist allerdings nicht zu empfehlen, da in der heißen Phase der Vertragsverhandlungen meist nicht die notwendige Ruhe und Sorgfalt hierfür aufgebracht werden kann.

### bb) Stufentheorie, modifizierte Stufentheorie und Gleichverteilungstheorie

Für die Verteilung des Kaufpreises auf die erworbenen Wirtschaftsgüter (**Kaufpreisallokation**) werden vornehmlich drei Verteilungsmethoden bzw. Theorien diskutiert, die für die Käuferin unterschiedliche steuerliche Auswirkungen haben können: die **Stufentheorie**, die **modifizierte Stufentheorie** und die **Gleichverteilungstheorie.**[1639)] 2184

Nach der **Stufentheorie** ist der Kaufpreis zunächst auf die Vermögenswerte zu allokieren, die schon bisher in der Bilanz der Verkäuferin bilanziert wurden. Argument dafür ist, dass die Buchwerte dieser Vermögenswerte (bei der Verkäuferin) bereits **stille Reserven** beinhalteten, die entsprechend bei der Käuferin ausgewiesen werden sollen.[1640)] Die stillen Reserven werden damit in der Bilanz der Käuferin Teil des Buchwerts der jeweiligen Vermögenswerte. Soweit der Kaufpreis die Summe der Buchwerte dieser Wirtschaftsgüter (bei der Käuferin) übersteigt, wird der übersteigende Betrag in einer zweiten Stufe den in der Bilanz der Verkäuferin **nicht bilanzierten Vermögensgegenständen**, z. B. von der Verkäuferin **selbst geschaffenen Einzelwirtschaftsgütern**, zugeordnet.[1641)] Soweit der Kaufpreis auch nicht vollständig diesen bisher nicht bilanzierten Vermögensgegenständen in der Bilanz der Käuferin zugewiesen werden kann, wird in einer dritten Stufe der dann noch verbleibende Kaufpreis dem **originären Geschäfts- oder Firmenwert** zugeordnet und entsprechend in der Bilanz der Käuferin ausgewiesen.[1642)] Soweit der Rest des Kaufpreises nicht vollständig dem originären Geschäfts- oder Firmenwert zugeordnet werden kann und es keine außerbetrieblichen Gründe für diese Mehrzahlung gibt, ist der übersteigende Betrag ein sofort **abzugsfähiger Betriebsaufwand.**[1643)] Die steuerliche Anerkennung eines solchen abzugsfähigen Betriebsaufwands durch die zuständige Finanzbehörde ist jedoch nicht die Regel. Eine entsprechende Mehrzahlung ist meist der strategische Aufschlag auf den Kaufpreis, um das Unternehmen erwerben zu können. Die Zahlung eines strategischen Aufschlags findet vor allem in sehr kompetitiven Bieterverfahren statt. 2185

Nach der sog. **modifizierten Stufentheorie** werden die erste und die zweite Stufe zusammengefasst und eine Kaufpreisallokation proportional über alle Einzelwirtschaftsgüter 2186

1637) *Hörtnagl/Zwirner/Busch*, in: Beck'sches Mandatshandbuch Unternehmenskauf, § 5 Rz. 88.

1638) Hölters/*Gröger*, Handbuch Unternehmenskauf, Rz. 4.106.

1639) Schmidt/*Wacker*, EStG, § 16 Rz. 487.

1640) Schmidt/*Wacker*, EStG, § 16 Rz. 488.

1641) BFH, Urt. v. 25.1.1979 – IV R 56/75, BeckRS 1979, 22004757.

1642) BFH, Urt. v. 14.6.1994 – VIII R 37/93, BB 1995, 456.

1643) BFH, Urt. v. 29.10.1991 – VIII R 148/85, BB 1992, 1249.

vorgenommen.[1644] Das Argument für die modifizierte Stufentheorie ist, dass auch die bei der Verkäuferin nicht bilanzierten Wirtschaftsgüter stille Reserven enthalten.

2187 Nach der sog. **Gleichverteilungstheorie** werden alle drei Stufen zusammengefasst, sodass die proportionale Kaufpreisallokation von Anfang an den originären Geschäfts- oder Firmenwert berücksichtigt.

2188 In der Praxis kommt vor allem die modifizierte Stufentheorie zur Anwendung. Der mit der Kaufpreisallokation verbundene sog. **Step-up** (die Aufschreibung des Buchwerts der Einzelwirtschaftsgüter in der Bilanz der Käuferin gegenüber dem Buchwert in der Bilanz der Verkäuferin) macht ebenfalls deutlich, dass die Berechnung des Kaufpreises aufgrund der Nettozuflüsse des Unternehmens und gerade nicht durch die Rekonstruktion des Unternehmens als Summe der Einzelwirtschaftsgüter erfolgt. Der Step-up kann in Zukunft im Rahmen von Abschreibungen bei der Käuferin steuerlich geltend gemacht werden. Dieses Abschreibungspotential besteht bei einem Share Deal nicht und stellt insoweit eine Besonderheit dar, die bei der Kaufpreisfindung berücksichtigt werden kann.

### cc) Steuerliche Behandlung von Verpflichtungsübernahmen

2189 Soweit die Käuferin Passiva der Verkäuferin übernimmt (also Verbindlichkeiten oder Rückstellungen), wird sie dies bei der **Kaufpreisfindung** berücksichtigen, indem sie den Kaufpreis entsprechend reduziert. Diese Reduzierung des Kaufpreises kann unter bestimmten Voraussetzungen steuerlich bei der Käuferin geltend gemacht werden. Aber auch für die Verkäuferin gibt es Möglichkeiten, die Reduzierung steuerlich zu nutzen.

2190 Ob eine steuerliche Geltendmachung möglich ist, richtet sich nach den **steuerbilanziellen Ansatz- und Bewertungsvorschriften.** Dabei ist zu beachten, dass es für die Steuerbilanz einige von der Handelsbilanz abweichende Regelungen gibt. Dies gilt für die steuerbilanzielle Geltendmachung von Passiva sowohl dem Grunde als auch der Höhe nach. So dürfen z. B. Drohverlustrückstellungen nach § 5 Abs. 4a EStG gar nicht und Jubiläumsrückstellungen nur unter den in § 5 Abs. 4 EStG geregelten Voraussetzungen in der Steuerbilanz gebildet werden. Für die Berechnung von Pensionsrückstellungen enthält § 6a EStG eine besondere Bewertungsvorschrift für steuerliche Zwecke, die zu niedrigeren Rückstellungsbeträgen führt als in der Handelsbilanz, unabhängig davon, ob diese nach handelsbilanziellen oder nach IFRS-Grundsätzen aufgestellt wird.

2191 Beim Asset Deal können Vertragsübernahmen steuerrechtlich relevant sein, bei denen die Verkäuferin eine Drohverlustrückstellung für den Vertrag gebildet hat. Wenn ein solcher Vertrag vollständig auf die Käuferin übergeht oder die Käuferin im Innenverhältnis zur Verkäuferin die Verpflichtungen aus diesem Vertrag übernimmt (Agency-Modell) und dafür der Kaufpreis um den Betrag der von der Verkäuferin in ihrer Handelsbilanz gebildeten Drohverlustrückstellung gemindert wird, ist die Käuferin daran interessiert, dieses Risiko in ihrer Steuerbilanz zu passivieren. Die Verkäuferin hat in diesen Fällen ein Interesse daran, dass – trotz der bei ihr steuerlich nicht zulässigen Bilanzierung der Drohverlustrückstellung – die entsprechende Reduzierung des Kaufpreises steuerlich anerkannt wird.[1645]

---

1644) Schmidt/*Wacker*, EStG, § 16 Rz. 490.

1645) *Ley*, DStR 2007, 589, 591; *Bogenschütz*, Ubg 2008, 135, 141 f.

Die **bisherige BFH-Rechtsprechung**[1646] zu diesem steuerlichen Themenkomplex hatte zur Folge, dass die Verkäuferin bei einem Asset Deal die stillen Lasten bei einem Verpflichtungsübergang steuerbilanziell aufwandswirksam realisieren konnte. Gleichzeitig konnte die Käuferin den Verpflichtungsübergang als einen erfolgsneutralen Anschaffungsvorgang behandeln, sodass für die übernommenen Verpflichtungen die steuerbilanziellen Ansatz- und Bewertungsvorbehalte bei der Zugangs- und Folgebewertung nicht zu berücksichtigen waren. Kumulativ hat dies zu einer Minderung des Steueraufkommens geführt. Die Praxis der Finanzbehörden hat diese Behandlung der Verpflichtungsübernahmen durch die Finanzrechtsprechung aufgrund der Minderung des Steueraufkommens sehr kritisch betrachtet. 2192

Die sich bisher widersprechenden Auffassungen des Bundesfinanzhofs und der Finanzverwaltung wurden durch eine sog. „rechtsprechungsbrechende" Gesetzgebung durch das **AIFM-Steuer-Anpassungsgesetzes**[1647] mit der Neuregelung des § 4f EStG und des § 5 Abs. 7 EStG i. S. d. Finanzverwaltung entschieden.[1648] 2193

Durch diese Neuregelungen werden in § 4f EStG die Möglichkeiten der Verkäuferin und in § 5 Abs. 7 EStG die der Käuferin für die steuerliche Geltendmachung grundsätzlich geregelt. Diese Vorschriften sind – entgegen einer im Bundesrat diskutierten Fassung des AIFM-StAnpG[1649]– nebeneinander anwendbar. 2194

§ 4f EStG ist eine **Gewinnermittlungsvorschrift** und regelt, wie eine Schuldübernahme bei der **Verkäuferin** behandelt wird, für die Ansatz- und Bewertungsvorbehalte bestanden.[1650] Soweit die Schuldübernahme durch die Käuferin zu einem **Kaufpreisabschlag bei der Verkäuferin** führt, ist der bei der Verkäuferin entstehende Aufwand durch den Kaufpreisabschlag nicht sofort abzugsfähig, sondern kann nur im Wirtschaftsjahr der Schuldübernahme und den nachfolgenden 14 Wirtschaftsjahren (also insgesamt über einen Zeitraum von 15 Jahren) als Betriebsausgaben abgezogen werden. Bei der Abzugsfähigkeit als Betriebsausgaben differenziert § 4f EStG zwischen Verpflichtungen, bei denen bisher noch keine stillen Lasten bilanziert wurden, und solchen Verpflichtungen, bei denen stille Lasten schon, wenn auch nur teilweise, bilanziell als Passiva ausgewiesen wurden. Soweit die stillen Lasten nicht bilanziert wurden, gilt gemäß § 4f Abs. 1 Satz 1 EStG, dass die bisher bei der Verkäuferin steuerlichen Ansatzverboten bzw. -beschränkungen oder Bewertungsvorbehalten unterliegende Verpflichtung über 15 Jahre gestreckt aufwandswirksam geltend gemacht werden kann. Soweit bei Verpflichtungen bereits Lasten passiviert wurden, gilt gemäß § 4f Abs. 1 Satz 2 EStG, dass der bereits passivierte Posten im Wirtschaftsjahr der Schuldübernahme vollständig gewinnerhöhend aufzulösen und steuerlich abziehbar ist und nur die bisher nicht passivierten stillen Lasten gleichmäßig über die 15 Jahre gestreckt aufwandswirksam zu verteilen sind (§ 4f Abs. 1 Satz 1 EStG). 2195

Diese Grundsätze gelten gemäß § 4f Abs. 1 Satz 3 EStG nicht für (i) kleine oder mittlere Betriebe, (ii) Pensionsansprüche, soweit der Arbeitnehmer seinen Arbeitgeber wechselt, 2196

1646) BFH, Urt. v. 17.10.2007 – I R 61/06, FR 2008, 158; BFH, Urt. v. 16.12.2009 – I R 102/08, DB 2010, 309; BFH, Urt. v. 12.12.2012 – I R 69/11, BB 2013, 943; BFH, Urt. v. 12.12.2012 – I R 28/11, BeckRS 2013, 94630.

1647) Gesetz zur Anpassung des Investmentsteuergesetzes und anderer Gesetze (AIFM-Steuer-Anpassungsgesetz – AIFM-StAnpG) v. 18.12.2013, BGBl I, 4318.

1648) *Fuhrmann*, DB 2014, 9; *Schultz/Debnar*, BB 2014, 107.

1649) Empfehlung des BR-Finanzausschusses zur Einberufung des Vermittlungsausschusses, BR-Drucks. 376/1/13 v. 27.5.2013, S. 7 f.

1650) Blümich/*Krumm*, EStG, KStG, GewStG, § 4f EStG Rz. 1.

und (iii) wenn die Schuldübernahme im Rahmen der **Veräußerung oder Aufgabe des ganzen Betriebs oder des gesamten Mitunternehmeranteils** i. S. d. §§ 14, 16 Abs. 1, 3 und 3a sowie des § 18 Abs. 3 EStG erfolgt. Bei der Veräußerung oder Aufgabe des ganzen Betriebs oder des gesamten Mitunternehmeranteils ist gemäß § 4f Abs. 1 Satz 4 EStG ein Veräußerungs- oder Aufgabeverlust der Verkäuferin um den Aufwand zu vermindern, der sich aus der Schuldübernahme ergibt, soweit die Schuldübernahme den Veräußerungs- oder Aufgabeverlust begründet oder erhöht hat.

2197 Die Regelungen des § 4f Abs. 1 EStG gelten gemäß § 4f Abs. 2 EStG auch für die Schuldübernahme im Rahmen eines Agency-Modells.

2198 Systematisch ergänzt § 5 Abs. 7 EStG den § 4f EStG und regelt die Möglichkeiten der **Käuferin**, Verpflichtungen bei Schuldübernahmen steuerlich geltend zu machen, die bei der Verkäuferin Ansatzverboten, -beschränkungen oder Bewertungsvorbehalten unterlagen. § 5 Abs. 7 EStG verlängert die Geltung von steuerlichen Ansatz- und Bewertungssondervorschriften **zulasten der Käuferin**, unter teilweiser Rückgängigmachung der Neutralität des Erwerbs der Einzelwirtschaftsgüter.[1651)]

2199 Die Käuferin hat gemäß § 5 Abs. 7 EStG – unabhängig von der Anwendung des § 4f EStG auf Seiten der Verkäuferin – die übernommenen Verpflichtungen, die bei der Verkäuferin Ansatzverboten, -beschränkungen oder Bewertungsvorbehalten unterlagen, in der ersten nach der Übernahme aufzustellenden Bilanz **so zu bilanzieren, wie sie bei der Verkäuferin ohne Übernahme bilanziert worden wären.** Nach § 5 Abs. 7 Sätze 2 und 3 EStG gilt dies sinngemäß für Fälle des Schuldbeitritts und der Schuldübernahme im Rahmen eines Agency-Modells sowie beim Erwerb eines Mitunternehmeranteils. In § 5 Abs. 7 Satz 4 EStG ist eine komplexe Sonderregelung für übernommene Pensionsverpflichtungen verankert.

2200 Gemäß § 5 Abs. 7 Satz 5 EStG kann die Käuferin für den sich aus der Anwendung der Sätze 1 bis 3 des § 5 Abs. 7 EStG ergebenden Gewinn jeweils in Höhe von vierzehn Fünfzehnteln eine gewinnmindernde Rücklage bilden, die in den folgenden vierzehn Wirtschaftsjahren gewinnerhöhend aufzulösen ist. Besteht eine Verpflichtung, für die eine Rücklage gebildet wurde, bereits vor Ablauf des maßgebenden Zeitraums nicht mehr, ist die insoweit verbleibende Rücklage gemäß § 5 Abs. 7 Satz 6 EStG gewinnerhöhend aufzulösen.

2201 Sowohl die Möglichkeiten des § 4f EStG als auch die des § 5 Abs. 7 Satz 5 EStG sollten bei der Modellierung des Kaufpreises berücksichtigt werden. Da es sich um komplexe Vorschriften handelt, ist dabei regelmäßig ein intensiver und detaillierter Austausch der Parteien und ihrer Berater erforderlich.

### b) Betriebliche Altersvorsorge, Urlaubs- und Weihnachtsgeldansprüche

2202 Die Ansprüche und Anwartschaften aus betrieblicher Altersversorgung der auf die Käuferin gemäß **§ 613a BGB** übergehenden Arbeitnehmer richten sich nach dem Vollzug des Unternehmenskaufvertrags gegen die Käuferin. Folglich sind die entsprechenden **Pensionsrückstellungen** bei der Verkäuferin aufzulösen und bei der Käuferin neu zu bilden. Gleiches gilt für Urlaubsrückstellungen sowie für zum Stichtag noch nicht geleistete, im laufenden Jahr aber den Arbeitnehmern noch geschuldete Einmalzahlungen (z. B. Urlaubs- und Weihnachtsgeld sowie Tantiemen). Der Kaufpreis sollte um die Beträge dieser

1651) Blümich/*Krumm*, EStG, KStG, GewStG, § 5 EStG Rz. 2a.

Rückstellungen gemindert werden. Ebenso sind zeitanteilig erdiente Ansprüche der übergehenden Arbeitnehmer bei der Kaufpreisfindung zu berücksichtigen.

Des Weiteren sind auch die **Urlaubsansprüche** der übergehenden Arbeitnehmer ggf. bei der Kaufpreisfindung zu beachten. Möglicherweise haben die Arbeitnehmer bei der Verkäuferin bereits einen Anspruch auf bezahlte **Freistellung** erworben, welchen sie erst nach dem Vollzug des Unternehmenskaufs bei der Käuferin in Anspruch nehmen. Dieser möglichen Mehrbelastung der Käuferin kann vertraglich durch einen gesonderten Ausgleichsbetrag Rechnung getragen werden. 2203

Für den Fall, dass Ansprüche auf betriebliche Altersvorsorge nicht rückstellungsfinanziert sind, sondern die Verkäuferin sich eines **externen Dienstleisters** bedient, gelten die Ausführungen zum Agency-Modell und zur Vertragsübernahme entsprechend (siehe Rz. 2118). 2204

Bei Ansprüchen auf **Urlaubs- und Weihnachtsgeld** ist zusätzlich zu berücksichtigen, dass der Unterzeichnungstag noch nicht endgültig feststeht und ungewiss ist, ob die Leistungspflicht zum Stichtag noch besteht. Die Unsicherheit über den Umfang dieser Leistungspflichten nach dem Vollzug des Unternehmenskaufs ist in der Regel so unbedeutend, dass eine separate Berücksichtigung hierfür im Unternehmenskaufvertrag nicht zu empfehlen ist. Vielmehr sollte diese Unsicherheit bei der Kaufpreisfindung berücksichtigt werden. 2205

### c) Kaufpreisanpassung und Locked Box

Das Vertragsmuster sieht keinen Anpassungsmechanismus für den Kaufpreis vor, sondern eine sog. **Locked Box**, d. h., dass der Kaufpreis zum Unterzeichnungstag fixiert wird und keiner späteren Anpassung unterliegt.[1652] Eine **Anpassung des Kaufpreises** ist jedoch auch beim Asset Deal möglich und kann auf unterschiedliche Weisen erfolgen, die sich von denen beim Share Deal grundsätzlich nicht unterscheiden. Eine Regelung über die Anpassung des Kaufpreises nach der Unterzeichnung (Signing) ist im Unternehmenskaufvertrag grundsätzlich dann sinnvoll, wenn zwischen dem Stichtag, auf den sich die Unternehmensbewertung bezieht, und dem Stichtag, zu dem das wirtschaftliche Eigentum an den Einzelwirtschaftsgütern übergeht (dieser Zeitpunkt ist regelmäßig das Closing), Wertabflüsse aus dem Unternehmen zu befürchten sind, die in der Unternehmensbewertung nicht berücksichtigt wurden bzw. nicht berücksichtigt werden konnten. Je länger der Zeitraum zwischen der Unternehmensbewertung und dem wirtschaftlichen Übergang der Einzelwirtschaftsgüter ist, desto größer wird diese Gefahr für entsprechende Wertabflüsse. 2206

Der Vorteil der **Locked Box** ist ihre Einfachheit und große Transparenz bei gleichzeitiger Möglichkeit, die Interessen der Käuferin abzusichern (siehe Rz. 2054). Immer dann, wenn zwischen Unternehmensbewertung und Stichtag bzw. Closing lediglich eine kurze Zeitspanne liegt, bietet sich vorrangig eine Locked Box für den Kaufpreis an.[1653] 2207

Soweit bei einem Asset Deal eine Anpassung des Kaufpreises gewünscht ist, kann dies auch durch sog. **Closing Accounts** zum Stichtag erfolgen. Das Vertragsmuster des Share Deals (siehe Rz. 963 ff) sieht einen solchen Anpassungsmechanismus vor, der in angepasster Form in dieses Vertragsmuster übertragen werden kann. 2208

---

1652) Siehe *v. Kann*, in: Finance Jahrbuch 2005, S. 19.

1653) *Hettler/Stranz/Hörtnagl*, in: Beck'sches Mandatshandbuch Unternehmenskauf, § 3 Rz. 157; *Diem/Erni*, GesKR 2010, 354.

2209 Ferner kann der Kaufpreis durch die **Bewertung einzelner Gruppen von Vermögensgegenständen** zum Stichtag angepasst werden. Die Parteien werden sich dabei meist auf die Einzelwirtschaftsgüter beziehen, die einen hohen Umschlag haben oder deren Erfassung zum Unterzeichnungstag besonders kritisch ist. Im Regelfall ist dies das Umlaufvermögen. Soweit eine solche Anpassung gewählt wird, sollten sich die Parteien schon im Unternehmenskaufvertrag auf eine konkrete Bewertung des Umlaufvermögens und nicht nur auf abstrakte Bewertungsmethoden einigen. Zum Stichtag muss dann regelmäßig nur noch die mengenmäßige Erfassung der entsprechenden Einzelwirtschaftsgüter erfolgen. Die Bewertung einzelner Gruppen von Vermögensgegenständen ist im Einzelfall für die Kaufpreisanpassung sehr kritisch zu betrachten, da eine Bewertung von einzelnen Vermögensgegenständen grundsätzlich bei den Bewertungsmethoden, die auf der Bewertung der zukünftigen Nettozuflüsse für die Unternehmenseigner basieren, nicht vorgesehen ist.

2210 **Earn-out-Modelle** sind beim Asset Deal eine seltene Ausnahme, um eine Kaufpreisanpassung zu erreichen, da beim Asset Deal ein anderer Rechtsträger das Unternehmen fortführt. Durch den Wechsel des Rechtsträgers, der Kaufpreisallokation durch die Käuferin und aufgrund der Risiken, die mit dem Agency-Modell verbunden sind, sind Earn-out-Modelle zur Kaufpreisanpassung beim Asset Deal wenig geeignet.

2211 Das Vertragsmuster sieht für den Kaufpreis daher die **Locked Box** vor. Die Locked Box macht allerdings Sicherungs- und Kompensationsmaßnahmen erforderlich, um zu gewährleisten, dass es zwischen dem Stichtag der Unternehmensbewertung und dem wirtschaftlichen Übergang der Einzelwirtschaftsgüter zu keinen relevanten Wertabflüssen kommt. Diese Absicherung der Käuferin erfolgt bei dem Locked-Box-Mechanismus des Vertragsmusters dadurch, dass die Verkäuferin zwischen dem Zeitpunkt der Unternehmensbewertung und dem Stichtag das Unternehmen nur im gewöhnlichen Geschäftsbetrieb fortführen darf und muss (siehe § 14 Abs. 1) (die sog. **No-Leakage-Klausel** bzw. **Permitted-Leakage-Klausel**). Bei einem Verstoß der Verkäuferin gegen die No-Leakage-Klausel stehen der Käuferin alternativ zwei Rechte zu. Zum einen kann die Käuferin bei einem Verstoß der Verkäuferin vom Vertrag zurücktreten (siehe § 7 Abs. 3). Zum anderen steht der Käuferin alternativ zu diesem Rücktrittsrecht ein **Freistellungsanspruch** zu (siehe § 14 Abs. 2), gemäß dem die Verkäuferin der Käuferin alle Wertabflüsse bzw. Schäden ersetzen muss, die aufgrund des Verstoßes der Verkäuferin gegen die No-Leakage-Klausel entstanden sind. Darüber hinaus steht der Verkäuferin auch ein Rücktrittsrecht vom Vertrag im Falle eines MAC-Ereignisses zu (siehe Rz. 2177).

### d) Umsatzsteuer [→ Rz. 1999]

2212 Erfolgt bei einem Asset Deal die Veräußerung des Unternehmens als Ganzes, so stellt dies **keinen umsatzsteuerpflichtigen** Vorgang dar. Allerdings ist eine Option zur Zahlung der Umsatzsteuer möglich, die das Vertragsmuster ausschließt. Sollte es bei der Übertragung eines Teilbetriebs unklar sein, ob dies ein umsatzsteuerfreier Vorgang ist oder ob es sich lediglich um eine Übertragung von Einzelwirtschaftsgütern handelt, die umsatzsteuerpflichtig ist, kann eine **verbindliche Auskunft** des zuständigen Finanzamts zur Klärung dieser Frage eingeholt werden.

## 11. Garantien der Verkäuferin [→ Rz. 2002]

2213 Zur rechtlichen Einordnung und Bedeutung selbständiger Garantien und zum System des Gewährleistungsrechts beim Unternehmenskauf im deutschen Recht wird auf die Ausführungen in der Einleitung (siehe Rz. 1429 ff) hingewiesen. Die Garantien des Verkäufers lehnen sich, soweit dies beim Asset Deal angebracht ist, an diejenigen des Musters für den Share Deal an. Die nachfolgenden Erläuterungen stellen Besonderheiten des Asset Deals in den Vordergrund.

### a) Beschreibung des Unternehmens

Die Präambel enthält grundsätzlich keine Regelungen von Rechten und Pflichten, sondern dient lediglich der Beschreibung der Parteien und der beabsichtigten Transaktion. Gerade aus diesem Grund ist eine Garantie der Richtigkeit der in der Präambel gemachten Angaben sinnvoll und auch allgemein üblich. Der Verweis in § 9 Nr. 1 erlaubt eine elegante **Inkorporation der Angaben der Präambel** (Rz. 1953 ff) in die Verkäufergarantien. 2214

### b) Insolvenzgarantie

Eine **Insolvenz** der Verkäuferin ist für die Käuferin besonders risikoreich. Mit der Eröffnung des Insolvenzverfahrens über das Vermögen der Verkäuferin hat der Insolvenzverwalter die Möglichkeit, den Asset Deal gemäß § 129 InsO nach Maßgabe der §§ 130 bis 146 InsO **anzufechten** (siehe Rz. 164). 2215

Bei der im Vertragsmuster (§ 9 Nr. 2) vorgesehenen Verkäufergarantie ist zu bedenken, dass sich die Garantie gegen eine insolvente Verkäuferin richten würde und dementsprechend weitgehend wertlos wäre. Insoweit dient die Garantie zunächst der Klarstellung. Allerdings ist diese Garantie im Hinblick auf die **Gut- bzw. Bösgläubigkeit** der Käuferin im Insolvenzfall von Bedeutung, da sie der Käuferin ermöglicht, dem Insolvenzverwalter entgegenzuhalten, dass sie keine Kenntnis von der Zahlungsunfähigkeit der Verkäuferin hatte. 2216

Eine weitere Absicherung der Käuferin ist die **Einbeziehung einer Garantiegeberin** für die Verkäufergarantien in den Unternehmenskaufvertrag (siehe Rz. 2271). 2217

### c) Bilanzgarantie

Bilanzgarantien sind in der Praxis im Einzelfall höchst unterschiedlich ausgestaltet. Harte und objektive Bilanzgarantien, mit denen der Inhalt der Bilanz garantiert wird und die sich auch auf negative Umstände erstrecken, sind sehr selten. Mit einer weichen bzw. teilweisen Bilanzgarantie werden im Kern nur einzelne **Bilanzposten zum Stichtag** garantiert. Dies ist in erster Linie beim Share Deal mit einer Stichtagsbilanz sinnvoll. Auch beim Asset Deal kann sich eine Garantie zum Stichtag auf bestimmte Bilanzposten beziehen, insbesondere auf die, deren Einzelwirtschaftsgüter erworben werden. Allerdings kann auch beim Asset Deal garantiert werden, dass die bisherigen Jahresabschlüsse richtig sind bzw. dass die Jahresabschlüsse unter Beachtung der Grundsätze ordnungsgemäßer Buchführung erstellt worden sind und dass sie ein den tatsächlichen Verhältnissen entsprechendes Bild der Vermögens-, Finanz- und Ertragslage des Unternehmens vermitteln. 2218

Die Garantie in § 9 Nr. 3 Satz 1 wurde im Vertragsmuster als **weiche Bilanzgarantie** gestaltet, da das Muster verkäuferfreundlich ist. Mit dem folgendem Zusatz würde die Garantie zur **harten Bilanzgarantie**: 2219

… „und vermitteln ein den tatsächlichen Verhältnissen entsprechendes Bild der Vermögens-, Finanz- und Ertragslage des Unternehmens. Die Aktivierung ist unterblieben, soweit ein Aktivierungswahlrecht besteht. Die Passivierung ist erfolgt, soweit ein Passivierungswahlrecht besteht. Alle gesetzlich zulässigen Abschreibungen wurden vorgenommen. Alle gesetzlich zulässigen Rückstellungen wurden gebildet. Soweit sie nicht auf der Passivseite auszuweisen sind, wurden alle Haftungsverhältnisse unter der Bilanz ausgewiesen.“

2220 Vor dem Hintergrund der verschärften Rechtsprechung zur harten Bilanzgarantie[1654)] ist die Vereinbarung einer harten Bilanzgarantie zwar käuferfreundlich, in den Verhandlungen ist eine harte Bilanzgarantie jedoch nur noch selten durchsetzbar. Dabei hat der Asset Deal gegenüber dem Share Deal jedoch den Vorteil, dass sich Bilanzgarantien wesentlich einfacher auf einzelne Bilanzpositionen beziehen lassen, da die jeweils übertragenen Einzelwirtschaftsgüter mit einzelnen Bilanzpositionen korrespondieren können. Insoweit lässt sich im Einzelfall eine harte aber eingeschränkte Bilanzgarantie auch für die Verkäuferseite akzeptabel modellieren.

2221 Das HGB eröffnet eine Vielzahl **bilanzpolitischer Gestaltungsmöglichkeiten**. Daher hat die Käuferin ein Interesse daran, dass die Verkäuferin offenlegt, wie Aktivierungs- und Passivierungswahlrechte sowie Bewertungswahlrechte in der Vergangenheit ausgeübt worden sind, und die Richtigkeit dieser Angaben garantiert. Diesem Interesse trägt die in Rz. 2218 dargestellte Ergänzung der Bilanzgarantie Rechnung.

2222 Die Verkäuferin wird demgegenüber eine Bilanzgarantie regelmäßig einschränken wollen, etwa dergestalt, dass nur für Unrichtigkeiten gehaftet werden soll, die sie positiv kannte oder die sie bei ordnungsgemäßer Sorgfalt hätte kennen müssen.[1655)]

**Pro-forma-Bilanz**

2223 Soweit und sofern mit dem Asset Deal nur ein Teil des Unternehmens übertragen wird, für den die Jahresabschlüsse wenig aussagekräftig sind, wird in der Praxis eine **Pro-forma-Bilanz** für den Teil des Unternehmens erstellt, der übertragen werden soll. Regelmäßig tritt dann die Pro-forma-Bilanz im Garantiekatalog an die Stelle der Jahresabschlüsse. Die Pro-forma-Bilanz kann auch durch einen Wirtschaftsprüfer auf ihre Richtigkeit geprüft werden. Auch wenn diese Prüfung nicht mit der Prüfung eines Jahresabschlusses gleichzusetzen ist, kann mit einer solchen freiwilligen Prüfung dem Erwerber ein großes Maß an Sicherheit gewährt werden, insbesondere als Grundlage für seine Bewertung.

### d) Vermögensgegenstände des Anlage- und Umlaufvermögens

2224 Die Garantien des § 9 Nr. 4 des Vertragsmusters beziehen sich auf die Stellung der Verkäuferin als unbeschränkte Eigentümerin der bilanzierten Einzelwirtschaftsgüter, die sie im Rahmen des Asset Deals an die Käuferin veräußert. Die Gegenstände des Vorratsvermögens werden zum Zeitpunkt des Erwerbs häufig noch als **Sicherheit für Verbindlichkeiten** der Verkäuferin in Form vorbehaltenen Eigentums oder der Sicherungsübereignung dienen. Dies kann auch für Gegenstände des Anlagevermögens gelten. Diese Verhältnisse sind in Anlagen zum Vertrag offenzulegen. Besteht keine Berechtigung zur Weiterveräußerung, z. B. aufgrund von Belastungen im Rahmen von Finanzierungsverträgen, sind die Ausführungen in Rz. 2124 zu beachten.

2225 Die Garantie in § 9 Nr. 4 Satz 3 des Vertragsmusters ist darauf gerichtet, dass die nach § 2 Abs. 3 des Vertragsmusters an die Käuferin abgetretenen Herausgabeansprüche i. S. d. § 931 BGB uneingeschränkt durchsetzbar sind.

1654) OLG Frankfurt, Urt. v. 7.5.2015 – 26 U 35/12 = BB 2016, 711.

1655) *Bergjan*, in: Saenger/Aderhold/Lenkaitis/Speckmann, § 11 Rz. 149.

### e) Aufrechterhaltung des gegenwärtigen Geschäftsbetriebs

Die Garantie in § 9 Nr. 5 stellt sicher, dass der Geschäftsbetrieb des Unternehmens von der Käuferin fortgeführt werden kann, ohne dass dazu weitere Investitionen erforderlich sind. Dadurch wird dem Umstand Rechnung getragen, dass Verkaufsgegenstand – obwohl es sich um den Erwerb von Einzelwirtschaftsgütern handelt – ein aus sich heraus funktionsfähiges Unternehmen ist. 2226

### f) Immaterielle Vermögensgegenstände

In Ergänzung zu der in § 9 Nr. 5 des Vertragsmusters vorgesehenen Garantie im Hinblick auf das Anlage- und Umlaufvermögen sowie die Verträge stellt die Garantie in § 9 Nr. 6 sicher, dass auch die immateriellen Vermögensgegenstände ohne Weiteres von der Käuferin zur Fortführung des Geschäftsbetriebs des Unternehmens genutzt werden können. 2227

### g) Wesentliche Verträge

Der Wert und die Funktionsfähigkeit des erworbenen Unternehmens hängen vor allem von **funktionierenden Vertragsbeziehungen** zu den Kunden und Lieferanten ab. Allerdings ist es für die Verkäuferin zum Teil nur schwer einschätzbar, ob sämtliche wesentlichen Verträge wirksam und in Kraft sind. Beim Asset Deal kommt es im Hinblick auf die wesentlichen Verträge in der Hauptsache jedoch darauf an, diese im Rahmen des Agency-Modells auf die Käuferin zu übertragen. 2228

### h) Arbeitnehmerverhältnisse

Gemäß § 613a Abs. 1 BGB tritt die Käuferin bei einem Betriebsübergang in die Rechte und Pflichten der Verkäuferin aus den im Zeitpunkt des Übergangs bestehenden Arbeitsverhältnissen ein (siehe Rz. 2133). Die Garantien in § 9 Nr. 8 verschaffen der Käuferin die Sicherheit, über alle wesentlichen Bedingungen der im Verhältnis zwischen den Parteien übergehenden Arbeitsverhältnisse vollständig informiert zu sein. 2229

#### aa) Wichtige Arbeitnehmer

Gerade in Branchen, in denen der Wert eines Unternehmens maßgeblich durch das **Know-how der Arbeitnehmer** beeinflusst wird, hat die Käuferin ein großes Interesse daran, dass zumindest bestimmte **Leistungsträger** auch ihr zur Verfügung stehen werden. Selbstverständlich kann die Verkäuferin nicht die Gewähr dafür übernehmen, dass kein wichtiger Arbeitnehmer nach dem Betriebsübergang kündigen oder dem Übergang seines Arbeitsverhältnisses gemäß § 613a Abs. 6 BGB widersprechen wird. Sie kann – wie hier vorgesehen – aber zumindest garantieren, dass keiner der als wichtig gekennzeichneten Arbeitnehmer die Absicht hat erkennen lassen, dies zu tun. 2230

#### bb) Pensionszusagen

Unbekannte Ansprüche von Arbeitnehmern aus Pensionszusagen können zu unübersehbaren finanziellen Belastungen der Käuferin führen. Diesem Umstand soll die in dem Vertragsmuster vorgesehene Negativerklärung Rechnung tragen. 2231

Sofern die Verkäuferin doch Pensionszusagen gegenüber den übertragenen Arbeitnehmern abgegeben hat, wird die Käuferin ein Interesse an einer Garantie haben, dass sämt- 2232 liche Verpflichtungen aus Pensionszusagen ordnungsgemäß und mit dem richtigen Wert im Jahresabschluss berücksichtigt sind, damit sie Klarheit über ihre zukünftigen Verpflichtungen hat und diesen Wert ggf. bei der Kaufpreisbildung berücksichtigen kann.

### i) Öffentlich-rechtliche Vorschriften

2233 Nach dem im öffentlichen Recht geltenden Grundsatz der effektiven Gefahrenabwehr kann zur Beseitigung einer Gefahr (etwa resultierend aus einem baurechtswidrigen Zustand) nicht nur deren Verursacher, sondern auch der Inhaber der tatsächlichen Gewalt bzw. der Eigentümer einer Sache als sog. **Zustandsstörer** herangezogen werden. Insofern kann auch bei einem Asset Deal die Gefahr bestehen, dass die Käuferin zur Beseitigung von Rechtsverstößen bzw. Gefahren herangezogen werden kann, welche die Verkäuferin in der Vergangenheit begangen bzw. verursacht hat. Vor diesem Hintergrund gewährleistet die Garantie in § 9 Nr. 9 die Übereinstimmung des Geschäftsbetriebs insbesondere mit den Vorschriften des Bau- und Gewerberechts.

### j) Umweltgarantie

2234 Obwohl nach dem Vertragsmuster keine Grundstücke erworben werden, hat die Käuferin ein großes Interesse daran, sich die Freiheit von Umweltverschmutzungen der genutzten Grundstücke garantieren zu lassen. Grund ist, dass nach dem auch im Umweltrecht geltenden Gebot der effektiven Gefahrenabwehr nicht nur der Eigentümer der Sache oder der Verursacher der Umweltverschmutzung, sondern auch der Inhaber der tatsächlichen Gewalt als **Zustandsstörer** in Anspruch genommen werden kann. Für schädliche Bodenveränderungen ist dies etwa in § 4 Abs. 3 BBodSchG geregelt.

2235 Das Vertragsmuster sieht in § 9 Nr. 10 eine vergleichsweise simple Umweltgarantie vor. In Branchen, die aus umweltrechtlicher Sicht besonders haftungsträchtig sind (z. B. der Chemieindustrie oder dem Maschinen- und Anlagenbau) bieten sich gerade angesichts der wirtschaftlichen Bedeutung, die Umweltverschmutzungen in diesen Branchen erreichen können, wesentlich ausdifferenzierte Umweltgarantien (und Freistellungen) an.

### k) Beihilfen

2236 Gegenstand der Garantie in § 9 Nr. 11 sind mögliche Ansprüche auf Rückzahlung von der Verkäuferin gewährten staatlichen Beihilfen. Sofern Beihilfen wegen Veräußerung der geförderten Wirtschaftsgüter, Verstoßes gegen Auflagen oder aus sonstigen Gründen zurückzugewähren sind (zu den Einzelheiten siehe Rz. 1518), trifft die **Rückzahlungspflicht** zwar grundsätzlich den Beihilfeempfänger, hier also die Verkäuferin. Ein Übergang der Rückzahlungsverpflichtung auf die Käuferin kann sich bei einem Asset Deal jedoch aufgrund von § 25 Abs. 1 HGB oder aufgrund der Beihilfebedingungen ergeben, insbesondere wenn die Beihilfen der Verkäuferin für den Erwerb bestimmter Einzelwirtschaftsgüter gewährt wurden.

2237 Bei Investitionszulagen, bei denen nach § 2 Abs. 1 Satz 1 Nr. 1 InvZulG 2010 das begünstigte Einzelwirtschaftsgut mindestens fünf Jahre nach Anschaffung oder Herstellung zu einer Betriebsstätte im Fördergebiet gehören muss, ist zu beachten, dass nicht die Veräußerung der geförderten Wirtschaftsgüter, sondern lediglich deren **Verbringung** außerhalb des Fördergebietes innerhalb des Bindungszeitraums eine Rückforderung auslöst.

Gemäß der **Praxis der Europäischen Kommission** ist bei gemeinschaftsrechtswidrigen Beihilfen eine Rückforderung nicht auf das ursprüngliche Unternehmen beschränkt, sondern kann auf das Unternehmen ausgedehnt werden, das die Tätigkeit des ursprünglichen Unternehmens unter Einsatz der übertragenen Einzelwirtschaftsgüter fortsetzt, wenn durch die Übertragung die Rückzahlungsverpflichtung umgangen wird.[1656)] In einem solchen Fall wäre mit dem Erwerb von einzelnen Wirtschaftsgütern zugleich der Übergang einer Verpflichtung zur Rückgewähr der darauf lastenden Beihilfen verbunden. Das EuG hat sich diese Kommissionspraxis zu eigen gemacht und eine Haftungserstreckung auf den Erwerber von Assets bei im Übrigen wirtschaftlicher Kontinuität bestätigt.[1657)] Eine Ausnahme gilt nach der Rechtsprechung des **EuGH** allerdings dann, wenn der Erwerb des Unternehmens zum Marktpreis erfolgt. In diesem Fall habe die Verkäuferin die Vorteile der Beihilfe behalten, sodass eine (gesamtschuldnerische) Rückforderungshaftung der Käuferin ausgeschlossen sei.[1658)] 2238

Aus den vorgenannten Gründen ist es auch bei einem Asset Deal für den Erwerber von Bedeutung, ob staatliche Beihilfen gewährt worden sind und, wenn ja, ob ein Rückzahlungsanspruch, der sich unter Umständen gegen ihn richten kann, droht. Zweckmäßigerweise sollte dies im Rahmen der Due Diligence abgeklärt und das Ergebnis durch eine entsprechende Garantie abgesichert werden. Besteht ein reales Risiko auf Rückzahlung von Beihilfen, kann auch eine Freistellung des Käufers durch den Verkäufer vereinbart werden.[1659)] Darüber hinaus können Beihilfen auch Ansprüche Dritter begründen, denen sich der Erwerber ausgesetzt sehen kann (siehe Rz. 1525). 2239

### l) Rechtsstreitigkeiten

Ein Asset Deal führt grundsätzlich nicht dazu, dass die Käuferin Partei der Rechtsstreitigkeiten wird, die von der Verkäuferin geführt werden. Gleichwohl können sich aus von der bzw. gegen die Verkäuferin geführten Rechtsstreitigkeiten auch negative Folgen für die Käuferin ergeben. Beispielsweise kann der Käuferin bei einem Rechtsstreit der Verkäuferin der Streit verkündet werden, da sie nunmehr Eigentümerin der streitbefangenen Sache ist. Die Garantie in § 9 Nr. 12 dient dabei in erster Linie der Information der Käuferin, um abschätzen zu können, inwieweit mit möglichen streitigen Auseinandersetzungen zu rechnen ist. 2240

### m) Steuerliche Anmelde- und Zahlungspflichten

Die Garantie in § 9 Nr. 13 bezieht sich auf die Erfüllung aller Pflichten zur Abgabe von Steuererklärungen und -voranmeldungen. Das damit verbundene **Haftungsrisiko der Käuferin** ergibt sich aus **§ 75 AO**. Nach dieser Vorschrift haftet der Übernehmer eines Unternehmens im Ganzen oder eines gesondert geführten Betriebs beschränkt auf das 2241

1656) Vgl. *Jüchser*, NZI 2015, 596.

1657) EuG, Urt. v. 13.9.2010 – verb. Rs T-415/05, T-416/05 und T-423/054 – Olympiaki Aeroporia, Slg 2010, II-4749-4891, betreffend die Entscheidung der Kommission v. 14.9.2005, K (2006) 2706.

1658) EuGH, Urt. v. 29.4.2004 – Rs C-277/10 – SMI, EuGHE 2004, I-3925, Rz. 92 f = ZIP 2004, 1013; EuG, Urt. v. 19.10.2005 – Rs T-318/00 – Thüringen/Kommission, Slg. 2005, II-4179, Rz. 92, 330; EuG, Urt. v. 19.10.2005 – Rs T-324/00 – CDA, Slg. 2005, II-4309, Rz. 99.

1659) Sofern Verkäuferin die öffentliche Hand ist, kann jedoch in dieser Freistellung ebenfalls eine gemeinschaftsrechtswidrige Beihilfe liegen, siehe *Maier/Luke*, DB 2003, 1207, 1211. In diesem Fall kann ein Rücktrittsrecht für die Zeit vereinbart werden, bis die Beihilfefragen mit den Behörden geklärt sind.

übernommene Vermögen für betriebliche Steuern des Veräußerers und für Steuerabzugsbeträge. Wird nur ein eigenständiger Betriebsteil (R 16 (3) EStR) übernommen, so beschränkt sich die Haftung des Erwerbers auf die betrieblichen Steuern, die den übergegangenen Teilbetrieb betreffen.[1660] Zu den betrieblichen Steuern gehören insbesondere die Gewerbe-, Umsatz-, Lohn- sowie Verbrauchssteuern.[1661] Die Käuferin haftet nur dann, wenn die Steuer im letzten vor der Übernahme liegenden Kalenderjahr entstanden und bis zum Ablauf eines Jahres nach Anmeldung des Betriebs durch den Erwerber bei seinem Finanzamt festgesetzt oder angemeldet wird. Die Haftung des Erwerbers wird durch einen an ihn gerichteten Haftungsbescheid ausgelöst.

2242 Für die Käuferin scheint es auf den ersten Blick vorteilhafter zu sein, wenn der Verkäufer die Anmeldung der Steuer länger als ein Jahr nach Übernahme hinauszögert, da dann der Käufer nicht mehr nach § 75 AO haften würde. Für Jahressteuererklärungen und Voranmeldungen nach der Übernahme des Teilbetriebs ist die Käuferin jedoch auf die Unterstützung durch die Verkäuferin angewiesen. Daher hat sie ein Interesse daran, dass die Verkäuferin ihre Anmeldungen ordnungsgemäß erledigt hat.

2243 Die Käuferin kann freilich auch dann nach § 75 AO zur Haftung verpflichtet sein, wenn die Verkäuferin ihre Anmeldepflichten erfüllt hat. § 13 des Musters sieht daher eine umfassende Freistellung der Käuferin von allen mit dieser Vorschrift verbundenen Risiken vor (siehe Rz. 2252).

#### n) Auslandsberührung

2244 Soweit sich Einzelwirtschaftsgüter außerhalb der Bundesrepublik Deutschland befinden, ist im Einzelnen zu prüfen, welche Rechtsordnung für die Übertragung dieser Einzelwirtschaftsgüter anwendbar ist. Gegebenenfalls sind für die Übertragung der im Ausland befindlichen Einzelwirtschaftsgüter die Besonderheiten anderer Jurisdiktionen zu beachten und der Unternehmenskaufvertrag entsprechend anzupassen. Das Vertragsmuster sichert die Verkäuferin durch die Garantie ab, dass nur die Rechtsordnung der Bundesrepublik Deutschland zur Anwendung kommt (§ 9 Nr. 14).

#### o) Hinterlegung der Datenraum-DVD

2245 Die Hinterlegung einer vom Datenraumprovider zertifizierten Datenraum-DVD gehört heute zum Standard bei einem Unternehmenskaufvertrag. Wird der Vertrag – wie beim vorliegenden Vertragsmuster – nicht notariell beurkundet, ist mit einem Notar ein separater Hinterlegungsvertrag abzuschließen. Anstelle einer Datenraum-DVD kann auch ein USB-Datenstick hinterlegt werden.

### 12. Rechtsfolgen der Verletzung von Verkäufergarantien [→ Rz. 2003]

2246 Hinsichtlich der Rechtsfolgen eines Verstoßes gegen die Verkäufergarantien wird auch auf die entsprechenden Ausführungen unter Rz. 1544 verwiesen.

---

1660) BFH, Urt. v. 12.12.1996 – VII R 53/96, DStRE 1997, 938; Koenig/*Intemann*, AO, § 75 Rz. 44.

1661) Koenig/*Intemann*, AO, § 75 Rz. 41.

### a) Kenntnis der Verkäuferin [→ Rz. 2007]

Ob Verkäufergarantien nur nach „Kenntnis" der Verkäuferin abgegeben werden, ist eine Frage des Einzelfalls. Die Käuferin wird jedoch immer ein Interesse daran haben, dass die für sie wesentlichen Garantien ohne eine Beschränkung auf die „Kenntnis" der Verkäuferin abgegeben werden. 2247

### b) Haftungsausschluss durch Verkäufer-Informationen [→ Rz. 2008]

Der **Umfang des Haftungsausschlusses** durch die Verkäufer-Informationen kann unterschiedlich weit ausgestaltet werden. Das Vertragsmuster enthält in § 10 Abs. 6 eine grundsätzlich käuferfreundliche Regelung, mit der die Haftung der Verkäuferin nur dann ausgeschlossen wird, wenn die Verkäufer-Informationen einen Verstoß gegen eine Verkäufergarantie direkt offenlegen. Eine verkäuferfreundliche Klausel könnte wie folgt lauten: 2248

> „Die Käuferin ist nicht berechtigt, Ansprüche aufgrund einer unrichtigen Verkäufergarantie geltend zu machen, sofern sie die dem Anspruch zugrunde liegenden Tatsachen oder Umstände kannte oder kennen konnte. Der Käuferin wird die Kenntnis und das Kennenkönnen ihrer Berater zugerechnet."

## 13. Beteiligung an haftungsrelevanten Auseinandersetzungen [→ Rz. 2011 ff]

Garantieansprüche der Käuferin werden in vielen Fällen durch Forderungen ausgelöst, die Gläubiger gegenüber der Käuferin geltend machen, etwa Steuernachforderungen oder Produkthaftungsansprüche. Garantieansprüche der Käuferin sind aber auch davon abhängig, in welchem Umfang die Käuferin Ansprüche gegenüber Dritten besitzt und durchsetzt, z. B. gegenüber dem Lieferanten einer Komponente eines schadhaften Produkts. Die Verkäuferin ist daran interessiert, dass die Käuferin **Ansprüche Dritter** mit allen Mitteln abwehrt und **Forderungen gegen Dritte** mit allen Mitteln durchsetzt. Für die Käuferin ist es jedoch häufig einfacher, den Garantieanspruch gegen die Verkäuferin zu verfolgen, als die Ansprüche eines Gläubigers der Gesellschaft abzuwehren oder die Forderung der Gesellschaft gegen Dritte geltend zu machen. 2249

Die Klausel ist Ausdruck der generellen zivilrechtlichen Pflicht der Verkäuferin, den **eingetretenen Schaden zu minimieren** (§ 254 Abs. 2 Satz 1 BGB).[1662] Sie regelt die Beteiligung der Verkäuferin an relevanten Auseinandersetzungen im Allgemeinen und findet u. a. auf die Fälle nachträglicher steuerlicher Außenprüfungen sowie auf Verfahren zur Sanierung des Betriebsgrundstücks Anwendung. 2250

**Nebenintervention** (§§ 66 f ZPO) und **Streitverkündung** (§§ 72 f ZPO) würden den Beitritt der Verkäuferin zum Verfahren ermöglichen,[1663] wenn die Käuferin Partei des Rechtsstreits wegen der Forderung eines Dritten wäre. Sie hat nämlich aus dem Kaufvertrag den Rückgriff gegen die Verkäuferin. Dies hätte den Vorteil, dass die Verkäuferin in dem Verfahren selbst ihre Interessen wahrnehmen könnte. Regelmäßig ist die Forderung jedoch gegen die Gesellschaft gerichtet, die keinen Rückgriff gegen die Verkäuferin hat. Die Klausel ist jedoch käuferfreundlich ausgestaltet. Generell wird es für die Käuferin nur schwer zu akzeptieren sein, dass ihre Prozesse durch die Verkäuferin geführt werden. Daher sieht die Klausel neben einer weitreichenden Informationspflicht nur eine Kooperations- 2251

1662) Vgl. speziell zur Verpflichtung der Einlegung von Rechtsbehelfen MünchKomm-*Oetker*, BGB, § 254 Rz. 96.

1663) Vgl. zur Wirkung eines Beitritts MünchKomm-*Schultes*, ZPO, § 66 Rz. 19 ff, § 74 Rz. 3 f, 7.

pflicht der Parteien vor, damit die relevanten Auseinandersetzungen durch die Käuferin so geführt werden, dass keine Verkäufergarantie verletzt wird.

### 14. Freistellung von der Haftung für betriebliche Steuern und wegen Firmenfortführung [→ Rz. 2015 ff]

2252 Der Begriff „Steuern" ist gesetzlich in § 3 Abs. 1 AO definiert. Um klarzustellen, was i. S. d. Vertrags als Steuern gelten soll, ist es sinnvoll, auf diese Vorschrift zu verweisen. Neben der denkbaren Haftung für Steuern aufgrund von Inlandsaktivitäten ist auch eine Haftung für **ausländische Steuern** möglich. Somit sollten auch die nicht inländischen Steuern von der Definition umfasst sein, insbesondere dann, wenn nicht klar ist, ob bei der Verkäuferin auch Aktivitäten im Ausland bestehen oder bestanden haben. Das Vertragsmuster geht davon aus, dass sich alle erworbenen Einzelwirtschaftsgüter in der Jurisdiktion der Bundesrepublik Deutschland befinden.

2253 Anders als beim Erwerb von Anteilen an einer GmbH oder einer KG übernimmt die Käuferin beim Erwerb des Betriebs oder Teilbetriebs keine Anteile am Steuersubjekt. Steuernachzahlungen für die Zeit vor dem Erwerb werden gegen die Verkäuferin festgesetzt, nicht gegen die Käuferin. Eine Steuerklausel wie beim Share Deal (siehe Rz. 1047 ff) ist deshalb entbehrlich. Ein Steuerrisiko geht die Käuferin dennoch ein. Da sie ein Unternehmen oder einen vollständigen Unternehmensteil mit allen wesentlichen Betriebsgrundlagen erwirbt, gilt die Käuferin als Betriebsübernehmerin. Als Betriebsübernehmerin haftet die Käuferin in bestimmtem Umfang für Steuern, die das Finanzamt eigentlich gegen die Verkäuferin festgesetzt hat. Zahlt die Verkäuferin die Steuern nicht, z. B. weil sie in Zahlungsschwierigkeiten ist, kann das Finanzamt diese Steuern von der Käuferin einfordern (§ 75 AO). Die Haftung gemäß § 75 AO ist vertraglich nicht abdingbar. Deshalb enthält das Muster in § 13 Abs. 2 eine Freistellungsklausel. Eine Freistellungsklausel ist allerdings im Fall der Insolvenz der Verkäuferin nicht werthaltig. Soweit auch der Insolvenzfall abgesichert werden soll, geht dies nur über einen Garantiegeber oder einen Bürgen (siehe Rz. 2215 ff).

2254 Die Haftung nach § 75 AO ist **sachlich, zeitlich** und **gegenständlich** beschränkt. **Sachlich** beschränkt sie sich auf die Steuern und Steuerabzugsbeträge, die im verkauften Betrieb begründet sind. Darunter fallen Umsatzsteuer, Gewerbesteuer, Lohnsteuer, Kapitalertragsteuer, Bauabzugssteuern und Abzüge nach § 50a EStG (bei beschränkt Steuerpflichtigen). Ausgenommen sind unter anderem die Einkommensteuer oder Körperschaftsteuer der Verkäuferin; insoweit besteht für die Käuferin also kein Haftungsrisiko. Außerdem ausgenommen sind Erbschaftsteuer, Grundsteuer (das Grundsteuergesetz kennt jedoch eine eigene Haftungsvorschrift), Grunderwerbsteuer und Kfz-Steuer.

2255 **Zeitliche Voraussetzung** für die Haftung ist, dass die Betriebssteuern seit Beginn des letzten vor der Übereignung liegenden Kalenderjahres entstanden sind. Ältere Steuern sind nicht von der Haftungsvorschrift betroffen. Betroffen sind zudem nur Steuern, die innerhalb eines Jahres nach der Anmeldung des Betriebs bei der zuständigen Finanzbehörde festgesetzt oder angemeldet werden. Hierdurch besteht ein besonderer Anreiz für die Käuferin, die ohnehin notwendige Anmeldung auch tatsächlich unverzüglich vorzunehmen. Verzögert sie die Anmeldung, verlängert sie unnötig den Haftungszeitraum. Die Verkäuferin wird die Käuferin aber nur von der für die Käuferin unvermeidlichen Steuerhaftung freistellen wollen. Das ist der Grund für die vertragliche Verpflichtung zur Anmeldung innerhalb eines Monats nach dem Stichtag (siehe Rz. 1574). All diese Voraussetzungen braucht die Steuerklausel nicht ausdrücklich aufzunehmen, weil sie stattdessen vollumfänglich auf die gesetzliche Regelung verweist.

**Gegenständlich** ist die Haftung auf den Bestand des übernommenen Vermögens beschränkt (§ 75 Abs. 1 Satz 2 AO). Hierbei wird auf das übernommene Aktivvermögen abgestellt, Verbindlichkeiten werden nicht berücksichtigt.[1664] 2256

Die Haftung nach § 75 AO greift ein, wenn der übertragene Betrieb ein lebendes Unternehmen ist, das in der bisherigen Art ohne nennenswerte zusätzliche Aufwendungen fortgeführt werden kann. Es kommt für die Haftung also nur auf die Ertragskraft des übernommenen Betriebs an. Fällt die Verkäuferin nachträglich in die Insolvenz, wirkt sich dieser Umstand prinzipiell auf die Haftung nicht aus.[1665] Der Haftung steht auch nicht entgegen, wenn die Weiterführung des Betriebs – bedingt durch organisatorische Veränderungen – nur in eingeschränktem Umfang erfolgt.[1666] 2257

Die Haftung gemäß § 75 Abs. 1 AO tritt nicht ein, wenn der Erwerb aus einer Insolvenzmasse oder im Vollstreckungsverfahren erfolgt (§ 75 Abs. 2 AO). Auch darf der Übernehmer erst dann in Anspruch genommen werden, wenn ein Vollstreckungsversuch in das Vermögen des Steuerschuldners (des Veräußerers) erfolglos geblieben ist oder keine Aussicht auf Erfolg verspricht (§ 219 AO). 2258

Eine dem § 75 AO vergleichbare Haftung der Käuferin sieht das Gesetz für die Grundsteuer vor (§ 11 Abs. 2 GrStG). Würden zum veräußerten Betrieb Grundstücke gehören, sollte im Vertrag (§ 13 Abs. 1 Satz 1) neben § 75 AO auch auf § 11 Abs. 2 GrStG verwiesen werden. 2259

Soweit eine Haftungsüberleitung gemäß § 25 HGB auf die Käuferin erfolgt (siehe Rz. 2277), bezieht sich diese Haftungsüberleitung auch auf die Steuerverbindlichkeiten der Verkäuferin. Das Finanzamt kann in diesen Fällen die Haftung der Käuferin für Steuern der Verkäuferin neben § 75 AO auch auf § 25 HGB stützen. 2260

Anders als der Verkauf einzelner Wirtschaftsgüter unterliegt eine **Geschäftsveräußerung im Ganzen** nicht der Umsatzsteuer (§ 1 Abs. 1a UStG). Die Verkäuferin hat keine Umsatzsteuer auf den Kaufpreis abzuführen, der Rechnungsbetrag enthält keine Umsatzsteuer, und naturgemäß entfällt für die Käuferin dann auch ein Vorsteuerabzug auf den Kaufpreis. 2261

Eine Geschäftsveräußerung im Ganzen im steuerrechtlichen Sinne hat aber eine Reihe von Voraussetzungen, deren Erfüllung in vielen Fällen mit einer gewissen Unsicherheit verbunden ist. Dazu zählt vor allem, dass alle Wirtschaftsgüter übertragen werden müssen, die als wesentliche Betriebsgrundlage des veräußerten Betriebsteils gelten. Außerdem muss im Prinzip ein in sich lebensfähiger Betriebsteil übertragen werden. In manchen Fällen stellt sich deshalb in einer späteren Betriebsprüfung heraus, dass die Voraussetzungen für eine umsatzsteuerfreie Geschäftsveräußerung im Ganzen doch nicht vorgelegen haben. Dann fällt rückwirkend die Umsatzsteuer an. Die Parteien sollten bei Unsicherheiten über das Vorliegen einer Geschäftsveräußerung im Ganzen vertraglich klarstellen, dass in einem solchen Fall die Umsatzsteuer nicht im vereinbarten Kaufpreis enthalten ist, der verein- 2262

1664) Siehe Anwendungserlass zur Abgabenordnung, Tz. 4.3 zu § 75.

1665) Bestätigt durch BFH, Urt. v. 12.1.2011 – XI R 11/08, DStRE 2011, 701; siehe ferner FG München, Urt. v. 7.3.2007 – 14 K 1780/04, BeckRS 2007, 26024302; FG München, Urt. v. 9.11.2006 – 14 K 5014/03, BeckRS 2006, 26024313.

1666) FG München, Urt. v. 9.11.2006 – 14 K 5014/03, BeckRS 2006, 26024613.

barte Kaufpreis also ein Nettokaufpreis ist und sich der Nettoerlös des Verkäufers nicht um die unerwartete Umsatzsteuer mindert.

2263 Das Vertragsmuster sieht vor, dass zu den veräußerten Einzelvermögensgegenständen kein Grundstück gehört. Grundstücke verkomplizieren eine empfehlenswerte Umsatzsteuerklausel aus mehreren Gründen. Zum einen haftet einem Grundstück ein **zehnjähriger Vorsteuerberichtigungszeitraum** an. Wenn der Erwerb als Geschäftsveräußerung im Ganzen gilt, gehen der Berichtigungszeitraum und seine Umsatzsteuerrisiken auf die Käuferin über. Jedenfalls dann, wenn ein Teil des Grundbesitzes nicht für die Produktion genutzt, sondern vermietet ist, hat die Käuferin ein Interesse an einer Schutzklausel, die eine Anpassung des Vertragsmusters im Einzelfall nötig macht. Zum anderen ist der Verkauf von Grundbesitz **grundsätzlich umsatzsteuerfrei**. Das ist relevant, wenn die Transaktion nicht als Geschäftsveräußerung im Ganzen gilt. In diesem Fall hat die Verkäuferin meist einen Anreiz, auf die Umsatzsteuerbefreiung zu verzichten (**Option zur Regelbesteuerung**). Wenn nun ein Teil des Grundstücks vermietet ist, stellt sich oft die Frage, ob die Umsatzsteueroption für den gesamten Grundbesitz ausgeübt werden sollte oder nur für einen Teil. Das hängt davon ab, ob Teile des Grundstücks nicht umsatzsteuerpflichtig, sondern umsatzsteuerfrei vermietet sind.

2264 Bei **Freistellungsansprüchen** ist zu beachten, dass sie grundsätzlich nach § 271 Abs. 1 BGB sofort fällig sind. Meist ist die Freistellungsverpflichtung in die Zukunft gerichtet, weil der zugrunde liegende Anspruch erst künftig entsteht oder fällig wird. Dem Freistellungsgläubiger steht in analoger Anwendung von § 257 Satz 2, § 738 Abs. 1 Satz 3 und § 775 Abs. 2 BGB ein Anspruch auf Sicherheitsleistung zu. Dies bedeutet für den Freistellungsverpflichteten, dass er im Einzelfall für einen verhältnismäßig langen Zeitraum Mittel im Voraus bereitstellen muss. Dem Freistellungsverpflichteten ist daher daran gelegen, dass der Unternehmenskaufvertrag eine Klausel enthält, nach welcher der Freistellungsanspruch erst zu einem späteren Zeitpunkt, etwa zusammen mit dem gesicherten Anspruch, fällig wird. Auch hier sind die Besonderheiten des Einzelfalls zu beachten.

2265 Nicht per se gesetzlich geregelt ist die **Zusammenarbeit der Parteien** für die Zeiträume vor dem Stichtag, also für die Zeiträume, für die eine Haftung der Käuferin denkbar ist. Um sicherzustellen, dass die Käuferin sich im Falle einer Inanspruchnahme durch das Finanzamt aufgrund eines Haftungsfalles einen ausreichenden Einblick in die Verhältnisse des verkauften Unternehmens machen kann, sollte, wie im Vertragsmuster vorgesehen (§ 13 Abs. 4), eine entsprechende Klausel hinsichtlich der Zusammenarbeit für die Steuern, die die Zeiträume vor dem Übertragungsstichtag betreffen, vereinbart werden.

### 15. Fortführung des Geschäftsbetriebs [→ Rz. 2020 ff]

2266 Die Regelung in § 14 des Musters über die Fortführung des Geschäftsbetriebs bis zum Stichtag dient der Absicherung der Käuferin. Aufgrund des der Käuferin in § 7 Abs. 3 des Vertragsmusters gewährten **Rücktrittsrechts** handelt es sich um eine zentrale Regelung, insbesondere da für den Kaufpreis eine Locked Box vorgesehen ist. § 14 des Musters soll sicherstellen, dass zwischen dem Stichtag, an dem die Unternehmensbewertung stattfand (**Bewertungsstichtag**), und dem Stichtag keine Wertabflüsse erfolgen, die den Unternehmenswert negativ beeinträchtigen. Soweit trotz eines Verstoßes gegen die Verpflichtung zur ordnungsgemäßen Fortführung des Geschäftsbetriebs die Käuferin den Vollzug des Unternehmenskaufvertrags wählt, steht es ihr offen, gemäß § 14 des Vertragsmusters einen **Freistellungsanspruch** gegen die Verkäuferin für alle Schäden geltend zu machen oder ggf. gemäß § 7 Abs. 3 vom Vertrag zurückzutreten.

Die Regelung in § 14 des Musters ist in der Weise ausgestaltet, dass die sog. **No-Leakage-** 2267
Fälle grundsätzlich miterfasst werden, also keine Aktiva der Verkäuferin an ihre Gesellschafter, verbundenen Gesellschaften oder diesen nahe stehenden Personen abfließen und abfließen werden. Bei einem Asset Deal besteht dabei keine Notwendigkeit, die No-Leakage-Regelung wie bei einem Share Deal auszugestalten, da beim Asset Deal in der Regel (i) keine relevanten Cash-Bestände der Verkäuferin erworben werden, (ii) die zu erwerbenden Einzelwirtschaftsgüter und (iii) die dazu übernehmenden Verbindlichkeiten der Verkäuferin genau aufgelistet werden und damit bestimmt sind. Dies bestimmt die Ausformung der No-Leakage-Regelung für den Asset Deal und lässt insoweit mehr Gestalungsspielraum als beim Share Deal zu.

### 16. Garantien der Käuferin [→ Rz. 2023]

Angesichts der regelmäßig nicht unerheblichen Höhe eines für ein Unternehmen zu entrichtenden Kaufpreises hat die Verkäuferin ein Interesse daran, dass auch die Käuferin in der Lage ist, ihre **Hauptleistungspflicht** zu erfüllen.[1667] 2268

Die Garantien der Käuferin im Hinblick auf ihre ordnungsgemäße Errichtung (§ 15 Nr. 1 Satz 1) und ausreichende finanzielle Ausstattung (Nr. 2) sind insbesondere dann sinnvoll, wenn es sich bei der Käuferin um eine eigens gegründete Erwerbsgesellschaft handelt. Die Garantie der Käuferin bezüglich des Nichtvorliegens der Insolvenzreife (§ 15 Nr. 1 Satz 2) ist für die Verkäuferin deshalb von Interesse, weil eine im Stadium der Insolvenzreife vereinbarte bzw. geleistete Kaufpreiszahlung von einem späteren Insolvenzverwalter ggf. gemäß §§ 129 ff InsO angefochten werden könnte (siehe Rz. 164). 2269

Die Garantien der Käuferin in § 15 Nr. 1–3 des Vertragsmusters sind in ihrer Gesamtheit auch für das in § 4 des Vertragsmusters vorgesehene Agency-Modell von Bedeutung. Die Verkäuferin, die auf Grundlage des Agency-Modells im Außenverhältnis weiterhin als Partei der nicht auf die Käuferin übertragenen Verträge auftritt, hat ein Interesse an der Garantie, dass die Käuferin die nach den jeweiligen Verträgen geschuldeten Leistungen auch tatsächlich erbringen kann. 2270

Zusätzlich zu dem im Vertragsmuster vorgestellten Garantiekatalog der Käuferin gibt es noch eine breite Palette an weiteren Mechanismen zur Absicherung der Verkäuferin und der Gesellschafter der Verkäuferin. Bei einem Konzernunternehmen kann z. B. die Konzernmutter oder die unmittelbare Gesellschafterin der Käuferin als **Garantiegeberin** für die Käuferin in den Vertrag mit einbezogen werden. Diese Möglichkeiten der Absicherung bestehen allerdings auch auf Seiten der Käuferin für die Absicherung der Verkäufergarantien. Im Einzelfall kann sich der Kreis der Parteien des Unternehmenskaufvertrags damit um eine Garantiegeberin sowohl für die Käuferin als auch für die Verkäuferin erweitern. 2271

### 17. Sonstige Verpflichtungen

#### a) Transitional Service Agreement [→ Rz. 2025]

Bei einem Asset Deal werden regelmäßig sog. Transitional Service Agreements („**TSA**“) 2272
abgeschlossen, mit denen der Erwerber in die Lage versetzt werden soll, den erworbenen

1667) Vgl. *Bergjan*, in: Saenger/Aderhold/Lenkaitis/Speckmann, § 11 Rz. 165.

Teil des Unternehmens unmittelbar nach dem Stichtag selbständig zu führen. Diese TSA werden üblicherweise nur für einen Übergangszeitraum von drei bis sechs Monaten abgeschlossen. In Einzelfällen werden jedoch auch längere Laufzeiten für besonders wichtige Dienstleistungen vereinbart, z. B. für IT-Dienstleistungen.

**b) Beratervertrag** [→ Rz. 2026]

2273 Soweit für einen Übergangszeitraum die Käuferin auf Informationen oder Know-how von natürlichen Personen der Verkäuferin angewiesen ist, deren Arbeitsverhältnisse nicht gemäß § 613a BGB auf die Käuferin übergehen, wird regelmäßig ein Beratervertrag geschlossen, mit dem sich die Käuferin dieses Wissen sichert. Dabei ist auch an die Geschäftsführer der Verkäuferin zu denken. Sie sind vom Betriebsübergang gemäß § 613a BGB nicht erfasst. Soweit die Käuferin daher die Geschäftsführer der Verkäuferin zukünftig selbst als Geschäftsführer bestellen oder anderweitig beschäftigen möchte, sind gesonderte Regelungen in das Vertragsmuster aufzunehmen. Soll ein Geschäftsführer der Verkäuferin zukünftig als Geschäftsführer der Käuferin tätig werden, ist der Geschäftsführer bis zum Vollzug von den Gesellschaftern der Verkäuferin abzuberufen. Der Abschluss eines Geschäftsführerdienstvertrags mit der Käuferin wird dabei regelmäßig so wichtig sein, dass er zu einer der aufschiebenden Bedingungen wird. Insoweit ist das Vertragsmuster anzupassen. Sollte lediglich ein Beratervertrag mit einer natürlichen Person abgeschlossen werden, sieht das Vertragsmuster dafür eine entsprechende Regelung vor. Wer der Vertragspartner der Käuferin ist, ist Frage des Einzelfalls.

**c) Betriebsgrundstücke** [→ Rz. 2027]

2274 Das Vertragsmuster sieht vor, dass die Betriebsgrundstücke nicht von der Käuferin erworben, sondern gepachtet werden. Soweit die Käuferin die Betriebsgrundstücke im Rahmen des Asset Deals erwirbt, ist das Vertragsmuster inklusive Garantien zu ergänzen (siehe Rz. 1480 ff).

2275 Betriebsgrundstücke eines Unternehmens erweitern die Parteienkonstellation des Asset Deals oftmals dergestalt, dass auf Betriebsgrundstücke spezialisierte Finanzdienstleister die Betriebsimmobilie von der Verkäuferin erwerben und an die Käuferin verpachten. Bei dieser Konstellation des Unternehmenskaufs ist der Immobilienkaufvertrag und der Pachtvertrag mit dem Asset Deal abzustimmen, damit sichergestellt ist, dass die Käuferin die Betriebsimmobilien zum Stichtag nutzen kann.

**d) Buchhaltungsunterlagen und Unterlagen zu Rechtsstreitigkeiten** [→ Rz. 2028]

2276 Mit dem Stichtag geht das Eigentum an sämtlichen der in § 1 des Vertragsmusters aufgeführten Einzelwirtschaftsgüter auf die Käuferin über. Dazu gehören die Buchhaltungsunterlagen und insbesondere die Unterlagen und Informationen, die etwaige von bzw. gegen die Verkäuferin geführten Rechtsstreitigkeiten betreffen, regelmäßig nicht oder zumindest nicht vollständig. Insoweit ist eine Regelung notwendig, dass die Käuferin auf alle die Informationen Zugriff hat, die sie ggf. benötig.

**e) Freistellung und Haftung bei Firmenfortführung** [→ Rz. 2029]

2277 Die Käuferin hat ein Interesse daran, nur für die Verbindlichkeiten zu haften, die sie ausdrücklich übernehmen will. Soweit darüber hinaus Verbindlichkeiten auf die Käuferin übergehen, sieht das Vertragsmuster vor, dass die Verkäuferin die Käuferin von der Inanspruchnahme aus diesen Verbindlichkeiten freistellt (§ 11). Beim Übergang von Verbindlichkeiten ist insbesondere die Regelung über die Haftungsüberleitung des § 25 HGB zu beachten.

Im Fall der **Firmenfortführung** durch die Käuferin haftet diese gemäß § 25 Abs. 1 HGB für die Verbindlichkeiten der Verkäuferin. Eine Firmenfortführung setzt nicht voraus, dass die von der Käuferin gewählte Firma identisch mit derjenigen der Verkäuferin ist. Entscheidend ist vielmehr die Fortführung des Firmenkerns.[1668)] Der Firmenkern wird fortgeführt, wenn der Geschäftsverkehr die neue Firma noch mit der alten identifiziert.[1669)] Es kommt somit darauf an, ob der prägende Teil der alten Firma, mit dem der Verkehr das Unternehmen verbindet, durch die Käuferin fortgeführt wird.[1670)] 2278

Diese umfassende Haftung der Käuferin kann jedoch gemäß § 25 Abs. 2 HGB ausgeschlossen werden, wenn eine abweichende Vereinbarung über die Haftung der Käuferin in das Handelsregister der Käuferin eingetragen und bekannt gemacht[1671)] oder von der Käuferin oder der Verkäuferin den Gläubigern gegenüber mitgeteilt worden ist. Der Haftungsausschluss muss unmittelbar nach Geschäftsübernahme beim Handelsregister durch die Käuferin und die Verkäuferin gemeinsam angemeldet (dann bedarf die Anmeldung keines weiteren Nachweises) und alsbald eingetragen und bekannt gemacht werden; anderenfalls ist er den Gläubigern gegenüber unwirksam.[1672)] 2279

Bei einer Eintragung eines Haftungsausschlusses gemäß § 25 Abs. 2 HGB ist der ggf. ökonomische Nachteil mit den juristischen Vorteilen abzuwägen. In der Regel wird eine Firma gerade deshalb übernommen, um dem Markt zu signalisieren, dass das Unternehmen fortgeführt wird. Mit der Eintragung eines Haftungsausschlusses wird dem Markt jedoch das Gegenteil kommuniziert, wodurch es zu ökonomischen Nachteilen kommen kann. 2280

Als Alternative zur Eintragung im Handelsregister kommt in Betracht, die Vereinbarung über den Ausschluss der Haftung nach § 25 HGB den Gläubigern einzeln mitzuteilen. Diese Mitteilung kann formlos erfolgen;[1673)] aus Beweisgründen ist jedoch Schriftform zu empfehlen. Während die Handelsregistereintragung gegenüber allen Gläubigern wirkt (§ 15 Abs. 2 HGB), ist die Mitteilung nur demjenigen Gläubiger gegenüber wirksam, dem sie zugegangen ist.[1674)] Der Aufwand ist höher, bietet aber auch Vorteile: Zum einen ist die Mitteilung ggf. schneller bei Dritten zugegangen, als die Eintragung durch das Registergericht vorgenommen wird, und zum anderen wird die Publizität der Vereinbarung vermieden. 2281

§ 25 Abs. 1 HGB ist auch auf die Übernahme und Fortführung eines Unternehmensteils anwendbar, sofern der Betrieb zumindest im Kern beibehalten wird oder von der Käuferin Teile des Personals übernommen werden.[1675)] Dabei kommt es auf den Schwerpunkt des Unternehmens an, sodass sich der nach außen für die beteiligten Verkehrskreise in Er- 2282

---

1668) BGH, Urt. v. 16.9.2009 – VIII ZR 321/08, ZIP 2009, 2244 = NJW 2010, 236; BGH, Urt. v. 12.2.2001 – II ZR 148/99, ZIP 2001, 567 = MDR 2001, 701.

1669) BGH, Urt. v. 4.11.1991 – II ZR 85/91, ZIP 1992, 398 = BB 1992, 87; OLG Düsseldorf, Urt. v. 24.5.2004 – I-24 U 34/04, NZG 2005, 176.

1670) BGH, Urt. v. 12.2.2001 – II ZR 148/99, ZIP 2001, 567 = MDR 2001, 701.

1671) OLG Düsseldorf, Urt. v. 25.2.2008 – 3 Wx 32/08, NJW-RR 2008, 1211.

1672) BGH, Urt. v. 20.1.1992 – II ZR 115/91, ZIP 1992, 763 = BB 1992, 804.

1673) *Roth*, in: Koller/Kindler/Roth/Morck, HGB, § 25 Rz. 8c.

1674) *Hopt*, in: Baumbach/Hopt, HGB, § 25 Rz. 14.

1675) BGH, Urt. v. 7.12.2009 – II ZR 229/08, ZIP 2010, 83 = BB 2010, 148; BGH, NJW 2006, 1001.

scheinung tretende Tatbestand als Weiterführung des Unternehmens in seinem wesentlichen Bestand darstellt.[1676] Die Käuferin haftet bei Übernahme und Fortführung eines Unternehmensteils allerdings nur für die in dem erworbenen Unternehmensteil begründeten Verbindlichkeiten.[1677]

2283 Von der Haftung im Außenverhältnis sind die Haftung und der Ausgleich im Innenverhältnis zwischen der Käuferin und der Verkäuferin zu unterscheiden. Das Vertragsmuster geht davon aus, dass zusätzlich zur Eintragung einer Mitteilung gemäß § 25 Abs. 2 HGB in das Handelsregister über eine Haftungsbeschränkung ein Innenausgleich zwischen den Parteien erfolgt, soweit die Käuferin für Verpflichtungen in Anspruch genommen wird, die bei der Käuferin verbleiben sollen (vgl. dazu § 11).

### 18. Wettbewerbsverbot [→ Rz. 2030 ff]

2284 Die Käuferin hat ein Interesse daran, dass die Verkäuferin nicht sogleich nach Vollzug des Unternehmenskaufs wieder zu dieser in Wettbewerb tritt und auf diese Weise den Wert des gerade erworbenen Unternehmens mindert. Für das Wettbewerbsverbot ist die genaue Beschreibung des Unternehmensgegenstands – vgl. Präambel (A) des Vertragsmusters – von besonderer Bedeutung. Je allgemeiner diese gehalten ist, desto weitrechender ist das Wettbewerbsverbot. Hinsichtlich der einzuhaltenden gegenständlichen, zeitlichen und räumlichen Grenzen eines Wettbewerbsverbots sei auf die Erläuterungen zu Muster 1 (siehe Rz. 1595) verwiesen.

2285 Bei der Konstellation, mit der das gesamte Unternehmen im Wege des Asset Deals erworben wird, scheint die Gefahr, dass die Verkäuferin Wettbewerb betreiben wird, gering, da sie nach Vollzug zunächst keine Betriebsmittel mehr hat. Dennoch sollte aus Sicht der Käuferin nicht auf ein entsprechendes Wettbewerbsverbot verzichtet werden, da die Verkäuferin ggf. noch über die wettbewerbsrelevanten Kenntnisse verfügt. Inwieweit darüber hinaus auch eine Einbindung der Gesellschafterin der Verkäuferin in das Wettbewerbsverbot gelingt, ist eine Frage des Einzelfalls. Das Vertragsmuster ist insoweit anzupassen.

### 19. Escrow [→ Rz. 2032 ff]

2286 Die Absicherung der Käuferin bei unzutreffenden Verkäufergarantien kann in unterschiedlicher Weise erfolgen. Neben der in dem Vertragsmuster ausgestalteten **Escrow-Regelung** ist auch eine **Bankgarantie** oder eine **Bürgschaft** denkbar. Oftmals möchte oder kann die Verkäuferin aus Kosten- oder Liquiditätsgründen aber keine Garantie oder Bürgschaft stellen.[1678]

2287 Die Escrow-Regelung sieht vor, dass ein Teil des Kaufpreises auf ein Notaranderkonto eingezahlt wird und dort verbleibt, bis etwaige Schadensersatzansprüche der Käuferin verjährt sind. Die in § 18 des Vertragsmusters vorgesehene Klausel regelt die Modalitäten der Auszahlung des auf dem Notaranderkonto hinterlegten Teils des Kaufpreises an die Verkäuferin nach Ablauf der vertraglich vorgesehenen Verjährungsfristen. Anstelle des Notaranderkontos kann auch ein sog. gemeinsames Konto eingerichtet werden, auf das die

---

1676) BGH, Urt. v. 5.7.2012 – III ZR 116/11, ZIP 2012, 2007 = WM 2012, 1482; BGH, Urt. v. 16.9.2009 – VIII ZR 321/08, ZIP 2009, 2244 = NJW 2010, 236.

1677) *Hopt*, in: Baumbach/Hopt, HGB, § 25 Rz. 6, 11.

1678) Vgl. *Bergjan*, in: Saenger/Aderhold/Lenkaitis/Speckmann, § 11 Rz. 179.

Parteien nur gemeinsam Zugriff haben. Das gemeinsame Konto ist gegenüber einem Notaranderkonto oft kostengünstiger.

### 20. Schiedsgericht [→ Rz. 2049]

2288 Anstelle der Vereinbarung einer **Schiedsgerichtsklausel** kann auch eine **Gerichtsstandsvereinbarung** getroffen werden. Ob eine Schiedsgerichtsklausel oder eine Gerichtsstandsvereinbarung für die Parteien vorteilhaft ist, ist eine Frage des Einzelfalls. Die Schiedsklausel des Vertragsmusters entspricht im Wesentlichen dem von der Deutschen Institution für Schiedsgerichtsbarkeit (DIS) empfohlenen Wortlaut.[1679] Bei Asset Deals mit **internationalen Aspekten**, bei dem sich Einzelwirtschaftsgüter in unterschiedlichen Jurisdiktionen befinden, ist eine Schiedsklausel (z. B. nach der ICC-Schiedsgerichtsordnung) einer Gerichtsstandsvereinbarung oftmals vorzuziehen, um mögliche Streitigkeiten weitgehend zu konzentrieren.

### 21. Doppelte Schriftformklausel [→ Rz. 2051]

2289 Die sog. **doppelte Schriftformklausel** in § 25 (2) Satz 1 des Musters ist gemäß der Rechtsprechung des BGH[1680] eine zwischen Kaufleuten unbedenkliche und zulässige Absicherung, um zukünftige Änderungen von Verträgen klar zu dokumentieren. Das OLG Rostock hat demgegenüber entschieden, dass solche Regelungen in Allgemeinen Geschäftsbedingen (AGB) gemäß § 307 Abs. 1 BGB unwirksam seien.[1681] Verschärft wird diese durch die vom OLG Rostock artikulierte Ansicht jedoch durch die Aussage des BGH, dass das Merkmal „für eine Vielzahl von Verträgen vorformuliert" für die Annahme von AGB allgemein nicht mehr ausschlaggebend sein soll. Ist eine Vertragsregelung schon nach dem äußeren Erscheinungsbild als AGB zu qualifizieren,[1682] so soll es auch auf die mindestens dreimalige Verwendung nicht mehr ankommen. Für den Unternehmenskauf zwischen Kaufleuten sollte diese dargelegte Auffassung des BGH jedoch alleine aufgrund der §§ 311b Abs. 1 Satz 1, § 15 Abs. 4 Satz 1 GmbHG nicht dazu führen, dass eine doppelt Schriftformklausel als unzulässig angesehen wird.

1679) Vgl. http://www.dis-arb.de/de/17/klauseln/dis-schiedsgerichtsvereinbarung-98-id21 (Stand: 29.7.2019).

1680) BGH, Urt. v. 2.6.1976 – VIII ZR 97/74, BGHZ 66, 378.

1681) OLG Rostock, Urt. v. 19.5.2009 – 3 U 16/09 = NJW 2009, 3376.

1682) BGH, Urt. v. 18.10.2017 – VIII ZR 86/16 = BB 2018, 1423.

## Muster 4: Aktienkaufvertrag

| Abrufbar unter: http://www.rws-verlag.de/vk-unternehmenskauf.htm |
|---|

*Sachverhalt: Das nachfolgende Muster behandelt den Verkauf von Aktien, die insgesamt 60 % des Grundkapitals einer nicht börsennotierten Aktiengesellschaft („X-AG") repräsentieren, an einen strategischen Investor. 40 % der Aktien verbleiben zunächst bei einem der bisherigen Aktionäre, der gleichzeitig auch Mitbegründer des Unternehmens ist. Wie in vielen Fällen der Übernahme von inhabergeführten Aktiengesellschaften, bei denen sich die Aktien im Wesentlichen in Familienbesitz befinden, beabsichtigt der strategische Investor, hierdurch bestimmte Entscheidungsträger für einen Übergangszeitraum im Unternehmen zu halten. Nach Ablauf des Übergangszeitraums erhält der strategische Investor eine Option auf den Erwerb sämtlicher verbliebenen Aktien. Das Beispiel eines abgestuften Erwerbs wurde bewusst gewählt, da diese Form der Investition gerade im Mittelstand in den letzten Jahren immer mehr an Bedeutung gewonnen hat. Unternehmensgegenstand der Aktiengesellschaft sind die Herstellung und der Vertrieb von Abrechnungssoftware. Im Muster wird des Weiteren unterstellt, dass die Aktiengesellschaft zu 100 % an mindestens einer Tochtergesellschaft (Z-GmbH) beteiligt ist. Als Gegenleistung für die Übertragung der Aktien erhalten die Verkäufer von der Käuferin einen Barkaufpreis.*

### I. Vertragstext

**Aktienkaufvertrag**
**zwischen**

der […], mit Sitz in […], eingetragen im Handelsregister des Amtsgerichts […] unter HRB […], vertreten durch […], 2290

– nachfolgend auch die **„Käuferin"** –

und

[…], geboren am […], deutscher Staatsangehöriger, wohnhaft […]

– nachfolgend der **„Verkäufer zu 1)"** –

und

[…], geboren am […], deutsche Staatsangehörige, wohnhaft […]

– nachfolgend die **„Verkäuferin zu 2)"** –

und

der […], mit Sitz in […], eingetragen im Handelsregister des Amtsgerichts […] unter HRB […], vertreten durch […],

– nachfolgend als die **„Garantiegeberin"** bezeichnet –

Verkäufer zu 1) und Verkäuferin zu 2) nachfolgend gemeinsam auch **„Verkäufer"** genannt; Käuferin, Verkäufer zu 1), Verkäuferin zu 2) und Garantiegeberin nachfolgend gemeinsam auch **„Parteien"** oder jeweils einzeln **„Partei"** genannt. [→ Rz. 2376 ff]

## Inhaltsverzeichnis



## Verzeichnis der Definitionen

| **Begriff** | **definiert in** |
|---|---|
| Call-Option | § 5 Abs. 1 |
| Closing | § 4 Abs. 6 |
| Closing Actions | § 4 Abs. 7 |
| Closing Confirmation | § 4 Abs. 10 |
| Closing Day | § 4 Abs. 7 |
| Garantiegeberin | im Rubrum |
| Gewährleistungsperiode 1 | § 7 Abs. 4 |
| Gewährleistungsperiode 2 | § 7 Abs. 4 |
| Käuferin | im Rubrum |
| Optionsausübung | § 5 Abs. 2 |
| Options-Kaufpreis | § 5 Abs. 5 |
| Options-Stichtag | § 5 Abs. 4 |
| Steuerschulden | § 8 Abs. 1 |
| Stichtagsabschluss | § 4 Abs. 6 |
| Teilkaufpreis 1 | § 4 Abs. 2 |
| Teilkaufpreis 2 | § 4 Abs. 2 |
| Transaktion | in der Präambel |
| Verkäufer | im Rubrum |
| Verkaufte X-Aktien | § 2 Abs. 1 |
| Wichtige Verträge | § 6 Abs. 1 |
| Wirtschaftlicher Stichtag | § 2 Abs. 1 |
| X-AG | § 1 Abs. 1 |
| X-AG-Gruppe | § 1 Abs. 1 |
| Z-GmbH | § 1 Abs. 1 |
| Zusätzliche Aktien | § 5 Abs. 1 |

**Verzeichnis der Anlagen**

| **Anlage** | **Inhalt** |
|---|---|
| Anlage 4.1 | Berechnung Gesamtkaufpreis |
| Anlage 4.5 | Stichtagsabschluss |
| Anlage 4.7.3 | Satzung der X-AG |
| Anlage 4.7.4 | Zustimmungserklärung Vertragspartner X-AG |
| Anlage 4.10 | Entwurf Closing Confirmation |
| Anlage 6.1.3 | Aktienregister der X-AG |
| Anlage 6.1.5 | Handelsregisterauszüge und Gesellschaftsverträge der X-AG und ihrer Tochtergesellschaften |
| Anlage 6.1.9 | Jahresabschlüsse der Gesellschaften der X-AG Gruppe (Bilanz sowie Gewinn- und Verlustrechnung nebst Anhang) |
| Anlage 6.1.10.a | Vertrag zwischen X-AG und Verkäuferin zu 2) |
| Anlage 6.1.10.b | Vorstandsanstellungsverträge mit Verkäufer zu 1) und Verkäuferin zu 2) |
| Anlage 6.1.13 | Bankdarlehen der X-AG Gruppe |
| Anlage 6.1.17 | Gewerbliche Schutzrechte (Patente, Gebrauchsmuster, Marken, Geschmacksmuster, Topografien und Sortenschutzrechte), Urheberrechte, Domains oder sonstige gewerbliche Schutzrechte der X-AG Gruppe |
| Anlage 6.1.18 | vollständige und richtige Aufstellung bestimmter wichtiger (schriftlich oder mündlich abgeschlossener) Verträge und Verpflichtungen der Gesellschaften der X-AG Gruppe |
| Anlage 6.1.20 | Anonymisierte, vollständige und richtige Aufstellung aller Arbeitnehmer der Gesellschaften der X-AG Gruppe sowie deren betriebsinterne Position, Geburtsdaten, Beschäftigungsbeginn, Brutto-Monatsgehalt und sonstige Entlohnungsbestandteile |
| Anlage 6.1.21 | Zusagen der Gesellschaften der X-AG Gruppe für betriebliche Altersversorgung |
| Anlage 6.1.23 | Gegenüber den Gesellschaften der X-AG Gruppe geltend gemachte oder drohende Produkthaftungsansprüche in Bezug auf die von den Gesellschaften der X-AG Gruppe vertriebenen Produkte |
| Anlage 6.1.26 | Richtige und vollständige Aufstellung der von den Gesellschaften der X-AG Gruppe oder zugunsten der Gesellschaften der X-AG Gruppe oder ihres Geschäftsbetriebs abgeschlossenen Versicherungen |
| Anlage 8.2 | Rechtsstreitigkeiten |

## Präambel

2291 1. Die X-AG ist ein nicht börsennotiertes Softwareunternehmen. Sie ist tätig im Bereich Herstellung und Vertrieb von Abrechnungs- und Steuerungssoftware für Energielieferanten.

2292 2. Die Käuferin ist ein strategischer Investor. Sie ist tätig im Bereich [...]. Die Garantiegeberin ist [...]. [→ Rz. 2379]

2293 3. Die Verkäufer beabsichtigen, zunächst 60 % der von ihnen gehaltenen Aktien an der X-AG an die Käuferin zu verkaufen. Die Käuferin beabsichtigt, diese Aktien zu erwerben (nachfolgend auch bezeichnet als „**Transaktion**"). Des Weiteren erhält die Käuferin die Option, weitere 40 % der von dem Verkäufer zu 1) zunächst zurückbehaltenen Aktien zu erwerben.

2294 Dies vorausgeschickt vereinbaren die Parteien Folgendes:

## § 1
## Gesellschaftsrechtlicher Status

2295 (1) Die X-AG mit Sitz in [...], eingetragen im Handelsregister des Amtsgerichts [...] unter HRB [...] (nachfolgend „**X-AG**") ist eine nach deutschem Recht errichtete Aktiengesellschaft. Das Grundkapital der X-AG beträgt 100.000,– € (in Worten: einhunderttausend Euro) und ist eingeteilt in 100.000 auf den Namen lautende nennbetragslose Stückaktien.

2296 (2) Verbriefung und Verwahrung

Sämtliche Aktien sind unverbrieft.

2297 (3) Aktien der Verkäufer

Der Verkäufer zu 1) hält 50.000 auf den Namen lautende nennbetragslose Stückaktien (Nr. 1–50.000) und die Verkäuferin zu 2) hält 50.000 auf den Namen lautende nennbetragslose Stückaktien (Nr. 50.001–100.000) am Grundkapital der X-AG.

2298 (4) Tochtergesellschaften

Die X-AG hält sämtliche Anteile am Stammkapital der Z-GmbH (X-AG und Z-GmbH nachfolgend gemeinsam auch „**X-AG Gruppe**"). [→ Rz. 2380]

## § 2
## Verkauf und Abtretung der Geschäftsanteile an der X-AG

2299 (1) Die Verkäufer verkaufen und treten hiermit sämtliche Mitgliedschaftsrechte aus 60.000 Aktien am Grundkapital der X-AG an die Käuferin mit schuldrechtlicher und wirtschaftlicher Wirkung zum [...], 24:00 Uhr (nachfolgend „**Wirtschaftlicher Stichtag**") ab, nämlich der Verkäufer zu 1) 10.000 Aktien (Nr. 1–10.000) und die Verkäuferin zu 2) 50.000 Aktien (Nr. 50.001–100.000) (die „**Verkauften X-Aktien**"). Als Vorsichtsmaßnahme treten die Verkäufer darüber hinaus sämtliche ihnen zustehenden Rechte auf Übertragung und Abtretung der Mitgliedschaftsrechte aus den Verkauften X-Aktien ab, inklusive ihnen zustehender Bezugsrechte, Anwartschaftsrechte sowie aller Rechte, die Rechte ersetzen, die aus Verträgen der Verkäufer mit Dritten stammen oder aus ihnen für den Fall erwachsen sind, dass ein Recht der Käuferin nach diesem Vertrag nicht durchsetzbar oder unwirksam ist. Die Käuferin nimmt den Verkauf und die Abtretung hiermit an. Mitverkauft und übertragen sind darüber hinaus das Stimmrecht und alle sonstigen mit den Verkauften X-Aktien verbundenen Rechte. [→ Rz. 2381 ff]

(2) Ab dem Wirtschaftlichen Stichtag gilt die Käuferin als wirtschaftliche Inhaberin der Verkauften X-Aktien; ihr steht insbesondere das Dividendenbezugsrecht ab dem Wirtschaftlichen Stichtag sowie für sämtliche vor dem Wirtschaftlichen Stichtag liegende Geschäftsjahre zu, soweit für diese (Alt-)Gewinne nicht bereits Ausschüttungen durchgeführt worden sind. [→ Rz. 2429] 2300

(3) Die Abtretung der Verkauften X-Aktien steht unter den aufschiebenden Bedingungen der vollständigen Kaufpreiszahlung gemäß nachstehendem § 4 Abs. 1 sowie der Erfüllung sämtlicher Closing Actions gemäß nachstehendem § 4 Abs. 7. [→ Rz. 2439 ff] 2301

### § 3
### Zustimmungen

(1) Die Verkäufer zu 1) und 2) als Ehegatten erklären hiermit wechselseitig ihre Zustimmung gemäß § 1365 BGB zu der Veräußerung und Übertragung der Verkauften X-Aktien gemäß vorstehendem § 2 und der Zusätzlichen Aktien gemäß nachfolgendem § 5 durch den jeweils anderen Ehepartner. [→ Rz. 2430] 2302

(2) Die Verkäufer zu 1) und 2) vertreten selbst das gesamte Grundkapital der X-AG. Das Zustimmungserfordernis aus § 5 der Satzung der X-AG ist damit erfüllt. [→ Rz. 2432] 2303

### § 4
### Kaufpreis, Closing

(1) Der Gesamtkaufpreis für die gemäß § 2 Verkauften X-Aktien der Verkäufer beträgt 60.000,– € (in Worten: sechzigtausend Euro). Der Kaufpreis wurde auf der Grundlage eines angenommenen Unternehmenswerts von 500.000,– € abzüglich Verbindlichkeiten unter Einschluss von Bankschulden, Überziehungskrediten und Grundschulden sowie anderer Verbindlichkeiten gegenüber Dritten, aber ausschließlich Verbindlichkeiten aus Lieferungen und Leistungen und Verbindlichkeiten aus Kauf auf Kredit von Betriebsvermögen abzüglich Bankguthaben und Barbeständen der X-AG zum 31.12.2015 wie im Einzelnen in **Anlage 4.1** dargelegt, berechnet. [→ Rz. 2433 ff] 2304

(2) Der auf die Verkauften X-Aktien des Verkäufers zu 1) entfallende Teil des Kaufpreises beträgt 10.000,– € (in Worten: zehntausend Euro) (der „**Teilkaufpreis 1**"). Der auf die Verkauften X-Aktien der Verkäuferin zu 2) entfallende Teil des Kaufpreises beträgt 50.000,– € (in Worten: fünfzigtausend Euro) (der „**Teilkaufpreis 2**"). 2305

(3) Der gemäß Absatz 1 geschuldete Kaufpreis ist zum Closing gemäß nachstehendem Absatz 7 zur Zahlung fällig; die Teilkaufpreise 1 und 2 sind kostenfrei wie folgt zu überweisen: 2306

1. ein Betrag in Höhe von 10.000,– € (in Worten zehntausend Euro) auf das bei der [...] für den Verkäufer zu 1) geführte Konto IBAN [...], BIC [...], sowie
2. ein Betrag in Höhe von 50.000,– € (in Worten fünfzigtausend Euro) auf das bei der [...] für die Verkäuferin zu 2) geführte Konto IBAN [...], BIC [...].

2307 (4) Ab Fälligkeit ist der gemäß Absatz 1 geschuldete Kaufpreis mit fünf Prozentpunkten über dem jeweiligen Basiszinssatz p. a. zu verzinsen. § 286 Abs. 3 BGB wird abbedungen.

2308 (5) Falls das konsolidierte Eigenkapital der X-AG am Wirtschaftlichen Stichtag nicht mindestens 100.000,– € berechnet gemäß **Anlage 4.5** – beträgt, wird der Kaufpreis um 60 % des Minderbetrags reduziert. Etwaige De-minimis-Regelungen und Haftungshöchstgrenzen, soweit sie in diesem Vertrag vereinbart werden, gelten insoweit nicht. [→ Rz. 2435]

2309 (6) Die Verkäufer und die Käuferin verpflichten sich, dafür zu sorgen, dass die X-AG innerhalb von 60 Tagen nach dem Closing Day gemäß nachfolgendem Absatz 7 zum Wirtschaftlichen Stichtag einen [konsolidierten] Stichtagsabschluss aufstellt, der so aufgestellt wird, wie [konsolidierte] Jahresabschlüsse der X-AG in der Vergangenheit aufgestellt wurden, der den deutschen gesetzlichen Anforderungen einschließlich der Grundsätze ordnungsgemäßer Buchführung entspricht und die besonderen, in **Anlage 4.5** aufgeführten Anpassungen berücksichtigt (**„Stichtagsabschluss“**). Die Parteien werden zum Zweck der Beschleunigung der Aufstellung des Stichtagsabschlusses zusammenarbeiten. Die Verkäufer und die Käuferin prüfen den Stichtagsabschluss innerhalb von 60 Tagen nach Erhalt. Falls die Verkäufer oder die Käuferin Einwendungen gegen den Stichtagsabschluss innerhalb weiterer 30 Tage erheben und keine Einigung der Parteien über eine Lösung erzielt wird, kann jede Partei das Institut der Wirtschaftsprüfer e. V. bitten, einen unabhängigen Wirtschaftsprüfer zu benennen, der als Schiedsgutachter, nicht als Schiedsrichter, die Streitigkeit mit bindender Wirkung entscheidet. Die durch Inanspruchnahme des unabhängigen Schiedsgutachters entstandenen Kosten tragen die Parteien im Verhältnis ihres jeweiligen Unterliegens oder Obsiegens. Ein Anpassungsbetrag, der gemäß Vereinbarung der Parteien oder Entscheidung des unabhängigen Wirtschaftsprüfers geschuldet wird, ist von den Verkäufern an die Käuferin unverzüglich auf ein von der Käuferin zu benennendes Bankkonto zu zahlen.

2310 (7) Nach Unterzeichnung dieses Vertrags sind innerhalb von 60 Bankarbeitstagen die folgenden Maßnahmen (nachfolgend gemeinsam auch bezeichnet als **„Closing Actions“**, die Erfüllung sämtlicher Closing Actions gemeinsam bezeichnet als das **„Closing“**, der Tag, an dem die letzte Closing Action erfüllt wird, bezeichnet als **„Closing Day“**) von den Parteien Zug um Zug vorzunehmen:

1. Die Käuferin übergibt den Verkäufern eine Bestätigung des kontoführenden Kreditinstituts zum Nachweis, dass die Käuferin den Kaufpreis gemäß den Vereinbarungen in vorstehenden Absatz 1 bis 3 vollständig überwiesen hat.
2. Die Verkäufer übergeben der Käuferin die Kopie ordnungsgemäß unterzeichneter Erklärungen der Aufsichtsratsmitglieder der X-AG zum Nachweis, dass diese ihr Amt mit Wirkung zum Closing Day niedergelegt haben.
3. Die Verkäufer übergeben der Käuferin die Kopie eines ordnungsgemäß unterzeichneten Protokolls einer Hauptversammlung der X-AG sowie die Kopie einer ordnungsgemäß unterzeichneten Handelsregisteranmeldung zum Nachweis, dass die diesem Vertrag als **Anlage 4.7.3** beigefügte Satzung durch die Hauptversammlung festgestellt wurde und deren Änderung zum Handelsregister angemeldet wurde. Die Parteien verpflichten sich, sich bis zur Eintragung der Satzungsänderung im Handelsregister der X-AG so zu stellen, als wäre diese bereits wirksam geworden. [→ Rz. 2436 ff]

4. Die Verkäufer übergeben der Käuferin jeweils ein ordnungsgemäß unterzeichnetes Schreiben der in **Anlage 4.7.4** aufgeführten Vertragspartner der X-AG, in welchem diese gegenüber der X-AG erklären, dass sie weder auf Grundlage der Übertragung(en) der Verkauften X-Aktien noch der Zusätzlichen Aktien auf die Käuferin eine außerordentliche Kündigung ihres Vertragsverhältnisses mit der X-AG erklären werden. [→ Rz. 2438]

(8) Die Verkäufer (gemeinsam handelnd) und die Käuferin haben das Recht, von diesem Vertrag zurückzutreten, wenn die Closing Actions nicht bis zum [...] erfüllt sind. Der Rücktritt hat durch schriftliche Erklärung gegenüber der jeweils anderen Partei zu erfolgen. Ein Rücktritt vom Vertrag nach diesem Absatz 8 ist nur dann wirksam, wenn die jeweils andere Partei die schriftliche Rücktrittserklärung empfangen hat, bevor die letzte Closing Action erfüllt ist. Im Falle eines Rücktritts gemäß diesem Absatz 8 entfallen alle Verpflichtungen zwischen den Parteien mit Ausnahme der Verpflichtungen aus § 12 (Vertraulichkeit, Pressemitteilungen), § 13 (Mitteilungen), § 14 (Kosten) und § 15 (Verschiedenes). Hat eine Partei die Nichterfüllung einer Closing Action schuldhaft verursacht, so haftet sie der jeweils anderen Partei für den dieser daraus entstehenden Schaden, einschließlich der Aufwendungen im Zusammenhang mit der Vorbereitung, dem Abschluss und der Durchführung dieses Vertrags. 2311

(9) Die Verkäufer haben das Recht, auf die Erfüllung der Closing Action in § 4 Abs. 7 Nr. 1, und die Käuferin hat das Recht, auf die Erfüllung der Closing Actions in § 4 Abs. 7 Nr. 2 bis 4 durch schriftliche Erklärung zu verzichten. Im Falle eines Verzichts gilt die Closing Action als von der verpflichteten Partei erfüllt. 2312

(10) Nachdem alle Closing Actions erfüllt wurden, wird sowohl deren Erfüllung als auch der Eintritt des Closing von den Verkäufern und der Käuferin in einer schriftlichen Erklärung bestätigt (nachfolgend **„Closing Confirmation"**). Die Closing Confirmation dient allein als Beweis dafür, dass alle Closing Actions vorgenommen wurden und das Closing eingetreten ist; die Rechte der Parteien aus diesem Vertrag werden durch die Closing Confirmation weder erweitert noch beschränkt. Der Inhalt der Closing Confirmation entspricht im Wesentlichen dem diesem Vertrag als **Anlage 4.10** beigefügten Entwurf. 2313

## § 5
## Call-Option

(1) Der Verkäufer zu 1) bietet hiermit – über seinen Tod hinaus – der Käuferin unwiderruflich an, der Käuferin oder einem von dieser zu benennenden Dritten seine sämtlichen Aktien (Nr. 10.001–50.000) und künftige Aktien an der X-AG (nachfolgend insgesamt **„Zusätzliche Aktien"** genannt) nebst allen damit verbundenen Rechten zu verkaufen und zu übertragen (**„Call-Option"**). [→ Rz. 2444 f] 2314

(2) Die Käuferin kann das Angebot bis zum [...] insgesamt oder hinsichtlich einzelner Zusätzlicher Aktien annehmen (nachfolgend **„Optionsausübung"**). Die Optionsausübung muss in schriftlicher Form erklärt werden und die folgenden Angaben enthalten: 2315

1. Anzahl und laufende Nummern der Zusätzlichen Aktien
2. Name bzw. vollständige handelsrechtliche Firma des Erwerbers.

Im Übrigen darf die Optionsausübung keiner Bedingung oder Befristung unterliegen und keine Zusätze enthalten. Die Call-Option erlischt mit rechtswirksamer Übertragung sämtlicher Zusätzlicher Aktien.

2316 (3) Für die im Rahmen der Call-Option erworbenen Zusätzlichen Aktien gelten die in nachfolgendem § 6 Abs. 1 Nr. 1 bis 3 abgegebenen Garantien zum Zeitpunkt des Wirksamwerdens der Abtretung der Zusätzlichen Aktien des Verkäufers zu 1) sinngemäß. Darüber hinaus übernimmt der Verkäufer zu 1) für die im Rahmen der jeweiligen Optionsausübung erworbenen Zusätzlichen Aktien keinerlei Gewährleistung. Die Abtretung der Zusätzlichen Aktien steht unter der aufschiebenden Bedingung der vollständigen Kaufpreiszahlung gemäß nachstehendem Absatz 5.

2317 (4) Schuldrechtlicher und wirtschaftlicher Stichtag für den Übergang der Zusätzlichen Aktien ist der Tag, an dem die jeweilige Optionsausübung durch die Käuferin dem Verkäufer zu 1) zugeht (nachfolgend insgesamt der **„Options-Stichtag"**).

2318 (5) Der Kaufpreis für jede Zusätzliche Aktie des Verkäufers zu 1) beträgt 5,– € (in Worten: fünf Euro), zuzüglich 5 % Zinsen p. a. für die Zeit vom Wirtschaftlichen Stichtag bis zu dem jeweiligen Options-Stichtag, abzüglich der Summe aller auf diese Zusätzliche Aktie entfallenden Brutto-Dividenden (Ausschüttungsbeträge einschließlich sämtlicher darauf lastender Steuern und Abgaben), die seit dem Abschluss dieses Vertrags bis zu dem jeweiligen Options-Stichtag von der X-AG an den Verkäufer zu 1) ausgeschüttet worden sind (nachfolgend insgesamt der **„Options-Kaufpreis"** genannt). Der Options-Kaufpreis ist innerhalb von zehn Bankarbeitstagen nach dem jeweiligen Options-Stichtag zur Zahlung auf das in § 4 Abs. 3 angegebene oder ein anderes der Käuferin spätestens zehn Bankarbeitstage vor Fälligkeit des Options-Kaufpreises schriftlich mitgeteiltes Bankkonto des Verkäufers zu 1) fällig.

2319 (6) Vom Options-Stichtag an bis zum Wirksamwerden der Übertragung der Zusätzlichen Aktien ruhen die Stimmrechte aus den Zusätzlichen Aktien. Die Stimmrechte leben wieder auf, sobald sich die Käuferin mit der Zahlung des Options-Kaufpreises in Verzug befindet.

## § 6
## Garantien

2320 (1) Die Verkäufer garantieren der Käuferin in Form eines selbständigen Garantieversprechens gemäß § 311 Abs. 1 BGB, dass die folgenden Aussagen zum Wirtschaftlichen Stichtag und zum Zeitpunkt des Wirksamwerdens der Abtretung der Verkauften X-Aktien oder zu einem anderen, nachfolgend ausdrücklich genannten Zeitpunkt richtig und vollständig sind:

2321 1. Die Angaben in der Präambel sind richtig und vollständig.

2322 2. Die Verkauften X-Aktien stehen zur freien Verfügung der Verkäufer, sind nicht mit Rechten Dritter belastet und nicht Gegenstand von An-, Vorkaufs- oder sonstiger Rechte zugunsten Dritter. Die Verkauften X-Aktien sind rechtswirksam begründet und voll einbezahlt und nicht, auch nicht verdeckt, an die Verkäufer oder deren Rechtsvorgänger in der Inhaberschaft an den Verkauften X-Aktien zurückgezahlt worden. [→ Rz. 2446 ff]

3. Der Inhalt des als **Anlage 6.1.3** beigefügten Aktienregisters der X-AG ist vollständig und richtig. [→ Rz. 2451 ff] 2323

4. Die X-AG und die Tochtergesellschaften halten – mit Ausnahme der Beteiligungen an den Tochtergesellschaften selbst – keine Beteiligungen an anderen Unternehmen und keine in- oder ausländischen Zweigniederlassungen; sie ist auch nicht verpflichtet, solche anderen Beteiligungen zu erwerben bzw. Tochtergesellschaften oder Zweigniederlassungen zu gründen. 2324

5. Die X-AG und die Tochtergesellschaften sind nach dem Recht der Bundesrepublik Deutschland ordnungsgemäß errichtete und gemäß den als **Anlage 6.1.5** beigefügten Handelsregisterauszügen und Gesellschaftsverträgen wirksam bestehende Gesellschaften. Es existieren keine im Handelsregister einzutragenden Gesellschafterbeschlüsse, die noch nicht im Handelsregister eingetragen sind. 2325

6. Über die Ausschüttung von Dividenden der X-AG für das Geschäftsjahr 2015 sind noch keine Beschlüsse gefasst worden. 2326

7. Die Gesellschaften der X-AG Gruppe sind nicht Partei eines Ergebnisabführungsvertrags oder eines anderen Unternehmensvertrags wie in §§ 291 ff AktG definiert und sind auch keine Verträge über die Begründung einer stillen Gesellschaft und keine Stimmbindungsverträge eingegangen. 2327

8. Weder gegen die Verkäufer noch gegen die Gesellschaften der X-AG Gruppe ist ein Insolvenzverfahren eingeleitet worden noch sind Umstände ersichtlich, die die Einleitung eines solchen Verfahrens rechtfertigen würden. 2328

9. Die in **Anlage 6.1.9** beigefügten rechtswirksam unterzeichneten und festgestellten Jahresabschlüsse der Gesellschaften der X-AG Gruppe (Bilanz sowie Gewinn- und Verlustrechnung nebst Anhang) sind unter Beachtung der im HGB normierten und sonstigen anerkannten Grundsätze ordnungsgemäßer Buchführung (GoB) sowie unter Wahrung der Bilanzierungs- und Bewertungskontinuität erstellt worden und vermitteln ein den tatsächlichen Verhältnissen entsprechendes Bild der Vermögens-, Finanz- und Ertragslage der Gesellschaften der X-AG Gruppe. Insbesondere wurden – wo möglich – steuerrechtliche Wertansätze vorsichtig und strikt befolgt; in den Jahresabschlüssen sind unter Beachtung der Sorgfalt eines ordentlichen Geschäftsmannes i. S. d. § 43 Abs. 1 GmbHG bzw. des § 93 Abs. 1 AktG Rückstellungen in ausreichendem Umfang gebildet; die daraus entstehenden Verbindlichkeiten können befriedigt werden. Für die Risiken hinsichtlich der Einbringlichkeit der in den in **Anlage 6.1.9** beigefügten Jahresabschlüssen der Gesellschaften der X-AG Gruppe ausgewiesenen Forderungen wurden in ausreichendem Umfang Einzel- oder Pauschalwertberichtigungen angesetzt; für die Vermögensgegenstände des Vorratsvermögens wurden ausreichende Wertberichtigungen für Gängigkeit, Überalterung, Verwertbarkeit oder nicht am Absatzmarkt realisierbare Verkaufspreise (verlustfreie Bewertung) gebildet. 2329

   Das kumulierte Eigenkapital der Gesellschaften der X-AG Gruppe beträgt zum […] mindestens […] € (in Worten […] Euro).

   Bis zum wirtschaftlichen Stichtag sind außer im Rahmen des gewöhnlichen Geschäftsbetriebs keine stillen Reserven der Gesellschaften der X-AG Gruppe aufgelöst oder den Gesellschaften der X-AG Gruppe entzogen worden. Den Verkäufern wurden von den Gesellschaften der X-AG Gruppe keine Vorteile außerhalb eines von der Hauptversammlung gefassten Ergebnisverwendungsbeschlusses zugewendet.

2330 10. Seit dem Wirtschaftlichen Stichtag bestehen zwischen

a) den Gesellschaften der X-AG Gruppe auf der einen Seite und

b) (1) einem der Verkäufer, (2) einem Angehörigen eines Verkäufers i. S. d. § 15 AO oder (3) einem Unternehmen, an dem eine oder mehrere der vorstehend unter (1) und (2) genannten Personen unmittelbar oder mittelbar beteiligt sind, auf der anderen Seite,

keinerlei Vertragsbeziehungen. Es bestehen insbesondere keinerlei Verbindlichkeiten oder Verpflichtungen der Gesellschaften der X-AG Gruppe gegenüber den unter Buchst. b) genannten Personen oder Unternehmen. Dies gilt nicht im Hinblick auf

a) den zwischen der X-AG mit der Verkäuferin zu 2) geschlossenen Vertrag, dessen Kopie in **Anlage 6.1.10.a** beigefügt ist, sowie

b) die mit dem Verkäufer zu 1) und der Verkäuferin zu 2) bestehenden Vorstandsanstellungsverträge, deren Kopien als **Anlage 6.1.10.b** beigefügt sind.

2331 11. Die Gesellschaften der X-AG Gruppe haben alle steuerlichen und abgabenrechtlichen Verpflichtungen gemäß den jeweils gültigen gesetzlichen Bestimmungen stets ordnungsgemäß erfüllt, alle Steueran- bzw. voranmeldungen und/oder -erklärungen ordnungsgemäß erstellt und rechtzeitig abgegeben und alle sonstigen bestehenden gesetzlichen Anmelde- und Abgabepflichten stets beachtet. Alle Steuern einschließlich Steuervorauszahlungen, Sozialversicherungsbeiträge und sonstigen öffentlichrechtlichen Abgaben und alle im Zusammenhang damit angefallenen Nebenleistungen wurden bei Fälligkeit gemäß den jeweils anwendbaren gesetzlichen Bestimmungen ordnungsgemäß gezahlt und/oder einbehalten. Es sind keinerlei steuerrechtliche Ermittlungen, Betriebsprüfungen, Maßnahmen, Verfahren, Forderungen oder Schätzungen im Zusammenhang mit den Gesellschaften der X-AG Gruppe anhängig, vorgeschlagen oder angedroht worden.

2332 12. Die Gesellschaften der X-AG Gruppe haben öffentliche Zuschüsse oder Beihilfen weder erhalten noch beantragt.

2333 13. Die Gesellschaften der X-AG Gruppe haben keine Bankdarlehen mit Ausnahme der in **Anlage 6.1.13** aufgeführten.

2334 14. Die in den als **Anlage 6.1.9** beigefügten Jahresabschlüssen der Gesellschaften der X-AG Gruppe bilanzierten Gegenstände des Anlagevermögens stehen im alleinigen und unbeschränkten Eigentum der Gesellschaften der X-AG Gruppe, sind mit Ausnahme gesetzlicher Pfandrechte frei von jeglichen Belastungen sowie anderer Rechte Dritter und befinden sich in einem ihrem Geschäftsbetrieb und Alter entsprechenden Betriebs- und Erhaltungszustand. Die Gesellschaften der X-AG Gruppe verfügen über das alleinige rechtliche und wirtschaftliche Eigentum an allen in den als **Anlage 6.1.9** beigefügten Jahresabschlüssen bilanzierten Gegenständen des Umlaufvermögens, die frei sind von jeglichen Belastungen sowie anderen zugunsten Dritter bestellten Rechten mit Ausnahme von gesetzlichen Pfandrechten oder im gewöhnlichen Geschäftsbetrieb vereinbarten Eigentumsvorbehalten.

15. Die Gesellschaften der X-AG Gruppe sind nicht Eigentümer eines Grundstücks und sind auch nicht verpflichtet, ein Grundstück zu erwerben. 2335

16. Durch den Geschäftsbetrieb der Gesellschaften der X-AG Gruppe sind keine Verschmutzungen des Erdreichs, des Wassers, der Luft oder sonstigen umweltrelevanten Belastungen erfolgt. 2336

17. Die in **Anlage 6.1.17** aufgeführten gewerblichen Schutzrechte (Patente, Gebrauchsmuster, Marken, Geschmacksmuster, Topografien und Sortenschutzrechte), Urheberrechte, Domains oder sonstigen gewerblichen Schutzrechte (nachfolgend insgesamt „Gewerbliche Schutzrechte“) werden von den Gesellschaften der X-AG Gruppe in ihrem Geschäftsbetrieb in zulässiger Weise genutzt, stehen den Gesellschaften der X-AG Gruppe zur Fortführung des Geschäftsbetriebs uneingeschränkt zur Verfügung und sind zur Fortführung des Geschäftsbetriebs geeignet und ausreichend. Insbesondere stehen den Gesellschaften der X-AG Gruppe sämtliche Gewerblichen Schutzrechte und sämtliches kommerzielle, industrielle sowie technische Know-how, Geschäfts- und Handelsgeheimnisse sowie andere Informationen, sämtliche Muster, Prototypen oder andere materiellen Gegenstände, sämtliche Akten, Aufzeichnungen, Zeichnungen oder anderen schriftlichen Dokumente, sämtliche CDs, USB-Sticks oder sonstigen zur Datenspeicherung geeigneten Vorrichtungen, die mit den von den Gesellschaften der X-AG Gruppe im Geschäftsbetrieb genutzten Gewerblichen Schutzrechten in direktem oder indirekten Zusammenhang stehen, uneingeschränkt zur Fortführung ihres Geschäftsbetriebs zur Verfügung. Insbesondere liegen sämtliche Rechte an der von den Gesellschaften der X-AG Gruppe vertriebenen Software und den entsprechenden Datenbanken, die diese für die Fortführung ihrer Geschäftsbetriebe und ihre entsprechenden zukünftigen Aktivitäten benötigen, bei den Gesellschaften der X-AG Gruppe oder werden von diesen aufgrund wirksamer und durchsetzbarer Lizenzverträge genutzt. Die Gesellschaften der X-AG Gruppe sind dabei insbesondere auch berechtigt, die in ihrem oder im Eigentum des Verkäufers zu 1) stehenden Datenbanken, Software und deren Source-Code zu bearbeiten, zu verändern, weiterzuentwickeln und in der bearbeiteten, veränderten und/oder weiterentwickelten Fassung frei zu verwerten. 2337

Die Gewerblichen Schutzrechte, die bei den Gesellschaften der X-AG Gruppe liegen, stehen diesen uneingeschränkt und frei von Rechten Dritter zu. Die Maßnahmen, die zur Erhaltung ihrer Rechte an diesen Gewerblichen Schutzrechten erforderlich sind, haben die Gesellschaften der X-AG Gruppe rechtzeitig und in vollem Umfang getroffen. Keines der Gewerblichen Schutzrechte ist von Dritten einschließlich Behörden angegriffen worden. Nach bestem Wissen der Verkäufer hat kein Dritter Gewerbliche Schutzrechte der Gesellschaften der X-AG Gruppe verletzt. An den Gewerblichen Schutzrechten, deren Inhaberin Gesellschaften der X-AG Gruppe sind, haben diese Dritten keine Nutzungsrechte eingeräumt, die die Nutzung durch die X-AG Gruppe beschränken oder ausschließen.

Die Gesellschaften der X-AG Gruppe haben Gewerbliche Schutzrechte Dritter nicht verletzt und verletzen auch gegenwärtig keine Gewerblichen Schutzrechte Dritter.

Die Durchführung dieses Vertrags, einschließlich der Ausübung der Call-Option, hat nicht den Verlust oder eine Beschränkung der Inhaberschaft oder eines Nutzungsrechts an einem Gewerblichen Schutzrecht und/oder einem Bestandteil des

Know-how zur Folge noch bedarf die Durchführung dieses Vertrags im Hinblick auf die Gewerblichen Schutzrechte und/oder das Know-how, soweit in diesem Vertrag nicht anderweitig erwähnt, der Zustimmung Dritter.

2338 18. **Anlage 6.1.18** enthält eine vollständige und richtige Aufstellung bestimmter wichtiger (schriftlich oder mündlich abgeschlossener) Verträge und Verpflichtungen der Gesellschaften der X-AG Gruppe (im Folgenden einzeln oder zusammen als **„Wichtige Verträge"** bezeichnet), nämlich alle Verträge oder Verpflichtungen, die sich auf einen der folgenden Gegenstände beziehen bzw. mit einer der folgenden Parteien eingegangen und noch nicht vollständig erfüllt worden sind:

a) Alle Verträge über die Anschaffung oder Veräußerung von Gegenständen des Anlagevermögens einschließlich immaterieller Vermögensgegenstände, Sachanlagen und Finanzanlagen, deren Wert 10.000,– € pro Einzelfall übersteigt;

b) alle Pacht-, Miet- oder Leasing-Verträge, soweit deren jährliche Nettoraten 10.000,– € oder deren Gesamtfinanzierungsvolumen (Summe aller während der Mindestlaufzeit des Vertrags fällig werdenden Nettoraten) 30.000,– € übersteigen;

c) alle Lizenzverträge, die die Gesellschaften der X-AG Gruppe als Lizenznehmerin oder als Lizenzgeberin eingegangen sind; dies gilt nicht für Lizenzverträge, die die Gesellschaften der X-AG Gruppe im Rahmen des gewöhnlichen Geschäftsverkehr mit Kunden eingegangen sind;

d) alle Kreditverträge, die die Gesellschaften der X-AG Gruppe als Kreditgeberin oder Kreditnehmerin eingegangen sind, mit Ausnahme handelsüblicher, im gewöhnlichen Geschäftsverkehr vereinbarter Zahlungsziele;

e) alle Verträge mit in- oder ausländischen Vertragshändlern oder Handelsvertretern sowie alle ähnlichen Vertriebsverträge, die entweder im Falle ihrer Beendigung zu Ausgleichsansprüchen gegen die Gesellschaften der X-AG Gruppe führen oder deren Kündigungsfrist drei Monate übersteigt;

f) alle Verträge und Verpflichtungen, die Sozialleistungen, Gewinnbeteiligungen, Umsatzbeteiligungen oder andere Erfolgsprämien betreffen, sowie ähnliche Verträge;

g) alle Kooperations- und ähnliche Verträge mit Dritten sowie jegliche wettbewerbsbeschränkende Vereinbarung oder Verpflichtung;

h) alle sonstigen Verträge oder Verpflichtungen, deren Zahllast im Einzelfall 10.000,– € übersteigt;

i) alle Garantien, Bürgschaften, Schuldübernahmen und Wechselverbindlichkeiten sowie sonstigen Verpflichtungen für die Schuld eines der Verkäufer oder eines Dritten, die die Gesellschaften der X-AG Gruppe übernommen haben bzw. eingegangen sind;

j) Anstellungsverträge, nach denen die Gesellschaften der X-AG Gruppe im abgelaufenen Geschäftsjahr eine Gesamtvergütung von mehr als 50.000,– € brutto gezahlt hat oder im laufenden Geschäftsjahr voraussichtlich zahlen wird;

k) Verträge der Gesellschaften der X-AG Gruppe über von Dritten gewährte Nutzungsrechte an Know-how und sonstigen immateriellen Wirtschaftsgütern (z. B. Geheimhaltungsvereinbarungen, Entwicklungs- und Zusammenarbeitsverträge);

l) Verträge der Gesellschaften der X-AG Gruppe über die Gewährung von Nutzungsrechten an Know-how und sonstigen immateriellen Wirtschaftsgütern an Gesellschafter, deren Angehörige und Dritte.

Die Wirksamkeit oder Durchsetzbarkeit keines Wichtigen Vertrags ist angefochten bzw. infrage gestellt worden. Kein Wichtiger Vertrag ist beendet worden, und es steht nach bestem Wissen der Verkäufer zum Zeitpunkt der Unterzeichnung dieses Vertrags auch keine Beendigung eines Wichtigen Vertrags bevor, soweit diese nicht in der **Anlage 6.1.18** genannt ist. Nach bestem Wissen der Verkäufer zum Zeitpunkt dieses Vertrags haben weder die Gesellschaften der X-AG Gruppe noch ihre Vertragspartner gegen Bestimmungen eines Wichtigen Vertrags verstoßen noch befinden sie sich mit der Erfüllung von Vertragspflichten in Verzug. Die in diesem Vertrag enthaltenen Bestimmungen und ihre Durchführung werden keiner Vertragspartei eines Wichtigen Vertrags ein Recht zur Beendigung oder Abänderung eines Wichtigen Vertrags geben.

19. Die Geschäfte der Gesellschaften der X-AG Gruppe sind seit dem […] im Rahmen des üblichen Geschäftsbetriebs und in Übereinstimmung mit der bisherigen Geschäftspraxis mit der Sorgfalt eines ordentlichen Kaufmanns weitergeführt worden, und bis zum Abschluss dieses Vertrags sind keine wesentlichen Verschlechterungen der Vermögens-, Finanz- und Ertragslage oder im Hinblick auf wichtige Vermögensgegenstände der Gesellschaften der X-AG Gruppe eingetreten. Insbesondere wurde bzw. wurden in diesem Zeitraum 2339

a) weder ein Gesellschaftsvertrag der Gesellschaften der X-AG Gruppe geändert noch Gesellschafterbeschlüsse gefasst;

b) keine Gewinnausschüttungen der X-AG beschlossen oder durchgeführt;

c) die Gesellschaften der X-AG Gruppe mit ausreichender Liquidität versorgt, um alle fälligen Verbindlichkeiten begleichen zu können;

d) keine Handlungen vorgenommen, die entgegen bisheriger Geschäftspraxis die Fälligkeit von Steuer- oder sonstigen Verbindlichkeiten der Gesellschaften der X-AG Gruppe auf Zeiträume nach dem Eintritt der aufschiebenden Bedingungen gemäß § 2 Abs. 3 verschieben;

e) keine neuen Wichtigen Verträge i. S. v. § 6 Abs. 1 Nr. 18 abgeschlossen oder bestehende geändert, gekündigt oder aufgehoben;

f) kein derzeit leitender Mitarbeiter oder kein Organ der Gesellschaften der X-AG Gruppe direkt oder indirekt zum Ausscheiden aus der Gesellschaft veranlasst oder ihm für diesen Fall ein Vorteil versprochen oder gewährt;

g) variable Vergütungen an Mitarbeiter und Organe der Gesellschaften der X-AG Gruppe nur entsprechend der in der Vergangenheit geübten Praxis gewährt;

h) keine Änderungen der bestehenden Anstellungs- oder Dienstverträge mit Mitarbeitern oder Organen der Gesellschaften der X-AG Gruppe getroffen und keine Zusagen, insbesondere hinsichtlich Abfindungen für den Fall des Ausscheidens von Mitarbeitern oder Organen der Gesellschaften der X-AG Gruppe, gemacht.

20. **Anlage 6.1.20** stellt eine anonymisierte, vollständige und richtige Aufstellung aller Arbeitnehmer der Gesellschaften der X-AG Gruppe sowie deren betriebsinterne 2340

Position, Geburtsdaten, Beschäftigungsbeginn, Brutto-Monatsgehalt und sonstige Entlohnungsbestandteile dar. Zum Zeitpunkt der Unterzeichnung dieses Vertrags hat keiner dieser Arbeitnehmer seine Absicht, sein Arbeitsverhältnis mit einer der Gesellschaften der X-AG Gruppe zu beenden, geäußert. Es gibt keine Arbeitsrechtsstreitigkeiten. Die Personalakten der in **Anlage 6.1.20** aufgeführten Arbeitnehmer sind vollständig und ordnungsgemäß geführt.

2341 21. Außer den in **Anlage 6.1.21** genannten bestehen keine Zusagen der Gesellschaften der X-AG Gruppe für eine betriebliche Altersversorgung.

2342 22. Die Gesellschaften der X-AG Gruppe sind an keinen Tarifvertrag und an keine Betriebsvereinbarung gebunden.

2343 23. Mit Ausnahme der in **Anlage 6.1.23** genannten wurden gegenüber den Gesellschaften der X-AG Gruppe weder Produkthaftungsansprüche in Bezug auf die von den Gesellschaften der X-AG Gruppe vertriebenen Produkte geltend gemacht noch drohen nach bestem Wissen der Verkäufer solche Ansprüche. Die von den Gesellschaften der X-AG Gruppe vertriebenen Produkte entsprechen unter Beachtung der Sorgfalt eines ordentlichen Geschäftsmannes i. S. d. § 43 Abs. 1 GmbHG bzw. des § 93 Abs. 1 AktG den anwendbaren Vorschriften in Deutschland, insbesondere sämtlichen einschlägigen allgemeinen Sicherheitsvorschriften sowie DIN- oder anderen technischen Normen. Die von den Gesellschaften der X-AG Gruppe vertriebenen Produkte weisen nach bestem Wissen der Verkäufer keine Serien-, Konstruktions- oder Sicherheitsmängel auf. Von den Gesellschaften der X-AG Gruppe gegenüber Kunden abgegebene Garantie- und Gewährleistungszusagen halten sich in den in der Branche für gleichartige Produkte üblichen Grenzen.

2344 24. Es bestehen keine Rechtsstreitigkeiten, an denen Gesellschaften der X-AG Gruppe beteiligt sind. Darüber hinaus drohen nach bestem Wissen der Verkäufer weder Rechtsstreitigkeiten oder behördliche Verfahren noch bestehen Umstände, die die Einleitung solcher Rechtsstreitigkeiten oder Verfahren wahrscheinlich machen.

2345 25. Den Gesellschaften der X-AG Gruppe sind alle behördlichen Genehmigungen und Erlaubnisse erteilt, die für die Führung und die Fortsetzung des gegenwärtigen Geschäftsbetriebs der Gesellschaften der X-AG Gruppe erforderlich oder zweckmäßig sind.

2346 26. **Anlage 6.1.26** zu diesem Vertrag enthält eine richtige und vollständige Aufstellung der von den Gesellschaften der X-AG Gruppe oder zugunsten der Gesellschaften der X-AG Gruppe oder ihres Geschäftsbetriebs abgeschlossenen Versicherungen. Der jeweilige Versicherungsnehmer befindet sich mit seinen Pflichten aus den Versicherungsverträgen nicht in Verzug. Der Versicherungsschutz entspricht dem Umfang, der im Rahmen einer pflichtgemäßen Geschäftsführung abgeschlossen wird, und erstreckt sich insbesondere auf die mit dem Geschäftsbetrieb verbundenen Risiken aus Betriebshaftpflicht und Produkthaftung. Alle Gegenstände des Anlage- und Umlaufvermögens sind gegen die üblichen Risiken in Höhe ihres Wiederbeschaffungswertes versichert.

2347 27. Alle der Käuferin, deren Geschäftsführer und Handlungsbevollmächtigten und ihren Beratern seitens der Verkäufer oder den Gesellschaften der X-AG Gruppe vor Unterzeichnung dieses Vertrags zur Verfügung gestellten Informationen sind in jeder

Hinsicht vollständig und richtig. Sie sind nicht irreführend und verschweigen keine Tatsachen in Bezug auf die Verkauften X-Aktien, auf die Gesellschaften der X-AG Gruppe und deren Geschäftsbetriebe oder auf sonstige Umstände, die in Ansehung der Regelungen dieses Vertrags für die Käuferin bedeutsam sind oder die die Käuferin im Zeitpunkt der Unterzeichnung dieses Vertrags für die Beurteilung solcher Informationen kennen sollte. Es liegen darüber hinaus zum Zeitpunkt der Unterzeichnung dieses Vertrags keine Tatsachen oder Umstände vor, die in Zukunft einen wesentlichen nachteiligen Einfluss auf die Gesellschaften der X-AG Gruppe und ihren Geschäftsbetrieb haben könnten, mit Ausnahme von allgemeinen konjunktur- oder marktbedingten Entwicklungen.

(2) „Wissen" im Sinne dieses Vertrags umfasst die positive Kenntnis sowie die fahrlässige Unkenntnis der Verkäufer und der Mitglieder der Organe der Gesellschaften der X-AG Gruppe. 2348

## § 7
## Rechtsfolgen

(1) Stellt sich heraus, dass eine oder mehrere Aussagen, für die die Verkäufer gemäß § 6 dieses Vertrags die Garantie übernommen haben, nicht zutreffend ist bzw. sind, können die Käuferin oder die X-AG von jedem Verkäufer verlangen, dass dieser innerhalb einer angemessenen Frist, spätestens aber innerhalb einer Frist von vier Wochen ab Zugang des Verlangens, den Zustand herstellt, der bestehen würde, wenn die Aussage(n) zutreffend wäre(n). Stellt dieser Verkäufer innerhalb der gesetzten Frist den vertragsgemäßen Zustand nicht her oder ist diesem die Herstellung des vertragsgemäßen Zustands nicht möglich, können die Käuferin oder die X-AG nach ihrer Wahl den vertragsgemäßen Zustand auf Kosten der Verkäufer selbst herstellen oder durch von ihnen beauftragte Dritte herstellen lassen oder Schadensersatz wegen Garantieverletzung in Höhe des entstandenen Schadens verlangen. Die Verkäufer haften als Gesamtschuldner. [→ Rz. 2470] 2349

(2) Für ein und denselben Schaden kann die Käuferin bzw. die X-AG Schadensersatz nur einmal verlangen, auch wenn er auf mehreren Verstößen gegen Vereinbarungen in diesem Vertrag und seinen Anlagen beruht. 2350

(3) Wenn und soweit der Käuferin oder der X-AG aus einem Gewährleistungsfall gemäß § 6 Ansprüche gegen einen Dritten zustehen, sind die Verkäufer gleichwohl zum Schadensersatz gemäß Absatz 1 verpflichtet, wenn die Käuferin oder die X-AG einem der Verkäufer die Abtretung dieser Ansprüche Zug um Zug gegen Erfüllung der Verpflichtungen der Verkäufer gemäß Absatz 1 anbietet. 2351

(4) Die Ansprüche der Käuferin oder der X-AG aufgrund dieses § 7 unterliegen, soweit nicht etwas anderes vereinbart ist, einer Verjährungsfrist von zwei Jahren, beginnend mit dem Wirksamwerden der Abtretung (die **„Gewährleistungsperiode 1"**). Unter Abweichung von dem Vorstehenden gilt für Rechtsmängel der Verkauften X-Aktien eine Verjährungsfrist von zehn Jahren. Ansprüche der Käuferin oder der X-AG wegen einer Verletzung der in § 6 Abs. 1 Nr. 11 vereinbarten Garantie verjähren demgegenüber mit Ablauf von sechs Monaten nach Bestandskraft des Steuer- oder Haftungsbescheids für die betreffenden Steuern, steuerlichen Nebenleistungen, Sozialabgaben oder sonstigen öffentlich-rechtlichen Abgaben, der nicht mehr unter dem Vorbehalt der Nachprüfung oder eines 2352

Vorläufigkeitsvermerks steht, jedoch nicht vor dem Ablauf der Gewährleistungsperiode 1 (die **„Gewährleistungsperiode 2"**). [→ Rz. 2471]

2353 (5) Die Rechte und Pflichten der Parteien aufgrund dieses Vertrags und seiner Anlagen regeln die Rechtsbeziehungen zwischen den Parteien umfassend und abschließend. Es bestehen keine sonstigen in diesem Vertrag und seinen Anlagen nicht genannten mündlichen, schriftlichen oder konkludenten Vereinbarungen gleich welcher Art. Insbesondere sind die Ansprüche der Käuferin aufgrund dieses Vertrags und seiner Anlagen die einzigen und ausschließlichen Rechte der Käuferin in Bezug auf Gewährleistungen der Verkäufer. Alle anderen Ansprüche oder Rechte der Käuferin, sei es auf Schadensersatz wegen Nichterfüllung oder entgangenen Gewinns, Wandlung, Minderung, Anfechtung, Rücktritt, Wegfall der Geschäftsgrundlage oder Ähnliches, gleich aus welchem Rechtsgrund, die über das hinausgehen, was sich aus den Vereinbarungen dieses Vertrags und seiner Anlagen ergibt, sind ausgeschlossen, es sei denn, solche Ansprüche oder Rechte beruhen auf einem arglistigen Verhalten eines Verkäufers oder ein Ausschluss ist sonst aufgrund zwingender Rechtsvorschriften ausgeschlossen. Der Rechtsgedanke des § 442 Abs. 1 BGB und des § 377 HGB findet keine Anwendung.

2354 (6) Die Ansprüche und Rechte der Käuferin aufgrund dieses § 7 sind der Höhe nach insgesamt beschränkt auf einen Betrag in Höhe von 80 % des Kaufpreises. Dies gilt nicht für (a) Ansprüche oder Rechte der Käuferin wegen der Verletzungen der in § 6 Abs. 1 Nr. 1 bis 5, 7, 8 und 11 genannten Garantien und (b) Ansprüche oder Rechte der Käuferin, die auf einem arglistigen Verhalten eines Verkäufers beruhen, oder (c) Ansprüche oder Rechte der Käuferin, für die eine Haftungsbeschränkung aufgrund zwingender Rechtsvorschriften ausgeschlossen ist.

## § 8
## Steuerfreistellungen, sonstige Freistellungen

2355 (1) Die Verkäufer stellen die Käuferin und die Gesellschaften der X-AG Gruppe von jeglichen Steuerschulden und jeglicher Haftung für Steuerschulden der Gesellschaften der X-AG Gruppe, die dem Zeitraum bis zum wirtschaftlichen Stichtag zuzuordnen sind oder die aus Maßnahmen am oder vor dem Wirtschaftlichen Stichtag herrühren – unabhängig davon, ob sie erst nachträglich anfallen –, nach Maßgabe der Bestimmungen dieses § 8 frei. **„Steuerschulden"** sind sämtliche Steuern, Gebühren oder Abgaben einschließlich Körperschaftsteuer, Gewerbeertragsteuer, Zölle, Umsatzsteuer (einschließlich Einfuhrumsatzsteuer) und andere Verbrauchsteuern, Solidaritätszuschlag, Lohnsteuer, sonstige Steuern und Sozialversicherungsbeiträge, jeweils einschließlich hierauf zu zahlender Verzinsungen, Säumniszuschläge, Zahlungen, die an eine andere Partei entsprechend einer Vereinbarung zur Teilung von Steuern oder zur Freistellung von Steuern geleistet werden, sowie alle Zinsen und Strafen, Aufschläge auf Steuern, zusätzlichen Beträge oder sonstigen Gebühren nach den anwendbaren Gesetzen bzw. die von einer in- oder ausländischen Steuerbehörde festgesetzt werden.

2356 (2) Die Verkäufer stellen die Käuferin und/oder nach deren Wahl die Gesellschaften der X-AG Gruppe von sämtlichen Zahlungsverpflichtungen, Verbindlichkeiten, Schadensersatzansprüchen oder sonstigen Verpflichtungen frei, die aus einem Sachverhalt resultieren, der in mittelbarem oder unmittelbarem Zusammenhang mit dem in **Anlage 8.2** genannten Rechtsstreit steht. [→ Rz. 2472 f]

(3) Sämtliche Freistellungsansprüche gemäß Absatz 1 unterliegen einer Verjährungsfrist, die der Gewährleistungsperiode 2 entspricht. Sämtliche Freistellungsansprüche gemäß Absatz 2 verjähren sechs Monate nach bestandskräftiger gerichtlicher oder außergerichtlicher Festsetzung der Verpflichtungen. 2357

(4) Die Freistellungsansprüche gemäß Absatz 1 und 2 umfassen jeweils alle Kosten sowie alle Schäden, Verluste und Schadensersatzpflichten, die der Käuferin oder den Gesellschaften der X-AG Gruppe im Zusammenhang mit den in Absatz 1 und 2 genannten Verpflichtungen entstehen. Die Verkäufer sind auf Anforderung der Käuferin oder einer der Gesellschaften der X-AG Gruppe verpflichtet, diesen für solche Kosten und Schäden, insbesondere für Kosten der Rechtsverteidigung gegen Ansprüche gemäß Absatz 1 und 2, in angemessener Höhe Abschlagszahlungen zu leisten. 2358

## § 9
## Übergangszeitraum

(1) Die Verkäufer verpflichten sich, dafür zu sorgen, dass die Gesellschaften der X-AG Gruppe im Zeitraum zwischen der Unterzeichnung dieses Vertrags und dem Wirksamwerden der Abtretung der Verkauften X-Aktien ihren Geschäftsbetrieb in Übereinstimmung mit der bisherigen Geschäftspraxis mit der Sorgfalt eines ordentlichen Kaufmanns führen und keine Maßnahmen außerhalb des gewöhnlichen Geschäftsbetriebs ergreifen, wie z. B. 2359

1. der Abschluss von Verträgen, die die jeweilige Gesellschaft der X-AG Gruppe zu einer Leistung verpflichtet, die einen Wert von 10.000,– € im Einzelfall oder 20.000,– € p. a. übersteigt;
2. die Einstellung von Mitarbeitern;
3. die Begründung von Forderungen und/oder Verbindlichkeiten der Gesellschaften der X-AG Gruppe gegenüber einer oder mehrerer der in § 6 Abs. 1 Nr. 10 Buchst. a) und b genannten Personen oder Unternehmen;
4. die Vornahme von Geschäften, deren Nichtvornahme gemäß § 6 Abs. 1 Nr. 19 garantiert wird.

Dies gilt nicht für solche Geschäfte, deren Vornahme den Gesellschaften der X-AG Gruppe ausdrücklich durch schriftliche oder fernschriftliche (Telefax-)Mitteilung der Käuferin gestattet wird. [→ Rz. 2474]

(2) Im Falle eines Verstoßes gegen die Verpflichtung der Verkäufer gemäß Absatz 1 ist die Käuferin berechtigt, von dem Vertrag zurückzutreten. Darüber hinaus sind die Verkäufer in diesem Falle jedoch als Gesamtschuldner verpflichtet, der Käuferin vollumfänglich Schadensersatz, einschließlich sämtlicher von dieser im Zusammenhang mit dem Abschluss und der Durchführung dieses Vertrags getätigten Aufwendungen, auch soweit diese vergeblich waren, sowie einschließlich entgangenen Gewinns, zu leisten. 2360

## § 10
## Wettbewerbsverbot

(1) Die Verkäuferin zu 2) verpflichtet sich, ab Unterzeichnung dieses Vertrags bis zum Ablauf von drei Jahren, nachdem die Übertragung sämtlicher von ihr gehaltener Verkauften X-Aktien auf die Käuferin wirksam geworden ist, im Gebiet der Bundesrepublik 2361

Deutschland sowie jedem anderen Gebiet, in dem die Gesellschaften der X-AG Gruppe zum Wirtschaftlichen Stichtag tätig sind, jegliche Betätigung im Geschäftsbereich der Gesellschaften der X-AG Gruppe zu unterlassen, mit der sie unmittelbar oder mittelbar in Wettbewerb mit dem Geschäftsbetrieb der Gesellschaften der X-AG Gruppe treten würde oder die unmittelbar oder mittelbar einen solchen Wettbewerb zur Folge haben würde. Satz 1 gilt sinngemäß für den Verkäufer zu 1), solange er Aktionär der X-AG ist und darüber hinaus für einen Zeitraum von drei Jahren, nachdem die Übertragung sämtlicher von ihm gehaltener Zusätzlicher Aktien auf die Käuferin wirksam geworden ist. Keiner der Verkäufer wird insbesondere ein Unternehmen, das auf dem Markt der Gesellschaften der X-AG Gruppe tätig ist, gründen, erwerben oder sich an einem solchen Unternehmen beteiligen oder für ein solches Unternehmen tätig werden. Ausgenommen von diesem Wettbewerbsverbot ist der Erwerb von Anteilen von höchstens 5 % an börsennotierten Gesellschaften. [→ Rz. 2475 ff]

2362 (2) Der Kaufpreis enthält einen angemessenen Ausgleich für das Wettbewerbsverbot gemäß Absatz 1.

2363 (3) Die Bestimmungen der §§ 74 ff HGB finden auf das Wettbewerbsverbot gemäß Absatz 1 keine Anwendung.

2364 (4) Verletzt eine der Parteien das in Absatz 1 vereinbarte Wettbewerbsverbot und setzt diese Verletzung trotz Abmahnung durch die jeweils andere Partei fort, so hat sie eine Vertragsstrafe im Betrag von 200.000,– € (in Worten: zweihunderttausend Euro) an die jeweils andere Partei zu zahlen. Dauert die Verletzungshandlung an, hat diese Partei für jeden weiteren Monat der Verletzung eine weitere Vertragsstrafe in Höhe von 50.000,– € (in Worten: fünfzigtausend Euro) zu zahlen. Das Recht der jeweils betroffenen Partei, einen ihr oder den Gesellschaften der X-AG Gruppe etwa entstehenden höheren Schaden geltend zu machen und die Einstellung des verbotenen Verhaltens zu fordern, bleibt unberührt.

## § 11
## Sonstige Maßnahmen nach Vertragsschluss

2365 (1) Die Käuferin verpflichtet sich,

1. ihren Schadensminderungspflichten gemäß § 254 BGB nachzukommen und in zumutbarem Rahmen alles zu unterlassen, was eine Haftung der Verkäufer begründen oder erhöhen könnte, soweit hierdurch die Geschäftsinteressen der Gesellschaften der X-AG Gruppe nicht beeinträchtigt werden;
2. unter der in Nr. 1 genannten Voraussetzung auf Rechnung der Verkäufer solche Ansprüche im Rahmen des kaufmännischen Verkehrs und im Rahmen der Gesetze abzuwehren, wenn und soweit sie sich gegen die Gesellschaften der X-AG Gruppe richten und einer Abwehr keine berechtigten Interessen der Käuferin oder einer der Gesellschaften der X-AG Gruppe entgegenstehen.

2366 (2) Die Verkäufer verpflichten sich, die Käuferin und die Gesellschaften der X-AG Gruppe nach besten Kräften unentgeltlich bei der Aufklärung von Sachverhalten sowie der Abwehr von Ansprüchen Dritter, die Rechte der Käuferin in Bezug auf Gewährleistungen und Freistellungen (§§ 6–8) zur Folge haben können, zu unterstützen. Insbesondere sind die Verkäufer zu der Erteilung von Auskünften, der Herausgabe von im Besitz eines Verkäufers befindlichen Unterlagen und sonstigen gegenständlichen Dokumentationen sowie der Gewährung des Zugangs zu elektronischen Daten, auf die ein Verkäufer Zugriff hat, verpflichtet.

## § 12
## Vertraulichkeit, Pressemitteilungen

Die Parteien vereinbaren, über den Inhalt dieses Vertrags gegenüber Dritten Vertraulichkeit zu bewahren. Dies gilt nicht, soweit sie gegenüber Gerichten und Behörden gesetzlich verpflichtet sind, Auskunft zu geben. Presseerklärungen betreffend die Vereinbarungen in diesem Vertrag und seinen Anlagen erfolgen ausschließlich nach Abstimmung zwischen den Parteien über Zeitpunkt und Inhalt der Presseerklärung. 2367

## § 13
## Mitteilungen

(1) Jede Art von Mitteilungen nach oder im Zusammenhang mit diesem Vertrag ist per E-Mail und Fax an folgende Ansprechpartner zu richten: 2368

1. für die Käuferin an:
   [...]
   Telefax: [...]
   E-Mail: [...]
   sowie in Kopie an:
   [...]
2. für die Verkäufer an:
   [...]
   sowie in Kopie an:
   [...]

(2) Die Mitteilung an die vorbenannten Ansprechpartner und Adressen ist rechtswirksam, wenn dem jeweiligen Absender nicht zuvor schriftlich eine Mitteilung über einen neuen Ansprechpartner bzw. eine neue Adresse in der Bundesrepublik Deutschland zugegangen ist. 2369

## § 14
## Kosten

Jede Partei trägt ihre eigenen Kosten und Ausgaben hinsichtlich der Vorbereitung, des Abschlusses und der Durchführung dieses Vertrags, einschließlich aller Entgelte für sämtliche Berater. 2370

## § 15
## Verschiedenes

(1) Dieser Vertrag enthält sämtliche Vereinbarungen der Parteien, es wurden keine mündlichen oder schriftlichen Nebenabreden getroffen. Änderungen und Ergänzungen dieses Vertrags bedürfen zu ihrer Wirksamkeit der Schriftform, soweit nicht kraft Gesetzes notarielle Form erforderlich ist. Dies gilt auch für Änderungen dieses Absatzes. 2371

2372 (2) Sollte eine Bestimmung dieses Vertrags ganz oder teilweise unwirksam oder undurchsetzbar sein oder werden, werden die Wirksamkeit und die Durchsetzbarkeit der übrigen Bestimmungen dieses Vertrags davon nicht berührt. Die unwirksame oder undurchsetzbare Bestimmung ist als durch diejenige durchsetzbare und wirksame Bestimmung ersetzt anzusehen, die dem von den Vertragsparteien mit der unwirksamen oder undurchsetzbaren Bestimmung intendierten wirtschaftlichen Zweck am nächsten kommt. Die Bestimmungen dieses Absatzes gelten bei Lücken des Vertrags entsprechend.

2373 (3) Sämtliche Anlagen zu diesem Vertrag sind Bestandteil dieses Vertrags.

2374 (4) Dieser Vertrag unterliegt dem Recht der Bundesrepublik Deutschland.

| | |
|---|---|
| Ort, Datum | [...] |
| Ort, Datum | [...] |
| Ort, Datum | [...] |

**Schuldbeitrittserklärung:**

2375 Hiermit erklärt die unterzeichnende [...] die Übernahme der gesamtschuldnerischen Haftung gegenüber den Verkäufern für sämtliche Verpflichtungen der Käuferin diesen gegenüber aufgrund der Vereinbarungen in diesem Vertrag.

| | |
|---|---|
| Ort, Datum | [...] |

## II. Erläuterungen

### 1. Form und Parteien [→ Rz. 2290]

2376 Anders als bei der Übertragung von GmbH-Geschäftsanteilen (§ 15 Abs. 3 GmbHG) besteht bei der Übertragung von Aktien grundsätzlich keine **Beurkundungspflicht**. Etwas anderes könnte sich jedoch im Einzelfall aus § 311b Abs. 3 BGB ergeben, wenn die Aktien das „gegenwärtige Vermögen" des Verkäufers darstellen. Die wohl herrschende Meinung (auch der Rechtsprechung[1683)]) lehnt dies mit dem Argument ab, dass eine Beurkundungspflicht bei Einzelauflistung der Vermögensgegenstände nicht besteht. Der Bundesgerichtshof vertritt die Ansicht, dass § 311b Abs. 3 BGB trotz des Bewusstseins der Vertragsparteien, dass das gesamte Vermögen faktisch übertragen wird, nicht gelten solle, wenn eine **Einzelauflistung der Vermögensgegenstände** erfolgt und den Vertragsparteien der (subjektive) **Wille** fehle, eine Verpflichtung zur Übertragung gerade des gesamten Vermögens zu begründen.[1684)] Dem Gesetzeswortlaut kann ein solches subjektives Element

1683) Seit RG, Urt. v. 12.11.1908 – VI 633/07, RGZ 69, 416, 420, bestätigt u. a. durch BGH, Urt. v. 30.10.1990 – IX ZR 9/90, ZIP 1990, 1541, 1544, und OLG Hamm, Urt. v. 26.3.2010 – 19 U 145/09, ZIP 2010, 2304 = MDR 2010, 1064. Vgl. *Eickelberg/Mühlen*, NJW 2011, 2476, 2479; *Weitnauer*, GWR 2018, 1 ff, *Eschwey*, MittBayNot 2018, 299 ff.

1684) BGH, Urt. v. 5.5.1958 – VII ZR 102/57, BB 1958, 648, 648; vgl. *Heckschen*, NZG 2006, 772, 774.

nicht entnommen werden. Vielmehr schafft diese zusätzliche Voraussetzung eine nicht unerhebliche Rechtsunsicherheit.[1685)]

Einige Mindermeinungen bejahen eine Beurkundungspflicht nach § 311b Abs. 3 BGB allerdings auch dann, wenn die Vermögensgegenstände genau aufgelistet sind.[1686)] Begründet wird dies damit, dass auch derjenige, der über den Umfang der Übertragung im Klaren ist, übereilt handeln kann. Eine Einzelauflistung könne ohne Erklärung bei Vertragsschluss den Schutz vor Übereilung nicht bieten.[1687)] Handelt es sich bei dem übertragenden Rechtsträger nicht um eine natürliche Person, sondern um eine juristische Person, kommt Folgendes hinzu: Die Kommentierungen zu § 179a AktG, der auf die GmbH analog anzuwenden ist,[1688)] nehmen keine Differenzierung vor: Der Übertragungsvertrag ist notariell zu beurkunden.[1689)] Warum dieser Schutzgedanke bei natürlichen Personen nicht gelten soll, bleibt offen. 2377

Betrachtet man die weitreichende Rechtsfolge eines Verstoßes gegen § 311b Abs. 3 BGB (Nichtigkeit gemäß § 125 Satz 1 BGB, keine Heilungsmöglichkeit, da eine ausdrückliche gesetzliche Regelung hinsichtlich § 311b Abs. 3 BGB fehlt),[1690)] kann aus Gründen der Rechtssicherheit eine Beurkundung zu empfehlen sein. Eine Beurkundungspflicht ist in jedem Fall zu bejahen, wenn das Vermögen als „Gesamtheit" bzw. „in Bausch und Bogen" übertragen wird oder weitere, nicht einzeln aufgelistete Vermögensgegenstände von der Übertragungsverpflichtung erfasst werden.[1691)] 2378

Insbesondere wenn seitens des Käufers eine Vorratsgesellschaft oder eine neu gegründete Gesellschaft als Transaktionsvehikel verwendet wird, kann es aus Sicht des Verkäufers erforderlich sein, die Kaufpreiszahlung und etwaige Ansprüche aufgrund von Vertragsverletzungen abzusichern. Ebenfalls kann der Verkäufer ein starkes Interesse an der Absicherung etwaiger Ansprüche aus dem Kaufvertrag haben. Hierbei kommt als Sicherungsmittel unter anderem der Schuldbeitritt eines solventen **Garantiegebers** in Betracht. Alternativ oder kumulativ kann der Kaufpreis auch vor Übertragung der Aktien durch eine Bankbürgschaft abgesichert werden (Rz. 2292). 2379

Je nach Konstellation der Zielgesellschaften können an dieser Stelle weitere Ausführungen zu Mehrheitsbeteiligungen, Minderheitsbeteiligungen, Unternehmensverträgen i. S. v. §§ 291, 292 AktG und/oder finanziellen Verflechtungen der Zielgesellschaften mit den Verkäufern (Darlehen, Anstellungsverträge etc.) empfehlenswert sein (Rz. 2298). 2380

## 2. Aktien und ihre rechtsgeschäftliche Übertragung [→ Rz. 2299]

Für die Übertragung von Aktien sieht das Sachenrecht verschiedene Formen vor. Einerseits kommt die Übertragung der Urkunde gemäß §§ 929 ff BGB in Betracht. So folgt bei der Inhaberaktie als Inhaberpapier das Mitgliedschaftsrecht aus dem Papier dem Eigentum am Papier. Zum anderen kommt grundsätzlich die Übertragung des Mitgliedschafts- 2381

1685) Vgl. *Eickelberg/Mühlen*, NJW 2011, 2476, 2479.

1686) *Klöckner*, DB 2008, 1083 (unter III 1 c) m. w. N; *Heckschen*, NZG 2006, 772, 776.

1687) *Heckschen*, NZG 2006, 772, 776.

1688) MünchKomm-*Stein*, AktG, § 179a Rz. 14.

1689) Hölters/*Hölters*, AktG, § 179a Rz. 6; *Strohn*, in: Henssler/Strohn, Gesellschaftsrecht, § 179a AktG Rz. 11; Hüffer/*Koch*, AktG, § 179a Rz. 16. Begründung zum Entwurf eines Gesetzes zur Bereinigung des Umwandlungsrechts (UmwBerG), BT-Drucks. 12/6699, S. 177.

1690) Jauernig/*Stadler*, BGB, § 311b Rz. 56; MünchKomm-*Krüger*, BGB, § 311b Rz. 106 f.

1691) *Ring*, in: Dauner-Lieb/Langen, BGB, § 311b Abs. 3 Rz. 83 f; *Hüren*, RNotZ 2014, 77, 95.

rechts nach den §§ 398, 413 BGB infrage. Zuletzt kommen bei verwahrten Wertpapieren i. S. d. § 1 Abs. 1 und 2 DepotG subsidiär die Vorschriften des Depotgesetzes zur Anwendung. Welche Normen die Übereignung regieren, hängt maßgeblich von der Verbriefung und der Art der Verwahrung der Aktien ab.

### a) Übertragung von Inhaberaktien

#### aa) Verbriefte Inhaberaktien außerhalb einer Depotverwahrung

2382 Verbriefte Inhaberaktien können durch Übereignung der Urkunde in Form der §§ 929 ff BGB übertragen werden. Voraussetzungen sind somit Einigung und Übergabe oder ein Übergabesurrogat nach §§ 929–931.[1692] Ebenso ist die Übertragung durch Abtretung der Mitgliedschaft gemäß §§ 398, 413 möglich.[1693] Die Übertragung ist, abgesehen von den allgemeinen formellen Anforderungen des Zivilrechts (siehe Rz. 2376 ff), formfrei,[1694] jedoch ist aus Gründen der Rechtssicherheit eine Übergabe der Urkunde anzuraten.[1695] Die Gefahr einer Aufspaltung von Mitgliedschaft und Stimmrecht ist wegen § 952 Abs. 2 BGB gebannt: Der Zessionar erwirbt bei einer Abtretung gleichsam das Recht am Papier.

2383 Aus Sicherheitsgründen sollten allerdings immer beide vorgenannten Varianten in den Vertrag aufgenommen werden: Sollte der Begebungsvertrag nicht zweifelsfrei wirksam oder mangelfrei sein, riskiert der Erwerber anderenfalls, dass die Mitgliedschaft nicht in der Urkunde verbrieft ist und ein Erwerb nach §§ 929 ff BGB scheitert. Hierüber helfen auch die Gutglaubensvorschriften nicht hinweg, da diese keine Mehrung der Mitgliedschaftsrechte mit sich bringen können.[1696]

#### bb) Verbriefte Inhaberaktien in Girosammelverwahrung

2384 Die Sammelverwahrung als gesetzlicher Regelfall der Verwahrung vertretbarer Wertpapiere (vgl. § 5 Abs. 1 Satz 1 DepotG), bei der Wertpapiere derselben Gattung für alle Depotkunden, die solche Wertpapiere hinterlegt haben, in einem einzigen Sammelbestand verwahrt werden, ändert die Eigentumsverhältnisse. Der Hinterleger ist nur noch in Höhe des Wertpapiernennbetrags oder, bei Wertpapieren ohne Nennbetrag, gemäß der Stückzahl Bruchteilseigentümer an den Wertpapieren des entsprechenden Sammelbestands (vgl. § 6 Abs. 1 DepotG).

2385 Die Miteigentumsanteile werden üblicherweise nach §§ 929 ff BGB übertragen. Im Einzelnen strittig sind hierbei jedoch Einigung und Übergabe.

---

1692) *Lutter/Drygala*, in: Kölner Komm. z. AktG, Anh. § 68 Rz. 17; *Vatter*, in: Spindler/Stilz, AktG, § 10 Rz. 55; MünchKomm-*Heider*, AktG, § 10 Rz. 39; *Mentz/Fröhling*, NZG 2002, 201; *Mirow*, NZG 2008, 52, 53; *Iversen*, AG 2008, 736; *Eder*, NZG 2004, 107, 108.

1693) H. M, vgl. nur *Vatter*, in: Spindler/Stilz, AktG, § 10 Rz. 53 Fn. 137 m. w. N.

1694) BGH, Urt. v. 14.5.2013 – XI ZR 160/12, ZIP 2013, 1270, Rz. 17 ff = WM 2013, 1264; *Vatter*, in: Spindler/Stilz, AktG, § 10 Rz. 52 f; *Lutter/Drygala*, in: Kölner Komm. z. AktG, Anh. § 68 Rz. 17; Grigoleit/*Rachlitz*, AktG, § 68 Rz. 31; *Habersack/Mayer*, WM 2000, 1678, 1682.

1695) *Eder*, NZG 2004, 107, 108.

1696) *Jaques*, in: Beck'sches Handbuch Unternehmenskauf im Mittelstand, Rz. 221; *Eder*, NZG 2004, 107, 108.

### (1) Einigung

2386 Allgemein anerkannt ist, dass bei einer unmittelbaren Depotübertragung zwischen (Privat-)Kunden ohne Zwischenschaltung einer Bank und der Wertpapiersammelbank die Einigung unmittelbar zwischen den Parteien erfolgt.[1697] Anerkannt ist auch, dass bei einem Festpreisgeschäft, bei dem ein Kunde Wertpapiere aus dem Eigenbestand einer Bank erwirbt, die Einigung zwischen der Bank und dem Kunden erfolgt.[1698]

2387 Der praktische Regelfall, die Auftragsausführung über den Börsenhandel, wird dagegen uneinheitlich beurteilt. Einige Stimmen[1699] nehmen auch in diesem Fall einen Direkterwerb zwischen dem erwerbenden und dem veräußernden Kunden an; ein Durchgangserwerb unter Einschaltung des vom Erwerber oder Veräußerer beauftragten Instituts erfolge nicht. Nach anderer Meinung kann die Einigung auch unter Einschaltung der Clearstream Banking AG, dem Verwahrer, als Vertreter des Erwerbers und/oder Veräußerers stattfinden. Beauftragt der Hinterleger – üblicherweise die mit dem Verkauf beauftragte Bank – den Verwahrer mit der Übertragung bestimmter Sammelbestandteile, stellt dies das Angebot dar. Die Annahme liegt dann in der Durchführung der Buchung durch die Clearstream Banking AG als Erklärungsstellvertreter des Erwerbers.[1700]

### (2) Übergabe

2388 Im Effektengiroverkehr stellen sich die Besitzverhältnisse wie folgt dar: Die Wertpapiersammelbank ist Fremdbesitzer, mittelbare Mitbesitzerin erster Stufe die Depotbank und der Aktionär mittelbarer Eigenbesitzer zweiter Stufe auf der Grundlage der depotrechtlichen Herausgabeansprüche der §§ 7, 8 DepotG. Die Besitzverschaffung liegt in der Umbuchung des Verwahrers, die das Besitzmittlungsverhältnis umstellt.[1701] Die herrschende Meinung sieht die Übergabe konkret in der Umstellung des Besitzmittlungsverhältnisses von der Depotbank des Veräußerers auf die Depotbank des Erwerbers, wobei die Wertpapiersammelbank als Mittelsperson fungiert. Diese stellt das Besitzmittlungsverhältnis derart um, dass sie das Veräußererkonto belastet und den entsprechenden Anteil an den Girosammelbeständen dem Konto der Erwerberbank gutschreibt.[1702] Letztlich werden die Aktien bewegungslos übertragen.[1703] Beim außerbörslichen Handel kommen zudem die Übergabesurrogate der §§ 930, 931 BGB in Betracht.[1704] Statt einer Übergabe mittels Umstellung des Besitzmittlungsverhältnisses kann auch ein Besitzkonstitut nach § 930 BGB vereinbart werden, bei dem der Veräußerer dem Erwerber den Besitz mittelt (§ 958 BGB). Gemäß § 933 BGB ist ein gutgläubiger Erwerb jedoch erst mit Übergabe möglich.

2389 Bei einer Übereignung nach § 931 BGB tritt der Veräußerer den ihm gegen die Depotbank und den Sammelverwahrer zustehenden Herausgabeanspruch aus §§ 7, 8 DepotG ab. Sinnvollerweise sollte der Veräußerer wegen § 410 BGB seiner Depotbank und dem Sammelverwahrer die Abtretung anzeigen.[1705]

---

1697) Vgl. nur *Einsele*, WM 2001, 7, 12.

1698) *Einsele*, WM 2001, 7, 12.

1699) *Maul*, in: Beck'sches Handbuch der AG, § 3 Rz. 117; *Einsele*, WM 2001, 7, 12.

1700) *Einsele*, WM 2001, 7, 12; *Mirow*, NZG 2008, 52, 55 f.

1701) *Vatter*, in: Spindler/Stilz, AktG, § 10 Rz. 59.

1702) *Eder*, NZG 2004, 107, 112.

1703) *Jaques*, in: Beck'sches Handbuch Unternehmenskauf im Mittelstand, Rz. 221.

1704) *Vatter*, in: Spindler/Stilz, AktG, § 10 Rz. 59.

1705) *Eder*, NZG 2004, 107, 111; *Mirow*, NZG 2008, 52, 55 f.

2390 Sofern Aktienurkunden körperlich in der Sonderverwahrung eines Kreditinstituts oder der Sammelverwahrung einer Wertpapiersammelbank vorliegen, sind auch die Vorschriften des Depotgesetzes anwendbar. Dabei regelt § 24 Abs. 1 und 2 DepotG spezialgesetzlich einen Eigentumserwerb des Kunden. Ihre Anwendung ist jedoch subsidiär und kommt nicht infrage, wenn bereits ein Eigentumserwerb nach §§ 929 ff BGB stattgefunden hat. § 24 Abs. 1 und 2 DepotG stellt also den spätestmöglichen Zeitpunkt des Erwerbs eines Miteigentumsanteils an einem Girosammelbestand dar,[1706)] wobei die Eintragung eines Übertragungsvermerks im Verwahrungsbuch des Kommissionärs in der Regel nur geringe Bedeutung hat, da das Miteigentum typischerweise schon nach den §§ 929 ff BGB übergegangen sein wird.[1707)]

2391 In den Fällen der Sammelverwahrung gemäß § 5 DepotG sind die Aktionäre Miteigentümer an den zum Sammelbestand der Bank gehörenden Aktien. Der mittelbare Mitbesitz ergibt sich aus der Eintragung im Verwahrungsdepotbuch (§§ 14, 24 Abs. 2 DepotG).[1708)]

2392 Der Kunde, der den Erwerbsauftrag erteilt hat, erwirbt gemäß § 24 Abs. 1 und 2 DepotG mit Eintragung eines korrespondierenden Übertragungsvermerks im Depotbuch des Kommissionärs bzw. in den Fällen, in denen ein Festpreisgeschäft vorliegt, Miteigentum am Sammelbestand der Wertpapiersammelbank.[1709)]

### cc) Verbriefte Inhaberaktien in Sonderverwahrung

2393 Bei der praktisch seltenen Sonderverwahrung behält der Hinterleger sein Eigentum an der Aktie. Der mit dem Kreditinstitut geschlossene Verwahrungsvertrag bildet ein Besitzmittlungsverhältnis, dem zufolge der Hinterleger mittelbarer Eigenbesitzer und der Verwahrer unmittelbarer Fremdbesitzer ist. Die Pflicht zur getrennten Aufbewahrung wirkt hierbei einem Eigentumsverlust durch Verbindung oder Vermischung entgegen.[1710)]

2394 Bei der Drittverwahrung liegt demnach mehrstufiger Fremdbesitz der Verwahrer und weiterhin mittelbarer Eigenbesitz des Hinterlegers vor. Somit hat der Hinterleger der Aktien in diesem Fall sowohl einen Herausgabeanspruch aus § 985 BGB gegen den Fremdbesitzer erster Stufe als auch einen Herausgabeanspruch aus dem Verwahrungsvertrag gegenüber dem Fremdbesitzer letzter Stufe.[1711)]

2395 Die Übergabe erfolgt durch Umstellung des Besitzmittlungsverhältnisses. Der Hinterleger weist dabei das verwahrende Kreditinstitut an, sein bestehendes Besitzmittlungsverhältnis zu beenden und ein solches fortan mit dem Erwerber zu begründen. Das stellt keine Übereignung gemäß § 931 BGB dar, weil nicht der Herausgabeanspruch des Veräußerers gegen den Besitzmittler abgetreten, sondern ein neues Besitzmittlungsverhältnis mit dem Erwerber begründet wird. Ebenso liegt keine Übereignung nach § 930 BGB vor, da das Besitzmittlungsverhältnis zwischen dem bisherigen Besitzmittler, dem Kreditinstitut, und dem Erwerber begründet wird.[1712)] Die Übergabe vollzieht sich nach § 929 Satz 1

1706) *Einsele*, WM 2001, 7, 12; MünchKomm-*Einsele*, HGB, Depotgeschäft, Rz. 97; *Maul*, in: Beck'sches Handbuch der AG, § 3 Rz. 117.

1707) *Eichholz*, WM 2013, 250, 251.

1708) Sudhoff/*Stenger*, Unternehmensnachfolge, § 33 Rz. 5.

1709) *Vatter*, in: Spindler/Stilz, AktG, § 10 Rz. 61; *Einsele*, WM 2001, 7, 12; MünchKomm-*Einsele*, HGB, Depotgeschäft, Rz. 97.

1710) *Eder*, NZG 2004, 107, 109.

1711) *Mentz/Fröhling*, NZG 2002, 201, 203.

1712) *Eder*, NZG 2004, 107, 110; *Mentz/Fröhling*, NZG 2002, 201, 203.

BGB, wobei erst die tatsächliche Begründung des Besitzmittlungsverhältnisses zwischen Depotbank und Erwerber die Übereignung abschließt.[1713] Aus diesem Grund ist es für den Erwerber verlässlicher, die Übergabe durch Abtretung des Herausgabeanspruchs nach § 931 BGB zu ersetzen. Dies vermeidet das Risiko, im Streitfall gegenüber dem Verkäufer die Erteilung der Weisung an seine Depotbank einklagen zu müssen.[1714]

Inhaberaktien in Sonderverwahrung können zudem mittels der Übergabesurrogate der §§ 930, 931 BGB übereignet werden. Bei § 931 BGB ergibt sich der abzutretende Herausgabeanspruch aus § 695 BGB, im Fall der Drittverwahrung aus § 546 Abs. 2, § 604 Abs. 4 BGB analog. Eine Abtretungsanzeige gegenüber der Verwahrerbank wird angeraten, um dem Erwerber kurzfristig eine Verfügungsmöglichkeit über die Aktien zu verschaffen.[1715] 2396

Inhaberaktien in Sonderverwahrung können ebenfalls durch eine Abtretung der Mitgliedschaft gemäß §§ 413, 398 BGB übertragen werden.[1716] Diese Möglichkeit empfiehlt sich, wenn Zweifel an der Verkörperung der Rechte in den Aktien nicht vollständig auszuräumen sind.[1717] Wenn sich Aktienurkunden bei einem Kreditinstitut in Sonderverwahrung oder bei einer Wertpapiersammelbank befinden, sind die Vorschriften des Depotgesetzes anzuwenden. Auch hier gilt die zeitliche Subsidiarität der Normen des Depotgesetzes (siehe Rz. 2390). Führt ein Kommissionär einen Auftrag zum Einkauf von Wertpapieren aus, hat er seinem Kommittenten unverzüglich, spätestens aber innerhalb einer Woche, ein Verzeichnis der Kaufobjekte zu übersenden, in dem die Wertpapiere nach Gattung, Nennbetrag, Nummern oder sonstigen Merkmalen zu bezeichnen sind (§ 18 Abs. 1 DepotG).[1718] 2397

Schon mit Absendung des Stückeverzeichnisses geht gemäß § 18 Abs. 3 DepotG das Eigentum an den ausgewiesenen Stücken auf den Kommittenten über, wenn nicht bereits ein Eigentumsübergang nach §§ 929 ff BGB stattgefunden hat. Die Absendung ist eine rechtsgeschäftsähnliche Handlung.[1719] 2398

### dd) Globalaktien und in Dauerglobalaktien verbriefte Aktien in Sammelverwahrung

Bei Globalurkunden sind die Wertpapierinhaber Bruchteilseigentümer an der Sammelurkunde gemäß § 9a Abs. 2 DepotG i. V. m. § 6 Abs. 1 Satz 1 DepotG.[1720] Globalaktien in Sammelverwahrung sind aus depotrechtlicher Sicht Urkunden in Sammelverwahrung gleichzustellen.[1721] Die Übertragung erfolgt wie bei Inhaberaktien in Girosammelverwahrung, da auch bei der Globalurkunde jeder Aktionär einen Miteigentumsanteil an der Globalurkunde innehat.[1722] 2399

Die Art und Weise der Übereignung von Dauerglobalaktien ist dagegen umstritten. Mit dem Gesetz für kleine Aktiengesellschaften hat der Gesetzgeber die Möglichkeit der Ver- 2400

1713) *Mentz/Fröhling*, NZG 2002, 201, 204.

1714) *Jaques*, in: Beck'sches Handbuch Unternehmenskauf im Mittelstand, Rz. 218; *Mirow*, NZG 2008, 52, 55.

1715) *Mirow*, NZG 2008, 52, 54.

1716) *Jaques*, in: Ettinger/Jaques, Rz. 219; *Eder*, NZG 2004, 107, 110; *Sailer-Coceani*, in: Münchner Handbuch des Gesellschaftsrechts, Bd. 4, § 14 Rz. 61.

1717) *Mirow*, NZG 2008, 52, 55.

1718) MünchKomm-*Einsele*, HGB, Depotgeschäft, Rz. 96.

1719) *Vatter*, in: Spindler/Stilz, AktG, § 10 Rz. 61; MünchKomm-*Einsele*, HGB, Depotgeschäft, Rz. 96.

1720) *Eichholz*, WM 2013, 250, 251.

1721) *Vatter*, in: Spindler/Stilz, AktG, § 10 Rz. 60; *Mentz/Fröhling*, NZG 2002, 201, 205.

1722) *Mentz/Fröhling*, NZG 2002, 201, 206; *Lutter/Drygala*, in: Kölner Komm. z. AktG, Anh. § 68 Rz. 29.

briefung von Mitgliedschaften in einer Sammelurkunde nach § 10 AktG geschaffen. Seit dem KonTraG kann gemäß § 10 Abs. 5 AktG in der Satzung der AG der Anspruch auf Verbriefung seines Anteils ausgeschlossen werden. Dann hat der Aktionär nur einen Anspruch auf Verbriefung aller Mitgliedschaften an der AG in Form einer Globalaktie. Die Dauerglobalurkunde ist depotrechtlich girosammelverwahrfähig.[1723)] Bei der Dauerglobalaktie in Girosammelverwahrung vollzieht sich die Übereignung im Effektengiroverkehr nach § 929 Satz 1 BGB. Außerhalb des Effektengiroverkehrs findet die Übereignung gemäß §§ 929 ff BGB oder durch eine Abtretung der Mitgliedschaft statt (§§ 413, 398 BGB). Es ist insofern unerheblich, ob die Depotbank selbst Aktien an der AG hält.[1724)]

#### ee) Nicht verbriefte Inhaberaktien

2401 Nicht verbriefte Inhaberaktien werden durch Abtretung der Mitgliedschaft gemäß §§ 413, 398 BGB übertragen.[1725)] Ebenso liegt es, wenn die Verbriefung wegen inhaltlicher oder formaler Mängel unwirksam ist.[1726)] Sowohl der Verpflichtungs- als auch der Abtretungsvertrag ist, abgesehen von den allgemeinen Anforderungen des Zivilrechts (siehe Rz. 2376 ff), formfrei. Dennoch ist die Ausstellung einer Abtretungsurkunde anzuraten, da die Aktiengesellschaft den Erwerber nur gegen Vorlage einer Urkunde als Gläubiger anerkennen muss (vgl. § 410 BGB).[1727)]

### b) Übertragung von Namensaktien

#### aa) Verbriefte Namensaktien außerhalb einer Depotverwahrung

2402 Verbriefte Namensaktien, die nicht in einem Depot verwahrt werden, werden durch Indossament und Übergabe der Aktienurkunde übertragen (§ 68 Abs. 1 AktG i. V. m. dem Wechselgesetz, Übergabe nach §§ 929 ff BGB) oder durch Abtretung der Mitgliedschaft nach §§ 413, 398 BGB.[1728)] Dabei ist die Eintragung des Erwerbers in das Aktienregister nicht Wirksamkeitsvoraussetzung, aber es gilt gemäß § 67 Abs. 2 AktG im Verhältnis zur Gesellschaft derjenige als Aktionär, der dort eingetragen ist.[1729)]

2403 Das Indossament stellt wertpapierrechtlich einen Sondertyp der Übertragung von Rechten dar; Erscheinungsformen und Funktionen sind überwiegend im Wechselgesetz geregelt. Der bisherige Inhaber des Wertpapiers stellt das Indossament aus und wird Indossant genannt, der Empfänger ist Indossatar. Das Indossament unterliegt gemäß § 365 Abs. 1 HGB i. V. m. Art. 13 Abs. 1 Satz 2 WG (Art. 16 ScheckG) der Schriftform des § 126 BGB und muss daher vom Indossanten eigenhändig unterschrieben sein. Inhaltlich wird keine besondere Formulierung verlangt; das Wort „Order" muss keine Erwähnung

---

1723) *Eder*, NZG 2004, 107, 112; *Mentz/Fröhling*, NZG 2002, 201, 208.

1724) *Eder*, NZG 2004, 107, 114 m. w. N.

1725) Sudhoff/*Stenger*, Unternehmensnachfolge, § 33 Rz. 5; *Maul*, in: Beck'sches Handbuch der AG, § 3 Rz. 111; *Eder*, NZG 2004, 107, 108.

1726) *Vatter*, in: Spindler/Stilz, AktG, § 10 Rz. 53.

1727) *Jaques*, in: Beck'sches Handbuch Unternehmenskauf im Mittelstand, Rz. 213; *Vatter*, in: Spindler/Stilz, AktG, § 10 Rz. 52.

1728) Sudhoff/*Stenger*, Unternehmensnachfolge, § 33 Rz. 5; *Maul*, in: Beck'sches Handbuch der AG, § 3 Rz. 112.

1729) *Jaques*, in: Beck'sches Handbuch Unternehmenskauf im Mittelstand, Rz. 217.

finden. Das Indossament muss entweder direkt auf die Namensaktie gesetzt werden oder auf einen mit ihm verbundenen Anhang.[1730)]

Das Indossament hat eine Legitimationsfunktion sowie eine Transportfunktion (vgl. § 68 Abs. 1 Satz 2 AktG i. V. m. Art. 16 WG).[1731)] Die Legitimationsfunktion beinhaltet, dass für den durch eine ununterbrochene Indossamentenkette ausgewiesenen unmittelbaren Besitzer die widerlegliche Vermutung, er sei Eigentümer der Urkunde und damit Aktionär, aufgestellt wird. Im Verhältnis zur Aktiengesellschaft ist aber § 67 Abs. 2 AktG zu beachten, der die Eintragung in das Aktienregister fordert. Eine ununterbrochene Indossamentenkette liegt vor, wenn der urkundlich genannte Aktionär der erste Indossant ist und alle darauffolgenden Indossamente mit dem Namen desjenigen unterschrieben sind, auf den das vorangegangene Indossament lautet. Bei Blankoindossamenten wird gemäß § 68 Abs. 1 Satz 2 AktG i. V. m. Art. 16 Abs. 1 Satz 3 WG vermutet, dass der Aussteller des darauffolgenden Indossaments die Urkunde durch das Blankoindossament erworben hat; Blankoindossament kann auch das letzte Indossament sein. Im Fall einer Unterbrechung der Indossamentenkette, z. B. durch Gesamtrechtsnachfolge, kann die Lücke durch einen anderen Nachweis wie zum Beispiel einen Erbschein geschlossen werden.[1732)] 2404

### (1) Übereignung gemäß §§ 929 ff BGB

Die Transportfunktion bewirkt, dass die Aktie durch das Indossament i. V. m. §§ 929 ff BGB übertragen werden kann. Überdies setzt eine Übertragung des Eigentums an der indossierten Urkunde die formlose, unter Umständen auch konkludente Vereinbarung der Einigung und Übergabe oder eines Übergabesurrogats voraus. Das Indossament bewirkt für sich noch nicht die Rechtsänderung.[1733)] Die Eintragung der Übertragung der Mitgliedschaft im Aktienregister ist nicht zwingend für die materielle Rechtsänderung; obschon gemäß § 67 Abs. 2 AktG nur der im Aktienregister Eingetragene gegenüber der Aktiengesellschaft als Aktionär gilt.[1734)] 2405

Mittels Vollindossament gehen gemäß Art. 14 WG alle Rechte aus dem Papier vom Indossanten auf den Indossatar über. 2406

### (2) Übereignung durch Blankoindossament und Übergabe

Die Namensaktie ist auch übertragungsfähig gemäß § 68 Abs. 1 Satz 2, 5 AktG i. V. m. Art. 13 Abs. 2 WG sowie §§ 929 ff BGB durch Blankoindossament und Übergabe. Das Blankoindossament bezeichnet den Indossatar nicht namentlich. Die Folge ist eine Annäherung der Namensaktie an die Inhaberaktie.[1735)] Nur in diesem Fall sind sie börsen- und depotfähig.[1736)] Die Umlauffähigkeit ist dadurch erhöht, dass die Namensaktie mit 2407

1730) *Vatter*, in: Spindler/Stilz, AktG, § 10 Rz. 56; *Maul*, in: Beck'sches Handbuch der AG, § 3 Rz. 112.

1731) *Cahn*, in: Spindler/Stilz, AktG, § 68 Rz. 11 f; *Eder*, NZG 2004, 107, 108 f; *Sailer-Coceani*, in: Münchner Handbuch des Gesellschaftsrechts, Bd. 4, § 14 Rz. 10?.

1732) *Cahn*, in: Spindler/Stilz, AktG, § 68 Rz. 12.

1733) H. M., BGH, Urt. v. 12.12.1957 – II ZR 43/57, NJW 1958, 302; *Cahn*, in: Spindler/Stilz, AktG, § 68 Rz. 12; *Maul*, in: Beck'sches Handbuch der AG, § 3 Rz. 112; *Jaques*, in: Beck'sches Handbuch Unternehmenskauf im Mittelstand, Rz. 215; *Sailer-Coceani*, in: Münchner Handbuch des Gesellschaftsrechts, Bd. 4, § 14 Rz. 6; *Lutter/Drygala*, in: Kölner Komm. z. AktG, § 68 Rz. 13 f.

1734) *Cahn*, in: Spindler/Stilz, AktG, § 68 Rz. 5.

1735) *Lutter/Drygala*, in: Kölner Komm. z. AktG, § 68 Rz. 15.

1736) *Mentz/Fröhling*, NZG 2002, 201, 202; MünchKomm-*Einsele*, HGB, Depotgeschäft, Rz. 42 ff.

Blankoindossament einerseits per Einigung und Übergabe übereignet werden kann, ohne dass eine erneute Indossierung erforderlich würde (vgl. Art. 14 Abs. 2 Nr. 3 WG), andererseits dadurch, dass sie formlos übereignet werden kann.

#### (3) Übereignung durch Abtretung

2408 Eine Übertragung kann auch hier durch Abtretung der Mitgliedschaft gemäß §§ 413, 398 BGB erfolgen.[1737)] Demnach erweitert die Regelung in § 68 Abs. 1 AktG mit der Option der Übertragung durch Indossament die Übertragungsmöglichkeiten. Die Einigung ist dabei, abgesehen von den allgemeinen Anforderungen des Zivilrechts (siehe Rz. 2376 ff), formlos wirksam.[1738)] Umstritten ist die Erforderlichkeit der Übergabe der Aktienurkunde. In der Literatur wird eine Übergabe weithin für entbehrlich gehalten. Das Eigentum an der Urkunde gehe vielmehr gemäß § 952 Abs. 2 BGB auf den neuen Inhaber über, dem sodann ein Herausgabeanspruch aus § 985 BGB gegen den Besitzer der Urkunde zustehe.[1739)] Eine ältere, die Abtretung eines Wechsels betreffende Entscheidung des Bundesgerichtshofs fordert dagegen die Übergabe.[1740)] Jedenfalls ist aus Gründen der Rechtssicherheit zur Übergabe der Urkunde zu raten.[1741)] Die Übergabe kann aber durch ein Übergabesurrogat ersetzt werden.[1742)]

### bb) Unverbriefte Namensaktien

2409 Unverbriefte Namensaktien können nur durch Abtretung des Mitgliedschaftsrechts gemäß §§ 413, 398 BGB übertragen werden.[1743)] Da die Aktiengesellschaft den Erwerber nur gegen Vorlage einer Urkunde als Gläubiger anerkennen muss (vgl. § 410 BGB),[1744)] empfiehlt sich auch hier gleichfalls die Schriftform.

### cc) Vinkulierte Namensaktien

2410 Die Übertragung von vinkulierten Namensaktien setzt entweder ein (Blanko-)Indossament und die Übereignung nach §§ 929 ff BGB voraus oder eine Abtretung. Darüber hinaus ist die Zustimmung des nach § 68 Abs. 2 AktG oder der Satzung der Aktiengesellschaft zuständigen Gesellschaftsorgans notwendig. Die Zustimmungserklärung richtet sich nach den in der Satzung aufgestellten Kriterien, anderenfalls nach pflichtgemäßem, die Gesellschaftsinteressen und die Interessen des übertragungswilligen Aktionärs abwägendem, durch

---

1737) *Vatter*, in: Spindler/Stilz, AktG, § 10 Rz. 53; *Maul*, in: Beck'sches Handbuch der AG, § 3 Rz. 114; *Lutter/Drygala*, in: Kölner Komm. z. AktG, Anh. § 68 Rz. 40.

1738) *Eder*, NZG 2004, 107, 109; *Sailer-Coceani*, in: Münchner Handbuch des Gesellschaftsrechts, Bd. 4, § 14 Rz. 13.

1739) *Vatter*, in: Spindler/Stilz, AktG, § 10 Rz. 53; *Cahn*, in: Spindler/Stilz, AktG, § 68 Rz. 24; *Maul*, in: Beck'sches Handbuch der AG, § 3 Rz. 114; *Sailer-Coceani*, in: Münchner Handbuch des Gesellschaftsrechts, Bd. 4, § 14 Rz. 13; *Lutter/Drygala*, in: Kölner Komm. z. AktG, Anh. § 68 Rz. 17; *Lutter/Drygala*, in: Kölner Komm. z. AktG, § 68 Rz. 35.

1740) BGH, Urt. v. 12.12.1957 – II ZR 43/57, NJW 1958, 302, 303; ebenso KG, Urt. v. 20.12.2002 – 14 U 5141/00, NZG 2003, 226, 227 f.

1741) *Cahn*, in: Spindler/Stilz, AktG, § 68 Rz. 24.

1742) *Mentz/Fröhling*, NZG 2002, 201, 203.

1743) *Jaques*, in: Beck'sches Handbuch Unternehmenskauf im Mittelstand, Rz. 213; *Eder*, NZG 2004, 107, 108.

1744) *Jaques*, in: Beck'sches Handbuch Unternehmenskauf im Mittelstand, Rz. 213; *Vatter*, in: Spindler/Stilz, AktG, § 10 Rz. 52.

den Gleichbehandlungsgrundsatz gebundenem Ermessen.[1745] Die Zustimmung ist formfrei als Einwilligung vor der Verfügung oder als Genehmigung nach der Verfügung dem Verfügenden gegenüber oder dem durch die Verfügung Begünstigten zu erteilen. Nach außen bindet das in der Satzung der Aktiengesellschaft enthaltene Schriftformerfordernis für die Zustimmungserklärung nicht.[1746]

Die Übereignung wird mit der Zustimmung wirksam, wobei das Zustimmungserfordernis nicht für das Verpflichtungsgeschäft gilt.[1747] Bei Scheitern des Verfügungsgeschäfts kommt eine Haftung nach den Unmöglichkeitsregeln infrage.[1748] Bei missbräuchlicher Verweigerung der Zustimmung kann sich eine Schadensersatzpflicht der Aktiengesellschaft ergeben.[1749] 2411

### dd) Verbriefte Namensaktien in Girosammelverwahrung

Eine Girosammelverwahrung kommt bei Namensaktien nur infrage, wenn sie ein Blankoindossament tragen. Sonst fehlt die nach § 5 Abs. 1 DepotG nötige Vertretbarkeit.[1750] Die Ausführungen zur Übertragbarkeit der Inhaberaktie in Girosammelverwahrung gelten entsprechend. Hierbei wird Bruchteilseigentum am Girosammelbestand gemäß § 24 Abs. 2 DepotG durch Eintragung eines Übertragungsvermerks im Verwahrbuch des Kommisionärs übertragen.[1751] 2412

### ee) Verbriefte Namensaktien in Sonderverwahrung

**Nicht blankoindossierte Namensaktien** müssen aus der Sonderverwahrung herausgenommen werden. Nach Übereignung kann der Erwerber diese wieder in Verwahrung geben.[1752] Die Namensaktien werden dann durch Indossament übertragen. Soll eine Entnahme aus der Sonderverwahrung vermieden werden, bleibt nur der Rückgriff auf eine Abtretung gemäß §§ 413, 398 BGB.[1753] Auch dies erfordert aber blankoindossierte Namensaktien.[1754] 2413

**Blankoindossierte Namensaktien** werden wie Inhaberaktien in Sonderverwahrung übereignet,[1755] wobei bei vinkulierten Namensaktien das Zustimmungserfordernis der Aktiengesellschaft zu beachten ist.[1756] Die Ausführungen zur Inhaberaktie in Sonderverwahrung 2414

1745) *Maul*, in: Beck'sches Handbuch der AG, § 3 Rz. 115; *Sailer-Coceani*, in: Münchner Handbuch des Gesellschaftsrechts, Bd. 4, § 14 Rz. 26.

1746) Sudhoff/*Stenger*, Unternehmensnachfolge, § 33 Rz. 6; *Sailer-Coceani*, in: Münchner Handbuch des Gesellschaftsrechts, Bd. 4, § 14 Rz. 24.

1747) Sudhoff/*Stenger*, Unternehmensnachfolge, § 33 Rz. 7.

1748) *Maul*, in: Beck'sches Handbuch der AG, § 3 Rz. 116; *Sailer-Coceani*, in: Münchner Handbuch des Gesellschaftsrechts, Bd. 4, § 14 Rz. 28.

1749) *Maul*, in: Beck'sches Handbuch der AG, § 3 Rz. 116; *Sailer-Coceani*, in: Münchner Handbuch des Gesellschaftsrechts, Bd. 4, § 14 Rz. 29 ff.

1750) *Cahn*, in: Spindler/Stilz, AktG, § 68 Rz. 6; *Maul*, in: Beck'sches Handbuch der AG, § 3 Rz. 118; *Sailer-Coceani*, in: Münchner Handbuch des Gesellschaftsrechts, Bd. 4, § 14 Rz. 64.

1751) *Lutter/Drygala*, in: Kölner Komm. z. AktG, § 68 Rz. 26.

1752) *Sailer-Coceani*, in: Münchner Handbuch des Gesellschaftsrechts, Bd. 4, § 14 Rz. 62.

1753) *Jaques*, in: Beck'sches Handbuch Unternehmenskauf im Mittelstand, Rz. 220; *Mirow*, NZG 2008, 52, 55.

1754) *Eder*, NZG 2004, 107, 110.

1755) *Sailer-Coceani*, in: Münchner Handbuch des Gesellschaftsrechts, Bd. 4, § 14 Rz. 62.

1756) *Lutter/Drygala*, in: Kölner Komm. z. AktG, § 68 Rz. 32.

gelten insoweit entsprechend. Demnach erfolgt die Übereignung primär gemäß §§ 929 ff BGB. Auch eine Übertragung von Namensaktien nach § 24 Abs. 2 DepotG ist möglich.[1757] Die Übereignung vollzieht sich im Moment der Absendung des Stückeverzeichnisses durch den Einkaufskommissionär auf den Kommittenten.

#### ff) Globalurkunden und in Dauerglobalaktie verbriefte Aktien (in Sammelverwahrung)

2415 Blankoindossierte Namensaktien können auch in einer Globalurkunde/Dauerglobalaktie verbrieft sein,[1758] ebenso wie vinkulierte Namensaktien.[1759] Die Verbriefung kann durch die Satzung der Aktiengesellschaft auf die Form der Globalurkunde begrenzt sein.[1760] Die Mitgliedschaft wird durch Übereignung des Miteigentumsanteils an der indossierten Urkunde übertragen (§ 68 Abs. 1 Satz 2 AktG i. V. m. Art. 14 Abs. 1 WG).

### c) Gutglaubenserwerb von Inhaberaktien

#### aa) Verbriefte Inhaberaktien außerhalb einer Depotverwahrung

2416 Bei verbrieften Inhaberaktien, die nicht in einem Depot verwahrt werden, scheidet ein Gutglaubenserwerb aus.

#### bb) Verbriefte Inhaberaktien in Girosammelverwahrung

2417 Der gutgläubige Erwerb in dieser Konstellation ist umstritten. Nach wohl herrschender Meinung reicht die Disposition über bloß mittelbaren Besitz als Rechtsscheinträger für den Gutglaubenserwerb nicht aus.[1761] Die Höhe des Miteigentums ist für eine Publizitätsfunktion nicht aussagekräftig genug. Daher erfolgt kein Gutglaubenserwerb, wenn ein Miteigentümer einer beweglichen Sache einen höheren Anteil als er ihn tatsächlich innehat überträgt.[1762] Die herrschende Meinung sieht stattdessen in der Buchung der Sammelbestandteile im Depotbuch, konkret in der Dispositionsbefugnis über die Buchung, einen zureichenden Rechtsscheinträger, der die Publizität gewährleistet.[1763] Die Umbuchung wird als ein im BGB nicht geregeltes Übergabesurrogat mit übergabeähnlicher Publizitätswirkung betrachtet. Die Übergabe im Rechtssinne ist die Umstellung des Besitzmittlungsverhältnisses. Der gutgläubige Erwerb erfolgt demgemäß nach §§ 932, 1207 BGB, § 366 HGB. Wenngleich der mittelbare Mitbesitz keinen vollwertigen Rechtsschein zu erzeugen vermag, ist der Buchung im Verwahrungsbuch die dem Besitz zukommende Publizität zuzubilligen.[1764]

2418 Erfolgt der Eigentumserwerb nach den subsidiären Vorschriften des Depotgesetzes, handelt es sich bei der Eintragung des Übertragungsvermerks um einen gesetzlichen Eigentums-

1757) *Sailer-Coceani*, in: Münchner Handbuch des Gesellschaftsrechts, Bd. 4, § 14 Rz. 13; *Lutter/Drygala*, in: Kölner Komm. z. AktG, § 68 Rz. 32.

1758) *Mentz/Fröhling*, NZG 2002, 201, 205.

1759) *Sailer-Coceani*, in: Münchner Handbuch des Gesellschaftsrechts, Bd. 4, § 14 Rz. 64.

1760) *Lutter/Drygala*, in: Kölner Komm. z. AktG, § 68 Rz. 2.

1761) *Vatter*, in: Spindler/Stilz, AktG, § 10 Rz. 65; MünchKomm-*K. Schmidt*, BGB, § 747 Rz. 21.

1762) MünchKomm-*Einsele*, HGB, Depotgeschäft, Rz. 112.

1763) *Vatter*, in: Spindler/Stilz, AktG, § 10 Rz. 65; *Eichholz*, WM 2013, 250, 251; MünchKomm-*Einsele*, HGB, Depotgeschäft, Rz. 113.

1764) MünchKomm-*K. Schmidt*, BGB, § 747 Rz. 21; vgl. aber die beachtliche Kritik von MünchKomm-*Einsele*, HGB, Depotgeschäft, Rz. 113 ff.

erwerb, der an einen Realakt anknüpft. Damit scheidet ein Gutglaubenserwerb bereits mangels Verkehrsgeschäft aus.[1765)]

#### cc) Verbriefte Inhaberaktien in Sonderverwahrung

Ein gutgläubiger Erwerb findet nach den §§ 932 ff BGB statt.[1766)] Soweit die Aktien durch Abtretung der Mitgliedschaft übertragen werden, kommt ein gutgläubiger Erwerb nicht in Betracht. Auch bei einem Erwerb nach § 18 Abs. 3 DepotG scheidet ein gutgläubiger Erwerb aus, da dort die Verfügungsbefugnis des Kommissionärs vorausgesetzt wird und es sich außerdem um einen gesetzlichen Erwerbstatbestand, der an einen Realakt anknüpft, handelt. 2419

#### dd) Globalurkunden und in Dauerglobalaktien verbriefte Aktien in Sammelverwahrung

Für Dauerglobalaktien gilt hinsichtlich eines gutgläubigen Erwerbs das unter Rz. 2417 Gesagte. 2420

#### ee) Nicht verbriefte Inhaberaktien

Da hier nur eine Übereignung durch Übertragung der Mitgliedschaft gemäß §§ 413, 398 BGB infrage kommt, ist ein Gutglaubenserwerb nicht möglich. Jedoch greifen die Schutzvorschriften der §§ 413, 407–410 BGB ein.[1767)] 2421

### d) Gutglaubenserwerb von Namensaktien [→ Rz. 2299]

#### aa) Verbriefte Namensaktien außerhalb einer Depotverwahrung

Der gutgläubige Erwerb richtet sich bei verbrieften Namensaktien außerhalb eines Depots nach Art. 16 Abs. 2 WG i. V. m. § 68 Abs. 1 Satz 2 AktG.[1768)] Bei einer ununterbrochenen Indossamentenkette findet ein Erwerb der Mitgliedschaft auch dann statt, wenn die Urkunde einem früheren Erwerber „irgendwie abhandengekommen ist" (Art. 16 Abs. 2 WG). Dies erweitert den Gutglaubenserwerb sachlich beträchtlich: Neben dem unfreiwilligen Besitzverlust des § 935 BGB sind auch Fälle erfasst, in denen die Aktie sonst ohne rechtswirksame Übereignung, z. B. wegen fehlender Veräußerungsbefugnis oder Vertretungsmacht die Seiten gewechselt hat. Art. 16 Abs. 2 WG schützt somit auch den guten Glauben an die Verfügungsbefugnis, die Vertretungsmacht, an die Identität von der durch die Indossamentenkette nachgewiesenen Person und dem Veräußerer und die Authentizität der Indossamente selbst. Lediglich Mängel in der Geschäftsfähigkeit können bei Namensaktien aufgrund der herausgehobenen Schutzbedürftigkeit Minderjähriger im Rahmen des gutgläubigen Erwerbs mit der herrschenden Meinung nicht überwunden werden.[1769)] Eine gar nicht erst entstandene Mitgliedschaft kann nicht gutgläubig übertragen werden.[1770)] 2422

---

1765) *Einsele*, WM 2001, 7, 12; MünchKomm-*Einsele*, HGB, Depotgeschäft, Rz. 97.

1766) *Eder*, NZG 2004, 107, 109 f.

1767) *Vatter*, in: Spindler/Stilz, AktG, § 10 Rz. 52.

1768) *Maul*, in: Beck'sches Handbuch der AG, § 3 Rz. 112; *Sailer-Coceani*, in: Münchner Handbuch des Gesellschaftsrechts, Bd. 4, § 14 Rz. 11; *Eder*, NZG 2004, 107, 109.

1769) *Maul*, in: Beck'sches Handbuch der AG, § 3 Rz. 112; *Sailer-Coceani*, in: Münchner Handbuch des Gesellschaftsrechts, Bd. 4, § 14 Rz. 11.

1770) *Eder*, NZG 2004, 107, 109.

2423 Bei der Abtretung der Mitgliedschaft nach §§ 413, 398 BGB kommt ein gutgläubiger Erwerb mangels Anwendbarkeit von Art. 16 Abs. 2 WG und § 405 BGB nicht in Betracht.[1771) Eine Abtretung unterbricht zudem die Indossamentenkette, sodass ein gutgläubiger Erwerb im Anschluss ausgeschlossen ist.[1772)]

### bb) Unverbriefte Namensaktien

2424 Da unverbriefte Namensaktien nur durch Abtretung gemäß §§ 413, 398 übereignet werden können, fehlt es an einem zureichenden Rechtsscheinträger für einen Gutglaubenserwerb.

### cc) Vinkulierte Namensaktien

2425 Vinkulierte Namensaktien werden gutgläubig ähnlich wie verbriefte Namensaktien übertragen; zusätzlich ist die Zustimmung der Aktiengesellschaft erforderlich. Sollte der Veräußerer die Zustimmung nicht erhalten haben und mithin nicht Aktionär geworden sein, kann der Erwerber dennoch über § 68 Abs. 1 Satz 2 AktG i. V. m. Art. 16 Abs. 2 WG Eigentümer werden, wenn er seinerseits die Zustimmung der Aktiengesellschaft erhält.[1773)] Wird der Erwerber allerdings vor Erteilung der Zustimmung bösgläubig, scheitert der Erwerb auch dann, wenn die Zustimmung erteilt wird.[1774)]

### dd) Verbriefte Namensaktien in Girosammelverwahrung

2426 Die Umbuchung stellt einen hinreichenden Rechtsschein für den erweiterten Schutz des Blankoindossaments bei Namensaktien her.[1775)] Angesichts des Verbreitungsgrads der Sammelverwahrung von Namensaktien bildet die Umbuchungsmöglichkeit über die Sammelbestandteile eine ausreichende Besitzgrundlage.[1776)] Bei der Übertragung nach § 24 Abs. 2 DepotG ist der gutgläubige Erwerb nicht möglich.[1777)]

### ee) Verbriefte Namensaktien in Sonderverwahrung

2427 Soweit es sich um blankoindossierte Namensaktien handelt, richtet sich ein gutgläubiger Erwerb nach den §§ 932 ff BGB. Die Ausführungen zur gutgläubigen Übertragung der Inhaberaktie in Sonderverwahrung gelten entsprechend. Bei nicht blankoindossierten Namensaktien gelten ebenso die §§ 932 ff BGB.[1778)] Zu beachten ist der erweiterte Gutglaubensschutz gemäß § 68 Abs. 1 Satz 2 AktG i. V. m. Art. 16 Abs. 2 WG.

1771) *Maul*, in: Beck'sches Handbuch der AG, § 3 Rz. 114; *Mentz/Fröhling*, NZG 2002, 201, 203; *Lutter/Drygala*, in: Kölner Komm. z. AktG, § 68 Rz. 34.

1772) *Maul*, in: Beck'sches Handbuch der AG, § 3 Rz. 114.

1773) *Eder*, NZG 2004, 107, 109.

1774) *Lutter/Drygala*, in: Kölner Komm. z. AktG, § 68 Rz. 28.

1775) *Vatter*, in: Spindler/Stilz, AktG, § 10 Rz. 65.

1776) *Cahn*, in: Spindler/Stilz, AktG, § 68 Rz. 19.

1777) *Cahn*, in: Spindler/Stilz, AktG, § 68 Rz. 26.

1778) *Eder*, NZG 2004, 107, 110.

### ff) Globalurkunden und in Dauerglobalaktien verbriefte Namensaktien (in Sammelverwahrung)

Bei Namensaktien, die in Globalurkunden verbrieft sind, wird die Mitgliedschaft durch Übergang des Miteigentumsanteils an der indossierten Urkunde übertragen.[1779] Daher stellt sich auch hier die Frage nach einem ausreichenden Rechtsscheinträger in Form der Dispositionsfähigkeit über den mittelbaren Besitz. 2428

## 3. Wirtschaftlicher Stichtag [→ Rz. 2300]

Die Festlegung eines wirtschaftlichen Stichtags erleichtert die Abwicklung der Transaktion und die Eingliederung der Zielgesellschaften in die Organisation des Käufers, da sich die Parteien unabhängig vom Eintritt etwaiger aufschiebender Bedingungen bzw. vom Zeitpunkt des Closings wirtschaftlich so stellen können, als wäre die dingliche Übertragung bereits zu dem von ihnen gewählten Zeitpunkt wirksam geworden. Gleiches gilt für die Ausschüttung etwaiger Dividenden. Zudem geht am wirtschaftlichen Stichtag das Eigentum i. S. d. Steuerrechts über. Auch kann bei der Festlegung des wirtschaftlichen Stichtags (z. B. 31.12.2015, 24:00 Uhr oder 1.1.2016, 0:00 Uhr) auf die Bilanzierung der Aktien in der Bilanz des Verkäufers oder des Käufers Einfluss genommen werden. 2429

## 4. Zustimmungserfordernisse [→ Rz. 2302]

Verfügt eine natürliche Person über Aktien, ist regelmäßig auch zu prüfen, ob die Voraussetzungen des § 1365 BGB erfüllt sind und somit die Zustimmung des anderen Ehegatten erforderlich ist. Geht der Ehegatte die Verpflichtung ohne die erforderliche Einwilligung ein, ist der Vertrag nur wirksam, wenn der andere Ehegatte ihn genehmigt (§ 1366 BGB). Einseitige Rechtsgeschäfte, die ohne die erforderliche Einwilligung vorgenommen werden, sind unwirksam (§ 1367 BGB). Wird die Genehmigung verweigert, ist der Vertrag ebenfalls unwirksam (§ 1366 Abs. 4 BGB). Solange der Vertrag schwebend unwirksam ist, kann der Dritte den Vertrag unter den Voraussetzungen des § 1366 Abs. 2 BGB widerrufen. 2430

Bei minderjährigen Vertragspartnern ist eine etwa erforderliche Genehmigung des Familiengerichts (§ 1822 BGB) einzuholen. 2431

Anders als bei Inhaberaktien ist die Einschränkung der Verkehrsfähigkeit bei Namensaktien zulässig. Gemäß § 68 Abs. 2 AktG kann durch Satzungsregelung eine Vinkulierung der Aktien herbeigeführt und so der Kreis der Aktionäre kontrolliert werden. Wird die rechtsgeschäftliche Übertragung der Aktien an die Zustimmung der Gesellschaft gebunden, entscheidet hierüber in der Regel der Vorstand. Die Satzung kann allerdings vorsehen, dass der Aufsichtsrat oder die Hauptversammlung über die Erteilung der Zustimmung beschließen. Ebenfalls ist es möglich, in der Satzung bereits die Begründung für eine Verweigerung der Zustimmung zu regeln (vgl. § 68 Abs. 2 AktG) (Rz. 2303). 2432

## 5. Kaufpreis [→ Rz. 2304]

Bei der Vereinbarung von Kaufpreisanpassungsklauseln ist zur Vermeidung von späteren Rechtsstreitigkeiten bereits im Rahmen der Vertragsverhandlungen genau zu definieren, welche Bilanzpositionen bei der Anpassung des Kaufpreises Berücksichtigung finden. 2433

1779) *Vatter*, in: Spindler/Stilz, AktG, § 10 Rz. 11.

Hierbei bietet sich an, diese im Rahmen einer Anlage aufzulisten und ein Rechenbeispiel hinzuzufügen. Dieses könnte wie folgt aussehen:

**Beispiel Kaufpreisberechnung (Anlage 4.1)**

(1) Der ermittelte Unternehmenswert der Gruppe beträgt 500.000 €.

(2) Als Unternehmenswert wird dabei die Bewertung des Unternehmens unter der Annahme der Schuldenfreiheit (Cash/Debt Free) bezeichnet.

(3) Zur Berechnung des Kaufpreises für 100 % der Geschäftsanteile soll daher von folgendem Schema ausgegangen werden:

(a) Unternehmenswert gemäß (1)

(b) abzüglich Verbindlichkeiten gegenüber Kreditinstituten, Gesellschaftern, Wechselverbindlichkeiten (mit Finanzierungszweck)

(c) abzüglich Pensionsrückstellungen (saldiert mit dem Wert bestehender Rückdeckungsversicherungen)

(d) abzüglich Körperschaftsteuerrückstellungen und -verbindlichkeiten

(e) abzüglich Rückstellungen für Boni- oder Tantiemenzahlungen an die Vorstände

(f) abzüglich sonstiger langfristiger Rückstellungen

(g) abzüglich Verbindlichkeiten aus beschlossenen Dividenden und Verbindlichkeiten gegenüber Aktionären oder Vorständen

(h) zuzüglich Bestand liquider Mittel und Barvermögen bzw. Forderungen gegenüber Aktionären, die im Rahmen der Transaktion ausgeglichen werden

(i) abzüglich/zuzüglich etwaiger den Punkten (a) bis (h) wirtschaftlich vergleichbarer Posten

2434 Um eine Umgehung der Kaufpreisanpassungsklausel zu vermeiden, sind im Kaufvertrag weitere Regelungen, insbesondere zu den Bilanzierungs- und Bewertungsgrundsätzen, der Einhaltung bisheriger Geschäftspraktiken, der Weiterführung des Geschäftsbetriebs im normalen Umfang und mit der Sorgfalt eines ordentlichen Kaufmanns, aufzunehmen. Auch sollte bereits im Vorfeld geregelt werden, welcher Mechanismus eingreift, falls die Parteien im Rahmen der Kaufpreisanpassung über den Inhalt des Stichtagsabschlusses unterschiedlicher Auffassung sind (vgl. hierzu näher die Regelungen in § 4 Abs. 6).

2435 Weiterhin kann eine Kaufpreisanpassung über eine Regelung zum konsolidierten Eigenkapital erreicht werden. Anlage 4.5 – Konsolidiertes EBITDA – könnte wie folgt aussehen:

(1) Das EBITA gemäß dieser Vereinbarung ist das unter Wahrung des Grundsatzes der Bilanzkontinuität ermittelte Betriebsergebnis vor Abschreibungen auf den Firmenwert.

(2) Das gemäß (1) berechnete EBITA wird bereinigt um aperiodische und außergewöhnliche Effekte, insbesondere:

(a) Nettoerträge aus dem Abgang von und der Zuschreibung zum Anlagevermögen

(b) Erträge aus der Auflösung nicht verbrauchter, zum Übernahmestichtag bereits gebildeter Rückstellungen

(c) Sonderkosten, die aus den möglichen Zukäufen von Unternehmen resultieren

(d) Effekte, die sich aufgrund der Umstellung oder Änderung, egal ob freiwilliger oder gesetzlich zwingender Natur, von Rechnungslegungsvorschriften oder -wahlrechten ergeben, sofern sie im EBITA Niederschlag finden

(e) Sonstige Kosten der beabsichtigten Transaktion (wie z. B. Beratungsentgelte, Rechts- und Steuerberatung)

## 6. Satzungsänderung [→ Rz. 2310]

Aufgrund der regelmäßig unterschiedlichen Interessenlagen nach Aufnahme eines strategischen Investors ist die Satzung der Zielgesellschaft dahingehend zu überprüfen, ob diese die neue Konstellation und etwaige damit verbundene gegensätzlichen Interessenlagen ausreichend berücksichtigt. Regelmäßig sind hier Anpassungen der Satzung zu den Themen Minderheitenschutz, Entsendung Aufsichtsrat, Zustimmungskatalog, Ausschüttungspolitik, Vorkaufsrechte etc. vorzunehmen. Um eine Neubesetzung des Aufsichtsrats zu ermöglichen und hierdurch den Einfluss des Käufers sicherzustellen, wird es regelmäßig erforderlich sein, dass die bisherigen Mitglieder des Aufsichtsrats der Gesellschaft ihren Rücktritt erklären und dieser neu besetzt wird. 2436

Der Aufsichtsrat muss bei seiner Entschließung, wen er zum Vorstandsmitglied bestellen will, im Rahmen seines unternehmerischen Ermessens nach § 93 Abs. 1 Satz 2 AktG frei sein. Rechtsgeschäftliche Vereinbarungen, durch welche die souveräne Entscheidungsfreiheit des Aufsichtsrats eingeschränkt wird, sind bereits nach § 134 BGB nichtig.[1780] Aufsichtsratsmitglieder können sich weder gegenüber der Gesellschaft noch gegenüber einem Dritten verpflichten, eine bestimmte Person zum Vorstandsmitglied zu bestellen.[1781] Einem Aktionär kann auch nicht durch die Satzung ein Recht auf einen Vorstandsposten eingeräumt werden. Auf die Zusammensetzung des Vorstands kann er nur dadurch einwirken, dass er die Mehrheitsverhältnisse im Aufsichtsrat zu seinen Gunsten beeinflusst, indem er selbst oder Personen seines Vertrauens in den Aufsichtsrat gewählt werden oder ihm durch die Satzung gemäß § 101 Abs. 2 AktG ein Entsendungsrecht eingeräumt wird. Ein Aktionär kann jedoch einem Aufsichtsratsmitglied keine bindenden Weisungen für die Bestellung von Vorstandsmitgliedern geben. Dass er auf Aufsichtsratsmitglieder, deren Wahl er in der Hauptversammlung aufgrund seiner Stimmenmacht durchgesetzt hat, tatsächlich einwirken kann, schließt das Gesetz nicht aus. Aktionäre können deshalb auch untereinander vereinbaren, ihre tatsächlichen Einflussmöglichkeiten dahingehend auszuüben, dass bestimmte Personen vom Aufsichtsrat zu Vorstandsmitgliedern gewählt werden. Solche Abreden verstoßen erst dann gegen § 138 Abs. 1 BGB, wenn sie auf eine Beeinträchtigung der freien Entschließung der Aufsichtsratsmitglieder zielen.[1782] Die Grenze des Zulässigen ist dort erreicht, wo eine gezielte Beeinträchtigung der freien Entschließung der Aufsichtsratsmitglieder bezweckt ist.[1783] 2437

## 7. Zustimmung Vertragspartner [→ Rz. 2311]

Sollte sich im Rahmen der Due Diligence herausstellen, dass für die erfolgreiche Fortführung der Zielgesellschaften bestimmte Verträge von wesentlicher Bedeutung sind, bietet es sich an, vor Durchführung der Transaktion die Zustimmung der jeweiligen Vertragspartner einzuholen. Dies gilt insbesondere dann, wenn die jeweiligen Verträge sog. Change-of-Control-Klauseln enthalten und dem Vertragspartner einer Zielgesellschaft im Falle der Veränderung der Beteiligungsverhältnisse ein außerordentliches Kündigungsrecht zusteht. 2438

---

1780) *Hölters/Weber*, AktG, § 84 Rz. 9.

1781) MünchKomm-*Spindler*, AktG, § 84 Rz. 15.

1782) MünchKomm-*Spindler*, AktG, § 84 Rz. 15 m. w. N.

1783) Hölters/*Weber*, AktG, § 84 Rz. 12.

**8. Kartellrechtliche Freigabe** [→ Rz. 2301]

2439 Je nach Konstellation ist der gesamte Vollzug der Transaktion unter die aufschiebende Bedingung einer etwa erforderlichen Genehmigung des Bundeskartellamts zu stellen. Gemäß § 41 GWB dürfen die beteiligten Unternehmen einen Zusammenschluss, der vom Bundeskartellamt nicht freigegeben ist, nicht vollziehen oder am Vollzug dieses Zusammenschlusses mitwirken. Rechtsgeschäfte, die gegen dieses Verbot verstoßen, sind unwirksam. Die Parteien sind verpflichtet, unverzüglich alle notwendigen Anmeldungen bei den zuständigen Kartell- oder anderen Verwaltungsbehörden – soweit nicht schon vor Abschluss des Kaufvertrags vorgenommen – vorzunehmen, soweit nicht eine frühere Anmeldung rechtlich geboten ist. Falls eine Kartellbehörde ihre Freigabeentscheidung davon abhängig macht, dass der Käufer seinen Geschäftsbetrieb oder sein Wettbewerbsverhalten auf Märkten ändert, in denen er tätig ist, insbesondere durch Veräußerung von Geschäftsbetrieben oder Gesellschaften oder das Unterlassen von Wettbewerb in bestimmten Märkten, oder falls eine Wettbewerbsbehörde verlangen sollte, dass die geplante Transaktion nicht gemäß den im Kaufvertrag getroffenen Vereinbarungen durchgeführt wird, ist aus Sicht des Käufers sicherzustellen, dass dieser vom Kaufvertrag insgesamt zurücktreten kann. Gleiches gilt für den Fall, dass eine etwa erforderliche kartellrechtliche Freigabe nicht bis zu einem bestimmten Zeitpunkt erfolgt ist.

2440 Die Vorschriften des GWB über die Fusionskontrolle (§§ 35 ff GWB) sind anwendbar, wenn im letzten abgeschlossenen Geschäftsjahr vor dem Zusammenschluss

- die beteiligten Unternehmen einschließlich der mit ihnen verbundenen Unternehmen insgesamt weltweit Umsatzerlöse in Höhe von mehr als 500 Mio. € und
- mindestens ein beteiligtes Unternehmen im Inland Umsatzerlöse von mehr als 25 Mio. € und
- ein anderes beteiligtes Unternehmen im Inland Umsatzerlöse von mehr als 5 Mio. €

erzielt haben. Selbst wenn die vorgenannten Umsatzschwellen erreicht werden, ist ein Zusammenschluss auch dann nicht fusionskontrollpflichtig, wenn sich ein Unternehmen, das nicht von einem anderen Unternehmen abhängig ist und im letzten Geschäftsjahr Umsatzerlöse von weniger als 10 Mio. € erzielt hat, mit einem anderen Unternehmen zusammenschließt.

2441 Die europäische Fusionskontrolle erfasst Zusammenschlüsse mit gemeinschaftsweiter Bedeutung. Eine gemeinschaftsweite Bedeutung liegt nach Art. 1 Abs. 2 FKVO vor, wenn folgende Umsätze erzielt werden:

- ein weltweiter Gesamtumsatz aller beteiligten Unternehmen zusammen von mehr als 5 Mrd. € und
- ein gemeinschaftsweiter Gesamtumsatz von mindestens zwei beteiligten Unternehmen von jeweils mehr als 250 Mio €.

2442 Ein Zusammenschluss, der diese Schwellen nicht erreicht, hat – alternativ – trotzdem gemeinschaftsweite Bedeutung, wenn

- der weltweite Gesamtumsatz aller beteiligten Unternehmen zusammen mehr als 2,5 Mrd. € beträgt und
- der Gesamtumsatz aller beteiligten Unternehmen in mindestens drei Mitgliedstaaten jeweils 100 Mio. € übersteigt und

- in jedem von mindestens drei von diesen Mitgliedstaaten der Gesamtumsatz von mindestens zwei beteiligten Unternehmen jeweils mehr als 25 Mio. € beträgt und
- der gemeinschaftsweite Gesamtumsatz von mindestens zwei beteiligten Unternehmen jeweils 100 Mio. € übersteigt.

Ein Zusammenschluss hat allerdings in beiden Fällen dann keine gemeinschaftsweite Bedeutung, wenn die am Zusammenschluss beteiligten Unternehmen jeweils mehr als zwei Drittel ihres gemeinschaftsweiten Gesamtumsatzes in ein und demselben Mitgliedstaat erzielen. 2443

### 9. Call-Option [→ Rz. 2314]

Durch die Aufnahme künftiger Aktien in die Call-Option werden auch die Aktien erfasst, die im Zeitraum zwischen Vertragsunterzeichnung und Optionsausübung durch die Ausgabe neuer Aktien im Rahmen von Kapitalmaßnahmen entstehen. 2444

Die Regelungen zur Option sind ggf. um ein Mitverkaufsrecht und/oder eine Mitverkaufspflicht zu ergänzen. Bei der Festlegung der Optionsausübungsfrist gemäß § 5 Abs. 2 ist u. a. zu berücksichtigen, dass der Kaufpreis für die Aktien bereits festgeschrieben ist, der Unternehmenswert aber über einen längeren Zeitraum erheblich schwanken kann. Dieses Risiko gilt es, gleichmäßig auf die Vertragsparteien zu verteilen. 2445

### 10. Garantien

#### a) Wirksamer Bestand der Aktien [→ Rz. 2322]

Wird entgegen § 41 Abs. 4 Satz 1 AktG über Anteilsrechte verfügt, so ist diese Verfügung nach § 134 BGB nichtig.[1784] Die Nichtigkeitsfolge tritt nur dann nicht ein, wenn die Verfügung unter der aufschiebenden Bedingung der Eintragung der Gesellschaft in das Handelsregister erfolgt. 2446

Die verbotswidrige Ausgabe von Aktien oder Zwischenscheinen vor Eintragung der Gesellschaft in das Handelsregister ist gemäß § 41 Abs. 4 Satz 2 AktG nichtig. § 935 Abs. 2 BGB steht einem gutgläubigen Erwerb dieser Urkunden entgegen.[1785] Die Nichtigkeit der Ausgabe wird nicht durch die Eintragung der Gesellschaft in das Handelsregister geheilt. Vielmehr müssen die verbotswidrig ausgegebenen Urkunden von der Gesellschaft nach der Eintragung als wirksam anerkannt werden. Dies kann z. B. durch Eintragung des Erwerbers im Aktienregister geschehen.[1786] 2447

Wird gegen das Verfügungsverbot aus § 191 Satz 1 1. Fall AktG verstoßen, so ist diese Verfügung ebenfalls nichtig. Eine Heilung durch Eintragung der Kapitalerhöhung findet nicht statt. Stattdessen muss die Verfügung nach der Eintragung erneut vorgenommen werden, um Rechtswirkungen gegenüber der Gesellschaft oder zwischen Veräußerer und Erwerber zu erzeugen.[1787] 2448

---

1784) Vgl. *Arnold*, in: Kölner Komm. z. AktG, § 41 Rz. 88, 90; MünchKomm-*Pentz*, AktG, § 41 Rz. 162; Hölters/*Solveen*, AktG, § 41 Rz. 27; *Heidinger*, in: Spindler/Stilz, AktG, § 41 Rz. 66.

1785) Vgl. MünchKomm-*Pentz*, AktG, § 41 Rz. 168; *Arnold*, in: Kölner Komm. z. AktG, § 41 Rz. 91; *Busch*, in: Marsch-Barner/Schäfer, § 42 Rz. 117.

1786) Vgl. MünchKomm-*Pentz*, AktG, § 41 Rz. 168; *Arnold*, in: Kölner Komm. z. AktG, § 41 Rz. 91.

1787) Vgl. BGH, Urt. v. 19.10.1987 – II ZR 256/86. AG 1988, 76; MünchKomm-*Schürnbrand*, AktG, § 191 Rz. 5; Grigoleit/*Rieder*/*Holzmann*, AktG, § 191 Rz. 4.

2449 Werden Aktien oder Zwischenscheine verbotswidrig ausgegeben, so sind diese nach Maßgabe des § 191 Satz 2 AktG nichtig; ein gutgläubiger Erwerb ist nicht möglich. Die Nichtigkeit wird nicht durch eine spätere Eintragung nach § 189 AktG geheilt, vielmehr muss die Ausgabe nach Eintragung erneut vollzogen werden.[1788)]

2450 Gemäß 57 Abs. 1 und 3 AktG sind, anders als bei der GmbH, unabhängig davon, ob Leistungen an einen Aktionär das Grundkapital oder die gesetzlichen Rücklagen angreifen, alle Ausschüttungen von Gesellschaftsvermögen an Aktionäre außerhalb der Gewinnverwendung ausgeschlossen. Aktionäre haben gemäß § 62 Abs. 1 Satz 1 AktG der Gesellschaft Leistungen, die sie entgegen den Vorschriften des Aktiengesetzes von ihr empfangen haben, zurückzugewähren. Einzelrechtsnachfolger treten allerdings, anders als Gesamtrechtsnachfolger, nicht in die Pflichtenstellung des Vorgängers aus § 62 AktG ein.[1789)] Der Käufer ist damit zwar im Falle einer früheren Einlagenrückgewähr nicht Schuldner des Rückgewähranspruchs gemäß § 62 AktG. Dies bleibt der Verkäufer; allerdings ist Gläubiger des Rückgewähranspruchs ausschließlich die Aktiengesellschaft selbst. Der Aktionär hat keine eigene Klagebefugnis.[1790)] Da der Vorstand gemäß § 93 Abs. 3 Nr. 1 AktG selbst wegen früherer Einlagenrückgewähr gegenüber der Gesellschaft haftet, kann es daher von entscheidender Bedeutung sein, dass der Aktionär selbst einen einklagbaren Anspruch hat. § 6 Abs. 1 Nr. 2 des Vertragsmusters verschafft dem Aktionär einen eigenen Anspruch gegen den Verkäufer auf Rückgewähr an die Gesellschaft und damit die notwendige Klagebefugnis um den Rückgewähranspruch ohne Mitwirkung der Aktiengesellschaft und des Vorstands geltend zu machen.

### b) Aktienregister [→ Rz. 2323]

#### aa) Inhalt des Aktienregisters und gesetzliche Regelungen

2451 Das Aktienregister – früher Aktienbuch – ist ein Verzeichnis, das jede Aktiengesellschaft führen muss, die Namensaktien oder Zwischenscheine ausgibt.[1791)] Das Aktienregister kann sowohl als elektronisches Verzeichnis als auch als schriftliche Kartei in Papierform geführt werden.[1792)] Insbesondere bei börsennotierten Aktiengesellschaften wird das Aktienregister in der Regel von spezialisierten Dienstleistungsunternehmen geführt, welche die einzutragenden Informationen von der Clearstream Banking AG erhält.[1793)]

2452 Das Aktienregister findet seine wesentliche Rechtsgrundlage in § 67 AktG. Das Aktienregister soll über die Aktionäre, die der Gesellschaft gegenüber berechtigt und verpflichtet sind, Transparenz und Rechtsklarheit schaffen; es regelt nur das Verhältnis zwischen Aktionär und Gesellschaft, nicht gegenüber Dritten.[1794)] Darüber hinaus erleichtert das Aktienregister die Inanspruchnahme von Aktionären, da sich aus ihm z. B. ergibt, wer

---

1788) Vgl. BGH, Urt. v. 19.10.1987 – II ZR 256/86, AG 1988, 76; OLG Frankfurt/M., Beschl. v. 30.11.2005 – WpÜG-OWi 1/04, ZIP 2006, 1726 = NZG 2006, 792; Grigoleit/*Rieder/Holzmann*, AktG, § 191 Rz. 8.

1789) Grigoleit/*Grigoleit/Rachlitz*, AktG, § 62 Rz. 3.

1790) Grigoleit/*Grigoleit/Rachlitz*, AktG, § 62 Rz. 3.

1791) Vgl. MünchKomm-*Bayer*, AktG, § 67 Rz. 16; *Hüffer/Koch*, AktG, § 67 Rz. 5.

1792) Vgl. *Hüffer/Koch*, AktG, § 67 Rz. 4; MünchKomm-*Habersack*, AktG, Einleit., Rz. 54; Hölters/*Laubert*, AktG, § 67 Rz. 3f; *Cahn*, in: Spindler/Stilz, AktG, § 67 Rz. 9.

1793) Vgl. *Maul*, in: Beck'sches Handbuch der AG, § 3 Rz. 24.

1794) Vgl. *Gätsch*, in: Marsch-Barner/Schäfer, § 5 Rz. 69; *Hüffer/Koch*, AktG, § 67 Rz. 1.

Schuldner ausstehender Einlagen ist oder wer sich als solcher nach Maßgabe des § 67 Abs. 2 AktG behandeln lassen muss.[1795)]

Der Vorstand ist in seiner Gesamtheit für das Führen des Aktienregisters zuständig und verantwortlich, wobei er das Führen des Registers auf einen Dritten übertragen kann, wenn er sich ein Weisungsrecht vorbehält.[1796)] 2453

Fakultativ geführte Listen über Inhaberaktien unterfallen nach der bisher geltenden Rechtslage nicht den Rechtswirkungen des § 67. 2454

Nach Maßgabe des § 67 AktG hat das Aktienregister die im Folgenden dargestellte Bedeutung: 2455

### (1) Sonst erforderliche Aufzeichnung i. S. d. § 239 HGB

Das Aktienregister ist eine sonst erforderliche Aufzeichnung i. S. d. § 239 Abs. 1 Satz 1 HGB.[1797)] Dies hat zur Folge, dass bei der Führung des Aktienregisters die in § 239 HGB normierten Anforderungen an eine ordnungsgemäße Buchführung gewahrt werden müssen. Das Aktienregister ist in einer lebenden Sprache (eine lebende Sprache ist durch einen erreichbaren Dolmetscher einfach ins Deutsche zu übertragen) und nur mit solchen Abkürzungen zu führen, die eine eindeutige Bedeutung haben.[1798)] Ferner müssen die Eintragungen nach § 239 Abs. 2 HGB vollständig, richtig, zeitgemäß und geordnet vorgenommen werden. Änderungen sind gemäß § 239 Abs. 3 HGB nur dann zulässig, wenn der ursprüngliche Inhalt erkennbar bleibt und zu erkennen ist, dass eine spätere Änderung erfolgt ist. § 239 Abs. 4 HGB räumt insoweit Gestaltungsmöglichkeiten bei der Führung des Aktienregisters ein, als dass das Aktienregister elektronisch geführt werden kann, wenn die zu speichernden Daten jederzeit verfügbar und lesbar sind. 2456

### (2) Pflicht zur Führung

Jede Aktiengesellschaft, die Namensaktien oder Zwischenscheine ausgibt, ist dazu verpflichtet ein Aktienregister zu führen.[1799)] Dies hat zur Folge, dass jeder Aktionär einer solchen Aktiengesellschaft das Führen eines Aktienregisters im Klagewege geltend machen kann. 2457

### (3) Eintragung (§ 67 Abs. 1 AktG)

Gemäß § 67 Abs. 1 Satz 1 (i. V. m. Abs. 7) AktG sind in das Aktienregister die Namensaktien (oder Zwischenscheine) unter Angabe des Namens, Geburtsdatums und der Adresse des Inhabers sowie der Stückzahl oder der Aktiennummer und bei Nennbetragsaktien des Betrags einzutragen. Bei Personengesellschaften und juristischen Personen ist der Sitz und die Geschäftsadresse sowie Stückzahl, Aktiennummer oder Betrag einzutragen.[1800)] Dabei ist der Inhaber einer Namensaktie gemäß § 67 Abs. 1 Satz 2 AktG gegenüber der 2458

1795) Vgl. MünchKomm-*Bayer*, AktG, § 67 Rz. 1; *Cahn*, in: Spindler/Stilz, AktG, § 67 Rz. 2.

1796) Vgl. OLG München, Urt. v. 4.5.2005 – 23 U 5121/04, ZIP 2005, 1070 = NZG 2005, 756; *Maul*, in: Beck'sches Handbuch der AG, § 3 Rz. 24; *Hüffer/Koch*, AktG, § 67 Rz. 5.

1797) Vgl. MünchKomm-*Bayer*, AktG, § 67 Rz. 14; Grigoleit/*Grigoleit/Rachlitz*, AktG, § 67 Rz. 2.

1798) Vgl. *Merkt*, in: Baumbach/Hopt, HGB, § 239 Rz. 1.

1799) Vgl. MünchKomm-*Bayer*, AktG, § 67 Rz. 16; *Hüffer/Koch*, AktG, § 67 Rz. 5.

1800) Vgl. *Gätsch*, in: Marsch-Barner/Schäfer, § 5 Rz. 70.

Aktiengesellschaft verpflichtet, die in § 67 Abs. 1 Satz 1 AktG normierten Angaben mitzuteilen (Auskunftspflicht der Aktionäre und Auskunftsanspruch der Aktiengesellschaft).

#### (4) Legitimationswirkung (§ 67 Abs. 2 Satz 1 AktG)

2459 Die Wirkung der Eintragung in das Aktienregister, die nur dann eintritt, wenn der Eintragung ein ordnungsgemäßes Eintragungsverfahren vorausging, normiert § 67 Abs. 2 AktG: Nach Satz 1 gilt als Aktionär nur derjenige, der als solcher im Aktienregister eingetragen ist (unwiderlegbare Vermutung der Mitgliedschaft). Dies hat zur Folge, dass nur der eingetragene Aktionär zur Ausübung mitgliedschaftlicher Rechte (z. B. das Recht auf Dividendenbezug, das Recht zur Teilnahme an Hauptversammlungen, das Antrags- und Stimmrecht etc.) und Pflichten (z. B. die Pflicht zur Leistung offener Einlagen und deren Nebenforderungen) berechtigt und verpflichtet ist. Dies geht so weit, dass die Aktiengesellschaft den Eingetragenen z. B. nach Maßgabe des § 63 Abs. 1 Satz 1 AktG in Anspruch nehmen kann, selbst wenn sie weiß, dass es sich bei dem Eingetragenen nicht um einen Aktionär im materiell-rechtlichen Sinne handelt.[1801)] Eine unzutreffende oder nicht erfolgte Eintragung hat für die materielle Rechtslage keine Bedeutung, sodass weder etwaige Übertragungsmängel durch eine Eintragung geheilt werden können noch die Eintragung Wirksamkeitsvoraussetzung für eine Übertragung von Aktien ist.[1802)]

2460 § 67 Abs. 2 Satz 2 (i. V. m. § 67 Abs. 1 Satz 3) und Satz 3 AktG normiert die Fälle, in denen zwar grundsätzlich die Legitimationswirkung nach § 67 Abs. 2 Satz 1 AktG eintritt, der Aktionär aber dennoch seine Stimmrechte verliert – beide Normen haben Sanktionscharakter.[1803)]

#### (5) Löschung und Neueintragung bei Übergang der Namensaktie (§ 67 Abs. 3 AktG)

2461 § 67 Abs. 3 AktG regelt, dass Löschung und Neueintragung bei Übergang der Namensaktien auf einen anderen nur auf Mitteilung und Nachweis erfolgen. Selbst wenn jemand zu Unrecht als Aktionär eingetragen ist, kann die Aktiengesellschaft diesen nur löschen, wenn sie vorher die Beteiligten von der beabsichtigten Löschung benachrichtigt und ihnen ein Widerspruchsrecht einräumt (§ 67 Abs. 5 AktG). Diese Mitteilung, auf die §§ 116 ff BGB analog Anwendung finden, bedarf keiner bestimmten Form.[1804)] Nach allgemeiner Ansicht ist der Veräußerer nur zu seiner Löschung aus dem Aktienregister berechtigt. Der Erwerber ist nur berechtigt, seine Neueintragung mitzuteilen. Handelt es sich auf Seite des Veräußerers oder auf Seiten des Erwerbers um eine Mehrheit von Personen, so muss die Mitteilung von allen gemeinsam vorgenommen werden, wobei eine Vertretung nach § 69 Abs. 1 AktG möglich ist.[1805)] Nach Zugang der Mitteilung wird auf Grundlage des zu führenden Nachweises geprüft, ob die Aktie rechtswirksam von dem Veräußerer auf den Erwerber übertragen wurde.[1806)] Wurde die Aktie rechtswirksam übertragen, haben Veräußerer und Erwerber einen Anspruch darauf, dass die Eintragung unverzüglich er-

1801) Vgl. OLG Jena, Urt. v. 25.2.2004 – 2 U 635/03, ZIP 2004, 563 = AG 2004, 268; MünchKomm-*Bayer*, AktG, § 67 Rz. 51.

1802) Vgl. MünchKomm-*Bayer*, AktG, § 67 Rz. 43, 49.

1803) Vgl. *Hüffer/Koch*, AktG, § 67 Rz. 15b.

1804) Vgl. *Hüffer/Koch*, AktG, § 67 Rz. 17.

1805) Vgl. MünchKomm-*Bayer*, AktG, § 67 Rz. 99, 100, 101.

1806) Vgl. *Hüffer/Koch*, AktG, § 67 Rz. 17; MünchKomm-*Bayer*, AktG, § 67 Rz. 108.

folgt. Geschieht dies nicht, können sich daraus Schadensersatzansprüche gegenüber der Aktiengesellschaft und dem Vorstand ergeben.[1807)]

### (6) Mitwirkungspflichten (§ 67 Abs. 4 AktG)

Nach § 67 Abs. 4 Satz 1 AktG sind die bei der Übertragung oder Verwahrung mitwirkende Kreditinstitute gegenüber der Aktiengesellschaft verpflichtet, die Angaben zu übermitteln, die erforderlich sind, um das Aktienregister ordnungsgemäß zu führen (z. B. ob der Eingetragene auch tatsächlich Inhaber der Aktien ist). **2462**

§ 67 Abs. 4 Satz 2 und 3 AktG normiert einen Auskunftsanspruch der Aktiengesellschaft gegenüber dem Eingetragenen. Beispielsweise hat der Eingetragene auf Verlangen der Aktiengesellschaft Auskunft über die tatsächliche Inhaberschaft der Aktien zu erteilen. **2463**

### bb) Rechtsfolgen eines Verstoßes gegen § 239 HGB, § 67 AktG

Wird gegen die gesetzlichen Vorgaben des § 239 HGB verstoßen, so kann dies folgende Rechtsfolgen nach sich ziehen: **2464**

Die Verletzung der Buchführungspflichten aus § 239 HGB kann zu einer Strafbarkeit des Vorstands nach § 283b Abs. 1 Nr. 1 und 2 StGB und zu einer Verhängung eines Bußgeldes nach § 400 AktG i. V. m. § 331 HGB führen.[1808)] **2465**

Wird der Vorstand der Aktiengesellschaft rechtskräftig verurteilt, so führt dies nach § 76 Abs. 3 Satz 2 Nr. 2 AktG zum Ausschluss von der Organmitgliedschaft. Darüber hinaus kommt eine Schadensersatzpflicht des Vorstands nach § 93 Abs. 2 AktG in Betracht.[1809)] **2466**

Wird gegen die gesetzlichen Vorgaben verstoßen, die sich aus § 67 AktG ergeben, kommen folgende Rechtsfolgenden in Betracht: **2467**

Führt eine Aktiengesellschaft kein Aktienregister, obwohl sie nach § 67 AktG i. V. m. § 239 HGB dazu verpflichtet ist, kann der Aktionär dies im Klagewege geltend machen. **2468**

Verstößt der Eingetragene gegen satzungsmäßige Bestimmungen nach § 67 Abs. 1 Satz 3 AktG oder kommt er einem Auskunftsverlangen der Gesellschaft nach § 67 Abs. 4 Satz 2 und 3 AktG nicht nach, so verliert er so lange sein Stimmrecht, bis er die ersuchte Auskunft erteilt.[1810)] Darüber hinaus qualifiziert ein Verstoß gegen die gesetzlichen Mitteilungspflichten als Ordnungswidrigkeit nach § 405 Abs. 2a AktG. **2469**

## 11. Rechtsfolge bei Garantieverletzungen [→ Rz. 2349]

Im Rahmen der Rechtsfolgenregelung ist aufgrund der Tatsache, dass der Käufer zunächst nur 60 % der Aktien erwirbt, Folgendes zu beachten: Verlangt der Käufer Schadensersatz, so werden ihm tatsächlich nur 60 % des entstandenen Schadens ersetzt. Verlangt hingegen die X-AG Schadensersatz, so sind von den Verkäufern 100 % des Schadens zu ersetzen. **2470**

1807) Vgl. MünchKomm-*Bayer*, AktG, § 67 Rz. 111.

1808) Vgl. Staub/*Pöschke*, HGB, § 238 Rz. 64; *Merkt*, in: Baumbach/Hopt, HGB, § 238 Rz. 19.

1809) Vgl. Staub/*Pöschke*, HGB, § 238 Rz. 67.

1810) Vgl. MünchKomm-*Bayer*, AktG, § 67 Rz. 38; *Lutter/Drygala*, in: Kölner Komm. z. AktG, § 67 Rz. 74, 75.

### 12. Gewährleistungsperioden [→ Rz. 2352]

2471 Da im Zeitpunkt des Abschlusses des Kaufvertrags nicht absehbar ist, zu welchem Zeitpunkt die Steuer- oder Haftungsbescheide bestandskräftig werden, und die Bestandskraft regelmäßig erst nach Ablauf der für die sonstigen Garantien vereinbarten Verjährungsfrist eintreten wird, sind die beiden Gewährleistungsperioden unabhängig voneinander zu definieren. Die Gewährleistungsperiode hinsichtlich der Steuergarantien ist dabei an die Bestandskraft des Steuer- oder Haftungsbescheids zu knüpfen.

### 13. Steuerfreistellungen und sonstige Freistellungen [→ Rz. 2355 f]

2472 In § 8 Abs. 1 des Vertragstextes wurde ergänzend zur Garantie in § 6 Abs. 1 Nr. 11 eine Freistellung für sämtliche Fiskalschulden aufgenommen. Die Aufnahme einzelner Sachverhalte im Rahmen von Freistellungen führt grundsätzlich dazu, dass etwaige im Rahmen der Garantien geltende Haftungsbegrenzungen, soweit nicht ausdrücklich anders geregelt, nicht zur Anwendung kommen. Auch besteht die Möglichkeit, für besonders haftungsproblematische Sachverhalte, die den Parteien im Zeitpunkt des Vertragsabschlusses bereits bekannt sind, eigene Verjährungsfristen zu regeln.

2473 Im Rahmen der Due Diligence festgestellte Sachverhalte, die zu einem möglichen Haftungsanspruch gegen eine der Zielgesellschaften führen können, können entweder bereits kaufpreismindernd oder durch eine (verschuldensunabhängige) Freistellung berücksichtigt werden.

### 14. Übergangszeitraum [→ Rz. 2359]

2474 Gemäß § 41 GWB dürfen die beteiligten Unternehmen einen Zusammenschluss, der vom Bundeskartellamt nicht freigegeben ist, nicht vollziehen oder am Vollzug dieses Zusammenschlusses mitwirken. Sofern die Transaktion unter das Vollzugsverbot des § 41 GWB fällt, ist bei der Formulierung der Regelungen über den Übergangszeitraum sicherzustellen, dass die durch diese Regelungen beabsichtigte Einflussnahme des Käufers keinen vorzeitigen Vollzug i. S. d. § 41 GWB darstellt.

### 15. Wettbewerbsverbot [→ Rz. 2361 ff]

2475 Um einerseits zu verhindern, dass der Verkäufer nach Veräußerung eines Unternehmens dem Käufer genau die Kundenbeziehungen, die er an den Käufer mitverkauft hat, durch eine eigene Geschäftstätigkeit beeinträchtigt, und um andererseits zu erreichen, dass der Käufer den Wert des erworbenen Unternehmens vollständig ausschöpfen kann, bedarf es eines Wettbewerbsverbots zulasten des Unternehmensverkäufers. Die Rechtsprechung qualifiziert das Wettbewerbsverbot als Nebenpflicht des Verkäufers gegenüber dem Käufer, das entweder gesetzlich nach Maßgabe des § 242 BGB besteht oder vertraglich vereinbart wird.[1811)] Ein Wettbewerbsverbot ist jedoch nur dann zulässig, wenn es nach Ort, Gegenstand und Zeit auf das Maß beschränkt ist, das erforderlich ist, damit der Käufer den miterworbenen Kundenstamm stabilisieren kann.[1812)]

---

1811) Vgl. OLG Düsseldorf, Urt. v. 23.10.2015 – I-22 U 37/15, BeckRS 2015, 17926.

1812) Vgl. BGH, Urt. v. 3.11.1981 – KZR 33/80, NJW 1982, 2000; OLG Düsseldorf, Urt. v. 23.10.2015 – I-22 U 37/15, BeckRS 2015, 17926.

Nachfolgend wird dargestellt, welche örtlichen, gegenständlichen und zeitlichen Anforderungen an ein Wettbewerbsverbot beim Unternehmenskauf bestehen. 2476

In **örtlicher Hinsicht** ergibt sich der zulässige Umfang des Wettbewerbsverbotes aus dem bisherigen örtlichen Wirkungsbereich des verkauften Unternehmens. Der Wirkungskreis erfasst die Märkte, auf denen das Unternehmen seine Produkte oder Dienstleistungen bisher angeboten hat und so als aktiver Wettbewerber tätig war.[1813)] 2477

Bezüglich des **zulässigen Gegenstands** des Wettbewerbsverbots kommt dem sachlichen Tätigkeitsbereich des veräußerten Unternehmens wesentliche Bedeutung zu, das Wettbewerbsverbot darf über diesen Tätigkeitsbereich nicht hinausgehen. Der Tätigkeitsbereich des Unternehmens umfasst die Herstellung oder den Vertrieb von Produkten oder das Anbieten von Dienstleistungen. Das Wettbewerbsverbot darf jedoch nicht alle Produkte und Dienstleistungen erfassen, sondern nur die, für die das spezifische „Unternehmens-Know-how" verwendet wird.[1814)] Ferner darf das Wettbewerbsverbot dem Verkäufer keine unternehmensfremden Tätigkeitsbereiche untersagen, in denen das verkaufte Unternehmen erst künftig tätig werden soll oder in denen der Käufer bereits tätig ist.[1815)] 2478

In der deutschen Rechtsprechung herrscht Uneinigkeit über die Frage nach einer **Wettbewerbsverbotsfrist** beim Unternehmenskaufvertrag. Das OLG Celle hat bereits ein Wettbewerbsverbot von drei Jahren sowie von zwei Jahren als zulässig erachtet.[1816)] Das OLG München hingegen setzte eine zeitliche Grenze von fünf Jahren fest.[1817)] Der Bundesgerichtshof unterließ es bislang, eine zeitlich starre Verbotsfrist festzulegen, da nach seiner Ansicht stets eine Abwägung aller Umstände des Einzelfalls erforderlich ist. Jedoch soll ein Wettbewerbsverbot von zehn Jahren unangemessen sein, ohne dass es einer zusätzlichen Einzelfallprüfung bedarf. Zur Begründung führte er an, dass Kundenbeziehungen in der Regel nicht über einen Zeitraum von zehn Jahren fortwirken, sondern sich bereits vor Ablauf dieser Zeit verflüchtigen, sodass der Käufer durch die Eröffnung eines Konkurrenzunternehmens durch den Verkäufer nach Ablauf dieser Zeit keine wesentlichen Einbußen mehr erleidet.[1818)] 2479

Nach Ansicht der EU-Kommission sind Wettbewerbsverbote von bis zu drei Jahren zulässig, wenn mit dem Geschäftswert des Unternehmens auch das Know-how übertragen wird. Wird hingegen nur der Geschäftswert des Unternehmens übertragen, soll die zeitliche Grenze bei zwei Jahren liegen.[1819)] Auch kann auf ein Wettbewerbsverbot gänzlich verzichtet werden, soweit die Unternehmensübertragung auf materielle Vermögenswerte wie Maschinen oder Grundstücke beschränkt ist.[1820)] 2480

1813) Vgl. MünchKomm-*Säcke/Molle*, Europäisches Wettbewerbsrecht, Art. 81 EG Rz. 520; Bekanntmachung der Kommission über Einschränkungen des Wettbewerbs, die mit der Durchführung von Unternehmenszusammenschlüssen unmittelbar verbunden und für diese notwendig sind (Nebenabreden), ABl 2005 Nr. C 56/24, Rz. 22.

1814) Vgl. BGH, Urt. v. 10.12.2008 – KZR 54/08, NJW 2009, 1751; OLG Naumburg; Urt. v. 20.12.2012 – 2 U 144/12 Kart, BeckRS 2013, 01886; *Bernhard*, NJW 2013, 2785; *Rudersdorf*, RNotZ, 2011, 509.

1815) Vgl. Holzapfel/Pöllath-*Engelhardt*, Unternehmenskauf in Recht und Praxis, Rz. 977.

1816) Vgl. OLG Celle, Urt. v. 26.4.1989 – 2 U 74/88, NJW-RR 1990, 974; OLG Celle, Urt. v. 13.1.1999 – 13 U 220/98.

1817) Vgl. OLG München, Urt. v. 17.11.1994 – U (K) 2553/94, NJW-RR 1995, 1191.

1818) Vgl. BGH, Urt. v. 3.11.1981 – KZR 33/80, NJW 1982, 2000.

1819) Vgl. Bekanntmachung der Kommission über Nebenabreden, ABl 2005 Nr. C 56/24, Rz. 20.

1820) Vgl. Bekanntmachung der Kommission über Nebenabreden, ABl 2005 Nr. C 56/24, Rz. 21.

## Muster 5a: Freiwilliges öffentliches Übernahmeangebot

| |
|---|
| Abrufbar unter: http://www.rws-verlag.de/vk-unternehmenskauf.htm |

### I. Text der Angebotsunterlage

| |
|---|
| Pflichtveröffentlichung nach §§ 34, 14 Absatz 2 und Absatz 3 Wertpapiererwerbs- und Übernahmegesetz (WpÜG).<br>Die Aktionäre der Z-AG, insbesondere mit Wohnsitz, Sitz oder gewöhnlichem Aufenthalt außerhalb Deutschlands werden gebeten, die Ausführungen unter den Ziffern 1.5 und 1.6. dieser Angebotsunterlage besonders zu beachten. |

2481

**Angebotsunterlage**
**Freiwilliges öffentliches Übernahmeangebot**
**(Barangebot)**
der
[SPV] AG
[*Adresse*]
Deutschland

an die Aktionäre der

**Z-AG**
[*Adresse*]
Deutschland

zum Erwerb ihrer auf den Inhaber lautenden Stückaktien an der

**Z-AG**
gegen
Zahlung einer Geldleistung in Höhe von […]€ je Aktie

**Annahmefrist:**
**[*Datum*] bis zum [*Datum*], 24:00 Uhr**
**(Ortszeit Frankfurt am Main)**

**Weitere Annahmefrist:**
**[*Datum*] bis zum [*Datum*] 24:00 Uhr**
**(Ortszeit Frankfurt am Main)**

Aktien der Z-AG
ISIN DE000[…]/WKN […]

Zum Verkauf Eingereichte Aktien der Z-AG
ISIN […]/WKN […]

**Inhaltsverzeichnis**

**15. Rücktrittsrecht**
15.1 Rücktrittsrechte
15.2 Ausübung des Rücktrittsrechts
**16. Hinweise für Aktionäre, die das Übernahmeangebot nicht annehmen**
**17. Vorstand und Aufsichtsrat der Z Aktiengesellschaft**
17.1 Geldleistungen oder andere geldwerte Vorteile
17.2 Begründete Stellungnahme
**18. Begleitende Bank**
**19. Veröffentlichungen und Mitteilungen**
**20. Steuern**
**21. Anwendbares Recht und Gerichtsstand**
**22. Erklärung der Übernahme der Verantwortung**

## 1. Allgemeine Hinweise zur Durchführung des Übernahmeangebots und der Angebotsunterlage [→ Rz. 2632 ff]

### 1.1 Durchführung des freiwilligen öffentlichen Übernahmeangebots nach den Vorschriften des deutschen Wertpapiererwerbs- und Übernahmegesetzes

2482 Diese Angebotsunterlage (die **„Angebotsunterlage"**) beschreibt das freiwillige öffentliche Übernahmeangebot (das **„Angebot"**) der [SPV] AG (die **„Bieterin"** oder gemeinsam mit ihrer Muttergesellschaft der [*Name der Muttergesellschaft*], [*Adresse*] die **„Bieter-Gruppe"**), eingetragen im Handelsregister des Amtsgerichts [...], an die Aktionäre der Z-AG (die **„Zielgesellschaft"**). Das Angebot ist ein freiwilliges öffentliches Übernahmeangebot gemäß § 29 Abs. 1 des Wertpapiererwerbs- und Übernahmegesetzes (**„WpÜG"**). Es wird unter Einhaltung der Vorschriften des WpÜG und der auf der Grundlage des WpÜG erlassenen Rechtsverordnungen, insbesondere der Verordnung über den Inhalt der Angebotsunterlage, die Gegenleistung bei Übernahmeangeboten und Pflichtangeboten und die Befreiung von der Verpflichtung zur Veröffentlichung und zur Abgabe eines Angebots (die **„WpÜG-AngebotsVO"**) abgegeben. [→ Rz. 806]

2483 Das Angebot unterliegt dem Recht der Bundesrepublik Deutschland und wird ausschließlich nach deutschem Recht durchgeführt. Die Veröffentlichung dieses Angebots wurde ausschließlich von der Bundesanstalt für Finanzdienstleistungsaufsicht (die **„BaFin"**) am [*Datum*] gestattet. Außerhalb der Bundesrepublik Deutschland wurden hinsichtlich des Angebots und/oder der Angebotsunterlage keine Registrierungen, Zulassungen oder Genehmigungen beantragt oder gewährt. Aktionäre der Zielgesellschaft sollten daher nicht auf die Anwendung ausländischer Anlegerschutzbestimmungen vertrauen. Jeder Vertrag, der infolge der Annahme des Angebots mit der Bieterin zustande kommt, unterliegt dem Recht der Bundesrepublik Deutschland und ist ausschließlich in Übereinstimmung mit diesem Recht auszulegen.

2484 Außer dieser Angebotsunterlage und ihren Anlagen gibt es keine weiteren Dokumente, die Bestandteil des Angebots sind.

### 1.2 Veröffentlichung der Entscheidung zur Abgabe eines Angebotes

2485 Die Bieterin hat am [*Datum*] ihre Entscheidung zur Abgabe des Angebots gemäß § 10 Abs. 1 Satz 1 und Abs. 3 WpÜG veröffentlicht (die **„Veröffentlichung der Entscheidung**

**zur Abgabe des Angebots"**). Die Veröffentlichung der Entscheidung zur Abgabe des Angebots ist unter [*Internetadresse*] im Internet abrufbar.

### 1.3 Prüfung der Angebotsunterlage durch die Bundesanstalt für Finanzdienstleistungsaufsicht

Die BaFin hat diese Angebotsunterlage nach deutschem Recht [und in der deutschen Fassung] geprüft und ihre Veröffentlichung am [*Datum*] gestattet. [→ Rz. 796] 2486

### 1.4 Veröffentlichung der Angebotsunterlage

Die Angebotsunterlage wurde am [*Datum*] in Übereinstimmung mit §§ 34, 14 Abs. 2 und 3 Satz 1 WpÜG veröffentlicht durch Bekanntgabe im Internet unter [*Internetadresse*] und durch Bereithaltung von Exemplaren der Angebotsunterlage auf Deutsch zur kostenlosen Ausgabe bei [*Wertpapierdienstleistungsunternehmen oder sonstige Stelle, bei dem (der) die Angebotsunterlage ausgegeben wird*]. Die Hinweisbekanntmachung (i) über die Bereithaltung von Exemplaren der Angebotsunterlage bei [*Wertpapierdienstleistungsunternehmen oder sonstige Stelle, bei dem (der) die Angebotsunterlage ausgegeben wird*] und (ii) der Internetadresse, unter der die Angebotsunterlage abrufbar ist, wurde ebenfalls am [*Datum*] im Bundesanzeiger veröffentlicht. Abgesehen von den vorstehend bezeichneten Veröffentlichungen sind keine weiteren Veröffentlichungen der Angebotsunterlage geplant. 2487

### 1.5 Verbreitung der Angebotsunterlage

Die Veröffentlichung, Versendung, Verteilung oder Verbreitung der Angebotsunterlage und anderer mit dem Angebot im Zusammenhang stehender Unterlagen außerhalb der Bundesrepublik Deutschland kann zur Anwendung von Rechtsvorschriften anderer Rechtsordnungen als derjenigen der Bundesrepublik Deutschland führen und in diesen anderen Rechtsordnungen Beschränkungen unterliegen. Die Angebotsunterlage und andere mit dem Angebot im Zusammenhang stehende Unterlagen sind, unbeschadet der nach deutschem Recht vorgeschriebenen Veröffentlichungen im Internet, nicht zur Veröffentlichung, Versendung, Verteilung oder Verbreitung in anderen Rechtsordnungen als der Bundesrepublik Deutschland bestimmt. 2488

Weder die Bieterin noch die mit ihr gemeinsam handelnden Personen i. S. v. § 2 Abs. 5 WpÜG haben die Veröffentlichung, Versendung, Verteilung oder Verbreitung der Angebotsunterlage oder anderer mit dem Angebot im Zusammenhang stehender Unterlagen durch Dritte außerhalb der Bundesrepublik Deutschland gestattet. Die Bieterin und die mit ihr gemeinsam handelnden Personen sind nicht verpflichtet dafür zu sorgen, dass die Veröffentlichung, Versendung, Verteilung oder Verbreitung der Angebotsunterlage und anderer mit dem Angebot im Zusammenhang stehender Unterlagen mit den jeweiligen lokalen Rechtsvorschriften außerhalb der Bundesrepublik Deutschland vereinbar ist, und sie übernehmen auch keine Haftung hierfür. Die Bieterin wird die Angebotsunterlage den zuständigen Depotbanken (siehe Ziffer 10.2 der Angebotsunterlage) auf Nachfrage zur Verteilung an die in der Bundesrepublik Deutschland ansässigen Aktionäre der Zielgesellschaft zur Verfügung stellen. Darüber hinaus dürfen die Depotbanken die Angebotsunterlage nicht an die nicht in der Bundesrepublik Deutschland ansässigen Aktionäre der Zielgesellschaft verteilen, vertreiben oder verbreiten, es sei denn, dies erfolgt in Übereinstimmung mit allen anwendbaren Rechtsvorschriften. Die Bieterin hat keine weiteren Veröffentlichungen der Angebotsunterlage oder des Angebots veranlasst. 2489

### 1.6 Annahme des Angebots außerhalb der Bundesrepublik Deutschland

2490 Das Angebot kann von allen in- und ausländischen Aktionären der Zielgesellschaft nach Maßgabe der in dieser Angebotsunterlage aufgeführten Bestimmungen und der jeweils anwendbaren Rechtsvorschriften angenommen werden. Die Bieterin weist allerdings darauf hin, dass die Annahme des Angebots außerhalb der Bundesrepublik Deutschland rechtlichen Beschränkungen unterliegen kann. Aktionären der Zielgesellschaft, die außerhalb der Bundesrepublik Deutschland in den Besitz dieser Angebotsunterlage gelangen, das Angebot außerhalb der Bundesrepublik Deutschland annehmen wollen und/oder anderen Rechtsvorschriften als denjenigen der Bundesrepublik Deutschland unterliegen, wird geraten, sich über die jeweils anwendbaren Rechtsvorschriften zu informieren und diese einzuhalten. Die Bieterin übernimmt keine Gewähr dafür, dass die Annahme des Angebots außerhalb der Bundesrepublik Deutschland zulässig ist. Die Ausführungen in Ziffer 1.5 und 1.6 dieser Angebotsunterlage stehen einer Verbreitung der Angebotsunterlage und einer Annahme des Angebots in den Mitgliedstaaten der Europäischen Union oder des Europäischen Wirtschaftsraums nicht entgegen.

### 1.7 Stand der in dieser Angebotsunterlage enthaltenen Information

2491 Sämtliche in der Angebotsunterlage enthaltenen Angaben, Ansichten, Absichten und in die Zukunft gerichteten Aussagen beruhen, soweit nicht ausdrücklich etwas anderes bestimmt ist, auf den derzeit verfügbaren Informationen und Planungen und auf bestimmten Annahmen der Bieterin zum Zeitpunkt der Veröffentlichung der Angebotsunterlage, die sich in Zukunft ändern können und mit Unsicherheiten und Risiken behaftet sind. Die in dieser Angebotsunterlage enthaltenen Angaben zur Zielgesellschaft beruhen auf öffentlich zugänglichen Informationsquellen.

2492 Die Bieterin weist ausdrücklich darauf hin, dass sie die Angebotsunterlage lediglich aktualisieren wird, soweit sie hierzu nach den Vorschriften des WpÜG verpflichtet ist. Weder die Bieterin noch eine mit der Bieterin gemeinsam handelnde Person i. S. d. § 2 Abs. 5 WpÜG hat dritte Personen ermächtigt, Erklärungen in Bezug auf das Angebot oder die Angebotsunterlage abzugeben. Sollten Dritte dennoch entsprechende Erklärungen abgeben, können sie der Bieterin und den mit ihr gemeinsam handelnden Personen nicht zugerechnet werden.

### 1.8 Zukunftsgerichtete Aussagen, Absichten der Bieterin

2493 Diese Angebotsunterlage und die darin in Bezug genommenen Unterlagen enthalten bestimmte in die Zukunft gerichtete Aussagen. Auf solche Aussagen deuten insbesondere Begriffe wie „erwartet“, „glaubt“, „ist der Ansicht“, „versucht“, „schätzt“, „beabsichtigt“, „plant“, „erwägt“, „geht davon aus“ und „strebt an“ hin. Solche Aussagen bringen Absichten, Ansichten oder gegenwärtige Erwartungen der Bieterin im Hinblick auf mögliche zukünftige Ereignisse zum Ausdruck. Angaben, Ansichten und andere in die Zukunft gerichtete Aussagen beruhen auf bestimmten, der Bieterin zum Zeitpunkt der Veröffentlichung dieser Angebotsunterlage zur Verfügung stehenden Informationen sowie auf bestimmten Annahmen, Absichten und Einschätzungen der Bieterin zu diesem Zeitpunkt. Sie unterliegen Risiken und Unsicherheiten, da sie sich auf künftige Ereignisse beziehen und von künftigen Umständen abhängen, deren Eintritt ungewiss ist. Die Bieterin weist die Aktionäre der Zielgesellschaft ausdrücklich darauf hin, dass in die Zukunft gerichtete Aussagen keine Zusicherungen des Eintritts solcher zukünftigen Ereignisse oder einer künftigen Geschäftsentwicklung darstellen und dass insbesondere die tatsächliche Entwicklung der Vermögens-, Finanz- und Ertragslage der Bieterin, der mit ihr gemeinsam handelnden Personen gemäß § 2 Abs. 5 Satz 1 und 3 WpÜG und der Zielgesellschaft sowie die Entwicklung des Wirtschaftszweigs, in dem die Bieterin, die mit ihr gemeinsam handelnden Personen und die Zielgesellschaft tätig sind, erheblich von den in dieser Angebotsunterlage enthaltenen zukunftsgerichteten Aussagen oder den damit verbundenen Erwartungen abweichen können. Es ist möglich, dass die Bieterin ihre in dieser Angebotsunterlage geäußerten Absichten und Einschätzungen, insbesondere im Hinblick auf die Zielgesellschaft, nach Veröffentlichung der Angebotsunterlage ändert.

### 1.9 Keine Aktualisierung

Die Bieterin weist darauf hin, dass sie diese Angebotsunterlage nur aktualisieren wird, 2494
soweit sie dazu nach dem WpÜG verpflichtet ist. Die Bieterin beabsichtigt ferner nicht, zukunftsgerichtete Aussagen nach Veröffentlichung dieser Angebotsunterlage aufgrund neuer Informationen, zukünftiger Ereignisse oder Sonstigem öffentlich zu aktualisieren oder zu korrigieren, es sei denn, dies ist nach dem WpÜG erforderlich.

## 2. Zusammenfassung des Angebots [→ Rz. 2639]

Hinweis: Die nachfolgende Zusammenfassung des Angebots enthält ausgewählte, 2495
wichtige Informationen der Angebotsunterlage. Diese Zusammenfassung dient jedoch lediglich dazu, den Aktionären der Zielgesellschaft einen ersten Überblick über die Bedingungen und Bestimmungen des Angebots zu verschaffen und enthält daher nicht alle Informationen, die für die Aktionäre der Zielgesellschaft relevant sein können. Die Zusammenfassung sollte daher in Verbindung mit den an anderer Stelle in der Angebotsunterlage enthaltenen, ausführlicheren Angaben und Informationen gelesen werden. Die Lektüre der Zusammenfassung kann die vollständige Lektüre der Angebotsunterlage nicht ersetzen.

| | | |
|---|---|---|
| Bieterin: | [SPV] AG, [*Adresse*] | 2496 |
| Zielgesellschaft: | Z-AG, [*Adresse*] | |
| Gegenstand des Angebots: | Erwerb sämtlicher auf den Inhaber lautenden Stückaktien der Z-AG, mit der Internationalen Securities Indentification Number (**„ISIN“**) DE000[...] jeweils mit einem anteiligen Betrag am Grundkapital von [...] € und aller hiermit zum Zeitpunkt des Vollzugs des Angebots verbundenen Rechte (insbesondere der Gewinnanteilsberechtigung). | |
| Adressaten des Angebots: | Sämtliche Aktionäre der Z-AG | |
| Gegenleistung: | [...] € je Aktie | |
| Annahmefrist | Die Frist für die Annahme des Übernahmeangebots beginnt am [*Datum*] und endet am [*Datum*] um 24:00 Uhr (mitteleuropäischer Zeit); es kann zu einer Verlängerung dieser Frist kommen. | |

| | |
|---|---|
| Weitere Annahmefrist: | Soweit nicht eine der Vollzugsbedingungen gemäß Ziffer 12.1 dieser Angebotsunterlage bis zum Ende der Annahmefrist endgültig ausgefallen ist und auch nicht rechtzeitig vor Ausfall der jeweiligen Angebotsbedingung durch die Bieterin auf deren Eintritt wirksam verzichtet wurde (soweit sie verzichtbar sind), folgt auf die Annahmefrist die weitere Annahmefrist nach § 16 Abs. 2 WpÜG. Vorbehaltlich einer Verlängerung der Annahmefrist nach Ziffer 4.2 beginnt die weitere Annahmefrist am [*Datum*] und endet am [*Datum*] um 24:00 Uhr (mitteleuropäischer Zeit). |
| Annahme: | Die Annahme ist in Textform gegenüber dem depotführenden Wertpapierdienstleistungsunternehmen des Aktionärs der Zielgesellschaft zu erklären. Sie wird mit Umbuchung der während der Annahmefrist angedienten Aktien der Zielgesellschaft in die ISIN DE000[...] (**„Zum Verkauf Angemeldete Aktien“**) bzw. wenn das Angebot in der Weiteren Annahmefrist angenommen werden soll, in die ISIN DE000[...] (**„Nachträglich zum Verkauf Angemeldete Aktien“**) wirksam. |
| Abwicklung: | Hinsichtlich der in der Annahmefrist angedienten Zum Verkauf Angemeldeten Aktien der Zielgesellschaft erfolgt die Zahlung des Angebotspreises (siehe Ziffer 3 der Angebotsunterlage) unverzüglich, spätestens jedoch am siebten Bankarbeitstag nach Ablauf der Annahmefrist. Hinsichtlich der in der Weiteren Annahmefrist angedienten Nachträglich zum Verkauf Angemeldeten Aktien der Zielgesellschaft erfolgt die Zahlung des Angebotspreises unverzüglich, spätestens jedoch am siebten Bankarbeitstag nach Ablauf der Weiteren Annahmefrist. Für den Fall, dass die Vollzugsbedingungen der regulatorischen Freigabe gemäß Ziffer 12.1.1 der Angebotsunterlage erst nach Ablauf der Weiteren Annahmefrist eintreten, wird die Zahlung des Angebotspreises unverzüglich, spätestens jedoch am siebten Bankarbeitstag nach Veröffentlichung des Eintritts der letzten Vollzugsbedingung erfolgen. |
| Vollzugsbedingungen: | Die Durchführung dieses Angebots und die durch seine Annahme zustande gekommenen Kauf- und Übereignungsverträge sind vom Eintritt der in Ziffer 12.1 der Angebotsunterlage genannten aufschiebenden Bedingungen abhängig. |

| | |
|---|---|
| Kosten: | Die Annahme des Angebots über eine inländische Depotbank ist für die Aktionäre der Zielgesellschaft kostenfrei bis auf die Kosten für die Übermittlung der Annahmeerklärung an die Depotbank. Etwaig entstehende Steuern oder Abgaben sowie Kosten, die von anderen Depotbanken oder ausländischen Zwischenverwahrern erhoben werden, sind von dem jeweiligen das Angebot annehmenden Aktionär der Zielgesellschaft zu tragen. |
| ISIN: | Aktien der Zielgesellschaft: ISIN DE000[...]<br>Zum Verkauf Angemeldete Aktien der Zielgesellschaft: ISIN DE000[...]<br>Nachträglich zum Verkauf angemeldete Aktien der Zielgesellschaft: ISIN DE000[...] |
| Börsenhandel: | Die Zum Verkauf Angemeldeten Aktien der Zielgesellschaft können voraussichtlich ab dem [...] Bankarbeitstag nach Beginn der Annahmefrist entsprechend den näheren Bestimmungen der Ziffer 10.7 der Angebotsunterlage unter der ISIN DE000[...] im Regulierten Markt (Prime Standard) der Frankfurter Wertpapierbörse gehandelt werden. Es besteht keine Gewähr dafür, dass ein solcher Handel nach Beginn der Annahmefrist tatsächlich stattfindet. Ein börslicher Handel mit in der Weiteren Annahmefrist angedienten Nachträglich zum Verkauf Angemeldeten Aktien der Zielgesellschaft ist grundsätzlich nicht vorgesehen, es sei denn, der Handel wird entsprechend den näheren Bestimmungen der Ziffer 10.7 der Angebotsunterlage nach Ablauf der Annahmefrist fortgesetzt. In diesem Fall wird der Handel am Ende des [...] Bankarbeitstags eingestellt, der dem Tag, an dem die Bieterin den Eintritt der letzten Angebotsbedingung bekannt gibt, nachfolgt. |
| Veröffentlichungen: | Die Angebotsunterlage wird veröffentlicht (i) durch Bekanntgabe im Internet unter [*Internetadresse*] und (ii) durch Bereithaltung zur kostenlosen Ausgabe bei [*Wertpapierdienstleistungsunternehmen oder sonstige Stelle, bei dem (der) die Angebotsunterlage ausgegeben wird*]. Die Hinweisbekanntmachung über die Bereithaltung der Angebotsunterlage zur kostenfreien Ausgabe und die Internetadresse, unter der die Angebotsunterlage veröffentlicht wird, wurde am [*Datum*] im Bundesanzeiger veröffentlicht. Alle gemäß dem WpÜG erforderlichen Veröffentlichungen und Hinweisbekanntmachungen erfolgen im Bundesanzeiger sowie im Internet unter [*Internetadresse*]. |

### 3. Kaufangebot [→ Rz. 2640]

2497 Die Bieterin bietet nach Maßgabe der in der Angebotsunterlage enthaltenen Bestimmungen und Bedingungen sämtlichen Aktionären der Zielgesellschaft an, die von ihnen gehaltenen Aktien der Zielgesellschaft, jeweils mit einem rechnerischen Anteil am Grundkapital der Z-AG in Höhe von [...] €, mit allen hiermit zum Zeitpunkt des Vollzugs des Angebots verbundenen Rechten (insbesondere der Gewinnanteilsberechtigung) gegen Zahlung einer Geldleistung in Höhe von [...] € je Aktie der Zielgesellschaft (der „Angebotspreis") nach Maßgabe dieser Angebotsunterlage zu kaufen und zu erwerben. Gegenstand des Angebots sind sämtliche Aktien der Zielgesellschaft, die nicht von der Bieterin gehalten werden. Das Angebot ist auf den Erwerb der Kontrolle über die Z-AG als Zielgesellschaft gerichtet und damit ein Übernahmeangebot i. S. v. § 29 WpÜG.

### 4. Annahmefrist [→ Rz. 2641 f]

#### 4.1 Dauer der Annahmefrist

2498 Die Frist für die Annahme dieses Übernahmeangebotes (die „Annahmefrist") beginnt am [*Datum*] und endet am [*Datum*] (24:00 Uhr MEZ).

#### 4.2 Verlängerung der Annahmefrist

2499 Nach den Bestimmungen des WpÜG verlängert sich die Frist für die Annahme des Angebots unter den nachstehend angeführten Umständen jeweils automatisch wie folgt:

- Im Falle einer Änderung des Angebots gemäß § 21 WpÜG innerhalb der letzten zwei Wochen vor Ablauf der Frist zur Annahme des Angebots, auf die in Ziffer 4.1 der Angebotsunterlage Bezug genommen wird, verlängert sich die Frist zur Annahme des Angebots um zwei Wochen (§ 21 Abs. 5 Satz 1 WpÜG). Dies gilt auch, falls das geänderte Angebot gegen Rechtsvorschriften verstößt.
- Läuft im Falle eines konkurrierenden Angebots i. S. v. § 22 Abs. 1 WpÜG die Frist zur Annahme des Angebots vor Ablauf der Annahmefrist für das konkurrierende Angebot ab, bestimmt sich der Ablauf der Frist zur Annahme des Angebots nach dem Ablauf der Annahmefrist für das konkurrierende Angebot (§ 22 Abs. 2 Satz 1 WpÜG). Dies gilt auch, falls das konkurrierende Angebot geändert oder untersagt wird oder gegen Rechtsvorschriften verstößt.
- Wird nach der Veröffentlichung der Angebotsunterlage im Zusammenhang mit dem Angebot eine Hauptversammlung der Zielgesellschaft einberufen, beträgt die Annahmefrist – unbeschadet der Vorschriften der §§ 21 Abs. 5, 22 Abs. 2 WpÜG – zehn Wochen ab der Veröffentlichung der Angebotsunterlage (§ 16 Abs. 3 Satz 1 WpÜG).

2500 Die Frist zur Annahme des Angebots, einschließlich sämtlicher sich aus dem WpÜG ergebenden Verlängerungen dieser Frist (jedoch mit Ausnahme der in Ziffer 4.3 der Angebotsunterlage beschriebenen Weiteren Annahmefrist), wird nachstehend als **„Annahmefrist"** bezeichnet.

#### 4.3 Weitere Annahmefrist nach § 16 Abs. 2 WpÜG

2501 Aktionäre der Zielgesellschaft, die das Angebot nicht innerhalb der Annahmefrist angenommen haben, können das Angebot gemäß § 16 Abs. 2 WpÜG noch innerhalb von zwei Wochen nach Veröffentlichung der Ergebnisse des Angebots durch die Bieterin gemäß § 23 Abs. 1 Nr. 2 WpÜG annehmen (**„Weitere Annahmefrist“**), wenn im Zeitpunkt des Ablaufs der Annahmefrist die aufschiebenden Bedingungen gemäß Ziffer 12.1 der Angebotsunterlage, mit Ausnahme der Freigabebedingungen gemäß Ziffer 12.1.1 der Angebotsunterlage, sofern diese Bedingungen noch eintreten können, eingetreten sind oder, soweit zulässig, auf sie verzichtet wurde. Nach Ablauf der Weiteren Annahmefrist kann das Angebot grundsätzlich nicht mehr angenommen werden. Es kann jedoch unter bestimmten Umständen ein Andienungsrecht für die das Angebot nicht annehmenden Aktionäre der Z-AG gemäß § 39c WpÜG bestehen (siehe Ziffer 16 Buchst. g) der Angebotsunterlage).

## 5. Beschreibung der Bieterin und der Bieter-Gruppe [→ Rz. 2643]

### 5.1 Rechtliche Grundlagen und Kapitalverhältnisse der Bieterin

Die Bieterin ist eine deutsche Aktiengesellschaft mit Sitz in [...], eingetragen im Handelsregister des Amtsgerichts [...] unter HRB [...], Geschäftsadresse [...]. Das Geschäftsjahr der Bieterin ist [*das Kalenderjahr*]. Der Unternehmensgegenstand der Bieterin ist [*Beschreibung des Unternehmensgegenstands der Bieterin*]. 2502

Das Grundkapital der Bieterin beträgt [...] €. Es ist eingeteilt in [...] auf den Inhaber lautende Stückaktien, auf die jeweils ein anteiliger Betrag von [...] € entfällt. Die Bieterin beschäftigt keine Arbeitnehmer. Der Vorstand der Bieterin besteht aus [...] Aufsichtsräte der Bieterin sind [...], [...] und [...]. 2503

Sämtliche Aktien der Bieterin werden von der Y-AG, eine [*Beschreibung der Rechtform*] mit Sitz in [...], eingetragen im Handelsregister des Amtsgerichts [...] unter HRB [*Adresse*] gehalten. 2504

### 5.2 Wesentliche Geschäftstätigkeit des Bieterkonzerns

Die Y-AG ist die Muttergesellschaft des im Bereich [*Beschreibung der Geschäftstätigkeit der Muttergesellschaft sowie des Konzerns*] tätigen Bieter-Konzerns. Das Grundkapital der Y-AG beträgt [...] € und besteht aus [...] stimmberechtigten, nennbetragslosen Stückaktien mit einem anteiligen Betrag am Grundkapital von [...] €. 2505

Die Y-AG zusammen mit ihren Tochtergesellschaften (die „Bieter-Gruppe“) ist ein internationaler Konzern. 2506

Den Schwerpunkt der Geschäftstätigkeit der Bieter-Gruppe bildet [...]. 2507

### 5.3 Organe der Y-AG

Die Organe der Y-AG sind Vorstand und Aufsichtsrat. 2508

Der Vorstand der Y-AG besteht aus folgenden Mitgliedern: 2509

- [...] (CEO)
- [...] (CFO)
- [...] (COO)

Dem Aufsichtsrat der Y-AG gehören derzeit an:

- [...] (Vorsitzende)

- [...] (Stellvertretener Vorsitzender)
- [...]
- [...] (Arbeitnehmervertreter)

[...]

### 5.4 Gesellschafterstruktur der Y-AG

2510 An der Y-AG sind folgende Gesellschaften beteiligt:

2511 [...] [Auflistung der Gesellschafter mit ihrer Beteiligung in Prozent]

### 5.5 Gemeinsam mit der Bieterin handelnde Personen [→ Rz. 2644]

2512 Nach den der Bieterin im Zeitpunkt der Veröffentlichung dieser Angebotsunterlage bekannten Informationen kontrolliert die Y-AG die Bieterin und sind die in **Anlage 1** aufgeführten Gesellschaften Tochterunternehmen der Y-AG. Die in **Anlage 1** aufgeführten Gesellschaften stellen deshalb mit der Bieterin und untereinander gemeinsam handelnde Personen gemäß § 2 Abs. 5 Satz 1 WpÜG dar.

### 5.6 Gegenwärtig von der Bieterin oder von mit der Bieterin gemeinsam handelnden Personen und deren Tochterunternehmen gehaltene Aktien der Zielgesellschaft; Zurechnung von Stimmrechten [→ Rz. 2645]

2513 Zum Zeitpunkt der Veröffentlichung der Angebotsunterlage hält die Bieterin [...] Aktien an der Z-AG. Dies entspricht rund [...] % des Grundkapitals und der Stimmrechte der Zielgesellschaft.

2514 Nach den der Bieterin im Zeitpunkt der Veröffentlichung der Angebotsunterlage vorliegenden Informationen halten die folgenden mit der Bieterin gemeinsam handelnden Personen i. S. d. § 2 Abs. 5 WpÜG oder ihre Tochtergesellschaften insgesamt [...] Aktien der Z-AG und Stimmrechte aus Aktien der Z-AG.

2515 Darüber hinaus halten die Bieterin und die mit ihr gemeinsam handelnden Personen i. S. d. § 2 Abs. 5 WpÜG und deren Tochterunternehmen gegenwärtig keine weiteren Aktien der Z-AG und ihnen sind auch keine Stimmrechte aus Aktien der Z-AG nach § 30 WpÜG zuzurechnen.

### 5.7 Angaben zu Wertpapiergeschäften [→ Rz. 2646]

2516 Die Bieterin und mit ihr gemeinsam handelnde Personen i. S. d. § 2 Abs. 5 WpÜG haben im Zeitraum von sechs Monaten vor der am [...] erfolgten Entscheidung zur Veröffentlichung eines Angebots bis zum [*Datum der Veröffentlichung der Angebotsunterlage*] insgesamt [...] Aktien der Z-AG wie folgt erworben:

2517 Mit Kaufvertrag vom [...] erwarb die Bieterin von [...] außerbörslich [...] Aktien an der Zielgesellschaft zu einem Preis von [...] € je Aktie. Im unmittelbaren Anschluss an den Erwerb dieser Aktien veröffentlichte die Bieterin ihre Entscheidung gemäß § 10 WpÜG, ein freiwilliges Übernahmeangebot an alle anderen Aktionäre der Zielgesellschaft abzugeben. Der Kaufvertrag ist aufschiebend bedingt auf die in Ziffer 12.1 dieser Angebotsunterlage beschriebenen aufschiebenden Bedingungen. [*Weitere Ausführungen zum*

*Kaufvertrag*]. Mit Abschluss des Kaufvertrags erfolgte zudem eine Mitteilung der Bieterin nach § 38 WpHG an die Z-AG und die BaFin.

Neben den nach dem Kaufvertrag erworbenen Aktien haben in dem Zeitraum beginnend 2518
sechs Monate vor der Veröffentlichung der Entscheidung zur Abgabe des Angebots am [*Datum*] und endend mit der Veröffentlichung der Angebotsunterlage am [*Datum*] weder die Bieterin noch mit der Bieterin i. S. v. § 2 Abs. 5 WpÜG gemeinsam handelnde Personen Aktien der Zielgesellschaft erworben oder Vereinbarungen abgeschlossen, aufgrund derer die Übertragung von Aktien an der Zielgesellschaft verlangt werden kann.

**5.8 Mögliche Parallelerwerbe**

Die Bieterin behält sich vor, während der Annahmefrist und der Weiteren Annahmefrist 2519
direkt oder über mit ihr gemeinsam handelnde Personen oder deren Tochterunternehmen außerhalb des Angebots weitere Aktien der Z-AG zu erwerben.

**6. Beschreibung der Zielgesellschaft** [→ Rz. 2647]

**6.1 Rechtliche Grundlagen und Kapitalverhältnisse der Zielgesellschaft**

Die Z-AG ist eine im Handelsregister des Amtsgerichts [...] unter HRB [...] eingetra- 2520
gene deutsche Aktiengesellschaft mit Sitz in [...] Das Geschäftsjahr der Z-AG entspricht dem Kalenderjahr. Der Unternehmensgegenstand der Zielgesellschaft lautet [...].

Die Aktien der Zielgesellschaft sind zum Börsenhandel am Regulierten Markt der Frank- 2521
furter Wertpapierbörse unter gleichzeitiger Zulassung zum Teilbereich des Regulierten Markts mit weiteren Zulassungspflichten (Prime Standard) zugelassen.

Das Grundkapital der Z-AG betrug laut Auszug aus dem Handelsregister vom [...] 2522
[...] € und ist eingeteilt in [...] auf den Inhaber lautende Stückaktien mit einem rechnerischen Anteil am Grundkapital von [...] € je Aktie. Es gibt keine verschiedenen Aktiengattungen.

Der Vorstand der Zielgesellschaft ist ermächtigt, das Grundkapital der Zielgesellschaft 2523
bis zum [*Datum*] mit Zustimmung des Aufsichtsrats durch Ausgabe von bis zu [...] neuen auf den Inhaber lautenden Stückaktien gegen Bar- oder Sacheinlagen einmalig oder mehrmalig um bis zu insgesamt [...] € zu erhöhen. [*Ausführung zu weiteren Details des genehmigten Kapitals, sofern vorhanden*]

Das Grundkapital der Zielgesellschaft ist um bis zu [...] € durch Ausgabe von bis zu 2524
[...] neuen auf den Inhaber lautenden nennwertlosen Stückaktien bedingt erhöht. [*Ausführungen zu weiteren Details des bedingten Kapitals, sofern vorhanden*]

Die Zielgesellschaft ist ermächtigt, innerhalb der gesetzlichen Grenzen eigene Aktien zu 2525
erwerben. Nach Kenntnis der Bieterin hat die Gesellschaft bislang von dieser Ermächtigung keinen Gebrauch gemacht.

Nach Informationen der Bieterin hat der Vorstand der Zielgesellschaft zudem von der 2526
Ermächtigung durch die Hauptversammlung vom [Datum] Gebrauch gemacht und einen Aktienoptionsplan aufgelegt. [*Weitere Ausführungen zu dem Aktienoptionsplan, sofern vorhanden*]

**6.2 Überblick über die Geschäftstätigkeit der Zielgesellschaft und deren Gruppe**

2527 Die Z-AG ist [*ein internationaler Konzern*], der im Bereich [...] tätig ist.

2528 Den Schwerpunkt der Geschäftstätigkeit bilden [...].

**6.3 Aktionärsstruktur**

2529 Nach den der Bieterin zum Zeitpunkt der Veröffentlichung der Angebotsunterlage vorliegenden Informationen sind folgende Gesellschaften und Personen jeweils mit folgendem Stimmrechtsanteil an der Z-AG beteiligt:

[...].

**6.4 Vorstand und Aufsichtsrat der Zielgesellschaft**

2530 Der Vorstand der Z-AG besteht aus folgenden Mitgliedern:

- [...] (CEO)
- [...] (CFO)
- [...] (COO)

Dem Aufsichtsrat der Z-AG gehören derzeit an:

- [...] (Vorsitzende)]
- [...] (Stellvertretender Vorsitzender)
- [...]
- [...] (Arbeitnehmervertreter)
- [...]

**6.5 Gemeinsam mit der Zielgesellschaft handelnde Personen**

2531 Nach den der Bieterin vorliegenden Informationen sind die in **Anlage 2** aufgeführten Gesellschaften und Personen mit der Zielgesellschaft gemeinsam handelnde Personen i. S. d. § 2 Abs. 5 WpÜG.

2532 Nach Kenntnis der Bieterin existieren keine anderen mit der Zielgesellschaft i. S. d. § 2 Abs. 5 WpÜG gemeinsam handelnden Personen.

**7. Hintergrund des Übernahmeangebots** [→ Rz. 2648]

**7.1 Wirtschaftlicher und strategischer Hintergrund des Angebots**

2533 [*Erläuterungen zu den strategischen und wirtschaftlichen Hintergründen des Übernahmeangebots, wie etwa Synergieeffekte, Effizienzsteigerungen in betrieblichen Abläufen, Wachstum, Eintritt in neue Geschäftsfelder, Ausbau der Marktstellung.*]

**7.2 [Vereinbarung über den Zusammenschluss mit der Zielgesellschaft]**

2534 [*Ausführungen zu einer eventuellen Vereinbarung mit dem Zielunternehmen über den Zusammenschluss (Business-Combination-Agreement) und deren Inhalt, wenn ein solches abgeschlossen wurde.*]

### 7.3 Erlangung der Kontrolle durch die Bieterin

Erlangt die Bieterin aufgrund dieses Angebots die Kontrolle über die Z-AG i. S. v. § 29 Abs. 1 WpÜG, ist die Bieterin gemäß § 35 Abs. 3 WpÜG nicht zur Abgabe eines Pflichtangebots an die Aktionäre der Z-AG verpflichtet. Gleiches gilt für die in **Anlage 1** der Angebotsunterlage dargestellten, die Bieterin kontrollierenden Unternehmen. 2535

### 8. Absichten der Bieterin im Hinblick auf die eigene Entwicklung und die Entwicklung der Zielgesellschaft [→ Rz. 2649 ff]

### 8.1 Künftige Geschäftstätigkeit der Zielgesellschaft und künftige Verwendung des Vermögens

Bei erfolgreicher Durchführung dieses Angebots würde die Z-AG eine Tochtergesellschaft der Bieterin und damit der Bieter-Gruppe. Die Bieterin und die Bieter-Gruppe beabsichtigen, [...]. 2536

### 8.2 Künftige Geschäftstätigkeit der Bieterin

Infolge dieses Angebots beabsichtigt die Bieterin keine Änderungen ihrer Geschäftstätigkeit, insbesondere im Hinblick auf ihren Sitz und den Standort wesentlicher Unternehmensteile, die Verwendung des Vermögens, künftige Verpflichtungen, die Arbeitnehmer und deren Vertretungen, die Mitglieder der Geschäftsorgane oder Änderungen der Beschäftigungsbedingungen. [...] 2537

### 8.3 Sitz der Z-AG, Standorte wesentlicher Unternehmensteile

Die Bieterin beabsichtigt nicht, den Sitz der Z-AG von [...] an einen anderen Ort zu verlegen. Es besteht auch keine Absicht, wesentliche Unternehmensteile der Z-AG zu verlegen oder zu schließen. 2538

### 8.4 Arbeitnehmer, Arbeitnehmervertreter und Beschäftigungsbedingungen

Hinsichtlich der Arbeitnehmer der Z-AG und ihrer wesentlichen Beschäftigungsbedingungen beabsichtigt die Bieterin nicht, Änderungen herbeizuführen, ebenso wenig hinsichtlich der Arbeitnehmervertreter der Z-AG. 2539

### 8.5 Vorstand und Aufsichtsrat der Z Aktiengesellschaft

Die Bieterin strebt eine angemessene Vertretung im Aufsichtsrat der Z-AG an und beabsichtigt, ihre nach erfolgreichem Vollzug des Übernahmeangebots bestehende Stimmenmehrheit in der Hauptversammlung der Zielgesellschaft zu nutzen, um auf Veränderungen im Aufsichtsrat der Zielgesellschaft hinzuwirken. Über die zukünftige Zusammensetzung des Aufsichtsrats ist jedoch noch nicht entschieden. 2540

Die Bieterin hat volles Vertrauen in die Z-AG und ihre derzeitigen Vorstandsmitglieder und beabsichtigt, die gegenwärtige Zusammensetzung des Vorstands der Z-AG aufgrund des Vollzugs des Angebots nicht zu verändern. Die Bieterin beabsichtigt nach besten Kräften, die Führungskräfte beizubehalten, die der Z-AG zu ihrem Erfolg verholfen haben. 2541

**8.6 Mögliche Strukturmaßnahmen**

2542 Soweit die jeweiligen Voraussetzungen hierfür erfüllt sind und sofern dies nach ihrer Einschätzung wirtschaftlich sinnvoll ist, erwägt die Bieterin nach Vollzug dieses Angebots die Durchführung folgender Strukturmaßnahmen: […]

**8.6.1 Beherrschungs- und Gewinnabführungsvertrag**

2543 Die Bieterin hält sich den Abschluss eines Beherrschungs- und Ergebnisabführungsvertrags oder eines isolierten Beherrschungs- oder Ergebnisabführungsvertrags nach §§ 293 ff AktG zwischen der Bieterin als herrschendem Unternehmen und der Z-AG als beherrschtem Unternehmen derzeit offen.

**8.6.2 Delisting**

2544 Die Bieterin behält sich zudem vor, nach Vollzug des Angebots oder zu einem späteren Zeitpunkt die Z-AG zu veranlassen, den Widerruf der Zulassung der Aktien der Zielgesellschaft zum Handel im Regulierten Markt an der Frankfurter Wertpapierbörse zu beantragen („Delisting").

**8.6.3 Squeeze-out**

2545 Die Bieterin hält sich derzeit offen, den Ausschluss der Minderheitsaktionäre („Squeeze-out") zu betreiben, wenn sie mindestens 90 % am Grundkapital an der Z-AG hält (zu den Voraussetzungen eines Squeeze-out vgl. Ziffer 16 Buchst. d) ff).

**9. Erläuterungen zur Festsetzung des Angebotspreises** [→ Rz. 809 ff, 2652 ff]

2546 Gemäß § 31 Abs. 1 und Abs. 7 WpÜG i. V. m. §§ 4 und 5 WpÜG-AngebotsVO muss die den Aktionären der Zielgesellschaft im Rahmen eines Angebots i. S. d. WpÜG angebotene Gegenleistung für ihre Aktien angemessen sein. Die Gegenleistung darf dabei einen nach diesen Vorschriften zu ermittelnden Mindestwert nicht unterschreiten. Wie nachfolgend dargelegt, entspricht der Angebotspreis diesen Mindestanforderungen gemäß § 31 Abs. 1 und Abs. 7 WpÜG i. V. m. §§ 4, 5 WpÜG-AngebotsVO.

**9.1 Gesetzlicher Mindestpreis**

**9.1.1 Anforderungen gemäß § 5 WpÜG-AngebotsVO**

2547 Gemäß § 5 WpÜG-AngebotsVO muss der Angebotspreis mindestens dem gewichteten durchschnittlichen inländischen Börsenkurs der Aktie der Z-AG während der letzten drei Monate vor der Veröffentlichung der Entscheidung zur Abgabe des Angebots nach § 10 WpÜG entsprechen (der **„Dreimonats-Durchschnittskurs"**). Die Veröffentlichung der Entscheidung zur Abgabe des Angebots erfolgte am [*Datum*]. Der durch die BaFin mitgeteilte Dreimonats-Durchschnittskurs betrug zum Stichtag […] €.

**9.1.2 Anforderungen gemäß § 4 WpÜG-AngebotsVO**

2548 Gemäß § 4 WpÜG-AngebotsVO muss bei einem Übernahmeangebot gemäß §§ 29 ff WpÜG die Gegenleistung mindestens den Wert der höchsten von der Bieterin, einer mit ihr gemeinsam handelnden Person oder deren Tochterunternehmen innerhalb der letzten sechs Monate vor der Veröffentlichung dieser Angebotsunterlage für den Erwerb von Aktien der Z-AG gewährten oder vereinbarten Gegenleistung entsprechen („**Sechs-Monats-Höchstpreis**"). Die Bieterin hat insgesamt [...] Aktien der Z-AG erworben (vgl. Ziffer 5.7 der Angebotsunterlage). Der höchste dabei gezahlte Kaufpreis betrug [...] € je Aktie der Z-AG.

Demnach entspricht der Mindestpreis für eine Aktie der Z-AG gemäß § 31 Abs. 1 2549
WpÜG i. V. m. §§ 4, 5 WpÜG-AngebotsVO [...] €.

### 9.2 Vergleich mit historischen Börsenkursen

Der Börsenkurs ist eine gängige Grundlage zur Bestimmung einer angemessenen Gegen- 2550
leistung für börsennotierte Aktien. Für die Aktie der Z-AG existiert ein funktionierender Börsenhandel mit hinreichendem Streubesitz und hinreichender Handelsaktivität. Neben den Verhandlungen mit wesentlichen Aktionären der Z-AG und der Einigung auf einen Kaufpreis in Höhe von [...] € je Aktie der Z-AG (siehe hierzu Ziffer 5.7 der Angebotsunterlage) war für die Bieterin bei Bestimmung des Angebotspreises auch die Entwicklung des Börsenkurses der Z-AG maßgeblich.

Bezogen auf den Angebotspreis von [...] € je Aktie der Z-AG ergeben sich gegenüber 2551
den historischen Börsenkursen der Aktie der Z-AG folgende Aufschläge: [...]

Die vorstehend genannten historischen Börsenkurse wurden vom Datenanbieter [...] er- 2552
mittelt.

### 9.3 Angemessenheit der Gegenleistung

Aus den in Ziffer 9.2 dargestellten Vergleichen mit historischen Börsenkursen ergibt sich, 2553
dass der Angebotspreis den Börsenkurs bei Veröffentlichung der Entscheidung zur Abgabe des Angebots nach § 10 WpÜG und den Durchschnittskurs während des letzten Monats vor der Veröffentlichung der Entscheidung zur Abgabe des Angebots nach § 10 WpÜG und auch die Durchschnittskurse während der letzten sechs bzw. zwölf Monate vor der Entscheidung zur Abgabe des Angebots nach § 10 WpÜG übersteigt.

Nach Auffassung der Bieterin ist der Angebotspreis angemessen i. S. v. § 31 Abs. 1 2554
WpÜG, weil dieser dem Drei-Monats-Durchschnittskurs nach § 5 WpÜG-AngebotsVO und dem Sechs-Monats-Höchstpreis entspricht. Zudem liegt der Angebotspreis auch über den historischen Durchschnittskursen während der letzten sechs bzw. zwölf Monate. Der zwischen der Bieterin und den Verkäufern vereinbarte Kaufpreis von ... € je Aktie wurde zwischen den Parteien frei verhandelt. Bewertungsmethoden zur Kaufpreisermittlung hat die Bieterin nicht angewendet. Die Bieterin ist der Ansicht, dass die den gesetzlichen Vorschriften zugrunde liegenden Kriterien auch für die Beurteilung dieses Angebots und der Angemessenheit des Angebotspreises geeignet sind.

### 9.4 Keine Entschädigung für den Verlust bestimmter Rechte

Die Satzung der Z-AG sieht keine Anwendung von § 33b Abs. 2 WpÜG vor. Die Bieterin 2555
ist daher nicht verpflichtet, eine Entschädigung gemäß § 33 Abs. 5 WpÜG zu leisten.

### 10. Annahme und Abwicklung des Angebots [→ Rz. 2657]

#### 10.1 Zentrale Abwicklungsstelle

2556 Die Bieterin hat die [*Sitz der Bank*] als zentrale Abwicklungsstelle zur technischen Durchführung und Abwicklung des Angebots beauftragt (die **„Zentrale Abwicklungsstelle“**).

#### 10.2 Annahme des Angebots innerhalb der Annahmefrist

2557 Aktionäre der Z-AG, die das Angebot annehmen möchten, sollten sich mit eventuellen Fragen bezüglich der technischen Aspekte der Annahme des Angebots und dessen Abwicklung an ihre Depotbank wenden. Die Depotbanken werden über die Abläufe zur Annahme und Abwicklung des Angebots gesondert informiert.

2558 Aktionäre der Z-AG können das Angebot nur dadurch annehmen, dass sie innerhalb der – ggf. verlängerten – Annahmefrist

- die Annahme des Angebots in Textform gegenüber ihrer Depotbank erklären (die **„Annahmeerklärung“**), wobei für die Einhaltung der Annahmefrist der Zugang der Annahmeerklärung bei der Depotbank maßgeblich ist, und
- ihre Depotbank anweisen, die fristgerechte Umbuchung der in ihrem Depot befindlichen Aktien der Z-AG, für die sie das Angebot annehmen wollen, in die ISIN DE000[...] bei der Clearstream Banking AG, Frankfurt (**„Clearstream“**) entweder selbst oder über ihre für sie tätige Transaktionsbank vorzunehmen bzw. – im Fall ausländischer Depotbanken – über den für sie als Zwischenverwahrer tätigen Kontoinhaber bei Clearstream (Custodian) zu veranlassen. Die Annahme des Angebots wird erst wirksam, wenn die Aktien der Z-AG bis spätestens [...] Uhr (Ortszeit Frankfurt am Main) am zweiten Bankarbeitstag nach Ablauf der Annahmefrist bei Clearstream in die ISIN DE000[...] umgebucht worden sind.

2559 Bankarbeitstag ist jeder Tag, an dem die Kreditinstitute in Frankfurt am Main für den Geschäftsverkehr allgemein geöffnet sind (ein **„Bankarbeitstag“**). Diese Umbuchung ist durch das jeweils depotführende Institut nach Erhalt der Annahmeerklärung zu veranlassen.

2560 Annahmeerklärungen, die bei dem jeweiligen depotführenden Institut nicht innerhalb der Annahmefrist oder falsch oder unvollständig ausgefüllt eingehen, gelten nicht als Annahme des Angebots und berechtigen den betreffenden Aktionär der Z-AG nicht zum Erhalt des Angebotspreises. Weder die Bieterin noch im Auftrag der Bieterin handelnde Personen sind verpflichtet, den betreffenden Aktionär der Z-AG über irgendwelche Mängel oder Fehler in der Annahmeerklärung zu unterrichten, und haften nicht, falls keine solche Unterrichtung erfolgt.

#### 10.3 Weitere Erklärungen im Zusammenhang mit der Annahme des Angebots

2561 Durch die Annahme des Angebots gemäß Ziffer 10.2 der Angebotsunterlage erklärt jeder Aktionär der Z-AG zugleich, dass

a) die Aktien der Z-AG, für die das Angebot angenommen werden soll (die **„Zum Verkauf Angemeldeten Aktien“**), zunächst im Wertpapierdepot des annehmenden Aktionärs der Z-AG zu belassen sind, jedoch die Umbuchung in die ISIN DE[...] bei Clearstream zu veranlassen ist;

b) er seine Depotbank anweist und ermächtigt, ihrerseits Clearstream anzuweisen und zu ermächtigen, die Aktien mit der ISIN DE[...] unverzüglich nach Ablauf der Annahmefrist und Eintritt der Vollzugsbedingungen in Ziffer 12.1 der Angebotsunterlage bzw. zulässigem Verzicht auf diese Bedingungen der Zentralen Abwicklungsstelle auf deren Konto Nr. [...] bei Clearstream zur Übertragung auf die Bieterin zur Verfügung zu stellen;

c) er die Zentrale Abwicklungsstelle sowie seine Depotbank beauftragt und bevollmächtigt, unter Befreiung von dem Verbot des Selbstkontrahierens gemäß § 181 BGB alle zur Abwicklung des Angebots nach Maßgabe der Angebotsunterlage erforderlichen oder zweckdienlichen Handlungen vorzunehmen sowie Erklärungen abzugeben und entgegenzunehmen, insbesondere den Übergang des Eigentums an den Zum Verkauf Angemeldeten Aktien der Z-AG auf die Bieterin herbeizuführen;

d) er seine Depotbank anweist und ermächtigt, ihrerseits Clearstream anzuweisen und zu ermächtigen, der Bieterin unmittelbar oder über die Zentrale Abwicklungsstelle die Anzahl der im Konto der jeweiligen Depotbank bei Clearstream unter der ISIN DE[...] eingebuchten Aktien der Z-AG börsentäglich mitzuteilen;

e) er seine Zum Verkauf Angemeldeten Aktien der Z-AG vorbehaltlich

(i) des Eintritts der bzw. des Verzichts auf die Angebotsbedingungen nach Ziffer 12.1 der Angebotsunterlage und

(ii) des Ablaufs der Annahmefrist

Zug um Zug gegen Gutschrift des Angebotspreises bei der jeweiligen Depotbank auf den Bieter überträgt und

(f) seine Zum Verkauf Angemeldeten Aktien der Z-AG zum Zeitpunkt der Übertragung in seinem alleinigen Eigentum stehen und frei von Rechten und Ansprüchen Dritter sind.

Die in der Ziffer 10.3 aufgeführten Erklärungen, Weisungen, Aufträge und Vollmachten 2562
werden im Interesse einer reibungslosen und zügigen Abwicklung des Angebots unwiderruflich abgegeben bzw. erteilt. Sie erlöschen erst (i) im Falle eines wirksamen Rücktritts von dem durch die Annahme dieses Angebots zustande gekommenen Vertrag gemäß Ziffer 15 der Angebotsunterlage, (ii) wenn die in Ziffer 12 der Angebotsunterlage enthaltenen Bedingungen, sofern diese Bedingungen noch eintreten können, nicht während der Annahmefrist eingetreten sind und, soweit zulässig, nicht zuvor auf den Eintritt der Bedingungen durch die Bieterin während der Annahmefrist verzichtet wurde.

### 10.4 Rechtsfolgen der Annahme

Mit der Annahme des Angebots kommt zwischen dem betreffenden Aktionär der Z-AG 2563
und der Bieterin ein Vertrag über den Verkauf und die Übertragung der Zum Verkauf Angemeldeten Aktien der Z-AG nach näherer Maßgabe der Angebotsunterlage zustande. Mit der Annahme des Angebots einigen sich der annehmende Aktionär der Z-AG und die Bieterin zugleich nach Maßgabe der Angebotsunterlage über die Übertragung des Eigentums an den Zum Verkauf Angemeldeten Aktien auf die Bieterin. Die Übertragung des Eigentums an den Zum Verkauf Angemeldeten Aktien erfolgt Zug um Zug gegen Zahlung des Angebotspreises für die betreffende Anzahl Zum Verkauf Angemeldeter Aktien der Z-AG auf das Konto der jeweiligen depotführenden Bank bei Clearstream.

Mit der Übertragung des Eigentums an den Zum Verkauf Eingereichten Aktien der Z-AG auf die Bieterin gehen sämtliche mit diesen zum Zeitpunkt der Abwicklung des Angebots verbundenen Rechte, insbesondere die Gewinnanteilsberechtigung, auf die Bieterin über.

### 10.5 Abwicklung des Übernahmeangebots und Zahlung des Angebotspreises nach Ablauf der Annahmefrist

2564 Sofern bei Ablauf der Annahmefrist sämtliche Vollzugsbedingungen eingetreten sind oder auf sie wirksam verzichtet worden ist, wird die Zentrale Abwicklungsstelle die Zum Verkauf Angemeldeten Aktien der Z-AG, für die das Angebot innerhalb der Annahmefrist wirksam angenommen worden ist, Zug um Zug gegen Zahlung des Angebotspreises auf das Konto der jeweiligen Depotbank bei Clearstream auf den Bieter übertragen (die **„Abwicklung"**). Die Abwicklung wird – wenn bis zum Ablauf der Annahmefrist die Vollzugsbedingungen nach Ziffer 12.1 der Angebotsunterlage eingetreten sind oder auf sie wirksam verzichtet worden ist – unverzüglich, spätestens jedoch am siebten Bankarbeitstag nach dem Ende der Annahmefrist, erfolgen. Falls Vollzugsbedingungen nach Ziffer 12.1 dieser Angebotsunterlage, auf die die Bieterin nicht zuvor wirksam verzichtet hat, bis zum Ablauf der Annahmefrist noch nicht eingetreten sind, wird die Zentrale Abwicklungsstelle den Angebotspreis unverzüglich, spätestens jedoch am siebten Bankarbeitstag nach dem Tag, an dem die Bieterin die Erfüllung aller der in Ziffer 12.1 der Angebotsunterlage beschriebenen Vollzugsbedingungen, auf die die Bieterin zuvor nicht wirksam verzichtet hat, nach Ziffer 12.4 der Angebotsunterlage veröffentlicht, überweisen.

2565 Die Abwicklung des Angebots und die Zahlung des Angebotspreises an die annehmenden Aktionäre der Z-AG kann sich aufgrund der Vollzugsbedingungen nach Ziffer 12.1.1 der Angebotsunterlage bis voraussichtlich [*Datum*] verzögern bzw. ganz entfallen.

2566 Mit der Gutschrift des jeweils geschuldeten Angebotspreises auf dem Konto der jeweiligen Depotbank bei Clearstream hat die Bieterin die Verpflichtung zur Zahlung des Angebotspreises gegenüber dem jeweiligen Aktionär der Z-AG erfüllt. Es obliegt der jeweiligen Depotbank, den jeweils geschuldeten Angebotspreis dem Konto des jeweiligen Aktionärs der Z-AG gutzuschreiben.

### 10.6 Annahme und Abwicklung des Angebots nach Annahme innerhalb der Weiteren Annahmefrist

2567 Die Bestimmungen der Angebotsunterlage gelten mit folgender Maßgabe sinngemäß auch für eine Annahme innerhalb der Weiteren Annahmefrist: Die Umbuchung der in der Weiteren Annahmefrist angedienten Aktien der Z-AG (**„Nachträglich zum Verkauf Angemeldete Aktien"**) bei Clearstream gilt als fristgerecht vorgenommen, sofern sie nach Zugang der Annahmeerklärung innerhalb der Weiteren Annahmefrist spätestens am zweiten Bankarbeitstag nach Ablauf der Weiteren Annahmefrist bis 18:00 Uhr (Ortszeit Frankfurt am Main) bewirkt wird.

2568 Aktionäre der Z-AG, die das Angebot innerhalb der Weiteren Annahmefrist annehmen wollen, sollten sich mit weiteren Fragen an ihre depotführende Bank wenden.

### 10.7 Börsenhandel mit Zum Verkauf Angemeldeten Aktien der Z-AG

Die Zum Verkauf Angemeldeten Aktien der Z-AG können voraussichtlich ab dem dritten Bankarbeitstag nach Beginn der Annahmefrist im [*Regulierten Markt der Frankfurter Wertpapierbörse (Prime Standard)*] unter der ISIN DE[...] gehandelt werden. 2569

Der Handel der Zum Verkauf Angemeldeten Aktien der Z-AG unter der ISIN DE[...] im Regulierten Markt der Frankfurter Wertpapierbörse (Prime Standard) wird eingestellt mit Ablauf des letzten Tags der Annahmefrist, sofern die Bedingungen gemäß Ziffer 12.1 der Angebotsunterlage spätestens mit Ablauf der Annahmefrist eingetreten sind oder – soweit zulässig – auf sie verzichtet wurde. 2570

Sollten bis zum Ende der weiteren Annahmefrist die Vollzugsbedingungen gemäß Ziffer 12.1 der Angebotsunterlage, auf die die Bieterin nicht zuvor wirksam verzichtet hat, noch nicht eingetreten sein, wird die Zentrale Abwicklungsstelle die Umbuchung der Nachträglich zum Verkauf Angemeldeten Aktien der Z-AG in die ISIN DE[...] veranlassen. Es ist beabsichtigt, in diesem Fall auch die Nachträglich zum Verkauf Angemeldeten Aktien der Z-AG bis spätestens zum Ablauf des Börsenhandelstages, der auf den Tag der Mitteilung des bevorstehenden Vollzugs des Angebots folgt, im [*Regulierten Markt (Prime Standard) der Frankfurter Wertpapierbörse*] handeln zu lassen. 2571

Personen, die Zum Verkauf Angemeldete Aktien der Z-AG erwerben, übernehmen im Hinblick auf diese Aktien der Z-AG alle Rechte und Pflichten, die sich aufgrund der Anmeldung der Aktien der Z-AG zum Verkauf und der Annahme des Angebots ergeben. Der Bieter weist darauf hin, dass Handelsvolumen und Liquidität der Zum Verkauf angemeldeten Aktien der Z-AG von der jeweiligen Annahmequote abhängen und deshalb überhaupt nicht vorhanden oder gering sein und starken Schwankungen unterliegen können. Es kann nicht ausgeschlossen werden, dass mangels Nachfrage der börsliche Verkauf von Zum Verkauf Angemeldeten Aktien der Z-AG nicht möglich sein wird. 2572

Aktien der Z-AG, für die das Angebot nicht oder noch nicht angenommen wurde, werden auch während der Annahmefrist weiter im Teilbereich des [*Regulierten Marktes mit weiteren Zulassungsfolgepflichten der Frankfurter Wertpapierbörse (Prime Standard)*] unter der ISIN DE[...] gehandelt werden. 2573

### 10.8 Kosten und Auslagen

Die Annahme des Angebots über eine inländische Depotbank ist für die Aktionäre der Z-AG kostenfrei, mit Ausnahme der Kosten für die Übermittlung der Annahmeerklärung an die Depotbank. Etwaig entstehende Steuern oder Abgaben sowie Kosten, die von anderen Depotbanken oder ausländischen Zwischenverwahrern erhoben werden, sind von dem jeweiligen das Angebot annehmenden Aktionär der Z-AG zu tragen. 2574

### 11. Erfordernis und Stand behördlicher Genehmigungen und Verfahren [→ Rz. 2658]

### 11.1 Fusionskontrollverfahren

Die Transaktion unterliegt fusionskontrollrechtlichen Freigaben bzw. dem Ablauf bestimmter Wartefristen nach den jeweiligen Fusionskontrollvorschriften der Europäischen Union, der Bundesrepublik Deutschland sowie [*alle relevanten Jurisdiktionen*]. 2575

2576 Die zuständigen Wettbewerbsbehörden können die Freigabe von der Erfüllung bestimmter Zusagen der Parteien (wie z. B. der vorherigen Veräußerung von Unternehmensteilen) abhängig machen und hierzu die Entscheidung treffen, die Transaktion nur unter bestimmten Bedingungen und/oder Auflagen freizugeben. Die Bedingung, unter der die Freigabe steht, kann auflösender Natur (Freigabe wird unwirksam, wenn eine bestimmte Zusage nicht erfüllt wird) oder aufschiebender Natur (Freigabe wird erst mit Erfüllung der Bedingung wirksam) sein. Ergeht die Freigabeentscheidung unter einer Auflage, ist die Freigabe von Anfang an wirksam, es steht jedoch im Ermessen der zuständigen Wettbewerbsbehörde, die Freigabeentscheidung bei Nichterfüllung der Auflage zu widerrufen.

2577 Das Übernahmeangebot kann daher erst abgewickelt werden und der Angebotspreis erst gezahlt werden, wenn die Vollzugsbedingungen gemäß Ziffer 12.1.1 der Angebotsunterlage eingetreten sind oder – soweit zulässig – wirksam auf sie verzichtet wurde.

**11.1.1 Europäische Union**

2578 [...]

**11.1.2 Bundesrepublik Deutschland**

2579 [...]

**11.1.3 [*Gegebenenfalls weitere Rechtsordnungen*]**

**11.1.4 Sonstige Rechtsordnungen**

2580 Nach den der Bieterin zur Verfügung stehenden Informationen bestehen keine weiteren fusionskontrollrechtlichen Anmeldepflichten. Soweit nach weiteren anwendbaren Fusionskontrollrechtsvorschriften zusätzliche fusionskontrollrechtliche Anmeldungen und Anträge erforderlich sein sollten, wird die Bieterin diese, soweit möglich, einreichen.

**11.2 Stand der Fusionskontrollverfahren**

2581 [...]

**11.3 Gestattung durch die BaFin**

2582 Die BaFin hat der Bieterin am [*Datum*] die Veröffentlichung dieser Angebotsunterlage gestattet.

**12. Voraussetzungen für den Vollzug des Angebots**

**12.1 Vollzugsbedingungen** [→ Rz. 2659]

2583 Das Angebot und die durch seine Annahme zustande kommenden Verträge werden nur dann vollzogen, wenn folgende Voraussetzungen („**Vollzugsbedingungen**") erfüllt sind:

**12.1.1 Fusionskontrollrechtliche Freigabe**

2584 [...]

### 12.1.2 Nichtvornahme von Kapitalmaßnahmen

Im Zeitraum ab der Veröffentlichung der Angebotsunterlage bis zum Ablauf der Annahmefrist ist keines der folgenden Ereignisse eingetreten: 2585

a) Die Hauptversammlung der Z-AG hat einen Beschluss über die Erhöhung des Grundkapitals durch Ausgabe neuer Aktien der Z-AG gefasst;

b) das Grundkapital der Z-AG ist erhöht worden;

c) Vorstand und Aufsichtsrat der Z-AG haben einen Beschluss über eine Erhöhung des Grundkapitals der Z-AG aus dem Genehmigten Kapital zur Ausgabe neuer Aktien der Z-AG gefasst.

### 12.1.3 Erreichen einer Mindestbeteiligung

Zum Zeitpunkt des Ablaufs der Annahmefrist entspricht die Gesamtzahl 2586

a) der Zum Verkauf Angemeldeten Aktien der Z-AG, für die das Rücktrittsrecht, soweit anwendbar, nicht wirksam nach Maßgabe der Angebotsunterlage ausgeübt wurde,

b) der Aktien der Z-AG, welche unmittelbar von der Bieterin gehalten werden,

c) der Aktien der Z-AG, die der Bieterin nach § 30 WpÜG zugerechnet werden, und

d) der Aktien der Z-AG, über welche die Bieterin einen Vertrag außerhalb dieses Übernahmeangebots abgeschlossen hat, der ihr das Recht einräumt, die Übertragung des Eigentums an diesen Aktien der Z-AG zu verlangen,

mindestens [*75 % (plus eine Aktie)*] aller zum Zeitpunkt des Ablaufs der Annahmefrist ausgegebenen Aktien der Z-AG, d. h. mindestens [...] Aktien der Z-AG, wobei Aktien der Z-AG, die mehreren der obigen Kriterien unterfallen, nur einmal zählen („**Mindestbeteiligung**").

### 12.1.4 [*Gegebenenfalls weitere Vollzugsbedingungen*]

### 12.2 Verzicht auf Vollzugsbedingungen

Die Bieterin kann – soweit zulässig – nach § 21 Abs. 1 Satz 1 Nr. 4 WpÜG bis zu einem Werktag vor Ablauf der Annahmefrist auf eine, mehrere oder alle Vollzugsbedingungen verzichten. Vollzugsbedingungen, auf welche die Bieterin wirksam verzichtet hat, gelten für die Zwecke dieses Angebots als eingetreten. Für die Wahrnehmung der Frist gemäß § 21 Abs. 1 WpÜG ist die Veröffentlichung der Änderung des Angebots gemäß § 21 Abs. 2 WpÜG i. V. m. § 14 Abs. 3 Satz 1 WpÜG maßgeblich. In dem Falle, dass auf eine Vollzugsbedingung verzichtet wird und die Veröffentlichung dieses Verzichts innerhalb der letzten zwei Wochen vor Ablauf der in Ziffer 4.1 der Angebotsunterlage genannten Annahmefrist erfolgt, verlängert sich diese um zwei Wochen (§ 21 Abs. 5 WpÜG), also voraussichtlich bis zum [Datum], 24:00 Uhr (Ortszeit Frankfurt am Main). 2587

### 12.3 Ausfall von Vollzugsbedingungen

Sofern die in Ziffer 12.1.1 bis 12.1.3 der Angebotsunterlage genannten Vollzugsbedingungen bei Ablauf der Annahmefrist nicht eingetreten sind und die Bieterin auf die Vollzugsbedingungen nach Ziffern 12.1.2 und 12.1.3 nicht nach § 21 Abs. 1 Satz 1 Nr. 4 2588

WpÜG bis zu einem Werktag vor Ablauf der Annahmefrist zuvor wirksam verzichtet hat, erlischt das Angebot. Die durch die Annahme des Angebots zustande gekommenen Verträge werden in diesem Fall nicht vollzogen und entfallen (auflösende Bedingung).

2589 Bereits eingelieferte Aktien werden zurückgebucht. Dementsprechend wird die Zentrale Abwicklungsstelle unverzüglich, spätestens innerhalb von fünf Bankarbeitstagen nach Bekanntgabe des Erlöschens des Angebots, die Rückbuchung der Zum Verkauf Angemeldeten Aktien der Z-AG (ISIN DE[...]) und der Nachträglich zum Verkauf Angemeldeten Aktien der Z-AG (ISIN DE[...]) in die ursprüngliche ISIN DE[...] durch die depotführenden Banken veranlassen. Die Rückbuchung ist für Aktionäre der Z-AG kostenfrei. Gegebenenfalls anfallende ausländische Steuern oder Kosten und Gebühren ausländischer Depotbanken, die keine Depotverbindung bei Clearstream haben, sind allerdings von dem betreffenden Aktionär der Z-AG zu tragen.

### 12.4 Veröffentlichungen zu Vollzugsbedingungen

2590 Die Bieterin gibt jeweils unverzüglich im Internet unter [Internetadresse] in deutscher Sprache [und in Form einer unverbindlichen englischen Übersetzung] sowie im Bundesanzeiger in deutscher Sprache bekannt, falls (i) eine einzelne Vollzugsbedingung eingetreten ist, (ii) auf eine oder mehrere Vollzugsbedingungen wirksam verzichtet wurde, (iii) alle Vollzugsbedingungen, auf die nicht wirksam verzichtet wurde, eingetreten sind oder (iv) das Angebot nicht vollzogen wird, weil eine Vollzugsbedingung, auf die nicht wirksam verzichtet wurde, endgültig ausgefallen ist. Ebenso wird die Bieterin unverzüglich nach Ablauf der Annahmefrist im Rahmen der Veröffentlichung gemäß § 23 Abs. 1 Satz 1 Nr. 2 WpÜG bekannt geben, welche der in Ziffer 12.1 der Angebotsunterlage genannten Vollzugsbedingungen bis zu diesem Zeitpunkt eingetreten sind.

## 13. Finanzierung des Übernahmeangebots [→ Rz. 2660 f]

### 13.1 Maßnahmen zur Sicherstellung der Finanzierung des Angebots

#### 13.1.1 Maximale Gegenleistung

2591 Die Zielgesellschaft hat derzeit insgesamt [...] Aktien ausgegeben. Die Bieterin hält derzeit [...] Aktien der Z-AG. Sollte das Übernahmeangebot für sämtliche übrigen nach Kenntnis der Bieterin gegenwärtig ausgegebenen Aktien der Z-AG, also insgesamt [...] Aktien der Z-AG, angenommen werden, beliefe sich die Zahlungsverpflichtung der Bieterin auf rund [...] € (entspricht: Angebotspreis von [...] € je Aktie der Z-AG multipliziert mit [...] Aktien der Z-AG). Darüber hinaus werden der Bieterin im Zusammenhang mit dem Übernahmeangebot und dessen Vollzug Transaktionskosten entstehen, die einen Gesamtbetrag von [...] € voraussichtlich nicht übersteigen werden. Die Gesamtkosten der Bieterin für die Übernahme der Z-AG belaufen sich somit voraussichtlich auf maximal [...] € (**„Maximaler Transaktionsbetrag“**).

#### 13.1.2 Finanzierungsmaßnahmen

2592 Die Bieterin hat vor Veröffentlichung der Angebotsunterlage die notwendigen Maßnahmen getroffen, um sicherzustellen, dass ihr die zur vollständigen Erfüllung des Angebots notwendigen finanziellen Mittel rechtzeitig zur Verfügung stehen.

2593 [...]

### 13.1.3 Finanzierungsbestätigung

Die [...] Bank, Filiale [...], ein von der Bieterin unabhängiges Wertpapierdienstleistungsunternehmen, hat die gemäß § 13 Abs. 1 Satz 2 WpÜG erforderliche Finanzierungsbestätigung für das Übernahmeangebot erteilt. Die Finanzierungsbestätigung ist der Angebotsunterlage als **Anlage 3** beigefügt. 2594

## 14. Erwartete Auswirkungen des Vollzugs des Übernahmeangebots auf die Vermögens-, Finanz- und Ertragslage der Bieterin und des Bieter-Konzerns

[→ Rz. 2662]

### 14.1 Ausgangslage und Annahmen

Die in dieser Ziffer 14 enthaltenen Angaben beruhen insbesondere auf folgender Ausgangslage bzw. folgenden Annahmen: 2595

a) Die Bieterin hält bereits [...] Aktien der Z-AG (ca. [...]% des Grundkapitals der Z-AG).

b) Die Bieterin wird sämtliche derzeit ausgegebenen Aktien der Z-AG mit Ausnahme der Aktien der Z-AG, die zum Zeitpunkt der Unterzeichnung der Angebotsunterlage von der Bieterin gehalten werden, zum Angebotspreis von [...] € je Aktie der Z-AG erwerben (ca. [...] % der insgesamt vorhandenen Aktien der Z-AG), d. h. gegen eine Zahlung von insgesamt [...] €.

c) Etwaige weitere Aktien der Z-AG, die nach dem Tag der Veröffentlichung der Angebotsunterlage ggf. noch ausgegeben werden, bleiben unberücksichtigt.

d) Die voraussichtlichen Transaktionskosten (siehe Ziffer 13.1.1 der Angebotsunterlage) werden als Aufwand verbucht.

### 14.2 Methodisches Vorgehen und Einschränkungen

Die Beurteilung der zu erwartenden Auswirkungen des Erwerbs aller derzeit ausgegebenen Aktien der Z-AG auf die Vermögens-, Finanz- und Ertragslage der Bieterin und des Bieter-Konzerns basiert auf einer vorläufigen, ungeprüften Schätzung dieser Auswirkungen durch die Bieterin im Hinblick auf ihren Jahresabschluss sowie auf einer vorläufigen, ungeprüften Schätzung durch den Konzern im Hinblick auf den konsolidierten Konzernabschluss. Hierbei wurde unter Berücksichtigung der durch die Z-AG veröffentlichten Finanzzahlen jeweils näherungsweise bestimmt, wie sich die bilanzielle Lage darstellen würde, wenn die Z-AG zum [*Datum*] vollständig erworben worden wäre. 2596

Bis auf den beabsichtigten Erwerb der Aktien der Z-AG sind keine weiteren Einflüsse auf die Vermögens-, Finanz- und Ertragslage der Bieterin und des Bieter-Konzerns, die nach dem [*Datum*] eingetreten sind oder in Zukunft eintreten könnten, in die nachfolgenden Informationen eingeflossen. 2597

Darüber hinaus können die Auswirkungen des Vollzugs des Angebots auf die Vermögens-, Finanz- und Ertragslage der Bieterin und des Bieter-Konzerns zum heutigen Tag nicht exakt vorhergesehen werden. Die Gründe hierfür sind insbesondere die folgenden: 2598

a) Der exakte Betrag der Kosten, welche die Bieterin und der Bieter-Konzern im Zusammenhang mit dem Angebot zu tragen haben, kann erst dann abschließend bestimmt werden, wenn das Angebot vollzogen ist.

b) Die potenziellen Synergieeffekte und geschäftlichen Möglichkeiten, die sich aus dem Erwerb der Z-AG ergeben können, können erst nach Vollzug des Angebots im Detail analysiert werden und wurden daher nicht berücksichtigt.

[c) Im Rahmen der Erstkonsolidierung ist die Gegenleistung für Aktien der Z-AG auf die erworbenen Aktiva und die übernommenen Passiva aufzuteilen. Dies kann erst nach dem Vollzug der Übernahme der Z-AG erfolgen, sodass bislang keine Aufteilung auf die einzelnen Bilanzposten vorgenommen wurde. Der aus der Kapitalkonsolidierung insgesamt resultierende Unterschiedsbetrag wurde stattdessen als immaterieller Vermögenswert in Form eines Firmenwertes erfasst, wobei kein erworbener Firmen- oder immaterieller Vermögenswert aus den untenstehenden Finanzinformationen entfernt wurde. Folglich bleibt der aus einer Änderung der Abschreibungen im Zusammenhang mit der Neubewertung der erworbenen Aktiva und Passiva resultierende Einfluss unberücksichtigt.]

d) [*Gegebenenfalls weitere Gründe*]

2599 Zum Zweck der Vereinfachung wurden steuerliche Auswirkungen auf die Bieterin sowie auf den Bieter-Konzern nicht berücksichtigt.

### 14.3 Erwartete Auswirkungen auf den Einzelabschluss der Bieterin

#### 14.3.1 Erwartete Auswirkungen auf die Bilanz der Bieterin

2600 Die Bieterin bilanziert nach den Grundsätzen ordnungsgemäßer Buchführung gemäß den Vorschriften des HGB und hat seit ihrer Gründung bis zum Zeitpunkt der Veröffentlichung dieser Angebotsunterlage keine operative Geschäftstätigkeit aufgenommen.

2601 Der Erwerb der Aktien der Z-AG aufgrund des Kaufvertrags/der Kaufverträge vom [*Datum*] sowie sonstiger Vorerwerbe wird sich auf die Vermögens- und Finanzlage der Bieterin im Wesentlichen wie im Folgenden dargestellt auswirken.

[*Bilanz der Bieterin mit hypothetischer Darstellung des Vollzugs des Kaufvertrags/der Kaufverträge, sonstigen Vorerwerbe und zusätzlicher hypothetischer Bilanz nach Durchführung des Angebots.*]

[*Alternativ, sofern der Erwerb nicht über SPV erfolgt: Der Erwerb der Aktien der Z-AG wird sich nach Einschätzung der Bieterin auf ihre Vermögens- und Finanzlage im Wesentlichen wie folgt auswirken: …*]

#### 14.3.2 Erwartete Auswirkungen auf die Ertragslage der Bieterin

2602 Die künftige Ertragslage der Z-AG wird sich voraussichtlich auf die Ertragslage der Bieterin wie folgt auswirken:

[*Gewinn- und Verlustrechnung der Bieterin mit hypothetischer Gewinn- und Verlustrechnung nach Durchführung des Angebots*]

2603 Da die Bieterin bislang keine operative Geschäftstätigkeit aufgenommen hat, werden die Erträge der Bieterin im Wesentlichen aus Dividenden der erworbenen Aktien der Z-AG bestehen. Die Höhe künftiger Dividendenausschüttungen der Z-AG lässt sich heute nicht prognostizieren. In den Geschäftsjahren […] und […] der Z-AG wurde jeweils eine Dividende von […] € an die Aktionäre ausgeschüttet […].

[*Alternativ, sofern der Erwerb nicht über SPV erfolgt*: Der Erwerb der Aktien der Z-AG wird sich nach Einschätzung der Bieterin unter Zugrundelegung der Rechnungslegungsvorschriften des HGB sowie des AktG auf ihre Ertragslage voraussichtlich wie folgt auswirken: 2604

[...] Hypothetische Gewinn- und Verlustrechnung]

**14.4 Erwartete Auswirkungen auf den Konzernabschluss des Bieter-Konzerns**

**14.4.1 Erwartete Auswirkungen auf die Konzernbilanz des Bieter-Konzerns**

Im Folgenden werden die wesentlichen Auswirkungen der Einbeziehung der Z-AG und der Tochtergesellschaften der Z-AG (die „Z-Gruppe") in die historischen Finanzinformationen der Bieter-Gruppe dargestellt. Die hypothetische Bilanz der Bieter-Gruppe zeigt die Auswirkungen des Erwerbs von 100 % der Aktien an der Z-AG auf die Bilanz der Bieter-Gruppe per [*Datum*], als ob der Erwerb von 100 % der Aktien an der Z-AG am [*Datum*] erfolgt wäre. 2605

Auf Grundlage des ungeprüften [*Konzern-Stichtagsabschlusses*] der Z-Gruppe sowie des ungeprüften [*Konzern-Stichtagsabschlusses*] der Bieter-Gruppe jeweils zum [*Datum*] würde sich der Erwerb der Z-AG durch die Bieterin wie folgt auf die Konzernbilanz der Bieter-Gruppe auswirken: 2606

[*Hypothetische Bilanz des Bieter-Konzerns*]

Gegenüber der Konzernbilanz des Bieter-Konzerns zum [*Datum*] ergeben sich gegenüber der hypothetischen Konzernbilanz im Wesentlichen folgende Veränderungen: 2607

[...]

**14.4.2 Erwartete Auswirkung auf die Ertragslage des Bieter-Konzerns**

Basierend auf der Konzern-Gewinn- und Verlustrechnung der Bieter-Gruppe sowie der Konzern-Gewinn- und Verlustrechnung der Z-Gruppe würde sich der Erwerb der Z-AG durch die Bieterin voraussichtlich wie folgt auf die Konzern-Gewinn- und Verlustrechnung auswirken: 2608

[*Hypothetische Konzern-Gewinn- und Verlustrechnung*]

Gegenüber der Konzern-Gewinn- und Verlustrechnung der Bieter-Gruppe zum [*Datum*] ergeben sich im Wesentlichen folgende Veränderungen: 2609

[...]

**15. Rücktrittsrecht** [→ Rz. 2663]

**15.1 Voraussetzungen für ein Rücktrittsrecht**

Aktionäre der Z-AG haben nach der Annahme des Angebots die folgenden gesetzlichen Rücktrittsrechte: 2610

a) Im Falle einer Änderung des Angebots gemäß § 21 WpÜG sind die Aktionäre der Z-AG berechtigt, bis zum Ablauf der Annahmefrist jederzeit von den durch die Annahme des Angebots geschlossenen Verträgen zurückzutreten, sofern und soweit sie das Angebot vor Veröffentlichung der Änderung des Angebots angenommen haben (§ 21 Abs. 4 WpÜG).

b) Im Falle eines konkurrierenden Angebots gemäß § 22 Abs. 1 WpÜG sind die Aktionäre der Z-AG berechtigt, bis zum Ablauf der Annahmefrist jederzeit von den durch die Annahme des Angebots geschlossenen Verträgen zurückzutreten, sofern und soweit sie das Angebot vor Veröffentlichung der Angebotsunterlage für das konkurrierende Angebot angenommen haben (§ 22 Abs. 3 WpÜG).

**15.2 Ausübung des Rücktrittsrechts**

2611 Aktionäre der Z-AG können die in Ziffer 15.1 der Angebotsunterlage beschriebenen Rücktrittsrechte nur dadurch ausüben, dass sie

a) ihren Rücktritt für eine bestimmte Anzahl der Zum Verkauf Angemeldeten Aktien der Z-AG fristgerecht schriftlich gegenüber ihrer Depotbank erklären, wobei für den Fall, dass keine Anzahl spezifiziert ist, der Rücktritt für sämtliche von dem betreffenden Aktionär der Z-AG Zum Verkauf Angemeldeten Aktien der Z-AG als erklärt gilt, und

b) ihre Depotbank innerhalb der Annahmefrist anweisen, für die in ihrem Depot unter der ISIN DE[...] gehaltene Anzahl von Zum Verkauf Angemeldeten Aktien der Z-AG, für die der Rücktritt erklärt wurde, die Rückbuchung vorzunehmen.

2612 Der Rücktritt wird erst wirksam, wenn die Zum Verkauf Angemeldeten Aktien der Z-AG des jeweils zurücktretenden Aktionärs bei Clearstream in die ursprüngliche ISIN DE[...] zurückgebucht wurden. Die Rückbuchung wird durch die jeweilige Depotbank unverzüglich nach Rücktritt veranlasst. Wird der Rücktritt innerhalb der Annahmefrist gegenüber der Depotbank erklärt, gilt die Rückbuchung der Zum Verkauf Angemeldeten Aktien der Z-AG in die ISIN DE[...] als fristgerecht erfolgt, wenn sie bis spätestens um 18:00 Uhr (Ortszeit Frankfurt am Main) am zweiten Bankarbeitstag nach Ablauf der Annahmefrist erfolgt ist.

**16. Hinweise für Aktionäre, die das Übernahmeangebot nicht annehmen**
[→ Rz. 2664]

2613 Aktionäre der Z-AG, die beabsichtigen, das Übernahmeangebot nicht anzunehmen, sollten Folgendes berücksichtigen:

2614 a) Aktien der Z-AG, für die das Angebot nicht angenommen wurde, werden weiter an der Börse gehandelt. Der gegenwärtige Aktienkurs der Aktien der Z-AG spiegelt jedoch die Tatsache wider, dass am [*Datum*] die Veröffentlichung der Entscheidung zur Abgabe des Angebots erfolgt ist. Es ist ungewiss, ob sich der Aktienkurs der Aktien der Z-AG nach Ablauf der Annahmefrist weiterhin auf dem derzeitigen Niveau bewegen oder ob er fallen oder steigen wird.

2615 b) Die Durchführung des Angebots wird voraussichtlich zu einer Verringerung des Streubesitzes bei der Z-AG führen. Die Anzahl der Aktien im Streubesitz könnte sich so sehr verringern, dass ein ordnungsgemäßer Börsenhandel in Aktien der Z-AG nicht mehr gewährleistet werden kann oder sogar kein weiterer Börsenhandel mehr stattfindet. Dies könnte dazu führen, dass Verkaufsaufträge nicht oder nicht rechtzeitig ausgeführt werden können. Des Weiteren könnte eine geringere Liquidität der Aktien der Z-AG zu größeren Kursschwankungen der Aktien der Z-AG als in der Vergangenheit führen.

c) Schließt die Bieterin nach Durchführung des Angebots als herrschendes Unternehmen einen Beherrschungsvertrag mit der Z-AG als beherrschtem Unternehmen ab, ist das herrschende Unternehmen berechtigt, dem Vorstand der Z-AG verbindliche Weisungen zu erteilen. Sollte dieser Beherrschungsvertrag mit einem Gewinnabführungsvertrag kombiniert werden, wäre die Z-AG des Weiteren verpflichtet, ihre gesamten Gewinne an das herrschende Unternehmen abzuführen. Bei Abschluss eines Beherrschungs- und/oder Gewinnabführungsvertrags wäre das herrschende Unternehmen verpflichtet, sämtliche Verluste der Z-AG zum Jahresende zu übernehmen. Darüber hinaus ist das herrschende Unternehmen bei Abschluss eines Beherrschungs- und/oder Gewinnabführungsvertrags verpflichtet, sämtlichen außenstehenden Aktionären der Z-AG eine angemessene wiederkehrende Ausgleichszahlung zukommen zu lassen und den außenstehenden Aktionären der Z-AG den Erwerb ihrer Aktien an der Z-AG gegen eine angemessene Abfindung anzubieten. Die Angemessenheit der Höhe der Ausgleichszahlung und der Abfindung kann in einem gerichtlichen Spruchverfahren überprüft werden. Die Höhe dieser Abfindung könnte dem Wert des Angebotspreises entsprechen, aber auch höher oder niedriger sein. 2616

d) Gehören der Bieterin oder einem mit ihr verbundenen Unternehmen nach Durchführung des Angebots oder zu einem späteren Zeitpunkt unter Berücksichtigung von § 16 Abs. 2 und 4 AktG mindestens 95 % des Grundkapitals der Z-AG, kann die Bieterin veranlassen, dass die Hauptversammlung der Z-AG die Übertragung der restlichen Aktien der Z-AG auf die Bieterin oder einem mit ihr verbundenen Unternehmen, was mindestens 95 % des Grundkapitals der Z-AG hält, gegen Zahlung einer angemessenen Barabfindung beschließt (aktienrechtlicher Squeeze-out). Die Höhe der im Rahmen des aktienrechtlichen Squeeze-outs zu zahlenden angemessenen Barabfindung hängt von den wirtschaftlichen Verhältnissen der Z-AG zum Zeitpunkt der Beschlussfassung der Hauptversammlung über die Übertragung der Aktien ab. Die Angemessenheit der Höhe der Barabfindung kann in einem gerichtlichen Spruchverfahren überprüft werden. Die Höhe der angemessenen Barabfindung könnte dem Wert des Angebotspreises entsprechen, aber auch höher oder niedriger sein. Mit der Durchführung des aktienrechtlichen Squeeze-outs würde die Börsennotierung der Aktien der Z-AG enden. 2617

e) Gehören der Bieterin nach Durchführung des Angebots unter Berücksichtigung von § 16 Abs. 2 und 4 AktG mindestens 95 % des stimmberechtigten Grundkapitals der Z-AG, kann die Bieterin beantragen, dass die restlichen Aktien der Z-AG durch Gerichtsbeschluss auf die Bieterin übertragen werden (übernahmerechtlicher Squeeze-out). Voraussetzung ist, dass der diesbezügliche Antrag innerhalb von drei Monaten nach Ablauf der Annahmefrist beim LG Frankfurt am Main eingereicht wird und eine angemessene Abfindung vorsieht. Der Angebotspreis gilt als angemessene Abfindung i. S. d. übernahmerechtlichen Squeeze-outs, wenn die Bieterin aufgrund des Angebots Aktien der Z-AG in Höhe von mindestens 90 % des vom Angebot betroffenen Grundkapitals der Z-AG erworben hat. Mit der Durchführung des übernahmerechtlichen Squeeze-outs würde die Börsennotierung der Aktien der Z-AG enden. 2618

f) Gehören der Bieterin nach Durchführung des Angebots oder zu einem späteren Zeitpunkt unmittelbar mindestens 90 % des Grundkapitals der Z-AG, kann die Bieterin veranlassen, dass die Hauptversammlung der Z-AG im Zusammenhang mit einer 2619

Verschmelzung der Z-AG auf die Bieterin die Übertragung der restlichen Aktien der Z-AG auf die Bieterin gegen Zahlung einer angemessenen Barabfindung beschließt (umwandlungsrechtlicher Squeeze-out). Die Höhe der im Rahmen des umwandlungsrechtlichen Squeeze-out zu zahlenden angemessenen Barabfindung hängt von den wirtschaftlichen Verhältnissen der Z-AG zum Zeitpunkt der Beschlussfassung der Hauptversammlung über die Übertragung der Aktien ab. Die Angemessenheit der Höhe der Barabfindung kann in einem gerichtlichen Spruchverfahren überprüft werden. Die Höhe der angemessenen Barabfindung könnte dem Wert des Angebotspreises entsprechen, aber auch höher oder niedriger sein. Mit der Durchführung des umwandlungsrechtlichen Squeeze-outs würde die Börsennotierung der Z-AG enden.

2620 g) Sofern der Bieterin nach Durchführung des Angebots mindestens 95 % des stimmberechtigten Grundkapitals der Z-AG gehören, können die Aktionäre der Z-AG, die das Angebot nicht angenommen haben, das Angebot gemäß § 39c WpÜG innerhalb von drei Monaten nach Ablauf der Annahmefrist (die **„Andienungsfrist“**) zum Angebotspreis annehmen (das **„Andienungsrecht“**). Sollte die Bieterin die für das Andienungsrecht erforderliche Beteiligungshöhe erreichen, wird sie dies unverzüglich veröffentlichen. Erfüllt die Bieterin diese Veröffentlichungspflicht nicht, beginnt die Andienungsfrist erst mit der Erfüllung der Veröffentlichungspflicht. Die Einzelheiten der Ausübung des Andienungsrechts wird die Bieterin gemeinsam mit der Veröffentlichung gemäß § 23 Abs. 1 Satz 1 Nr. 4 WpÜG veröffentlichen.

2621 h) Veranlasst die Bieterin nach Durchführung des Angebots und Vorliegen der dafür erforderlichen Voraussetzungen die Aufhebung der Börsenzulassung der Z-AG bei der Frankfurter Wertpapierbörse (Delisting), würde dies zur Beendigung der Zulassung der Aktien der Z-AG zum Börsenhandel im Regulierten Markt an deutschen Wertpapierbörsen führen. In diesem Fall müsste den Aktionären der Z-AG ein erneutes Angebot zum Erwerb aller Aktien, die Gegenstand des Delistingantrags sind nach den Vorschriften des WpÜG gemacht werden. Das Angebot müsste in einer Geldleistung in Euro bestehen und mindestens dem gewichteten durchschnittlichen inländischen Börsenkurs der Aktien während der letzten sechs Monate vor der Veröffentlichung des Angebots zwecks Delisting entsprechen. Sollte die Z-AG vor Bekanntgabe des Delistingbeschlusses gegen die Vorschrift über die Veröffentlichung von Ad-hoc-Mitteilungen oder die Zielgesellschaft oder die Bieterin gegen Vorschriften über das Verbot der Markmanipulation verstoßen haben, ist eine Gegenleistung in Euro auf Grundlage einer Unternehmensbewertung der Z-AG zu zahlen. Dies ist auch dann der Fall, wenn an weniger als einem Drittel der Börsentage Börsenkurse der Z-AG festgestellt wurden und mehrere nacheinander festgestellte Börsenkurse um mehr als 5 % voneinander abweichen.

2622 i) Nach Vollzug des Angebots oder zu einem späteren Zeitpunkt kann die Bieterin bei Vorliegen der dafür erforderlichen Voraussetzungen in Erwägung ziehen, den Widerruf der Zulassung der Aktien der Z-AG zum Teilbereich des Regulierten Markts mit weiteren Zulassungsfolgepflichten an der Frankfurter Wertpapierbörse (Prime Standard) zu veranlassen. Dies hätte zur Folge, dass die zusätzlichen Verpflichtungen, die sich aus der Notierung im Prime Standard ergeben, nicht weiter Anwendung fänden. Außerdem würden in diesem Fall die Aktionäre der Z-AG nicht mehr von den gesteigerten Berichtspflichten des Prime Standard profitieren. Dadurch könnte es zu einer Verringerung der Liquidität und Handelbarkeit der Aktien der Z-AG, für die das Angebot nicht angenommen wurde, kommen. Es wäre in diesem Fall nicht auszuschließen, dass dann eine Kauf- und Verkaufsorder nicht oder nicht zeitgerecht ausgeführt werden kann.

## 17. Vorstand und Aufsichtsrat der Z Aktiengesellschaft [→ Rz. 2665]

### 17.1 Geldleistungen oder andere geldwerte Vorteile

Im Zusammenhang mit dem Angebot haben die Bieterin und die mit ihr gemeinsam handelnden Personen i. S. d. § 2 Abs. 5 WpÜG Vorstands- oder Aufsichtsratsmitgliedern der Z-AG im Zusammenhang mit dem Angebot weder Geldleistungen noch andere geldwerte Vorteile gewährt oder in Aussicht gestellt. Mitgliedern des Vorstands und Aufsichtsrats der Z-AG, die Inhaber von Aktien der Z-AG sind, steht es frei, dieses Übernahmeangebot anzunehmen. Sie erhalten in diesem Fall wie alle anderen Aktionäre der Z-AG den Angebotspreis als Gegenleistung. 2623

### 17.2 Begründete Stellungnahme

Gemäß § 27 Abs. 1 WpÜG haben der Vorstand und der Aufsichtsrat der Z-AG eine begründete Stellungnahme zu dem Angebot sowie zu jeder seiner Änderungen abzugeben. Vorstand und Aufsichtsrat der Z-AG haben die Stellungnahme unverzüglich nach Übermittlung der Angebotsunterlage und jeder etwaigen Änderung der Angebotsunterlage durch den Bieter zu veröffentlichen. 2624

## 18. Begleitende Bank

Die […] Bank AG hat die Bieterin bei der Vorbereitung dieses Übernahmeangebots beraten. Die […] Bank AG, […], koordiniert die technische Durchführung und Abwicklung des Übernahmeangebots. 2625

## 19. Veröffentlichungen und Mitteilungen [→ Rz. 795 ff, 2666]

Gemäß § 14 Abs. 3 WpÜG wird diese Angebotsunterlage am [*Datum*] veröffentlicht durch: 2626

a) Bekanntgabe im Internet unter http://www[…] und

b) Bereithaltung von Exemplaren dieser Angebotsunterlage zur kostenlosen Ausgabe bei der […] Bank AG, […] sowie Bekanntgabe im Bundesanzeiger, bei welcher Stelle die Angebotsunterlage bereitgehalten wird und unter welcher Internetadresse die Veröffentlichung der Angebotsunterlage erfolgt.

[*Darüber hinaus wird die Bieterin eine unverbindliche englische Übersetzung der Angebotsunterlage, die von der BaFin nicht geprüft wurde, unter der vorgenannten Internetadresse einstellen.*]

Die Bieterin wird die Mitteilungen nach § 23 Abs. 1 WpÜG wie folgt veröffentlichen: 2627

– nach Veröffentlichung dieser Angebotsunterlage wöchentlich sowie in der letzten Woche vor Ablauf der Annahmefrist täglich,

– unverzüglich nach Ablauf der Annahmefrist, unverzüglich nach Ablauf der Weiteren Annahmefrist und

– ggf. unverzüglich nach Erreichen der für einen Ausschluss der übrigen Aktionäre nach § 39a Abs. 1 und 2 WpÜG erforderlichen Beteiligungshöhe.

2628 Veröffentlichungen der Bieterin gemäß § 23 Abs. 1 und 2 WpÜG und alle nach dem WpÜG erforderlichen weiteren Veröffentlichungen und Bekanntmachungen im Zusammenhang mit dem Angebot werden auf Deutsch [und in unverbindlicher englischer Übersetzung] im Internet unter http://www[...] veröffentlicht. Ferner werden Mitteilungen und Bekanntmachungen in deutscher Sprache im Bundesanzeiger veröffentlicht.

**20. Steuern**

2629 Den Aktionären der Z-AG wird empfohlen, vor Annahme des Angebots eine ihre persönlichen Verhältnisse berücksichtigende steuerrechtliche Beratung durch eigene Berater einzuholen.

**21. Anwendbares Recht und Gerichtsstand** [→ Rz. 2667]

2630 Das Angebot und die aufgrund des Angebots geschlossenen Verträge unterliegen ausschließlich dem Recht der Bundesrepublik Deutschland und sind nach diesem auszulegen. Der Gerichtsstand für sämtliche Rechtsstreitigkeiten im Zusammenhang mit dem Angebot und der aufgrund des Angebots geschlossenen Verträge ist [...].

**22. Erklärung der Übernahme der Verantwortung** [→ Rz. 2668]

2631 Die [SPV] AG mit Sitz in [...] übernimmt die Verantwortung für den Inhalt dieser Angebotsunterlage und erklärt, dass ihres Wissens die in dieser Angebotsunterlage enthaltenen Angaben richtig und keine wesentlichen Umstände ausgeschlossen sind.

[...], [...]

[SPV] AG

[*Unterschriften Vorstand*]

**Anlage 1:** Mit der Bieterin und untereinander gemeinsam handelnde Personen gemäß § 2 Abs. 5 Satz 1 WpÜG

**Anlage 2:** Mit der Zielgesellschaft gemeinsam handelnde Personen i. S. d. § 2 Abs. 5 Satz 2 WpÜG

**Anlage 3:** Finanzierungsbestätigung

## II. Erläuterungen

### 1. Allgemeine Hinweise

2632 Mit dem WpÜG[1821] wurden verbindliche Rahmenbedingungen für öffentliche Übernahmen und sonstige öffentliche Angebote zum Erwerb von Wertpapieren börsennotierter Aktiengesellschaft und Kommanditgesellschaften auf Aktien geschaffen. Das WpÜG regelt den Ablauf von öffentlichen Angeboten auf den Erwerb von Aktien von an einem organisierten Markt zum Börsenhandel zugelassenen Unternehmen (§ 1 Abs. 1 WpÜG). Es findet somit keine Anwendung auf öffentliche Angebote über Aktien, die an einem (qualifizierten) Freiverkehr einbezogen wurden.

1821) Wertpapiererwerbs- und Übernahmegesetz (WpÜG) v. 20.12.2001, BGBl I, 3822.

### a) Angebotsqualifizierung

Die Vorgaben des WpÜG unterscheiden sich je nach Art des öffentlichen Wertpapiererwerbsangebots. Bei dem Muster 5a handelt es sich um eine Angebotsunterlage für ein freiwilliges Übernahmeangebot i. S. d. vierten Abschnitts des WpÜG (§§ 29 ff WpÜG). Als Gegenleistung für die Aktien der Zielgesellschaft wird eine Geldleistung angeboten. Unmittelbar im Zusammenhang mit der Entscheidung der Abgabe des Übernahmeangebots hat die Bieterin mit Aktionären einen Kaufvertrag über Aktienpakete an dem Zielunternehmen abgeschlossen. Dieser Kaufvertrag unterliegt denselben aufschiebenden Bedingungen wie das öffentliche Angebot (zu den Einzelheiten der unterschiedlichen Angebote siehe Rz. 781 ff). Es ist auch möglich, ein freiwilliges Übernahmeangebot mit einem Delisting-Angebot zu verbinden, um ein weiteres Angebot zum Zwecke des Delistings im Nachgang zur Übernahme zu vermeiden.[1822] Bei einem solchen kombinierten Übernahme- und Delisting-Angebot sind an verschiedenen Stellen Ergänzungen zu machen. So sind nach der neu eingefügten Ziff. 7a des § 2 WpÜG-AngebotsVO zusätzlich „Angaben zu dem bevorstehenden Antrag der Zielgesellschaft auf einen Widerruf der Zulassung der betroffenen Wertpapiere zum Handel im regulierten Markt" zu machen. Zudem müssen die Angaben „einen ausdrücklichen Hinweis auf mögliche Einschränkungen der Handelbarkeit der betroffenen Wertpapiere als Folge des Widerrufs und die damit einhergehenden Möglichkeiten von Kursverlusten enthalten". Weiterhin darf das Angebot gemäß § 39 Abs. 3 Satz 1 BörsG nicht von einer Bedingung abhängig gemacht werden und die Gegenleistung muss im Regelfall gemäß § 39 Abs. 3 Satz 2 BörsG mindestens den gewichteten durchschnittlichen inländischen Börsenkurs der Wertpapiere während der letzten sechs Monate vor der Veröffentlichung nach § 10 Abs. 1 Satz 1 oder § 35 Abs. 1 Satz 1 WpÜG betragen. Diese Angaben sind zweckmäßigerweise in folgenden Abschnitten des Musters zu machen: *„1.1 Durchführung des freiwilligen öffentlichen Übernahmeangebots nach Vorschriften des deutschen Wertpapiererwerbs- und Übernahmegesetz"*, *„2. Zusammenfassung des Angbots"*, *„8.6.2 Delisting"*, *„9.1 Gesetzlicher Mindestpreis"* und *„16. Hinweise für Aktionäre, die das Übernahmeangebot nicht annehmen"*. Das Angebot ist insgesamt als *„Barangebot nach dem Wertpapiererwerbs- und Übernahmegesetz und zugleich Abfindungsangebot nach dem Börsengesetz"* zu bezeichnen.[1823] 2633

Ein Bieter, der aufgrund eines (freiwilligen) Übernahmeangebots die Kontrolle über ein Zielunternehmen erworben hat, muss gemäß § 35 Abs. 3 WpÜG kein erneutes Pflichtangebot für dasselbe Zielunternehmen unterbreiten. Es empfiehlt sich deshalb, im Vorfeld der Angebotsvorbereitung vor Beginn des Erwerbs von Aktien einer Zielgesellschaft den Ablauf des Angebots und der häufig mit dem öffentlichen Angebot im Zusammenhang stehenden Aktienkäufe von Großaktionären zu strukturieren (zu den unterschiedlichen Möglichkeiten siehe Rz. 790 ff).[1824] 2634

### b) Sprache und formelle Anforderungen

Die Angebotsunterlage ist in deutscher Sprache abzufassen (§ 11 Abs. 1 Satz 4 WpÜG). 2635
Wird die Unterlage – was zulässig ist – zweisprachig verfasst, so ist allein der deutsche

1822) *Wieneke/Schulz*, AG 2016, 809, 810; siehe kombiniertes Übernahme- und Delisting-Angebot ISARIA Wohnbau AG (Angeobtsunterlage v. 28. Juli 2016).

1823) Siehe kombiniertes Übernahme- und Delisting-Angebot ISARIA Wohnbau AG.

1824) Siehe dazu *Drinkuth*, in: Marsch-Barner/Schäfer, § 60 Rz. 60.71 ff.

Text maßgeblich.[1825] Gemäß § 11 Abs. 1 Satz 4 WpÜG muss sie zudem in einer Form abgefasst werden, die ihr Verständnis und ihre Auswertung erleichtert.

2636 Die Vorschrift ist Ausfluss des Grundsatzes der Transparenz. Dieser ist jedenfalls dann gewahrt, wenn sich der Bieter an die durch das WpÜG und § 2 WpÜG-AngebotsVO vorgegebene Reihenfolge hält und zusätzlich erforderliche Informationen in einem gegliederten Anhang unterbringt.[1826] Daneben gelten allgemeine Grundsätze, die auch in der Prospekthaftung relevant sind. So ist die Unterlage so präzise und knapp wie möglich abzufassen. Es dürfen nicht dermaßen viele, über den gesetzlichen Mindestinhalt hinausreichende Informationen hinzugefügt werden, dass das Verständnis unverhältnismäßig beeinträchtigt wird.

2637 Gemäß § 11 Abs. 3 WpÜG hat die Angebotsunterlage zudem Name und Anschrift beziehungsweise Firma, Rechtsform und Sitz der für die Angebotsunterlage verantwortlichen Personen und Gesellschaften, das heißt derjenigen, die auch nach § 12 WpÜG für die Unterlage haften (siehe Rz. 807 f),[1827] zu enthalten. Diese Personen und Gesellschaften müssen zudem eine Richtigkeits- und Vollständigkeitsgewähr abgeben (siehe Rz. 2668).

#### c) Verpflichtender Mindestinhalt

2638 Der Mindestinhalt einer Angebotsunterlage ist in den Katalogen des § 11 Abs. 2 WpÜG und § 2 WpÜG-AngebotsVO gesetzlich vorgeschrieben. In Ausnahmefällen, in denen das Fehlen nicht vorgeschriebener Angaben evident zu einer Verfälschung des Gesamteindrucks der Angebotsunterlage führt, ergibt sich die Pflicht zu dieser Angabe aus § 11 Abs. 1 Satz 2 und 3 WpÜG.[1828] Die in § 11 Abs. 2 Satz 1 WpÜG getroffene Unterscheidung zwischen Angaben über den Inhalt und ergänzenden Angaben kommt keine besondere Bedeutung zu; die Unrichtigkeit oder Unvollständigkeit beider Arten von Angaben kann eine Haftung nach § 12 WpÜG nach sich ziehen.[1829] Für die Angebotsunterlage hat sich seit dem Inkrafttreten des WpÜG ein Marktstandard entwickelt, an dem sich das Muster orientiert.

### 2. Zusammenfassung [→ Rz. 2495]

2639 Obwohl gesetzlich nicht direkt vorgeschrieben, hat sich eine Zusammenfassung mit den wesentlichen Informationen des Angebots als Marktstandard etabliert. Sie ist Ausfluss des Prinzips der Transparenz und Verständlichkeit nach § 11 Abs. 1 Satz 4 WpÜG.

### 3. Kaufangebot [→ Rz. 2497]

2640 Die Angebotsunterlage ist das Angebot i. S. d. §§ 145 ff BGB des Bieters an die Aktionäre bzw. sonstigen Wertpapierinhaber der Zielgesellschaft auf Abschluss eines Kaufvertrags oder, sollten Aktien als Gegenleistung angeboten werden, eines Tauschvertrags.[1830] Die Regelungen der §§ 145 ff BGB werden dabei jedoch durch die spezielleren Regelungen

1825) Vgl. *Seydel*, in: Kölner Komm. z. WpÜG, § 11 Rz. 41.
1826) Vgl. MünchKomm-*Wackerbarth*, AktG, § 11 WpÜG Rz. 21.
1827) MünchKomm-*Wackerbarth*, AktG, § 11 WpÜG Rz. 25.
1828) MünchKomm-*Wackerbarth*, AktG, § 11 WpÜG Rz. 14.
1829) Vgl. *Seydel*, in: Kölner Komm. z. WpÜG, § 11 Rz. 47.
1830) *Bosch/Meyer*, in: Assmann/Pötzsch/Schneider, WpÜG, § 11 Rz. 25 ff.

des WpÜG ergänzt und ersetzt.[1831] Das Kaufangebot in der Angebotsunterlage darf somit nach § 17 WpÜG nicht als bloße invitatio ad offerendum (Aufforderung zur Abgabe eines Angebots) ausgestaltet werden.

## 4. Annahmefrist [→ Rz. 2498 ff]

§ 16 WpÜG regelt die Annahmefristen und gibt in Abs. 1 den zwingenden zeitlichen Mindest- und Höchstrahmen für die Annahmefrist vor. Dieser beträgt mindestens vier und höchstens zehn Wochen. Gemäß § 16 Abs. 1 Satz 2 WpÜG beginnt die Annahmefrist mit Veröffentlichung der Angebotsunterlage. Die Länge der Angebotsfrist legt der Bieter innerhalb des gesetzlich vorgegebenen Zeitrahmens selbst gemäß § 11 Abs. 2 Satz 1 Nr. 6 WpÜG fest. Fristbeginn sollten jeweils mit Tag und Uhrzeit[1832] inklusive Ortsbezug wie z. B. MEZ angegeben werden. Zudem hat der Bieter nach § 2 Nr. 9 WpÜG-AngebotsVO weitere Angaben über mögliche Verlängerungen, wie ggf. die erweiterte Annahmefrist nach § 16 Abs. 2 Satz 1 WpÜG, zu machen. 2641

Gemäß § 16 Abs. 2 Satz 1 WpÜG haben bei Übernahmeangeboten Aktionäre der Zielgesellschaft, die das Angebot bis zum Ende der ordentlichen Angebotsfrist nicht angenommen haben, die Möglichkeit, das Angebot innerhalb von zwei Wochen nach Ende der Angebotsfrist innerhalb der sog. **weiteren Annahmefrist** doch noch anzunehmen. Die Möglichkeit entfällt, sofern der Bieter, wie im Muster vorgesehen, das Angebot von dem Erwerb eines Mindestanteils der Aktien abhängig gemacht hat und dieser Mindestanteil nicht erreicht wurde (§ 16 Abs. 2 Satz 2 WpÜG). 2642

## 5. Beschreibung der Bieterin und der Bieter-Gruppe [→ Rz. 2502]

Gemäß § 11 Abs. 2 Satz 2 Nr. 1 WpÜG sind in der Angebotsunterlage Name oder Firma, Anschrift oder Sitz sowie, wenn es sich um eine Gesellschaft handelt, die Rechtsform der Bieterin anzugeben. Sinn und Zweck dieser Verpflichtung ist die Klärung der Identität des Bieters für die Angebotsempfänger, auch um ggf. etwaige aus dem Angebot resultierende Ansprüche gegen den Bieter zu verfolgen.[1833] Zudem soll auch für die BaFin als Aufsichtsbehörde ersichtlich sein, wer Bieter ist.[1834] Darüber hinaus ist darzustellen, wer wirtschaftlich hinter dem Angebot steht (d. h. die Muttergesellschaft oder ein ggf. herrschender Gesellschafter), selbst wenn es sich formell nicht um eine mit dem Bieter gemeinsam handelnde Person i. S. d. § 2 Abs. 5 WpÜG handelt (siehe Rz. 2644). Dies ist insbesondere der Fall, wenn es sich beim Bieter um eine ausschließlich zum Zweck der Übernahme gegründete oder eingesetzte Zweckgesellschaft handelt, wie im vorliegenden Muster.[1835] Obwohl nach dem Wortlaut von § 11 Abs. 2 Nr. 1 WpÜG nur der Sitz anzugeben ist, empfiehlt es sich bei Gesellschaften, neben dem Sitz, den Verwaltungssitz, sofern er vom Sitz abweicht, sowie das Registergericht bzw. -behörde und die Registernummer, unter der die Gesellschaft registriert ist, anzugeben.[1836] 2643

---

1831) *Noack/Holzborn*, in: Schwark/Zimmer, Kapitalmarktrecht, § 11 WpÜG Rz. 3 f; *Bosch/Meyer*, in: Assmann/Pötzsch/Schneider, WpÜG, § 11 Rz. 25 ff.

1832) MünchKomm-*Wackerbarth*, AktG, § 11 WpÜG Rz. 35.

1833) MünchKomm-*Wackerbarth*, AktG, § 11 WpUG Rz. 26.

1834) Begründung RegE WpÜG, BT-Drucks. 14/7034, S. 41.

1835) *Bosch/Meyer*, in: Assmann/Pötzsch/Schneider, WpÜG, § 11 Rz. 68; MünchKomm-*Wackerbarth*, AktG, § 11 WpÜG Rz. 28.

1836) *Bosch/Meyer*, in: Assmann/Pötzsch/Schneider, WpÜG, § 11 Rz. 68.

### 6. Gemeinsam handelnde Personen [→ Rz. 2512]

2644 Gemäß § 2 Nr. 1 WpÜG-AngebotsVO hat die Angebotsunterlage Namen oder Firma und Anschrift oder Sitz der mit der Bieterin und der Zielgesellschaft gemeinsam handelnden Personen sowie Personen, deren Stimmrechte aus Aktien der Zielgesellschaft nach § 30 WpÜG der Bieterin zuzurechnen sind, darzustellen (zur Zurechnung nach § 30 WpÜG siehe Rz. 786 ff). Gemeinsam handelnde Personen sind nach § 2 Abs. 5 WpÜG natürliche oder juristische Personen, die ihr Verhalten im Hinblick auf den Erwerb von Wertpapieren der Zielgesellschaft oder ihre Ausübung von Stimmrechten aus Aktien der Zielgesellschaft mit dem Bieter aufgrund einer Vereinbarung oder in sonstiger Weise abstimmen. Neben den mit dem Bieter gemeinsam handelnden Personen sind auch die mit der Zielgesellschaft gemeinsam handelnden Personen darzustellen. Dies sind gemäß § 2 Abs. 5 Satz 2 WpÜG alle natürlichen oder juristischen Personen, die Handlungen zur Verhinderung eines Übernahme- oder Pflichtangebots mit der Zielgesellschaft aufgrund einer Vereinbarung oder in sonstiger Weise abstimmen. Tochterunternehmen gelten nach § 2 Abs. 5 Satz 3 WpÜG mit der sie kontrollierenden Person und untereinander als gemeinsam handelnde Personen, wobei als Tochterunternehmen gemäß § 2 Abs. 6 WpÜG alle Unternehmen i. S. d. § 290 HGB gelten oder die Unternehmen, auf die ein beherrschender Einfluss ausgeübt werden kann, ohne dass es auf die Rechtsform oder den Sitz ankommt.

### 7. Gegenwärtig von der Bieterin oder von mit der Bieterin gemeinsam handelnden Personen gehaltene Aktien der Zielgesellschaft [→ Rz. 2513 ff]

2645 Nach § 2 Nr. 5 WpÜG-AngebotsVO ist in der Angebotsunterlage die Anzahl der von der Bieterin und von mit ihr gemeinsam handelnden Personen und deren Tochterunternehmen bereits am Zielunternehmen gehaltenen Wertpapieren zu nennen. Dabei sind die Höhe der von ihnen gehaltenen Stimmrechtsanteile unter Angabe der ihnen jeweils nach § 30 WpÜG zuzurechnenden Stimmrechte getrennt für jeden Zurechnungstatbestand sowie die Höhe der nach den §§ 38, 39 WpHG mitzuteilenden Stimmrechtsanteile aufzuführen.

### 8. Angaben zu Wertpapiergeschäften [→ Rz. 2516 ff]

2646 § 2 Nr. 7 WpÜG-AngebotsVO sieht vor, dass die Art und der Umfang der von der Bieterin bzw. von mit ihr gemeinsam handelnden Personen und deren Tochterunternehmen gezahlten Gegenleistung für den Erwerb von Wertpapieren der Zielgesellschaft anzugeben sind, sofern der Erwerb innerhalb von sechs Monaten vor der Veröffentlichung der Mitteilung der Entscheidung zur Abgabe des Angebots gemäß § 10 WpÜG erfolgt ist. Darunter fallen auch Vereinbarungen, die auf den späteren Erwerb von Wertpapieren der Zielgesellschaft gerichtet sind, wie etwa Wandelschuldverschreibungen und Optionsrechte.[1837] Die Informationspflicht des § 2 Nr. 7 WpÜG-AngebotsVO steht im Zusammenhang mit der Verpflichtung nach § 31 Abs. 3 WpÜG, wonach die Bieterin bei relevanten Vorerwerben eine Geldleistung als Gegenleistung anbieten muss, die gemäß § 4 WpÜG-AngebotsVO die höchste Gegenleistung für einen relevanten Vorerwerb nicht unterschreiten darf.

1837) Begründung RegE WpÜG, BT-Drucks. 14/7034, S. 79.

### 9. Beschreibung der Zielgesellschaft [→ Rz. 2520 ff]

Nach § 11 Abs. 2 Nr. 2 WpÜG ist in der Angebotsunterlage die Firma, der Sitz und die Rechtsform der Zielgesellschaft aufzuführen. Dies soll die eindeutige Identifizierung der Zielgesellschaft, d. h. der Emittentin der Aktien, die Gegenstand des Angebots sind, sicherstellen.[1838] Zielgesellschaften i. S. d. WpÜG können nur Aktiengesellschaften oder eine KGaG mit Sitz im Inland sowie eine Europäische Gesellschaft (SE) mit Sitz im Inland sein. Daneben kommen Gesellschaften mit Sitz in anderen Staaten des EWR in Betracht, sofern diese Gesellschaften Wertpapiere ausgegeben haben, die zumindest auch im Inland zum Handel an einem organisierten Markt zugelassen sind (§ 2 Abs. 3 Nr. 2 WpÜG i. V. m. § 1 Abs. 3 WpÜG).[1839] Auf die genauen Angaben zum Sitz und zur Registrierung der Zielgesellschaft wird insoweit auf die Erläuterung zur Bietergesellschaft verwiesen (siehe Rz. 2643). 2647

### 10. Hintergrund des Übernahmeangebots [→ Rz. 2533 ff]

Obwohl gesetzlich nicht ausdrücklich vorgeschrieben, empfiehlt sich eine Erläuterung zu den strategischen und wirtschaftlichen Hintergründen des Übernahmeangebots, wie etwa die Nutzung von Synergieeffekten, Effizienzsteigerungen in betrieblichen Abläufen, der Eintritt in neue Geschäftsfelder oder der Ausbau der Marktstellung. Falls eine Vereinbarung mit dem Zielunternehmen über die weitere Zusammenarbeit und Integration des Zielunternehmens in die Gruppe der Bieterin, ein sog. „Business Combination Agreement", abgeschlossen wurde,[1840] sollte dies hier im Rahmen des Vollständigkeitsgebots der Angebotsunterlage ebenfalls in Kürze dargestellt werden.[1841] Etwaige in dieser Vereinbarung getroffene Abreden zum Delisting wären an dieser Stelle ebenfalls darzustellen.[1842] 2648

### 11. Absichten der Bieterin [→ Rz. 2536 ff]

Im Zusammenhang mit dem Hintergrund des Angebots hat die Bieterin gemäß § 11 Abs. 2 Satz 3 Nr. 2 WpÜG Angaben zu ihren mit der Übernahme der Zielgesellschaft verfolgten Absichten zu machen. Dabei hat sie insbesondere Änderungen der künftigen Geschäftstätigkeit der Zielgesellschaft sowie der Bieterin und Änderungen von Standorten wichtiger Unternehmensteile, die Verwendung des Vermögens, künftige Verpflichtungen, Änderungen für Arbeitnehmer und ihre Vertretungen, Änderungen hinsichtlich der Mitglieder der Geschäftsführungsorgane sowie wesentliche Änderungen der Beschäftigungsbedingungen zu erläutern. 2649

Die genannten Regelbeispiele sind als Mindestinhalt der erforderlichen Absichtserklärung zu betrachten; die Bieterin muss sich demnach zu jedem der aufgeführten Punkte dezidiert äußern. Eine Pauschalerklärung etwa in dem Sinne „Die Bieterin verfolgt keine speziellen Absichten" erkennt die BaFin nicht an.[1843] Anderes gilt nur, wenn das Angebot kein Übernahme- oder Pflichtangebot ist und aus diesem Grund ein starker Einfluss des 2650

1838) *Bosch/Meyer*, in: Assmann/Pötzsch/Schneider, WpÜG, § 11 Rz. 69.
1839) *Bosch/Meyer*, in: Assmann/Pötzsch/Schneider, WpÜG, § 11 Rz. 69.
1840) Siehe dazu im Einzelnen *Kiem*, AG 2009, 301.
1841) *Noack/Holzborn*, in: Schwark/Zimmer, Kapitalmarktrecht, § 11 WpÜG Rz. 28.
1842) Siehe zu Delisting-Vereinbarungen, *Wieneke/Schulz*, AG 2016, 809, 813 ff.
1843) Vgl. MünchKomm-*Wackerbarth*, AktG, § 11 WpÜG Rz. 44.

Bieters auf die Zielgesellschaft nicht zu erwarten ist.[1844] Neben den kodifizierten Regelbeispielen ist eine Mitteilungspflicht nach dem Grundsatz des § 11 Abs. 1 Satz 2 WpÜG auch immer für solche Absichten anzunehmen, die für die Anleger und ihre Entscheidungsfindung besonders wichtig sind. Dies gilt z. B. für geplante Umstrukturierungen der Zielgesellschaft.[1845]

2651 Die Angaben zu Absichten und Plänen der Bieterin soll es den Anlegern ermöglichen, ihre Entscheidung nicht nur von der angebotenen Gegenleistung abhängig zu machen, sondern auch davon, wie die Zukunft der Zielgesellschaft und ihrer Arbeitnehmer unter der Bieterin aussehen wird. Dies macht es erforderlich, dass die Mitteilungspflicht sich nicht nur auf bereits förmlich beschlossene Maßnahmen bezieht, sondern auch schon auf Maßnahmen, deren Planung ein konkretes Stadium erreicht hat.[1846]

### 12. Erläuterungen des Angebotspreises [→ Rz. 2546 ff]

2652 § 11 Abs. 2 Satz 2 Nr. 3 WpÜG verpflichtet die Bieterin dazu, Art und Höhe der für die Wertpapiere gebotenen Gegenleistung zu bezeichnen. Dabei hat die Bieterin den Aktionären der Zielgesellschaft sowohl bei Übernahme- als auch bei Pflichtangeboten gemäß § 31 Abs. 1 Satz 1 WpÜG eine angemessene Gegenleistung anzubieten. Angemessenheit und Art der Gegenleistung bestimmen sich nach § 31 Abs. 1 Satz 2 sowie § 31 Abs. 2–7 WpÜG i. V. m. §§ 4–7 WpÜG-AngebotsVO, die die Einzelheiten regeln.

2653 Die Gegenleistung muss nach § 31 Abs. 2 WpÜG in einer Geldleistung in Euro oder in liquiden Aktien bestehen, die zum Handel an einem organisierten Markt zugelassen sind. Handelt es sich bei den Aktien der Zielgesellschaft um stimmberechtigte Aktien, müssen die angebotenen Aktien ebenfalls stimmberechtigt sein (§ 31 Abs. 2 Satz 2 WpÜG). Die Gegenleistung für die Aktien muss nach § 4 WpÜG-AngebotsVO mindestens dem Wert der höchsten von der Bieterin, einer mit ihr gemeinsam handelnden Person oder deren Tochterunternehmen gewährten oder vereinbarten Gegenleistung für den Erwerb von Aktien der Zielgesellschaft innerhalb der letzten sechs Monate vor Veröffentlichung der Entscheidung zur Abgabe eines Übernahme- oder Pflichtangebots oder der Erreichung der Kontrollschwelle nach § 35 Abs. 1 WpÜG betragen.

2654 Für den Fall, dass die Aktien der Zielgesellschaft zum Handel an einer inländischen Börse zugelassen sind, muss die Gegenleistung nach § 5 Abs. 1 WpÜG-AngebotsVO mindestens dem gewichteten durchschnittlichen inländischen Börsenkurs der Aktien während der letzten drei Monate vor der Veröffentlichung der Entscheidung zur Abgabe eines Angebots bzw. der Erreichung der Kontrollschwelle des § 35 Abs. 1 WpÜG entsprechen. Im Falle eines kombinierten freiwilligen Übernahme- und Delisting-Angebots muss die Gegenleistung nach § 39 Abs. 3 Satz 2 BörsG den gewichteten durchschnittlichen inländischen Börsenkursen der Wertpapiere während der letzten sechs Monate vor der Veröffentlichung nach § 10 Abs. 1 Satz 1 oder § 35 Abs. 1 Satz WpÜG entsprechen. Sollten für die Aktien der Zielgesellschaft während der letzten drei Monate vor der Veröffentlichung des Angebots bzw. der Erreichung der Kontrollschwelle des § 35 Abs. 1 WpÜG an weniger als einem Drittel der Börsentage Börsenkurse festgestellt worden sein und mehrere nacheinander festgestellte Börsenkurse um mehr als 5 Prozent voneinander abweichen, so

1844) *Bosch/Meyer*, in: Assmann/Pötzsch/Schneider, WpÜG, § 11 Rz. 110.

1845) Vgl. MünchKomm-*Wackerbarth*, AktG, § 11 WpÜG Rz. 48 ff.

1846) *Bosch/Meyer*, in: Assmann/Pötzsch/Schneider, WpÜG, § 11 Rz. 109.

muss die Höhe der Gegenleistung dem anhand einer Bewertung der Zielgesellschaft ermittelten Wert der Zielgesellschaft entsprechen.

Neben Art und Höhe der Gegenleistung ist nach § 2 Nr. 3 WpÜG-AngebotsVO die zur Ermittlung des Angebotspreises angewandte Bewertungsmethode anzugeben und der Grund für ihre Verwendung. Die Pflichtangabe soll den Anlegern ermöglichen, den angebotenen Preis und die Grundlagen, die für seine Berechnung angewandt wurden, zu überprüfen. Aus diesem Grund sind daher auch etwa der zugrunde gelegte gewichtete durchschnittliche Börsenkurs der Wertpapiere der Zielgesellschaft oder Insidergeschäfte anzugeben, die sich auf den Börsenkurs auswirken können, soweit diese entgegen der Vorschrift des § 3 Abs. 5 WpÜG stattgefunden haben.[1847] 2655

Erwirbt oder vereinbart die Bieterin, mit ihr gemeinsam handelnde Personen oder deren Tochterunternehmen den Erwerb von Aktien der Zielgesellschaft zwischen der Veröffentlichung des Angebots und der Veröffentlichung des Ergebnisses des Angebots nach Ablauf der Annahmefrist, gilt Folgendes: Ist die Gegenleistung höher als die im Angebot angegebene Gegenleistung, erhöht sich gemäß § 31 Abs. 4 WpÜG die Gegenleistung, die allen Aktionäre, die das Angebot angenommen haben, geschuldet wird, um den Betrag, um den die höhere Gegenleistung die im Angebot genannte Gegenleistung übersteigt. 2656

### 13. Annahme des Angebots [→ Rz. 2556 ff]

Nach § 2 Nr. 4 Halbs. 1 WpÜG-AngebotsVO muss die Angebotsunterlage über die Maßnahmen informieren, die Anleger ergreifen müssen, um das Angebot anzunehmen und die entsprechende Gegenleistung zu erhalten. Zudem muss die Angebotsunterlage die durch diese Maßnahmen entstehenden Kosten offenlegen. Dies umfasst vor allem die Angabe, welcher Stelle gegenüber die Annahme erklärt werden muss und welcher Stelle sodann die Wertpapiere zur Verfügung zu stellen sind. Kosten, auf welche die Anleger hinzuweisen sind, sind z. B. Gebühren der Depotbanken, Spesen oder Provisionen. Negativ umfasst die Vorschrift auch die Pflicht zur Information, wenn solche Kosten durch die Bieterin übernommen werden. Eine Kostenübernahme ist zwar nicht gesetzlich vorgeschrieben, in der Praxis aber häufig üblich, um die Attraktivität des Angebots zu steigern. Weiterhin muss der Zeitpunkt aufgenommen werden, zu dem diejenigen, die das Angebot angenommen haben, die Gegenleistung erhalten. 2657

### 14. Erfordernis und Stand behördlicher Genehmigungen und Verfahren [→ Rz. 2575 ff]

Gemäß § 2 Nr. 8 WpÜG-AngebotsVO sind auch Angaben zum Stand behördlicher, insbesondere wettbewerbsrechtlicher Genehmigungen und Verfahren im Zusammenhang mit dem Erwerb der Wertpapiere der Zielgesellschaft in die Angebotsunterlage aufzunehmen. Von praktischer Bedeutung sind dabei vor allem Hinweise auf kartellrechtliche Verfahren nach der europäischen Fusionskontrollverordnung (FKVO), dem GWB oder nach anderen nationalen Vorschriften sowie aufsichtsrechtliche Inhaberkontrollverfahren nach dem KWG, ZAG oder dem VAG. Ferner sollte die Tatsache aufgeführt werden, dass die BaFin die Veröffentlichung der Angebotsunterlage gestattet hat. Aussagen über eine Prüfung der Angebotsunterlage durch die BaFin sollten vermieden werden, da dies wegen 2658

1847) Vgl. MünchKomm-*Wackerbarth*, AktG, § 11 WpÜG Rz. 65 f.

des nicht konkret geregelten Prüfungsumfangs durch die BaFin geeignet wäre, ggf. einen falschen Eindruck über den Umfang der Prüfung durch die BaFin hervorzurufen.[1848)]

### 15. Vollzugsbedingungen [→ Rz. 2583 ff]

2659 Gemäß § 11 Abs. 2 Satz 2 Nr. 5 WpÜG hat die Bieterin zudem die Bedingungen anzugeben, von deren Eintritt die Wirksamkeit des Angebots abhängt. Dabei sind Pflichtangebote gemäß § 39 WpÜG mit Ausnahme der Bedingung behördlicher Genehmigungen, wie z. B. der Kartellfreigabe, bedingungsfeindlich. Nach § 18 Abs. 1, § 25 WpÜG darf das Angebot nicht von Bedingungen abhängig gemacht werden, deren Eintritt die Bieterin, mit ihr gemeinsam handelnde Personen oder deren Tochterunternehmen ausschließlich selbst herbeiführen können. Eine Ausnahme davon ist gemäß § 25 WpÜG die Möglichkeit, wonach die Bieterin das Angebot unter die Bedingung des Beschlusses ihrer Gesellschafterversammlung stellen kann. Dieser ist allerdings unverzüglich, spätestens bis zum fünften Werktag vor Ablauf der Annahmefrist herbeizuführen. Zulässig und üblich sind Bedingungen, die das Angebot vom Erreichen einer bestimmten Beteiligungshöhe und/oder der Erteilung von behördlichen Genehmigungen, wie der Kartellfreigabe, abhängig machen. Darüber hinaus finden sich Bedingungen wie das Unterbleiben von Abwehrmaßnahmen (z. B. Veräußerung von wesentlichen Unternehmensteilen, Kapitalmaßnahamen) oder der Bestand bedeutsamer Vertragsbeziehung der Zielgesellschaft nach Durchführung des Angebots. Daneben besteht die Möglichkeit, das Angebot unter die Bedingung des Ausbleibens einer wesentlich nachteiligen Veränderung der Verhältnisse der Zielgesellschaft (sog. Mac-Klausel) zu stellen. Dabei ist darauf zu achten, dass diese Bedingungen hinreichend genug spezifiziert sind, um deren Eintritt oder Nichteintritt prüfen zu können.[1849)] Sollte das freiwillige Übernahmeangebot mit einem Delisting-Angebot kombiniert werden, darf nach § 39 Abs. 3 Satz 3 BörsG das Angebot nicht von einer Bedingung abhängig gemacht werden. Hierauf sollte in diesem Abschnitt dann kurz hingewiesen werden.

### 16. Finanzierung des Übernahmeangebots [→ Rz. 2591 ff]

2660 Nach § 13 Abs. 1 WpÜG hat der Bieter vor der Veröffentlichung der Angebotsunterlage die notwendigen Maßnahmen zu treffen, um sicherzustellen, dass ihm die zur vollständigen Erfüllung des Angebots notwendigen Mittel zum Zeitpunkt der Fälligkeit des Anspruchs auf die Gegenleistung zur Verfügung stehen. Hintergrund dieser Regelung ist die Verhinderung von unseriösen, wirtschaftlich nicht erfüllbaren, finanziell unüberlegten oder ohne ernstliche Erwerbsabsicht abgegebenen Angeboten.[1850)] Aus diesem Grund sind nach § 11 Abs. 2 Satz 3 Nr. 1 WpÜG in der Angebotsunterlage Angaben darüber zu machen, welche Maßnahmen zur Sicherstellung der Finanzierung des Angebots durch die Bieterin getroffen worden sind. Bei Barofferten, wie in der Musterangebotsunterlage, hat nach § 13 Abs. 1 Satz 2 WpÜG ein von der Bieterin unabhängiges Wertpapierdienstleistungsunternehmen schriftlich zu bestätigen, dass die Bieterin die notwendigen Maßnahmen getroffen hat, um sicherzustellen, dass die zur vollständigen Erfüllung des Angebots notwendigen Mittel zum Zeitpunkt der Fälligkeit des Anspruchs auf die Geldleistung zur Verfügung stehen. Diese wird der Angebotsunterlage normalerweise in Kopie als Anlage

1848) *Bosch/Meyer*, in: Assmann/Pötzsch/Schneider, WpÜG, § 2 WpÜG-AngVO Rz. 33; *Seydel*, in: Kölner Komm. z. WpÜG, § 2 AngebVO Rz. 27.

1849) Zu Einzelheiten siehe *Krause/Favoccia*, in: Assmann/Pötzsch/Schneider, WpÜG, § 18 Rz. 34 ff.

1850) *Süßmann*, in: Angerer/Geibel/Süßmann, WpÜG, § 13 Rz. 1.

beigefügt. Nach der Regelung müssen der Bieterin bei Fälligkeit der Gegenleistung die zur „vollständigen Erfüllung" notwendigen Mittel zur Verfügung stehen. Somit ist davon auszugehen, dass sämtliche Adressaten des Angebots dieses annehmen, selbst wenn einzelne Aktionäre bindend erklärt haben, das Angebot nicht annehmen zu wollen.[1851] Dabei sind nach Auffassung der BaFin auch die Transaktionskosten mit einzubeziehen.[1852]

Im Fall eines Barangebots, das nicht durch die Aufnahme von weiterem Eigenkapital oder Fremdkapital finanziert werden soll, muss die Bieterin darlegen, dass sie über frei verfügbare liquide Mittel wie Guthaben bei Kreditinstituten oder liquide Wertpapiere in ausreichendem Umfang verfügt oder andere Aktiva, wie Immobilien oder Unternehmensanteile, veräußert hat oder rechtzeitig veräußern kann.[1853] Im Fall einer Fremdfinanzierung muss eine verbindliche Kreditzusage vorliegen.[1854] Vertragliche Vorbehalte und Einschränkungen sind in der Angebotsunterlage offenzulegen.[1855] In dem Fall, dass als Gegenleistung neue Aktien der Bieterin angeboten werden, ist in der Angebotsunterlage darzulegen, dass die Bieterin über ein ausreichendes genehmigtes Kapital verfügt oder dass eine Beschlussfassung der Hauptversammlung für die Ausgabe der neuen Aktien erfolgt ist.[1856] 2661

## 17. Erwartete Auswirkungen auf die Vermögens-, Finanz- und Ertragslage der Bieterin [→ Rz. 2595 ff]

Die Angebotsunterlage hat gemäß § 11 Abs. 2 Satz 2 Nr. 1 WpÜG darüber hinaus Angaben zu den erwarteten Auswirkungen eines erfolgreichen Angebots auf die Vermögens-, Finanz- und Ertragslage der Bieterin zu machen. Die hier geforderten Angaben sind als Prognosen, insbesondere in Hinblick auf § 12 WpÜG, wonach die Bieterin für Richtigkeit und Vollständigkeit der Angebotsunterlage haftet, mit Risiken behaftet.[1857] Darauf sollte in der Angebotsunterlage hingewiesen werden, ohne dass dies allerdings zu einer Einschränkung der Haftung der Bieterin führt. Die BaFin verlangt eine verbale und zahlenmäßige Darstellung der Auswirkungen des erfolgreichen Angebots auf die wesentlichen betriebswirtschaftlichen Kennzahlen der Bieterin unter Einbeziehung einer Kapitalflussrechnung und der Finanzierungskosten für das Angebot.[1858] Dies erfolgt normalerweise in Form einer hypothetischen Darstellung von Bilanz, Gewinn- und Verlustrechnung sowie Kapitalflussrechnung, bei der die vollständige Annahme des Angebots unterstellt wird.[1859] Der Begriff „Pro-Forma-Finanzinformationen" sollte vermieden werden, da dieser Begriff in der EU-Prospektverordnung definiert ist und anderen Voraussetzungen als denen des WpÜG unterliegt.[1860] Für den Fall, dass das Angebot von einem Erwerbsvehikel, wie in der Musterangebotsunterlage, abgegeben wird, ist die hypothetische Darstellung auch für 2662

1851) So auch die Praxis der BaFin, siehe *Krause*, in: Assmann/Pötzsch/Schneider, WpÜG, § 13 Rz. 17.

1852) *Krause*, in: Assmann/Pötzsch/Schneider, WpÜG, § 13 Rz. 19.

1853) *Bosch/Meyer*, in: Assmann/Pötzsch/Schneider, WpÜG, § 11 Rz. 96.

1854) *Bosch/Meyer*, in: Assmann/Pötzsch/Schneider, WpÜG, § 11 Rz. 97.

1855) *Seydel*, in: Kölner Komm. z. WpÜG, § 11 Rz. 61.

1856) *Geibel/Süßmann*, in: Angerer/Geibel/Süßmann, WpÜG, § 11 Rz. 20.

1857) *Bosch/Meyer*, in: Assmann/Pötzsch/Schneider, WpÜG, § 11 Rz. 104.

1858) *Bosch/Meyer*, in: Assmann/Pötzsch/Schneider, WpÜG, § 11 Rz. 105.

1859) *Seydel*, in: Kölner Komm. z. WpÜG, § 11 Rz. 65; *Geibel/Süßmann*, in: Angerer/Geibel/Süßmann, § 11 Rz. 22.

1860) *Bosch/Meyer*, in: Assmann/Pötzsch/Schneider, WpÜG, § 11 Rz. 105.

die Muttergesellschaft oder die Konzernholding auf Grundlage von deren Konzernabschluss vorzunehmen.[1861)]

### 18. Rücktrittsrechte [→ Rz. 2610 ff]

2663 Nach § 2 Nr. 11 WpÜG-AngebotsVO hat die Angebotsunterlage auf das gesetzlich verankerte Recht der Wertpapierinhaber der Zielgesellschaft hinzuweisen, von der Annahme des Angebots zurückzutreten, wenn die Bieterin ihr Angebot ändert (§ 21 Abs. 4 WpÜG) oder ein konkurrierendes Angebot abgegeben wird (§ 22 Abs. 3 WpÜG).

### 19. Hinweise für Aktionäre, die das Übernahmeangebot nicht annehmen [→ Rz. 2613 ff]

2664 Obwohl gesetzlich nicht gefordert, finden sich unter Berücksichtigung des Gebots der Vollständigkeit und Richtigkeit der Angebotsunterlage (§ 11 Abs. 1 Satz 2 und 3 WpÜG) üblicherweise in der Angebotsunterlage auch Hinweise für Aktionäre, die das Übernahmeangebot nicht annehmen. Diese Hinweise umfassen gewöhnlich mögliche Auswirkungen der Durchführung des Angebots auf die Handelbarkeit der Aktien, den Aktienkurs, die Konsequenzen des Abschlusses eines Beherrschungsvertrags zwischen der Zielgesellschaft und der Bieterin, die verschiedenen Möglichkeiten eines Squeeze-outs der Aktionäre (siehe Rz. 815 ff) und das Delisting der Aktien der Zielgesellschaft. Im Falle eines kombinierten freiwilligen Übernahme-Delisting-Angebots wären hier umfangreichere Angaben über das Delisting, den Status sowie damit im Zusammenhang stehende Vereinbarungen und Voraussetzungen zu machen (siehe Rz. 2633).

### 20. Leistungen an Organe der Zielgesellschaft [→ Rz. 2623]

2665 Gemäß § 11 Abs. 2 Satz 3 Nr. 3 WpÜG sind in der Angebotsunterlage Angaben über Geldleistungen oder andere geldwerte Vorteile, die Vorstands- oder Aufsichtsratsmitgliedern der Zielgesellschaft gewährt oder in Aussicht gestellt werden, zu machen. § 11 Abs. 2 Satz 3 Nr. 3 WpÜG bezweckt die Offenlegung möglicher Interessenkonflikte von Organmitgliedern der Zielgesellschaft.[1862)] Dies ist insbesondere von Bedeutung, da Vorstand und Aufsichtsrat der Zielgesellschaft gemäß § 27 WpÜG zum Angebot eine Stellungnahme abzugeben haben.[1863)] Als geldwerte Vorteile sind alle wirtschaftlichen Vorteile anzusehen, auf die das Organmitglied keinen Rechtsanspruch hätte. Dazu zählen unter anderem Abfindungszahlungen, Zusagen an Organmitglieder in Hinblick auf eine bestimmte Position in der Zielgesellschaft oder beim Bieter bzw. mit diesem verbundenen Unternehmen, die Verlängerung oder inhaltliche Verbesserung der Anstellungsverträge sowie der Abschluss von Beratungsverträgen.[1864)] Dabei ist die gewährte Leistung bzw. die Art und der Wert des gewährten Vorteils konkret darzulegen.[1865)] Leistungen seitens der Zielgesellschaft (sog. Golden Parachutes u. Ä.) werden von § 11 Abs. 2 Satz 3 Nr. 4

1861) *Bosch/Meyer*, in: Assmann/Pötzsch/Schneider, WpÜG, § 11 Rz. 106; *Seydel*, in: Kölner Komm. z. WpÜG, § 11 Rz. 66.

1862) Begründung RegE WpÜG, BT-Drucks 14/7034, S. 41.

1863) *Seydel*, in: Kölner Komm. z. WpÜG, § 11 Rz. 76.

1864) *Seydel*, in: Kölner Komm. z. WpÜG, § 11 Rz. 77.

1865) *Bosch/Meyer*, in: Assmann/Pötzsch/Schneider, WpÜG, § 11 Rz. 124.

WpÜG nicht erfasst.[1866] Es empfiehlt sich allerdings, sollte die Bieterin von solchen Absprachen Kenntnis haben, diese Leistungen in der Angebotsunterlage offenzulegen.[1867] Werden vom Bieter keine Leistungen gewährt, hat er diese Tatsache in der Angebotsunterlage zu erwähnen.[1868]

## 21. Veröffentlichungen und Mitteilungen [→ Rz. 2626 ff]

Nach § 2 Nr. 10 WpÜG-AngebotsVO muss die Angebotsunterlage einen Hinweis enthalten, wo sie gemäß § 14 Abs. 3 Satz 1 WpÜG veröffentlicht wird. Anzugeben ist die Internetadresse (§ 14 Abs. 3 Satz 1 Nr. 1 WpÜG) und der Bundesanzeiger (§ 14 Abs. 3 Satz 1 Nr. 2 Alt. 1 WpÜG) oder die Stelle im Inland, bei der die Angebotsunterlage nach § 14 Abs. 3 Satz 1 Nr. 2 Alt. 2 WpÜG zur kostenlosen Ausgabe bereitgehalten wird. Erfolgt die Veröffentlichung nicht im Bundesanzeiger, sondern durch Bereithalten im Inland, muss zudem angegeben werden, dass die nach § 14 Abs. 3 Satz 1 Nr. 2 Halbs. 2 WpÜG dann erforderliche Hinweisbekanntmachung im Bundesanzeiger veröffentlicht wurde oder wird.[1869] Darüber hinaus verlangt die BaFin die Angabe, wo die Wasserstandsmeldungen nach § 23 WpÜG veröffentlich werden.[1870] 2666

## 22. Anwendbares Recht und Gerichtsstand [→ Rz. 2630 f]

Erforderlich ist zudem nach § 2 Nr. 12 WpÜG-AngebotsVO eine Angabe in der Angebotsunterlage darüber, welchem Recht die sich aus der Annahme des Angebots ergebenden Verträge zwischen der Bieterin und den Inhabern der Wertpapiere der Zielgesellschaft unterliegen sowie die Angabe des Gerichtsstands. Die Wahl deutschen Rechts ist nicht zwingend erforderlich. Allerdings ist streitig, ob die Wahl einer ausländischen Rechtsordnung ohne unmittelbaren Bezug zum Angebot als überraschende Klausel nach § 305c BGB unwirksam ist.[1871] Die dingliche Übertragung, für die § 17a DepotG gilt, richtet sich nach dem Recht des Ortes, an dem die Verbuchung der betreffenden Wertpapierbestände erfolgt. Wenn die Aktien der Zielgesellschaft, wie in der Regel, in Girosammelverwahrung bei der Clearstream Banking AG in Frankfurt verwahrt werden, ist demnach deutsches Recht zwingend anwendbar. Zur Vermeidung von Rechtsunsicherheiten und der Vereinbarung unterschiedlicher Rechtsordnungen für die Annahme des Angebots und die Übertragung der Wertpapiere empfiehlt es sich, in der Angebotsunterlage deutsches Recht für anwendbar zu erklären. Als Gericht ist gemäß § 32b Abs. 2 Nr. 2 ZPO i. V. m. § 66 Abs. 1 WpÜG für Klagen auf Erfüllung von Ansprüchen aus einem Vertrag, der auf ein Angebot nach dem WpÜG beruht, ausschließlich das Landgericht am Sitz der Zielgesellschaft zuständig, sodass dieses in der Angebotsunterlage anzugeben ist.[1872] 2667

---

1866) *Seydel*, in: Kölner Komm. z. WpÜG, § 11 Rz. 78; MünchKomm-*Wackerbarth*, AktG, § 11 WpÜG Rz. 57.

1867) *Bosch/Meyer*, in: Assmann/Pötzsch/Schneider, WpÜG, § 11 Rz. 125.

1868) *Seydel*, in: Kölner Komm. z. WpÜG, § 11 Rz. 78.

1869) *Thoma*, in: Baums/Thoma, WpÜG, § 11 Rz. 140.

1870) *Seydel*, in: Kölner Komm. z. WpÜG, § 11 Anh. – § 2 AngebVO Rz. 29.

1871) Siehe dazu *Seydel*, in: Kölner Komm. z. WpÜG, § 11 Anh. – § 2 AngebVO Rz. 29.

1872) Siehe dazu und zu eventuellen Sonderzuständigkeiten *Bosch/Meyer*, in: Assmann/Pötzsch/Schneider, WpÜG, § 2 WpÜG-AngVO Rz. 41 f.

### 23. Erklärung der Übernahme der Verantwortung [→ Rz. 2631]

2668 Nach § 13 Abs. 3 Satz 1 WpÜG sind die Personen, die für den Inhalt der Angebotsunterlage die Verantwortung übernehmen, mit Namen und Anschrift, bei juristischen Personen oder Gesellschaften mit Firma, Sitz und Rechtsform zu benennen. Diese Personen bzw. deren Vertreter müssen gemäß § 13 Abs. 3 Satz 2 WpÜG zudem in der Angebotsunterlage erklären, dass die darin enthaltenen Angaben ihres Wissens richtig und keine wesentlichen Umstände ausgelassen sind. Die Angaben nach § 13 Abs. 3 WpÜG stehen im Zusammenhang mit der Haftung für die Angebotsunterlage gemäß § 12 WpÜG, da die gemäß § 13 Abs. 3 WpÜG genannten Personen für die Richtigkeit und Vollständigkeit der Angebotsunterlage haften.

### 24. Unterschrift [→ Rz. 2631]

2669 Die Angebotsunterlage ist gemäß § 11 Abs. 1 Satz 5 WpÜG von der Bieterin zu unterzeichnen. Zu unterzeichnen ist, das nach § 14 Abs. 1 Satz 1 WpÜG an die BaFin zu übermittelnde Exemplar.[1873)] Der nach § 14 Abs. 3 WpÜG zu veröffentlichende Text und das nach § 14 Abs. 4 dem Vorstand der Zielgesellschaft zu übermittelnde Exemplar brauchen die Originalunterschriften auch nicht als Faksimile oder in Kopie wiederzugeben, allerdings erwartet die BaFin in der Angebotsunterlage eine Kopie der Unterschriftenseite.[1874)] Die Unterzeichnung hat durch die gesetzlichen Vertreter in vertretungsberechtigter Zahl (auch in unechter Gesamtvertretung) zu erfolgen. Eine Unterzeichnung in Vollmacht reicht nicht aus.[1875)]

1873) *Seydel*, in: Kölner Komm. z. WpÜG, § 11 Rz. 45; *Geibel/Süßmann*, in: Angerer/Geibel/Süßmann, WpÜG, § 11 Rz. 7.

1874) *Bosch/Meyer*, in: Assmann/Pötzsch/Schneider, WpÜG, § 11 Rz. 61.

1875) *Seydel*, in: Kölner Komm. z. WpÜG, § 11 Rz. 45.

## Muster 5b: Antrag auf Befreiung nach § 35 WpÜG

| |
|---|
| Abrufbar unter: http://www.rws-verlag.de/vk-unternehmenskauf.htm |

### I. Text des Befreiungsantrags

Bundesanstalt für Finanzdienstleistungsaufsicht
Referat WA 16
Marie-Curie-Str. 24–28

60439 Frankfurt am Main

Vorab per Telefax/Original folgt per Boten

[*Ort, Datum*]

**Z-AG**

**Antrag auf Befreiung nach § 37 WpÜG von der Verpflichtung zur Veröffentlichung und zur Abgabe eines Angebots nach § 35 Abs. 1 Satz 1 und Abs. 2 Satz 1 WpÜG** 2670

Sehr geehrte/r Frau/Herr […],

hiermit beantragen wir, die

**[SPV] AG**

[*Bezeichnung des Antragstellers einschließlich Name/Firma sowie Wohnsitz/Sitz*] 2671

von der Verpflichtung zur Veröffentlichung der Kontrollerlangung nach § 35 Abs. 1 Satz 1 WpÜG und von der Verpflichtung zur Abgabe eines Pflichtangebots nach § 35 Abs. 2 Satz 1 WpÜG an die Aktionäre der

**Z-AG**

[*Bezeichnung der Zielgesellschaft einschließlich Firma, Sitz und Rechtsform*], 2672

gemäß § 37 WpÜG zu befreien.

Den Antrag stellen wir gleichlautend hiermit auch namens und im Auftrag der folgenden natürlichen und juristischen Personen: […] [*Wenn neben dem unmittelbaren Kontrollerwerber nach § 30 Abs. 1 und Abs. 2 WpÜG auch noch weitere mittelbare Kontrollerwerber bestehen, für die ebenfalls eine Befreiung beantragt werden soll.*] 2673

**I.**
**Sachverhalt**

**1. Beteiligungsverhältnisse**

Die [SPV] AG hat rd. 33 % der Anteile an der Z-AG im Wege eines privaten Anteilskauf- und Übertragungsvertrags von einer ehemaligen Aktionärin der Z-AG erworben. Jedoch stehen der D-GmbH als Mehrheitsaktionärin rd. 51 % der Stimmrechtsanteile an der Z-AG und damit erheblich mehr als der [SPV] AG zu. 2674

[*Aufstellung der Anzahl der bereits gehaltenen Aktien, Stimmrechte und nach § 30 WpÜG zuzurechnenden Stimmrechte des Bieters und mit ihm gemeinsam handelnder Personen (§ 10*

*Nr. 3 WpÜG) und der Anzahl der insgesamt gehaltenen Aktien, Stimmrechte und nach § 30 WpÜG zuzurechnenden Stimmrechte.*] [→ Rz. 2689]

**2. Kontrollerwerb (§ 10 Nr. 4 WpÜG)**

2675 Der Erwerb der Kontrolle über die Z-AG i. S. d. § 29 Abs. 2 WpÜG erfolgte/wird voraussichtlich erfolgen am [*Datum des Kontrollerwerbs*].

2676 [*Beschreibung der bisher eingeleiteten Schritte zum Kontrollerwerb und der Art und Umstände des Kontrollerwerbs.*] [→ Rz. 2689]

## II.
## Begründung

2677 Der Antrag wird folgendermaßen begründet (§ 10 Nr. 5 WpÜG):

2678 [*Darlegung der einschlägigen Befreiungsgründe:*

1. *Die Art der Erlangung der Kontrolle (§ 37 Abs. 1 Satz 1 Alt. 1 WpÜG)*
2. *Die mit der Erlangung beabsichtigte Zielsetzung (§ 37 Abs. 1 Satz 1 Alt. 2 WpÜG)*
3. *Ein nach der Erlangung der Kontrolle erfolgendes Unterschreiten der Kontrollschwelle (§ 37 Abs. 1 Satz 1 Alt. 3 WpÜG)*
4. *Die Beteiligungsverhältnisse an der Zielgesellschaft (§ 37 Abs. 1 Satz 1 Alt. 4 WpÜG)*
5. *Die tatsächliche Möglichkeit zur Ausübung der Kontrolle (§ 37 Abs. 1 Satz 1 Alt. 5 WpÜG)*].

2679 Die Beteiligungsverhältnisse der Antragstellerin an der Zielgesellschaft erfüllen den Tatbestand des § 9 Satz 2 Nr. 1 WpÜG-AngebotsVO, der den Befreiungstatbestand des § 37 Abs. 1 Satz 1 Alt. 4 WpÜG konkretisiert. Der Stimmrechtsanteil der [SPV] AG vermittelt folglich zwar eine formale, jedoch keine materielle Kontrollposition. Die tatsächliche Kontrolle liegt nach wie vor bei der D-GmbH. Es steht zu erwarten, dass diese weiterhin die Verwaltungsorgane der Z-AG mit ihr nahe stehenden Personen besetzen und die Geschäftspolitik der Z-AG bestimmen wird. [→ Rz. 2691]

2680 Daneben lässt sich der Befreiungsantrag auf § 37 Abs. 1 Satz 1 Alt. 5 WpÜG i. V. m. § 9 Satz 2 Nr. 2 WpÜG-AngebotsVO stützen, weil die D-GmbH mit ihrem Stimmrechtsanteil von rd. 51 % auch in künftigen Hauptversammlungen unabhängig von der konkreten Hauptversammlungspräsenz über die Mehrheit der vertretenen Stimmrechte verfügt und sämtliche Beschlüsse mit einfacher Stimmrechts- und Kapitalmehrheit fassen könnte. Die D-GmbH ist in den vergangenen Hauptversammlungen auch stets mit sämtlichen Stimmrechten vertreten gewesen und hat so die getroffenen Beschlüsse maßgeblich beeinflusst. Anhaltspunkte dafür, dass sie ihr Verhalten ändern und etwa künftigen Hauptversammlungen fernbleiben wird, gibt es nicht. Angesichts des Stimmübergewichts und des Verhaltens der D-GmbH wird die [SPV] AG folglich auch in der Zukunft niemals über 50 % der vertretenen Stimmrechte verfügen können und mithin keinen zwingenden Einfluss auf die Besetzung der Organe der Z-AG oder ihre Geschäftspolitik nehmen können. [→ Rz. 2691]

2681 Da sowohl der Befreiungstatbestand des § 37 Abs. 1 Satz 1 Alt. 4 WpÜG i. V. m. dem Regelbeispiel des § 9 Satz 2 Nr. 1 WpÜG-AngebotsVO als auch der Befreiungstatbestand des § 37 Abs. 1 Satz 1 Alt. 5 WpÜG i. V. m. dem Regelbeispiel des § 9 Satz 2 Nr. 2

WpÜG-AngebotsVO einschlägig sind, ist das Ermessen der Bundesanstalt anerkanntermaßen auf null reduziert. Zudem ist zu berücksichtigen, dass durch das Überschreiten der relevanten Schwelle durch die [SPV] AG kein materieller Kontrollwechsel in der Z-AG stattgefunden hat, sodass sich für ihre außenstehenden Aktionäre nichts geändert hat. Diese können daher kein schutzwürdiges Interesse an einem Pflichtangebot der [SPV] AG haben. Für die Antragstellerin würde eine Angebotspflicht demgegenüber eine ungleich härtere wirtschaftliche Belastung bedeuten. [→ Rz. 2691 f]

**III.**
**Bevollmächtigung**

Meine Bevollmächtigung(en) durch den/die Antragssteller im Original lege ich bei. 2682

**IV.**
**Anlagen**

Zum Zweck der Darlegung und des Nachweises der den Antrag begründenden Tatsachen 2683
lege ich folgende Unterlagen bei:

[...]

**V.**
**Antrag**

Nach der ständigen Verwaltungspraxis der BaFin suspendiert die Antragstellung nach 2684
§ 37 WpÜG die Verpflichtungen aus § 35 Abs. 1 Satz 1 und Abs. 2 Satz 1 WpÜG. Ich bitte um Bestätigung, dass dies auch im vorliegenden Fall gilt. Für den gegenteiligen Fall beantrage ich vorsorglich die vorläufige Befreiung des Antragstellers von den Verpflichtungen des § 35 Abs. 1 Satz 1 und Abs. 2 Satz 1 WpÜG.

**[VI.**

*Gegebenenfalls Anbieten geeigneter Nebenbestimmungen*] 2685

**[VII.**

*Gegebenenfalls Hinweis auf Umstände, die eine geringe Gebührenfestsetzung nach § 4 Abs. 1* 2686
*WpÜG-Gebührenverordnung rechtfertigen*] [→ Rz. 2697]

Mit freundlichen Grüßen

Rechtsanwalt

## II. Erläuterungen

### 1. Einführung

Das Muster behandelt den Fall, dass ein Bieter vor einem Kontrollerwerb steht und sich 2687
zuvor von der Bundesanstalt für Finanzdienstleistungsaufsicht (BaFin) von der Verpflichtung zur Abgabe eines Übernahmeangebots befreien lässt. Die Befreiung wird im Beispielsfall darauf gestützt, dass neben der Bieterin eine weitere Aktionärin über mehr Stimmrechte verfügt und diese damit die Kontrolle über die Gesellschaft ausübt, also den Befreiungsgrund nach § 9 Satz 2 Nr. 2 WpÜG-AngebotsVO i. V. m. § 37 Abs. 1 Alt. 5 WpÜG.

2688 Der Antrag auf Befreiung von der Verpflichtung zur Veröffentlichung nach § 35 Abs. 1 Satz 1 WpÜG und zur Abgabe eines Angebots nach § 35 Abs. 2 Satz 1 WpÜG ist vom Bieter nach § 8 der WpÜG-AngebotsVO bei der BaFin zu stellen. Er kann sowohl vor Erlangung der Kontrolle über die Zielgesellschaft als auch binnen einer Frist von sieben Kalendertagen nach dem Zeitpunkt gestellt werden, zu dem der Bieter Kenntnis davon hat oder nach den Umständen hätte haben müssen, dass er die Kontrolle über die Gesellschaft erlangt hat.

### 2. Antragsinhalt

2689 Der wesentliche Antragsinhalt ergibt sich aus § 10 WpÜG-AngebotsVO und umfasst Name oder Firma und Wohnsitz oder Sitz des Antragstellers, Firma, Sitz und Rechtsform der Zielgesellschaft, die Anzahl der vom Bieter und den mit ihm gemeinsam handelnden Personen bereits gehaltenen Aktien und Stimmrechte sowie die ihnen nach § 30 WpÜG zuzurechnenden Stimmrechte, außerdem – soweit bereits eingetreten – den Tag, an dem die 30 %-Schwelle überschritten wurde und die den Antrag begründenden Tatsachen. Auch die zur Beurteilung und Bearbeitung des Antrags erforderlichen Unterlagen sind unverzüglich bei der BaFin einzureichen (§ 11 AngebotsVO). Hierzu gehören insbesondere Nachweise über die Kontrollbeteiligung sowie Nachweise zu den begründenden Tatsachen.

2690 Nach Eingang des Antrags hat die BaFin zu prüfen, ob der Antrag nebst den eingereichten Unterlagen den Anforderungen der §§ 10 und 11 WpÜG-AngebotsVO genügen. Sind der Antrag oder die Unterlagen nicht vollständig, hat die BaFin den Antragsteller gemäß § 12 Satz 2 WpÜG-AngebotsVO unverzüglich aufzufordern, den Antrag oder die Unterlagen innerhalb einer angemessenen Frist zu ergänzen. Wird dieser Aufforderung nicht fristgemäß entsprochen, gilt der Antrag nach § 12 Satz 3 WpÜG-AngebotsVO als zurückgenommen.

### 3. Gründe für einen Befreiungsantrag [→ Rz. 2677 ff]

2691 Nach § 37 Abs. 1 WpÜG muss die Befreiung im Hinblick auf (i) die Art der Erlangung, (ii) die mit der Erlangung der Kontrolle beabsichtigte Zielsetzung, (iii) ein nach der Erlangung der Kontrolle erfolgendes Unterschreiten der Kontrollschwelle, (iv) die Beteiligungsverhältnisse an der Zielgesellschaft oder (v) die tatsächliche Möglichkeit zur Ausübung der Kontrolle unter Berücksichtigung der Interessen des Antragstellers und der Inhaber der Aktien der Zielgesellschaft gerechtfertigt erscheinen. Diese gesetzlich normierten Befreiungsgründe werden weiter durch Regelbeispiele in § 9 WpÜG-AngebotsVO konkretisiert.

(i) Art der Erlangung:

- Erbschaft im Zusammenhang mit einer Erbauseinandersetzung, sofern Erblasser und Bieter i. S. d. § 36 Nr. 1 WpÜG nicht verwandt sind

  oder

- durch Schenkung bei fehlender Verwandtschaft zwischen Schenker und Bieter i. S. d. § 36 Nr. 1 WpÜG;

(ii) mit der Erlangung der Kontrolle beabsichtigte Zielsetzung:

- im Zusammenhang mit der Sanierung der Zielgesellschaft

  oder

- zum Zwecke der Forderungssicherung;

(iii) nach der Erlangung der Kontrolle erfolgendes Unterschreiten:

- aufgrund einer Verringerung der Gesamtzahl der Stimmrechte an der Zielgesellschaft, etwa durch Einziehung von eigenen Aktien,

  oder

- durch unverzügliche Unterschreitung der 30 %-Schwelle, nachdem die Überschreitung ohne Absicht des Bieters erfolgt war, z. B. durch Ausübung der Bezugsrechte anlässlich einer Kapitalerhöhung;

(iv) die tatsächliche Möglichkeit zur Ausübung der Kontrolle unter Berücksichtigung der Interessen des Antragstellers und der Inhaber der Aktien der Zielgesellschaft, wenn

- ein Dritter über einen höheren Anteil an Stimmrechten verfügt, die weder dem Bieter noch den mit ihm handelnden Personen gleichzustellen oder zuzurechnen sind;

- aufgrund der historischen Hauptversammlungspräsenzen der letzten drei Hauptversammlungen nicht zu erwarten ist, dass der Bieter über eine Hauptversammlungsmehrheit verfügen wird,

  oder

- wenn bei einer mittelbaren Kontrollerlangung der Buchwert der Beteiligung der Gesellschaft an der Zielgesellschaft weniger als 20 % des buchmäßigen Aktivvermögens der Gesellschaft beträgt, also die Zielgesellschaft innerhalb des Konzerns des Bieters eine wirtschaftlich untergeordnete Rolle einnimmt.

Bei der Entscheidung der BaFin handelt es sich regelmäßig um eine Ermessensentscheidung, bei der die Interessen der Antragsteller mit denen der außenstehenden Aktionäre der Zielgesellschaft gemäß § 37 Nr. 1 WpÜG abgewogen werden. Bei Vorliegen eines der vorstehend beschriebenen Tatbestände aus § 9 WpÜG-AngebotsVO ist grundsätzlich vom Vorrang der Interessen des potentiellen Bieters auszugehen.[1876)] 2692

Die Entscheidung über die Erteilung einer Befreiung nach § 37 WpÜG ist gemäß § 10 Abs. 3 Nr. 2 WpÜG vom Bieter über ein elektronisches Informationssystem europaweit zu verbreiten. Sofern der Bieter dies nicht vornimmt, steht der BaFin nach § 44 WpÜG ein Veröffentlichungsrecht zu. 2693

### 4. Antrag auf Nichtberücksichtigung der Stimmrechte

Neben der Befreiungsmöglichkeit nach § 37 WpÜG i. V. m. §§ 8, 9 WpÜG-AngebotsVO besteht auch die Möglichkeit, auf schriftlichen Antrag des Bieters gemäß § 36 WpÜG eine Entscheidung der BaFin herbeizuführen, dass Stimmrechte aus Aktien der Zielgesellschaft bei der Berechnung des Stimmrechtsanteils unberücksichtigt bleiben, sofern die Aktien 2694

1876) Vgl. dazu *Versteegen*, in: Kölner Komm. z. WpÜG, § 37 Rz. 79; MünchKomm-*Schlitt*, AktG, § 37 WpÜG Rz. 65.

durch (i) Erbgang, Erbauseinandersetzung oder unentgeltliche Zuwendung unter Ehegatten, Lebenspartnern oder Verwandten in gerader Linie und bis zum 3. Grade, durch Vermögensauseinandersetzung aus Anlass der Auflösung einer Ehe oder Lebenspartnerschaft, (ii) Rechtsformwechsel oder (iii) innerhalb eines Konzerns erlangt wurden.

**2695** Erlangt also ein Erbe in Form eines Erbgangs von einer i. S. d. § 36 Nr. 1 WpÜG verwandten Person Kontrolle über die Zielgesellschaft, kann er den Antrag stellen, dass seine Stimmrechte unberücksichtigt bleiben, mit der Folge, dass es nicht zu einem übernahmerechtlich relevanten Kontrollerwerb kommt. Für Erbgänge zwischen nicht verwandten Personen sieht § 37 WpÜG i. V. m. § 9 Satz 1 Nr. 1 WpÜG-AngebotsVO eine Befreiungsmöglichkeit vor (siehe Rz. 2691). Häufigster Anwendungsfall des Nichtberücksichtigungsantrags dürfte neben Erbgängen die Umstrukturierung innerhalb eines Konzerns sein. Dies ist insbesondere dann der Fall, wenn innerhalb eines Konzerns zwischen der Konzernmutter und der unmittelbaren Aktionärin der Zielgesellschaft eine weitere Zwischenholdinggesellschaft eingezogen wird, die infolge ihres Eintritts in die Gesellschafterkette ebenfalls Kontrolle erlangt, ohne dass sich etwas an der ultimativen Beherrschungssituation für die übrigen Aktionäre der Zielgesellschaft ändert.

**2696** Anders als der Befreiungsantrag nach § 37 WpÜG ist der Antrag auf Nichtberücksichtigung von Stimmrechten unbefristet zulässig, da das Gesetz hier keine Antragsfrist vorsieht.[1877)]

### 5. Gebühr [→ Rz. 2686]

**2697** Die Stattgabe von Anträgen auf Befreiung nach § 37 WpÜG und von Anträgen auf Nichtberücksichtigung nach § 36 WpÜG ist eine gebührenpflichtige Handlung gemäß § 2 Abs. 1 Nr. 8 und Nr. 7 WpÜG-Gebührenverordnung. Der Gebührenrahmen für Anträge auf Befreiung nach § 37 WpÜG liegt zwischen 5.000 und 20.000 €, der Gebührenrahmen für Anträge auf Nichtberücksichtigung von Stimmrechten liegt zwischen 3.000 und 10.000 €. Bei der Bestimmung der Höhe der Gebühren berücksichtigt die BaFin gemäß § 9 VwKG den Verwaltungsaufwand für die Prüfung des Antrags sowie den Nutzen der Entscheidung für die Antragsteller.

---

1877) Vgl. *von Bülow*, in: Kölner Komm. z. WpÜG, § 36 Rz. 82.

# Literaturverzeichnis


*Aha*
Vorbereitung des Zusammenschlusses im Wege der Kapitalerhöhung gegen Sacheinlage durch ein „Business Combination Agreement", BB 2001, 2225

*Anders/Filgut*
Abgestimmte Stimmrechtsausübung – ist die Einzelfallausnahme systemwidrig?, ZIP 2010, 1115

*Angerer/Geibel/Süßmann*
WpÜG, Kommentar zum Wertpapiererwerbs- und Übernahmegesetz, 3. Aufl., 2017 (zit.: *Bearbeiter*, in: Angerer/Geibel/Süßmann, WpÜG)

*Ansoff*
Corporate Strategy, 1988

*Annweiler/Graewe*
Rechtswahlklauseln in beurkundungspflichtigen Verträgen – Gestaltungsalternativen zu kostenerhöhenden Gebührentatbeständen, NZG 2017, 893

*Anzinger*
Die normative Reichweite des Transparenzgebots für Beteiligungen an börsennotierten Kapitalgesellschaften – Plädoyer für einen Paradigmenwechsel im Melderegime, WM 2011, 391

*Arhold*
Beihilferückforderung nach Unternehmensveräußerung, EuZW 2006, 42

*Asbrand/Nehring/Köppl*
Die Neuregelung der Kontrolle von Unternehmenstransaktionen, IWRZ 2018, 63

*Assmann/Pötzsch/Schneider*
Wertpapiererwerbs- und Übernahmegesetz, Kommentar, 2. Aufl., 2013 (zit.: *Bearbeiter*, in: Assmann/Pötzsch/Schneider, WpÜG)

*Assmann/Schneider/Mülbert*
Wertpapierhandelsrecht, Kommentar, 7. Aufl., 2018 (zit.: *Bearbeiter*, in: Assmann/Schneider/Mülbert, Wertpapierhandelsrecht)

*Assmann/Basaldua/Bozenhardt/Peltzer* (Hrsg.)
Übernahmeangebote, ZGR-Sonderheft 9, 1990 (zit.: *Bearbeiter*, in: Assmann/Basaldua/Bozenhardt/Peltzer)

*Badtke*
M&A-Kartellrecht: – Kartellrechtliche Dos and Don'ts bei Unternehmenskäufen, M&A Review 2014, 410

*Baetge/Kirsch/Thiele*
Bilanzrecht, Kommentar, Loseblatt, Stand: 2018 (zit.: *Bearbeiter*, in: Baetge/Kirsch/Thiele, Bilanzrecht)

*Ballwieser/Hachmeister*
Unternehmensbewertung – Prozess, Methoden und Probleme, 5. Aufl., 2016

*Ballwieser/Leuthier*
Betriebswirtschaftliche Steuerberatung: Grundprinzipien, Verfahren und Probleme der Unternehmensbewertung, DStR 1986, 545

*Banerjea*
Der Schutz von Übernahme- und Fusionsplänen, DB 2003, 1489

*Bank*
Das Insiderhandelsverbot in M&A-Transaktionen, NZG 2012, 1337

*Baron/Trebing*
Umgang mit Kartellrechtsrisiken in M&A-Transaktionen – aktuelle Fragestellungen und Entwicklungen, BB 2016, 131

*Bärwaldt/Balda*
Praktische Hinweise für den Umgang mit Vorrats- und Mantelgesellschaften (Teil 1): Vorratsgesellschaften, GmbHR 2004, 50

*Baumbach/Hopt*
HGB, Kommentar, 38. Aufl., 2018
(zit.: *Bearbeiter*, in: Baumbach/Hopt, HGB)

*Baumbach/Hueck*
GmbHG, Kommentar, 21. Aufl., 2017
(zit.: *Bearbeiter*, in: Baumbach/Hueck, GmbHG)

*Baumert*
Berufsrechtliches Verbot der doppelten Treuhandtätigkeit in einem laufenden Mandat – § 3 Abs. 1 S. 2 BORA gem. Beschluss v. 5.5.2014 der Satzungsversammlung, NJW 2014, 320

*Baums/Thoma*
WpÜG, Kommentar, Loseblatt, Stand: 6/2016
(zit.: *Bearbeiter*, in: Baums/Thoma, WpÜG)

*Bausch*
Die Multiplikator-Methode – Ein betriebswirtschaftlich sinnvolles Instrument zur Unternehmenswert- und Kaufpreisfindung im Akquisitionsprozess?, ZfBB 2000, 448

*Bea/Haas*
Strategisches Management, 9. Aufl., 2017

*Becht/Stephan-Wimmer*
Die rechtliche Anerkennung Österreichischer notarieller Beurkundungen über die Gründung einer GmbH, GmbHR 2019, 45

*Bechtold/Bosch*
GWB, Gesetz gegen Wettbewerbsbeschränkungen, Kommentar, 9. Aufl., 2018
(zit.: *Bechtold/Bosch*, GWB)

*Bechtold/Bosch/Brinker*
EU-Kartellrecht, Kommentar, 3. Aufl., 2014
(zit.: *Bechtold/Bosch*, EU-KartellR)

*Beck/Klar*
Asset Deal versus Share Deal – Eine Gesamtbetrachtung unter expliziter Berücksichtigung des Risikoaspekts, DB 2007, 2819

*Beck'scher Bilanzkommentar*
hrsg. v. Grottel/Schmidt/Schubert/Winkeljohann
Handels- und Steuerbilanz, §§ 238 bis 339, 342 bis 342e HGB, 11. Aufl., 2018
(zit.: *Bearbeiter*, in: Beck'scher Bilanzkommentar)

*Beck'sches Formularbuch Bürgerliches, Handels- und Wirtschaftsrecht*
hrsg. v. Hoffmann-Becking/Gebele, 13. Aufl., 2019
(zit.: *Bearbeiter*, in: Beck´sches Formularbuch BHW)

*Beck'sches Formularbuch Mergers & Acquisitions*
hrsg. v. Seibt, 3. Aufl., 2018
(zit.: *Bearbeiter*, in: Beck'sches Formularbuch M&A)

*Beck'sches Handbuch der AG*
hrsg. v. Drinhausen/Eckstein
Gesellschaftsrecht, Steuerrecht, Börsengang, 3. Aufl., 2018
(zit.: *Bearbeiter*, in: Beck'sches Handbuch der AG)

*Beck'sches Handbuch der GmbH*
hrsg. v. Prinz/Winkeljohann
Gesellschaftsrecht, Steuerrecht, 5. Aufl., 2014
(zit.: *Bearbeiter*, in: Beck'sches Handbuch der GmbH)

*Beck'sches Handbuch Unternehmenskauf im Mittelstand*
hrsg. v. Ettinger/Jaques, 2. Aufl., 2017
(zit.: *Bearbeiter*, in: Beck'sches Handbuch Unternehmenskauf im Mittelstand)

*Beck'sches Mandatshandbuch Due Diligence*
hrsg. v. Beisel/Andreas, 3. Aufl., 2017
(zit.: *Bearbeiter*, in: Beck'sches Mandatshandbuch Due Diligence)

*Beck'sches Mandatshandbuch Unternehmenskauf*
hrsg. v. Hettler/Stratz/Hörtnagl, 2. Aufl., 2013
(zit.: *Bearbeiter*, in: Beck'sches Mandatshandbuch Unternehmenskauf)

*Beck'sches M&A-Handbuch*
hrsg. v. Meyer-Sparenberg/Jäckle
Planung, Gestaltung, Sonderformen, regulatorische Rahmenbedingungen und Streitbeilegung bei Mergers & Acquisitions, 2017
(zit.: *Bearbeiter*, in: Beck'sches M&A-Handbuch)

*Beck'sches Steuer- und Bilanzrechtslexikon*
hrsg. v. Alber/Faber
Edition 47 (Stand: 1.2.2019)
(zit.: *Bearbeiter*, in: Beck'sches Steuer- und Bilanzrechtslexikon)

*Beisel/Klumpp*
Der Unternehmenskauf, 6. Aufl., 2009 und 7. Aufl., 2016
(zit.: *Bearbeiter*, in: Beisel/Klumpp)

*Beckmann/Fabricius*
Beurkundungstourismus – Gleichwertigkeit der Beurkundung gesellschaftsrechtlicher Dokumente im Ausland, GWR 2016, 375

*Begemann/Nölle*
Rechtswahlklauseln in Unternehmenskaufverträgen und ihre kostenrechtliche Relevanz nach dem Gerichts- und Notarkostengesetz, BB 2016, 137

*Benedikt-Buckenleib/Falkner/Molestina*
Deutsche Fusionskontrolle: Der Wert der Gegenleistung in der neuen Aufgreifschwelle, BB 2018, 1410

*Benkard*
Patentgesetz, Kommentar, 11. Aufl., 2015
(zit.: Benkard/*Bearbeiter*, PatG)

*Berens/Brauner/Strauch/Knauer* (Hrsg.)
Due diligence bei Unternehmensakquisitionen, 7. Aufl., 2013
(zit.: *Bearbeiter*, in: Berens/Brauner/Strauch/Knauer)

*Berg/Digel*
Zuständigkeit durch Verweisung: Ein Irrweg! – Art. 22 im FKVO-Vorschlag der Kommission, EWS 2003, 445

*Bergjan*
Die Haftung aus culpa in contrahendo beim Letter of Intent nach neuem Schuldrecht, ZIP 2004, 395

*Bergjan/Feltes*
Keine Formbedürftigkeit von Kostenerstattungsklauseln beim Letter of Intent, GWR 2012, 468

*Bergjan/Schwarz*
Scheitern von Vertragsverhandlungen bei M&A-Transaktionen: Die Breakup-Fee-Klausel im Letter of Intent, GWR 2013, 4

*Besen/Gronemeyer*
Informationsaustausch im Rahmen von Unternehmenskäufen – Kartellrechtliche Entwicklungen und Best Practice, CCZ 2013, 137

*Bernhard*
Grenzen vertraglicher Wettbewerbsverbote zwischen Unternehmen, NJW 2013, 2785

*Bernhardt*
Unternehmensführung und Hauptversammlung, DB 2000, 1873

*Betsch/Groh/Lohmann*
Corporate Finance, 2. Aufl., 2000

*von Brevern*
„Gun Jumping" vermeiden durch kartellrechtlich richtiges Verhalten zwischen Signing und Closing, M&A Review 2017, 386

*Binz/Rosenbauer*
Beurkundungspflicht bei der Veräußerung von Anteilen an einer GmbH & Co. KG?, NZG 2015, 1136

*Bisle*
Steuerliche Gestaltungsüberlegungen zur Kaufpreisaufteilung beim Unternehmenskauf, SteuK 2016, 451

*Blassl*
Compliance-Fragen in M&A-Prozessen, CCZ 2017, 37

*Blaurock*
Unterbeteiligung und Treuhand an Gesellschaftsanteilen, 1981

*Blümich*
EStG, KStG, GewStG, Kommentar, Loseblatt, Stand: 8/2018
(zit.: Blümich/*Bearbeiter*, EStG, KStG, GewStG)

*Blunk/Rabe*
Bilanz- und Eigenkapitalgarantien beim GmbH-Geschäftsanteilskauf, GmbHR 2011, 408

*Boewe/Johnen*
Die Änderung der Außenwirtschaftsverordnung und deren Relevanz für Unternehmenskäufe, NZG 2017, 1095

*Bogenschütz*
Behandlung steuerlich nicht passivierungsfähiger Verpflichtungen beim Asset Deal, Ubg 2008, 135

*Bolt*
Kennzeichenrechtliche Verträge bei Unternehmenskäufen, BB 2013, 2568

*Bone-Winkel/Schäfers/Schulte* (Hrsg.)
Handbuch Real Estate Investment Trusts, 2008
(zit.: *Bearbeiter*, in: Bone-Winkel/Schäfers/Schulte)

*Borris*
Streiterledigung bei (MAC-)Klauseln in Unternehmenskaufverträgen: ein Fall für „Fast-Track"-Schiedsverfahren, BB 2008, 294

*Böttcher*
Organpflichten beim Unternehmenskauf, NZG 2007, 481

*Böttcher/Fischer*
Beurkundungspflicht nach § 311b III BGB beim Asset Deal, NZG 2010, 1332

*Böttcher/Grewe*
Die Anwendbarkeit des § 311b III BGB beim Unternehmenskauf, NZG 2005, 950

*Brandi/Süßmann*
Neue Insiderregeln und Ad-hoc-Publizität – Folgen für Ablauf und Gestaltung von M&A Transaktionen, AG 2004, 642

*Braun*
Die Abtretung von Geschäftsanteilen einer GmbH im Ausland: Wirksam oder nicht? DNotZ 2009, 585

*Braun/Wybitul*
Übermittlung von Arbeitnehmerdaten bei Due Diligence – Rechtliche Anforderungen und Gestaltungsmöglichkeiten, BB 2008, 782

*Braunagel/Paschke*
Die Haftung nach § 73 AO – Akquisitionshemmnis beim Unternehmenskauf? – Zweifelsfragen, Gestaltungsansätze und Reformüberlegungen, Ubg 2011, 233

*Brauneck*
Ausländische Direktinvestitionen nur mit Einverständnis der EU-Kommission, EuZW 2018, 188

*von Braunschweig*
- Vendor Loan, Rückbeteiligung und Earn-Out als aktuelle Finanzierungsalternativen bei Buy-Outs, DB 2010, 713
- Variable Kaufpreisklauseln in Unternehmenskaufverträgen, DB 2002, 1815

*von Brevern*
„Gun Junping" vermeiden durch kartellrechtlich richtiges Verhalten zwischen Signing und Closing, M&A Review 2017, 386

*Brinker/Linsmaier*
Art. 22 FKVO – Oder: Das Ende realistischer Transaktionszeitpläne, KSzW 2011, 64

*Brocker*
Die grenzüberschreitende Verschmelzung von Kapitalgesellschaften, BB 2010, 971

*Brocker/Schulenburg*
Drum prüfe, wer sich (ewig) bindet – das Damoklesschwert des § 179a AktG bei M&A-Transaktionen im Allgemeinen sowie im insolvenznahen Bereich, BB 2015, 1993

*Broichmann/Makos*
Unternehmenskäufer muss Anhaltspunkten aus einer Due Diligence konkret nachgehen, GWR 2015, 279

*Brünkmanns*
Rechtliche Möglichkeiten und Grenzen von Umwandlungen im Insolvenzverfahren, ZInsO 2014, 2533

*Bruski*
Kaufpreisbemessung und Kaufpreisanpassung im Unternehmenskaufvertrag, BB-Special 7 zu Heft 30/2005, S. 19

*Brück*
Rechtsprobleme der Auslandsbeurkundung im Gesellschaftsrecht, DB 2004, 2409

*Bühren*
Auswirkungen des Insiderhandelsverbots der EU-Marktmissbrauchsverordnung auf M&A Transaktionen, NZG 2017, 1172

*Buck-Heeb*
Kapitalmarktrecht, 10. Aufl., 2019

*Bülow*
Die Handhabung von Interessenkonflikten beim Verkauf aus der Insolvenz, DZWIR 2005, 192

*von Bülow/Stephanblome*
Acting in Concert und neue Offenlegungspflichten nach dem Risikobegrenzungsgesetz, ZIP 2008, 1797

*Bundesanstalt für Finanzdienstleistungsaufsicht (BaFin)*
- Emittentenleitfaden, 5. Aufl., 2018, https://www.bafin.de/DE/Aufsicht/BoersenMaerkte/Emittentenleitfaden/emittentenleitfaden_node.html (Stand: 6.8.2019)
- Emittentenleitfaden, 4. Aufl., 2013, https://www.bafin.de/SharedDocs/Downloads/DE/Leitfaden/WA/dl_emittentenleitfaden_2013.html (Stand: 6.8.2019)
- Emittentenleitfaden der Bundesanstalt für Finanzdienstleistungsaufsicht (Stand: 15. Juli 2005), https://www.bafin.de/SharedDocs/Downloads/DE/Leitfaden/WA/dl_emittentenleitfaden_2005.html (Stand: 6.8.2005)
- FAQs zu Art. 17 MAR, https://www.bafin.de/SharedDocs/Downloads/DE/FAQ/dl_faq_mar_art_17_Ad-hoc.html (Stand: 6.8.2019)

*Bundeskartellamt*
- Leitfaden zur Marktbeherrschung in der Fusionskontrolle vom 29.3.2012, unter https:// www.bundeskartellamt.de (Stand: 26.7.2019) (zit.: *BKartA*, Leitfaden Marktbeherrschung)
- Leitfaden Transaktionswert-Schwellen, v. 9.7.2018, unter https://www.bundeskartellamt.de/SharedDocs/Publikation/DE/Leitfaden/Leitfaden_Transaktionsschwelle.html (Stand: 26.7.2019)
- Leitfaden Zusagen in der Fusionskontrolle vom 30.5.2017, unter https://www.bundeskartellamt.de (Stand: 26.7.2019) (zit.: *BKartA*, Leitfaden Zusagen)
- Merkblatt zu Inlandsauswirkungen in der Fusionskontrolle v. 30.9.2014, unter https:// www.bundeskartellamt.de (Stand: 26.7.2019)
- Mitteilung: Keine nachträgliche Anmeldung bereits vollzogener Zusammenschlüsse, unter https://www.bundeskartellamt.de (Stand: 26.7.2019)
- Wettbewerbsschutz und Verbraucherinteressen im Lichte neuerer ökonomischer Methoden, 2004, Diskussionspapier für die Sitzung des Arbeitskreises Kartellrecht am 27.9.2004 (zit.: *BKartA*, Diskussionspapier)

*Bundesministerium Finanzen* (Hrsg.)
- Steuerliche Gewinnermittlung; Bewertung von Pensionsrückstellungen nach § 6a EStG, Übergang auf die „Heubeck-Richttafeln 2018 G", unter https://www.bundesfinanzministerium.de/Content/DE/Downloads/BMF_Schreiben/Steuerarten/Einkommensteuer/2018-10-19-steuerliche-gewinnermittlung-bewertung-von-pensionsrueckstellungen-nach-paragraf-6a-EStG.pdf;jsessionid=5B59CCE60BC22DC3BDFB48B153129E74?__blob=publicationFile&v=1 (Stand: 1.12.2018)

*Bundessteuerberaterkammer* (Hrsg.)
Verlautbarungen der Bundessteuerberaterkammer zu den Grundsätzen für die Erstellung von Jahresabschlüssen vom Februar 2011, unter https://www.bstbk.de/export/sites/standard/de/ressourcen/Dokumente/04_presse/publikationen/02_steuerrecht_rechnungslegung/07-BStBK_Verlautbarung.pdf (Stand: 6.8.2019)

*Bungert*
Festschreibung der ungeschriebenen „Holzmüller"-Hauptversammlungszuständigkeiten bei der Aktiengesellschaft, BB 2004, 1345

*Bungert/Wansleben*
Vertragliche Verpflichtung einer Aktiengesellschaft zur Nichtdurchführung von Kapitalerhöhungen, ZIP 2013, 1841

*von Busekist/Timmerbeil*
Die Compliance Due Diligence in M&A-Prozessen, CCZ 2013, 225

*Calliess/Ruffert*
EUV/AEUV, Kommentar, 5. Aufl., 2016
(zit.: *Bearbeiter*, in: Calliess/Ruffert)

*Cannivé*
Die Legal Vendor Due Diligence – Marktstandard oder Modeerscheinung?, ZIP 2009, 254

*Carlé/Bauschatz*
Die durch Kapitalkonten abgebildete Beteiligung an einer Personengesellschaft im Gesellschafts- und Steuerrecht, FR 2002, 1153

*Carnegie/Croley/Taubman/Dammann de Chapto*
Foreign Direct Investment in the United States and Europe, NZKart 2018, 296

*Chmielewicz/Schweizer*
Handwörterbuch des Rechnungswesens, 3. Aufl., 1993

*Classen*
Distressed M&A – Besonderheiten beim Unternehmenskauf aus der Insolvenz, BB 2010, 2898

*Coenenberg/Haller/Schultze*
Jahresabschluss und Jahresabschlussanalyse – Betriebswirtschaftliche, handelsrechtliche, steuerrechtliche und internationale Grundlagen – HGB, IAS/IFRS, US-GAAP, DRS, 25. Aufl., 2018

*Cramer*
Die Beurkundung der GmbH-Gründung durch einen in der Schweiz zugelassenen Notar mit Amtssitz im Kanton Bern – zugleich Besprechung von KG, Beschl. v. 24.1.2018 – 22 W 25/16, DStR 2018, 746

*Däubler*
Der gesetzliche Mindestlohn – doch eine unendliche Geschichte?, NJW 2014, 1924

*Dauner-Lieb*
Die Existenzvernichtungshaftung als deliktische Innenhaftung gemäß § 826 BGB, ZGR 2008, 34

*Dauner-Lieb/Langen*
Bürgerliches Gesetzbuch – BGB, Band 2/1 und 2/2: Schuldrecht, Kommentar, 3. Aufl., 2016
(zit.: *Bearbeiter*, in Dauner-Lieb/Langen, BGB)

*Decker/Schäfer*
Die Unternehmensinsolvenz aus Investorensicht, BB 2015, 198

*Deilmann*
Die Beendigung des Beherrschungs- und/oder Gewinnabführungsvertrags in der M&A-Transaktion, NZG 2015, 460

*Deutsches Rechnungslegungs Standards Committee e. V. (Hrsg.)*
Deutscher Rechnungslegungs Standard Nr. 16 (DRS 16), unter https://www.drsc.de/app/uploads/2017/02/120928_DRS_16_near-final.pdf (Stand: 6.8.2019)

*Diekmann*
Änderungen im Wertpapiererwerbs- und Übernahmegesetz anlässlich der Umsetzung der EU-Übernahmerichtlinie in das deutsche Recht, NJW 2007, 17

*Diem/Jahn*
Akquisitionsfinanzierungen, 4. Aufl., 2019

*Diem/Erni*
„Locked Box" beim Unternehmenskauf – Ein (vergangener) Trend oder mehr?, GesKR 2010, 354

*Donle*
Gewerbliche Schutzrechte im Unternehmenskauf, DStR 1997, 74

*Drukarczyk/Ernst* (Hrsg.)
Branchenorientierte Unternehmensbewertung, 3. Aufl., 2010
(zit.: *Bearbeiter*, in Drukarczyk/Ernst)

*Drukarczyk/Schüler*
Unternehmensbewertung, 7. Aufl., 2016

*Dzida*
Die Verwirkung des Widerspruchsrechts als Korrektiv zur uferlosen Unterrichtungspflicht beim Betriebsübergang?, NZA 2009, 641

*Ebeling/Tellenbröker*
Subventionsrecht als Verwaltungsrecht, JuS 2014, 217

*Eckert*
Rechtsfolgen des Kommanditistenwechsels, ZHR 147 (1983), 565

*Eder*
Die rechtsgeschäftliche Übertragung von Aktien, NZG 2004, 107

*Ege/Klett*
Praxisfragen bei grenzüberschreitenden Verschmelzungen im Konzern, GWR 2011, 399

*Ehricke*
Anforderungen an den Insolvenzverwalter bei der Veräußerung des Unternehmens aus einer „beihilfeninfizierten Masse" zum Schutz des Erwerbs vor Rückforderungsansprüchen, ZInsO 2005, 516

*Eichholz*
Das Genfer Wertpapierübernahmeeinkommen und das deutsche sachenrechtliche Denken im Effektengiroverkehr, WM 2013, 250

*Eickelberg/Mühlen*
Versteckte Vorgaben für Unternehmenskaufverträge mit einer GmbH als Veräußerin – Fragestellungen im Hinblick auf § 311b III BGB und § 179a AktG, NJW 2011, 2476

*Eidenmüller*
Regulierung von Finanzinvestoren, DStR 2007, 2116

*Einsele*
Wertpapiere im elektronischen Bankgeschäft, WM 2001, 7

*Elfring*
Legal Due Diligence Reports, JuS-Beilage 5/2007, 3

*Emde*
Die Handelsvertreter-Richtlinie 1986 und ihre Folgen, ZVertriebsR 2014, 218

*Emmerich*
Fusionskontrolle 2012/13, AG 2014, 25

*Erfurter Kommentar*
zum Arbeitsrecht, 19. Aufl., 2019
(zit.: ErfK/*Bearbeiter*)

*Erne*
Akquisitionsfinanzierung: Haftungsfalle „Financial Assistance", GWR 2012, 503

*Eschwey*
Der wundersame Aufstieg des § 179a AktG – ein Stolperstein auch beim Grundstückskaufvertrag, MittBayNot 2018, 299

*Esser/Höft*
Die Einführung des SIEC-Tests durch die 8. GWB-Novelle – Folgen für die Praxis, NZKart 2013, 447

*Ettinger/Wolff*
Veräußerung von Anteilen an einer deutschen GmbH & Co. KG im Rahmen grenzüberschreitender Unternehmenskäufe, GmbHR 2002, 890

*EY* (Hrsg.)
- Im Fokus: Der neue Standard zur Umsatzrealisierung, Januar 2017, unter https://www.ey.com/Publication/vwLUAssets/EY-Im-Fokus-der-neue-Standard-zur-Umsatzrealisierung-Januar-2017/$FILE/EY-Im-Fokus-der-neue-Standard-zur-Umsatzrealisierung-Januar-2017.pdf (Stand: 1.12.2018)
- Im Fokus: Der neue Standard zu Leasingverhältnissen, 2016, unter https://www.ey.com/Publication/vwLUAssets/ey-im-fokus-der-neue-standard-zu-leasingverhaeltnissen-2016/$FILE/ey-im-fokus-der-neue-standard-zu-leasingverhaeltnissen-2016.pdf (Stand: 1.12.2018)
- IFRS 16: Der Standard zu Leasingverhältnissen Die wichtigsten Punkte zur Umsetzung, 2017, unter https://www.ey.com/Publication/vwLUAssets/ey-ifrs-16-der-standard-zu-leasingverhaeltnissen/$FILE/ey-ifrs-16-der-standard-zu-leasingverhaeltnissen.pdf (Stand:1.12.2018)

*Eylmann*
Bewegung im Berufsrecht der Notare, NJW 1998, 2929

*Federmann*
Bilanzierung nach Handelsrecht, Steuerrecht und IAS/IFRS, 12. Aufl. 2010

*Feldhaus*
Der Verkauf von Unternehmensteilen einer Aktiengesellschaft und die Notwendigkeit einer außerordentlichen Hauptversammlung, BB 2009, 562

*Felsenstein/Gansen/Semkowicz*
Basics von M&A-Garantien in der Praxis unter Berücksichtigung der neueren Rechtsprechung, KSzW 2017, 33

*Findeisen*
Die Sorgfaltspflichten des Erwerbers beim Unternehmenskauf, BB 2015, 2700

*Fink/Chilevych*
Anwendbarkeit und Anforderungen des § 179a AktG bei Personengesellschaften – Eine einzige Grauzone?, NZG 2017, 1254

*Fischer*
Die Haftung des Unternehmensverkäufers nach neuem Schuldrecht, DStR 2004, 276

*Fischer/Günkel/Neubeck/Pannen*
Die Bilanzrechtsreform 2010/11 – Handels- und Steuerrecht nach BilMoG, 4. Aufl., 2010
(zit.: *Bearbeiter*, in: Fischer/Günkel/Neubeck/Pannen)

*Fischinger/Lettmaier*
Sachmangel bei Asbestverseuchung – Anwendbarkeit der c.i.c. neben den §§ 434 ff. BGB, NJW 2009, 2496

*Fitting/Engels/Schmidt/Trebinger/Linsenmaier*
Betriebsverfassungsgesetz, Kommentar, 29. Aufl., 2018
(zit.: *Fitting* u. a., BetrVG)

*Flasshoff/Glasmacher*
Wankende Verwaltungsakte im Außenwirtschaftsrecht bei Unternehmenskäufen, NZG 2017, 489

*Fleischer*
- Das unternehmerische Ermessen des GmbH-Geschäftsführers und seine GmbH-spezifischen Grenzen, NZG 2011, 521
- Zulässigkeit und Grenzen von Break-Fee-Vereinbarungen im Aktien- und Kapitalmarktrecht, AG 2009, 345
- Finanzinvestoren im ordnungspolitischen Gesamtgefüge von Aktien-, Bankaufsichts- und Kapitalmarktrecht, ZGR 2008, 185

*Forster*
Abschlußprüfung nach dem Regierungsentwurf des KonTraG, WPg 1998, 41

*Fortun/Neveling*
Beurkundungserfordernis beim Asset Deal, BB 2011, 2568

*Franz/Keune*
Warranty and Indemnity Insurance – Die Gewährleistungsversicherung bei Unternehmenskäufen ist auch in Deutschland auf dem Vormarsch, VersR 2013, 1371

Der Störerausgleichsanspruch nach § 24 Abs. 2 BBodSchG, DB 2000, 2461

*Froehner*
Die Haftung des Erwerbers für rückständige Sozialversicherungsbeiträge beim Unternehmenskauf im Rahmen eines Asset Deals, GWR 2015, 202

*Fröhlich/Köchling*
Verkauf eines insolventen Unternehmens – Bestandsaufnahme und Handlungsleitfaden zur Realisierung übertragender Sanierungen, ZInsO 2005, 1121

*Fuchs* (Hrsg.)
Wertpapierhandelsgesetz, Kommentar, 2. Aufl., 2016
(zit.: Fuchs/*Bearbeiter*, WpHG)

*Füger/Rieger*
Veräußerung von Mitunternehmeranteilen und Gewerbesteuer, DStR 2002, 936

*Fuhrmann*
Rechtsprechungsbrechende Gesetzgebung zur steuerrechtlichen Behandlung von Verpflichtungsübernahmen durch das AIFM-StAnpG, DB 2014, 9

*Gahlen*
Bilanzierung von Forderungsverzichten gegen Besserungsschein und von Verlustbeteiligungen aus Mezzanine-Kapital nach HGB und IFRS, BB 2009, 2079

*Gaul*
Schuldrechtsmodernisierung und Unternehmenskauf, ZHR 166 (2002), 35

*Geyrhalter/Zirngibl/Strehle*
Haftungsrisiken aus dem Scheitern von Vertragsverhandlungen bei M&A-Transaktionen, DStR 2006, 1559

*Giedinghagen/Fahl*
Alles (noch) bestimmt genug?, DStR 2007, 1965

*Giedinghagen/Leuering*
Ausweitung der kapitalmarktrechtlichen Mitteilungspflichten, NJW-Spezial 2011, 271

*Gienapp/von Hugo*
Wirksamkeitsprobleme bei der Übertragung von Steuerberatungs- und Rechtsanwaltskanzleien, BB 1997, 2229

*Giesberts/Frank*
Sanierungsverantwortlichkeit nach BBodSchG bei Erwerb, Veräußerung und Umwandlung von Unternehmen und bei Grundstückstransaktionen, DB 2000, 505

*Giessen/Luettges*
Die Bring Down Disclosure in Unternehmenskaufverträgen, BB 2018, 647

*Goette/Hüffer/Tebben*
Gesellschaftsrecht in der Diskussion 2010: Jahrestagung der Gesellschaftsrechtlichen Vereinigung (VGR), 2011
(zit.: *Bearbeiter*, in: Goette/Hüffer/Tebben)

*Gondensen*
Rechtliche Aspekte des Management Buy-Out, WM 1989, 201

*Gottschalk*
Gun-Jumping: Zum Fusionsvollzug trotz Vollzugsverbot, RIW 2005, 905

*Göpfert/Siegrist*
Betriebsübergänge – ein unkalkulierbares Risiko? – „Vier Jahre nach Agfa und BenQ", ArbRAktuell 2010, 60

*Göthel* (Hrsg.)
Grenzüberschreitende M&A-Transaktionen, 4. Aufl., 2015
(zit.: Göthel-*Bearbeiter*, Grenzüberschreitende M&A-Transaktionen)

*Götze*
„Gelatine" statt „Holzmüller" – Zur Reichweite ungeschriebener Mitwirkungsbefugnisse der Hauptversammlung, NZG 2004, 585

*Götze/Mörtel*
- Zulässigkeit der Einreichung der GmbH-Gesellschafterliste durch einen ausländischen Notar, NZG 2014, 369
- Zur Beurkundung von GmbH-Anteilsübertragungen in der Schweiz, NZG 2011, 727

*Grädler/Fritsche/Beilborn*
Warranty & Indemnity-Versicherungen bei Unternehmenstransaktionen – Echter Mehrwert oder kurzfristige Modeerscheinung?, GWR 2018, 464, 465

*Gran*
Abläufe bei Mergers & Acquisitions, NJW 2008, 1409

*Greven/Fahrenholz*
Die Handhabung der neuen Mitteilungspflichten nach § 27a WpHG, BB 2009, 1487

*Grigoleit* (Hrsg.)
- AktG, Kommentar, 2013
  (zit.: Grigoleit/*Bearbeiter*, AktG)
- Wertabschläge im Warenlager, DB 1985, 1245

*Gross/Fink*
Besserungsscheine im Jahresabschluss der GmbH, BB 1991, 1379

*Großkommentar zum Aktiengesetz*
5. Aufl., 2015 ff, hrsg. von Hirte/Mülbert/Roth)
(zit.: *Bearbeiter*, in: Großkomm. z. AktG)

*Grossmann/Mönnich*
Warranty & Indemnity Insurance, NZG 2003, 708

*Großfeld*
Unternehmens- und Anteilsbewertung im Gesellschaftsrecht: Zur Barabfindung ausscheidender Gesellschafter, 3. Aufl., 1994

*Großfeld/Berndt*
Die Übertragung von deutschen GmbH-Anteilen im Ausland, RIW 1996, 625

*Grub/Krispenz*
Auswirkung der Digitalisierung auf M&A Transaktionen, BB 2018, 235

*Grub/Krispenz/Koschker*
„Acqui-Hire“ – Transaktionsberatung in einem gewandelten Umfeld, Beitrag in der Studie „Legal Management of Innovation“, hrsg. v. CMS und dem Bundesverband der Unternehmensjuristen e.V. (BUJ), 16.1.2018, S. 212
(zit.: *Grub/Krispenz/Koschker,* Legal Management of Innovation)

*Gruber*
Neues Kaufrecht – Umsatz und Ertragsangaben beim Unternehmenskauf, MDR 2002, 433

*Grumann/Soehlke*
Namensaktie und Hauptversammlung, DB 2001, 576

*Grünberger*
IFRS 2010 – Ein systematischer Praxis-Leitfaden, Stand 1.8.2010, 9. Aufl., 2011

*Gsell/Krüger/Lorenz/Reymann* (Hrsg.)
beck-online.Großkommentar BGB
(zit.: *Bearbeiter*, in: Gsell/Krüger/Lorenz/Reymann, beck-online.Großkommentar BGB)

*Gündling/Schulz-Wulkow* (Hrsg.)
Next Generation Real Estate – Innovation und digitale Trends, 2018
(zit.: *Bearbeiter*, in: Gündling/Schulz-Wulkow)

*Haak/Thiemann*
Ledvance, Kuka, Aixtron – Neue Rahmenbedingungen für ausländische Direktinvestitionen, CB 2017, 431

*Habersack*
Grenzen der Mehrheitsherrschaft in Stimmrechtskonsortien, ZHR 164 (2000), 1

*Habersack/Mayer*
Globalverbriefte Aktien als Gegenstand sachenrechtlicher Verfügungen? – Ein weiteres Plädoyer für die Ablösung der Globalurkunde durch Wertrechte, WM 2000, 1678

*Habersack/Schürnbrand*
Unternehmenskauf im Wege des Auktionsverfahrens aus AGB-rechtlicher Sicht, in: Festschrift Canaris, 2007, S. 359

*Hanke/Socher*
Fachbegriffe aus M&A und Corporate Finance – Der Unternehmenskauf in der Planungs- und Bieterphase, NJW 2010, 664

*Happ*
Vom Aktienbuch zum elektronischen Aktionärsregister, in: Festschrift Bezzenberger, 2000, S. 111

*Härting*
Kundendaten beim Unternehmenskauf nach DSGVO, CR 2017, 724

*Hasselbach/Ebbinghaus*
Vorvertragliche Pflichtverletzung als Haftungsfalle beim Unternehmenskauf, DB 2012, 216

*Hasselbach/Wirtz*
Die Verwendung von MAC-Klauseln in Angeboten nach dem WpÜG, BB 2005, 842

*Hasselbrink*
Beteiligungserwerbe an GmbH durch ausländische Investoren, GmbHR 2010, 512

*Hausch*
Gestaltungsmittel im Asset Deal-Unternehmenskaufvertrag im Hinblick auf § 613a BGB, BB 2008, 1392

*Hauschka*
Wirtschaftliche, arbeits- und gesellschaftsrechtliche Aspekte des Management Buy-Out, BB 1987, 2169

*Hauschka/Moosmayer/Lösler* (Hrsg.)
Corporate Compliance, 3. Aufl., 2016
(zit.: *Bearbeiter*, in: Hauschka/Moosmayer/Lösler, Corporate Compliance)

*Helbling*
Unternehmensbewertung und Steuern: Unternehmensbewertung in Theorie und Praxis, insbesondere die Berücksichtigung der Steuern aufgrund der Verhältnisse in der Schweiz und in der Bundesrepublik Deutschland, 8. Aufl., 1995

*Heckschen*
Die Formbedürftigkeit der Veräußerung des gesamten Vermögens im Wege des „asset deal", NZG 2006, 772

*Heinrich/Jalinous*
Grenzkontrollen am Ende der Seidenstraße, AG 2017, 526

*Heinze*
Die Bedeutung der steuerlichen Anzeige- und Übersendungspflichten der Notare (insbesondere nach § 54 I EStDV) für die Zulässigkeit der Auslandsbeurkundung im Gesellschaftsrecht, NZG 2017, 371

*Heller/Timm*
Übertragung vinkulierter Namensaktien in der Aktiengesellschaft, NZG 2006, 257

*Heller/Vollrath*
„Vorbefassung" des hauptberuflichen Notars?, MittBayNot 1998, 322

*Hemeling*
Gesellschaftsrechtliche Fragen der Due Diligence beim Unternehmenskauf, ZHR 169 (2005), 274

*Hennrichs*
Zur Haftung auf Schadenersatz wegen unrichtiger Bilanzgarantien bei M&A-Transaktionen, NZG 2014, 1001

*Hensel/Namislo*
Die W&I-Versicherung in der M&A-Beratungspraxis, BB 2018, 1475

*Henssler/Strohn*
Gesellschaftsrecht, Kommentar, 4. Aufl., 2019
(zit.: *Bearbeiter*, in: Henssler/Strohn, Gesellschaftsrecht)

*Henssler/Willemsen/Kalb*
Arbeitsrecht Kommentar, 8. Aufl., 2018
(zit.: HWK/*Bearbeiter*)

*Herberger/Martinek/Rüßmann/Weth/Würdinger*
juris PraxisKommentar BGB, 8. Aufl., 2017
(zit.: *Bearbeiter*, in: jurisPK-BGB)

*Hergeth/Mingau*
Beteiligungsverträge bei der GmbH, DStR 2001, 1217

*Hermanns*
Beurkundungspflichten, Beurkundungsverfahren und Beurkundungsmängel unter besonderer Berücksichtigung des Unternehmenskaufvertrages, DNotZ 2013, 9

*Herrlinger/Valdini*
Frühstart oder nicht? – EuGH und BGH sind sich nicht einig über die Reichweite des Vollzugsverbots, NZKart 2018, 308

*Hesselmann/Tillmann/Mueller-Thuns*
Handbuch der GmbH & Co. KG, 21. Aufl., 2016
(zit.: *Bearbeiter*, in: Hesselmann/Tillmann/Mueller-Thuns)

*Heussen*
Letter of Intent – Absichtserklärungen, Geheimhaltungsvereinbarungen, Optionen, Vorverträge, 2. Aufl., 2014

*Hilgard*
- Der Freistellungsanspruch beim Unternehmenskauf, BB 2016, 1218
- Berechnung des Schadens bei Verletzung einer Eigenkapitalgarantie beim Unternehmenskauf BB 2013, 937
- Verjährung und Aufrechnung beim Unternehmenskauf, BB 2012, 852
- Earn-Out-Klausel, Kaufpreisvorstellung, Unternehmenskauf, Vertragsgestaltung, unterschiedliche, unterschiedliche Kaufpreisvorstellung, BB 2010, 2912
- Break-up Fees beim Unternehmenskauf, BB 2008, 286
- Cash-free/Debt-free-Klauseln beim Unternehmenskauf, DB 2007, 559
- Berechnung des Schadens bei Verletzung von Garantien eines Unternehmenskaufvertrages, ZIP 2005, 1813

*Hilgard/Kraayvanger*
Unternehmenskauf: Rechtsfolgen eines selbständigen Garantieversprechens nach der Reform, MDR 2002, 678

*Hippeli/Diesing*
Business Combination Agreements bei M&A-Transaktionen, AG 2015, 185

*Hirsbrunner*
- Die Entwicklung der europäischen Fusionskontrolle im Jahr 2014, EuZW 2015, 535
- Die Entwicklung der europäischen Fusionskontrolle im Jahr 2013, EuZW 2014, 658

*HK-BGB*
BGB, Handkommentar, 10. Aufl., 2019
(zit.: HK-BGB/*Bearbeiter*, BGB)

*Hocke/Sachs/Pelz*
Außenwirtschaftsrecht, 2017
(zit.: *Bearbeiter*, in: Hocke/Sachs/Pelz)

*Hoenig/Klingen*
Grenzen der Wissenszurechnung beim Unternehmenskauf, NZG 2013, 1046

*Hoenig/Meyer-Löwy*
Unternehmenskauf vom „starken" vorläufigen Insolvenzverwalter, ZIP 2002, 2162

*Hofer*
Negativer Kaufpreis beim Unternehmenskauf – Gestaltungsmöglichkeiten zur Absicherung von Verkäuferinteressen, BB 2013, 972

*Hoffer/Lehr*
„Gun Jumping" in Europa: endlich Klarheit?, NZKart 2018, 300

*Hofmann*
Grunderwerbsteuergesetz – Kommentar, 10. Aufl., 2014

*Hofmeister*
Veräußerung und Erwerb von Beteiligungen bei der Aktiengesellschaft: Denkbare Anwendungsfälle der Gelatine-Rechtsprechung?, NZG 2008, 47

*Hoger/Baumann*
Der M&A-Vertrag bei Abschluss einer W&I-Versicherung, NZG 2017, 811

*Hölscher/Nestler/Otto*
Handbuch Financial Due Diligence, 2007

*Hölters* (Hrsg.)
- Aktiengesetz, Kommentar, 3. Aufl., 2017
  (zit.: Hölters/*Bearbeiter*, AktG)
- Handbuch Unternehmenskauf, 9. Aufl., 2019
  (zit.: *Bearbeiter*, in: Hölters, Handbuch Unternehmenskauf)

*Holzapfel/Pöllath*
Unternehmenskauf in Recht und Praxis, 15. Aufl., 2017
(zit.: Holzapfel/Pöllath-*Bearbeiter*, Unternehmenskauf in Recht und Praxis)

*Hommel/Benkel/Wilch*
IFRS 3 Business Combinations: Neue Unwägbarkeiten im Jahresabschluss, BB 2004, 1267

*Hommelhoff*
Der Unternehmenskauf als Gegenstand der Rechtsgestaltung, ZHR 150 (1986), 254

*Huber*
Gesellschafterkonten in der Personengesellschaft, ZGR 1988, 1

*Hübner*
Schadensersatz wegen Täuschung beim Unternehmenskauf, BB 2010, 1483

*Hüffer/Koch*
AktG, Kommentar, 13. Aufl., 2018
(zit.: *Hüffer/Koch*, AktG)

*Hülsebeck*
Der Weg zu den US-Börsen für mittelständische deutsche Unternehmen, DStR 2000, 894

*Hüren*
Gesamtvermögensgeschäfte im Gesellschaftsrecht, RNotZ 2014, 77

*IDW (Institut der Wirtschaftprüfer)* (Hrsg.)

- WP Handbuch 2006 – Wirtschaftsprüfung, Rechnungslegung, Beratung, Bd. I, 13. Aufl., 2006 (zit.: *Bearbeiter*, in: WP Handbuch, Bd. 1)
- WP Handbuch 2008 – Wirtschaftsprüfung, Rechnungslegung, Beratung, Bd. II, 13. Aufl., 2007 (zit.: *Bearbeiter*, in: WP Handbuch, Bd. 2)
- IDW Prüfungsstandard: Prüfung von Abschlüssen, die nach Rechnungslegungsgrundsätzen für einen speziellen Zweck aufgestellt wurden (IDW PS 480) v. 28.11.2014, WPg Supplement 1/2015, S. 1, FN-IDW 1/2015, S. 6
- IDW Prüfungsstandard: Prüfung von Finanzaufstellungen oder deren Bestandteilen (IDW PS 490) v. 28.11.2014, WPg Supplement 1/2015, S. 1, FN-IDW 1/2015, S. 6
- IDW Prüfungsstandard: Ziele und allgemeine Grundsätze der Durchführung von Abschlussprüfungen (IDW PS 200) v. 3.6.2015, WPg 15/2000, S. 706, FN-IDW 7/2000, S. 280, WPg Supplement 3/2015, S. 1, FN-IDW 8/2015, S. 438
- Zur Anwendung der neuen Heubeck-Richttafeln RT 2018 G bei der Bewertung von Altersversorgungsverpflichtungen in HGB- und IFRS-Abschlüssen, Schreiben v. 5.9.2018, unter https://www.idw.de/blob/110898/743aed035778a86384b06ebe697ceb60/idw-anwendung-heubeck-tafeln-data.pdf (Stand: 1.12.2018)
- IDW Positionspapier: Vorformulierte Bescheinigungen v. 9.3.2015, https://www.idw.de/idw/idw-aktuell/idw-positionspapier-zu-vorformulierten-bescheinigungen/27236 (Stand 1.12.2018)
- IDW Prüfungshinweis: Prüfung von Pro-Forma-Finanzinformationen (IDW PH9.960.1) v. 29.11.2005, Stand: 12.07, Heft 9/2017, IDW Life, S. 102 ff und S. 529
- IDW: Zur Anwendung der neuen Heubeck-Richttafeln RT 2018 G bei der Bewertung von Altersversorgungsverpflichtungen in HGB- und IFRS-Abschlüssen, Schreiben v. 5.9.2018, unter https://www.idw.de/blob/110898/743aed035778a86384b06ebe697ceb60/idw-anwendung-heubeck-tafeln-data.pdf (Stand: 5.9.2018)

*Ihlau/Gödecke*
Earn-Out-Klauseln als Instrument für die erfolgreiche Umsetzung von Unternehmenstransaktionen, BB 2010, 687

*Immenga/Immenga*
Freigabe nach FKVO bei laufender Verhaltenskontrolle unter Wahrung von Effizienzgewinnen?, WuW 2011, 337

*Immenga/Mestmäcker*
Wettbewerbsrecht, Kommentar, 5. Aufl., 2014
(zit.: *Bearbeiter*, in: Immenga/Mestmäcker, Wettbewerbsrecht)

*Iversen*
Die außerbörsliche Übertragung von Aktien unter Beachtung des sachenrechtlichen Bestimmtheitsgrundsatzes, AG 2008, 736

*Jacobs/Franz*
Können W&I-Versicherungen das M&A-Geschäft beleben?, VersR 2014, 659

*Jaletzke/Henle*
M & A Agreements in Germany, 2011
(zit.: *Bearbeiter*, in: Jaletzke/Henle)

*Jauernig*
BGB, Kommentar, 17. Aufl., 2018
(zit.: Jauernig/*Bearbeiter*, BGB)

*Just/Stapenhorst* (Hrsg.)
Real Estate Due Diligence – A Guideline for Practitioners, 2018
(zit.: *Bearbeiter*, in: Just/Stapenhorst)

*Just/Voß/Ritz/Becker* (Hrsg.)
WpHG, Kommentar, 2015
(zit.: *Bearbeiter*, in: Just/Voß/Ritz/Becker, WpHG)

*Jüchser*
Und sie haften doch – Zur Haftung des Erwerbers für die Rückzahlung rechtswidriger Beihilfen beim Unternehmenserwerb im Wege des Asset Deals, NZI 2015, 596

*Kahlert/Gehrke*
ESUG macht es möglich: Ausgliederung statt Asset Deal im Insolvenzplanverfahren, DStR 2013, 975

*Kammel*
Ausgewählte Probleme des Unternehmenskaufs aus der Insolvenz, NZI 2000, 102

*van Kann*
Wettstreit der Methoden: Locked Box vs. Closing Accounts, Finance Jahrbuch 2005

*Kästle*
M&A-Verträge unterliegen nicht der AGB-Kontrolle, NZG 2014, 288

*Kästle/Haller*
Schieds- oder Schiedsgutachterverfahren zur Feststellung eines Material Adverse Change (MAC) beim Unternehmenskauf, NZG 2016, 926

*Kästle/Oberbracht*
Unternehmenskauf – Share Purchase Agreement, 3. Aufl., 2018

*Kaufhold*
Stapled Insurance bei Private Equity-Transaktionen in Deutschland, BB 2016, 394

*Kayser/Thole* (Hrsg.)
Insolvenzordnung, 9. Aufl., 2018
(zit.: *Bearbeiter*, in: HK-InsO)

*Kempermann*
Die Formbedürftigkeit der Abtretung einer Beteiligung an einer GmbH & Co. KG, NJW 1991, 684

*Kessler/Leinen/Strickmann*
Handbuch BilMoG, Der praktische Leitfaden zum Bilanzrechtsmodernisierungsgesetz, 2. Aufl., 2010
(zit.: *Bearbeiter*, in: Kessler/Leinen/Strickmann)

*Kiem* (Hrsg.)
Kaufpreisregelungen beim Unternehmenskauf, 2. Aufl., 2018
(zit.: *Bearbeiter*, in: Kiem)

*Kiem*
- Das Beurkundungserfordernis beim Unternehmenskauf im Wege des Asset Deals – Zur Anwendung des § 311b Abs. 3 BGB auf Gesamtvermögensübertragungsvorgänge juristischer Personen, NJW 2006, 2363
- Investorenvereinbarungen im Lichte des Aktien- und Übernahmerechts, AG 2009, 301

*Kiesewetter/Hoffmann*
Umgang mit Umweltrisiken bei M&A-Transaktionen – vertragliche Regelungen und Versicherbarkeit, BB 2016, 1798

*Kiethe*
Vorstandshaftung aufgrund fehlerhafter Due Diligence beim Unternehmenskauf, NZG 1999, 976

*Kilian*
Anmerkung zum Urteil des LG Berlin v. 14.9.2013: Anwaltshaftung bei Legal Due Diligence-Prüfung, WuB I V A, § 280 BGB 1.14

*Kind/Stanek*
MAC-Klauseln in der Krise, BB 2010, 1490

*Kindl*
Unternehmenskauf und Schuldrechtsmodernisierung, WM 2003, 409

*Kindt/Stanek*
MAC-Klauseln in der Krise, BB 2010, 1490

*Kirchfeld/Hoenig/Klingen*
Rechtsentwicklungen im Zusammenhang mit M&A-Transaktionen 2016, DB-Beilage 2016, 28

*Kirchner/Giessen*
Anwendbarkeit des AGB-Rechts auf M&A-Verträge?, BB 2015, 515

*Kirchner/Helmreich*
Der Kauf aus dem Konzern, CFL 2010, 487

*Klein-Blenkers*
Die Entwicklung des Unternehmenskaufrechts, NZG 2006, 245
Schwerpunkt und aktuelle zivilrechtliche Fragen des Unternehmenskaufs, DStR 1998, 978

*Kleissler*
Die Bilanzgarantie: Eine Betrachtung von Tatbestand und Rechtsfolgen nach einem Urteil des OLG Frankfurt a.M., NZG 2017, 531

*Klindt/Swoboda*
Unternehmenskauf: Produktsicherheit als Teil der juristischen Due Diligence, DB 2005, 1203

*Klingen/Sprado*
Die Prüfung von Unternehmenserwerben gemäß §§ 55 ff. Außenwirtschafts-verordnung, KSzW 2017, 49

*Klöckner*
Erfordernis der notariellen Beurkundung gem. § 311b Abs. 3 BGB beim Asset Deal?, DB 2008, 1083

*Klode*
Punitive Damages – Ein aktueller Beitrag zum US-amerikanischen Strafschadenser-satz, NJOZ 2009, 1762

*Klöhn*
Marktmissbrauchsverordnung, Kommentar 2018
(zit.: *Bearbeiter*, in: Marktmissbrauchsverordnung)

*Knott*
- Unternehmenskauf nach der Schuldrechtsform, NZG 2002, 249
- Nachgründung im Anschluß an Börsengänge, BB 1999, 806
- Value for Money – Anwaltliche Sorgfaltsplichten bei der Due Dilligence-Modelle für die Praxis, ZIP 2019, 1310

*Knott/Rodewald*
Beendigung der handels- und steuerrechtlichen Organschaften bei unterjähriger Anteilsveräußerung, BB 1996, 472

*Koch*
Due Diligence und Beteiligungserwerb aus Sicht des Insiderrechts, 2006

*Kocher*
Rechtsgeschäftliche Vertretung von Kapitalgesellschaften in Vollversammlungen anderer Kapitalgesellschaften, NZG 2016, 1220

*Koenig*
Abgabenordnung, Kommentar, 3. Aufl., 2014
(zit.: Koenig/*Bearbeiter*, AO)

*Koller/Goedhardt/Wessels*
Valuation – Measuring and Managing the Value of Companies, 6. Aufl., 2015
(zit.: *Koller/Goedhardt/Wessels*, Valuation)

*Koller/Kindler/Roth/Morck*
HGB, Kommentar, 8. Aufl., 2015
(zit.: *Bearbeiter*, in: Koller/Kindler/Roth/Morck, HGB)

*Kölner Kommentar*
zum Aktiengesetz, 3. Aufl., Bd. 1., 2004–2017
(zit.: *Bearbeiter*, in: Kölner Komm. z. AktG)

*Kölner Kommentar*
zum WpÜG, 2. Aufl., 2010
(zit.: *Bearbeiter*, in: Kölner Komm. z. WpÜG)

*König/Gießelmann*
Zur Haftung beim Unternehmenskauf – Voraussetzungen und Schadensbegriff bei der objektiven und subjektiven Bilanzgarantie, GWR 2016, 55

*König/Götte/Bormann*
Das Formstatut für die dingliche Abtretung von GmbH-Geschäftsanteilen nach geltendem und künftigem Recht, NZG 2009, 881

*Kopp*
Gesellschaftsrechtliche Gestaltungen im Hinblick auf den EURO, MittBayNot 1999, 161

*Koppmann*
Die gesetzliche Aufklärungspflicht des Verkäufers und ihre Erfüllung beim Unternehmenskauf – ein Praxisleitfaden, BB 2014, 1673

*Kort*
Die Bedeutung der neueren arbeitsrechtlichen Rechtsprechung für das Verständnis des neuen Beschäftigtendatenschutzes, NZA 2018, 1097

*Körber*
- Verweisungen nach Art. 4 Abs. 4 und Abs. 5 FKVO 139/2004, WuW 2007, 330
- Geschäftsleitung der Zielgesellschaft und due diligence bei Paketerwerb und Unternehmenskauf, NZG 2002, 263

*Korch*
Bilanzgarantien: Von einem fragwürdigen Urteil, überzogener Praktikerkritik und unpassenden Klauselformulierungen, WM 2018, 700

*Körner, Raimund*
Das Bundes-Bodenschutzgesetz im Grundstücksverkehr, DNotZ 2000, 344

*Kösters*
Letter of Intent – Erscheinungsformen und Gestaltungshinweise, NZG 1999, 623

*KPMG* (Hrsg.)
IFRS 9: Finanzinstrumente aus der Sicht von Nichtindustrieunternehmen, 2016, https://assets.kpmg.com/content/dam/kpmg/ch/pdf/ch-ifrs9-de.pdf (Stand: 1.12.2018)

*Kraft/Ulrich*
Zielgesellschaft GmbH & Co. KG: Zivil- und steuerrechtliche Gestaltungsmöglichkeiten bei Veräußerung und Erwerb, DB 2006, 711

*Kränzlin/Otte/Fassbach*
Die Gewährleistungsversicherung bei Unternehmenskäufen – neue Entwicklungen und Gestaltungshinweise, BB 2013, 2314

*Kröll*
Beurkundung gesellschaftsrechtlicher Vorgänge durch einen ausländischen Notar, ZGR 2000, 111

*Krüger/Kalbfleisch*
Due Diligence bei Kauf und Verkauf von Unternehmen – Rechtliche und steuerliche Vorprüfung beim Unternehmenskauf, DStR 1999, 174

*Kruse/Kruse*
Grenzüberschreitende Verschmelzungen – Vorgaben und Vereinfachungen der §§ 122a ff. UmwG, BB 2010, 3035

*Kübler*
Handbuch Restrukturierung in der Insolvenz, 3. Aufl., 2019
(zit.: *Bearbeiter*, in: HRI)

*Kühnen*
Wohin führt uns die 8. GWB-Novelle in der Fusionskontrolle?, KSzW 2011, 3

*Kuntz*
- Die Auslegung von Material Adverse Change (MAC)-Klauseln in Unternehmenskaufverträgen, DStR 2009, 377
- Geltung und Reichweite der Business Judgment Rule in der GmbH, GmbHR 2008, 121

*Küting/Eidel*
Marktwertansatz contra Ertragswert- und Discounted Cash Flow-Verfahren, FB 1999, 225

*Küting/Wirth*
- Bilanzierung von Unternehmenszusammenschlüssen nach IFRS 3, KoR 2004, 167
- Bilanzierung des negativen Unterschiedsbetrages nach IFRS 3 und die Bedeutung der Erfassung von Eventualschulden in der Kaufpreisallokation, IRZ 2006, 143

*Labbé*
Earn-Out-Ansatz als Option zur preislichen Gestaltung von Unternehmenstransaktionen, FB 2004, 117

*Laeger*
Formwirksamkeit der Übertragung von GmbH-Anteilen in der Schweiz, BB 2010, 2647

*Land*
Rechtsfragen des internationalen Unternehmenskaufs, BB 2013, 2697

*Langen/Bunte* (Hrsg.)
Kommentar zum deutschen und europäischen Kartellrecht, Bd. 2 – Europäisches Kartellrecht, 13. Aufl., 2018
(zit.: Bearbeiter, in: Langen/Bunte)

*Lappe/Schmitt*
Risikoverteilung beim Unternehmenskauf durch Stichtagsregelung, DB 2007, 153

*Larisch*
Gewährleistungshaftung beim Unternehmens- und Beteiligungskauf, 2004

*Lauermann/Protzen*
„Anwachsung“: Ertragsteuerliche Neutralität bei entschädigungslosem Ausscheiden des nicht am Vermögen der Personengesellschaft beteiligten Komplementärs, DStR 2001, 647

*Leckschas*
Pensionsverpflichtungen als Deal Breaker bei Unternehmenstransaktionen?, DB 2011, 1176.

*Lehmann*
Kaufpreis-Ermittlung in der M&A-Praxis und ihre Abbildung im Unternehmenskaufvertrag, CFL 2011, 31

*Leißner/Winter*
Unternehmenskauf, Anteilsübertragung, Umwandlungsrecht, 3. Aufl., 2016

*Lembke*
Das Mindestlohngesetz und seine Auswirkungen auf die arbeitsrechtliche Praxis, NZA 2015, 70

*Lenz*
Das Wertpapiererwerbs- und Übernahmegesetz in der Praxis der Bundesanstalt für Finanzdienstleistungsaufsicht, NJW 2003, 2073

*Lergon*
Die persönliche Haftung des Gesellschafters einer GmbH, RNotZ 2003, 214

*Leuschner*
Gebotenheit und Grenzen der AGB-Kontrolle – Weshalb M&A-Verträge nicht der Inhaltskontrolle der §§ 305 ff. AGB unterliegen, AcP 207 (2007), 491

*Leutner/Schlotter/Zätsch*
Beurkundung von Unternehmenstransaktionen, 2015

*Ley*
- Die steuerliche Behandlung der entgeltlichen Übertragung einer nur handels-, aber nicht steuerbilanziell passivierten Verpflichtung, DStR 2007, 589
- Rechtsnatur und Abgrenzung aktivischer Gesellschafterkonten, DStR 2003, 957
- Gesellschafterkonten der OHG und KG – Gesellschaftsrechtliche und steuerrechtliche Charakterisierung und Bedeutung, KÖSDI 1994, 9972

*Lieder*
Beurkundung der Gesellschaftsgründung durch einen schweizerischen Notar – Zugleich Besprechung KG v. 24.1.2018 – 22 W 25/16 – ZIP 2018, 805

*Liese*
Die Offenlegung vertraulicher Verträge in Due Diligence-Verfahren, DB 2010, 1806
Die Beurkundungspflicht von Änderungsvereinbarungen zu Geschäftsanteilskaufverträgen, GmbHR 2010, 1256

*Liese/Theusinger*
Gestattung eines Due Diligence-Verfahrens erfordert einen einstimmigen Gesellschafterbeschluss, BB 2009, 186

*Link*
Droht dem Verkäufer von GmbH-Anteilen bei LBOs eine Haftung für Verbindlichkeiten der Zielgesellschaft?, ZIP 2007, 1397

*Link/Becker*
Ausländische Direktinvestitionen in Europa, RIW 2019, 415

*Link/Greven*
Beendigung von Beherrschungs- und Ergebnisabführungsverträge im Rahmen von M&A-Transaktionen, M&A Review 2010, 286

*Linke/Fröhlich*
- Gestaltungsoptionen für Vertraulichkeitsvereinbarungen bei Unternehmensaktionen, GWR 2014, 449
- Einsatz von Vorrats- und Mantelgesellschaften in M&A Transaktionen, GWR 2014, 277

*Lionnet*
Handbuch der internationalen und nationalen Schiedsgerichtsbarkeit, 3. Aufl., 2005

*Lippert, André*
Investitionskontrolle reloaded – Auswirkungen der neuen EU-Verordnung zur Überprüfung ausländischer Direktinvestitionen, BB 2019, 1538

*Loges*
Der Einfluß der „Due Diligence" auf die Rechtsstellung des Käufers eines Unternehmens, DB 1997, 965

*Lorenz/Pospiech*
Holzmüller Reloaded – Hauptversammlungskompetenz beim Beteiligungserwerb?, DB 2010, 1925

*Louven*
Contractual Trust Arrangements bei M&A-Transaktionen, BB 2015, 2283

*Louven/Mehrbrey*
Bedeutung aktueller M&A-Streitigkeiten für die Gestaltungspraxis, NZG 2014, 1321

*Lowy/Hood*
The Power of the 2 x 2 Matrix: Using 2 x 2 Thinking to Solve Business Problems and Make Better Decisions
(zit.: *Lowy/Hood*, 2 x 2 Matrix)

*Lutter*
- Der Letter of Intent, 3. Aufl., 1998
- Due Diligence des Erwerbers beim Kauf einer Beteiligung, ZIP 1997, 613

*Lutter/Hommelhoff*
GmbHG, Kommentar, 19. Aufl., 2016
(zit.: *Bearbeiter*, in: Lutter/Hommelhoff, GmbHG)

*Lutter/Leinekugel*
Der Ermächtigungsbeschluss der Hauptversammlung zu grundlegenden Strukturmaßnahmen – zulässige Kompetenzübertragung oder unzulässige Selbstentmachtung?, ZIP 1998, 805

*Lutter/Wahlers*
Der Buyout – Amerikanische Fälle und die Regeln des deutschen Rechts, AG 1989, 1

*Lutz*
Entscheidungswerte im Planungsprozess der Unternehmensakquisition, 1998

*Magnus*
Corporate Finance: Stapled Finance als Finanzierungsinstrument im Rahmen von Leveraged Buy-Outs, M&A Review 2008, 117

*Maidl/Kreifels*
Beteiligungsverträge und ergänzende Vereinbarungen, NZG 2003, 1091

*Maier/Luke*
Beihilferechtliche Probleme beim Unternehmenskauf, DB 2003, 1207

*Maier-Reimer*
Vertragssprache und Sprache des anwendbaren Rechts, NJW 2010, 2545

*Mairose*
Neue Erkenntnisse zur Haftung von Erwerbern beihilfebegünstigter Unternehmen, DZWIR 2004, 141

*Mankowski*
Änderungen bei der Auslandsbeurkundung von Anteilsübertragungen durch das MoMiG oder durch die Rom I-VO?, NZG 2010, 201

*Marsch-Barner/Schäfer* (Hrsg.)
Handbuch börsennotierte AG, 4. Aufl., 2017
(zit.: *Bearbeiter*, in: Marsch-Barner/Schäfer)

*Matzen/Tesch*
Industrielle Energiestrategie – Praxishandbuch für Entscheider des produzierenden Gewerbes, 2018
(zit.: *Bearbeiter*, in: Matzen/Tesch)

*Maurer*
Die rechtsgeschäftliche Vertragsübernahme, BWNotZ 2005, 114

*Mayer*
Asset Deal wegen § 73 AO? – Reichweite der Haftung bei Unternehmenskäufen, DStR 2011, 109

*Mehrbrey/Hofmeister*
Schadensersatz bei Verletzung einer Bilanzgarantie, NZG 2016, 419

*Meichelbeck/Krauß*
Neues zur Auslandsbeurkundung im Gesellschaftsrecht, DStR 2014, 752

*Meißner*
Die Sanierungsverantwortlichkeit der gewerblichen Wirtschaft nach dem Bundesbodenschutzgesetz, ZfIR 1999, 407

*Mellert*
Venture Capital Beteiligungsverträge auf dem Prüfstand, NZG 2003, 1096
Selbstständige Garantien beim Unternehmenskauf Auslegungs- und Abstimmungsprobleme, BB 2011, 1667

*Menke*
Der Erwerb eines Unternehmens aus der Insolvenz – das Beispiel der übertragenden Sanierung, BB 2003, 1133

*Mentz/Fröhling*
Die Formen der rechtsgeschäftlichen Übertragung von Aktien, NZG 2002, 201

*Merkner/Sustmann*
Die Verwaltungspraxis der BaFin in Sachen Beteiligungstransparenz auf Grundlage der Neufassung des Emittentenleitfadens, NZG 2013, 1362

*Merkt*
Due Diligence und Gewährleistung beim Unternehmenskauf, BB 1995, 1041

*Merkt/Binder*
Änderungen im Übernahmerecht nach Umsetzung der EG-Übernahmerichtlinie: Das deutsche Umsetzungsgesetz und verbleibende Problemfelder, BB 2006, 1285

*Mertens*
Die Information des Erwerbers einer wesentlichen Unternehmensbeteiligung an einer Aktiengesellschaft durch deren Vorstand, AG 1997, 541

*Mes*
PatG, GebrMG, Kommentar, 4. Aufl., 2015

*Mestmäcker/Schweitzer*
Europäisches Wettbewerbsrecht, 3. Aufl., 2014

*Metz*
Grundzüge der W&I-Insurance beim Unternehmenskauf, NJW 2010, 813

*Meyer Sparenberg*
Internationalprivatrechtliche Probleme bei Unternehmenskäufen, WiB 1995, 849

*Michalski*
Funktion, Arten und Rechtswirkungen von Ersatzklauseln, NZG 1998, 7

*Michalski/Heidinger/Leible/J.Schmidt*
GmbHG, Kommentar zum Gesetz betreffend die Gesellschaften mit beschränkter Haftung, Bd.1: Systematische Darstellungen, §§ 1–34 GmbHG,
Bd. 2: §§ 35–88 GmbHG, EGGmbHG, 3. Aufl., 2017
(zit.: Michalski/Heidinger/Leible/J.Schmidt/*Bearbeiter*, GmbHG)

*Mielke/Nguyen-Viet*
Änderung der Kontrollverhältnisse bei dem Vertragspartner: Zulässigkeit von change of control-Klauseln im deutschen Recht, DB 2004, 2515

*Mielke/Welling*
Kartellrechtliche Zulässigkeit von Conduct-of-Business-Klauseln in Unternehmenskaufverträgen, BB 2007, 277

*Mirow*
Die Übertragung von Aktien im Aktienkaufvertrag – Formulierungshilfen für die Praxis, NZG 2008, 52

*Mock*
Mitteilungspflichten nach § 38 Abs. 1 Satz 1 Nr. 2 WpHG für strategische Investoren bei Vorerwerben durch Finanzinvestoren (§ 38 Abs. 1 Satz 1 Nr. 2 WpHG), AG 2018, 695

*Modrall/Ciullo*
Gun-Jumping and EU Merger Control, [2003] ECLR, 424

*Möller*
Offenlegungen und Aufklärungspflichten beim Unternehmenskauf – System, Regelungskonzepte und Haftungsrisiken, NZG 2012, 841

*Moosmayer*
Compliance – Praxisleitfaden für Unternehmen, 3. Aufl., 2015
(zit.: *Bearbeiter*, in: Moosmayer, Compliance)

*Morshäuser*
Die Formvorschrift des § 311b Abs. 3 BGB bei Unternehmenskäufen, WM 2007, 337

*Morshäuser/Falkner*
Unternehmenskauf aus der Insolvenz, NZG 2010, 881

*Moxter*
Grundsätze der Unternehmensbewertung, 2. Aufl., 1983

*Müller, Klaus J.*
- Auslandsbeurkundung von Abtretungen deutscher GmbH-Geschäftsanteile in der Schweiz, NJW 2014, 1994
- Unternehmenskauf und notarielle Beurkundung nach § 311b Abs. 3 BGB, NZG 2007, 201
- Einfluss der due diligence auf die Gewährleistungsrechte des Käufers beim Unternehmenskauf, NJW 2004, 2196
- Anmeldung des Erwerbs von GmbH-Geschäftsanteilen, DStR 1998, 296

*Müller, Reinhold*
Vorsicht: Fallstricke bei der Unternehmensnachfolge – Die bAV-Verpflichtungen binden den Alteigentümer weiter, VW 2009, 1215

*Münchener Anwaltshandbuch GmbH-Recht*
hrsg. v. Römermann, 4. Aufl. 2018
(zit.: *Bearbeiter*, in: Münchener Anwaltshandbuch GmbH-Recht)

*Münchener Anwaltshandbuch Aktienrecht*
hrsg. v. Schüppen/Schaub, 2. Aufl., 2010
(zit.: *Bearbeiter*, in: Münchener Anwaltshandbuch Aktienrecht)

*Münchener Handbuch des Gesellschaftsrechts*
Bd. 2: Kommanditgesellschaft, GmbH & Co. KG, Publikums-KG, Stille Gesellschaft, hrsg. v. Gammert/Weipert, 5. Aufl., 2019
Bd. 4: Aktiengesellschaft, hrsg. v. Hoffmann-Becking, 4. Aufl., 2015

Bd. 6: Internationales Gesellschaftsrecht, Grenzüberschreitende Umwandlungen, hrsg. v. Leible/Reichert, 4. Aufl., 2013
(zit.: *Bearbeiter*, in: Münchener Handbuch des Gesellschaftsrechts)

*Münchener Kommentar Europäisches und Deutsches Wettbewerbsrecht*
hrsg. v. Bornkamm//Montag/Säcker
Bd. 1: Europäisches Wettbewerbsrecht, 2. Aufl., 2015
(zit.: MünchKomm-Bearbeiter, Europäisches Wettbewerbsrecht)
Bd. 2: Gesetz gegen Wettbewerbsbeschränkungen (GWB), §§ 1–96, 130, 131, 2. Aufl., 2015 (zit.: MünchKomm-*Bearbeiter*, GWB)

*Münchener Kommentar zum Aktiengesetz*
hrsg. v. Goette/Habersack,
Bd. 1: §§ 1–75, 5. Aufl., 2019
Bd. 3: §§ 118–178, 4. Aufl., 2018
Bd. 4: §§ 179–277, 4. Aufl., 2016
Bd. 6: §§ 329–410, WpÜG, 4. Aufl., 2017
(zit.: MünchKomm-*Bearbeiter*, AktG)

*Münchener Kommentar zum Bürgerlichen Gesetzbuch*
hrsg. v. Säcker/Rixecker/Oetker
Bd. 1: Allgemeiner Teil §§ 1–240, AllgPersönlR, ProstG, AGG, 8. Aufl., 2018
Bd. 2: Schuldrecht – Allgemeiner Teil §§ 241–310, 8. Aufl. 2019
Bd. 4: Schuldrecht, Besonderer Teil I §§ 433–534, Finanzierungsleasing, CISG, 8. Aufl., 2019
Bd. 6: Schuldrecht – Besonderer Teil IV, §§ 705–853, Partnerschaftsgesellschaftsgesetz, Produkthaftungsgesetz, 7. Aufl., 2017
hrsg. v. Henssler/Krüger
Bd. 4: Schuldrecht, Besonderer Teil II §§ 535–630h, HeizkostenV, BetriebskostenV, EFZG, TgBfG, KSchG, 7. Aufl., 2016
(zit.: MünchKomm-*Bearbeiter*, BGB)

*Münchener Kommentar zum Gesetz betreffend die Gesellschaften mit beschränkter Haftung*
hrsg. v. Fleischer/Goette, 3. Aufl., 2018
Bd. 1: §§ 1–34, Bd. 2: §§ 35–52, Bd. 3: §§ 53–88
(zit.: MünchKomm-*Bearbeiter*, GmbHG)

*Münchener Kommentar zum Handelsgesetzbuch*
hrsg. v. K. Schmidt, 3. Aufl., 2012
Bd. 3: §§ 161–237, Konzernrecht der Personengesellschaft
(zit.: MünchKomm-*Bearbeiter*, HGB)

*Münchener Kommentar zur Insolvenzordnung*
hrsg. von Stürner/Eidenmüller/Schoppmeyer, Bd. 1: §§ 1–79, Insolvenzrechtliche Vergütungsverordnung, 4. Aufl., 2019
(zit.: MünchKomm-*Bearbeiter*, InsO)

*Münchener Kommentar zur Zivilprozessordnung mit Gerichtsverfassungsgesetz und Nebengesetzen*
hrsg. v. Krüger/Rausscher,
Bd. 1: §§ 1–354, 5. Aufl., 2016

Bd. 2: §§ 355–945b, 5. Aufl., 2016
Bd. 3: §§ 946–1117, EGZPO, GVG, EGGVG, UKlaG, Internationales und Europäisches Zivilprozessrecht, 5. Aufl., 2017
(zit.: MünchKomm-*Bearbeiter*, ZPO)

*Münchener Vertragshandbuch*
Bd. 2: Wirtschaftsrecht I, hrsg. v. Rieder/Schütze/Weipert, 7. Aufl., 2015
(zit.: *Bearbeiter*, in: Münchener Vertragshandbuch)

*Münstermann*
Wert und Bewertung der Unternehmung, 3. Aufl., 1970

*Munkert*
Unternehmenstransaktionen erfolgreich managen, DStR 2008, 2501

*Mutschler/Mersmann*
Verfahrensmäßige Anforderungen an ordnungsgemäße Vorstandsentscheidungen im M&A Bereich, DB 2003, 79

*Nawroth/Wohlleber*
Der „unechte Share-Deal" mittels Insolvenzplan – oder: zum praktischen Umgang mit der Regelung des § 225a Abs. 3 InsO, ZInsO 2013, 1022

*Neufeld*
Betriebliche Altersversorgung bei M&A-Transaktionen, M&A Review 2011, 272

*Niesert/Hohler*
Übertragende Sanierung vor Insolvenzantragstellung unter besonderer Berücksichtigung strafrechtlicher Aspekte, NZI 2010, 127

*Nikoleyczik/Gubitz*
Erwerb der Dresner-Bank durch die Commerzbank – Beteiligungserwerb kein „Holzmüller"-Fall, NZG 2011, 91

*Noack*
- Neues Recht für Namensaktionäre - Zur Änderung des § 67 AktG durch das Risikobegrenzungsgesetz, NZG 2008, 721
- „Holzmüller" in der Eigenverwaltung – Zur Stellung von Vorstand und Hauptversammlung im Insolvenzverfahren, ZIP 2002, 1873
- Die Namensaktie – Dornröschen erwacht, DB 1999, 1306

*Oppenländer*
Zivilrechtliche Aspekte der Gesellschafterkonten der OHG und KG, DStR 1999, 939

*Osterwalder/Pigeur*
Value Proposition Design: How to create products and services customers want, 2014

*Palandt*
BGB, Kommentar, 78. Aufl., 2019
(zit.: Palandt/*Bearbeiter*, BGB)

*Pape*
- Entwicklung des Regelinsolvenzverfahrens im Jahre 2002, NJW 2003, 2502
- Zu den Schwierigkeiten des Sequesters ohne Verwaltungsmacht, ZIP 1994, 89

*Paul*
Kommanditistenhaftung bei Anteilsübertragung ohne Nachfolgevermerk, MDR 2004, 849

*Paul/Daub*
Die betriebliche Altersversorgung im Rahmen von M&A-Deals, BB 2011, 1525

*Peemöller*
Praxishandbuch der Unternehmensbewertung, 6. Aufl., 2014
(zit.: Peemöller-*Bearbeiter*)

*Peemöller/Meister/Beckmann*
Der Multiplikatoransatz als eigenständiges Verfahren der Unternehmensbewertung, FB 2002, 200

*Peetz*
Noch einmal – die Mantelverwendung, GmbHR 2004, 1429

*Pföhler/Hermann*
Grundsätze zur Durchführung von Umwelt-Due-Diligence, WPg 1997, 628

*Philippi/Fickert*
Managemant Buyout im Mittelstand: Haftungsrisiko für den Verkäufer!, DB 2008, 223

*Picot*
- Handbuch Mergers & Acquisitions – Planung, Durchführung, Integration, 5. Aufl., 2012 (zit.: Picot-*Bearbeiter*, Handbuch M&A)
- Unternehmenskauf und Restrukturierung, 4. Aufl., 2013
(zit.: Picot-*Bearbeiter*, Unternehmenskauf)
- Unternehmenskauf und Sachmängelhaftung, DB 2009, 2587

*Picot/Duggal*
Unternehmenskauf: Schutz vor wesentlich nachteiligen Veränderungen der Grundlagen der Transaktion durch sog. MAC-Klauseln, DB 2003, 2635

*Picot/Land*
Der internationale Unternehmenskauf, DB 1998, 1601

*Plath*
Hardware, Software und IT-Verträge in der M&A Transaktion, CR 2007, 345

*Pluskat*
- Investorenmitteilung nach § 27a WpHG – wie viel Beteiligungstransparenz geht noch?, NZG 2009, 206
- Acting in Concert in der Fassung des Risikobegrenzungsgesetzes – jetzt alles anders?, DB 2009, 383

*Pomp*
Praxishandbuch Financial Due Diligence, 2. Aufl., 2019

*Pötters/Krause*
Konsequenzen eines Verstoßes gegen das Mindestlohngesetz, NZA 2015, 398

*Powietzka*
Die Unterstützungskasse bei Betriebsübergang und Unternehmenskauf, DB 2008, 2593

*Preißer/Bressler*
Bilanzierungsfragen beim negativen Geschäftswert im Falle des Share Deals, BB 2011, 427

*Priester*
- Neue Regelungen zur Nachgründung – Die Entschärfung des § 52 AktG, DB 2001, 467
- Satzungsänderungen bei der Vor-GmbH, ZIP 1987, 280

*Purps/Beaumunier*
„Gun Jumping" nach Altice: Im Westen etwas Neues?, NZKart 2017, 224

*Redeke*
Zur gerichtlichen Kontrolle der Angemessenheit der Informationsgrundlage im Rahmen der Business Judgement Rule nach § 93 I 2 AktG, ZIP 2011, 59

*Reger/Wieneke*
Die Finanzierung des Unternehmenserwerbs mit Aktien, GWR 2013, 195

*Rehbinder*
Zum konzernrechtlichen Schutz der Aktionäre einer Obergesellschaft – Besprechung der Entscheidung BGHZ 83, 122 „Holzmüller", ZGR 1983, 93

*Reichert* (Hrsg.)
GmbH & Co. KG, 7. Aufl., 2015
(zit.: Reichert/*Bearbeiter*, GmbH & Co. KG)

*Reichert/Weller*
Geschäftsanteilsübertragung mit Auslandsberührung (Teil I), DStR 2005, 250

*Reithmann*
Substitution bei Anwendung der Formvorschrift des GmbH-Gesetzes, NJW 2003, 385

*Reithmann/Martiny*
Internationales Vertragsrecht, 8. Aufl., 2015
(zit.: *Bearbeiter*, in: Reithmann/Martiny)

*Richter*
Kapitalmarktorientierte Unternehmensbewertung: Konzeption, finanzwirtschaftliche Bewertungsprämissen und Anwendungsbeispiel, 2002

*Richter/Nacewicz*
Haftungsbegrenzung beim Betriebsübergang in der Insolvenz, ZIP 2008, 256

*Rittmeister*
- Due Diligence beim Unternehmenskauf, Teil 2: Die Pflicht der Geschäftsführung der Käufergesellschaft zur Durchführung einer Due Diligence bei der Zielgesellschaft, M&A Review 2008, 578
- Due Diligence und Geheimhaltungspflichten beim Unternehmenskauf, NZG 2004, 1032

*Rock*
Akquisitionsfinanzierungen im Lichte der Trihotel-Doktrin des BGH, M&A Review 2008, 66

*Rödder/Hötzel/Mueller-Thuns*
Unternehmenskauf, Unternehmensverkauf, 2003

*Rohles-Puderbach*
Vorrats- und Mantelgesellschaften – Entwicklung, Haftungsrisiken und Umsetzung in der Praxis, RNotZ 2006, 274

*Römermann*
Doppelnützige Treuhand: Früher verboten, jetzt richtig unzulässig, AnwBl 2015, 34

*Roschmann*
Haftungsklauseln in Unternehmenskaufverträgen, ZIP 1998, 1941

*Roschmann/Frey*
Geheimhaltungsverpflichtungen der Vorstandsmitglieder von Aktiengesellschaften bei Unternehmenskäufen, AG 1996, 449

*von Rosenberg/Hilf/Kleppe*
Protektion statt offener Märkte? Die Änderungen des Außenwirtschaftsrechts in der Transaktionspraxis, DB 2009, 831

*Roth, Hans-Peter*
Das Gesetz zur Umsetzung der Transparenzrichtlinie-Änderungsrichtlinie, GWR 2015, 485

*Roth/Altmeppen*
GmbHG, Kommentar, 9. Aufl., 2019
(zit.: *Bearbeiter*, in: Roth/Altmeppen, GmbHG)

*Rottke/Rebitzer* (Hrsg.)
Handbuch Real Estate Private Equity, 2006
(zit.: *Bearbeiter*, in: Rottke/Rebitzer)

*Rowedder/Schmidt-Leithoff*
GmbHG, Kommentar, 6. Aufl., 2017
(zit.: *Bearbeiter*, in: Rowedder/Schmidt-Leithoff, GmbHG)

*Rozijn*
- Der Erwerb von Marken, Domains und Patenten – worauf der Käufer achten muss, M&A Review 2015, 31
- Verflechtungen bei M&A-Dienstleistung durch Banken, ZBB 2000, 371

*Rudersdorf*
Wettbewerbsverbote in Gesellschafts- und Unternehmenskaufverträgen, RNotZ 2011, 509

*Rust*
Fusionskontrolle und Nebenbestimmungen nach dem GWB, ZWeR 2004, 477

*Sachs/Schäffer*
Achtung, die Chinesen kommen, Legal Tribune Online v. 9.12.2016, unter https://www.lto.de (Stand: 6.9.2019)

*Saenger/Aderhold/Lenkaitis/Speckmann* (Hrsg.)
Handels- und Gesellschaftsrecht, Praxishandbuch, 2. Aufl., 2011
(zit.: *Bearbeiter*, in: Saenger/Aderhold/Lenkaitis/Speckmann)

*Sagasser/Buler/Brünger* (Hrsg.)
Umwandlungen, 5. Aufl., 2017
(zit.: *Bearbeiter*, in: Sagasser/Buler/Brünger)

*Sander/Schumacher/Kühne*
Weitergabe von Arbeitnehmerdaten in Unternehmenstransaktionen – Datenschutzrechtliche Grenzen nach dem BDSG und der DS-GVO, ZD 2017, 105

*Schachner*
Kauf und Verkauf von Gesellschaftsanteilen, 1995

*Schackmann/Mellert*
Kaufpreisbestimmung beim Unternehmenskauf – die Streitbeilegung bei Closing Accounts als Minenfeld für Schiedsgutachter?, BB 2018, 840

*Schäfer-Kunz*
Buchführung und Jahresabschluss für Schule, Studium und Beruf, 2. Aufl., 2016

*Schaffner/Ullrich*
M&A-Transaktionen – Wie viel Compliance ist nötig, wie wenig ist möglich?, CB 2017, 289

*Scheel*
Unternehmenskauf: Kernfragen einer grundstücksrechtlichen Due Diligence, DB 2005, 279

*Scheffler*
Zur Rechtsprechung: Das Tetra Laval-Urteil des EuGH, EuZW 2005, 751

*Scheifele*
Veräußerung von Mitunternehmeranteilen und Gewerbesteuer: Vertragliche Gestaltungsmöglichkeiten, DStR 2006, 253

*Scherer/Butt/Reimertshofer*
Risiken der internationalen Produkthaftung aus der Sicht eines deutschen Unternehmers, DB 1999, 469

*Schiffer/Bruß*
Due Diligence beim Unternehmenskauf und vertragliche Vertraulichkeitsvereinbarungen, BB 2012, 847

*Schiffer/Weichel*
AGB-Kontrolle im Rahmen von Unternehmenskaufverträgen?, BB 2011, 1283

*Schilha*
Umsetzung der EU-Transparenzrichtlinie 2013: Neuregelungen zur Beteiligungspublizität und periodischen Finanzberichterstattung, DB 2015, 1821

*Schindhelm/Pickhardt-Poremba/Hilling*
Das zivil- und steuerrechtliche Schicksal der Unterbeteiligung bei „Umwandlung" der Hauptgesellschaft, DStR 2003, 1444

*Schindler*
Vorstands- und Geschäftsführerpflichten bei M&A-Transaktionen, KSzW 2017, 14

*Schleis/Kühne*
M&A Purchase Price Disputes: Sicher durch turbulente Zeiten navigieren, M&A-Review 2017, 2

*Schmalenbach*
Die Werte von Anlagen und Unternehmen in der Schätztechnik, ZfbF 1917/18, 5

*Schmidt, Andreas*
Hamburger Kommentar zum Insolvenzrecht, 7. Aufl., 2019
(zit.: *Bearbeiter*, in: HambKomm, InsO)

*Schmidt, Karsten*
- Handelsrecht – Unternehmensrecht I, 6. Aufl., 2014
  (zit.: *Karsten Schmidt*, Handelsrecht)
- Gesellschaftsrecht, 4. Aufl., 2002
  (zit.: *Karsten Schmidt*, Gesellschaftsrecht)

*Schmidt, Karsten*
Handelsregisterpublizität und Kommanditistenhaftung, ZIP 2002, 413

*Schmidt, Ludwig*
EStG, Kommentar, 37. Aufl., 2018
(zit.: Schmidt/*Bearbeiter*, EStG)

*Schmidtbleicher*
Das „neue“ acting in concert – ein Fall für den EuGH?, AG 2008, 73

*Schmidt-Diemitz*
Pakethandel und das Weitergabeverbot von Insiderwissen, DB 1996, 1809

*Schmitz*
Mängelhaftung beim Unternehmenskauf nach der Schuldrechtsreform, RNotZ 2006, 561

*Schmitz, Daniel Josef*
Erwerb einer Vorratsgesellschaft, insbesondere durch ausländische Beteiligte, Schmitz, notar 2018, 203

*Schneider, Ingo*
Unternehmenserwerb mit Information aus einer Due Diligence kein strafbarer Insiderhandel, DB 2005, 2678

*Schniepp/Holfeld*
Compliancegarantien in Unternehmenskaufverträgen – Bedeutung, Inhalt sowie Probleme bei der Verletzung von Compliancegarantien, DB 2016, 1738

*Scholz*
GmbHG, Kommentar
Bd. 1, (§§ 1–34 mit Anhang Konzernrecht) 12. Aufl., 2018
Bd. 2, 11. Auflage 2014
Bd. 3, 11. Auflage 2015
(zit.: Scholz/*Bearbeiter*, GmbHG)

*Schönhaar*
Verfahrensabläufe bei Unternehmenskaufverträgen im Mittelstand, GWR 2014, 273

*Schroeder*
Darf der Vorstand der Aktiengesellschaft dem Aktienkäufer eine Due Diligence gestatten?, DB 1997, 2161

*Schröcker*
Unternehmenskauf und Anteilskauf nach der Schuldrechtsreform, ZGR 2005, 63

*Schröter/Jakob/Klotz/Mederer* (Hrsg.)
Europäisches Wettbewerbsrecht, 2. Aufl., 2014
(zit.: *Bearbeiter*, in: Schröter/Jakob/Klotz/Mederer)

*Schulte/Bone-Winkel* (Hrsg.)
Schriften zur Immobilienökonomie, 2005

*Schulte/Bone-Winkel/Thomas* (Hrsg.)
Handbuch Immobilieninvestition, 2. Aufl., 2005
(zit.: *Bearbeiter*, in: Schulte/Bone-Winkel/Thomas)

*Schulte/Matzen*
Unternehmensbewertung von bestandshaltenden Immobilienunternehmen: Eine kritische Betrachtung der Net Asset Value-Methode, in: Festschrift Drukarczyk, 2003, S. 383

*Schultz/Debnar*
Übertragung von Passiva im AIFM-StAnpG: Steuerliche Anschaffungserträge und Aufwandsverteilungen sind Realität, BB 2014, 107

*Schulz/Sommer*
Bilanzgarantien in der M&A-Praxis, NZG 2018, 50

*Schütt*
Streitigkeiten über Freistellungsansprüche in Unternehmenskaufverträgen, NJW 2016, 980

*Schwark/Zimmer* (Hrsg.)
Kapitalmarktrechts-Kommentar, 4. Aufl., 2010
(zit.: *Bearbeiter*, in: Schwark/Zimmer, Kapitalmarktrecht)

*Seeger*
Die „einseitige Abhängigkeit" – zum Umfang der Beurkundungsbedürftigkeit zusammengesetzter Grundstücksgeschäfte, MittBayNot 2003, 11

*Seibt/Kulenkamp*
CFIUS-Verfahren und Folgen für M&A-Transaktionen mit Beteiligung deutscher Unternehmen – und als Modell für die Weiterentwicklung des deutschen Außenwirtschaftsrechts?, ZIP 2017, 1345

*Seibt/Raschke/Reiche*
Rechtsfragen der Haftungsbegrenzung bei Garantien (§ 444 BGB n. F.) und M&A-Transaktionen, NZG 2002, 256

*Semler/Volhard*
Arbeitshandbuch für Unternehmensübernahmen, 2001/2003
(zit.: *Bearbeiter*, in: Semler/Volhard)

*Servatius*
Die Anwendung von § 179a AktG und § 311b Abs. 3 BGB beim Asset Deal, in: Festschrift für Eberhard Stilz zum 65. Geburtstag, 2014, S. 601

*Sieger/Hasselbach*
- Die Übernahme von Gewährleistungen durch die Aktiengesellschaft bei Kapitalerhöhung und Aktientausch, BB 2004, 60
- Break Fee-Vereinbarungen bei Unternehmenskäufen, BB 2000, 625
- Veräußererkündigung mit Erwerberkonzept, DB 1999, 430

*Sigle/Maurer*
Umfang des Formzwangs beim Unternehmenskauf, NJW 1984, 2657

*Simon*
Von „Holzmüller" zu „Gelatine" – Ungeschriebene Hauptversammlungszuständigkeiten im Lichte der BGH-Rechtsprechung (Teil I), DStR 2004, 1482

*Simon/Dobel*
Das Risikobegrenzungsgesetz – neue Unterrichtungspflichten bei Unternehmensübernahmen, BB 2008, 1955

*Simon/Brünkmanns*
Die Ausgliederung von sanierungswürdigen Betriebsteilen mithilfe des Insolvenzplanverfahrens nach ESUG: Verdrängt die Gläubigerautonomie den institutionalisierten Gläubigerschutz des Umwandlungsgesetzes?, ZIP 2014, 657

*Slobodenjuk*
Verschärfte Investitionskontrolle nach der Außenwirtschaftsverordnung – ein Überblick, BB 2017, 2306

*Sörgel/Müller*
GmbH-Geschäftsführer – Zehn Haftungsfallen bei M&A-Transaktionen, M&A Review 2015, 128

*Soltész/Schädle*
Wirksamkeit bei beihilferechtlichen Haftungsklauseln in M&A-Transaktionen, BB 2008, 510

*Sörgel*
Letter of Intent – Absichtserklärung oder mehr?, M&A Review 2014, 334

*Soudry/Schwenkel*
Distressed M&A: Vertragsgestaltung der übertragenden Sanierung, GWR 2010, 366

*Spill*
Due Diligence – Praxishinweise zur Planung, Durchführung und Berichterstattung, DStR 1999, 1786

*Spindler*
- Acting in concert – Begrenzung von Risiken durch Finanzinvestoren?, WM 2007, 2357

– Gesellschaftsrechtliche Verantwortlichkeit und Bundesbodenschutzgesetz: Grundlagen und Grenzen, ZGR 2001, 385

*Spindler/Stilz*
Aktiengesetz, 4. Aufl., 2019
(zit.: *Bearbeiter*, in: Spindler/Stilz, AktG)

*Staub*
HGB, Großkommentar
Bd. 3, 5. Aufl., 2009
Bd. 4, 5. Aufl., 2015
Bd. 5, 5. Aufl., 2014
(zit.: Staub/*Bearbeiter*, HGB)

*Staudinger*
BGB, Kommentar, §§ 311b, 311c (2018), § 398 (2017), §§ 433–480 (2013), §§ 854–882 (2012), §§ 925–931 (2016), Rom I-VO (2011), Einleitung zum Sachenrecht (2017)
(zit.: Staudinger/*Bearbeiter*, BGB)

*Stellmann/Stoeckle*
Verpflichtung zur Übertragung des ganzen Vermögens einer Gesellschaft, WM 2011, 1983

*Stiller*
Unternehmenskauf im Wege des Asset-Deal, BB 2002, 2619

*Strauß*
Akquisationsfinanzierung durch genehmigtes Kapital, AG 2010, 192

*Strotmann*
Das Wahlrecht des Insolvenzverwalters gem. § 103 Abs. 1 InsO bei bedingten Beteiligungskaufverträgen in der Verkäuferinsolvenz, ZInsO 2010, 1314

*Stoppel*
Reichweite der Heilung bei fehlender Beurkundung von Anteilsverkäufen, GmbHR 2010, 225

*Stretz*
Unzulässigkeit einer Vollversammlung bei nur rechtsgeschäftlicher Vertretung einer beteiligten GmbH, GWR 2016, 384

*Stümper/Walter*
Erfordernis von Steuerklauseln in Anteilskauf- und anderen Übertragungsverträgen, GmbHR 2008, 31

*Sudhoff*
Unternehmensnachfolge, 5. Aufl., 2005
(zit.: Sudhoff/*Bearbeiter*, Unternehmensnachfolge)

*Süßmann*
Die befugte Weitergabe von Insidertatsachen, AG 1999, 162

*Szalai/Tietze*
Verbot der doppelten Treuhand – wirklich alles unzulässig?, AnwBl 2015, 37

*Teichmann*
Der Übergang von Sozialansprüchen und Sozialverbindlichkeiten in der Personengesellschaft, NJW 1966, 2336

*Teichmann/Wauschkuhn*
Die Anwendung der zwingenden Vorschriften der §§ 84 ff. HGB auf Handelsvertreter und Vertragshändler im internationalen Kontext, ZVertriebsR 2012, 274

*Thierhoff/Müller*
Unternehmenssanierung, 2. Aufl., 2016
(zit.: *Bearbeiter*, in: *Thierhoff/Müller,* Unternehmenssanierung)

*Timm*
Hauptversammlungskompetenzen und Aktionärsrechte in der Konzernspitze, AG 1980, 172

*Tophoven*
Anspruch auf Ersatz der Kosten einer Due Diligence wegen Verstoßes gegen eine Exklusivitätsvereinbarung – ein Praxisbericht, BB 2010, 2919

*Trendelenburg*
Die Beurkundung von Anteilskaufverträgen und gesellschaftsrechtlichen Maßnahmen nach der Reform des Schweizer Obligationenrechts, GmbHR 2008, 644

*Triebel/Hölzle*
Schuldrechtsreform und Unternehmenskaufverträge, BB 2002, 521

*Uhlenbruck*
Insolvenzordnung, Kommentar, 15. Aufl., 2019
(zit.: Uhlenbruck-*Bearbeiter*, InsO)

*Ulmer/Habersack/Löbbe*
Großkommentar zum GmbHG, Bd. 1, 2. Auflage, 2013
(zit.: *Bearbeiter*, in: Ulmer/Habersack/Löbbe, GmbHG)

*Ulrich/Böhle*
Die Auslandsbeurkundung im M&A-Geschäft, GmbHR 2007, 566

*Vallender*
Unternehmenskauf in der Insolvenz, Teil I und II, GmbHR 2004, 543 und 642

*van Betteray/Gass*
Vorverträge, Asset Deals und Unternehmenskaufverträge in der Insolvenz, BB 2004, 2309

*Vierhaus*
Das Bundes-Bodenschutzgesetz, NJW 1998, 1262

*Vögele/Borstell/Engler*
Verrechnungspreise, 4. Aufl., 2015

*Vogt/Bedkowski*
Risikobegrenzungsgesetz – Arbeitsrechtliche Auswirkungen auf M&A-Transaktionen, NZG 2008, 725

*Völker*
Das geistige Eigentum beim Unternehmenskauf, BB 1999, 2413

*Waas*

Rechtsprechung zum Betriebsübergang nach § 613a BGB im Jahre 2004, BB 2005, 1445

*Wächter*

- Bilanzgarantien und ihre Auslegung – Zugleich eine Besprechung von OLG Frankfurt a.M., 7.5.2015 – 26 U 35/12 („Mobilkran"), BB 2016, 711
- Schadensrechtliche Probleme beim Unternehmenskauf: Naturalherstellung und Bilanzgarantien, NJW 2013, 1270
- Praktische Fragen der Gestaltung und Auslegung von Altlastenklauseln in Grundstücks- und Unternehmenskaufverträgen, NJW 1997, 2073

*Wassermeyer*

Verdeckte Gewinnausschüttungen bei einer GmbH & Co. KG, GmbHR 1999, 18

*Watrin/Strohm/Struffert*

Aktuelle Entwicklungen der Bilanzierung von Unternehmenszusammenschlüssen, WpG 2004, 1450

*Weber*

GmbH-Gründung und Auslandsbeurkundung – Zugleich Anmerkung zum Beschluss des KG vom 24.1.2018, 22 W 25/16, MittBayNot 2018, 215

*Weilep/Dill*

Vendor Due Diligence bei der Private-Equity-Finanzierung mittelständischer Unternehmen, BB 2008, 1946

*Weimann*

Insiderrechtliche Aspekte des Anteilserwerbs, DStR 1998, 1556

*Weiss*

Disclosing a Seller's Due Diligence Report to Purchasers, International Business Lawyer 2004, 205

*Weißhaupt*

- Geschäftsleiter der Zielgesellschaft als „Diener zweier Herren" des Unternehmenskaufvertrags?, ZIP 2016, 2447
- Äquivalenzsicherung im Unternehmenskaufvertrag durch Kaufpreisklauseln und Jahresabschlussgarantien, BB 2013, 2947
- Haftung und Wissen beim Unternehmenskauf – über Gestaltungsspielräume im M&A-Recht, WM 2013, 782

*Weitbrecht*

Mergers in an economic crisis – EU merger control 2008/2009, ECLR 2010, 276

*Weitnauer*

Der Beteiligungsvertrag, NZG 2001, 1065

*Wellensiek*

Probleme bei der Betriebsveräußerung aus der Insolvenz, NZI 2005, 603

*von Werder/Kost*

Vertraulichkeitsvereinbarungen in der M&A-Praxis, BB 2010, 2903

*Werlen/Mannsdorfer*
Versicherung von Transaktionsrisiken, GesKR 3/2013, 1

*Werner*
- Der Asset Deal und die Notwendigkeit seiner notariellen Beurkundung, GmbHR 2008, 1135
- Earn-Out-Klauseln – Kaufpreisanpassung beim Unternehmenskauf, DStR 2012, 1662
- Sorgfaltspflichten des Geschäftsführers bei Unternehmensakquisitionen – Due Diligence, Informationspflichten und Haftungsrisiken, GmbHR 2007, 678
- Beteiligung Minderjähriger an gesellschaftsrechtlichen Transaktionen im Recht der GmbH und GmbH & Co. KG, GmbHR 2006, 737
- Haftungsrisiken bei Unternehmensakquisitionen: Die Pflicht des Vorstands zur Due Diligence, ZIP 2000, 989

*Wertenbruch*
Zur Haftung aus culpa in contrahendo bei Abbruch von Vertragsverhandlungen, ZIP 2004, 1525

*Wessels*
- Staatliche Einmischung bei Übernahmen?, BB 2015, 2635
- Unternehmenskauf im Vorfeld der Verkäuferinsolvenz, ZIP 2004, 1237

*Wessing*
Vertragsklauseln beim Unternehmenskauf, ZGR 1982, 455

*Westphal*
Vertriebsrecht, Band 2: Vertragshändler, 2000

*Wicke*
GmbHG, Kommentar, 3. Aufl., 2016

*Widder*
Vorsorgliche Ad-hoc-Meldungen und vorsorgliche Selbstbefreiungen nach § 15 Abs. 3 WpHG, DB 2008, 1480

*Widder/Feigen*
Zum Verhältnis von § 179 a I 1 AktG (analog) und § 311 b III BGB bei der Beurkundungsbedürftigkeit von Anteilskaufverträgen, NZG 2018, 972

*Wiebauer*
Betriebsübergang und öffentlich-rechtliche Genehmigungen, NZA 2010, 733

*Wiedemann* (Hrsg.)
Handbuch des Kartellrechts, 3. Aufl., 2016
(zit.: *Bearbeiter*, in: Wiedemann, Handbuch des Kartellrechts)

*Wiesbrock*
Formerfordernisse beim Unternehmenskauf, DB 2002, 2311

*Wieneke/Schulz*
Durchführung eines Delistings – Gesellschafts- und kapitalmarktrechtliche Pflichten von Vorstand und Aufsichtsrat der Gesellschaft, AG 2016, 809

*Wiesner*
Beurkundungspflicht und Heilungswirkung bei Gründung von Personengesellschaften und Unternehmensveräußerungen, NJW 1984, 95

*Willemsen/Hohenstatt/Schweibert/Seibt*
Umstrukturierung und Übertragung von Unternehmen, 5. Aufl., 2016
(zit.: *Bearbeiter*, in: Willemsen/Hohenstatt/Schweibert/Seibt)

*Wirtschaftsprüfer Handbuch*
siehe IDW (Hrsg.)

*Witte/Bultmann*
Materiell-rechtliche und prozessuale Probleme beim Unternehmenskauf am Beispiel der vertraglich vereinbarten Kaufpreiszahlung auf ein Treuhandkonto (Escrow Account), BB 2005, 1121

*Wittkowski*
Haftung und Haftungsvermeidung beim Management Buy-Out einer GmbH, GmbHR 1990, 544

*Wittmann/Kern/Köhler/Küpper/v. Wysocki* (Hrsg.)
Handwörterbuch der Betriebswirtschaftslehre, Bd. 3, 5. Aufl., 1993
(zit.: *Bearbeiter*, in: Wittmann/Kern/Köhler/Küpper/v. Wysocki)

*Wittuhn/Quecke*
Unternehmenskaufverträge und das Recht der Allgemeinen Geschäftsbedingungen, NZG 2014, 131

*Wolf/Kaiser*
Die Mängelhaftung beim Unternehmenskauf nach neuem Recht, DB 2002, 411

*Wollburg/Gehling*
Umgestaltung des Konzerns – Wer entscheidet über die Veräußerung von Beteiligungen einer Aktiengesellschaft?, in: Festschrift Lieberknecht, 1997, S. 133

*Wollny*
Unternehmens- und Praxisübertragungen, 9. Aufl., 2018

*Wollny*
- Der Bewertungsstichtag für Unternehmenswerte bei aktienrechtlichen Abfindungen, M&A-Transaktionen und Schadensersatz, DStR 2017, 949
- Fairness Opinion und Angemessenheitsprüfung des Kaufpreises – Lehren aus dem Fall EnBW, DStR 2013, 482

*York von Wartenburg/Stammwitz*
EuG bestätigt Bußgelder wegen „Gun-jumping“, GWR 2018, 115

*Ziegler*
„Due Diligence“ im Spannungsfeld zur Geheimhaltungspflicht von Geschäftsführern und Gesellschaftern, DStR 2000, 249

*Zimmer*
- Differenzierte Produkte, nichtkoordinierte Effekte und das Upward Pricing Pressure-Konzept: Wird die Marktabgrenzung in Fusionskontrollverfahren entbehrlich?, WuW 2013, 928

– Significant Impediment to Effective Competition, ZWeR 2004, 250

*Zimmermann/Hoffmann/Kiebele/Schaeberle/Scheel*
Die Personengesellschaft im Steuerrecht, 12. Aufl., 2017
(zit.: *Zimmerman u. a.*, Die Personengesellschaft im Steuerrecht)

*Zöller*
ZPO, Kommentar, 32. Aufl., 2018
(zit.: Zöller/*Bearbeiter*, ZPO)

*Zumbansen/Lachner*
Die Geheimhaltungspflicht des Vorstands bei der Due Diligence: Neubewertung im globalisierten Geschäftsverkehr, BB 2006, 613

# Stichwortverzeichnis

**Zusätzlicher Service im Internet**

Die Vertragsmuster sind unter der Internetadresse http://www.rws-verlag.de/vk-unternehmenskauf.htm für Sie abrufbar.